洛阳年鉴

LUOYANG YEAR BOOK

2012

洛 阳 市 人 民 政 府 主 办
洛阳市地方史志办公室承办

中州古籍出版社

图书在版编目（CIP）数据

洛阳年鉴. 2012 /《洛阳年鉴》编委会编. —郑州：中州古籍出版社，2013. 1
ISBN 978-7-5348-4142-2

Ⅰ. ①洛… Ⅱ. ①洛… Ⅲ. ①洛阳市—2012—年鉴 Ⅳ. ①Z526. 13

中国版本图书馆CIP数据核字（2013）第015648号

Luo Yang Nian Jian 2012
洛阳年鉴 2012

责任编辑：王小方
责任校对：孙 波
出 版 社：中州古籍出版社
（地址：郑州市经五路66号 邮编：450002）
发行单位：新华书店
承印单位：郑州新海岸电脑彩色制印有限公司
开 本：889mm×1194mm 1/16
印 张：39. 125
字 数：1600千字
印 数：1—2500册
版 次：2013年1月第1版
印 次：2013年1月第1次印刷
定 价：380. 00元

洛阳年鉴编纂委员会

《洛阳年鉴》（2012） 编纂人员

名誉主编 李柳身

主编 吴中阳

执行主编 来学斋 徐 林

副主编 陈继红 张玉桥 潘 兴

特约审稿 黄玉国 许新皎 杨晓阳 王夕中 高丽萍 朱晶莹 乔文祥 郭德荣 吕宗乐 康学毅 赵建洛 杨劭春 林 伟 李文建 牛 刚 陈智宇 李 丽

执行编辑 肖 洁

特约编辑 田小宁 崔晓梅 宋锦东 宋 磊 张宝亚 亢向国 郭云龙 李 春 毛 伟 张 楷 梁松杰 王凯旋

编辑人员 吕土旺 孙素玲 张润芝 安春芳 孟国锋 尚仁杰 黄昆峰

编务人员 张伟召 陈明珠 赵希涛 李西诺 刘长春 牛亚飞

英文翻译 肖 洁

部分图片提供 姚凤雷 康留国

编 辑 说 明

一、《洛阳年鉴》是洛阳市人民政府主办的具有公报性、资料性、权威性的大型年刊，创刊于2000年。其宗旨是以邓小平理论、“三个代表”重要思想和科学发展观为指导，全面、客观、准确地逐年记载全市政治、经济、文化、社会及生态建设诸方面的基本情况，为人们了解、研究和建设洛阳提供信息资料，也为续修地方志书积累史料。

二、《洛阳年鉴》采取分类编辑法，设类目、分目、条目三个层次。类目、分目标题使用不同的字体、字号和颜色，类目标明于页眉；条目为主要信息载体和基本撰稿形式，其标题统一用黑体加【 】表示。

三、《洛阳年鉴》2012年卷主要反映2011年度洛阳各项事业的发展状况，计设特载、大事记、人物、市情概览、政治、政法、人民武装、政务、经济管理与监督、工业·大中型企业、农业和农村经济、商业贸易、对外经济贸易、民营经济、旅游业、牡丹·牡丹花会、信息产业、城市建设、环境·环境保护、洛阳新区开发建设、交通运输、财政·税务·金融、教育·科学技术、文化、卫生·体育、人民生活、县（市）、区情、统计资料、法规规章、附录、索引等31个类目。

四、本年鉴“人物”类目中除对新任市级领导，全国性荣誉获得者、省级优秀人物和在本市有较大影响的人物作介绍外，其余均以名单、名录形式出现。

五、本年鉴“市情概览”类中“组织机构及领导成员”载录的范围涵盖洛阳市直机构、县（市）、区和协管单位及其在职的领导成员。

六、为便于读者查阅，卷首有中、英文目录，卷末有主题分析索引。为避免内容间的交叉重复，设置了互见条目供参阅。

七、《洛阳年鉴》采用的稿件均由熟悉情况的各部门、各单位专人撰写，并经领导审核。“统计资料”由洛阳市统计局提供，凡全局性的数据均以统计局的资料为准。

八、《洛阳年鉴》的编纂工作在中共洛阳市委、市人民政府的直接领导下，得到了全市各级、各部门、各单位领导及撰稿人员的大力支持和密切配合，在此谨向他们表示诚挚的谢意。因时间仓促，水平有限，错误与遗漏在所难免，恳请广大读者批评指正。

目 录

特 载

大 事 记

人 物

市 情 概 览

政　治

政　法

人民武装

政 务

经济管理与监督

工业·大中型企业

农业和农村经济

商业贸易

对外经济贸易

民营经济

旅 游 业

牡丹·牡丹文化节

财政·税务·金融·保险

信息产业

城 市 建 设

环境·环境保护

洛阳新区开发建设

交通运输

教育·科学技术

文　化

卫生·体育

人民生活

县（市）、区情

法　规　规　章

统　计　资　料

附　　录

索　　引

CONTENTS

Special Report

Chronicle of Events

Figures

General Introduction

Political Institutions

Law Enforcement

Military Affairs

Government Affairs

Administration and Supervision Of Economy

Industry & Large and Medium-Sized Enterprises

Agriculture and Rural Economy

Commerce and Trade

Foreign Economy and Trade

Private Economy

Tourism

Peony and Peony Festival

Finance, Taxation, Banking and Insurance

Information Industry

Urban Construction

Environment and Environmental Protection

Development and Construction of the New District of Luoyang

Transportation

Education, Science and Technology

Culture

Health and Sports

People' s Life

Survey of Counties, Cities and Districts

Laws and Rules

Statistical Data

Appendix

Index

福民强市　贵在持续

——在中国共产党洛阳市第十次代表大会上的讲话

省委常委、市委书记　毛万春

各位代表：

现在，我代表中国共产党洛阳市第九届委员会向大会作报告，报告的题目是《福民强市，贵在持续》，请予审议。

市九次党代会以来，在省委的正确领导下，我们坚持以科学发展观为统领，大力实施工业强市、科教强市、旅游强市和项目引资双带动战略，顺利完成了市九次党代会提出的各项任务。

过去的5年，是综合实力持续增强的5年。“十一五”规划确定的各项任务顺利完成，主要经济指标实现翻番。2010年全市生产总值达到2321亿元、人均生产总值达到5200美元，财政一般预算收入达到142亿元，城镇居民人均可支配收入达到17639元，农民人均纯收入达到5680元。

过去的5年，是改革开放持续深化的5年。国企重组实现战略性突破，一批国内外知名企业相继入驻洛阳。民营经济不断发展壮大。财税、金融、文化、行政审批等领域改革积极推行，新一轮企事业单位改革改制工作稳妥推进。对外开放水平不断提高，五年累计引进市外境内资金1082亿元、年均增长52.5%，实际利用外资38.7亿美元、年均增长60%；进出口累计完成69.6亿美元。

过去的5年，是城乡建设持续提升的5年。全市城镇化率提高6.3个百分点，达到44.3%。中心城市区实现先跨洛河、再跨伊河发展，洛北老城区改造提升力度不断加大。县城及小城镇建设快速推进。新农村建设取得新成效。农村贫困人口减少30万人。

过去的5年，是社会事业产业持续发展的5年。科技、教育、文化、旅游、卫生、体育、文物、人口等各项社会事业产业协调发展。各级财政用于民生的支出累计达到525亿元。5年累计实现城镇新增就业74万人次。社会保障体系不断完善。人才队伍建设成效明显。社会大局保持稳定。

过去的5年，是党的建设持续加强的5年。深入学习实践科学发展观、创先争优等主题活动扎实有效。基层组织建设进一步加强。工青妇等人民团体的工作富有成效。民族、宗教、外事、对台等工作取得新成绩。党管武装工作不断加强。党风廉政建设不断深入，惩治和预防腐败体系逐步完善。

事非经过不知难。过去的5年，成绩来之不易，历程不同寻常，经验弥足珍贵。这一切，得益于中央和省委的正确领导，得益于历届市委、市政府打下的良好工作基础，得益于市人大、政协的大力支持，得益于各位老领导、老同志的热心帮助，得益于中央和省驻洛单位的鼎力相助，得益于驻洛部队、武警官兵的积极配合，得益于全市各级党组织和广大党员干部带领全市人民的团结奋斗。在此，我代表九届市委，向所有为洛阳改革发展稳定做出贡献的同志们、朋友们，表示衷心的感谢！

古人讲：生于忧患，死于安乐。我们在充分肯定取得巨大成就的同时，必须保持清醒头脑，必须正视和面对实现持续发展面临的困难和问题。主要表现在：一是发展盘子不够大。在中部地区的位次徘徊不前，在全省发展格局中郑州这个标兵越来越远，兄弟市追兵越来越近。二是经济结构不够优。三产占生产总值比重偏低，二产中的高资源消耗、高能耗企业比重偏大，粗放型的发展方式还没有实质性转变。三是体制机制不够活。一些国有、集体企业还没有真正形成内生发展机制，经营性事业单位改革改制工作刚刚起步，民营经济占生产总值比重偏低。四是居民收入不够高。人均收入低于全国平均水平，城乡二元结构比较突出，全市人均纯收入低于1500元的农村人口还有26.4万人。五是稳定基础不够牢。经济社会转型中引发的各类矛盾日益凸显，社会管理中的薄弱环节较多，维护和谐稳定的任务十分繁重。六是安全防范不够实。煤矿、尾矿库、交通、消防、危险化学品、食品等领域的安全基础还很脆弱，隐患较多、险情不断。七是基层组织不够强。部分基层党组织软、弱、涣、散等问题突出，战斗堡垒作用发挥不够充分。八是干部作风不够硬。不少党员干部的群众观念、工作方法、运作能力与新形势、新任务的要求还有相当差距，一些领域消极腐败现象不同程度存在。以上八个方面的突出问题，我们绕不过、躲不开，必须迎难而上、奋力攻坚！

福民强市，谋在持续。这个谋，就是始终按照省委书记卢展工提出的“四个重在”的实践要领来谋划、来运作，把持续作为推进科学发展的基本内涵来贯穿、来落实，把洛阳的发展放在全省、全国、全球视野中来审视、来考量。放眼世界，经济全球化、市场一体化仍是时代主流，为我们扩大开放提供了难得机遇。纵观国内，中央把加快发展方式转变确定为“十二五”发展的主线，为洛阳推进经济转型提供了千载难逢的机遇。环视河南，建设中原经济区的号角已经吹响，洛阳肩负着更大担当、更大作为的新使命。立足洛阳，历年来创业奋进的成果奠定了跨越发展的雄厚基础。

承天时、秉地利、聚人和、谋民福，要求我们必须谋划好今后5年，谋划的根本原则就是“持续”，谋划的指导思想就是：紧紧抓住中原经济区上升为国家战略的重大机遇，以科学发展为主题，以加快发展方式转变为主线，以领导方式转变为保障，在中原经济区建设中当好推进新型工业化、特色城镇化、农业现代化“三化”协调科学发展的示范，着力打造老工业基地振兴转型、河洛文化传承弘扬两大品牌，实现经济、社会、生态建设主要指标和协调发展程度高于全省乃至中部地区平均水平，城乡居民收入的增加、幸福指数的提升和对各级干部的满意度高于全省乃至中部地区平均水平，确保社会稳定大局绝对不出大的问题，确保安全生产绝对不出大的问题，为实现中原经济区建设有担当、谱写福民强市新篇章而努力奋斗！

这一根本原则和指导思想，既是对现有工作的持续，更是对现有工作的提升，体现了持续与提升的辩证法，体现了传承与弘扬的辩证法。围绕这一根本原则和指导思想，今后5年的主要目标是：

——*人民更加幸福*。城镇居民人均可支配收入和农民人均纯收入年均增长10%以上。社会保障日益健全，就业难、住房难、上学难、看病难、养老难、出行难等民生问题得到有效缓解，全市人民生活得更加富足、更加安康、更有尊严。

——*实力更加雄厚*。全市生产总值年均增长12%，地方财政一般预算收入年均增长15%，总量均比“十一五”末翻一番，成为中部地区更有影响力和竞争力的经济强市。

——*发展更加科学*。经济转型加快推进，结构调整迈出新步伐，城乡结构、产业结构、产品结构、所有制结构、投资结构更趋合理，逐步实现外延与内涵、规模与质量、速度与效益的有机统一。

——*环境更加优化*。基础设施建设进一步完善，城乡面貌大幅改善，更加宜居、宜业、宜学、宜游。各级党政机关效能全面提高，企业、服务对象和群众对各级党委、政府的满意度不断提升。

——*党建更加有力*。各级党组织创造力、凝聚力和战斗力不断增强，科学执政、民主执政、依法执政水平进一步提高，党群、干群血肉联系进一步密切，党员先锋模范作用进一步发挥。

福民强市，为在持续。这个为，就是始终以奋发向上的精神状态，凝聚全市人民的智慧和力量，在中原经济区建设有担当、谱写福民强市新篇章的征程中实现更大作为。

为在持续，就必须坚持洛阳发展的基本定位不动摇。经过今后5年的不懈奋斗，努力把洛阳打造成为国际文化旅游名城、中原经济区“三化”协调科学发展示范市和重要经济增长板块、生态良好的宜居山水城市、特色明显的新型工业化城市、名副其实的河南省副中心城市。

为在持续，就必须坚持洛阳发展的基本战略不折腾。始终坚持产业兴市、创新活市、精神立市、依法治市“四大战略”，使洛阳经济社会发展更加科学、创业创新活力更加强劲、精神支撑作用更加有力、民主法制建设更加健全。

为在持续，就必须坚持“一抓三创”工作重点不放手。牢牢抓住项目建设这个“牛鼻子”，大力推进全民创业、全面创新和环境创优，始终以饱满的热情、昂扬的斗志，拼搏进取、一往无前，强力赶超、争先晋位。

为在持续，就必须坚持打好“六加一”攻坚战不懈怠。紧紧围绕项目建设、经济转型、机制转换、城建提升、民生改善、环境创优和国际文化旅游名城建设，任尔东南西北风，咬定“六加一”攻坚战不放松，不获全胜，决不收兵。

福民强市，路在持续。这条路，就是始终以知难而进、迎难而上的气概，以坚决打好“六加一”攻坚战为突破口的决心，真正实现“三化”协调科学发展。

路在持续，必须突出协调，不断做大做好经济社会发展“蛋糕”，着力打造效益洛阳。协调发展，才能实现经济效益、社会效益、生态效益的有机统一，才能走出质量效益型的发展之路。

大力推进项目建设，靠强化支撑、增强后劲求协调。必须始终把项目建设作为重中之重，把经济、社会、文化、生态建设转化为具体的项目来谋划、来运作。坚持有所为有所不为，集中力量实施一批符合国家产业政策、市场前景好、事关洛阳长远发展的重大项目，使发展的结构更优、质量更高、效益更好。

大力发展民营经济，靠优化所有制结构、激活内力求协调。牢固树立希望在民间、活力在民营、发展靠民力、稳定靠民富的理念，坚持放心、放手、放胆的方针，为民营经济发展提供更大的平台、更好的服务、更优的环境、更多的支持，力争“十二五”末民营经济比重达到65%以上，成功创建国家级创业型城市，让民营经济由洛阳今天的生力军真正成为明天的主力军。

大力推进招商引资，靠扩大开放、借助外力求协调。牢固树立亲商、安商、优商、富商理念，依托洛阳的综合优势，把引资金、引项目和引理念、引人才、引技术、引管理、引机制、引品牌、引市场有机结合起来，借鉴外地“有多好的项目，就有多好的政策环境”的成功经验，积极采用产业链条招商、产业集群招商、园区招商和垂直整合一体化招商等形式，吸引更多优质企业来洛投资兴业。

路在持续，必须突出转型，加快老工业基地振兴，着力打造创新洛阳。经济转型是实现老工业基地焕发生机、重振雄风的必然选择，更是洛阳华丽转身、凤凰涅槃的必由之路。

坚持加快发展与提升水平并举，做大做强战略支柱产业。依托我市的产业基础，瞄准全省、全国乃至全球一流标准，加快改造提升装备制造、有色金属加工、石油化工、硅光电及能源电力等五大战略支柱产业，努力建设具有世界先进水平的现代装备制造产业基地和全国重要的新材料产业基地、石油化工基地、硅光电产业基地、能源电力基地。

坚持结构优化与培育优势并重，积极发展战略性新兴产业。科学研判未来市场需求变化和技术发展趋势，加强政策支持和规划引导，强化核心关键技术攻坚，突破重点领域技术瓶颈，按照成长性高、带动性强的要求，积极培育新能源、信息技术、生物医药、节能环保和新能源汽车产业，壮大一批大个头的新兴高技术领军企业，形成我市未来经济社会发展新的支撑。

坚持机制转换与规范完善并行，推进国有集体企事业单位改革改制。按照职工利益最大化、单位发展活力最大化、部门服务效能最大化的要求，坚持因地制宜、阳光操作、各得其所的原则，能推进劳动、人事、分配“三项制度改革”的就推进“三项制度改革”；能推进机制、技术、管理“三创新”的就推进“三创新”；能通过改革改制明晰产权的就通过改革改制明晰产权。同时，切实抓好已改革改制企事业单位的规范完善工作，优化股权结构，完善法人治理结构，建立健全现代企业制度，积极引进战略合作者。积极发展和充分利用资本市场，推动更多的企业在境内外上市。

坚持政府引导与市场主导并联，加快产学研军融合发展。发挥我市在新材料、航空航天、电子信息、光机电一体化等高科技领域的技术研发优势，以建设国家创新型试点城市为契机，大力推进产学研军联盟，加快推进产业技术升级，为洛阳老工业基地振兴转型提供强大的科技支撑，实现洛阳制造向洛阳创造跨越。加快科技创新人才队伍建设。牢固树立人才是第一资源的理念，坚持感情留人、事业留人、待遇留人，着力营造拴心留人的环境，打造引进和培养人才的高地。

路在持续，必须突出集约，加快推进特色城镇化，着力打造宜居洛阳。特色城镇化是“三化”协调科学发展的龙头、引擎和载体，更是福民强市的战略重点。

加快推进组团式城市发展战略，强化市县联动。按照“文化为魂、水系为韵、牡丹为媒、产城融合、组团发展、生态宜居”的城市发展思路，实现“一中心三板块五组团四支撑”的总体发展布局。加快中心城市建设，着力打造洛北城区板块、洛阳新区板块、偃师城区向西与中心城区对接板块，实现错位发展、优势互补、功能共享。加快吉利、新安、孟津、宜阳、伊川五个组团与中心城市向心发展，靠城际快速通道形成半小时经济圈、通勤圈、生活圈。发挥汝阳、嵩县、栾川、洛宁的潜在优势、后发优势，为全市发展提供强力支撑。

加快推进产业集聚区建设，强化产城融合。按照大平台、大产业、大项目、大企业的理念，完善基础设施，健全服务平台，增强产业配套，积极承接集群式产业转移，实现企业集中布局、产业集群发展、资源集约利用、功能集合构建和人口向城镇转移。

加快推进城乡统筹步伐，强化城乡一体。坚持分类指导、区别对待，在城中村、城郊村、城边村、园中村和旅游景区等工业能够反哺农业、城市能够辐射农村的区域，加快推进项目向园区集中、农民向新型社区集中、土地向规模经营集中，实现城乡规划、产业布局、基础设施、公共服务、创业就业、社会管理一体化。同时，在有条件的区域积极推进结构调整、土地流转、生态旅游“三篇文章打捆一起做”，加快农业规模化、产业化、集约化步伐，进而实现农业现代化。

路在持续，必须突出提升，加快国际文化旅游名城建设，着力打造人文洛阳。没有提升就不能持续，而洛阳城市整体提升的点睛之笔，就是靠河洛文化传承弘扬来加快国际文化旅游名城建设。

积极打造城市名片，彰显洛阳特色。立足洛阳的独特优势，打造千年帝都、河洛之根、牡丹花城、丝路起点四张名片。以龙门石窟、关林、老城区、汉魏故城、隋唐洛阳城等重要遗址区综合开发和重大遗址保护展示为重点，再现“神都”新风采。以河洛文化旅游节和河出图、洛出书等根亲文化为载体，将客家文化、姓氏文化的研究、组织、活动融为一体，使“寻根河洛”成为洛阳扩大开放的新途径。以举办中国洛阳牡丹文化节为契机，进一步打造弘扬牡丹文化的新平台。以丝绸之路申报世界文化遗产为契机，加快白马寺综合保护开发和瀍河回族区综合开发建设，着力打造中外文化交流的新亮点。同时，还要坚持创建为民、为民创建，以创建全国文明城市为龙头，带动国家金融生态市、国家环保模范市等创建工作，巩固提升国家卫生城市、国家森林城市创建成果，为洛阳增添越来越多的城市名片。

大力发展文化旅游产业，强化产业支撑。推进文化旅游体制机制创新，加快文化、文物、旅游和城建、生态的融合，着力培育文化旅游龙头企业。积极申报和建设全国文物旅游示范区、全国智慧旅游城市，不断巩固提升洛阳在全国乃至国际文化旅游业发展中的知名度和美誉度。

坚持市场化运作机制，破解资金难题。建立健全资金筹措机制、盈亏平衡机制、债务偿还机制和监督管理机制，着力推进城市资源、资产、资本的市场化。充分发挥财政资金“四两拨千斤”作用，吸引更多的社会资本、民间资本、外来资本参与城市建设管理。

路在持续，必须突出统筹，同步推进经济、政治、文化、社会、生态建设，着力打造和谐洛阳。统筹兼顾是科学发展观的根本方法，必须以统筹的理念引领实践，以统筹的方法形成合力。

统筹经济发展与民生改善。从群众反映强烈的热点、难点、重点问题入手，实施更加积极的就业政策，进一步完善社会保障体系，大力实施创业带动就业工程、城乡安居工程、教育提升工程、医疗资源倍增工程、城市畅通工程和扶贫开发工程，让改革发展的成果更好地惠及群众。坚持每年办好十大“福民实事”，健全完善改善民生的长效机制。加快社会管理创新，深入开展“打黑除恶扫痞”活动，不断提高公众安全感指数。高度重视信访稳定这个干群关系的“晴雨表”，按照有责推定、有理推定、有解推定的原则，更好地解决群众的各类诉求问题。严格落实安全生产企业主体责任和政府监管责任，加大隐患追究、过程追究、依法追究、公开追究的力度，坚决守好安全生产这条人命关天的“高压线”。

统筹民主法治与精神文明建设。积极支持各级人大、政协履行职责，做好民族、宗教、外事、侨务和对台工作。发挥工会、共青团、妇联等人民团体作用，做好老干部工作。以争创全国双拥模范城“六连冠”为载体，支持驻洛部队建设。

统筹人与自然和谐发展。积极发展低碳经济、绿色经济，加快循环经济试点城市建设。进一步扩大花卉苗木种植面积，到“十二五”末，全市森林覆盖率达到50%以上。深入实施碧水蓝天工程，用好倒逼机制，坚持堵疏结合，引导企业按照国家产业政策和环保标准来转型、转产，达到置于死地而后生的效果。到“十二五”末，全市单位生产总值能耗降低17%、单位生产总值二氧化碳排放降低18%，发展方式初步实现由粗放型向集约型转变，让明日洛阳山更绿、水更清、天更蓝！

福民强市，转在持续。这个转，就是始终以领导方式转变加快发展方式转变，进而为“六加一”攻坚战和中原经济区建设有担当、谱写福民强市新篇章提供坚强有力的保障。

转在持续，前提是转变思想方式。思想决定思路，思路决定出路。要强化创新意识求持续。始终坚持解放思想、实事求是、与时俱进的思想路线，不唯书、不唯上、只唯实，靠解放思想增强敢闯敢干、先行先试的胆略，靠解放思想提高破解难题、打破瓶颈的能力，靠解放思想提升持续发展、福民强市的本领。要强化危机意识求持续。面对中原经济区建设有更大担当的新机遇、新挑战，尤其要保持头脑清醒，既要居安思危、更要居危思危，既要敢于担当、更要善于担当，顺势而为、乘势而上，最后就会化危为机、化蛹成蝶。要强化发展意识求持续。悠悠万事，唯科学发展为大，唯科学发展为先，唯科学发展为重，唯科学发展为本，唯科学发展为要。科学发展是最硬最硬的道理。要强化为民意识求持续。必须始终牢记：只有拥有群众，才能拥有一切；只有赢得群众，才能赢得一切。必须刻骨铭心：洛阳百姓的利益大如天，我们肩上的责任重如山！

转在持续，关键是掌握科学方法。方法得当，事半功倍；方法失当，事倍功半。要遵循规律求持续。尤其要遵循市场经济规律、群众工作规律、具体问题具体分析规律和党的执政规律，客观规律要求怎么做就怎么做、事情本身需要怎么做就怎么做，不能有功利心，不能有“目的性”，干工作不能搞形式，不能靠作秀沽名钓誉，推进工作要做到急不得更慢不得，高不得更低不得，热不得更凉不得，尊重群众意愿、遵循客观规律、遵守上级政策、循序渐进、又好又快最难得。要完善机制求持续。人叫人动人不动，机制调动积极性。要持续完善科学发展、平安建设、企业增效、环境创优、效能提升、安全生产和群众诉求办理考评机制，在全市进一步形成比、学、赶、帮、超的良好局面。要弘扬精神求持续。大力弘扬包容开放、创业创新、实干争先、负重奋进的洛阳精神，凝聚全市人民的精气神，搞好福民强市的大合唱。要创优环境求持续。始终坚持软硬环境两手抓、两手都要硬，创造宽严有序的发展软环境和配套齐全的发展硬环境，进一步增强洛阳发展的竞争力和吸引力。

转在持续，根本是加强党的组织建设。全市各级党组织、各级领导班子和党员干部队伍，是推进洛阳福民强市事业的骨干力量。要进一步加强领导班子建设。落实“五重五不简单”的选人用人原则，即重群众公认但不简单以票数取人，重“四化”方针但不简单以年龄、文凭取人，重德才标准但不简单以求全取人，重公开选拔但不简单以考试取人，重干部资历但不简单以任职年限取人。坚持“两公一程序”，即领导出于公心、注重群众公认、严格选用程序的操作流程，以科学发展论英雄、凭群众满意用干部，真正将那些善于团结、干事创业、清正廉洁、群众认可的干部选配到各级领导班子中来。要进一步加强基层组织建设。基础不牢，地动山摇。着眼于加快构建城乡一体的基层党建新格局，按照民主选举、目标管理、监督公开、培训提高这一长效机制的要求，切实加强农村和城市社区党组织建设。尤其要对照“提高群众满意率、降低群众上访率”的标准，把通过后进村和后进社区整顿、变“老大难”为新亮点作为基层组织建设的重中之重，确保每一个基层党组织都成为群众认可的战斗堡垒。

转在持续，重点是改进干部作风。作风硬，洛阳兴。全市各级党组织必须以密切党群、干群关系为目标，以提高党政机关工作效能为抓手，以提高企业、群众和服务对象“三满意”为根本标准，用好公开、暗访、问责“三把利剑”。要坚持以治庸提能力、以治懒增效率、以治散正风气、以治软立规矩，还要坚持以治浮促落实、以治躁打基础、以治怨振锐气、以治疲砺斗志。要在全市形成上级围绕下级转、机关围绕基层转、干部围绕群众转、企业围绕效益转、全市围绕发展转的良好局面。同时，我们要拿起反腐倡廉建设这一锐利武器，扎实推进教育、制度、监督并重的惩治和预防腐败体系建设，坚决纠正部门和行业不正之风，严肃查处各类违法违纪案件，以反腐倡廉建设的实效取信于民。

90年前，洛阳诞生了我们党在河南的第一个地方党组织；90年来，在党的领导下，全市各级党组织带领全市人民坚持真理、修正错误，审时度势、与时俱进，取得了革命、建设和改革的辉煌成就。雄关漫道真如铁，而今迈步从头越。站在洛阳发展新的历史起点上，中央和省委寄予厚望，全市人民满怀期待，我们正面临一场前所未有的大考，考题就是福民强市、贵在持续，考试内容就是打好“六加一”攻坚战、实现“三化”协调科学发展，考官就是680万洛阳人民。只要我们真正把思路搞清、把风气搞正、把作风搞实、把形象搞好，就一定能在这场大考中交上一份让洛阳人民满意的答卷！

政府工作报告

——在洛阳市第十三届人民代表大会第四次会议上

洛阳市人民政府市长　李柳身

各位代表：

现在，我代表市人民政府向大会作工作报告，请予审议，并请各位政协委员和列席人员提出意见。

一、2011年工作回顾

2011年，在省委、省政府和市委的正确领导下，在市人大、政协的监督支持下，市政府团结带领全市人民，围绕福民强市总体目标，锐意进取，务实重干，全力打好项目建设、经济转型、机制转换、城建提升、民生改善、环境创优和国际文化旅游名城建设“六加一”攻坚战，圆满完成了市十三届人大三次会议确定的各项目标任务，实现了“十二五”发展的良好开局。初步测算，全年完成地区生产总值2723亿元，比上年增长12.8%。固定资产投资1855亿元，增长27%。地方财政一般预算收入178.3亿元，增长25.5%。社会消费品零售总额954亿元，增长18%。外贸出口14.5亿美元，增长38.1%。城镇居民人均可支配收入和农民人均纯收入分别达到19756元和6532元，增长12%和15%左右。特别是经过全市人民艰苦不懈的努力，我市顺利通过国家卫生城市复审，荣获全国文明城市、国家森林城市称号。

——项目建设步伐加快，产业结构进一步优化。全年实施千万元以上项目3894个，完成投资1592.2亿元。传统产业升级加速。出台了洛阳市老工业基地振兴规划及一系列促进结构调整的政策措施。中信重工特大型锻造基地、伊电集团25万吨高精度铝板带、725所1万吨钛板带、轴研科技重型精密轴承等项目竣工投产；麦达斯轨道交通铝型材、恩梯恩LYC公司汽车轴承等项目开工建设；洛阳石化1800万吨炼油扩能改造、洛玻集团搬迁改造等项目前期工作扎实推进。战略新兴产业不断壮大。出台了战略新兴产业培育等“三大工程”“一大政策”。中硅高科光伏产业园75兆瓦单晶硅片等项目竣工投产，中航锂电产业园等项目加紧建设。上海超日400兆瓦光伏垂直一体化、中航光电产业基地、微软技术中心等项目开工建设。风电叶片、风电轴承、兽用疫苗、节能环保装备、锂离子电池等技术达到国际国内领先水平。现代服务业加快发展。实施千万元以上服务业项目136个。开元门生态商务区等十大服务业示范项目加快实施。河南移动客服中心等项目竣工投用。863软件孵化器、恒生科技园、通和农副产品物流园、大张物流园等项目顺利推进。国际文化旅游名城战略策划项目全面完成。隋唐城遗址保护展示，龙门、白马寺景区提升等重点示范项目加快推进。老君山·鸡冠洞旅游区晋级国家5A级景区。

——经济转型实现新的突破，发展质量进一步提高。自主创新能力持续提升。新建国际联合实验室2个、河南省院士工作站11个、市级以上企业研发中心49个，河柴重工技术中心被认定为国家级企业技术中心。26家省百高、百强企业以及42家重点制造业企业全部建立研发中心。中钢洛耐研究院、中硅高科分别牵头组建了国家、省产业技术创新战略联盟。专利、发明专利申请量均居全省第二位。78项科研成果通过产学研合作信息平台实现产业化。荣获国家科技进步奖2项、省级科技进步奖28项。产业集聚成效明显。各产业集聚区基础设施建设、招商引资、产业培育力度不断加大，特色主导产业基本形成。17家产业集聚区新开工亿元以上项目占全市的72%，规模以上工业主营业务收入占全市的54%。其中，10家产业集聚区被列为省重点示范产业集聚区，数量居全省第一。碧水蓝天工程扎实推进。大力淘汰落后产能，加快实施节能改造、资源综合利用和循环经济项目。污水处理厂及配套管网建设步伐加快，电力、冶金、建材、化工等企业实现达标排放。全市空气质量优良天数达到316天，出境水质断面综合达标率98%以上。

——新农村建设扎实推进，“三农”基础进一步巩固。结构调整、土地流转、生态旅游成效显著。粮食总产达到46亿斤，连续九年实现丰收。新发展牡丹4.87万亩，花卉苗木、蔬菜、林果、畜禽养殖等特色产业比重达60%以上。完成土地流转90万亩。转移农村劳动力142万人，劳务创收85亿元。休闲旅游农业园区达到796个。农业产业化占农业总产值的比重达到58%。农业综合生产能力进一步提升。完成水库除险加固12座，新增有效灌溉面积6.4万亩。植树造林45.4万亩。农村面貌明显改观。新开工新型农村社区87个，建成50个。新建农村社区服务中心103个，硬化通组通户道路2061千米，解决安全饮水30万人，完成村改居177个。全市95%以上行政村建立了卫生保洁长效机制。

——改革开放不断深化，发展活力进一步增强。企事业单位改革取得重大进展。市属国有企业和事业单位改革改制、县（市）区企事业单位改革实现大头落地。洛轴集团等3户企业政策性破产加快推进。省定煤矿兼并重组、集体林权制度改革确权发证任务全面完成。文化体制改革工作被评为全国先进。民营经济快速发展。建立了民营经济新闻发布会等制度，民营经济发展氛围进一步浓厚。北玻公司等4家民营企业成功上市。民营经济新上千万元以上项目820个，完成投资850亿元，实现增加值占全市生产总值的比重超过50%。招商引资成效显著。全年签订招商引资项目356个，投资总额增长50%；实际利用外资和市外境内资金分别增长46.8%和32.2%。中移动（洛阳）呼叫中心、浙商工业园、国龙物流园等重大项目落户洛阳。对外贸易实现新突破。预计外贸进出口总额达20.5亿美元，增长33.1%。

机电产品、高新技术产品出口额占全市的83%，出口结构继续优化。旅游业发展态势良好。第二十九届中国洛阳牡丹文化节、小浪底观瀑节、河洛文化旅游节、伏牛山滑雪节圆满成功。全年接待游客6870万人次，其中入境游53万人次，旅游总收入350亿元。

——城市形象不断提升，城镇化进程进一步加快。新区建设势头强劲。伊洛大道、洛白路改造等24项市政基础设施项目建成投用，伊滨区路网基本形成。行政副中心、中央商务区、福民安置小区、职教园区等重点区域，龙门大道提升、高铁大道跨伊河大桥等重大项目建设进展顺利，兰迪新型中空玻璃、轴承科技产业园等项目加快实施，南兆域、伊河生态廊道等城乡一体化试点项目全面启动。城区改造成效显著。新建、改扩建市政道路37.2千米。洛阳桥扩建、瀛洲北路二期等工程建成投用，中州路、凯旋路等18条市管道路改造提升工程全面完成。丽春东路打通、道北三路打通等工程进展顺利，九都路高架等项目前期工作加快推进。城中村、城郊村和旧城改造实现重大突破，全年完成改造拆迁面积2000万平方米以上，开工安置房1500万平方米，竣工340万平方米。新增城市绿地125万平方米。城市管理水平明显提升。建立了“110城市应急联动服务平台”，80家职能部门联网办理群众咨询和诉求。启动数字化城市管理系统建设，加大市容巡查督办力度，新建公厕303座、垃圾中转站34座，城市环境卫生状况明显改观。交通辐射带动能力不断增强。连霍高速郑州至洛阳段，洛偃、洛宜快速通道建成通车。连霍高速洛阳至三门峡段、郑卢高速洛阳段、洛栾高速及洛吉、洛伊快速通道建设加快推进。310国道改线、小浪底专用线改造等项目前期工作进展顺利。建成农村公路188千米。洛阳机场旅客吞吐量比上年增长28%。

——民生工程加快实施，社会保障体系进一步完善。省定、市定福民实事全面完成，各级财政用于民生的支出达到198亿元，占财政一般预算支出的66.9%。全民创业成绩喜人。发放小额担保贷款13.7亿元，扶持2.2万人成功创业。新增城镇就业12.9万人，基本实现零就业家庭至少有一人就业。社会保障水平不断提高。在全省率先实现城镇职工基本医疗保险市级统筹，城乡居民社会养老保险制度实现全覆盖。提高城乡居民最低生活保障和农村“五保”供养标准，基本实现应保尽保。建立物价与最低生活保障联动机制，为困难群众发放临时价格补贴1289万元。新开工保障性住房3.5万套168万平方米，竣工71.4万平方米，6137户住房困难群众乔迁新居。农村敬老院改造、倒房重建等工作加快推进。完成搬迁扶贫2250户10005人。

——社会事业全面进步，社会管理进一步加强。新建、改扩建学校16所，吸引社会力量举办各类学校、幼儿园、教育机构71所，城乡中小学、幼儿园校舍安全改造工程进展顺利。普通高招再创新高。河南推拿学院和洛阳职业技术学院成功升格。优势医院倍增计划加快实施，河科大一附院新区医院建成开业，第五人民医院新区医院、妇儿中心新区医院等项目加紧推进，开工建设县医院4个，新增床位1020张。全市乡镇卫生院实现药物零差率销售。新型农村合作医疗参合率达99.4%。人口自然增长率控制在5.8‰。文化基础设施建设步伐加快，建成公共文化馆16个、图书馆10个。洛阳博物馆新馆全面对外开放。成功举办河南省第五届农民运动会。扎实开展安全生产及食品药品安全专项整治。稳妥推进警务体制改革创新，深入开展打黑除恶扫痞和校园周边环境治理专项行动，城市区和所有行政村实现技防设施全覆盖。积极排查化解矛盾纠纷，社会大局保持稳定。

——政府自身建设不断加强，行政效能进一步提升。坚持依法行政、阳光操作，主动接受人大及其常委会监督，支持政协参政议政，人大代表议案、建议和政协提案办理满意率均达到99.6%以上。加强政府立法，提请市人大常委会审议法规草案2件，颁布政府规章3件。圆满完成了第七届村民委员会换届工作。深入开展“环境创优年”活动，加强机关效能建设，发展环境进一步优化。全面推进政务公开，面向社会公布了市直各部门的服务承诺。认真清理行政审批事项，实现了审批项目全省最少。政府廉政建设和反腐败工作取得新成效。加强军政军民团结，荣获全国双拥模范城六连冠。与此同时，民族宗教、对台工作、外事侨务、统计、审计、人防、气象、地震、档案、史志、残疾人事业等都取得了新的成绩。

各位代表！过去的一年，我们之所以能够实现又好又快的发展，是省委、省政府和市委科学决策、正确领导的结果，是市人大、政协有效监督、鼎力支持的结果，更是680万洛阳人民团结奋斗、锐意进取的结果。在此，我代表市政府，向全市各条战线上的工人、农民、干部、知识分子和广大建设者，向人大代表、政协委员，向各民主党派、工商联、无党派人士和人民团体，向离退休老领导、老同志，向驻洛部队、武警官兵、公安政法干警，向所有关心支持洛阳发展的社会各界人士，表示崇高的敬意和衷心的感谢！

在肯定成绩的同时，我们还要清醒地看到，当前我市经济社会发展中还存在一些亟待解决的问题：一是产业抗风险能力较弱。工业增长对石化、有色、电力等产业的依赖度较高，去年因市场波动和价格倒挂，直接影响了全市经济运行的质量和效益。二是资源环境约束力增大。我市能源原材料行业比重大，不仅单位产值能耗较高，而且能耗总量较大，增加了节能工作的难度。同时，经济发展、人口增多、消费水平提高对环境提出了新的要求，我们既要偿还历史欠账，又要做好当前的环境治理工作，任务十分艰巨。三是改革改制工作有待深化。部分领域的改革尚未全面启动，个别单位改制不够彻底，职工安置还不到位，仍需进一步规范和完善。四是民生保障与社会管理任务繁重。就业、教育、医疗、住房等问题还没有得到很好解决，部分群众生活还比较困难，安全生产、食品安全、社会治安、信访工作还存在薄弱环节，交通拥堵、物业管理等问题逐渐显露。五是机关作风建设有待加强。一些部门职能转变不到位，行政效率低下，处置突发事件能力较弱；一些干部思想僵化，创新意识不强，运作水平不高。对此，我们一定要高度重视，在今年的工作中采取切实有效措施，逐步加以解决。

二、2012年总体工作要求

今年是实施“十二五”规划的重要一年，也是全面推进中原经济区建设的关键之年。当前我们面临的外部环境更加复杂多变。金融危机的影响短期内难以消除，国际市场需求低迷，国内需求增长难度加大，经济增速下行与物价高位运行矛盾交织，加之区域竞争日趋激烈，给我市经济增长带来了较大压力。同时，我们更要看到，国内经济总体向好的基本面没有改变，我市仍处于加快发展的重要战略机遇期。第一，今年国家继续实施积极的财政政策和稳健的货币政策，加大对“三农”、保障性住房、社会事业等领域的投入，保持社会融资规模合理增长。只要我们顺应宏观政策，多渠道争取资金支持，筛选出符合国家政策导向和资金投向的项目，就一定能够保持足够的投资强度，加强我市的薄弱环节建设。第二，《国务院关于支持河南省加快建设中原经济区的指导意见》明确提出，要支持洛阳加快老工业基地调整改造、建设新材料产业基地和有重要影响力的产业创新中心。我市产业基础雄厚、科技实力突出、人才优势明显，只要我们善于创新机制，推动产学研军深度融合，就一定能够加快产业结构优化升级、打造老工业基地振兴转型品牌。第三，中央、省明确提出要推动文化大发展、大繁荣，加快建设华夏历史文明传承创新区。我市文化底蕴深厚、资源优势独特，只要我们善于挖掘资源，策划并实施一批文物保护、文化资源开发利用项目，凝练一批特色鲜明的河洛文化符号，就一定能够在增强文化软实力、提升城市竞争力方面走在全省前列。第四，国家明确提出要支持我省建设中原历史文化旅游区、黄河文化旅游带等重点旅游景区和精品旅游线路。我市旅游资源丰富、自然人文景观众多，旅游人数稳居全省首位，只要我们抓住机遇，加大投入，完善服务设施，大力宣传推介，就一定能够提高游客的消费预期，带动本地酒店、餐饮、娱乐、商业等服务业的发展。第五，中央、省新一轮的扶贫攻坚计划开始实施，《中国农村扶贫开发纲要（2011年～2020年）》将我市栾川、嵩县、洛宁、汝阳4县列入秦巴片区扶贫规划。只要我们深入研究政策，做好基础工作，就一定能够打赢新一轮扶贫开发攻坚战，实现贫困地区群众脱贫致富。第六，近年来，我市固定资产投资增速较快，一些打基础、增后劲的重点项目陆续投产，产业集聚功能不断提高，“三化”协调发展格局正在形成。特别是去年以来实施的“六加一”攻坚战成效明显，社会大局和谐稳定，干事创业氛围浓厚，为我市今后的发展奠定了坚实的基础。

基于上述分析，今年政府工作的总体要求是：以科学发展为主题，以加快发展方式转变为主线，紧紧抓住并切实用好中原经济区建设的重大机遇，增强忧患、化危为机，积极作为、持续求进，提振信心、求实求效，以“当好一个示范、打造两大品牌”为战略定位，以持续和提升“六加一”攻坚战为重中之重，确保我市经济、社会、生态建设主要指标和协调发展程度高于全省平均水平，城乡居民收入的增长、幸福指数的提升高于全省平均水平，确保社会大局稳定。

初步确定2012年全市经济社会发展的预期目标是：地区生产总值增长11%左右，公共财政预算收入增长15%左右，固定资产投资增长25%以上，社会消费品零售总额增长17%左右，外贸出口增长25%以上，实际利用外资增长25%以上，城镇居民人均可支配收入和农民人均纯收入均增长10%左右，城镇居民登记失业率控制在4.5%以内，居民消费价格涨幅控制在4%以下，人口自然增长率控制在6.5‰以内。

实现上述目标，必须要把握好六个方面的着力点：一是必须把项目带动作为扩大需求的根本动力。我市经济发展的外向度较低，消费需求增长缓慢，经济增长在短期内主要依靠投资拉动。要积极谋划和推进一批产业转型、基础设施、重大民生项目，在扩大投资中壮大经济实力、增强发展后劲。二是必须把企业转型升级作为保增长的有力抓手。开发新产品、拉长产业链条、提高企业创新能力，是我市传统优势产业面临的战略选择。要引导和支持企业以市场为导向，积极调整产品结构，加快技术创新、产品创新和管理创新，推动产业转型升级，提升核心竞争力。三是必须把破解瓶颈制约作为助企解困的重要任务。资金、土地、能源供应紧张，要素价格不断攀升，是当前制约企业发展的重要因素。要把服务企业作为当前工作的重中之重，主动为企业协调解决资金、市场等方面的问题，帮助企业纾压解困、渡过难关。四是必须把扩大开放作为加快发展的主要途径。周边地区快速发展的现实启示我们，仅仅依靠现有的产业基础和自身扩张，不可能在新一轮的竞争中抢占发展先机。必须进一步扩大对外开放，加大招商引资力度，积极承接产业转移，吸引资金、技术、人才等要素向我市集聚，才能借力实现跨越式发展。五是必须把城镇化引领作为推动“三化”协调发展的关键举措。城镇化是“三化”协调发展的龙头。洛阳要在中原经济区建设中当示范、做标兵，就必须以新型城镇化为引领，深入开展城乡建设提升活动，加快城乡一体化步伐，实现以产促城、以城带乡、产城融合。六是必须把改善民生作为一切工作的出发点和落脚点。解决好群众的住房难、看病难、上学难、就业难等问题，是各级政府的中心任务。必须坚持以民生为本，不断加大民生投入，办好涉及民生的大事要事，稳步提高人民群众的幸福指数。

三、2012年重点工作

坚持把稳增长、调结构、抓改革、惠民生、促和谐作为政府工作的主线，持续和提升“六加一”攻坚战，确保全市经济社会平稳较快发展，确保人民群众生活水平明显提高。

（一）加快工业结构调整，努力打造特色明显的新型工业化城市。坚持把项目建设作为应对当前复杂局面、培育竞争优势的重要抓手，改造提升传统优势产业，大力发展战略性新兴产业，推动产业总量扩大、结构优化、水平提升。做大做强优势产业。加大技术突破和改造升级力度，引导企业通过技术创新实现制造工艺和产品高端化。以龙头带动、基地支撑、高端突破为着力点，通过招商引资、整合重组，进一步做大做强装备制造、石油化工、能源电力等支柱产业。开工建设725所特种材料装备基地、洛阳石化45万吨PX（对二甲苯）、一拖集团新型轮式拖拉机核心能力提升等项目，加快推进万基控股集团60万吨铝板带箔等在建项目，做好洛阳石化1800万吨炼油扩能、河南煤化集团100万吨PTA（精对苯二甲酸）、大鱼沟抽水蓄能电站等项目前期工作，争取中信重工超深矿井提升设备、南车集团城轨车辆组装等项目尽快竣工投产。抓好国机重工产业园等十大园区建设。加快推进洛玻、白马、洛耐、洛单等企业搬迁改造。培育壮大新兴产业。加强新材料、新能源、新能源汽车、生物制药等领域的关键技术研发，加快培育骨干企业，提高产业发展水平。突出抓好中硅高科光伏产业园、普莱柯生物动物疫苗产业化等十大示范项目。加快推进中航锂电产业园等在建项目，尽快开工金诺公司蓝宝石单晶炉及蓝宝石生长新工艺产业化等项目，确保725所钛泵阀基地等项目竣工投产。提升产业集聚水平。加快产业集聚区生产生活配套设施建设，确保所有产业集聚区发展区基础设施全覆盖，公共生活服务平台和供水、供电、供热、供气、污水处理等设施全部建成投用。强化主导产业集群培育，综合运用项目准入、要素配置等手段，推动同类项目、关联项目向园区集中。确保17家产业集聚区新开工亿元以上工业项目150个、竣工70个以上，形成营业收入超百亿元的产业集群12个，营业收入比上年增长35%，固定资产投资力争增长40%以上。增强自主创新能力。加快研发平台建设，新建市级以上工程技术研究中心10个、省级重点实验室1家至2家、院士工作站3个。完善区域创新体系，加快产学研军融合发展，抓好新区科技城、大学科技园等创新载体建设，做大做强轴研科技、北玻公司等高新技术企业，支持20家科技型中小企业科技创新。大力实施知识产权推进战略，申报发明专利1300件以上。提升科研成果产业化水平，全年高新技术产业增加值突破200亿元。加快推进节能降耗。坚持强度和总量双控制，完善考核奖惩机制，把好项目准入关，大力淘汰落后产能，确保全年单位生产总值能耗下降3.5%。积极推行合同能源管理，培育节能服务市场体系。抓好重点领域、重点区域、重点行业的节能降耗。加快循环经济试点市建设，做好伊电集团、万基控股、骏马化工等企业及洛宁、嵩县等5个产业集聚区循环经济试点工作。

（二）加强“三农”工作，努力打造现代化新型农村。认真落实各项惠农政策，加强农业基础设施建设，加快农业现代化进程，促进农业增效、农民增收和农村发展。继续做好“三篇文章”。加快农业结构调整，新发展蔬菜、花卉苗木、林果、牡丹27万亩，新建、改造标准化畜禽养殖场（区）10个，新增休闲农业园区50个，完成土地流转75万亩以上。提高农业科技服务水平。加大科技投入，完善农业科研、技术推广和人才队伍体系，大力推广先进适用技术，强化农业科技支撑，不断提高农产品市场竞争力。新增农机动力5万千瓦，推广新型农机具1000台，进一步提高农业机械化程度。加强农产品质量监管，确保产品质量安全。提升农业产业化水平。重点扶持一批农副产品精深加工、冷链物流等龙头企业，新发展产业化龙头企业10家、专业合作社100家。提高农业综合生产能力。严格落实耕地保护制度，确保粮食总产稳定在40亿斤以上。完成水库除险加固50座，加快农田水利设施建设，不断增加有效灌溉面积。争取小浪底南岸灌区、伊洛河治理等项目尽快立项。改善农村人居环境。加强农村水、电、路、气等基础设施建设，硬化通组通户道路2000千米。新建户用沼气1万座、服务网点100个。解决农村安全饮水20万人。

（三）加快服务业发展，努力打造现代服务业高地。坚持把服务业发展作为扩大内需、产业转型、改善民生的综合性举措，进一步做大总量，提升水平。大力发展信息产业。重点支持呼叫中心、数据处理、物联网、电子商务、软件外包等产业发展，积极培育各具特色、互为补充的信息产业园区。突出抓好中移动（洛阳）呼叫中心、炎黄科技园、国际科技创新产业园等十大信息服务业项目。大力发展现代物流业。加快区域性物流枢纽建设，重点发展工业品、农产品、建材、汽车摩托配件及冷链物流。突出抓好国龙物流园区、宏进农副产品国际物流中心、格力电器物流配送中心等十大物流项目，确保东汉禽业冷库及物流配送中心、新春都冷链物流中心、一拖物流园区等项目年内竣工投用。大力发展现代金融业。积极吸引境内外金融机构在洛设立区域性总部、功能中心、后台服务中心和分支机构，完善金融市场体系，不断创新金融产品。建立中小企业信用评级和贷款风险补贴机制。规范整顿担保机构，优化金融生态环境，防范化解金融风险。大力发展现代商贸业。重点抓好泉舜财富购物中心、建业凯旋广场等20个大型商贸项目。深入推进“万村千乡市场工程”，建成乡镇连锁商业中心和乡村直营店30家以上。鼓励丹尼斯百货等商贸流通企业实施“农超对接”，加快形成现代农产品流通网络体系。做大做强特色餐饮业，打造洛阳餐饮品牌。大力发展社区服务业。积极开展家政服务及社区休闲娱乐服务，培育一批运作规范、连锁经营的龙头企业及养老、医药、保健、代理服务等新兴服务网点。建成放心早餐网点、蔬菜直销网点50个。加强市场指导和调控，促进房地产业平稳健康发展。

（四）推动文化大发展大繁荣，努力打造国际文化旅游名城。坚持文化与旅游融合发展，文物保护与开发利用统筹兼顾，文化事业与文化产业相得益彰，做好传承和创新两篇文章，加快建设国际文化旅游名城和最佳旅游目的地。积极打造河洛文化传承弘扬品牌。依托文化资源优势，突出项目带动，积极推进龙门文化旅游园区、白马寺佛教文化园区、关圣文化产业园区、老城历史文化街区、涧西工业文化遗产街区等十大传统文化展示及提升项目，加快大遗址保护和博物馆展示工程建设，做好丝绸之路、大运河申报世界文化遗产工作。加强河洛文化研究和典籍整理出版工作，筹建河洛文化大型数据库。发展壮大文化旅游产业。高标准办好第三十届中国洛阳牡丹文化节等重大节会。实施小浪底西霞院、伏牛山世界地质公园等十大旅游景区提升行动，加大宣传推介力度，完善旅游设施，丰富旅游产品，优化旅游环境，提升服务质量，满足游客多层次需求，力争全年接待游客增加1000万人次。加快发展特色文化产业，提高牡丹画、唐三彩、澄泥砚、青铜器等特色文化产品档次。精心打造3D动漫电影《牡丹》、红太阳演艺剧场等演艺项目。繁荣发展文化事业。完善公共文化服务体系，新建市科技馆，积极推进市群艺馆以及县级图书馆、文化馆、乡镇文化站、农家书屋建设。实施农村数字电影放映工程，确保每村每月放映一场公益电影。扎实开展公益性演出等文化惠民活动，不断丰富群众文化生活。

（五）深化改革开放，努力打造充满活力的开放城市。大力实施开放战略，建立举市开放体制，以改革破解发展难题，以开放促改革促发展。全面深化企事业单位改革改制。已完成改革任务的单位，要进一步理顺产权关系、完善法人治理结构；存在遗留问题的单位，要一企（事）一策，加快推进。全面完成县（市）区企事业单位改革任务。加快厂办大集体改革。深化文化、旅游、市政、园林、教育等系统改革。进一步创新投融资机制。加快投融资平台整合，完成洛矿集团发行中期票据、企业债券工作，扩大信托、票据、租赁、债券等融资规模。积极推动银企合作，有效解决企业尤其是中小企业融资难问题。设立产业基金、创业投资基金等，引导更多的资金投入实体经济。鼓励中小企业通过风险投资、资金租赁等方式直接融资。推动洛阳银行尽快进入上市程序，争取中信重工、洛阳钼业、普莱柯生物通过证监会审核，全年新增上市企业3家至5家。继续深化大招商活动。优化招商引资考核指标，完善招商引资工作机制。紧盯世界500强、中国500强、行业100强企业，瞄准珠三角、长三角、闽东南等重点区域，集群式承接产业转移，引进一批具有龙头带动作用的大项目和品牌项目。积极参加河南省第七届投资贸易洽谈会及第三届产业转移系列对接活动，组织好牡丹文化节投资贸易洽谈会等重大招商活动。不断提升对外贸易水平。积极推进洛阳出口加工区申报工作，争取洛阳经济开发区升格成功。以产业集聚区、加工贸易承接地为平台，在装备制造、太阳能光伏、钢制办公家具等领域，培育一批竞争优势明显、带动能力强的出口产品基地和产业集群。加大政策支持力度，扶持35家出口企业，培育5家进出口总额超亿美元的企业。发展壮大民营经济。建立各具特色的民营企业产业联盟，增强民营企业整体竞争力。加快中小企业服务体系建设，大力培育骨干企业，重点选择50户“小巨人”企业，在专项资金、人才引进、市场融资等方面予以支持，确保民营经济占生产总值的比重达52%以上。

（六）加快提升中心城区功能，努力打造区域副中心城市。强化经营城市理念，进一步完善功能、提升水平，加快建设“文化为魂、水系为韵、牡丹为媒、产城融合、组团发展、生态宜居”的山水洛阳。提升城市规划品位。围绕“一中心、三板块、五组团、四支撑”的城市总体布局，全面提高城市规划设计水平，彰显历史文化名城特色。抓紧编制中心城市组团发展战略规划、城市分区规划、近期建设规划及专项规划，年底前实现洛北城区控制性详规全覆盖。重点区域的城市设计、建筑色彩和建筑造型必须进行专家评审、社会公示。高标准加快新区建设。重点抓好希望路跨伊河大桥等55项续建工程，开工建设中原大道跨伊河大桥等34项市政工程。加快龙门大道和开元大道沿线、行政副中心、科技城、动力谷等重点区域规划建设。持续推进城区改造。重点在完善路网结构、改善居住环境上下功夫，开工建设城市东环、西环、南环及滨河北路三期等17项市政工程，加快推进唐宫西路、丽春东路等20项续建工程，做好城市轨道交通、北环路等项目前期工作。充分利用地上地下空间，规划建设一批公共停车场。坚持依法拆迁、阳光拆迁、和谐拆迁原则，大力推进城中村、城郊村和旧城改造。完善城市服务功能。加快城市基础设施建设，推进管道天然气向县域、产业聚集区和工业园区延伸，完成洛新线、洛宜线、东环线等建设任务。新增供热面积160万平方米。完成7000户城市居民生活区水表改造。新增公交车300辆、开通加密公交线路20条。提升城市精细化管理水平。按照为民、持续、统筹、同心、务实的要求，巩固提升全国文明城市创建成果。完善城市管理长效机制，建成数字化城市管理系统，重点解决好占道经营、私搭乱建等影响城市形象的问题。深化“畅通洛阳”活动，缓解城市交通拥堵问题。大力实施碧水蓝天工程。确保新区污水处理厂及关林、安乐、新街等三大片区污水管网建成投用，伊滨区污水处理厂开工建设，市区所有污水管网道路完成雨污分流改造，全市污水处理厂正常运行率达90%以上。加快引黄入洛工程和伊河、洛河治理提升进度，积极实施中州渠、伊东渠提升改造和新区轴带水系项目，抓紧治理邙山渠、秦岭防洪渠、涧河和瀍河城区段。加强扬尘控制和机动车尾气治理，确保城区空气质量优良天数达310天以上。完成造林46.9万亩，新增城市绿地100万平方米。

（七）加强城乡互动对接，努力打造城乡一体化示范区。坚持以新型城镇化为引领，搞好城乡统筹和市县联动，不断增强以城带乡、城乡融合发展的能力。加快建设区域综合交通网络。以高速公路、快速通道为支撑，打通对外大通道，完善对内大循环，形成快捷畅通的综合交通体系。加快推进连霍高速洛阳至三门峡段、武西高速洛阳段、310国道洛阳境改建、洛吉快速通道等项目建设；确保龙门大道、310国道白马寺段货车通道改线、机场路大修等工程牡丹文化节前建成通车，洛伊快速通道6月底前建成通车，洛栾高速、郑卢高速洛阳段、小浪底专用线改造等项目年底前建成通车，形成市区到偃师、孟津、新安、伊川、宜阳半小时交通圈，到洛宁、汝阳、嵩县、栾川一小时交通圈，年底前实现县县通高速。加快洛阳机场改扩建工程，确保今年新开和加密航线6条至8条，旅客吞吐量达60万人次以上。注重提升县城和小城镇内涵。要突出特色，提高品位，强化产业支撑，改善居住环境，不断提升县城和小城镇的综合承载能力。加快县（市）供气、供暖、污水和垃圾处理、信息网络等基础设施建设，实现中心城市与县（市）之间、县与县之间互联互通。加快新型农村社区建设。科学编制新型农村社区规划，在城市近郊、产业集聚区、旅游景区、搬迁扶贫新村、移民新村建设新型农村社区试点。研究出台土地、信贷等优惠政策，鼓励投融资公司、房地产开发企业、经济强村集中建设新型农村社区，特别是洛阳新区要发挥示范和引领作用。全年开工建设大型社区50个，新建农村社区服务中心100个。建立完善就业、社会保险、社会救助、医疗卫生、文化、教育、体育等农村公共服务体系，推动城市公共服务向农村延伸、向新型农村社区延伸。以“乡改办、村改居”为抓手，加强新型农村社区管理，提高群众自治水平。放宽城镇户籍限制。完善城镇入户机制，切实解决农民进城就业、住房、社会保障、子女入学等问题，让稳定就业的进城务工人员享受城镇居民同等待遇。积极争取城镇建设用地增加规模与吸纳农村人口进入城市定居规模挂钩试点，吸引更多的农村人口进入城镇。

（八）高度重视民生，努力打造人民满意的和谐城市。今年全市各级财政新增财力主要用于民生项目建设。办好省定、市定福民实事，下大力气解决好群众就业、上学、看病、住房等问题，把更多的公共资源用于扶助弱势群体和困难群众。积极促进全民创业。完善支持自主创业和就业的政策体系，多渠道增加就业岗位，全市新增城镇就业10万人，再就业4万人。发放小额担保贷款12亿元以上，培育发展微型企业700家以上，支持1.5万人创业。加快发展教育、卫生等社会事业。加大教育投入，优化资源布局，促进义务教育均衡发展。全市新建中小学校43所、幼儿园223所，改扩建中小学23所。加强薄弱学校建设，逐步解决“大班额”等突出问题。大力发展职业教育，加快普及高中阶段教育。坚持“一保三放开”，推动多种形式办学。推进基层医疗卫生机构综合改革和公立医院改革，在全市村卫生室实施基本药物制度，年底前实现县域公立医疗机构药物零差率销售全覆盖。开工建设9县（市）卫生监督中心和120急救体系项目。

广泛开展全民健身活动，提升竞技体育发展水平。做好人口和计划生育工作，稳定低生育水平。大力发展老龄事业和残疾人事业。努力提高社会保障水平。大力推进全国城乡居民社会养老保险示范县建设。提高城镇居民基本医疗保险报销比例和最高支付限额，加快推行基本医疗和大病救助同步即时结算。新型农村合作医疗报销年封顶线提高至15万元。多策并举保障市场供应，大力整顿市场经济秩序，保持物价总体平稳。健全最低工资标准、职工工资、退休人员基本养老金、社会救助、城乡低保及农村“五保”供养标准与物价联动挂钩机制，合理增加城乡居民特别是低收入群体的收入。完善机关事业单位工资和津补贴制度。加大保障性住房建设力度，全年开工公共租赁房、廉租房、经济适用房、棚户区改造房2.48万套，竣工1.05万套。扎实推进利用住房公积金贷款支持保障性住房建设试点工作。做好灾区倒房重建工作。实施60所农村敬老院提升改造工程。加大扶贫开发力度，完成50个贫困村的整村推进和3000户1.25万人的搬迁扶贫任务，实现扶贫开发和农村低保制度有效衔接。全面创新社会管理。大力实施安全环境创优行动计划，深化煤炭、非煤矿山、危险化学品、烟花爆竹、校车等重点领域、重点行业专项整治，加大隐患排查治理力度，杜绝重特大事故发生。强化食品药品监管，确保人民群众食品用药安全。严格落实信访工作责任制，扎实开展重大决策项目信访风险评估，妥善解决好群众合理诉求。发挥宗教界的积极作用，促进民族团结进步。加强社会治安综合治理，深入开展打黑除恶扫痞等专项行动，探索实施城市区“网格化”管理模式，不断提升人民群众的安全感。加强应急保障体系建设，提高应对突发事件的能力。提升110城市应急联动服务水平，实现各县（市）区联动服务全覆盖，确保群众诉求办结率和满意率达95%以上。扎实开展双拥工作。做好军转干部、退役士兵安置和优抚对象抚恤优待工作，支持驻洛部队、武警部队、民兵预备役和人民防空建设，促进军民融合发展。同时，积极支持工会、共青团、妇联等人民团体依照各自章程开展工作，发挥好桥梁纽带作用。

总之，民生连着民心。人民群众的幸福，就是我们各级政府的最大追求。我们一定要加倍努力，毫不懈怠，真正把民生工程办成群众满意的民心工程，努力让洛阳人民生活得更加舒心、更加安心、更加顺心。

四、关于政府自身建设

2012年是市委、市政府确定的作风转变年。各级各部门要切实转变工作作风，不断提高行政效能，努力提升服务质量，加快建设全国一流、全省最优的发展环境。

坚持依法行政。严格执行人大及其常委会的决议和决定，依法接受其法律监督和工作监督，自觉接受政协的民主监督。认真办理人大代表议案、建议和政协委员提案。坚持开门立法，建立公民有序参与立法的长效机制，提高政府立法质量和水平。深入推进法治城市创建工作。加强执法队伍建设，规范行政执法行为。加强行政复议工作，健全行政监督体系，认真查处群众反映强烈的突出问题。

提高行政效能。继续深化行政审批制度改革，优化审批工作流程。各级政府和部门要再减少些程序，再缩短些时限，再取消些审批项目，再下放些审批权限，努力形成零障碍、低成本、高效率的投资环境。对于基层、企业和群众反映的问题，必须立即办、主动办、认真办、跟踪办。大力推行“一线工作法”，认真落实首问负责、限时办结、服务承诺、全程代理等制度。加强电子政务建设，全面推行网上审批，为企业、基层和群众提供更加便捷、更加高效的服务。

强化科学运作。遵循和运用好市场经济规律、群众工作规律、具体问题具体分析规律，努力破解各种发展障碍和瓶颈制约。坚持“三重一大”事项集体决策，积极开展网络问政工作，健全重大事项公众参与、社会听证、专家论证、咨询评估等机制，提高政府民主决策水平和科学运作能力。要加强岗位培训，提高公务员素质，做到在复杂疑难问题面前有破解招数，在重大突发事件面前有应对能力。深入开展争创“人民满意公务员集体”和“人民满意公务员”活动，努力打造一支政治坚定、业务精湛、作风过硬、人民满意的公务员队伍。

锤炼务实作风。大力弘扬“包容开放、创业创新、实干争先、负重奋进”的洛阳精神，进一步凝聚发展合力。始终把群众的事情、企业的事情当作大事、要事来办，全心全力为企业和群众办实事、解难题。大力精简会议、文件，转变会风、文风，不说空话、套话，把更多的精力放在抓落实、促发展上。完善重大项目、重点工作跟踪落实机制，做到有令必行、有禁必止，确保政府的每一项工作都有人执行落实，违反制度有人承担责任，切实提高政府的执行力和公信力。加强政府信用体系建设，完善失信惩戒、责任追究等工作机制。严格落实对企业和投资者的优惠政策，切实兑现对企业、对人民群众的各项承诺。

严格廉洁从政。认真落实党风廉政建设责任制，完善惩治和预防腐败体系，强化对权力运行的制约和监督。严格财政经费、政府投资项目管理，全面落实“三公”经费公开制度，完善政府投资项目监督管理办法，杜绝劳民伤财的形象工程、“政绩工程”，反对讲排场、比阔气。加大政务公开力度，让政府的每一项工作都置于人民的监督之下。有效防范和坚决查处公务人员利用职务之便，干预和插手工程招投标、土地招拍挂、政府采购、国有产权和矿权交易等行为。加大行政问责和行政监察力度，对行政不作为、乱作为现象要专项治理，对各类违法违纪案件要一查到底，坚决惩处。下大力气纠正各种损害群众利益的不正之风，以为民、务实、清廉的政府形象，赢得人民群众的信任和支持，让政府公簿的每一页都写满公开、公平和正义。

各位代表！宏伟的蓝图引领着我们，庄严的使命激励着我们，美好的未来召唤着我们。让我们高举中国特色社会主义伟大旗帜，认真落实科学发展观，坚持“四个重在”的实践要领，在省委、省政府和市委的坚强领导下，凝心聚力、开拓进取，奋力谱写洛阳跨越式发展的新篇章，为早日实现富民强市目标、全面走在中原经济区建设前列而努力奋斗！

1月

1日

△《洛阳市城市公共交通条例》正式施行。

△洛阳吉利快速通道市区至孟津县朝阳段主体工程建成通车。

△伊川县在平等乡邵雍墓安乐佳城广场举行纪念邵雍诞辰1000周年纪念活动。

△河南科技大学第二附属医院作为洛阳市实施国家基本药物制度的唯一试点综合医院，正式“试水”药物零差价销售。

△全市143个乡、镇卫生院实施基本药物制度——看病可买“进价药”。

5日

△以“送政策、送岗位、送服务、送温暖”为主题的2011年洛阳春季就业援助月活动开幕。

△中信重工收购西班牙Gandara Censa公司。

6日

△中国洛玻集团公司运用自主知识产权，建成国内第一条超白超薄玻璃生产线，并顺利点火投产。

△20集大型电视连续剧《武则天与龙门》在洛阳开机。

△89路公交新线开通，从宝龙城市广场公交站发车到伊川东草店。

△“审美回归”人民美术学术交流展暨瑞兔华年生肖邮品发行仪式在洛阳举行。

△市教育局召开人事制度改革暨校长聘任大会，首批65名聘任校长在会上接受聘书。

7日

△香港专业进修学校副校长黄惠娴一行24人访问河南科技大学。

7～8日

△文化部副部长王文章率文化部文化下乡小分队到洛开展文化下乡活动。

8日

△台湾医务管理学会秘书长、台北医学大学管理发展中心副主任、台湾万芳医院行政副院长、知名医院管理专家吕岚钦应邀到河南科技大学第一附属医院访问。双方就建立姊妹大学和姊妹医院，加强在医院管理、医疗科研、学科建设等方面的合作进行了深入探讨。

8日

△2011年中国洛阳伏牛山滑雪旅游节在栾川县伏牛山滑雪度假乐园开幕。

△洛阳书画研究院书画年展在洛阳美术馆开幕。

9日

△河南省2011年高校招生艺术类专业考试拉开大幕。洛阳市有4526名考生参加全省美术专业统一考试，1137名考生参加全省音乐专业统一考试。

△洛阳影视传媒集团、洛阳广电影视文化发展有限公司和洛阳广海文化娱乐发展有限公司，为联合出品的故事片《甲天下》举行看片会。

10日

△伊川县彭婆镇荣获“首届河南省最佳生活乡镇”称号，是洛阳市唯一获此殊荣的乡镇。

△在省政府公布的第一批“新型工业化产业示范基地”名单中，伊川县产业集聚区成为铝深加工示范基地，洛阳市洛龙科技园区成为新能源与光电示范基地。

11日

△在上海闭幕的“第八届中国会展业高峰论坛大会暨2010全国会展行业年会”上，洛阳牡丹花会荣获“2010年度中国十佳节庆活动”荣誉，并同时获得“2010年度中国十佳会展活动”荣誉。

△洛阳市农村医疗服务已经实现“全覆盖”，全市2982个村全部建立标准化卫生室。

12日

△河南省外侨办慰问组到洛阳慰问洛阳市归国华侨。

13日

△由世界品牌组织、美中经贸投资总商会、欧美亚工商界合作联盟、和谐健康社会全球合作组织联合推选的2010年度“中国特色魅力城市200强”名单，在马来西亚吉隆坡公布，洛阳名列其中。

14日

△河南科技大学教授王键吉与中国科学院过程工程研究所合作完成的《离子液体的构效关系及其化学工程基础研究》项目，获得2010年度国家自然科学二等奖。

△洛阳普莱柯生物工程公司与美国施怀哲生物技术公司正式签约，将共同组建合资公司，致力于开发高效价猪萎缩性鼻炎基因重组疫苗等项目。

△洛栾高速公路洛嵩段首座隧道——姜公庙右线隧道贯通。

△嵩县白云山景区成功晋升为国家5A级旅游景区。

14～15日

△以河南省住房和城乡建设厅副厅长黄

旭升为组长的省城市精细化管理检查考核组到洛检查工作。

15日

△洛阳市老城区古城保护与整治项目和苗南村城中村整体改造项目举行签约仪式。

16日

△“关公海选”拉开“关林庙会”大幕。关林庙会期间，普通游客将享受门票5折优惠，洛阳市市民持有效证件购票只需10元。

△栾川县与龙门石窟景区双双被授予首批“全国低碳旅游实验区”。

17日

△在北京举行的第三届中国金融业品牌年会上，洛阳获“中国金融生态示范市”殊荣。

△洛阳火车站可使用工行、农行、中行及招商银行的所有银行卡以及带银联标识的其他银行卡购票。

17～18日

△以环保部环境规划院院长洪亚雄为组长的环保部核查组一行到洛，对洛阳市2010年暨“十一五”期间主要污染物总量减排工作进行核查。

18日

△中央军委授予济南军区某师“红一连”“党支部建设模范连”荣誉称号命名大会在洛阳举行。

19日

△“2010中国最具海外影响力市（县、区）、镇（乡村）”评选活动在香港举行颁奖典礼。洛阳市和天津滨海新区、河南郑州市、湖南张家界市等20多个省份的60个市镇被推选为中国最具海外影响力的市（县、区）、镇（乡村）。省委常委、市委书记毛万春，市委副书记、市长郭洪昌分别被评为明星市委书记、明星市长。

△“珠宝下乡”补贴卡发放。只要是洛阳市农村户口或者国有农（林）场的职工，以及企业效益不好的城镇居民，都可以免费领取“珠宝下乡”补贴卡，并获得相应的直补款项。

△新浪“2010网络盛典”在北京水立方隆重举行，洛阳荣膺“年度最佳旅游目的地城市”称号。

△由中国旅游局主管的第一旅游网（www.toptour.cn）在北京盛大上线。上线仪式上，洛阳旅游局与第一旅游网签定战略合作框架协议。

20日

△洛阳市第一人民医院新区医院在伊河南岸奠基开工。

22日

△洛阳市第一支博士志愿服务队在河南科技大学第一附属医院成立。

26日

△“中国品牌（特色）市、县、镇、开发区颁奖盛典”在北京举行。孟津县平乐镇荣获“辉煌‘十一五’·中国最具特色经济发展潜力乡镇”称号。

27日

△南昌路改扩建主体工程实现道路全幅通车。

△洛阳市东方教育集团等首批六大教育集团正式成立，标志着洛阳市对公办学校的办学体制开始进行深入改革。

28日

△洛阳至偃师快速通道伊河大桥主体顺利合龙。

29日

△市人力资源和社会保障局对全市企业退休人员基本养老金进行调整。这是洛阳市连续第七次对企业退休人员进行待遇调整，调整后人均每月退休养老金由2010年的1258元提高到1423元。

△世界最大、最先进的1.85万吨油压机和750吨·米锻造操作机在中信重工机械股份有限公司首锻成功。

31日

△310国道新安县东关陇海铁路立交桥危桥改造工程建成通车。

2月

2日

△王城公园2011新春灯会正式拉开帷幕。

7日

△河南省委、省政府抗旱浇麦督导组组长余学友一行到洛，对洛阳市抗旱工作进行检查指导。

9日

△市委、市政府召开“环境创优年”动员大会。

10日

△河南省首场促进农村青年创业就业的“暖春”集中服务活动在汝阳县启动。

11日

△洛阳市召开转变领导方式动员大会。会议动员全市领导干部进一步振奋精神，用领导方式转变加快发展方式转变。

12日

△洛阳新区管委会书记高凌芝、主任王立林等市领导及洛阳市相关委、局负责人到洛阳市新区图书馆暨河南科技大学图书信息中心工地检查工作。

△河南省“促和谐·奔小康”全民健身活动空竹竞技比赛在省工人龙门疗养院拉开序幕。

14日

△洛阳杜康控股有限公司在台北宣布：将在台发行1.3亿单位的台湾存托凭证（TDR），由此成为首家登陆台湾资本市场的大陆酒类企业。

△中国国民党洛阳市委员会西工支部被民革中央授予“民革全国先进基层组织”荣誉称号。

15日

△交通运输部部长李盛霖到宜阳调研“春运”和农村公路建设养护工作。

16日

△以人民的好警察李虹姓名命名的社区警务室，在洛阳市天津路社区挂牌成立。

17日

△河南省水利厅副巡视员郭坡率领督导组到洛检查指导抗旱工作。

18日

△河南省人民政府隆重表彰全省优秀产业集聚区，洛阳高新区跻身2010年度河南省产业集聚区十强行列，是洛阳市唯一入选的产业集聚区。

△洛阳市2011年“春风行动”在市劳动力市场全面启动。

△洛阳市召开信息产业培训联盟工作会议，公布了通过组建洛阳信息产业培训联盟，实现教育培训条件、实训岗位和教育培训师资等资源共享。

20日

△厦门合一集团投资建设的中国中部（洛宁）市场集群基地项目在洛宁举行开工奠基仪式。

21日

△由宁夏军区某给水工程团的150余名官兵携带钻井设备组成抗旱打井分队，分别抵达嵩县田湖镇、大坪乡执行抗旱打井任务。

21～23日

△省委常委、纪委书记尹晋华到洛调研。

22日

△洛阳市召开全市城乡建设管理工作会议。会议决定2011年洛阳市城乡建设工作的主要目标是：完成城市基础设施建设投资424亿元，其中新区300亿元，洛北城区124亿元，计划实施基础设施建设项目174项，概算投资211亿元。

△洛阳市首届公益短信征集大赛启动。此大赛主题为宣传洛阳市全国文明城市创建、未成年人思想道德建设和福民强市、环境创优、牡丹文化节、河洛文化旅游节等中心工作。

△澳大利亚驻华大使芮捷锐一行到洛，就相关合作项目进行考察。

△洛阳机场开始上调燃油附加费。具体调整为：800千米（含）以下航线燃油附加费每航段由40元上调为50元，与洛阳相关的航线有北京、呼和浩特；800千米以上航线燃油附加费每航段由70元上调为90元，与洛阳相关的航线有上海、广州、深圳、杭州、成都、重庆。

△最高人民法院召开大会，隆重表彰全国优秀法院、全国优秀法官和全国法院办案标兵。洛阳市栾川县人民法院被授予“全国优秀法院”荣誉称号，这是该院荣获全国法院指导人民调解工作先进集体和荣立集体一等功之后，又获得的一项国家级荣誉。

23日

△洛阳市首家在国内上市的民营企业——通达股份（002560），将进行网上、网下申购，每股发行价格为28.8元。此次公司将首次公开发行A股2000万股，发行后总股份为7888万股，拟在深圳证券交易所上市交易。本次网上申购单一证券账户申购上限为1.6万股。

23～24日

△中央机构编制委员会办公室副主任何建中一行到洛阳市调研编制管理工作。

24日

△河南省交通运输厅副厅长李和平、范跃武视察郑（州）至卢（氏）高速公路洛阳至洛宁段建设工作。

△洛阳高新区城乡面貌三年大提升工作正式启动，重点对河洛路、孙辛路、瀛洲路等一批主次干道以及三山村、苗湾村、滹沱村、张庄村、孙旗屯村、徐家营村、辛店村、三元村、吕沟村等一批城中村和城乡接合部进行形象提升。

△洛阳矿业集团有限公司与南阳市镇平县正式签定《镇平县政府与洛矿集团采矿权及相关资产转让协议》，这标志着洛阳矿业集团迈出了跨区域资源整合的重要步伐。

25日

△由市委宣传部、市教育局等部门联合举办的全市第十八届爱国主义读书教育活动启动。

26日

△河南省旅游局局长范修芳一行对洛阳市旅游产业发展情况进行集中调研。

△中国旅游报社2011年记者站工作会议在洛阳东山宾馆召开。

27日

△全市企事业单位改革工作会议召开。

28日

△洛阳市在伊滨区召开现场会，对进一步做好旧城、城中村、棚户区改造工作进行部署。

△宜阳县城区集中供热工程建设项目在洛阳签约。

3月

1日

△洛阳市试行《困难职工医疗帮扶实施办法》。困难职工及农民工看病住院在享受了职工医保或新农合报销后，剩余医疗费还可按照50%～70%的比例享受医疗帮扶。

△涧西区第一所乡村少年宫——南华实验小学“乡村少年宫”建成并于新学期正式投入使用。

△洛阳市经过对全市中小烟花爆竹生产企业的整合，宜阳县的“河南前进吉庆烟花爆竹出口有限公司”成为全市唯一一个具有资质的烟花爆竹生产企业。

△全市工商系统2010年度企业年检工作全面启动。企业年检可在网上进行，所有企业分支机构和个人独资企业的年检费用全部免收，个体工商户的验照费用依然免除。

△中信重工公司与林州电力水泥有限责任公司签定4500吨/天水泥熟料生产线及余热发电工程总承包合同。

1～3日

△洛阳市开展公交出行方式调查，涉及市区全部59条线路，调查旨在全面了解市民的出行需求和现状，为市区轨道交通建设提供决策数据。

2日

△省委常委、市委书记毛万春率领市党政考察团赴豫、皖、苏、浙、陕5省考察学习。

△市委副书记、市长郭洪昌应邀作客中央电视台农业频道《聚焦三农》节目录制现场，畅谈洛阳市扶贫开发工作。

△在武汉召开的社区志愿服务全国联络总站工作推进会上，涧西区徐家营街道北方社区等12个社区获“2010年度志愿服务工作组织奖”；老城区西南隅街道公园巷社区的郭秋香等52人被授予“奉献之星优秀社区志愿者”荣誉称号。

△由中信重工总包的景洪升船机首次启动成功，为承船厢上游引航道对接创造了良好条件，也为升船机的有水联合调试打下坚实基础。

△洛龙区龙门镇商屯村村民安置小区——龙盛小区商屯组团正式开工建设。

△洛阳市首家服务外包学院——位于新区学府街的洛阳服务外包学院举行揭牌仪式。

2～4日

△以河南省工商局副局长李建国为组长的省食品安全整顿考评组到洛，对洛阳市食品安全整顿工作开展情况进行了检查。

3日

△在第十一批学位点授权审核中，河南

科技大学申报的外国语言文学、数学、马克思主义理论、生物学、冶金工程、动力工程及工程热物理、信息与通信工程、控制科学与工程、计算机科学与技术、化学工程与技术、农业工程、作物学、植物保护、畜牧学、兽医学、基础医学、临床医学、工商管理等18个一级学科硕士学位授权点全部审批通过。

△洛阳市2011年度保障性住房建设项目公布——投资14.4亿元，开工建设经济适用住房9000套；投资2亿元，城市区开工建设廉租住房近3000套。同时，还将竣工经济适用房建筑面积49.7万平方米，城市区1700套廉租住房。

△洛阳市首家上市民营企业——“通达股份”（002560）A股成功上市。

4日

△洛阳市“十大女杰”评选揭晓。洛阳外国语学校校长裴素青、宜阳县莲庄乡四岭村村委会主任刘大鸟等荣获洛阳市第六届“十大女杰”荣誉称号。

△栾川县被农业部和国家旅游局联合授予“全国休闲农业与乡村旅游示范县”称号。

5日

△在神州牡丹园，首批赴台参加2010台北国际花卉博览会展览的600株洛阳催花牡丹包装完毕，从郑州空运至台北。

△第十二届灵山文化庙会开幕。

△“万人书写洛阳精神”活动在周王城广场正式启动。

6日

△由《洛阳日报》复刊30周年评选出的30名忠实读者自发组建的“洛阳日报报友会”正式成立。

6~7日

△山西省晋中市副市长郭勇飞率团到洛考察。

7日

△洛阳市总工会女职工委员会召开三届二次全委（扩大）会暨庆祝“三八”国际劳动妇女节101周年表彰大会，隆重表彰2010年全市涌现出的152名优秀女职工和40个妇女工作先进单位。

△洛阳市国土资源局荣获国土资源部“保发展、保红线行动”成效显著单位称号。市国土资源局已连续两年获此荣誉，也是全省唯一一家连续两年获此荣誉的单位。

8日

△河南省首个流通环节食品安全监测指挥中心落户洛阳市。该食品安全监测中心是河南省工商系统首批确定的5家流通环节食品安全监测试点单位之一，包括样品室、灭菌室、天平室、检测室、实验室和指挥调度中心，配备了32种先进检验检测仪器设备，可检测农药残留、食品添加剂、非食品添加剂等372项（类）项目，具备对1000多种食品进行检验检测和对比确证的能力，具有快速检测、应急联动、数据分析、实时监控和应急指挥五大功能。

△河南科技大学新获批经济学（020101，经济学）、医疗器械工程（080626S，工学）、物联网工程（080604，工学）、城市规划（080702，工学）、种子科学与工程（090107W，农学）5个本科专业。

△洛阳红女子青年志愿团正式成立。

9日

△洛阳市和新乡市被确定为全省报考高级技师的试点城市。

△洛阳杜康控股有限公司在台湾证券交易所上市交易。

△洛阳新奥华油燃气有限公司新建的燃气调度中心大楼在新区落成投入使用。

△《洛阳市城市基本公共卫生服务项目服务包实施方案》（以下简称“服务包”）出台。新实施的“服务包”在全面落实九大类基本公共卫生服务项目的同时，更加关注老弱妇孺的基础医疗保健。

10日

△在汝阳县老面粉厂施工工地上出土一文物，经文物专家鉴定为造于明代的赑屃（bì xì），距今已有500多年的历史。

△市综合交通建设协调办公室揭牌成立。

13日

△总投资3亿元的洛阳强瑞太阳能硅片项目奠基。该项目位于偃师市高龙镇产业集聚区，由南京龙升投资有限公司投资建设，属河南省重点建设项目。

16日

△市委副书记、市长郭洪昌带领市直有关部门负责人察看列入牡丹文化节工程的部分项目，并专题听取牡丹文化节相关筹备工作汇报，对进一步做好筹备工作进行部署。

△新安县仓头镇荣获住房和城乡建设部评选的2010年度“中国人居环境范例奖”。

△全市学先进、找差距、“六加一”攻坚战再给力动员大会召开，认真学习传达全国“两会”精神和市党政考察团外出考察成果，并就进一步做好当前各项工作进行部署。

△在郑州召开的全省引进国外智力工作会议上，洛阳市外国专家局被授予“河南省‘十一五’期间引进国外智力先进集体”荣誉称号。张大伟等5人被授予“河南省‘十一五’期间引进国外智力先进工作者”荣誉称号。会上，河南省人事和社会保障厅、河南省外国专家局命名洛宁县上戈镇的优质苹果种植示范基地为河南省首批“一乡一业”引智示范基地；命名嵩县绿丰红提葡萄专业合作社的红提葡萄种植示范基地和新安县五头镇大洼村的大粒樱桃种植示范基地为第五批河南省“一村一品”引智示范基地。

17日

△英国东伦敦大学健康与生物科学学院生物科学系主任乔安妮·陶歇女士（Dr Joanne Tocher）和东伦敦大学国际部负责人Shirley Tan女士访问河南科技大学，双方就天然产物的共同研发、青年教师培养及学术交流事宜，通报了情况和交换了意见，并达成进一步共识。

△洛阳市两所专为服务外包企业培养中高级实用型专业人才的学院——洛阳市服务外包学院和洛阳市金融服务外包学院，分别在洛阳理工学院、洛阳师范学院举行揭牌仪式。

18日

△洛阳市政协主席周宗良主持召开市政协十一届二十一次主席（扩大）会议。

△郑州市委常委、常务副市长胡荃率领郑州市产业集聚区观摩团，到洛阳市开展产业集聚区观摩、交流活动。

△连霍高速公路洛阳境内首个固定测速点——连霍高速K718千米处（连霍高速新安段龙潭沟大桥）设立的测速点正式启用。

△中国一拖成功收购法国McCormick公司，实现新中国成立后中国农机企业。

19日

△中国新闻出版报社党委书记、社长姜军，总编辑马国仓，副社长王冰，副总编辑王连弟、姚一宪以及有关负责人一行到洛阳日报报业集团调研。

20日

△日本知名画家佐藤安男个人绘画“洛阳的风景”作品展，在洛阳博物馆开展。

21日

△省委常委、市委书记毛万春主持召开市委常委（扩大）会议。

△一拖集团成功收购意大利ARGO集团旗下的法国工厂，并成立一拖（法国）农业装备有限公司。

21～22日

△以外交部机关党校教务长霍玉珍为团长的外交部社会调研考察团到洛考察经济社会发展情况。

22日

△洛阳市首届十大金融领军人物及市民首选十大保险品牌评选结果揭晓。中国建设银行洛阳分行行长金泽民、中国工商银行洛阳分行行长郭自来等当选全市首届“十大金融领军人物”。中国人保财险洛阳分公司、中国人寿洛阳分公司、中华保险洛阳分公司、泰康人寿等荣获“市民首选十大保险品牌”称号的金融机构。

△“十二五”国家科技支撑计划首批重点项目的评审结果公布，河南科技大学教授师清翔申报的“丘陵山区主要作物生产关键装备研制与示范”项目，通过专家评审及可行性评估和论证，获得923万元专项科研经费资助。

△中国有色金属加工业培训基地揭牌仪式在洛铜集团洛阳有色金属工业学校进行。

△华阳孟津电厂1号机组正式运营发电。

22～23日

△全国人大常委会委员、法制工作委员会副主任郎胜，最高人民法院研究室副主任胡伟新一行到洛进行刑事诉讼法专题调研。

25日

△洛阳市召开创建全国文明城市、迎接国家卫生城市复审和牡丹文化节动员大会。

△第四届中国卓越校长、局长峰会在洛阳新区开幕，全国各地1500多名校长和教育局长云集洛阳，探讨教育科学发展之道。

△市农机局、市扶贫办和市新农办在宜阳共同启动农机“献爱心　备‘三夏’”帮扶活动，现场为贫困农民免费发放了220台农用机械。

26日

△省委常委、市委书记毛万春会见招商局集团总裁助理、华建交通经济开发中心行政总裁董学博一行。

△全市“中华魂”主题教育活动表彰暨十佳标兵演讲现场会在偃师召开。

28日

△省委常委、市委书记毛万春率市文明办、城管局等单位负责人到济源市考察学习城市管理工作。

△现有洛阳桥改造工程完工并通车，与竣工的新建洛阳桥一起承担南北交通重任。

△洛阳市从事设计研发牡丹瓷艺术品的专门机构——洛阳牡丹瓷研究院揭牌成立。

△由洛阳供电公司职工刘峰创作的电影——全国首部电力题材影片《深山彩虹》在洛宁县正式开机。

29日

△伊滨区福民工程——5号、8号安置小区破土动工。

30日

△黄河中下游地理分界标志塔及纪念广场在孟津落成。

△中州路路口改造工程竣工。

31日

△青岛路打通，其一期工程——青岛路西苑路至联盟路段拓宽改造顺利完工，快车道被拓宽至21米，两侧各设了4.5米宽的人行道。

△由洛阳银行发起成立的深圳南山宝生村镇银行，在深圳市南山区科技园正式开业。这是河南省城市法人金融机构成立的第一家跨省村镇银行，也标志着洛阳地方金融机构“走出去”战略实现了新的跨越。

△洛阳市人文社科重点研究基地授牌仪式在河南科技大学举行，学校新增经济发展研究中心、社会发展研究中心、应用法研究中心、河洛文化研究中心、道德教育研究中心、牡丹产业化研究中心、体育产业研究中心、民俗文化研究中心8个基地。

4月

1日

△中国洛阳牡丹文化节上海分会场开幕。

△第二十九届中国洛阳牡丹文化节牡丹灯会在王城公园开幕。

△由中国摄影家协会和洛阳市政府联合主办的全国牡丹摄影艺术大展在王城公园开展。

△第二十九届中国洛阳牡丹文化节赏花启动仪式在中国国花园园内举行。

2日

△省委常委、市委书记毛万春主持召开市委常委（扩大）会议，听取第二十九届中国洛阳牡丹文化节主要活动情况汇报，研究部署相关工作。

△河南省副省长陈雪枫带领省直相关部门负责人到洛，先后到位于新安县的义煤集团鑫山煤矿、义安煤矿，就煤炭企业兼并重组和安全监管工作进行调研。

△“牡丹彩”系列产品问世。“牡丹彩”系列产品是由政府主导、市场化运作，市花会办创意、金鑫集团出资制作的以牡丹为题材的系列产品，包括丝巾、T恤两大类共22个品种。

△洛阳市首座大型智能控温连栋温室在郁金香牡丹园正式投用。

△洛阳市城市区运营的出租车加收每车次1元的燃油附加费。

△第二十九届中国洛阳牡丹文化节“河洛欢歌”广场文化狂欢月活动在周王城广场盛装开幕。

3日

△第二十九届中国洛阳牡丹文化节“西

工之夜”焰火晚会，在洛浦公园上阳宫水坝处绚丽上演。

4日

△第二十九届中国洛阳牡丹文化节文化部首届优秀保留剧目大奖获奖剧目洛阳展演月活动开幕。

△洛阳市有11家企业入围省地税局纳税百强，比上年度增加3家；有17家企业入围省国税局纳税百强，比上年度增加2家。其中，有7家企业同时入围省国税局和省地税局纳税百强。

5日

△伊电集团豫港龙泉25万吨连铸连轧项目成功产出第一卷铝板带，此举标志着该生产线正式进入试生产阶段。此项目的建成填补了中国电解铝液直接转换成热轧铝板带的技术空白。

△宜阳被中国民间文艺家协会命名为“中国西游文化之乡”。“中国西游文化研究中心”同时在宜阳建立。

△伊川程林文化园建设项目开工仪式在伊川县程园广场举行。

△洛阳旅游观光巴士开通仪式在高铁洛阳龙门站站前广场举行，5辆敞篷双层观光巴士正式投入运营。

6日

△新疆维吾尔自治区政协副主席、自治区党委统战部部长王伟一行到洛考察。

6～8日

△河南省人大常委会原副主任吴全智率检查组到洛检查老干部工作。

7日

△全国政协副主席、中央统战部部长杜青林率调研组到洛考察指导工作。

△市委常委、常务副市长吴中阳主持召开2011年市政府第九次常务会议。会议讨论并原则通过《市政府关于促进轴承产业又好又快发展的意见》。

△市委常委、统战部部长胡广坤会见到洛参加第二十九届中国洛阳牡丹文化节投资贸易洽谈会的广东河南商会代表团。

△“西望长安——四人中国画展”在洛阳美术馆开幕。

△泉舜财富购物中心项目开工建设。

△龙门北桥改扩建及引线工程竣工。

△洛阳市汽油、柴油零售最高限价每吨分别提高500元和400元，相当于90号汽油和0号柴油全国平均每升分别上涨0.37元和0.34元。

△全省跨区域消防演练在洛阳举行。

8日

△市委副书记、市长郭洪昌分别会见了到洛参加第二十九届中国洛阳牡丹文化节投资贸易洽谈会的香港特别行政区驻北京办事处主任曹万泰、巴西圣马特乌斯市副市长皮诺奇·马奥、万宝盛华公司（中国区）副总经理张锦荣等一行。

△第二十九届中国洛阳牡丹文化节洛龙区暨经济开发区对外经济技术合作项目签约仪式举行。

△洛阳至香港航班正式开通。航班飞行时间为4月8日～5月9日，每周一和周五执行。

△洛阳市首个全部撤乡建镇的县——孟津县常袋乡撤乡建镇举行揭牌仪式。

△广东河南商会向新安县残联捐赠50万元善款，用于支持该县残疾人职业技术培训中心建设。

△“人文大理·幸福家园”摄影作品展在洛阳博物馆开展。

△新东方教育科技集团第43所培训学校落户洛阳市。

8～10日

△以公安部治安管理局副巡视员黄江平为组长的国家12部委联合验收组，到洛检查矿产资源整合工作。

9日

△市委副书记、市长郭洪昌会见了到洛参加第二十九届中国洛阳牡丹文化节的国外代表团。这些代表团分别是：由州长斯留尼亚夫依哥里·尼科拉耶维奇率领的俄罗斯科斯特罗马州代表团，由郡守李龙雨、副议长金钟根率领的韩国扶余郡代表团，由副市长雅尼克·卢卡率领的法国图尔市代表团，由会长片山浩子率领的日本冈山市日中友好协会代表团。

△“兰亭汇”第三届中国书法奖洛阳获奖作者作品联展在市美术馆开展。

△第三届洛阳黛眉山旅游文化节开幕。

△第二十九届中国洛阳牡丹文化节投资贸易洽谈会隆重开幕。

9～11日

△国务院侨务办公室党组成员、秘书行政司司长熊昌良一行到洛阳调研。

△市领导郭洪昌、魏小东、胡广坤、宋殿宇等分别会见到洛参加第二十九届中国洛阳牡丹文化节投资贸易洽谈会的部分代表团，与中外客商就深入开展合作进行交流。

10日

△国家土地督察济南局局长赵龙一行到洛，检查土地例行督察工作。

△北京大学EMBA总裁班40余名学员应邀到洛考察。

△中国科学院在河南省的第一个孵化器项目在嵩县揭牌。

△河南集邮文化创意园成立1周年联谊会暨方寸映中原大河集邮论坛在洛阳市举行。

△第二十九届中国洛阳牡丹文化节开幕式暨《千姿牡丹》《花开五洲》邮票发行仪式在新区体育场隆重举行。开幕式上还举行了主题为“盛世天香溢中华”的大型文艺晚会。

11日

△全国政协副主席何厚铧到洛考察。

△开元大道东段改扩建工程完工。

11～17日

△中央电视台九套播出大型纪录片《天地洛阳》。

12日

△“2011春耕行动中国行”河南站活动在嵩县举行。

△大型对外文化交流纪录片《丝路中国——洛阳篇》在洛阳开机拍摄。

△中国平乐牡丹画创意园区美术馆开馆仪式在孟津县平乐村举行，全国农民画展暨全国牡丹画学术邀请展同时举行开展仪式。

△洛阳新区管委会与天明集团就洛阳新区行政副中心项目签定合作协议。

△洛阳牡丹画精品展在洛阳博物馆（老馆）开幕。

13日

△第二十九届中国洛阳牡丹文化节宜阳县对外经济技术合作项目签约仪式举行。

△《洛阳晚报》推出国内第一份4D报纸。

△洛阳市第二届古今酒器艺术展开展。

△第二十一届河洛文化民俗庙会在洛阳民俗博物馆开幕。

△全国第二届中国画线描艺术展获奖作

品展在洛阳美术馆开幕。

13～15日

△水利部黄河水利委员会对洛阳市节水型社会建设试点进行中期评估。

14日

△洛阳唐三彩研究院揭牌。

△内蒙古自治区副主席、包头市委书记郭启俊带领包头市党政考察团一行到洛考察。

14～15日

△中国工程院院士、美国工程院外籍院士、中石化集团公司科技委顾问、中国石化原高级副总裁曹湘洪，到洛调研石化科研和洛阳石化扩能改造工作。

△河北省保定市委副书记、市长李谦率保定市党政考察团一行到洛考察城市建设工作。

14～16日

△以河南省人口和计划生育委员会党组成员、巡视员赵长法为组长的省督察组到洛检查人口和计划生育工作。

15日

△从洛阳站到洛阳博物馆新馆的77路公交开通。

△第二十九届中国洛阳牡丹文化节北京分会场开幕式在北京市房山区琉璃河天香牡丹园举行。

15～16日

△国家文物局局长单霁翔到洛调研。

15～17日

△中央社会主义学院部分学员在洛阳召开专题研讨会。

16日

△洛阳市与海军"洛阳舰"签订双拥共建协议书。

△河南煤化集团洛阳LYC轴承有限公司与世界知名轴承企业日本恩梯恩公司的合资合作项目——恩梯恩LYC（洛阳）精密轴承有限公司在洛龙科技园奠基，标志着世界最先进的轿车轮毂轴承和滚针轴承生产项目正式进入建设阶段。

△洛钼集团股份有限公司在洛阳举行高端客户战略合作洽谈会，国内60多家钢铁企业代表与会。

△河南科技大学举行马克思主义学院揭牌仪式。

△洛阳博物馆新馆正式开馆。

△大宋官窑当代钧瓷艺术展在洛阳市开幕。

△首届中国洛阳赏石文化艺术节与交易会暨第二十九届中国洛阳牡丹文化节牡丹园艺展开幕。

16～17日

△第二届中日摩擦学高层论坛在河南科技大学举行。清华大学、中国科学院兰州化学物理研究所等单位的专家学者和来自日本摩擦学会的业界人士共100多人参加了本届论坛。

△第二届中日摩擦学高层论坛在河南科技大学举行。

17日

△洛阳市保障性住房项目——紫云花园小区正式启用。

18日

△省委常委、市委书记毛万春主持召开市委常委（扩大）会议，传达贯彻省委书记、省人大常委会主任卢展工在洛阳调研期间重要讲话精神。

△郑州市政协主席李秀奇率郑州市政协考察团到洛参观考察。

△"王城之春"第三届牡丹插花花艺展在王城公园开幕。

△洛阳老科技工作者协会组织10多名医疗专家来到洛宁县东宋镇卫生院，为当地群众义诊。

19日

△河南省、山西省、湖北省、湖南省、安徽省、江西省、贵州省社会保险（企业养老保险）经办机构负责人座谈会在洛阳市召开，人社部社保中心主任孟昭喜、省社会养老保险局有关领导出席了座谈会，市委常委、常务副市长吴中阳参加了会议。

19～20日

△湖北襄阳市委常委、常务副市长施真强率襄阳市考察团到洛考察。

20日

△《福布斯》中文版与洛阳市政府联合主办的2011福布斯中国中原经济区城市投资与发展论坛在洛阳举行，全球及中国500强公司、国内知名民营企业高管代表和部分专家学者齐聚洛阳，围绕中原和洛阳崛起进行深入探讨。

△洛阳市143个乡镇党委换届工作圆满结束。

20～23日

△中国农业机械学会第六届青年学术年会暨青年工作委员会第四次委员大会在河南科技大学召开。

21日

△由中国诗歌学会、中国散文学会和市委宣传部、洛阳市文联共同主办的"诗意河洛"全国文学大奖赛举行颁奖典礼。本次大奖赛获奖作品集《洛水之阳》同时首发。

△由哈尔滨银行投资设立的偃师融兴村镇银行正式运营，成为外省第一家城市商业银行在偃师投资设立的金融机构。

△第三届文明探源·中国书画艺术展暨龙门博物馆建筑艺术展开展。

21～23日

△四川省泸州市市委副书记杨文杰率团到洛考察集邮文化建设。

22日

△市委副书记、市长郭洪昌主持召开2011年市政府第十一次常务会议，研究加快推进企业上市等工作。

△"中国西游文化之乡"全国书画名家艺术采风书画展在市图书馆开展。

△洛阳"万安山青年林"项目正式启动。

23日

△洛阳市公交集团公司新开78路公交线路。

25日

△中国洛阳"酒祖杜康杯"围棋国际大师邀请赛开幕，来自中、日、韩三国的4名围棋名宿在新区体育中心摆阵对弈。

26日

△第十届河南汝阳杜鹃花节暨炎黄文化节开幕庆典在汝阳县西泰山炎黄广场隆重举行。

△2011首届中国杜康酒文化国际研讨会暨"酒祖杜康"新品上市发布会在郑州举行。本届中国杜康酒文化国际研讨会由省人民对外友好协会主办，洛阳杜康控股有限公司承办。研讨会上，洛阳杜康控股有限公司2011年高端新产品——"酒祖杜康"系列产品同步上市。

27日

△第一拖拉机股份有限公司锻造分公司与世界500强企业美国卡特彼勒公司

签署长期战略合作协议。

27～28日

△河南省银行业支持小企业金融服务工作会议在洛阳召开。

28日

△市委副书记、市长郭洪昌会见了由日本冈山市市长高谷茂男率领的该市访问团。

△市人大常委会主任常振义主持召开市十三届人大常委会第十八次会议。会议审议了《洛阳市人民代表大会常务委员会工作评议办法（草案）》，并表决通过了该办法。会议还听取并审议了《洛阳市城市市容和环境卫生管理办法（修订草案）》《关于重视贫困山区发展加快群众脱贫步伐的议案》的调研报告、《关于尽快制订〈洛阳市公共场所禁止吸烟条例〉的议案》的调查报告。

△鑫融基杯2010洛阳经济年度人物颁奖盛典暨中原经济区与洛阳发展高峰论坛举行，10名企业家和16家企业受到表彰。

29日

△洛阳书画院建院10周年书画展在洛阳博物馆（老馆）开幕。

△2011河南省伏牛山旅游商品博览会在栾川开幕。

5月

1日

△“舞动花都”第十三届全国旅游城市国标舞公开赛在河南科技大学体育馆开幕。

3日

△“和谐洛龙”大型焰火晚会在洛阳市体育中心广场绚丽上演。

△洛阳市规定：患有糖尿病并发症、Ⅱ度以上心衰、肝硬化失代偿、肾脏疾病、慢性肾功能衰竭的非透析治疗、风湿类疾病等特殊疾病的病人，每个月都可集中认定。特殊疾病门诊人认定周期大大缩短。

4日

△中信重工公司与马来西亚宏朝控股有限公司、中国银行总行三方共同签署“马来西亚日产2500吨水泥总承包工程贷款意向协议书”。马来西亚日产2500吨水泥生产线总承包项目，是中信重工公司首个国外EPC工程总承包项目。

5日

△洛阳一运集团城乡公共交通有限公司孟津分公司挂牌成立，成为一运集团首个开展城乡公交业务的分公司。

△洛阳市烟花爆竹生产企业整合提升工作全部完成，原有16家生产企业整合为一个生产实体。

6日

△市委副书记、市长郭洪昌主持召开2011年市政府第十二次常务会议，研究行政审批服务项目清理、加强沙石资源管理等工作。

△在洛阳市组团参加的豫京津经济技术合作洽谈会签约仪式上，洛阳市签约4个项目，投资总额15.4亿元。环渤海地区是洛阳市确定的重点招商客源地之一。

△洛阳市委党校首个教学基地在市农科院挂牌成立。

7日

△洛阳辞赋研究院揭牌成立，《历代咏洛赋评注》首发及首届“龙门诗会”启动仪式同时举行。

9日

△第二届新安樱桃节开幕。

10日

△从即日起河南省高级人民法院司法巡查组将对洛阳市两级法院进行为期两个月的司法巡查活动。在此期间，全市各级人民法院将开展2010年度万起案件评查活动。

△洛阳首家LED生产企业——洛阳珈玛照明科技有限公司落户高新区。

△洛阳文晟环保设备制造基地项目在宜阳县寻村镇奠基。

△国内最大的PXZ1500II液压旋回破碎机在中信重工机械股份有限公司成功通过试车及工厂交付。

△中国进出口银行与中国一拖股份有限公司签定战略合作协议。按照协议内容，未来5年，中国进出口银行将向一拖提供出口卖方信贷、进口信贷和贸易融资等信贷支持及其他金融服务，在“走出去”业务、出口基地建设、贸易融资业务等三大领域与一拖开展战略合作。

△洛阳市国有大型企业生活区旧房改造工程重要组成部分之一——洛轴生活区旧房改造工程正式启动。此次洛轴生活区旧房改造工程主要分布在涧西区13号、14号、15号和17号街坊，涉及拆除房屋面积约15万平方米，需搬迁住户2900户。

△2011“河南省老君山文化旅游节”开幕式在栾川县老君山风景区举行。

△河南中烟工业有限责任公司与洛阳市烟草专卖局（公司）签订工商协同营销战略合作联盟协议，共同确定了振兴河南烟草经济和洛阳烟草经济的目标任务。

11日

△河南省政协副主席靳绥东率省政协专题调研组到洛，就涉农金融体系创新工作进行调研。

△洛阳市五院医疗代表团抵达日本冈山市，与日本冈山县精神科医疗中心签定友好医院协议，确定双方今后在医院人才培养、学术交流、科研协作、医疗信息共享等方面开展合作，这在全省精神病专科医院中尚属首家。

△台湾海峡交流基金会媒体参访团到洛，考察洛阳市文化旅游业和台资企业发展情况。

11～12日

△全国政协常委、副秘书长，致公党中央常务副主席王钦敏带领国家信息化科学发展调研组到洛，调研信息化建设工作。

11～13日

△国务院扶贫办调研组到洛，就新一轮10年扶贫开发规划的制定进行专题调研。

12日

△全国政协城镇居民养老保险问题专题调研组到洛。

△洛阳市第四座汽车加气站——洛阳新奥华油燃气公司龙鳞路汽车加气站正式投入使用。

△河南省最大的国家保障性住房工程“中电·阳光新城”项目再获公积金贷款支持。

13日

△全国人大常委会财经委主任委员石秀

诗一行到白云山景区进行调研。

13～14日

△以中央统战部副秘书长、四局局长张献生为组长的调研组到洛，就如何在新形势下彰显统战工作的地位与作用进行调研。

14日

△中央综治办副主任窦朝晖、国家工商总局个体司副司长常宇率中央综治委督导检查组到洛。

△洛阳市政府门户网站获得2010年度中国政府网站优秀奖。

△2011中国（洛阳）国际演出交易会开幕。

14～15日

△由洛阳市政府主办的2011中国（洛阳）“龙门会”在东山宾馆举行。国内信息产业界专家围绕中部互联网经济机遇与挑战这一主题，就洛阳如何发展电子信息、物联网、云计算、动漫、呼叫中心、金融服务外包等新兴业态出谋划策。在此次“龙门会”上，省通信管理局和市政府共同为洛阳云计算和互联网数据中心产业园授牌。

15日

△省委常委、市委书记毛万春主持召开市委常委（扩大）会议，研究创建全国文明城市工作。

△洛阳市举行洛阳科技城光电产业园建设恳谈会，邀请部分知名台商企业到洛商讨洛阳光电产业发展大计。

△河南省无党派人士“同心扶贫”行动在洛阳启动，来自省市各大医院的10余位医疗专家组成的无党派人士义诊小组，到洛宁县为当地群众义诊。

△省属主要新闻媒体采访团到洛，集中采访宣传洛阳市创建全国文明城市工作。

16日

△省委常委、洛阳市委书记毛万春会见到洛考察的东软集团董事长刘积仁一行，就洛阳市与东软集团战略合作事宜进行了深入洽谈。

△第二十一个全国助残日，洛阳市社会各界共向洛阳市残疾人捐赠近2200辆轮椅以及数十万元善款。

17日

△以水利部水保司副司长牛崇桓为组长的检查组到洛，对淤地坝安全生产情况进行专项检查。

△河南省人力资源和社会保障厅副厅长韩志奎带领调研组，到洛阳市督察调研人力资源和社会保障整体工作推进情况。

△第三届“中国历史文化名街”评选活动揭晓，洛阳市“涧西工业遗产街”入选。

△洛阳市第十一届科技活动周暨科技文化卫生“三下乡”活动启动。

△计划总投资12亿元的洛阳鑫隆铝业有限公司年产20万吨铝板带箔项目，一期年产5万吨工程已建成试生产，项目累计完成投资2.25亿元。

17～21日

△由新华社、人民日报社、中央人民广播电台、中央电视台等9家新闻单位记者组成的中央媒体采访团，到洛集中采访创建全国文明城市工作。

18日

△始建于2005年的孟西灌区一期工程总干渠正式运行。

△全国重点文物保护单位洛阳山陕会馆正式开馆。

△济南军区人民防空工作会议在洛阳市召开。

△《洛阳水席》在百年老店真不同开机。

18～20日

△河南煤矿安全监察局纪检组组长陈滨率检查组到洛检查煤炭企业兼并重组和煤矿安全监管工作。

19日

△市委常委、统战部部长胡广坤会见到洛考察的摩立特集团中国区总裁谭瑞一行。

△中信重工公司“LK”（洛矿）商标被确定为河南省著名商标。

△洛阳市建设国际文化旅游名城的重点项目之一——洛阳红太阳演艺剧场项目正式签约。

△河南省洛阳正骨医院顺利通过国际医疗卫生机构认证联合委员会（JCI）的认证，成为全国中医院中唯一通过认证的医院。

21日

△沪豫耳鼻咽喉—头颈外科高峰论坛在河南科技大学第一附属医院举行。中国科学院院士王正敏、上海复旦大学附属耳鼻喉医院副院长迟放鲁和河南省各地的300余名专家、学者参加了论坛。

21～22日

△洛阳市党政考察团到山东省菏泽市和河南省鄢陵县等地，就花卉苗木特别是牡丹产业进行学习考察。

23日

△河南省机构编制委员会办公室副主任李民生率领省机构改革评估工作组，到洛评估政府机构改革工作。

△日本企业振兴协同组合事务局局长影山修司一行到洛考察。

△全国中小城市发展委员会名誉会长、内蒙古自治区人大常委会原副主任陈瑞清，中国城市发展研究会副理事长、中小城市发展委员会执行会长赵滑濮带领经贸文化考察团到偃师市考察，共商合作发展大计。

24日

△解放军总政治部群工办主任汤奋带领总政联合工作组到洛，检查指导抗旱打井工作，看望慰问打井部队官兵。

△河南省农村环境连片综合整治工作动员会在栾川县召开。

△洛阳市政府召开“一中心五组团”快速通道规划建设例会，要求千方百计加快5条快速通道工程建设步伐，确保按期建成通车。

24～26日

△环境保护部副部长张力军带领环保部调研组到洛调研。

25日

△在重庆落幕的2011节庆中华协作体年会暨第三届“节庆中华奖”盛典上，中国洛阳牡丹文化节荣获“节庆中华·现代节庆奖”。

△嵩县中兴农民经济互助合作社开业。

26日

△洛界高速公路启用全车牌自动识别系统。

26～27日

△由湖北省咸宁市市委常委、常务副市长胡立山，市委常委、副市长夏亚灵率领的咸宁市党政考察团，到洛考察人才建设情况。

27日

△投资1.2亿元的董大畜牧养殖项目在宜

阳董王庄乡开工建设。

28日

△2011年河南省青少年武术（套路）达标赛在洛阳新区体育中心体育馆摆擂开赛。

△宜阳县同力洛河大桥（河下渡改桥项目）开工建设。

29日

△省委常委、市委书记毛万春主持召开市委常委（扩大）会议，研究进一步加强全市食品安全工作。

△洛阳市福建商会举行成立6周年暨换届庆典大会。

6月

1日

△《河南省往来港澳商务登记备案单位管理办法（试行）》在洛阳市正式施行。

△河南省天然林资源保护工程工作会在嵩县召开。

△涧西区青岛路小学“洛阳日报报业集团小记者站”成立。这是洛阳市建立的第七个小记者站。

△“洛阳市最佳牡丹观赏园”评选结果揭晓，全市5个牡丹观赏园获此殊荣，同时有18个牡丹观赏园内的景点获得“最佳牡丹观赏景点”称号。

△洛阳市区空调公交车试运行，时间为6月1日～9月30日。

2日

△德国著名规划师郝伯特·卡尔迈耶教授应邀访问河南科技大学，作了题为“德国的城市与建筑文化”的报告，并与师生进行了互动交流。

△由国务院新闻办、部分省区市网络宣传管理部门负责人，中国网、央视国际网、中国广播网、新浪、百度、腾讯以及各省主要新闻网站、国内知名商业网站负责人和采编人员组成的“网上看河南”采风团抵达洛阳。

△河南省优化交通重点项目建设环境工作会议在洛阳召开。

△河南海鑫毛毯纺织有限公司生产的5500条、价值8万美元的高档拉舍尔毛毯，经洛阳检验检疫局检验合格，顺利发往西班牙，实现洛阳毛毯出口欧美发达国家零的突破。

3日

△总投资100亿元、占地2000亩的多功能一体化物流新城项目——洛阳国龙物流园项目在瀍河回族区签约。

4日

△在第九届“挑战杯”赢响中原河南省大学生课外学术科技作品竞赛终审决赛上，河南科技大学荣获“优胜杯”，1件作品获得最具投资价值奖，4件作品获得风险投资，并现场签订科技成果转让协议。

5日

△中国共产党洛阳市第九届委员会第十八次全体会议召开。全会审议通过了《关于召开中国共产党洛阳市第十次代表大会的决议》，对市安全生产监督管理局局长人选进行了审议票决。

△洛阳少年警校成立。

6日

△洛阳北玻生产出世界上最大的18米×3.6米超大型钢化玻璃，并再次与苹果香港旗舰店合作。

7日

△省委常委、常务副省长李克到洛，就食品生产、销售等环节的安全问题进行专题调研。

8日

△中原经济区建设投资说明会暨合作项目签约仪式在香港会展中心举行，洛阳市成功签约10个项目，投资总额约16.6亿美元。

9～10日

△中原经济区建设投资说明暨合作项目洽谈会在澳门旅游塔会展中心举行，河南省共有9个项目签约，洛阳市的宝龙国际CBD中心三期项目名列其中。

9～12日

△由中国摄影家协会和洛阳市人民政府共同主办的“全国牡丹摄影艺术精品展”，先后在黑龙江省伊春市和齐齐哈尔市展出，吸引众多当地市民参观。

10日

△为庆祝中国共产党成立90周年，中宣部文艺局将组织10部优秀戏剧抵洛巡演。根据安排，13日、15日、16日巡演活动在洛阳市工人俱乐部举行，分别上演河南省豫剧三团的豫剧现代戏《村官李天成》、陕西省精品话剧《郭双印连他乡党》两部优秀精品戏剧。

△洛阳市国际文化旅游名城建设攻坚战专家咨询委员会正式成立。

△河南省孔子学会洛阳分会正式成立。

△市红十字会大病医疗救助第二批定点医院挂牌仪式在省三建医院举行。被确定为第二批定点医院的有孟津县人民医院、汝阳县人民医院和汝阳县中医院。至此，全市大病医疗救助定点医院增至7家。

11～17日

△河南省青少年射击冠军赛在洛阳新区射击馆举行，共有省内11个城市的289名教练员和运动员参赛。此次比赛洛阳市共夺得10项冠军。

12日

△省委常委、市委书记毛万春主持召开了市委常委（扩大）会议，回顾总结了上半年工作，研究部署下半年工作。

13～16日

△以河南省民政厅副厅长、省双拥办主任董颖生为组长的省考评组到洛，对创建全国双拥模范城（县）工作进行考评。

14日

△洛阳市政府与中信集团签署《战略合作框架协议》。

15日

△为期4天的第四届中韩佛教学术论坛在白马寺开幕。

16日

△市政协主席周宗良主持召开市政协十一届二十四次主席（扩大）会议。会议听取讨论了市政协各专门委员会上半年工作情况汇报。

△洛阳市成立的第三家村镇银行——新安融兴村镇银行在新安县城开业。

△伊滨区中央商务区九嘉海港城项目奠基。

16～17日

△省委常委、组织部部长邓凯深入洛阳市企业、社区、乡村，与基层干部群众面对面交流，问民生、话党建、谋发展。

17日

△洛龙区档案馆、涧西区档案馆顺利通

过国家档案馆测评组验收，成功升格为国家二级档案馆。

18日

△由涧西污水处理厂至华阳孟津电厂的37千米中水利用工程，全面完工并开始供水。

△在辽宁省大连市举行的第八届中国城市森林论坛开幕式上，洛阳市被授予“国家森林城市”称号。

19日

△嵩县举行卧龙谷国家3A级景区揭牌仪式。

19～21日

△科技部“加强企业自主创新”联合调研组到洛，就十一届全国人大四次会议重点建议案“关于加强企业自主创新的建议”展开调研。

20日

△由总参作战部战备建设局局长马翼飞率领的国家军事设施保护联合执法检查组到洛，对洛阳市军事设施保护工作情况进行检查。

△市人大常委会召开主任（扩大）会议，专题学习省委书记、省人大常委会主任卢展工，省人大常委会党组书记、副主任曹维新在全省人大工作研讨会上的重要讲话精神。

△市委副书记、市长郭洪昌带领市直有关部门负责人，到伊川县、栾川县检查安全生产工作落实情况。

△偃师市举行2011年重大项目集中开工仪式。开工的6个重大项目总投资33.5亿元，分别是：总投资18亿元的上海超日（洛阳）太阳能有限公司年产400兆瓦垂直一体化项目，总投资4亿元的河南通达电缆股份有限公司铝合金生产线和碳纤维复合芯导线研发生产线建设项目，总投资1.5亿元的洛阳川渝精工车桥有限公司年产50万套三轮摩托车和各种车辆后桥及配件项目，总投资6亿元的洛阳盛江工业园建设项目，产业集聚区的两项重大基础设施项目——西环路项目和岳滩110千伏输变电项目。

21日

△俄罗斯国家杜马副主席茹罗娃率代表团一行来到洛阳参观访问。

21～23日

△全国“安全生产万里行”采访团到洛，采访安全生产工作。

22日

△为纪念中国共产党90华诞而发行的《中国共产党成立90周年》纪念邮票，在洛阳市首发。

△丽春东路打通工程开建，该路东起规划中的芳林南路，西至珠江路，全长2038米，规划红线宽35米，工程同期配套建设各种城市基础设施，其中新建跨越涧河全长126米的大桥一座。

△2011黄河小浪底观瀑节在黄河小浪底旅游风景区隆重开幕。

△洛阳市遭遇了入夏以来的最大降水，56毫米的强降水对城市防汛无疑是一次重大考验。

23日

△豫西最大物流园——洛阳市大一物流园建成投用。

△洛阳旅游体验网（www.lyta.com.cn）正式开通上线。

△洛阳杜康控股有限公司举行捐车助行仪式暨酒祖杜康上市发布会，现场向洛阳公交集团捐赠两辆共价值80多万元的豪华公交车。

△市委宣传部、团市委、市老促会、市关工委在新安县仙桃村举行“革命老区爱国主义教育基地”命名大会，新安县仙桃村、偃师市杨窑村等20家单位成为洛阳市首批“革命老区爱国主义教育基地”。

24日

△洛阳市十三届人大常委会召开第三十二次主任会议。市人大常委会主任常振义主持会议。会议研究通过了市十三届人大常委会第十九次会议建议议程和日程安排。

△市委常委、常务副市长吴中阳主持召开2011年市政府第十七次常务会议，研究城镇职工基本医疗保险统筹等工作。

△河南陆军预备役高炮师第三团举行新营区落成典礼。

△吉利区天然气工程正式开工。吉利区天然气工程接入的是由安洛线输送至洛阳市的鄂尔多斯天然气，整个工程包括1.5千米次高压管线、60千米的中压管线和一座天然气综合门站，建设周期6个月，投资8000万元，设计输气能力每年1亿立方米。

△嵩县遭遇罕见暴风雨冰雹袭击。

25日

△“抗日战争皮定均徐子荣支队渡河处纪念碑”和“解放战争陈赓谢富治兵团渡河处纪念碑”分别在孟津县白鹤镇河清村和白鹤镇鹤西村落成。

25～26日

△洛阳市70468人参加中招考试。

26日

△“第八届世界华裔杰出青年华夏行”参访团到洛参观访问。

△洛阳新区60个重点项目集中开工建设。这些项目涉及基础设施、福民安置小区、工业、房地产开发、社会事业、文化旅游产业等方面，总投资358亿元。

△洛阳国家863软件孵化器项目开工建设。

△洛阳龙海置业有限公司与绿城房产建设管理有限公司签约，由龙海公司投入资金，绿城公司将在瀛洲大桥以西、开元大道以北210亩土地上，根据规划建设35万平方米的住宅和15万平方米的城市综合体。

△凌波沙滩浴场正式开放，一期工程全部完工，各类服务设施得到完善。

△洛阳市“6·26”国际禁毒日宣传活动启动仪式在周王城广场举行。

△为期5天的河南省第十二届中学生“晨光”体育夏令营正式开营。

27～28日

△河南省人大常委会内司工委副主任史新民带领省人大执法检查组到洛，就贯彻《中华人民共和国老年人权益保障法》和《河南省老年人保护条例》情况进行检查。

27～29日

△在2011年上海第九届医疗器械展览会上，一款由洛阳研发制造的国内首台“个人卫生护理机器人”首次亮相。

28日

△洛钼集团钨金属材料及硬质合金项目在高新区奠基。

△中航锂电（洛阳）产业园年产1.2亿安时大容量锂离子动力电池自动化生产线建成投产。

29日

△目前世界最大、最先进的1.85万吨自由锻造油压机组，在中信重工机械股份有限公司竣工投产。1.85万吨自由

锻造油压机和为其配套的750吨·米锻造操作机，是总投资39亿元的“新重机”工程的核心设备，被誉为“世界自由锻造王国的皇冠”。

△洛栾高速公路洛嵩段前溪河大桥顺利合龙。

30日

△洛阳市体育产业发展有限公司在市体育中心正式挂牌成立。

△洛阳市科学技术馆举办“科技改变生活”大型科普展览。

△洛阳职业技术学院正式挂牌成立。

△“挥斥方遒”——洛阳市纪念建党90周年毛泽东诗词书法作品展在洛阳美术馆开展。

△为期3个月的第十届宜阳“滨河之声”广场文化活动在宜阳县滨河游园广场开幕。

7月

1日

△市委副书记、市长郭洪昌主持召开2011年市政府第十八次常务会议，研究发展服务外包业等工作。

△洛阳市第一家光伏电站——上海超日（洛阳）太阳能有限公司投资建设的“上海超日（洛阳）自建侧并网光伏电站项目（350千瓦时）”正式投入使用。

△伊洛大道建成通车。

△市委、市政府确定的“一中心五组团”快速通道建设项目中的洛宜快速通道工程建成通车。

2日

△作为2011国际合作社日重要纪念活动，中国合作经济发展高层论坛、中国农产品产供销合作大会在洛阳市开幕。

△2011年“我爱祖国海疆”全市中小学生航海模型比赛在洛阳新区体育中心举行。

2～3日

△“羽林争霸”2011红牛城市羽毛球公开赛洛阳站的比赛在洛阳新区体育馆举行。

3日

△省委常委、书记毛万春主持召开市委常委（扩大）会议，研究项目建设攻坚战、经济转型攻坚战工作进展情况。

4日

△河南科技大学新增社区护理、工商行政管理、建筑环境与设备工程三个自学考试本科主考专业，河南科技大学自学考试本科主考专业数达到21个，位居全省第一。

7日

△民革中央副主席、全国人大常委会委员、外事委员会副主任委员齐续春到洛考察工作。

△河南省交通运输厅厅长孙廷喜到洛察看高速公路项目建设进展情况，省交通运输厅副厅长高委、范跃武等随同到洛。

8日

△洛阳龙鼎铝业有限公司一期工程投产。

△洛阳新区国鼎置业·鼎盛国际项目开工。

10日

△省委常委、市委书记毛万春主持召开市委常委（扩大）会议，研究政务环境创优活动转段工作。

13日

△被戏称为“天下第一大饼”的100兆电子伏特强流质子回旋加速器主磁铁盖板在中信重工公司研制成功。

△《洛阳市2011年市政基础设施和社区环境综合提升实施方案》正式出台。

△洛阳市第二外国语学校新校区建成。

△第八届洛阳会盟荷花节在孟津县会盟镇扣马万亩荷花风景区开幕。

14日

△在北京举行的第二届全国软件专业人才设计与开发大赛总决赛上，河南科技大学3名学生入围C语言程序设计总决赛，其中何跃义、周明获得二等奖，陶术松获得优秀奖。

15日

△栾川县三川镇和栾川乡入选由住房和城乡建设部、国家旅游局联合评定的第二批全国特色景观旅游名镇。

16日

△洛阳新区龙祥中学正式开工，这也是2004年以来市政府在新区兴建的第七所中学。

17日

△洛阳市“环境大接访”活动在周王城广场举行。

19日

△位于经济开发区的洛阳天宝置业华侨苑项目开工。

△洛阳交通运输集团有限公司挂牌成立。洛阳交通运输集团有限公司由原洛阳第一汽车运输集团有限责任公司、洛阳市第二汽车运输公司、洛阳市汽车运输公司三家骨干运输企业合并组建。新公司以道路客、货运输为主业，站（场）经营、物流信息开发、仓储快运、汽车不解体检测、汽车贸易和维修、驾驶员培训、机械加工制造、宾馆餐饮、旅游服务等多业并举，是集运、工、商、贸为一体的多元化大型综合性企业集团。

20日

△中西部最大涂料生产基地——环境友好型涂料综合生产基地在新安县开建。

21日

△市委副书记、市长郭洪昌主持召开2011年市政府第二十次常务会议，研究加强工程建设监管等工作。

22日

△洛阳市召开国家卫生城市复审暨全国文明城市创建工作推进会，对进一步深入开展创建工作进行部署。

△一拖（洛阳）福莱格车身有限公司郑州分公司在海马（郑州）工业园区建成投产。

22～23日

△以多哥新闻部新闻司司长索利托克为团长的第八期非洲国家政府官员新闻研修班成员到洛考察。

26日

△宜阳县寻村镇正式更名为香鹿山镇。

△曹休墓博物馆正式开建，工程将分两个阶段进行。

△幼儿教育活动基地——儿童世界项目在宜阳奠基。

△市委、市政府举行洛阳国际文化旅游名城策划沟通会，听取王志纲工作室关于国际文化旅游名城的策划纲要汇报和北京大地风景旅游景观规划院关于隋唐城“一区一轴”区域开发规划的局部方案汇报。

27日

△嵩县天瑞生态农业观光园开园。

△洛阳市召开西霞院白鹤湖旅游休闲度假区西游乐园国内外专家研讨会。

△河南省水产品质量暨渔业生产安全现场会在洛阳市举行。会议传达了全国水产品质量安全会议精神和全国渔业生产安全会议精神。

27～28日

△由河南省政协教科文卫体委员会副主任张锐带队的省《华夏历史文明传承创新区建设规划纲要》编制专题调研组到洛阳市调研。

28日

△英国洲际酒店集团与河南恒和置业有限公司在洛签约，洲际酒店集团旗下的皇冠假日酒店将入驻位于洛阳新区的恒和国际商务会展中心。

29日

△市委副书记、市长郭洪昌主持召开2011年市政府第二十一次常务会议，学习中央水利工作会议精神，研究洛阳市贯彻落实的相关举措。

△2011全国帐篷音乐节暨河南栾川消夏养生避暑节在栾川县隆重开幕。

30日

△省委常委、市委书记毛万春主持召开市委常委（扩大）会议，研究进一步加快洛阳市城镇化建设工作。

△河南省旅游局长座谈会在栾川县召开。全省各地旅游局长200余人到会交流经验，考察栾川旅游业发展和5A景区创建工作开展情况。

8月

1日

△市公交公司开通由关林家具广场至伊滨区李东村的公交车专线。

1～6日

△洛阳文学院和洛阳八中共同举办了首届“洛阳少年作家夏令营”活动。

2日

△省委书记、省人大常委会主任卢展工到洛阳调研考察重点项目建设。

△市总工会首次为民营企业汽车维修工举办的职业技能大赛启动，208名选手同台竞技。

△黄河水利委员会科技委调研组到洛，对洛阳市伊河、洛河中下游的防洪治理情况进行调研。

2～5日

△在2011年第四届中国地市新闻网盟年会上洛阳网入选“全国地方十强新闻网站”。

3日

△省委常委、市委书记毛万春，市委副书记、市长郭洪昌会见到洛考察的河南煤业化工集团董事长陈祥恩一行。

△洛阳新区建设青春建功行动正式启动。

4日

△位于孟津县朝阳镇的恒兆电子透明导电玻璃项目建成投产。

5日

△市委常委、常务副市长吴中阳主持召开2011年市政府第二十二次常务会议，研究加强尾矿库安全监管等工作。

△河南省水利厅厅长王树山到汝阳、孟津，分别就北汝河前坪水库项目前期工作情况、引黄入洛工程建设进度进行调研。

△洛阳市行政法学研究会正式成立。

△河南科技大学新增中国史、生态学、统计学、软件工程和草学5个一级学科硕士学位授权点，河南科技大学的一级学科硕士点增至28个。

6日

△省委常委、市委书记毛万春率领市党政考察团赴郑州市和平顶山市舞钢市，就新型城镇化、重点项目建设和招商引资等工作进行学习考察。

△洛阳与日本冈山友好城市缔结30周年纪念大会在冈山市隆重举行。

8日

△2011年全国农村门球大联动启动仪式在“中国门球之乡”新安县举行。

△洛阳市名家翰墨艺术馆举行运营研讨会及全国翰墨名家书画精品展。市名家翰墨艺术馆是由市文联主管的专业艺术机构，位于市图书馆一楼中厅，是展现洛阳市文化艺术产业发展的窗口之一。

9日

△孟津县举行万亩牡丹产业园项目签约仪式，河南红娇天香实业有限公司将投资8000万元建设牡丹生产基地。

11日

△省委常委、市委书记毛万春会见了中国国民党名誉主席连战和夫人连方瑀一行。

△以河南省银监局副局长张安顺为组长的省督导组到洛，督导洛阳市担保机构规范整顿工作。

△在四川成都举行的2011年第二届世界城市科学发展论坛开幕式上，洛阳市被联合国国际减灾战略署、世界城市科学发展联盟、国际姐妹城市联盟联合授予“世界文化名城”称号。

△河南省首个轮椅运动俱乐部在洛阳市成立。

△由市住房和城乡建设委员会、市总工会、市人力资源和社会保障局共同主办的洛阳市装饰行业职业技能竞赛开赛。

12日

△市政府二十三次常务会议做出决定，在全市实现城乡居民社会养老保险全覆盖，惠及城乡430万人。

△濮阳市委书记段喜中、市长盛国民率领濮阳市党政考察团到洛考察。

12～13日

△河南省国土资源厅副厅长李志民带领检查组到洛，对洛阳市2006年～2010年耕地保护责任目标履行情况进行检查。

13日

△第十四届全国成人游泳锦标赛在洛阳新区体育中心游泳馆开赛。

△由中央宣传部、中央文明办主办的“道德传承，情暖中原”——2011全国道德模范与身边好人现场交流活动在洛阳市举行。

13～14日

△中央文明办秘书组副组长杨武军带领调研组，就洛阳市网络文明传播志愿者试点工作进行调研。

15日

△省委常委、常务副省长李克到洛，就重点项目和中小企业融资情况进行调研。

△中信重工公司荣获“‘十一五’全国建材机械行业领军企业——科技创新成果奖”“2011全国建材机械行业二十强”，公司副总经理王继生获评

“‘十一五’全国建材机械企业优秀科技创新人才”。

16日

△洛阳市重点服务业示范项目之一的宝龙城市广场超级购物中心项目品牌入驻签约仪式举行。

△“法治与责任·全国检察机关惩治和预防渎职侵权犯罪展览”洛阳巡展在洛阳博物馆新馆拉开帷幕。

19日

△全国人大常委会委员、华侨委主任委员高祀仁率全国人大华侨委员会调研组到洛，调研归侨侨眷权益保护法等法律的贯彻实施情况。

△市委副书记、市长郭洪昌主持召开市政府第二十四次常务会议，重点研究循环经济发展问题。

△洛阳市“村改居”“乡改办”工作正式启动，100个村委会年底前变为居委会，11个乡镇1年内改建为街道。

△总投资10亿元的洛阳恒生科技园破土动工。

△由华人创新集团有限公司子公司，炎黄科技园建设有限公司举办的“中部数据之都”国际咨询规划建筑设计签字仪式在洛阳市举行。

20日

△中信重工公司制造的首台世界最大Φ4.9×14.38米回转式铜冶炼阳极炉一次试车成功，并通过用户工厂验收。

△中华孝道礼义文化学术研讨会在嵩县白河镇举办。

21日

△中医院药房文化建设高端论坛在洛举行。

22日

△省副省长刘满仓带领省直有关部门负责人到洛，察看宁夏军区给水工程团援建新安县的抗旱打井工程，看望慰问打井部队官兵。

△河南省委农村工作办公室常务副主任张文深到洛，就农业、农村工作进行调研。

△洛阳市十三届人大常委会召开第三十三次主任会议。市人大常委会主任常振义主持会议。会议研究通过了市十三届人大常委会第二十次会议建议议程和日程安排。

△洛龙区首批26个被征地村的4754名60岁以上老人，领取了2011年1月～8月的基本生活保障金。

22～23日

△国家烟草专卖局副局长何泽华一行到洛，就市烟草生产、经营及相关基础设施建设情况进行调研。

23日

△全国齿轮行业研讨会在洛阳市开幕，研讨行业新技术、新工艺、新材料、新装备情况。

△河南省法院行政诉讼简易程序和行政审判工作促进会在洛阳市举行，全省18个省辖市中级法院的负责人交流学习了行政诉讼简易程序审判经验。

24日

△中国共产党洛阳市第十次代表大会在洛阳歌剧院开幕。

△首届玄奘故里葡萄文化节在偃师市缑氏镇唐僧寺村开幕。

△位于伊滨区的新区行政副中心项目动工建设。

△全国检察机关统计培训班在洛阳市开班，来自30多个省市的120多名人员参加培训。

25日

△河南省规模最大的客车车架生产项目在宜阳县西庄产业园奠基。

26日

△中共洛阳市第十次代表大会选举产生的新一届市纪律检查委员会举行第一次全体会议，选举新一届市纪委常委、书记、副书记。

27日

△省委书记、省人大常委会主任卢展工，在洛阳会见解放军总政治部副主任贾廷安等部队领导。

△由洛阳影视传媒集团主办的首届“才动中原——城市达人秀”选秀大赛，拉开海选大幕。

28日

△河南省首家从幼儿园到大学预科一条龙、融国际教育与基础教育为一体的特色国际学校——洛阳国际学校正式开工。

△中国黄金协会评选出“中国黄金十强县（市）”，嵩县居第七位。

△南美最大自由贸易区代表团——智利伊基克自由贸易区董事局董事、代董事长费利佩·佩雷斯·瓦克尔率团到洛访问。

28～31日

△2011年河南省青少年武术（套路）锦标赛在洛阳新区体育中心开战。

29日

△穆册乡更名为花果山乡揭牌仪式隆重举行。

△神华国华孟津发电有限责任公司揭牌，这标志着国内大型能源企业神华集团正式进驻洛阳。

△洛阳市总工会2011年“金秋助学”活动启动。

30日

△省政府副秘书长万旭带领省政府调研组到洛，调研铝镁产业发展情况。

△市人大常委会主任常振义主持召开市十三届人大常委会举行第二十次会议。

△洛阳北方玻璃股份有限公司在深圳证券交易所中小板挂牌上市，股票代码002613。北玻股份成为洛阳市继通达股份、杜康控股后的第三家民营上市公司，也是洛阳市第八家上市公司。

31日

△市政协主席周宗良主持召开市政协十一届二十五次主席（扩大）会议。会议研究讨论了拟提请市政协十一届十六次常委会协商通过的《关于加快洛阳市“一中心五组团”发展的有关问题和建议的调研报告（草案）》和《关于贯彻落实中国共产党洛阳市第十次代表大会精神的决议（草案）》。

△洛阳市发现一座西周贵族墓，出土整套青铜车马器，该墓葬历经3000多年未被盗掘，随葬品保存比较完整。

9月

1日

△由中央机构编制委员会办公室二司司长马谢林带队的中央分类推进事业单位改革工作调研组一行4人，到洛阳市进行调研。

△皖、鲁、苏、鄂、豫共商共建省际通道项目座谈会在洛阳市召开。

△洛阳市“全国安全用药月”活动启

动。

△栾川县在洛阳市率先实行免费职业教育。

△中国社会科学院考古研究所洛阳唐城考古队在天子驾六博物馆附近又发现了4座大小不一的东周时期车马坑。

1～2日

△由河南省工商行政管理局副局长李明申率领的督察组，到洛阳市调研食品安全阶段性工作进展情况。

△济南军区国防动员委员会第七次全体会议暨征兵工作会议在洛阳市召开。

△富士康科技集团总裁郭台铭一行40余人莅临洛阳考察。

1～7日

△“国花国瓷舞双艳”的“平乐金花”青花釉里红牡丹绘瓷作品展，在孟津县人民文化馆二楼展厅开展。

2日

△市委常委、常务副市长吴中阳主持召开2011年市政府第二十五次常务会议。会议学习了《中华人民共和国行政强制法》。会议研究了落实加快洛阳新区服务业发展税收优惠政策问题，决定对符合享受优惠政策条件的新区服务业商户实施奖励。

△以代理NSK轴承产品为主营业务的洛阳恩世克轴承有限公司在洛阳市成立。这是NSK在中国中部地区唯一的代理公司。

3日

△“中外英雄武林风洛阳四国对抗赛”在洛阳新区体育馆拉开大幕，来自中国、美国、日本、泰国的武林豪杰在洛阳摆开擂台。

△中国企业联合会、中国企业家协会共同发布了2011中国企业500强名单，洛阳市的万基控股、伊电集团入选。

3～4日

△河南省第五届农运会先期游泳比赛在一拖集团游泳中心举行。

4日

△全国第十届书法篆刻作品展在上海、广西两地评审揭晓，洛阳市青年书法家黄平的作品在5万多件作品中脱颖而出，获得此次作品展优秀作品奖。另外，张焉如、韩晓传、王军辉、张双印、郭延兴、陈红善、韩灿秋的作品入展。

5日

△市委副书记、市长郭洪昌会见到洛考察的新加坡科技工程有限公司国际业务总裁兼副首席执行官佘文民一行。

△洛阳隆华传热科技股份有限公司首次公开发行股票，并在创业板上市发布发行公告。

△洛阳市碧水蓝天工程指挥部召开碧水蓝天工程2011百日集中行动动员会，通报碧水蓝天工程进展及8月考评情况，并对百日集中行动做出了具体部署。

6日

△河南省人大常委会副主任储亚平带领驻豫十一届全国人大代表调研组到洛，就加强外商投资权益保护工作进行专题调研。

△洛阳新区管委会组织相关部门和开发单位举行试点项目推介会。

9日

△国家广电总局法规司副司长祝燕南带领全国文化市场交叉执法检查组到洛，检查指导文化体制改革和文化市场管理情况。

△省委常委、市委书记毛万春主持召开市委常委（扩大）会议，研究部署近期工作。

△洛阳市政协召开十一届十六次常委会议。会议协商通过了《关于加快洛阳市“一中心五组团”发展的调研报告》和《关于贯彻落实中国共产党洛阳市第十次代表大会精神的决议》。

△洛阳市庆祝第二十七个教师节暨表彰大会在航空城会议中心举行。

10日

△中信重工公司总包的国内最大的LGMS5725矿渣立磨系统在江阴兴澄特钢顺利达产达标。

11日

△河南省首个对日软件外包人才实训基地落户洛阳。

△河南科技大学与河南省科融科技有限公司联合创建、全省首个高校与IT企业联合培养对日软件外包人才实训基地正式启用。

13日

△市委副书记、市长郭洪昌主持召开市政府常务扩大会议，传达贯彻省政府第六次全会和市第十次党代会精神，研究了《洛阳市冬春蔬菜储备管理办法（讨论稿）》。

△洛阳市大中型客货运输机动车尾气检测工作启动。

13～14日

△文化部艺术司副司长张凯华带领第三十届中国洛阳牡丹文化节开幕式主创团队到洛，考察开幕式准备工作。

14日

△河南省地税系统12366纳税服务热线业务比赛在汝阳县成功举行。

15日

△河南科技大学第一附属医院心血管病医院成立，涵盖了心血管内科和心脏外科。

△古都保护与城市考古学术研讨会在洛阳市召开。省文物局副局长孙英民、北京大学考古文博学院副教授陈建立共同为北京大学考古文博学院科技考古实验室实践基地揭牌，该实践基地设在市文物工作队。

16日

△中国共产党洛阳市第十届委员会第二次全体会议召开。省委常委、市委书记毛万春主持会议并讲话。

△洛阳隆华传热科技股份有限公司和其他三家企业一起正式登陆深交所创业板。隆华传热以55倍市盈率的价格发行2000万A股，募集资金总额6.6亿元。隆华传热是孟津县首家上市的民营企业，隆华传热的上市将带动洛阳空港产业集聚区乃至孟津县民营企业的发展。

△洛阳市道教协会第六次代表大会召开。

△洛阳市粮食行业协会揭牌成立，并召开第一届会员大会，通过协会章程和管理办法，选举产生第一届理事会。

17日

△2011中国洛阳河洛文化旅游节重要活动之一——2011中国洛阳国际旅行商采购大会举行。来自北京、上海、天津、重庆、广州、深圳等全国主要交通沿线及客源地等30多个城市的近400名旅行商代表云集古都，共谋旅游业发展大计。

△中国一拖黑龙江现代农业装备基地生产的第一台“东方红”拖拉机在齐齐哈尔驶下总装线。这标志着“东方

红”品牌从生产、销售、服务等各个环节向终端市场延伸，也是中国一拖在市场布局战略调整上迈出的实质性一步。

△洛阳市2011年全国导游人员资格考试在市旅游学校举行。全市共有1375人报名参加本次考试，是历年来报考人数最多的一次。

△洛阳市首家民营的人才市场——河洛人才交流中心正式投入运营。

△2011年河南省传统武术比赛在洛阳师范学院体育馆拉开序幕。

△2011中国洛阳河洛文化旅游节开幕式在新区体育馆隆重举行，世界风情巡游活动同时上演。

17～18日

△1421名考生在洛阳市参加2011年国家司法考试。

18日

△省委常委、市委书记毛万春主持召开市委常委（扩大）会议，研究项目建设攻坚战、经济转型攻坚战推进情况。

△宜阳伟辉精密轴承项目投产。

19日

△河南推拿职业学院揭牌。

△洛阳市第一人民医院荣获“影响洛阳生活方式医疗品牌”。

20日

△洛阳市工艺美术学会成立暨洛阳牡丹瓷股份有限公司开业举行揭牌仪式。

△2011海峡两岸关公文化论坛在洛阳市举行。来自海峡两岸的200多位从事关公文化研究的专家学者、100余家关帝庙的代表齐聚一堂，研讨关公文化在加深海峡两岸文化交流方面的重要意义和举措。

△第十一届河南省老年人运动会健步走通信赛洛阳赛区的比赛在西工体育场正式开赛。

21～22日

△由河南省人大常委会部分委员组成的视察组到洛，视察森林防火工作，并就《河南省森林防火条例（草案）》进行立法调研。

23日

△市委常委、常务副市长吴中阳主持召开2011年市政府第二十七次常务会议，研究优化全市工业布局等工作。

△洛阳LYC轴承有限公司的“兆瓦级风力发电机组轴承研发”、725所双瑞橡塑有限公司的“兆瓦级风力发电机组弹性支撑设计制造技术”、洛阳双瑞风电叶片有限公司的“兆瓦级风力发电机组叶片先进制造技术研究与产业化”三个省重大科技专项，顺利通过省科技厅组织的专家组验收。

△世界500强企业——德国舍弗勒集团与河南科技大学联合举办的轴承课程班开班典礼在河南科技大学西苑校区举行。

24日

△联合国统计司司长张保罗一行到洛考察访问。

△由市社会科学界联合会、市地方史志办公室、市文学艺术研究会以及河南梦想之旅文化传播有限公司，联合洛阳文史界知名专家、学者共同创办的“河洛文化论坛”在洛阳市开讲。

△2011年中国城市创新论坛大会在北京召开，洛阳和石家庄、宁波、长沙等4个城市获得首届“促进城市发展科技奖”。

25日

△市委副书记、市长郭洪昌会见以日本冈山市市长高谷茂男为团长的冈山市市民访问团和以冈山市议员联盟会长砚野昌郎为团长的冈山市议会访问团一行。

△宜阳洛河锦龙景观大桥开工建设。

25～26日

△印度青年事务与体育部国际合作司司长比期瓦斯率领印度青年代表团来到洛阳市参观访问。

26日

△洛阳市中心医院被卫生部授予“脑卒中筛查与防治基地医院”称号，成为中国首批挂牌的18家地市级医院之一，也是洛阳市唯一的脑卒中筛查与防治基地。

27日

△全国“三农”媒体与中小城市科学发展座谈会在洛阳市召开。

△大盟国际广场项目奠基仪式在洛龙区举行。该项目是由河南恒辉置业有限公司投资兴建的大型商住综合开发项目。

△为期两天的2011洛阳农副产品博览会在栾川开幕，共有119家企业参展，展出各类农副产品169种。

27～29日

△全国二十八城区政协工作研讨会第二十六次会议在洛阳市召开。

28日

△在2011中国城市创新论坛暨促进城市发展科技奖颁奖大会上，洛阳市荣获首届“促进城市发展科技奖”。

30日

△“翰墨丹青激情农运”洛阳市新农村建设书画展在市图书馆开展。

△“河洛清风”青少年文艺创作大赛颁奖仪式举行。

△洛阳市举行“洛阳市放心酒经营示范店”授牌仪式，全市共43家企业被授予这一称号。

△香港言爱基金千万捐资建校项目落户洛宁，成为该基金会在洛实施的首个项目。

10月

1日

△洛阳市失业保险金标准全面上调，从最高每月640元上调至最高每月864元。市区（含吉利区）、新安县、栾川县、偃师市执行每月864元标准，伊川县、孟津县、宜阳县、洛宁县、嵩县、汝阳县执行每月760元标准。

△即日起，洛阳市实行新的最低工资标准，失业保险金也随之进行调整。失业保险金自失业人员办理失业登记之日起计算，按照当地最低工资标准的80%逐月发放。

△洛阳市所有“螺丝瓶”将一律不予检验充装液化气，并且按报废处理。

△第四届王城金秋菊展暨园林风光摄影展在王城公园拉开帷幕。

3日

△为期两天的第四届玄奘国际学术研讨会在偃师拉开帷幕。

△玄奘寺隆重举行大雄宝殿大佛落成开光大典。来自9个国家及中国港台地区的80多名专家学者、25名高僧大德

及近百名僧人参加开光法会。

5～8日

△第四十一届世界技能大赛在英国伦敦举行。洛阳市21岁焊工裴先锋夺“技能奥林匹克”银牌。

9日

△洛阳“纪念辛亥革命100周年书画展”在市图书馆开展。

10日

△国内最大规格的直径11×5.4米半自磨机和直径7.9×13.6米球磨机，在中信重工公司试车成功并交付用户。

△中信重工公司185MN自由锻造油压机组获中国工业大奖——“中国工业新纪录”荣誉称号。奖牌编号CIRN000001，这是“中国工业新纪录”的第一个奖牌。

△洛阳市开通至昆明、威海航线。该航线由云南航空公司执飞，计划每周一、三、四、六执飞4班。

△纪念辛亥革命100周年暨张钫纪念馆开馆仪式在新安县铁门镇举行。

10～13日

△以河南省委宣传部副巡视员任高潮为组长的省禁烧督察组，到洛检查秸秆禁烧工作。

11日

△以“科技支撑、福民强市”为主题的洛阳市第四届学术年会活动开幕。

△纪念邵雍诞辰1000周年暨邵雍思想国际学术研讨会在洛阳市举行。

12日

△南阳市委书记李文慧，市委副书记、市长穆为民率南阳市党政考察团到洛阳市考察城市建设。

△盛世重修邵雍祠落成典礼在邵雍故居安乐窝隆重举行，8米多高的邵雍铜像正式安身安乐窝。

△第七届河洛金秋上戈苹果采摘节在洛宁县上戈镇开幕。

12～13日

△河南省人大常委会内务司法工作委员会主任郭俊峰带领部分省人大代表到洛，就贯彻执行《道路交通安全法》《河南省道路交通安全条例》情况进行执法检查。

13日

△“2011福布斯中国大陆最佳商业城市”榜单出炉，洛阳、郑州榜上有名。此外，由清华大学启迪创新研究院主持的“中国城市创新创业环境排行榜”公布，洛阳排名第58位。

△洛阳市被省政府命名为“河南省太阳能光伏产品出口基地”。

14日

△郑州市委副书记、代市长吴天君率郑州市政府考察团到洛阳市考察城市建设。

△市委副书记、代市长李柳身会见中石化河南石油勘探局局长、中石化河南油田分公司总经理李联五一行。

△中国第六批赴联合国和非洲联盟驻达尔富尔特派团维和工程兵大队在济南军区驻洛铁军师组建成立。

△由义马煤业集团投资兴建的义煤大有商务大厦在洛阳新区奠基。

15日

△在重庆开幕的第十二届中国戏剧节上，有“洛阳牡丹”美誉的豫剧大师马金凤荣获2011年中国戏剧奖·终身成就奖。

16日

△“捷安特杯”河南洛阳孟津小浪底首届嘉年华自行车赛在小浪底南岸风景区举行，来自全国各地的500余名自行车爱好者参加了比赛。

18日

△“发现中国”考察活动——“最早的中国”文化考察团到偃师考察。

△河南省第五届农民运动会在洛阳新区体育馆隆重开幕。

△栾川地质博物馆主体封顶。该博物馆占地60亩，建筑主体高23.7米，外观造型独特。

18～20日

△河南省第四届老年书画精品展在洛阳美术馆开展。

19日

△2011年全省经济社会发展综合水平百强乡镇评选揭晓。洛龙区关林镇进入十强，位列百强乡镇第四。

19～20日

△省人大常委会副主任刘新民带领省人大常委会部分委员到洛，就《价格法》执行检查暨保障性住房建设情况进行调研。

20日

△2011豫台经贸洽谈会暨台商中原行洛阳参访团座谈会召开。

△“班班通”工程建设全面启动，市教育局直属的63所学校陆续开始进行“班班通”系统安装，明年春节前全部完工。

△伊川县城关镇南府店、西仓、窑湾、罗村、彭庄、野狐岭、董村、周村等8个社区居委会挂牌成立。

21日

△国内直径和静张力差最大的液压防爆提升机在中信重工公司成功下线。

23日

△省委常委、市委书记毛万春主持召开市委常委（扩大）会议，传达贯彻省委八届十五次全会精神。

24～26日

△国家土地督察济南局副专员王春秋一行到洛，对土地例行督察整改情况进行检查预验收。

25日

△洛阳市红十字会大病医疗救助第二批定点医院挂牌仪式在洛钢医院举行，这是洛阳新区首家红十字会大病救助定点医院。

26日

△洛阳市安徽商会成立。

26～27日

△国家民委调研组到洛，就全市少数民族干部队伍建设和民族工作部门建设等工作进行调研。

28日

△洛阳国际科技创新产业园揭牌成立，有9家企业签约入驻。

△洛阳市开元湖音乐喷泉冠名权、商业表演独家代理权公开拍卖，泉舜集团（洛阳）置业有限公司以1000万元竞拍成功，此举开了国内音乐喷泉市场化运作的先河。

△洛阳市举办首届中国移动终端产业链高峰论坛。

31日

△洛阳至厦门航班开通。

11月

1日

△团中央权益部副部长陈琳带领团中央

考察组一行到洛，对洛阳市重点青少年群体服务管理和预防犯罪试点工作进行考察。

△洛阳市政府召开专题会议，研究高速公路及“一中心五组团”快速通道建设推进工作。

△义马煤业集团与万基控股集团签署煤矿重组合作协议，双方将对万基控股集团所属的5对矿井进行重组合作。

△河洛文化主题酒店——王府九号公馆在洛阳新区开业。

△洛阳市地方税务局契税征收管理所揭牌。

2日

△中石化集团公司总经理、中石化股份公司总裁王天普带领中石化相关负责人到洛，重点考察中石化洛阳分公司生产经营、项目建设等情况。

△省委常委、市委书记毛万春主持召开市委常委（扩大）会议，研究第三十届中国洛阳牡丹文化节相关工作推进情况。

△国内最大液压防爆提升机在中信重工研制成功。

△总投资30亿元的国机重工（洛阳）产业园项目开工建设。

△在由中国人类学民族学研究会、国际节庆协会主办的“2011优秀民族节庆”推选活动中，中国洛阳牡丹文化节被评为“最具国际影响力节庆”。

3日

△市委副书记、代市长李柳身会见中国恩菲工程技术有限公司董事长陆志方一行。

△涧西区城乡居民社会养老保险金首发仪式举行，20多名60岁以上的居民代表当场领到养老金活期存折。这是洛阳市在未被列入国家城乡居民社会养老保险试点的5个城市区中，首次发放养老金。

△宜阳县锦屏生态文化广场奠基开工。

4日

△市委副书记、代市长李柳身主持召开市政府第三十一次常务会议，部署近期安全生产工作，研究征地拆迁规章规范性文件专项清理等工作。会议原则通过了《洛阳市行政执法机构绩效考核办法》修订案。

△洛阳市首个社区蔬菜直销市场在涧西区郑州路街道南盟社区开张。

6日

△十届全国人大常委会副委员长盛华仁到洛调研洛阳市石化产业、旅游文化产业等发展情况。

△市少儿古筝艺术团举办中国古筝名家演奏会，庆祝建团20周年。

7～8日

△副省长张大卫到洛调研洛宁县矿产资源开发整合情况。

8日

△洛阳市第一中医院综合病房大楼全面启用。

△洛阳市举行庆祝第十二个中国记者节暨表彰优秀新闻工作者大会，市第八届“十佳”暨优秀新闻工作者共26人受到隆重表彰。

8～9日

△全国发改委系统利用外资和境外投资工作会议在洛阳市召开。

9～10日

△省委常委、副省长史济春到洛调研重点企业发展情况并出席洛阳市重点企业发展座谈会，了解各企业的运行状况，分析当前经济形势，协调解决企业发展过程中遇到的困难和问题。

10日

△由洛阳卡瑞起重设备公司生产的国内最大的起重机，按期完工并装车起运将服务于四川某核工业设施。

△在安徽省黄山市举行的第四届中国品牌媒体高峰论坛上，《洛阳日报》以不断增强的品牌影响力，成功蝉联“2010～2011中国品牌媒体百强——地市党报品牌十强”。

△新华社副社长周树春，新华社河南分社社长罗辉、副社长王耕，河南分社党组成员、常务副总编辑刘雅鸣一行到洛，考察文化旅游产业发展情况。

△洛阳盖茨（中国）控烟二期项目——“无烟家庭暨指导手册发行活动”正式启动，西工区金谷园社区卫生服务中心等10个基层医疗机构被确定为首批“无烟家庭”示范点。

10～12日

△河南省“雨露计划”实施方式改革试点工作培训班暨现场会在宜阳县召开。

11日

△市委常委、常务副市长吴中阳主持召开市政府第三十二次常务会议，研究并原则通过《洛阳市新型农村社区建设用地管理办法》和《洛阳市新农村建设集体土地上房屋登记暂行办法》等。

△新版个体工商户营业执照启用。

11～12日

△开封市委书记祁金立率开封市党政考察团一行到洛，重点考察洛阳市新区建设、城市提升、文化旅游产业发展等工作。

12日

△洛阳市晋商会成立。

13日

△由参加第十届全国报纸总编辑新闻摄影研讨会的70多名总编辑、记者组成的采访团，到洛参观采访。

14日

△日本“冈山·广岛旅游说明会”在洛举行。

△洛阳市水务集团有限公司新区西郊调峰热源厂正式启用。

△在浙江义乌闭幕的第二届中国国际林业产业博览会上，洛阳国家牡丹园参展的催花牡丹以河南省第一名的成绩获得本届林博会金奖，并在全省唯一荣获“最佳参展产品”奖。

△在洛阳工业园区沃德福重型汽车车桥有限公司生产车间，技术人员正在安装调试生产设备。“沃德福”车桥填补国内空白。

15日

△河南省委宣讲团在洛阳市歌剧院举行报告会，深入学习贯彻党的十七届六中全会、《国务院关于支持河南省加快建设中原经济区的指导意见》和省九次党代会精神。

16日

△2011年中国机械工程学会第十次全国会员代表大会在武汉召开。中信重工公司科研项目《水泥低温余热利用成套工艺技术及装备》荣获首届“节能及绿色工业科研成果奖”一等奖，是评选出的唯一的一等奖。

△古城路快车道全线通行。

△位于洛龙科技园区的炎黄科技园（中部数谷）开工建设，计划总投资32亿元。

△洛阳杜康控股有限公司获“2011中国酒业最具成长力企业”殊荣，全国获

此称号的企业仅有3家。

△洛阳市首个规模富硒农产品基地——伊川县鸣皋镇的有机富硒农产品基地，5000亩流转土地进行重新“包装”。

16～17日

△省委副书记、省长郭庚茂在洛阳市调研指导工作。

17日

△由河南省书法家协会主办，孟津县委、县政府承办的全国书法名家邀请展暨首届“王铎杯”书法大赛开幕式在孟津县王铎故里举行。

△“中国糖尿病基层培训项目”的一项重要内容——“健康生活方式工具包”发放仪式在洛阳市疾控中心举行。

18日

△由市委、市政府主办的洛阳牡丹红茶新闻发布会在北京河南大厦国际会议厅隆重举行。

△洛阳牡丹红茶新闻发布会在北京举行。

18～20日

△河南科技大学为主办方之一的“2011年应用力学、材料与制造国际学术会议”在深圳召开。来自中国、日本、澳大利亚、韩国等国家的130余名专家学者参加了会议。

19日

△国务委员、公安部部长孟建柱到洛调研公安工作。

△启动首批周末蔬菜直销市场，启动仪式在老城区南关社区直销点举行。

19～20日

△2011河南省医院文化建设论坛在洛阳市举办。

20日

△省委常委、市委书记毛万春主持召开市委常委（扩大）会议，研究加快洛阳市战略性新兴产业发展等工作。

△首家太极养生馆在西工体育场成立。

21日

△副市长史秉锐会见到洛访问的美国核桃市市长苏王秀兰一行。

22日

△市政协主席周宗良主持召开政协洛阳市十一届二十六次主席（扩大）会议，学习省委副书记、省长郭庚茂到洛调研时重要讲话精神。

△市委常委、统战部部长陈向平会见了到洛参访的美国加州华裔民选官员协会会长、核桃市市长苏王秀兰一行。

△洛阳宏进农副产品国际物流中心项目签约。

△孟津水保科技示范园成为全国首批、河南省首家全国中小学水土保持教育社会实践基地。

△洛阳市举办首届“11·22”诚信论坛，论坛主题为“诚信体系建设和区域经济发展”。

22～23日

△由人民日报社、光明日报社、求是杂志社等14家媒体组成的“走基层 见证社会管理创新”中央媒体采访团到洛，对全市技防实战应用、110城市应急联动服务、医疗纠纷调解等工作进行采访。

23日

△2011年全国科技进步考核结果公布，洛阳市及所辖的各县（市）、区全部通过科技部科技进步考核，洛阳市第3次获得“全国科技进步先进市”称号。

△以海外华文传媒合作组织理事长、香港文汇报总经理欧阳晓晴为团长的海外华文传媒合作组织参访团，到洛参观考察。

24日

△根据洛阳知名作家张元纯的小说《洛阳水席》改编的高清数字电影《洛阳水席》在洛阳市首映。

△中信重工大学正式揭牌。这是洛阳市成立的第一所企业大学。

△河南省首个“全国企业文化建设示范基地”在中信重工公司揭牌，中信重工也成为全国第十二家获此殊荣的国有大型企业。

24～25日

△中纪委委员、中纪委驻国家人口和计划生育委员会纪检组组长勾清明，到洛调研人口和计生工作。

25日

△市委副书记、代市长李柳身主持召开2011年市政府第三十四次常务会议，研究通过《〈洛阳市关于加快民办教育发展的意见〉实施细则》《关于加快社会养老服务体系建设的意见》《洛阳市全民健身实施计划（2011~2015）》《洛阳市残疾人事业“十二五”发展规划》等。

△2011年市、县（市）、区政协主席联席会第三次会议在吉利区召开。

25～27日

△由中国自然辩证法研究会、洛阳师范学院主办的第二届全国中青年科技哲学论坛，在洛阳师范学院举办。

26日

△洛阳市科技特派员“百千工程”行动计划正式启动，首批95名科技特派员确定。

27日

△省委常委、市委书记毛万春主持召开市委常委（扩大）会议，研究加快牡丹产业发展工作。

△2012年度中央机关及其直属机构考试录用公务员笔试拉开大幕。这次考试有1.2万余名考生在洛阳参加笔试。

△河南省建设规模最大的中水利用工程——洛阳市涧西污水处理厂中水利用及备用水源供水工程竣工并投入运行。

28～29日

△全国检察文化建设座谈会在洛阳市召开。

28～30日

△人民日报社编委、海外版总编辑张德修和部分编辑记者到洛，开展“走基层、转作风、改文风”调研采访活动。

29日

△洛阳与沈阳、哈尔滨、南京、西安、武汉签订协议，自2012年1月1日起，参保人员到上述五地市看病，只需将相关资料递交到当地指定的经办机构，就可在当地直接报销，洛阳市异地就医结算城市增至10个。

△以韩国扶余郡教育资源厅教育长金泰正为首的教育考察团一行6人抵达洛阳市，进行为期两天的考察交流。

△孟津县洛阳百成内燃机有限公司的“百成”牌商标通过了国家中国驰名商标的审查、认定，成为继偃师市、伊川县后第三个拥有中国驰名商标的县。

30日

△嵩县人民广播电台调频广播正式开播。

△由中央人民广播电台、央广购物频道出资捐建的“幸福图书馆”第八馆在嵩县何村乡吕岭小学举行落成仪式。

12月

1日

△即日起全市村卫生室纳入基本药物制度实施范围和新农合门诊统筹实施范围。

1～2日

△由柬埔寨参议院秘书长翁萨勒率领的柬埔寨参议院代表团一行到洛参观访问。

2日

△市委常委、副市长、经济工作部部长宋殿宇会见了到洛考察的罕王实业集团有限公司董事长杨敏一行。

△汝阳县人民检察院一级检察官程建宇当选为第三届河南省道德模范中的“敬业奉献”模范。

△龙门香山寺“蒋宋别墅”布展工程竣工，正式开门迎宾。

△中国共产党洛阳市第十届委员会第四次全体（扩大）会议召开。省委常委、市委书记毛万春主持会议并讲话。

3日

△洛阳市残疾人综合服务中心正式启用。

3～4日

△市委副书记、市纪委书记刘应安率领市城建考察团赴陕西省西安市、咸阳市，就城市经营、城市管理、文化产业发展和旅游名城建设等工作进行学习考察。

4日

△洛阳日报报业集团首家县（市）级发行站——偃师发行站，正式挂牌成立。

△洛阳市首批优秀近现代建筑保护名录公布，有9处优秀近现代建筑“上榜”。分别为：洛阳博物馆（老馆），洛阳龙门大桥，河南科技大学1号、2号教学楼，一拖集团厂前苏式办公楼，中铝洛阳铜业公司厂前苏式办公楼，一拖集团厂前毛主席塑像、洛阳LYC轴承公司厂南毛主席塑像，涧西区2号街坊，涧西区10号街坊，涧西区11号街坊。

△洛阳市志愿者联合会获“全国优秀志愿服务组织”称号。

△嵩县产业集聚区的洛阳氟钾科技有限公司完成的“半干法钾长石综合利用工艺的开发”科研项目，通过了省科技厅科技成果鉴定，项目的研究成果成为目前全省县级唯一达到国际先进水平的科技成果。

5日

△洛阳吉利农村商业银行股份有限公司正式开业。

6日

△洛阳石化首批3000吨98号车用乙醇汽油组分油发运出厂。10日，开始在洛阳市供应。

△洛阳春华秋实农林科技股份有限公司在天津股权交易所成功挂牌。该公司挂牌股权名称为“春华秋实”，股权代码为000188，发行价为每股4.65元，挂牌当日已涨至每股6.85元。

△唐代大书法家柳公权后裔、书法家柳国庆书写的10米书法长卷《小浪底赋》在黄河小浪底水利枢纽举行交接仪式。《小浪底赋》赋碑由辞赋家屈金星、张艳丽撰文，全文近800字，由柳国庆书丹，篆刻家李盛世领衔篆刻。镌刻此赋之巨碑长12米、高2.5米、重百余吨，立于黄河小浪底水利枢纽大坝坝顶。

7日

△新安万基控股集团有限公司的“万基”商标被认定为中国驰名商标。

8日

△市委副书记、代市长李柳身会见了到洛考察的台湾蓝天电脑集团百脑汇（中国）投资有限公司执行副总裁邱显树一行。

△河南省光伏及储能产业技术创新战略联盟在洛阳市成立，首批共有18家企业加入。

8～9日

△焦作市人大常委会主任郭国明、副主任白富海带领驻焦作市的部分省人大代表到洛，就洛阳市贯彻落实《国务院关于支持河南省加快建设中原经济区的指导意见》的相关情况进行视察。

9日

△市委副书记、代市长李柳身主持召开2011年市政府第三十五次常务会议，研究通过《关于解决洛阳市近期停车难问题的实施方案》，讨论通过《洛阳市“十二五”消防工作发展规划》和加快信息产业、创意产业、镁产业、体育产业发展的相关文件。

△中金集团嵩县金牛公司牛头沟金矿日处理3000吨改扩建项目开工建设。

△洛阳海神乐亮相中华世纪坛。

10日

△洛阳市2011年首批入伍新兵欢送仪式在火车站广场举行，来自全市的800余名新兵将奔赴军营。

△洛阳博爱眼科医院开业。

△由中国民间文艺家协会、联合国教科文民间艺术国际组织、中央电视台农业电影电视中心、中国网络电视台联合主办，中央电视台《乡土》栏目承办的首届“乡土盛典”评选结果在京揭晓，中国洛阳牡丹文化节获“最具人气民间节会”称号。

10～11日

△以中央纪委驻国家民委纪检组组长李小满为组长的中央纪委第六督察组到洛，对贯彻执行《廉政准则》情况进行督导检查。

11日

△省委常委、市委书记毛万春主持召开市委常委会议，研究部署当前重点工作。

△老城区苗北村和中沟村整体改造项目安置房建设工程举行开工奠基仪式。

△偃师二里头宫城遗址区内发现一座距今3600多年、二里头文化早期保存最好的宫室建筑遗迹。与此同时，考古人员还在宫城区附近发现包括用猪祭祀的遗存在内的一座巨型坑。

12日

△中国书法家协会批准孟津县、洛宁县为“中国书法之乡”。一个地级市同时有两个县被命名为“中国书法之乡”，在全国尚属首例。之前，洛阳市偃师市、新安县已获此殊荣。

△洛阳市扶贫办获“全国扶贫开发先进集体”荣誉称号。

△以“捐献可以再生的血液，拯救不可重来的生命”为主题的“无偿献血宣传月”活动启动仪式，在洛阳市中心血站举行。

△西工区瞿家屯城中村改造安置房项目

奠基。

12～14日

△以河南省人大常委会副主任王菊梅为组长的驻豫全国人大代表视察组到洛，对华夏历史文明传承创新区建设等工作进行集中视察。

13日

△省委常委、市委书记毛万春到河南科技大学调研。

△来自中亚的天然气通过中石油西气东输二线（下称“西气二线”）小庄门站进入洛阳。

△豫西地区最大的物流项目——洛阳格力电器仓储物流项目动工。

△17路、86路、34路和76路、32路公交车恢复原有线路行驶。45路、61路、24路公交车的终点站则有所调整。

14日

△中华慈善总会会长范宝俊到洛调研慈善事业发展情况，并看望慰问困难群众。

△泰国国家反腐败委员会主席潘特普·克拉纳荣然率团到洛考察。

14～16日

△副省长徐济超到洛调研职业教育发展情况。

△“首届休闲城市国际论坛”在成都举行。洛阳市作为全国休闲城市代表应邀参会，市委常委、宣传部部长杨炳旭出席论坛并作大会主题演讲。

15日

△市委副书记、代市长李柳身会见泰国正大集团副董事长李绍祝一行。

△洛阳太空牡丹种子栽种，另一批太空牡丹种子开始进行技术处理。

16日

△市政府常务会议原则通过了《洛阳市第三批市级非物质文化遗产名录》，“蔡伦造纸传说”“程门立雪传说”等19个项目入选，另有“孟津县青铜器制作技艺”等3个扩展项目榜上有名。

△洛阳面的故事餐饮有限公司王强、洛阳伊盛祥（清真）餐饮管理有限公司黄玉方、洛阳和味源酒店郭全照获得“中国烹饪大师”称号。加上此前获此称号的任全福，洛阳市共有4名“中国烹饪大师”。

17日

△鹤壁市委书记丁巍率鹤壁市党政考察团一行到洛，重点考察新区建设、文化旅游产业、城市建设、重大项目建设等工作。

17～18日

△省委常委、统战部部长刘怀廉深入洛阳市部分企业调研。

18日

△老城区邙山镇和洛浦街道的两个城中村改造项目破土动工。

△河南科技大学第一附属医院新区医院正式开业，郑州大学附属洛阳中心医院举行揭牌仪式。

19日

△日本冈山旭东医院与洛阳市6家市属综合性三级医院举行合作签约仪式，并与市第五人民医院签定友好医院协议书。这6家医院是市中心医院、河科大二附院、东方医院、市第一中医院、市第一人民医院、市第三人民医院。

20日

△市政协主席周宗良主持召开政协洛阳市十一届二十九次主席（扩大）会议。会议听取了2011年度提案督察暨重点提案办理民主评议情况的汇报。会议协商确定政协洛阳市十一届十七次常委会于2011年12月28日举行。

△总投资达37亿元的7个重大项目在洛龙区集中开工建设。这7个重大项目分别是：总投资1亿元的防爆柴油机、矿用防爆低污染内燃动力车项目，总投资5713万元的220千伏聂湾开关站项目，总投资4596万元的110千伏东方输变电项目，总投资10.5亿元的景安IDC数据产业园项目，总投资24亿元的建业桂园项目，总投资5000万元的洛龙科技园洛宜路加宽改造项目，总投资1亿元的负庄工业园区道路项目。

△孟津民丰村镇银行在孟津县城开业。这是洛阳市成立的第四家村镇银行。

△中央文明委在北京召开全国精神文明建设工作表彰大会，隆重表彰第三批全国文明城市（区）、文明村镇、文明单位。洛阳市荣获全国文明城市称号。栾川县冷水镇、洛宁县涧口乡明珠村、新安县石寺镇上孤灯村荣获第三批全国文明村镇称号。市人民检察院、市财政局、市地方税务局（机关）、市国家税务局（机关）、中国移动通信集团河南有限公司洛阳分公司荣获第三批全国文明单位称号。

21日

△九三学社洛阳市第六次代表大会召开。会议选举产生了新一届九三学社洛阳市委员会委员，肖宏滨当选为九三学社洛阳市第六届委员会主任委员，高明、郭玲娟当选为副主任委员。

△中国国民党革命委员会洛阳市第八次代表大会召开。大会选举产生中国国民党革命委员会洛阳市第八届委员会，陈卫平当选主任委员，王洋、毛红伟、陈朝福、王秋芳当选副主任委员。

△老城区祥瑞新城棚户区改造项目动工。

△洛阳鑫瑞通物流项目正式动工。

△瀍河回族区下窑村城中村改造安置房项目开工。

22日

△高新区漭沱村安置房项目开工奠基。

△位于洛宁县的“台北国际”旧城改造项目正式动工。

△杭州娃哈哈集团与洛阳高新区正式签定协议，合作建设娃哈哈饮品生产项目。

23日

△在中信重工公司，一台长13.7米、直径4.12米的大型洗矿机通过试车，即将启运应用于日本住友集团在菲律宾建设的矿山项目。此次日方公司共向中信重工订购了两台，目前已制造完毕。这是中信重工公司国产重型矿用设备首次成功打入日本市场。

△新安县第二污水处理厂和新安县辛庄新型社区两个建设项目开工。

△西工区红山乡蒋沟村、后李村城中村改造安置房项目开工奠基。

△洛阳城投园林发展有限公司揭牌成立。

△洛阳市青年企业家协会、洛阳市青年商会成立大会举行。

△中国民主同盟洛阳市第十一次代表大会召开。选举产生了新一届民盟洛阳市委员会委员，师清翔当选为民盟洛阳市第十一届委员会主任委员，张俊杰、魏世忠、许留霞当选副主任委员。

24日

△由中原康城集团投资开发的洛阳中国薰衣草庄园在伊滨区开工奠基。

△河南·洛阳青年创业园正式落户孟津县华阳产业集聚区。

25日

△第八届中国洛阳伏牛山滑雪旅游节暨河南省首届高山滑雪公开赛，在栾川县伏牛山滑雪度假乐园开幕。

△神州牡丹园在北京建立的大型催花基地正式投入使用，这也是洛阳市首次在北京建立大型催花牡丹基地。

26日

△洛阳市廉政教育基地在宜阳县香鹿山镇甘棠村挂牌。

△由最高人民检察院政治部宣传部、河南省人民检察院、洛阳市委宣传部、洛阳市人民检察院、长春电影制片厂等单位联合摄制，以洛阳市检察官程建宇先进事迹为原型的电影《火红的杜鹃花》，在北京人民大会堂举行首映式。

27日

△河南省洛阳正骨医院传统医学中心项目举行奠基仪式。

28日

△中国民主建国会洛阳市第七次代表大会召开。会议听取并审议了民建洛阳市第六届委员会所作的工作报告，选举产生了新一届民建洛阳市委员会委员，魏险峰当选为民建洛阳市第七届委员会主任委员，张亚楠、王斌、王霞当选为副主任委员。

△河南省外侨办副主任杨玮斌一行到洛看望慰问归侨及侨眷。

29日

△市委副书记、代市长李柳身主持召开全市食品安全工作会议，传达贯彻省食品安全工作会议精神，对“双节”期间的食品安全工作进行具体安排。

△国机重工洛阳建筑机械公司出口斯里兰卡的48台滑移装载机，起运发往上海港装船出口。

△中国驻阿尔及利亚大使馆举行“中阿合作杰出贡献奖”颁奖仪式，由洛玻集团按照欧洲质量标准兴建的600吨级浮法玻璃生产线，被授予“中阿合作杰出贡献奖”。

30日

△由市委宣传部、市文联主办的“戏墨翁——李德辅、宋仁杰书法作品展”和“洛阳八老画洛阳山水画展”在市美术馆开展。

△洛阳市、济源市和水利部小浪底水利枢纽建设管理局共同建立了联席会商机制。联席会商第二次会议在洛阳市召开。会议听取了小浪底、西霞院库区违法建筑清理、网箱养鱼整治工作汇报，研究了小浪底水利旅游风景区争创国家5A级旅游景区有关事宜。

31日

△洛阳市举行国际文化旅游名城建设重点项目汇报会。会议听取了洛浦公园提升改造，老城历史文化街区保护利用，白马寺佛教文化园区、隋唐城“一区一轴”、汉魏故城国家遗址公园、市旅游服务中心建设，涧西区工业文化遗产保护开发等10多个重大文化产业项目推进情况汇报。

△瀍河回族区史家湾村整村改造安置房项目开工。

人　　物

新任市领导

李少敏　洛阳市人大常委会主任。1955年10月出生，河南濮阳人，中共党员，郑州大学毕业。

1974年3月～1977年12月，濮阳县子岸公社下乡知青。1977年12月～1978年3月，水电部安阳机械厂工人。1978年3月～1982年1月，郑州大学中文系汉语言文学专业学习。1982年1月～1983年12月，濮阳县郎中乡政府秘书；1983年12月～1984年4月，濮阳县郎中乡副乡长。1984年4月～1989年3月，中共濮阳市委组织部青干科干事、副科长。1989年3月～1989年8月，中共濮阳市委组织部青干科科长；1989年8月～1994年3月，中共范县县委副书记；1994年3月～1998年12月，中共范县县委书记兼县人大常委会主任。1998年12月～2001年3月，焦作市副市长；2001年3月～2002年7月，中共焦作市委常委、宣传部部长。2002年7月～2004年3月，中共洛阳市委常委、秘书长；2004年3月～2007年2月，中共洛阳市委常委、组织部部长；2007年2月～2012年1月，中共洛阳市委常委、组织部部长、市委党校校长；2012年1月～2012年8月，洛阳市人大常委会主任、中共洛阳市委常委、组织部部长、市委党校校长；2012年8月起任洛阳市人大常委会主任。

郭丛斌　市委常委、纪委书记，市公安局局长、党委书记。1956年7月出生，河南汝南人，中共党员，中央党校研究生毕业。

1975年3月～1978年12月，先后在驻马店地区汝南县韩庄乡公社和县公安局消防队工作。1978年12月～1981年7月，在驻马店师专中文系学习；1981年7月～1983年12月，驻马店师专任教。1983年12月～1996年11月，被选调到驻马店地区行政公署工作，任副科长、科长、副秘书长。1996年11月～2001年9月，驻马店地区正阳县县长、县委书记。2001年9月～2003年9月，洛阳市人民政府副市长、党组成员（2002年3月～2005年1月参加中央党校经济学专业在职研究生学习）；2003年9月～2006年12月，中共洛阳市委政法委副书记，洛阳市人民政府副市长、党组成员；2006年12月～2007年3月，中共洛阳市委常委、政法委书记，市人民政府党组成员；2007年3月～2012年8月，中共洛阳市委常委、政法委书记，市人民政府党组成员，市公安局局长、党委书记；2012年8月起任中共洛阳市纪律检查委员会书记。

田金钢　市委常委、组织部部长。1957年12月出生，河南安阳人，中共党员，华中理工大学研究生毕业。

1978年3月～1980年12月，安阳农校大专班学习农学。1981年～1986年11月，安阳县农业局、农业区划办工作，任农业区划办副主任（副科）。1986年12月～1992年10月，安阳市政府办公室副科长、秘书、科长。1992年11月～2001年8月，安阳市水利局副局长；2001年3月～8月，主持安阳市水利局全面工作（其间：1995年9月～1999年11月在华中理工大学哲学系研究生班学习，获哲学硕士学位）；2001年9月～2007年7月，安阳市水利局局长，党委书记。2007年8月～2008年7月，新疆阿克苏地区地委委员、行署副专员，河南省第五批援疆干部领队（联络组组长）；2008年6月改任阿克苏地委副书记。2009年3月~2012年8月，中共洛阳市委常委、农工委书记；2012年8月起任中共洛阳市委常委、组织部部长。

史秉锐 市委常委、农工委书记。1963年11月出生，黑龙江五常人，中共党员，厦门大学毕业。

1982年8月～1985年2月，郑州市上街区聂寨乡干事、团委副书记、团委书记；1985年2月～1985年9月，共青团郑州市上街区委副书记；1985年9月～1988年9月，共青团郑州市上街区委书记；1988年9月～1990年1月，共青团郑州市委干事；1990年1月～1994年8月，共青团郑州市委青工部部长、组织部部长；1994年8月～1999年8月，共青团郑州市委副书记、党组成员（其间：1995年8月～1997年10月在中国人民大学政治经济学专业研究生班学习，1999年3月～1999年6月在郑州市委党校县处级干部培训班学习）；1999年8月～2002年10月，共青团郑州市委书记、党组书记（其间：2001年4月～2001年6月，在河南省委党校市直领导干部班学习）。2002年10月～2004年2月，中共荥阳市委副书记（正县级）。2004年2月～2007年2月，中共郑州市二七区区委副书记、区长；2007年2月～2009年3月，中共郑州市二七区区委书记。2009年3月～2011年12月，洛阳市人民政府副市长、党组成员；2011年12月～2012年8月，中共洛阳市委常委、副市长；2012年8月起任中共洛阳市委常委、农工委书记。

马振宇 洛阳市人大常委会副主任。1957年9月出生，河南渑池人，中共党员，大学文化。

1974年4月～1977年1月，渑池县果园乡下乡知青。1977年1月～1980年6月，武汉地质学院地质专业学习。1980年6月～1984年11月，洛阳地区重工业局黄金管理站技术员、工程师；1984年11月～1987年7月，洛阳地区黄金公司办公室副主任。1987年7月～1994年6月，洛阳市黄金局办公室主任（其间：1992年3月～1994年6月任栾川县潭头金矿挂职副矿长、矿长）；1994年6月～1999年4月，洛阳市黄金局副局长、党组成员；1999年4月～2001年9月，洛阳市黄金局局长、党组书记。2001年9月～2002年1月，中共洛宁县委副书记、政府副县长（正县级）；2002年1月～2007年10月，中共洛宁县委副书记、政府县长。2007年10月～2011年12月，中共嵩县县委书记。2011年12月～2012年1月，洛阳市人大常委会党组成员；2012年1月起任洛阳市人大常委会副主任。

侯俊义 洛阳市人大常委会副主任。1956年6月出生，河南温县人，中共党员，河南大学毕业。

1976年9月～1978年3月，温县北冷乡许北张村民办教师。1978年3月～1982年1月，河南大学政教系政治专业学习。1982年1月～1984年2月，洛阳市教育局、城建局干部；1984年2月～1990年2月，中共洛阳市委党校政治经济教研室副主任。1990年2月～1991年12月，孟津县常袋乡党委副书记（下派）；1991年12月～1992年6月，孟津县王良乡党委副书记、政府乡长；1992年6月～1994年6月，孟津县王良乡党委书记。1994年6月～1997年6月，中共洛阳市委党校副校长、党委委员；1997年6月～1999年4月，中共洛阳市委党校（洛阳行政学院）副校（院）长、党委委员。1999年4月～2000年9月，中共洛阳市委宣传部副部长；2000年9月～2003年8月，中共洛阳市委宣传部副部长（正县级）。2003年8月～2006年5月，中共洛阳市涧西区委副书记、政府区长。2006年5月～2007年7月，中共汝阳县委副书记、政府县长；2007年7月～2011年12月，中共汝阳县委书记。2011年12月～2012年1月，洛阳市人大常委会党组成员；2012年1月起任洛阳市人大常委会副主任。

刘湖镜 洛阳市人民政府副市长。1957年9月出生，河南栾川人，中共党员，河南师范大学毕业。

1978年4月～1979年9月，栾川县秋扒中学民办教师。1979年9月～1983年7月，河南师范大学中文系学习。1983年7月～1984年9月，嵩县大章乡党委秘书；1984年9月～1985年6月，嵩县旧县乡政府副乡长；1985年6月～1985年12月，嵩县旧县乡党委副书记、政府乡长。1985年12月～1988年10月，中共嵩县县委宣传部副部长，兼任新闻中心主任；1988年10月～1990年2月，中共嵩县县委办公室主任；1990年2月～1993

年3月，中共嵩县县委常委、办公室主任；1993年3月～1997年3月，中共嵩县县委副书记。1997年3月～2001年9月，中共洛阳市委农工委委员、市农经委副主任、扶贫办主任。2001年9月～2003年3月，中共栾川县委副书记、政府副县长（正县）、县长。2003年3月～2006年5月，中共孟津县委副书记、政府县长。2006年5月～2007年2月，中共洛阳市涧西区委副书记、政府区长；2007年2月～2007年3月，中共洛阳市涧西区委书记、政府区长；2007年3月～2011年12月，中共洛阳市涧西区委书记。2011年12月起任洛阳市人民政府副市长。

张世敏　洛阳市人民政府副市长。1960年2月出生，河南嵩县人，中共党员，河南省委党校研究生毕业。

1980年12月～1983年8月，嵩县教育系统教师；1983年8～1985年1月，嵩县县社职工学校校长；1985年1月～1990年3月，中共嵩县县委宣传部干事。1990年3月～1993年1月，嵩县德亭乡政府副乡长；1993年1月～1995年1月，嵩县闫庄乡政府副乡长；1995年1月～1997年1月，嵩县饭坡乡党委副书记、政府乡长；1997年1月～1998年2月，嵩县饭坡乡党委书记、人大主席团主席。1998年2月～2001年3月，洛阳市公用事业局副局长、党组成员；2001年3月～2004年3月，洛阳市公用事业局副局长、党组成员，市燃气总公司经理、党委书记，市煤气工程指挥部办公室、煤气工程筹资办公室主任。2004年3月～2011年12月，中共洛阳市西工区委副书记、政府区长，洛阳工业园区工委副书记，中共洛阳市西工区委书记、洛阳工业园区工委书记。2011年12月任洛阳市人民政府副市长。

享受政府特殊津贴专家

李全安　1964年10月出生，河南南阳人，中共党员，博士、教授、博士生导师，河南科技大学继续教育学院院长，系“新世纪百千万人才工程”国家级人选、全国成人教育先进工作者、河南省高校科技创新团队带头人、河南省“新型有色金属材料”创新型科技团队带头人（首席专家）、河南省学术技术带头人、河南省科技创新杰出青年、河南省科技创新杰出人才、河南省高校创新人才、河南省高校骨干教师、河南省职业道德建设先进个人、河南省文明教师、河南省“五一”劳动奖章获得者。同时，兼任中国仪表材料学会储能与动力电源及其材料专业委员会委员，中国材料研究学会高级会员，中国稀土学会、中国机械工程学会热处理分会、河南省金属学会、河南省材料学会理事，《中国成人教育》理事会副理事长，《材料导报》编委，《材料热处理学报》特约审稿人。

自1988年6月以来，李全安一直在河南科技大学（原洛阳工学院）从事教学、科研和管理工作。他长期在教学一线，先后为研究生、本科生开设模具材料与热处理、金属力学性能、热处理工艺学、热处理原理、失效分析、X-ray金属学、金属电子显微分析、铸造工艺学、无损检测、材料现代分析技术、金属物理、科技文献检索与科技写作、岩浆现代分析技术、材料创造发明学、材料科学导论等10余门课程，深受学生好评，多次荣获课堂教学优秀奖。还担任国家级高等学校特色专业（河南科技大学金属材料工程专业）建设点负责人、河南省精品课程建设点负责人、河南省实验教学示范中心（河南科技大学工程材料实验教学实验中心）建设点负责人。先后承担国家自然科学基金、河南省杰出人才计划等省部级科研项目20余项，获得河南省科技进步二等奖等各类科技奖21项。共发表研究论文250余篇，EI、SCI、ISTP等收录100余篇次，多篇论文获奖。申请国家发明专利10项，其中已授权国家发明专利7项。

魏世忠　1966年6月出生，河南滑县人，中国民主同盟盟员，河南科技大学教授、博士生导师，任河南省耐磨材料工程技术研究中心主任。系河南省自主创新十大杰出青年、河南省高校新世纪人才支持计划培养对象、河南省杰出人才创新基金获得者、河南省教育厅学术技术带头人。同时，兼任中国机械工程学会高级会员，中国机械工程学会摩擦、耐磨、减摩材料技术委员会理事，中国金属学会耐磨材料学术委员会理事，中国机械工程学会磨损失效及分析专业委员会委员，《摩擦学学报》《铸造技术》《材料科学与工艺》编委。

魏世忠长期从事材料科学与工程领域的教学和科研工作，致力于耐磨材料、材料的磨损与防护、材料加工工程研究。为本科生、研究生讲授材料合成与制备、铸造合金性能及研究进展、先进复合材料及制备技术、材料微观分析、材料合金性能及研究进展等多门课程，受到师生一致好评。指导本科生、研究生毕业论文26人次。参加材料成型及控制工程国家级教学团队。他主持或参加完成科技部专项、国家科技支撑计划、国家自然科学基金、河南省重大攻关项目、河南省重大公益性科研招标项目、河南省杰出人才创新基金等科研项目 18 项，获中国机械工业科学技术一等奖、河南省科学技术进步二等奖等各类科技奖励15 项，其成果涉及矿山、钢铁、水泥、化工、建筑等行业，累计实现产业化产值近百亿元。发表学术论文近90篇，被SCI、EI收录50余篇。出版学术著作3部，获国家发明专利4项、实用新型专利4项。

全国性荣誉获得者

郭本州 全国“五一”劳动奖章获得者。1969年11月出生，中共党员。1991年7月参加工作，历任新安县地税局税务所副所长、所长，稽查局局长，新安县地税局副局长，2008年9月至今任宜阳县地方税务局党组书记、局长。工作中始终坚持爱岗敬业、无私奉献，带领宜阳地税全体干部职工励精图治，锐意进取，创先争优，业绩荣誉异彩纷呈，宜阳地税事业实现了跨越式发展，宜阳县地税局先后荣获省级文明单位、省级卫生单位、省级园林单位、省级优质服务窗口等荣誉称号。2008年至今累计组织全口径收入10.8亿元，组织县本级收入7.2亿元，组织工会经费收入800万余元，连续4年超额完成各项目标任务，并且对地方财政贡献率均达50%以上，为地方工会事业和经济社会发展做出突出贡献。其个人先后荣获全市地税系统优秀税务工作者、优秀公务员、优秀领导干部，洛阳市文明市民标兵、洛阳市“五一”劳动奖章、河南省“五一”劳动奖章等荣誉称号，并当选中共洛阳市第十届党代表和宜阳县第十二届人大代表。

洪开荣 全国“五一”劳动奖章获得者。1965年8月出生，中共党员，中铁隧道局盾构机掘进技术国家重点实验室主任。河南省盾构及掘进技术国际联合实验室主任、河南省隧道技术与装备院士工作站站长、河南省“地下工程技术与装备创新团队”带头人；兼任中国土木学会隧道及地下工程分会常务理事及秘书长、中国岩石力学与工程学会常务理事，中铁隧道集团有限公司总工程师和《隧道建设》期刊编委会副主任。2006年获第七届“詹天佑青年奖”和第九届“詹天佑成就奖”。

洪开荣长期从事隧道及地下工程的技术研究和管理工作，先后主持太平驿引水隧洞的岩爆防治技术、中国首座地下储气洞库——汕头LPG修建技术、复杂环境下软硬不均地层复合盾构的研制与掘进技术研究、高速铁路狮子洋水下特长隧道修建技术、城市地铁大型暗挖车站修建技术等重大课题的研究等工作。尤其是在中国盾构及施工技术方面的研究与开发、应用上具有突出贡献。公开发表论文20余篇，并出版专著5部，专利13项，获国家科技进步二等奖一项，省部级科技进步特等奖二项、一等奖一项。

作为中铁隧道集团盾构及TBM学科带头人，他引领企业进入了“高新技术企业”行列，建立了依托建筑企业唯一的“盾构与掘进技术”国家重点实验室，带领企业技术中心加入了国家级企业技术中心。

任耀光 全国“五一”劳动奖章获得者。1962年11月出生，洛阳金牡丹出租汽车有限公司司机。任耀光把见义勇为当作义不容辞的责任，把救死扶伤当作自己应尽的义务，把助人为乐、拾金不昧当成“离不开的家常饭”，几十年来，救助危急病人30余人次，无偿垫付医药费5000余元，助人为乐不计其数，

拾金不昧，拾还失主现金、手机、衣物等物品价值近10万元，协助公安抓捕歹徒20余次，抓捕犯罪嫌疑人50余人，曾多次负伤、5次住院，最严重的一次头部受伤5处，昏迷达10个小时，住院长达9个月之久。

为弘扬雷锋精神，任耀光成立洛阳任耀光爱心车队。5年来参加省、市举办的大型社会公益活动20余次，免费接送考生万余人次、暑假免费接送大学生下乡支教、“八一”免费接送军人、教师节教师乘车免费。车队曾荣获“感动河南十大爱心集体”“工人先锋号”“优秀志愿者群体奖”“创建全国文明城市创新奖”“优质服务标兵集体奖”“文明使者车队”等。任耀光先后荣获“全国百名优秀志愿者”“2008奥运火炬手”省“五一”劳动奖章“感动河南十大爱心人物”等荣誉称号。

张 景 全国“五一”劳动奖章获得者。1969年1月出生，中共党员，南车洛阳机车有限公司工程机械事业部班长。1987年7月参加工作，分别在南车洛阳机车有限公司转向架车间、轮对事业部、工程机械事业部从事电焊工作至今。1993年参加铁道部青年技能大赛获得第九名，被授予铁道部技术能手。2005年，参加中国南车集团第三届技能大赛，获得电焊工比赛第一名，被授予南车集团技术标兵和全国技术能手。2007年，被洛阳市总工会授予洛阳市优秀首席员工，2008年，公司成立以他个人名字命名的“张景电焊工作室”。

2007年，南车洛阳机车有限公司成立工程机械事业部，进行国内首台旭普林高速铁路无砟轨道施工设备的研制工作，张景被抽调承担旭普林无砟轨道施工设备试制工作，他先后制作安装单元、拆卸单元等立柱组焊工装、振动夹具组焊工装、横梁工装、钻孔工装等十几套工艺，确保首台工程车的成功试制，受到德方监造工程师的高度赞誉。2008年盾构机制造项目，他又力挑重任，制作旋转环、再制机壳等焊接工装。在450T提梁机制作中，他大胆进行创新，改进提梁机焊接工艺，受到项目组主管工程师和用户驻厂监理的认可和称赞。此方法经公司评审，被公司评为“张景焊接先进操作法”。2009年，新产品试制

中他还解决了重型轨道车、铺板机、轨道板等焊接变形难题。2010年，在公司重点项目新制转向架试制工作中，他设计了横梁、侧梁，构架一、二次组对，附件等所有构架的组对及焊接工装，并成功解决构架焊接变形问题。

张景积极参与技术攻关，2008～2009年先后攻克轮对车间ZG25Mn材质的抱轴箱体焊接、柴油机车间铸钢机体焊修和附件车间铝合金件的焊接技术攻关。

樊会涛　“新中国航空工业创建60周年航空报国特等金奖”获得者。1962年10月出生，河南汝阳人，中共党员，现任中国空空导弹研究院副院长、总设计师。是第十届、第十一届全国人大代表，担任中国人民解放军总装备部科技委兼职委员、导弹总体技术专业组成员。2007年10月，樊会涛获国家科技进步一等奖，荣立部级一等功。被中共中央、国务院、中央军委授予“高技术武

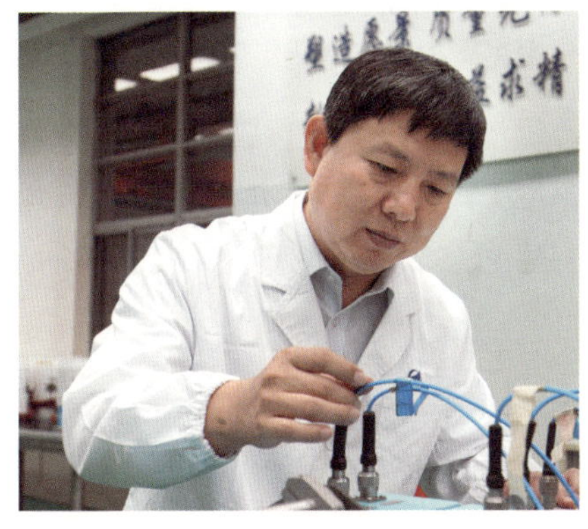

器装备发展建设工程重大贡献奖”，荣获金质奖章；2008年1月，樊会涛代表研制团队参加在北京人民大会堂召开的国家科学技术奖励大会，并接受了温家宝总理颁发的奖励证书。2010年，被中央组织部、国防科工局、人力资源部、中国科学院、中国工程院授予“第二届国防科技工业杰出人才奖”。2011年4月，被中国航空工业集团公司授予“新中国航空工业创建60周年航空报国特等金奖”。

葛　森　“新中国航空工业创建60周年航空报国杰出贡献奖”获得者。1958年1月出生，湖南湘乡人，中共党员。曾任中国飞机强度研究所副所长、常务副所长、所长兼总师等职。2008年9月调任中国空空导弹研究院院长兼党委副书记。曾先后获得中国航空工业总公司有突出贡献专家、国防科工委有突出贡献中青年专家、国务院享受政府特

殊津贴专家、国防科工委国防科技工业“511”学术技术带头人、国防科工委国防科技工业“511”高级管理人才、人事部“新世纪百千万人才工程”国家级人选等荣誉或称号。2011年4月，被中国航空工业集团公司授予“新中国航空工业创建60周年航空报国杰出贡献奖。”

梁晓庚　“新中国航空工业创建60周年航空报国突出贡献奖”获得者。1960年出生，河南孟州人，中国空空导弹研究院副总设计师，某重点型号总设计师。先后参与多种型号空空导弹总体设计、制导控制系统的研究及多种相关设备的研制工作，创造性地提出了与红外成像空空导弹控制系统相适应的多模制导规律；参加制导系统极限环频率超差排故，创直接经济效益数百万元。主持国产支线客机“运7–200A”襟翼分挡控制装置的方案设计，成功地解决相关的适航问题；创造性地完成多元红外制导体

数字信号处理和控制方案的设计，成为航空工业第一个交付部队的国家重点高新工程项目。2010年获得全国劳动模范称号。2011年被省委、省政府授予“第八批河南省优秀专家”荣誉称号。被中国航空工业集团公司授予“新中国航空工业创建60周年航空报国突出贡献奖”。

刘松柏　“新中国航空工业创建60周年航空报国杰出贡献奖”获得者。1954年5月出生，四川南充人，中共党员。2003年7月参加工作，先后担任成飞公司工学院常务副院长兼党支部书记，成飞公司董事会董事、党委副书记、副总经理，中国空空导弹院党委书记、副

院长等。2007年调任导弹院党委书记兼副院长。先后获得中国一航人才工作先进个人、全国企业文化建设先进个人、中国一航“航空报国优秀贡献奖”等荣誉称号。2011年4月，被中国航空工业集团公司授予“新中国航空工业创建60周年航空报国杰出贡献奖”。

省级优秀人物

“感动中原”人物

李　鹏　1987年出生，河南省消防总队洛阳支队嵩县中队执勤队长助理。2011年6月24日晚，嵩县发生历史罕见的强对流天气，突发暴雨冰雹灾害，数百名群众生命安全受到严重威胁。连续转战3个战场，李鹏30余次冲入冰冷湍急的洪水中，营救被困群众26人，疏散群众100余人。由于长时间浸泡在刺骨的冰水中，连续超强度作业，李鹏在最后一次冲入齐胸深的冰水中营救一名被困儿童时，终因疲劳过度引起大脑及身体多个

重要脏器病理改变而休克，昏倒在救援现场。病愈出院后，李鹏毅然将自己收

到的1万元慰问金捐赠给两名贫困大学生。李鹏曾参加火灾扑救210多次、抢险救援550多次，救助被困群众160余人，先后荣获嘉奖5次、优秀士兵3次，荣立个人一等功1次、三等功1次。共青团河南省委、河南省青年联合会授予李鹏“河南青年五四奖章”，河南省公安厅为李鹏荣记个人一等功，洛阳市政府授予李鹏“抗洪抢险勇士”荣誉称号。

河南十大“三农”新闻人物

杨利民 河南硒谷绿色农业有限公司总经理。1965年出生，河南伊川县人。

从2003年始，杨利民就致力于专业开发富硒农产品，带动了当地新兴农业产业的发展。2003～2009年，杨利民带领着他的团队，开发出5个系列20余种富硒农产品，2010年底，开发出富硒养生配方产品。公司采取“公司+基地+农户+农户专业队”的组织形式生产富硒农产品，2011年带动6129户，使农户年增收1160万元以上。他致力于家乡“三农”发展，以“博爱”之心献身“三农”，把实现农户增收和农业增效作为事业核心目标，把带动“老百姓多挣钱”作为衡量自己服务“三农”质量的唯一标准。

张灿军 洛阳农林科学院院长、研究员，享受国务院特殊津贴。1963年出生，河南伊川人。他30年如一日坚守在农业科研第一线，主持选育的“洛旱6号”在2008年大旱之年创下百亩连片亩产607.6千克，刷新了中国旱地小麦新记录；新选育的超级小麦新品种“洛麦23”在2011年取得亩产754.8千克，再创高产纪录。在他的带领下，该院形成了系统的“洛阳模式”，在国内率先提出一套旱地小麦育种新方法——水旱协调选择混合法，解决了旱地小麦品种抗旱不高产的问题。先后选育小麦新品种23个，推广面积近2亿亩，增产粮食30亿千克，获得科技成果200余项，通过国家、省、市审定的品种60多种，推广创效100

多亿元，在全省地市农科院各项成绩评比中长期稳居前两位，被授予全省“第一个国际农业科技合作示范基地”。

河南省“五一”劳动奖章获得者名单

陈云峰 洛阳市公安局特殊警务支队
葛俊周 中国一拖集团有限公司第一装配厂
张东亮 中信重工机械股份有限公司矿山机器厂
赵　涛 洛阳市水务局人事科
任晓辉 河南柴油机重工有限责任公司洛阳分公司
朱水镇 洛阳市地方水务局
焦建波 中国石油化学股份有限公司洛阳分公司
李卫华 汝阳县电业局
陈海龙 河南煤业化工集团洛阳LYC轴承有限公司东升公司
郝向伟 洛宁供电公司
卞今庚 洛阳市公路管理局洛阳至偃师快速通道项目
裴先锋 中国石油天然气第一建设公司
王春毅 洛阳栾川钼业集团矿山公司
李云峰 中国铁建电气化局第一工程有限公司
李　虹 洛阳市公安局天津路分局社区大队
张元东 洛玻集团股份龙海电子玻璃有限公司

市级优秀人物

洛阳市“五一”劳动奖章获得者名单

薛志飞 中国一拖集团有限公司
高中汉 中国一拖集团有限公司
杨世伟 洛阳LYC轴承有限公司
凌　红 洛阳LYC轴承有限公司
赵艳玲 中信重工机械股份有限公司
张　祺 中信重工机械股份有限公司
陈锋刚 河南柴油机重工有限责任公司
才　阳 中铝洛阳铜业有限公司
高　洁 洛阳铜加工集团有限责任公司
任中亮 中国石油化工股份有限公司洛阳分公司
吕　煜 大唐洛阳热电厂
周超峰 中钢集团耐火材料有限公司
孙炜正 洛玻集团股份龙海电子玻璃有限公司
李冬青 洛阳白马集团有限责任公司
田　川 南车洛阳机车有限公司
岳宏武 大唐洛阳首阳山发电有限责任公司
路继涛 洛阳北方易初摩托车有限公司
程传对 洛阳北方企业集团有限公司
曹　阳 中国石油天然气第一建设公司
张小涛 中铝河南铝业有限公司
杜俊超 黎明化工研究院
戴有涛 洛阳有色金属加工设计研究院
李予南 机械工业第四设计研究院
白宇光 中机十院国际工程有限公司
彭明焱 中国空空导弹研究院
王其红 中国船舶重工集团公司第725研究所
郑富强 中国石化洛阳石油化工工程公司
郭振伟 洛阳轴研科技股份有限公司
李　明 中钢集团洛阳耐火材料研究院有限公司

李　建　河南省电力公司洛阳供电公司
张建武　洛阳市邮政局
万小伟　中国移动通信集团河南有限公司洛阳涧西分公司
王轶珞　中国联合网络通信有限公司洛阳市分公司
杨　峰　洛阳市公安局警务督察支队
陈家新　河南科技大学
张旦闻　洛阳理工学院
押辉远　洛阳师范学院
王　颖　河南华润电力首阳山有限公司
李伟祥　洛阳伟祥置业有限公司
李洪好　偃师市中成建筑有限公司
孙秀辰　河南省新安县地方税务局
刘宝亭　洛阳市永基重载齿轮有限公司
李道斌　中再生洛阳投资开发有限公司
刘晋发　洛阳阿新奶业有限公司
李　华　洛阳市华翔包装有限公司
梁俊杰　洛阳市齐瑞铸钢有限公司
田战年　宜阳县城关镇鸿星电料灯饰五金商店
张社民　宜阳县水务集团有限公司
何平均　嵩县中萤氟盐有限责任公司
何龙权　嵩县鑫豪矿业有限公司
杨清江　栾川县金鼎矿业有限公司
张建国　栾川县鸡冠洞景区管理处
肖红强　汝阳县宏博矿业有限公司
赵小永　河南海鑫毛毯纺织有限公司
李新民　洛宁县地方税务局
张红波　洛宁华泰矿业开发有限公司
姬良荣　洛阳市涧西区天津路小学
陈夫庆　洛阳升龙置业有限公司
范景林　洛阳隆盛科技发展有限公司
张学智　洛阳市智盛特种钢球有限公司
王家琦　洛阳天浩泰轨道装备制造有限公司
张国兴　阿特斯光伏电力（洛阳）有限公司
杨超庆　洛阳佳嘉乐农产品开发有限公司
吴新红　河南河阳石化有限公司
郑春晓　洛阳钼业集团金属材料有限公司
邵光运　洛阳市经济开发区环卫队
张建奇　河南省煤田地质局二队
沙振红　洛阳市政建设集团有限公司
梁龙须　洛阳市技改建安工程有限公司
陈向军　洛阳市规划建筑设计研究院有限公司
张巍巍　中国银行股份有限公司洛阳分行
赵稳勇　中国石化河南洛阳分公司
李玉红　中储发展股份有限公司洛阳市分公司
王汉有　人保财险洛阳市分公司
赵胜军　洛阳豫港龙泉铝业有限公司
王　健　河南中烟工业有限责任公司洛阳卷烟厂
李俊平　洛阳凌宇实业发展有限公司
周志军　洛阳龙门煤业有限公司
何春红　洛阳市第一中医院
陈　蕾　洛阳市第五中学
刘占伟　洛阳市第四十四中学
姚克敏　洛阳市第三人民医院
黄尧英　洛阳市人力资源和社会保障局
张志芳　中共洛阳市委市直机关工作委员会
杨毅龙　中铁十五局集团有限公司
汤宪高　中铁隧道集团有限公司
工建平　郑州铁路局洛阳车站
陈元仲　万基控股集团有限公司
史长路　河南龙泉金亨电力有限公司
王争艳　洛阳栾川钼业集团股份有限公司
龚　凯　洛阳市国家税务局稽查局
牛占亚　洛阳香江万基铝业有限公司
张淑贤　洛阳市华通电缆有限公司
黄铁耕　嵩县陆浑冶金建材有限公司
宋志刚　洛阳市公安局出入境管理处
任　重　洛阳市国家安全局
焦学峰　洛阳颐和今世福珠宝集团有限公司
蔡书喜　洛阳市创建办
吉晓红　洛阳市洛龙区地方税务局
李学洪　中国一拖集团有限公司
王怀星　洛阳LYC轴承有限公司
焦文利　中铝洛阳铜业有限公司
张利峰　中钢集团耐火材料有限公司
马晓力　大唐洛阳热电厂
邢俊红　伊川电力集团总公司
张　艳　洛阳栾川钼业集团股份有限公司
田少渠　伊川县人民医院
韩　波　中国工商银行洛阳分行
武灿群　河南豫港龙泉铝业有限公司
朱进生　河南三建建设集团有限公司
王　剑　中铁隧道集团有限公司
顾　勋　中铁十五局集团有限公司
琚成新　洛钼集团金属材料有限公司
杨肖红　洛阳市中心医院
孙　彬　中铁十五局集团第七工程有限公司
王　斐　洛阳市道路运输管理局
马　杰　洛阳市安全生产监督管理局
黄德忠　郑州铁路局洛阳建筑段
陈卫国　中铁七局第一工程有限公司
张富刚　河南省电力公司洛阳供电公司
史海军　河南科技大学第一附属医院
张京诚　洛阳有色金属加工设计研究院
白倩倩　洛阳共有导游服务公司
张　乐　洛阳市国际友好交流中心
郝鹏飞　栾川县鸡冠洞风景区管理处
张武伟　洛阳市众意销售服务有限公司
李　群　中国洛阳浮法玻璃集团有限责任公司
刘　军　洛阳栾川钼业集团股份有限公司
贾洪涛　洛阳广播电视台
崔　红　孟津县住房和城乡建设局
赵　甲　洛阳大豫实业有限公司
张学武　栾川县电业局
樊年平　洛阳市第五十五中学
李素霞　西工区洛北乡人民政府
卢会勋　洛宁县供电公司
李红延　洛阳市工商行政管理局
于丽娜　中国一拖集团有限公司
程晓玲　中国石油化工股份有限公司洛阳分公司
李巧玲　中信重工机械股份有限公司
白丽华　洛阳LYC轴承有限公司
吕留菊　中铝洛阳铜业有限公司
刘　阳　南车洛阳机车有限公司
文利娟　偃师市中裕燃气有限公司
王花苹　栾川县卫生局
祁巧芳　宜阳县公路运输管理所
夏惠凤　洛阳国邦陶瓷有限公司
余丽云　洛阳市亿鑫环保科技有限公司
吕妙霞　孟津县京孟专业种植合作社
黄智慧　洛阳旭源木业有限公司
李凤奇　洛阳市农村水利水电（技术服务）发展中心
余　雪　洛阳市公用事业局
潘红伟　洛阳市涧西区环境卫生管理局
刘钦山　洛阳市环境保护局
白志敏　洛阳市财政国库支付中心
张怀良　洛阳市供销合作社
杨红梅　洛阳市道路运输管理局

王海潮 洛阳市残疾人联合会
秦文波 中共洛阳市委市直机关工作委员会
陈向明 洛宁县公路管理局
焦江华 洛阳华杰公路工程有限公司
马占峰 偃师市农村公路管理所
苏建红 洛阳市涧西区环境卫生管理局
莫盈盈 洛阳市栾川县市政园林局
孙俊丽 洛阳市中心医院
庆笑春 洛阳市中心医院
李松森 洛阳市中心医院
谭玉杰 洛阳市中心医院
王广生 嵩县纸房镇卫生院
张青丽 洛阳市第一中医院
张秋俊 洛阳市公共交通集团有限公司
张广民 洛阳新奥华油燃气有限公司
安震锋 洛阳交运集团客运四分公司
刘欲晓 河南高速公路发展有限责任公司洛阳分公司
郭挺彩 洛阳关林管理处
王芳燕 龙门石窟世界文化遗产园区管理委员会
李耀鹏 洛阳车站洛阳龙门站
杨秀丽 洛阳市公路管理局
牛信伟 河南省电力公司洛阳供电公司
张靖华 中国石油天然气股份有限公司河南洛阳销售分公司
付峰伟 中国太平洋人寿保险股份有限公司洛阳中心支公司
张瑞萍 洛阳市公安局犯罪侦查局刑事侦查支队
王社成 洛阳公安局交通管理支队
赵开庆 河南省洛阳荣康医院
高文根 河南科技大学第一附属医院

和谐洛阳建设“十佳人物”

李　鹏　（见39页“李鹏”条）。

乔占领　市检察院宣传处副处长。2008年10月12日凌晨2时许，家住军分区干休所家属院的乔占领被楼前搬动自行车的声音惊醒，发现有一人在撬电动车。乔占领义无反顾地冲上去和4名窃贼搏斗，身上多处受伤。乔占领同志勇斗窃贼、见义勇为的事迹经军分区领导和公安机关通报后，《河南法制报》《洛阳日报》《洛阳晚报》《东方今报》相续做了报道。2010年6月，乔占领被评为洛阳市十大道德模范。

张　伟　建设银行洛阳分行公司经营三部经理。他积极投身“福民强市”工程建设，他所负责的部门为伊川电力集团公司累计投放各类信贷资金97850万元，全年办理客户票据贴现业务16亿元，占洛阳分行全部票据贴现业务量的一半以上。成功开展中小企业“联贷联保”业务，为伊川境内5家耐火材料企业投放信贷资金2500万元。向中小企业投放信贷资金近1亿元，2011年成功开立国内信用证业务近10亿元，实现中间业务收入1500万元，占全国建行份额的40%左右，占全省建行系统的95%以上。张伟本人先后获得市“支持地方经济建设先进个人”和洛阳分行“十佳管理人员”等荣誉称号。

李应贤　洛宁果树研究所高级农艺师。1982年，李应贤退伍后，自学果树育种知识，历经15年探索，从崤山森林上百种野生山果中选育出野生沙梨新品系——金珠果。1998年11月，该品种通过河南省科委组织的省级科技成果鉴定，获河南省科技进步奖三等奖和河南省科技发明金牌奖。2011年年底，李应贤带动洛宁县果农种植金珠果2万余亩，有5000多户农民通过种植金珠果增加了收入，创造经济社会效益数亿元以上。

李国庆　洛阳经济开发区招商局局长。2007年3月，他任洛阳经济开发区招商局局长以来，立足开发区内实际情况，大力发展开放型经济。先后引进投资5.6亿元的河南移动通信公司2000坐席客服中心项目、投资5亿元的洛阳国家863软件孵化器项目、投资30亿元的中国移动集团2万坐席客服中心项目、投资1500万元的教育部ITAT软件人才培训中心洛阳基地项目，项目投资总额在40亿元以上。为加快项目建设，他多方奔走，与产业主管部门上下联动、集智共建，使经济开发区打造的信息产业园区被列入省发改委首批重点支持的特色园区。

肖心灵　宜阳县人民医院骨科主任。作为骨科主任，肖心灵刻苦钻研业务技术，平均每年诊治2000例病人，主刀完成大中型手术200余例，未发生一例医疗纠纷。在长期实践中，她有针对性地对颈肩腰腿痛开展医学攻坚，设计出符合各类人群、各种型号的自然体位保健枕，获得国家专利。由于成绩突出，曾先后获得洛阳市“巾帼建功标兵”、宜阳县“三八”红旗手、“县优秀科技专家”和“卫生系统先进工作者”、“医德医风先进个人”等荣誉称号。

郑　杰　老城区西南隅街道公园巷社区书记。作为一名社区工作者，郑杰一直奋战在社区工作的第一线。在他的带领下，社区成立由社区干部、辖区党员、居民、民警、企业员工等为主体的12支志愿者队伍，累计帮扶群众100余次300余人，运用帮扶资金12万元，并与社区10户空巢老人、困难家庭结对子定期走访送温暖，增强了辖区群众幸福感和认同感，成为公园巷社区的一大亮点。

郭伟峰　市公安局交警支队东关交巡大队民警。从警15年来，他始终秉持“以民为本、以教为本、温情执法”的理念，为残疾人新建立“一个人的斑马线”，在交通事故多发地段设立过往司机“好忘脚”提示牌，安装安全出行广角镜。2011年7月，在中州路排污渠追踪歹徒时，他英勇负伤，其先进事迹先后被省、市多家新闻媒体报道。先后多次荣立个人三等功、个人嘉奖，还获得“全省优秀人民警察”“省青年岗位能手”“市公安系统十佳青年民警”称号。

梁新全　“洛阳日报”评论部主任。他是“洛平”写作组的撰稿者、策划者、编审者之一。2011年，他与部门同志以“洛平”署名推出的“作风硬、洛阳兴”“洛阳精神解读”“市党代会精神解读”“中原经济区建设解读”“审视‘六加一’攻坚战”“创建全国文明城市”等评论文章，有力地配合了市委、市政府工作，增强了《洛阳日报》的权威性、指导性，受到广大读者的认可。特别是推出的长达2.2万字的

"十问洛阳•洛阳十答"大型评论，在全市上下引起强烈反响。2010年、2011年，梁新全撰写的《事事都要领导批示，那还了得？》及《福民是最大的政治》获得河南省好新闻一等奖。2011年11月，梁新全被河南省委宣传部、河南省新闻工作者协会评为"河南省优秀新闻工作者"。

焦银武　栾川县陶湾镇党委书记。他针对该镇资源丰富、工业基础条件优越等镇域特点，制定了"做强工矿业、做大旅游业、做活商贸业、做精特色产业"的经济发展战略，创陶湾历史上新上工业项目、基础设施建设、新农村建设、招商引资、旅游开发等5项新高。他常年奔波在村、企业和招商一线，多方筹措资金近1.6亿元，完成小城镇升级改造、6座移民楼建设、农业综合开发项目等40余项城镇建设及新农村建设工程。"7·24"特大洪灾时，他身先士卒冲锋陷阵，牺牲所有节假日，经过艰苦奋战，创造了受灾最严重恢复速度却最快的奇迹，受到省、市、县各级领导的表彰。

2011年度"十大爱心人物"

王新乐　洛阳古城机械有限公司总经理，为市、区两级人大代表。曾荣获洛阳市"五一"劳动奖章、洛阳市优秀建设者、洛龙区功勋企业家等称号。1998年，王新乐任洛阳古城机械有限公司总经理后，以全新的管理理念和发展思路大胆革新，建厂30周年时，他把原本要用于庆典的资金捐给30名农村特困生。他开展"送文化下乡"活动，为古城乡22个行政村每月放映一场电影，累计投入20万余元。截至2011年年底，他用于支农、支教、赈灾、扶贫，支持国防建设和市政建设等的资金，累计达3150万元。

吕治民　孟津县孟庄村农民企业家。曾荣获2003年度洛阳市"五一"劳动奖章，并获得2008至2009年度孟津县"双强党员"、2009年度"洛阳市新农村建设先进个人"等荣誉称号。在新农村建设中，他先后筹资150多万元用于孟庄村村道、"户户通"工程、文化科技活动中心建设等。2003～2011年，他个人出资奖励所在村组考上高中和大学的学生每人500元或1000元，还出资24万元资助48名贫困大学生完成学业。

张超献　洛宁县房地产开发总公司总经理、洛宁紫竹集团董事长。长期以来，他积极支持社会各类慈善公益事业，汶川大地震的噩耗传来时，张超献连夜组织召开公司高层领导会议，并于第二天上午将10万元援助款通过洛宁县慈善会送至灾区……他针对教育方面的投资及捐助达20多万元，为洛宁县创建"中国书法之乡"捐助200多万元。近年来，他为文化、教育、扶贫、助残、公益等累计捐款560多万元。

李红卫　洛阳市金梦家具有限公司董事长、总经理。2005年6月，他将100套新课桌送到嵩县德亭乡梅子沟中心小学。2006年、2008年、2011年，金梦公司共出资数十万元，组织爱心家具赠送活动，为300余户困难家庭送去了温暖……2010年5月，他出资5万元举办"万人日记大赛"；2011年，他出资5万元为洛阳50个小区放映电影近百场。10余年来，李红卫及他所在的企业用于捐资助教、抗震救灾、扶贫济困等的资金有100万元以上。

李荫浓、陈春琳　李荫浓，退休前为总参工程兵师职干部；陈春琳，团职退休干部。李荫浓、陈春琳两人积极投身洛阳农村教育事业，热心助办春蕾班。李荫浓是洛阳20个宏志班和24个春蕾班的校外辅导员，辅导学生总数达3600人。10多年来，李荫浓为教育事业投资20万余元，陈春琳投资16万余元。

李留锋　空巢老人的义务修脚师。1997年，15岁的李留锋辍学，外出挣钱养家，学会修脚这门手艺。工作中，他发现有许多年事已高、行动不便、家庭困难的空巢老人患有鸡眼、灰指甲、甲沟炎等病，行走十分困难。为帮助这些老人，从2009年10月开始，李留锋开始免费为空巢老人修脚。他说："能帮这些老人，我就尽量帮，他们的健康就是我的快乐，我的理想是免费为200位老人修脚。"

杨彬彬　1988年生，驻洛63883部队一队代排长，中士军衔，曾荣获"践行革命军人核心价值观模范"等。2007年10月的一次车祸，夺去杨彬彬父亲的生命，他母亲也在这次车祸中受重伤。尽管杨彬彬的工资不高，且要贴补家用，但2008年3月，当杨彬彬得知正读初中、成绩优秀的张小航同学因家庭困难面临辍学时，果断拿出2000元帮张小航交了学费。近4年来，杨彬彬坚持在每学期开学时，捐给张小航3000元学费。张小航学习刻苦，以优异的成绩考入洛阳市重点高中。

陈媚捷　女，1991年生，洛阳耐火技工学校理化检验专业学生。2011年8月1日下午5时前后，陈媚捷前往同学所在公司，在厂区的宿舍楼外等同学下班。这时，她看到路边高约2米的废料堆旁有3名四五岁的儿童在掏废料玩，废料堆出现了晃动，陈媚捷赶紧上前。3个孩子得救了，她却被砸下来的成袋废料埋了进去，伤及腰椎。她的义举被媒体报道后引起巨大反响，连郑州市监狱的服刑人员也被她的事迹所感动，他们自愿捐款，助其就医。陈媚捷被誉为洛阳"最美女孩"。

娄建党　1990年入伍，1995年成为出租车驾驶员。先后被洛阳市评为"先进个人""优质服务标兵""诚心标兵"，获得"文明示范号""五一"劳动奖章等。成为出租车司机后，他严格要求自己，十几年如一日服务乘客，奉献爱心。洛阳本地媒体曾多次报道他的先进事迹。

臧俊杰　1956年生，偃师市邙岭乡杨庄村村民。1987年至今，每年的中秋节和春节，他都为孤寡老人、贫困户等送面粉、食用油、豆腐、月饼。一名村民家中不慎失火，臧俊杰第一个冲进火海。他曾先后5次抢救落水学生……臧俊杰投身公益事业，捐资8万元用于扩大村中水浇地面积；汶川大地震发生后，他组织村民捐款2万元支援灾区。他的事迹被偃师电视台、洛阳电视台、《洛阳晚报》报道，还被中原农民出版社出版的《法制建设理论与实践》一书收录。

洛阳市第十二届“十大杰出青年”

李　鹏　（见39页“李鹏”条）

张　旭　1973年出生，中共党员，本科学历，栾川县地方税务局党组书记、局长。他实施精细化管理，3年来累计组织收税48亿元，所推广的“5+4”工作方法带动了全市地税系统的工作。在他的带领下，栾川县地税局先后获得“全省地税系统依法行政先进单位”等荣誉。他个人也先后获得全省优秀税务工作者、市“五一”劳动奖章、市地税系统个人三等功等多项荣誉。

尚利伟　1974年出生，中共党员，硕士学历，洛阳市第三人民医院麻醉科主任。他坚持科技兴院理念，带领科室先后开展OPCABG、支气管封堵器在开胸手术单肺通气中的应用及TCI闭环靶控等技术的应用，这些技术在省内均处于先进水平，填补了医院这一系列技术的空白。他积极钻研，在各级学术报刊发表论文10余篇，多次获得医院优秀共产党员及优秀工作者称号。

罗智友　1973年出生，中共党员，硕士学历，中国联通洛阳分公司党委书记、总经理。他带领公司在全省率先开通3G－WCDMA网络，质量居全国第一。积极实施“平安洛阳”技防工程、村医通、电力系统智能抄表等项目，满足洛阳几千家企业的信息化需求。个人曾先后获得“河南省劳动模范”、“河南省新长征突击手”等荣誉称号。

单瑞卿　1974年出生，中共党员，硕士学历，高级工程师，河南省电力公司洛阳供电公司电力调度通信中心主任。他全力服务洛阳市重点项目和产业集聚区建设，科学制订电网加强措施，参与并出色完成国内首座智能化变电站改造工程，荣获洛阳市科技进步二等奖。先后荣获河南省电力公司“电网规划先进个人”“洛阳供电公司十大杰出青年”等称号。

金跃山　1973年出生，中共党员，本科学历，高级工程师，一级建造师，河南六建建筑集团有限公司副总经理。他担任项目经理期间领导建设的大唐信阳电厂项目荣获中国建筑业最高奖“鲁班奖”，由他负责的多个项目工程获省优质结构工程、省建设工程“中州杯”等奖项。他曾先后在国家、省部级和河南六建建筑集团等刊物上发表多篇论文，还获得“2010年度鲁班奖工程项目经理”荣誉。

郭伟峰　（见42页“郭伟峰”条）

姜学君　1974年出生，本科学历，工商管理学硕士，洛阳市残联肢残协会主席。他艰苦创业，创办了多家投资公司，先后被评为省、市自强模范。关注残疾人事业，先后资助洛阳轮椅篮球队代表河南省参加全国第八届残疾人运动会，捐资筹建并成立河南省残疾人企业家协会。积极投身公益事业，曾在汶川地震、舟曲泥石流灾害、南方雪灾发生时向受灾地区捐款捐物；面对家乡贫困学生，他积极捐助，累计捐赠款项、物品达100万余元。

崔　颢　1979年出生，中共党员，硕士学历，中国宇航学会会员，高级工程师，现任中国空空导弹研究院总体部副部长。他作为骨干参与研究的总装备部某精确制导技术预研课题项目获得国防科学技术二等奖。他参与和负责的多项预研课题项目多次获得国防科学科技进步奖一等奖、二等奖，国家科学技术进步奖二等奖等。空空导弹总体预研团队在他的带领下成为国内该领域的领军团队，承担了国内大部分重要空空导弹预研项目和重要基础技术研究，为中国国防航空事业做出了突出贡献。

智灿彪　1977年出生，中共党员，大专学历，伊川县彭婆镇智沟村党支部书记。2009年任职以来，他想方设法带领村民集体致富，通过招商引资，使在该村的企业由过去的8家发展到如今的24家，安排了大部分该村剩余劳动力就业，使村民人均收入由2008年的5000元上升至2010年的6100元。他领导创办的集团公司3年来上缴国家税金共计1800万余元。他带领村民建立并完善村卫生室、文化广场、河中大坝等民生基础设施。个人荣获“洛阳市青年创业致富带头人标兵”称号，他所在的村党支部2010年被河南省委组织部授予“五好”基层党组织。

市情概览

基本情况

【位置面积】 洛阳市位于河南省西部，横跨黄河中游两岸，是丝绸之路的东方起点之一。地处北纬33° 35′ ~35° 05′，东经111° 8′ ~112° 59′ 之间，北与焦作市、济源市相望，南接南阳市、平顶山市，西连三门峡市，东邻郑州市。市境东西最大横距170千米，南北最大纵距168千米，总面积1. 52万平方千米，占河南省总面积的9%。其中：市区面积544平方千米，城市建成区面积180. 54平方千米。

洛阳自古为“天下之中”，区位优越，交通便利。陇海、焦柳两大铁路和郑（州）西（安）高速铁路客运专线，连霍高速、二广高速、太澳高速、郑少洛高速和西南环绕城高速，310、207两条国道在此交会，形成了连接东中部和西部的重要节点城市，具有承东启西、连接南北的区位优势。洛阳机场是国内净空条件最好的二级机场，辟有洛阳至北京、上海、广州、深圳、杭州、重庆、成都、青岛、大连等城市的多条航线。

【历史沿革】 洛阳因地处古洛水之阳而得名，是国务院首批公布的历史文化名城。以洛阳为中心的河洛地区是中国古代文明的渊薮和发祥地。远在五六十万年前的旧石器时代，已有先民在此繁衍生息。新石器时代（距今八九千年前至四五千年前），黄河中游两岸及伊、洛、瀍、涧等河流的台地上，分布着许多氏族部落，由裴李岗文化而仰韶文化、而龙山文化、而夏文化，一脉相承，连绵不绝。新中国成立后在洛阳一带发现的孙旗屯遗址、王湾遗址、矬李遗址等近200处聚落遗址，便是当时人们居住、生活的地方。传说黄帝时有龙马负图、神龟献书之说，故孔子有“河出图，洛出书，圣人则之”之记。境内西亳为黄帝曾孙帝喾之墟。禹划九州，河洛属古豫州地。洛阳是夏王朝立国和活动的中心地域，太康、仲康、帝桀皆以斟鄩为都。自1959年发现、此后长期进行科学发掘的偃师二里头遗址，南北长约3千米，东西宽约3千米，有宏伟的宫殿遗址及铸铜、制骨等遗址，即为夏都斟鄩所在地，是迄今所知最早的都城。公元前1600年，商朝建立。商汤建都西亳，位于二里头遗址东北约6千米，今偃师市市区西部少许。由发掘可知，该城址南北长1700余米，东西宽：北部1215米，中部1120米，南部740米，有城墙、城门、宫殿、作坊等遗址。商汤之后的数代帝王均以此为都，前后累计200余年。公元前1046年，西周代殷后，为控制东方地区，开始在洛阳营建国都。周公在洛水北岸修建了成周城，史称成王“初迁宅于成周”，“定鼎于郏鄏”，曾迁殷顽民于成周，并以成周八师监督之。当时洛阳称洛邑、新邑、大邑、成周、天室、中国等，亦称周南。周平王元年（前770），周平王东迁洛邑，是为东周，自此，有23个国王都居洛阳，前后历经500余年之久。新中国成立前后，从洛阳一带的庞家沟西周贵族墓、金村大墓、中州路春秋墓、战国墓，出土了大量珍贵的周代文物，包括极为精美的青铜器、瓷器、玉器和铅器等，反映出当时经济文化的高度成就。道家学说的创始者、哲学家老子，曾任东周王朝“柱下史”，孔子专程从鲁国赶来问礼于老子，学乐于苌弘，可见当时洛阳文化礼乐制度之盛。

秦庄襄王元年（前249），秦在洛阳置三川郡，郡治成周城。汉王元年（前206），项羽封申阳为河南王，居洛阳。汉高祖五年（前202），刘邦建汉，初都洛阳，后迁长安，改三川郡为河南郡，治洛阳。辖洛阳、河南（汉

二里头遗址出土的乳钉纹铜爵

置，治王城）、偃师、缑氏、平（偃师西北）、平阴（孟津东北）、新城（伊川西南）、穀城（新安东）及巩、荥阳、新郑、中牟、开封等22县。汉武帝置十三州部刺史，河南郡属司隶。西汉末年，王莽篡政，改洛阳为宜阳，设“新室东都”和“中市”。汉光武建武元年（25），刘秀定都洛阳，改洛阳为雒阳，建武十五年（39），更河南郡为河南尹。汉永和五年（140），河南尹“有户二十万八千四百八十六，有口一百零一万零八百二十七”。黄初元年（220），魏文帝曹丕定都洛阳，变雒阳为洛阳，设司隶校尉部。泰始元年（265），西晋代魏，仍以洛阳为都。太延二年（436），北魏在洛阳置洛州，太和十八年（494）孝文帝迁都洛阳。东汉、曹魏、西晋、北魏都洛共计330余年。

定鼎门

东汉、曹魏、西晋、北魏四代王朝的都城遗址，后称汉魏洛阳故城。其内城，即汉、魏、晋洛阳城，东西6里余，南北9里余，周长约合14千米，古亦称“九六城”。考古勘查表明，西周时，这里已经诞生了一座规模可观的城址，可能为西周成周城，地当汉魏晋故城中部；东周时，敬王由王城迁都于此，因其城小，晋率诸侯扩而大之，即东周成周城，地当汉、魏、晋故城中部和北部；秦封吕不韦文信侯，食洛阳十万户，再次扩修此城，地当汉、魏、晋故城中部、北部和南部。两汉洛阳城大体沿袭秦洛阳城规模。汉魏晋洛阳城，是当时世界上数一数二的大城市。城内有宫城、衙署、苑囿、市场，南郊有东汉时建立的最高学府太学，国家天文台灵台，以及明堂、辟雍；城西有中国最早的佛寺白马寺等。北魏迁都洛阳后，对洛阳加以扩建，东西20里，南北20里，“十万九千户”，约60万人口，是古代世界范围内最大的城市。该城以里坊制度布局管理，其后为隋唐长安城、洛阳城所仿效。北魏崇信佛法，洛阳内外有佛寺1367所。皇家首刹永宁寺位于宫城南、铜驼街西。驰名中外的龙门石窟，以及石窟寺（在今巩义）、水泉石窟（在今偃师）等，也于北魏时开始雕凿。

该时期，洛阳文化昌盛，人才荟萃。蔡伦创制的“蔡侯纸”，张衡创制的浑天仪、候风仪和地动仪，马钧发明的指南车、龙骨水车等，都是在洛阳研制成功的；许慎著《说文解字》，王充作《论衡》，班固、班昭著《汉书》，陈寿撰《三国志》，张华撰《博物志》，杨衒之著《洛阳伽蓝记》，郦道元著《水经注》等，均成书于洛阳。汉魏晋三朝，经学盛行，桓谭、贾逵、马融、郑玄、何休等在洛阳著书立说，今文经学、古文经学出现热烈论争局面。汉建初四年（79），汉章帝在白虎观大会群儒，议定五经异同，命班固编成《白虎通义》，以皇帝名义制成定论。太学讲堂前的《熹平石经》是当时的官定经本。东汉初年，佛教正式传入中国内地，白马寺是中国佛教早期传播和佛事活动的中心。汉代由西域传来的佛经，绝大多数是在洛阳翻译出来的。“建安七子”、“三曹”父子、“竹林七贤”、“金谷二十四友”等皆游会京师，名噪当世。左思《三都赋》成，豪贵之家竞相传抄，“洛阳纸贵”传为美谈。

北魏洛阳西阳门外有大市，周回八里。据记载，市东有通商、达货二里，“里内之人，尽皆工巧，屠贩为生，资财巨万”；市南有调音、乐律二里，“里内之人，丝竹讴歌，天下妙伎出焉”；市西有退酤、治觞二里，“里内之人，多酿酒为业”。另有慈孝、奉终、准财、金肆四里。凡此十里，“多诸工商货殖之民，千金比屋，层楼对出”，“金银锦绣，奴婢缇衣”，“五味八珍”，极尽豪华侈靡。

隋开皇元年（581），在洛阳置东京尚书省；次年，置河南道行台省；三年，废行台，以洛州刺史领总监；十四年，于金墉城别置总监。大业元年（605），隋炀帝迁都洛阳，在东周王城以东、汉魏故城以西18里处，新建洛阳城。同年，改洛州（东魏改司州置）为豫州，三年又改河南郡，十四年复置洛州，辖河南、洛阳、偃师、缑氏、阌乡、桃林、陕、熊耳、渑池、新安、巩、宜阳、寿安、陆浑、伊阙、兴泰、嵩阳、阳城等18县。

唐代自高宗始仍以洛阳为都，称东都。武德四年（621），置洛州总管府，辖洛州、郑州、熊州、穀州、嵩州、管州、伊州、汝州、鲁州等9州，洛州辖洛阳、河南、偃师、缑氏、巩、阳城、嵩阳、陆浑、伊阙等9县。贞观元年（627），分全国为10道，洛阳属河南道。显庆二年（657）置东都。开元元年（713），改洛州为河南府。开元二十一年（733），于洛阳置都畿道。天宝年间，改东都为东京。河南府辖26县，户194746、口1183093。洛州、河南府均治洛阳。隋唐洛阳城北依邙山，南对伊阙，洛水横贯其中，平面呈正方形，城周长27千米，分宫城、皇城和外郭城等，城内设3市、103坊，布局状若棋盘。隋炀帝开大运河，为世界上伟大工程之一。唐上阳宫、明堂以及邙山翠云峰上清宫，均是辉煌壮观的建筑。城东北部的大型官仓含嘉仓，计有窖穴400余座，每窖穴储粮多者达10万石以上。此外还有洛口仓、回洛仓等，负责为京都和国家储存或转运粮食。

武则天光宅元年（684）始，改东都为神都，对都城进行扩建，修建了明堂、万国天枢等。武则天称帝后，改国号为周，定都洛阳，以更大的规模开凿龙门石窟，奉先寺卢舍那大像龛便是盛唐雕刻艺术的辉煌代表。武则天还令薛怀义为白马寺住持，大规模整修白马寺。唐代，中国佛教臻于鼎盛，佛教史上势力最大、影响最广、流传最久的教派禅宗在洛阳形成。唐玄宗长期居洛，曾敕令大修中岳庙，并赐风穴寺（在今汝州）内佛塔名“七祖塔”。历年来，在洛阳出土的大量绚丽多彩釉陶“唐三彩”，是唐代工艺美术的代表作品。

唐天宝四载（745），李白和杜甫在洛阳相会，成为文学史上的千古佳话。白居易晚年居洛18年，自号香山居士。他和韩愈、张说、刘希夷、贺知章、刘禹锡、王昌龄等都曾留有描绘歌颂洛阳的篇章。杜甫、白居易二人之墓，分别坐落于洛阳之东和洛阳之南，相互遥望，同为千古胜迹。在上清宫、天宫寺、福先寺（今古唐寺）等，有画圣吴道子所作的壁画。

唐天祐四年（907），唐室亡祚，其后中原地区相继出现了后梁、后唐、后晋、后汉、后周五个短暂的王朝，史称五代。其中，后梁、后唐、后晋均曾都洛阳，后汉、后周以洛阳为陪都。这一时期洛阳仍是全国政治、经济、文化的中心。此外，新莽末年更始帝、隋末王世充、唐中叶安禄山都曾在洛阳立国。

宋太祖赵匡胤诞生于洛阳。北宋建立后，曾有以洛阳为都的打算，后都开封，以洛阳为西京，置河南府。当时，北宋朝廷设“国子监”于洛阳，名臣遗老和文人学士多会于此，赵普、吕蒙正、富弼、文彦博、欧阳修都曾居住洛阳。理学家程氏兄弟、邵雍等，在洛阳著书讲学。司马光在洛阳完成了史学巨著《资治通鉴》。

早在汉魏隋唐之时，洛阳园林花木已经著称于世，宋时洛阳名园林立，牡丹天下第一，故有“天下名园重洛阳”“洛阳牡丹甲天下”之誉。

金代定洛阳为中京，改河南府曰金昌府，并河南县入洛阳县。时因洛阳旧城毁弃，便在隋唐城东北角另筑新城，周围不足9里，即今日老城之前身，它仅是隋唐洛阳城的一小部分而已。

自元代始，洛阳不复为京，降为河南府治。明代河南府辖洛阳、偃师、巩县、孟津、登封、新安、渑池、宜阳、永宁、嵩县等10县，又是伊王和福王的封地。清代洛阳仍为河南府治。

民国元年（1912），民国建立，废河南府，设河洛道，道尹公署驻洛阳，辖洛阳、偃师等19县。民国9年（1920），直系军阀吴佩孚盘踞洛阳，在洛阳设置了两湖巡阅使公署和陆军第三师司令部。民国12年（1923），河南省长公署适于洛阳，洛阳成为河南省会。民国21年（1932），日军进攻上海，国民党政府定洛阳为行都，并一度适洛办公。“七七事变”后，华北大部分地区沦陷，洛阳成为北方抗日前哨，国民党第一战区长官司令部驻洛阳。民国27年（1938）秋，河南省政府再次迁洛，洛阳第二次成为河南省会。

1948年，洛阳解放，洛阳市人民民主政府成立，析洛阳县城区为市，与洛阳县并置。次年12月，洛阳市人民民主政府改称洛阳市人民政府。1954年，洛阳市升格为河南省直辖市。次年，洛阳县撤销，一部分并入洛阳市，其余部分划入偃师、孟津、宜阳等县。1956年，相继建成洛阳市老城区、西工区和郊区，次年成立瀍河区。1982年，经国务院批准，新成立吉利区。1983年，新安、孟津、偃师改隶洛阳市。1986年，洛阳地区撤销，洛宁、宜阳、嵩县、栾川、汝阳、伊川亦改属洛阳市。1992年，经国务院批准成立洛阳高新区。1993年，偃师县改为偃师市。2000年6月，经国务院批准，洛阳郊区更名为洛龙区，辖8个乡镇、1个街道。2007年，伊洛工业园区成立，2012年3月改名为伊滨区。2010年，“龙门文化旅游园区”正式更名为“龙门石窟世界文化遗产园区”。至2012年，洛阳市共辖县（市）、区18个（1市8县9区）。

老城历史文化街区

【地质构造】 洛阳地处华北地台（华北古陆板块）与秦岭褶皱系（古秦岭洋板块）的接合部位，横跨华北地台和秦岭地槽两个一级大地构造单元。以黑沟—栾川断裂为界划分为北部地台区和南部地槽区。北部地台区属华北底层区豫西分区，地层出露齐全，分布有基底变质岩系及上覆盖层沉积岩系，为典型的双层结构。南部地槽区属秦岭地槽区北秦岭分区。其间多被区域性超壳深断裂切割，地层连续性差。洛阳地区内主要构造线方向以近东西向为主，北东向、北西向次之。结晶基底发育复杂而紧闭的面型褶皱，直立、倒转常见并经多期变质、变形，基底构造极为复杂。早期为近东西向褶皱变形，晚期为南北向褶皱变形，两期构造作用叠加、形成形态各异的褶皱构造。盖层则以宽缓褶皱为主，分布范围较广。区内断裂极为发育，其中最重要的区域性深大断裂自北向南为三（门峡）—鲁（山）断裂、马超营断裂、栾川断裂和瓦穴子断裂，规模巨大。黑沟—栾川断裂，东西延伸长达千余米，向下延深约35千米，破坏了地壳深处的分层结构，其切割深度达上地幔，多以此作为本区两级大地构造单元的分界线。区内表壳断裂的发育在不同的大地构造单元具有显著的差异性。在熊耳山、外方山隆断区，表壳断裂十分发育，北东、北西及东西向断裂纵横交错，呈棋盘格式密集分布，外方山尤为明显；渑池—临汝台坳区主要发育北东—北西西向正断层；在台缘褶皱带内与褶皱轴平行的近东西向逆断层密集发育，并有一组北北东向扭断裂分布；秦岭褶皱系内则主要分布近东西向逆断层。区内构造具有多期活动特点，并且具有明显的控岩、控矿作用，形成了丰富的矿产资源。

【地形地貌】 洛阳市地形、地貌复杂，类型多种多样。在中生代印支和燕山运动时期，频繁而剧烈的构造活动形成洛阳市山系、河流、盆地、谷地等基本骨架。地势西、南部较高，中、东部较低，最低点海拔115. 1米，最高点海拔2212. 5米。境内由西南向东北分布着中山、低山、盆地和丘陵，平均海拔150～1000米，为中国地势的第二级台阶前缘。地貌受地质构造体系影响和控制以及重力、风力、流水、风化等外力的强烈作用，形成了复杂的地貌景观。主要山脉有伏牛山、外方山、熊耳山、崤山和嵩山，山间丘陵、盆地、河谷相间排列。其中：山地面积6930. 31平方千米，占土地总面积的45. 51%；丘陵面积6203. 31平方千米，占土地总面积的40. 73%；平原面积2096. 11平方千米，占土地总面积的13. 76%。

【河流水系】 洛阳市境内干支河流及沟、涧、溪等共有2. 7万多条，其中常年或季节性有水流的有7500多条，流域面积在100平方千米以上的较大支流有39条。这些河流分属于黄河、淮河、长江三大水系。其中：伊河、洛河、涧河以及邙岭以北支流直接流入黄河，属黄河水系，流域面积12354. 7平方千米，占全市总面积的81. 7%；北汝河及其支流属淮河水系，流域面积2091. 8平方千米，占全市总面积的13. 9%；老灌河、白河属长江水系，流域面积670. 1平方千米，占全市总面积的4. 4%。

黄　河　黄河干流经渑池县关家村东的峪家沟进入洛阳市境，途经新安县、孟津县和吉利区，到偃师市的杨沟渡出境，过境全长97千米。其中新安县境37千米、孟津县境59千米、偃师市1千米、吉利区境内16千米。洛阳境内沿邙岭以北及吉利区直接入黄河的支流流域面积1155. 9平方千米，占全市总面积的7. 6%。黄河从三门峡至孟津县150千米左右的河段，穿行于中条山和崤山、邙山之间，称为晋豫峡谷，是黄河最后一段峡谷。小浪底水利枢纽工程就在该峡谷出口处孟津县小浪底镇旁的黄河干流上，居承上启下的重要位置。

据孟津小浪底水文站实测资料：黄河最大流量为17800立方米/秒（1958年7月17日），最小流量为11立方米/秒（1961年2月），多年平均流量为946立方米/秒。洛阳市境内邙岭以北直接流入黄河的较大支流有两条：青河，发源于新安与渑池两县的界岭处，流程全在新安县境内，至西沃注入黄河，干流长24千米，流域面积148平方千米；畛河，发源于新安县与渑池县界岭的城崖地，到新安县狂口注入黄河，干流长51千米，流域面积398平方千米。

洛　河　为黄河的一级支流，包括伊河、涧河等。洛河总流域面积18881平方千米，其中市境内流域面积11198. 8平方千米，占全市总面积的74. 1%。按洛阳习惯，仍分洛河、伊河、涧河和伊洛河。

洛河干流经卢氏县东流到故县水库上游入洛阳市境，途经洛宁县、宜阳县、洛阳市郊区，至市区纳涧河后流入偃师，到偃师市杨村纳伊河后，改称伊洛河东行，经黑石关出境入巩义市，至神堤入黄河。洛河干流全长447千米，流域面积12840平方千米（含涧河、伊洛河，不含伊河）。其中：市境内干流长195千米，流域面积5298. 2平方千米（含涧河，不含伊河），占全市总面积的35%。据洛河干流白马寺水文站实测资料，洛河最大流量为7230立方米/秒（1958年7月17日），多年平均流量69. 13立方米/秒。年均径流量21. 8亿立方米。其中：市境内产生的年径流量7. 35亿立方米，占全市地表水年径流总量的25. 4%。

洛河干流在市境内纳入诸多支流，长度在10千米以下的26条，10千米以上的50条，其中流域面积在100平方千米以上的有19条。从上游到下游分布：左岸有寻峪河、大铁沟、渡洋河（又名东宋涧）、连昌河、韩城河（又称西渡水）、汪洋河、水兑河、涧河（古名谷水）；右岸有崇阳溪、兴华涧（又名还峪）、底张涧、陈吴涧、寺上涧、龙窝河、焦涧河、陈宅河、甘水河、伊河。

伊　河　洛阳第二大河，洛河的最大支流。发源于熊耳山脉南麓，栾川县陶湾镇三合村的闷顿岭，汇伏牛山北麓诸支流，自西向东，经栾川县城关镇、庙子乡折向北流至潭头，然后东北流经嵩县，入陆浑水库，过伊川县和龙门后入洛龙区，再东行至偃师市杨村与洛河相会。干流全长265千米，总流域面积6041平方千米。除登封市在支流白降河上游占流域面积140. 4平方千米外，其余5900. 6平方千米均在洛阳市境内，占全市总面积的38. 8%。

伊河从源头至嵩县崖口，长151千米，具有峡谷和盆地交替的特点，其中峡谷段长100千米。平均弯曲度为2，崖口以下长114千米，有陆浑及龙门两峡，出龙门后，河道展宽，比降平缓，弯曲度1. 21。龙门水文站测得伊河最大流量6850立方米/秒（1958年7月17日），最小流量1. 5立方米/秒（1986年7月1日）。多年平均流量38. 27立方米/秒，年径流总量为12. 7亿立方米，占全市地表水年径流总量的43%。

伊河支流长度在3～10千米的有35条，10千米以上的有43条，其中流域面积在100平方千米以上的有10条。左岸有栾川北沟、小河（又名庸庸水）、大漳河、左峪川（又名蛮峪川、德亭川）、焦家川、顺阳河；右岸有洪洛河、明白河、白降河、涧涧河。

涧　河　为洛河第二大支流，发源于陕县观音堂北马头山，东流经渑池县、义马市至吴庄入洛阳市境，再东流经铁门镇、新安县城、磁涧镇到市区瞿家屯入洛河，全长105千米，流域面积1349平方千米。在市境内长57千米，流域面积708平方千米。据新安水文站观测，多年平均径流量为1. 3亿立方米，其中境内的多年平均径流量0. 71亿立方米。据磁涧水文站记载，1958年7月17日最高洪水位176. 89米，最大洪峰流量4590立方米/秒。涧河有较大支流25条，其中流域面积在100平方千米以上的只有金水河。

金水河　位于涧河左岸，发源于新安县云梦山东麓，流经新安、孟津至郊区党湾注入涧河。河道干流长30千米，流域面积226平方千米，总落差450米，弯曲度1. 25。

伊洛河　伊河、洛河在偃师市杨村汇流后，杨村以下至神堤入黄河口一段称伊洛河。流经偃师市，在黑石关出市境，进入郑州市辖的巩义市，到神堤注入黄河。长37千米，区间流域面积803平方千米，其中在洛阳市境内长15千米，流域面积109. 6平方千米。

北汝河　为淮河支流，发源于嵩县车村乡龙池嵎山西北麓，东北流经嵩县的车村、木植街、黄庄至汝阳县靳村河口入汝阳县境，再东流经汝阳县城，出紫罗山口至小店乡王庄村出境入汝州市。在境内河长102千米，流域面积2091. 8平方千米。北汝河在汝阳县上店乡的西庄（前坪待建水库坝址）以上河段为山地型河流。长76千米，比降8. 6%，弯曲度1. 6。西庄以下河段，除有紫罗山峡谷外，河岸阶地展宽，河床宽浅，主流左右游荡，该段长26千米，比降2. 7%，弯曲度为1. 2。紫罗山水文站测得1958年7月17日最大洪峰流量为5620立方米/秒，多年平均流量为26. 32立方米/秒，年径流量为5. 88亿立方米。境内支流长度在3～10千米的有36条，长度10千米以上的有12条。

老灌河　为长江水系丹江支流，源于栾川县冷水乡小庙岭西麓，向西流经三川、叫河出境入卢氏县后，折向东南，进南阳地区入丹江。在市境内干流长48千米，流域面积323. 1平方千米，落差576米，多年平均径流量0. 91亿立方米。

白　河　属长江水系，源于嵩县白河乡白云山玉皇顶东麓，向东南出境流入南召县。境内干流长35千米，流域面积347平方千米，落差950米，多年平均径流量1. 18亿立方米。

【气候特征】　2011年洛阳市降水量偏多但分布不均，降水主要集中在7～11月，这5个月降水量占全年降水量的84.3%，其余7个月仅占15.7%。上半年降水持续偏少，冬、春、夏季均出现了阶段性干旱，秋季9月、11月阴雨连绵，月降水均创历年同期最大值，其降水持续时间之长、强度之大、范围之广历史罕见，尤其是9月中旬全市持续大雨或暴雨，造成严重的洪涝灾害。全市年平均气温与历年持平，但1月、9月异常偏低，4月、6月异常偏高；年日照除3月、4月较充足外，其他月不足或严重不足。

气象要素

气　温　年平均气温各县（市）在12.0～14.8℃之间，全市均属正常。四季气温也均为正常，但月平均气温分布不同，其中9月全市平均气温异常偏低2.3℃，除宜阳、栾川、嵩县外，其余各县（市）均创历年同期最低记录；1月全市平均气温显著偏低2.1℃，创1978年以来的同期最低记录；8月全市平均偏低1.2℃；4月、6月显著偏高2.0℃、1.4℃，11月偏高1.2℃，其他月气温正常。

全年出现38℃以上的高温日数宜阳县最多为7天，嵩县6天，栾川未出现大于38℃的高温天气，其他县（市）为2～5天。5月18日洛阳市首次出现高温天气，宜阳最高气温达39.5℃；6月8日宜阳最高气温达42.0℃，这是2011年全市的极端最高气温。

全年最寒冷的时段出现在1月，1月上旬全市平均气温偏低3.2℃，是1978年以来的同期最低值。1月16日伊川站最低气温为-13.6℃，这是2011年全市的极端最低气温。

降水量　各县（市）年降水量为709.4～976.7毫米，偏多20%～45%，全市年平均降水量为859.0毫米，是年降水量较多的年份，且降水区域分布比较均匀。

年内各月降水分布不均，降水仅5月、10月正常，2月、9月、11月异常偏多，8月显著偏多，其他月偏少或显著偏少。降水主要集中在7～11月，这5个月全市平均降水量为723.7毫米，占全年降水量的84.3%。其中：9月各县（市）降水异常偏多230%～341%，各站均创建站以来同期最多记录；11月各县（市）降水异常偏多182%～566%，除栾川外，其他各站均创建站以来同期最多记录。

全年出现较明显的降水过程共29次。其中，强降水过程（过程降水量全市平均在35毫米以上）7次、较大的降水过程（过程降水量全市平均在15～35毫米之间）9次、较小的降水过程（过程降水量全市平均在15毫米以下）13次。5月9～10日各县（市）降水量为28.1～70.5毫米，这是春季最大的降水过程；7月2～7日的首场区域性强降水过程，标志着2011年全市正式进入汛期；9月、11月均出现大范围、长时间连阴雨过程，9月10～19日的过程降水量为182.0～260.8毫米，是全年持续时间最长、降水量最大的降水过程。全年最长连续无降水日数孟津站达98天，出现在2010年的11月3日～2011年2月8日，其间其他站降水均为异常偏少，这也是全年最干旱少雨的时期。

9月11日，新安站降水量为71.4毫米，这是全市单站1日最大降水量极值。全市平均1日最大降水量极值出现在9月14日，全市平均降水量为46.6毫米。

主要天气气候事件

冬、春连旱　从2010年10月28日～2011年2月24日，全市各县（市）降水量仅为6.9～19.0毫米，比历年同期异常偏少67%～88%。由于降水持续偏少，旱情逐渐显现并呈加剧趋势，冬小麦大面积受旱。2月25日到月末出现12.9～25.7毫米大范围降水过程后，旱情才稍稍得到缓解。继冬旱之后，3月降水量偏少57%～89%，4月偏少61%～82%，加上气温持续偏高，尤其是4月多大风天气，造成土壤失墒严重，形成冬、春连旱。干旱使旱地小麦秆矮、穗小，同时给春播移栽造成困难，使春作物播种（移栽）偏晚，幼苗发育不良。

夏旱　6月全市气温偏高1.5℃，降水偏少64%；7月降水偏少35%。持续偏高的气温和严重偏少的降水，使洛宁县、伊川县、嵩县等大部分地域出现了初夏旱和阶段性伏旱，影响玉米等大秋作物的播种、出苗及棉花、烟叶等经济作物的正常生长。

雷雨、大风、冰雹　6月24日晚8时30分，孟津县突遭雷雨大风袭击，风力达7级左右，持续约30分钟，造成会盟镇600户居民供电中断，刮倒树木167棵、供电线杆11根、通信线杆8根，农作物受损0.7公顷，直接经济损失8万元，其中农业损失4.2万元、基础设施损失3.8万元。同日22时13分～23时18分，嵩县闫庄—大坪—库区—城关—纸房—木植街—车村一线，遭受大风、冰雹、雷电、暴雨等强对流天气袭击，县城最大降水量达57.3毫米，最大冰雹直径6厘米，瞬时最大风速26.3米/秒。这次冰雹等强对流天气对农业、林业、牧业及基础设施均有严重影响，其中一般农作物受灾1000公顷，经济损失596.4万元；经济林受灾200公顷，成材林损毁266.7公顷，苗圃9.3公顷，经济损失800万元；烟叶受灾546.7公顷，成灾358.7公顷，经济损失1486万元；畜禽养殖场受损1720平方米，畜禽死亡9760只，经济损失126.3万元。基础设施直接经济损失3309.4万元，其中倒塌房屋12间，损坏民房407间，经济损失209.4万元；冲毁道路220米，堤坝120米；通信线杆倒塌56根；城市路灯、环卫设施、绿化、供水设施损失300万元；建筑企业损失620万元，商户店铺损失1450万元。总计直接经济损失6317.8万元。

7月15日18时许，新安县出现暴雨并伴有大风，最大风力达8级以上，降雨持续约40分钟。大风刮倒树木40棵。这次雷雨大风天气共造成直接经济损失10万元，其中农业损失1万元，家庭财产损失9万元。

7月22日17时许，洛阳市区、新安先后出现雷雨大风等强对流天气。新安县测站最大风速达24秒/米。雷雨大风共造成该县150人受灾，房屋损坏30间，310国道沿途200多棵树木被大风刮倒，有的被拦腰折断，交通中断，直接经济损失25万。市区最大雨量56毫米，涧西区23户群众房屋漏水，50米村级道路被冲毁；洛龙区150人受灾，倒塌房屋3户8间，损坏房屋70间，直接经济损失10万余元。

7月24日14～15时，汝阳县刘店镇遭受雷雨大风冰雹袭击，刮倒、折断树木2000多棵； 127公顷玉米、70公顷烟草被刮倒，茎叶砸烂；倒塌房屋38间。同日18时47分～22时10分，孟津县出现雷雨大风等强对流天气，造成29005人受灾，1843.3公顷农作物受灾并成灾；6870头大牲畜死亡，倒塌损坏房屋121间，直接经济损失673.46万元，其中农业损失358.02万元、基础设施损失270万元、工矿企业损失7.2万元、家庭财产损失38.24万元。

7月29日12时开始，新安县、孟津县、洛阳市区、伊川县等地先后出现雷雨大风天气。新安县6200人受灾，330公顷玉米倒伏，1000余棵树木被刮倒，有的被拦腰折断，农业损失35万元；另外冲毁河道14米，大坝8处，刮倒低压电杆37根，高压电杆1根，导致五头镇大面积停电，其基础设施损失共15万元；家庭财产损失2.5万元。孟津县1300人受灾，69.3公顷农作物受灾，倒塌损坏房屋96间，刮倒树木788棵，刮倒电杆18根，直接经济损失45万元，其中农业损失14.68万元、基础设施损失1.8万元、家庭财产损失28.52万元。市区80人受灾，因灾伤病1人，倒塌房屋4间，5000余棵树木、10根电线杆被大风刮倒，直接经济损失50万余元。伊川县14时45分出现大风天气，最大风速达20米/秒，造成民房倒塌66间，损坏房屋214间，47公顷农作物受灾，绝收8公顷，直接经济损失63万元。

8月10日凌晨3～4时，孟津县小浪底镇、横水镇出现雷雨大风天气，造成3600人受灾，238.6公顷农作物受灾并成灾，直接经济损失52.07万元，其中农业经济损失42.69万元、家庭财产损失9.38万元。同日夜里，宜阳出现雷雨大风等强对流天气，并伴有暴雨，城区降雨量达66.6毫米，该县自动气象站遭雷击，这次强对流过程造成该县688人受灾，倒塌房屋50余间，损坏房屋28间，55公顷农作物受灾，成灾40公顷，直接经济损失190万元。

8月19日20～22时，新安县普降大雨，部分乡镇出现暴雨，其中北冶镇降雨量达到97毫米、曹村乡降雨量达96.8毫米。暴雨共造成28人受灾，倒塌损坏房屋19间，家庭财产损失12万元。

8月28日下午，栾川县出现强对流天气，其中冷水镇、赤土店镇、庙子镇、栾川乡、石庙镇局部出现冰雹，15时52分～16时08分观测站出现冰雹，最大直径19毫米，平均重量11克。这次强对流天气共造成15501人受灾，倒塌房屋7间，388公顷农作物受灾，绝收40公顷，直接经济损失302万元。

秋季连阴雨、暴雨　9月上、中旬受高空低槽、中低层切变线和地面华北持续扩散南下冷空气的共同影响，全市维持大范围持续阴雨天气，各县（市）观测站累计降水量达226.5～323.8毫米，较历年同期偏多300%～424%。其中，9月10～19日达到连阴雨天气标准，各县（市）过程降水量为180.0～260.8毫米，均创建站以来同期过程雨量最多记录，6日、11日、14日、18日出现了暴雨，尤其是14日，全市出现大范围暴雨天气，有5个站达到暴雨，2个站为大到暴雨，全市各观测站累计暴雨日达到11天，栾川县的暴雨日数达3天，这在历史上十分罕见。由于连阴雨、暴雨天气持续时间长、降水强度大、累计降水量多且影响范围广，致使全市遭受严重洪涝灾害。历史上1964年、1971年、1983年、2003年曾发生严重秋汛，阴雨天气持续时间最长的是1964年，2011年是同期强度最大、累计雨量最多的一年，也是同期涝灾波及范围最大、受灾最严重的一年。据民政部门统计，持续降雨造成全市30多万人受灾，因灾死亡7人，紧急转移安置13580人，倒塌民房7009间，损坏房屋13211间；农作物受灾25333公顷，绝收7333公顷；直接经济损失3.2亿元，其中农业损失1.2亿元。

11月各县（市）降水日数为12～16天，阴雨天气之多历史罕见。其中3～8日达到连阴雨标准，过程雨量为26.5～57.3毫米。异常偏多的降水使土壤湿度偏大，对冬小麦生长及建筑施工均有不利影响。（张俊洁）

【行政区划】　2011年，洛阳市下辖涧

2011年洛阳市乡（镇）街道情况

名称	街道	镇	乡	社区居委会	村委会	乡、镇、街道
老城区	8	1		34	11	西关街道、西南隅街道、西北隅街道、东南隅街道、东北隅街道、南关街道、洛浦路街道、邙山镇、道北路街道
西工区	7		2	58	5	王城路街道、金谷园路街道、西工街道、邙岭路街道、唐宫路街道、凯旋东路街道、汉屯路街道、红山乡、洛北乡
瀍河区	7		1	24	5	东关街道、瀍西街道、五股路街道、北窑街道、塔湾街道、杨文街道、华林街道、瀍河回族乡
涧西区	11		1	63	8	长春路街道、天津路街道、湖北路街道、南昌路街道、长安路街道、周山路街道、重庆路街道、郑州路街道、武汉路街道、徐家营街道、珠江路街道、工农乡
吉利区	1		1	7	29	大庆路街道、吉利乡
洛龙区	2	6	1	26	106	龙门镇、关林镇、白马寺镇、安乐镇、李楼镇、古城乡、安乐街道、开元路街道、丰李镇
偃师市	3	7	2	16	210	顾县镇、高龙镇、府店镇、岳滩镇、缑氏镇、翟镇镇、山化镇、邙岭乡、大口乡、商城街道、工业区街道、首阳山街道
孟津县		10		7	227	城关镇、平乐镇、会盟镇、白鹤镇、麻屯镇、朝阳镇、横水镇、马屯镇、送庄镇、常袋镇
新安县		10	1	9	288	城关镇、铁门镇、石寺镇、磁涧镇、五头镇、石井镇、仓头镇、北冶镇、南李村镇、正村镇、曹村乡
栾川县		12	2	3	206	城关镇、潭头镇、三川镇、冷水镇、陶湾镇、合峪镇、赤土店镇、庙子镇、石庙镇、狮子庙镇、白土镇、叫河镇、栾川乡、秋扒乡、
嵩　县		9	7		318	城关镇、田湖镇、车村镇、旧县镇、闫庄镇、德亭镇、大章镇、白河镇、纸房镇、何村乡、库区乡、九店乡、黄庄乡、木植街乡、大坪乡、饭坡乡
汝阳县		7	6	6	210	城关镇、上店镇、小店镇、付店镇、三屯镇、刘店镇、内埠镇、柏树乡、十八盘乡、靳村乡、王坪乡、陶营乡、蔡店乡
宜阳县		9	7	4	353	城关镇、柳泉镇、白杨镇、韩城镇、寻村镇、锦屏镇、三乡镇、莲庄镇、张坞镇、盐镇乡、赵保乡、董王庄乡、樊村乡、高村乡、穆册乡、上观乡
洛宁县		10	8	1	387	城关镇、王范回族镇、上戈镇、下峪镇、河底镇、兴华镇、东宋镇、马店镇、故县镇、赵村镇、城郊乡、小界乡、长水乡、罗岭乡、西山底乡、涧口乡、底张乡、陈吴乡
伊川县		9	5	10	359	城关镇、水寨镇、彭婆镇、鸣皋镇、江左镇、白沙镇、高山镇、半坡镇、吕店镇、鸦岭乡、平等乡、葛寨乡、酒后乡、白元乡
高新区	2					瀛洲街道、辛店街道
伊滨区		5				诸葛镇、李村镇、庞村镇、佃庄镇、寇店镇
龙门石窟世界文化遗产园区	1					龙门石窟街道

西区、西工区、老城区、瀍河区、洛龙区、吉利区、高新区、伊滨区、龙门石窟世界文化遗产园区、偃师市、孟津县、新安县、宜阳县、伊川县、嵩县、洛宁县、汝阳县、栾川县等9区1市8县，42个街道，139个乡镇。

【人　口】 2011年末，全市总户数206万户，比上年同期的205.8万户增长0.1%；总人口684.7万人，比上年同期的680.9万人增长0.56%。其中：农业人口489.3万人，比上年的489.7万人减少0.08%；非农业人口195.4万人，比上年的191.2万人增长2.2%。农业人口占总人口的比重为71.46%；非农业人口占总人口的比重为28.54%。男性人口350.7万人，比上年同期的349.1万人增长0.46%，占总人口的比重为51.22%；女性人口334万人，比上年同期的331.8万人增长0.68%，占总人口的比重48.78%。以女性人口为100，男女性别比为100：105。全年出生73757.52人，比上年同期的70272人增长4.96%；死亡36570人，比上年同期的32267人增加13.34%；自然增长37188人，比上年同期的38005人减少2.15%；人口出生率为10.80‰，比上年同期的10.75‰高0.5个千分点；死亡率为5.35‰，比上年同期的4.94‰高0.41个千分点；自然增长率为5.45‰，比上年同期的5.82‰低0.37个千分点。

从人口的地区分布看：洛阳市区年末户数61.6万户，比上年同期的71万户减少13.24%；总人口190.2万人，比上年

2011年洛阳市人口情况（一）

	总户数（万户）	总人口（万人）			出　生		死　亡		自然增长	
		合计	男性人口	女性人口	出生数（人）	出生率（‰）	死亡数（人）	死亡率（‰）	自然增长（人）	增长率（‰）
合　计	206	684.7	350.7	334	73757.52	10.8	36570	5.35	37188	5.45
一、市　区	61.6	190.2	96	94.1	18476	7.02	9362	2.74	9114	4.28
老城区	6.3	16.5	8.6	7.9	1429	8.76	750	4.6	679	4.16
西工区	10.5	33.6	16.9	16.7	2979	8.9	1516	4.53	1463	4.37
瀍河区	6.6	17.4	8.9	8.5	1457	8.38	640	3.68	817	4.7
涧西区	14.6	46.1	23.2	22.8	3698	8.04	1927	4.19	1771	3.85
吉利区	2.2	6.8	3.4	3.5	716	10.04	295	4.3	421	5.74
洛龙区	18.6	62.4	31.4	31	7310	11	3826	5.36	3484	5.64
高新区	2.8	7.4	3.6	3.7	887	11.94	408	5.49	479	6.45
二、县　市	144.4	494.5	254.7	239.9	55282	11.23	27208	5.59	28074	5.64
偃师市	18.1	59.7	30.5	29.2	6459	10.84	3206	5.38	3253	5.46
孟津县	15.3	45.4	22.9	22.5	5101	11.26	2668	5.89	2433	5.37
新安县	14.6	52.4	26.9	25.5	5541	10.6	2677	5.12	2864	5.48
栾川县	10.4	33.4	17.4	15.9	3984	12.01	1277	3.85	2707	8.16
嵩　县	16.8	58.9	30.8	28.1	6130	10.43	2780	4.73	3350	5.7
汝阳县	12.6	47	24.4	22.6	5745	12.25	2495	5.32	3250	6.93
宜阳县	19.2	69.5	35.8	33.7	7726	11.14	4959	7.15	2767	3.99
洛宁县	12.9	48.4	24.9	23.4	5093	10.57	2583	5.36	2510	5.21
伊川县	24.5	79.8	41.1	39	9503	11.19	4563	5.73	4940	5.46

注：本表中的人口数按户籍人口统计

2011年洛阳市人口情况（二）

单位：万人

	非农业人口		农业人口		城镇人口	
	人口数	占%	人口数	占%	人口数	占%
合 计	195.4	2.20	489.3	-0.08	302.9	44.24
一、市区	118.5	2.16	71.7	24.70	147.2	77.39
老城区	13.1	29.70	3.4	-19.05	17.1	103.64
西工区	29.6	-8.07	4	25.00	31.8	94.64
瀍河区	14.6	0.00	2.8	27.27	16.7	95.98

续表

	非农业人口		农业人口		城镇人口	
	人口数	占%	人口数	占%	人口数	占%
涧西区	42.4	1.19	3.7	37.04	50.7	94.77
吉利区	3.4	0.00	3.4	0.00	4.5	66.18
洛龙区	12.8	14.29	49.6	38.94	26.4	42.31
高新区	2.6	0.00	4.8	-21.31	6.74	91.08
伊滨区					8.35	32.87
二、县市	76.9	2.26	417.6	-3.38	138	27.90
偃师市	9.1	-10.78	50.6	-17.18	28.2	47.24
孟津县	5.9	-3.28	39.5	1.02	15	33.04
新安县	14.1	16.53	38.3	-4.25	16.5	31.49
栾川县	4.6	2.22	28.8	0.70	13.2	39.64
嵩　县	6.1	3.39	52.8	0.19	12.1	20.54
汝阳县	6.4	4.92	40.6	0.00	10	21.28
宜阳县	9.8	1.03	59.7	-5.69	14.9	21.44
洛宁县	6.3	3.28	42.1	0.48	9.5	19.67
伊川县	14.6	0.69	65.2	0.46	18.6	23.22

注：本表中的城镇人口数为抽样调查推算数

同期的173.5万人增长9.63%。9县市总户数144.4万户，比上年同期的134.8万户增加7.12%；总人口494.5万人，比上年同期的507.4万人减少2.54%。

从人口的构成看：在男性人口中，洛阳市区96万人，比上年同期的87.8万人增长9.34%；9县市254.7万人，比上年同期的261.3万人减少2.53%。在女性人口中，洛阳市区94.1万人，比上年同期的85.7万人增长9.78%；9县市239.9万人，比上年同期的246.1万人增长1.19%。

在农业人口中，洛阳市区71.7万人，比上年同期的57.5万人增长24.7%；9县市417.6万人，比上年同期的432.2万人减少3.38%。在非农业人口中，洛阳市区118.5万人，比上年同期的116万人增长2.16%；9县市76.9万人，比上年同期的75.2万人增长2.26%。

2011年末，全市城镇人口总数302.9万人，比上年同期的288.8万人增加4.88%，占总人口的比重44.24%。其中：洛阳市区为147.2万人，比上年同期的157.16万人减少6.33%；9县市138万人，比上年同期的131.62万人增加4.85%。

资　　源

【土地资源】　根据2011年土地变更调查初步统计，洛阳市土地总面积1523584.62公顷，其中农用地1156128.03公顷、建设用地160501.2公顷、未利用地206955.39公顷。根据土地利用现状分类，耕地434070.44公顷，园地13668.9公顷，林地641320.21公顷，草地138243.48公顷，城镇村及工矿用地134254.2公顷，交通运输用地23865.67公顷，水域及水利设施用地61444.02公顷，其他土地76717.7公顷。

东部陵谷川地区　位于洛阳市东北部，主要包括洛阳市4个城市区，洛龙区的7个乡镇，吉利区及偃师市的15个乡镇，孟津县的6个乡镇，新安县的1个镇，总土地面积19.01万公顷，占全市总土地面积的12.48%。该地区主要是海拔300米以下的平原地区，土壤较肥沃，以褐土、潮土为主。地下水位较浅，农田水利设施好。由于耕作条件好，农业生产历史悠久，靠近城市，是洛阳市粮食、蔬菜高产区。有发达的交通条件，工业基础雄厚，乡镇企业、集市贸易有一定规模，非农业人口集中，工副业比较发达。

北中部丘陵区　位于洛阳市北中部，包括新安、孟津、宜阳、伊川、嵩县、汝阳和偃师的67个乡镇，土地面积52.41万公顷，占全市总土地面积的34.41%。该区大部分地貌为海拔500米左右的丘陵和浅山，地势起伏，切割严重，多为黄土覆盖。土壤以褐土为主，质地黏重，有机质含量小，肥力差。农业是该区的主导产业。

中南部低山区　包括宜阳、洛宁、嵩县、栾川、汝阳5县的23个乡镇，总土地面积29.33万公顷，占全市总土地面积的19.26%。该区大部分为海拔1000米以下的低山区，土壤主要是褐土、棕壤两大类。光照资源丰富，无霜期长，年降水量600～800毫米。荒山荒坡较多，耕地资源较少，种植业发展受自然条件特别是水土条件的限制。该区以低山为主，各种地形均有分布。

西南部中山区　包括洛宁、栾川、嵩县、汝阳4县的29个乡镇，总土地面积51.55万公顷，占全市总土地面积的33.85%。该区地处伏牛山和熊耳山腹地，山高坡陡，地形复杂，一般海拔1000～2000米。由于地形起伏，土壤、气候、降水明显表现出地域分异和垂直分异规律，土壤海拔由低到高依次为褐土、山地褐土、山地棕壤等。

【矿产资源】　2011年，洛阳市提交矿山储量动态检测报告561个。其中甲类矿山297个，乙类矿山264个，矿山储量动态检测工作从数量上和质量上都有很大的提高。全年完成零星分散及乙类矿产储量报告的评审备案74份。对全市292个矿区设置的1025个采矿权矿产资源储量进行统计，做到了持证矿山企业填报率达到100%。2011年度全市积极组织有影响力的矿山企业申报矿产资源节约与综合利用专项资金项目，申报矿产资源节约与综合利用专项资金项目10个，其中示范工程项目8个、奖励资金项目2个。涉及资金6300万元。

矿产资源的分布有以下特征：

门类齐全、远景较大。北部伊洛盆地，以沉积矿产为主，是煤炭、铝土矿、耐火黏土等外生矿产的重要成矿区和矿产地；南部熊耳山—外方山地区，是金、银和有色金属成矿集中区和资源基地。在已发现的76种矿产中，包含了能源、黑色金属、有色金属、贵金属、稀有金属、冶金辅助材料、化工、建材等特种非金属、地下水资源等矿产。

蕴藏丰富、储量集中。洛阳市的主要优势矿产资源储量在河南省均占重要地位。其中：钼矿占全省探明储量的91%，钨矿占99%，金矿占26%，银矿占24%，锌矿占18%，萤石矿占38%，耐火黏土占25%，冶金用石英岩占84%。主要矿产分布集中，形成了一批著名的大型、特大型矿田和矿床，主要包括一大银矿（洛宁铁炉坪）、两大铝矿带（新安、偃师）、三大煤田（新安、偃龙和宜阳）、五大钼矿（栾川上房沟、三道庄、南泥湖、嵩县雷门沟和汝阳东沟）、七大金矿（洛宁上宫、青岗坪、嵩县祁雨沟、庙岭—牛头沟、前河、栾川潭头、康山）。

组分复杂、一矿多用。许多矿床都含有多种有益组分，多数已达工业要求，可用为共生或伴生矿床综合利用。如金矿中伴生的银、铅、碲，铅锌矿中伴生的银、铟，钼矿中伴生的钨、铼，铝土矿中伴生的镓、锂等。此外还有一区多矿即复式矿床现象，如铝土矿层顶底板共生的煤炭、熔剂灰岩、高岭土、耐火黏土、铁矾土、硫铁矿和山西式铁矿等。

交通便利、易于开发。洛阳市地处陇海、焦枝两大铁路干线交会处，境内公路四通八达，同时伊、洛两大河流水量充沛，煤电资源充足，为矿山建设提供了相当优越的外部条件。

【水资源】　洛阳地跨黄河、长江、淮河三大流域。其中：黄河流域12446平方千米，占总面积的81.8%；淮河流域2092平方千米，占总面积的13.8%；长江流域670平方千米，占总面积的4.4%。境内流域面积100平方千米以上的河流39条，较大的河流有黄河及黄河流域的伊河、洛河、涧河；淮河流域的北汝河；长江流域的老灌河、白河等。从河流水系分区看，伊、洛河区域的水资源量为19.6亿立方米，占全市水资源总量的70%，且大部分在上游山区，洛河宜阳以下和伊河龙门以下地区只占10.9%。从用水角度看，主要用水集中在伊河、洛河中下游地区。全市境内共建成各类水利工程3万余项，其中大型水库4座，总库容153.07亿立方米；中型水库10座，总库容2.16亿立方米；小型水库142座，总库容1.94亿立方米；塘堰坝948座，蓄水容量0.26亿立方米。据2011年洛阳市水资源公报统计，洛阳市水资源总量为46.30亿立方米，其中地表水资源量为42.66亿立方米、地下水资源量为15.18亿立方米，地表水和地下水之间的重复计算水量11.54亿立方米。全市水资源面临的主要问题是缺水、水污染和用水结构不合理。洛阳市水资源管理工作重点主要有五方面，一是加强水利工程建设，提高水资源优化配置能力；二是加强水资源保护，促进水生态环境改善；三是加强水资源管理，保障水资源可持续利用；四是加强节水型社会建设，提高水资源利用效率；五是加强节约用水宣传，提高全社会节约用水意识。

【野生动物、植物资源】　洛阳辖区地跨世界动物地理区划中的古北界和东洋界的分界线——伏牛山主脉。动物资源分布以分界线之北面积最大，鸟兽以狐、狼、豹、狸、獾、黄鼬、石鸡、环颈雉、雀形目、隼形目、鸮形目为优势种，其中鸟类主要集中在新安、孟津、吉利3个县区的黄河沿岸滩涂湿地。分界线之南，面积虽然不大，但鸟兽资源繁多。金钱豹、梅花鹿、大灵猫、黑鹳、八哥、竹叶青蛇有少量分布，青羊、苏门羚、金雕、红腹锦鸡、大鲵、狐、獾、貂、狸、豹猫、麝等经济鸟兽较分界线以北为多。由于境内地形复杂，作为全国动物的交会带，野生动物种多量大。全市拥有野生陆脊椎动物365种（另9亚种），占全国野生陆脊椎动物的15. 89%，占河南省的77. 2%。其中：国家一级保护野生动物12种，国家二级保护野生动物58种，占全国野生保护动物种数的78. 65%；河南省重点野生保护动物30余种，占全省重点野生保护动物的83. 33%。此外，境内河流纵横，集水面积随着水库面积的增加而增大，从而为境内水栖动物的繁衍栖息创造了良好的条件。其中：伊河陆浑水库、洛河故县水库、黄河小浪底水库水栖动物的蓄养已见成效。黄河湿地自然保护区一期工程的实施，更为水栖动物的发展提供了广阔的前景。

洛阳境内分布有伏牛山、熊耳山、崤山、外方山和嵩山五大山体，间有洛河、伊河、北汝河、涧河等河流从其间流过，其中南界的伏牛山，是中国暖温带与亚热带的一条自然分界线，所以本区位于暖温带的南线向北亚热带过渡地带，气候、土壤具有南北过渡的性质，属于暖温带植物区系。由于气候温寒湿润，自然环境复杂，随着伏牛山国家级自然保护区、熊耳山省级自然保护区的建立，为各种各样的植物种类繁衍生长提供了良好的场所。不但是南北植物成分的交会处，而且使西南、西北、东北的一些植物成分散生，所以植物种类极其丰富，并有不少稀有珍贵的植物种类。数十年来，也引进很多国内外植物种类，更加丰富了本地的植物资源。据多次调查统计，全市有维管束植物2308种、198变种，隶属于173科830属。其中：蕨类植物24科56属146种、10变种3变型；裸子植物6科16属33种1变种；被子植物143科758属2129种187变种3变型。木本植物共85科252属831种101变种3变型（乔木285种43变种1变型；灌木446种40变种2变型；藤木88种17变种；寄生或半寄生7种，竹类5种1变种）。属于国家重点保护的有16科20种，其中一级保护的有3科3种、二级保护的有13科17种；属于河南省重点保护的有22科42种。

【旅游资源】 全市有4A级以上景区15处，世界文化遗产1处，全国重点文物保护单位21处，省级文物保护单位104处。洛阳旅游资源丰富，景类、景型齐全。按照1997年国家旅游局《旅游资源分类系统及其基本类型特征项目研究》中新拟定的分类系统的标准，在8大类87种类型中，洛阳共有81类、86个景域（区）、185个景段（点）和259个景元，共计530处。其中：人文资源景系中有历史遗产景类、现代人文吸引物景类、抽象人文吸引物景类和其他人文景系，50个基本类型、22个景域、165个景段（点）、120个景元，小计307处；自然旅游资源景系中有地文、水文、气候、生物及其他类景类31种、64个景域、20个景段、139个景元，小计223处。重要的历史文化旅游资源中有历史遗产景型16个景域、105个景段、41个景元；现代人文吸引物景类6个景域、55个景段、47个景元；抽象人文景类3个景段、32个景元；其他人文景观景类2个景段。主要有石窟类：龙门石窟、水泉石窟、西沃石窟、万佛山石窟、铺沟石窟等10处；博物馆类：洛阳博物馆、洛阳古代艺术博物馆、商城博物馆、民俗博物馆、都城博物馆等7处；古城类：夏、商、周、汉魏、隋唐5大都城遗址等17处；宗教建筑类：白马寺、关林、唐僧寺、香山寺等29处；名人故里类：玄奘故里、二程故里、王铎故居等18处；民俗专题类：豫西窑洞、山陕会馆、洛出书碑、周公庙；节庆类：牡丹花会、河洛文化旅游节、杜康酒节、灵山文化庙会、老君山旅游节、西泰山杜鹃花节等6个；古墓类：邙山古墓群、汉光武帝陵、唐恭陵、杜甫墓、白居易墓、范仲淹墓、二程墓等17处；碑碣石刻类：千唐志斋、西晋辟雍碑、会圣宫碑、关林石刻艺术、拟山园碑帖、升仙太子碑、镌苑碑林等9处。重要的自然资源有地文景型的景域31处、景段7处、景元39处；水文景型景域23处、景段1处、景元85处；气候生物类型景域10处、景段12处、景元6处；其他自然景型景段9处。主要有黄河小浪底旅游区、白云山国家森林公园、龙峪湾国家森林公园、花果山国家森林公园、双龙山森林公园、青要山森林公园、老君山生态旅游区、重渡沟生态旅游区、鸡冠洞、陆浑水库、木札岭原始生态旅游区、六龙山风景区、神灵寨森林公园、倒回沟风景区、天池山森林公园、楼梯山狩猎场、郁山森林公园、周山森林公园、龙门山森林公园、孟津黄河湿地水禽自然保护区、洛浦公园、隋唐城遗址植物园等。

国民经济与社会发展

【概　况】 2011年，在市委、市政府的正确领导下，全市上下围绕"福民强市"总体目标，坚持科学发展，不断克服经济运行中的不利因素，全力打好项目建设、经济转型、机制转换、城市提升、民生改善、环境创优和国际文化旅游名城建设"六加一"攻坚战，圆满完成各项目标任务，为全市"十二五"经济社会发展开好局、起好步奠定了坚实的基础。

国民经济平稳增长，全年生产总值2717亿元，比上年增长12.5%。其中：第一产业增加值203.8亿元，增长3.7%；第二产业增加值1672.5亿元，增长15.9%；第三产业增加值840.7亿元，增长8.1%。三次产业结构为7.5∶61.6∶30.9，三次产业对经济增长的贡献率分别为2.4%、76.9%和20.7%。2011年，全市居民消费价格比上年上涨5.6%，八大类商品和服务价格呈"六升一平一降"的态势，其中食品类价格上涨12.7%，位居首位。

【农　业】 2011年，全市粮食播种面积789.5万亩，比上年增长0.4%。其中，

2011年洛阳市主要农产品产量情况

产品名称	计量单位	数值	比上年±%
粮食	万吨	230.85	-2.2
其中：夏　粮	万吨	109.23	-1.5
秋　粮	万吨	121.62	-2.8
油料	吨	133705	0.9
其中：花　生	吨	99751	-0.9
油菜籽	吨	19077	3.8
芝　麻	吨	10212	11.1
棉　花	吨	3037	-8.0
烟　叶	吨	61400	1.9
水　果	万吨	71.29	6.2
蔬　菜	万吨	233.66	6.2
中药材	吨	78921	6.1
食用菌（干重）	吨	24337	25.6

夏粮面积378.2万亩，增长0.3%；秋粮面积411.3万亩，增长0.5%。蔬菜面积84.1万亩，增长3.1%；油料面积70.4万亩，增长2.8%；烟叶面积40.6万亩，增长2%；中药材面积44.3万亩，增长1.3%；棉花面积4.6万亩，下降12.1%。

全年粮食总产量230.85万吨，比上年下降2.2%。其中，夏粮产量109.23万吨，下降1.5%;秋粮产量121.62万吨，下降2.8%。

2011年，肉类总产量24.64万吨，增长1.3%；禽蛋总产量14.21万吨，增长2.3%；牛奶总产量38.15万吨，增长1.5%。年末生猪存栏203万头，增长5.1%；生猪出栏211万头，增长1.2%。年末牛存栏65.8万头，下降4.2%；牛出栏33.6万头，下降1.8%。水产品产量43307吨，增长12.2%。

年末农业机械总动力471.56万千瓦，比上年增长3%。农用拖拉机19.34万台，增长3.1%；农村用电量22.9亿千瓦小时，增长7.5%。有效灌溉面积141.68千公顷，增长1.14%，其中节水灌溉面积79.63千公顷，增长0.25%。

【工　业】 2011年，全部工业增加值1492.6亿元，比上年增长17.0%。其中：规模以上工业企业完成增加值1255.1亿元，增长19.8%。分轻重工业看：轻工业170亿元，增长19.9%；重工业1085.1亿元，增长19.8%。轻重工业比例为13.5:86.5。在规模以上工业增加值中，非公有制工业实现增加值688.3亿元，增长22.5%，高于全市规模以上工业增速2.7个百分点，对规模以上工业的贡献率达61.8%。工业产品销售率为98.3%，比上年提高0.2个百分点。

规模以上工业36个行业大类中有33个行业实现增长，16个行业累计增速超全市平均水平。其中：有色金属矿采选业比上年增长33%，非金属矿物制品业增长21.2%，通用设备制造业增长47.9%，电力、热力的生产和供应业增长24.5%。

全年五大优势产业实现增加值930.9亿元，占全市规模以上工业的比重为74.2%，比上年提高2.7个百分点。高技术产业完成增加值42.2亿元，占规模以上工业比重为3.4%，比上年提高0.9个百分点。

全市规模以上工业企业主营业务收入4907.1亿元，比上年增长28.8%。利税总额417.4亿元，增长18.2%；利润总额233.6亿元，增长24.5%。亏损企业亏损额42.5亿元，增长86.3%，亏损面达3.5%。年末产成品库存125.1亿元，增长22.4%。

2011年洛阳市主要工业产品产量情况

产品名称	单　位	产　量	比上年增长（±%）
纱	万吨	4.7	12.6
布	万米	5768.0	-5.7
化学纤维	万吨	16.2	-1.5
饮料酒	千升	167992.4	-8.8
卷　烟	亿支	130	0.0
摩托车	万辆	97.2	-2.1
原油加工量	万吨	623.0	-13.0
发电量	亿千瓦小时	477.1	23.2
钢	万吨	43.2	-32.1
10种有色金属	万吨	149.0	6.9
铝	万吨	139.5	2.7
水　泥	万吨	745.6	31.6
平板玻璃	万重量箱	702.3	-20.1
轴　承	万套	17347.7	32.3
耐火材料	万吨	514.8	38.2
化肥（折纯量）	万吨	38.3	90.9
大中型拖拉机	台	78253.0	70.3
黄　金	千克	9284.7	1.2

【建筑业】 2011年，全市资质以上建筑业企业完成总产值1111亿元，比上年增长26.6%。全年实现利税56亿元，比上年增长30.2%；实现利润19.8亿元，比上年增长23.8%。

房屋建筑施工面积4690万平方米。房屋建筑竣工面积1234.9万平方米。房屋竣工价值127.2亿元。

【交通运输、邮电业】 2011年，全市公路运输货物周转量358.1亿吨千米，比上年增长22.8%；货物运输量16276万吨，增长21.6%。旅客周转量124.3亿人千米，增长20.2%；旅客运输量16019万人，增长20%。

全年邮电业务总量46.3亿元，比上年增长20.6%。其中，电信业务总量43.1亿元，增长21.8%；邮政业务总量3.2亿元，增长5.9%。年末本地固定电话用户128.07万户，下降2%；年末移动电话用户525.2万户，增长36.3%；年末互联网用户301.3万户，增长25.9%，其中本年新增互联网用户38.07万户。

【固定资产投资】 2011年，全社会固定资产投资1907.2亿元，比上年增长26.9%。其中：固定资产投资（不含农户）1860.5亿元，增长27.4%；农户投资46.7亿元，增长8.9%。

在固定资产投资（不含农户）中，第一产业投资119.2亿元，增长33.5%；第二产业投资955.8亿元，增长22.4%；第三产业投资785.6亿元，增长33%。

2011年洛阳市固定资产投资完成情况

行　业	投资额（亿元）	比上年增长±%
合　计	1860.5	27.4
农、林、牧、渔业	119.2	33.5
工　业	951.1	22.5
建筑业	4.7	9.7
交通运输、仓储和邮政业	92.9	106.9
信息传输、计算机服务和软件业	2.7	-70.9
房地产业	403.7	38.3
水利、环境和公共设施管理业	139.7	33.7
教　育	21.0	-0.3
卫生、社会保障和社会福利业	15.6	34.6
文化、体育和娱乐业	18.8	18.2
其　他	91.1	-0.2

民间投资1428.1亿元，增长27.8%，占固定资产投资比重为76.8%，比上年提高0.3个百分点，对城镇投资增长的贡献率达到59.8%。

房地产开发投资237.1亿元，比上年增长31.8%。其中住宅投资179亿元，增长15.4%。房屋施工面积2856.4万平方米，增长26.5%。其中，住宅2211.2万平方米，增长17.1%。房屋竣工面积428.8万平方米，下降42%。其中，住宅380.1万平方米，下降36.4%。商品房销售面积553.7万平方米，增长21.7%。其中住宅512.5万平方米，增长26.4%。商品房销售额198.9亿元，增长37.9%。其中，住宅175.7亿元，增长43.3%。

在建项目（不含房地产开发，下同）4351个，实际完成投资1603.1亿元。其中：千万元以上项目3892个，实际完成投资1572.8亿元；亿元以上项目535个，实际完成投资781.9亿元。

【国内贸易】 2011年，全市社会消费品零售总额963.5亿元，比上年增长18.1%。分城乡看，城镇社会消费品零售额844亿元，增长17.1%；乡村社会消费品零售额119.5亿元，增长25%。分行业看，批发零售业810.1亿元，增长18.5%；住宿餐饮业144.7亿元，增长15.4%。

从各类商品销售情况来看，在限额以上批发和零售贸易业商品零售中，同比增幅超过30%的有五金电料类、金银珠宝类、石油及制品类、化妆品类、服装鞋帽针纺织品类、家用电器及音像器材类、食品饮料烟酒类、建筑及装潢材料类等八大类。其中五金电料类、金银珠宝类和石油及制品类分别增长61%、43.7%和42.1%，位列增幅榜前三位。

【对外经济】 2011年，全市进出口总额208295万美元，比上年增长34.7%。其中：出口总额147774万美元，增长40.5%；进口总额60521万美元，增长22.3%。机电产品出口84334万美元，增长39.8%；高新技术产品出口36766万美元，增长21.6%。

全年新批准设立外商投资企业45家。合同利用外商直接投资金额146145万美元，增长34.2%；实际利用外商直接投资金额17.68亿美元，增长46.8%；引进市外境内资金437.2亿元，增长32.2%。

【旅　游】 2011年，全市接待国内外旅游总人数6870万人次，比上年增长13%。其中：接待入境游客53万人次，增长15.1%。旅游总收入348亿元，增长15.2%。其中创汇收入15526万美元，增长15%。年末共有A级旅游景区26处。其中：4A级以上景区15处，星级酒店58个，国际国内旅行社91家。

【财政、金融、保险业】 2011年，全市全口径财政收入344.3亿元，比上年增长24.4%。地方财政收入323.5亿元，比上年增长42.3%；地方财政一般预算收入178.3亿元，增长25.5%，其中：税收收入131.2亿元，增长26.8%，税收占地方财政一般预算收入的比重为73.6%。地方财政支出445.5亿元，增长41.3%；地方财政一般预算支出296.9亿元，增长28.6%，其中：教育支出63.2亿元、增长42%，社会保障与就业支出27亿元、增长26.2%，医疗卫生支出24.6亿元、增长42.8%。

金融机构人民币各项存款余额2428.6亿元，比年初增加333.7亿元。其中，企业存款余额1106.3亿元，比年初增加203.8亿元；居民储蓄存款余额1233.1亿元，比年初增加122.4亿元。金融机构人民币各项贷款余额1366.6亿元，比年初增加256.4亿元。其中，短期贷款余额741.7亿元，比年初增加177.6亿元；中长期贷款余额530.3亿元，比年初增加77.6亿元。

全年保险公司保费收入66.2亿元，比上年增长5.9%。其中：财产险保费收入13.3亿元，人身险保费收入52.9亿元。全年赔付13.96亿元。其中：财产险赔付5.79亿元，人身险赔付8.17亿元。

【教　育】 2011年，全市共有普通高校3所，招生3.4万人，在校生10.01万人，毕业生3.05万人。普通高中68所，招生4.28万人，在校生12.61万人，毕业生4.29万人。普通初中387所，招生9.91万人，在校生29.12万人，毕业生9.91万人。小学2188所，招生10.58万人，在校生63.54万人。幼儿园在园儿童13.2万人。普通中等专业学校35所，招生2.22万人，在校生6.39万人。特殊教育学校招生139人，在校生1107人。普通初中入学率99.96%，小学学龄儿童入学率99.99%。成人技术培训学校培训学员42.84万人次。

【文化艺术】 2011年，全市共有艺术表演团体16个，文化馆17个，公共图书馆11个。年末中、短波广播发射台和转播台1座，1000瓦以上电视发射台和转播台5座。全市广播人口覆盖率96.4%，电

2011年洛阳市城市居民消费价格（CPI）情况

（以上年为100）

	2010年	2011年
居民消费价格总指数	103.5	105.6
服务项目价格指数	101.4	102.4
一、食　品	108.1	112.7
粮　食	111.1	111.4
肉禽及其制品	103.2	126.3
鲜　菜	121.1	100.5
二、烟酒及用品	101.4	105.3
三、衣着类	102.2	102.2
四、家庭设备用品及维修服务	99.3	102.4
五、医疗保健和个人用品	101.5	106
六、交通和通信	99.8	99.8
七、娱乐教育文化用品及服务	100.3	100
八、居　住	103.4	104.2

视人口覆盖率97.2%，有线电视用户79万户。市级电视台周播出时间397小时，市级广播电台日播出时间53小时。

【医疗卫生】 2011年，全市共有卫生机构802个，床位28873张。其中：医院、卫生院264个，床位26452张。卫生防疫机构16个，妇幼卫生机构16个。卫生技术人员31716人。其中：执业医师、助理执业医师13266人，注册护士11896人。卫生防疫防治机构人员1080人，妇幼卫生机构人员1652人。农村乡（镇）共有卫生院155个，床位5045张，卫生技术人员4823人。

【体　育】 2011年，全市共举办县以上运动会及各种体育比赛153场次，参加运动员5.8万人次。运动员在国内外各项体育比赛中，获得省级以上金牌133枚，银牌141枚，铜牌104枚。

【环境保护】 2011年，全市环境保护系统共有1662人，环境监测人员378人，各级环境监测站9个。全市建成16个烟尘控制区，面积达286平方千米；建成环境噪声达标区11个，面积达216平方千米。全年市区空气质量优良天数达到316天。

全年营造林24.4千公顷。其中：人工造林19.4千公顷，退耕还林10.91千公顷。年末共有自然保护区3个。其中：国家级自然保护区2个，森林公园16个，其中国家级森林公园7个。森林覆盖率达到45.0%。

【社会保障和社会福利】 2011年，全市参加城镇职工基本养老保险95.65万人，比上年末增加5.05万人，其中参保职工70.05万人。参加城镇基本医疗保险97.6万人，比上年末增加4.9万人。参加失业保险60.23万人，比上年末增加0.21万人；年领取失业保险金2.67万人，比上年末增加0.51万人。

全市各类社会福利院床位达12823张，福利院收养10687人。国家抚恤、补助各类优抚对象47352人。全市拥有城镇各种社区服务设施686个，其中社区服务中心22个。全年接受社会捐赠201.8万元。

【人　口】 2011年，全市户籍684.7万人，其中市区190.2万人，农业489.35万人。常住656.71万人，城镇302.94万人，城镇化率达到44.24%。出生7.37万人，出生率10.80‰；死亡3.66万人，死亡率5.35‰；自然变动净增3.71万人，自然增长率5.45‰。

【市场物价】 2011年，全市居民消费价格比上年上涨5.6%，其中食品类价格上涨112.7%。八大类商品和服务价格呈“七涨一降”格局。

【人民生活】 2011年，城镇居民人均可支配收入20163元，扣除物价因素，比上年实际增长8.5%；城镇居民人均消费性支出13884元，实际增长9.3%。农村居民人均纯收入6822元，实际增长13.2%；农村居民人均生活消费支出5293元，实际增长7.7%。

创建全国文明城市

【建立健全文明城市创建考评机制】 2011年，洛阳市以创建全国文明城市为抓手，牢固树立“福民、惠民、利民”意识，深入、扎实、全面、持久地开展群众性精神文明创建活动，全市成立了以市委书记为政委、市长为指挥长的创建工作指挥部，把创建工作纳入全市经济社会发展总体规划，每季度召开一次全市性大会进行安排部署。在此基础上，由市文明办牵头成立市创建全国文明城市指挥部办公室，坚持周例会、月总结、季讲评，及时研究解决工作推进中的问题。全力做好文明城市创建工作。一是建立考评体系，完善工作机制。根据《全国文明城市测评体系》和《全国未成年人思想道德建设工作测评体系》，市文明办将“八大环境”建设全部内容纳入工作考评范围，并予以细化分解，责任到人。建立健全民调机制，每周召开一次新闻发布会通报创建情况，并通过民意调查听取群众的意见建议。建立健全问题整改机制，通过常态化巡查暗访、新闻舆论监督、网络搜集社情民意等途径，及时发现问题、督促整改。二是加强宣传引导，开展全民创建。深入开展创建宣传活动，提出

“洛阳是我家、创建靠大家，全民齐动手、建好咱的家”创建口号。创造性地实施了“米长”工作负责制，将每一平方米的创建工作都落实到具体责任人。发挥广大志愿者的示范带动作用，组建青年志愿者、巾帼志愿者、“五老”志愿者等十大志愿服务团队，形成市、区、街道、社区四位一体的志愿服务网络，全市注册志愿者达32万人，占城市人口的20%以上，服务点位覆盖全部城市社区。深入开展万名志愿者助交通、万名志愿者进社区，以及网络志愿者、义务控烟员、关爱空巢老人、关爱农民工等特色志愿活动，涌现出全国百名优秀志愿者、“爱心车队”发起人任耀光和全国首支城市水上义务搜救队等先进典型，“河洛志愿者”品牌深入人心，为洛阳赢得“微笑之都”的美誉。

重庆路街道居民一起包饺子

【创新教育载体】 2011年，洛阳市始终坚持把培育城市精神品质、加强公民和未成年人思想道德建设等工作，当成一项重点工程、系统工程来推进和落实。

（1）深入推进社会主义核心价值体系建设。组织开展深入学习实践科学发展观、创先争优等主题活动，以推进社会主义核心价值体系建设为重点，以打好“六加一”攻坚战为突破口，转变思想方式，掌握科学方法，加强党的思想建设、组织建设、作风建设和廉政建设。结合庆祝新中国成立60周年和建党90周年，广泛开展全民阅读和“做文明有礼的中国人”“爱国歌曲大家唱”“红心向党”等活动，引导广大群众爱党、爱国、爱社会主义。

（2）大力弘扬洛阳精神。深入开展城市精神大讨论活动，在媒体开设“洛阳精神大家谈”和“洛阳精神群星谱”等专栏，提炼确定了“包容开放、创业创新、实干争先、负重奋进”的洛阳精神，成为激励全市人民热爱洛阳、建设洛阳、奉献洛阳的巨大精神动力。

（3）抓好文明创建的“细胞工程”。把创建文明城区、文明村镇、文明单位、文明景区、文明社区等作为创建全国文明城市的“细胞工程”抓实抓好，以“小创建”推动“大创建”。落实中央文明办开展的“百城万店无假货”“讲职业道德、树行业新风”和“便民利民、优质服务”等活动，全面提升各行各业的文明创建水平。全市现有4个省级文明县区，700多家全国、省、市级文明单位，龙门石窟荣获首批全国文明景区，4家窗口单位荣获全国文明单位。

（4）认真实施“道德教育提升工程”。以“讲文明、树新风”活动为主要载体，切实加强市民思想道德建设和文明礼仪教育。举办“文明河洛大讲堂”，开展“礼仪洛阳、诚信洛阳、魅力洛阳”和“争当文明市民、共建美好家园”等主题教育活动，全面普及《市民守则》和《市民文明公约》。以乡风文明建设为重点，开展评选好媳妇、好公婆等和谐家庭创建活动，培育了栾川县孝老爱亲的“晒文化”、宣传道德文明的“墙文化”，嵩县车村镇明白川村“扫帚扫出安乐窝”的和谐乡风文化，受到中央文明办领导的肯定。

（5）高度重视未成年人思想道德建设。坚持把未成年人教育作为一项重大基础工程来实施，充分发挥妇联、共青团、关工委等社会群团组织作用，组织开展“我们的节日”“中华经典诵读”“优秀童谣传唱”“童心向党”“做一个有道德的人”“美德少年”评选、“小手拉大手”、阳光体育运动等活动，涌现出涧西区湖北路街道“道德银行”、市直四小“诗香校园”、第二外国语学校“校园贸易节”等道德实践典型。高标准完成全市青少年活动中心、乡村少年宫、心理健康辅导中心、心理咨询室等校外活动场所建设，组建了60人的未成年人心理救助专家团。在媒体开设“成长”“教育周刊”“小记者俱乐部”等专栏节目，建成8个面向青少年的专门网站，在中小学生中开展了文明小博客、班级博客等活动，不断拓展德育阵地。坚决取缔“黑网吧”和地下游戏场，认真查处非法出版物和网络、手机淫秽低俗信息，为青少年健康成长营造良好环境。《人民日报》、《光明日报》、中央人民广播电台等媒体对洛阳经验进行了专题报道。

（6）大力培育市民道德楷模。开展评选表彰道德模范、市民标兵和“我评议、我推荐身边好人”等活动，努力营造“当好人、长好心、做好事、有好报”的社会风尚。先后涌现出获得全国道德模范提名奖的全国爱国拥军模范乔文娟，与病魔斗争27年、带病坚持工作的全国模范检察官程建宇，被居民誉为“赞不完、离不开”的全国公安机关爱民模范李虹，50年如一日义务奉养5位没有血缘关系老人的嵩县车村镇农民裴文学等众多道德楷模，在全社会发挥了示范引领作用。6月，洛阳市成功承办了2场全国“道德模范故事汇”基层巡演活动；8月，按照中央文明办安排，组织承办“道德的传承——全国道德模范与身边好人现场交流活动”，中国文明网现场直播。全年，洛阳市共入选“中国好人榜”11人，在全省名列前茅。

【实行精细化城市管理】 2011年，洛阳市组织实施城乡面貌三年大提升行动，对露天烧烤、“五小”单位、店外经营、占道经营、流动摊贩、城中村及城乡结合部等市容市貌进行彻底整治。城市数字化管理水平不断提高，城市功能和公共环境明显改善，基本完成基础设施的无障碍化改造，主次干道亮灯率达到99.5%。深入开展爱国卫生运动和“清洁家园行动”，加强环境卫生管理，做到“垃圾不落地、积存不过夜”，垃圾无害化处理率达到92%。各级各部门认真落实文明交通行动计划，倡导“关爱生命、文明出行”，实施“畅通洛阳”专项行动，不断完善交通体系，引导市民文明出行，有效缓解交通拥堵。积极推进文明集市创建活动，全市52个大型集贸市场实现管理责任到人、服务措施到位、摊位文明经营。

【营建文明和谐的城市环境】 2011年，洛阳市把“为民创建、创建为民”指导思想贯穿创建工作全过程，通过创建活动，改善市民生活环境，提升市民生活品质，不断提高市民幸福指数。

（1）开展市直机关联系社区和机关事业单位人员派驻社区活动，不断夯实乡镇、街道基层工作力量，形成横向到边、纵向到底的社会管理网络。建立各类人民调解组织3610个，配备调解员14481名，排查化解社会矛盾能力进一步提高。建立创建全国文明城市应急联动服务平台，集中受理解决群众诉求，群众诉求问题办结率达到99.4%。

（2）办好福民惠民实事。坚持写好为民创建“民情日记”，真正解决群众所难、所盼、所忧。新建、改造学校435所，全部消除中小学校D级危房；累计落实“两免一补”和助学金15.5亿元，惠及学生400万人次。新建、改扩建县级医院21所、乡镇卫生院和社区卫生服务中心172所、标准化村卫生室2982所，在全省率先实现基层卫生全覆盖。累计解决就业74.3万人。建成经济适用房134.9万平方米、廉租房76.7万平方米，改造大企业职工住房96.7万平方米，5.2万户困难群众喜迁新居。在全省率先实行社会保险“五险合一”和医疗保险险种全覆盖。开办“慈善超市”8个。

（3）全力推进平安建设。把社会治安综合治理及平安建设纳入经济社会发展总体规划，将“公众安全感”纳入考评体系，制定差异化目标管理体系。投入资金3.1亿元，建成监控平台5314个、安装探头5.6万个，基本实现城市居民小区、繁华街道、重点单位、公共场所、商场等重点区域全覆盖。深入开展打黑除恶扫痞行动，公众安全感和破案率明显提升，命案和刑事案件发案率明显下降。2011年，全市公众安全感指数达到95.28%，居全省前列，蝉联全省“平安建设先进市”称号。

（4）实施文化惠民工程。以全国特色广场文化活动“河洛欢歌”为平台，坚持开展“文化、卫生、科技”三下乡和全民健身运动，定期组织低收入群体观看精品文化剧目，惠及困难群众4万余名。积极发展红色旅游，建成八路军驻洛街道、小浪底水利枢纽工程、红二师师史馆等16个爱国主义教育示范基地。全市基层群众自发组织的文化活动队伍有3000多支，群众业余文化生活不断丰富。 （康留国）

精神文明建设

【“讲文明树新风”和志愿者服务活动】 2011年，洛阳市以春节、元宵节、清明节、端午节、中秋节、七夕节、重阳节等中国传统节日和“五一”“七一”“八一”“十一”等特殊节日为契机，广泛开展“我们的节日”主题活动，营造欢乐喜庆、祥和文明的节日氛围。全市各单位围绕节日主题，扎实开展送温暖、送文化、送卫生、送平安、送健康为主要内容的志愿者服务活动，在双节期间，到敬老院、福利院、孤寡老人家里慰问，传递亲情友情，共享和谐美满的幸福生活。开展中华经典诵读、传统节日民俗和文体娱乐活动，把经典文化、红色文化、洛阳传统民俗和地域文化融入节日活动，把各类先进人物的高尚精神融入节日活动。引导全民积极参与“我们的节日”活动，让人民群众特别是广大青少年熟悉经典、亲近经典、热爱经典，更好地弘扬中华民族的优秀传统和革命传统。

“践行文明礼仪我先行”主题活动。全市以民族传统节日和国家法定节假日庆祝活动为平台，以普及文明礼仪、维护社会秩序、提高服务水平、改善城乡人文环境、提高公民文明素质和社会文明程度为目标，大兴文明礼仪之风，在全市广泛组织开展了“讲文明树新风”和志愿服务等实践活动。通过组织举办邻里节、开展网上祭英烈、开办网上革命纪念馆、实施文明交通行动计划等一系列专题活动，进一步加大了对中华民族优秀传统文化和优良民俗民风的宣传，引导广大市民自觉传承孝老爱亲、乐于助人、文明礼让等优良传统；通过举办文明礼仪知识竞赛、礼仪文化网上讲座，制作刊播公益广告，践行礼仪实践活动等方式，扎实开展文明礼仪知识普及教育，引导人们摒弃陋习，讲礼仪，守规矩，塑造“文明洛阳、礼仪之城”的良好形象。

以“一开办两治理”为重点，深入实施“文明中原系列行动”。按照省文明办“文明中原系列行动”工作部署，洛阳市及时组织召开“文明中原系列行动”工作部署暨新闻发布会。市文明办与市创建办、市住建委、市工商局等部门联合行动，制定开办文明大讲堂、城市道路和公共设施集中整治、市场集中整治等实施方案，明确了12个责任单位的职责分工，并定期对活动进行阶段性部署、讲评和督促。同时，结合《全国文明城市测评体系》，研究制定《关于在窗口行业（单位）深入开展“文明中原系列行动”的意见》，将“文明中原系列行动”细化到22个窗口行业；并创办《洛阳市“文明中原系列行动”工作简报》，共印发27期。在此基础上，认真开展“一开办两治理”专项行动，在全市开办各种形式的文明讲堂、讲座202期，受教育群众20万人次；开展市场和城市道路及公共设施集中整治，对全市52个大型集贸市场实施综合治理提升，完成125条城市主次干道、345条区管道路、205个无主或破旧住宅小区的综合整治提升。

社区周末蔬菜直销市场

精心策划，搭建平台，开展形式多样、特色突出的志愿服务活动。先后开展“万名志愿者助交通”“万名志愿者进社区”，关爱农民工、关爱空巢老人和关爱留守儿童等志愿服务活动。利用节假日组织志愿者在全市60个重要路口上路助交通，劝导行人文明出行，倡导市民养成文明出行的良好风尚；深入到基层社区展开志愿服务，开展科教、文体、法律、卫生、政策、礼仪“六进社区”宣讲活动，宣传文明理念、传播礼仪知识、服务群众生活，引导市民学习相关知识，增强自身素质，养成良好生活习惯。成功举行关爱农民工志愿服务活动，募集社会捐款260万元。积极组织志愿者采取结对帮扶的办法，努力为空巢老人提供居家养老新型服务。截至2011年年底，全市招募各类志愿者18万人，向机关、企业、社会组织募集关爱空巢老人爱心捐款425万元，受惠空巢老人11.3万人次。组建关爱留守儿童志愿服务队，采取结对帮扶、定期服务等形式，对留守儿童进行学习、心理、教育、卫生等方面的辅导。依托市内各大高校，充分整合社会有效资源，通过组织爱心捐赠等方式筹资筹物，协调多方力量，合力建设“留守儿童之家”“爱心书屋”“阳光操场”等留守儿童活动场所，为留守儿童创造一个良好成长环境。组织志愿者到洛宁县、嵩县、栾川县、新安县、伊川县、汝阳县等20多个乡调查农村留守儿童情况，累计调查1500多个贫困家庭，筹集资金100多万元，使20余所学校的老师、600多名学生得到资助，体育设施、校园围墙、学生食堂等得到改造。利用暑假面向全国招募和选拔优秀在校大学生深入洛阳周边山区进行为期20天的义务教学，前后组织600多人次下乡支教，使40多所学校的6000多名学生受益。

【深化“三优三创”竞赛活动】 2011年3月27～31日，洛阳市举办了文明单位创建培训班，全市180多家新申报单位创建工作负责人参加培训。5月和6月组织文明单位创建观摩交流会，通过实地观摩创建工作先进单位、交流创建经验等方式，全面提升各县（市）、区文明办对创建文明单位工作的认识、各级申报单位的创建质量和水平。7月、8月和11月，省、市文明办严格按照考评程序和要求，分别对全国文明单位、省级文明单位、市级文明单位进行考评验收和复查，向中央文明办推荐申报全国文明单位5家（另复查在届全国文明单位4家、全国文明景区1家）、省文明办推荐申报省级文明单位51家，并评选市级文明单位120余家，文明单位整体质量和水平均居于全省前列，受到中央、省文明办领导的充分肯定。

“市级文明社区（小区）”评选活动。市文明办从加强日常管理、搞好宣传普及入手，与市社区建设指导委员会进行沟通协调，参与制定《洛阳市推进和谐社区建设指导标准》，指导各社区建立精神文明建设知识宣传栏。3月，在全市范围内评选文明社区（小区），经过层层考核，共有24个社区（小区）被评为“市级文明社区（小区）”。

【群众性精神文明创建活动】 2011年，全市围绕“环境创优年”和第二十九届中国洛阳牡丹文化节，组织在百余家窗口单位、窗口行业中开展争创“文明服务窗口、文明服务标兵”活动。通过宣传发动、深入实施、行业推荐、严格评选等程序，共在全市窗口单位中表彰30个文明服务示范窗口和58名文明服务标兵。同时，贯彻落实中央文明办等9部门联合开展的“百城万店无假货”活动，市文明办联合牵头10部门，于4月29日在西工区新都汇购物广场举行了“洛阳市百城万店无假货示范街（店）”创建宣誓大会。

申报评选省市级文明城市（城区、县城）。结合2011年省级文明城市评选工作，市文明办按照动员申报、规范创评程序、严格考核把关的原则，向省文明办推荐申报省级文明城市1家（偃师市）、省级文明县城1家（新安县）、省级文明城区1家（涧西区）、省级创建工作先进城市2家（嵩县、老城区），申报数量实现新的突破。为保证创建质量，组成8个考评组，采取资料审核、实地考察、群众满意度测评等方式，对各县（市）、区进行初评。10月下旬至11月上旬，省文明办对洛阳市新申报和在届的省级文明城市（城区、县城）进行考评验收，并给予充分肯定。

【公民思想道德建设】 2011年，全市以评选表彰，学习宣传道德模范与身边好人活动为依托，切实加强公民思想道德建设，重点加强对身边好人典型的宣传推介力度，评选出10名文明市民标兵，并下发表彰通报，颁发奖章、证书，组织市属新闻媒体广泛宣传，形成争当文明标兵、争做文明市民的良好氛围。

开展道德模范评选和“我推荐我评议身边好人”活动。在完成全市第二届道德模范评选表彰的基础上，按程序推荐上报洛阳市参加第三届河南省道德模范评选5名候选人相关材料。按照中央文明办开展的“我推荐我评议身边好人”活动要求，经过筛选，向省、中央积极推荐“身边好人”62人，全年，洛阳市先后入选“中国好人榜”11人。

组织承办道德模范故事汇和全国道德模范现场交流会活动。根据中央文明办大力宣传道德模范事迹指示精神和实施计划，先后承办了道德模范故事汇、全国道德模范现场交流会等大型精神文明宣传项目，活动期间先后组织4000多人观看现场演出，并进行现场直播和黄金时段录播，使市民受到一次深刻的精神文明洗礼和思想道德教育，得到中央文明办及省文明办的充分肯定。

【未成年人思想道德建设】 2011年，洛阳市结合创建全国文明城市的实际，把新版《全国未成年人思想道德建设工作测评体系》中的265个测评标准，分解到56个责任委局，逐项逐条抓好落实，积极动员社会各界力量共同做好未成年人思想道德建设工作，使“未成年人思想道德建设工作情况作为创建全国文明城市前置条件”深入人心。

同时调整全市未成年人思想道德建设工作领导小组，制定下发工作任务分工文件，不定期召开工作协调会，理顺各种关系。

在改造完善市青少年活动中心、科技馆等现有设施的基础上，依托中小学校和社区新建乡村学校少年宫、心理咨询室等场所，并在栾川县、洛一高、市实验小学等单位召开了现场观摩会，进一步推动了工作落实。

以市第二外国语学校作为全国主题活动联系点为依托，组织85所中小学校建立了洛阳市主题活动平台。围绕庆祝建党90周年，组织全市未成年人开展优秀童谣征集、“童心向党”歌咏比赛和中华文化经典、红色经典诵读会演活动。结合洛阳市举办牡丹文化节，组织中小学生开展“我是文明小使者，我爱洛阳牡丹花”等活动，使广大未成年人在活动中受到教育，在参与中得到锻炼。

深入推进社会文化环境净化工程，坚持从网吧的专项整治、互联网的有效监管、文化市场的“扫黄打非”、荧屏声频的净化以及校园周边环境的整治入手，充分发挥市创建督导团、校外辅导团、“五老”人员督导团的监督作用，突出重点，狠抓落实，营造有利于未成年人成长的良好社会文化环境。

（康留国）

·洛阳市2011年度十大爱心集体·

伊川县慈善医院：慈心行医播撒爱

伊川县慈善医院是洛阳市唯一的慈善医院。多年来，该院以“慈心行医、善举办院、救死扶伤、服务社会”为宗旨，先后荣获“河南省残疾人康复工作先进集体”“全国残疾人康复工作先进集体”。该院帮助8000余名白内障患者重见光明，并减免医疗费用720多万元；免费为197167人进行乙肝检查，救助乙肝患者2331人，减免费用580多万元。该院还免费为教师、学生等群体进行体检并建立健康档案。

河南省花城办公家具有限公司：致力公益富思源

河南省花城办公家具有限公司创办以来，始终把“致富思源、回报社会、致力公益、奉献爱心”作为行动准则。自2000年以来，在赈灾、扶老、助残、救孤、济贫、助学、修路以及支持村民文化教育等活动中捐资达百万元。为汶川地震灾区捐款、捐物，为偃师市首阳山森林公园建设捐资5万元，为首阳山镇安装路灯捐资15万元，为窑沟村修渠、修路捐资10万元，为救助白血病患者捐款7万元……

河南省金鑫爱心教育基金会：用爱心托起希望

河南省金鑫爱心教育基金会成立以来，积极参与共青团河南省委的“圆梦金秋”活动，捐资220万元开展助学济困活动：2011年1月中旬，出资20万元为贫困乡村的孩子们送去羽绒服、棉帽、手套，为全市中小学生捐赠总价值2.9万元的《未成年人安全防范与自我保护》图书2000册，资助宜阳县赵保乡一中校舍改造费用2万元，并定向捐款130万余元帮助宜阳、孟津、偃师、新安等地的贫困学生。

河南省博时置业有限公司：回报社会，热心公益

河南省博时置业有限公司由张胜贤先生创办。出身农家的张胜贤凭借勤劳、智慧和毅力开创了自己的事业，并积极参与社会公益事业，扶贫济困、捐资助教、为民修路，曾获“建筑行业优秀建设者”、捐资助教“寒门骄子”先进个人、“凝聚力工程”先进个人、“推动新农村建设”先进个人等荣誉称号。2010年，他捐款1000万元为伊川县修建“八一路”；2011年，他又捐款200万元修建伊川县“顺城街”。

河洛志愿者协会：提高市民素质，关注弱势群体

河洛志愿者协会是洛阳市市民于2005年3月27日成立的非营利性公益活动社会组织。

据不完全统计，2011年，该协会组织各项公益活动130次以上，活动参加人员超2000人次，服务时间达3万小时以上。该协会开展的活动包括：助学活动——帮125名学生找到资助对象，并继续资助380人；“美丽洛阳”活动——为弱势群体发放募捐来的衣被约2.3万件，另外还有河洛义教活动、帮困助残活动、手拉手活动、情人节义卖鲜花活动等。

洛阳小红帽志愿者团队：为爱而行爱无疆

洛阳小红帽志愿者团队倡导“奉献、友爱、互助、进步”的志愿精神，积极投入到关爱空巢老人、关爱山区贫困居民、关爱农村留守儿童的慈善公益活动中。2011年3月，志愿者陪16位孤寡老人到樱桃沟赏春踏青；同年9月，组织“百位老人游新区，我陪老人过中秋”大型敬老爱老活动；天冷了，组织“捐冬衣，献爱心，为贫困山区送温暖”活动，5天募集到1万多件衣物，并送至洛宁山区困难群众手中。

洛阳市心理咨询师协会：爱从“心理”出发

洛阳市心理咨询师协会是全国成立

最早的地级市协会之一。汶川地震发生后，协会组建5人心理救援队赶赴灾区。在异常艰苦的条件下，他们坚持战斗60余天，并自费为灾区群众购买6000多元的物品，受到国家心理援助团、四川省红十字会的表彰。近3年来，该协会接听团市委"12355青少年公益心理辅导"热线电话6000多个，深入中小学校、高等院校开展公益心理健康讲座，并开通国内第一条针对高危心理人群的"心理110"公益救助热线，挽救了39名欲自杀者。

洛阳居业房地产开发有限公司：帮困助学，回报社会

洛阳居业房地产开发有限公司大力弘扬"扶危济困、扶贫救弱"的传统美德，近年来共投入社会公益事业资金合计800多万元：为汶川地震灾区捐款11990元；为遭受台风重创的台湾捐款20万元；与洛阳日报报业集团联合设立助学基金，2006～2009年连续4年资助贫困大学生60人次，累计支出72万元……2008～2011年，公司连续荣获"金秋爱心助学先进单位""爱心企业"等荣誉称号。

涧西区徐家营街道丰润路社区：建爱心社区促和谐

涧西区徐家营街道丰润路社区以"心系社区、服务居民"为宗旨，在社区开办公益性质的"四点半学校"，学生放学后，志愿者将学生接至社区玩耍、写作业，孩子的父母下班后到社区将孩子接回家。社区还成立了由河南科技大学的青年志愿者及辖区党员、热心居民、退休老教师等参加的爱心志愿者队伍。如今，社区的"爱心传递站"已传递爱心款2000余元、书籍800余册及价值2000余元的其他物资。

嵩县爱心志愿者：相亲相爱一家人

嵩县爱心志愿者集体中的部分志愿者曾获"2009感动嵩县年度十大人物""嵩县十大优秀青年"等。志愿者们救助失学贫困学生，为优秀学子撑起一片天；连续3年组织上百辆私家车参与义务送考活动，为残疾人、孤寡老人捐款捐物；为木植街张槐希望小学捐赠2万余元的书籍和学习用品。

组织机构及领导成员

（截至2012年10月底）

中国共产党洛阳市委员会

书　　记　毛万春
副 书 记　李柳身　刘应安
常　　委　毛万春　李柳身
　　　　　刘应安　李少敏
　　　　　吴中阳　郭丛斌
　　　　　尚朝阳　田金钢
　　　　　宋殿宇　黄晓健
　　　　　陈向平（女）
　　　　　杨炳旭　史秉锐
秘 书 长　尚朝阳
副秘书长　黄玉国　马建中
　　　　　杜中岳　孙红军

中共洛阳市委工作部门

中共洛阳市委办公室
主　　任　黄玉国
副 主 任　宋秋福　王青生
　　　　　姬丽萍（女）
督察室主任　姬丽萍（女）

中共洛阳市委政策研究室
副 主 任　张红伟　孙云斌

中共洛阳市委常委办公室
主　　任　孙金峰

中共洛阳市委组织部
部　　长　田金钢
常务副部长　于力强
副 部 长　邬晓芒（女）
　　　　　王松涛　公小平
　　　　　赵建武　安颖芳（女）

洛阳市委、市政府绩效考核办公室
主　　任　田金钢
副 主 任　葛书立　魏德斌
　　　　　贾海修

中共洛阳市委宣传部
部　　长　杨炳旭
常务副部长　归宝辰
　　　　　王宇振　徐建莉（女）
　　　　　马奎元　谷连民
　　　　　赵飞龙　杨　霞（女）
纪律检查员　李铁林

洛阳市网络监督办公室
主　　任　杨　霞（女）

中共洛阳市委统战部
部　　长　陈向平（女）
副 部 长　张丽君（女）
　　　　　王晓辉　李振刚
　　　　　田桂芳（女）
　　　　　马武立　巴永山

中共洛阳市委政法委员会
书　　记　沈庆怀
副 书 记　谭建忠　李军起
　　　　　徐翠萍（女）
　　　　　尤清立　高茂曾
　　　　　张体健　任胜利
政治部主任　王进学

洛阳市社会治安综合治理委员会办公室
主　　任　尤清立
副 主 任　刘献章　田　芃

洛阳市稳定工作领导小组办公室
主　　任　李军起
副 主 任　周　军

中共洛阳市委群众信访工作部
（洛阳市人民政府信访局）
部　　长　郭丛斌
常务副部长（局长）　李松民
副 部 长　李军起
副部长（副局长）　张庆环
部务委员（副局长）　卫兆海　胡俊敏
　　　　　秦瑞祥　宋战飞
　　　　　吴丽霞（女）
　　　　　李福山　石峰林
纪检组长　徐秋华
党组成员　王昌永

中共洛阳市委经济工作部
部　　长　宋殿宇
常务副部长　李跃民
副 部 长　唐　超
　　　　　曾丹梅（女）

谷树森　娄卷明
王虎立　任常山
张伊民

中共洛阳市委农村工作委员会

书　　记　史秉锐
副 书 记　智万一　焦封喜
　　　　　黄玉琢
纪工委书记　于　生
办公室主任　师学富
农村改革处处长　李　睿
人事处处长　刘军学
农监办主任　史顺利
农村经济处处长　焦元鹏
牡丹办主任　张炳志

中共洛阳市委市直机关工作委员会

书　　记　李新社
副 书 记　张永新　裴重庆
　　　　　张玉振
纪工委书记　袁祖家

洛阳市机构编制委员会办公室

主　　任　田亚平
副 主 任　董东风
纪律检查员　龚怀敬

中共洛阳市委党校

校　　长　田金钢
常务副校长、党委书记　雷　清
党委副书记　张雄飞
党委副书记、副校长　李　征
副 校 长　任边疆　杨延武
　　　　　于　坚
纪委书记　朱德奎
校委委员　李雪岭　海　涛
　　　　　刘福兴

洛阳行政学院

院　　长　李柳身
副 院 长　李　征　任边疆
　　　　　李雪岭　杨延武
　　　　　于　坚

洛阳市社会主义学院

院　　长　陈向平（女）
副 院 长　崔宏刚　任边疆

洛阳日报报业集团

书记、社长　赵飞龙
总编辑、副书记　邓明选
副 社 长　韩延发　李向红（女）
副社长、副总编　袁振科　张留东
　　　　　李　勇　武平乐
纪委书记　崔运山

中共洛阳市委党史研究室

主　　任　谢旭田
副 主 任　肖喜庆

洛阳市档案局

局　　长　李春平
副 局 长　公根志　李文田

中共洛阳市委老干部局

局　　长　赵建武
副 局 长　冯欣郑　韩　玲（女）
　　　　　成跃生　周荣杰
纪律检查员　王海旭

洛阳市国家保密局

局　　长　薛少宾

中共洛阳市委机要局

局　　长　温　清

洛阳市创建办

主　　任　谷连民
副 主 任　蔡育宗　郭建军
　　　　　刘乐意　吴继增
　　　　　蔡书喜

中国共产党洛阳市纪律检查委员会

书　　记　郭丛斌
副 书 记　姜　涛　袁祖国
　　　　　李旭东
常　　委　刘应安　姜　涛
　　　　　袁祖国　李旭东
　　　　　吕太增　牛宇柯
　　　　　王晓予（女）
　　　　　骆延军　李文俊

人民团体

洛阳市总工会

主　　席　原文涛
党组书记、常务副主席　张冀昌
副 主 席　张国亮　王东风
纪检组长　张现铭

中国共产主义青年团洛阳市委员会

书　　记　程建龙
副 书 记　冯红超　王夏晔（女）
纪检组长　孙志云（女）
党组成员　韩海隆

洛阳市妇女联合会

主　　席　张月玲（女）
副 主 席　王慧敏（女）
　　　　　马新红（女）
纪检组长　高彩霞（女）

洛阳市科学技术协会

主　　席　卢忠实
副 主 席　韩合印　胡　珊
纪检组长　刘　磊

洛阳市社会科学界联合会

主　　席　李占营
副 主 席　刘占斌　蔡幼鹏

洛阳市文学艺术界联合会

主席、党组副书记　方　斌
党组书记、副主席　刘红旗
副 主 席　段新伟
秘 书 长　孙建邦

洛阳市归国华侨联合会

主　　席　范树鹰
副 主 席　夏德刚

洛阳市残疾人联合会

理 事 长　刘峥伟
副理事长　冯兵兵（女）
理　　事　王洪伟

洛阳市人民代表大会常务委员会

党组书记　常振义
主　　任　李少敏
副 主 任　王全乐　李柳生
　　　　　石海钦　吴喜照
　　　　　王树仁　白志刚
　　　　　黄元元（女）
　　　　　马振宇　侯俊义
秘 书 长　王明朗
副秘书长　王卓林　卫华平（女）
　　　　　葛文亮

洛阳市人大常委会办公室
主　　任　王卓林
副 主 任　王志芳
机关纪律检查员　付艳萍（女）
机关党委副书记　罗　军（女）

财政经济工作委员会
主　　任　闫晓山
副 主 任　夏水东

城市建设环境保护工作委员会
主　　任　李诚如
副 主 任　郄丽丽（女）

教育科学文化卫生工作委员会
主　　任　徐建莉

内务司法工作委员会
主　　任　李建生
副 主 任　徐　勇

农村工作委员会
主　　任　张法政
副 主 任　付玉峰（女）

人事任免代表联络工作委员会
主　　任　郭素玲（女）
副 主 任　乔保鑫

法制工作委员会
主　　任　宋　莉（女）
副 主 任　牛宪斌

预算工作委员会
主　　任　段立新

民族侨务外事工委委员会
副 主 任　王正午

调查研究室
主　　任　张　涛
副 主 任　杜春生

信访办公室
主　　任　闫伟峡
副 主 任　姜英萍（女）

洛阳市人民政府
市　　长　李柳身
常务副市长　吴中阳
副 市 长　宋殿宇　杨　萍（女）
谭建忠　王敬林
李国刚　刘湖镜
张世敏　尚英照
沈庆怀
其他党组成员　郭丛斌　陈向平（女）
常　康　史秉锐
娄会峰　邬晓芒（女）
翟应征　许新皎
姜　涛　于建庄
陈凤辉
秘 书 长　许新皎
副秘书长　杨晓阳　乔文祥
赵建洛　康学毅
李文建　林　伟
吕宗乐　常安仁
陈智宇　高丽萍（女）
杨劭春

洛阳市人民政府工作部门

洛阳市人民政府办公室
党组书记　许新皎
副 主 任　陈洪彬　胡登军
王夕中　朱晶莹
郭德荣　牛　刚

洛阳市发展和改革委员会
党组书记、主任　李跃民
党组副书记　王虎立
副 主 任　肖宏滨　徐　聪
杜建华　王山明
王建中　苗惠芳（女）
张耀民
纪检组长　李克冰

洛阳市服务业发展局
局　　长　薛海明

洛阳市物价办公室
主　　任　王虎立

洛阳市重点建设办公室
主　　任　杜建华

洛阳市住房和城乡建设委员会
主　　任　孟红兵
副 主 任　董现章　潘守明
张青森　李新志
张宗奇　佘建刚
王芬娟（女）
吴淑霞（女）
纪检组长　赵　卫
党组成员　常安仁

洛阳市人口和计划生育委员会
主　　任　李秋阳（女）
副 主 任　赵小平（女）
谢春秋　刘炳华
马恒祥　孟　杰
纪检组长　刘成哲
副 主 任　崔丽华（女）
陈　珍（女）

洛阳市教育局
局　　长　侯超英
副 局 长　刘雪娟（女）
尤永政　王庆真
韩经权
纪检组长　张建伟
党组成员　高振杰

洛阳市科学技术局
局　　长　任常山
副 局 长　吴育谦　都全现
蔡根喜
赵冬梅（女）
尚少宗　王建军
纪检组长　林明烟

洛阳市民族事务委员会
局　长（主任）　王晓辉
副局长（副主任）　陈建超　吕幼枫
纪检组长　陈小兵

洛阳市公安局
局长、党委书记　郭丛斌
党委第一副书记　沈庆怀
党委副书记、常务副局长　王社成
党委副书记、副局长　李松民
副 局 长　王建庄　马运涛
李红江　张民子
李红伟
纪委书记　任万顺
副 局 长　连　鹏

洛阳市食品药品监督管理局
局　　长　司志华

副局长 杜法治 王笑可 王建璋
纪检组长 许 明
稽查大队长 尤东坡

洛阳市监察局
局长 姜 涛
副局长 吕太增 骆延军

洛阳市民政局
局长 于建庄
副局长 陈战武 刘志业 张腾龙 王孝峰 汤占军
纪检组长 王晓哲

洛阳市司法局
局长 武宏伟
副局长 卫小平 李文全
纪检组长 韩 军
副局长 汪华军
政治部主任 党 慧（女）
治市办副主任 高 沛

洛阳市财政局
局长 谷树森
副局长 刘庆林 郭克娜（女） 韦建民 熊文博
纪检组长 贾志全
副局长 李 静（女）
总会计师 王莉敏（女）

洛阳市金融办公室
主任 张伊民
副主任 罗克振 宋光明（挂职）
纪检组长 刘 枫

洛阳市人力资源和社会保障局
局长 苗欣欣
党组成员 王亚伟
副局长 李雪岭 刘小琳 高卫中 闫少刚 李 秋（女） 张大伟 李书理 牛矿锁
纪检组长 张拴星

洛阳市社会保险事业管理局
局长 王亚伟
副局长 邓西华 马志荣（女） 王国印 王庆乐
副书记 王洪喜
纪委书记 李继才

洛阳市国土资源局
局长 丁新务
副局长 赵力争 陈卫平 王跃欣
纪检组长 张洪银
党组成员 秦传钧 张昭民
副局长 余培仕 孙金山

洛阳市城乡规划局
局长 马朝信
副局长 马国林 乔建红（女）
纪检组长 王跃荣
副局长 姚 军 崔 玲（女）
党组成员 马 智 卢士福

洛阳市公用事业局
局长 郝东升
副局长 孙建功 高国昌 赵瑞智 韩明武
纪检组长 高顺友
党组成员 高 桦（女）

洛阳市环境保护局
局长 陈亚利
副局长 郭福伟 张巍巍 黄保军
纪检组长 朱玲玲（女）
副局长 张聿亭

洛阳市园林局
局长 蒋 勤
副局长 张新文 曲红恩 李 宏
纪检组长 乐景红
副局长 邢建方 王月璞（女）

洛阳市工业和信息化局
局长 娄卷明
副局长 龚国际 杨清伟 黄平川 高天宝 贺进芳
党组成员 程鲁建 王跃武
纪检组长 李晓阳

洛阳市旅游局
局长 魏立峰
副局长 李振奇 林基建 路 毅 孙小峰 陈向涛
纪检委书记 王 峰

洛阳市审计局
局长 马灿书
副局长 温志明
纪检组长 史百里
副局长 李修新 李雅红（女）

洛阳市统计局
局长 张尚君
副局长 李 健 黄献忠
纪检组长 王明炎
副局长 李保安

洛阳市交通运输局
局长 赵 震
副局长 曹忠良 张志新 孙安卿 朱尤珍 刘宏伟
纪检组长 陈俊宏
党组成员 李同献

洛阳市农业局
局长 王须才
副局长 徐龙欣 刘 伟 孙清良 魏建民 高 洁 吴灵钦 敬志印
纪检组长 李靖华

洛阳市林业局
局长 张玉琪
副局长 田晓峰 张万里 李冠达 张西方 王联合
纪检组长 陈克胜
党组成员 王国安

洛阳市水务局
局长 邢社军
副局长 董五周 翟文亮 杨志宏 肖振刚 张洪恩
纪检组长 刘仁友

党组成员　何宗阁　李丙立

洛阳市农林科学研究院

院长　张灿军
副书记　张小龙
副院长　黄江涛　乔保水
纪检书记　吕长生
副院长　蓝育才　梁华

洛阳市粮食局

局长　史运升
副局长　张国松　王华强　赵曙光　任建庄　董万军　张新生
纪检组长　柴文明
副局长　耿君

洛阳市文化广电新闻出版局

书记　徐建莉（女）
副书记、局长　马奎元
副书记、副局长　杨念民　卞长顺
副局长　吕海军　张建东　赵云　林春芳（女）　范留木
纪检组长　靳建华
副局长　张宏

洛阳广播电视台

台长、副书记　王宇振
书记、副台长　聂五建
副台长　李余良　秦祥原　郭盛伟　闫书虎　贾洪涛
纪委书记　程才山

洛阳市文物管理局

局长　刘德胜
纪检组长　王木林
副局长　余江宁　余杰　王献本

洛阳市卫生局

书记、局长　张水利
党组成员　谢书敏
副局长　刘保国　梁衍邦　谢国玺（女）　廖明早
纪检组长　张金城

洛阳市体育局

局长　朱美荣
副局长　吴洛军　崔西武　寇凯　刘红军
纪检组长　张荣华

洛阳市商务局

局长　曾丹梅（女）
副局长　魏险峰　宋志杰　刘建民　郭卫彬　王洛红（女）
副局长　鲁国鑫　牛驷
纪检组长　刘连会

洛阳市投资促进局

局长　魏险峰
副局长　胡大鹏　庞国群

洛阳市人民政府外事侨务办公室

主任　王建军
副主任　刘守信　张丽（女）　顾雪林
纪检组长　蔡志

洛阳市安全生产监督管理局

局长　刘三献
副局长　王富营　王来安　高剑波　孙现国　关建涛

洛阳市畜牧局

局长　梁忆东（女）
副局长　陈曙光　王俊强　李治力
纪检组长　魏勇

洛阳市人民政府国有资产监督管理委员会

主任　唐超
副主任　赵毅
副主任　鞠恒清　何菊梅（女）　符同欣　刘茂钦　张俊武　张俊杰
纪委书记　李江顺（女）
国有企业监事会主席　赵毅

洛阳市人民防空办公室（洛阳市民防局）

主任（局长）　石磊（女）

副主任（副局长）　王战胜　原国胜　李智　王晓音
纪检组长　王建领

洛阳市扶贫开发办公室

主任　孙晓伟
副主任　刘健松　冯勇
纪检组长　姚建芳

洛阳市住房公积金管理中心

主任　王建敏
副主任　郝存才　张勇敢
纪检组长　李文波（女）

洛阳市节会管理办公室

主任　孙海平
副主任　王若谷　蔡兰霞（女）　时君芳（女）
纪检组长　郑德林

洛阳市地方史志办公室

主任　来学斋
副主任　陈继红（女）

洛阳市黄金管理局

局长　徐秋生
副局长　张普义　宁明磊　瞿正军
纪检组长　王兴民

洛阳市农业机械管理局

局长　裴万赢
副局长　王伯章　陈占奎　赵占海
纪检组长　杨绍礼

洛阳市供销合作社

理事会主任　蒋智涛
监事会主任　崔龙洲
理事会副主任　肖辉友　蔡会清　王高峰
监事会副主任　李建西
纪检组长　郝天玉

洛阳市人民政府发展研究中心

主任　姬铁成
副主任　王锦华
纪检组长　霍健敏

洛阳市盐业管理局
（洛阳市盐业总公司）
局长、总经理 程鲁建
副局长、副总经理 王嘉惠（女） 刘德申
副总经理 贺汝生 赵 兵 王 雷

洛阳市接待办公室
主 任 余信祥
副主任 张建军 安会武 谢社军
纪检组长 荆今文

洛阳市煤炭工业局
局 长 刘三献
副局长 田茂林
纪检组长 闫德华

洛阳市地震局
副局长 王亚平 王春轩

洛阳市行政服务中心
主 任 王跃进
副主任 毕良志 马德辰 赵卿义
纪工委书记 谢维彬

洛阳市直机关事务管理局
局 长 卢铁军
副局长 崔鹏飞 黄卫红
纪检组长 孟文宏

洛阳市市场发展服务中心
主 任 孔繁玺
副主任 练中习 杨 峰
纪检组长 金正军

洛阳市人民政府口岸办公室
主 任 张耀民

洛阳市人民政府法制办
书 记 张体健
副主任 侯运通 王宏晓 刘发学 牛振宇
纪检组长 王光成

洛阳市城市监察管理局
党委书记、局长 张青森
副局长 李保华 王彦堂 张宏伟
党委副书记 高 伟

洛阳市知识产权局
局 长 于 宇
书 记 姜 磊

洛阳市公安局警令部
主 任 蔡三军

洛阳市公安局犯罪侦查局
局 长 李红江
副局长 张 辉

洛阳市公安局刑事侦查支队
政 委 马建平

洛阳市公安局经济犯罪侦查支队
支队长 张 辉

洛阳市公安局治安和出入境管理支队
党委书记 王建庄
支队长 周新生
政 委 张生智

洛阳市公安局交通管理支队
党委书记 王社成
支队长 李亚凡
政 委 申晓伟

洛阳市公安局特殊警备支队
支队长 宋彦海
政 委 王福刚

洛阳市预算外资金管理局
局 长 郝旭升

洛阳市财税监督检查局
局 长 王 生

洛阳市人民政府采购中心
主 任 施 凯

洛阳市人才人事公共服务中心
主 任 杨京民

洛阳市土地储备整理中心
主 任 丁新务
副主任 孟福祥 伟 波

洛阳市城市照明灯饰管理处
处 长 高 桦
党总支书记 杨善国
副处长 黄占营 尚顺利 段朝辉

洛阳新奥华油燃气有限公司
首席执行官 兰志华
总经理 张广民
副总经理 周西敏 陶经贺 张志刚 胡中悌
工会主席 张洪举
总工程师 杨成恩
财务总监 高光洲
总经理助理 李国成 曹晓红（女）

洛阳北控水务集团有限公司
董事长 曹 静
总经理 李涛杰
副总经理 平建中 汤同安 石 伟（女） 张志胜 李洪亮 赵爱萍（女） 周 平 吴 巍

洛阳市公共交通集团有限公司
董事长 郝 辉
总经理 薛海滨
党委副书记 李建国
副总经理 张峡生 张社生
工会主席 孙玉江

市政府驻北京街道
主 任 闫伟纲
副主任 秦瑞祥 王红军 杨晓俐

市政府驻郑州街道
主 任 芦 西
副主任 张银亮 王昌永

中国人民政治协商会议洛阳市委员会
党组副书记、主席 周宗良
市政协党组书记 郭丛斌
市政协党组副书记 陈向平(女)
党组副书记、副主席 任海航 李良龙
副主席 陈卫平 师清翔

党组成员、副主席　李胜平
谢留峰
王亦丁
副主席　魏险峰
肖宏滨
雷雪芹（女）
党组成员、秘书长　高明（女）
副秘书长　郭晓波
杨丁勇
崔宏刚
尚有屯

市政协办公室
主任　杨丁勇
副主任　李巧峰（女）
机关党委副书记　陈更新

调研室
主任　刘孟挺
副主任　徐振亚

提案委员会
主任　张金彪
副主任　买勇

经济委员会
主任　王占锁

农业委员会
主任　王文英（女）
副主任　赵迎春（女）

人口资源环境委员会
主任　耿占云
副主任　李迎新

教科文卫体委员会
主任　赵新平（女）
副主任　王玉堂　邓丙义

社会与法制委员会
主任　张海深
副主任　徐世杰

民族宗教委员会
主任　闫起云
副主任　樊丽（女）

台港澳侨联络委员会
主任　马月玲（女）
副主任　祝耘

学习文史资料委员会
主任　王经华
副主任　梁华（女）

政协委员管理联络委员会
主任　徐香兰（女）

洛阳市中级人民法院
代院长　于东辉
副院长　马保政　张廷刚
王次梅（女）
倪西良　潘跃运
王新东　刘建国
纪检组长　丁公梅（女）
党组成员　刘宁生
政治部主任　武工檀
党组成员　刘宝

洛阳市人民检察院
检察长　种松志
副检察长　王宫武　金鹏华
赵晋予　徐鸿森
郑建刚　周武农
孙国杰
纪检组长　王建新
反贪局局长　刘志强
检察长助理　刘赤炜
群众工作专员　李汝浦
党组成员　张敬北

中国人民解放军河南省洛阳军分区
司令员　陈凤辉
政委　黄晓健
副司令员　黄红军
副政委　徐振松
参谋长　张本昆
政治部主任　宋万学
后勤部长　王中立

中国人民解放军河南陆军预备役高射炮兵师第三团
团长　王世保
政委　解荣启
参谋长　孙晓军
政治处主任　何行富
后勤处处长　韩启胜

中国人民武装警察部队洛阳市支队
支队长　刘金生
政治委员　刘金良
副支队长　曲崇民　仝中献
副政治委员　刘建清　曾杰明
参谋长　卫东风
政治部主任　张铁男
后勤部部长　吴立庄

中华人民共和国洛阳边防检查站
站长　朱志晓
政治委员　江正福

中国人民武装警察部队洛阳市消防支队
支队长　王世新
政治委员　赵伟刚
副支队长　彭向东
张敢　邢柯风
副政委　郭瑞昌
参谋长　桂长伟
政治处主任　毛鸿涛
后勤处处长　李勇
防火处处长　张晓煜

民主党派·工商联

中国国民党革命委员会洛阳市委员会
主任委员　陈卫平
副主任委员　王秋芳（女）

中国民主同盟洛阳市委员会
主任委员　师清翔
副主任委员　许留霞

中国民主建国会洛阳市委员会
主任委员　魏险峰
副主任委员　王斌
秘书长　常志玉（女）

中国民主促进会洛阳市委员会
主任委员　李柳生
副主任委员　娄金萍（女）

中国农工民主党洛阳市委员会
主任委员　雷雪芹（女）
副主任委员　刘宏平（女）

九三学社洛阳市委员会
主任委员　肖宏滨
副主任委员　高　明

洛阳市工商业联合会（洛阳市总商会）
主　　席　安石柱
党组书记　马武立
副 主 席　李松奇
秘 书 长　孙红卫

中共洛阳新区工作委员会
（洛阳新区管理委员会）
工委书记　高凌芝（女）
工委副书记、管委会主任　王立林
管委会副主任　娄会峰
邬晓芒（女）
翟应征

洛阳新区工委办公室（综合办公室）
主　　任　王立新
副 主 任　沈　勇　冯永仁
张晓平　田洪波

洛阳新区管理委员会发展改革规划局
局　　长　马国林
副 局 长　马　智　孙民生

洛阳新区管理委员会组织人事局
局　　长　王秋霞（女）
副 局 长　李瑞杰（女）

洛阳新区管理委员会国土环保局
局　　长　赵立争
副 局 长　梁　洪　张昭民

洛阳新区管理委员会建设一局
局　　长　董现章
副 局 长　司庆礼　刘红伟
邢建方　杜万江

洛阳新区管理委员会建设二局
局　　长　翟文亮
副 局 长　王　涛　张锡锟
梁淑铮（女）
刘正涛

洛阳新区管理委员会招商与融资促进局
局　　长　熊文博
副 局 长　吉鸿黎　李向忠

胡贵生　张占国
周光玉

洛阳高新技术产业开发区管委会
主　　任　马志强
副 主 任　贺　敏　张汉智
孟建国　田　辰
陈颖颖（女）
周东柯
纪工委书记　张汉智
党工委委员　杨瑞丰

县（市、区）机构
偃师市
中共偃师市委员会
书　　记　刘尚进
副 书 记　宋义林　于　迎（女）
常　　委　韩建军　程迎兵
原　锋　赵站伟
章　勇　于晓峰
常　黎（女）
马洪福
石小琳（女）

偃师市人民代表大会常务委员会
主　　任　丁朝龙
副 主 任　王宗灿　杨宏儒
付洪波　闫晓东
吴云霄（女）

偃师市人民政府
市　　长　宋义林
副 市 长　原　锋
常　黎（女）
李福钦　赵　颇
张晓阳　李冠甫
赵　丽（女）
党组成员　山岳顶　张建平
温雪景（女）
车现召

政协偃师市委员会
主　　席　吴孟良
副 主 席　刘建华　段献忠
薛林坡　郭玉森
刘淑菊（女）

中共偃师市纪律检查委员会
书　　记　韩建军

偃师市人民武装部
政　　委　程迎兵
部　　长　李其操

偃师市人民法院
院　　长　董　抒

偃师市人民检察院
检 察 长　蔡金良

偃师市总工会
主　　席　刘红波

偃师市公安局
局　　长　武云章

孟津县
中共孟津县委员会
书　　记　吉振华
副 书 记　张书卿　宗国明
常　　委　石艳辉（女）
陈学军　仝俊宽
张俊强　牛中原
张玉杰　崔益铭
李永贵　王道远
秦文赋

孟津县人民代表大会常务委员会
主　　任　郭西赞
党组成员　韩朝建
副 主 任　邢献国　李风暴
董宏道　刘文文
丁奎轩（不驻会）

孟津县人民政府
县　　长　张书卿
副 县 长　陈学军　仝俊宽
崔益铭　牛正杰
王朝阳　李玉瑞（女）
王现利　潘　殿

政协孟津县委员会
主席、党组书记　卢品通
党组副书记　张俊强
党组成员　谢宗耀
副 主 席　谢文川　刘炎海
吴少义　崔利民
吉啼晓（不驻会）
赵浩卿（不驻会）

中共孟津县纪律检查委员会
书　　记　张玉杰

孟津县人民武装部
部　　长　伍干东
政　　委　王道远

孟津县人民法院
院　　长　张长江

孟津县人民检察院
检 察 长　万宏伟

孟津县公安局
局　　长　闫春黎

新安县

中共新安县委员会
书　　记　张生伟
副 书 记　王玉峰　赵　莉（女）
常　　委　樊栋梁　于晓惠（女）
李金浩　付　涛
靳春伟　曲万涛
司益文　周洪涛

新安县人民代表大会常务委员会
主　　任　秦智琛
副 主 任　张收志　徐五成
袁志刚　周会森
王秋霞（女）
郭　光　陈木青

新安县人民政府
县　　长　王玉峰
副 县 长　樊栋梁　张春全
王应峰　赵伊敏
龚予元　邵乐毅
郭　华

政协新安县委员会
主　　席　郭轩子
副 主 席　贾敏子　王金华（女）
刘四倍　张前进
韩丽莉（女）

新安县人民武装部
部　　长　王华廷
政　　委　李金浩

新安县人民法院
院　　长　刘向阳

新安县人民检察院
检 察 长　马颖弟

新安县公安局
局　　长　周培斌

宜阳县

中共宜阳县委员会
书　　记　王琰君
副 书 记　黄晓玲（女）
张国松
常　　委　张慧敏　罗宏伟
田群献　王　涛
仝宇鹏　张　霞
高建海　任晓平
牛　刚

宜阳县人民代表大会常务委员会
主　　任　宋来法
副 主 任　杨建坤
程竹菊（女）
刘建国　冯新乾
裴万寿　阎进卿
杜阳林

宜阳县人民政府
县　　长　黄晓玲（女）
常务副县长　张慧敏
党组副书记　史洪发
副 县 长　王　涛　李晓波
张飞跃　刘宝兴
陈宝国　魏　森

政协宜阳县委员会
主　　席　张景彦
党组书记、副主席　王三章
副 主 席　仝爱民　王留乾

中共宜阳县纪律检查委员会
书　　记　任晓平

宜阳县人民武装部
部　　长　张　旭
政　　委　田群献

宜阳县人民法院
院　　长　袁宪伟

宜阳县人民检察院
检 察 长　张新潮

宜阳县公安局
局　　长　薛永彬
政　　委　李松宇

宜阳县总工会
主　　席　赵松伟

伊川县

中共伊川县委员会
书　　记　郭宜品
副 书 记　侯占国　郅书安
常　　委　金纯超　李益玲
张素伟　白　力
李　君　汪　勇
王延岭　付晓毅
郭绍军

伊川县人民代表大会常务委员会
主　　任　李其超
副 主 任　韩灿秋　刘建设
郭孟现　柴　霞
杨红朝

伊川县人民政府
县　　长　侯占国
副 县 长　金纯超　张素伟
郭玲娟　薛艳峰
王瑞鹏　姬长江
焦万民　申伟民

政协伊川县委员会
主　　席　王龙钦
党组书记　张耀军
副 主 席　赵万才　范崇卿
阮长京

中共伊川县纪律检查委员会
书　　记　白　力

伊川县人民武装部
部　　长　宋春兴
政　　委　汪　勇

伊川县人民法院
院　　长　刘宏伟

伊川县人民检察院
检 察 长　郭现营

汝阳县

中共汝阳县委员会
书　　记　马春强
副 书 记　蔡松涛　张松涛
常　　委　康凌香（女）
商宏凯　刘向平（女）
朱晓伟　吕晓辉
刘局天　范灿涛
段红立

汝阳县人民代表大会常务委员会
主　　任　尚荣彬
党组副书记　王志刚
副 主 任　韩进官　冯留安
吕龙福　李小忠
连建中　康存战
蔡绍杰

汝阳县人民政府
县　　长　蔡松涛
常务副县长　商宏凯
副 县 长　任丽君（女）
李岩波　张幸凯
赵书政　毛志远
张　博　华　阳

政协汝阳县委员会
主　　席　李灵峰
副 主 席　袁书勋　强　壮
马愉乐　何明坡
张跃伟

中共汝阳县纪律检查委员会
书　　记　康凌香（女）

汝阳县人民武装部
部　　长　齐成喜
政　　委　段红立

汝阳县人民法院
院　　长　雷洪文

汝阳县人民检察院
检 察 长　王振中

汝阳县公安局
局　　长　随　军

汝阳县总工会
主　　席　李　杰

嵩　县

中共嵩县委员会
书　　记　李大伟
副 书 记　李新红　白　剑
常　　委　周宏森　朱金斗
文绪华　李振军
苏焕章　姚文妞（女）
何先锋　蒋武寿

嵩县人民代表大会常务委员会
主　　任　李德清
副 主 任　白九臣（不驻会）
单志敏　乔万里
黄秀刚　谢玉莲（女）

嵩县人民政府
县　　长　李新红
副 县 长　周宏森　魏从刚
吴敬杰　王淑霞（女）
赵玉勋　温向前
韩向阳

政协嵩县委员会
主　　席　常文广
副 主 席　王五成（不驻会）
苗新华　王玉杰
党六平　（女）
赵明献（不驻会）

中共嵩县纪律检查委员会
书　　记　朱金斗

嵩县人民武装部
部　　长　李二锁
政　　委　文绪华

嵩县人民法院
院　　长　赵刚毅

嵩县人民检察院
检 察 长　杨建刚

嵩县公安局
局　　长　吴光辉

嵩县总工会
主　　席　王智朋

洛宁县

中共洛宁县委员会
书　　记　孙君奎
副 书 记　张献宇　杨广欣（女）
常　　委　李新安　丁其善
张廷璞　袁金怀
卫万星　刘德成
杜　巍　毛春歌

洛宁县人民代表大会常务委员会
主　　任　刘永林
党组副书记　朱林显
副 主 任　李耀波　常京汉
郭保国　曲武成
吴华玲（女，不驻会）

洛宁县人民政府
县　　长　张献宇
副 县 长　李新安　韩国平
王　烨　緱清勋
张建生　张根苗（女）

政协洛宁县委员会
主　　席　雷俊杰
副 主 席　高铁栓　谢爱生
刘慧宁（女）
张超献（不驻会）

中共洛宁县纪律检查委员会
书　　记　丁其善

洛宁县人民武装部
部　　长　阮灿平
政　　委　刘德成

洛宁县人民法院
院　　长　陈建春

洛宁县人民检察院
检 察 长　陈红伟

洛宁县公安局
局　　长　张廷璞

栾川县

中共栾川县委员会
书　　记　樊国玺

副书记　眘宏仓　宗玉红（女）
常　委　赵振峰　钱晓苏
　　　　安占立　王爱军
　　　　杨海龙　朱宏轩
　　　　杨光灿　赵改新

栾川县人民代表大会常务委员会
党组书记　马　亮
副主任　杨召军　段太银
　　　　郭文华（女）
　　　　胡　超　张剑敏

栾川县人民政府
县　长　眘宏仓
副县长　赵振峰　张志民
　　　　袁松灿　杨栋梁
　　　　王　雷　李　丰
　　　　张向阳　戴富周

政协栾川县委员会
主　席　王金灵
副主席　郑乐仁　段玉超
　　　　李新月　黄伟

中共栾川县纪律检查委员会
书　记　杨光灿

栾川县人民武装部
部　长　黄德军
政　委　王爱军

栾川县人民法院
院　长　徐朝阳

栾川县人民检察院
检察长　吕瑞君

涧西区

中共涧西区委员会
书　记　王自文
副书记　董炳麓　杨超群
常　委　郭建平　范永平（女）
　　　　潘　峰　赵　晖（女）
　　　　谢　峰　刘克见
　　　　王保东　彭仁来

涧西区人民代表大会常务委员会
主　任　田益武
副主任　陆　刚　雷长欣
党组成员　张耀普　赵邦定
副主任　王益民（女）
　　　　杨千修　乔耀强
　　　　石建芬（女、不驻会）
党组成员　张　伟　董　杨

涧西区人民政府
区　长　董炳麓
副区长　高　芳（女）
　　　　胡　柯
　　　　陈远钊　赵红飞
　　　　王少波

政协涧西区委员会
主席、党组书记　刘金剑
党组副书记　雷长欣
副主席　杨志国　胡铁栓
　　　　王新峰　时大方
　　　　李江海　刘水成
　　　　宋西平（女）

中共涧西区纪律检查委员会
书　记　潘　峰

涧西区人民武装部
部　长　张国美
政　委　王保东

涧西区人民法院
院　长　胡博文

涧西区人民检察院
检察长　谢晓阳

涧西区总工会
主　席　周建华（女）

西工区

中共西工区委员会
书　记　陈淑欣（女）
副书记　张克轩　段治军
常　委　杨丙戌　王青春
　　　　刘虎成　康灿斌
　　　　任卫杰　郭红伟（女）
　　　　夏　磊　翟智会
　　　　崔光焱

西工区人民代表大会常务委员会
主　任　陈元通
党组书记　王耀斌
党组副书记　王铁秋
副主任　王铁秋　杨相敏
　　　　王妙娟（女）
　　　　贾建民　段朝阳（女）

西工区人民政府
党组书记、区长　张克轩
党组副书记　刘虎成　李根学
　　　　崔光焱
副区长　刘虎成　杜跃军
　　　　雷广海　高　辉（女）
　　　　任宏伟　张宏伟
　　　　张旭霞（女）

政协西工区委员会
主　席　张天宝
党组书记　杨志立
党组副书记　曾凡海
副主席　曾凡海　段建国
　　　　张红（女）
　　　　唐浩旻　朱勤英（女）

中共西工区纪律检查委员会
书　记　王青春

西工区人民武装部
部　长　王　志
政　委　康灿斌

西工区人民法院
院　长　赵耀武

西工区人民检察院
检察长　张金海

洛阳工业园区管委会
主　任　杨丙戌

西工区总工会
主　席　谢伟敏

洛阳车站地区管理处
书　记　陈利军

老城区

中共老城区委员会
书　记　陈金剑
副书记　钱　群　刘宗太
常　委　马德显　周新建
　　　　陈　巍　何武周

李金乐　周永伟
赵剑锋　苗红英（女）

老城区人民代表大会常务委员会
主　　任　赵平安
副 主 任　韩相军　许进标
　　　　　贺定国　靳得诚
　　　　　蔡建刚　刘　娟（女）

老城区人民政府
区　　长　钱　群
副 区 长　陈　巍　戴培元
　　　　　王　瑞　宋喜文
　　　　　王六贤　秦学群
　　　　　陆玉香（女）

政协老城区委员会
主　　席　卢中亮
书　　记　魏世庆
副 主 席　张格乐　陈成者
　　　　　李干国　锁炎武
　　　　　郭玉瑞　李海燕（女）

中共老城区纪律检查委员会
书　　记　马德显

老城区人民武装部
部　　长　霍万峰
政　　委　周新建

老城区人民法院
院　　长　张海舟

老城区人民检察院
检 察 长　宋　涛

老城区总工会
主　　席　杜学礼

瀍河回族区

中共瀍河回族区委员会
书　　记　张文选
副 书 记　徐　新
常　　委　赵新东　翟振朝
　　　　　马晓平（女）
　　　　　李　强　冯景福
　　　　　郭素霞（女）
　　　　　李如飞　马培良
　　　　　海孝斌

瀍河回族区人民代表大会常务委员会
主　　任　张旺华
副 主 任　王　宁（女）
　　　　　樊　庆　张益平
　　　　　韩东智　徐庆民
　　　　　刘文涛　杨　静（女）

瀍河回族区人民政府
区　　长　徐　新
副 区 长　赵新东　马培良
　　　　　申进超　柴洪辉
　　　　　买允健　许　华
　　　　　郑　霄　白　光
　　　　　王　颖
正县级干部　刘俊峰　何金太
　　　　　毛红伟
副县级领导干部　马林波
党组成员　李建安　王俊军
　　　　　马社军　张德怀

政协瀍河回族区委员会
主　　席　张聚民
副 主 席　王西长　张建文（女）
　　　　　张光辛　黄修建
　　　　　张　璇（女）
　　　　　高志宏

中共瀍河回族区纪律检查委员会
书　　记　翟振朝

瀍河回族区人民武装部
部　　长　王学兵
政　　委　李如飞

瀍河区人民法院
院　　长　王宏伟

瀍河区人民检察院
检 察 长　姜卫国

洛龙区

中共洛龙区委员会
书　　记　李钢锤
副 书 记　孙延文　孙经合
常　　委　王全军　白　鸟
　　　　　张保仁　党建平
　　　　　周玉甫　孙建钦
　　　　　常明强　杨明祥
　　　　　李武涛

洛龙区人民代表大会常务委员会
主　　任　薛建军
副主任、党组副书记　任书安
党组副书记　郭祖勋
副 主 任　杨　平　杨建中
　　　　　马国富
　　　　　吴　锐（不驻会）
　　　　　李爱国　阮松灵

洛龙区人民政府
区　　长　孙延文
副 区 长　李安民　任宏国
　　　　　刘喜红　李　建
　　　　　李永强

政协洛龙区委员会
主　　席　田东娥（女）
副主席　何戊戌　高留斌（不驻会）
　　　　王孝芳　魏芦生
　　　　李中年

中共洛龙区纪律检查委员会
书　　记　白　鸟（女）

洛龙区人民武装部
政　　委　常明强

洛龙区人民法院
院　　长　杨安平

洛龙区人民检察院
检 察 长　宋胜杰

洛阳经济技术开发区管委会
工委书记　李钢锤
工委第一副书记　孙延文
工委副书记、管委会主任　王全军
常务副主任　葛干杰
纪工委书记　闫振东
副 主 任　张理晓　曹思源
　　　　　张宛澍

吉利区

中共吉利区委员会
书　　记　李焦峰
副 书 记　吴立刚　张松建
常　　委　曲松涛　史千灵（女）
　　　　　王宜阳　柳立兴
　　　　　于为民　肖绍宁
　　　　　杨武装　邵志翔

陆万强

吉利区人民代表大会常务委员会
主　　任　游　良
副主任　郑桂环（女）
孟庆军（不驻会）
孟社茶　李本森

吉利区人民政府
区　　长　李焦峰
正县级干部　张洪祥　李丽芹（女）
副区长　赵胜利　王少侠
刘百营　雷建森
李晓鹏
副县级干部　张世蓉

政协吉利区委员会
主　　席　李小斐
副主席　王先民　蒋向阳
刘　芳（女，不驻会）
乔海霞（女，不驻会）
秦居振

中共吉利区纪律检查委员会
书　　记　史千灵（女）

吉利区人民武装部
部　　长　李洪涛

吉利区人民法院
院　　长　郭燕燕（女）

吉利区人民检察院
检察长　袁晓峰

伊滨区

伊滨区管理委员会
管委会主任、党工委副书记　刘冠瑜
党工委书记、管委会副主任　孙忠信
党工委副书记、纪工委书记　徐　林
管委会副主任　李平安　杨秋云
禹红卫　王明高
党工委委员　高大雁　于红杰
李建党　张　潮
马　芳

龙门石窟世界文化遗产园区管理委员会
党工委书记、管委会主任　王永兴
党工委副书记、管委会副主任　周宏森
管委会副主任　李随森　王宁聪
张志强　谢冠峰
谢忠岳

国务院部属、省属直管单位

洛阳市国家税务局
局　　长　阎宁捷
副局长　朱红姣　王玉海
陈华民　王建新
纪检组长　常健慧
总经济师　孙来赞
总会计师　钱为军

洛阳市地方税务局
局　　长　王学荣（女）
副局长　周长泽　朱水振
纪检组长　马培臣
副局长　黄越祖
总经济师　赵培献
总会计师　杨淑敏（女）
稽查局局长　崔孟安

洛阳市气象局
局　　长　荆自谋
副局长　黄玉超　白凌霞（女）
纪检书记　焦振法

河南省电力公司洛阳供电公司
总经理　付红军
书　　记　耿章武
副书记　尚靖平
副总经理　张跃光　刘　军
郭延平　李大鹏
纪委书记　邱型波
工会主席　何云先
总工程师　张富刚
总会计师　李积会

洛阳市邮政局
局　　长　程　峰
副局长、党委书记、工会代主席、工委主任　王俊玲（女）

中国电信集团公司洛阳市电信分公司
总经理　赵晓冰
副总经理　陆　翼　邵琰涛
杨　灵（女）

中国移动通信集团河南有限公司洛阳分公司
党委书记、总经理　夏　红
副总经理　雷呈杰　胡　波
边向阳　卢利军

中国联通洛阳分公司
总经理　罗智友
副总经理　牛清善
副总经理　李　晖
副总经理　王朝峰　白　峰
乔　江　张宣霞（女）

洛阳市烟草专卖局（洛阳市烟草公司）
局长、经理　张　宏
副经理　仝章记　李　彰
副局长　李自伟
纪检组长　史振中

中国人民银行洛阳市中心支行
行　　长　程亚男
副行长　王戈锋　杨卫东
梁志宏
纪委书记　潘卫国
工会主任　张文顶

中国银行业监督管理委员会洛阳监管分局
局　　长　秦栋岭
副局长　许红星　陈黎明
纪委书记　刘　红（女）

中国农业发展银行洛阳市分行
行　　长　赵　臻
副行长　李祥玉　常永保
马素梅（女）

中国工商银行洛阳分行
行　　长　郭自来
副行长　成建新　杨新宏
刘卫国　王海峰
周广华（女）
李会甫
纪委书记　杨树军
工会主席　杨树军

中国银行洛阳分行
行　　长　肖新勇
副行长　黄　雯（女）
李　磊　武　超
纪委书记　张巍巍（女）
副行长　常如刚

中国建设银行洛阳分行
行　　长　金泽民
副 行 长　于小岗　任凤雷
　　　　　王建军　苏红枫
　　　　　王艳平（女）
风险主管　谢友国
行长助理　王　强

中国农业银行洛阳市分行
行　　长　卢定月
副 行 长　黑留记　傅正印
　　　　　任群英　苏　军
　　　　　毛永斌　郭学军

交通银行洛阳分行
行　　长　李　勇
副 行 长　孙新明　沈苗萍
　　　　　杨胜利　王宏彬

洛阳银行
董 事 长　王建甫
行　　长　段跃军
监 事 长　臧红旗
纪委书记　赵丰才
工会主席　卫明祥
副 行 长　李　飚　刘　萍（女）
　　　　　王建成　吴晓丹（女）

河南省农村信用社联合社洛阳市办公室
主　　任　王　涛
副 主 任　任普督　崔伟莉（女）

中国人民财产保险股份有限公司洛阳市分公司
总 经 理　王汉有
副总经理　朱　颖（女）
　　　　　窦建存
总经理助理　潘建华　刘建玲（女）

中国人寿保险公司洛阳分公司
总 经 理　毛新喜
副总经理　宁现伟　李小广
　　　　　周新梅（女）

中国太平洋财产保险股份有限公司洛阳中心支公司
总 经 理　赵松森

中国太平洋人寿保险股份有限公司洛阳中心支公司
总 经 理　关忠燕（女）
副总经理　李笑天　戴俊民
　　　　　付峰伟
党委委员　刘林宏（女）

中华人民共和国洛阳海关
关　　长　丁亚平
副 关 长　杨红旗　王　健

中华人民共和国洛阳出入境检验检疫局
局　　长　王凤楼
副 局 长　白正明　方春生

豫西地区黄河河务局
局　　长　殷民强
副 局 长　卫国峰　王宏州
　　　　　曹金刚
纪检组长　卢麦闹
总工程师　刘有战

洛阳市工商行政管理局
局　　长　和剑光
副 局 长　刘安山　贾玉民
　　　　　吉建斌
纪检组长　王志伟

洛阳市质量技术监督局
局　　长　袁文忠
副 局 长　索继军　司振江
　　　　　高　峰　尹三聚
　　　　　张成现
纪检组长　尹三聚

洛阳市国家安全局
局　　长　桂延民

说明：为能及时反映各地区、各单位领导成员的变化情况，载录的下限截至出书前的2012年10月底。如对个别地区或单位变化情况了解不准而造成遗漏者，以组织部门下发的文件为准，并在来年的年鉴上予以补录。伊滨区管理委员会截至2011年。

中国共产党洛阳市委员会

【九届市委第一二二次常委（扩大）会议】 2011年1月9日上午，省委常委、市委书记毛万春主持召开九届市委第一二二次常委（扩大）会议，研究部署打好六场攻坚战，听取重大示范项目、经济转型攻坚战实施方案、企事业单位改革改制工作、破除发展瓶颈加快城市提升工作以及第二十九届中国洛阳牡丹文化节工作方案汇报，传达全省市、县、乡党委换届工作座谈会精神，研究有关干部问题。市领导郭洪昌、李兴太、魏小东、常振义、周宗良、王全乐、高凌芝、王立林、李少敏、吴中阳、刘应安、郭丛斌、尚朝阳、胡广坤、宋殿宇等参加会议。

【九届市委第一二三次常委（扩大）会议】 2011年1月26日上午，省委常委、市委书记毛万春主持召开九届市委第一二三次常委（扩大）会议，传达贯彻中共中央政治局常委、国务院总理温家宝视察河南重要讲话精神、省"两会"精神，听取民生改善攻坚战、政务环境创优攻坚战、安全环境创优攻坚战、社会环境创优攻坚战、洛阳新区建设、洛阳师范学院搬迁、赴昆明等4个城市考察工作汇报，研究"六加一"考评结果和2011年"环境创优年"动员大会方案及有关干部问题。市领导郭洪昌、李兴太、魏小东、常振义、周宗良、王全乐、高凌芝、王立林、李少敏、吴中阳、刘应安、郭丛斌、尚朝阳、田金钢、宋殿宇等参加会议。

【"环境创优年"动员大会】 2011年2月9日，市委、市政府召开"环境创优年"动员大会。大会的主要任务是围绕"环境创优年"，动员全市广大党员干部迅速行动起来，以更加高昂的精神状态、更加强烈的责任意识、更加扎实的工作作风，加快推进当前和今后一个时期全市中心工作的落实，加快推进洛阳科学发展、跨越发展、率先发展的步伐。省委常委、市委书记毛万春在会上作题为《作风硬 洛阳兴》的讲话，他在讲话中强调，作风建设历来是中国共产党攻坚克难的"传家宝"。对当前的洛阳来讲，作风建设不仅关系到2011年的目标能不能全面完成、"十二五"的规划能不能顺利实现，更关系到在中原经济区上升为国家战略运作层面后洛阳能不能有更大担当、更大作为。市委副书记、市长郭洪昌就环境创优和做好重点工作进行部署。会议由市委常务副书记李兴太主持。市领导魏小东、常振义、周宗良、王全乐、高凌芝、王立林、李少敏、吴中阳、刘应安、郭丛斌、尚朝阳、田金钢、胡广坤、宋殿宇等及在洛阳的市党、政、军其他领导参加会议。

【九届市委第一二四次常委（扩大）会议】 2011年2月10日上午，省委常委、市委书记毛万春主持召开九届市委第一二四次常委（扩大）会议。会议传达省纪委八届六次全会、全省统战工作会议和省委农村工作会议精神，听取中石化洛阳分公司项目建设进展情况、十大招商引资示范项目、招商引资工作、民营经济工作、项目建设攻坚战进展情况、经济转型攻坚战进展情况、机制转换攻坚战进展情况、城市提升攻坚战进展情况、市区至"五组团"快速通道规划建设进展情况、洛阳市农业农村工作和市委农村工作会议筹备情况汇报，研究《关于做好农业结构调整、土地流转和生态旅游工作的意见》《关于新农村建设表彰决定》《政府工作报告》、伊洛工业园区更名事宜和干部工作。市领导郭洪昌、李兴太、魏小东、常振义、周宗良、王全乐、高凌芝、李少敏、吴中阳、刘应安、郭丛斌、尚朝阳、田金钢、宋殿宇等参加会议。

【学先进、找差距、"六加一"攻坚战再给力动员大会】 2011年3月16日，全市学先进、找差距、"六加一"攻坚战再给力动员大会召开。会议认真学习、传达全国"两会"精神和市党政考察团外出考察成果，并就进一步做好当前各项工作进行部署。省委常委、市委书记毛万春主持会议并讲话，他强调，要认真学习借鉴外地先进经验，用"三学"促"三干"，用"三干"再攻坚，推进全市经济社会更好更快发展。市领导郭洪昌、李兴太、魏小东、周宗良、王全乐、高凌芝、王立林、李少敏、吴中阳、刘应安、郭丛斌、尚朝阳、田金钢、宋殿宇和在洛阳的副市级领导、县（市）、区以及相关部门负责人参加动员大会。

【九届市委第一二七次常委（扩大）会议】 2011年3月21日上午，省委常委、市委书记毛万春主持召开九届市委第一二七次常委（扩大）会议。会议研究了"六加一"攻坚战的实质性推进和落实，听取洛阳市2011年重点科室作风评议活动实施方案、中石化洛阳分公司项目建设、“六加一”攻坚战进展情况、民营经济发展和招商引资工作、洛阳市2011年第一季度项目和产业集聚区建设观摩活动方案汇报。市领导郭洪昌、李兴太、常振义、周宗良、王全乐、高凌芝、王立林、李少敏、吴中阳、刘应安、郭丛斌、尚朝阳、田金钢、胡广坤、宋殿宇等参加会议。

【九届市委第一二八次常委（扩大）会议】 2011年4月2日下午，省委常委、市委书记毛万春主持召开九届市委第一二八次常委（扩大）会议。会议听取中石化洛阳分公司项目和河南煤化工集团在洛阳投资项目及中硅公司新上多晶硅项目建设进展情况、环境创优年转段方案、第二十九届中国洛阳牡丹文化节责任制方案、“洛阳精神”提炼及建议、洛阳新区建设收益平衡情况和动力谷建设方案、防范和处理邪教工作、全省排查化解社会矛盾经验交流暨“三项重点工作”推进会、第二十九届中国洛阳牡丹文化节安保工作、煤炭企业兼并重组和安全监管工作情况汇报，传达贯彻全省对台工作会议精神和全省保密工作会议精神，研究洛阳未改制纯公益性事业单位中层和一般干部“三项制度”改革意见及干部工作。市领导郭洪昌、常振义、周宗良、王全乐、高凌芝、王立林、李少敏、吴中阳、刘应安、郭丛斌、尚朝阳、田金钢、胡广坤、宋殿宇等参加会议。

【九届市委第一二九次常委（扩大）会议】 2011年4月18日上午，省委常委、市委书记毛万春主持召开九届市委第一二九次常委（扩大）会议，传达贯彻省委书记卢展工在洛阳市调研期间重要讲话精神，听取中石化洛阳分公司项目建设、“六加一”攻坚战进展情况、民营经济发展和招商引资工作、洛阳市金融服务存在五大问题的处理结果情况汇报，研究《围绕“牡丹为媒”城市建设思路，着力打造牡丹花都工作方案》。市领导郭洪昌、李兴太、魏小东、常振义、周宗良、王全乐、高凌芝、王立林、李少敏、吴中阳、刘应安、郭丛斌、尚朝阳、田金钢、胡广坤、宋殿宇等参加会议。

【九届市委第一三〇次常委（扩大）会议】 2011年4月29日下午，省委常委、市委书记毛万春主持召开九届市委第一三〇次常委（扩大）会议。会议听取中石化洛阳分公司新上项目进展情况，市级领导联系重点项目方案，市民、网民、游客反映牡丹文化节有关问题及其整改建议，“洛阳精神”提炼情况、洛阳市2011年第一次重大项目暨产业集聚区建设督导检查工作方案、第一季度工作会议方案和第一季度经济社会发展考评情况，第三十届中国洛阳牡丹文化节开幕式提升工作初步方案，“一中心五组团”快速通道规划建设进展情况和310国道市区段扩宽改造工程情况汇报，学习贯彻全国政协原主席李瑞环2011年4月11日在天津市关于城市交通的谈话和省委书记卢展工的批示及1985年8月7日《天津市人民政府关于综合治理城市交通的决定》，学习贯彻省委换届座谈会精神，研究龙门大道整体改造方案、《洛阳市市级党政领导班子成员工作时效性考评办法（试行）》、洛阳市2010年度市管领导班子和领导干部反腐倡廉建设检查考核情况，推荐省、市先进基层党组织、优秀共产党员和优秀党务工作者，研究机构编制事宜。市领导郭洪昌、李兴太、魏小东、常振义、周宗良、王全乐、高凌芝、王立林、李少敏、吴中阳、刘应安、郭丛斌、尚朝阳、田金钢、胡广坤、宋殿宇等参加会议。

【全市2011年第一季度工作会】 2011年5月3日，全市2011年第一季度工作会召开，省委常委、市委书记毛万春作题为《精神立市，实干为先》的讲话。他强调，弘扬“洛阳精神”，重点在于实干，难点在于攻坚，精髓在于转变。要大力弘扬“洛阳精神”，切实加快领导方式转变，真正把思路理清、把风气搞正、把作风搞实，全力实现“福民强市”总体目标，在中原经济区建设主战场上有更大担当、更大作为。会议由市委副书记、市长郭洪昌主持。市委常务副书记李兴太通报了2011年第一季度全市“福民强市”目标考评情况。市委副书记魏小东宣读了《中共洛阳市委、洛阳市人民政府关于大力弘扬“洛阳精神”的决定》。市领导常振义、周宗良、王全乐、高凌芝、王立林、李少敏、吴中阳、刘应安、郭丛斌、尚朝阳、田金钢、胡广坤、宋殿宇和市党、政、军其他领导出席会议。

【九届市委第一三一次常委（扩大）会议】 2011年5月15日下午，省委常委、市委书记毛万春主持召开九届市委第一三一次常委（扩大）会议。会议听取龙门大道改造进展情况，“六加一”攻坚战进展情况，招商引资工作和民营经济发展情况，济南军区国防动员委员会第七次全体会议暨征兵工作会议筹备保障工作，洛阳市党政机关公务用车问题专项治理及清理和规范庆典、研讨会、论坛活动工作，文明城市创建，“一中心五组团”快速通道规划建设，申办世界园艺博览会，洛阳市十次党代会筹备工作和关于县（市）、区党委换届人事安排有关问题的汇报，研究了干部工作，通报了省纪委关于高元池、李雪峰违纪处分决定。市领导郭洪昌、李兴太、魏小东、常振义、王全乐、高凌芝、王立林、李少敏、吴中阳、刘应安、郭丛斌、尚朝阳、田金钢、胡广坤、宋殿宇、黄晓健等参加会议。

【九届市委第一三三次常委（扩大）会议】 2011年5月29日下午，省委常委、市委书记毛万春主持召开九届市委第一三三次常委（扩大）会议。会议听取龙门大道改造进展情况，《福布斯》对洛阳“十大发展建言”落实情况，第三十届中国洛阳牡丹文化节开幕式筹备工作情况，网民、市民、游客反映牡丹文化节有关问题整改进展情况，全市集中处理进京非访、重复访案件暨执法检查工作和加强城市道路交通管理工作情况，邙山渠市区段综合治理工程进展情况，2011年内地与香港建筑业论坛以及洛阳市食品安全工作情况汇报。市领导郭洪昌、李兴太、魏小东、常振义、周宗良、王全乐、高凌芝、王立林、吴中阳、刘应安、郭丛斌、尚朝阳、田金钢、胡广坤、宋殿宇、黄晓健等参加会议。

【九届市委十八次全体会议】　2011年6月5日，中共洛阳市委九届十八次全体会议召开。全会审议通过《关于召开中国共产党洛阳市第十次代表大会的决议》，对市安全生产监督管理局局长人选进行了审议票决。全会号召，全市各级党组织、全体共产党员和广大干部群众要认真贯彻执行党的基本路线，围绕“福民强市”总体目标，大力弘扬“洛阳精神”，同心同德，艰苦奋斗，深入推进“六加一”攻坚战，以优异的成绩迎接市十次党代会胜利召开。市领导毛万春、郭洪昌、李兴太、魏小东、王全乐、高凌芝、李少敏、吴中阳、刘应安、郭丛斌、尚朝阳、田金钢、胡广坤、宋殿宇、黄晓健出席会议。其他九届市委委员、候补委员参加会议，市纪委委员列席会议。

【九届市委第一三四次常委会议】　2011年6月5日晚上，省委常委、市委书记毛万春主持召开九届市委第一三四次常委会议。会议听取《关于召开中国共产党洛阳市第十次代表大会决议》（草案）的说明及召开中国共产党洛阳市第九届委员会第十八次全体会议的建议情况汇报和关于韩春阳违纪案的审查报告，研究干部任免工作。市领导郭洪昌、李兴太、魏小东、常振义、周宗良、王全乐、高凌芝、王立林、吴中阳、刘应安、郭丛斌、尚朝阳、田金钢、胡广坤、宋殿宇、黄晓健参加会议。

【九届市委第一三六次常委会议】　2011年6月18日下午，省委常委、市委书记毛万春主持召开九届市委第一三六次常委会议。会议听取关于市委表彰先进基层党组织、优秀共产党员和优秀党务工作者筹备工作及河南省第十六次人大工作研讨会情况汇报，学习贯彻中共中央政治局委员、中组部部长李源潮《领导干部要正确对待进退留转》的讲话，研究干部任免工作。市领导郭洪昌、李兴太、魏小东、常振义、周宗良、王全乐、高凌芝、王立林、吴中阳、刘应安、郭丛斌、尚朝阳、宋殿宇、黄晓健参加会议。

【九届市委第一三八次常委会议】　2011年6月26日下午，省委常委、市委书记毛万春主持召开九届市委第一三八次常委会议。会议听取龙门大道和310国道改造进展情况，网民、市民游客反映牡丹文化节有关问题整改和落实“满城尽是牡丹花”工作进展情况、城市区公厕建设情况汇报，传达省委关于省辖市党委换届工作座谈会精神。市领导郭洪昌、李兴太、魏小东、常振义、周宗良、王全乐、高凌芝、王立林、刘应安、郭丛斌、尚朝阳、田金钢、胡广坤、宋殿宇、黄晓健等参加会议。

【九届市委第一三九次常委会议】　2011年7月3日，省委常委、市委书记毛万春主持召开九届市委第一三九次常委会议。会议听取项目建设和经济转型攻坚战、文明城市创建工作情况汇报，研究市委换届有关工作和国际文化旅游名城建设有关问题。市领导郭洪昌、魏小东、常振义、周宗良、王全乐、高凌芝、王立林、吴中阳、刘应安、郭丛斌、尚朝阳、田金钢、胡广坤、宋殿宇、黄晓健等参加会议。

【九届市委第一四〇次常委（扩大）会议】　2011年7月10日，省委常委、市委书记毛万春主持召开九届市委第一四〇次常委（扩大）会议。会议听取国际文化旅游名城建设攻坚战、机制转换攻坚战、民生改善攻坚战、“一中心五组团”快速通道规划建设、牡丹产业发展、市级党政领导班子成员工作时效性考评和《关于认真做好党政部门主要负责人工作实效性考评工作的通知》、政务环境创优、社会环境创优、安全环境创优、“扫黄打非”、招商引资、民营经济发展等情况汇报，研究分析存在的问题和困难，提出下一步工作要求和努力方向。市领导郭洪昌、魏小东、常振义、周宗良、王全乐、高凌芝、王立林、李少敏、吴中阳、郭丛斌、尚朝阳、胡广坤、田金钢等参加会议。

【全市2011年第二季度工作会】　2011年7月23日，全市2011年第二季度工作会召开。会议主要任务是总结上半年工作、部署下半年工作。会议深入学习贯彻了中共中央总书记、国家主席、中央军委主席胡锦涛在庆祝建党90周年大会上的重要讲话精神，通报了2011年第二季度全市“福民强市”目标考评排名主要情况。市委书记毛万春作了题为《遵循规律更有作为》的讲话。会议强调，“福民强市”总体目标和“六加一”攻坚战符合科学发展观总体要求，符合洛阳客观实际，符合客观规律对当前洛阳的要求。全市上下要遵循好、运用好社会主义市场经济规律、群众满意规律、具体问题具体分析规律，进一步形成攻坚破难的良好态势和气势，争取更有作为，全面打赢“六加一”攻坚战，使洛阳在中原经济区建设中有更大担当、更大作为，使福民强市总体目标早日实现。会议由市委副书记魏小东主持。市领导郭洪昌、常振义、周宗良、王全乐、高凌芝、李少敏、吴中阳、刘应安、郭丛斌、尚朝阳、田金钢、胡广坤、宋殿宇、黄晓健和在洛阳的市党、政、军其他领导出席会议。

【九届市委第一四一次常委（扩大）会议】　2011年7月30日，省委常委、市委书记毛万春主持召开九届市委第一四一次常委（扩大）会议。会议听取龙门大道和310国道改造，城建提升攻坚战，牡丹文化节，文明城市创建，贯彻落实中央水利工作会议精神，“三大工程、一大政策”，“乡改办、村改居”，后进村（社区）党组织集中整顿，加强和改进舆论引导，驻洛部队建设，洛阳市十次党代会《工作报告》和市纪委《工作报告》起草，贯彻落实第七次全国法制宣传教育工作会议、全省法制宣传教育和依法治理工作会议精神，新区代表团赴成都、重庆学习考察城乡一体化，市民主党派和市工商联换届工作等情况汇报。市领导郭洪昌、魏小东、常振义、周宗良、王全乐、高凌芝、李少敏、吴中阳、刘应安、郭丛斌、尚朝阳、田金钢、胡广坤、宋殿宇、黄晓健等参加会议。

【九届市委第一四二次常委（扩大）会议】　2011年8月14日，省委常委、市委书记毛万春主持召开九届市委第一四二次常委（扩大）会议。会议学习贯彻省委书记卢展工考察洛阳时重要讲话精神、省委组织部《关于严肃公务员队伍进人纪律的电话通知》精神，听取龙门大道和310国道改造，项目建设攻坚战，经济转型攻坚战，机制转换攻坚战，城市骨干路网建设，民生改善攻坚战，国际文化旅游名城建设攻坚战，新区建设，“一中心五组团”快速通道规划建设，牡丹产业发展，以水为韵城市提升项目，社会环境创优攻坚战，安全环境创优攻坚战，政务环境创优攻坚战，市级党政领导班子成员工作时效性考评，市十次党代会《工作报告》和市纪委《工作报告》起草，出席省九次党代会代表候选人初步人选分配方案和十届市委委员、候补委员、市纪委委员候选人提名工作原则等情况汇报。市领导郭洪昌、魏小东、常振义、周宗良、王全乐、王立林、李少敏、吴中阳、刘应安、郭丛斌、尚朝阳、田金钢、胡广坤、宋殿宇等参加会议。

【九届市委第一四三次常委会议】 2011年8月19日，省委常委、市委书记毛万春主持召开九届市委第一四三次常委会议。会议听取九届市委《工作报告（送审稿）》和市纪委《工作报告（送审稿）》起草、市第十次党代会组织人事有关事宜、市第十次党代会筹备工作等情况汇报。市领导郭洪昌、魏小东、周宗良、王全乐、高凌芝、李少敏、吴中阳、刘应安、郭丛斌、尚朝阳、田金钢、胡广坤、宋殿宇、黄晓健参加会议。

【九届市委十九次全体会议】 2011年8月23日，中共洛阳市委九届十九次全体会议召开。全会决定，中国共产党洛阳市第十次代表大会于8月25日开幕。会议审议通过市委、市纪委工作报告（草案），听取了关于市十次党代会组织人事安排情况的说明，圈选确定了洛阳市出席省九次党代会代表候选人预备人选，酝酿了十届市委、市纪委组成人员候选人预备人选名单。市委副书记、市长郭洪昌主持会议。市领导魏小东、王全乐、高凌芝、王立林、李少敏、吴中阳、刘应安、郭丛斌、尚朝阳、胡广坤、宋殿宇、黄晓健和其他九届市委委员、候补委员参加会议，市纪委委员列席会议。

【中国共产党洛阳市第十次代表大会】 2011年8月25日上午，中国共产党洛阳市第十次代表大会开幕。毛万春代表中共洛阳市委第九届委员会作题为《福民强市，贵在持续》的工作报告。中国共产党洛阳市纪律检查委员会向大会作了书面报告。大会执行主席毛万春、郭洪昌、魏小东、常振义、周宗良、王全乐、高凌芝、王立林、李少敏、吴中阳、刘应安、郭丛斌、尚朝阳、田金钢、宋殿宇、黄晓健、陈向平和主席团其他成员出席会议。担任过副市级以上实职的离退休党员干部，驻洛师以上部队和部分中央、省驻洛单位主要负责人，非中共副市长和各民主党派、工商联主要负责人应邀参加大会。

8月26日下午，中国共产党洛阳市第十次代表大会闭幕。会议以举手表决的方式，通过了《中国共产党洛阳市第十次代表大会关于中共洛阳市第九届委员会工作报告的决议》，通过了《中国共产党洛阳市第十次代表大会关于中共洛阳市纪律检查委员会工作报告的决议》。毛万春主持大会闭幕式。郭洪昌致闭幕词。大会应到代表494名，实到会475名，符合规定人数。大会执行主席毛万春、郭洪昌、魏小东、宋殿宇、黄晓健、陈向平、白志刚、黄元元、王敬林、李国刚、王亦丁、翟应征、原文涛、于建庄、雷清出席会议。主席团其他成员列席会议。

【十届市委一次全体会议】 2011年8月26日，中共洛阳市委十届一次全体会议召开。出席会议的有市委委员63名，市委候补委员12人。毛万春主持会议。全会选举毛万春为市委书记，郭洪昌、魏小东、刘应安为市委副书记。当选为市委常委的有毛万春、郭洪昌、魏小东、刘应安、李少敏、吴中阳、郭丛斌、尚朝阳、田金钢、宋殿宇、黄晓健、陈向平、杨炳旭。全会通过了市纪委一次全会选举结果的报告。刘应安当选市纪委书记，姜涛、袁祖国、李旭东当选市纪委副书记。当选的市纪委常委为刘应安、姜涛、袁祖国、李旭东、吕太增、牛宇柯、王晓予、骆延军、李文俊。新当选的市委书记毛万春作了题为《再谈持续》的讲话。

【十届市委第一次常委（扩大）会议】 2011年9月4日，省委常委、市委书记毛万春主持召开十届市委第一次常委（扩大）会议。会议研究新一届市委领导班子加强自身建设问题，龙门大道和310国道改造、牡丹文化节筹备、城建提升攻坚战和城市环城路建设、村级组织换届选举、市级党政领导班子成员工作实效性考评、发展茶产业、开展向兰州军区给水工程团学习活动、县级党校办学质量评估、学习贯彻济南军区国防动员委员会第七次全体会议暨征兵工作会议和省军区党委十一届五次全体（扩大）会议暨贯彻落实两个《规范》观摩交流会议精神等工作，以及违纪案件处理和干部调整工作。市领导郭洪昌、魏小东、刘应安、常振义、周宗良、王全乐、高凌芝、王立林、李少敏、吴中阳、郭丛斌、尚朝阳、田金钢、宋殿宇、黄晓健等参加会议。

【十届市委二次全会】 2011年9月16日，十届市委二次全会召开。省委常委、市委书记毛万春主持会议并讲话。会议认真讨论了省党代会工作报告，并研究了其他事项。市领导郭洪昌、魏小东、刘应安、王立林、李少敏、吴中阳、郭丛斌、尚朝阳、黄晓健、陈向平、杨炳旭和其他十届市委委员、候补委员参加会议。

【十届市委第四次常委（扩大）会议】 2011年9月18日，省委常委、市委书记毛万春主持召开十届市委第四次常委（扩大）会议。会议研究了项目建设攻坚战、经济转型攻坚战、新区建设、机制转换攻坚战、民生改善攻坚战、民办教育发展、社会环境创优、政务环境创优、安全环境创优等工作，贯彻落实全省加强和改进工商联工作会议精神。市领导郭洪昌、刘应安、王全乐、高凌芝、王立林、李少敏、吴中阳、郭丛斌、尚朝阳、田金钢、宋殿宇、黄晓健、陈向平、杨炳旭等参加会议。

【市级领导干部会议】 2011年9月29日，省委常委、市委书记毛万春主持召开市级领导干部会议，传达省委关于洛阳市主要领导调整的决定。省委决定：李柳身任中共洛阳市委委员、常委、副书记，提名为洛阳市人民政府市长候选人，不再担任中共郑州市委副书记、常委、委员职务；郭洪昌任河南省人民政府秘书长、党组成员、办公厅党组书记，不再担任中共洛阳市委副书记、常委、委员，市人民政府市长职务；魏小东任中共鹤壁市委委员、常委、副书记，提名为鹤壁市人民政府市长候选人，不再担任中共洛阳市委副书记、常委、委员职务。省委组织部常务副部长王保存等出席会议。市领导周宗良、王全乐、高凌芝、宋殿宇、陈向平，在洛的市级领导参加会议。

【十届市委第五次常委（扩大）会议】 2011年9月30日，省委常委、市委书记毛万春主持召开十届市委第五次常委（扩大）会议。会议传达贯彻近期省、市人大常委会会议和省委有关会议精神，研究全市流动人口服务管理和社区警务建设、支持民办教育发展、筹备第二次产业集聚区暨重大项目建设督导检查活动、建立全市重大媒体网络舆情和基层反映重大问题办理工作日例会制度、贯彻全省机关思想作风建设工作会议精神、进一步深化政务公开加强政务服务以及第三十届中国洛阳牡丹文化节筹备等工作。市领导李柳身、刘应安、常振义、周宗良、王全乐、高凌芝、李少敏、吴中阳、郭丛斌、尚朝阳、田金钢、宋殿宇、陈向平、杨炳旭等参加会议。

【十届市委第六次常委（扩大）会议】 2011年10月19日，省委常委、市委书记毛万春主持召开十届市委第六次常委（扩大）会议。会议学习贯彻中央十七届六中全会精神。市领导李柳身、刘应安、常振义、周宗良、王全乐、高凌芝、王立林、李少敏、吴中阳、郭丛斌、尚朝阳、田金钢、宋殿宇、陈向平、杨炳旭等参加会议。

【十届市委第七次常委（扩大）会议】 2011年10月23日，省委常委、市委书记毛万春主持召开十届市委第七次常委（扩大）会议。会议传达贯彻省委八届十五次全体（扩大）会议和全省农村精神文明建设经验交流会议精神，传达中央和省领导4次批示精神和《人民日报》评论内容，研究社会环境创优攻坚战、安全环境创优攻坚战、民生改善攻坚战、9月市级党政领导班子实效性考评、第三季度工作会筹备及福民强市考评、牡丹产业发展等工作。市领导李柳身、刘应安、周宗良、王全乐、高凌芝、李少敏、吴中阳、郭丛斌、尚朝阳、田金钢、宋殿宇、陈向平、杨炳旭等参加会议。

【十届市委三次全会暨2011年第三季度工作会】 2011年10月31日，中共洛阳市委十届三次全会暨2011年第三季度工作会召开。会议进一步传达贯彻党的十七届六中全会和省九次党代会精神，总结讲评全市经济社会发展情况，部署近期重点工作。省委常委、市委书记毛万春作了题为《领会精神，勇于担当》的讲话。会议由市委副书记、市纪委书记刘应安主持。毛万春强调，全市各级各部门要深刻领会党的十七届六中全会、省九次党代会、九届省委一次全会和新一届省委常委会议精神，把握精髓，保持清醒，抢抓机遇，勇于担当，努力实现洛阳在中原经济区建设中有更大作为。市领导李柳身、常振义、周宗良、王全乐、高凌芝、王立林、李少敏、吴中阳、郭丛斌、尚朝阳、田金钢、宋殿宇、黄晓健、陈向平、杨炳旭和在洛阳的市党、政、军其他领导参加会议。

【十届市委第八次常委（扩大）会议】 2011年11月2日，省委常委、市委书记毛万春主持召开十届市委第八次常委（扩大）会议。会议研究第三十届中国洛阳牡丹文化节、预防和处置群体性突发事件等工作，传达贯彻国务院担保机构调研组座谈会精神，研究了干部工作。市领导李柳身、刘应安、常振义、周宗良、王全乐、高凌芝、王立林、李少敏、吴中阳、郭丛斌、尚朝阳、田金钢、宋殿宇、黄晓健、陈向平、杨炳旭等参加会议。

【十届市委第九次常委（扩大）会议】 2011年11月20日，省委常委、市委书记毛万春主持召开十届市委第九次常委（扩大）会议。会议传达贯彻11月18日省委常委会议精神，国务委员、公安部部长孟建柱到洛调研重要讲话精神，省委副书记、省长郭庚茂到洛调研重要讲话精神，听取市委书记、市长李柳身一行赴京拜会国家有关部委及央企情况汇报，研究"六加一"攻坚战、战略性新兴产业选择与城市定位、中国移动客服呼叫中心项目、新区建设、碧水蓝天工程、"一中心五组团"快速通道规划建设、市城建考察团赴天津考察以及干部工作。市领导刘应安、常振义、周宗良、王全乐、高凌芝、王立林、李少敏、吴中阳、郭丛斌、尚朝阳、田金钢、宋殿宇、黄晓健、陈向平、杨炳旭等参加会议。

【十届市委第十二次常委（扩大）会议】 2011年11月27日，省委常委、市委书记毛万春主持召开十届市委第十二次常委（扩大）会议。会议研究牡丹产业发展、市级党政领导班子成员工作实效性考评、市"两会"召开时间、《洛阳市县（处）级领导班子和领导干部理论学习考核细则（试行）》、机构编制调整、全市县乡两级人大换届选举以及干部工作。市领导李柳身、刘应安、周宗良、王全乐、高凌芝、王立林、李少敏、吴中阳、郭丛斌、尚朝阳、田金钢、宋殿宇、黄晓健、陈向平、杨炳旭等参加会议。

【十届市委第十三次常委会议】 2011年12月2日，省委常委、市委书记毛万春主持召开十届市委第十三次常委会议。会议研究两起违法违纪案件、市食品安全委员会办公室机构设置和干部工作。市领导李柳身、刘应安、常振义、周宗良、王全乐、高凌芝、王立林、李少敏、吴中阳、郭丛斌、尚朝阳、田金钢、宋殿宇、黄晓健、陈向平、杨炳旭参加会议。

【十届市委四次全体（扩大）会议】 2011年12月2日，十届市委四次全体（扩大）会议召开。省委常委、市委书记毛万春主持会议并讲话。会议对全市党员干部提出四个方面要求：一要心怀感恩；二要顾全大局；三要牢记坚守；四要干事创业。会议还票决了部门干部任职状况。市领导李柳身、刘应安、李少敏、吴中阳、郭丛斌、尚朝阳、田金钢、宋殿宇、黄晓健、陈向平、杨炳旭和其他十届市委委员、候补委员，在洛阳的市级领导等参加会议。

【十届市委第十四次常委会议】 2011年12月11日，省委常委、市委书记毛万春主持召开十届市委第十四次常委会议。会议贯彻全省党委秘书长办公厅（室）主任培训班精神，研究《洛阳市2011年度“六加一”攻坚战考评奖惩方案》。市政协十一届四次会议拟递补增补政协委员、协助民主党派做好换届及人事安排工作、市工商联第十一次会员代表大会筹备以及干部工作。市领导李柳身、刘应安、周宗良、王全乐、高凌芝、王立林、李少敏、吴中阳、尚朝阳、田金钢、宋殿宇、黄晓健、陈向平、杨炳旭等参加会议。

【十届市委第十五次常委（扩大）会议】 2011年12月16日，省委常委、市委书记毛万春主持召开十届市委第十五次常委（扩大）会议。会议传达贯彻2011年中央经济工作会议、省委常委（扩大）会议精神，研究部署全市下步工作。市领导李柳身、刘应安、周宗良、王全乐、高凌芝、王立林、李少敏、吴中阳、尚朝阳、田金钢、宋殿宇、陈向平、杨炳旭、史秉锐等参加会议。

【十届市委第十六次常委会议】 2011年12月20日，省委常委、市委书记毛万春主持召开十届市委第十六次常委会议。会议研究创建全国文明城市、市十三届人大四次会议（包括增补人大代表及人大常委会委员情况）筹备、市政协十一届四次会议筹备、市委群众工作部更名等工作。市领导李柳身、刘应安、常振义、周宗良、王全乐、高凌芝、王立林、李少敏、吴中阳、郭丛斌、尚朝阳、田金钢、宋殿宇、黄晓健、陈向平、史秉锐等参加会议。

【市委经济工作会议】 2011年12月27日，中共洛阳市委经济工作会议召开。会议深入贯彻全国精神文明建设工作表彰大会、省委经济工作会议、省委九届二次全会、省委扶贫开发工作会议、全省对外开放工作会议等重要会议精神，回顾总结洛阳市2011年工作，部署2012年工作。省委常委、市委书记毛万春作了题为《持续“六加一”，提升“六加一”》的重要讲话。毛万春强调，要领会精神、把握精髓，抢抓重大机遇；要肯定成绩、正视问题，保持清醒忧患；要明确目标、持续求进，力争更有作为；要转变作风、守住底线，强化根本保障，持续、提升好“六加一”攻坚战。会议由市委副书记、市纪委书记刘应安主持。市领导李柳身、常振义、周宗良、李少敏、王全乐、高凌芝、王立林、吴中阳、郭丛斌、尚朝阳、田金钢、宋殿宇、陈向平、杨炳旭、史秉锐和在洛阳的市党、政、军其他领导参加会议。 （任晓娟）

组织工作

【领导班子和干部队伍建设】 2011年，市委组织部以县（市）、区党委换届为重点，以全面加强领导班子和干部队伍建设为目标，围绕中心，服务大局，创新方法，扎实工作，较好地完成领导班子和干部队伍建设各项工作任务。按照中央、省委、市委对县（市）、区党委换届工作有关精神，精心谋划，统筹推进，从2月初开始摸底，到5月29日县（市）、区党委换届人事调整工作在全省率先圆满完成，整个过程平稳有序，干群反响良好。党委换届共调整213人，调整后15个县（市）、区党委班子共有164人，比上届精减1人；班子结构得到进一步优化，年龄梯次配备更加明显，配备40岁以下干部17人（其中38岁以下的9人），党委班子平均年龄由46.7周岁下降为45.5周岁；党政班子配备女干部34人，基本实现了每个党政班子至少配备1名女干部要求。

受县（市）、区党委换届的拉动，市直单位先后调整县处级干部542人。其中：平调221人，提拔正县59人（领导职务31人、非领导职务24人，明确正县级4人），提拔副县145人（领导职务65人，非领导职务80人），副县级非领导职务转任同级领导职务46人，到年龄改任非领导职务58人（正县23人，副县35人），其他13人。特别是在6月市直单位县处级干部调整中，先后分3批进行，涉及市直单位92个，调整干部371人。

建立健全干部管理制度，不断完善干部管理机制。紧紧围绕环境创优年、打赢“六加一”攻坚战、打造过硬机关作风这一中心，制定出台《关

全市组织工作会议

全市人才工作会议

于转变干部作风推进环境创优工作办法（试行）》。该办法紧密结合《洛阳市“福民强市”目标考评办法》，根据科学发展、公众安全感、环境创优、效能提升、安全生产等指标季度和年度考评排名情况，对县（市）、区，市直委（局），乡（镇）街道，重点科室等采取相应处理措施，同时，建立平时考察机制，对工作业绩突出、排名达到一定位次的，启动平时考察。

建立任职承诺制度，激励广大干部干事创业。为有效解决干部提拔重用后的动力问题，让干部在提拔重用后有压力、有动力，积极、主动、创造性地开展工作，在市直单位党政正职及重要工作负责人选用上实行任职承诺制。承诺注重实质、突出中心工作，不拘形式、不强调篇幅，承诺的每项目标任务均由主管及相关市领导直接提出，市委主要领导亲自把关审定，承诺书在宣布任职时一并签订，之后在市级新闻媒体上向社会公布，接受广大干部群众的监督。

完善干部选拔任用工作纪实及有关事项报告制度。在县处级干部选拔任用过程中，严格执行选拔任用工作纪实制度，在推荐考察时要求考察组对推荐考察情况进行全程纪实，认真填写《党政领导干部选拔任用工作纪实表》，对考察人选的基本情况、民主推荐情况、考察情况等选拔任用程序、其他重要情况等进行全面、准确、翔实的记录，客观反映干部选拔任用各环节的责任主体，进一步规范干部选拔任用工作。

加强制度建设，深化干部人事制度改革。为进一步深化干部人事制度改革，激发干部工作热情和活力，市委组织部出台《关于做好新形势下市直机关及市属事业单位中层干部竞争上岗工作的意见》和《洛阳市市直机关及市属事业单位科级以下干部双向选择工作实施办法（试行）》。

加强领导，健全干部教育培训新机制。为确保干部教育培训在全市形成共识，形成合力，形成长效，2011年在已有工作基础上，进一步健全工作机制。首先健全组织。根据相关人事变动情况及时调整小组成员，进一步完善市委统一领导，市委组织部牵头总抓，市直有关部门分工协作，各司其职、齐抓共管的工作责任机制；其次完善制度。先后印发《中共洛阳市委组织部2011年干部教育培训计划》《洛阳市实施基层干部“科学发展主题培训行动计划”工作实施方案》等文件，制定和完善洛阳市干部教育培训改革贯彻落实意见、领导干部到党校授课制度、以需求调研为基础的教育培训计划生成制度和以激励约束为核心的各类管理制度，不断加大干部教育培训情况在干部考核任用、提拔晋升中的运用力度。

深入推进整治用人上不正之风工作，提高选人用人公信度。贯彻实施四项监督制度，干部选拔任用监督机制实现新突破。结合年度考核，在全市137个有干部任免权的单位，开展“一报告两评议”工作。按县（市）、区，市直，企事业分别进行汇总分析排名，对排名末位的进行反馈，要求及时整改。探索对市直单位党组（党委）书记离任时履行干部选拔任用工作职责的情况进行检查。

严肃查处违规违纪行为，选人用人案件查核工作取得新进展。进一步完善12380举报电话的电脑录音工作，实现电话、网络、信访三位一体的举报平台。加强任前公示，完善公示方式。拓宽公示媒介，将洛阳党建网、洛阳人才工作网同时作为社会公示窗口，改表格公示为文字表述，便于干部群众监督。全年共公示13批375人次，对反映问题线索具体的17人的情况进行了调查核实。认真受理群众来信来访，以对历史和老同志高度负责的态度，努力为老同志解决实际问题。

【人才工作】 2011年，市委组织部门制定出台《关于在全市中小学校实施名师工程的意见（试行）》，开展洛阳市首届名师的评选工作。共评选出50名特级名师、100名优秀名师和200名名师。积极参与省级及以上各类专家的评选工作。通过努力，新增国家海外高层次人才引进“千人计划”人选1名、中原学者2名、河南省优秀农村实用人才30名、第八批河南省优秀专家14名，进一步壮大了全市高层次人才队伍。积极开展优秀人才培训工作。在上海复旦大学举办洛阳市第十五期优秀人才政治理论培训班。积极做好第九批河南省博士服务团暨科技副职的选派工作。按照“双向选择、互惠互利”的原则，共接收3名博士服务团成员、3名科技副职到洛阳市挂职服务，有效解决了派入单位的人才需求难题。

提升服务，优化人才工作环境。在洛阳高校、科研院所、各类园区以及大型企业等重点用人单位配备51名人才工作专职联络员。编制《洛阳优秀专家名册》，进一步健全人才信息库，为更好地做好人才服务工作提供便利。同时，积极关注并有效解决高层次人才在工作生活中遇到的难题。

【后进村整顿】 2011年，市委组织部在2010年整顿103个后进村（社区）的基础上，对照“提高群众满意率、降低群众上访率”的标准，以解决“有人干事、有钱办事、有章理事”方面问题为基本要求，每半年排查一次后进村，按照“民主选举、目标管理、监督公开、培训提高”的工作方法，一村一策，共排查整顿后进村2批次312个。

配强班子，治理软村。围绕村级组织换届工作，采取思想整顿和组织整顿相结合的办法，通过“派、选、备”，选优配强村级班子。一是突出重点“选”。通过“两推一选”、村企兼职、回请任职等办法，注重在复员退伍军人、科技示范户、致富带头人中选拔“两委”干部。积极引导村党组织负责人竞选村委主任，推动实现“一肩挑”；及时将可以作为村委干部候选人的优秀党员或农民“能人”，选拔调整进入支部班子或者引导其积极向党组织靠拢，强化村党组织的政治领导核心作用。二是针对难点“派”。对于班子不合或本村无合适人选的，从职能委局、乡镇机关选派206名党员干部到农村任村党组织第一书记，协调“两委”关系，进一步细化村党组织和村委会职责，促“两委”干部协作共事。三是加强弱点“备”。建立村级后备干部档案，采取市、县两级办班培训、请优秀党组织书记巡回报告、组织考察学习等方式，举办培训班419场次培训1.2万余人次，提高党员干部素质。同时，深入开展党员联户和“设岗定责”活动，分配工作任务，锻炼后备干部队伍，待条件成熟后吸收进村级班子。

健全机制，治理散村。采取三“管”齐下的措施，建立和规范村（居）民自治章程和村规民约743个，健全监督管理制度415条，解决问题866个。一是民主理财，管住钱。严格落实组财村管、村财乡管、财务支出“三人会签”等制度，充分发挥村民监督委员会和村民理财小组的作用，进一步规范村级资金、资产、资源管理。在村级组织换届中，组织实施村干部任期和离任经济责任审计，审计结果在选举前公布，接受党员群众监督。二是绩效考核，管住人。建立健全绩效考核办法，实行目标管理，组织开展群众参评、党员互评、组织讲评、领导点评“四评”活动，对村干部公开承诺的工作目标完成情况和工作实绩进行评议，评议考核结果同表彰奖励、享受待遇挂钩，表现优秀的优先推荐为各级党代会代表、人大代表、政协委员。三是阳光决策，管住事。以坚持推行“四议两公开”工作方法，用好村务公开栏和村务公开大台历，把村级财务、农村低保等群众反映突出的内容纳入村务公开范围，信息公开透明，群众明白满意。

发展经济，治理穷村。着力抓好“惠民工程”，大力加强村容村貌整治，改善后进村环境，发展经济，带领群众增收致富。一是抓政策资金倾斜。用足用好用活各项支农惠农政策，整合资金5000万余元作为后进村帮扶专项资金，新上农田水利、道路整修等项目212个，切实解决后进村短资金、缺项目、基础设施薄弱等问题。二是抓对口帮扶。建立职能部门和企事业单位对口帮扶机制，帮扶单位立足自身优势，送资金、送项目、送信息、送技术，帮助后进村制定发展规划，挖掘发展潜力，全方位多层面为促进发展服务。三是抓产业发展。按照市委、市政府结构调整、土地流转、生态旅游“三篇文章打捆一起做”的要求，根据后进村的资源条件，一村一品、一村一特，帮助后进村培育无公害蔬菜、特色林果、苗木花卉、畜牧养殖等特色农业项目313个，发展文化游、农家游、采摘游、休闲游等产业，进一步拓宽农民收入渠道，有效带动后进村2万余名群众的就业增收。

维护稳定，治理乱村。配合开展矛盾纠纷排查调处工作，重点对信访积案进行化解。对历史遗留问题多、矛盾突出的，建立领导包案制度，由县级领导直接抓，集中攻坚，限时解决，化解土地承包、赔偿安置等方面纠纷2385个。对于“三宗”势力影响村务的，依法进行说服教育和宣传引导；对于黑恶势力，通过设立意见箱、入户走访等深入细致的工作，收集案件线索，摸清底细，从严从快从重打击，对108人采取强制措施，还群众一个安居乐业的生活工作环境，赢得了群众的信赖和支持。　（组织部）

宣传工作

【理论宣传】 2011年，全市宣传思想文化系统深入推进学习型党组织建设，制定下发《2011年度全市各级党委（党组）中心组理论学习的安排意见》，对全市党委中心组理论学习做出统一安排部署。组织举办党委（党组）中心组学习秘书培训班，培训中心组学习秘书210人。加强理论务虚与工作落实的有机统一，嵩县开创“联组学习”新模式，瀍河区探索建立实地调研深入学、名人名家拓展学、读书交流联动学、多媒体教学辅助学、短信要点及时学“五学”模式，在全市具有示范意义。深入推进学习型机关、学习型企业、学习型村镇、学习型社区“四学”建设。认真抓好领导干部述学考核工作，制定下发《洛阳市县（处）级领导班子和领导干部理论学习考核细则（试行）》，对县处级领导干部进行述学考核测评，初步建立理论学习考核和激励约束机制，基本实现理论学习由“软任务”向“硬约束”、由“抓活动”向“促常态”的转变。

围绕贯彻党的十七届六中全会和省九次党代会精神，精心组织“科学理论进基层”集中宣讲活动。邀请省委宣讲团成员莅洛举办3场报告会，市、县主要领导和基层理论骨干2000余人次听取了报告。以中原经济区建设和实现“福民强市”为主题，选聘24名专家教授和理论工作者组成宣讲团，深入乡镇、社区、企业、校园，开展集中宣讲活动118场，直接听众达3万人次。首次抽调10名县、区理论讲师参与集中宣讲，进一步延伸了宣讲覆盖面，扩大了基层宣讲影响力。举办贯彻党的十七届六中全会暨省市党代会精神理论骨干培训班，培训理论骨干220人。

围绕加快发展方式转变和产业结构调整，组织开展2011年度“社科专家县区行”调研活动，形成调研报告15篇。扎实开展社科规划研究工作，确定社科规划课题226项，其中重点课题27项，一般课题198项。组织开展洛阳市第十二次社科成果评奖活动，评出特别奖1项，一等奖10项，二等奖30项，三等奖108项。加大人文社科重点研究基地建设，15家研究单位获批成为全市第二批人文社科重点研究基地。市社科联在第二十二届全国大中城市社科联工作会议上，被授予“2010～2011年度全国先进社科联”称号。

认真抓好基层党员教育培训，积极开展“推进中原经济区建设”主题党课教育活动，全年上报优秀党课教案268篇，举办讲党课理论骨干培训班8期，培训骨干1000多名，讲党课5000余场次，参与党员群众达20万人次。市委宣传部荣获全省“积极推进中原经济区建设”主题党课活动组织工作奖，4篇教案被省委宣传部评为优秀党课教案。指导各级组织开展党员教育培训，全市3000余所基层党校共举办培训1.3万余期，培训人员达50万余人次。全市19所基层党校被省委宣传部评定为省级先进基层党校。

【新闻和网络宣传】 2011年，市委宣传部紧紧围绕中心工作开展主题宣传，大力营造加快推进“福民强市”进程的浓厚氛围。组织市属媒体深度宣传解读党的十七届六中全会、省九次党代会、市十次党代会精神，深入宣传洛阳市庆祝建党90周年、“六加一”攻坚战、创建全国文明城市等重点活动。组织开展中央媒体聚焦洛阳、省外媒体中原行洛阳站采访等大型采风活动，在省级以上媒体集中刊发了一批展示洛阳特色的新闻稿件和网络信息。邀请新华社、《人民日报》、中央电视台等媒体到洛采访报道全国文明城市创建经验成效，组织召开洛阳牡丹红茶北京新闻发布会，并在中央、省、市重点媒体开展同步推介。积极组织网民参与“中部崛起看河南——中原经济区建设”网络作品大赛，洛阳市投稿量居全省地市第二位，5篇文章获大赛一、二、三等奖。与人民网河南频道合作开设“人民网·洛阳视窗”，设置政务要闻、民生关注等10余个栏目，全年刊发各类正面宣传稿件2000多篇。全年配合市委、市政府中心工作，邀请200多家国内外媒体到洛采访，对外发稿6000多篇（条）、网络信息18万条，新闻转载量达620万篇（条），开展全媒体直播活动60多场，刊播新闻专题80个。

围绕“六加一”攻坚战，组织市属媒体开设“奉献洛阳”专题专栏，开展先进事迹宣传报道工作，重点推出心怀国家、默默奉献的中国工程院院士李俊贤，扎根基层、心系群众的“全国公安机关爱民模范”李虹，舍生忘死、视人民群众生命财产高于一切的人民卫士李鹏等一批在基层一线的劳动模范、道德模范，李鹏入选“2011感动河南十大年度人物”，市农科院院长张灿军、河南硒谷绿色农业有限公司总经理杨利民当选“2011年度河南十大‘三农’人物”，全面掀起了弘扬践行洛阳精神的热潮。围绕第二十九届中国洛阳牡丹文化节、关林国际朝圣大典、海峡两岸关公文化论坛、福布斯城市发展论坛等重大节会活动，精心策划，合力宣传。4月13日，《洛阳晚报》推出了国内首份4D报纸，河南卫视连续6天刊播相关专题报道，腾讯“中国洛阳牡丹文化节”官方微博集中造势。通过新闻推介、领导专访、微博接力、网民互动等形式，有效提升了节会知名度和影响力。加强与中央级媒体合作，2011小浪底观瀑节期间，央视《朝闻天下》《新闻30分》《中国新闻》《新闻直播间》《整点新闻》等栏目播发新闻报道18条，创洛阳市单项重点活动在央视新闻报道之最。首次与央广实现连线直播合作，市委常委、常务副市长吴中阳代表洛阳走进中央人民广播电台《政务直通》栏目直播间接受专访。

进一步加强舆论引导工作，建立健全舆论引导机制，制定下发《洛阳市建立新闻发言人制度暂行规定（试行）》《洛阳市突发事件新闻应急处置和发布制度》《加强和改进舆论引导工作的实施意见》《洛阳市网络舆情办理工作实效性考评办法》《洛阳市重大舆情引导处置办法》等管理制度和实施办法，完善《媒体网络舆情日报》等舆情收集整理上报制度和媒体采访上报制度。

坚持24小时网络舆情监测，全年共收集涉洛信息7500万条，组织网评员发布网络评论文章1700多篇。在全国首届“网络问政与舆情监测高峰论坛”上，洛阳市委宣传部被授予“网络舆情监测创新奖”。“精彩洛阳”“微博洛阳”“孟津发布”“精彩栾川”“看汝阳”等政务微博，伊川手机报、洛龙手机报、吉利手机彩信报等网络信息发布平台，成为全市信息发布和党务政务公开的重要渠道。其中：腾讯“精彩洛阳”微博全年共发布各类信息1095条，拥有粉丝数量624628人，粉丝数量居全省各地市官方微博首位，被《大河报》评为2011年度河南省十大政务微博。

改进新闻宣传报道方式，组织“走基层、转作风、改文风”活动。新闻采编人员深入基层一线实地采访，刊发了一批鲜活的新闻报道。开展“杜绝虚假报道、增强社会责任、加强新闻职业道德建设”专项教育活动，虚假报道和有偿新闻现象得到了有效治理。积极化解舆情危机，加强现场新闻采访秩序和网络信息发布的管理，协调有关单位第一时间在权威媒体发布真实信息。

在全省率先全面建立党委、政府新闻发言人制度，设置并培训新闻发言人302人、新闻联络员330人，覆盖了市县两级单位280个。定期举办全市民营经济、招商引资、创建全国文明城市等新闻发布会，并进行现场电视直播。国务院新闻办密切关注洛阳市新闻发布工作，国新办网站多次转发洛阳市新闻发言人培训和新闻发布会新闻信息。全年举办新闻发布会50余场，各类媒体见面会、通气会、座谈会120场，向海内外300余家新闻媒体发布信息400余条。

【对外宣传】 2011年，市委宣传部实施“请进来、走出去”战略，加强与中央、境外、省内主流媒体联络，构建中央境外媒体、省市媒体、传统新型媒体优势互补，新闻外宣、文化外宣、旅游外宣协力发展的立体式外宣格局，洛阳城市形象广告在央视多个频道、省内外机场、郑西高铁和重要景点饭店等平台循环展播。洛阳3D影视《牡丹》广告片首次登陆美国纽约时代广场。组织制作《沧桑巨变洛阳城》宣传片，《魅力洛阳》、《美在汝阳》、《洛阳三彩艺术》画册，《孟津印象》折页、《千姿牡丹》邮册和《洛阳》《龙门》旅游宣传光盘等一批优秀外宣品，有效提升了洛阳对外形象。

参与香港《大公报》“2010中国最具海外影响力市（县、区）、镇（乡村）”评选活动，洛阳市获得“2010中国最具海外影响力城市”。组织参与中原文化港澳行联合采访、国务院新闻办非洲国家政府官员新闻研修班洛阳访问、海外华文传媒合作组织2011年会、第十届网上看河南洛阳采风、世界华裔优秀青年洛阳参访、福布斯中国洛阳经济发展论坛、2011关林国际朝圣大典暨海峡两岸关公文化论坛等活动。举办洛阳-冈山缔结友好城市30周年系列庆祝、交流活动，组织赴中国台湾新闻交流活动，承办香港《大公报》香港总社和《中国日报》（CHINA DAILY）总社重要领导参访活动。积极组织文化企业参加深圳文博会等会展交流活动，获得第七届中国（深圳）国际文化产业博览交易会“优秀展示奖”和“优秀组织奖”。唐三彩烧制技艺荣获2011中国（浙江）非物质文化遗产博览会金奖。承办“2011年中国（洛阳）国际演出交易会”，展现了洛阳包容开放、创业创新的城市形象。

加强与“名媒、名栏、名人”合作，配合中央电视台拍摄《丝路中国：洛阳篇》和科教节目《张松峰和他的盆栽牡丹》，牡丹文化节期间协调重播十集大型电视系列节目《天地洛阳》。邀请央视《走遍中国——永远的明灯郭守敬》摄制组在洛阳拍摄大运河有关遗迹。同新华社合作，在郑州紫荆山公园电子屏幕上连续1个月播放《千年帝都牡丹花城》城市形象宣传片。联合中国国际广播电台西非部制作《千年帝都牡丹花城——外籍记者游洛阳》，采用英、法两种语言向非洲国家进行宣传。与河南电视台国际部《知行天下，非遗所思》栏目组合作，拍摄牡丹培植技艺、唐三彩烧制技艺等专题片4集。4月在《人民日报》刊登洛阳牡丹文化节宣传专版。配合全省“中原经济区合作之旅——走进台湾”活动，在台湾中时集团《旺报》上刊登了《中西部投资热土——洛阳》宣传专版。河洛文化旅游节期间，与香港《商报》、香港《文汇报》合作刊登了洛阳文化旅游宣传专版。11月洛阳市在《光明日报》刊登专版，宣传洛阳融入中原经济区建设情况。12月《人民日报》《河南日报》《东方今报》《洛阳晚报》同日刊登洛阳牡丹红茶专版，为河南省打造红茶品牌营造了积极氛围。

【社会宣传】 2011年，市委宣传部广泛开展庆祝建党90周年系列活动，大力营造良好的宣传氛围。开辟《红色记忆中的红色档案》《党旗飘扬在基层》《红色追寻·巨变》《红色先锋·影像》《红色先驱》等专栏，组织刊发了一批有影响、有份量的宣传报道。在八路军驻洛办事处纪念馆组织举办“河洛丰碑”——党在洛阳90年奋斗历程及辉煌成就图片展。组织举办“洛阳市庆祝中国共产党成立90周年大型合唱演唱会”活动，市四大班子领导及各界观众5000人参与。承办建党90周年全国优秀剧目豫剧《村官李天成》、话剧《郭双印连他乡党》洛阳巡演活动。举办纪念建党90周年理论研讨会暨优秀论文征集活动，征集优秀论文100余篇，2篇入选省委宣传部纪念建党90周年优秀论文集。加强爱国主义教育，命名首批20家洛阳市“革命老区爱国主义教育基地”，驻军21282部队史馆被命名为省级爱国主义教育基地。开展“共产党好”“历史的选择”为主题的第十八届青少年爱国主义读书教育活动，营造了良好的庆祝氛围。

着眼于“精神立市”，深入开展洛阳精神大讨论活动，制定下发《关于在全市开展洛阳精神大讨论活动的意见》，开辟“洛阳精神大家谈”媒体专栏，召开座谈会、讨论会80余场，征集表述语5000余条，举办“万人书写洛阳精神”广场活动、“我心中的洛阳精神”演讲比赛等活动，300万人次参与，最终形成了“包容开放、创业创新、实干争先、负重奋进”的洛阳精神表述语。

深化“文明洛阳、礼仪洛阳、诚信洛阳、魅力洛阳”教育活动。举办文明礼仪核心价值体系培训班3期，培养文明礼仪宣讲骨干300名。相继开展文明礼仪“进社区、进工地、进企业、进农户”，践行《市民文明公约》《市民守则》和“11·22”洛阳诚信论坛等系列宣传活动，社会反响良好。承办全国“道德模范故事汇”洛阳巡演活动和中央文明办“全国道德模范及身边好人现场交流会”。以重大节庆活动为契机，广泛开展“讲文明树新风”“践行文明礼仪我先行”“我推荐我评议身边好人”活动，11人入选“中国好人榜”，10人被评为“市民文明标兵”。

围绕和谐洛阳建设，开展“三师同位”“三队同行”进驻企业社区活动。解决职工疑难信访案件4000多起，职工满意率达95%以上，典型经验在中宣部思想政治工作座谈会上推广。开拓思想

中国共产党成立90周年庆祝大会

政治工作新阵地，开通“洛阳政工网”网站。承办李文祥先进事迹报告会，推荐洛龙区李楼乡潘寨村支部书记肖灵森参加省委宣传部李文祥先进事迹座谈会，并作为基层唯一典型代表在会上发言。洛阳市“四德”教育经验被推荐上报中宣部，作为《公民道德建设实施纲要》颁布10周年典型发言材料。

【精神文明建设】 2011年，市委宣传部坚持“创建为民、为民创建”宗旨，严格按照《创建文明城市工作测评体系》和《全国未成年人思想道德建设工作测评体系》，开展环境创优民意调查活动。开通洛阳文明网，并成为中国文明网联盟网站。深入实施“文明中原系列行动”，对城市道路、公共设施和市场集中整治，有效深化了城市“三优三创”竞赛活动。开办“文明大讲堂”。编印发放50万册《创建全国文明城市市民手册》。新建一批青少年活动中心、科技馆、乡村学校少年宫等未成年人校外活动场所。洛阳市荣获第三批“全国文明城市”称号，栾川县冷水镇、洛宁县涧口乡明珠村、新安县石寺镇上孤灯村荣获第三批“全国文明村镇”称号。

广泛开展志愿者服务活动，成立洛阳市志愿者联合会，建立“四位一体”志愿者服务网络和“十星级”志愿者服务考评机制。在全社会招募各类志愿者18万人，开展“万名志愿者助交通、进社区”，关爱农民工、空巢老人和留守儿童等志愿服务活动，募集关爱空巢老人爱心捐款425万元，受惠空巢老人达11.3万人。组建关爱留守儿童志愿服务队，建设“留守儿童之家”“爱心书屋”“阳光操场”等留守儿童活动场所。暑假期间，面向全国招募优秀在校大学生，深入洛阳周边山区义务教学，共组织7届600多人次下乡支教，40多所学校6000多名学生受益。洛阳市志愿者联合会获得“全国优秀志愿服务组织”称号。

认真抓好基层精神文明创建，向中央文明办推荐申报全国文明单位5家，圆满完成全年创评任务。向省文明办推荐申报省级文明单位51家，评选市级文明单位120余家，文明单位整体质量和水平均居于全省前列。24个社区（小区）通过验收被评为“市级文明社区（小区）”。加强农村创建工作，《以创建文明小城镇为抓手，大力促进农村精神文明建设》经验，被中央文明办《农村精神文明创建工作典型经验评析》收录。嵩县明白川村“一把扫帚扫倒底”的创建做法作为全市农村创建典型代表在中央电视台和《光明日报》宣传。

建立健全全市未成年人思想道德建设工作机制，定期召开工作推进协调会。依托中小学校和社区新建“乡村学校少年宫”、心理咨询室等场所，在栾川县、洛一高、市实验小学等单位召开现场观摩会。栾川县文明办在全省乡村学校少年宫项目建设培训会上介绍经验，市未成年人心理健康辅导中心被省文明办确定为全省未成年人心理健康辅导示范点。开展“做一个有道德的人”主题教育活动，以市第二外国语学校成为全国主题活动联系点为依托，组织全市85所中小学校建立主题活动平台。在全省组织的中华文化经典、红色经典诵读表演比赛中荣获二等奖和组织奖。市第二中学学生朱政文被评为“第三届河南省十大美德少年”。洛阳市荣获“第三届全国未成年人思想道德建设工作先进城市”称号。

洛阳首批革命老区爱国主义教育基地

县、区	所在镇、村
新安县	南李村镇仙桃村、仓头镇养士村、正村乡古村、北冶镇刘黄村、北冶镇三王庄村、五头镇
偃师市	府店镇杨窑村、邙岭乡申阳村
伊川县	吕店镇温沟村、江左镇上王村、酒后乡酒后村
洛宁县	河底乡河底村、底张乡中高村
孟津县	横水镇横水村、朝阳镇小良村
嵩　县	车村镇、田湖镇
栾川县	三川镇抱犊寨
吉利区	吉利乡横涧村
宜阳县	赵保乡东赵村

【文化艺术工作】 2011年，市委宣传部全面加强公共文化服务体系建设，完成全市36个街道文化活动中心、82个社区文化活动室和77个乡镇基层服务点基本业务设备和文化信息资源共享设备的招标、配送和安装工作；建成农家书屋1435个、乡镇文化站56个；为21个乡镇文化站配送基本业务设备。积极推进公共文化场馆免费开放，基本实现全市所有公共图书馆、文化馆（站）设施场地和基本服务全部免费。组织申报省级文化先进乡镇等项目评选工作，7个乡镇获得第五批“河南省文化先进乡镇（街道）”称号，2个乡镇被评为第二批“河南省民间文化艺术之乡”，2个社区获得第二批“河南省文化先进社区”称号。18个项目入选第三批省级非物质文化遗产名录，洛阳酒家有限责任公司（真不同水席）被评为“河南省非物质文化遗产生产性保护示范基地”，洛阳河洛文化生态保护实验区被评为“河南省文化生态保护实验区”。宜阳县被授予“中国西游文化之乡”荣誉称号。涧西工业遗产街成功入选“中国历史文化名街”。组织参加第三次全国文化馆评估活动，市群艺馆（文化馆）评估定级顺利通过文化部验收。全面完成全市“十一五”期间广播电视村村通工程验收工作。

进一步丰富群众精神文化生活，组织春节河洛文化庙会、关林春节民俗庙会、2011新春文艺晚会等群众文化活动564场，受益群众89.1万人次。第二十九届中国洛阳牡丹文化节期间，协办文化部首届优秀保留剧目大奖作品洛阳展演月活动，举办“河洛欢歌”广场文化狂

河洛文化庙会

欢月、全国农民画展暨全国牡丹画学术邀请展、电影《甲天下》首映、“兰亭汇”第三届中国书法奖洛阳获奖作者作品联展走进安阳中国文字博物馆、“诗意河洛”全国文学大奖赛颁奖典礼暨获奖作品集《洛水之阳》出版首发式、“国花颂”全国牡丹摄影艺术大奖颁奖仪式暨画册出版首发式等丰富多彩的文化活动。洛神女子合唱团参加河南省第四届合唱节并获得大赛金奖。全年共组织“百场公益性文化演出”400场，“欢乐进农村、进社区、进军营”慰问演出80余场，“舞台艺术送农民”演出156场，举办戏剧、话剧、舞剧等多种艺术门类演出50余场。农村公益电影放映工程完成35820场放映任务，观众达1676万人次。

结合精神文明建设“五个一工程”，论证、实施了一批文艺作品，共征集作品5大类31部，其中电影《凤凰岭》、歌曲《春天的歌谣》、图书《雄鸡一声天下白》3部作品，获得第九届河南省精神文明建设“五个一工程”优秀作品奖。电影《深山彩虹》《念书的孩子》和《忐忑》拍摄完成。洛阳君兰影视动画公司精心打造的3D动漫电影《牡丹》完成制作。现代戏《清风明月》参加省戏剧大赛，获得河南文华剧目奖和8个单项奖。

积极推进国际文化旅游名城建设，确定重大文化旅游产业项目21个。加强河洛文化的研究与传播，举办河洛文化论坛暨纪念邵雍千年国际学术研讨会。面向社会征集“河洛郎”动漫卡通形象，确定“阳阳”作为河洛文化旅游节吉祥物。组织专家结集出版《洛阳社科文库之文化产业研究文集》。成立洛阳文化产业研究院，开展文化产业和国际文化旅游名城专题研究。实施文化产业积聚工程，建设孟津平乐农民牡丹画、孟津南石山唐三彩、伊川烟涧青铜器、新安河洛澄泥砚等文化创意产业园区。培育文化专业村25个，重点打造10个文化产业示范村，积极开发牡丹画、唐三彩、青铜器、洛阳宫灯等洛阳特色文化产业。推进中国影视基地、木札岭影视基地、卧龙谷影视基地、金水源影视基地建设。制作电视专题片《河洛之旅》，已完成龙门、关林、白马寺、天子驾六、千唐志斋等专题。红太阳演艺剧场、歌舞剧《神都》、十万宫廷乐舞、帝都百戏苑等项目稳步推进。“中国平乐牡丹画”“牡丹瓷”“千姿牡丹邮票”“动漫牡丹”等牡丹文化品牌影响力日益扩大。加快实施洛阳移动电视、地面无线数字电视工程、洛阳网络广播电视台、洛阳手机CMMB（中国移动多媒体广播系统）等一大批新兴高科技产业项目，总投资1620万元的中原明珠LED广告与亮化项目正式运营。积极完善产业扶持政策，出台《洛阳市文化产业发展专项扶持资金管理暂行办法》《洛阳市文化产业示范园区评选命名管理办法》《洛阳市文化产业示范基地评选命名管理办法》《关于扶持洛阳市动漫产业发展的实施意见》等文件。

【人才队伍建设】 2011年，市委宣传部加强宣传思想文化战线人才队伍建设。对全市基层宣传思想文化干部队伍建设情况进行调研，完善市直宣传文化系统重要宣传舆论阵地干部数据库。贯彻落实干部培训规划，制定《全市宣传文化干部“十二五”培训规划》《洛阳市宣传思想文化人才队伍建设中长期规划》，选派5名干部参加中宣部及省、市委党校培训。研究制定宣传文化系统“四个一批”人才培养规划。推荐2名人员参加省委宣传部“四个一批”统一培训，成功申请人才资助项目2个，争取资助金额10万元。

积极推进宣传文化系统内部体制机制改革，完成中国图片社洛阳分社的改制任务。洛阳日报报业集团加快向现代企业管理转型。完成洛阳广播电视报社转企改制。《洛阳日报》第四次荣获“中国品牌媒体地市党报十强”称号。洛阳日报报业集团全年纳税额居河南省500强，在河南省平面媒体中排名第二。洛阳广播电视台推出绩效工资发放办法，对台内重要职务进行竞聘选聘。洛阳文学院（《牡丹》文学杂志社）、洛阳美术馆（洛阳画院）扎实推进3项制度改革，市文化艺术发展中心正式撤销。

加强部机关自身品牌建设，确立“弘文唯实”的部机关品牌和“凝心聚力”的党建工作品牌，着力提升“河洛欢歌”群众文化活动、“礼仪洛阳、诚信洛阳、魅力洛阳”主题教育实践活动、“科学理论进基层”集中宣讲活动、河洛志愿者服务活动等宣传工作品牌。确定重点调研课题20个，向省委宣传部报送调研报告10篇。《礼仪洛阳、诚信洛阳、魅力洛阳》《敢于公开信息的责任政府》和《洛阳的“河洛欢歌”之路》入选全省宣传思想工作典型案例。完善舆情信息收集制度，全年编印

《洛阳宣传信息》60期，编发信息320条，其中55条被《河南宣传信息》采用。踊跃参加“万名志愿者进社区、助交通”，“清洁家园行动”，“对口包村帮建”等活动，展示了宣传干部良好精神风貌。加大定点帮建力度，利用政策机遇，为帮扶村争取电脑10台、资金25万元，捐赠图书500余册，为5个县委宣传部争取价值100万余元资金的办公设备物资。（李经民）

统一战线

【非公有制经济】　2011年，市委统战部建立非公有制经济发展情况新闻发布制度。市委常委、统战部部长代表市委、市政府发布非公有制经济有关情况，市有关职能部门，各县（市）、区公开服务发展非公有制经济的承诺，接受社会监督。全年，召开新闻发布会8次。结合实施《洛阳市小额担保贷款支持全民创业实施办法》和《洛阳市市级政府采购促进中小企业发展暂行办法》等政策措施，首次将微型企业纳入小额担保贷款对象，贷款对象扩大为具备创业条件的自主创业、自谋职业人员，包括失业人员、复员转业退役军人、大中专毕业生、残疾人、回乡创业农民工和被征地农民。截至2011年年底，全市已发放小额担保贷款超过10亿元，中国银行洛阳分行与洛阳市30家中小企业签订授信合同，授信金额达2.35亿元，有效解决中小企业融资难的问题。助推通达电缆、洛阳北玻、杜康控股、隆华传热、恒野农牧、春华秋实农林科技6家企业上市，实现了非公有制企业上市工作跨越式发展。扎实推进非公有制经济人士综合素质提升工程，先后开办高级工商管理培训课程14次，培训非公有制经济人士1650余人次，非公有制经济人士综合素质显著提升。组织调研组深入规模以上非公有制经济企业和新上、在建项目进行调研，帮助企业解决生产经营和项目建设中的问题、难题，完成《对如何发挥统一战线在推动经济发展方式转变中作用调查与思考》《关于整顿担保公司归地管理》等调研报告。

全国政协副主席、中央统战部部长杜青林率调研组到洛考察指导工作

【招商引资】　2011年，市委统战部充分发挥联谊、思想、智力、政治“四大优势”，通过“以商招商”“以情招商”“以侨招商”“以台招商”等形式，以“根在中原洛阳网”和“洛阳工商联信息网”为信息平台，主动融入，积极作为，招商引资工作成效显著。一是请进来，广泛邀商。市委统战部邀请美国、新加坡、港澳台及国内知名企业家170多人到洛考察交流，达成一批投资意向。二是走出去，推介项目。市委常委、统战部部长陈向平带领统战部、台办、工商联、商务局等有关部门和企业赴中国台湾、浙江、上海、福建、广东、江苏等地，与国内外知名企业进行交流接洽，推进招商引资工作，先后与上海市河南商会、南京市总商会进行广泛的接触交流，洛阳市工商联还与镇江市工商联、湖州市工商联建立友好商会。三是以海外华人企业、港澳台企业为重点，发布招商引资信息，宣传洛阳，推介项目。四是实行招商引资目标考核。围绕市政府下达的年度招商引资考核目标，明确责任，分解任务，采取季度督察和半年汇报交流的形式，进一步加大招商引资力度。全年，全市统战系统引进市外项目22个，投资总额1.12亿元。市委统战部机关完成招商引资3000万元，完成市委、市政府下达的招商引资任务的6.7倍。市侨联与洛阳新区管委会联合开发的华侨苑项目，项目总投资6亿元，建筑面积13万平方米，为侨资企业和留学归国创业人员提供办公咨询服务场所。创办洛阳留学人员创业园暨中关村国际孵化园洛阳基地，园区占地58亩，是集办公、科研、生产为一体的智能化、多功能高新技术孵化基地，建成综合厂房和标准化多层厂房1.4万多平方米，已有11家企业入驻办公，促进归国留学人员的科技成果转化。

【多党合作和政治协商】　2011年，市委统战部制定《中共洛阳市委同民主党派、无党派人士政治协商意见》和《中共洛阳市委同民主党派、无党派人士2011年政治协商计划》，进一步健全完善政治协商制度。全市各级非党人大代表、政协委员提出提案议案364 件，其中市政协十一届三次会议确定的20件重点提案，党外的占19件，《投资担保公司变相“非法集资”行为应引起重视》的提案被民建中央、省政协采用。夯实思想政治基础，引导、支持各民主党派、无党派人士开展“树立和践行社会主义核心价值体系”主题教育活动，举办“重温历史·同心同行”纪念建党90周年座谈会、纪念辛亥革命100周年等系列活动。开展“同心同行建洛阳”活动，引导协助各民主党派、无党派人士开展捐资助教、法律援助、医疗义诊等社会服务活动。省无党派人士“同心扶贫行动”基地在洛宁县挂牌，落实科技扶贫项目3个、投资总额100万元。

党外代表人士队伍建设进一步加

强，党外干部选拔使用工作取得新突破。4个民主党派市级组织完成换届工作，市、县两级工商联换届工作如期完成，顺利实现新老交替和政治交接，营造和谐稳定的政治局面。成立致公党中央直属洛阳支部。建立完善228名无党派人士信息库、47名归国留学人员信息库和81名新阶层代表人士信息库。截至2011年年底，在市级人大、政府、政协领导班子中安排党外领导干部7名，在市级政府、政协、民主党派机关及事业单位中安排党外领导干部29名（正职3名）；在县级人大、政府（含高新区）、政协中安排党外领导干部66名（正县级5名）。

【港澳台及海外统战工作】 2011年，市委统战部密切和提升洛阳同港澳台及海外华侨华人各界朋友的联系，邀请、接待港澳台及海外华侨华人到洛寻根问祖、旅游观光、经贸合作、探寻“河洛文化”等交流团组89批1916人次。组织交流团组60余个301人次赴港澳台进行科技、经贸、文化等方面的洽谈，洛阳牡丹首次赴台参展和第二届海峡两岸关公文化论坛两项活动被评为2011河南省涉台“十件大事”。开展为台商、侨商、台胞、台属、侨属侨眷送温暖活动，协调处理涉台投诉纠纷案件 3起，协调解决涉侨企业反映问题20多起，挽回经济损失2300万余元，走访慰问困难台胞、台属、侨属，为22户困难台胞家庭落实困难补助金，筹集资金8万元对困难侨属进行慰问。积极帮助台商工业园区进一步优化投资环境，制定发展规划，改善基础设施，促进台商工业园区的发展。引进世界500强企业的台湾台塑集团和洛阳巨子新能源科技入驻洛阳市台商工业园区。2011年，全市新增台资企业5家，新增投资额3.5亿元，实现地方税收1112万元。加强对台宣传工作，组织开展台海形势报告会11场，积极开展涉台教育进社区、进学校工作。

【民生改善】 2011年，市委统战部发挥优势，以“凝聚力工程”“就业再就业工程”“百村建设工程”3项工程为抓手，围绕民生改善办实事、办好事。大力实施“凝聚力工程”。全市统战系统捐资320万元，资助1720名贫困大学生圆了大学梦，捐资建造希望小学两所。致力于就业再就业工程。市、县两级统战部、工商联积极开展非公有制企业招聘周活动，先后组织1300余家非公有制企业进场招聘，帮助9000余人实现再就业。继续推进“百村建设工程”。在实现3年新农村帮扶目标的基础上，完善领导包县、干部驻村、企业帮扶的工作机制和农业技术专家入村、企业带村、产业帮村、项目合作的帮扶模式，圆满完成年初制定的帮扶任务。全年，市统战系统参与新农村建设的帮扶企业达到170家，对分包的结对村新投入帮扶资金2720万元，实施生产加工、养殖、种植项目36项，帮扶养殖、种植户265户，发展特色农村产业3192户，发展特色农林产业近5000亩，修建村卫生室、村文化广场、超市、医疗室11个，帮助80余户农民搬入新居，整修道路16千米，修建沼气池63座，绿化植树6.6万株，安排保洁员352人，安置农民就业5080人。

（童红涛）

台湾海基会董事长江丙坤率领台湾海峡交流基金会媒体参访团到洛，考察文化旅游业和台资企业发展情况

市直机关党建

【思想建设】 2011年，市直机关各级党组织深入贯彻落实科学发展观，扎实开展创先争优活动，以科学的理论武装党员干部的头脑，不断提高党员干部的党性修养，机关党的工作贴紧时代、贴合实际、贴近基层、贴心福民，各基层党组织团结和带领广大党员干部凝心聚力促发展，同心同德谋新篇，在打赢“六加一”攻坚战，实现“福民强市”奋斗目标中走前头、当先锋、做表率，为推进洛阳经济发展、服务中原经济区建设提供坚强的政治和组织保障。

按照“机关党建走在党的基层组织建设的前头”“领导机关为创先争优作表率”的要求，市直机关持续开展创先争优、“党员示范岗”活动，广大党员立足本职岗位、敬业奉献、奋发进取，涌现一批党性观念强、业务水平高、工作业绩优、服务质量好、岗位形象佳的“党员示范岗”。通过设立各类党员示范岗、树立榜样模范等活动，大力宣传各行各业状元、标兵先进事迹，结合业务工作积极组织各类评星、亮牌、挂旗竞赛活动，围绕“福民强市”、保障和改善民生、改进机关作风、创新机关党建工作和提高干部素质创先争优，让党组织的战斗堡垒作用在完成急难险重任务中体现出来，在加强机关建设、推动科学发展上走在前、作表率、见成效。

政治思想扎实推进。市直工委先后安排11场科学理论进基层宣讲活动，组织开展“积极推进中原经济区建设”主题党课教育活动和“洛阳精神”大讨论活动。举办“我心中的洛阳精神”演讲比赛，市直机关推选出的6名选手在全市演讲比赛中囊括前4名，受到市委领导大力赞扬。组织市直机关选手参加“河南省机关纪念中国共产党成立90周年书法绘画摄影展”，有36幅作品入选，市直工委荣获优秀组织奖。组织市直机关千余名党员干部观看中央道德模范故事基层巡演、李文祥事迹报告会、李虹事迹报告会等，教育活动紧贴形势任务，符合时代特色，取得成效明显。

以创建全国文明城市活动为抓手，广泛开展志愿者活动，不断提升机关精神文明建设水平。在创建全国文明城市活动中，各基层党组织配合争创全国文明城市搞好宣传教育，营造良好氛围。市直机关成立106个志愿者服务队，930个志愿者服务分队，机关志愿者登记在册的志愿者达14386人，占机关总人数的99.8%，人员覆盖了所有市直机关及二级机构。广大志愿者勇于担当社会责任，广泛开展形式多样的志愿者服务活动，6000多名党员干部积极行动，带头参与疏导交通、整治环境卫生等活动，影响和带动全市人民来共建美好家园。牡丹文化节期间，机关志愿者到各重要活动场所开展维护游览秩序、义务导游、广场文艺演出、纪念品展览等志愿服务活动8000余人次，广大志愿者用实际行动诠释“奉献、友爱、互助、进步”的志愿者服务精神，带动更多的志愿者成为良好社会风尚的倡导者，社会主义精神文明的传播者、实践者。在创建活动中，机关党员干部还深入社区，联系群众，定期到社区参加义务劳动。节日期间，组织机关公务员人人参与走访慰问活动，深入到困难群众家中，访贫问苦，排忧解难，让困难群众感受到党和政府的关怀。在“送温暖，献爱心”活动中，机关党员干部为贫困群众捐款43万元，充分体现出机关广大党员对贫困群众的深情厚意，真心实意、身体力行地为群众办了大量的好事、实事，营造出浓厚的创建氛围。

【组织建设】 2011年，市直工委组织市直机关党员干部认真学习《中国共产党和国家机关基层组织工作条例》，进一步理清思路，明确任务，理顺机制，为下一步开展好工作奠定基础。结合洛阳实际，向市委提出抓好落实的意见建议，经过不懈努力，市委批准了市直工委增加2名副县级专职委员的请示，为工委领导班子注入新的活力，为进一步抓好机关党建工作提供了组织保障。对120多名机关党务干部和300多名入党积极分子进行培训，提高党务干部和入党积极分子的业务水平和理论水平。落实党务干部关怀激励和困难党员救助制度，各基层党组织坚持每月为本月入党的同志集体过一次政治生日，增强党性观念。工委对市直机关150名困难党员进行救助，为直属的支部单位的党员购买政治生日纪念品。

以召开中国共产党洛阳市第十次代表大会为契机，增强党员党性观念，推进民主集中制建设。8月，洛阳市召开第十次党代会，市直工委带领各基层党组织充分利用这一有利时机，教育和引导每个党员正确行使自己的民主权利，认真负责地搞好选举工作，把党员和群众公认的优秀分子推荐出来、选举上来，在全市各级党组织和广大党员中树立一面旗帜，倡导一种正气，形成一种导向，引导广大党员积极向上、奋发有为。

市直机关出席市第十次党代会代表名额117名，是各代表团中数量最多的单位。为切实做好代表候选人初步人选推荐工作，市直工委制定《市直机关选举出席市十次党代会代表选举办法》，根据市直各单位党组织数量、党员人数、经济发展状况和工作需要，将代表候选人初步人选名额进行分配。按照党章和有关规定的要求，严格按照推荐程序组织实施，注重工作、人员、程序、细节到位，确保顺利选举产生117名代表，市直机关党的代表工作会议取得圆满成功。

【党风廉政建设】 2011年，市直机关各级党组织贯彻落实省、市关于机关思想作风建设精神，站在全局和战略的高度，充分认识加强机关思想作风建设的重要性、紧迫性，转变工作作风、提高行政效能，为经济建设优化发展环境。在机关党员干部中大兴学习之风、大兴为民之风、大兴勤勉之风、大兴务实之风、大兴廉洁之风，用“三讲精神”，把机关作风建设融入到各项工作之中，精心谋划，科学安排，以机关作风建设的扎实开展推动各项工作的全面落实。市直工委加强机关工作作风监督检查力度，把作风建设作为一项长期的基础性工作任务抓紧抓好，坚持每周两次作风纪律暗访，严格检查市直机关工作作风，对存在问题的单位提出整改意见，责令责任人写出深刻检查，并对违纪的党员干部做出组织处理，促进了机关作风的明显好转。

加强反腐倡廉教育，夯实党员干部的思想基础。6月，举办市直机关纪检监察干部“以人为本、执政为民”演讲比赛。10月，召开部分机关党组织参加的廉政文化建设工作座谈会，把廉政文化进机关活动继续向前推进。12月，以向市直机关党员领导干部寄送廉政家书的形式，使廉政教育向家庭延伸，促进家庭成为市直机关廉政建设工作的新阵地。开展勤政廉政教育活动，党员干部观看勤政廉政录像，用典型事例教育党员干部自觉增强廉洁自律意识，提高拒腐防变能力。

【群团工作】 2011年，市直工会按照“围绕中心、贴近工作、活跃生活、凝聚人心”的工作思路，开拓创新，锐意进取，充分发挥工会组织和广大会员在经济社会发展中的主力军作用。市直团工委在市直机关广大团员青年中深入开展团员思想政治教育，以转变机关团员青年工作作风为重点，组织开展青年志愿者服务活动，深化机关“青年文明号”创建活动。“五四”前夕，召开大会表彰先进基层团组织和优秀团干部，进一步激发了基层团组织及广大团员的工作热情。

市直妇工委以提高女性自身素质为重点，以建设“和谐机关”为主线，积极开展“巾帼建功”“文明家庭”等活动，全面提高机关妇女干部的整体素质，团结带领市直机关广大妇女干部为加快洛阳发展构建和谐洛阳做出积极贡献。“三八”节前夕，组织市直机关200多名妇女干部开展登山比赛。

【服务中心工作】 2011年，市直工委紧贴市委、市政府中心工作，在弘扬牡丹文化，打造牡丹花都上想方设法在机关文化建设中广泛融入牡丹元素符号。组织人员远赴山东、江苏等地，学习考察牡丹元素符号、城市形象标识等内容，向市委、市政府提交可行性报告，制定出科学的实施方案，为推进突出洛阳特色，营造古都氛围，展示洛阳机关良好精神风貌开了好头。在市直机关开展机关品牌建设活动，各单位以“创机关品牌、建高绩效机关，做人民满意的公务员”为目标，大力加强机关文化建设，涌现出一批社会认可，基层和群众满意，具有较高知名度、美誉度、信任度的机关品牌。通过开展机关品牌建设，增强了机关党员干部的服务意识、为民意识和效率意识，推进了服务型机关建设进程，展示了机关良好形象。

围绕中心，服务大局，扎实做好包村帮建工作。认真落实市新农村建设领导小组关于新农村建设包村帮建的具体要求，为两个帮建村各协调解决价值近2万元的健身器材1套，帮助上戈镇庙洼村协调解决饮水配套资金4万元，为全镇中小学捐赠价值6万多元的图书。组织开展献爱心、送温暖活动，为困难群众捐赠价值3000余元的米、面、油，在村民中大力开展争当文明村民、争创五好文明家庭的活动，有力促进了帮扶村的基层组织建设和精神文明建设，受到当地党委政府和群众的好评。

（市直工委）

党 校 工 作

市委党校组织教师调研偃师市新型社区建设

【主体班教学】 2011年，市委党校充分发挥“一校两院”在全市干部教育培训中的主渠道、主阵地作用，举办各类主体班次18期，培训干部1025人。在教学内容上，根据不同类别、不同层面干部的需要和特点，把马克思主义中国化的最新成果作为党校教育的中心内容，安排政治理论、政策法规、区域发展研究、执政能力提升、干部文化技能等五个方面教学专题60个，其中新专题36个，专题课更新率达到60%以上。在教学方式方法上，提高培训的针对性和实效性，加大市情教学和异地教学的力度，广泛采用案例式、模拟式、互动式、体验式、拓展训练、学员课堂等研究式教学方法，形成以教师为主导、以学员为主体的开放性、研究式教学态势，保证了教学效果。全年安排异地教学10次，市情调研15次，拓展训练2次，建立洛阳市农科院、孟津县麻屯镇、新安县礼河村等教学基地，外聘领导、专家教授、先进典型等讲座29次。在教学管理上，制定完善教师绩效考核、新专题申报招标、教学质量评估、在职教师校外讲课备案、异地教学、学员管理日常工作量化考核等管理制度，为提高教学管理水平提供了制度保障。为提高师资队伍水平，开展全省党校教师异地教学交流活动，聘请郑州市委党校、焦作市委党校、开封市委党校教师讲授“毛泽东思想”“周边形势分析”“菜根谭”等专题讲座，举办春季全市党校主体班教学集中说课和全市党校系统纪念建党90周年教学科研工作研讨会，选派8名教师到省委党校进修，4名教师到涧西区、老城区挂职锻炼。组织教师参加党的十七届六中全会、省市党代会精神、“洛阳精神”等宣讲活动百余场。

【市委党校分校工作】 2011年，市委党校各分校共举办主体班次63期，其他班次56期，培训学员9300余人，统筹课达169次，各分校统筹意识明显增强。市委党校在新学期开学前下达规范性培训计划、新专题参考题目，要求各分校及时报送培训计划、教学安排，并进行审核指导。在统筹师资调配、教学研讨、教学评估方面，通过组织主体班教学研讨会带动提高，3月，举办全市党校主体班新专题集中说课和分校教师主体班教学大奖赛，6月，组织分校教师参加全市党校系统庆祝建党90周年主体班教学科研研讨会，8月，组织分校教师参加“科学发展主题培训”专题竞标，6名分校教师中标。同时，市委党校利用“流动课堂”送教下乡的机会，安排分校教师授课，给分校教师提供更多的锻炼机会。

按照《河南省县级党校办学质量评估标准指标体系》的相关要求，制定下发《洛阳市县级党校办学质量评估实施方案》，校领导深入各分校对评估达标工作准备情况进行督察指导。7月，由市委组织部、财政局、建设局等8部门17人组成的市评估委员会，对各分校进行实地评估验收。各县（市）委以县级党校办学质量评估为契机，累计对县级党校新增投入超过8000万元，新增校园面积165亩，县级党校教学办公设施基本完备，基础设施和办学条件有了明显改善，教学管理进一步规范。

【流动课堂】 2011年，市委党校创新推出的针对基层干部培训的“流动课堂”在试点成功后，已在全市县（市）、区的65个乡镇、街道开班，完成近170次教学任务，参训干部7100名。为加强管理，与市委组织部联合印发《乡镇流动课堂管理办法》，对培训对象、组织管理、教学管理、运行督导等进行规范。及时充实“流动课堂”课题库，有80个课题菜单供乡镇选学。做好教师选聘工作，选任市委党校近30名教师、县区党校22名教师、市职能委局12名专业人士组成授课团队进行教学。市委党校“流动课堂”的成功探索得到上级的充分肯定，《洛阳日报》、河南党建网、人民网、光明网等各级新闻媒体进行了报道，中央党校《学习时报》、《全国干部教育通信》、《农村工作通信》等国家重点刊物刊发了洛阳市“流动课堂”的做法。

天津路社区民警李虹在市委党校主体班讲课

【咨政献策】　2011年，市委党校积极推进科研为市委、市政府决策咨询服务的导向。9月，市情研究部成立以后，不断加强咨政献策能力建设，编发的2期《送阅件》，分别获得市委、市政府主要领导及分管领导批示，其中《关于加强和创新我市社会管理的若干建议》由市政法委吸收采纳，《文化视野下的国际文化旅游名城建设》由市名城办及相关单位吸收采纳。在《送阅件》基础上编发的《参阅件》1期，发送县（市）、区及相关委局领导阅示。

【科研工作】　2011年，市委党校中标河南省社科规划项目1项，河南省政府决策研究课题1项。结项市厅级课题12项。发表论文56篇，其中中文核心期刊7篇。编辑出版《马克思主义中国化简明读本》1部，创全国地市级党校出版基础理论教材的先河。全年获市厅级优秀成果一等奖7项。荣获全省党校系统2011年科研工作组织奖。

【行政管理和后勤保障】　2011年，市委党校根据上级精神，先后制定“三公”经费，公用经费、公务车辆运行、公务车辆统一调配、校园停车等管理规定和办法。加强校内环境秩序和治安管理，对停车位重新调整划线。校园治安实行保安定点执勤与流动巡逻，门卫室24小时专人监控视频。加大消防安全检查管理，整修保养安全消防器材585台。做好专项采购工作，严格执行政府采购和公开招标制度。投资18万元，改造提升校园环境及硬件设施，坚持管理与技改相结合，加强水电暖节能管理，采取分时分区供暖方式降低暖气消耗量，被评为市节能降耗先进单位。推行校园物业管理社会化、市场化，加强对物业公司的监管考核，物业服务满意率在90%以上。改扩建职工餐厅和民族餐厅，改造学员宾馆，取消三人间，更新内置设施，铺设了网线。加强校园网站建设，对网站主页进行全面改版升级，实现与外网的快速链接，发布各类教研工作信息562条。　　　　（党　校）

全市党校系统纪念建党90周年教学科研工作研讨会

老干部工作

【概　况】　截至2011年年底，洛阳市共有离休干部5590人。按参加工作时间划分：红军时期12人，抗战前期143人，抗战后期394人，解放战争时期5041人。按享受待遇划分：享受单项正省级待遇2人，享受单项副省级待遇23人，享受地厅级待遇295人，享受县处级待遇2814人，科级以下待遇2456人。按机构性质划分：行政机关1220人，事业单位1656人，企业单位2714人。从年

省人大常委会原副主任吴全智带队到洛阳市检查老干部工作

龄结构上划分：70～79岁的1901人，80岁以上的3689人。2011年，市委老干部局被市委、市政府评为老干部工作先进集体，局机关党委被评为全市先进基层党组织，市委组织部副部长、老干部局局长赵建武被评为“全国老干部先进工作者”。洛阳市老年促进会荣获全国老区宣传工作一等奖。洛阳市关心下一代工作委员会荣获全国“中华魂”主题教育读书活动先进集体，并获得“洛阳市创建全国文明城市先进集体”，市关心下一代工作委员会爱国主义报告团获得“全市未成年人思想道德建设工作先进单位”荣誉称号。市老干部督导团在洛阳市创建全国文明城市活动中荣获集体二等功，在全省建党90周年文艺会演中，获得两项金奖和优秀组织奖。

【政治待遇】 2011年，全市各级坚持定期通报工作、节日走访慰问、在职领导联系老干部、组织老干部健康疗养等制度，加强与老干部联系。1月和8月，市委、市政府召开向老干部通报工作会，通报全市经济运行、重要人事调整等情况。7月初，组织地市级老干部赴东北进行参观考察。8月，在洛阳石化小浪底培训中心，召开全市离退休干部党组织和党员创先争优活动推进会，进一步增强离退休干部党组织和党员创先争优活动的活力，促进广大老干部“身退心不退”“离岗不离党”，听党话，跟党走，保持共产党员的政治本色。10月，组织地市级老干部参观西安世界园艺博览会。市县两级广泛组织开展离退休干部党支部书记培训，认真学习十七届六中全会精神，提高离退休干部党支部做好老干部思想政治工作的能力。同时，通过举办电影周，网络在线等多种方式组织观看离退休干部好榜样——杨善洲事迹电影，激发老干部“信念永存、思想常新”的热情。

【生活待遇】 2011年5月，洛阳市将破产改制特困企事业单位离休干部公用经费和特需经费纳入市财政。6月底，按照中央文件要求，为全市5000余名离休干部增发1个月生活补贴，并分级慰问了在洛及异地安置的离休干部。8月，市委老干部局、市人力资源与社会保障局和市财政局联合出台为企业离休干部发放取暖补贴的文件。此外，洛阳市还把参加医疗统筹离休干部就医可选择医院的范围扩大到21家，涵括全市所有的三甲医院。各个定点医院均增设离休干部医疗优先窗口，参加医疗统筹离休干部看病住院无须个人垫付医药费（自费药除外），由洛阳市人力资源与社会保障局直接与医院结算。

【发挥老干部作用】 2011年，洛阳市老区建设促进会以扶贫帮困为己任，引进资金600万余元，为老区教育事业、交通道路建设、老区扶贫助教、农村产业发展、安全饮水工程做了卓有成效的工作。市关工委爱国主义教育报告团先后做报告22场，受教育青少年3万余人，社会效果十分突出。活跃在全市大街小巷的市老干部督导团200多名老干部在创建全国文明城市中工作积极、成绩显著，受到市委和市民的一致好评，在洛阳市创建全国文明城市活动中荣获集体二等功。一拖集团、洛轴集团、中信重机、空空导弹研究院、中石化洛阳分公司、石化工程公司等一大批离退休干部党支部，积极引导老干部发挥作用，及时传递老干部的诉求，帮助解决问题，化解矛盾，在构建和谐社会方面发挥重要作用。 （办公室）

洛阳代表队在全省离退休干部纪念建党90周年文艺会演中表演

2011年洛阳市离休干部基本情况

		机构性质			享受待遇					参加工作时间			
	总人数	机 关	事 业	企 业	单项正省	单项副省	地（厅）级	县（处）级	科以下	红军时期	抗战前期	抗战后期	解放时期
全 市	5590	1220	1656	2714	2	23	295	2814	2456	12	143	394	5041
市 直	1643	402	450	791	1	6	103	987	546	3	61	148	1431
县（市）	1677	555	805	317		2	6	447	1222	2	7	46	1622
城 区	310	163	118	29		1	6	124	179	1	7	20	282
院 校	124		124			3	18	79	24	2	6	10	106
大型企业	471			471	1	3	40	323	104	3	12	41	415
省部属单位	1365	100	159	1106		8	122	854	381	1	50	129	1185

中国共产党洛阳市纪律检查委员会

【专项治理工作】 2011年，洛阳市各级纪检监察机关围绕中纪委、省纪委工作部署和市委、市政府中心工作，组织开展转变经济发展方式、工程建设领域突出问题、资源节约、规范用地、房地产调控、保障和改善民生、碧水蓝天工程等决策部署落实情况的监督检查，及时发现和解决存在的问题。开展工程建设领域突出问题、煤炭领域腐败问题、国土资源领域腐败问题专项治理，查处此类案件94起。出台《洛阳市工程建设信息公开暂行办法》、《洛阳市工程建设市场诚信体系监管暂行办法》，大力推进工程建设领域长效机制建设。认真开展换届纪律教育，严格执行“五个严禁”“十七个不准”，市、县、乡三级党委换届风清气正。

【反腐倡廉教育防范工作】 2011年，在洛阳市纪检机关的组织下，全市各级、各部门突出理想信念、执政为民、党性党风、党纪国法等内容，重点开展党员干部廉洁自律专题教育和《廉政准则》专题学习活动，收到较好成效。领导干部讲廉政党课230余人次，开展廉政谈话655人次，4.5万名党员干部参加纪念建党90周年反腐倡廉知识竞赛活动；排查各类廉政风险点1.3万个，制定防范措施近万条；党员干部主动上缴廉政账户金额171.8万元，上交礼金、代币券等29.7万元。

【权力运行监督工作】 2011年，洛阳市制定出台《洛阳市党务政务公开工作实施细则》，新一届市委领导班子成员分工及工作推进情况在新闻媒体公开，新任县处级党政主要领导公开任职目标承诺和廉政承诺，接受社会监督；先后对40多位市级领导和150名县处级领导进行了落实责任制廉政提示。开展“三重一大”事项专项检查，廉政谈话655人、诫勉谈话293人、信访谈话48人。实施责任追究146人，其中县处级干部32人。

【违纪违法案件查办】 2011年，全市纪检监察机关初核案件930起，立案1050起，给予党政纪处分1117人，其中处分县级干部 25人、乡科级干部205 人，通过办案挽回经济损失2000万余元。

【纠正损害群众利益不正之风工作】 2011年，洛阳市纪检监察机关坚持紧盯强农惠农资金、保障性住房、征地拆迁、教育收费、医疗服务、“四金”管理等群众反映的“难点”“热点”和“重点”问题开展检查，查处损害群众利益案件140个，156名责任人员受到问责处理。持续开展政风行风建设，每月一次群众满意度测评、每季度一次机关效能考评、每半年一次千人评议党政机关重点科室，4个“最差科室”在媒体公开曝光，23名落后科室的负责人受到效能告诫、诫勉谈话，1人被免职，有关委（局）分管领导受到诫勉谈话。教育乱收费和公路“三乱”治理成果进一步巩固。

【行政效能建设和优化政务环境工作】 2011年，全市各级纪检监察机关以提高行政效能、加强作风建设为核心和主线，以深化思想教育、狠抓制度落实、加强暗访监督、强化责任追究、严格效能考评等为主要措施，以建设“全国一流、全省最优”政务环境的创优工作目标，紧紧围绕“富民强市”总体目标，广泛深入开展政务环境创优活动。市直95个部门、单位查摆并整改问题1207个。推行暗访问责工作机制，查处问题1358个，下发通报98个，对1279人进行责任追究（县处级66人），其中党政纪处分303人（撤职8人）、效能告诫395人、免职42人。

【党务政务公开工作】 2011年，洛阳市制定出台《洛阳市党务政务公开工作实施细则》，规范党务政务公开工作。市党政领导班子成员带头公开工作分工、工作推进情况，市级领导和职能部门负责人走进电视直播间，向全市人民报告工作。95个市直部门、41家执法部门和审批部门服务承诺，暗访发现的问题及问责情况等均在市属媒体公开。试行公开“三公”经费，监督工作取得新进展。

【从源头上治理腐败】 2011年，洛阳市纪检监察机关开展公务用车、“小金库”、商业贿赂、农村低保、

省委常委、省纪委书记尹晋华在中国一拖集团公司调研

农村涉财信访问题专项治理，取得预期成效。继续精简和调整行政审批事项，清理审批项目，取消行政许可项目187项，取消合并非行政许可审批项目151项。公共资源交易中心建设步伐加快，电子监察系统基本建成。鼓励纪检监察工作改革创新，推广了一批创新成果。

【反腐倡廉基层基础工作】 2011年，洛阳市纪检监察机关以贯彻新修订的《关于实行党风廉政建设责任制的规定》为契机，抓住责任分解、责任考核、责任追究等关键环节，强化各级领导班子和领导干部“一岗双责”意识，把党风廉政建设的各项要求落实到具体业务工作中去。因不认真履行责任制受到问责的领导干部184名，其中县处级干部34名。出台并落实乡村干部定期联合办公、村务决策听证、村务公开提醒、村干部挂牌值班等7项制度，村监督委组织建设通过换届得到加强。

【纪检监察队伍建设】 2011年，全市纪检监察系统组织实施“队伍建设年”活动。为增强活动氛围，展示学习教育成果，结合建党90周年组织开展“八个一”活动。即开展一次“以人为本、执政为民”为主题的演讲比赛；评选表彰一批先进典型；开展一系列走访慰问活动；组织一次革命传统教育；重温一次入党誓词；建立一批基层联系点；参加一次反腐倡廉成果展；开展一次征文活动。全市纪检监察干部进驻1983户，走访8517人，发放调查问卷20602份，收集整理意见建议1372条。全市各级纪检监察机关查摆出单位和个人存在的各类问题975个，撰写自查报告210余篇，开展专题讨论453次，心得交流562次，开展谈心活动317次。通过活动的开展，纪检监察干部作风明显转变，执行力明显提高，责任意识明显增强，精神面貌焕然一新。

【市纪委九届七次全体会议】 2011年2月9日，洛阳市纪委九届七次全体会议召开。会议的主要内容是深入贯彻党的“十七大”和十七届五中全会、中纪委十七届六次全会、省纪委八届六次全会和市委经济工作会议精神，总结2010年全市反腐倡廉工作，部署2011年的工作。

市委常委、市纪委书记刘应安在会上指出，2011年是洛阳市全面实施“十二五”规划的开局之年，也是全面落实《建立健全惩治和预防腐败体系2008～2012年工作规划》的关键一年，各级各部门要坚持以人为本、执政为民，突出重点、整体推进，改革创新、求实求效，以实施“六大攻坚”、破解“六大瓶颈”为重点大力优化发展环境，以解决群众反映强烈的突出问题为重点大力开展专项治理，努力开创反腐倡廉建设新局面。要着力做好以下几方面工作：全市纪检监察部门要把推动科学发展作为政治责任，积极履行监督检查职能；以完善惩防体系为重点任务，切实做好加强反腐倡廉教育、加强对领导干部和权力运行的监督、加大查办违法违纪案件力度等方面工作，全面推进反腐倡廉建设；要以打造“全省最好、全国一流”的政务环境为目标，大力实施环境创优攻坚战，力争2011年建成权力运行监控平台；要全面开展“队伍建设年”活动，大力加强纪检监察队伍建设，努力实现“建一流机关、带一流队伍、创一流业绩”的工

市委副书记刘应安在孟津县农村调研农民负担工作

作目标，为“十二五”起好步、开好局和实现“福民强市”目标提供纪律作风保障。会议对2010年度全市纪检监察工作先进单位以及工作创新奖获奖单位进行了表彰。

【市纪委十届一次全体会议】 2011年8月26日，中共洛阳市第十次代表大会选举产生的新一届市纪律检查委员会举行第一次全体会议，选出了新一届市纪委常委、书记、副书记。

会议由刘应安主持。会议应到委员39名，实到37名，符合规定人数。会上李少敏作了关于市纪委常委、书记、副书记候选人建议名单的说明。会议酝酿了市纪委常委、书记、副书记候选人名单，通过了市纪委一次全会选举办法，以无记名投票的方式，选出了市纪委常委、书记、副书记。选举结果经市委十届一次全会通过后，市委副书记、市纪委书记刘应安发表了重要讲话。

在讲话中，刘应安对党风廉政建设和反腐败工作强调了四个方面。一是要站位全局、主动融入，力求在促进科学发展上有新作为。市纪检监察部门要深入学习市党代会精神，站位全局思考问题，围绕市委、市政府中心任务，围绕科学发展，自觉融入大局，服务保障大局。二是突出重点、抓住关键，力求在构建惩防体系上有新建树。要健全常态规范、特色鲜明的反腐倡廉宣传教育体系，健全科学有效、配套完备的反腐倡廉制度建设体系，健全立体全面、运行顺畅的监督制约体系，健全综合配套、协调运行的改革推动体系，健全高效处置、纠建并举的纠风治理体系，健全查处有力、惩防结合的惩治腐败体系。三是改革创新、大胆探索，力求在工作创新上有新成效。改革创新是时代精神的核心，也是反腐倡廉建设的重要动力。要有创新的思路、创新的本领、鼓励创新的措施。四是严格自律、以身作则，力求在抓作风带队伍上有新气象。从市纪委常委班子做起，从全体委员做起，严于律己，以身作则，在各个方面发挥表率作用。要大力弘扬团结奋进的精神，保持清正廉洁的作风，树立率先垂范的形象。（马涛迅）

洛阳市人民代表大会常务委员会

【洛阳市第十三届人民代表大会第三次会议】 2011年2月26日～3月1日，洛阳市第十三届人民代表大会第三次会议召开。大会应出席代表495名，因事因病请假10名，实出席会议代表485名。

2月25日下午，大会举行预备会议，选举产生大会主席团和秘书长，通过了大会议程。

2月26日上午8时半，洛阳市第十三届人大三次会议开幕。大会执行主席常振义主持第一次大会。洛阳市人民政府市长郭洪昌作《政府工作报告》。会议印发了市人民政府市长郭洪昌所作的《关于〈洛阳市国民经济和社会发展第十二个五年规划纲要（草案）〉的说明》和《洛阳市国民经济和社会发展第十二个五年规划纲要（草案）》、市发展与改革委员会主任李跃民所作的《洛阳市2010年国民经济和社会发展计划执行情况与2011年计划（草案）的报告》，市财政局局长谷树森所作的《洛阳市2010年财政预算执行情况和2011年财政预算（草案）的报告》。

2月28日上午8时半，举行第二次大会。大会执行主席李兴太主持本次会议。市人大常委会主任常振义作《洛阳市人民代表大会常务委员会工作报告》，市中级人民法院院长王树茂作《洛阳市中级人民法院工作报告》，市人民检察院检察长种松志作《洛阳市人民检察院工作报告》。会议还通过本次大会选举办法。

3月1日下午2时半，举行第三次大会。大会执行主席常振义主持本次会议。大会分两个阶段，第一阶段进行大会选举，第二阶段公布选举结果。会议选举原文涛、程建龙为市十三届人大常委会委员；表决通过关于政府工作报告、“十二五”规划纲要、计划工作报告、财政工作报告、市人大常委会工作报告、市中级人民法院工作报告、市人民检察院工作报告7项决议草案。省委常委、市委书记毛万春在大会上作了重要讲话。大会在雄壮的国歌声中胜利闭幕。

洛阳市第十三届人民代表大会第三次会议紧紧围绕“福民强市”总体目标，用科学发展观谋划洛阳经济社会发展全局，描绘了洛阳市“十二五”发展的宏伟蓝图，为2011年的工作指明了方向。会议期间，来自全市各条战线的代表牢记使命，认真履行职责，积极建言献策，对各方面的工作提出了许多建议、批评和意见。大会收到议案原件64件，经议案审查委员会和大会主席团审议，立为大会议案6件，即由陈金剑等13名代表提出的《关于提请制订〈洛阳市古城历史街区保护与整治管理条例〉

洛阳市第十三届人民代表大会第三次会议

的议案》和由陈远钊等11名代表提出的《关于做好洛阳历史文化街区保护的议案》，由梁军等13名代表提出的《关于尽快制订〈洛阳市公共场所禁止吸烟条例〉的议案》，由岳本新、侯玉奇等24名代表分别提出的《关于尽快解决我市城市交通拥堵问题的议案》，侯玉奇等11名代表提出的《加快养老事业发展，解决养老机构用地问题的议案》，张晓理等11名代表提出的《关于解决城市区中小学校取暖和降温设施的议案》，樊国玺等10名代表提出的《关于重视贫困山区发展，加快群众脱贫步伐的议案》。大会委托市人大常委会认真调查研究，并在市人民代表大会闭会后的3个月内做出审议决定。会议共收到代表建议、批评和意见204件，会后由市人大常委会移交并督促“一府两院”认真办理。

【洛阳市人民代表大会常务委员会会议】 2011年2月18日，洛阳市第十三届人大常委会举行第十六次会议。市人大常委会主任常振义主持会议。会议听取了市人大常委会秘书长高维勋所作的关于洛阳市第十三届人民代表大会第三次会议主席团和秘书长等几项建议名单（草案）的说明，市人大常委会人事代表工委主任、代表资格审查委员会副主任委员郭素玲所作的关于市十三届人大二次会议以来代表变动情况和补选代表的代表资格审查报告（草案），市人大常委会主任常振义所作的关于提请王正午职务任命的报告。会上印发了洛阳市人民代表大会常务委员会工作报告（草案），提交常委会会议进行审议。会议分组对有关议题进行认真审议。表决通过洛阳市人民代表大会常务委员会工作报告（草案）、洛阳市人民代表大会常务委员会2011年工作要点、关于洛阳市第十三届人民代表大会第三次会议主席团和秘书长建议名单（草案）、洛阳市第十三届人民代表大会第三次会议列席人员名单、关于市十三届人大二次会议以来代表变动情况和补选代表的代表资格审查报告以及有关人事任免事项。市人大常委会副主任王全乐、李柳生、杨玉龙、石海钦、吴喜照、王树仁、白志刚、黄元元，秘书长高维勋和委员共36人出席会议。市人民政府副市长王敬林、市中级人民法院院长王树茂、市人民检察院检察长种松志，各县（市）、区人大常委会、高新区人大联络处负责人列席了会议。

3月25日，市十三届人大常委会举行第十七次会议。市人大常委会主任常振义主持会议。会上，市人大常委会秘书长高维勋传达了十一届全国人大四次会议精神。会议听取了市人大常委会人事代表工委主任郭素玲所作的关于《洛阳市人民代表大会常务委员会关于办理市人大代表建议、批评和意见的办法（草案）》的说明；市人民政府常务副市长吴中阳所作的关于提请任免任常山等13人职务的报告。会议分组对有关议题进行了认真审议。表决通过市人大常委会关于办理市人大代表建议、批评和意见的办法和人事任免事项。市人大常委会副主任王全乐、李柳生、杨玉龙、石海钦、王树仁、白志刚、黄元元，秘书长高维勋和委员共37人出席会议。市委常委、市人民政府常务副市长吴中阳、市人民检察院检察长种松志列席了会议。

4月28日，市十三届人大常委会举行第十八次会议。市人大常委会主任常振义主持会议。会议听取了市人民政府副市长史秉锐所作的关于《洛阳市城市市容和环境卫生管理办法（修订草案）》的说明，市人大常委会城建环保工委主任李诚如所作的《洛阳市城市市容和环境卫生管理办法（修订草案）》的初审报告，市人大常委会秘书长高维勋所作的关于《洛阳市人民代表大会常务委员会工作评议办法（草案）》的说明，市人大常委会人事代表工委主任郭素玲所作的洛阳市人大常委会关于确认许可对市十三届人大代表王怀路采取强制措施的决定（草案）的说明，市人大常委会内司工委主任李建生所作的关于对《加快养老事业发展、解决养老机构用地问题的议案》调研论证情况的报告，市人大常委会农工委主任张法政所作的关于对《关于重视贫困山区发展加快群众脱贫步伐的议案》的调查报告，市人大常委会副秘书长王卓林所作的关于对《关于尽快制订〈洛阳市公共场所禁止吸烟条例〉的议案》的调查报告和关于对《关于解决城市区中小学校取暖和降温设施的议案》的调查报告，市人大常委会城建环保工委主任李诚如所作的关于《关于解决城市交通拥堵问题的议案》《关于尽快解决我市城市交通问题的议案》的调查报告、关于《关于提请制订〈洛阳市古城历史街区保护与整治管理条例〉的议案》和《做好洛阳历史文化街区保护的议案》的调查报告。会议分组对有关议题进行了认真审议。表决通过《洛阳市人民代表大会常务委员会工作评议办法（试行）》、洛阳市人大常委会关于确认许可对市十三届人大代表王怀路采取强制措施的决定、关于《加快养老事业发展解决养老机构用地问题的议案》的决议、关于《关于解决城市区中小学校取暖和降温设施的议案》的决议、关于《关于解决城市交通拥堵问题的议案》和《关于尽快解决我市城市交通问题的议案》的决议、关于《关于提请制订〈洛阳市古城历史街区保护与整治管理条例〉的议案》和《做好洛阳历史文化街区保护的议案》的决议以及人事任免事项。市人大常委会副主任王全乐、李柳生、杨玉龙、石海钦、吴喜照、王树仁、白志刚、黄元元，秘书长高维勋和委员共38人出席会议。市人民政府副市长史秉锐，各县（市）、区人大常委会、高新区人大联络处负责人及9名市人大代表列席了会议。

6月30日，市十三届人大常委会举行第十九次会议。市人大常委会主任常振义主持会议。会议听取了市人大常委会秘书长高维勋所作的关于市人大常委会2011年度工作评议有关情况的说明，市人大常委会法制委员会副主任委员宋莉所作的关于《洛阳市城市市容和环境卫生管理条例（草案）》审议修改情况的报告，市文物管理局局长刘德胜所作的关于《洛阳市邙山陵墓群保护条例（草案）》的说明，市人大常委会教科文卫工委主任闫晓山所作的《洛阳市邙山陵墓群保护条例（草案）》的初审报告，市人民检察院检察长种松志所作的洛阳市人民检察院关于推进惩防体系建设情况的报告，市人大常委会主任常振义所作的关于提请葛文亮等9人职务任免的报告，市人民政府副市长杨炳旭所作的关于提请任免陈亚利等3人职务的报告，市中级人民法院院长王树茂所作的关于提请马保政等职务任免的报告，市人民检察院检察长种松志所作的关于提请王宫武等职务任免的报告，市委组织部副部长王松涛所作的关于人事任免事项有关情况的说明。会议分组对有关议题进行了认真审议。祟决确定了市人大常委会2011年度工作评议单位，分别为洛阳市工商局、洛阳市公安局、洛阳市环境保护局、洛阳市教育局。表决通过《洛阳市城市市容和环境卫生管理条例》和人事任免事项，并对洛阳市人民检察院关于推进惩防体系建设情况的报告进行满意度表决，表决结果为满意。市人大常委会副主任王全乐、李柳生、杨玉龙、石海钦、吴喜照、王树仁、白志刚、黄元元，秘书长高维勋和委员共38人出席会议。市人民政府副市长杨炳旭，市中级人民法院院长王树茂和市人民检察院检察长种松志，各县（市）、区人大常委会、高新区人大联络处负责人及8名省、市人大代表列席了会议。

8月30日，市十三届人大常委会举行第二十次会议。市人大常委会主任常振义主持会议。会议听取了市人大法制委员会副主任委员宋莉所作的关于《洛阳市邙山陵墓群保护条例（草案）》审议修改情况的报告，市发展和改革委员会主任李跃民所作的关于洛阳市2011年上半年国民经济和社会发展计划执行情况的报告；市财政局局长谷树森所作的关于洛阳市2010年财政决算和2011年1～6月财政预算执行情况的报告和洛阳市人民政府关于2011年财政收入预超收安排情况的报告，市审计局局长马灿书所作的关于洛阳市2010年度市本级财政预算执行情况和其他财政收支情况的审计报告，市中级人民法院院长王树茂所作的市中级人民法院关于民事执行工作情况的报告；市人大常委会主任常振义所作的人事任免提请报告。会议分组对有关议题进行了认真审议。表决通过《洛阳市邙山陵墓群保护条例》《洛阳市人民代表大会常务委员会关于批准洛阳市2010年市本级财政决算的决议》和《洛阳市人民代表大会常务委员会关于批准洛阳市2011年市财政收入预超收安排情况的报告的决议》。会议对洛阳市2011年上半年国民经济和社会发展计划执行情况的报告、洛阳市2010年财政决算和2011年1～6月财政预算执行情况的报告、洛阳市2010年度市本级财政预算执行情况和其他财政收支情况的审计报告和市中级人民法院关于民事执行工作情况的报告进行满意度表决，表决结果均为满意。会议还表决通过人事任免事项。市人大常委会副主任王全乐、李柳生、杨玉龙、石海钦、吴喜照、王树仁、白志刚、黄元元，秘书长高维勋和委员共40人出席会议。市人民政府副市长沈庆怀，市中级人民法院院长王树茂和市人民检察院检察长种松志，各县（市）、区人大常委会、高新区人大联络处负责人及6名省、市人大代表列席了会议。

9月30日，市十三届人大常委会举行第二十一次会议。市人大常委会主任常振义主持会议。会议听取了洛阳市人民政府关于提请任免邢社军等4人职务的报告、市人民政府市长郭洪昌的辞呈、市人大常委会关于提请任命李柳身职务的报告、市人民检察院关于提请批准免去韩春阳职务的报告。会议分组对有关议题进行了认真审议。表决通过洛阳市人民代表大会常务委员会关于接受郭洪昌辞去洛阳市人民政府市长职务的决定；通过李柳身为洛阳市人民政府副市长、代理市长的职务任命。会议还表决通过了其他人事任免事项。市人大常委会副主任王全乐、李柳生、杨玉龙、石海钦、吴喜照、王树仁、白志刚、黄元元，秘书长高维勋和委员共37人出席会议。市委常委、市人民政府常务副市长吴中阳，市中级人民法院院长王树茂列席会议。

10月28日，市十三届人大常委会举行第二十二次会议。市人大常委会主任常振义主持会议。会议听取了市委常委、经济工作部部长、市人民政府副市长宋殿宇所作的关于2011年洛阳市项目建设及攻坚战进展情况的报告；市人民政府副市长谭建忠所作的关于城建提升攻坚战和城市环城路建设进展情况的报告，关于搞好大遗址保护展示工程、助推国际文化旅游名城建设的报告和市人民政府关于市十三届人大三次会议代表建议、批评和意见办理情况的报告；市中级人民法院院长王树茂所作的市中级人民法院关于市十三届人大三次会议代表建议、批评和意见办理情况的报告；市人民检察院副检察长王宫武所作的人事任免提请。会议分组对有关议题进行了认真审议。会议对5个专项工作报告进行了满意度表决，对市中级人民法院关于市十三届人大三次会议代表建议、批评和意见办理情况的报告表示满意，对关于2011年洛阳市项目建设及攻坚战进展情况的报告，关于搞好大遗址保护展示工程、助推国际文化旅游名城建设的报告和市人民政府关于市十三届人大三次会议代表建议、批评和意见办理情况的报告表示基本满意，对关于城建提升攻坚战和城市环城路建设进展情况的报告表示不满意。会议还表决通过人事任免事项。组织学习了十七届六中全会精神和《国务院关于支持河南省加快建设中原经济区的指导意见》。市人大常委会副主任王全乐、李柳生、杨玉龙、石海钦、吴喜照、王树仁、白志刚、黄元元，秘书长高维勋和委员共37人出席会议。市人民政府副市长谭建忠，市中级人民法院院长王树茂，各县（市）、区人大常委会、高新区人大联络处负责人及7名省、市人大代表列席了会议。

11月11日，市十三届人大常委会举行第二十三次会议。市人大常委会常务副主任王全乐受常振义主任委托，主持会议。会议听取了市人大常委会常务副主任王全乐所作的关于提请补选李柳身、孔令晨为省十一届人大代表的报告。会议分组对该议题进行了认真审议，以无记名投票的方式选举李柳身、孔令晨为河南省第十一届人民代表大会代表。市人大常委会副主任李柳生、杨玉龙、石海钦、吴喜照、王树仁、白志刚、黄元元，秘书长高维勋和委员共34人出席会议。

11月29日，市十三届人大常委会举行第二十四次会议。市人大常委会主任常振义主持会议。会议听取了市工商局局长和剑光所作的洛阳市工商行政管理局关于近两年来工作情况的报告；市人大常委会财经工委主任韩国防所作的关于对市工商行政管理局工作评议调查情况的报告；市委常委、政法委书记、公安局长郭丛斌所作的洛阳市公安局关于近两年来工作情况的报告；市人大常委会内司工委主任李建生所作的关于对市公安局工作评议调查情况的报告；市环保局局长陈亚利所作的洛阳市环境保护局关于近两年来工作情况的报告；市人大常委会城建环保工委主任李诚如所作的关于对市环保局工作评议调查情况的报告；市教育局局长侯超英所作的洛阳市教育局关于近两年来工作情况的报告；市人大常委会教科文卫工委主任闫晓山所作的关于对市教育局工作评议调查情况的报告。会议分组对有关议题进行了认真审议。对市工商局、市公安局、市环保局、市教育局的工作报告分别进行了满意度测评，测评结果均为满意。市教育局局长侯超英、市工商局局长和剑光、市公安局常务副局长王社成、市环保局局长陈亚利分别作了表态发言，市委常委、市人民政府常务副市长吴中阳代表市政府作了表态发言。市人大常委会主任常振义在会上作了重要讲话。市人大常委会副主任王全乐、李柳生、杨玉龙、石海钦、吴喜照、王树仁、白志刚、黄元元，秘书长高维勋和委员共39人出席会议。市委常委、市人民政府常务副市长吴中阳，市委常委、政法委书记、公安局局长郭丛斌，各县（市）、区人大常委会、高新区人大联络处负责人及8名市人大代表列席了会议。

12月14日，市十三届人大常委会举行第二十五次会议。市人大常委会主任常振义主持会议。会议听取了市委常委、市人民政府常务副市长吴中阳所作的洛阳市人民政府关于提请刘湖镜等职务任免的报告；市人大常委会主任常振义所作的关于提请任免闫晓山等5人职务的报告。会议分组对上述议题进行了认真审议。决定任命刘湖镜、张世敏为洛阳市人民政府副市长；会议还表决通过了其他人事任免事项。市人大常委会副主任王全乐、李柳生、杨玉龙、石海钦、吴喜照、王树仁、白志刚、黄元元，秘书长高维勋和委员共39人出席会议。市委常委、市人民政府常务副市长吴中阳列席会议。

12月28日，市十三届人大常委会举行第二十六次会议。市人大常委会主任常振义主持会议。会议听取了市人大常委会副主任、代表资格审查委员会主任委员白志刚所作的关于市十三届人大三次会议以来代表变动情况和补选代表的代表资格的审查报告；市人大常委会秘书长高维勋所作的洛阳市人民代表大会常务委员会关于召开洛阳市第十三届人民代表大会第四次会议的决定（草案）的说明和洛阳市第十三届人民代表大会第四次会议主席团和秘书长等几项建议名单（草案）的说明；市人大常委会人事代表工委主任郭素玲所作的关于市十三届人大三次会议代表建议、批评和意见办理情况的报告；市人大常委会城建环保工委主任李诚如所作的关于《洛阳市城市公共交通条例》贯彻执行情况的检查报告；市委常委、市人民政府常务副市长吴中阳所作的关于落实进一步提升洛阳市蔬菜生产一体化建设议案情况的报告；市人民政府副秘书长杨晓阳所作的洛阳市人民政府关于洛北城区中小学规划编制情况的报告；市教育局局长侯超英所作的关于洛北城区中小学规划编制情况的说明；市司法局局长武宏伟所作的《关于进一步加强法制宣传教育和依法治理工作的决议（草案）》的说明；市人大常委会主任常振义宣读的杨炳旭、史秉锐的辞呈；市委常委、市人民政府常务副市长吴中阳所作的关于提请尚英照任职的议案；市人民检察院检察长种松志所作的关于提请孙国杰任职的报告。会上印发了洛阳市人民代表大会常务委员会工作报告（草案），提交常委会会议进行审议。会议分组对有关议题进行了认真审议。表决通过了关于召开洛阳市第十三届人民代表大会第四次会议的决定、关于批准洛北城区中小学布局规划的决议、关于接受杨炳旭辞去洛阳市人民政府副市长职务的决定、关于接受史秉锐辞去洛阳市人民政府副市长职务的决定、关于进一步加强法制宣传教育和依法治理工作的决议、洛阳市人民代表大会常务委员会工作报告（草案）、洛阳市第十三届人民代表大会第四次会议主席团和秘书长建议名单（草案）、洛阳市第十三届人民代表大会第四次会议计划、财政预算审查委员会主任委员、副主任委员、委员建议名单（草案）、洛阳市第十三届人民代表大会第四次会议列席人员名单、关于市十三届人大三次会议以来代表变动情况和补选代表的代表资格的审查报告（草案）和人事任免事项。市人大常委会副主任王全乐、杨玉龙、石海钦、吴喜照、王树仁、白志刚、黄元元，秘书长高维勋和委员共37人出席会议。市委常委、市人民政府常务副市长吴中阳、市中级人民法院院长王树茂、市人民检察院检察长种松志，各县（市）、区人大常委会、高新区人大联络处负责人和7名市人大代表列席了会议。

【洛阳市人大常委会主任会议】 2011年，洛阳市人大常委会共召开主任会议12次，围绕全市工作重点和市人大常委会工作重点，研究决定市人大常委会会议的有关工作和机关的大量日常工作，保证了常委会各项工作的顺利进行。在主任会议上，对《洛阳市城市市容和环境卫生管理办法（修订草案）》《洛阳市邙山陵墓群保护条例（草案）》《洛阳市人民代表大会常务委员会关于办理市人大代表建议、批评和意见的办法（草案）》《洛阳市人民代表大会常务委员会工作评议办法（草案）》等进行了初步审议。听取并审议通过了关于《洛阳市旅游条例》执法检查审议意见贯彻落实情况的报告、关于《洛阳市城市公共交通条例》执法检查的实施方案、洛阳市人民代表大会常务委员会2011年度工作评议实施方案、洛阳市人大常委会行政强制规定清理工作方案、2012年洛阳市拟立地方性法规项目和立法调研建议项目。听取并初步审议了洛阳市人民代表大会常务委员会2010年工作报告（草案）、洛阳市人民代表大会常务委员会2011年工作要点（草案）、洛阳市第十三届人民代表大会第三次会议主席团和秘书长等几项建议名单（草案）、洛阳市第十三届人民代表大会第三次会议列席人员名单（草案）、市十三届人大二次会议以来代表变动情况和补选代表的代表资格审查报告（草案）、市十三届人大三次会议代表议案、建议的分解交办情况的说明、《加快养老事业发展、解决养老机构用地问题的议案》的调研报告、《关于重视贫困山区发展加快群众脱贫步伐的议案》的调查报告、《关于尽快制订〈洛阳市公共场所禁止吸烟条例〉的议案》的调查报告、《关于解决城市区中小学校取暖和降温设施的议案》的调查报告、关于《关于解决城市交通拥堵问题》和《关于尽快解决我市城市交通问题》两项议案的调查报告、关于《关于提请制订〈洛阳市古城历史街区保护与整治管理条例〉》和《做好洛阳历史文化街区保护》两项议案的调查报告、关于2011年洛阳市项目建设及攻坚战进展情况的报告、关于市人民检察院推进惩防体系建设情况的报告、关于2011年上半年国民经济和社会发展计划执行情况的报告、关于洛阳市2010年财政决算和2011年1～6月财政预算执行情况的报告、关于2011年市财政收入预超收安排情况的报告、关于2010年度市本级财政预算执行和其他财政收支情况的审计报告、关于市中级人民法院民事执行工作情况的报告、关于城建提升攻坚战和城市环城路建设进展情况的报告、关于搞好大遗址保护展示工程 助推国际文化旅游名城建设的报告、市人民政府关于市十三届人大三次会议代表建议、批评和意见办理情况的报告、市中级人民法院关于市十三届人大三次会议代表建议、批评和意见办理情况的报告、关于补选李柳身、孔令晨为省十一届人大代表的提请报告、关于市工商局的工作情况报告及评议调查报告、关于市公安局的工作情况报告及评议调查报告、关于市环保局的工作情况报告及评议调查报告、关于市教育局的工作情况报告及评议调查报告、关于洛北城区中小学布局规划（草案）、关于进一步加强法制宣传教育和依法治理工作的决议（草案）、关于落实进一步提升洛阳市蔬菜生产一体化建设议案情况的报告、关于《洛阳市城市公共交通条例》贯彻执行情况的检查报告、关于市十三届人大三次会议代表建议、批评和意见办理情况的报告、关于市十三届人大三次会议以来代表变动情况和补选代表资格的审查报告（草案）、关于召开洛阳市第十三届人民代表大会第四次会议的决定（草案）、市十三届人大四次会议日程安排（草案）、关于洛阳市第十三届人民代表大会第四次会议主席团和秘书长等几项建议名单（草案）、关于洛阳市第十三届人民代表大会第四次会议列席人员名单（草案）、关于洛阳市人民代表大会常务委员会2011年工作报告（草案）。

市人大常委会组织开展《食品安全法》执法检查活动

【执法检查】 2011年，洛阳市人大常委会认真贯彻落实监督法和省监督法实施办法，围绕事关全市科学发展的重大问题和社会普遍关注的热点问题，制定并严格落实执法检查计划，组织市人大常委会委员、市人大代表对《劳动合同法》《工会法》和《河南省工会条例》《河南省信息化条例》《洛阳市城市公共交通条例》等法律法规的贯彻实施情况进行执法检查。此外，配合省人大常委会对《食品安全法》《矿产资源法》《价格法》和《河南省价格监督检查条例》《归侨和侨眷权益保护法》《河南省农村公路条例》等在洛阳市的贯彻落实情况进行执法调查，并针对存在的问题，提出了很好的意见和建议。

【代表议案、建议办理】 2011年，洛阳市人大常委会对市十三届人大三次会议上主席团交付的议案，在充分调研论证的基础上，对关于加快养老事业发展、解决养老机构用地问题的议案、关于解决城市区中小学校取暖和降温设施的议案、关于解决城市交通拥堵问题的议案和关于尽快解决城市交通问题的议案、关于提请制定《洛阳市古城历史街区保护与整治管理条例》的议案和关于做好洛阳历史文化街区保护的议案，分别做出了决议，交有关部门认真办理。关于重视贫困山区发展加快群众脱贫步伐的议案和关于尽快制定《洛阳市公共场所禁止吸烟条例》的议案，由于条件尚不成熟，经市人大常委会研究转为重点建议交市人民政府办理。通过听取工作汇报、视察、督察等形式，加大督办力度，保证了代表议案的有效落实。市十三届人大三次会议代表共提出建议、批评和意见260件。市人大常委会及时整理、归类、积极做好交办督办工作。坚持重点建议办理制度，研究确定23件具有代表性的建议进行重点督办。截至2011年年底，除有1件表示不满意外，代表对其余的259件建议的办理情况均表示满意或基本满意。

【视察、调研、督察】 2011年，洛阳市人大常委会组织代表对经济转型、机制转换、“三农”工作、县域经济发展、合同法及工会法贯彻落实情况等进行调研，对保障性住房、环境保护、环城路建设、伊滨区建设、快速通道建设、白马寺扩建等进行视察督察。组织驻洛全国、省人大代表赴鹤壁视察调研，为即将召开的全国、省人代会做准备，也进一步学习兄弟地市在促进经济发展等方面的经验。

【工作评议】 为进一步创新监督形式，增强监督实效，市人大常委会以“环境创优年”为契机，组织开展对市工商局、市公安局、市教育局、市环保局的工作评议。为使工作评议更能反映社情民意，市人大常委会通过在新闻媒体刊登公告，发放征求意见函，召开不同类型、不同层次的座谈会等多种形式，向人大代表及社会各界广泛征求意见建议，征集各类意见建议450余条，并及时进行归纳、整理，交有关部门研究办理。在此基础上，市人大常委会召开工作评议测评大会，听取和审议了4个被评议单位主要工作情况的汇报以及评议调查组的调查报告，并进行了满意度测评，测评结果均为满意，评议工作达到预期的效果。针对社会反映的问题和意见，市人大常委会要求有关部门要高度重视，认真研究，采取切实有效的措施，真正把问题解决好，确保评议工作取得扎扎实实的效果。

【联系与交流】 2011年，洛阳市人大常委会接待了日本冈山市代表团、韩国扶余郡议会代表团和俄罗斯议会代表团等外国议会客人四批40余人次。组织参加省辖市、全国较大市、全国二十城市、亚欧大陆桥沿线城市等多个区域性人大工作研讨会。分别在涧西和西工组织召开了县（市）、区人大主任联席会，围绕创新发展人大工作进行交流探讨，促进了全市人大工作的顺利开展。

（办公室）

历届洛阳市人民代表大会的代表人数及构成

单位：人

届 次	年 份	代表总数				
			妇女	占总数%	少数民族	占总数%
第一届	1954	213	41	19.3		
第二届	1957	237	50	21.1		
第三届	1958	250	40	16.0		
第四届	1962	470	103	21.9		
第五届	1963	470	108	23.0		
第六届	1968					
第七届	1980	552	113	20.5		
第八届	1984	530	138	26.0	25	4.7
第九届	1989	497	114	22.9	32	6.8
第十届	1994	492	121	24.6	30	6.1
第十一届	1999	469	114	24.3	27	6.4
第十二届	2004	480	91	19.0	29	6.0
第十三届	2009	498	89	18.0	29	6.0

注：洛阳市第六届人民代表大会应于1966年召开，由于“文化大革命”干扰，人民代表大会停止活动。1968年1月29日，洛阳市革委会成立，1980年8月，经请示省人大常委会并经中共洛阳市委同意，将此事件列为洛阳市第六届人民代表大会

洛阳市人民政府

【政府工作】 2011年，洛阳市人民政府团结带领全市人民，围绕“福民强市”总体目标，全力打好项目建设、经济转型、机制转换、城市提升、民生改善、环境创优和国际文化旅游名城建设“六加一”攻坚战，圆满完成市十三届人大三次会议确定的各项目标任务，实现“十二五”发展的良好开局。全年完成地区生产总值2717亿元，比上年增长12.5%。固定资产投资1860.5亿元，增长27.4%。经济总量居全国大中城市第四十六位、中西部城市第十位、中部城市第五位。地方财政一般预算收入178.3亿元，增长25.5%。社会消费品零售总额954.8亿元，增长18.1%。外贸出口14.8亿美元，增长40.5%。城镇居民人均可支配收入和农民人均纯收入分别达到20163元和6822元，增长14.3%和20.1%。特别是经过全市人民艰苦不懈的努力，洛阳市顺利通过国家卫生城市复审，荣获全国文明城市、国家森林城市称号。

项目建设步伐加快，产业结构进一步优化。全年实施千万元以上项目3894个，完成投资1592.2亿元。传统产业升级加速，出台洛阳市老工业基地振兴规划及一系列促进结构调整的政策措施。中信重工特大型锻造基地、伊电集团25万吨高精度铝板带、洛阳船舶材料所1万吨钛板带、轴研科技重型精密轴承等项目竣工投产；麦达斯轨道交通铝型材、恩梯恩LYC公司汽车轴承等项目开工建设；洛阳石化1800万吨炼油扩能改造、洛玻集团搬迁改造等项目前期工作扎实推进。战略新兴产业不断壮大，出台战略新兴产业培育等“三大工程”“一大政策”。中硅高科光伏产业园75兆瓦单晶硅片等项目竣工投产，中航锂电产业园等项目加紧建设。上海超日400兆瓦光伏垂直一体化、中航光电产业基地、微软技术中心等项目开工建设。风电叶片、风电轴承、兽用疫苗、节能环保装备、锂离子电池等技术达到国际领先水平。现代服务业加快发展，实施千万元以上服务业项目136个。开元门生态商务区等十大服务业示范项目加快实施。河南移动客服中心等项目竣工投用。863软件孵化器、恒生科技园、通和农副产品物流园、大张物流园等项目顺利推进。国际文化旅游名城战略策划项目全面完成。隋唐城遗址保护展示，龙门石窟、白马寺景区提升等重点示范项目加快推进。老君山鸡冠洞旅游区晋级国家5A级景区。

经济转型实现新的突破，发展质量进一步提高。自主创新能力持续提升，新建国际联合实验室2个、河南省院士工作站11个、市级以上企业研发中心49个，河柴重工技术中心被认定为国家级

企业技术中心。26家省百高、百强企业以及42家重点制造业企业全部建立研发中心。中钢洛耐研究院、中硅高科分别牵头组建了国家、省产业技术创新战略联盟。专利、发明专利申请量均居全省第二位。78项科研成果通过产学研合作信息平台实现产业化。荣获国家科技进步奖2项、省级科技进步奖28项。产业集聚成效明显，各产业集聚区基础设施建设、招商引资、产业培育力度不断加大，特色主导产业基本形成。17家产业集聚区新开工亿元以上项目占全市的72%，规模以上工业主营业务收入占全市的54%。其中：10家产业集聚区被列为省重点示范产业集聚区，数量居全省第一。碧水蓝天工程扎实推进，大力淘汰落后产能，加快实施节能改造、资源综合利用和循环经济项目。污水处理厂及配套管网建设步伐加快，电力、冶金、建材、化工等企业实现达标排放。全市空气质量优良天数达到316天，出境水质断面综合达标率98%以上。

新农村建设扎实推进，“三农”基础进一步巩固。全年粮食总产达到46亿斤，连续9年实现丰收。新发展牡丹4.87万亩，花卉苗木、蔬菜、林果、畜禽养殖等特色产业比重达60%以上。完成土地流转90万亩。转移农村劳动力142万人，劳务创收85亿元。休闲旅游农业园区达到796个。农业产业化占农业总产值的比重达到58%。完成水库除险加固12座，新增有效灌溉面积6.4万亩。植树造林45.4万亩。新开工新型农村社区87个，建成50个。新建农村社区服务中心103个，硬化通组通户道路2061千米，解决安全饮水30万人，完成村改居177个。全市95%以上行政村建立了卫生保洁长效机制。

改革开放不断深化，发展活力进一步增强。企事业单位改革取得重大进展，市属国有企业和事业单位改革改制，县（市）、区企事业单位改革实现大头落地。洛轴集团等3户企业政策性破产加快推进。省定煤矿兼并重组、集体林权制度改革确权发证任务全面完成。文化体制改革工作被评为全国先进。民营经济快速发展，建立民营经济新闻发布会等制度，民营经济发展氛围进一步浓厚。北玻公司等4家民营企业成功上市。民营经济新上千万元以上项目820

2011年洛阳市经济社会发展情况

	单位	2010年	2011年	比上年±%
生产总值	亿元	2320.2	2702.8	16.49
第一产业	亿元	187.6	203.8	8.65
第二产业	亿元	1396.2	1656.5	18.64
第三产业	亿元	736.4	842.4	14.39
人均生产总值	元	35426	41198	16.29
全部工业总产值	亿元	4980.4	5843.4	17.33
全部工业增加值	亿元	1243.8	1492.7	20.01
规模以上工业增加值	亿元	1014	1255.1	23.78
规模以上工业主营业务收入	亿元	3917.6	4866.8	24.23
规模以上工业利润总额	亿元	212.1	239.9	13.13
规模以上工业利税总额	亿元	386.9	423	9.34
农林牧渔业总产值	亿元	324.2	356.4	9.93
粮食总产量	万吨	235.9	230.9	-2.15
夏粮	万吨	110.8	109.2	-1.46
秋粮	万吨	125.1	121.6	-2.76
棉花总产量	吨	3301	3037	-8
油料总产量	吨	132491	133705	0.92
烟叶总产量	吨	60236	61400	1.93
蔬菜总产量	万吨	220.1	233.7	6.17
年末牛存栏	万头	68.7	65.8	-4.22
年末生猪存栏	万头	193.1	203	5.13
农业机械总动力	万千瓦	457.9	471.6	3
全社会固定资产投资	亿元	1768.8	1907.2	7.82
固定资产投资	亿元	1548.8	1860.5	20.13
工业投资	亿元	893.9	951.1	6.4
货物运输量	万吨	13384	16276	21.61
货运周转量	亿吨千米	292	358	22.76
旅客运输量	万人	13349	16019	20
客运周转量	亿人千米	103.4	124.3	20.19
邮电业务总量	万元	384093	464986	21.06

个，完成投资850亿元，实现增加值占全市生产总值的比重超过50%。招商引资成效显著，全年签订招商引资项目356个，投资总额2045.4亿元、增长50%；实际利用外资和市外境内资金分别增长46.8%和32.2%。中移动（洛阳）呼叫中心、浙商工业园、国龙物流园等重大项目落户洛阳。对外贸易实现新突破，外贸进出口总额达20.83亿美元，增长34.9%。机电产品、高新技术产品出口额占全市的83%，出口结构继续优化。旅游业发展态势良好，第二十九届中国洛阳牡丹文化节、小浪底观瀑节、河洛文化旅游节、伏牛山滑雪节举办圆满成功。全年接待游客6870万人次、其中入境游53万人次，旅游总收入350亿元。

城市形象不断提升，城镇化进程进一步加快。伊洛大道、洛白路改造等24项市政基础设施项目建成投用，伊滨区路网基本形成。行政副中心、中央商务区、福民安置小区、职教园区等重点区域，龙门大道提升、高铁大道跨伊河大桥等重大项目建设进展顺利，兰迪新型中空玻璃、轴承科技产业园等项目加快实施，南兆域、伊河生态廊道等城乡一体化试点项目全面启动。新建、改扩建市政道路37.2千米。洛阳桥扩建、瀛洲北路二期等工程建成投用，中州路、凯旋路等18条市管道路改造提升工程全面完成。丽春东路打通、道北三路打通等工程进展顺利，九都路高架等项目前期工作加快推进。城中村、城郊村和旧城改造实现重大突破，全年完成改造拆迁面积2000万平方米以上，开工安置房1500万平方米，竣工340万平方米。新增城市绿地125万平方米。建立“110城市应急联动服务平台”，80家职能部门联网办理群众咨询和诉求。启动数字化城市管理系统建设，加大市容巡查督办力度，新建公厕303座、垃圾中转站34座，城市环境卫生状况明显改观。连霍高速郑州至洛阳段，洛偃、洛宜快速通道建成通车。连霍高速洛阳至三门峡段、郑卢高速洛阳段、洛栾高速及洛吉、洛伊快速通道加快推进。310国道改线、小浪底专用线改造等项目前期工作进展顺利。建成农村公路188千米。洛阳机场旅客吞吐量比上年增长28%。

民生工程加快实施，社会保障体系

续表

	单位	2010年	2011年	比上年±%
社会消费品零售总额	亿元	808.8	963.5	19.13
进出口总值	万美元	154427	208295	34.88
出口总额	万美元	105188	147774	40.49
进口总额	万美元	49239	60521	22.91
实际利用外商直接投资	万美元	120475	176800	46.75
地方财政收入	万元	2272849	3234986	42.33
一般预算收入	万元	1420232	1782735	25.52
地方财政支出	万元	3153160	4455040	41.29
一般预算支出	万元	2307993	2969001	28.64
金融机构年末存款余额	亿元	2096.1	2428.6	15.86
金融机构年末贷款余额	亿元	1111.4	1366.6	22.96
城乡居民储蓄余额	亿元	1111.7	1233.1	10.92
城镇非私营单位从业人员年末人数	万人	53.9	59.9	11.13
国有职工	万人	31	33.5	8.06
城镇非私营单位从业人员劳动报酬	万元	1552613	1940413	24.98
国有职工	万元	952945	1132403	18.83
城镇非私营单位在岗职工年平均工资	元/人	29917	33466	11.86
国有职工年平均工资	元/人	31830	35197	10.58
集体职工年平均工资	元/人	26280	28482	8.38
城市居民人均可支配收入	元	18310	20775	13.47
城市居民人均生活消费支出	元	12425	14483	16.57
城市居民人均住房使用面积	平方米	30.73	31.27	1.76
农民人均纯收入	元	5680	6822	20.11
农民人均生活消费支出	元	4635	5293	14.2
农民人均住房面积	平方米	38.5	41	6.49
各类学校数	所	5277	4984	-5.55
在校学生数	万人	187.8	189.3	0.8
学龄儿童入学率	%	100	100	
年末卫生机构床位数	张	27927	28873	3.39
年末卫生技术人员	人	29346	31716	8.08
接待外国人、华侨、港澳台胞	万人	45.8	53	15.72

注：2010年起各类学校数在校学生数含各类成人教育短训班

进一步完善。省定、市定福民实事全面完成，各级财政用于民生的支出达到198亿元，占财政一般预算支出的66.9%。发放小额担保贷款13.7亿元，扶持2.2万人成功创业。新增城镇就业12.9万人，基本实现零就业家庭至少有1人就业。在全省率先实现城镇职工基本医疗保险市级统筹，城乡居民社会养老保险制度实现全覆盖。提高城乡居民最低生活保障和农村五保供养标准，基本实现应保尽保。建立物价与最低生活保障联动机制，为困难群众发放临时价格补贴1289万元。新开工保障性住房3.5万套168万平方米，竣工71.4万平方米，6137户住房困难群众乔迁新居。农村敬老院改造、倒房重建等工作加快推进。完成搬迁扶贫2250户10005人。

社会事业全面进步，社会管理进一步加强。新建、改扩建学校16所，吸引社会力量举办各类学校、幼儿园、教育机构71所，城乡中小学、幼儿园校舍安全改造工程进展顺利。普通高招再创新高。河南推拿学院和洛阳职业技术学院成功升格。优势医院倍增计划加快实施，河南科技大学第一附属医院新区医院建成开业，第五人民医院新区医院、妇儿中心新区医院等项目加紧推进，开工建设县医院4个，新增床位1020张。全市乡镇卫生院实现药物零差率销售。新型农村合作医疗参合率达99.4%。人口自然增长率控制在5.8‰。文化基础设施建设步伐加快，建成公共文化馆16个、图书馆10个。洛阳博物馆新馆全面对外开放。成功举办河南省第五届农民运动会。扎实开展安全生产及食品药品安全专项整治。稳妥推进警务体制改革创新，深入开展打黑除恶扫痞和校园周边环境治理专项行动，城市区和所有行政村实现技防设施全覆盖。积极排查化解矛盾纠纷，社会大局保持稳定。

政府自身建设不断加强，行政效能进一步提升。坚持依法行政、阳光操作，主动接受人大及其常委会监督，支持政协参政议政，人大代表议案、建议和政协提案办理满意率均达到99.6%以上。加强政府立法，提请市人大常委会审议法规草案2件，颁布政府规章3件。圆满完成第七届村民委员会换届工作。深入开展“环境创优年”活动，加强机关效能建设，发展环境进一步优化。全面推进政务公开，面向社会公布市直各部门的服务承诺。认真清理行政审批事项，实现审批项目全省最少。政府廉政建设和反腐败工作取得新成效。加强军政军民团结，荣获全国双拥模范城六连冠。

【市政府常务会议】　2011年，洛阳市人民政府共召开37次常务会议。市政府常务会议坚持每周学习重要法律法规，国家、省出台的新政策和重要会议精神；坚持每周听取全市安全生产、社会治安、信访稳定和洛阳石化新上项目建设进度情况汇报；每月听取全市安全生产和信访稳定专题汇报。围绕调整经济结构、深化改革开放、创新社会管理、福民惠民利民等事关全市经济社会发展的方面，全年累计研究确定《洛阳市国民经济和社会发展第十二个五年规划纲要》《洛阳市道路交通事故社会救助基金管理试行办法》《洛阳市民办教育发展专项资金管理暂行办法》《洛阳市校车使用管理办法》等260余个重要议题。　（一科）

中国人民政治协商会议洛阳市委员会

【市政协十一届三次会议】　2011年2月25～28日，政协洛阳市第十一届委员会举行第三次会议。会议高举中国特色社会主义伟大旗帜，以邓小平理论和“三个代表”重要思想为指导，深入贯彻中共十七大、十七届五中全会和省委、市委经济工作会议精神，牢牢把握团结和民主两大主题，坚持把助推科学发展作为政协履行职能的第一要务，围绕中心，服务大局，充分民主协商，积极参政议政，建言献策推动社会发展，凝心聚力促进社会和谐，并就新形势下如何进一步开创人民政协工作新局面进行热烈讨论。

会议听取并审议通过政协洛阳市第十一届委员会常务委员会工作报告和提案工作报告；听取并认真讨论了《市政府工作报告》和其他报告；补选了政协洛阳市第十一届委员会常务委员；听取了政协洛阳市十一届三次会议提案审查情况的报告；审议通过政协洛阳市十一届三次会议决议。会议听取并审议通过周宗良代表市政协十一届常委会所作的《中国人民政治协商会议洛阳市第十一届委员会常务委员会工作报告》。报告对2010年常委会工作进行回顾：一是务实尽力服务大局，助推经济平稳较快发展；二是倾心关注群众福祉，促进幸福指数不断提升；三是扎实履责锐意进取，推动职能作用有效发挥；四是凝心聚力增进团结，营造携手奋进和谐环境；五是搭建平台激发活力，增强委员队伍履职实效；六是夯实基础提高效能，提升政协工作科学化水平。报告提

市政协第十一届委员会第三次会议

出2011年常委会的主要工作任务：在加强学习、增进共识上取得新进步；在围绕中心、助推发展上实现新作为；在服务群众、改善民生上顺应新期待；在发挥优势、促进和谐上做出新贡献；在开拓创新、推动工作上开创新局面；在提升能力、加强建设上迈上新台阶。

会议听取并审议通过了李良龙代表市政协十一届常委会所作的《中国人民政治协商会议洛阳市第十一届委员会常务委员会提案工作报告》。报告指出，政协洛阳市十一届二次会议以来，广大政协委员、政协各参加单位和政协专门委员会，紧紧围绕全市的中心工作和人民群众最关心、最直接、最现实的利益问题，以高度的政治责任感和使命感，深入调查研究，运用提案形式，积极建言献策。共收到提案535件，经审查确定立案495件。其中，委员提案445件，各民主党派、人民团体和政协专门委员会集体提案50件，涉及承办单位70个。从办复情况看，见面率100%，答复率100%，满意率和基本满意率100%。

政协洛阳市十一届三次会议之前和会议期间，共收到提案395件，经大会提案委员会审查立案347件。其中：委员提案290件，各民主党派、人民团体和政协专门委员会提案57件。按类别划分，涉及经济方面45件，占立案总数的13%；城建交通方面119件，占立案总数的34.3%；农业、农村方面22件，占立案总数的6.3%；教科文卫方面46件，占立案总数的13.3%；社会法制方面54件，占立案总数的15.6%；其他方面10件，占立案总数的2.9%；需要修改补充的51件。占立案总数的14.6%

中共洛阳市委常务副书记李兴太代表中共洛阳市委在大会闭幕会上作重要讲话，对全市各级政协组织和广大政协委员提出了殷切希望：一要围绕中心，融入大局，更加主动地为加快洛阳发展建言献策；二要关注民生，反映民意，更加积极地为构建和谐洛阳添劲加力；三要加强学习，注重提升，更加扎实地为履行委员职责奠定基础。

【市政协十一届委员会常委会议】 2011年，政协洛阳市第十一届委员会召开了十一届十一次至十一届十七次共7次常委会。

十一届十一次常委会议于2月25日举行。会议的主要议程为：听取补选政协洛阳市第十一届委员会常务委员情况说明，审议大会选举办法（草案），审议大会总监票、副总监票、监票员、总计票、副总计票人员名单（草案），审议大会决议（草案）。

十一届十二次常委会议于2月26日举行。会议的主要议程为：听取大会选举办法（草案）、常务委员候选人名单（草案）、总监票、总计票等人员名单（草案）讨论情况的汇报。

十一届十三次常委会议于2月27日举行。会议的主要议程为：听取大会各项报告及大会决议（草案）讨论情况的汇报，听取大会提案审查情况汇报。

十一届十四次常委会议于3月29日举行。会议的主要议程为：传达学习全国政协十一届四次会议精神，听取市交通局、市公用事业局关于市县快速通道规划建设情况和城市公共交通发展情况的报告，协商通过2011年常委会工作要点（草案）。

十一届十五次常委会议于6月28日举行。会议的主要议程为：听取市住建委、市食品药品监督管理局关于廉租房和经济适用房规划建设情况、食品安全工作情况的报告，听取各专门委员会上半年工作情况汇报，人事事项。

十一届十六次常委会议于9月9日举行。会议的主要议程为：协商通过《关于加快洛阳市“一中心五组团”发展的调研报告（草案）》，协商通过《关于贯彻落实中国共产党洛阳市第十次代表大会精神的决议（草案）》。

十一届十七次常委会议于12月28日举行。会议的主要议程为：听取全市国有企业改革改制工作情况、旅游业发展情况的报告，听取2011年度提案督察暨重点提案办理民主评议情况汇报，协商通过《政协洛阳市第十一届委员会常务委员会工作报告（草案）》《政协洛阳市第十一届委员会常务委员会提案工作报告（草案）》，协商通过政协洛阳市十一届四次全会其他有关事项，听取各专门委员会2011年度工作汇报，人事事项，增补委员事宜。

【柬埔寨参议院代表团莅洛考察访问】 2011年12月1～2日，由柬埔寨参议院秘书长翁萨勒率领的柬埔寨参议院代表团莅洛考察访问。在洛期间，翁萨勒一行先后参观考察了天子驾六博物馆、龙门石窟、白马寺以及正在建设中的洛阳新区等。翁萨勒表示，洛阳是中国历史文化名城，有很多值得学习和借鉴的地方，希望洛阳在文化、旅游和经贸等领域与柬埔寨进一步拓展合作空间。

【重点调研活动】 2011年4～9月，市政协组织部分政协委员先后深入5个县市、28个相关委局，召开座谈会、专题

市政协主席周宗良视察民生事业发展情况

讨论会41次，搜集和听取各类意见建议120多条，围绕关于加快中心城区及周边县区的规划改造、经济结构调整、产业集聚区建设等，尽快形成“一中心五组团”格局这个重大课题，开展调研。经市政协十一届十六次常委会议充分协商讨论后，通过了《关于加快我市“一中心五组团”发展的调研报告》。报告认为，市委明确提出“十二五”发展的总体目标是“福民强市”，总体布局为“一中心五组团四支撑”后，多数县（市）、区和市直委局高度重视，积极响应，主动作为，认真落实市委的战略决策，并迅速行动，取得明显成效。但是，“一中心五组团”建设中存在一些问题。如“一中心”建设中存在中心城市辐射带动能力有待加强；新区建设和旧城区发展的关系不明确；洛偃一体化的发展前景、布局和路径不明确；文化为魂，魂在何处有待明晰；水系为韵，韵味欠缺；牡丹的丰富内涵挖掘不够等问题。“五组团”建设中存在组团发展认识不到位；规划布局不尽合理；组团发展特色不突出等问题。此外，还存在利益分配机制有待完善；政策及考评指标设置的导向作用有待完善和加强；产业集聚区产业结构混杂等共性问题。针对这些问题，报告提出如下建议：一是提高认识；二是加强领导；三是做好文化为魂这篇大文章；四是加快实现以水为韵的美好愿景；五是以花为媒促发展；六是做大做强中心城市；七是加快推进洛偃一体化进程；八是合理确定城市区和组团县区功能布局；九是高度重视吉利区组团的发展；十是提升产业集聚区开发建设水平；十一是完善利益分配机制；十二是以规划为先导提升发展质量。

【全国政协专题调研组到洛阳调研】　2011年4月26日，全国政协“发挥宗教界积极作用，促进和谐社会建设”专题调研组到洛阳，就全面贯彻党的宗教工作基本方针、发挥宗教界积极作用的情况等进行调研。

5月12日，全国政协“城镇居民养老保险问题”专题调研组到洛阳调研。调研组听取了洛阳市城镇居民养老保险工作汇报，对城镇养老保险工作给予充分肯定，希望洛阳市进一步把这件惠民利民的好事做细、做实、做好，惠及更多百姓。

全国政协副主席何厚铧到洛考察工作

【何厚铧莅洛考察】　2011年4月10～11日，全国政协副主席何厚铧莅洛考察。在洛期间，何厚铧出席了第二十九届中国洛阳牡丹文化节开幕式，考察了中国国花园、洛阳博物馆新馆和关林。何厚铧在考察中指出，通过建设新型博物馆，提倡文化交流、文化旅游等方式让更多人认识洛阳，了解河洛文化，将文化资源优势切实转化为经济社会发展优势，将文化高地变为发展阵地。

【市政协各专委会工作】　2011年，市政协提案委员会组织委员进行提案知识培训；完成市政协十一届三次会议的提案征集、审查和交办工作；参加中南六省（区）政协提案工作座谈会；组织委员视察全市物业管理情况，召开重点提案协商办理会议；组织召开全市提案工作会议，总结交流近年来政协提案工作的经验和做法，探讨改进和创新提案工作的新思路、新举措，全面提升提案工作的科学化水平；组织实施提案督察和对重点提案办理情况的民主评议工作；组织开展关于加强出租车行业服务质量管理的调研和关于洛阳大遗址保护利用情况的视察。

经济委员会组织开展关于洛阳市银行业支持企业发展情况的调研，对全市县域经济发展情况、人防工作及应急平台建设情况进行视察；参与市政协对伊滨区建设项目进度情况的督察，对中国移动河南公司客户服务中心（洛阳）生产楼、第五人民医院整体迁建项目一期工程和恒和国际商务会展中心项目进行督察。配合省政协经济委员会做好“黄金叶杯”建党90周年摄影大赛的作品征集工作。参与提案办理工作督察和评议。

农业委员会组织政协委员对全市春节河洛文化庙会有关情况进行专题调研，对农村土地流转情况进行调研，组织政协委员视察全市蔬菜基地建设情况，组织政协委员到洛阳农林科学院视察。多次组织政协委员视察黄河湿地保护工作，参加洛阳市“野生动物保护宣传月”活动启动仪式；对全市农村饮用水安全及中小学校防雷减灾情况进行视察；参与提案办理工作督察和评议。

人口资源环境委员会参加省政协组织的全省省辖市政协人口资源环境委员会工作经验交流会议；组织政协委员对洛宁新华生物质能发电有限公司秸秆发电项目进行调研；视察洛阳市环境监测站；组织政协委员及市环境保护部门有关人员，先后到福建省泉州市、江西省南昌市调研，走访当地环保专家，了解当地工业和经济发展有关数据，环境保护的主要举措；组织政协委员视察国土资源节约集约型城市建设活动开展情况；参与提案办理工作督察和评议；积极参加市委部署的新农村建设包村帮建工作。

教科文卫体委员会组织政协委员就看病难看病贵问题深入河科大一附院进行座谈调研，对洛阳农村中小学教育情况进行调研。配合省政协做好庆祝中国共产党建党90周年书画展的作品征集工作。组织部分委员对公立医院改革进展情况进行视察。参与提案办理工作督察和评议。

社会与法制委员会组织部分政协委员对企业工资集体协商问题进行调研；对流动人口服务管理情况进行调研；组织委员对律师队伍管理情况进行视察；组织驻洛全国、省政协委员及市政协委员代表对伊滨区在建项目进展情况进行督察。参与提案办理工作督察和评议。

民族宗教委员会为促进清真食品生产企业的规范化管理，组织委员对全市清真食品生产企业的管理情况进行调研；配合省政协对洛阳市发挥宗教团体作用，促进和谐社会建设、宗教团体人员社保情况进行调研。围绕“六加一”攻坚战，参与伊滨区建设进展情况的督察活动。完成提案督察及领导交办的其他任务。

台港澳侨联络委员会与市台办、市台联一起，对洛阳市台胞、台属工作生活情况进行深入调研；对全市最大的民营石油企业金徽石油公司进行视察。协调市招商引资局、市台办、台联、外侨办、侨联对洛阳市台港澳侨资企业有关情况进行统计。举办市政协中秋书画联谊会；与外侨办、侨联、人大民侨委共同组织“六五”普法宣传活动，联合编印《涉侨知识手册》。

学习文史资料委员会以建党90周年为契机，参与组织开展“重走长征路”系列活动，筹备举办“重走长征路”摄影图片展和主题党课；精心编印以纪念建党90周年为主旨的第三十一辑文史资料；积极参与政协机关的“发扬红军长征精神”演讲比赛；编印3期《学习资料》；参与提案办理工作督察和评议。

委员管理联络委员会对全体委员上一年度的履职情况进行考核，并评选出优秀政协委员在市“两会”期间进行表彰；邀请国家行政学院张孝德教授，以国家“十二五规划”为主题举办专题报告会；对新增补的政协委员，组织学习培训；利用“三八”“五四”，组织政协委员开展不同形式的联谊活动和工作交流；开展委员走访活动；组织协调政协委员参加在全市“环境创优年”活动中对各个委局和窗口单位的评比评价工作；组织委员参加各单位的民主评议活动。（崔少波）

历届洛阳市政治协商会议的委员人数及构成

单位：人

届 次	年 份	委员总数	#中共党员	占总数%	#妇女代表	占总数%
第一届	1955	75	25	33.3	8	10.7
第二届	1959	153	51	33.3	15	9.8
第三届	1962	250	71	28.4	32	12.8
第四届	1965	265	73	27	34	12.8
第五届	1980	289	105	36.3	39	13.5
第六届	1984	338	133	39.4	48	14.2
第七届	1989	390	155	39.7	68	17.4
第八届	1994	382	132	34.6	63	16.7
第九届	1999	396	151	38.1	85	21.5
第十届	2004	390	154	39.5	84	21.5
第十一届	2009	390	157	40.3	82	21

民主党派·工商联

·中国国民党革命委员会洛阳市委员会·

【思想建设】 2011年1月13日，中国国民党革命委员会洛阳市委员会（以下简称“民革洛阳市委”）组织8个支部的代表参加中央统战部召开的“身边的榜样——树立和践行社会主义核心价值体系先进人物事迹报告会”电视电话会，认真学习全国先进人物先进事迹报告。2月15日，民革洛阳市委机关人员认真学习全市2011“环境创优年”动员大会和全市转变领导方式动员会议精神，按照学习提高、查摆问题、集中整改和巩固提升的计划贯彻落实会议精神。5月4日，民革洛阳市委召开主委会议，学习贯彻全市第一季度工作会议精神，参会人员共同学习了市委书记毛万春等讲话及十八谈洛阳篇。10月22日，民革洛阳市委组织党员中企业界和文化艺术界的代表人士召开座谈会。会上，市政协副主席、民革市委主委陈卫平传达了十七届六中全会精神和《国务院关于支持河南省加快建设中原经济区的指导意见》，与会党员一致认为，十七届六中全会从战略的高度重视文化的发展，符合现阶段国情的需要，为河南及洛阳的发展提供了前所未有的机遇，民革中的企业家和文化艺术人士要把握好机遇积极建言献策，为中原经济区建设和实现“福民强市”总体目标做出更大贡献。通过开展这些丰富多彩的思想教育活动，民革组织的思想建设得到持续加强，履行参政党职能、发挥参政党作用的积极性和主动性进一步提高。

【宣传工作】 2011年，民革洛阳市委的宣传工作取得跨越性突破，共向《团结报》《河南民革》《洛阳统战信息》等媒体报送信息30余篇，编发《洛阳民革简报》4期，其中在国家级报刊上发表8篇信息。民革洛阳市委获得2010年度民革全省思想宣传工作先进集体、2010年度团结报征订先进单位优秀奖、2010年度全市统战信息工作二等奖、2010年度全市统战宣传工作三等奖和2010年度全市统战网站宣传工作三等奖。

【组织建设】 2011年，民革洛阳市委发展新党员28人，其中有研究生学历以上9人、高级职称6人，无论数量上还是质量上较往年都有较大提高。全年，民革洛阳市委涌现出许多先进，西工支部被民革中央授予2010年度民革全国先进基层组织称号；涧西支部、民革洛阳市委直属支部荣获2010年度民革全省先进基层组织称号。民革党员王秋芳等4人被授予2010年度民革河南省基层工作先进个人称号，陈朝福等3人被授予思想宣传工作先进个人称号，冯松旺等3人被授予参政议政先进个人称号。

【参政议政】 2011年省、市召开的“两会”上，民革洛阳市委共提交议案、提案60余件，市政协集体提案8件，立案6件。民革洛阳市委集体提案《依法管理龙门石窟景区水资源，确保世界文化遗产永续利用》被评为市政协2009～2010年度优秀提案。民革党员杨敏华提出的《关于对我市投资担保公司的混乱状况进行整顿治理的建议》和葛伊均提出的《关于加强水资源管理的建议》被列为洛阳市政协十一届三次会议重点、重要提案。2011年，民革洛阳市委更加重视参政议政常态化，充分利用《统战信息》等平台，加强了社情民意反映和日常建议的传达，共向市委统战部报送社情民意信息、意见建议30余条。

民革洛阳市委“同心同行建洛阳”义诊活动

【社会服务】 2011年，民革洛阳市委的社会服务工作呈现出活动数量增多、活动内容丰富、党员参与积极、活动形式创新等良好势头。6月6日，民革市委组织成立农业技术服务组、医疗卫生义诊服务组和法律援助服务组，服务组由30余名民革党员中的行业专家组成，为农村、社区、企业提供义务服务。6月25日上午，民革洛阳市委副主委毛红伟、王秋芳带领医疗卫生义诊服务队到涧西区13号街坊和西工区芳林路社区开展义诊活动，先后为200多名群众提供义诊送药服务。6月25日下午，民革洛阳市委副主委陈朝福带领法律援助服务组在芳林路社区开展法律咨询活动，为100多名群众提供法律咨询服务。7月26日，洛阳市政协副主席、民革洛阳市委主委陈卫平带领民革农业技术服务组赴嵩县库区乡为洛阳天瑞生态农业有限公司提供技术服务，受到社会各界的欢迎和好评。

第九届台湾高校大陆访问团参观龙门石窟

【联络接待台湾同胞】 2011年1月20日，民革洛阳市委接待了第九届台湾高校杰出青年赴大陆参访团一行35人。台湾高校参访团成员参观了白马寺、关林和龙门石窟等。民革洛阳市委精心准备节目与参访团成员联欢，与他们进行交流，极大地增进了感情，得到民革中央、民革河南省委以及洛阳市委统战部的高度评价。

民革洛阳市委充分发挥民革的特色优势，在牡丹花会期间，热情接待了台湾海峡两岸经贸文化交流基金会陈荫华副秘书长一行，进一步加深了双方的了解和感情，并协商下半年以辛亥革命为契机进行书画文化方面的交流。

【中国共产党建党90周年活动】 2011年是中国共产党建党90周年，民革洛阳市委围绕“重温历史，同心同行”主题，开展了丰富多彩的系列庆祝活动。民革洛阳市委选送多幅书画摄影作品参加河南省委省直工委、省文联举办的“河南省机关纪念中国共产党成立90周年书法绘画摄影展”，选送的国画《大唐遗风》和《满堂清香》荣获绘画优秀奖，并荣获河南省政协举办的“庆祝中国共产党成立90周年书画展”国画优秀奖。民革洛阳市委下发《关于开展“同心同行建洛阳”活动的通知》及活动方案，号召广大党员以实际行动践行“重温历史，同心同行”，庆祝中共成立90周年。民革洛阳市委各支部在7月1日前夕召开“重温历史，同心同行”主题生活会，庆祝中国共产党成立90周年。7月15～17日，民革洛阳市委组织涧西、瀍河、直属3个支部50余名党员，赴南京参观中山陵、南京大屠杀遇难同胞纪念馆、雨花台等爱国主义教育基地。

【纪念辛亥革命100周年活动】 2011年，民革洛阳市委积极响应民革河南省委“纪念辛亥革命100周年”征文活动，组织党员撰写10余篇优秀文章并推荐到民革河南省委，经过评选，有4篇文章分获一、二、三等奖，民革洛阳市委获优秀组织奖。9月9日，民革洛阳市委在华阳香魁居茶社举办纪念辛亥革命100周年演讲比赛，8个支部选出的15名选手进行了精彩的演讲。10月9日，民革洛阳市委举办辛亥知识讲座和书画展览，向辛亥革命百年献礼。书画展在市图书馆举行了隆重的开幕式，共展出书画作品120余幅。 （民　革）

·中国民主同盟洛阳市委员会·

【概　况】 2011年，中国民主同盟洛阳市委员会（以下简称“民盟洛阳市委”）现有盟员814人，市级组织（市委会）1个，区级工作委员会6个，大学校级工作委员会（总支）2个，支部44个，市委会内设专门委员会6个。盟员中担任河南省第十一届人大代表的1人，河南省第十届政协委员的4人，洛阳市第十三届人大代表的1人，洛阳市第十一届政协副主席1人、常委5人、委员8人。县、区政协中，盟员担任区政协常委的4人，区政协委员17人。党外干部实职安排中，担任洛阳市国资委副主任1人，孟津县副县长1人，市侨联副主席1人。盟市委机关中驻会副主委1人，副调研员1人。

【自身建设】 2011年是中国共产党成立90周年，辛亥革命100周年，民盟成立70周年，民盟洛阳市委组织了一系列座谈纪念活动。3月18日，组织召开纪念民盟成立70周年座谈会；7月1日，组织召开“风雨同舟·庆祝建党90周年座谈会”，回顾革命烽火岁月中民主党派和中共风雨同舟、肝胆相照的伟大历程。通过座谈，加深全市盟员对多党合作的认识，激发了广大盟员民主监督、参政议政的履职热情。民盟洛阳市委也因工作突出被民盟中央评为庆祝民盟成立70周年先进集体，盟员赵晓敏、郝春英、刘媛、梁斌被评为先进个人；被民盟河南省委评为社会服务工作优秀市委会、参政议政工作先进集体和“活力支部”先进基层组织。

【组织建设】 2011年5月，民盟洛阳市委顺利完成基层组织换届。12月23日，民盟洛阳市委召开第十一次代表大会，河南省人大副主任、民盟河南省委主委储亚平，市委常委、市委统战部部长陈向平，副市级领导李柳生、陈卫平、魏险锋、雷雪芹、肖宏滨参加大会，市政协副主席、民盟洛阳市委主委师清翔主持会议。通过民主选举，民盟洛阳市委员会顺利完成换届工作：师清翔担任洛阳市民盟第十一届委员会主委，许留霞、张俊杰、魏世忠任副主委，赵晓敏同志不再担任驻会副主委，任副县级调研员；师清翔、张俊杰、魏世忠、许留霞、上官光明、王吉、王广陵、王跃明、毛全民、张建方、张湘洛、赵向明、祝建平、温洪声、刘媛、宋春磊、李韧、赵邦屯、张日华、路红、蔡慧21人任民盟洛阳市委十一届委员会委员。

【宣传工作】 2011年，民盟洛阳市委编辑出版《洛阳盟讯》4期，向各级盟组织及统战部门报送宣传稿件60篇，民盟中央网站采用4篇，《河南盟讯》采用25篇，另有20篇被省委统战部“根在中原”网站采用。在纪念中国民主同盟成立70周年当天，建立了民盟洛阳市委员会官方网站www.mmlysw.org，通过网络及时把市委会各项信息传递出去，强化了市委会和盟员之间的交流。

【参政议政】 在2011年洛阳市“两会”上，民盟洛阳市委提交集体提案14件，民盟盟员中的政协委员共向会议提交个人提案20件。内容涉及可持续发展、基础设施建设、医疗卫生、教育、牡丹特色产业等多个方面，得到了上级领导的充分肯定。《关于建立新能源产

民盟洛阳市委第十一次代表大会

民盟洛阳市委会集体提案答复会

业园的建议》《关于解决王城大道李屯特大桥至郭寨路段安全隐患的建议》的集体提案被洛阳市人民政府、政协洛阳市委员会评为“2009～2010年度优秀提案”。在5月召开的民盟河南省委参政议政工作会上，民盟洛阳市委被授予参政议政先进集体。另外，民盟洛阳市委还根据民盟河南省委下达的“社区医院的定位与建设”调研任务，对洛阳市涧西区7所社区卫生服务中心及其工作人员开展问卷调查，内容涉及社区卫生服务中心的性质、承办主体、资金渠道、收支情况、医护人员业务水平及对现状的满意程度等，较好地反映了洛阳市社区卫生服务机构的实际情况，为上级决策部门提供了参考依据。

【社会服务】　2011年，民盟洛阳市委发挥优势，突出特色，把做好社会服务工作作为工作的重心来抓。一是科技下乡成绩突出。民盟洛阳市委开展多次送科技下乡活动，先后到新安县五头、磁涧、大洼村，西工区红山乡王村沟、樱桃沟等地为农民开展技术服务，免费发放科技资料和农药。郝春英等农技专家从果树的开花、结果以及采摘后的田间管理对农民进行手把手的技术指导，帮助农民脱贫致富。二是继续做好“烛光行动”。3月4日，民盟洛阳市委机关的工作人员和部分女盟员赴孟津县朝阳中学同朝阳中学的女教师座谈，以自己对人生的感悟与年轻教师们进行交流；4月6日，民盟洛阳市委机关领导和市扶贫办的工作人员前往栾川、嵩县对清华大学远程教学站使用情况进行调研，并再次帮助嵩县成功的申请到2套免费接收设备，使嵩县同时拥有了3个教学点。7月20～22日，民盟洛阳市委组织实验中学刘媛、朝阳初中姚会战、丁庄小学李延霞等三位老师到郑州参加第四十七届海内外基础教育研讨会，开阔他们的眼界，提升他们的业务能力。

（刘　浩）

·中国民主建国会洛阳市委员会·

【组织建设】　2011年12月28日，中国民主建国会民建洛阳市委员会（以下简称“民建洛阳市委”）召开第七次代表大会。会议选举魏险峰为民建洛阳市委第七届主任委员，张亚楠、王斌、王霞为民建洛阳市委第七届副主任委员，常志玉为民建洛阳市委第七届秘书长。为进一步加强基层组织建设，民建洛阳市

民建洛阳市委第七次代表大会

民建企业家张顺铎等“六一”儿童节捐助活动

委领导班子细化分工，由一名副主委主抓组织建设工作，其他副主委对区域总支进行分包，根据所分包的支部，下基层、调研，了解情况、征求意见，并与总支所在区域的党委沟通协商，帮助基层组织解决工作中的困难和问题。定期召开组织工作会议，制定《支部组织活动条例》《机关条例》《支部考核方案》等各项规章制度，使支部建设更具制度化.精心选拔优秀的支部领导班子，举办支部主任学习班。2011年共选送6名会员骨干到河南省社会主义学院学习。5月中旬，民建洛阳市委组织40多名新老骨干会员到栾川进行会章、会史、统战知识等培训，增加了会员相互之间的凝聚力。严把入会关口，全年吸收素质好、层次高、代表性强的新会员14名。

【思想宣传】 2011年，贯彻民建中央、民建省委、中共洛阳市委的部署，民建洛阳市委开展了“弘扬民建优良传统，努力树立和践行社会主义核心价值体系”活动，认真学习中共十七届五中全会、胡锦涛总书记在庆建党90周年大会上的讲话精神和民建中央、民建省委和中共洛阳市委领导的讲话精神，定期召开各总支主任以上扩大会议。在开展“同心同行建中原活动”中，民建洛阳市委组织会员到新安县峪立村革命老区接受红色教育。在省民建纪念民建成立65周年、民建河南省委成立30周年纪念大会上，民建洛阳西工总支、民建洛阳老城总支被河南省民建评为省先进总支，受到表彰；民建洛阳经济委员会主任张顺铎被民建中央评为“全国优秀会员”、民建“全国社会服务先进工作者”，受到民建中央表彰；李东等三位会员被河南省民建评为省优秀会员，受到省民建的表彰。

【参政议政】 截至2011年年底，民建洛阳市委有全国政协委员1人，省人大代表1人、省政协委员2人，市人大代表4人、市政协委员18人，他们在各自的工作岗位上，围绕市委、市政府的中心工作，充分发挥了参政党的作用。2011年，民建洛阳市委在“两会”提交提案、议案50多件。其中民建洛阳市委集体提案《关于进一步完善药品招标工作》《关于优化公交线路，方便市民出行的建议》等提案受到中共洛阳市委、市政府主要领导的高度重视。民建洛阳市委《“十二五”期间我国节能减排与发展低碳经济的思想与对策研究》、《关于促进非物质文化遗产市场化运作，协调推动洛阳文化旅游发展的建议》《“十二五”期间农民工市民化的思路与对策研究》调研报告，受到民建省委的关注。民建洛阳市委撰写的社情民意信息《投资担保公司变相“非法集资”行为应引起重视》，被民建中央、河南省政协采用。

【社会服务】 2011年，民建洛阳市委会员利用自身优势积极开展社会服务活动。一是帮助安排下岗职工、农民工再就业4000多人，为全市的稳定做出了贡献；二是组织老城总支书法界会员为城市贫困群众、农民工义写春联活动；三是组织会员中医疗界的专家到社区、偏僻山区开展医疗义诊、免费捐助药品；四是会员张亚楠、张顺铎、李东每年帮扶贫困大学生10人，共计10万元，直至完成最高学业；五是开展致富不忘回报社会活动，民建洛阳经济委员会主任张顺铎等企业家在“六一”节前将价值1.2万元的图书、书包捐献给宜阳三乡贫困家庭的孩子们；六是开展“思源工程”活动，会员李宏勋将价值2.6万元的医疗器械捐献给嵩县旧县镇卫生院，受到了社会的好评。由于社会服务工作成绩突出，张顺铎被民建中央评为2011年度民建“全国社会服务先进工作者”，受到民建中央的表彰。 （常志玉）

·中国民主促进会洛阳市委员会·

【思想政治工作】 2011年，中国民主促进会洛阳市委员会（以下简称“民进洛阳市委”）深入学习和践行社会主义核心价值体系，下发《民进洛阳市委关于推进树立和践行社会主义核心价值体系活动深入发展的实施方案（2010～2012年）》，成立领导小组，制定学习工作方案，保证了学习活动的顺利进行。在民进各基层支部开展深化坚持走中国特色社会主义道路、推进学习型参政党建设活动，激发了全体会员的爱国热情。举办“庆祝中国共产党成立90周年‘党在我心中——同心、同德、同向、同行’”文艺演出，组织召开纪念辛亥革命100周年座谈会，制作宣传版画、举办书画展和演讲比赛等活动。民进洛阳市委自创作品《我们党将永葆青春和活力》获河南民进纪念中国共产党成立90周年“党在我心中——同心、同德、同向、同行”演讲比赛三等奖，民进洛阳市委获民进省委“纪念中国共产党成立90周年书画展征集活动优秀组织”奖。

全年，民进洛阳市委有21篇稿件被

民进省委网站首页的《民进要闻》收录，《加快教育体制改革 建设有洛阳特色的教育体制》等16篇文章被洛阳政协网页收录，上报中共洛阳市委统战部信息20余条。

民进洛阳市委医学专家给学生检查视力

【参政议政】 2011年，民进洛阳市委充分发挥会员的智力优势，精心选题，认真开展调查研究工作，提出了较多针对性的意见和建议。在洛阳市“两会”期间，民进洛阳市委提案总共34件，集体提案5件，受大会表彰优秀和重点提案4件，无论是从质量上和数量上都有较大的突破。在全市各界人士座谈会上，民进洛阳市委的《加快教育体制改革 建设有洛阳特色的教育体制》发言，受到市委主要领导的重视，并在《洛阳日报》刊登。积极开展调研工作，调研课题“中原经济区建设中文化创意产业发展战略研究”被民进省委作为重点课题立项，并报送中共河南省委统战部，民进涧西一支部主委裴云《关于大力发展河南文化创意产业的建议》获河南民进“我为中原经济区建设献良策活动优秀调研成果一等奖”。

【组织建设】 2011年，民进洛阳市委根据“坚持原则、保持特色、着力培养、规范程序、注重质量、严格把关”的工作思路，多途径发现人才、发展人才，加强组织建设。全年发展新会员5人，平均年龄39岁，其中博士2人、硕士2人。截至2011年年底，民进洛阳市委有基层支部13个，专委会5个，会员总数266人。其中：教育文化出版界会员180人，占总数的67.7%人；女会员114人，占总数的42.9%；高级职称的89人，占总数的33.5%。全年，有8名民进会员被聘为洛阳市第六届特约人员，3名会员被聘为市纠风办民评代表。

【社会服务】 2011年，民进洛阳市委本着“量力而行、尽力而为、突出特色、发挥优势”的工作思路，采取多种形式和渠道，积极推动智力扶贫、送文化下乡活动。

5月20日，民进洛阳市委组织会内优秀教师及部分医学专家和艺术家，到西工区红山乡西下沟小学，开展智力帮扶支教活动，为该校师生上了观摩课，西工二支部主委宋丽丽等3名眼科医师给师生们做了视力检查，著名表演艺术家曾广兰以发生在战争时期的“一名农村妇女用乳汁救解放军伤员”的故事为全体师生上了生动的一课。7月，市委会组织文艺界会员先后到涧西区武汉路和重庆路社区、西工邮政广场及香椰丽广场，以及洛龙区、老城区、瀍河区等社区开展送文化下社区活动，丰富了社区群众的文化生活。8月，民进洛阳市委组织教育界会员到部分乡镇，培训教师500余人次，给乡村教师带去先进的教育理念，赢得了良好的社会声誉。

（娄金萍）

民进洛阳市委庆祝建党90周年图片展

·中国农工民主党洛阳市委员会·

【刘晓峰到洛阳考察工作】 2011年4月25～27日，中国农工民主党中央副主席刘晓峰到洛阳考察工作。农工党河南省委副主委杨利霞、农工党河南省委副巡视员兼组宣处处长王小丁陪同考察。洛阳市政协副主席、农工党洛阳市委主委雷雪芹，农工党洛阳市委副主委戴刚、刘宏平给予热情接待。在洛期间刘晓峰听取了洛阳城市发展情况以及农工党洛阳市委工作汇报，对农工党洛阳市委的各项工作给予肯定。

【思想宣传】 2011年，农工党洛阳市委召开市委五届八次、九次、十次（扩大）会议，学习贯彻农工党省委五届五次全会、五届十四次常委会精神，全国“两会”精神和胡锦涛总书记“七一”讲话和纪念辛亥革命100周年纪念大会上的讲话精神；结合实际积极开展“学习型参政党组织建设”活动、“树立和践行社会主义核心价值体系”活动，“同心同行建洛阳”活动，增强了发展意识、大局意识、责任意识和忧患意识。以中国共产党成立90周年为主题，展开丰富多彩的庆祝活动，如参加中共洛阳市委统战部庆祝中国共产党成立90周年座谈会，中国共产党党史，统一战线知识，农工党党史、党章等知识竞赛，举办演讲比赛，并派优秀选手参加农工党河南省委演讲比赛。举办“光辉的历程，伟大的成就”为主题的大型图片展览，热情讴歌中国共产党成立90周年以来的风雨历程和光辉业绩。举办开展“迎七一”大型义诊活动：6月26日，为社区居民建立健康档案，免费发放药品。组织农工党骨干党员参观孟津县小浪底镇班沟村辛亥革命教育基地。

农工党中央副主席刘晓峰到洛考察

【组织建设】 2011年，农工党洛阳市委新发展25名知识层次高、有一定代表性和社会影响的中青年知识分子入党，平均年龄38岁。其中：具有高中级职称22人，大学文化程度25人（硕士5人），民营企业家1人，科研院所高级工程师1人，环保专家1人，律师1人。12月初，举办新党员暨骨干培训班，农工党新党员及骨干党员65人参加培训。选派优秀工人参加河南省社会主义学院党外后备干部培训班学习。

【参政议政】 2011年，农工党洛阳市委向省、市、县（区）人大、政协会议提交议案、建议和提案70余件，其中《关于大力规范我市学前教育的几点意见》和《关于对隋唐洛阳城遗址进行保护开发》被列为市政协2011年度优秀提案，赵绍杰、郭建华、任中华获“优秀政协委员”称号。组织农工党党员对大遗址保护、医疗体制改革和洛阳新区核心区和伊滨区建设情况进行调研，提出了切合实际的意见和建议，为经济社会发展建言献策。

第二十三届国际科学与和平周活动

【社会服务】 2011年，农工党洛阳市委充分发挥自身优势，积极开展社会服务活动。在5月“中国环境和健康宣传周”期间，道北支部、荣康支部、景华支部先后深入农村、社区开展免费体检义诊咨询服务，600多人次受益。6月3日，农工党洛阳市委组织30多位专家，为白马寺160余位僧人、工作人员开展健康体检和义诊咨询活动，并建立健康档案。“百千万健康行动计划”，定点帮扶10个乡镇卫生院、70个村卫生室，为1000余名农村卫生技术人员进行专题培训和技术指导，对1000余名农村中小学生、农村居民和农民工开展健康教育，进行健康体检，建立健康档案，并为1.61万人进行乙肝普查，救助患者2082人。关注社会弱势群体，给群众“送温暖，送爱心”。10月11日，农工党洛阳市委领导班子协同农工党员、洛阳正骨医院副院长郭艳幸等多位骨科专家看望慰问洛阳最美丽女孩——陈媚捷，为她做了细致会诊，并根据病情制定下一步的治疗方案和康复计划，同时送上郭建华、李明月等党员捐助的3000元慰问金。（郑　宏）

·九三学社洛阳市委员会·

【概　况】 2011年，九三学社洛阳市委员会（以下简称“九三学社洛阳市委”）有基层委员会1个，支社31个，区级工作委员会5个，社员675人（新发展35人），其中具有高级职称的415人。全社共有省人大代表1人，省政协委员2人；市人大代表3人（常委2人），市政协委员10人（副主席1人，常委2人）；区（县）副县长1人，区（县）人大代表5人（副主任1人）、区（县）政协委员22人（常委4人）。

【思想建设】 2011年，九三学社洛阳市委在九三河南省委、中共洛阳市委的领导下，围绕“重温历史、同心同行”主题，以纪念中共建党90周年、辛亥革命100周年为契机，切实加强思想建设。学社市委组织开展“富得宝杯”纪念中国共产党成立90周年、辛亥革命100周年暨社章社史知识竞赛，集体学习《重温历史同心同行——统一战线纪念中国共产党成立90周年》的重要稿件，参观“洛八办”，举办了纪念中国共产党成立90周年书法绘画摄影展，使广大社员加深了对中国共产党领导的多党合作和政治协商制度的感性认识，进一步坚定了跟党走的信念。

同时，社市委定期组织学习中共各项政策精神，集体学习了《中共市委九届十六次全体会议决议》，洛阳市“十二五”规划编制情况、《中国共产党第十七届中央委员会第六次全体会议公报》及国务院《关于支持河南省加快建设中原经济区的指导意见》，提高了宏观把握能力。此外还参加中央统战部召开的“身边的榜样——树立和践行社会主义核心价值体系先进人物事迹报告会”电视电话会，开展向杨佳学习的活动。积极筹建九三学社洛阳市委网站，制定《九三学社洛阳市委员会信息宣传、参政议政工作表彰奖励办法》，河科大二支社社员张景峰负责的研究报告《我国殡葬管理法律制度改进研究》，获得民政部法制理论研究课题自选课题理论研究优秀奖。

【组织建设】 2011年，九三学社洛阳市委按照九三学社河南省委常委会讨论下发的《九三学社河南省委员会关于2011年市级组织换届工作的意见》要求制定《关于开展五届市委委员任期履职和六届市委委员人选推荐工作的通知》，召开了五届十八次市委（扩大）会议暨换届工作会议，并于12月20～21日成功召开九三学社洛阳市委第六次代表大会，选举产生19名市委委员，其中主委肖宏滨，副主委高明（驻会）、郭玲娟，秘书长高明。此外，九三学社洛阳市委先后成立九三学社吉利区工作委员会，召开基层组织建设工作会，建立了中铝洛阳铜业有限公司支社，举办新社员学习班，并对全体社员档案进行了电子信息录入。各基层组织先后开展学习、恳谈、参观、考察、调研、野外拓展、社会服务等各类组织活动20余次。

九三学社涧西综合支社和洛铜社区“同心同行”共建社区活动揭牌仪式

【参政议政】 2011年，洛阳市“两会”期间，九三学社洛阳市委提交建议、提案52件，其中集体提案31件。《调整思路，提高我市物业管理水平》和《切实解决我市失地农民再就业和社会保障问题》被市政协评为重点提案。在提案答复期间，就31件集体提案与17家提案办理单位进行了座谈。九三学社市委还制定《九三学社洛阳市委员会信息宣传、参政议政工作表彰奖励办法》。全年共向社上级组织和市有关部门上报社情民意信息24条。

【社会服务】 2011年，九三学社洛阳市委响应中共洛阳市委统战部的号召，组织开展了“同心同行建洛阳”活动。学社农业工作委员会和瀍东支社的农牧业专家们先后10次到汝阳、宜阳、孟津等县乡为当地群众提供农业养殖、种植方面的培训和指导，服务群众近5000人次。在李楼乡潘寨村举办“第二十三届国际科学与和平周——走乡村大型义诊、法律援助和农艺咨询活动”，服务群众百余人次。二是定点联系服务社区，开展共建活动。凯旋支社、涧西综合支社分别与上阳社区和洛铜社区，联合开展了“同心同行共建和谐社区”活动，多次为社区提供义诊、法律咨询、法律援助等服务。同时，九三学社洛阳市委多次与洛宁、汝阳、宜阳等县政府联系协调，与其协商进行农林畜牧方面的项目合作。　（九三学社）

·洛阳市工商业联合会·

【市工商联换届工作】 截至2011年11月，全市15个县（市）、区工商联全部完成换届。12月18日，市工商联第十一次会员代表大会隆重召开，省委常委、市委书记毛万春，省委常委、统战部部长刘怀廉，省委统战部副部长、省工商

中央统战部副部长、全国工商联党组书记全哲洙在洛阳视察工作

联党组书记杨京伟，洛阳市市长李柳身等省、市近20名领导出席了会议，毛万春、杨京伟、李柳身等省市领导分别作了重要讲话。大会选举产生了新一届市工商联领导集体，明确全市工商联系统今后5年的工作指导思想、奋斗目标和工作重点，为全市工商联工作开创新局面、迈上新台阶奠定良好的基础。

【调查研究】 2011年，全市工商联系统完成“招商引资环境调研”“中小企业综合性调研”“上规模民营企业调研”“民营企业履行社会责任调研”等，撰写《关于非公有制企业开展党建工作的思考》和《洛阳市开展融资服务工作情况调研报告》。洛阳市“两会”期间，全市工商联系统人大代表、政协委员提交议案、提案200余份，为经济社会发展大局出谋划策。市工商联提交的《关于做大做强我市民营企业的建议》被列为重点提案，并被评为优秀提案。

【新农村建设】 2011年，全市工商联系统在新农村建设中新增帮扶企业30家，对分包的结对村投入帮扶资金1860万元，新实施生产加工、养殖、种植项目36项，帮扶养殖、种植户265户，发展特色农林产业5000亩，绿化植树6.6万株，安置农民就业5080人。

【招商引资】 2011年，全市工商联系统共引进项目40余个，引进资金175.6亿元。福建商会促成厦门合一集团在洛投资100亿元建设中国西部市场集聚项目，一期投资30亿元已开工。晋商会引进炎黄科技园项目，总投资32亿元，2011年年底一期工程已开工。温州商会引进“地下温州商业街”工程，总投资7.2亿元，到位资金5亿元。嵩县工商联引进萨摩亚耀辰全球控股有限公司投资2700万美元的耀星半岛项目，到位资金600万美元。

【服务会员】 2011年7月，第六期清华大学洛阳企业家研修班12次培训工作圆满结业。第七期培训班于10月15日正式开班上课。市工商联与市人力资源和社会保障局联合出台《关于加强我市非公经济组织职称工作的意见》，对60多家非公企业和专业技术人才职称评定材料进行初审；与洛阳市工商银行合作，相继成立“闽商商会分部”“化工商会分部”“照明商会分部”和“汝阳县工商联分部”等工银商友俱乐部，为会员提供优惠结算服务、便捷融资服务。积极帮助民营企业上市，全年有4家企业先后上市。商会大厦建设顺利进行，主体建筑2011年12月30日封顶。6月，由洛阳市工商联主办，全市非公有制企业共同参与的“报党恩、跟党走”文艺会演活动在工人俱乐部举行，献礼中国共产党90华诞。全市工商联系统16支队伍近600人参加演出。推荐三杰防腐公司董事长高杰、汝阳兴荣工业公司马愉乐参评“河南青年创业奖”。汝阳兴荣工业公司马愉乐荣获“河南青年创业奖”金奖。

【服务社会】 2011年，全市工商联系统通过多种招聘活动，帮助2.76万余人实现了就业再就业。捐资320万元，资助1720名贫困大学生圆了大学梦。在全市关爱农民工志愿服务活动和“爱心包裹”活动中，募集善款58.9万元。对其他公益性事业捐赠1302万元。博时置业有限公司捐资200万元硬化街道道路。中成置业集团捐资100万元尊师重教。正阳彩钢有限公司捐赠80万元医疗设备。中伟业集团捐资42万元在嵩县建希望小学

嵩县饭坡乡泥河小学落成典礼

1所。市工商联与市慈善总会、洛阳日报报业集团联合举办“2010年洛阳十大爱心人物、十大爱心集体”评选活动。市工商联推荐的马愉乐、张继卫、汪铄沁、张胜贤等4位企业家荣获“十大爱心人物”。

【思想建设】 2011年，全市工商联系统以“创先争优”活动为载体，不断扩大党组织在非公经济领域中的覆盖面。4月，中央统战部副部长、全国工商联党组书记全哲洙到洛阳调研非公有制经济组织“创先争优”活动开展情况，认为活动主题鲜明、重点突出，在推动企业科学发展中取得积极成效。

【组织建设】 2011年，全市工商联系统新发展异地商会、行业商会3家，新发展会员企业290家。同时，采取多种措施对商会进行规范整顿，使商会在组织发展、经济合作、招商引资，以及为会员企业提供信息、技术、融资、维权等服务方面发挥更大作用。按照2010年3月30日市政府协调会精神，积极协调市民政管理部门开展商会注册工作。截至2011年年底，市直区域商会全部完成注册工作。

【宣传工作】 2011年，全市工商联系统先后在《河南日报》发表稿件8篇，《中华工商时报》发表7篇，《河南工商界》发表4篇，《洛阳日报》发表22篇，《洛阳晚报》8篇。与洛阳电视台合作拍摄洛阳民营企业参与新农村建设专题片，对5个县区工商联和7家会员企业进行了拍摄，有效的宣传民营企业参与新农村建设的典型，收到较好的效果。（李松奇）

群众团体

·洛阳市总工会·

【概　况】 2011年，洛阳市总工会辖县（市）级工会9个，区级工会8个，驻会产业工会4个，街道工会34个，社区工会187个，基层工会组织15534个，工会会员137万人。全市各级工会紧紧围绕“六加一”攻坚战和“两个普遍”（依法推动企业普遍建立工会组织、依法推动企业普遍开展工资集体协商）的目标，以争先创优为载体，自觉服务大局，克难奋进，勇于创新，各项工作取得了积极成效和显著成绩，各级工会组织的影响力和凝聚力得到了新的提升。

【工会基层组织建设】 2011年，市总工会在各县（市）、区，乡镇（街道）和基层工会中开展了三级创“六好”活动，即领导班子建设好、组织网络建设好、服务中心履行职责好、指导服务基层好、服务职工群众好、经费收缴使用好等。形成“规范、提升、评优”循序推进企业工会的连创工作机制，整体推进规范化建设，共有3个县（市）、区工会，6个乡镇（街道）工会和17个基层工会被河南省总工会表彰为“六好”工会；被表彰的全国模范职工之家和职工小家各8家，省级模范职工之家和职工小家各16家。

【工会组建和会员发展】 2011年，全市新建工会组织2931家，新发展会员59679人，分别完成河南省总工会下达目标任务的107%和112.2%。年初，市总工会积极与工商、地税、农委、统计等部门联系，对全市新建企业和农民工分布情况进行调查摸底，并利用工商注册年检的机会，通过采取工会组建任务捆绑考核、工作情况相互通报等措施，集中人力、物力指导建会。春节期间，洛阳市利用农民工大量返乡时机，广泛开展维权法律知识宣传和为农民工提供职业介绍等就业援助，积极引导和组织农民工入会。7月，市总工会转发《中华全国总工会关于进一步加强开发区、工业园区工会工作的意见》，并结合洛阳实际，对产业区、集聚区以及所属企业建会工作进行安排部署。截至2011年年底，洛阳市17个产业集聚区已经建会14个，企业建会1674家，发展会员153871人。

【工会干部队伍建设】 2011年初，市总工会制定下发《洛阳市总工会2011年工会干部培训意见》和《洛阳市总工会2011年工会干部培训计划》，举办工会干部岗位资格培训班5期，培训各层面工会干部300余人；选派9名县（市）、区，乡镇街道及直属大企业工会主席参加中华全国总工会和河南省总工会培训班3期。针对县区工会主席和大企业工会主席调整较多的实际，创新培训模式，10月24日～11月9日，在北京劳动关系学院举办洛阳市总工会主席培训班2期，对新任职的县区和大企业工会主席进行脱产培训，取得良好效果。

【劳动竞赛】 2011年初，市总工会制定并下发《关于在全市开展“建功立业‘十二五’、立足岗位做贡献”劳动竞赛活动的意见》，在全市开展“项目建

市总工会主席原文涛调研民营企业基层组织建设情况

设、科技创新、节能减排、技能提升、优质服务、安全生产”6项主题竞赛，有2335家企事业单位开展竞赛活动，参赛职工70万余名，其中“安康杯”竞赛参赛单位达到2498家，参赛职工总数突破81万名。

【职业技能大赛】 2011年，市总工会联合市人力资源和社会保障局、市道路运输局、市住房和城乡建设委员会、市旅游局等有关职能部门，在全市非公有制企业集中的汽车维修、装饰装修和导游讲解员3个行业开展了7个工种的技能大赛，选手参赛的积极性、参加培训的主动性空前，先后有200多家汽车维修、装饰装修和旅游企业的2万余名职工参加了培训选拔和比赛。各企事业单位和各级工会组织积极行动，以培养技术技能型、复合技能型和知识技能型人才为重点，广泛开展技术比赛、技术交流和岗位练兵活动，提高了职工技能水平，为建设高素质职工队伍起到积极推动作用。

【群众性经济技术创新】 2011年，市总工会认真组织基层做好职工创新成果和合理化建议活动，收集职工创新成果17643项，合理化建议33115项，实施19230项，创经济效益9045万元。在河南省举办的职工优秀技术创新成果评选表彰活动中，市总工会推荐的6项职工技术创新成果入选，并有两项技术成果参加省总工会组织的全省职工技术成果发布。中钢洛阳耐火材料公司职工庄真宗发明的“隧道窑先进操作法”，被河南省总工会推荐入选全国优秀奖。

【劳动模范管理】 2011年，市总工会圆满完成4名全国“五一”劳动奖章的评选、推荐工作。成功召开洛阳市“五一”庆祝大会，对176名洛阳市“五一”劳动奖章、34名洛阳市“五一”劳动奖状和161家“工人先锋号”进行表彰。建立健全全国、省、市级劳模电子档案；下发劳模困难帮扶资金106.47万元，慰问、救助各级劳模500名；组织各级劳模300余名进行健康体检和疗、休养；组织140名劳模参加全市的各项庆典活动。

【“首席员工”评选】 2011年，全市“首席员工”评选工作覆盖面进一步扩大，积极推广首席员工的先进操作法，推动企业建立“首席员工工作室”，全市建立品牌工作室6个。积极推进“首席员工”评选活动，共有2178家企事业单位开展评选活动，评选命名“首席员工”5690人。

【“工人先锋号”创建】 2011年，全市继续加大“工人先锋号”的创建力度，特别是在窗口服务行业，开展以争创“工人先锋号”为载体的“双优杯”优质服务竞赛活动。截至2011年年底，全市已命名表彰1643个各级“工人先锋号”。

【“安康杯”竞赛】 2011年，全市参加“安康杯”竞赛企业2498家、参赛职工达81万人。全年，共查处各类事故隐患27985处，职工自觉纠正违章作业20326次，收集安全生产合理化建议151897条，举办安全知识培训1400余次，培训职工13万余人。全市有6家企业和7名企业家荣获省总工会和省安监局首次联合表彰的“安康杯”竞赛示范企业和“安康杯”竞赛示范企业家荣誉称号。

【劳动保护】 2011年，市总工会联合市安全监察管理局等相关单位进行专项安全生产督察、检查10余次，参与各类安全生产事故调查处理28起。印制下发《安全生产群众监督检查员学习培训教材》5000本，加强煤矿企业职工“十项权利”的宣传教育和落实，同时，广泛发动职工群众排查治理隐患1030处。组织23名工会劳动保护干部参加河南省总工会培训，同时市总工会培训群监员1158名。

【要约行动】 2011年初，市总工会下发《关于在全市开展“工资集体协商集中要约行动月”活动的意见》，并将3月确定为“要约行动月”。全市新增的1042家独立建会的工会向所在企业发出工资集体协商要约，并签订工资专项集体合同，新覆盖职工34352人；新签订、续订区域性行业性工资专项集体合同74份，覆盖企业722家，覆盖职工3.8万余人。

【工资集体协商】 2011年3月15日，市总工会协调劳动关系三方召开全市工资集体协商攻坚年启动会议，传达贯彻省“两办”文件及市“两办”《洛阳市工资集体协商攻坚年活动实施方案》精神，市委常委、常务副市长吴中阳，省总工会法律工作部部长马国军出席会议，并发表重要讲话。市总工会面向社会招募有经验、有知识、有热情的工资集体协商指导员1000余人。全年，县（市）、区共举办工资集体协商指导员培训班30期，近1000名基层工会干部和协商指导员参加培训。同时印制工资集体协商工作指导手册2万余套，分发给县市区、产业和基层工会。截至2011年年底，共签订工资专项集体合同3232份，覆盖企业9575多家，覆盖职工70多万，覆盖率97%以上。

【和谐企业创建】 2011年8月，市总工会以“两办”名义印发《关于深化创建劳动关系和谐企业活动的实施意见》（以下简称《意见》），为创建工作进一步深化提供重要的政策依据。《意见》调整、充实市创建劳动关系和谐企业活动领导小组，形成“党委领导、政府主导、三方联动、工会力推、各方协同、企业和职工参与”的领导体制和工作格局。制定并细化劳动关系和谐的基本标准，为不同类别单位开展创建活动提供操作依据。截至2011年年底，全市大中型国有、集体及其控股企业创建活动实现全覆盖；非公有制企业活动参与面85%以上。全市6家企业荣获“全省推动劳动关系和谐企业创建工作先进单位”荣誉称号。

【厂务公开民主管理】 2011年，市总工会按照“环境创优年”的要求，配合市纪检部门制定《常务公开暗访工作补充要求》，成立9个暗访组，对所有被列入的暗访单位进行逐个验收；建立市总工会领导督察制度，定期对企业工作情况进行督察，累计参与暗访20余次，发出整改通知3份，整改事项10项。以职代会为平台，进一步加强对国有企业领导人员的民主评议工作，通过对企业班子成员述职述廉、民主评议，进一步加强了职工对企业领导的监督。扎实开展常务公开、民主管理建制专项行动，以非公企业为重点，推动全市厂务公开，民主管理，建制率进一步提高，实现了国有、集体及其控股企业3年全覆盖，非公企业3年达到80%的工作目标。

市总工会主席原文涛慰问困难职工

【“送温暖”活动】 2011年年初，市总工会下发《关于在全市工会继续开展双节送温暖活动的通知》，1月12日，在工人俱乐部举行了送温暖活动启动仪式，现场救助一批困难职工和困难企业代表。市总领导分别带队到县区慰问困难职工和劳模代表，在全社会营造了关心、帮扶困难群体的良好氛围。全市各级工会共筹集资金1000万余元，帮扶困难职工（农民工）6万人次。

【就业和再就业】 2011年4月29日，市总工会与洛龙区委、区政府联合举办“迎‘五一’、送岗位”大型招聘会，为下岗失业职工和新区失地农民搭建平台。活动当天，发放宣传资料500余份，进场企业105家，提供就业岗位3000余个，达成用工意向760余人。5月16日，市总工会、市人力资源和社会保障局、市教育局、市工商联组织开展“2011年洛阳市民营企业招聘会”。活动期间，发放就业宣传资料45950份，1316家企业进场招聘，提供岗位23829个，分别签订就业意向、职业技能培训意向11368份、3662份。

【医疗救助活动】 2011年2月17日，市总工会出台《洛阳市困难职工医疗帮扶实施办法》，进一步规范了困难职工医疗帮扶的工作方案、办理程序、流程等。同时，困难职工帮扶医院在市总每年拨付专项资金的基础上，进行了1：1的资金配套，更好解决了困难群体看病难、看病贵的问题，引起社会广泛关注，受到社会好评。全年救助金额40万余元。

【金秋爱心助学活动】 2011年8月29日，市总工会隆重举行2011年金秋助学活动资金发放仪式。全市各级工会筹措助学金802万元，资助困难职工（农民工）子女4000余人，高中和中等职业教育200人，小学和初中阶段238人。其中：市总工会筹资60万元，直接资助280名特困职工子女上大学。

市总工会2011年金秋助学活动资金发放仪式

【送清凉活动】 2011年7月15日，市总工会组织“送清凉”活动启动仪式。仪式后，领导班子分三路深入建设工地看望奋战在一线的建设者，送去价值8万余元的西瓜、毛巾、凉茶等防暑降温物品。活动期间筹集资金140万余元，走访企业、工地278家，慰问职工59883人次。

【职工体质测试和心理测试】 2011年年初，市总工会与市体育局、市卫生局联合出台《关于组织职工进行体质测试和心理测试的意见》，并组织部分职工到洛阳市精神卫生监督中心进行心理测试体验，对重视和抓好职工身体、身心健康做出具体要求，在维护职工权益方面进行尝试和创新。

【职工教育和培训】 2011年，市总会认真抓好职工教育和培训工作，促进在岗职工技术技能的提升，拓宽广大失业下岗人员（农民工）的就业渠道。全市各级工会组织举办（参与联办）各类培训班500余次，培训职工40万余人次，其中培训农民工19万余人次、下岗转岗人员8万多人次，在岗一专多能12万多人次。

【“职工书屋”建设】 2011年，全市新建职工书屋80家，并推荐洛钼集团选矿二公司等3家单位上报全国职工书屋示范点，万基控股集团等7家单位上报省级职工书屋示范点。在现有书屋中开展省级达标活动，巩固职工书屋建设成果，为广大职工学习、提升素质提供方便。截至2011年年底，全市共建“职工书屋”312家。

【女职工建功立业工程】 2011年，市总工会积极动员广大女职工参加市“五杯”竞赛和重点行业、关键领域的重点工程、重点项目劳动竞赛，全市参赛女职工达20万余名；认真做好“首席员工”“创新能手”“创新示范岗”“创新型班组”和“工人先锋号”的培养和推荐工作。全市共有382名女职工被评为“首席员工”称号。

【工会文化工作】 2011年，市总工会结合庆祝建党90周年，开展主题歌咏、书画、摄影比赛；开展“周六大讲堂”活动，聘请专家和知名学者，每周周六全天开讲，内容涉及文学创作、法律法规、工会知识、时政分析、技能培训以及职业道德等方面，全市职工、外来务工人员均可免费报名听讲，全年开讲30期，受到职工好评。

【女职工权益保护专项集体合同】 截至2011年年底，全市累计签订女职工专项集体合同3536份，其中行业性专项集体合同44份、区域性专项集体合同165份，共覆盖国有企业和非公有制企业5609家，覆盖女职工约20万人。

【信访接待职工热线】 2011年，市总工会共接待受理信访455件，550人次；受理5人以上集访3起，无重大突发事件；12351职工热线，受理热线262人次，做到事事有回音、件件有回复。

（丁树志）

·共青团洛阳市委员会·

【思想道德建设】 2011年，共青团洛阳市委员会（以下简称“团市委”）坚持以思想引导为主题，相继组织开展“星星火炬、代代相传、听党话、跟党走”少先队鼓号队检阅式，“红领巾心向党”主题大队会展示，“鲜艳团旗，火红青春”团课大赛、“十八岁成人仪式”“我与祖国共奋进”等活动，在把握青少年群体特点的基础上不断加强未成年人思想道德建设。坚持围绕庆祝建党90周年、弘扬“洛阳精神”开展主题教育活动，大力弘扬青年文化。组织实施“学党史、知党情、跟党走”“做实现福民强市、弘扬洛阳精神的主力军”青春对话网络直播，“我为党旗添光彩”演讲比赛，“河洛清风”青少年文艺大赛，“一切立足于实”座谈会等主题教育活动，激发了洛阳青少年热爱生活、热爱祖国的热情，坚定了洛阳青年紧跟党走、奉献青春的理想信念。坚持“眼睛向下，重心下移”，通过开展“一融三同”“百团结百村”等活动，组织机关青年和全市团干深入基层，走进青年，与普通青年同学习、同劳动、同生活，使广大团干树立青年观念，培育了青年感情。

“星星火炬、代代相传、听党话、跟党走”少先队鼓号队检阅式

【围绕中心服务大局】 2011年，团市委坚持以紧扣党政中心工作为统领，提升服务大局的执行力。先后组织开展“服务文明创建·志愿者助交通活动”，“文明交通、联通你我”，“每天奉献一小时、规范言行促文明”，“全市各界青年服务牡丹文化节、共建和谐文明城誓师大会”等志愿服务活动，积极服务文明城市创建，累计5000余人参与服务，服务时间4.5万个小时。积极服务河南省农运会，团市委组织招募100余名青年志愿者为河南省第五届农运会提供行政、比赛场馆、生活等数十项志愿服务，更展示洛阳青年志愿者的风采。积极开展青年节能环保示范行动，组织开展了“畅想绿色，从我做起”环保铅笔捐赠，6.5万亩万安山青年林建设项目，“唱响青春主旋律、激情奉献母亲河”演讲比赛等活动，引导青少年树立生态文明意识，不断增强青少年环保意识。深入开展服务新区建设青春建功行动，启动“服务新区、更有作为、新区建设青春建功”系列行动，通过开展青年突击队立功竞赛活动，激发青年建设新区的激情；开展送文化、送物品到工地、为新区建设者进行义诊等活动，累计提供了价值1.5万元的生活日用品，受到新区建设者的广泛关注和好评。持续深化“洛阳青工技能振兴计划”，组织25890名青工参加“百万青工技能振兴计划”的培训，组织青年参加“金蓝领”青年职业技能大赛，与劳动等部门联合举办青工职业技能大赛，营造了有利于青年技能人才成长的良好氛围。关爱农民工子女志愿服务行动深入实施，开展共青团关爱农民工子女志愿服务行动集善嘉年华保险项目活动，关爱农民工子女“微笑吧”活动，“关爱农民工子女志愿服务行动”，全市各级团组织和志愿者组织与农民工子女结对6565对，服务对象369人，参与志愿服务人数达2万余人。

【服务青年创业就业】 2011年，团市委坚持以促进青年创业就业为主线，不断提升团组织服务青年的战斗力。“五轮驱动”（典型带动、项目推介、小额贷款、技能培训、导师帮扶）助跑“洛阳青年创业就业行动”。开展“2011年促进农村青年创业就业服务月”、迎“五四”青年创业就业洽谈会暨“福民强市当先锋，青春建功‘十二五’”大型签名系列活动，为青年提供创业就业机会。成立了由77名创业成功青年组成的青年创业导师团，在全市大中专院校、15个县（市）、区开展巡回宣讲12场次。做客“政府与百姓”栏目，以互动的形式，就当前备受社会关注的创业面临的形势、创业难题以及团市委如何服务青年创业等问题进行了深入探讨和解答。组织实施“河南省青年助业贷款工程”、创建农村青年信用示范户“春雨工程”、贴息小额担保贷款和大学生村干部免担保贴息贷款等活动，大力开展青年创业小额贷款工作，为创业青年提供资金支持。2011年，洛阳举办大篷车宣传活动4次，举行大型现场招聘会和创业推介会226场次，帮助700多名青年领办了创业项目，为5万余名青年提供就业岗位，为1851名青年发放小额贷款及贴息贷款10246.9万元。不断探索服务青年创业新措施，新建青年创业见习基地50家，提供见习岗位400多个。成立“青年创业吧”4家，组织创业座谈会20余场次。联合容威网举办洛阳市电子商务训练营4期，免费为1600余名大学生提供了有关电子商务营销方面的知识。筹备成立洛阳市青年企业家协会、青年商会，创建洛阳市青年创业园。吸纳优秀青年企业家200余名，搭建了一个青年企业家交流、合作的平台，有效地促进了全市创业青年和青年企业家的成长进步。

关爱农民工志愿服务活动启动仪式

【青少年维权工作】 2011年，团市委以优化青少年成长环境为重点，进一步健全市预防青少年违法犯罪工作机构和工作体制机制，不断完善未成年人司法保护制度，积极探索适合青少年身心特点的日常管理服务制度，推动全社会形成预防工作的合力。认真贯彻落实“六五”普法依法治市规划，积极组织实施“两法一条例”法制宣传活动。成立青年普法讲师团，在全市开展“与法同行”青少年法制宣传教育活动，深入学校、社区、农村，开展法律宣讲、义务法律咨询等活动。深入推进全国重点青少年服务教育管理试点城市工作，积极开展排查摸底和建档工作，组建专家顾问组开展课题研究，指导开展与问题少年“一对一”帮扶活动。团市委以“新生代农民工的社会融入”为主题，积极开展“共青团与人大代表、政协委员面对面”活动，深入了解农民工利益诉求，并提交各级“两会”提案议案16个。切实加强12355青少年维权与心理咨询服务热线建设，开展“轻松备考，12355与你同行”活动，共组织团体心理辅导11次，邀请专家开展大型讲座3次，接听热线电话200余个，为中高考考生和家长心理辅导和减压支招200余人次，实施有效心理干预23人次。

“与法同行”青少年法制宣传教育活动启动仪式

【团的基层组织建设】 2011年，团市委以加强基层组织建设为目标，不断提高团组织基础网络的凝聚力。先后筹备召开洛阳市青年工作会议、全市基层党建带团建工作会议和共青团洛阳市第十二次代表大会，确立了今后五年全市团组织的工作思路，为实现团的工作整体活跃的目标奠定了坚实基础。扎实开展“两新”组织团建工作，新建非公有制企业团组织350家。全面加强乡镇团组织格局创新工作，全面完成180家乡镇、街道团的组织格局创新、乡村两级团组织集中换届和村级团干部的培训工作。

【团的品牌工作】 2011年，团市委组织实施了青年创业就业行动、青年创新行动、青少年服务城市创建行动、服务大新区建设青春建功行动和青年惠民春风行动等“五大行动”。在全市青年中深入开展第十一届“洛阳市十大杰出青年”评选活动，将涌现出的勤奋敬业、勇于奉献、锐意进取的优秀青年典型进行评选表彰。举行“万安山青年林”项目建设启动仪式。万安山青年林项目从2011年春季开始，到2016年结束，用5年时间打造总面积6.5万余亩的万安山青年林。揭碑仪式当天，有200名青年志愿者一起携手植绿，种植侧柏1000余棵。联合洛阳市林业局组织开展“唱响青春主旋律，激情奉献母亲河”演讲比赛，青年文明号工作不断深化，举办青年文明号创建集体负责人培训班，开展“文明城市我先行——青年文明号促和谐行动”，进一步提高了文明号的创建水平。青年志愿者行动深入开展，先后组织开展服务牡丹文化节、服务旅游景区、服务大型活动和服务城市创建等志愿服务工作，赢得了市民和游客的一致好评。“希望工程”稳步推进，通过“温暖冬天希望工程爱心大动员”“清凉夏日爱心捐赠”“一诺爱心”希望助学“大学生助学圆梦行动”“希望小学教师培训”等活动，累计募集希望工程资金70.6万元，直接资助贫困大学生14名，改扩建希望小学2所、希望网校2所、希望体育室1所，建希望音乐室2所、希望书屋2个。

（温利涛）

·洛阳市妇女联合会·

【“关爱家庭·传递真情”家庭创建活动】 2011年，洛阳市妇女联合会（以下简称“市妇联”）根据自身工作的特点，结合洛阳成功创建全国文明城市的实际，举办了“关爱家庭·传递真情”家庭创建活动。一是美德进家庭，以德治家。召开大型表彰会，隆重表彰兵妈妈、好军嫂、好婆婆、好媳妇、好妯娌、好女儿，大力弘扬尊老爱幼、男女平等、夫妻和睦、勤俭持家、邻里团结的社会主义家庭美德。二是快乐进家庭，和谐兴家。举办“快乐持家好主妇”社区行活动，围绕“省钱秘笈”、“轻松家务”“持家心经”等内容，开展低碳生活方式、勤俭持家理念的宣传，利用周末、节假日进行“快乐持家好主妇”家庭互动。三是教育进家庭，以学立家。举办家庭教育巡讲活动，组织家庭教育讲师团深入乡镇、社区和学校开展家庭教育讲座及义务咨询。启动青春期女童家庭教育活动，发放《青春期女童家庭教育》宣传册、青春期女童关爱卡、主题教育光盘等，着力打造“心系女童”多层次宣教平台。四是平安进家庭，平安保家。签订《2011年妇联系统平安家庭创建目标责任书》，明确责任和具体工作目标，向全市家庭发出“创建平安家庭·推进‘福民强市’”倡议，组织了“无毒家庭”“无传销家庭”集中宣传活动。五是廉洁进家庭，以廉守家。开展廉政文化进家庭活动，让清风廉韵吹进家庭，筑牢反腐倡廉的家庭防线。编制《廉政文化进家庭》家庭助廉教育手册，开展评选表彰“廉洁家庭”和“廉内助”活动。六是真情进家庭，以爱暖家。开展“关爱空巢老人”“结对帮扶”等活动，把关爱和温暖带进社区、送入家中。建立“关爱家庭·传递真情”信息平台，和洛阳移动公司合作，定期免费发送家庭手机报。

【“巾帼志愿”服务】 2011年，洛阳市的“巾帼志愿”服务，如同洛阳牡丹一般，扮靓着洛阳城，成为全市妇联组织闪亮的服务品牌。一是有队伍，不断拓展服务网络。组建了一支由2万余名妇女参加的巾帼志愿者队伍，针对服务对象的需要吸纳素质高、有专业技能、热心公益的志愿者，逐步拓展服务范围和功能。二是有制度，不断规范服务标准。制定《巾帼志愿者管理细则》，明确志愿服务的标准，加强培训，提高服务质量和水平。三是有标识，不断培育志愿理念。设计洛阳市“巾帼志愿”标识，统一制作成胸牌，发放给每一位志愿者。随着标识的佩戴使用，传递着“奉献、友爱、进步”的志愿理念，树立了“巾帼志愿”服务的社会形象。四是有行动，让志愿服务扎根基层见诸日常。开展“三八”志愿行动、“巾帼志愿助交通”“魅力洛阳·美丽女性”“我们在你身边”“文明时尚我先行·巾帼扮靓洛阳城”等主题活动，组织志愿者开展形式多样的服务。五是有表彰，大力弘扬志愿精神。表彰一批贡献突出的巾帼志愿先进组织、先进集体、先进个人，并发出倡议，号召广大市民争做志愿精神的实践者、传播者、推动者。

【“疏心大姐”妇女维权品牌】 2011年，市妇联依托乡（镇、街道）建立妇女儿童维权站，逐步构建“覆盖城乡、工作规范、部门联动、齐抓共管”的基层妇女儿童维权工作网络。实行“三位一体”信访接待，每周三下午固定为领导接待日，由市妇联主席、副主席亲自接待来访群众，同时邀请律师、心理咨询师共同为来访群众提供政策解答、法律服务、心理疏导，帮助协调解决困难和困惑。全年接待群众来信来访953人次，向相关部门提出建议40余次，提供心理咨询127人次，提供法律服务120余人次。畅通妇女利益诉求表达渠道，开设12338妇女维权公益热线，将其纳入110城市应急联动服务网络，共享全市110反应快捷、处置迅速、运转及时、高效协调的城市应急指挥系统。在洛阳妇联网站上设妇联主席信箱，通过网络及时了解妇女需求。充实维权队伍，组建“洛阳市妇联法律帮助中心”和“河南省巾帼维权志愿者服务团洛阳市分团”，吸纳素质高、业务精、具有专业资质的各类志愿者充实到妇女维权队伍。成立洛阳市第一支女大学生志愿维权团队——“洛阳红”女子青年志愿团。强化维权宣传，采取普法宣传和典型个案分析相结合的方式，增强妇女维权意识。开展温暖教育，到市看守所看望被羁押妇女，和她们谈心交流，进行心理疏导，争取更多的失足妇女安心改造，早日回归社会、回归家庭。

【“新生活·新女性”大讲堂】 2011

年，市妇联“推进‘福民强市’·展示巾帼风采”为主题，举办先进事迹报告会，邀请全国拥军模范“兵妈妈”乔文娟、全国公安机关爱民模范李虹、第六届“十大女杰”裴素青作了感人至深的先进事迹报告，用身边人身边事感染和鼓舞广大妇女拼搏奋进。以“妇女与发展”为主题，举办“洛阳市女性人才发展论坛”，加强女性人才间的交流与互动，为鼓励创新、激励成才营造良好氛围。举办女性领导干部研修班，以“提升素质，建功洛阳”为主题，讲授领导科学与艺术、女性与成功、心理健康与压力管理等课程。以“加强和创新社会管理”为主题，举办第七届村民委员会换届选举“村级妇女骨干培训班”，为妇女参选参政提升竞争力。以“感知国学经典感悟人生智慧”为主题，举办孝道研修班，学习孝文化。以“我心中的洛阳精神”为主题，召开各界妇女座谈会，使“洛阳精神”成为激励各界妇女热爱洛阳、建设洛阳、奉献洛阳的共同信念。组织移动大讲堂在全市巡回授课，面向城乡家庭讲授文明礼仪、家庭教育、心理健康等方面的课程。一年来共组织讲座400余场，数万人听课。

【“爱心娘家”机关品牌创建】 2011年，市妇联实施了“共享蓝天”关爱农村留守（流动）儿童工程，在西工区洛北乡中心小学（西院）新建“流动儿童之家”，使500余名流动儿童拥有宽敞明亮、功能齐备、温馨可爱的课外活动阵地，享受到与其他城市孩子一样的图书借阅条件。开展“爱心妈妈”征募活动，招募爱心妈妈216人，爱心团队6个，与特困留守儿童、孤残儿童结对帮扶，关注特困留守儿童和孤残儿童的生活、学习及身心健康。实施“春蕾计划”，筹集资金7.2万元用于春蕾女童的生活补贴，资助中小学女童86人次，高中女生15人，新建初中春蕾班一个。积极推荐6名优秀贫困女童获美国树华基金会资助，每生每年将获得1200元资助款。同时，通过省妇联支持，在瀍河回族区新建空军春蕾女童班一个。实施“恒爱行动”，开展“爱心毛衣”编织活动，组织号召200余名爱心人士手工编织毛衣213件，赠送给孤残、留守和城市困难儿童。启动“福荫基金”，争取到中国儿童少年基金会项目款50万元，为100名贫困家庭先天性心脏病患儿追加医疗救助，为他们解决后顾之忧。建立上海市场社区、嵩县黄庄乡道回沟村、老城区邙山镇徐村等扶贫帮困工作点，开展经常性的送温暖献爱心活动。

【巾帼科技星火工程】 2011年，市妇联免费举办月嫂专业技能培训班，邀请家政培训师讲解孕产妇护理、新生儿护理等专业知识。在做好技能培训的同时，注意在培训中更新妇女创业就业观念，采取政策观念教育和实用技能培训相结合、短期培训和长期培训相结合等多种方式，切实抓好妇女的培训工作。全年全市各级妇联共举办农业科技培训班1029期，包括种植、养殖、家政、编织、花艺等实用技术，培训妇女109795人。

【促进妇女创业就业】 2011年，市妇联和市人事劳动部门联动，开展“春风”行动，举办招聘会，进行就业咨询和服务。据统计，全市各级开展“春风”行动，举办招聘会15场，提供适合女性的就业岗位13860个，参与人数14987人，达成就业意向4789人，组织劳务输出32581人次。“三八”节，市妇联作客洛阳电视台《政府与百姓》栏目，就妇女创业就业问题与电视观众面对面交流沟通，现场接听观众拨打的热线电话，为群众答疑解惑，提供帮助。

【妇女小额担保贷款项目】 2011年，市妇联组织实施了妇女小额担保贷款项目，并加强对小额担保贷款政策及相关流程的宣传，到各地督促政策的有效落实，帮助有创业意向的妇女理清思路，确保贷款资金用得好。同时加强诚信教育，确保担保贷款还得上。截至2011年12月底，全市共向妇女发放小额贷款12812笔，贷款金额85644万元。

【妇女参政议政】 2011年，市妇联采用交流培训、岗位培训、换届培训、“新生活·新女性”大讲堂等形式，提高妇女干部整体素质，抓住市、县、乡、村换届契机，积极推荐优秀妇女干部到重要岗位任职，推动妇女参选参政。截至2011年年底，在全市完成换届的2646个村级组织中配备有妇女干部2687名，其中女支书88名、女村委主任50名、“一肩挑”12名。伊川县、洛宁县、孟津县原妇联主席分别到乡镇党委、县直委局任一把手，充分体现党委政府对妇联干部的关爱和支持，也体现了妇联干部整体素质的提高。

（妇　联）

·洛阳市科学技术协会·

【概　况】 2011年，洛阳市科学技术协会（以下简称“洛阳市科协”）下辖事业单位市科学技术馆，所属基层科协组织有县（市）、区科协15个，市级学会（协会）46个，企事业科协14个。全年洛阳市科协按照“荟萃精英，服务大局，弘扬科学，推动创新”的工作方针，团结和组织全市科技工作者围绕中心工作，突出重点，加强整合，统筹推进，取得了一定的成绩。先后被中国科协表彰为“全国科普日”先进单位，被河南省科协表彰为河南省“全国科普日”活动优秀组织单位、第二十五届河南省青少年科技创新大赛优秀组织单位、河南省“三创一带”活动先进单位，被河南省全民科学素质领导小组表彰为贯彻落实全民科学素质工作先进单位，被洛阳市委、市政府表彰为创建国家森林城市受嘉奖单位、创建国家文明城市通报表扬单位。

【科技馆建设如期完工】 2011年，洛阳市科协对全市科普资源进行了全面排查，向市政府提交了科技馆选址的方案，市政府及时研究决定将市牡丹城展览中心改造成科技馆。针对牡丹城展览中心商户撤场补偿的情况，洛阳市科协经过广泛动员、反复协商，2010年3月底42家商户全部撤离。同时，邀请国内知名的科技馆设计公司，确定科技馆基建改造总体设计和展品布展等方案，完成了市科技馆改造设计方案、室内外改造工程、安防监控系统、空调项目等20多个项目的招投标工作。经过两个多月的紧张施工，市科技馆所有基建改造任务和6组展品的布展、职工培训、

洛阳市科学技术馆讲解员边做示范边讲解

氛围营造、媒体宣传等十几项具体筹备工作全面完成。6月30日，市科技馆如期建成并对外开放，并举办了以“科技改变生活”为主题，以“洛阳科技与进步”“身边的水资源”“汽车与安全”“科学应对慢性病”“科技进步与网球运动”“珍惜生态环境走进低碳生活”为内容的6个主题科普展览，受到了广大市民的充分肯定和热烈欢迎，接待观众7.6万人次。

【“讲科学、讲创新、讲道德、比贡献”活动】 2011年，洛阳市科协把创新活动机制、搭建多种形式的活动载体作为扎实推进“讲科学、讲创新、讲道德、比贡献”活动的重要着力点，引导和支持创新要素向企业集聚，不断增强企业自主创新能力和产业核心竞争力。通过举办技术研讨会、技术联盟、联合攻关、技术咨询等方式，组织引导34家科研院所、高校和企业的近万名科技人员，帮助企业开展技术研发，改善技术创新管理，加快科技成果转化，完成讲比活动项目312项，解决技术难题510多项，提出合理化建议1800多条，直接或间接实现经济效益5000多万元。

【举办第四届洛阳市科研院所、高校科技工作者代表运动会】 2011年6月，洛阳市科协组织驻洛的17家科研院所、高校在中国空空导弹研究院体育中心举办了第四届洛阳市科研院所、高校科技工作者代表运动会。来自科研院所、高校的120名党政领导班子成员分别参加了乒乓球、羽毛球和游泳3个体育项目的比赛。运动会的举办，加强了市委、市政府同科研院所、高校的联系，全面提升了市科协作为“科技工作者之家”的凝聚力和亲和力。

【科技服务县区活动】 2011年8月，洛阳市科协组织在洛的12家科研院所高校的领导和60余名专家开展了“走进栾川、科技合作”科技服务县、区活动。活动中，洛阳市科协组织召开科技合作项目对接洽谈会。会上，栾川县汇报了县域经济发展情况和科技工作情况，发布了招商引资政策、项目和科技合作项目，驻洛各科研院所、高校领导和专家将自己所在领域的研发成果与栾川县产业发展的项目进行了有效的对接，达成了小水库热源泵集中制冷供暖，油页岩、石煤发电开发设计，技术人才培训、农副产品深加工、旅游产品开发、旅游度假区设计开发等项目的合作意向。

【科技专家服务“三农”活动】 2011年10月，洛阳市科协组织农牧、林果、卫生等行业的专家和技术人员，深入农村开展科技培训共400多次，培训人数达12万人。市园艺学会组织编写园艺科技书籍3本2.9万册，举办各类培训班16期，发放科普资料6.2万份，培训农民3.8万人次。市林学会组织林业专家736人次，举办技术培训班和技术讲座143次，培训林农1.7万人次，现场技术咨询服务232场次，发放林业科普图书、资料4.2万份（册），组织林农赶科技大集81场次。科技专家服务“三农”活动有效地提高了农民群众运用科技手段发展生产的能力，为加快当地经济发展，增加农民收入，提高农村群众的科技文化素质起到了积极的作用。

【科普志愿者活动丰富活跃】 2011年，洛阳市科协充分发挥科技人才资源优势，不断充实科普志愿者队伍、社区科普教育队伍、青少年校外科技辅导员

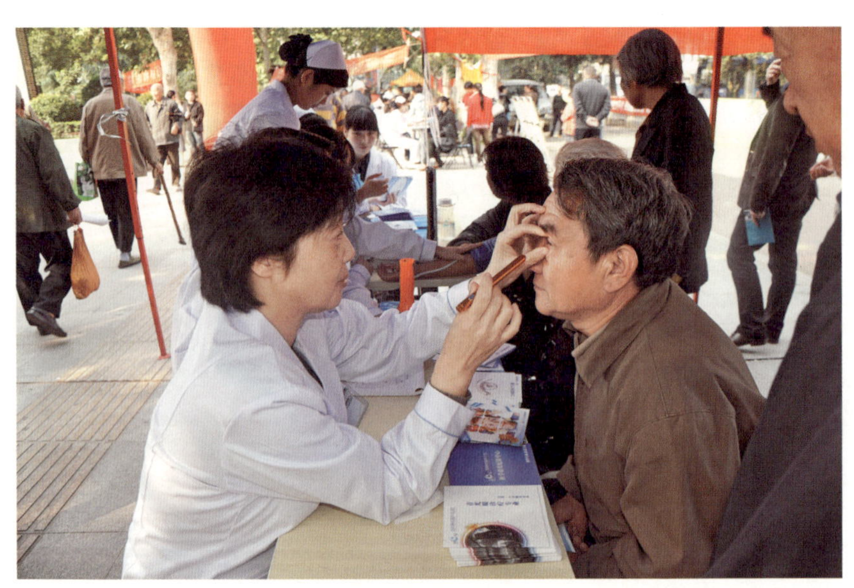

科普志愿者服务活动

队伍等，开展经常性的科普志愿者社区行活动。针对不同的对象，组织科普志愿者1.6万多人次，走进城市区的50多个社区，以知识讲座、电化教学、图片展览等形式，围绕居民的衣食住行，开设中老年常见病防治、妇女健康保健、预防慢性职业病等专题讲座100多场，开展健康保健、优生优育、家庭养花、家居装修、消防安全、交通安全和地震应急常识等科普活动280多场次，引导人们树立科学精神，掌握科学方法。

【学术交流活动】 2011年，洛阳市科协以“科技支撑，福民强市”为主题，举办了洛阳市第四届学术年会。中国科学院原副院长、著名物理学家杜祥琬院士以“中国绿色低碳能源发展战略”为题发表主旨演讲。本届年会还设立10个专题分会场，内容涵盖自然科学、工程技术等诸多学科，通过专家报告会、学术研讨会、成果展示推广会等多种形式，全市广大科技工作者紧紧围绕经济社会发展中的重点、难点展开思维碰撞和研讨交流。收集全市广大科技工作者论文600余篇，从中遴选156篇编辑出版了《科技支撑福民强市》论文集一部，为展示科技成果、激发科技工作者的创新思维提供了重要平台。各市级学会紧紧围绕中心工作和学科发展，组织开展多形式、多层次的学术活动196次，2.15万人次参加。市医学会全年邀请国内外专家670多人，组织开展学术活动120次，参加人员16548人次，其中举办国家级学术会议7次、省级学术会议2次。采取学术研讨会、专题讲座、技术竞赛、讲习班、培训班、学术报告会等形式，举办各类学习班15期，完成医学继续教育项目127项，授予学分15375人次。抗癌学会邀请20 多位美国教授到洛阳讲学，召开了第二届洛阳国际医学生物学术会议。市数学会邀请6位国内外著名专家到洛阳讲学，开展学术交流。园艺学会、林学会、公路学会、水利学会、气象学会等分别围绕各自的业务开展了各种各样的培训200多期，受训人员达4000余人。

【举办第二十五届洛阳市青少年科技创新大赛】 2011年，洛阳市科协组织全市30所中小学参加了第二十五届青少年科技创新大赛，上报作品300多项，其中科技论文60多篇、科技发明作品40多项、科学幻想绘画200多幅。经过认真评比，从参赛作品中遴选出60件优秀作品，参加全省的青少年科技大赛。获省科技创新成果竞赛优秀项目一等奖10项，二等奖20项，三等奖14项，优秀科技实践活动10项，优秀组织奖2项，优秀科技教师奖10项，优秀科学幻想绘画116幅。

【开展“三创一带”活动】 2011年，洛阳市科协在全市开展了以创建科普示范县（市）区、先进农村科普示范基地和先进农村专业技术协会，带动农村经济全面发展为内容的“三创一带”活动。现已录入河南省数据库的协会、基地1100多个，全市巩固提升科普惠农服务站200个，改善科普活动室546个、科普宣传栏1680个，选拔科普宣传员2722名。2011年洛阳市5个专业技术协会、1个科普示范基地、2名科普带头人获得国家表彰，5个协会、3个基地和3名个人获得省级表彰，共获奖补资金200万元，位列全省第一。3个县（市）、区被中国科协表彰为国家级科普示范县（区），6个县（区）被省科协表彰为省级科普示范县（区）。

【全国科普日宣传活动】 2011年全国科普日宣传活动，洛阳市以“节约资源能源、保护生态环境、保障安全健康”为主题，全市各级科协组织上下联动，参与的单位和部门658个，参与活动的科技人员和科普志愿者8612人，科普演出72场，设咨询台2221个，赠送科普宣传资料10万份、实用技术手册8万余册，展出展板2186块，悬挂科普宣传挂图2000多幅，直接参与活动人数25万人次。市科协被中国科协表彰为全国科普日宣传活动先进单位，被省科协表彰为全省科普日宣传活动优秀组织单位。5个县（区）被省科协表彰为全省科普日宣传活动先进单位。开展“科普志愿者服务县区”“科教进社区”活动，组织科普志愿者深入农村社区，以“关注安全，珍爱生命”“关注饮食，享受健康”等为内容，为群众开展300多场次科普宣传和服务活动，参加群众8万多人次。组织开展“科普大篷车县区校园行”活动，市、县两级科普大篷车在部分（县）、市区轮流展出，60多所中小学，7万多名中小学生进行了现场参观和体验。举办科普大讲堂、科技讲座活动150多场，听众2.6万人次。

【洛阳市第五届青年科技奖评选活动】 2011年，洛阳市科协组织开展了洛阳市第五届青年科技奖评选活动。经各单位初选推荐，市专家评审委员会评审，洛阳市青年科技奖领导工作委员会审批，共评出青年科技奖一等奖52名、二等奖41名。同时，从市获奖人员中选拔青年学术和技术带头人8名，推荐到省青年科技奖评审委员会，其中7人被评为“河南省青年科技奖”，获奖人数列各省辖市之首，有力地促进了全市青年科技人才的快速成长。

【加强自身建设】 2011年，洛阳市科协加大学会创新发展力度，完善市级学会登记审查与管理制度，指导4个市级学会完成换届改选，指导2个学会理顺管理体制，全年发展了洛阳市心理健康教育研究会、洛阳市周易养生研究会两个市级学会，吸引加入个人会员130多名，促进了学会工作健康发展。召开全市科普工作会议。完善《洛阳市企事业科协工作考核表彰实施办法》《洛阳市企事业科协先进工作者评选办法》，为企事业科协组织建设提供了建设标准和考核依据。加强科协机关建设。以开展创先争优活动为重点，努力推进服务型、创新型、和谐型机关建设。市科协机关认真制定计划，人人签订目标承诺书，实行党员示范岗，坚持周四学习制度，及时组织形势、政策、法规、业务等方面的学习活动，组织机关干部赴先进地区学习科协工作经验，经常到分包社区和扶贫帮带村开展调研、劳动和对口帮扶活动，按时参加志愿者助交通等工作。加强干部队伍建设。按照推动科协事业跨越发展的要求，大力加强科协干部队伍建设，进一步优化结构，增强活力，切实提高了领导科协工作的水平。举办“弘扬中华民族优秀传统文化，建设中华民族共有精神家园”报告会，安排干部深入农村开展新农村建设

帮扶活动，提高了科协组织干部队伍的政治素质和业务能力。（唐 艳）

·洛阳市社会科学界联合会·

【概　况】 2011年，洛阳市社会科学界联合会（以下简称“社科联”）有所属学会27个、研究会33个、协会22个，团体会员87个，个人会员2万余人。组织全市社科界举办各类研讨会20余次、学术交流活动5次，召开各种形式的座谈会、报告会、讲座100余场次，3万余人参加。组织社科专家、学者完成课题或专题研究30余项。组织召开全国性的理论研讨会2次。开展全市社科优秀成果评选活动。收到科研申报项目285项，立项资助225项，年末基本通过评审。由洛阳市社科规划办组织申报的社科规划项目，获河南省社科规划项目19项，获河南省政府招标项目54项；获教育部项目51项，获教育厅项目38项，获国家规划项目3项，获河南省社科联项目140项。组织开展洛阳市第十二次社会科学优秀成果评奖工作，对社科工作者2009～2010年完成的360项申报项目先后进行了初评、中评、定评，评出社会科学优秀获奖成果151项。根据市级人文社科重点研究基地建设规划，在河南科技大学举行了洛阳市人文社科重点研究基地授牌仪式，有15个研究单位获批成为洛阳市第二批人文社科重点研究基地，加上此前3个研究单位，全市人文社科重点研究基地达到18个。《洛阳月谈》紧密配合中心工作开展人文社会科学的宣传，共刊发12期，在特色与办刊质量方面有了新的提高。在全国大中城市社科联第二十二届工作会议上被授予2010～2011年度“全国先进社科联”荣誉称号。

纪念邵雍诞辰1000年暨邵雍思想国际学术研讨会

【课题调研】 2011年，为充分发挥社会科学工作者知识库和智囊团的作用，为实施“福民强市”战略目标提供智力支持，社科联精心拟定社科理论界专家学者名单，分成6个调研小组，奔赴县（市）、区开展“社科专家县区行”活动，对当地经济社会发展中遇到的热点、难点问题进行调研，并形成了调研报告；带领有关专家深入汝阳西泰山、产业集聚区，结合汝阳石玩、梅花玉等特色产品和旅游景区规划进行文化产业调研。

【社会科学普及宣传】 2011年，社科联围绕中国特色社会主义理论体系的宣传，与市委宣传部等有关部门、院校，组织社科理论界的专家在全市开展了学习贯彻中共中央总书记、国家主席、中央军委主席胡锦涛“七一”讲话精神以及中国特色社会主义理论体系的宣讲活动；与市委宣传部联合举办纪念建党90周年理论研讨会和论文评奖活动。多次召开各类座谈会和报告会，开设多场讲座和论坛，组织大量的专题理论文章，并在相关媒体上进行多方面的宣传。洛阳市十次党代会和党的十七届六中全会召开后，社科联围绕“福民强市，贵在持续”和“深化文化体制改革，推动社会主义文化大发展大繁荣”主题，积极组织社科理论界的专家学者学习贯彻和深入领会，并筹划把有关内容的精髓通过多种渠道进一步向基层推广，受到全市社会各界的广泛好评。

【河洛文化研究】 2011年，社科联围绕打造“弘扬河洛文化”品牌，组织有关专家学者着手编纂50万余字的《河洛文化论衡》一书，积极推动河洛文化对外宣传，扩大城市对外人文形象，努力为促进人文城市建设做出积极贡献；组织召开“河洛文化研究与文化产业发展专家座谈会”，对河洛文化以往的研究情况进行梳理，对深化文化产业发展进行探讨，专家发言形成3万字的书面材料，为下一步工作积累了材料；组织一批专家到孟津县，为王铎故居打造4A景区建言献策，召开了“王铎故居规划研讨会”；组织专家学者召开高水旺唐三彩工艺博物馆论证会、郭爱和三彩艺术博物馆论证会等活动，推动了全市私立博物馆建设的发展；“牡丹文化节”期间，组织策划了市政府与《福布斯》杂志中文版合作，举办“逐鹿中原——2011中国中原经济区城市投资与发展论坛”，在推介洛阳、外地专家策划城市建设方面取得良好效果。“河洛文化旅游节”期间，社科联策划组织并举办“邵雍诞辰1000年暨邵雍思想国际学术研讨会”大型活动；与老子学会在栾川老君山举办“老子文化国际论坛”，为传承弘扬河洛文化、提升城市人文形象、打造国际文化旅游名城做出积极努力。

【人文社科研究】 2011年，社科联密切联络全市大中专院校、党校系统、社科类学会（研究会）、军队院校和党政机关的社科研究机构5路大军，为市委、市政府决策发挥“思想库”和“智囊团”的作用。围绕全市经济社会发展，把组织安排人文社科研究项目作为

2011年洛阳市人文社科重点研究基地

序号	基地名称	依托院（系）
1	经济发展研究中心	河南科技大学经济学院
2	牡丹产业化研究中心	河南科技大学经济学院
3	体育产业研究中心	河南科技大学体育学院
4	河洛文化研究中心	河南科技大学人文学院
5	民俗文化研究中心	河南科技大学人文学院
6	应用法研究中心	河南科技大学法学院
7	社会发展研究中心	河南科技大学社政学院
8	道德教育研究中心	河南科技大学社政学院
9	社区建设与社会发展研究中心	洛阳理工学院社科系
10	应用经济研究中心	洛阳理工学院经济工商管理系
11	艺术设计研究中心	洛阳理工学院艺术系
12	地方文献信息研究中心	洛阳理工学院图书馆
13	河洛文化与方言研究中心	洛阳理工学院中文系
14	城市文化研究中心	洛阳理工学院文学院
15	科技创新与社会发展研究中心	洛阳理工学院政法学院
16	中小企业研究中心	洛阳师范学院商学院
17	河洛体育文化研究中心	洛阳师范学院体育学院
18	基础英语教育中心	洛阳师范学院外国语学院

年度重要工作，完成了2011年度社科规划课题评审工作，确定社科规划课题225项，其中重点项目27项、一般项目198项，涉及产业升级、高新技术产业发展、区域布局、文化旅游、基层政权建设、河洛文化等内容。城市建设和发展的热点难点研究课题逐年增加，社科理论为城市发展提供智力支持的作用不断加强。圆满完成洛阳市第十二次社科优秀成果评奖工作，共收到成果366项，经初评、中评和定评三个环节，《老工业基地发展动力研究》等151项成果获奖，其中特别奖1项、一等奖10项、二等奖30项、三等奖110项。根据市级人文社科重点研究基地建设规划，按照“洛阳市人文社科重点研究基地管理办法”，在河科大举行了洛阳市人文社科重点研究基地授牌仪式，共有15个研究单位获批成为洛阳市第二批人文社科重点研究基地，加上此前3个研究单位，洛阳市人文社科重点研究基地达到18个。

【服务中心工作】 2011年，社科联按照“福民强市”战略目标的要求，受市领导委托邀请全市社科理论界知名专家学者参与了洛阳市经济社会“十二五规划”的编制工作；组织专家学者，参与“洛阳精神”的提炼与阐释，与洛阳报业集团联合，利用座谈讨论等形式，推动“十问洛阳”大讨论；配合创建文明城市，与洛阳广播电视总台联合举办了《中原大讲堂·河洛论坛（文明大讲堂）》电视专栏节目，为普及社科知识、创建文明城市奠定良好的基础；结合国际文化旅游名城攻坚战，组织编辑力量，精选、集合一批社科规划课题和调研报告，结集出版《洛阳社科文库——文化产业研究文集》一书；编发11期《决策参考》，内容涉及文化产业发展、微博问政、社会问题等，为市领导决策提供参考，编发22期《洛阳社科信息》，出版发行12期《洛阳月谈》，及时反映全市社科工作动态，为社科理论工作者提供学术探讨和理论交流的平台。

【学会管理】 2011年，按照“科学、规范、服务”的原则，社科联加强对全市87个社科类学会（研究会）的组织领导与业务指导，严格学会年审工作。以“中原大讲堂”品牌为统揽，开设了由文学艺术研究会创办“中原大讲堂·河洛文化讲堂”、由孔子学会创办“中原大讲堂·国学大讲堂”、由图书馆学会举办“中原大讲堂·洛阳讲堂”等活动，其中图书馆学会的“中原大讲堂·洛阳讲堂”活动每周六上午一场讲座，长年坚持不懈，取得很好的社会影响；与电视台合作创办《中原大讲堂·河洛论坛》电视专栏节目，全年受众达300万人次以上；发动学会力量，积极开展“社科知识大篷车”进基层活动，女性问题学会、母亲教育学会、民商法学会结合专业背景积极开展座谈研讨活动；亚健康研究会为市政协、侨联等单位举办科普讲座；文学艺术研究会组织的工人女作家梦馨散文作品研讨会；写作学会组织的张文欣《洛阳当代著名文学艺术家素描》出版研讨会，反响良好，这些活动促进了全市人文社科学术交流的繁荣和普及，社科工作的社会化、大众化。　（阎会宾）

·洛阳市文学艺术界联合会·

【概　况】 2011年，洛阳市文学艺术界联合会（以下简称“文联”）组织重要文学艺术活动17项。完成了“诗意河洛——全国百名作家写洛阳”活动。选送3件作品获河南省第九届精神文明建设“五个一工程”奖。7件作品获洛阳市第六届精神文明建设“五个一工程”奖。市文联所属洛阳美术馆、洛阳画院、洛阳文学院、《牡丹》文学杂志社完成年度工作目标。截至2011年10月，市文联所属9个文艺家协会在册会员6425人，其中省级协会会员2610人、国家级协会会员332人。

【主要文艺活动】 2011年，市文联组织的第二十九届中国洛阳牡丹文化节文艺活动主要有12项，分别是：“洛神春赋·何水法花鸟画展”“全国第二届线描获奖作品展”“全国牡丹画学术邀请展”“全国农民画展”“西望长安·四人中国画展”“兰亭汇·第三届中国书法奖洛阳获奖作者作品联展”“洛阳、新乡书画联展”“‘国花颂’全国牡丹摄影艺术大奖颁奖仪式暨画册出版首发式”“‘诗意河洛’全国文学大奖赛颁奖典礼暨获奖作品集《洛水之阳》出版首发式”“第五届‘舞动中原’国际标准舞全国公开赛”“洛阳市首届青年书画展”“郭朝卿、李新国牡丹书画联展”“河南省第四届老年书画精品展”“《牡丹》河洛文化节增刊”“王铎书法作品展暨王铎书画院作品展”。

作家协会　主办、联办的主要活动有：忻尚龙长篇小说《北魏的那一段惊弦》研讨会，予谭东、胡秀英长篇小说《程源祥那人那事儿》研讨会；作家“阳春采风”；组织会员之间文学图书交流推介；儿童文学学会会刊《小百花》杂志复刊首发仪式暨创作基地揭牌；“生命礼赞给力生命”书画作品捐赠；“为市少年儿童图书馆献一份力”捐赠图书1000册；为残疾文友夫妇“爱心复印店”挂牌和赞助；“推介洛阳小小说作者群”在天津《微型小说月报·原创版》、北京《新课程报·语文导刊》、吉林《天池·小小说》、宁波《文学港》、《三门峡日报》等推出了洛阳小小说方阵专辑。在“洛阳市作家协会·新浪博客”发表信息、资料46篇。

戏剧家协会　主办、联办2011新春河南“戏剧名家”演唱会；河南省第四届小梅花洛阳分赛区选拔赛，推荐15名选手参加河南省小梅花大赛；庆祝建党90周年文艺晚会；洛阳首届豫剧文化节暨豫剧大赛。联办4次戏剧大赛及文艺演出。

音乐家协会　举办2011年创作歌曲评奖，音乐创作研讨会，邱琳、冯超然、陈培元分别举办专场音乐会。组织参加全国器乐考试，洛阳各项专业的考核通过率达到90%，在河南省名列前茅。

美术家协会　主办、联办、协办“洛阳市牡丹画精品邀请展”“迎新春名家书画笔会”“龙门百年老照片展览”“洛神春赋·何水法画展”“中华军魂·解放军军事家开国上将名诗名句书法欣赏洛阳巡展”“洛阳书画院建院10周年书画作品展”“大道朝天·中国画六人联展”。

书法家协会　承办“兰亭汇·第三届中国书法奖洛阳获奖作者作品联展”在洛阳美术馆、安阳中国文字博物馆、杭州西泠印社的展览。

摄影家协会　组织策划各种类型摄影展赛30余次。承办“‘千年帝都牡丹花城’全国摄影大赛颁奖仪式及获奖作品展”，“‘国色天香魅力洛阳’全国摄影大赛开镜仪式”及组稿。完成河南省人大、河南省摄协“转变领导方式助推河南经济发展”大型摄影采风创作影展影赛，策划组织市委宣传部主办的“拍摄不文明行为”、“文明之窗”、“福民强市”、绿都杯“春天的故事”、老党员宋金堂“毛泽东思想永放光芒”革命历史图片展、洛阳市园林风光摄影展等影展影赛，中国洛阳白马寺“释源春秋”全国摄影大赛。组织中国摄协、《中国摄影报》“动感典藏走进洛阳”活动。完成市委宣传部“记者眼中的洛阳”全国新闻媒体3批80余人采风活动。创办《洛阳摄影报》，出版9期。与洛阳日报社合作创办河图摄影网。完成中国摄协、河南省摄协组织的展赛征稿和中国新闻摄影学会、《人民摄影报》采风创作活动。

举办“东方红的记忆·2011年王铭摄影作品研讨会”、“春华秋实杯农业休闲”、“走进升龙·感动每一刻”、“光影恒大·魅力绿洲”、“帝豪杯”名车靓女、“购物联盟·我眼中的父亲”、首届“今世福杯珠宝”、“一中医院杯”、“民生珍医堂杯”、“佳能摄影大篷车”、“今世福杯”中老年才艺摄影及洛阳市摄影家协会月赛等摄影活动20余次。开设摄影培训班、“精彩时光 总有尼康”洛阳站摄影讲座等10余次。

与洛阳日报报业集团合作开通河图网，创办连续性内部资料《洛阳摄影》。

编辑出版《记者眼中的洛阳》、王豫明《红外影像》、王立力《云之南·河之南》、《朱天文风光摄影作品集》、郭万章《影像陕北》等5部作品集。

民间文艺家协会　完成虢州澄泥砚、永宁绿竹、汝阳杜康等中原贡品调查、统计、上报和证牌费收缴；督促并指导相关3县《民俗志》编纂和已完成文稿《民俗志》的审校；完成13户老字号申报、登记和注册；完成民协理事会通信录制作、分发等工作。

洛阳文学院暨牡丹文学杂志社　联办、举办“阳春采风”进校园活动，并向市直第四小学和西工区邙岭小学捐书600册；举办“桃花诗会”“工人周六大讲堂”、洛阳市首届青少年作家夏令营。圆满完成全年12期杂志的出

洛阳市文学艺术界联合会所属文艺家协会会员情况

（截至2011年10月）

协会名称	市协会会员	省协会会员	国家协会会员
戏剧家协会	278人	82人	39人
作家协会	779人	257人	18人
音乐家协会	630人	220人	60人
书法家协会	1891人	1230人	98人
美术家协会	1320人	368人	28人
摄影家协会	930人	267人	43人
舞蹈家协会	217人	43人	11人
电影电视家协会	108人	22人	4人
民间文艺家协会	272人	121人	31人
合　计	6425人	2610人	332人

版任务。出版全面展现现代石化工人的精神风貌和洛阳牡丹文化的深刻内涵的“洛阳石化专刊”和“洛阳牡丹文化专刊”。根据社会需要，开辟了“机务段工人作品辑”、建党90周年纪念专号“红色华诞”专栏、“河洛文化节特辑”等。协助编辑出版“诗意河洛——百名作家写洛阳”作品集《洛水之阳》。《牡丹》首发的《遭遇大雁》《哪堪重问绛纱灯》被《散文选刊》选载，诗歌《时光敲碎了多少屋檐上的瓦片》入选《疯狂阅读》高考版。散文《确山的竹子》获河南省委宣传部《党的生活》“我的红色记忆”征文一等奖。散文《葡萄藤蔓上的诱惑》《大唐东都，华丽的诗章》被《西部散文选刊》选载并入选2011年中国西部散文排行榜提名作品。

洛阳画院暨洛阳美术馆　承办、联办“西望长安——四人中国画展”“兰亭汇·第三届中国书法奖洛阳作者作品联展”“全国牡丹画学术邀请展”“全国第二届中国画线描艺术展获奖作品展”“洛阳、新乡书画联展”“洛阳市首届青年书画展”“河南省第二届中小学美术教师书画作品展”“金秋重阳·中国老年书画研究会洛阳协会书画展”“神笔”·王铎书法艺术展，“南北山水八十一家邀请展”等展览18项。邀请河南省美协花鸟画艺委会画家到平乐村进行专业辅导和牡丹画师评定活动，在“中国平乐牡丹画创意园区美术馆”举办“首届全国农民画展”。组织平乐牡丹画、洛阳唐三彩、牡丹瓷、三彩艺等在内的洛阳文化产品参加了深圳文化博览会。

【文学作品创作】

诗集　李清联《李清联无障碍诗写》，郭松滔《呻吟集》，范玉敏、邓攀主编《洛阳的声音》，王群《诗词百首》，段书远、王宝龙主编《洛阳山水名胜诗词选》，杨军《春颂》，谢舞波《问情自然》。

散文集　梦馨（牛林萍）《雨荷吟丝》，余杰《不惑年华》，赵克红《倾听桃花》，王炳全《河洛采风》、《洛邑寻梦》，孟红梅《剑兰》，梁凌《心有琼花开》，商玉玲《和你一起去看海》，邓世太《心迹》，黄源娟《女人如花》，赵福海《五个人的天堂》，郭建立《静静的月亮河》，杨晓丽《心的影子》。

小说　予潭东、马秀英《程源祥那人那事儿》（长篇），司伟平《洛阳铲》（长篇），黄俊安《河山》（长篇），王鼎三《洛阳洛阳》（长篇），孟红梅《雄鸡一声天下白：写给唐代诗人李贺》（长篇），兰爱篮《悠悠黄河情》（长篇），尤安亚《老君山传奇》（长篇），赵福海《月亮湾的弯月亮》（长篇），王群芳《月晕》（长篇），刘建超《朋友，你在哪里》，郭金龙《郭金龙小小说选》，赵福海《天堂里的微笑》，段文明《不仅仅为爱》（中篇小说集）。

报告文学　王凯《丹青人生》，张文欣《洛阳当代著名文艺家素描》。

其他　方斌主编《洛水之阳》（上、下卷），孙顺通主编《孟津颂》（古代卷、现代卷），王建立主编《焦裕禄在洛阳》，刘寅桥《圣果树》，刘峰《深山彩虹》，吕宁丽《青云出岫》，吕太增《追赶太阳的人们·别样的赴澳培训纪实》，高献中·王西明《聚落记》，任见《洛阳往事》，赵福海《小小说创作启蒙》，王元明主编《统计的艺术》，玉岑（王毓岑）《寻梦》，孙建邦《远去的风景》，宋继敏主编《洛阳杂文·2011》，张迪华《张迪华文学作品选》，李清联《李清联无障碍诗写点评本》，孙顺通《失败的壮丽》，周得京编著《洛阳成语典故大全》，谭泉植《心路》，马秀英《中药保健》，吴建设《河洛大儒》，卢伟宗《人民领袖之歌》，庄学《河洛文苑文集》，牛宏伟《叶片集》。

【参加重要赛事情况】

文学　孟红梅长篇小说《雄鸡一声天下白》获河南省第九届精神文明建设“五个一工程”奖。参加“诗意河洛——百名作家写洛阳”全国文学大奖赛，散文类：洛阳作家赵克红获散文一等奖，梁凌、司卫平获二等奖，庄学、孙钦良、梅利霞、潘红亮、李耀扬获三等奖；诗歌类：李小平、谭杰、丁莉获二等奖，赵跟喜获三等奖；张国军、王鼎三、朱怀金、源娟等44人获优秀奖。

参加“美文天下·全国首届旅游散文大赛”，李小平《秋日平遥》获二等奖，赵福海《壮哉通天峡》获优秀奖。刘雷《张剑石的光辉人生》在全国离退休干部“与党同呼吸、共命运、心连心”征文活动中荣获二等奖。宋殿儒《风声》分别被评为“佛山杯”小小说大奖赛优秀奖，宋殿儒《最牛的汉字最牛的官》（中篇小说）被评为“检察文学”优秀作品。非花非雾《指尖花开》、赵宏欣《斗狗》在第九届全国微型小说（小小说）年度评选中获三等奖。欧阳德彬两篇短篇小说《女人肖像》《象形文字》获山东省作协“第三届万松浦文学新人奖”。

戏剧　参加“中国少儿戏曲小梅花荟萃”大赛，张艺楠获“中国小梅花十佳”金奖。唐满意进入省梨园春半决赛。丁长青获全国戏曲小品创作三等奖。

音乐　柳江虹作词、卫铁信作曲歌曲《春天的歌谣》获河南省第九届精神文明建设“五个一工程”奖。参加2011年河南省第十八届歌曲创作评选中，《大写的爱》（李南、建华词，朱良才曲）、《江南》（刘汉词、许畅曲）获一等奖；《激情飞扬》（徐继东、张文强词，李鹏举曲）获二等奖；《老百姓愿意跟着你》（张宝星词、马红军曲）、《战友情》（超杰、杨献宗词，卫铁信、陶珂曲）、《永远跟着你》（李振学词，潘振甫曲）、《母亲河的赞歌》（张松词曲）、《党的儿女》（锦昌词、张松曲）获三等奖；《退伍之后还是兵》（超杰、杨献宗词，卫铁信、陶珂曲）获优秀奖。洛阳市音乐家协会获集体组织奖，陈培元获个人组织奖。牡丹合唱团在省级比赛中获银奖。卫铁信创作的歌曲《把春天拥抱》入选“唱响中国”全国征歌作品，《荧屏情暖千万家》荣获河南省广电系统演出一等奖。

美术　赵瑞璞获“邮政速递杯”首届“全国水仙花中国画展”一等奖；选送20余幅作品参加河南省第十届中国画艺术展，100余幅作品参加河南省第十六届新人新作展。（偃师）20人作品参展第十一届THE国际青少年书画展；（偃师）19人作品参选第十一届全国师生优秀美术作品评选。郜诚谦（11岁）的“春风得意·绿牡丹”参加光明日报社举办的“建党90周年书画大赛”获奖。

书法　参加全国第十届书法展，黄平、张焉如、郭延兴、王军辉、陈红善、张双印、韩灿秋、韩晓传8人作品入展。其中黄平的作品获优秀作品奖。参加“邓石如奖”（合肥）全国书法展，李健、何清心、郭延兴、张绍峰作品入展。刘伊明作品入选中国书协举办的全国优秀会员作品展。刘绍军作品入选全国职工书法大赛。孙之珍作品参加由《书法报》与西安书协联办的第四届“重阳杯”书画展获银奖。张绍峰作品入选中国书协全国首届手卷书法作品展。参加首届“王铎杯全国书法大赛”王亚明获二等奖；王士宏、王向阳、方英获三等奖。郭青安、王建涛、王治民分别获中国农民书画院“纪念辛亥革命100周年海峡两岸三地书画大赛”一等奖和二等奖。

摄影　涂伯乐摄影作品参加全国影赛1幅获银奖，4幅获优秀奖；参加河南省影展1幅获三等奖，4幅获优秀奖。王昆峰、赵荣生荣获“河南省2010年度风光摄影十杰”。

舞蹈　8月参加香港国际亚洲音乐舞蹈大赛，独舞《临水》获最高奖，独舞《毕兹卡》获金奖；独舞《小小迷彩兵》获金奖；群舞《放学了》获金奖；独舞《飒韵》获银奖；独舞《旦角》获银奖；独舞《雨竹林》获铜奖；夏莉莉获优秀教师奖；起点舞蹈学校获优秀组织奖。

民间文艺　翟景峰河洛大鼓片段《儿媳劝架》获第三届河南曲艺牡丹奖。

电影电视　洛阳本土电影《凤凰岭》获河南省第九届精神文明建设“五个一工程”奖。

【文学艺术交流】

音乐　洛阳市少年合唱团及手风琴乐团受中、德音乐教育与艺术促进会及德国柏林手风琴乐团的邀请，于“中国文化年在德国”宣传活动上展演。

洛阳画院承办中国美术家协会主办的“何水法画展”和“全国第二届中国画线描艺术展获奖作品展”，策划“洛阳、新乡书画联展”分别在两市美术馆展出。在中国平乐牡丹画创意园区美术馆举办“首届全国农民画展”，使得平乐村和全国农民画发达区域建立起了良好的联系。

书画　河南省书协副主席谢安钧、王鸣、云平、张剑锋、张高山、吴行、许雄志等参加宜阳召伯廉政文化建设书画展。美术家协会日本著名画家佐藤安男举办“洛阳的风景”佐藤安男个人绘画作品展。同山西晋城、长治、阳泉、晋中、忻州举办“太行风行”美术作品联展。孟津县文联在江苏常熟举办“中国牡丹行”精品书画展和“孟津、孟州、吉利、济源四县市书画联展”。

摄影　人民摄影报社社长、总编辑霍玮，副总编辑李涛等一行到洛进行“洛阳摄影文化现象”专题采访，《人民摄影报》4个整版刊登。《中国摄影报》总编辑曾星明、副社长方焕然、总编助理万戈、车轰率国内摄影名家到洛进行摄影创作采风，全国著名摄影家康泰森、石永亭、谭明、杨越峦、于得水、刘鲁豫、李刚、闫新法、杨峰、武强等参加。组织多批摄影骨干，参加由省摄影家协会组织的异地摄影创作采风和参赛活动。“国花颂”全国牡丹摄影艺术精品展先后在黑龙江省伊春市、齐齐哈尔市和上海市展出。云南省大理州摄影家与洛阳市摄影家进行摄影交流并举办了摄影展。市摄协与辽宁松原市摄协结为友好协会。

【“诗意河洛·百名作家写洛阳”全国文学大奖赛】　2011年4月21日，“诗意河洛·百名作家写洛阳”文学大奖赛举行颁奖仪式。同时，由本次大奖赛获奖作品结集而成的《洛水之阳》首发。本次大奖赛于2010年4月17日启动，2011年1月31日截稿。2010年6月开始，《牡丹》文学杂志陆续刊登优秀来稿180余篇（首）。根据“诗意河洛·百名作家写洛阳”文学大奖赛评选办法，评选出诗歌、散文一等奖各1名，二等奖各3名，三等奖各6名，优秀奖共80名。获奖作家共计100名。河南省文联副主席李佩甫、洛阳市人大副主任李柳生、省作协副主席马新朝、邵丽，洛阳市文联领导以及200余名在校大学生参加颁奖仪式。此次活动是第二十九届洛阳牡丹花会重要项目之一。

【洛阳首届少年作家夏令营】　2011年8月1～6日，洛阳文学院和洛阳市第八中学共同举办首届洛阳少年作家夏令营，参加人员均为在报刊和文学网站发表过文学作品的初、高中在校学生，他们是吉清乾、胡慧雯、蔡天棋、邢韵格、程若瑜、张少博、董芳等。其中数人发表长篇小说。夏令营组织参观了洛阳多处古迹名胜，开设文学、哲学、美学、宗教、河洛文化以及小说、散文写作等课程。邀请洛阳文学界人士为少年作者进行创作指导。《中国作家》《延安文学》《红岩》《诗刊》等全国十余家文学期刊的相关领导或编辑对“洛阳少年作家”给予重点跟踪。

【工人周六大讲堂文学创作培训班】　2011年5月28日起，洛阳文学院和洛阳市总工会联办洛阳工人周六大讲堂文学创作培训班。历时一个月，参加学员40人。聘请高校教授、知名作家授课，课程有《文学与人生》《中国古代文学作品欣赏》《文学概论》《新闻写作》《小说创作》《散文和诗歌创作》《文学欣赏与文学批评》《外国作品欣赏》等。这次文学创作培训班为公益性质，40名学员获得结业证书。

【《小百花》杂志复刊】　2011年6月，洛阳市儿童文学学会会刊《小百花》首发仪式在洛阳龙城双语小学举行。《小百花》创刊于1979年12月，创刊号只作为偃师县顾县公社段东小学学生的课外读物，油印100本，出版1期停刊。1985年，洛阳师范一附小教师徐希贤创建“小百花文学社”，一年时间里，会员们在全国各地的报纸、杂志上发表文章100多篇，次年增至200多篇，在全国引起关注。1989年，《小百花》重新刊印，共出版90多期。至2000年，因多种原因停刊。复刊后的《小百花》，由洛阳市作家协会副主席、市洛阳市文学学会会长赵克红任主编。

【《洛阳往事》入选“名城文化大丛

书”】 2011年花城出版社委托洛阳市作协编著《名城往事记忆之旅》丛书洛阳卷——《洛阳往事》。洛阳《牡丹》文学杂志社编辑任见在数月内完成《洛阳往事》36万字的书稿并提供了150幅图片。花城出版社评价认为：“《洛阳往事》一书可看出作者在漫长而喧嚷的历史中的徜徉，在徜徉中不受权势挟迫、不受流风左右的独立思考和审慎辨察。纵览古都洛阳千载人文，角度奇崛而不失稳妥，行文幽默而不失庄重，文化意蕴深厚而雅俗兼顾。”《名城往事记忆之旅》是花城出版社计划以6年时间打造的“名城文化大丛书”之较大的一册，16开本，首期印数6万册。参与编辑的城市有北京、西安、广州、苏州、昆明等。

【《深山彩虹》入围中美电影节最佳影片】 2011年10月，洛阳本土电影《深山彩虹》在美国洛杉矶好莱坞举行的第七届中美电影节入围最佳影片，并在当地展映1个月。《深山彩虹》以近年来中国电力部门全力实施“户户通”工程为大背景，真实再现了一支山区基层供电工程队为偏远地区群众架线送电的故事，场面宏大，真实感人。编剧刘峰，剧本文学顾问孙建邦，河南籍导演木子耕担任导演，著名影星林京来、石林等担纲主演。2011年4月在洛宁拍摄。洛阳市文联，洛宁县委、县政府，洛宁供电公司，河南大地彩虹影视传媒有限公司等参与协拍。10月下旬应邀赴美国参加第七届中美电影节。

【洛阳本土电影《洛阳水席》首映】 2011年11月24日上午，由真不同饭店有限责任公司与河南影视集团合作拍摄的电影《洛阳水席》首映式在洛阳新华国际影城进行。《洛阳水席》取材于洛阳本土作家张元纯的长篇小说，是充满河南地域特色、反映河南风土人情的又一力作。影片以真不同饭店一名毕业生在寻找洛阳水席真谛的老厨师为主人公，讲述了发生在他身边的家庭变故、子女婚姻、师徒理念以及他最终成功挖掘并恢复洛阳水席这一大唐盛宴的曲折故事，阐释出洛阳水席的真谛——家庭、亲情、团圆。

【洛阳首届豫剧文化节暨洛阳万达广场豫剧大赛】 该项赛事2011年8月7日启动，9月11日结束。由洛阳市文联、洛阳广播电视台、洛阳万达广场主办。报名500多人，参赛选手年龄最大的87岁，最小的3岁。经海选、初赛、晋级赛等12场比赛。设冠军、亚军、季军，最佳人气奖，最佳表演奖，最具潜力奖和“十佳”选手奖项。有11人获奖，其中樊伟峰获冠军，王胜雷、郭双浩获得亚军。著名豫剧表演艺术家马金凤、曾广兰等参加此次活动。

【3件作品获河南省“五个一工程”奖】 2011年，洛阳市有3件文化艺术作品获河南省“五个一工程”奖。分别是孟红梅创作的以历史文化名人李贺为主人公的长篇小说《雄鸡一声天下白》、柳江虹作词、卫铁信作曲歌曲《春天的歌谣》、范小红编剧的洛阳本土电影《凤凰岭》。其中：《凤凰岭》曾获第十二届中国电影“华表奖”提名奖，并被国家广电总局确定为2009年度第二批“新中国成立60周年重点献礼影片”，2010年入围第十届长春电影节。

【郭爱和获“中国陶瓷艺术大师”和“中国陶瓷设计艺术大师”称号】 2011年8月，洛阳市民间文艺家协会副主席郭爱和获得由中国轻工业联合会和中国陶瓷工业协会授予的“中国陶瓷艺术大师”称号。10月，郭爱和获得由文化部中国世界民族文化交流促进会和中国建陶协会授予的“中国陶瓷设计艺术大师”称号，此是国家级陶瓷艺术创作最高荣誉称号。

【张艺楠获“中国小梅花十佳”金奖】 2011年8月，在“中国少儿戏曲小梅花荟萃”大赛中，洛阳市8岁选手张艺楠获“中国小梅花十佳”金奖。“中国少儿戏曲小梅花荟萃”活动是中国戏剧“梅花奖”的重要组成部分。本届共有来自全国30个省、自治区、直辖市的280名小演员进入复赛，99名小选手进入决赛。张艺楠是洛阳艺术学校红英少儿戏曲培训班的学员，5月，经过洛阳赛区海选和河南赛区复赛，进入全国决赛。在决赛中，张艺楠演唱的《嵩山长霞》获得金奖。

【中国平乐牡丹画创意园区美术馆开馆】 2011年4月13日，由河南省文联、洛阳市政府联合主办，洛阳市委宣传部、河南省美术家协会等承办的“中国平乐牡丹画创意园区美术馆开馆典礼暨全国农民牡丹画展开展仪式”在孟津县平乐村举行。这项活动是第二十九届中国洛阳牡丹文化节的一项重要内容。该园区一期工程总投资11348万元，画展共展出全国各地农民画作130余幅。

【洛阳理工学院特辟“李进学艺术馆”】 2011年9月25日，洛阳理工学院“李进学艺术馆”首次开放。共展出李进学捐赠书画艺术品240余件。其中本人书画精品36幅及收藏的包括齐白石、石鲁、李苦禅、王雪涛等名人书画作品155幅，收藏的古代碑刻、拓片、匾额、瓷器、砚台等50余件。

李进学，洛阳市伊川县人，1942年出生。河南省书法家协会顾问、洛阳书法家协会主席。洛阳理工学院在开元校区图书馆二楼为李进学所赠书画作品及各类藏品开辟艺术馆，作为永久陈列这些捐赠品之用，并以李进学的名字命名，艺术馆面积约500平方米。双方签署协议：洛阳理工学院对捐赠品进行展览、陈列和管理；该馆定期向社会开放，以实现李进学“艺术源于大众、艺术为大众服务”之夙愿。

【兰亭汇·第三届中国书法奖洛阳获奖作者作品展】 2011年4月9日上午，洛阳市文联主办，洛阳美术馆、洛阳文化艺术发展中心承办，“兰亭汇·第三届中国书法奖洛阳获奖作者作品联展”在洛阳美术馆开幕，展出作品近百幅。此次参展的5位洛阳作者，曾在2009年第三届中国书法兰亭奖的评选中获奖。其中：陈花容获艺术奖一等奖，季平获二等奖，杨庆兴获三等奖（理论类），王鸿斌、郭延兴获提名奖，刘灿辉作品入展。此次获奖奖项获“大满贯”的成绩。

6月24日，5位书法家的作品在安阳中国文字博物馆展出，展期1周；12月16～25日，在杭州西泠印社展出。

【洛神春赋·何水法画展】 2011年4月10日，由中国美术家协会、河南省文联、浙江省文联和洛阳市政府主办的“洛神春赋·何水法画展”在洛阳博物馆新馆开幕。共展出何水法80幅作品。何水法现为全国政协委员、浙江省政协常委、中国美术家协会理事、中国美协中国画艺术委员会委员、浙江省美术家协会副主席，曾对两宋的花鸟画作过精深的研究。他的工笔花鸟结构严谨，用笔圆润自如，设色典雅秀逸，写意则受青藤、八大之影响，所作写意花鸟气旺神畅，笔墨华滋，浑然天成，厚实灵动，相映成趣。此次展出作品，涵盖水墨、写意等多种艺术形式，其中1/3是当年新作。其间，由河南美术出版社出版的《何水法花鸟画集》也同时公开发行。

【洛阳的风景·佐藤安南个人绘画作品展】 2011年3月24日，由洛阳市文联、洛阳日报报业集团、洛阳电视台、洛阳博物馆主办，洛阳市美术家协会、洛阳理工学院艺术学院、洛阳女子画院承办的“洛阳的风景”日本画家佐藤安南个人作品展在市博物馆举行。74岁的佐藤安南是日本知名的画家，多次来到洛阳绘画写生，此次展出的156幅作品，题材涉及洛阳旅游景点、新区风景、龙门石窟、老城街巷等，他用画笔记录了洛阳的山山水水，结识了洛阳众多的文化艺术界名流，他的作品曾多次参加日韩交流画展。

【毛泽东诗词书法作品展】 2011年7月1日，由市委宣传部、市文联主办，市书法家协会、洛阳书法院承办的“挥斥方遒”——洛阳市纪念建党90周年毛泽东诗词书法作品展在洛阳美术馆开展。展出的近百幅书法作品以毛泽东诗词为主题，由洛阳市老、中、青三代书法名家创作。

【《北魏的那一段惊弦》研讨会】 2011年1月15日，由河南省作家协会和洛阳市作家协会联合举办了忻尚龙长篇小说《北魏的那一段惊弦》研讨会。忻尚龙，1988年出生。现为洛阳市文联《牡丹》杂志编辑。17岁正在读高中时，曾出版散文集《故都风流》，《北魏的那一段惊弦》是忻尚龙读大学期间的又一力作。该书由二月河作序，阎连科、李佩甫、谢有顺作评。《北魏的那一段惊弦》讲述了在中国历史上混乱的南北朝，备受争议的皇帝孝文帝迁都洛阳的一段历史故事。河南省文联副主席、省作协主席李佩甫，省作协副秘书长陈麦启与会并发言。洛阳学者作家20人参加研讨会。

【韩宏蓓《嘎嘣小子传》系列小说研讨会】 2011年3月3日，由海燕出版社主办的韩宏蓓《嘎嘣小子传》研讨会在偃师实验小学召开。韩宏蓓，女，1972年12月出生于偃师市。偃师实验小学教师，河南省作协会员，洛阳市作协理事。曾出版长篇小说《欲殇》。这次由海燕出版社出版的《嘎嘣小子传》是1套4部系列长篇儿童小说。分别是《男子汉也烦恼》《仨小子要计谋》《大个儿当官》《与校长PK》。4部小说既互相联系，又独立成篇，是儿童成长的四部曲。作者以生动的语言和曲折的情景再现了当代少年生活、学习和成长中欢乐与烦恼。是一部真诚拥抱现实，用于开掘生活，特别关爱当代儿童生活状况的书籍。

【白灵坤原创牡丹诗词书法展】 2011年4月18日，白灵坤原创牡丹诗词书法精品选展在洛阳市图书馆举行。白灵坤，1960年出生于洛阳，白居易后裔。河南省作家协会会员。大学毕业后，在某军工企业工作，任工程师，后自谋职业。业余致力古体诗和书法创作。出版有《白灵坤诗词集》《香山裔韵》。本次展览是其书法作品和其《洛阳牡丹一诗一品》诗词作品的综合展示。其中，1幅29米长卷以其29首诗词为内容，寓意对第二十九届中国洛阳牡丹文化节的祝贺。

【孟津、洛宁荣膺“中国书法之乡”称号】 2011年12月12日，中国书法家协会批准孟津县、洛宁县为“中国书法之乡”。孟津有“河图之源、人文之根”之说，有龙马负图、伏羲画卦、八百诸侯会盟、伯夷叔齐扣马谏等史话，是著名书画大家王铎的故乡，保存有90块稀世珍宝《拟山园帖》。孟津县现有中国书协会员10名、省书协会员84名、市书协会员560名，全县书法爱好者达6万余人。洛宁县有“洛出书处”和“仓颉造字台”，已发现20多处仰韶文化和龙山文化遗址，留存的12块汉白玉碑刻《琅华馆帖》，是“神笔”王铎与其姻亲兵部侍郎张鼎延书信往来的墨宝勒石，为国家一级文物。洛宁现有中国书协会员13人、省书协会员50人、市书协会员120余人。一个地级市同时有两个县被命名为“中国书法之乡”，在全国尚属首例。

【宜阳获“中国西游文化之乡”称号】 2011年4月5日，宜阳县被中国民间文艺家协会命名为“中国西游文化之乡”。 中国民协副主席夏挽群、中国民协副秘书长吕军参加授牌仪式。宜阳县西游文化色彩浓郁，其中花果山最为突出。花果山位于宜阳县城西45千米，国家3A景区，主峰海拔1831.8米，素有“雄峻赛五岳，奇秀冠中原”之称。清乾隆年间的《重建花果山庙碑记》称：斯山也，即西游记所称齐天孙佛成圣处也，故其庙在焉。 (孙建邦)

·洛阳市残疾人联合会·

【“扶残助残”活动】 2011年，洛阳市残疾人联合会（以下简称“市残联”）发挥自身优势，动员社会力量，大力开展“扶残助残”活动，想方设法为残疾人提供“助视、助听、助行、助房、助学、助医、助业”等服务，共投入资金1000万元以上，惠及残疾人7万多人。市、县财政拨出专项资金开展走访慰问贫困残疾人3960户，与1000户重度贫困残疾人结成帮扶对子。多方募集资金，为贫困白内障患者免费实施复明手术，为贫困低视力儿童提供护眼服务和免费验配眼镜；为150名聋儿进行听力检测，免费佩戴助听器45台，捐赠价值200万元器材；向全市残疾人捐赠各类轮椅2700辆；帮助城镇贫困残疾人落实经济适用房和廉租房，在安排多层住房时协调确保重度肢体残疾人居住在一层或合适楼层；安排专项资金，为贫困残疾人大学生提供助学补贴；为残疾人协调落实各项就医优惠政策和残疾人参加医保的各项优惠措施。全面推进无障碍建设，继续开展残疾人家庭无障碍改造工作，市残联与涧西区残联、西工区残联、老城区残联、洛龙区残联、瀍河区残联联合为100名残疾人进行家庭无障碍改造；市政府加大投入资金建设公共无障碍洗手间和其他无障碍设施，为残疾人融入社会创造条件。举办“洛阳市2011年扶持残疾人网上创业培训班”，市残联对城市区100名残疾人进行了免费的网上创业培训，经过考核，捐赠94名残疾人每人1台电脑和1年上网费用，并与青岛多帮帮网络科技有限公司共同举办“多帮帮”残疾人网络创业再培训。涧西区、西工区、老城区、瀍河区、洛龙区、吉利区、高新区在30个社区开展建立“中途之家”“康复小组”试点工作，探索社区服务残疾人的新路子。全市各级残联积极开展创建“残疾人之家”品牌活动，全心全意为残疾人服务。

【康复工作】　2011年，全市各级残联以“人人享有康复服务”为目标，在全市开展康复需求调查，大力推进社区康复建设。与有关部门联合印发《洛阳市推进实现残疾人“人人享有康复服务”目标实施方案》。在各县（市）、区开展社区康复，建立乡镇（街道）康复室90个，社区（村）康复站1500个，培训社区康复协调员1316名。0～6岁贫困残疾儿童抢救性康复项目125名，完成长江新里程二期项目假肢装配139例，低视力配助视器656名，低视力儿童家长培训30名，盲人定向行走训练650人，聋儿听力语言训练120人，精神病防治康复服务8000名，肢体康复训练260名，成人听力康复60名，智力残疾儿童康复训练120人，共为残疾人配备供应辅助器具1.4万件。

【残疾人教育扶贫工作】　2011年，市残联与教育部门主动沟通，将残疾高中、中职和大学生纳入国家助学体系。完成2011年度残疾学生高考上线考生的统计工作。8月30日，市残联组织全市29名残疾人大学生和残疾人子女大学生参加河南省残疾人福利基金会举办的“真情报党恩，爱洒残疾人”中晟明慧专项教育基金捐赠暨助学工程启动仪式，每位学生得到1台笔记本电脑和每年5000元学费的资助。9月14日，市残联为全市符合条件的74名大学新生统一发放助学金总计10万余元，其中为29名残疾人大学生每人发放一次性助学金2000元，为45名贫困残疾人家庭子女大学生每人发放一次性助学金1000元。市残联联合市总工会通过“金秋助学”项目资助7名贫困残疾人家庭子女，每人2000元助学金。全年共资助残疾学生450名。

加大对贫困地区残疾人的扶贫力度。积极参与最低生活保障制度和扶贫开发政策“两项制度”有效衔接试点工作，完善贫困残疾人识别机制，确保残疾人低保户、社会救助对象和扶贫开发对象底数清楚，确保各项社会保障政策和扶贫开发措施落实到贫困残疾人身上。实施农村贫困残疾人危房改造和康复扶贫贷款项目。全年市残联实施贫困残疾人危房改造20户，每户补贴1万元，共20万元；洛宁县争取康复扶贫贷款项目300万元，市残联为其贴息15万元。加强农村残疾人扶贫基地建设，全市建立10个残疾人扶贫基地，确立宜阳县、伊川县和洛龙区3个市级残疾人扶贫示范基地，并给予8万元的资金扶持。推进残疾人托养服务工作，做好“阳光家园计划”项目，全市洛龙区、新安县、汝阳县、孟津县、洛宁县、嵩县、宜阳县共完成居家托养930人，补助资金46.5万元。其中：洛宁县实行居家托养604人，补助资金30.2万元，依附托养机构集中托养432人，补助资金64.8万元。

【残疾人就业培训】　2011年，全市各级残联实施残疾人就业培训工程，以城镇登记失业残疾人为主要活动对象，大力开展各种职业培训，促进残疾人就业。全年培训残疾人9150人，实现就业6350人。命名洛阳一拖东方福利实业有限公司等单位为残疾人就业培训示范基地；组织选派残疾人选手代表河南省参加全国第四届残疾人职业技能竞赛，获得优异成绩。市残疾人就业中心对通过各种渠道推荐就业的129名残疾人进行岗位技能提升培训，其中122名残疾人职工取得初级钳工职业资格证，7名残疾人职工取得中、高级钳工资格证；首次尝试对职高学校在校残疾人学生培训，专门聘请2名技师对洛阳市特殊教育中心学校职高班的50名残疾人学生进行“苏绣”培训；输送39名残疾人参加省残联组织的培训。积极开展盲人按摩培训，拓展盲人就业渠道，组织22名盲人参加2011年全国盲人医疗按摩人员网上报名和考试，组织开展2011年度初、中级盲人医疗按摩专业技术职务任职资格评审工作和全国盲人医疗按摩高级专业技术职务任职资格评审上报工作；举办2期盲人保健按摩培训班，有来自各县、区的66名视力残疾人参加为期3个月的初级保健按摩培训，66名盲人均通过职业资格评审，取得资格证书，参加培训的盲

市残疾人车友会为贫困地区小学捐赠学习用品

人就业率达到95%以上。

【残疾人综合服务设施建设】 2011年12月3日，洛阳市残疾人综合服务中心正式启用，总建筑面积1.5万平方米，突出“残疾人之家”建设理念，是集残疾人康复训练、就业指导、职业技能培训、法律援助、辅助器具服务、文体娱乐和聋儿语训等服务职能为一体的综合性服务设施。按照国际无障碍设施建设标准，中心打造全国一流无障碍服务，无障碍坡道、走廊防撞扶手、显示屏、触摸屏、盲道、盲文标识、音响提示、无障碍卫生间、无障碍电梯等分布于整栋大楼的每一楼层。

【残疾人宣传文体工作】 2011年，市残联与市文化广播新闻出版局联合下发文件，在全市范围内开展残疾人文化周活动和组织残疾人读书活动等各项残疾人文化活动。建立特殊艺术人才长效培养机制，加大对特殊艺术人才培养力度。6月22日全省“爱心书屋”建设交流会在洛阳市召开，并对涧西区、洛龙区、西工区的3个“爱心书屋”示范点进行实地参观学习。全市共建立“爱心书屋”101个，其中省级11个、市级90个。为各县（市）、区“爱心书屋”捐赠书籍影像制品近2万件。9月27～28日，中国残联宣文部领导到洛调研残疾人文化工作，就残疾人文化工作、基层残疾人文化活动和残疾人民间艺术进行详细的了解和考察，同时还走访慰问了残疾人文化创业典型人物代表。开展第五次全国特奥日活动，加大残疾人体育工作力度，发挥残疾人体育训练基地作用，进行优秀运动员的选拔和训练。组织700多名残疾人积极参加元旦万人长跑比赛；组织洛阳轮椅篮球队代表河南省参加2011年第八届全国残疾人运动会轮椅篮球比赛，河南轮椅篮球队（男、女）分别取得第七名和第八名，并获得体育道德风尚奖，6名队员获得优秀运动员称号；7月6日，洛阳市4名特奥乒乓球运动员参加在希腊雅典举办的第十三届世界特殊奥林匹克运动会，取得一金两银的好成绩。洛阳市残疾人文体协会被授予“2007～2010年全国残疾人体育先进单位”称号。

【残疾人维权工作】 2011年，市残联发挥“残疾人维权示范岗”和“残疾人特约法律服务站”的作用，为残疾人提供热心、免费法律服务，维护残疾人的合法权益。市残联与市司法局联合印发《关于加强残疾人法律援助工作的通知》（洛市司〔2011〕100号）文件，降低残疾人法律援助门槛，扩大残疾人法律援助覆盖面。全年接受387人次的法律咨询，提供咨询、代书、代理、调解服务153件次。健全残疾人信访工作长效机制，加强残疾人信访工作业务建设和队伍建设，共办理残疾人来信36封，接待来访556人次，解答咨询电话558个，救助93人次，救助金额近万元。做好残疾人机动轮椅车燃油补贴工作，为3535名符合条件的残疾人发放2009年、2010年残疾人机动轮椅车燃油补贴资金70.7万元，为3810名残疾人发放2011年度残疾人机动轮椅车燃油补贴资金99.06万元。

洛阳市特奥乒乓球运动员参加第十三届世界特殊奥林匹克运动会荣获金、银牌

（残联）

政 法

综 述

【概 况】 2011年，洛阳市设市、县两级政法委机关16个，其中地级市政法委1个；县级以上人民法院16个，人民法庭45个，其中中级人民法院1个；县级以上人民检察院16个，其中地级市人民检察院1个。市、县级公安机关10个，城市区派出所18个，县（市）公安局派出所132个，其中地级市公安机关1个；市、县两级司法行政机关16个，司法所180个，其中地级市司法局1个；全市政法系统在职人员1万多人。全市政法机关以及综治信访稳定部门认真贯彻落实中央政法委关于政法工作的一系列指示精神，努力打造公正正义、和谐有序的平安洛阳，坚持用群众满意统揽政法工作全局，积极探索社会管理创新的新途径，为促进洛阳经济社会发展、实现“富民强市”目标做出了积极贡献，洛阳市连续第三次荣获全省平安建设先进市荣誉。

【维护社会稳定】 2011年，洛阳市委、市政府贯彻落实上级关于维护社会稳定和深入推进社会矛盾化解工作一系列指示精神，积极开展社会矛盾化解“大排查、大调处、大防范”活动，深入推进维稳工作科学化发展，以事要解决为根本，以防范稳控为重点，以实行工作责任制为抓手，明确职责任务，强化工作措施，严格督促检查，较好地推动了维护社会稳定各项工作措施的落实，取得明显成效。

【矛盾排查】 2011年，洛阳市按照省委维护社会稳定办公室《社会矛盾化解“大排查、大调处、大防范”活动方案》及一系列通知、措施要求，坚持集中排查和经常性排查相结合的方法，搞好不稳定因素和矛盾纠纷排查，做到底子清、情况明，有的放矢地解决问题，掌握工作的主动权，着力做到“三个早”，即早发现、早介入、早化解，将矛盾纠纷化解在基层，化解在萌芽状态。一是健全完善社会矛盾排查制度。把定期排查、集中排查、重点排查有机结合起来，形成制度，长期坚持，实现了排查工作的经常化、规范化和制度化。二是加大排查密度。在时间上，在定期排查的基础上，增加临时性排查，确保不出现断档；在空间上，坚持全方位、无缝隙，做到横到边、纵到底；在内容上，既查容易引发重大群体性事件、集体上访的不稳定因素，又查民间纠纷、经济纠纷等问题。三是建立排查台账。建立完善《全市重大不稳定因素排查化解台账》《全市社会矛盾排查化解工作台账》《社会稳定风险评估工作台账》及电子档案。对确定的重大矛盾纠纷和稳定隐患逐一建档，做到问题名称、所属单位、主要诉求、工作措施及包案领导、承办单位、联系电话等情况一目了然。四是确保排查实效。坚持“谁排查、谁签字、谁负责”，确保不留空当和死角，确保排查情况有据可查。

【矛盾化解】 2011年，洛阳市政法委依照“哪里有纠纷、哪里就有调解组织；哪里有人群、哪里就有调解工作”的要求，积极探索，大力推进，初步形成了人民调解、行业调解、司法调解相互衔接配合，“纵向到底、横向到边、条块结合、全面覆盖”的大调解工作格局，把大量的矛盾纠纷化解在基层，解决在萌芽状态。

完善县、乡、村、组四级调解体系，县（市）、区和乡镇街道整合综治、信访、公安、司法以及民政、劳动等部门的力量，建立矛盾排查调解处理中心，集中排查、受理、调处重大疑难复杂纠纷；村（社区）全部建立调解委员会，配备14481名民调员，及时有效地化解各类矛盾纠纷；村民组普遍设立劝解员、信息员，利用乡情、亲情、友情的优势，劝解身边发生的矛盾纠纷。

在19个具有调解纠纷职能的行政机关和执法部门建立了48个专业调解委员会，配备调解员1292名，涵盖医疗卫生、交通事故、物业管理、劳动用工等与民生密切相关的各个领域，化解了一大批矛盾纠纷。

法院系统积极探索和建立社会化调解机制，拓展调解途径，面向社会公开选拔125名专家和345名法律志愿者，在案件的诉前、诉中等环节，为群众提供专业咨询和法律服务。此外，还组织法官主动深入农村，担任“法官村长”，每个月两次到村中为群众讲授法律知识，发现的矛盾纠纷随时调解，方便了群众。

司法行政部门和检察机关联合开展轻微刑事案件委托人民调解工作，使一大批轻微刑事案件得到及时化解。市司法局与市中级人民法院联合下发《关于进一步加强司法调解与人民调解衔接配合的若干意见》，使人民调解和司法调解衔接更加紧密。各县（市）区司法局和基层法院联合建立诉前调解室，引导当事人自愿以调解方式解决纠纷。市中级法院还制定《关于对调解协议进行司法确认的若干规定》，使人民调解、行业调解工作的成果得到确认，实现了“三调”联动的有效衔接，保障了调解主体多元化、社会效果最大化。

【源头防范】 2011年，洛阳市政法委在维护社会稳定和深入推进社会矛盾化解工作中，坚持做到“努力化解老矛盾”“有效预防新矛盾”。一是严格执行社会稳定风险评估规定。按照《洛阳市重大事项信访稳定风险评估暂行办法》抓好社会稳定风险评估工作，坚持每月收集整理全市涉农利益、企业改制、城市发展和管理、重点项目建设、教育医疗、社会保障、环境保护、安全生产等方面的重大决策事项，对社会稳定风险评估的责任单位、实施过程、方式方法等内容进行监督，有效避免因决策失误和施政不当引发不稳定问题。为使信访稳定风险工作长抓不懈，形成长效机制，市委政法委以“两办”名义出台《关于建立健全洛阳市重大社会稳定风险评估工作长效机制的意见》，进一步对涉及群众切身利益的重大决策，群众普遍关心、关系到职工切身利益的企事业单位重大改革等事项的评估工作进行规范，明确制度要求。并重点解决了市委、市政府对信访稳定风险工作提出的认识问题、责任问题、保障问题、奖惩问题。截至2011年年底，全市共评估重大决策事项43项，有效地维护了国家、社会、群众等各方面利益。二是突出抓好预防突发群体性事件工作。按照《关于妥善处置突发群体性事件的基本预案》要求，加大对群体性事件的处置打击力度，对发生聚众堵路、围堵党政机关等重大事件的挑头闹事者坚决拘留。特别是2011年10月以来，个别群体为达到利益诉求，采取堵塞交通道路方式向政府施压，严重地影响了社会秩序，为有效治理和解决群体性堵塞交通道路的违法行为，积极预防和妥善处置各类突发群体性事件。市委、市政府连续召开市委常委（扩大）会议和市政府常务会议，专题研究分析群体性堵塞交通道路问题，并对有关工作进行安排部署。“市委维稳办”以市委维护稳定工作领导小组名义制定下发《洛阳市集中整治群体性堵塞交通问题专项活动方案》，决定从2011年11月15日～2012年1月15日，对群体性堵塞交通道路问题进行集中整治。为此，全市成立集中整治活动领导小组，并分别下设医疗、城建、交通、金融、劳资、企事业改制6个重点行业调处小组，明确工作措施、责任、任务，加大对群体性事件的处置过程中的责任追究力度，除了对发生聚众堵塞交通道路、围堵党政机关等重大事件的挑头闹事者坚决依法严厉打击外，还要对引发群体性事件的主管单位、关联单位和各级负责人分别追究责任。截至2011年年底，全市共处置群体性事件50余起。三是继续加强矛盾调解专业队伍建设。在加强矛盾调解专业队伍建设的基础上，根据各矛盾调解主体专业化、行业化的特点，对一些牵扯单位部门多、涉及行业多的重大矛盾纠纷，明确责任主体，细化和补充了调解细则，最大限度地促进了不同主体在社会中的和谐相处。

【深化平安洛阳建设】 2011年，市委政法委紧紧围绕市委、市政府“福民强市”的工作目标，在连续两年获得全省平安建设先进的基础上，以保持全省先进、争创全国先进为总目标，以“环境创优年”为契机，深化平安洛阳建设，以“调解全覆盖”为抓手，全面化解社会矛盾，以服务民生为宗旨，探索社会管理新途径，从而确保了全市社会治安大局的持续平稳，为洛阳的经济发展创造了良好的社会环境。洛阳市除第三次被省委、省政府命名的“全省平安建设先进市”荣誉称号外，栾川、吉利、孟津、嵩县等9个县区受到表彰。

【深入推进“三项”重点工作】 2011年，全市各级党委、政府按照中央、省委的部署和要求，加强领导、统一协调、精心谋划，深入推进社会矛盾化解、社会管理创新、公正廉洁执法三项重点工作，尤其是积极探索社会管理新途径，收到良好成效。

加强社区管理，实现安居乐业。在社区管理方面，对457个无主管居民小区实施了基础设施建设、基层组织建设等管理全覆盖工程，实现路通、灯明、有门卫看护、有技防监控。探索创新社区管理方法，在涧西区推行以居民自治为主导的“一委一居一站一办”四位一体管理模式，即每个社区成立一个社区党组织、一个居委会、一个工作站、一个综治办。在西工区推行以政府为主导的网格化管理模式，即按照每1000户或3000人为一格，将社区划分为若干个网格，每个网格配备一名民警（或辅警）和若干个社会管理员，责任到人，从而实现对社会人的社区化、分包式、面对面的精细化管理。

拓展110接警范围，提升应急联动便民服务。整合多种便民服务电话，建立了集各种服务职能于一体的110城市联动便民服务平台，在市环保局、市住建委、市交警支队等20家单位成立应急服务分队，24小时应急值班，对110服务平台分流的信息及时处置和高效反馈。全年群众诉求办结率超过99%，回访满意率超过95%。

加强乡镇综治工作中心建设，强化基层组织领导体系。全市各乡（镇、街道）都建立了综治工作中心，公开选拔88名大学本科学历、35岁以下高素质人员，担任综治工作中心专职副主任，配备2～3名专职工作人员，形成了集中办公、协作配合、精干高效、便民利民的工作平台，有力维护了基层的治安和稳定。为切实树立乡镇（街道）综治委、综治办工作权威，市委、市政府规定：成员单位一次不参加综治例会给予警告，两次不参加诫勉谈话，三次不参加予以免职，确保综治工作中心统领公安派出所、基层法庭、工商、信访等部门，实现矛盾纠纷联调、社会治安联防、重点工作联动、突出问题联治、平安建设联创、服务管理联抓。

【强化执法监督】 2011年，全市政法部门系统完善执法制度，以标准化促进规范化，从源头上解决随意执法、粗放执法的问题。市公安局按照实战实用时效的原则，紧紧围绕110接处警、立案撤案、传唤讯问、巡逻盘查、物品扣押等容易出现执法问题等关键环节，研究制定16项工作规范。市检察院围绕侦查监督、公诉、民行、控申等重点岗位，制定《侦查监督部门实施刑事和解暂行规定》《刑事立案监督和追加逮捕工作暂行规定》和《公诉工作规范（试行）》，有效地规范了干警执法行为，确保干警在各项执法活动、执法环节上都有法可依、有章可循，最大程度地预防和减少执法问题的发生。规范自由裁量权，研究制定针对行政处罚、案件审判、执行等各个环节案件裁量标准，压缩自由裁量空间，规范自由裁量权行使，杜绝出现“选择性”执法、“倾向性”执法。市中级法院研究制定《关于规范法官自由裁量权行使的指导意见》，明确规范自由裁量权的指导思想、工作步骤和具体方法。积极探索量刑建议程序和把量刑纳入法庭审理程序，统一和规范量刑建议的适用范围、操作程序，增强量刑的公开性和透明度，实现量刑公正和均衡。

创新执法监督制约机制，加强执法管理，确保执法活动安全高效运行。一是市委政法委研究制定《洛阳市政法机关执法工作重大事项报告制度》，规定政法各部门办理的重大疑难案件、群众反映强烈或有重大社会影响的案（事）件，以及开展的重要执法事项，都要及时报送党委政法委，便于党委政法委及时主动地开展执法监督工作。健全完善检察机关法律监督机制，研究制定《洛阳市公检法机关刑事诉讼相互监督实施办法》，进一步加强对刑事立案活动、刑事侦查活动、刑事审判活动、刑罚执行和监管活动的法律监督。二是创新事中监督机制，确保监控到位。建立执法巡视制度，出台执法巡视办法，深入推进执法巡视。深入开展案件评查，全市共评查案件1700余起，提出纠正整改意见的案件389起，追究违法违纪干警73人。建立完善执法工作投诉制度，政法各部门普遍均建立投诉接待窗口，依法查处人民群众反映执法机关和执法人员违法违纪的情况，对政法部门的执法活动实行实时监督。三是创新事后监督机制，确保查究考核到位。建立和完善执法过错责任问责机制和执法办案考评工作办法，深入推进政法干警执法档案建设，并把干部任职调整与执法档案相结合，根据执法档案记载的执法内容、效果决定干警的任免奖惩，收到良好的效果。

进一步推进执法信息化建设，以信息化支撑规范化，不断提升执法效能。全市公安系统启动警务信息综合用平台“公安网络执法与监督信息系统”升级改造工程，进一步强化对执法全程的有效制约、系统管理。在讯问室、监管场所、监狱劳教等场所安装录音录像设备，对讯问、监管过程全程进行录音录像，为执法安全提供硬件保障，取得明显效果。市公安机关10个县（市）公安局，18个城市区派出所除全部开通远程视频接访系统，实现信访人、办案单位、市局接访局长“三方”会话，畅通了信访渠道，极大地方便了人民群众反映问题。

认真落实执法公开要求，以公开执法促进公正执法。各级政法部门按照市委政法委《关于进一步推进执法公开工作的意见》要求，全流程、多维度、深层次地推进执法公开，切实保障群众的知情权、参与权、表达权、监督权，以群众监督的方式倒逼执法工作规范化建设。（刘晶刚）

公　安

【维护社会大局稳定】 2011年，洛阳市公安局“以群众满意为标准”，始终把维护稳定放在首要位置，加强部门间协调，采取多种有效措施，积极消除各类隐患，进一步完善群体性事件处置机制，强化信息报送工作，严密防范，严厉打击各种敌对势力和敌对分子的颠覆破坏活动，确保了全市社会政治大局的持续稳定。

群体性事件处置。市公安局制定出台《关于进一步强化群体性事件现场处置快速反应的意见》《洛阳市公安局城市区派出所预防和处置突发群体性事件工作预案》《洛阳市公安局处置化解特殊利益群体“1+4+1”协调联动工作机制》等一系列制度规范，全面提高预防、处置群体性事件的能力和水平，全年共有效控制、妥善处置各类群体性事件259起，全市没有出现有影响的群体性案事件。

加强情报信息工作。2011年，全市公安机关共搜集掌握各类不稳定信息499条，各类情报信息6326条，被上级采用1700余条，为各级领导决策提供可靠的依据，确保“两会”、建党90周年等重大活动和敏感时期的社会稳定。

反恐维稳工作稳步推进。2011年，全市公安机关共分析、上报涉恐信息249条，积极开展反恐防范试点。重点围绕河南省公安厅确定涉及洛阳市的9起河南省督察办理的案件、87起洛阳市督察办理的案件专案开展侦控工作，实现“零上访、零插播、零聚焦”目标，共破获“法轮功”等邪教案件47起，打击处理189人，端掉窝点4个，打掉团伙26个，查缴反动宣传品6000余份，确保全市未发生大的“法轮功”案事件。

坚持信访长效机制。深入开展矛盾纠纷排查化解，坚持领导开门接访，认真落实领导包案、源头治理、责任倒查等信访长效机制，全力解决涉法涉诉信访问题。积极开展信访积案化解专项治理活动，办结上报上级交办信访积案436起（含非洛阳管辖13起），其中进京重复访积案60起、非进京访积案363起，上报办结率100%。河南省公安厅认可办结停访415起，办结停访率98.1%。

开展维稳进社区活动。2011年，市委、市政府下发《城市区警务室与社区居委会同址办公的通知》，市公安局为城市区215个警务室各增拨1万元办公经费，专款用于社区警务建设。截至2011年年底，城市区92%警务室实现“同址办公”，配备警务室民警257人，保障一区一警，部分社区民警兼任社区副主任、村委副书记，为辖区群众提供高效服务。

【打击刑事犯罪】 2011年，全市公安机关以“中原卫士杯”竞赛为主线，通过集中开展专项行动、大力加强基层基础建设等措施，强力打击各种刑事犯罪活动。全年，破获各类刑事案件7426起，起诉各类犯罪嫌疑人6124人，起诉案件数量较上年同期相比上升39.98%。全年发生伤害、绑架、抢劫、强奸等八类严重刑事案件1435起，同比下降8.2%，综合打击效能进一步提升。

命案侦防工作持续保持良好态势。全市各级公安机关坚持一长双责原则，不断完善和健全命案侦破工作机制，继续实施“八长到场、五位一体”工作机制，命案侦防呈现良好态势。全年，全市发生现行命案73起，破获72起，破案率98.63%；发案数与上年同期相比减少22起。在市公安局相关职能部门的配合下，邙山派出所经过73天的深入摸排，破获2011“4·24”故意伤害致死案；宜阳县局13个昼夜连续奋战，破获2011“8·1”特大杀人案；西工派出所69小时破获备受社会各界和人民群众关注的2011“9·18”洛阳电视台记者李某被杀案。重特大案件的逐一破获，有力地维护了社会治安大局的稳定。

禁毒斗争成效明显。全市破获贩毒案件数68起，缴获冰毒1577.65克，缴获海洛因299.37克。4月23日，市公安局在成都警方的大力配合下，成功破获“4·18”公安部目标案件，抓获涉案人员21名，缴获麻古4000多粒，冰毒1000余克，没收汽车4辆，毒资230万元。

严厉打击各种侵财性犯罪。2011年，全市刑侦部门以“打团伙、破串案”为重点，加大打击街头“双抢”、入室盗窃、盗机动车、街头诈骗、电信诈骗等违法犯罪活动力度。全市共起诉犯罪嫌疑人5164人，比上年增加789人。起诉“两抢一盗”多发性侵财犯罪嫌疑人2216人。栾川县局破获2011“8·3”珠宝店被盗案；长安派出所、古城派出所破获系列技术开锁入室盗窃案件。按照上级部署，制定下发《洛阳市公安局关于严厉打击严密防范电信诈骗犯罪工作方案》，积极组织开展打防电信诈骗犯罪专项行动，及时收集掌握全市电信诈骗案件情况。侦破刘某某被骗96万余元的电信诈骗案件，扣押涉嫌赃款50万余元。协调中国人民银行洛阳中心支行对公安部通知的15381个电信诈骗银行账号采取封堵措施。此外，市公安局召开防诈骗新闻通气会，在报社、电视台、广播电视台、网络及电信部门刊登、播发宣传电信诈骗犯罪防范知识，提高群众的识别能力和防诈骗意识。

大力开展市区重点商业繁华场所、公交长途线路治安整治工作。2011年，市公安局先后以“保花会、打盗抢”专项活动、“牡丹文化节”反扒安保活动、龙门风景区驻守执勤活动，以及“夏季攻势”专项活动等为重点，对市区商业繁华场所、公交线路站台、旅游景点进行深入摸排、严打彻查，确保治安秩序平稳。专项行动中，仅刑侦部门就侦破各类盗窃案件93起，查处盗窃人员179人（其中行政拘留94人、劳教26人、刑拘44人、逮捕7人，监视居住1人，抓获网逃人员7人），端掉盗窃团伙13个，打击处理团伙成员36人。其中，刑警支队便衣侦查大队历经23天，抓获犯罪嫌疑人王某某、史某某，破获发生在第二十九届中国洛阳牡丹文化节期间涉案价值最大的2011“4·20”特大盗窃案。

【打黑除恶扫痞专项行动】 2011年，按照市委、市政府的工作部署，全市各级公安机关坚持“打早打小、露头就打”的方针，以“提升群众安全感和满意度”为核心，深入开展“打黑除恶扫痞”专项行动。全年，全市一审判决黑社会性质组织团伙10个，终审判决黑社会性质组织团伙13个，打掉保护伞5案8人。全市共立案侦办涉黑团伙3个；摧毁恶势力犯罪团伙48个，判决团伙成员208人；打击处理涉痞违法犯罪人员1733人。市公安局相继打掉群众反映强烈、社会影响大的瀍河马某某涉黑团伙和西工区红山乡刘某某涉黑团伙案件等一批涉黑涉恶犯罪团伙，有效地震慑了犯罪，进一步提高了群众的安全感和满意度。

【打击经济犯罪】 2011年，市委、市政府印发《关于建立打击经济犯罪协调会商机制的通知》，9月19日，市政府召开由26个成员单位参加的第一次成员单位负责人会议，在全省率先建立打击经济犯罪协调会商机制。2011年，协调会商机制成员单位共向经侦部门移交违法犯罪线索536条，为打击经济犯罪奠定了基础。

2011年，市公安局持续开展打击侵犯知识产权和假冒伪劣商品犯罪“亮剑”行动、打击银行卡犯罪“天网”行动、打击假币犯罪和打击发票犯罪、追逃“清网行动”等专项行动。全市受理经济犯罪案件1803起，同比上升1.67倍；立案2066起，同比上升2.1倍；涉案金额29.88亿元，同比上升28倍；破案2055起，同比上升1.93倍；挽回经济损失5.67亿元，同比上升20.6倍；立百万元以上案件122起，破117起，同比分别上升3.07倍、3.68倍；打击处理犯罪嫌疑人713名，同比上升38.4%。

专项行动成效显著。在打击侵犯知识产权和制售伪劣商品犯罪“亮剑”行动中，全市公安机关破案340起（涉案价值100万元以上或缴获商品10万件的案件12起、涉案价值500万元以上缴获商品50万件的案件1起），抓获并逮捕240人。捣毁生产窝点372个，打掉批发销售犯罪团伙278个，居全省第三名。严厉打击发票犯罪和信用卡犯罪。在打击假发票专项行动中，全市办理假发票案件261起，抓获犯罪嫌疑人42人，捣毁窝点9个，收缴假发票161.05万份，向河南省公安厅案件协调小组移交线索12489条，涉案发票11687份。在打击银行卡犯罪“天网”行动中，建立健全银行卡犯罪基础信息资料库，创新完善警银协作机制，定期发布警情提示，有效整治了涉卡经济犯罪。全年，全市公安经侦部门立案101起，破案90起，抓获违法犯罪嫌疑人82人，刑拘27人，逮捕13人，起诉29人，抓获上网逃犯10人，追回损失95.12万元。侦破的陈某等9人信用卡诈骗案（诈骗金额106万元）、叶某某等6人信用卡诈骗案（诈骗金额104万元），是全省“天网”行动中最大的涉卡类案件，受到省公安厅领导好评。

大要案侦破。为侦破“3·18”虚开、伪造、出售伪造的增值税专用发票案，市公安局组织精干力量组成专案组，立足洛阳，开展侦破工作，先后9次到深圳调查取证，并远赴辽宁、天津、山西、河北、广东、山东、陕西、上海、江西、江苏、福建等省开展侦查工作，行程1万余千米，抓捕涉案人员14人，端掉犯罪窝点4个，涉案金额高达272.82亿元。案件破获后，8月31日，市公安局专门召开新闻发布会通报案件相关情况，中央电视台在《经济信息联播》和《经济与法》等栏目中分别进行报道。洛阳盛归来投资担保公司非法吸收公众存款，截至2011年7月16日案发前夕，尚未兑付“理财”客户合同5539份，涉及储户3050户，合同金额共计5.07亿余元，扣除利息后的理财款本金为4.78亿余元，在社会上产生不良影响。市公安局成立“7·17”专案组，介入调查。经查，盛归来投资担保公司共吸收不特定客户“理财”款累计金额为18.5亿元。该案共抓获犯罪嫌疑人19人，冻结盛归来公司账户涉案资金6000万余元，暂扣车辆4台，查封北京房产3处、洛阳房产4处，有效维护了全市社会大局的稳定。

【**治安管理**】　2011年，市公安局进一步加强治安管理，提升服务水平，查处治安案件38759起，查处治安违法人员19218人，创造了良好的社会治安环境。

积极探索实有人口管理新模式。市公安局结合“以房管人”试点工作，提出实有人口“四个提供”（为政府决策提供依据、为社会管理提供支撑、为服务民生提供保障、为控制治安提供抓手）的目标，总结出“四种模式”（综合类社区“一站式”、城乡接合部和城中村社区“旅业式”、物业公司负责的“物业式”、大型企事业和较大用工单位“委托式”），提高实有人口管理水平。全市共采录流动人口211087人，完成河南省公安厅任务的211.09%；人户分离信息140854条，完成省厅任务的176.07%。开展出租房屋清理整治专项行动，清查出租房屋34856间，新办理出租登记22049份，新签订治安责任书21806份；清查暂住人口109773人，新登记81350人，补办暂住证22400张；行动中发现违法犯罪线索469条，破获刑事案件115起，破获治安案件310起，抓获犯罪嫌疑人113人，打击处理违法犯罪嫌疑人698人，其中逮捕105人、劳动教养7人、治安处罚499人。

精心筹划，圆满完成各种大型活动安全保卫任务。2011年，全市公安机关先后完成第二十九届中国洛阳牡丹文化节、河洛文化庙会、河洛文化节、全省农运会、关林朝圣大典，以及商业文艺演唱会大型群众娱乐活动和焰火晚会等26项群众性大型活动的安全保卫工作，确保了70万余人次游客的安全。圆满完成原中央政治局常委、全国政协主席李瑞环，原中央政治局委员、中央军委副主席曹刚川，国务委员、公安部部长孟建柱，全国政协副主席何厚铧等各级警卫任务92起，确保了中央首长和重要外宾在洛活动的绝对安全。

开展治爆缉枪专项行动，加强危险爆炸物品管理。全市共排查涉爆单位261家、涉枪单位45家，剧毒化学品从业单位44家，督促整改安全隐患30处；立案查处涉爆涉枪案件17起，抓获违法犯罪人员27人，收缴炸药25047千克、雷管9601枚；抓获公安部督捕涉爆逃犯12名，抓获率达92%。全市未发生爆炸物品“炸响”案件。

特警维护校园安全

积极推进重点项目、企业和校园周边治安环境综合治理。制定出台《洛阳市公安局集中整治企业周边环境专项行动实施方案》《洛阳市公安局优化民营企业周边治安环境工作意见》，向全市重点企业派驻首席服务官200名，落实对全市1463家营业性收入500万元以上的民营企业实行辖区负责人、民警承包制，全力维护民营企业的经营环境。扎实开展校园周边环境整治，督促安装视频监控报警系统248套，检查校园周边娱乐场所3879个次，整改隐患312处，取缔校园周边黑网吧6个；开展治安、交通秩序等安全法制教育活动2790次，破获涉校刑事案件5起，治安案件19起。

开展多项治安专项整治行动。组织开展清查出租房屋、打击站街招嫖专项治理集中行动，出动警力3311人次，清查场所6113家，发现治安隐患12处，下达整改通知书6份，停业整顿场所1家，破获卖淫嫖娼案件27起，处理违法人员108人。严厉打击赌博违法犯罪专项行动，查获赌博案件101起，抓获涉案人员632人，其中行政拘留217人、警告13人、罚款402人，收缴赌资罚款共计74万多元，没收赌博性电子游戏机742台，赌博用工作电脑2台，收缴各类管制刀具17把。开展美容美发等“五小门面店”重点治理工作，清查店面6463家，发现治安隐患477处，下达整改通知书434份，停业整顿93家，取缔47家，各单位集中行动326次，破获案件328起，打掉窝点34个，抓获涉案人员736人，其中刑事拘留47人，行政拘留374人，罚没款项达1116589元，有效遏制和震慑了“黄赌毒”等违法犯罪活动。开展旅馆小洗浴场所突出治安问题专项整治行动，清查整治小旅馆718家，小洗浴场所57家，其中未安装系统或电话端134家、不登记验证的35家、发现不及时传输信息小旅馆53家、1人登记多人住宿27家、可疑情况不报告的2家；罚款33家、停业整顿21家、取缔1家、责令整改32家；签订责任书541份。清查整治中，抓获犯罪嫌疑人12人；共受理查处治安案件21起、治安拘留22人。开展火车站地区综合治理。6月25日～12月31日，检查各类宾馆、场所876家次，清查人员1203人，其中拉客叫客63人；破获刑事案件10起，查处行政案件58起，抓获各类违法犯罪嫌疑人82人，其中刑事拘留1人、治安拘留37人、罚款40人，救助流浪乞讨人员5名。开展“打四黑（黑作坊、黑工厂、黑窝点、黑市场）除四恶”专项行动。共排查重点部位和场所19708处，查处“四黑四害”治安行政案件353起，治安拘留629人，立刑事案件153起，其中破案136起，刑事拘留95人，批准逮捕55人，移送起诉66人，打掉团伙119个，摧毁涉案场所148个。

加强出入境管理。2011年，全市出入境管理部门接待来访、来电咨询近11.4万余人次，受理各类申请材料63603份，其中办理出国护照25393人次，往来港澳通行证31216人次，大陆居民往来台湾通行证6937人次，出入境通行证12人次，前往港澳通行证45人。所有申请手续全部实现“一次办结，二次取证”，没有出现因工作原因或服务态度遭群众投诉问题的发生。市公安局出入境管理部门分别被省委组织部、市总工会和市文明办评选为全省“先进基层党组织”、“洛阳市工人先锋号”和“洛阳市文明服务示范窗口”，荣获全市服务类重点科室评议第二名。

【犬类管理】 2011年，按照市委、市政府工作部署，市公安局把犬只管理作为治安管理重点之一来抓，增加投入，加大执法力度，取得明显成效。全年，全市共收扣流浪犬、无证犬、违规犬6600余只，办理养犬登记证1580个，处理犬只伤人事件174起，犬只扰民309起，清理烈性犬、大型犬280只。收缴犬只数是上年收缴数量的2倍。

理顺工作机制。在各城市区成立养犬管理领导小组，下设办公室，由区政府办公室一名副主任兼任办公室主任，负责本区养犬管理工作的协调和指挥。成立专业队伍。18个派出所分别成立养犬管理办公室，组建养犬管理专业执法队伍。市公安局出资80万余元，为18个派出所统一配发犬只管理执法车辆及电脑、照相机、捕犬器材等装备，加强日常管理执法工作。加强宣传发动。2011年2月1日，《洛阳市养犬管理办法》正式施行。市公安局在《洛阳日报》《洛阳晚报》、网络等媒体广泛开展宣传，在媒体公布各派出所办证地点、咨询电话及主管负责人。全民参与治狗患。市公安局养犬管理办公室印制《洛阳市养犬管理通告》3000份，张贴于各个社区；印制便民卡5000份，发放市民；同时开展办证服务进社区活动，上门办理《养犬登记证》，在社区悬挂横幅、制作版面，利用网上警务室、QQ群等加大网上宣传力度，积极发动社区志愿者开展宣传。《洛阳日报》《洛阳晚报》上设立养犬管理工作专刊版面，刊登文章21篇。设计制作80余块“倡导文明养犬，构建和谐社会”公益广告，安装在中州路、东周王城广场、体育场路、九都路、南昌路等城区主要路口，加大宣传覆盖面和影响力。开展执法专项行动。3月25日～4月25日开展为期1个月的集中执法专项行动，6月16日～9月16日在全市开展为期3个月的专项行动，街面犬只数得到有效控制。纳入绩效考评。制定《养犬管理工作绩效考评办法》，将养犬管理工作纳入全市公安机关绩效考评体系，实行一月一检查、一排名、一公布，严格考核。

【道路交通管理】 2011年，市公安局交警支队紧紧围绕“降事故、保安全、保畅通”的工作目标，不断提高执法能力，提升服务水平，实行全员上阵，确保了全市交通安全畅通，为洛阳市创建全国文明城市做出了突出贡献，被中共洛阳市委、市政府荣记集体二等功，并荣获城建提升工作二等奖，洛阳市创建国家森林城市集体嘉奖，洛阳市国家卫生城市复审工作集体嘉奖。

确保重要节会活动安全畅通。全力打好“春运”道路交通安全攻坚战。“春运”期间，全市公安交通管理部门共出动警力34963人次，警车4350辆次，启动检查服务站11个，设置临时执勤点210个，共查处交通违法行为40985起。其中：查处超速行驶3836起，客车超员235起，疲劳驾驶785起，酒后驾驶115起，卸客转运513人，深入专业运输企业298个，排查隐患车辆4985辆，整治危险路段26处，发放宣传材料268650份。第二十九届中国洛阳牡丹文化节和“五一”期间，交警支队充分利用电视、广播、网络等宣传媒体，对广大司乘人员开展交通安全宣传；联合各旅游景区管理部门，在旅游线路、景区出入口和景区停车场设立宣传站20余个，悬挂横幅100余条、摆放展板200余块、发放交通安全警示卡3万余份；依托全市11个交通安全检查服务站，对客运车辆、旅游客车、自驾游车辆、危运车辆重点管控，对7座以上客车逐车检查登记；派出7个督导检查组，以明察暗访的方式，深入一线督导检查，确保各项工作措施取得实效。

优化城市区道路通行环境。2011年，市公安局交警支队在涧西区、西工区、老城区等具备条件的区域开展调研，试行道路交通微循环建设；联合市公交公司，推出公交优先措施；在部分主干道路口试行交通高峰期禁止左转；开展交通冲突点、拥堵点消除行动，将交通时间控制和道路空间利用有机融为一体，达到道路资源利用和通行效率的最大。优化交通设施设置，施画交通标线40万余平方米，隔离、设置辅助车道、延长路口分道线，将主要路口分道指示标线延长至150米，减少机动车变道造成的交通不畅和交通事故，提高道路通行能力。实施交通设施升级改造工程，建立快速诱导、分流的交通体系；实施精细化管理，交通信号灯配时分秒必争，在具备条件的路口设置左转弯或直行待转区，力求道路资源利用和通行效率的最大化。实行领导分包路口责任制，交警全员站高峰。交警支队选择交通流量大、交通状况复杂的路口，由各级领导逐级分包岗点，在交通早晚高峰期与执勤民警共同指挥疏导交通，充分利用现有交通设施和道路资源，保障道路畅通。实施创意警务，在全市交警队伍中征集管理方法，积极探索并尝试交通管理新模式，破解交通难题。推出人性化管理措施，加强行人和非机动车管理。2011年，投资200万余元，首次在市区52个主要路口建设“爱心牡丹亭”110座，为群众提供遮风挡雨设施，并开展交通安全宣传，有效提高非机动车守法率。

开展交通专项集中整治活动。组织开展打击事故逃逸专项行动。交警支队采取每日汇报、集中调查、科技定位等措施，固定证据、侦破案件。严厉打击涉牌涉证交通违法行为。查处使用伪造、变造的机动车号牌50例、行驶证23例、驾驶证52例，使用其他车辆的机动车号牌43例，伪造、变造机动车号牌3例、行驶证3例、驾驶证4例、机动车检验合格标志2例，机动车未悬挂号牌2569例，故意遮挡号牌409例，故意污损号牌356例。严厉打击酒后驾驶违法行为。每周二、周五开展酒后治理专项整治行动。截至11月30日，共查获酒后驾驶474例，其中饮酒431例、醉酒43例。组织开展“1+X”交通秩序大整治行动，建立有效的督察、考评体系，责任追究体系，确保大整治行动取得实效。共处罚自行车交通违法25609例、行人交通违法95354例、电动车交通违法3961例，大功率电动、机动三轮车违法行驶609例；查处使用伪造、变造的机动车牌证912例、机动车未悬挂号牌468例，机动车载物行驶时遗洒、飘散载运物673例，机动车违法停车31069例，随意变更车道6308例。

事故预防与处理。2011年，全市共发生道路交通事故1015起，死亡141人，受伤1032人，直接财产损失539万元，四项指数与上年相比，分别下降2.31%、1.4%、1.43%和0.24%。为提高事故预防与处理能力，保障群众生命财产安全，交警支队构建了“三大机制”。建立道路交通事故人民调解机制。建立18个调解委员会，截至11月30日，共受理案件3206起，成功调解3066起，调解成功率达95.6%，达到了社会效果和法律效果的统一。构建交通事故预防体系，加强源头化管理，对全市客运车辆、大型货运车辆、危险品运输车辆、校车加大管理力度。17家运输企业被责任追究，2家客运企业被列入黑名单。澄清全市客车、危险品运输车辆、接送学生车辆及其驾驶人底数。建立便衣跟车、网上巡查和交通违法有奖举报机制。共接受举报83例，兑现奖金1.9万元。据不完全统计，2011年，共增设临时卡点294个、开展检查督导306次、调整客运班线9条、教育营运企业驾驶人13960人次，通过广播、电视宣传134次，发放宣传材料106566份，深入客运企业141个，暂扣驾驶证22本，查处客车超员146例、客车超速357例、疲劳驾驶25例、在高速公路上违法停车15例、其他交通违法7845例。健全交通安全管理委员会责任体系，会同安全监督、交通、农机等部门组成的道路交通安全专项督察组，深入各县（市）、区的各个部位，对道路交通安全管理工作进行督促、检查，同时加强对道路存在交通安全隐患的排查力度，对发现的问题要求相关部门及时进行整改，对排查出来存在的道路交通事故多发隐患的点段挂牌督办。构建严管长效机制，以“创建文明交通示范公路”工作为依托，以道路交通安全集中整治行动为载体，将警力和执法装备最大限度地投入到路面上，科学安排勤务，加大路面管控力度，实行主干道路沿线交警大队联勤、联动等措施，严厉查处各类严重交通违法行为。建立快速处置、快速撤离，推进轻微事故快速理赔机制。针对交通事故有80%左右是轻微交通事故的实际，采取事故接警员、辖区执勤民警和事故处理民警分别快速处置的途径，使轻微交通事故现场快速撤离，恢复交通，最大限度地减少对交通的影响。在市区选建5处交通事故快速理赔中心，方便群众快速理赔。截至11月30日，全市快速理赔中心共处理轻微交通事故1640起。开展交通事故救助，市政府出台交通事故社会救助办法，建立救助基金，对24名群众进行救助，拨付救助款88.4万元。

交通科技应用体系建设。市交警支队依托全市347套视频监控覆盖主要路口、重点路段、交通枢纽，及时发现并处置交通拥堵、进行岗位督察，并为交通警卫工作、大型安保活动提供可视化支持。通过现场监控资料直接为交通事故责任认定、肇事逃逸案件、刑事治安案件侦破提供有力的证据，同时还向110指挥中心提供图像支持，使110指挥中心能随时掌握、监控路面交通、治安状况，加强组织指挥和快速反应能力。实时采集交通流量等城市交通流基础数据，为市政、规划、建设、统计提供交通管理信息和依据。实现交通事故接警、录入、传递、处警、统计、监督的信息化管理提高快速反应能力。强化科技应用，依托交通广播和交通诱导屏，及时发布告知路面交通拥堵、事故、施工、管制等交通信息，指导驾驶人选择最优行驶路线，有效疏导车辆，保证畅通。建立交警服务网络与互联网连接，为群众提供车驾管业务查询服务。通过高峰和平峰时期对信号灯放行时间的控制，使部分相连路口实现“绿波带”，车辆一次绿灯通过相连几个路口，有效地疏导交通、控制车流。强化非现场执法。加大交通管理科技设备和技术的推广力度，全市16套电子警察、5套双向卡口系统覆盖主要灯控路口、高速公路等交通违法多发部位，24小时不间断对闯红灯、超速行车等交通违法行为进行监测取证，弥补交通管理空档，规范驾驶行为，全年非现场执法量占交警支队执法总量76.7%，有效地预防和减少交通违法。

推出“三项举措”，改善执法环境，提升公众形象。开展文明交通宣传，把握交通广播这一优势突出的宣传教育阵地，办好《交警面对面》《记者面对面》《律师面对面》3个专栏，更好地服务群众、服务交管工作、宣传交管工作、宣传交警形象、畅通群众诉求渠道，取得较好社会效果。开展警营开放日活动，听取群众意见和建议、接受群众评议和监督，研究改进交通管理、执法和服务工作。2011年，共组织全市性的大型宣传活动9次，警营开放日活动30余次。组建由事故受害人、当事人、文明交通志愿者、运输企业负责人、新闻记者和宣传民警组成的交通安全宣讲团，深入县区、社区、企业、学校、军营等开展宣讲13场。加大媒体宣传力度，交警支队联合市电视台拍摄制作《关爱生命，平安出行》系列文明交通公益广告，每天在洛阳电视台各频道循环播出。全年发稿数1035篇，在广播电台发布交通信息5000余条。

延伸服务，提升交管服务水平。2011年，交警支队延伸车驾管业务。在全市设立5个交管业务服务站，下放部分车驾管业务，使市区车驾管服务半径缩小至5000米以内；将政策许可的车驾管业务全部下放到县、区办理。提高机动车号牌发放透明度，增加号牌“十选一”和网上选号方式。开展小型机动车号牌拍卖，筹措资金170万元，全部划入交通事故救助基金。增加3个驾驶人桩考考场和1个自动化考场，郭寨考场建成投入使用。市区6家机动车检测机构全部实现远程自动化监控，为全省领先。强化执法服务，建立交通违法纠错渠道，依托“122”交通事故接警平台、市交通广播电台、手机短信、电话、互联网等载体，为群众提供交通违法信息、报警人回访、交通违法纠错等多方位的服务。在全省率先实现全市交通违法就近处理。

【社会治安防控体系建设】 2011年，全市公安机关大力加强治安防控体系建设。夯实基层基础，全市720个社区警务室全部配备专职民警，以“争创人民满意警务室”活动为载体，先后评选出“十佳社区民警”20名，全市有7个警务室以民警名字命名；推行社区网格化管理模式，社区工作十项任务得到进一步落实；组建社区“红袖标”志愿者巡逻队，落实居民间的邻里守望，弥补社区防范薄弱环节，全市共建立“红袖标”志愿者巡逻队215个，参与2150人。

严密街面防范。市公安局出台相关规定，由特警支队承担市区巡逻防控工作，为特警支队新增近250名专职巡逻力量和59辆警车，加强市区巡逻防控工作。强化警情研判，城市区830余辆警车统一安装GPS定位系统，并与110报警台进行对接，初步实现指挥中心与街面巡逻警车点对点指挥，提高公安机关快速反应能力。

加强技防建设。以加强网纲为核心，密织网眼为手段，下沉网坠为根本，建立多层次监控网络。全市累计投入5.1亿元建成公安一级监控平台1个，公安二级监控平台17个和公安三级监控平台167个，社会技防监控平台5314个，监控摄像头5.5万余个，治安卡口85套，形成覆盖全市城乡“横向到边、纵向到底”的视频监控网络。全市1814个居民小区、574个城市区大杂院，2992个村全部实现技防覆盖，10万户城市沿街商户、126.5万农户全部安装技防设施，覆盖率达到98%。以应用为抓手，打造技防“七加二”体系，组建540余人的监控队伍，创新、总结出技防应用“十大战法”。全年，通过技防监控破获各类案件2611起，其中命案7起，抓获犯罪嫌疑人2967名，社会帮扶3618 人次。

民警为农户讲解安全防范知识

【孟建柱到洛调研公安工作】 2011年11月19日，国务委员、公安部部长孟建柱到洛阳市公安局调研工作。孟建柱一行先后到市110城市应急联动中心、市公安局老城派出所调研，参观洛阳警察博物馆，并接见了全国公安爱民模范、天津路派出所民警李虹。孟建柱对洛阳公安的扎实工作和有益探索给予充分肯定。

当晚，在洛阳召开由省委副书记、省长郭庚茂主持的全省公安系统座谈会。孟建柱强调，要进一步提高公安机关的实战本领，强化科技创新、机制创新和理念提升，这是新形势下加快公安战斗力提高的一个重要途径；要向深度和广度进军，进一步加强基层基础工作，持续深入地推进和谐警民关系、公安信息化、执法规范化“三项建设”，夯实公安工作的根基，促进公安事业长远发展；要深入推进执法规范化建设，加强舆情引导工作，进一步提高公安机关的执法公信力；要始终坚持“两手抓两手都要硬”的方针，进一步增强公安机关的履职能力，把从优待警与从严治警结合起来，努力从政治上关心、思想上关爱、生活上关怀民警，最大限度增强公安队伍的凝聚力和战斗力。

【110城市应急联动服务】 2011年，市委、市政府继续加大以110报警服务平台为载体的110城市应急联动服务平台建设力度，全市供电、供水、燃气、公交、城建等67家职能部门与110联网，取消20多个公共服务电话，由110负责下达联动指令，面向社会，统一受理、统一指挥、统一解决群众诉求。

110联动指挥中心暨市公安局110指挥中心，有民警、文职、劳务派遣和市公安局工勤人员88人，其中接警员83人。共开通20个接警席位，实行“四班三运转”，全天候24小时受理群众的报警求助和社会联动诉求。110接到涉及公安类的报警求助警情后，通过GPS（卫星定位）点对点指挥调度系统将警情信息发送至巡逻出警车，并通过有、无线合一的语音系统对警车进行直接调度，同时通过公安信息网网络派单系统将接警信息发送至各派出所。接到涉及联动的警情，根据群众的不同诉求，初步判明性质及归口单位，通过市政务专网网络派单将诉求发至各联动单位到场处置。联动单位的受理、督办、反馈等工作，由市政府联动办公室相关科室具体负责。诉求复杂或管辖部门暂时不明的，由市联动办公室直接转办。67家联动单位分别建立值班制度，落实主管领导，保证通信工具畅通，随时应对各类紧急突发事件，确保第一时间到场处置。

为规范110接处警工作，市公安局建立三级回访机制，坚持对所有刑事、治安警情以及由公安机关负责受理的群众求助警情进行短信及人工电话回访，实现警情回访全覆盖。重点回访接警态度、出警速度、现场处置措施等环节，通过深化应用回访结果，以访促改，提升效能。2011年，110回访警情11万余起，其中电话回访3万余起、短信回访8万余起，回访群众累计12万余人，累计收到工作意见和建议500余条，群众对110接处警工作的满意度提升至95%以上。

全年，110城市应急联动服务平台共呼入电话1241490次，较上年增加703611次。有效警情374456起，其中公安机关出警199844起，比上年增加98426起。在有效处警中，群众求助116452起。通过110指挥调度，现场抓获违法犯罪嫌疑人2500余人，为人民群众排忧解难38万余人次，接到人民群众表扬、感谢电话1200余次，收到表扬信、锦旗、字匾20余封（面），新闻、媒体报道数百次，全年，共受理各类社会联动诉求13.8万余起，办结13.7万余起，办结率达到99.6%，一大批关乎群众生产生活的急难险重事项得到及时解决，得到市委、市政府和广大市民的充分肯定和信任。

【警务管理机制改革】 2011年，市公安局按照省公安厅要求，积极稳妥地推进警务机制改革创新工作。在2010年对城市区派出所进行改革的基础上，对市公安局局直机关及实战单位进行整合，完成“四部七支队”机构整合。将原有局直单位整合为警令部、政治部、监督部、警务保障部和国内安全保卫和反恐怖支队、犯罪侦查局、治安和出入境管理支队、网络安全和技术侦查支队、交通管理支队、监所管理支队、特殊警务支队。同时，对新成立的18个派出所职能权限、区域划分进行科学细化，优化警力配置；在各个城市区建立公安党工委，进一步密切基层公安机关和各级党委政府的联系、配合；在城市区派出所组建刑事技术中队，提高基层派出所案件侦办能力和水平，并优化完善考评体系，减轻基层负担。

为充分发挥局直各单位在干部管理上的作用，市公安局下放局直单位内设机构副科级领导干部管理权限，由市公安局党委统一管理改为局直各单位党委（总支）依章管理、市局政治部审核、市委组织部备案。为更大程度地调动广大基层民警的积极性和主动性，市公安局出台相关规定，赋予派出所党委干部任免决定权、干部使用建议权、人事管理调配权、补贴发放支配权及表彰奖励自主权。切实为城市区基层派出所提供良好的工作空间和工作环境，充分发挥派出所党委作用。

为最大限度地方便服务群众，提高工作效率，减轻基层工作负担，促进警务管理机制改革创新，市公安局制定《关于简化治安管理程序优化服务群众工作实施意见》，将治安管理6大项20个小项工作职权下放基层派出所。其中：通过为基层减负服务群众和社会单位18项（户政管理8项、治安管理3项、保安监管2项、金融监管1项、指导服务基层4项），直接服务群众2项。取消群众办理市外户口迁移中需出具民警调查报告的规定，减少办理市外户口迁入业务的审批环节，减少程序，方便办理。

【实行“开门评警”和“警民恳谈”】 2011年，全市各级公安机关始终把维护人民利益放在首要位置，提出“以群众满意统领整个公安工作”的口号，从公安队伍自身建设做起，从与人民群众生产、生活息息相关的小事情、小问题、小案件做起，从人民群众最关切的问题、不足改起，立足主业、强化服务、创新举措、严格管理。在开展“大走访”等活动的基础上，创造性组织开展“开门评警”活动和“警民恳谈”活动，着重在“恳”“谈”“改”3个字上下功夫。明确在全市社区每季度组织一次“开门评警”，每月进行一次“警民恳谈”。2011年7月6日，市委常委、政法委书记、公安局局长郭丛斌参加了金谷派出所在白马社区举办的警民恳谈会，与群众面对面、零距离交流，听取群众对公安机关的意见和建议，西工区委领导、白马社区群众以及电视台、报社记者100余人参加会议，市公安局围绕群众提出的犬只管理、巡逻防范、门卫看护及噪音扰民等问题进行现场解答，引起强烈反响。市公安局党委成员及市局机关中层领导全部分包社区，开展恳谈活动，征求群众的意见建议，采取措施，积极整改。市公安局出台相关规章制度，建立警民恳谈长效机制，确保重点事项督办落实，并对活动预告、汇报工作、征求意见、满意度测评、结果公示、意见建议办理情况反馈6个环节进行规范。同时，联系辖区街道、居委会共同参与，真正深入到社区，走到群众之中，主动了解群众的需求，征求群众的意见建议，受到社会各界一致好评。2011年，全局组织“开门评警”活动28场、“警民恳谈”活动1113场，参加群众6.6万余人次，收集群众对公安机关的意见建议5478条，办理落实5243条，办理落实率95.71%，以实际行动赢得群众的理解和支持。同时，开辟“网上警民恳谈”和洛阳BBS“警民互动”栏目，拓

市委常委、政法委书记、公安局局长郭丛斌参加“开门评警、警民恳谈”活动

宽警民沟通渠道，收到良好效果。

【开展“清网行动”】 2011年5月26日，公安部在全国公安机关部署开展网上追逃专项督察“清网行动”。市公安局按照公安部、省公安厅工作部署，加强组织领导、强化保障，动员全体民警开展抓捕网上逃犯大会战，取得明显的阶段性成果。截至12月15日，抓获撤网逃犯1458名，落网率达88.85%，故意杀人逃犯下降率突破30%，总体成绩居全省第五位。

加强“清网行动”组织领导。市公安局成立由市委常委、政法委书记、公安局长郭丛斌任组长的“清网行动”领导小组，市公安局党委先后24次听取“清网行动”工作汇报，专题研究“清网行动”工作，明确提出“争三保六”的工作目标。各县（市）、区公安局均成立由“一把手”任组长的专项行动领导小组，为专项行动的扎实开展形成了有力的组织保障。

全力做好保障。市公安局从刑侦、督察等部门抽调8名民警组成工作组，具体负责“清网行动”。从刑侦、网监、技侦、大情报等部门抽调专人组成网上追逃信息研判中心，全天候进行分析研判，通过信息研判抓获网上逃犯38名。从刑侦部门抽调专人组成网上追逃专家指导组，对各县、区公安机关进行巡回指导，提出有针对性的抓捕意见。为“清网办”拨付日常办公经费10万余元，全力保障“清网行动”的开展。

将“清网行动”确定为中心工作。市公安局要求各县、区将“清网行动”作为中心工作来抓，以“清网行动”为突破口和着力点，带动整体公安工作的全面进步。规定每名党委成员要至少抓获3名逃犯，局直单位副县级领导干部每人至少抓获1名逃犯，派出所、县局局长、政委至少抓获3名逃犯，对于未完成抓捕任务的领导干部要脱离日常工作，专职负责抓捕逃犯工作。市公安局将“清网行动”纳入全市公安机关绩效考评和全市公安督察工作绩效考评体系，引导各单位把人、财、物向“清网行动”倾斜，确保“清网行动”取得实效。市公安局党委和“清网行动”各单位“一把手”分4个考评序列签定承诺书，奖先促后，层层落实追逃责任。先后3次兑现“清网行动”奖励经费521.6万元，同时对于工作落实不力、成效不明显的14名责任民警予以通报批评、诫勉谈话。

严格督导落实。制定全市公安机关“清网行动”联络员和督导员工作制度，从全市公安机关遴选28名正科职干部和18名副科职干部作为“清网行动”联络员和督导员，每周到所分包单位督导工作，掌握工作进度、解决疑难问题、促进工作落实。积极开展宣传，编发清网专刊68期，群发短信217条，制作宣传展板33块，发放宣传资料8541份，中央级媒体上稿36篇，省级媒体上稿548篇，利用网站弹出窗口发布公开信、倡议书5份。大力开展攻坚战，对于公安部督捕的重点逃犯，协调局直单位到基层单位综合会诊，督促办案单位组成专案组全力攻坚。宜阳县局、汝阳县局、市公安局经侦支队均在抓捕重点逃犯上取得突破，受到公安部、省公安厅的表扬。进行全程督察，由督察民警到场对嫌疑人进行询问核实后方可办理取保候审、监视居住等手续，从源头上杜绝弄虚作假，下发《督察通知书》78份，落实责任追究17人。 （警令部）

检　　察

【概　况】 2011年，洛阳市人民检察院管辖9个县、6个城市区检察院和1个派出机关高新区人民检察院，在编人员1322人。其中：检察员以上法律职务（含检察员、检察委员会委员、副检察长和检察长）750人，助理检察员59人；市检察院在编人员236人，其中检察员以上人员123 人，助理检察员10人。全年受理提请批准逮捕各类刑事案件4909人，批准逮捕犯罪嫌疑人4218人，不批捕691人；受理移送审查起诉刑事犯罪嫌疑人6639 人，提起公诉 6067人；不起诉143人。立案侦查职务犯罪192件282人，其中贪污贿赂犯罪136件186人、渎职侵权犯罪56件96人。为完善预防体系，构建大预防工作格局。加强预防调查、预防建议和行贿犯罪档案查询等工作，建立预防职务犯罪协作网络，推进“惩防一体化”建设。着力加强刑事立案监督和侦查监督。全年监督侦查机关立案68件、撤案44件，依法追加逮捕321人、追加起诉273人，对不符合法定逮捕、起诉条件的，依法决定不批准逮捕278人、不起诉 27人。

【打击严重刑事犯罪】 2011年，全市检察机关始终把维护社会和谐稳定作为首要的政治任务。全年共受理提请批准逮捕各类刑事案件4909人，批准逮捕犯罪嫌疑人4218人，不批捕691人；受理移送审查起诉刑事犯罪嫌疑人6639 人，提起公诉 6067人；不起诉143人。其主要特点：一是突出重点，依法严厉打击严重刑事犯罪活动。严厉打击黑恶势力犯罪、暴力犯罪等各类严重刑事犯罪，共依法批准逮捕黑恶势力犯罪8件72人，提起公诉8件80人；批准逮捕杀人、强奸、绑架等严重暴力犯罪286人，提起公诉328人；批准逮捕抢劫、抢夺、盗窃等多发性侵财犯罪1464人，提起公诉1866人。二是服务经济发展，依法严厉打击严重破坏市场经济秩序犯罪活动。全年共批准逮捕破坏市场经济秩序犯罪107件140人，提起公诉106件155人；批准逮捕侵害企业知识产权、危害生产经营犯罪32件47人，提起公诉28件56人。加大对涉及文物刑事犯罪的打击力度，依法批准逮捕损毁、盗窃文物，走私、贩卖文物等刑事犯罪15件23人，提起公诉20件58人。服务社会经济发展，高度重视群众关注的重大热点案件办理，努力维护和谐稳定的社会环境。针对2011年发生的“瘦肉精”“地沟油”等重大食品安全案件和洛阳电视台记者李某被害案、李某“性奴”案等群众关注的社会热点案件，两级院侦监部门适时介入，引导侦查，及时审查批捕。公诉部门充分发挥公诉职能，提前介入案件侦查，掌握案件进度，保证案件顺利提起诉讼。三是贯彻宽严相济刑事政策，确保社会效果和法律效果的统一。积极探索办理轻微刑事案件新方式，推行快速办理轻微刑事案件机制。市检察院与市公安、市中级法院联合会签

《关于在办理刑事案件中实行非羁押诉讼的暂行办法（试行）》，有效化解了社会矛盾。全年共对涉嫌犯罪但无逮捕必要的418人作出不批准逮捕决定，对犯罪情节轻微、社会危害较小的116人做出不起诉决定。同时探索实施了未成年人犯罪案件刑事和解、回访帮教，社区矫正、社会调查、心理咨询、建档预防等工作机制，着力推进未成年人合法权益保护工作。全年公诉部门共派驻干警担任中小学法制副校长21人，开展未成年人法制教育68次，模拟或观摩庭审22次，未成年人回访帮教72次，社区矫正7人，取得了良好的社会效果。

【查办贪污贿赂、渎职侵权等职务犯罪】 2011年，全市检察机关按照“稳定数量、提高质量、改善结构、注重效率、增强效果、确保安全”的查案工作总体思路，不断加大查办职务犯罪工作力度，取得了较好成效。全年共立案侦查职务犯罪192件282人，其中贪污贿赂犯罪136件186人、渎职侵权犯罪56件96人。充分发挥侦查一体化机制作用，集中力量查办大案要案，共立案侦查职务犯罪大案143件，县处级以上要案11人，贪污贿赂大案比例、渎职侵权重特大案件比例分别为66.9%和92.9%。坚持办案服务地方经济发展，高度重视有重大社会影响的热点案件的办理，积极抽调精干力量，提前介入案件侦查，确保案件顺利诉讼。加大对危害食品安全犯罪的打击力度，依法对“瘦肉精”事件背后的3名涉嫌渎职犯罪的国家工作人员立案侦查，对6名危害食品安全的犯罪嫌疑人批准逮捕，对5名被告人提起公诉。积极查办危害民生民利的职务犯罪，共立案侦查危害能源资源和生态环境渎职犯罪12件13人，立案侦查征地拆迁、教育医疗、安全生产等重点领域职务犯罪51件86人。

为突出办案质量，着力增强办案效果。洛阳市检察院相继出台《案件线索管理制度》《备案审查制度》《案件请示汇报制度》等相关制度，从源头上把好案件质量关。同时加大对职务犯罪案件质量的监督检查，提高案件质量，确保办案效果。全面推行“三三制”和“侦捕诉”一体化办案模式，加强内部各部门的协调配合，加大一体化办案力度，初步形成了河南省检察院、洛阳市检察院、基层院三级院一体化办案模式。全年共起诉职务犯罪嫌疑人245人，已做出有罪判决253人。

【预防职务犯罪】 2011年，全市检察机关完善预防体系，构建大预防工作格局。加强预防调查、预防建议和行贿犯罪档案查询等工作，先后与纪检、监察、公安、法院共同建立预防职务犯罪协作网络，推进“惩防一体化”建设。着力把政府性投资项目、公益性工程领域和民生领域作为职务犯罪预防的重点，加强对重大工程建设和项目资金使用的法律监督。将全市50项重点项目纳入重点预防范围，参与工程建设招投标监督191次，对重点工程实施同步预防，保障了政府投资用到实处、发挥效益。结合办案中发现的突出问题，开展预防调查132次，帮助相关单位建章立制428项；结合全市重大工程建设，建立招投标廉洁准入机制，开展行贿犯罪档案查询6103次，有7家企业被取消招投标资格；结合典型案例分析，充分发挥警示教育基地作用，开展廉洁从政教育1014次，6.2万余人接受了教育。成功举办全国检察机关惩治和预防渎职侵权犯罪成果展洛阳巡展，先后有237家单位参观展览，人数达2.1万余人。

【强化诉讼监督】 2011年，全市检察机关着力加强刑事立案监督和侦查监督。全年监督侦查机关立案68件、撤案44件，依法追加逮捕321人、追加起诉273人，对不符合法定逮捕、起诉条件的，依法决定不批准逮捕278人、不起诉 27人。宜阳县检察院监督立案的乔某某等3人强奸案，3名被告人均被判处10年有期徒刑，该案被评为全省检察机关侦查监督“十大”精品案件第一名。不断完善“两法衔接”信息共享平台建设，出台《洛阳市行政执法与刑事司法衔接工作办法（试行）》，在“两法衔接”专项监督活动中，全市侦监部门监督行政执法机关移送涉嫌犯罪案件40件43人，立案侦查37件40人；行政执法机关主动移送涉嫌犯罪案件27件39人，立案侦查25件37人；监督公安机关立案3件3人。在加强侦查活动监督的同时强化对刑讯逼供、暴力取证、超期羁押、违法采取强制措施等违法行为的监督，共追捕漏犯315人，追诉漏犯243人，法院做出有罪判决164人，切实保障了司法公正。

刑事审判和刑罚执行监督。对认为确有错误的刑事判决、裁定，依法提起抗诉26件，纠正违法减假保、暂予监外执行等刑罚执行监管活动违法143人次。加强对监外服刑人员刑罚执行的监督，办理监外服刑人员重新犯罪 65人。深化监外执行罪犯社区矫正工作，对79名帮教对象实施帮扶，取得良好的社会效果。查处监管场所发生的职务犯罪案件6件6人，有效纠正了监管活动中各种违法行为。全市派驻监所检察室被高检院、省检察院评为一级规范化检察室3个，一级规范化达标检察室1个，二级规范化检察室5个。

民事审判和行政诉讼监督。对认为确有错误的民事行政判决、裁定依法提起抗诉47件，法院改判、发回重审和调解结案36件；依法提出再审检察建议83件，法院采纳72件；对经审查认为法院裁判并无不当的申诉案件，积极推行案例展示、法律解释、情理解释、换位思考等方式做好息诉工作。向行政机关发出检察建议122件，行政机关采纳并纠正120件，有效维护了司法权威和社会稳定。

控告申诉检察。坚持“防、疏、治”相结合的工作理念，全面推行涉检信访“五步工作法”、预约接访、检察长接待日和错案责任倒查等制度，坚持落实不批捕、不起诉、不抗诉等释法说理制度，做好公开听证、公开答复等工作，真正把公正执法、为民执法贯彻到执法办案的全过程。以建设文明接待室为载体，大力开展便民服务工作。健全完善市、县、乡三级便民服务网，开通以全国模范检察官程建宇名字命名的“建宇检察便民服务热线”，把健全群众工作机制作为政治建检的长效工程。年内共受理各类举报线索498 件，移送立案48件；受理各类控告申诉案件237件，办理刑事申诉案件40件，立案复查37件；办理刑事赔偿13件，做出赔偿决定11件，共支付赔偿金27.78万元；办理办结上级要结果案件29件，河南省委政法委交办的信访积案35件，涉检信访积案11件，实现了全年涉检进京零上访。

全国检察文化建设座谈会在洛阳举行

【检察队伍建设】 2011年，全市检察机关着力加强领导班子和检察队伍建设，始终把队伍建设作为事关全局的战略性任务来抓，以促进文明规范执法、提升执法公信力为目标，不断提升检察队伍整体素质。

突出抓好思想政治建设。狠抓领导班子建设，不断加强党组中心组理论学习，认真领会中共中央总书记、国家主席、中央军委主席胡锦涛“七一”讲话和中共十七届六中全会精神，落实领导干部述职述廉等制度，不断增强领导班子的政治敏锐性、凝聚力和战斗力。认真开展“强班子、带队伍、树形象”教育整顿活动和“发扬传统、坚定信念、执法为民”主题教育实践活动，采取检察长上专题党课、检察官升国旗仪式、举办“光辉历程·神圣使命”庆祝建党90周年主题晚会等形式，加强革命传统教育，引导干警坚定理想信念、坚守职业道德，确保检察队伍的正确政治方向和良好职业操守。

加强干部队伍建设。进一步深化机关干部人事制度改革，依据“三公两坚持”原则，先后进行了科级领导职务竞争性上岗、处级领导职务的调整选拔和科级非领导职务的晋升工作，共选拔中层正副职领导干部52名，调整任用处级干部33名，晋升科级非领导职务29名，顺利完成全市87名空缺编制的招录工作，激发起广大干警干事创业的内在动力，为检察机关的持续发展补充了新生力量。积极开展岗位培训活动，与高检院联合承办了全国检察统计培训班，全国职务犯罪境外追逃、追赃、防范外逃培训班和主题为“检察规范化管理与科学发展”的第三届小浪底法治论坛。全年共举办各种培训10余期，参加培训干警1975人次，有效增强了全市检察机关法律执行能力，促进了队伍专业化建设。两级院在全省检察业务竞赛活动中取得优异成绩，3名干警分别被评为“全省十佳控申接待员”和“全省十佳民行检察办案能手”。

突出抓好检察文化建设。大力推行“文化建院、理性司法、科学发展”的洛阳检察工作模式，检察文化建设在全国检察系统产生较大影响。拍摄完成以“全国模范检察官”程建宇为原型创作的电影《火红的杜鹃花》，高检院曹建明检察长等领导出席了在北京人民大会堂举行的首映式，中央电视台、《检察日报》、《法制日报》等20余家中央新闻媒体进行了专题报道。

大力开展争先创优活动。汝阳县检察院被最高人民检察院评为“全国先进基层检察院”；洛阳市检察院、西工区检察院、洛宁县检察院、孟津县检察院、栾川县检察院被最高人民检察院授予“全国检察机关文明接待室”称号；新安县检察院被最高人民检察院授予“全国检察机关文明接待示范窗口”称号；洛阳市检察院、新安县检察院、宜阳县检察院、涧西区检察院被最高人民检察院评为“全国检察宣传先进单位”；洛阳市检察院派驻省第四监狱检察室、派驻市看守所检察室、栾川县检察院派驻县看守所检察室被最高人民检察院评为全国检察机关派驻监管场所一级规范化检察室。扎实开展全国文明单位创建工作，市检察院被中央文明委授予“全国文明单位”称号。

（周美荣）

市检察院获“全国文明单位”揭牌仪式

审　判

【刑事审判】　2011年，全市法院审结刑事案件4338件，判处罪犯5642人。其中：判处5年以上有期徒刑、无期徒刑直至死刑罪犯762人。全年市中级法院受理597件，审结583件，结案率为97.7%。坚持宽严相济的刑事政策，依法严厉打击危害国家安全、扰乱社会治安、侵害群众利益、破坏市场秩序、重大安全责任事故以及贪污贿赂渎职等犯罪活动。对犯罪情节轻微、社会危害不大的初犯、偶犯、未成年犯、老年犯等可以从宽处理的，均依法从宽处理，适用缓刑1761人，免予刑事处罚101人。深入开展“打黑除恶扫痞”专项行动，依法审理黑恶势力犯罪18件，有效打击了黑恶势力的嚣张气焰。例如，在审理的被告人马某某、金某某、海某某等25名被告人组织领导、参加黑社会性质组织一案中，被告人马某某等人在瀍河区纠集社会闲散人员，有组织的实施寻衅滋事、强迫交易、故意损害财物、聚众扰乱社会秩序等犯罪活动，严重破坏了当地的生产和社会秩序，社会影响极为恶劣。洛阳中级法院一审依法判处25名被告人1年有期徒刑至无期徒刑不等。使黑恶势力团伙组织成员受到了应有的惩罚，确保了社会稳定。继续保持对故意杀人、绑架、强奸等重大恶性犯罪和“两抢一盗”等多发性侵财犯罪的高压态势，审结此类案件1195件，增强了人民群众安全感。严惩“瘦肉精”等危害食品安全和“醉驾”等危害公共安全犯罪活动，保护人民群众生命健康安全。严惩贪污、贿赂、渎职等公职人员犯罪，审结此类案件205件，判处新乡市原市长助理郑某等罪犯301人，扎实推动反腐败斗争的深入开展。加大对未成年犯罪人的教育、感化、挽救力度，依法对158名未成年人判处非监禁刑，积极配合基层组织开展社区矫正工作，帮助他们回归家庭，重返校园。在全省率先成立驻狱巡回法庭，对认罪服法、改造表现良好的3689名罪犯依法予以减刑、假释，促进服刑人员积极改造，早日融入社会。

【民事审判】　2011年，全市法院受理各类民事案件23884件，调解和撤诉14239件，调撤率59.62%。其中：市中级法院受理3793件，结案3660件，结案率为96.5%。妥善审理民生案件，高度关注群众对住房、就业等问题的关切，审结房屋买卖、劳动争议等案件1038件，其中高某某等29名业主商品房预售合同纠纷案被评选为2011年全省法院系统十大民生案例。妥善审结婚姻家庭、抚养继承等案件4845件，促进家庭和睦，邻里和谐。两次开展“拖欠农民工工资案件集中办理”活动，为农民工讨回工资1200万余元。高度重视涉军维权工作，全市法院开展“送法进军营”活动21次，审结涉军案件78件，维护了军人军属合法权益，市中级法院被省军区和省委政法委联合授予“全省维护国防利益和军人军属合法权益工作先进集体”称号。

不断深化能动司法，持续服务全市“六加一”攻坚战。围绕服务企事业单位改革改制，市中级法院派员深入江西和湖南等地法院学习经验，向市委提交《关于积极推进我市国有企业、事业单位改革的报告》，指导全市法院妥善审理企事业单位改革改制有关案件，为机制转换攻坚战提供司法保障。围绕服务项目建设，组织干警深入城中村改造现场和产业集聚区参观调研，制定下发《服务城建提升攻坚战工作的指导意见》，以法律服务小组等多种形式，深入项目工地和被拆迁户家中宣讲法律、解决纠纷，促进全市征迁改造工作平稳推进。围绕服务企业发展，开展“千名法官进千家企业”和“企业服务月”活动，市中级法院向25家大型重点企业派驻副处级以上领导干部担任首席法律服务官，帮助解决企业遇到的法律难题。围绕服务创新型城市建设，加强知识产权保护力度，全年共审结侵犯商标权、专利权等案件125件，保护了企业自主创新的主动性和积极性。围绕优化投资环境，审结涉外和涉港、澳、台案件8件，依法保护外商合法权益，增强了其在洛投资信心，促进了对外开放。围绕产业结构优化升级，审慎审理企业破产、公司清算、股权转让等纠纷案件461件，为“转方式、调结构、促和谐”发挥了积极作用。

积极探索各项便民、利民、惠民措施，努力为群众提供良好的司法服务。切实加强诉讼引导、查询咨询、判后答疑等工作，完善“一站式”服务，做到进门有人引导、材料有人收转、约见有人安排、风险有人提示、疑问有人解答。市中级法院、嵩县法院、伊川县法院被最高法院表彰为全国立案信访窗口建设工作先进集体。加强司法救助工作，为确有困难的当事人减、缓、免诉讼费323万元。方便残疾人诉讼，全市两级法院及42个基层派出法庭全部完成无障碍法庭建设。完善专家、法律志愿者咨询服务窗口建设，市中级法院选聘的专家、法律志愿者人数增至470人，为群众提供法律咨询3600余次，化解矛盾纠纷400多起。拓宽基层司法为民新渠道，宜阳法院在全省率先开展小额速裁试点工作，伊川法院开展“千件好事助民生”“千案调解保和谐”活动，栾川县法院、新安县法院开通“800”免费法律咨询电话等，通过各种形式为群众提供法律服务，方便群众诉讼。

深入推进司法民主公开，保障群众知情权和参与权。加强人民陪审员工作，组织541名人民陪审员参审案件13877件，有效发挥了人民群众参与司法、监督司法的重要作用。坚持开展“公众开放日”活动，继续邀请学生、军人、退休职工等走进法院观摩交流，增进各界群众对法院、法官的了解和理解。继续实施审判过程公开和审判结果公开，全年庭审网络视频直播859件，裁判文书网上发布9457份，人民群众可以足不出户观庭审、查文书。创新民意沟通举措，两级法院全部开通法院微博，及时听取群众意见建议，增进了与群众的互动。

【行政审判】　2011年，全市法院受理各类行政案件735件，结案724件，结案率为98.5%。其中：市中级法院受理292件，结案288件，结案率为98.63%。依法维护行政相对人的合法权益，引导群众理性合法表达诉求，撤销具体行政行为26件，确认行政行为违法或无效9件，维护行政相对人合法权益。积极支持依法行政，及时受理并执结非诉行政执行案件730件。坚持有错必纠、依法赔偿原则，审结国家赔偿案件2件。发挥行政案件协调委员会作用，推进行政争议协调和解工作，经协调当事人自愿撤诉的134件，和谐化解行政争议。开展以案释法、法制讲座和案件回访等活动，认真制作行政案件司法审查报告白皮书，及时梳理行政执法中存在的问题，向行政机关提出司法建议31条，促进行政执法水平的提高，从源头上预防和减少行政争议，推进依法治市。最高人民法院《关于开展行政诉讼简易程序试点工作的通知》下发后，洛阳两级法院率先行动，积极开展行政诉讼简易程序试点工作，不仅节约诉讼资源，提高诉讼效率，更为当事人降低诉讼成本，取得较好的法律效果和社会效果。8月23～24日，全省行政诉讼简易程序庭审观摩活动在洛阳举行，敲响河南行政审判简易程序审理的第一槌，正式拉开全省简易程序审理的序幕。

【执行工作】 2011年，全市法院加大执行工作力度，持续破解执行难题，共执结各类案件7421件，执结标的金额4.74亿元。栾川县法院、伊川县法院、高新区法院、瀍河区法院被授予“全国无执行积案先进法院”称号。综合运用多种措施，强化对被执行人的联动制约，全年媒体曝光147人、依法拘留162人、移交公安机关立案41人、以拒不执行判决裁定罪判处14人。扎实开展“反规避执行”专项行动，加大对隐匿转移财产、外出躲债、假离婚等规避执行行为的打击力度，依法办结规避执行案件81件，执结标的额980万余元。推广伊川县法院、汝阳县法院的小额执行案件垫付制度，对申请人为弱势群体且执行标的金额在2000元以下的小额执行案件，实行法院先垫付后执行，全年帮助300余名申请人及时实现权益。对申请人生活困难且被执行人无财产可供执行的案件，加大执行救助力度，全年发放救助金450万余元，救助393案458人，保障了困难群众的利益。

【审判监督工作】 2011年，全市法院受理再审案件356件，审结282件。其中：市中级法院审监庭受理各类再审案件304件，审结227件。充分发挥审判监督职能，认真开展各项审判监督工作。严格做到实体公正与程序公正并重，确保办案质量。严格按照法定程序组织庭审活动，保障当事人的各项诉讼权利。加大对案件的调解力度，妥善解决矛盾纠纷，努力做到案结事了。积极推进裁判文书制作方式改革，严格按照最高法院再审案件文书格式制作法律文书，裁判文书的质量进一步提高。通过推进审判监督方式改革，使各类再审案件的审理周期明显缩短，杜绝了再审案件超审限的发生，案件的质量和效率有明显提高。

严格减刑、假释案件的审理，确保国家各项劳动改造法律的贯彻落实。依法审结减刑假释案件3689件，结案率为100%。在全省率先成立驻狱巡回法庭，对认罪服法、改造表现良好的罪犯依法予以减刑、假释，促进服刑人员积极改造，早日融入社会。

【涉诉信访工作】 2011年，全市法院坚持以“案结事了、群众满意”为标准，认真落实最高法院“四个必须”和“五项制度”的要求，两级法院党组成员层层签订信访工作目标责任书，全力以赴解民困、化民怨。畅通信访渠道，坚持院长天天接待、集中接访、带案下访等制度，确保来访群众人人得到接待，全年接访群众4000余人次。认真开展申诉复查工作，及时纠正错误裁判，审结再审案件227件，依法改判34件。按照“有理推定、有责推定、有解推定”的原则，深入开展集中清理涉诉信访积案活动，排查出645件涉诉信访积案，办结息诉594件。积极争取党委政府支持，加大对困难信访当事人的救助力度，发放救助基金145万元，一批老大难案件得以彻底解决。例如：在处理信访人郑某某省（信）访案件中，郑某某瘫痪在床27年，大、小便失禁并患有糖尿病，生活完全不能自理，需靠现已80岁高龄、疾病缠身的父母亲照料。案件承办法官及院领导得知这一情况后，主动为其申请司法救助，并把救助款送到郑某某家，赢得当事人及当地群众的高度称赞，取得较好的社会效果。

【队伍建设】 2011年，全市法院深入开展“发扬传统、坚定信念、执法为民”和“群众观点大讨论”等一系列主题教育实践活动，坚持“抓党建、带队建、促审判”总体工作思路，成立党建工作指导处，组织庆祝建党90周年系列活动，表彰党建工作先进集体和先进个人，广大干警的党性观念和党组织的凝聚力不断增强。扎实开展“转变作风、提升形象”专题教育活动，着力解决群众观念不强、审判作风不严、法官形象不佳、审判管理不规范、廉政建设查纠力度不够等方面的问题，广大干警环境创优和效能提升的意识不断增强，群众对法院工作的满意度稳步提升。2011年度，全市法院有33个单位及部门和21名干警获得省级以上表彰，有75个单位及部门和187名干警获得市级表彰。其中：市中级法院、嵩县法院、伊川县法院被最高人民法院评为“立案信访窗口”先进集体。汝阳法院荣获集体一等功，市中级法院立案一庭、新安县法院、栾川县法院少年审判庭、瀍河法院执行局荣获集体二等功，洛宁县法院、嵩县法院、吉利区法院被授予全省优秀法院称号。市中级法院黄义顺等9人荣立个人二等功，董艳等3人被授予全省优秀法官称号，任昉皓等42人荣立个人三等功。汝阳县法院等5个单位被评为年度工作先进集体，洛龙区法院等3个单位荣获集体三等功，偃师市法院等3个单位被授予“全市优秀基层法院”荣誉称号。

坚持不懈地开展廉政警示教育活动，筑牢拒腐防变的思想防线。认真落实廉政承诺、述职述廉、重要事项报告和司法巡查等制度，对3个基层法院开展司法巡查，及时发现领导班子和业务建设中存在的问题，提出整改意见。实行廉政监督卡随案发放制度，把廉政监督贯穿到立案、审理、执行的各个环节，及时核查处理群众举报线索。加强案件评查工作，评查重点案件220件，对11起瑕疵案件进行纠正。认真落实中央政法委“四个一律”和最高法院“五个严禁”规定，严肃查处违法违纪案件，给予8名干警党政纪处分。

大力加强教育培训，全面提高干警素质。全年共组织和参加各类业务培训42期630人次，召开学术或案例研讨会19次，不断提高法官正确适用法律、化解社会矛盾的能力，全面提高审判质量。开展司法警察岗位大练兵活动，全市法院司法警察采取到部队封闭训练和日常训练相结合的方式强化训练法警技能，圆满完成了14个科目的训练任务，警务保障能力进一步提升。

【**基层基础建设**】 2011年，全市法院着力解决基层法院的实际困难，进一步提升基层司法能力。紧紧依靠党委领导和政府支持，面向社会公开招录91名工作人员，选派29名优秀干警到基层帮助工作，缓解基层法官不足问题。

加快信息化建设。两级法院全部建成“数字化法庭”，基层司法保障水平不断提高。全年投入300万余元，建立、健全全市法院的审判流程管理系统，并对局域网进行了升级改造。系统建成后，省法院、市法院和基层法院之间实现了审判数据、视频、语音等多方面的联系畅通。截至2011年年底，全市法院的高清视频会议系统全部建成。

（杨顺渠　王少林）

司法行政

【**概　况**】 2011年，洛阳市司法行政系统下辖15个县（市）、区司法局，180个基层司法所，1家市属监狱、2家市属劳教所，共有干警、职工1400余人，监狱劳教单位关押收容罪犯、劳教人员近2000人。截至2011年年底，全市共有律师事务所85个，执业律师749人；公证处16个，专职公证员59人；司法鉴定机构40个，司法鉴定人员262人；基层法律服务所49个，法律服务人员241人；各类调委会3524个，基层民事调解员10959人。一年来，全市司法行政系统以群众满意为统揽，把班子队伍建设放在更加突出的位置，始终把提升和创新作为各项工作的出发点和落脚点，围绕一个中心，突出“五项重点”工作，推进“四项建设”，全面提升机关效能，各项工作取得新的成绩和新的提升。市司法局先后荣获“河南省人民满意的政法单位”“全省劳教工作管理先进单位”“全省维护国防利益和军人军属合法权益工作先进单位”“全市平安建设先进单位”和“全国文明城市创建工作先进单位”等称号。

【**监狱劳教**】 2011年，洛阳市司法局及局属监狱劳教单位进一步强化安全责任意识，围绕“四无”安全稳定目标，以“规范化管理年”活动和“百日排查整治活动”为抓手，加大“四项投入”，加强“四防一体化”建设和“四类重点管理”，通过排查整改和巩固提升，切实消除各类安全隐患，确保了监所安全稳定。坚持落实监管改造工作“首要标准”，大力加强罪犯劳教人员心理矫治工作，积极开展罪犯劳教人员职业技能培训，监所教育改造质量稳步提高。加强协调，加大投入，完善设施，积极推动戒毒康复工作。洛阳市劳教所在河南省15家劳教所中率先开展强制隔离戒毒工作，截至2011年年底，共接收强制隔离戒毒人员60名，体验式康复人员34名，社会契约式戒毒康复人员52名。洛阳市监狱、洛阳市劳教所分别被河南省司法厅评为“2011年度全省司法行政系统完成责任目标暨平安建设先进单位”。

【**普法依法治理**】 2011年，洛阳市司法局充分发挥依法治市工作领导小组办公室的协调、督导作用，积极整合法制宣传资源，突出易引发社会矛盾的领域，深入开展“法律六进”活动，从源头上预防和减少社会矛盾的发生。6月，洛阳市被河南省委、省政府表彰为“五五”法制宣传教育和依法治理工作先进市，市依法治市工作领导小组办公室荣获“全国先进普法办”，偃师市、涧西区荣获“全国法制宣传教育先进县（市）、区”。经过认真调研、精心筹备，市司法局于8月12日召开全市“六五”法制宣传教育和依法治市工作会议，全面启动“六五”普法和依法治理工作。各县（市）、区也分别于9月底前启动“六五”普法和依法治理工作，全市“六五”规划开局良好。

【**律师管理**】 2011年，洛阳市司法局全面推进律师党建工作。3月，成立律协党委，在党员较少及没有党员的律师所配备党建联络员，实现了律师党建工作全覆盖，以党建带队伍、促提升。以“创先争优”活动和律师行业“崇尚道德，诚信执业”主题教育活动为抓手，大力开展律师行业集中教育整顿，张满珠律师荣获“全省创先争优党员之星”称号。积极引导广大律师充分发挥专业优势，为民生改善、社会和谐提供优质高效的法律服务。先后成立中心（重点）工作、重大突发和群体性案件、信访工作、调解工作、应急工作、青年创业等专项律师服务团，较好地服务了党委政府中心工作。一年来，全市律师共代理各类诉讼案件9152起，其中民事诉讼6016起、刑事诉讼2819起、行政诉讼317起、代理非诉讼业务965起。

【**公证管理**】 2011年，洛阳市司法局进一步完善公证优质服务承诺和“三公开一监督”制度，同时落实公证服务质量监督卡制度，促进了公证服务质量的不断提升。全市各公证机构着力强化服务意识，严格按照《公证法》和公证办证程序规则办理公证业务，积极建立公证办证绿色通道，为残疾人、老年人等当事人优先服务，并对年老、残疾、危重病人实行预约服务和上门服务，方便群众办理公证。一年来，全市公证机构办理各类公证29186件，其中民事12040件、经济17052件、涉外856件、涉台89件，上门办理公证1031件。

【**法制仲裁与司法鉴定**】 2011年，洛阳市司法局着力加强鉴定人协会建设。11月，建立市级司法鉴定专家库，确定12名首批专家库成员。进一步扩大司法鉴定惠民范围，对涉及残疾人、农民工、下岗职工的司法鉴定事项，一律按不低于法定标准20%的幅度减收费用。各司法鉴定机构积极履行便民服务职责，做到应援尽援，收到良好的社会效果。12月10日，召开全市鉴定人协会会员代表大会，完成鉴定人协会换届工作。2011年，全市办理各类鉴定案件6159件，采信率达98%以上。

军人军属法律援助工作站揭牌仪式

【法律援助】 2011年，洛阳市司法局着力推进法律援助“应援尽援”，把群众申请法律援助经济困难标准，城市区扩大为以当地最低工资标准为起点，农村扩大为以上年度居民人均纯收入为起点，使更多的困难群众得到法律援助。进一步健全法律援助网络，在基层司法所、律师事务所设立法律援助受理点231个；在各级工会、共青团、妇联、老龄委、残联等设立法律援助工作站82个，实现“城区半小时、乡村一小时”法律援助服务圈，极大方便困难群众获得法律援助。2011年，全市各级法律援助机构办理法律援助案件4049件，较好地维护了困难群众的合法权益。

【国家司法考试】 2011年，是国家司法考试第十年，近年来，在党中央、国务院的正确领导下，在有关部门的大力支持下，国家司法考试工作全面发展，为选拔和储备法律职业人才，全面加强政法队伍建设，深化司法体制改革，推进依法治国基本方略实施做出了重要贡献。洛阳市司法局按照司法部的部署要求，精心组织，周密部署，从严治考，热情服务，全力以赴组织1557名考生参加了国家司法考试，并顺利完成法律职业证书的审核发放，为全市培养、发现和储备了大量法律职业人才。

【基层工作】 2011年，洛阳市司法局以《人民调解法》颁布实施为契机，积极组织全市司法行政系统深入学习、广泛宣传，同时严格依法指导和规范人民调解工作。制定《行业专业调委会规范化建设指南》，指导并帮助21家重点企事业单位、市场、大型建筑工地建立了规范的人民调解组织。以“人民调解质量年”活动为抓手，在全系统大力开展“人民调解能手”评选、人民调解业务技能竞赛、卷宗质量评查、精品案例评选等活动，全市民调工作水平全面提升。坚持定期排查与重点排查相结合，认真做好矛盾纠纷排查、化解、预防工作。一年来，全市各人民调解组织调解矛盾纠纷36385起，调成34683起，调成率95.3%，较好发挥了社会稳定“第一道防线”的作用。3月29日，河南省排查化解矛盾纠纷工作经验交流暨“三项重点工作”推进会在洛阳召开，洛阳市的“大调解”工作被省委政法委命名为“洛阳经验”。11月，由14家中央媒体组成的“走基层见证社会管理创新”采风团，对洛阳民调工作进行了集中采访报道。提请市政府、市综治委出台一系列安置帮教和社区矫正工作相关文件，全市安置帮教和社区矫正工作科学化、制度化、规范化水平明显提升。各级安置帮教组织通过多渠道着力解决释解人员生活就业问题，最大限度地降低释解人员重新违法犯罪率。偃师市、汝阳县、涧西区积极开展社区矫正试点工作，初步探索积累了一些行之有效的工作经验，为社区矫正工作的全面实施奠定了良好基础。 （办公室）

法律服务“进社区”活动

中国人民解放军河南省洛阳军分区

【洛阳军分区党委第十届第七次全体（扩大）会议】 2011年1月29日，中国人民解放军河南省洛阳军分区（以下简称“洛阳军分区”）召开党委第十届第七次全体（扩大）会议。军分区党委委员、直属企业、高新技术开发区人民武装部部长和机关干部80余人参加会议。会议传达学习济南军区党委第十届第二次全体（扩大）会议、河南省军区党委第十一届第四次全体（扩大）会议精神。军分区党委书记黄晓健作了《瞄准一流搞建设，倾心竭力谋发展，努力推进部队和民兵预备役建设水平整体提高》工作报告，总结军分区2010年主要工作，部署2011年主要任务，表彰通报2010年度工作先进单位和先进个人；党委副书记陈凤辉着重围绕军分区部队全面建设发展的重点工作和关键环节作了讲话；军分区机关三部分别召开了对口会。偃师市、栾川县、汝阳县和瀍河区人民武装部党委第一书记进行了大会述职。会议通报表彰了先进人民武装部、民兵预备役基层建设先进单位和个人、组织民兵参与平安建设先进单位和个人、洛阳市关心支持国防建设“十佳人物”。省委常委、市委书记毛万春紧贴形势任务和洛阳市经济社会发展实际，围绕履行双重职责、双重使命，努力推进国防后备力量建设新发展作了重要讲话。

【“加强党性修养、锤炼思想作风”教育整顿活动】 2011年3月中下旬，洛阳军分区采取机关带团级单位，利用电视电话会议系统，集中开展了教育整顿活动。司令员陈凤辉、政委黄晓健亲自抓，副政委徐振松具体负责，成立教育整顿活动办公室，政治部主任宋万学为办公室主任，各科室负责人为成员，机关三部分别指定一名干部作为联络员，对教育整顿活动实施强有力的组织领导。教育整顿期间，洛阳军分区汇编发送学习教育资料，为每个人购买《何平九论》；司令员陈凤辉、政委黄晓健、副政委徐振松分别围绕树立正确的政绩观、修正人品官德、贯彻落实廉政法规进行了辅导讲课；宣保科科长李现森、干休三所政委赵坚、民兵武器装备仓库主任叶明尧作了先进事迹报告，6名机关科室负责人进行了学习体会大会交流，观看了《焦裕禄》录像和总政下发的反腐倡廉教育宣传片。军分区党委常委采取分片包干的形式，对团级单位学习教育落实情况进行了检查指导；围绕对照检查内容和重点解决的5个方面问题，在全区深入开展加强思想作风建设大讨论，召开了军分区党委常委专题民主生活会；军分区和各团级单位就解决思想作风方面存在的问题和不足向所属人员做出公开承诺，明确了解决问题的方法措施和时间节点；在全区范围内梳理出九个方面历史遗留问题，逐项研究制定了解决处理的方法措施，明确了牵头领导和责任分工，研究制定了《关于加强党委班子思想作风措施》。

洛阳军分区召开党委十届七次全体（扩大）会议

【“坚定理想信念，忠实履行使命”主题教育活动】 2011年5月23～27

日，洛阳军分区集中5天时间，以“联学共教”的形式，同步组织军分区机关和各团级单位，围绕“坚定理想信念，忠实履行使命”，集中开展了培育当代革命军人核心价值观主题教育活动。军分区党委高度重视，及时召开首长办公会，对搞好教育活动进行研究部署，提出具体要求。制定下发《洛阳军分区围绕“坚定理想信念，忠实履行使命”深入开展培育当代革命军人核心价值观主题教育活动的意见及实施计划》，明确开展教育活动的方法步骤、具体要求，要求各单位政工主官为教育第一责任人，严格落实请销假、考勤补课等制度，确保全员参与、全程参与；认真抓好系列授课，编写《正确认识改革发展中的矛盾问题，不断坚定中国特色社会主义理想信念》《强化军魂意识始终不渝地坚持党对军队绝对领导》等四课教育提纲，由军分区领导作专题授课辅导，邀请解放军外国语学院国际政治教研室副教授作形势报告；针对物价上涨、群众看病就医难等问题产生的信心松动等问题，深入开展讨论辨析；组织外出参观学习，组织分区全体机关干部到71282部队史馆、洛阳八路军办事处、612研究所展览馆等场馆进行参观；把主题教育活动与深入学习党的十七届五中全会精神、推进学习型党组织建设、纪念建党90周年系列活动、执行重大任务和助推中原经济区建设“五项行动”结合起来。通过开展教育，激发了官兵们履行使命干事创业的精神动力，促进了工作有效落实。

【“富国与强军”主题演讲活动】 2011年9月，洛阳军分区根据济南军区《关于召开军区国防动员委员会第七次全体暨征兵工作会议的通知》的要求，进行了“富国强军”主题演讲活动。活动由军分区政治部主任宋万学牵头负责，宣保科具体协调组织，在中船重工洛阳船舶材料研究所、解放军外国语学院、71702部队、河南科技大学、洛阳师范学院全力配合下，组织7人为济南军区国防动员委员会第七次全体会议的代表们作了汇报演讲，受到军委总部和军区首长的肯定，并深入大中专院校、厂矿企业、科研院所等单位巡回演讲16场次，制作的主题演讲录像光盘被军区作为国防教育资料配发到鲁豫两省县（市）、区国防动员委员会，作为国防教育的生动教材，产生了良好反响。

【“拥军优属、拥政爱民”活动】 2011年初，洛阳军分区协调市委、市政府把民兵预备役建设纳入经济社会发展总体规划，把基础设施建设纳入城市基础设施建设和城乡一体化建设，利用3年时间分3批完成人民武装部整体搬迁或升级改造，着力改变陈旧落后面貌。市委先后3次召开常委议军会议和党政军联席会议、驻军座谈会，重点研究解决部队建设九个方面的矛盾困难，把军分区系统建设经费纳入地方财政统一保障计划，随财政收入增加情况逐年提升补助标准，追加军分区补助经费200万元并列入年度财政预算；把转业干部和随军家属安置纳入人事编制计划，一次性拿出53个指标安置随军家属（18个行政事业指标、35个企业单位指标），拿出39个实职岗位择优安置31名正团职转业干部；市财政累计投入2000多万元用于驻军营区置换、进出道路改扩建、更新完善战备训练设施等。在科研院所和大中型企业编实建强民兵组织，借助地方资源优势，搞好对口带训、借装组训、观摩促训，加强应急队伍建设；把团以上干部培训纳入地方县处级干部培训计划，依托省委、市委党校和地方高校，分期分批组织干部入学培训、函授学习。实施助推中原经济区建设“五项行动”，先后与16个贫困村结成帮扶对子，参与植树造林、城市区改造、抗旱浇麦、森林灭火，孟津县晶宇化工有限公司盐酸泄漏抢险等任务，协调驻军援建的洛宁县希望小学基本竣工，为洛阳经济社会发展做出了贡献。

【建立“第一责任人”机制】 2011年2月，洛阳军分区协调洛阳市双拥办公室组成2个调研组，分别由司令员陈凤辉、政委黄晓健带队，到驻军独立团以上单位进行调研，收集筛选问题。在此基础上，协调洛阳市委、市政府建立“第一责任人”机制，成立由1名副市长和军分区政委担任正副组长的“第一责任人”工作领导小组，明确市直21个委（局）和所辖15个县（市）、区的主要领导为“第一责任人”，从综合服务、技术服务、行政服务三个方面细化出四项服务措施，组织驻军独立团以上单位与“第一责任人”签订“服务卡”和目标责任书，每月把部队提出问题的解决结果、落实情况向社会公布，每季度公布问题解决落实不到位的单位。为进一步推进驻军提出问题的有效解决，3月，洛阳市委印发了《关于解决军地双拥工作座谈会上部队提出问题的工作部署》，对如何解决部队所提问题进行了明确，使得一批诸如土地征用、国防战备、军转干部安置和营区环境治理等制约部队建设的难题得到有效解决。

【组织首长机关训练和民兵训练】 2011年，洛阳军分区认真贯彻济南军区、河南省军区关于信息化条件下岗位练兵指示精神，扎实开展以练谋略、练指挥、练技能为主要内容的岗位练兵活动。首长机关训练采取集中组训与个人自训相结合的方法，重点对军事法规、军事思想、信息化知识、业务基础、专业技能和一体化指挥平台等内容进行了学习和训练。狠抓机关干部体能训练，重点对俯卧撑、仰卧起坐、10米×5往返跑、3000米跑等进行训练。民兵训练主要依据《民兵军事训练与考核大纲》，采取带训、驻训和在岗训练相结合，市、县、乡三级组训相结合的方法，组织全区完成民兵训练任务。在民兵重点分队专业训练中，洛阳军分区重点抓好高炮、通信、工兵、防化、信息战等专业的集训，各县（市）、区人民武装部重点抓好民兵应急救援、勤务保障和其他作战队伍训练。同时，洛阳军分区重点抓了组建的水灾救援、火灾救援、防化救援、矿难救援和维稳反恐五支民兵应急救援队伍成建制训练，分别组织瀍河回族区人民武装部、洛宁县人民武装部防汛分队到舟桥团进行挂钩训练，聘请市消防支队到洛龙区防火分队进行防火技能训练指导，有效提高了训练层次和质量。

济南军区国防动员委员会第七次全体会议暨征兵工作会议

【参加民兵高炮分队实弹射击训练】 2011年9月中旬，根据河南省军区年度训练计划安排，洛阳军分区一个建制民兵高炮分队参加了省军区组织的民兵高炮分队实弹射击训练。此次考核训练采取组织带训、摩托化机动、实弹射击的方式，检验了民兵高炮分队成建制组训、摩托化机动、阵地开设三个方面，整个过程历时近半个月时间，其中组织带训主要依托预备役高炮师第三团进行，并从军分区挑选能力强、素质好、专业精的干部指导训练，确保了训练质量；实弹射击阶段主要在济南军区确山训练基地石滚河高炮发射阵地进行。整个考核训练完成了规定的训练课时，实战能力进一步提高。在河南省军区组织的实弹射击考核中击落拖靶1具，被评为“实弹射击优胜单位”，受到了河南省军区首长和兄弟单位的高度评价。

【协调保障宁夏军区给水团在洛阳抗旱打井工作】 2011年2～8月，宁夏军区给水团奉中央军委命令到洛阳市执行抗旱打井任务。洛阳军分区首长高度重视，成立协调保障小组，全面负责给水团抗旱打井作业期间军地协调工作，积极协调市、县有关职能部门对给水团作业期间打井作业和生活用水、用电，扎实搞好转场沿线道路交通保障工作，确保了打井作业“水、电、路”三通。积极发挥军地间桥梁纽带作用，加强与指挥部的沟通协调，及时了解掌握部队需求，协调市、县有关部门落实配套资金，开展慰问工作，定期组织体检等，为抗旱打井作业的顺利实施发挥了重要作用。其间，宁夏军区给水工程团支援洛阳市抗旱打进51眼，其中孟津县10眼、伊川县10眼、嵩县16眼、新安县12眼、老城区3眼。

抗旱第一井成井出水仪式

【做好国防动员委员会第七次会议筹备工作】 2011年9月1～2日，济南军区国防动员委员会第七次全体会议暨征兵工作会议在洛阳市召开。根据两级军区通知精神，洛阳军分区加强组织领导、科学筹划部署、严密组织实施，高标准完成会议各项筹备保障工作。洛阳军分区党委坚持把筹备和保障好会议作为军分区年度重点工作突出出来始终抓住不放，专门成立筹备工作领导小组，及时研究拟制筹备保障工作方案，在加强与军区请示汇报的同时，立足自身力量做准备，坚持以我为主搞协调，把工作做在前面。洛阳军分区党委一班人认识统一，思想到位，牢固树立一盘棋的思想，工作分工不分家。各级各单位围绕中心任务认真准备，积极出主意、想办法。分区司政后机关密切配合，形成合力，真正形成了齐心协力搞好会议保障的良好氛围，确保了会议圆满成功召开。

【民兵组织整顿工作】 2011年1～4月，洛阳军分区按照省军区总体部署，着眼建设全面过硬战略预备力量新要求，以民兵应急队伍规范化建设为重点，认真抓好了“两个分队”“三项重点”，即每个县（市）、区分别先行抓好1个民兵应急连和1个应急救援专业分队，抓好人员编组、装备配备和连部建设三项重点内容，推动了应急队伍建设全面落实。进一步规范国防后备力量队伍组建工作，将国防动员专业保障队伍、预备役高炮师第三团和洛阳市国防动员委员会各专业办公室专业队伍纳入民兵组织，统一部署实施，切实打牢了快速动员和遂行多样化军事任务的组织基础。军分区党委常委带机关分别在组织计划、具体实施和检查验收三个阶段，对各县（市）、区民兵整组逐一进行了检查验收，并针对存在的问题提出整改意见，确保了整组工作有效落实。

偃师市民兵组织整顿点验大会

【“学条令、查隐患、促安全”活动】 2011年1月11日，洛阳军分区党委召开专题会议，传达学习河南省军区“学条令、查隐患、促安全”通知要求和有关指示精神，研究制定了军分区《关于组织开展“学条令、查隐患、促安全”活动实施方案》，并下发基层单位执行。活动集中一个月时间进行，按照动员发动、学习训练、排查整改、检查总结的步骤进行。活动以新招预备役人员、首长司机、公务员、保密员和干休所战士为重点，通过辅导授课、多媒体教学、专题演讲、体会交流、心得展评等多种形式，突出进行了站岗执勤、安全管理、日常养成等法规内容的教育学习，并严格对照省军区“六查六看”要求，重点梳理并整改在人员车辆管理、武器弹药管理、涉密载体和网络安全管理、节日战备值班落实、季节性事故预防等5个方面存在的11项问题。军分区组织活动的经验做法被省军区《军事信息》第1期刊发。

【车辆安全隐患专项整治活动】 2011年4月上旬开始，军分区集中2个月的时间，组织进行了以“五查五纠”为主要内容的车辆安全隐患专项整治活动。统一组织驾驶员和车管干部进行了驾驶作风专题教育整顿，集中观看了近年来全国和军队系统发生的重大车辆交通事故警示录像，由洛阳市交警支队专家剖析了事故发生的主要原因和教训，重新学习了新的《道路交通安全法》和部队关于加强车辆安全管理的有关规定，组织优秀车辆驾驶员进行了大会交流发言，各单位车管干部与驾驶员之间相互签订了安全行车责任书。还根据军分区首长办公会议要求，结合分区实际，制订下发了《洛阳军分区军人驾驶私家车管理规定》，并为全区所有车辆安装了GPS定位系统，有效加强了对全区车辆的安全管控力度。（李双钢）

组织销毁收缴的假冒军牌

【抓好警备工作】 2011年，军分区多次协调军地相关单位联合开展军车检查纠察活动，从严整治了军车违章违纪行为，严厉打击了假冒军车违法活动。定期组织驻军单位军务部门对全市迪厅、酒吧、烧烤摊等餐饮娱乐场所进行集中检查纠察，严厉查纠军人着军装外出就餐、出入不健康娱乐场所等不良行为。坚持每月向驻军单位通报一次驻地重大军事活动情况，提醒各单位提高思想认识，加强部队安全管控和军人军车营区外管理。6月22日～12月31日，联合洛阳市公安局督察支队、交警支队、武警洛阳市支队和市消防支队，开展了“集中整治公务（军警）车辆交通违法行为”活动，持续对外出军人军车进行检查纠察，维护了军人良好形象和军车运行秩序。

【军容风纪专项整治活动】 2011年8～10月，洛阳军分区集中开展了军容风纪专项整治活动。活动一开始，军分区党委领导高度重视，迅速组织全体机关干部进行了传达学习，并成立了在党委领导下的专项整治领导小组，负责活动开展的具体实施。活动中，通过开展“六个一”专题教育，即每个人围绕维护军人形象写一份承诺保证书、组织一次“我为军旗添彩、我为分区增光”为主题的读书演讲活动、进行一次条令条例知识考试、进行一次维护军人荣誉的大讨论、组织一次专题教育心得体会展评、开展一次到新区参观学习活动，有力地提高了教育的实效。各基层单位围绕总部提出的“六种不良倾向”和“八个严禁”，并结合本单位实际，进行了过细的排查整治，提高了军人素质，维护了部队形象。军分区除定期组织人员在市区繁华路段对外出军人的军容风纪情况进行检查纠察外，还要求营区大门和办公楼一楼大厅的执勤哨兵严格对进出人员的军容风纪情况进行检查、登记和纠正。通过开展军容风纪专项整治，官兵的政策纪律观念得到了进一步增强，自觉维护我军文明之师、威武之师的意识得到了显著提高，部队的精神面貌大幅提升。

【组织后勤战备训练】 2011年3月，洛阳军分区结合年度民兵后勤专业分队担负的任务，按照“双应”要求，组织全区后勤科长认真学习了有关战备规定，依据河南省军区后勤工作手册，重点对有关方案计划进行修订完善，统一格式，更新数据，调整任务，充实内容，做到上下对接、司政后衔接，提高了方案的精准性、可行性，使之更加符合实际，更加符合任务要求。为进一步编实民兵后勤专业分队，洛阳军分区坚持把民兵应急队伍作为国防后备力量建设的重点，着眼平时服务、急时应急、战时应战需要，紧紧抓住“建、训、保、用”四个关键环节，因地制宜、结合融合编组了民兵后勤专业分队。依托各级医院编组了民兵医疗救护分队；依托运输公司编组了运输保障分队；依托修理工厂编组了抢修分队，等等，切实把民兵后勤专业分队编实编精，确保关键时刻能拉得出、用得上、起作用。购置了部分训练器材，重点完善了后勤指挥器材和装具。同时，坚持把后勤专业训练融入到日常工作之中，立足岗位练兵训兵，在“干中学，学中干”。一方面依托地方医院、运输公司、修理工厂组织民兵训练；另一方面组织现役官兵广泛开展岗位练兵和学术研究活动。在工作中练兵，用练兵的成果推动工作，实现练兵与工作“双赢”的目标。

【进行机关营区综合治理】 2011年，先后投资20万余元，对机关热力交换站、警备队战士宿舍和公寓楼进行了治漏整修、粉刷，加装了安防技防设施设备，同时对营院、花坛、道路等进行绿化整修，为官兵营造了良好的工作、生活环境。根据洛阳军分区基础设施现状，为进一步提升营区规划的科学性、合理性和适用性，按照“统一规划、分步实施、立足现有、量力而行”的原则，在反复论证、征求意见的基础上，对机关营区进行整体规划设计，拟制上报了规划建设方案。为支持地方经济发展，盘活土地资源，筹措建设经费，军分区党委决定，拟对机关办公楼东侧7.83亩土地实行竞价转让，所得经费用于机关办公楼翻建及配套设施建设。

【卫生机构规范化建设】 2011年，洛阳军分区坚持以《现代后勤建设纲要》为指导，以总部、军区关于《军分区卫生工作规范化管理考评细则》和《军队干休所卫生工作考评标准》为依据，紧紧围绕“以会促建，以建促保，建保结合，共同提高”的思路，着力加强卫生机构科学管理，积极探索服务部队新举措，切实满足部队官兵和老干部日益增长的医疗保障需求，不断提高医疗机构服务保障能力和优质服务水平。组织开展医护技能岗位练兵比武竞赛活动，健全管理制度，完善医疗设施，强化服务意识，提升保障能力。根据河南省军区后勤部年度工作安排，9月，洛阳军分区组织承办了“河南省军区卫生机构规范化管理工作座谈会”。会上，河南省军区总结推广了医疗卫生机构规范化建设的经验做法。

【推进物资集中采购工作】 2011年，洛阳军分区下发了《洛阳军分区物资采购工作规范》，并依托分区军人服务社成立了洛阳军分区物资采购办，对全区通用物资实施集中采购。年初，组织全区15个人民武装部集中采购民兵训练服和训练器，有效地节约有关经费。同时，参加了洛阳驻军物资区域联合采购，请领发放了物资采购卡，由官兵和家属凭个人采购卡在协议供应商处采购，享受军队协议价格，不断提高了分区物资采购保障效能，努力让广大官兵家属共享联合采购改革成果。

（军分区）

中国人民武装警察部队洛阳市支队

【概　况】 中国人民武装警察部队洛阳市支队（以下简称“武警洛阳市支队”），成立于2005年5月，由武警河南省总队原第二支队和原武警洛阳市支队合并组成，支队机关驻洛阳市凯旋东路23号。2011年，武警洛阳市支队着眼“三个确保”时代课题，紧紧围绕“四个一流”要求，突出重点抓党建，凝神聚气打基础，持之以恒正风气，合力攻关解难题，较好地实现了“三保一争”目标。武警洛阳支队被武警河南省总队表彰为“基层建设先进支队”，3个部门分别被评为先进机关，56项工作、103人次受到国家、武警总部、武警河南省总队的表彰奖励。

思想政治建设富有成效。突出抓好中国特色社会主义理论体系、中央军委主席胡锦涛主题主线重大战略思想、“七一”重要讲话和十七届六中全会精神的学习贯彻，深入开展主题教育，不断夯实官兵履行使命的思想政治基础。扎实做好“一人一事”思想工作，广泛开展“深知兵、真爱兵、诚育兵”和“大谈心”活动，稳定了官兵思想。坚持用先进的警营文化建队育人，新建警营电视台、机关文化长廊，拓展和延伸了教育空间，支队选送的《军旗背后的故事》荣获总部DV创作优秀奖。每月举行升国旗仪式、誓词宣誓和演讲活动，举办了首届运动会，广泛开展纪念建党90周年系列活动，丰富活跃了官兵文化生活。

遂行任务能力不断提高。狠抓官兵体能、技能、智能训练，开展教导队驻训、实兵演练、勤训轮换和“周会操、月评比、季考核”等活动，有力提升了军事训练水平。洛宁县中队代理排长黄跃远被总部表彰为“武警部队标兵教练员”；十中队战士郭细德参加武警部队侦察兵第六协作区训练比武取得3个单项第一，班长王树龙参加武警部队狙击专业比武获得团体第五名。强力推进“四防一体化”建设，先后争取经费1000万余元用于执勤“四防一体化”建设，11处“两看”目标已完成建设任务。大力加强“四支队伍”建设，为四大队和各县（市）中队购买84类2000余件反恐、救援装备器材，“四支队伍”建设已初步形成战斗力。全年共完成280余起临时勤务，为维护洛阳社会稳定做出突出贡献。

正规化建设更加规范。严格落实《正规化管理规定》，狠抓部队规范化建设、精细化管理，正规化建设水平不断提升。深入开展“学法规、严秩序、保安全”“三查一除”教育整顿和安全巡查，促进安全工作末端落实。认真落实车辆“五位一体”联管责任制和枪弹安全管理规定，改造了29个兵器室，全年动车3000余台次、动枪600余支次、耗弹4万余发，均做到安全无事故。彻底清理机关和大队部超占兵员，严格印章和车辆牌证管理，确保了部队秩序正规、安全稳定。武警洛阳市支队被武警总部表彰为“连续16年预防事故案件工作先进单位”，被武警河南省总队评为“安全工作先进单位”。

部队基础建设不断加强。着眼提高能力素质，全年选派40余名官兵参加总部、总队组织的各类培训，有效增强了干部按纲抓建能力；广泛开展生日祝贺、新婚致禧、参观旅游、慰问救济、办好实事等活动，激发了干部工作热情。楚永强、杨志勇被总队表彰为“双十佳基层中队主官”，涌现出谢万兵、卓永力、黄跃远等一批先进典型。建立常委包片、科室包队挂钩蹲点帮建责任制，全年机关精心选派9批369人次深入基层蹲点帮建，基层干部按纲抓建能力明显提升。四大队、五大队被总队评为“基层建设先进大队”，十五大队、嵩县中队被评为“基层建设标兵中队”，四、九、十一、十二大队，洛阳市、洛宁县、伊川县、警通中队等被总队评为“基层建设先进中队”。

综合保障能力全面提升。及时修订完善各类应急保障预案，加强应急保障训练，提高了应急保障能力，支队夺得总队后勤专业兵比武团体第一名和4个单项第一名、5个单项第二名的好成绩。坚持集体理财，严把经费预算、审核、执行关，有效维护了财经纪律和经济秩序，支队被总队表彰为“四类经费”管理先进单位。严格落实伙食管理五项制度，深入开展伙食指导周、炊事员集训、农副业生产等活动，有效提升了伙食质量。投入2145万元，强力推进基层“四项设施”建设，新建直属分队综合楼、塑胶运动场，改建机关营院，推进了偃师市、孟津县、洛宁县、嵩县中队新营区建设。支队被四总部联合表彰为“全军爱国卫生工作先进单位”，被武警总部表彰为首批创建“健康警营”达标单位，被河南省表彰为“绿化模范单位”。

党委班子建设成效明显。扎实开展“加强党性修养、锤炼思想作风”教育整顿，党委机关作风更加务实。严格贯彻落实民主集中制，全年调整提升干部58名，选送14名干部入学培训，救济特困干部16名，选改士官186人，都坚持集体研究，做到公开公正。倾注基层建设，坚持实事实办，党委机关为官兵办实事的做法被《人民武警报》报道。强力推进“七个方面突出问题”专项治理，先后清理公寓房24套、收回外借车牌6副、清退超占兵员12人，受到武警党委巡视组充分肯定。大力加强党风廉政建设，加大干部选拔任用、物资装备采购、大项经费开支等方面监督力度，营造了风清气正的良好环境。

【武警洛阳市支队党委一届六次全体（扩大）会议】 2011年1月20～21日，武警洛阳市支队召开党委一届六次全体（扩大）会议。出席、列席会议的有支队党委委员、各部门副职，机关各科长和基层中队一名主官。会议期间，洛阳市委常委、常务副书记李兴太出席会议并作重要讲话，支队党委书记、政委刘金良同志代表党委常委会作了题为《正确认识形势，改进思想作风，在新的起点上推进支队建设科学发展》的工作报告，支队党委副书记、支队长刘金生作了题为《严格标准，狠抓落实，不断提升部队正规化建设水平》的讲话，全面部署了各方面的工作，并隆重表彰了2010年度先进单位和个人。

【“加强党性修养、锤炼思想作风”教育整顿活动】 2011年2月21日～3月1日，武警洛阳市支队扎实开展了“加强党性修养、锤炼思想作风”教育整顿活动。此次教育整顿紧紧围绕“提高思想政治素养、打牢思想作风根基”这条主线，突出强化“六种意识”，狠抓“五项措施”落实，较好地解决了机关干部存在的问题，确保教育活动实效。

【“遵章守纪、践行宗旨、弘扬正气”作风纪律教育整顿活动】 2011年6月13～15日，武警洛阳市支队组织开展“遵章守纪、践行宗旨、弘扬正气”作风纪律教育整顿活动，采取统一安排、分级实施、先机关后基层的方法，按照动员部署、学习教育、查摆问题及制定整改措施和总结讲评四步进行。通过教育整顿，进一步增强各级党委机关和广大干部的号令意识、法纪意识、表率意识和服务意识，提高依法决策、依法用权、依法办事、依法履职的能力，为高标准实现“两个确保”、推动支队建设科学发展提供有力保证。

【当代革命军人核心价值观主题教育】 2011年，武警洛阳市支队深入开展当代革命军人核心价值观主题教育活动，为使主题教育取得实质性效果，支队着力在“三个注重”上下功夫，并积极拓展教育模式，充分引导和发挥官兵的主观能动性，从单一式向多元式探索。通过开展群众自我教育、随机教育启发、用好信息网络、典型激励警示、军营文化熏陶、行为规范养成、心理教育疏导、法律咨询服务、部队社会家庭共育等9种基本形式，进一步增强了部队培育的吸引力、感染力，提高了培育的实际效果。

【“卫士-11”演习和“11-雄狮行动”实兵拉动任务】 2011年，武警洛阳市

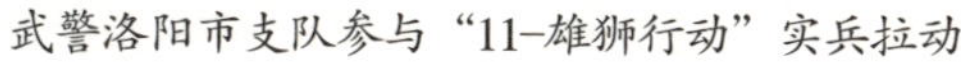

武警洛阳市支队参与“11-雄狮行动”实兵拉动

武警洛阳市支队参与“卫士-11”演习

支队积极参与“卫士-11”演习和“11-雄狮行动”实兵拉动任务。拉动中，武警洛阳市支队以检验部队远程机动、处置准备、实兵实装处置和首长机关指挥控制保障能力为目标，按照既定方案和突发事件设定有条不紊、紧张有序逐步推进，意图决心明确，指挥控制有力，参演官兵服从命令、听从指挥、严守纪律，充分发扬连续作战的精神，既练战术又练作风，部队战备水平和机动能力得到综合检验。武警洛阳市支队在2次实兵拉动考核中被评为“优胜单位”。

【完成中国2011第二十九届洛阳牡丹文化节安保任务】 2011年4月1日～5月10日，洛阳市隆重举办中国第二十九届洛阳牡丹文化节。其间武警洛阳市支队奉命出动兵力1600余人次，车辆60余台次，圆满完成花会期间大型文体活动安全保卫、重要旅游景点执勤和城市武装巡逻勤务。执勤中，广大官兵以严整的警容、昂扬的精神和热情的态度，做好事26件，排除险情6起，充分展现了武警部队威武之师、文明之师良好形象，受到各级领导、人民群众和中外来宾的广泛赞誉。

【完成2011中国洛阳河洛文化旅游节开幕式暨世界风情巡游安保任务】 2011年9月17日，洛阳市隆重举办中国洛阳河洛文化旅游节开幕式暨世界风情巡游活动。针对这次活动规格高、巡游团队庞大、观看人员多、控制范围广等特点，武警洛阳市支队官兵克服执勤时间长、雨天执勤环境差、现场情况复杂等不利因素，连续奋战4个多小时，始终坚持依法、文明、正规执勤，高标准完成了此次活动的现场安全保卫和机动备勤任务。

【完成“马寺钟声”新年祈福活动安保任务】 2010年12月31日，洛阳市隆重举行“马寺钟声”新年祈福活动。针对这次活动现场容量小、新年祈福群众多、时间跨度长、易发生拥挤踩踏事件等特点，武警洛阳市支队科学制定安保实施方案，精心挑选人员，采取场地分割、定人定位、留足机动等手段将任务层层分解，实施高效指挥，确保了“马寺钟声”新年祈福活动现场安保任务的圆满完成。

【深化治理“五个重点问题”】 2011年，武警洛阳市支队深化治理“五个重点问题”，建立部门、科室和基层单位三级责任制，完善安全巡查和安全员讲评制度，坚持月分析、季讲评、定期通报等制度，实现安全工作时时有人抓，中心工作处处有人查。全年没有发生等级事故和严重违法违纪问题，部队实现安全稳定。武警洛阳市支队被武警总部表彰为“连续16年预防事故案件工作先进单位”。

【武警洛阳市支队第一届运动会】 2011年5月6日～10月25日，武警洛阳市支队举办第一届体育盛会。运动会秉承“更高、更快、更强”的奥林匹克精神，组织机关3个部门、基层35个单位的100多名官兵，参加了15个项目的角逐。整个运动会历时5个多月，自始至终洋溢着紧张、激烈、团结、和谐的气氛，充分展示了支队官兵团结协作、奋

武警洛阳市支队战士在牡丹文化节执勤

勇争先的时代风采，为实现支队“三保一争”的目标注入新的生机和活力。

【高标准建设支队警营电视台】 2011年7月4日，武警洛阳市支队警营电视台正式开播。电视台共使用面积30余平方米，由编辑室、演播室和资料室组成，开设了警营新闻、卫士风采、兵说兵事、法在警营、军旅之路、警营艺苑、警营讲坛、橄榄视野、每周一歌和警营剧场等10个栏目，每周一首播，其余时间利用局域网对节目滚动播出，发挥了警营文化的新阵地，思想教育的新载体，管理教育的新课堂、对外宣传的新窗口四大功能。电视台的建立，为支队政治工作的开展创建了新的平台，在支队全面建设中具有里程碑的意义。

【被表彰为“全军爱国卫生工作先进单位”】 2011年，武警洛阳市支队认真贯彻全军爱国卫生工作要求，坚持以文明卫生建设为中心，以健康教育与健康促进为重点，大力创建“文明卫生警营”活动，实现了官兵行为文明卫生、营区环境治理达标、卫生设施配套完善、饮水饮食卫生合格、官兵常见伤病得到及时治疗和控制的要求，洛阳市支队被解放军四总部表彰为“全军爱国卫生工作先进单位”。

【被表彰为武警部队首批“健康警营”达标单位】 2011年，武警洛阳市支队坚持以科学发展观为指导，牢固树立“保健康就是保胜利、保战斗力”的思想，大力开展“健康警营”创建活动，有力地促进了以执勤和“处突”为中心的各项任务圆满完成。10月13日，武警总部后勤部副部长刘占琪带领工作组莅临武警洛阳市支队检查考评，支队顺利通过考核，并被武警部队表彰为首批“健康警营”达标单位。

【荣获河南省“绿化模范单位”】 2011年，武警洛阳市支队党委高度重视抓好营区绿化美化工作，不断强化国土绿化意识，树立绿色理念，以绿色促发展，以绿色促成长，大力开展“携手共建绿色家园”活动，着力打造“花园式营院”，主动支援地方生态环境建设，80%以上的中队营区形成“春有花、夏有荫、秋有果、冬有青”的良好格局，促进了人与自然的和谐统一，有效提高了部队战斗力、凝聚力。11月16日，武警洛阳市支队顺利通过省绿化委检查组的考评验收。

武警洛阳市支队战士擒敌训练

【十五中队荣立集体二等功】 2011年，武警洛阳市支队十五中队以科学发展观为指导，依据《军队基层建设纲要》，狠抓部队全面建设，圆满地完成以执勤为中心的各项任务。该中队组建以来，连续2年被总队评为基层建设先进中队，2008年被总队评为基层“四项设施”先进单位、2009年中队党支部被总队评为先进基层党支部，中队被总队评为基层建设标兵中队，荣立集体三等功2次，2010年、2011年中队党支部被总队评为标兵党支部。2011年12月，总队党委决定给十五中队记集体二等功。 （李同武　李文斌）

中国人民武装警察部队洛阳市消防支队

【概　况】 2011年，中国人民警察部队洛阳市消防支队（以下简称“消防支队”）以胡锦涛总书记提出的“忠诚可靠、服务人民、竭诚奉献”三句话为指针，扎实开展“清剿火患”战役、打造现代化公安消防铁军和安全稳定“六无一创”等活动，各项工作成效显著，实现了全市火灾形势和部队内部“两个稳定”。全年全市发生火灾282起，直接财产损失400.2万元，较上年同期分别下降18%和12%，无人员伤亡，实现全年无重特大火灾。消防支队在全国第二季度消防网上执法检查考评中获全国第五名。在全国打造消防铁军比武中，士官张小豹获全省消防部队最好成绩，荣立个人一等功。

【争先创优】 2011年，消防支队被河南省消防总队评为先进支队、安全工作先进支队，被洛阳市创建办评为“文明交通志愿服务先进单位”，顺利通过省级文明单位和省级青年文明号年度复核。支队先后有2人荣立一等功，3人荣立二等功，23人荣立三等功。嵩县大队被市政府记集体二等功，嵩县中队被省消防总队记集体二等功，瀍河大队被瀍河区政府记集体三等功，杨晓兵、李鹏被团市委授予“洛阳市新长征突击手”，李鹏被省政府授予“抗洪抢险勇士”荣誉称号，被团省委、省青年联合会授予“河南青年五四奖章”，被评为“2011感动中原十大人物”，被洛阳市政府授予“抗洪抢险勇士”荣誉称号，被嵩县政府授予“人民卫士”荣誉称号，被省公安厅记个人一等功，省委常委、市委书记毛万春还就李鹏事迹作出专门批示。

【“清剿火患”战役成效显著】 2011

年，消防支队先后在全市范围内组织开展了“护航中原”“清剿火患”战役等系列消防安全专项治理，隐患排查整治力度前所未有。支队官兵放弃多数节假日休息时间，奋战在防火灭火第一线，全年共排查单位114982家，督促整改火灾隐患173123处，责令“三停”单位场所898家，行政拘留违法人员465人，挂牌督办重大火灾隐患143处。全年共发生火灾282起，直接财产损失400万余元，实现火灾“零死亡”。

【灭火应急救援能力明显提高】 2011年，消防支队大力开展打造现代化消防铁军练兵比武活动，车站中队中士张小豹在全国消防铁军比武中获个人单项第六名，在全省消防部队首届装备技师比武竞赛中获5个单项第一、2个单项第二。成功举办全省石油化工灭火演练，部队战斗力明显提升。全年共接处警2565次，疏散抢救人员4753人，保护财产价值3.5亿元，成功扑救和处置了嵩县“6·24”抗洪抢险、宜阳“4·01”悬崖救人、洛龙长兴花园“4·11”火灾等灾害事故，受到地方党委、政府和社会各界的广泛好评。

【消防执法监督服务务实高效】 2011年，消防支队推行上门服务、“一站式”服务等优化措施，群众满意率大幅提升，110联动150项群众诉求办结率100%，全年687个行政许可及备案抽查工程项目，无一起群众上诉、上访事件。在全国第二季度网上执法考评中获全国第五名，在全省第二季度网上执法互查活动中获全省第一名，在全市第三季度执法绩效综合考评中获全市第一名，并有多个县（市）、区在行风评议中排名第一。

【基层基础设施建设】 2011年，消防支队争取资金全面加强消防装备建设，先后购置涡喷消防车、55高喷消防车等高技术、高性能消防专勤车辆10台，签订78米登高消防车购车合同。支队指挥中心主体工程完工，偃师二中队建成投入执勤，栾川二中队开工建设，战勤保障大队新征地28亩，经济开发区、嵩县产业集聚区消防站完成征地。

【普及社会化消防宣传】 2011年，全市新建消防示范街16条、消防安全示范学校16个，两所小学被评为“全国消防安全示范学校”。设置大型消防宣传橱窗1300块、消防安全“三提示”标牌3680块，建成灯箱式橱窗826个。组织实施大型消防宣传活动15场，举办火灾逃生演习268次，举办消防知识讲座和消防专业技术培训班158期，发放消防宣传资料180万份。举行了“119”消防宣传月活动、万达广场大型灭火疏散演练和大型群众性“超级消防员”现场秀，市委政法委书记郭丛斌、统战部长陈向平等“四大班子”及军分区领导多次参与活动，扩大了宣传活动影响力。

（消防支队）

河南陆军预备役高射炮兵师第三团

【参加与作战部队联训联演行动和“确山决胜-2011”演习】 2011年，根据济南军区、河南省军区年度训练安排，中国人民解放军河南陆军预备役高射炮兵师第三团（以下简称“预备役三团”）担负与71282部队联训联演行动。此次行动，从4月开始，至11月结束，紧紧围绕建设全面过硬预备役部队力量，以“两级军区”军事工作指示为依据，以边境防御与反击作战联训联演为课题，立足现有条件，加强探索研究。预备役三团通过积极与71282部队沟通协调，完成了理论学习、特种专业训练、首长机关战术演习三项内容。在“确山决胜—2011”演习中，参演团机关首长32人，动用车辆7台，炊事拖车1台，远程机动1000余千米，完成作业文书160多份。

【“洛阳平安建设”活动】 2011年，预备役三团“洛阳平安建设”领导小组对涧西区、高新区的6条街道、4个社区和4所学校进行走访调查，与4个街道派出所沟通交流，主要了解了街道治安、社区防范和学校安全等方面的情况，以此为基础开展巡逻、执勤等工作，并保持常态化。针对可能担负的各项应急任务，组织对团、营、连三级应急预案修订和完善，尤其在应对突发事件问题上，做到一种情况多种预案、一种预案多法并举，使各级各类预案达到军地联合、上下对接、左右协同、联络通畅的效果。

【开展“一诺三评”活动】 2011年，预备役三团结合部队年度任务特点和性质要求，深入开展了“一诺三评”活动。按照“五个好”、“五个带头”的要求，机关各党支部、党员结合自身实际，结合年度任务部署会，一级对一级负责，层层签订公开承诺书和责任书，较好地发挥了党员的先锋模范作用，确保团队各项工作

与作战部队进行同步演习

高标准落实。全年表彰先进党支部两个，优秀共产党员两名。一是注重理论武装，结合建党90周年纪念开展形式多样的党性教育；二是注重任务引导，结合营区落成、成建制训练、确山决胜-2011演习等大项活动及时明确目标并及时公示；三是注重监督讲评，团创先争优领导小组每月定期检查讲评各党员支部履职尽责情况，对不能履行承诺的党员做出批评并责令讲清原因，制定改进措施。

师首长前往阵地查看被击落拖靶

【“加强党性修养、锤炼思想作风”专题教育】 2011年3月28日～4月8日，根据河南省军区党委部署，预备役三团开展了“加强党性修养、锤炼思想作风”教育整顿活动。活动结合团党委机关思想作风建设状况和推进部队科学发展的实际需求，重点解决四个问题。一是解决党性观念不强、宗旨意识淡薄的问题；二是解决作风浮飘、工作不实的问题；三是解决思想僵化、因循守旧的问题；四是解决贪图享受、奢侈浪费的问题。制定了“八个坚持”的整改措施：一是坚持党要管党、从严治党的方针；二是坚持事业第一、工作第一的态度；三是坚持民主集中制和党委领带下的首长分工责任制；四是坚持以人为本、和谐发展的思路；五是坚持勤政廉政、作风正派的党性；六是坚持能力建设、战斗力的标准；七是坚持创新发展、融合发展的机制；八是坚持统筹协调、全面发展的要求。

【整组点验】 2011年，预备役三团按照“巩固成果、合理调整、突出重点、注重创新、全面提高”的工作思路和“三化四力”要求，狠抓基层营连建设，进一步拓展预编组建范围。此次整组工作，调整人员161人，重点对一营部、二营六连、三营八连、专业应急分队的预编单位进行了调整，分别拓展到汝阳县、伊川县、宜阳县、嵩县、栾川县、洛宁县和吉利区。根据担负的3+2任务要求和“两应”能力建设目标，团队狠抓应急分队和常备连建设，制定应急行动预案，补充战备物资，完善战备设施，并于4月20日组织二营成建制和团常备应急应战分队，集结到新安县进行点验，通过拉动点验和检查抽查，分队组织健全、营连建设规范、官兵士气高昂，受到师部领导好评。

【成建制训练和实弹射击】 2011年8月29日～9月20日，预备役三团按照师年度军事训练指示和成建制训练要求，完成五七高炮二营四连和三七高炮三营七连的成建制训练，参训官兵151人，实弹射击，参训官兵80人，累计落实训练30天，先后完成共同训练、单兵分业训练、协同训练、战术训练、摩托化远程机动、三级指挥所合练及参加实弹射击考核等课目。训练中，团队着眼实战需要，突出实兵、实装、野战化训练特点，周密制定计划、科学组织施训、严把训练质量，通过此次成建制训练和实弹射击，提高了部队的实战能力，进一步推动了团队的军事训练水平和军事斗争准备的有效落实。9月22～27日，组织三七高炮三营七连编成一个三七高炮连，赴确山合同战术训练基地参加省军区实弹射击考核，在全体参训官兵的共同努力下，所训课目经师团两级考核全部合格，在省军区组织的实弹射击考核中，预备役三团率先击落拖靶一具，取得射击考核总评优秀的好成绩，被省军区表彰为“实弹射击优胜单位”。

实弹射击

【参加潍坊靶场见学行动】 2011年10月11～30日，预备役三团见学人员随71282部队高炮团赴山东潍坊进行为期20天的见学行动。其间，预备役三团采取“深入基层，分散学，全程学”等方法进行见学。主要观摩学习起草方案计划、演习准备、机动、装载、捆绑加固、上下平板、占领阵地、构筑工事、伪装、指挥所开设、实弹射击（五七高炮、双三五高炮、双二五高炮、四二-五高炮、红缨-六导弹）等内容。

【冬季野营训练】 2011年，预备役三团冬季野营训练采取团自行组织和师统一组织相结合的形式，历时13天，共分4个阶段进行。野营训练期间，全团参训30人，动用车辆5台，往返行程600余千米，完成了在信息化条件下组织部队行军、宿营等共同课目训练，构筑散烟灶、利用制式和简易器材搭设帐篷、构筑猫耳洞、攀爬横渡等野战生存内容训练和口令传递、通过炮火封锁区、通过沾染地段、通过居民地等战斗勤务和综合保障等内容的训练。

【新营区落成典礼】 2011年7月23日，预备役三团新营区落成典礼隆重举行。预备役三团新营区建设，2008年8月由洛阳市委议军会专题研究决定，市财政拨付1500万元，用于团队基础设施建设，2009年10月动工兴建。一期工程包括办公楼、预训楼、公寓楼，总建筑面积10161.74万平方米，遵循总后勤部营房建设标准，本着绿色、实用、科技的建设理念，按照办公、生活、训练各自功能分区的规划进行建设。

（预备役三团）

人民防空

【人防机构建设】 2011年，洛阳市在深化政府行政机构和事业单位改革中，坚持贯彻国务院，中央军委关于“人民防空机构只能加强，不能削弱”的指示，洛阳市人民防空办公室（民防局）由过去的议事协调机构改为市政府直属部门。市人防通信站由正科级单位升格为副处级单位；市人防工程开发管理处更名为洛阳市人防工程管理处，并按照市委、市政府的要求进行了改革，按新的编制60人重新核定了员额。洛宁县、孟津县、栾川县、宜阳县、新安县把人防办作为县国防动员委员会常设机构，并核定了编制。

济南军区副司令员冯兆举参观洛阳民防馆

【人防信息通信建设】 2011年，洛阳市人防信息通信建设成绩显著，亮点纷呈。一是信息保障中心由过去的正科级升格为副处级，升格后的市人防通信站更名为洛阳市人防（民防）指挥信息保障中心，内设4个科室，增加了指挥场所管理、应急指挥平台值机运行、应急通信网络建设与管理，通信专业队建设等职能。在全省人防系统为“破冰之举”。二是指挥平台软件建设迈上新台阶。对二期软件建设坚持“边开发、边安装、边调试、边完善、边应用”之原则，奋战半年之久，圆满通过专家初验。三是信息系统基本实现了全覆盖，全市大部分县（市）、区完成“三图合一”建设任务，实现了互联互通。四是全年新增人防警报器24台，全市警报器总量达到265台，居全省第一，实现了与广播电视43套节目的信息切换。年度警报器试响率达100%。五是空情预警系统实现了从无到有。购置安装了空情接收处理系统，为战时接收预警情报，接收空情信息奠定了坚实基础。

【人防工程建设】 2011年，洛阳市人防工程建设按照国务院，中央军委关于“人防建设要与经济建设、城市建设融合发展”的指示精神，采取了政府与社会投资并举，地下与地面建设并重，自建工程与结建工程相结合的原则，形成投资多元化、功能多样化、市县联动化的防护工程建设新格局。一是公共工程建设投资主体多元化。由国家财政投资，开工兴建了中州路王城公园段，辽宁路、龙门大道师范学院段地下过街人防工程，总投资10亿余元，新增人防工程面积1.35万平方米。二是市级与县域工程建设跨越式发展。全年市级立项人防工程31个，面积18.8万平方米，新增防空地下室面积12.86万平方米，是市政府和省政府下达年度目标的128.6%，同比增长42%。其中：专用工程1.8万平方米，超额80%完成省下达目标；县域完成结建人防工程47778.4平方米，占省下达3.2万平方米目标的149.3%，同比增长139%。三是工程疏散体系建设全面展开。按照生活资源充足、功能划分合理、通信保障稳定的要求，完善了两处市党政机关战时疏散基地，结合防灾防空，建成应急避难场所48处，为应对未来局部战争奠定了基础。

人防指挥平台展

【指挥通信建设】 2011年，洛阳市人民防空办公室（民防局）按照“要素齐全，职责明确，关系畅通，统一高效”的原则，重点抓了指挥场所建设，专业队伍培训和实战演练。一是构建市、县一体的应急机动指挥体系。9县（市）、7区（包含伊滨区、高新区）全部配齐应急指挥车、车载无线通信设备、打印传输设备，实现了全市三级联网。二是开展专业队整组训练，对全市通信、运输、医疗、防化、消防、治安、工程检修7支专业队1862人进行了轮训。三是举行防空防灾应急救援实战演练。由市人防办策划，洛阳高新区人防办具体实施，2011年11月7日举行了代号为“洛防—2011”防空防灾应急演练，参演人员100余人。此次演练利用人防应急指挥平台组织指挥，通过卫星和3G网络图手段传输到省指挥中心向全省直播，受到省、市领导的高度赞扬。

【依法行政】 2011年，洛阳市人民防空办公室（民防局）按照严格建设程序，注重质量建设，优化审批流程，强化便民服务，加大执法力度的原则。全年开展了人防工程质量效益年活动，在宜阳县举行观摩会，通过此次会议，明确执法标准，规范建设程序，严格市场准入，强化质量意识。全年推行 “一个窗口对外”“一站式服务”，凡报建工程项目手续全部当日办结，立等可取，市行政服务中心人防行政审批窗口被评为红旗单位、文明服务单位。此外，行政执法力度进一步加大。推行县市两级联合执法，集中督察、全年普查的运作办法；通过督察督办，追缴易地建设费2000万元，有效遏制了国有资产流失现象。

【融合发展取得显著成效】 2011年，洛阳市人民防空办公室（民防局）充分发挥人防资源优势，把人防建设融入经济建设、城市建设、民生建设，并取得了显著成就。一是人防平战结合新增效益突出。新增地下商贸场所13处，市民盛夏避暑场所48处。二是民防工作站建设步入正轨。围绕社区功能完善，解决紧急状态居民疏散掩蔽、自救互救等问题，在全市21个社区建立民防工作站，设立标识牌，健全了管理制度。三是各县人防办结合新农村建设，整合了人防专业队伍300余人。四是人防宣传教育工作进社区，实现了全市全覆盖，被国家人防办连续9年评为“宣传工作先进单位”。

【人防学术理论研究及内资《蓝三角》】 2011年，洛阳市人民防空办公室（民防局）由市人防办、洛阳市人防学会先后组织5次学术理论研究活动，征集各类论文108篇。编辑出版《洛阳市人防学术论文集》。其中：有18篇学术研究论文被国家人防办、人防情报网评为优秀论文，34篇被省人防办评为优秀论文，全年被国家《人民防空》杂志刊登7篇，被《人民日报》、中央党校评为优秀论文各1篇。全年编辑出版内资《蓝三角》4期，有效地向各级领导、兄弟单位通报、交流、宣传和展示了新时期洛阳市人防（民防）工作，得到各级领导和读者的好评。市人防学会连续第五次被省人防办评为先进单位。

（刘欣生、周聚杰、李静）

政 务

人力资源和社会保障

【大中专毕业生就业】 2011年，洛阳市针对高校毕业生严峻的就业形势，制定出台加强普通高校毕业生就业工作的政策措施，强化公共服务。认真做好大中专毕业生就业指导工作，办理大中专毕业生就业报到手续12904人，签订就业协议书5749份，办理落户审核手续434人。开展“就业指导进校园”活动。到洛阳师范学院、河南科技大学进行就业指导讲座，深入宣传国家就业见习、就业登记、人事代理、自主创业等促进就业的政策举措，指导广大高校毕业生进一步了解社会需求，帮助和引导毕业生树立正确就业观念，了解政府促进毕业生就业的政策和服务方式，帮助毕业生掌握择业技巧，提升求职能力和创业意识，促进高校毕业生尽快实现就业。

【人才市场建设】 2011年，洛阳市新办理人事代理11989人，其中毕业生人事代理10162人；新增学生档案16121份，新增待处理档案275份，调出人事档案1645份；为代理人员调整档案工资3000人次，整理档案420份；查（借）阅档案1.1万余人次，接待档案业务咨询20210人次；新入集体户48人，转出14人。举办综合现场人才招聘会117期（其中主题招聘会12期），参加现场招聘单位11130家次，提供就业岗位7.79万个，进入人才市场现场应聘人员约17万人次。发布招聘信息245家次，提供岗位1700个。为缓解2011年春节后高峰期摊位紧张情况，加开周日现场招聘会五期，按计划开展主题招聘活动，共举办主题招聘会10场。洛阳人才网有2383家次单位进行网上招聘，发布岗位信息21510个，网站点击率约 5000万次，新增求职简历约4.2万份。充分发挥洛阳人才网网上人才市场的作用，“高校毕业生网络招聘大会”组织参会单位200家，发布职位信息1万条。“送春风全国网络招聘大会”组织参会单位566家，发布职位信息2万条。

【职称工作】 2011年，完成了564名申报中学高级教师和2782名申报中级职称专业技术人员的资格审查和评审工作。接收民营单位推荐中、高级专家库候选人48人，民营单位申报各类高级职称98人，申报中、初级职称409人；农民技术员、民间艺人申报中级职称108人，申报高级职称38人。印发《关于建立全市中小学教师职称评审业绩库的通知》，中小学教师2008～2011年的业绩库顺利建立并公示完毕，入库业绩10万余条。全年办理专业技术人员初级职称初聘、直接认定1859人，办理专业技术人员初、中、高级专业技术职务聘任9893人，办理、发放各级各类专业技术资格证书13216人，为申报参加卫生、二级建造师、广告师、土地登记代理人、环境影响评价工程师、一级建造师、注册安全工程师、注册资产评估师执业资格、物业管理师资格、房地产估价师、房地产经纪人等职业资格考试的11627人进行了考试资格审查。在农业系列中级职称评审中采取考评结合的办法，有80名专业技术人员参加业务考试，通过62人。对照各个单位的编制册和工资表对346家事业单位的专业技术岗位结构比例进行了审批。

【事业单位改革】 2011年，全市5380家事业单位的岗位设置、首次岗位聘用认定、聘用合同签订和岗位工资兑现工作均已完成，整体进入后续管理阶段。市属事业单位分类改革进入关键阶段，全市591户事业单位上报了改革改制申请，559户改革改制方案已批复，130户需机构整合事业单位、77户整建制撤销事业单位、30户事企分离事业单位均已改革到位。完成事业单位工作人员统计工作，全市现有事业单位工作人员13万余人，其中管理人员1.8万人、专业技术人员7.8万人、工勤人员3万余人。

【出国（境）培训】 2011年，国家外国专家局下达洛阳市出国（境）培训计划4项。做好2010年出国（境）培训项目的总结工作，督促、指导市委组织部、河南科技大学、洛阳师范学院做好2010年出国（境）培训项目总结。

【人才智力引进】 2011年，经国家、省外国专家局审批，下达洛阳引进国外人才项目计划18项，资助经费78.5万元。其中重点项目5项、一般项目11项、示范推广项目2项。洛阳市农业科学研究院的马铃薯种子资源引进、创新项目和洛阳普莱柯生物工程有限公司的猪重要疫病防控关键技术研究与新型疫苗开发项目被省外国专家局确定为洛阳首批对口援疆项目。积极开展“一村一品”和“一乡一业”工作。嵩县“红提葡萄种植示范基地”和新安县“大粒樱桃种植示范基地”被定为河南省第五批“一村一品”引智示范基地，洛宁县“优质苹果种植示范基地”被定为河南省“一乡一业”引智示范基地。市人力资源和社会保障局会同市教育局、市公安局、市外侨办对全市中等以下教育机构进行考察，完成中等以下教育机构具有聘请外国文教专家资格的单位共33家的年检工作。

【专业技术人员管理】 2011年，洛阳市推荐职业教育教学专家6名，市卫生学校孙建勋、中信重工高级技工学校郑晓海被评为河南省职业教育教学专家。洛阳市的博士后科研工作站建设和管理工作被省人力资源和社会保障厅评为2010年度先进单位，受到表彰。

【公务员管理】 2011年，洛阳市按照省人事厅《〈河南省公务员日常登记管理实施办法〉的通知》和《洛阳市公务员日常登记管理工作暂行办法》，严格按照法规制度开展公务员日常登记工作。全年新登记39个单位650名公务员，组织了市社会保障局、市抗震办等6个新批准参照管理事业单位的600余名工作人员的考试、审档工作。坚持“公开、平等、竞争、择优”的原则，面向社会为洛阳市市直机关补充录用了462 名工作人员。在全省率先建立公务员录用面试考官库，印发《党政机关（参照单位）人员管理册》，率先落实公务员年度考核奖励政策，会同市委组织部、市委党校开展的“流动课堂”，受到中央组织部、中央党校和省委组织部领导的充分肯定。

【事业单位公开考试招聘】 2011年，共审核批准了8个县区18次招聘方案，共计审核批准县（市）区招聘人员407名。审批通过了洛阳市卫生局关于下属精神卫生中心、科大二附院、五院、第一中医院面向社会自主公开招聘专业技术人才182名的招聘方案，共为这4家医疗单位招聘专业技术人才140名。

【事业单位绩效工资】 2011年，全市公共卫生事业单位实施并兑现了绩效工资。完成了义务教育学校4294人的奖励性绩效工资总量审核，核定金额29663381元。配合市医改办对宜阳、新安、涧西、高新4个县区的医改工作进行了调研督导。

【军转干部安置】 2011年，洛阳市接收军队转业干部329名。完成全市739名自主择业军转干部退役金的调整及归档工作，按时足额发放退役金3891万元，发放2011年度住房补贴114万元，发放独生子女费4万元。完成2011年度65名新增人员档案审核。结合自主择业军转干部实际情况，指定专人负责，定期统计培训进度并建立督察制度，全市应训人员72名，网络培训开卡率100%。严格落实解困政策，认真做好调标工作，完成2700万元解困资金的审批工作。发动企业与政府共同做好走访慰问和困难救助工作，对4800余名退休和困难企业军转干部进行了慰问救助。

【人事考试工作】 2011年，洛阳市组织考试35项累计达89686人次。信息采集32796人次，制作准考证31682人次，编排考场、制作座次表2564份。审查并办理下发2010年、2011年度有关考试资（合）格证书7658本。为考生推荐和代购各类考试教材、辅导材料6000余册，利用各种媒体发布考试信息80余次，印刷考试宣传页1.08万份，发布各类考试成绩及面试名单20次。

【就业与再就业】 2011年，洛阳市围绕“民生改善攻坚战”扎实推进全民创业工作，以解放思想、改革创新、增强创业意识、创业能力为着力点，以创建国家级创业型城市为突破口，以加快形成政策扶持、创业培训、创业服务有效工作机制为基础，以大学生就业为重点，就业和全民创业取得较快的进展，城镇新增就业12.98万人，失业人员再就业2.2万人，城镇登记失业率3.5%。完成创业培训3120人次。出台《洛阳市人民政府关于大力发展微型企业的意见》（洛政〔2011〕131号）文件，采取“投资者出资、财政补助、财政奖励、小额贷款支持”的模式，大力扶持微型企业发展。每成功创办一户微型企业，市财政给予5000元的财政补贴，并连续两年给予财政奖励，第一年按企业缴税地方留成部分的120%进行奖励，第二年按企业纳税地方留成部分的150%进行奖励。

【小额担保贷款】 2011年，洛阳市下岗失业人员小额贷款担保中心充分发挥小额担保贷款促进创业和带动就业的作用，降低门槛，优化服务，为下岗失业人员、务工返乡农民工、大中专毕业生等自主创业、自谋职业提供资金支持。全年，发放小额担保贷款13.74亿元，扶持2万人创业，带动就业11.9万人。

【失业调控】 2011年，全市失业保险参保总人数602332人，失业保险基金收入3.43亿元。领取失业保险金人数26678人，12月底正在领取失业保险金人员15799人，失业保险基金支出1.63亿元，全市失业保险基金滚存结余4.98亿元，失业保险金按时足额发放率和社会化发放率100%。城镇登记失业率3.5%。根据河南省最低工资标准调整情况，洛阳市10月1日起一类地区失业保险金标准由640元/月调整为864元/月，二类地区由560元/月调整为760元/月，同时，从7月1日起用失业保险金为正在领取失业保险金的失业人员缴纳职工医疗保险费。

【职业能力建设】 2011年，洛阳市以全民技能振兴和职业教育攻坚计划为重点，大力开展职业技能培训和职业技能鉴定，全面提升劳动者职业技能素质，完成职业技能鉴定4.55万人，新培养高技能人才9100人，在全省名列前茅。制定《洛阳市2011年全民技能振兴工程实施方案》，通过组织论证，对符合条件的洛阳高级技工学校等8个全民技能振兴工程建设项目推荐上报省厅。全年累计争取项目资金3008万元，首批补贴资金650万元已拨付到位。出台《关于加快落实企业职工教育培训经费的实施意见》，要求企业足额提取职工教育培训经费，切实抓好职工技能培训，为企业职工技能提升提供了强有力的政策支持。2011年，全市各大中型企业共开展职工技能培训12.41万人次。

【技工教育】 2011年，洛阳高级技工学校荣获“河南省技工院校先进集体”等荣誉称号，被列为全国首批276所重点建设的国家示范校，获得中央财政专项建设资金1020万元。全市四大技工教育集团（河南省装备制造技工教育集团、河南省铁道技工教育集团、河南省机电工程技工教育集团、河南省轴承技工教育集团）已与一拖集团、南车集团、郑州宇通、珠海格力等近400家企业签订合作协议，企业遍布浙江、广东、山东、江苏、上海等10多个省市，开设了德众汽车班、键通汽车班、南车北京时代班、上海宝钢铸造班、中信重工天车班等企业（行业）冠名班40余个，定向培养学员2000余人。全市开展职业技能鉴定45864人，新培养技师1509人。在第四十一届世界技能大赛上，中油一建技校毕业生裴先锋勇夺焊接项目银牌，成为60多年来在此项大赛中获得奖牌的中国第一人，受到党和国家领导人的高度赞誉。

【基本养老保险】 2011年，洛阳市企业养老保险参保人数87.72万人（其中：企业养老保险参保缴费636833人，离退休享受待遇239497人），机关事业养老保险参保人数80189人。企业养老保险征缴基金27.6亿元；机关事业养老保险征缴2.55亿元。全市退休人员调整的待遇通过银行代发机构已全部落实到位，全市普遍调整待遇222069人。养老金水平由2010年调待前人均1182.05元，增加到调待后的1379.24元，人均增资197.19元。第四批上报省厅的18家破产企业核销欠缴的养老保险费工作已经完成，10家符合条件的企业（核销养老保险费1600万余元）资料省厅已审核、批复完毕，惠及职工2375人。加大贯彻、落实国家、省有关文件精神的力度，妥善解决养老保险历史遗留问题，办理“五七工”“家属工”参保1700余人次。会同社保局相关科室累计下企业办公60余次，现场为企业和职工提供参保登记、养老保险关系变更、退休审批等各项养老保险业务服务2800余人次。

【城镇职工基本医疗保险】 2011年1月1日起，洛阳市城镇职工基本医疗保险最高支付限额由2.9万元提高到3.2万元，大额补充医疗保险最高支付限额由18万元提高到20万元。7月，在全省率先实现城镇职工基本医疗保险市级统筹。通过继续拓宽宣传渠道，加大宣传力度，不断扩大医疗保险覆盖面。全市城镇职工医疗保险参保975652人，实际征缴12.44亿元。制定下发《关于将部分医疗康复项目纳入基本医疗保障范围的通知》和《洛阳市城镇职工基本医疗保险市级统筹市级风险调剂金和医疗费用结算周转金使用管理办法的通知》等文件，扩大医疗保险基金支付范围，完善医疗保险政策体系，服务广大参保职工群众。

【城镇居民基本医疗保险】 2011年，洛阳市全面提高城镇居民基本医保待遇水平。从1月1日起，城镇居民基本医疗保险年度最高支付限额由4万元提高到6万元，大额补充医疗保险年度最高支付限额由3万元、5万元、7万元统一调整为16万元。全年参加城镇居民医疗保险参保983482人，实际征缴4038万元。

城乡居民养老保险金发放仪式

【工伤生育保险】 2011年，洛阳市参加工伤保险的各类参保人员55.13万人，工伤保险费实际征缴1.09亿元。全市有工伤保险享受待遇1846人，支付待遇5410万元。提高工伤保险待遇，从1月1日起，一次性工亡补助金标准从原来的48～60个月的统筹地区上年度职工月平均工资，提高至按上年度全国城镇居民人均可支配收入的20倍发放。同时，对伤残职工的一次性伤残补助金做了调整，将一至四级、五至六级和七至十级伤残职工的一次性伤残补助金标准分别增加3个月、2个月和1个月的本人工资。完善生育保险相关配套措施，女工生育保险参保489377人，生育保险费实际征缴7612万元。严格按照规定的标准和范围审核及支付生育保险待遇，女工生育保险享受待遇3359人，支付待遇4532.1万元。各项社会保险待遇按时足额支付率达100%。

【农村社会养老保险】 2011年，洛阳市按照《国务院关于开展新型农村社会养老保险试点的指导意见》和《河南省人民政府关于开展新型农村社会养老保险试点的实施意见》要求，完成吉利区、洛龙区、宜阳县、嵩县“新农保”和居民养老保险试点的申报工作。完成涧西区、西工区、老城区、瀍河区、高新区、新安县、孟津县、汝阳县、伊川县、洛宁县10个县区城乡居民养老保险的启动工作，实现了洛阳市城乡居民社会养老保险全覆盖，并全部于11月底前举行了养老金发放仪式。将我市423万城乡居民全部纳入社会保障的范围，其中近72万60周岁以上的居民不用缴费可直接领取养老金。配合伊洛工业园区、宜阳县、洛龙区、嵩县、吉利区、孟津县、老城区、偃师市、洛宁县制定出台了被征地农民养老保险政策。

【劳动保障监察】 2011年，劳动保障监察工作充分发挥劳动保障监察的职能作用，以维护劳动者合法权益为宗旨，以规范劳动力市场秩序、查处各类违反劳动法案件为突破口，积极工作。2011年，全市受理投诉举报案件1723件，立案1712 件，结案1636起，结案率95%，处理突发事件42起；督促签订劳动合同3.1万人；为劳动者追讨工资5896.7万元，涉及劳动者2.89万人（其中农民工工资5876.7万元，涉及农民工2.86万人）；行政处理案件4起，行政处罚案件78起，罚款金额21.6万元；清退风险抵押金等不合理收费2.28万元；清退童工1 名；取缔非法职介1 户，有效地维护了农民工的合法权益，促进了社会稳定。

【劳动关系协调】 2011年，加强协调劳动关系三方机制建设，指导各县（市）、区健全完善协调劳动关系三方机制机构，构建多层次的协调劳动关系三方机制，充分发挥三方机制作用，促使企业建立和谐稳定的劳动关系。完善协调劳动关系三方工作制度，定期召开协调会议。及时研究劳动关系中出现的重大问题，交流情况，提出对策；认真研究出台了2011年全市协调劳动关系三方的工作思路。积极创建和谐劳动关系，取得创建劳动关系和谐企业活动的新进展。

【劳动争议仲裁】 2011年，市劳动争议仲裁机构以环境创优年为契机，增强服务意识，致力于维权服务，简化受理程序，开通农民工维权绿色通道。全市当期受案2145起，办结2029起，结案率达94.6%。其中调解结案948起，调解结案率达47%。

【劳动工资管理】 2011年，认真贯彻落实《关于印发洛阳市工资集体协商攻坚年活动方案的通知》精神，大力推进工资集体协商和集体合同制度，与工会、企业家联合会、企业家协会密切配合，加强对企业开展工资集体协商工作的指导，认真做好工资专项集体合同的审查工作，协调解决工作推进中出现的问题；大力推行区域性、行业性集体协商工作和工资协商工作。全年，全市签订工资集体协议的企业有7943家，签订率97.78%。大力推行集体合同制度，特别是推动非国有企业做好签订集体合同的工作。今年，全市签订集体合同9067家，签订覆盖率95.01%。

【劳动就业服务管理工作】 2011年，共举办供需见面洽谈会150场，参加招聘单位7076家，提供岗位139777个，求职登记人员154766人，介绍成功50491人。举办了“福建六大行业专场招聘会”“春风送温暖行动”“春季就业援助活动”“全民创业大型宣传暨广场招聘会”“高校毕业生就业服务月活动启动仪式”等专场招聘会，积极应对用工荒、稳定就业局势。劳动保障事务代理全年新增档案13370份，转出档案1530份，累计存档130582份。共办理《就业失业登记证》5063人，其中全国统一新证1484人。保险关系接续办理新参加养老保险4579人，新参加医疗保险3269人，办理合并账户信息1713人；办理养老和医保接续12608人，养老和医保停保248人，办理同城调动10082人；为下岗职工申请低保盖章9700人次。家政服务科年初向财政局申请拨付的家庭服务企业（12家）意外伤害保险、房屋租赁和家庭服务消费券三项财政补贴共计373150元，及时分户下拨到位。

民营企业招聘周活动启动仪式

【农民工工作】 2011年，洛阳市以破解就业、社保、培训、居住以及子女教育等难题为重点，不断加强农民工就近就地转移力度。今年完成培训农村富余劳动力32.15万人；实现农村富余劳动力转移就业147.5万人（其中新增5.4万人）；劳动监察部门清理清欠农民工工资5876.7万元，涉及农民工2.86万人。实现劳务创收133.05亿元。 （任文章）

机构编制

【概　况】 2011年，洛阳市机构编制委员会办公室（以下简称“市编办”）共召开4次编委会，对涉及的41个机构编制事项进行了调研论证、起草和汇报工作，并对市编委会议决定的事项及时进行落实。全年受理行政机构编制事项30件，审核批复16件；受理事业单位机构编制事项223件，审核批复198件，批准使用编制342名（教育系统300名），涉及教育、卫生、文化等70多个单位。

【行政管理体制改革】 2011年，市编办以“改革管理创新年”活动为契机，积极构建权责统一、分工合理、决策科学、执行顺畅、监督有力的行政管理体制和运行机制，扎实开展市、县政府机构改革评估，促进部门“七定”规定的全面落实，强化部门责任，理顺职责关系，推动政府职能转变，提升部门服务水平。开展非行政许可审批事项的清理工作，抽调8人，集中精力对36家单位

259项非行政许可事项进行审核清理，该取消的取消，该下放的下放，进一步优化经济发展环境。根据市政务环境创优工作的安排部署，对全市重点业务科室进行分类统计，对应列入行风评议的重点科室提出初步意见，推动行风评议向部门内设机构延伸。加快建立统一规范的招、投标有形市场，在整合相关5个单位的基础上，成立洛阳市公共资源交易中心，促进公共资源交易市场建设。以打造"平安洛阳"为目标，深化警务体制改革，精简管理模式，优化配置警力资源，推动警务前移、警力下沉，达到 80%的警力在一线执勤。为缓解警力不足的矛盾，为市公安局增加政法专项编制250多名；在2010年为市公安局核定160名文职人员名额的基础上，2011年又增加100名。以建立覆盖全市、号码统一、资源共享、反应迅速、高效协调的城市应急联动服务体系为目标，依托市行政服务中心，整合原市政府信息中心网民诉求办理科、市协同执法支队、市长便民电话受理中心、市城管信息受理中心机构编制资源，组建110联动办公室，实现67家市直部门统一受理群众各类诉求，最大限度地方便了群众。探索适应城市新区和产业集聚区发展需要及内涵要求的管理体制，市编办围绕城市新区和产业集聚区发展，先后开展两次大规模的集中调研，按照"产城融合"的理念，及时理顺城市新区和产业集聚区管理体制，为新安县、洛新、嵩县等产业集聚区管理机构明确了规格，核定了编制。完成《洛阳市人民政府关于委托洛阳伊洛工业园区管理委员会行使部分行政职能的规定》的起草、修改，该规定于6月10日以政府令的形式公布。同时，为伊洛产业集聚区设置社会保障事务管理中心、教育中心、畜牧兽医防疫检疫中心，完善集聚区服务功能。将有限的编制资源向教育领域倾斜，积极解决师资力量不足的问题。组织开展全市中、小学有关情况调研，并在此基础上为市直部门中、小学增加教职工编制60多名，批复用编300名用于招聘教师。支持农村特别是山区中、小学教育发展，批复用编500多名，为农村中、小学招录充实教师。成立洛阳市民办教育促进中心，支持民办教育事业快速发展。高度关注涉及民生的热点问题，提升政府公共服务能力。将洛阳市市场发展服务中心的7个基层服务中心划转到各城市区管理，进一步加强市场监管，促进市场发展，服务城市居民。成立洛阳市社会救济对象信息管理中心，更好地落实城乡居民低保政策。成立城乡居民养老保险经办机构，统一管理城乡居民社会养老保险，适应城乡居民社会养老保险试点工作需要。结合国际文化旅游名城建设攻坚战和大遗址保护的实际，整合现有资源，按照隋唐洛阳城"一区一轴"区域整体化项目建设要求，设置隋唐城遗址管理机构。加强对邙山陵墓群遗址的保护管理，设置洛阳市邙山陵墓群管理机构，并正积极调整理顺文物保护执法机构管理模式，适应新形势下文物保护需要。支持洛阳参与"丝绸之路"申遗工作，设置洛阳丝绸之路博物馆。整合成立洛阳市旅游咨询培训服务中心，规范旅游市场建设，支持旅游产业发展。

【事业单位分类改革】　自2010年12月开始，市编办组织3个调研组，对全市所有事业单位进行了两个月的调研摸底。在学习借鉴全国5个试点省、市先进经验的基础上，邀请河南省编办专家、洛阳市编委成员及市直各委局领导，组织召开各类座谈会、征求意见会12次，查阅相关法律法规、文件资料近100部（份），拟定出市属597家事业单位分类改革名单。此后，市编办仅用1个月完成拟定2011年度改革目标任务，下发《洛阳市企事单位改革工作领导小组工作部署》，对市属事业单位分类改革目标方向、时间节点、任务分解等进行明确。为消除事业单位改革中出现的各类矛盾和问题，市编办组织人员到重庆、深圳等地学习考察，并召开各层各类研讨会。先后研究解决了涉及改革的经济补偿、养老保险接续、产权交易、土地使用权交易、人员分流安置、土地资产处置等20多个突出问题，制定出台10多个推动改革的文件和配套政策，为事业单位分类改革提供了可靠政策保障。历时一年多的探索实践、攻坚克难，经过清理规范和转企改制，全市共减少事业单位700多个，收回事业编制8000余名，经过重塑、剥离后的事业单位，职责更加明确，运行更加高效，更具活力与动力。洛阳市事业单位分类改革的做法得到了河南省人民政府的充分肯定，省长郭庚茂视察洛阳时指出："洛阳企事业单位改革改制工作走在了前列，值得全省借鉴！"

【机构编制监督管理】　2011年，市编办在继续坚持实名制管理等行之有效制度的前提下，进一步创新监督检查方式方法。一是在不定期联合纪检、组织、编制、人事等部门开展专项督察的同时，以查处典型违规、违纪案件为抓手，提高督察工作实效。9月，市编办联合市纪委、市人力资源和社会保障局等相关部门组成联合调查组，对偃师市、宜阳县、瀍河区违规、违纪进人等重点典型案件进行了重点查处，对相关领导干部和责任人做出严肃处理。二是突出督察重点。市编办把消化党政机关超编人员工作作为督察的重中之重，按照"把紧入口、控制增量，畅通出口、减少存量，改善结构、调剂余缺，严格控编、推行实名"的总体思路，严格落实增人用编，综合运用自然减员、干部人事调配、机构编制调整等手段加快消化工作进度。市编办制定科学的消化方案，并通过采取领导分包、重点县区实地督察、落后县区发函提示以及月报告、月排名、季通报等措施，强力推进。截至2011年10月底，洛阳市提前两个月完成党政机关超编人员消化工作。三是完善监管手段。充分利用机构编制统计数据库，坚持每月对市本级和县（市）、区机构编制数据进行更新和接收比对，严格审核数据库变动更新情况，及时发现、纠正问题，确保机关事业单位现有机构、人员与按照规定权限审批的机构、编制相对应。发挥"12310"举报电话监督作用，畅通信访举报渠道，做好信访维稳工作。在信访事项办结率100%的前提下，对"洛龙区城监大队身份转换问题""宜阳县丰李镇教师因区划调整移交问题"等信访事项进行重点调查督办，促进了信访事项的圆满解决。

【事业单位登记管理】　2011年，洛阳市开始实施事业单位网上登记管理工作，市登记局在时间紧、任务重、推广难的情况下，克服光盘订购难、计算配置难等问题，采取加强组织领导、加大政策宣传力度、组织操作系统培训等措施，狠抓事业单位网上登记管理工作。通过在线受理、审核、核准、通知、复核、公告等程序，变更登记720个、注销登记46个；办理2010年度检验5046个，网上年检率达到80%以上。

在全省率先开展事业单位法人治理结构试点工作。强化面向社会提供公益服务的事业单位的信息披露制度，逐步扩大事业单位法人年检结果、年度报告内容和重要事项信息公开的范围和数量。全市在媒体上公开1778家事业单位法人的年检结果，公开519家事业单位法人的年度报告内容，公开306家事业单位法人的1769项重要事项信息。做好事业单位改革改制后的登记管理工作。对被整合和被撤销事业单位建制的事业单位以及实行内部三项制度改革的事业单位进行梳理，及时督办、指导事业单位办理设立、变更、注销等登记手续，办理设立登记192个，办理注销登记107个，全市登记率达到84%。加强中文专用域名注册工作，截至2011年11月底，全市共新注册中文专用域名1000余家，注册绝对数和注册率均位居全省前列。

（樊祥胜）

民　　政

【省、市制定实事圆满完成】　2011年，洛阳市城乡低保农村“五保”供养标准动态调整顺利完成。全市退出低保待遇23434人，新审批8684人。全市保障城乡低保对象31.92万人，累计发放资金3.74亿元。人均补差水平城市低保达到每人每月161元，农村低保每人每月72元，均达到省定目标。全市农村“五保”对象2.33万人，发放“五保”供养资金3789.24万元。其中：集中供养10289人，占总保障人数的44.2%，年集中供养标准县（市）为2520元/人，城市区3120元/人，均超过省定的2240元/人供养标准和40%集中供养率目标；分散供养12972人，年供养标准1320元/人，与省定目标相同。市政府预算投入300万元进行60所农村敬老院基础设施提升改造顺利完成。城乡困难群众补充医疗保险和重大疾病医疗救助制度逐步完善，缓解了城乡低保和农村“五保”对象看病难问题。全市累计实施医疗救助约3.67万人次，支出救助金约1455万元。

【防灾救灾】　2011年，洛阳市成立减灾委员会，立足防大汛、防大旱、救大灾，制定了行之有效的救灾工作措施，较好地确保救灾工作有条不紊，最大限度地减少灾害损失。根据救灾工作的特点，把重点放在灾害信息员队伍的培训上。全年培训灾害信息员480余名，有28名救灾工作人员取得国家四级灾害信息员资格。上半年全市连续140天无有效降雨，县、乡、村三级灾害信息员及时准确上报旱情灾害5期20次，引起了河南省民政厅、民政部的高度关注，争取各级救灾资金4000多万元。市救灾物资储备中心于3月正式投入使用，结束了洛阳市长期没有专业救灾仓库的历史。先后4次向河南省民政厅和国家救灾储备中心争取救灾物资，可保障全市在5年之内不需购置救灾帐篷。9月，洛阳地区持续17天降雨，造成17个县（市）、区61.5万人次受灾，因灾倒塌民房4597户、11075间，损坏房屋17544间。在汛期救灾工作中，积极采取有力措施确保受灾群众的吃、住和社会稳定。在核查灾情的基础上，普遍对因灾倒房户进行了紧急转移安置和临时生活救助。全市因灾倒房需政府帮建4009户、9835间，重建工作将于2012年4月15日前全部完工。

【基层政权】　2011年，洛阳市按照河南省确定的换届时间，圆满完成新一届村党组织、村委会、村监委会的换届选举任务。全市2815个村，产生村“两委”成员19937人。其中：新当选成员18431人，占92.45%；党员13213人，占66.27%；大专以上文化程度2850人，占14.3%；年龄在40岁以下的4314人，占21.64%；“双强”带头人6665人，占33.43%；妇女成员3038人，占村总数的1.08倍；村党支部书记、村委会主任“一肩挑”的741人，占村总数的26.32%；大学生“村官”当选343人，占大学生“村官”总数的14.8%；村两委成员交叉任职3301人，占16.56%。其他各项结构比例均进一步得到合理优化，实现了工作效果和社会效果的有机统一。

【社区建设】　2011年，全市社区办公、服务、活动用房建筑面积达到112114平方米，每个社区平均达718平方米，其中有23个社区的建筑面积在1500平方米以上，达到精品社区建设标准。积极开展和谐社区创建，16个示范社区受到奖励，社区建设水平得到提升。汝

市民政局领导检查因灾倒房重建工作

中华慈善总会会长范保俊看望慰问困难群众

阳县顺利通过“全国农村社区实验全覆盖示范单位”评估组验收。积极稳妥推进村改居（村委会改为居委会或社区委员会）工作。2011年完成14个“乡改办”的材料上报工作，177个改居村进行了挂牌。

【社会福利慈善事业】 2011年6月底，洛阳市民政局完成全市孤儿身份重新核实、登记、认定工作，3025名符合条件的孤儿全部纳入保障，下拨2010年孤儿基本生活保障费1482万元。出台《洛阳市人民政府办公室关于加强孤儿保障工作的意见》，确定全市孤儿保障制度，成为河南省第一个出台孤儿保障政策的城市。积极开展慈善捐助和扶贫济困活动。2011年，市慈善总会共接收捐款398万余元，救助支出250万余元。全年销售福利彩票4.5亿元，超额完成年度任务，为全市筹集公益金3000万元。7月，市财政支出30万元公益金，举办“圆梦寒门学子 助力福民强市”大型助学活动，圆了100位学子的大学梦。

【“双拥”工作】 2011年，洛阳市以争创全国双拥模范城“六连冠”为目标，军地双方互办实事，有力地推进了军民融合式发展，顺利通过全国双拥模范城考评公示。优抚政策全部落实，优抚资金足额及时发放。扎实做好烈士纪念设施普查登记工作，1923名零散烈士全部录入民政部零散烈士信息库。退役士兵和军休人员安置及培训工作圆满完成，退役士兵安置率达98%，培训率达65%。接收并妥善安置48名军队离退休人员。 （侯作领　董华武）

信　访

【概　况】 2011年，洛阳市发生市以上信访7966批次（件），同比下降2.7%。其中：总上访量4504批次36610人，同比批数下降8.4%；总信件量3462件，同比上升5.7%。赴京集访4批35人，同比分别下降42.9%和2.8%；赴京个访400次525人，同比分别下降8.7 %和9.6%；到省集体上访41批401人，同比分别下降58.6%和55.1%；到省个人上访1434次1679人，同比分别下降9.6%和12%；向省投送信件1752件，同比下降9.6%；到洛阳市集访1675批31319人，同比分别上升28.4%和44.7%；围堵市党政办公场所集访260批11291人，同比分别上升19.8%和45.1%；到洛阳市个访1350次2651人，同比分别下降8.8%和9.9%；向市投送信件1710件，同比上升27.8%。全年信访工作呈现“七个下降”的总体态势：信访总量同比下降2.7%，赴京集访同比下降42.9%，赴京个访同比下降8.7%，到省集访同比下降58.6%，到省个访同比下降9.6%，省转信件同比下降9.6%，到洛阳市个访同比下降8.8%。全市多项信访指标排在全省前列，其中到省集体上访同比下降幅度排全省第一位。“双节”及全国、省、市“两会”和济南军区国防动员会等敏感节点期间没有发生来自信访方面的干扰，全市社会和谐稳定大体良好。

【党政领导接访】 2011年，根据中央和河南省委关于领导干部定期接访的要求，洛阳从抓公示、抓接访、抓包案、抓办理、抓回访督察等方面入手，采取明查暗访、定期通报等方法，推进领导接访工作落实。同时，进一步建立和完善了市级领导每周一接访和市级领导每天信访值班制度。全年市、县两级党政领导共接待来访群众4871批15036人，当场解决1335起，落实领导包案3536起，把大量的信访问题化解在了基层、把群众稳定在了当地。孟津县开通县委书记、县长和政法委书记群众诉求热线电话及短信平台，对群众反映的问题实行“即求即办”，要求承办单位自群众诉求交办之日起48小时内必须与投诉人或反映人进行有效沟通，把大量的问题化解在基层。

【完善信访评估工作机制】 2011年，洛阳市完善信访评估机制，坚持把信访评估工作作为落实科学发展、减少矛盾纠纷的重要举措，下发《关于进一步规范信访稳定风险评估工作制度的通知》（洛办〔2011〕28号），进一步明确重大事项信访稳定风险评估的工作原则、评估范围、评估内容、责任主体、评估程序及责任追究等，规范信访风险评估工作。全年洛阳市联席办先后下发信访风险评估提示函14件，先后对25个重大项目进行信访风险评估，对1个项目实行缓办。西工区在城中村改造中，坚持“群众利益最大化，开发商利益合理化，政府利益公益化，部门服务无偿化，工作过程透明化”的“五化”原则，对全部项目进行信访评估，没有发生一起群体性信访问题。洛阳高新区本着“谁决策、谁评估、谁负责”和“依法评估、以人为本、科学发展”的原则，先后对4项重点工程进行信访评估，实现了城中村改造零上访。完善矛盾纠纷排查化解机制，按照“属地管理、分级负责，谁主管、谁负责，依法、及时、就地解决问题与疏导教育相结合”的原则，各级各部门认真抓好矛盾纠纷排查化解工作，采取经常性排查与集中排查相结合的方法，组织相关单位认真排查化解各类不稳定因素和信访苗头，确保矛盾纠纷排查化解不留死角、不留盲点。涧西区探索在社区和院落建立两级居民协商议事会议机制，让居民“自我服务、自我管理、自我发展、自我教育”，全年共汇集群众诉求500余件，有效化解470余件，实现了居民和社区双向沟通、良性互动；新安县积极推进“人民调解纵向成体系，行业调解横向全覆盖”的人民调解网络，基本做到“小事不出村、难事不出村、大事不出乡”。2011年，市、县两级排查化解各类矛盾纠纷2400余起，使大量的矛盾纠纷和社会不稳定因素及时化解在基层、消除在萌芽状态。完善每日碰头会机制，坚持每日碰头会工作制度，先后召开信访稳定工作日碰头会360次，排查化解重大不稳定因素200余起，研判解决信访事项210多起。嵩县在认真落实每日碰头会的基础上，实行“周日提醒”制度，每周日上午，由县信访督察专员根据全县排查重点不稳定因素情况，逐一提醒有关单位一把手，督促做好重点不安定因素的化解和稳控等工作，以防止工作出现空当，起到未雨绸缪、防患于未然的作用。

省委常委、市委书记毛万春到市信访局调研工作

【信访积案化解】 2011年，洛阳市下发《关于开展信访积案集中化解活动的通知》，明确信访积案化解的目标任务、方法步骤和工作措施。同时，引导各级各部门采取信访评议、“双向扶贫”、“三调联动”及使用专项资金等措施，积极化解信访积案。市、县两级分别按照1000万元、300万元、200万元、100万元的标准建立专项救助资金，充分发挥专项救助资金“四两拨千斤”的杠杆作用，先后使用专项救助资金2563.9万元，有效化解“骨头案”“钉子案”979起。全年河南省交办疑难信访积案38起全部办结；洛阳市交办疑难信访积案294起，化解率达90%以上。各县（市）、区按照统一部署，积极开展信访积案化解活动，有效化解各类信访积案1000余起。栾川县开展“疑难信访案件百日攻坚战”活动，排查、交办疑难信访案件62起，办结62起，办结率100%。宜阳县严格落实积案化解“三个一”的要求，对上级交办的信访积案，逐人见面，逐案落实，逐一解决，积案化解率达到90%以上，稳控率达到100%。瀍河区委、区政府高度重视信访积案化解工作，在区财政困难的情况下，投入专项救助资金100万余元，化解疑难信访案件30余起。

【信访案件督察、督办】 2011年，洛阳市抽调副市级领导带队，组成8个专项督察组对全市信访积案化解、党政主要领导接访、信访评估开展等情况进行专项督察，先后督办各类案件450余起，有力地推动了疑难信访案件的化解。汝阳县强化督察督办工作，对领导分包的信访案件，实行“一周实地对案件办理督察一次、一周对上访人当面稳控一次、一周对所有案件研讨一次、一周对所有案件进度通报一次、一周将案情向包案县领导汇报一次”的工作法，取得明显成效。老城区积极组织机关党员干部开展“下基层大走访活动”，先后对5个社区、企业及67户信访人进行下访，与信访群众面对面交流，反馈问题解决进度，疏导信访人情绪。

【信访专项治理】 2011年，洛阳市针对“双节”期间农民工讨薪信访事项多发的实际情况，从1月开始启动清欠农民工工资专项活动，先后接待群众来访169批次1970余人，召开各类协调会116次，为农民工讨薪2000万余元，全年没有发生因欠薪引发恶性劳资纠纷案件和重大群体性上访事件。同时，开展涉法涉诉、信访老户等专项治理活动，有效化解一批影响全市信访工作开展的疑难复杂信访事项。吉利区针对农村信访问题突出的实际，在全区开展了“信访问题解决率和群众对基层组织满意率”为主要内容的测评活动，根据信访量和信访问题的解决情况，对所有村进行测评和排队，对排名最后的两个“软、瘫、散、乱”村进行重点管理。市信访局对围堵市党政办公大楼集体上访、个人上访及信访老户进行梳理交办，化解率90%以上。每天由信访工作任务重的单位安排专职工作人员在市党政办公大楼周围信访值班，对发生围堵办公机关的信访事项，及时引导到市信访局反映问题，对恶意串联上访的信访人进行劝返，确保第一时间劝离，维护正常的信访工作秩序，确保信访渠道畅通。

【工作创新】 2011年，洛阳市创新信访工作机制，建立并完善联合接访、约谈、预警、分级办理、综合协调及奖惩机制，化解了大量社会矛盾。一是建立联合接访工作机制。借鉴沈阳“一站式接待、一条龙服务、一揽子解决”的工作模式，组织市委政法委、市中级人民法院、市检察院、市公安局、市人力资源和社会保障局等13个单位进驻信访大厅开展联合接访，实行信访事项“统一登记、归口接谈、现场答疑、立案调处、交办督办、回复回访、审核结案”的工作运行制度，规范工作流程，整合行政资源，强化主体责任，全面提升了工作效率。二是建立信访工作约谈机制。下发《关于进一步加强信访工作约谈制度的通知》，对每月、每季、年终考评排名后三位及某个时期信访问题突出或发生有较大影响信访事项的单位，由市领导分层级分别对其党政领导进行约谈，告知其存在的主要问题、应承担的责任，及时提出工作建议，推动扭转被动工作局面。三是建立信访工作预警机制。按照市领导要求，依据《2011年度信访工作责任制考核办法》，每月、每季度对各县（市）、区结合信访工作进行综合排名，对排名前三位单位的党政主要领导、分管领导和信访局长发送《信访工作红色预警提示函》，及时提醒相关单位改进工作，采取措施，扭转别动落后局面。四是建立信访案件分级办理机制。制定《洛阳市信访案件分级办理工作意见》，明确和规范信访案件交办签批领导和案件办理领导的责任，提高工作效率和办理质量，推动群众信访事项依法及时妥善解决，有效解决了案件办理工作层层批转、效率低下等问题。五是建立人事分离信访事项综合协调和奖惩机制。针对因失职渎职、推诿扯皮等原因对事情发生地、事情处理地、事情处理单位、户口所在地及常住地分离的信访案件处置不力、造成影响的信访案件，进一步厘清相关责任，明确责任追究的原则和方式，确保人事分离信访事项得到妥善及时化解。

【信访宣传】　2011年，洛阳市以《信访条例》颁布实施6周年为契机，下发《关于在全市开展〈信访条例〉宣传月活动的通知》，组织开展《信访条例》、政策法规等宣传活动。各县（市）、区、部分市直委局按照全市统一部署，通过出动宣传车、开设宣传栏、打横幅、贴标语、印发宣传页等行之有效的宣传形式，制作宣传栏、展板300多块，悬挂横幅500余条，印制各类小册子、宣传页1万余份，设立咨询台200多个，努力提高“非正常上访不但无助于问题的解决，而且要受到依法追究”的社会知晓率，赢得社会各界的理解和支持，营造了依法信访的良好社会氛围。

【信访工作“双向”追究】　2011年，洛阳市坚持把责任追究作为推进问题解决的重要抓手，贯穿于信访工作的始终。对信访工作中干部的失职渎职行为和群众的违法上访行为，做到发生一起、追究一起。全年市信访局对28起信访事项启动了责任追究，其中对8个单位给予全市通报批评，对5个乡镇实施信访工作重点管理、对1个乡镇实施一票警示和重点管理，并责成有关县（市）、区按照干部管理权限，给予80余名相关责任人通报批评、诫勉谈话、党内警告处分、行政记过、停职等相应处理。　（刘洪斌）

人口和计划生育

【概　况】　2011年，根据市统计局1%人口抽样调查，全市人口出生率约为10.8‰，比省、市下达的12.95‰的出生人口控制目标低2.15个千分点；人口自然增长率约为5.9‰，低于市定目标0.6个千分点。全省人口计生形势分析报告显示，2011年洛阳市考核总分排在全省先进行列，省下达的7项工作目标，洛阳市有5项高于全省平均水平。在河南省2010年度～2011年度行风评议中，洛阳有11个县（市）、区人口计生委列当地第一名，有2个县分别位于第二名、第三名。孟津县、吉利区创建全国计划生育优质服务先进县（区）一举成功。洛阳市15个纳入省目标管理的县（市）、区中，国优县7个（洛龙区、西工区、嵩县、栾川县、偃师市、孟津县、吉利区），省优8个（涧西区、老城区、瀍河区、新安县、宜阳县、宜川县、洛宁县、汝阳县）。洛阳市人口和计划生育委员会（以下简称“市人口计生委”）被国家人口计生委、国家人力资源和社会保障部表彰为“全国人口和计划生育工作先进集体”。在省政府两年一度的政风行风评议活动中，市人口计生委名列洛阳市政府部门第二名。再度被省委、省政府授予省级文明单位，被省人口计生委表彰为全省科技工作先进单位、党风廉政建设先进单位、查办案件工作先进单位、信访案件办理先进单位。被市委、市政府授予“人民满意的公务员集体”“全市新农村建设包村帮建先进单位”。

【稳定低生育水平】　2011年，为了稳定低生育水平，市人口计生委扎实开展“生殖健康进家庭”优质服务活动，完

中纪委委员、中纪委驻国家人口和计生委纪检组长勾清明到洛阳市调研“阳光计生行动”

成计划生育“四项手术”（引产、流产、结扎、上环）102785例，其中引流产15337例，可降低当年人口出生率2个千分点。严格落实目标管理责任制，依据省、市监控考核情况，市委、市政府及各县（市）、区党委、政府分别对2010年度先进单位、先进个人和落后单位兑现了奖惩措施。深入开展生育秩序治理活动，全市持证生育率提高3.2个百分点，达到95.9%，率先开通生育证网上办理系统，全市有19225名群众通过在线办理系统领到生育证，方便了群众，提高了工作效率。努力提高数据库质量，通过建立人口数据库信息核查月例会制度，全市新纳入公民身份证信息117万条，完善不准确个案信息17万条，数据库质量大幅度提高。

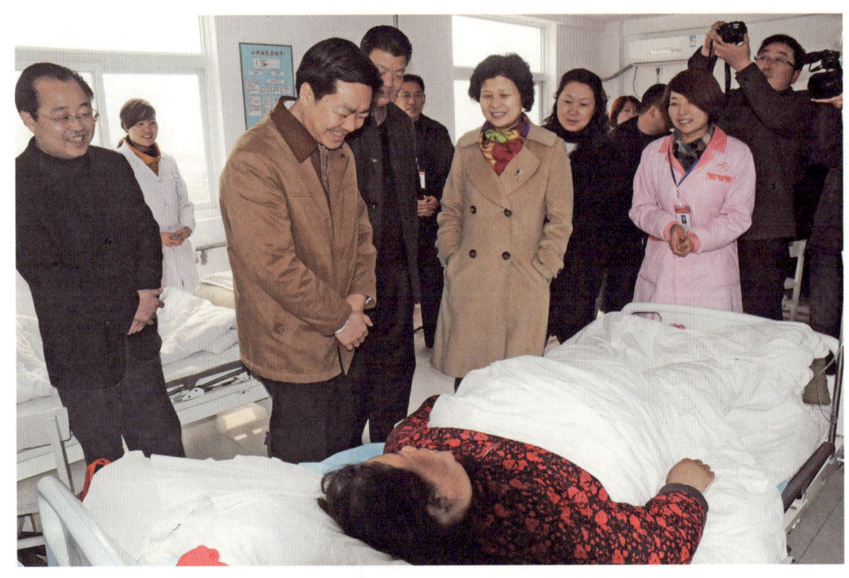
副市长王敬林在孟津县计划生育服务站看望慰问群众

【提高出生人口素质】 2011年，市人口计生委大力实施以国家免费孕前优生健康检查项目为重点的优生促进工程，加大财政投入，稳步推进国家试点栾川县，省试点洛龙区、嵩县和市试点孟津县的孕前优生实验室规范建设以及检验室室内质控和室间质评工作，加强对育龄夫妇的优生优育培训和优生咨询指导。据统计，全市共投入资金1540万元，培训拟计划怀孕的育龄夫妇11.2万人次，发放叶酸或复合营养素60万人份。

【综合治理出生人口性别比偏高问题】 2011年，市委、市政府调整洛阳市出生人口性别比综合治理领导小组，对开展、从事终止妊娠手术和B超操作技术的服务机构、人员进行认真的清理清查。全年查处各类“两非”案件740例，其中计生部门查处406起、卫生部门查处208起、药监部门查处126起；处理各类人员745人，罚款124.38万元，没收B超84台，没收终止妊娠药品442盒，注销生育证202份，有效净化了全市生育秩序和生育环境。

【加强流动人口服务管理】 2011年，市人口计生委结合“生殖健康进家庭”服务活动，对流动人口进行清理清查，清查新流出已婚育龄妇女2711人，返回1061人，新办理婚育证明2670份。开通婚育证明网上办理系统，制定下发《流动人口生育证明办理规范》和《流动人口婚育证明办理规定》，通过国家、省流动人口信息管理服务平台，加强流出地与流入地的联系信息通报和协作，免费为流动人口孕检27512人次，免费进行避孕节育服务8041人次。开展流动人口均等化服务试点工作，西工区、洛龙区和孟津县等试点县、区及时制定工作方案，试点工作稳步进行。

【落实利益导向政策】 2011年，洛阳市落实各类奖励优惠政策资金8466万元。就落实利益导向政策方面，一是对各级各类奖励扶助对象进行申报、审批和确认，确认国家奖励扶助对象10875人，落实奖扶资金872.4万元；确认国家特别扶助对象593人，落实资金65.62万元；确认洛阳市奖励扶助对象10410人，特困救助对象653人，低保生活补助对象1935人，分别落实资金624.6万元、47.1万元和46.44万元，确认符合中招加分奖励对象2147人，实际享受269人，减免各项费用109.35万元。二是对纳入国家奖励扶助范围的“半边户”对象进行动员、摸底、申报和审批确认，确认符合农村部分计划生育家庭奖励扶助“半边户”中对象489人。三是对“新农保”试点县（市）、区的计划生育家庭补贴对象进行申报确认。各试点县（市）、区确认补贴人数9623人，发放补贴90.5万元。四是完成独生子女父母资格年审和奖励费发放工作。为22.52万名独生子女父母落实奖励费5453.66万元。

【强化基层基础工作】 2011年，市人口计生委围绕强化基层基础计划生育工作，重点采用以下六个方面的举措：一是完善服务体系逐步完善。对申报参评的51个“四优一满意”站所进行评估验收，择优命名表彰了27个市级示范所；结合县乡计划生育技术服务机构执业许可证校验，对全市145个乡所服务能力进行调研和评估；开展全员科技大练兵，对全市1230名技术服务人员分4个项目进行专业理论和技能操作考试。二是营造宣传教育的浓厚氛围。突出宣传各项奖励优惠政策，组织开展宣传月活动；按照省定人口文化大院三个星级的标准，对全市申报的星级人口文化大院进行评估验收。结合建党90周年和“7·11”世界人口日，开展“颂党情赞计生”书画作品征集活动，征集书画作品120幅。三是保障经费投入。2011年，市、县、乡三级财政部门投入计划生育事业费30081.34万元，市级财政部门投入计划生育事业费2259.5万元。四是扎实推进信息化建设。在全面完成1000口人以上的村MIS终端入村的基础上，又有261个村实现了终端入村，总数达到2377个，占全部村的比例达到79%。180个乡（镇、街道）信息工作站中136个达到全省一流水平，占乡（镇、街道）的75.6%，其中农业乡（镇、街道）达到85%。五是便民服务全面推开。2011年，全市人口计生系统为群众代理代办各种事项26万件次，有效缩短办事时限、降低办事成本，受到群众普遍欢迎。11月，中纪委委员、中纪委驻国家人口计生委纪检组长勾清明，省政协副主席、省人口计生委主任高体健到洛阳市调研，对“阳光计生行动”、全程代理服务和政风行风建设等工作给予了充分肯定。六是优化政务环境。市人口计生委专门成立领导小组，下发《实施方案》《效能告诫实施细则》《行政办理事项工作规范》和《文明执法工作规范》等文件，并在《洛阳日报》公布了四项限时办结服务承诺。在省政府两年一度的政风行风评议活动中，市人口计生委名列洛阳市政府部门第二名；在全市组织的科室评议中，市人口计生委科学技术服务科取得第一名的好成绩。

（耿　梅）

公务接待

【概　况】　2011年，洛阳市共计完成接待任务580余批1.9万余人次，其中接待党和国家领导11人次，部级领导450余人次，部队首长140余人次，各类督察组、考察团、代表团、检查组、访问团90余批，服务保障大型会议、大型活动30余个。在全年的接待工作中，洛阳市接待办公室按照市委、市政府的“接待服务政治，接待服务经济”的指导思想和“安全、热情、严谨、规范、特色、品位”的总体要求，圆满完成各项接待任务，实现接待工作“三无”（无差错、无纰漏、无失误）、“三满意”（领导满意、客人满意、自己满意）的工作目标。本年度，洛阳市接待办获得的主要荣誉有：第二十九届牡丹文化节先进单位；2011年度社会帮扶先进单位；2011年度创建国家森林城市工作先进集体，2011年度新农村建设驻村帮建先进单位；2011年度市直机关党建品牌创建工作先进单位。

【重要接待】　2011年，洛阳市共接待党和国家领导11人次。

4月7～8日，接待全国政协副主席、中央统战部部长杜青林一行。

4月10～11日，接待全国政协副主席何厚铧。

4月20日，接待全国政协原主席李瑞环一行。

5月19～20日，接待中央军委原副主席、国防部原部长曹刚川一行。

6月6～12日，接待全国政协副主席张思卿一行。

8月30日～9月2日，接待国务委员、国防部长梁光烈一行。

9月26～27日，接待全国政协原副主席王文元一行。

10月16～21日，接待原军委委员、总参谋长傅全有一行。

11月6～7日，接待全国人大常委会原副委员长盛华仁一行。

11月19日，接待国务委员、公安部部长孟建柱一行。

12月14日，接待泰国反腐败委员会主席潘特普·科拉纳荣然一行。

【特色接待】　2011年，洛阳市接待办公室先后保障服务大型会议、大型活动30余个。主要有：河南省人民代表大会，河南省政协会，第二十九届中国洛阳牡丹文化节赏花启动仪式、开幕式、庆典晚会，海峡两岸青年联欢会，河南省第十一届运动会开幕式、闭幕式，河洛文化旅游节开幕式，关林朝圣大典，洛阳市人民代表大会，洛阳市政协会，河南省第五届农运会开幕式及闭幕式，全省重点项目观摩会议，全省小额贷款经验交流会， 邵雍诞辰1000周年纪念大会等。

【接待服务提升工程】　2011年，洛阳市接待办公室以“环境创优年”主题教育活动为契机，以建设一支廉政、勤政、务实、高效的干部队伍为目标，以加快机关管理制度化、规范化建设为抓手，全面推进接待环境创优建设，大力实施接待服务提升工程。（1）重新调整健全了全市公务接待工作领导小组，组长由市委常委、市委秘书长尚朝阳担任。（2）重新修改印发了《洛阳市公务接待规范》，使全市的公务接待工作做到有规可依、有章可循。（3）同市委办、政府办沟通协调，成立了由各委局局长负责的接待工作陪同团，保证到洛的每一批客人，到时有人接、活动有人陪、走时有人送，确保做到全程陪同。（4）总结制定并下发了《公务接待工作警示录》。（5）积极开展公务接待培训，努力提高全市公务接待水平和服务质量。一是提升接待队伍整体建设。为提高接待干部队伍的整体素质，市接待办于6月24日邀请中共中央办公厅警卫局服务处的领导和专家对全市50名有关接待人员进行了授课培训，主要针对接待礼仪、餐饮礼仪、餐饮服务、接待服务等专题培训。二是对定点接待宾馆酒店进行公务接待培训。邀请专家对接待工作礼仪、程序等科目进行专题讲解，以及针对接待有关问题现场答疑的方式，使参加培训的人员对接待工作的重要性有了更深的认识，对政务接待工作理论和业务知识有了更进一步的了解和提高。三是组织部分接待人员赴郑州、西安，学习郑州举办“黄帝拜祖大典”和西安举办“世界园艺博览会”的成功经验。四是组织机关接待人员进行茶艺服务培训。主要进行了茶的理论知识、茶艺礼仪、茶艺形体、泡茶技巧、茶叶与养生等专题培训。

（徐恒瑞）

民族宗教

【民族宗教领域矛盾化解】　2011年，洛阳市成立了民族宗教矛盾纠纷调解委员会，制定“矛盾纠纷排查调解机制”“突发事件快速反应机制”等5项维稳长效措施，定期排查涉及民族宗教方面的矛盾纠纷。2011年1～12月，洛阳市民族委员会（宗教局）协调公安、安全等部门调解化解民族宗教领域不安定因素和矛盾纠纷20余起，各类矛盾和问题都及时消除在萌芽状态，全市民族宗教领域持续保持了和谐稳定的良好态势。

【"和谐寺观教堂"创建活动】 2011年，洛阳市深入开展了创建"和谐寺观教堂"活动，加大对宗教教职人员集中培训力度，全年共培训宗教教职人员500余人次，建立并完善宗教教职人员轮训、"双月"学习座谈、宗教团体工作述职等工作制度，大力开展对基督教私设点治理、全市宗教工作调研、治理乱建佛道教寺观等活动，认真做好了宗教教职人员备案、宗教教职人员社会保障、道协换届、宗教活动场所财务监督、对天主教地下势力教育转化等工作。并围绕中国共产党成立90周年，开展"同心同行"主题爱国主义教育系列活动。伊川县举办了民族宗教界庆祝建党90周年文艺晚会，涧西区基督教"两会"举行了"颂党恩促和谐"文艺会演，偃师市、栾川县、新安县组织召开"宗教界与党同心同行话历程"座谈会，充分表达了宗教界对党、对祖国的热爱和对党的宗教信仰自由政策的拥护。

【白马寺改扩建项目建设】 2011年，洛阳市重点突出白马寺景区提升改扩建重点项目的工作。年初，洛阳市民族委员会（宗教局）开展了白马寺"百日会战"行动，6月组织召开"2011第四届中韩佛教学术论坛"，实施泰国风格佛殿扩建工程（预计明年4月佛殿主体可对外开放），6～9月积极联系缅甸驻华大使馆，缅甸风格佛殿意向基本达成。10月29日，副市长谭建忠组织召开市规划委员会会议，审议并原则通过白马寺佛教文化园区概念性总体规划，白马寺创建工作按照市委、市政府要求的各个节点，正在如火如荼的全力进行。

【支持发展少数民族经济】 2011年，洛阳市大力发展科技型少数民族经济，培育出一批实力雄厚、科技含量高的少数民族企业。7～8月，洛阳市民族委员会（宗教局）组织少数民族特色产品在全国参加了展销。在扶持少数民族聚居区社会事业发展上，年初我们利用争取到的100多万元少数民族发展资金，对12个少数民族乡镇村重点项目进行了扶持。4～8月，通过调研论证，又确立13个扶持项目申报到河南省民族委员会，经过沟通协调汇报。11月，争取到省项目资金140多万元和市项目配套资金80万余元，全部用于民族乡镇村的助学、修路、打井等基础设施建设。同时，积极为少数民族群众做实事，办好事。全年更改少数民族成分50余人，为少数民族考生出具升学照顾证明1100余份，较好地落实了各类成人高等学校、普通高中招收少数民族学生时的分数照顾政策。

【清真食品管理】 2011年，洛阳市加强了清真食品管理工作，取得了明显成效。"洛阳伊众"被评为中国清真食品大众口碑奖，洛阳市甜咸斋食品有限公司等13家企业荣获河南省清真食品知名企业称号，洛阳"伊众"牌牛肉系列产品、"夹马营"牌鸡肉系列产品等荣获河南省清真食品知名品牌。开展"洛阳市十佳清真饭店"评选活动。洛阳市民族宗教网站开通了清真食品专栏，向社会广泛宣传党的民族宗教政策和有关清真食品方面的法律法规。成立洛阳市清真食品协会，聘请150名少数民族群众担任了清真食品义务监督员，在元旦、春节、国庆、中秋等节假日开展清真食品检查活动。各县（市）、区也结合各自实际，开展形式多样的检查工作，促进了清真食品流通管理规范化。

（办公室）

外事侨务

【礼宾接待工作】 2011年，洛阳市外事侨务部门秉承"外事无小事"的理念，重点在提升接待水平上下功夫，做到早计划、早安排，圆满完成第二十九届中国洛阳牡丹文化节期间的各项外事接待工作。先后接待俄罗斯国家杜马副主席、世界华裔杰出青年华夏行代表团、泰中商务委员会经贸代表团、俄罗斯科斯特罗马州代表团，巴西圣马托乌斯市政府代表团，韩国扶余郡政府代表团，法国图尔市政府代表团，日本冈山市政府及市民代表团，冈山市日中友好协会，太平洋岛国新闻媒体，澳大利亚驻华大使，德国驻华大使，芬兰驻华大使，奥地利首席检察官，韩国驻武汉总领事馆，马来西亚马六甲州代表团等31个国家和地区的外宾、驻外使节85批1600多人次。有7个国际城市的代表团参加了第二十九届中国牡丹文化节开幕式，4个外宾代表团及侨领、侨商团参加了经贸投资洽谈会，并考察洛阳工业园区，参观考察了伊滨区、一拖集团、中信重机等，促进了洛阳经济社会的发展。

【对外交流】 2011年，洛阳市不断拓宽与国际友好城市的交流渠道，加强与国际友好城市在政府、议会、经贸、文化、教育、文物、环保等领域的交流合作，对外交流辐射面进一步扩大。为纪念中国洛阳和日本冈山缔结友城30周年，由副市长杨炳旭为团长洛阳市政府代表团及市民访问团一行100人出访日本冈山，参加了在冈山举行的纪念庆典活动。

同时，组织医疗、教育、新闻、农林业科技等访问团9批141人，日本冈山市、橿原市、须贺川市，韩国扶馀郡等进行友好交流访问。日本冈山市日中友协访问洛阳期间，参加了孟津小浪底中日友好林植树活动，并考察了新安县申洼希望小学，巩固和发展了友好城市之间的友好关系。

【涉外管理与因公出访工作】 2011年，洛阳外事侨务部门严格落实因公出访计划，进一步加强管理，有效杜绝异地办照、公费旅游、弄虚作假等违法、违纪行为，严禁以各种名义用公款出国（境）旅游。2011年，全市受理因公出国（境）团体65批230人次，受理邀请外国人到洛手续11批58人次。受邀人员集中在美国、加拿大、俄罗斯、德国、日本、菲律宾和孟加拉。

涉外管理工作更加规范，对发生在洛阳市的7起涉外事件，依据外交政策及外事规定，在公安、国家安全、省外侨办等相关部门配合指导下，有理、有利、有节妥善给予处置，把涉外事件造成的影响降低到最低限度。

【重要出访】 2011年1月，应大公报（香港）有限公司的邀请，洛阳市人民政府副市长杨炳旭，赴香港参加了

“2010年中国最具海外影响力市（县区）、中国最具海外影响力镇（乡村）评选”颁奖仪式。

2月，应香港德生（施氏）有限公司的邀请，以中共洛阳市委常委、统战部部长胡广坤为团长的洛阳市政府代表团一行4人，赴香港开展第二十九届中国洛阳牡丹文化节邀商招商活动。

5月，应巴西伊瓜苏市议会和阿根廷米西奥内斯省内阁局邀请，以洛阳市政协主席周宗良为团长的代表团一行4人，赴巴西、阿根廷开展友好交流和商贸洽谈活动。

5月，应香港德生（施氏）有限公司、澳门福建同乡总会邀请，以中共洛阳市委常委、统战部部长胡广坤为团长代表团，赴香港、澳门开展了项目洽谈及招商引资等活动。

7月，应意大利都灵理工大学副校长、材料科学和化学工程学院院长Guido Saracco教授和瑞士日内瓦工商会的邀请，洛阳新区管理委员会主任王立林等一行5人，赴意大利和瑞士进行了考察访问。

8月，应日本冈山市市长高谷茂男和韩国扶余郡郡守李龙雨邀请，以洛阳市人民政府副市长杨炳旭为团长的政府代表团一行4人，对日本冈山市和韩国扶余郡进行友好访问，并顺访友好合作城市——日本橿原市。

8月，应泰国正大集团和菲律宾菲华商联总会邀请，以洛阳新区党工委书记高凌芝为团长的代表团一行6人，对泰国和菲律宾进行友好访问。

9月，应英国伦敦金融城政府邀请，以中共洛阳市委常委、市农工委书记田金钢为团长的代表团一行5人，赴英国进行考察和学习。

11月，应南非司法部和肯尼亚高级法院的邀请，以中共洛阳市委常委、政法委书记郭丛斌为团长的洛阳市代表团一行6人，赴南非、肯尼亚进行司法交流。

11月，应美国旧金山市长办公室、加拿大卑诗省议会和相关企业邀请，以洛阳市政协副主席李良龙为团长代表一行3人，赴美国、加拿大进行友好交流和商贸洽谈活动。

【重要来访】 2011年2月22日，澳大利亚驻华大使芮捷锐一行到洛，就相关合作项目进行考察。在洛期间，芮捷锐一行先后来到中信重工重型装备厂和铸锻厂，实地了解企业的生产研发情况，并听取相关情况介绍。芮捷锐对中信重工在装备制造业方面取得的成就，给予了高度评价，希望双方加强交流，开展更加深入和广泛的合作。副市长杨萍陪同考察。

2月26日，韩国驻武汉总领事严基成等一行6人访问洛阳。代表团在豫期间主要对韩国游客、侨民的安全问题，河南省“十二五”发展规划、河南经济发展情况及招商引资对外商的优惠政策等问题与省公安厅、省发改委、省商务厅进行会谈。

3月22～23日，外交部机关党校第53期社会调研考察团一行45人到洛阳进行考察访问。代表团此行目的是增强外交干部统筹国内两个大局意识和外交为国内发展及全面建设小康社会服务的使命感和责任感，帮助地方干部加深对外交工作的了解。代表团在洛期间参观一拖集团，了解其生产经营状况、新上项目与企业改革改制等情况。

4月7日，马来西亚马六甲州拿督颜天禄（副省级）一行6人访问洛阳。代表团此次来访，旨在出席黄帝拜祖大典的系列活动，并考察河南省经济社会发展现状，推动两省间的发展友好合作关系。

4月7～9日，嘉兴市侨办组织嘉兴籍侨商代表团6人于到洛阳参观考察投资环境和项目，并参加第二十九届中国洛阳牡丹文化节投资贸易洽谈会。嘉兴籍港商周益民向洛阳河南针灸推拿学校捐款10万元帮助该校建盲文电子阅览室。

4月7～12日，巴西圣马托乌斯市政府代表团一行13人，在副市长皮诺奇·马奥率领下到洛阳访问，代表团此次访洛的目的是商讨与洛阳建立友好城市，探讨双方在工业、农业、教育、科技、经贸等领域开展交流合作的具体事宜。

4月8～11日，俄罗斯联邦科斯特罗马州州长斯留尼亚耶夫·伊戈尔·尼古拉耶维奇率政府代表团一行17人访问洛阳。代表团此次来访，旨在拜会河南省领导和洛阳市领导，进一步加强河南省与科斯特罗马州的友好往来和经贸合作。代表团在洛期间考察一拖、中信重工和洛阳中收机械装备有限公司等企业，积极探求双方在各方面合作的可能性。

4月8～11日，以日本冈山市日中友好协会会长片山浩子女士为团长的“日本冈山市日中友好协会访中团”一行25人对洛阳进行友好访问。自1981年4月6日洛阳与冈山缔结为友好城市以来，双方在科技、教育、文化、体育、旅游和佛教等领域进行了卓有成效的交流与合作，两市人民的了解和友谊不断增进。近年来，该协会每年组织访问团到小浪底绿化基地捐资植树，并为洛阳争取到了为期6年、每年530万日元的“日本政府绿化基金”，为两市交流合作作出了新的贡献。

4月9～11日，应市政府邀请，韩国扶余郡郡守李龙雨、议长金钟根率代表团一行14人访问洛阳。该团来访目的是参加第二十九届中国洛阳牡丹文化节，也是李龙雨郡守当选后的首次率团访洛。自1996年洛阳市与扶余郡建立友城关系15年来，两市郡多次派团互访，并在文化、教育领域进行有益的交流，增进了中韩人民的相互了解和友谊，也使洛阳在韩国的知名度不断提高。

4月9～11日，国侨办党组成员、秘政司熊昌良司长，连云港市政府侨办刘娟主任等一行8人到洛阳考察访问，并参加第二十九届中国洛阳牡丹文化节开幕式。此次熊昌良司长到洛，是国侨办领导对洛阳侨务工作的关心和支持，为洛阳引入高层次、具有较强实力的侨务资源，引荐更多更好的捐资助教、万侨助万村等侨爱工程牵线搭桥。

4月9～11日，由法国图尔市副市长雅尼克·卢卡率领的图尔市政府代表团一行4人访问洛阳。雅尼克·卢卡副市长此次到访主要是与洛阳领导商讨有关2012年两市缔结友城30周年系列交流、庆祝活动，参加“洛阳牡丹，盛开浪漫图尔”图片展开幕典礼和第二十九届中国洛阳牡丹文化节开幕式。

4月17日，奥地利首席检察官库特·施皮策博士一行13人访问洛阳。代表团此次访豫旨在通过交流座谈，加深了解，增进友谊，进一步推进双方司法方面的合作和交流。

4月18～19日，国务院侨办华侨华人公益投资考察团一行13人到洛阳考察捐赠公益事业和投资环境。考察团成员由上海市华侨事业发展基金会和美国、新加坡、澳大利亚、荷兰等地侨领、侨商组成，皆为国内外知名侨领、侨商，在公益事业、投资领域有着丰富经验和较大影响力。

4月20日，以苏丹人民解放运动书记处政治事务和动员书记安提帕·恩约克·德—库沙·恩约克为团长的苏丹人民解放运动干部考察团一行10人访问洛阳。代表团此次来访旨在考察河南省改革开放成就及治党治国经验；了解河南省落实科学发展观情况、中部崛起战略、社会主义新农村建设和农村基层党建情况；考察河南省经济社会发展情况。

4月21～22日，日本千叶县议会议长铃木良纪一行3人到洛进行友好访问。千叶县是日本重要的工业地区，也是亚洲重要交通枢纽成田机场所在地。铃木良纪议长此次访洛，主要参观洛阳名胜古迹，了解洛阳文化、民风、民俗、民生，同时拜会市人大领导。

4月25～27日，河南省人民对外友好协会与洛阳杜康控股有限公司在河南省郑州思念果岭山水温泉度假酒店联合举办“2011中国首届杜康酒文化国际研讨会”。与会外宾于4月27日访问洛阳。本次活动旨在进一步推动河南省企业积极开展对外交流与合作，提升河南省酒类品牌的国际地位，扩大中原地区深厚酒文化的社会影响力。

4月27～28日，卢森堡驻华大使柯意赫一行2人访问洛阳，参加第二十九届中国洛阳牡丹文化节。柯意赫大使此访主要拜会洛阳领导，并借牡丹文化节这个平台，进一步了解洛阳在当前国内宏观形势下的经济社会发展情况，探讨如何进一步扩大澳大利亚与洛阳的合作与交流。

4月27～29日，以日本冈山市市长高谷茂男为团长的“日本冈山市政府访中团”一行5人对洛阳进行友好访问。此次来访目的是参加第二十九届牡丹文化节，拜访洛阳市政府、洛阳市人大，就两市结好30周年纪念活动进行磋商等，进一步增进两市的交往，扩大双方交流与合作。

5月10～11日，日本驻华大使馆经济部二等秘书三重野 真人先生到洛阳参加伊川县酒后乡卫生院门诊楼建设竣工仪式。利民工程项目是日本国政府对外实施的一项小规模无偿援助项目。2010年，伊川县酒后乡卫生院获得日本驻华大使馆利民工程项目无偿援助款1000万日元建设门诊楼，现已竣工并交付使用。该项目的实施，极大地改善了酒后乡卫生院的医疗条件，取得了较好的社会效益。

5月15～17日，由香港轩辕教育基金会主席罗文春先生率领的公益考察团一行41人赴宜阳县高村乡参加“高村健康新文化侨心小学”落成典礼，并考察待捐建的贫困学校——宜阳县上观乡三合坪小学。极大地改善了该校师生的学习条件，在当地产生了良好的社会影响。

5月19日，美国驻华使馆新闻文化处二等秘书陶德一行2人访问洛阳。代表团到洛期间访问洛阳市外侨办，拜访郑州大学、河南财政税务高等专科学校、河南大学和河南科技大学，并在上述院校作关于地球日的演讲。

2011年6月21日，俄罗斯杜马副主席茹罗娃（副国级）率俄罗斯国家杜马青年议员代表团一行9人访问洛阳。代表团此次访问河南旨在拜会河南省人大常委会，了解河南省人大运行机制，人大代表产生方式及其权利等，参观相关企业，考察河南省经济社会发展现状，促进俄罗斯同河南省友好往来。

6月25～26日，“第八届世界华裔杰出青年华夏行”参访团到洛参观访问。国务院侨务办公室国外司副司长朱慧玲、省外事侨务办公室副主任付劲松一同到洛。“世界华裔杰出青年华夏行”是国务院侨办、中国海外交流协会近年来为海外华裔新生代，特别是在海外各领域崭露头角的华裔青年策划举办的一项活动。参访团一行参观了洛阳城市建设，考察了洛阳的旅游业发展情况。市委副书记、市长郭洪昌会见了参访团一行。副市长杨炳旭陪同参观。

6月26日，由中央人民政府驻澳门联络办公室和国务院港澳事务办公室联合组织的澳门公务员团体负责人访问团一行25人访问洛阳。代表团此次访问河南，旨在考察河南省近年来经济社会发展情况，了解中原历史文化，加深澳门公务员对国情了解和认识，通过公务员之间的交流，增进了解、加深交流，扩大豫澳两地交流与合作。

6月29～30日，泰国泰中商务委员会经贸代表团一行49人访问洛阳。代表团访问洛阳旨在拜会洛阳主要领导和新区领导，进一步了解洛阳的经济社会发展情况，探讨如何进一步扩大正大集团与洛阳的合作与交流。

7月10日，由北京大学组织的国家事务研习班（第16期）香港特区政府高级公务员访问团一行26人访问洛阳。此次访问旨在对河南省政治、经济、农业、

市长郭洪昌会见日本冈山市长高谷茂男

水利、乡镇企业发展和公务员体制状况等各个方面进行参观考察，增强对中原文化的了解，进一步加深香港特区政府与河南省的交流，增进友谊。

7月22～23日，以多哥新闻部新闻司司长索利托克为团长的第八期非洲国家政府官员新闻研修班成员到洛考察。本期研修班共有来自17个非洲国家的42位官员参加，其中包括非洲国家政府资深新闻官员、总统府或总理府新闻发言人以及主流媒体负责人。在洛期间，研修班成员先后来到龙门石窟世界文化遗产园区、洛浦公园、阿特斯光伏电力（洛阳）有限公司、一拖集团、小浪底水利枢纽工程、孟津平乐农民牡丹画村，了解我市经济、文化和社会各领域的发展情况。市委副书记、市长郭洪昌，市委副书记魏小东等会见研修班成员。

7月30日，以老挝主席府办公厅主任、前驻华大使蓬沙瓦·布法为团长的老挝前驻华大使和总领事代表团一行16人到洛访问。老挝是中国社会主义友好邻邦，两国已建立全面战略合作伙伴关系。代表团此行来豫的主要目的是考察河南省经济社会发展现状和悠久的历史文化，推动老挝与河南省在经济文化领域的交流与合作。

8月27日，应“2011年河南省承接产业和技术转移合作交流洽谈会”组委会的邀请，塞舌尔等国驻华使节团一行9人访问洛阳。代表团此行主要目的是参加“2011年河南省承接产业和技术转移合作交流洽谈会”，考察河南省经济社会发展现状。

8月28日，智利伊基克自由贸易区董事局董事、代董事长费利佩·佩雷斯·瓦克尔（正部级），总经理埃乌海尼奥·科尔斯特（正部级）一行3人访问洛阳。此次来访旨在参加河南省举办的“2011年河南省承接产业和技术转移合作交流洽谈会”，在“走出去”国际合作项目恳谈会上与河南省企业进行交流，并实地参观相关企业，积极推动河南省企业通过伊基克自由贸易区这一贸易平台加强与智利乃至南美各国的经贸往来。

8月28日，俄罗斯萨马拉州芭蕾舞剧院副总经理格里什·斯坦尼斯科夫一行4人访问洛阳。萨马拉州位于俄罗斯欧洲部分的中心位置，被称为俄罗斯的心脏，占地5.36万平方千米，人口330万。代表团此次来访，旨在进一步增进双方互相了解和友谊，推进在文化领域的交流与合作。

8月28日，以主席安妮·朱伯特女士为团长的博茨瓦纳东南区政府代表团一行7人访问洛阳。该团此行主要目的是考察河南省经济社会发展现状，参加“2011年河南省承接产业和技术转移合作交流洽谈会”。

9月24～25日，由太平洋岛国论坛秘书处新闻官约翰逊·霍尼美带队联合新闻代表团一行16人访问洛阳。此次来访主要是增进对洛阳的了解，加深洛阳与南太平洋岛国的联系。

9月24～26日，海外侨胞、港澳同胞国庆嘉宾团一行27人，在国务院侨办国内司副司长王萍、省政府外侨办副主任傅劲松的陪同下到洛参观考察。嘉宾团成员来自于11个国家和地区，主要由两部分人士组成，一是长期以来通过国务院侨办或地方政府侨办热心参与、支持国内公益事业，并做出突出贡献的重点捐赠人士；二是部分经济实力雄厚、事业有成、社会责任感较强、支持和关心国务院侨办“侨爱工程”、“关爱工程”的重点人士。

9月24日，联合国统计司司长张保罗一行到洛考察访问。在洛期间，张保罗一行参观了城市建设，考察了旅游业发展情况，对洛阳悠久灿烂的历史文化和经济社会发展成就给予高度评价。张保罗希望洛阳继续做好历史文化遗迹保护与展示，打造出更多旅游文化精品。省统计局副局长卢树祥，市委常委、常务副市长吴中阳陪同考察。

9月25日，印度青年事务与体育部国际合作司司长比期瓦斯率领印度青年代表团来到洛阳参观访问。团中央机关服务中心党组成员、副主任周振民，团省委副书记郭鹏等陪同到洛。来我市参观访问的青年代表共200人。代表团在洛期间，实地参观了白马寺、龙门石窟，了解了全市青年工作现状。市委常委、组织部部长李少敏向代表团致欢迎词，并介绍洛阳市情。

9月25～27日，以日本冈山市市长高谷茂男为团长的“日本冈山市市民访中团”及以冈山市议员联盟会长礒野昌郎为团长的“冈山市议会访中团”一行61人对洛阳进行友好访问。此次高谷茂男市长率团来访一是对8月份洛阳的访问进行回访；二是参加2011年河洛文化节；三是拜访市人大市政府；四是举办冈山旅游推介会等。旨在进一步增进两市的交往，扩大双方交流与合作。

10月5日，由荷兰中国和平统一促进会、旅荷华侨总会、荷兰文成同乡会联合组成的荷兰侨界回国观光团一行48人到洛阳访问。荷兰中国和平统一促进会、旅荷华侨总会、荷兰文成同乡会是当地重要的爱国友好侨团，长期以来在维护和平和促进祖国统一大业发展、支

副市长杨炳旭陪同智利伊基史贸易区领导参观一拖公司

持国家建设、扶持国内公益事业等方面做出了积极贡献。

10月16日，由香港轩辕教育基金会主席罗文春先生、秘书长孔敏庄女士率领的公益团一行14人赴嵩县闫庄镇参加胡沟合一爱心小学剪彩典礼。2009年7月，罗文春主席、孔敏庄秘书长率领该会40余人到胡沟小学考察，看到学校教学楼已成危房，学生们在村民家中上课，条件十分简陋，遂决定捐款28万元港币，帮助该校新建一座两层教学楼，以改善孩子们的学习条件。

10月16～21日，美国蒙纳瑞克斯好莱坞电影公司导演克里斯·蒂·里比先生一行到河南省考察拍摄《中国之心——河南》90分钟专题纪录片。该导演对华友好，长期与国内合作，曾分别拍摄了青海、云南、西藏、新疆等《神秘的中国》专题纪录片。对宣传中国，让世界认识中国、了解中国起到了积极的作用。

10月30～31日，中国驻几内亚大使赵立兴夫妇到洛阳访问。赵立兴大使此次访豫的目的是考察河南省经济社会发展现状，落实几总统访问河南有关合作项目。

10月30～31日，澳大利亚澳华投资集团董事长陈海波一行3人到洛阳访问，就在洛阳投资新建澳洲名校集群产业园或名校引进嫁接现有学校等项目进行考察和洽谈。

11月28日～12月1日，以金泰正教育长为团长的扶余郡教育支援厅代表团一行6人到洛阳访问。此行的目的是协商2012年两市郡在教育领域的交流与合作，并实地考察洛阳的两所学校。

11月30日、12月1日，中哈吉俄塔边境裁军联监组代表团一行27人到访洛阳。该联监组是11月底在北京举行关于五国边境裁军协定联合监督第27次会议后，按照外交部的安排到河南省进行参观访问。

12月1～2日，由柬埔寨参议院秘书长翁萨勒率领的柬埔寨参议院代表团一行到洛参观访问。省政协港澳台侨和外事委员会副主任苏福功等一同到洛。翁萨勒一行先后参观了龙门石窟、白马寺、天子驾六博物馆、洛阳新区等，了解洛阳经济、文化和社会各领域的发展情况。市政协主席周宗良、副主席王亦丁等陪同参访。

12月14日，泰国国家反腐败委员会主席潘特普·克拉纳荣然率团到洛考察。中央纪委监察部外事局局长孔祥仁，省监察厅厅长、省预防腐败局局长王流章，省外侨办副主任郭俊峰等陪同到洛。考察团就预防腐败工作与我市有关方面进行沟通，并希望双方通过加强交流合作，共同推动预防腐败工作。考察团一行还参观了我市城市建设和文化旅游产业发展情况。市领导李柳身、刘应安、王敬林陪同考察。

12月27日，由香港轩辕教育基金会主席罗文春率领的公益团一行30人抵洛，赴嵩县饭坡乡、九店乡参加轩辕精英泥河侨心小学、轩辕精英马沟侨心小学落成典礼。2010年11月，陈施慧、刘治修等5位香港轩辕教育基金会电讯界善长考察了泥河、马沟小学，12月，基金会电讯界人士决定向两所学校各捐款20万元人民币，帮助新建教学楼。泥河侨心小学三层教学楼和马沟侨心小学两层教学楼分别于2011年8月、12月竣工并投入使用。（孙京晓　张　涛）

政策咨询研究

【**课题调研**】 2011年，洛阳市人民政府发展研究中心（洛阳市人民政府研究室）完成课题调研任务11项。分别是：关于解除财政负债创新财政良性循环机制的研究、关于洛阳市福民（居民幸福指数）体系建设的研究、关于洛阳市破除城建资金短缺瓶颈的研究、关于创新洛阳市环保工作机制 实施“碧水蓝天”工程的研究、依靠科技支撑提升五大支柱产业的研究、关于洛阳唐三彩产业品牌发展的调查与思考、以科技引领工业经济转型升级的研究、关于“洛阳进入全国房价领涨方阵”的调研报告、关于加快推进洛阳市集体建设用地使用权流转的建议、关于洛阳市牡丹深加工产业发展问题的研究、关于龙门大道升级改造保留“洛阳师院大门”的意见。其中：有7篇调研报告及其建议得到市委、市政府领导的重要批示和有关部门的借鉴落实。这些报告紧密结合洛阳实际提出了建设性意见和建议，为洛阳市“六加一”攻坚战的实施提供了较好的政策理论依据。

此外，组织全市社会各界就2011年度政府决策课题进行调研，结集出版《决策与思考》一书，提供给全市各级政府、大专院校、重点企业领导作为决策参考。配合市政府办公室二科，邀请省、市知名专家学者就“全市城市破除瓶颈、加快提升”议题召开研讨会，并与全市各区和主要相关部门开展调研，编辑出版《破除发展瓶颈加快城市提升》研讨报告一书，分别提供给市领导班子、市直各部门领导和各县、区领导。

【**研究推广外地经验**】 2011年，洛阳市人民政府发展研究中心编发《外埠工作信息》12期，登载重要信息70多条，并结合洛阳市的实际情况和具体工作，提出了具体建议和措施，受到市领导和有关部门的重视和关注，有力推动了洛阳市内外经济建设经验交流。

【**《领导参阅》和《洛阳经济》编发**】 2011年，洛阳市人民政府发展研究中心编发《领导参阅》12期，其中第1期《关于洛阳市福民（居民幸福指数）体系建设的研究》、第11期《重庆地票：推进农村集体建设用地流转的制度创新》得到市委书记毛万春的批示和转用。同时编发市政府内部刊物《洛阳经济》6期，登载各类文章180多篇，积极、广泛地发挥了舆论宣传窗口作用。

【**交流接待工作**】 2011年，洛阳市人民政府发展研究中心先后完成对浙江省政府研究室、黑龙江省政府研究中心、湖北省黄石市政府研究室、内蒙古包头市研究中心、吉林省政府研究室、贵州省政府研究室、山东省济宁市政府办、福建省政府等到洛调研组的接待任务，协调并组织召开座谈会、浙商恳谈会，并组织实地观摩及参观考察等活动。完成西安市政府研究室关于城市集中供暖情况的函调工作。协助市政府办公室四科，完成对湖北省政府调研组到洛以“文化事业建设发展”为主题的调研任务。（李兆臻）

气象服务

【公众及决策气象服务】 2011年，洛阳经历了冬季干旱、暴雪、“6·24”强对流、9月连阴雨及暴雨等诸多极端天气气候事件。市气象局围绕社会经济发展，做好防灾减灾等重大气象服务工作，不断提高气象为社会公众的服务能力及决策气象服务能力。在春播、“三夏”和“三秋”等农事关键季节的农业气象服务及春运、高考、第二十九届中国洛阳牡丹文化节、河洛文化旅游节、河南省第五届农民运动会等重大活动气象服务中，能预报及时，服务主动。仅9月上中旬连阴雨暴雨期间，市气象台通过短信平台发布气象服务信息63次，召开新闻发布会4次，进行科普宣传10次。市气象局被评为2011年“春运工作先进单位”“第二十九届中国洛阳牡丹文化节先进单位”。市气象台被省气象局评为“全省重大气象服务先进集体”。

【现代业务体系建设与科研】 2011年，洛阳气象测报业务质量稳中有升，通过河南省气象局验收取得5个250班和34个“百班”无错情。嵩县气象局、伊川县气象局、汝阳县气象局在全市2011年综合气象观测岗位技能竞赛中分获一、二、三名。在第五届全国气象行业职业技能竞赛中，市气象局李志锋荣获“个人全能第十九名”和“优秀奖”，并被河南省总工会授予“五一”劳动奖章。

气象灾害防御体系建设得到加强，新建19个四要素自动站、4个土壤水分自动站，截至2011年年底，全市建成了39个四要素自动站、9个土壤水分自动站。省—市—县视频会商系统投入使用，9个县（市）局建成CMACast系统（中国气象局卫星数据广播系统）。在20个乡镇建起气象显示屏52块，在61个乡镇设置气象预警大喇叭716个，全市气象协理员和信息员达到2709人。“建设五分钟预警工程，提高偏远山区预警信息传递效率”的做法得到推广。购置洛阳首部X波段724XD型车载雷达系统暨移动气象台，灾害性天气监测和应急处置保障能力得到提高。

科研工作稳步推进，撰写并发表科技论文14篇，其中1篇获得民政部国家减灾中心授予的“首届中国特色现代国家灾害应急体系建设理论研讨会优秀论文三等奖”，2篇获“河南省气象局2011年度优秀学术论文奖”。开发引进灾害天气短时临近预报业务系统（SWAN）、河南省短时临近交互预报系统及市县预报业务平台；自主开发河南四要素监测与报警、在线城镇报发布和温度滑动显示与对比等系统。

【气象现代化建设】 2011年，洛宁县、宜阳县两个观测站新址在1月1日前实现对比观测，伊川县气象局迁入新址。

洛阳市气象局信息楼工程主体、砖面、消防设施、给排水等已经完工；建筑外立面和夜景亮化的方案设计通过规划局审批。塔楼项目经过一年来反复协调、设计、审批和紧张的施工，现已封顶，雷达天线基座已吊装完毕。

【人工影响天气】 2011年，全市各级气象部门共进行人工增雨（雪）作业12次，发射增雨高炮弹1208发，火箭弹490枚，燃烧碘化银焰条10根，缓解了年初旱情。洛阳市人工影响天气办公室在白云山、天池山海拔1500米处安装了碘化银焰炉。全市人工影响天气办公室的工作人员参加了准军事化“三七”高炮操作技能训练，开展人影装备大检查活动。组织购买100万元的增雨弹药，并委托河南储备物资管理局二七五处统一保管人影弹药，消除了多年来的安全隐患。嵩县获“全省人工影响天气工作先进集体”。

【依法行政】 2011年，洛阳市气象系统共受理并办结防雷装置设计审核27件、竣工验收项目59件，施放气球活动许可211件。开展雷电灾害防御类执法活动183次，施放气球活动类执法35次。行政服务窗口无一件补办退办，办结及时率100%。开展专项执法活动13次，打击违法获取气象信息来源的行为。开展气象设施和气象探测环境保护类执法5次，孟津制止一起高层建筑破坏探测环境案件。

依法履行防雷管理职能，与市文物局联合开展全国重点文物保护单位防雷安全专项检查活动，对龙门石窟、白马寺、周公庙等21家古建单位进行防雷安全检查，督促其编制了相应的防雷电灾害应急预案和防雷安全管理制度。针对排查出的隐患单位，及时下发整改通知书。对全市18个县（市）、区的中小学校防雷隐患整改工作进行专项督察，视察报告上报市政府。　　（张俊洁）

行政服务

【效能促进】 2011年洛阳市行政服务中心（以下简称“行政服务中心”）加大抽查的广度和深度，把审批事项多、服务管理任务较重、与群众企业关系密切、群众反映问题较多的单位作为重点，把抽查范围拓展到具有行政审批职能的二级机构和事业单位，及时总结好的经验做法，查找各单位受理请办事项中存在的问题，形成效能专报上报市领导，引导、督促有关单位进行整改。2011年7月，根据市委办公室、市政府办公室《关于认真做好党政部门主要负责人工作实效性考评工作的通知》，市效能促进局又承担了对具有行政审批职能的56个部门基层、企业、群众请办事项办理情况的实效性考评工作。为做好此项工作，市效能促进局专门制定实效性考评工作制度，明确16条考评内容和评分标准，对纳入实效性考评的56家市直单位逐一进行考评，并对37个委局、事业单位进行了效能抽查，上报效能抽查专报10期，有力促进了机关效能的提高。

【项目规范】 从2011年4月开始，行政服务中心会同有关部门对市级行政审批事项进行全面清理，清理后保留审批项目272个，并以政府文件下发公布，为项目的规范化管理提供了依据。根据项目清理结果，综合考虑服务大厅场地、容量等因素，还拟定关于调整进厅项目的意见。在项目规范化管理方面，加大对进厅项目的督察力度，定期抽查项目办理情况，进一步完善电话回访服务对象制度和“项目督察、工作沟通、跟踪问效”机制。全年，行政服务中心抽查委局294个次，电话回访服务对象1782人次，通过对发现问题的整改，确保了项目在行政服务中心的集中、公开、高效办理。

【行政服务】 2011年，行政服务中心根据《洛阳市行政许可事项联合审批工作意见》，整合不同单位具有关联性的事项，积极推行行政许可事项联合审批，协调相关联办单位，进一步完善联审会议、一次性告知、限时办结等工作制度，确定专人跟踪督办，为工商企业注册同步开展全方位“一条龙”服务。实行办事效率评价制度，对各窗口的办事效率实行百分制考评，考核结果作为市年度绩效考核和窗口评比的重要依据。同时，与市优化办联合制定《窗口单位行政审批事项办理效率排名奖惩意见》，对前三名的窗口单位给予表彰，对后三名的窗口单位给予通报批评，促进窗口办事效率的提高。推进网上审批和电子监察系统建设，协调相关委局把厅内48个窗口单位256项审批事项的办理流程编程写入市行政审批系统，并到窗口单位逐一安装、调试，对相关工作人员进行集中培训，完成行政审批系统与电子监察系统的对接工作，实现了行政审批系统与电子监察系统数据的实时传输，项目平均办理时间由过去的6.8天，降低为3.84天，办理效率提高43%。

【服务措施】 2011年，行政服务中心以创一流服务为目标，以加强硬件建设、提高服务水平为载体，筹措资金升级了网络系统、更换改造办公设施、在相关窗口设置独立叫号系统；建立健全窗口党支部，成立党小组，开展党员评先、重温誓词、党的知识学习竞赛等组织活动，提高了凝聚力和战斗力；开展“环境创优年”活动和争创“十佳服务窗口”活动，窗口服务效率和质量有了明显提高。同时还根据不同时段和不同业务特点，适时采取专设集团窗口、开通绿色通道、错时加班、咨询台值班等措施，最大限度地提高窗口办事能力。行政服务中心还聘请10名人大代表、政协委员为行政服务工作监督员，对窗口的服务情况进行明察暗访，及时发现和解决服务中存在的问题。（服务中心）

政府法制

【政府立法工作】 2011年，洛阳市人民政府法制办公室（以下简称“市政府法制办”）按照洛阳市人大常委会立法计划安排和市政府的要求，认真研究立法技术规范，在严格遵照上位法规定的前提下，审查地方性法规草案2部，分别是《洛阳市城市市容和环境卫生管理条例（草案）》和《洛阳市邙山陵墓群保护条例（草案）》。办理规章4件，分别是《洛阳市人民政府关于委托洛阳伊滨区管理委员会行使部分行政职能的规定》（市政府第113号令）、《洛阳市城市建筑垃圾管理若干规定》（市政府第114号令）、《洛阳市物业管理办法（修订）》、《洛阳市住房专项维修资金管理办法》。办理上级法规、规章征求意见14件。为保证立法质量，注重倾听民意，广开言路，对每一部法规、规章都公开多方征求意见。8月，采用招标的方式，委托社会力量起草《〈洛阳市城市中小学校幼儿园规划建设管理条例〉实施细则（草案）》，这是洛阳市首次委托社会力量起草规章草案，被《洛阳日报》《河南法制报》等新闻媒体深度报道，收到良好的社会效果。11月29日，响应群众的要求，召开《洛阳市住房专项维修资金管理办法》立法听证会，创建洛阳市推进民主立法进程的一个里程碑。

【译审备案工作】 2011年，市政府法制办向河南省人大常委会、河南省政府和洛阳市人大常委会报备规范性文件129件，按时完成向省政府法制办的电子报备任务；对各县（市）、区、市政府各部门报备的284件规范性文件进行备案审查；印发备案情况通报4期；办理省政府法制办备案要求提供依据文件1件，按要求上报了情况说明。继续落实好规范性文件前置审查制度，严格按照《洛阳市规范性文件制定程序和备案办法》及《洛阳市人民政府关于进一步做好规范性文件起草审查工作的通知》规定，明确市政府法制办受理审查的文件范围，共审查文件130件，审查各类政府合同11件，会议纪要4件，参加市政府公文审核会35次，提出审查建议500余条。完成征地拆迁和涉及行政强制的规范性文件清理任务，审查市本级规范性文件814件，清理后修改13件，废止或宣布失效5件。围绕市委、市政府重点工作，参加各类协调会、公文审核会，积极履行参谋助手职责，共参与市政府组织的各类协调会、征求意见座谈会100余次，认真负责地提出意见和建议，为政府领导决策和规范性文件制定出台把好关。

【行政执法监督】 2011年，市政府法制办组织完成对9县8区（含高新区和伊滨区）、新区管委会及63家市直部门2010年度依法行政和行政执法责任制专项目标考核，精心安排2011年度依法行政考核的前期准备工作。审核并向省政府法制办上报9县8区（含高新区和伊滨区）、新区管委会及部分市直部门的897人申办行政执法证件和66人监督证件材料。起草并印发《洛阳市人民政府2010年度依法行政工作报告》《洛阳市人民政府办公室关于印发洛阳市依法行政责任目标管理考核办法（试行）的通知》《中共洛阳市委办公室洛阳市人民政府办公室关于印发洛阳市行政执法与刑事司法衔接工作办法（试行）的通知》《洛阳市人民政府办公室关于印发2011年度市政府推进依法行政工作安排的通知》等文件。集中对行政执法部门的工作作风和工作效能，先后进行共计60次专项和重点暗访检查，涉及单位100家，下达《责令写出书面检查》13份，发出《责令整改通知书》28份，对发现的问题及时提出查究意见。积极开展行政执法的监督和调研工作，针对行政执法工作中存在的问题，下达《行政执法责任通知书》25份，涉及偃师、孟津、伊川、涧西、西工、嵩县等6个县（市）、区以及城建、教育、公安、交通、环保、劳动、园林等20个部门和行政执法机构。按照《河南省全面推进依法行政工作领导小组办公室关于认真贯彻国发〔2011〕25号文件精神、做好有关行政强制规定和行政强制实施主体清理工作的通知》，出台《关于认真做好依据行政强制法对规章和规范性文件以及行政强制实施主体清理工作的通知》（洛依法行政领办〔2011〕16号），开展全市政府规章和规范性文件以及行政强制实施主体清理工作。

【行政复议应诉工作】　2011年，市政府共收到行政复议申请119起，审查后受理114起，案件种类也趋多样化，涉及到土地权属纠纷、要求行政机关履行法定职责、政府信息公开、林权纠纷、人力资源和社会保障纠纷、劳动教养等多种类型。市法制办办理以市政府为被告的诉讼案件23起，以市政府为被申请人的行政复议案件1起。全年，各级人民法院已审结行政诉讼案件7起，行政复议案件还在中止复议中。在办理行政应诉和以市政府为被申请人的行政复议案件的过程中，积极与各级人民法院和省政府法制办进行沟通协调，了解和掌握案件进展的第一手资料，及时掌握案件进度，努力提高依法行政能力和应诉水平。承办申请市政府赔偿的行政赔偿案件9起，经认真审查后，依法做出不予行政赔偿的决定，为市政府挽回直接经济损失1946.08万元。

【协同执法工作】　2011年，市政府法制办根据《洛阳市行政执法机构绩效考核办法（试行）》（洛办〔2010〕78号）和《洛阳市2010年行政执法机构绩效考核工作方案》（洛政法〔2011〕5号）的精神，组织开展2010年度行政执法机构绩效考核工作，并对考核结果进行公布。9月8日，组织开展2011年行政执法人员法律知识考试，全市38家行政执法机构的110名执法人员参加考试。根据市委、市政府工作方式的创新和工作抓手的转变，圆满完成多起协同执法任务，成功办理凯旋路与解放路交叉口违规广告牌拆除事宜，组织由市住建委、规划、工商、公安、协同执法支队等多家单位参加的联合执法行动，成功拆除违规的广告牌。在办理媒体报道的“公厕变酒店”工作中，先后召开数次会议，对照相关法律法规、政策规定，研究对策，向市政府呈送处理意见，顺利完成市政府交办的工作任务。

【法制宣传工作】　2011年，市政府法制办严格选题，按时、按要求完成《洛阳市人民政府公报》的编辑、发放工作。在确保信息公开的同时，注重文件的保密审核，进一步提高公报封面和封底的内容和质量，及时反映市委、市政府各项中心工作动态，较好地发挥了公报“传达政令”的宣传作用。全年编辑、发放《公报》12期，总计120万余字。发挥《洛阳政府法制》宣传作用，及时全面地反映了市政府法制办以及各县（市）、区政府和市直各部门法制机构的工作动态，从各个角度和侧面宣传了依法行政的各项措施和取得的成绩，共编辑《政府法制》简报17期。积极报送法制信息，宣传我市依法行政工作。除及时向市委、市政府报送信息外，还充分利用中国政府法制信息网、省政府法制信息网等平台，大力宣传洛阳市的依法行政工作。全年共报送信息649条，其中国务院法制办、省政府法制办分别采用67条、387条，印发各县（市）、区政府、市政府各部门法制信息采用情况通报4次，向《河南日报》《河南法制报》《洛阳日报》《洛阳晚报》等报送法制信息36篇。

【仲裁工作】　2011年，市政府法制办组织开展多项活动，宣传洛阳仲裁，提升洛阳仲裁的知名度。主要有：走访中国一拖、首电集团、洛玻集团等多家企业，规范合同文本，推行仲裁法律制度；参加市春秋、季房展会宣传推行仲裁法律制度；与安阳、郑州、平顶山、宜昌等仲裁机构加强联系，相互交流；组织召开洛阳仲裁委成立13周年纪念座谈会。制定完善各项规章制度。先后制定和完善《财务制度》《仲裁员管理办法》《书记员管理办法》《仲裁员报酬给付办法》《日常工作管理制度》《工作人员手则》等制度，形成用制度规范行为、按制度办事、靠制度管人的机制，真正做到各项工作有章可循、按章办事。加强办事机构建设，及时了解掌握嵩县、栾川、涧西、吉利、宜阳等县、区仲裁办事机构业务发展情况，发挥其服务基层、服务群众的作用。共受理案件259起，立案标的额3.4亿元。审结案件112起，通过调解和解方式结案63件，无法院裁定撤销或不予执行案件，自动履行率、快速结案率等各项指标较去年均有所提高。在全市2011年重点科室作风评议活动中，仲裁委办公室被评为洛阳市2011年度机关作风先进科室。　（景武杰）

市直机关事务管理

【公共资产管理】　2011年，市委、市政府机关事务管理局按照国务院及河南省的统一部署，制定下发《洛阳市关于党政机关公务用车问题专项治理工作的实施办法》（洛办〔2011〕51号），成立领导小组及办公室，全面启动公务用车专项治理工作，认真抓好清理纠正、重点检查等阶段的工作，严格落实要求，确保公车统计数据的全面、准确，并按照中央、河南省的要求对违规车辆进行纠正处理。为市直第二综合办公楼申请20万维修基金，对中央空调和电梯出现的问题及时予以解决。对市人大、政协办公楼旧空调进行处置，对收缴的29辆废旧公车进行了拍卖。会同有关部门对档案局开设职工食堂事宜进行消防规范，与部分集中办公的市直单位签定《消防安全责任书》。就洛阳市关心下一代工作委员会、老区建设促进会办公楼地基下沉的问题完成维修加固工程。对老政协楼外墙进行粉刷，签订了三楼出租协议。责令洛阳酒家拆除在租用的原二商局办公楼顶擅自搭建的活动房。为工信局、发改委、节能监测中心等单位协调解决办公用房。考察撰写《关于市直机关房地产管理的调研报告》，制定出台《洛阳市党政机关及事业单位办公用房管理暂行规定》，为理顺和优化机关办公用房管理体制及资源配置提供了制度保障。

【公务员小区和高层次人才住宅小区管理】　2011年，市委、市政府机关事务管理局积极推进勤政苑小区房产证办理工作，清算小区土地增值税，完善相关资料，制定《办证协议》，于2011年5月5日正式启动办理房产证工作，年底前圆满结束集中办证工作，共办理1347户。完成“高层次人才苑”的命名工作，申报大修基金，缴纳社会保险费，整理备案材料，完成土地证、规划许可证和房产大证的办理。多次召开政和苑小区办证协调会，完成小区《建设项目选址意见书》和《建设用地规划许可证》的办理。召开高层次人才小区完善业主委员会筹备会议和解决小区遗留问题协调会，解决了小区闲置地种菜问题、部分地面突发下陷问题和安防监控系统移交等问题，完成小区围栏维修工程和电梯“五方通话”建设工程。对政和苑住宅小区监控系统实施改造，报批了政和苑小区老干部活动中心设计规划。协调市水务集团公司解决勤政苑小区供水、供暖管网改造维护经费，排除了小区A区供水系统出现的故障，解决部分住宅楼二楼反水问题。制定《勤政苑小区遗留问题解决方案》，所有改建项目已进入评估、制作标书、政府采购招标阶段，消防隐患治理工程已全面展开。

【公共机构节能监督管理】 2011年，市委、市政府机关事务管理局认真贯彻《中华人民共和国节约能源法》和《公共机构节能条例》，制定出台《2011年度洛阳市公共机构节能降耗实施方案》《洛阳市公共机构节能降耗工作“十二五”规划》和《市直机关用水、用电、用气、用油四项制度》《洛阳市公共机构能源资源消耗统计制度》等规章制度，把全市18个县（市）、区（含高新区、伊滨区），105个市直一级机构共划分为14个节能协作组，形成了互相监督、互补长短、齐抓共管、齐头并进的良好节能氛围。3月中旬，组织8个工作组，深入到18个县市区、90个市直单位，对节能工作进行全面的检查考核。6月14～20日，在全市公共机构中开展以“节能我行动、低碳新生活”为主题的节能宣传周活动，组织能源紧缺体验日活动和“2011年节能宣传板报展”活动，发放传单3000余份，出展板近200块。积极开展“9·22”城市无车日活动。组织召开公共机构节能工作座谈会暨能源资源消耗统计培训会，对各县（市）、区和市直单位能耗统计员进行培训，对全市4374家公共机构的能耗数据实施有效监测，建立科学完善的能耗数据库。不断强化公共机构节能监督和管理，圆满完成全年水、电、油与上年相比下降5%的目标。2011年洛阳市被评为“河南省公共机构节能减排工作优秀单位”。

【市直机关餐厅管理】 2011年，市委、市政府机关事务管理局认真履行管理、服务、保障职能，不断完善相应措施，积极改进市直机关餐厅的管理。与餐厅各经营户签订《经营协议书》，规范经营行为。市直机关餐厅供餐监督委员会、管理委员会、自主管理委员会积极发挥作用，坚持值班检查和评比考核制度，对餐厅各经营窗口的环境卫生、饭菜质量、安全作业、供餐秩序和服务水平等情况实时进行检查评比。邀请市卫生监督中心对餐厅食品卫生情况进行监督检查。在餐厅开设“勤和超市”，极大地方便了大家的生活。及时实施餐厅的消防改造。广泛征求就餐人员的意见建议，发现问题及时纠正，餐厅的服务保障水平不断提高。

【党政办公大楼管理】 2011年，市委、市政府机关事务管理局建立健全市党政办公大楼的各项管理制度，规范各类操作规程。坚持定期巡查和24小时报修服务制度，不断加大对各类设施设备的管理力度，做到常督促、常检查、常维护。截至2011年6月底，累计排除各类设备故障200余处，修复广场砖180块，维护院内亮化灯450个，清洗楼内吊顶近1万平方米，粉刷墙壁3000平方米。实施和完成大楼无负压供水系统改造工程，彻底解决大楼水压不稳的问题。协调消防维保公司、电梯维保公司、电力部门对党政办公大楼消防设施、供电供水及特殊设备开展拉网式安全大排查，开展党政办公大楼消防演练，对排查和演练中发现的问题积极进行整改。对中央空调实行分层控制改造，对大院警卫室进行了改造，启动二楼外厅吊顶的改造工程，完成大院中广场突发200平米地基塌陷的维修。对市党政办公大楼楼内保洁工作，通过制定完善相关制度和措施，坚持每天两次彻底保洁和不间断的卫生清理，确保大楼保洁水平不断提高。

（孙希良）

国民经济管理

【概　况】 2011年是“十二五”规划开局和中原经济区建设起步之年。面对复杂多变的经济形势，全市上下深入贯彻科学发展观，抢抓中原经济区建设重大机遇，围绕“福民强市”目标，全力打好项目建设、经济转型、机制转换、城市提升、民生改善、环境创优和国际文化旅游名城建设“六加一”攻坚战，经济社会保持平稳发展良好态势。

2011年，完成地区生产总值2717亿元，同比增长12.5%，分别高于全国、全省3.3个百分点和0.9个百分点。三次产业全面增长。其中：第一产业增加值103.8亿元，增长3.7%；第二产业增加值1672.5亿元，增长15.9%；第三产业增加值840.7亿元，增长8.1%。第二产业、第三产业占生产总值比重为92.5%，较上年提高0.6个百分点，产业结构进一步优化。完成固定资产投资1860.5亿元，增长27.4%，高于全省平均水平0.5个百分点，其中工业投资951.1亿元、增长22.5%。社会消费品零售总额954.8亿元，增长18.1%。全年进出口总值20.83亿美元，增长34.7%。地方财政一般预算收入完成178.3亿元，增长25.5%。金融机构存贷款余额分别为2428.6亿元和1366.6亿元，较年初分别增加332.5亿元和256.4亿元。市场物价趋稳，全年居民消费价格指数上涨5.6%。城镇居民人均可支配收入和农民人均纯收入分别增长8.2%和13.7%。科技、教育、文化、卫生等各项社会事业全面发展。

【农村经济稳步发展】 2011年，全市农村经济稳步发展，结构调整、土地流转、生态旅游成效显著。粮食总产46.2亿斤，连续9年实现丰收。新发展牡丹4.87万亩，花卉苗木、蔬菜、林果、畜禽养殖等特色产业比重达60%以上。完成土地流转90万亩。休闲旅游农业园区达到796个，营业收入20.2亿元。新发展农业产业化龙头企业24个、农民专业合作社488个。农业产业化占农业总产值的比重达到58%。转移农村劳动力142万人，劳务创收85亿元。农业综合生产能力进一步提升。完成水库除险加固12座，新增有效灌溉面积6.4万亩。农村面貌明显改观。新开工新型农村社区87个，建成50个。新建农村社区服务中心103个，硬化通组通户道路2061千米，解决安全饮水30万人，完成村改居177个。

【工业生产快速增长】 2011年，全市工业生产较快增长，完成工业增加值1492.6亿元，增长17%，高于全省平均增速0.9个百分点；实现规模以上工业增加值1255.1亿元，增长19.8%， 高于全省平均增速0.2个百分点。规模以上工业企业完成主营业务收入4907.1亿元，增长28.8%，实现利税417.4亿元、利润233.6亿元，分别增长18.2%和24.5%。产业结构进一步优化，装备制造、能源电力、石化、硅光电、新材料等五大优势产业实现增加值930.9亿元，占规模以上工业的74.2%，同比提高2.7个百分点。高技术产业完成增加值42.2亿元，增长32.5%，高于规模以上工业增速12.7个百分点，占规模以上工业比重3.4%，同比提高近1个百分点。工业结构调整步伐加快，国机重工产业园、恩梯恩LYC公司年产5000万套轿车轴承和变速箱滚针轴承、麦达斯轨道交通铝型材、上海超日400兆瓦光伏垂直一体化、中航光电产业基地等一批重大项目开工建设。中信重工特大型锻造基地、轴研科技重型精密轴承、伊电集团25万吨高精度铝板带、洛阳船舶材料研究所1万吨钛板带、中硅高科75兆瓦单晶硅片等重大项目竣工投产。洛阳石化1800万吨炼油扩能改造、洛玻集团搬迁改造等重大项目前期工作加快推进。产业集聚区提速发展，17个省级产业集聚区共完成固定资产投资640.7亿元，其中基础设施投资145.8亿元；实现企业营业收入2852.2亿元，居全省第一名，同比增长32.6%；完成税收124亿元，增长30.5%。自主创新能力不断提升，新建国际联合实验室2个、河南省院士工作站11个、市级以上企业研发中心49个，河柴重工技术中心被认定为国家级企业技术中心。26家省“百高”“百强”企业以及42家重点制造业企业全部建立研发中心。专利、发明专利申请量均居全省第二位。荣获国家科技进步奖2项、省级科技进步奖28项。再获“全国科技进步先进市”称号，成功摘取“促进城市发展科技奖”桂冠。

【第三产业较快发展】 2011年，全市服务业完成投资785.6亿元，增长33.3%，高于投资增速5.9个百分点，占全市投资比重的42.2%。开元门生态商务区等十大服务业示范项目加快实施。老君山·鸡冠洞旅游区晋级国家5A级景区。牡丹文化节、小浪底观瀑节、河洛文化旅游节、伏牛山滑雪节等重要节会成功举办，全年接待游客6870万人次，其中入境游53万人次、旅游总收入350亿元。交通运输仓储邮电通信业、批发零售业等发展势头良好。其中，交通运输仓储邮电通信业实现增加值118.5亿元，增长10.1%；批发零售业实现增加值169.1亿元，增长13.2%。商业设施建设加快，实施新区泉舜财富中心等一批商贸项目，完成销售家电下乡、以旧换新产品96.33万件，直接拉动消费28.45亿元。现代服务业加快发展。中国移动（洛阳）呼叫中心、浙商工业园、国龙物流园等重大项目落户洛阳。

【资金争取和融资工作】 2011年，洛阳市累计争取国家、省项目资金126737.56万元。其中：农业、林业、水利项目资金52117.47万元，社会事业项目资金19230.5万元，城建项目资金20180.59万元，交通基础设施资金12890万元，工业结构调整及能源电力项目资金9451万元，资源节约与节能减排项目资金3188万元，公检法司政权建设项目资金8530万元，服务业项目资金1150万元。发放小额担保贷款13.6亿元，贷款额度全省第二位，直接扶持2.2万余名创业者创业，扶持创业人数居全省首位，带动就业7万余人。全年召开各类银企洽谈会30余次，签约资金614.6亿元，落实资金超500亿元；通达电缆、杜康控股、北玻股份、隆华传热4家上市，轴研科技4.8亿元再融资获批，实现融资31.77亿元，有效缓解了企业融资难题。

【重大项目建设】 2011年，全市共安排省、市重点建设项目192项（其中64项列入省重点工程），项目概算总投资3046.5亿元。2011年计划投资360.6亿元，全年累计完成投资405亿元，其中53项省重点项目累计完成投资210亿元。中信重工千万吨级煤炭超深矿建井及提升关键设备产业化项目、一拖工业园重型柴油机项目、中航锂电大容量锂离子电池项目、洛阳龙鼎铝业有限公司年产60万吨高精度铝板带箔项目（一期）、城轨车辆维护及部件制造配套工程项目（一期）、中国移动河南公司客户服务中心（洛阳）生产楼、洛阳唐都农产品物流园区一期项目、新区综合医院项目（一期）、河南科技大学图书信息中心、中国洛阳再生资源投资开发有限公司再生资源回收利用项目等项目竣工投用。一拖铸造系统升级改造项目、丰收机械拖拉机生产基地项目、洛阳铜牛电气有限公司特种电力设备生产基地项目、江苏雅迪电动车有限公司年产20万辆电动车项目、中扩玩具三期项目、洛阳伊众肉牛科技有限公司1万头育肥肉牛生态养殖基地项目、洛阳正骨医院传统医疗中心项目（一期）、洛阳金石再生资源开发有限公司冶炼废渣综合利用项目、龙门大道改造、洛河市区东西段防洪工程等项目开工建设。

【城市和基础设施建设】 2011年，洛阳新区建设加快推进，完成投资302.6亿元。新区核心区功能日益完善，新区污水处理厂、新区医院等项目竣工。伊滨区路网框架基本形成，城区改造成效显著，全年完成投资426.4亿元；完成改造拆迁2000万平方米以上，开工安置房1500万平方米，竣工340万平方米。新增城市绿地125万平方米。县域城市化改造全面发展，完成投资136亿元。交通基础设施建设进展顺利，连霍高速郑洛段，洛偃快速通道、洛宜快速通道建成通车，连霍高速洛三段、洛栾高速、洛吉、洛伊快速通道等项目加快实施。洛阳机场旅客吞吐量354677人，增长28%。

【民生建设】 2011年，全市各级财政用于民生的支出达到198亿元，占财政一般预算支出的66.9%。新增城镇就业12.9万人。社会保障水平不断提高，在全省率先实现城镇职工基本医疗保险市级统筹，率先实现城乡居民社会养老保险制度全覆盖。全面实施基本药物制度。提高城乡居民最低生活保障和农村“五保”供养标准，基本实现应保尽保。建立物价与最低生活保障联动机制，为困难群众发放临时价格补贴1289万元。新开工保障性住房3.5万套168万平方米，竣工71.4万平方米，6137户住房困难群众乔迁新居。农村敬老院改造、倒房重建等工作加快推进。完成搬迁扶贫2250户10005人。大力发展教育事业，全年引进投资教育社会资金13.2亿元。新建（改扩建）学校16所，实施农村中小学校舍安全改造工程150个、城市区中小学幼儿园改造项目34个。新建中心乡镇卫生院12个、社区卫生服务中心8个。

【开放型经济】 2011年，全市进出口

光大厂房冷辗厂

光大厂房效果图

总值20.83亿美元，增长34.7%。其中：出口总值14.78亿美元，增长40.5%；进口总值6.05亿美元，增长22.3%。进出口商品结构继续优化，机电产品、高新技术产品出口分别增长39.8%和21.6%。全年新批外商投资项目45个，实际利用外商投资金额17.68亿美元和市外境内资金437.2亿元人民币，分别增长46.8%和32.2%。

【节能减排和生态建设工作】 2011年，全市建成重大节能项目7个，节约标准煤6.6万吨。福达美农业生产有限公司利用农业废弃物生产15吨/日杏鲍菇、中再生洛阳投资开发有限公司年回收拆解加工30万吨废钢等5个项目获中央、省3171万元资金支持。淘汰落后产能项目43个，全面完成国家下达目标。预计单位GDP（生产总值）能耗下降3.5%。碧水蓝天工程加快实施，完成减排项目82项，电厂、污水处理厂、化工企业等大型环保设施全年达标排放。城市区空气质量优良天数达316天，地表水出境断面化学需氧量和氨氮监测达标率分别为100%和98%，水源地水质达标率稳定在100%。植树造林45.4万亩。

【以工代赈工作】 2011年，洛阳市争取到省以上项目资金8080万元，较上年增加1635万元。投资计划全部下达，资金分三部分：示范项目7个，新修四级水泥路2条22千米，建大桥3座293延米，农田水利项目2个，修筑大堤2800米，总投资1871万元，其中中央预算内投资1666万元、地方配套205万元；易地扶贫搬迁试点工程10个，新建房屋880套，计划搬迁安置农村贫困人口880户、4086人，配套修路11.6千米，修筑河坝、护坡等1800米，引水工程7处，排水管道2200米等基础设施，总投资2403万元，其中中央预算内投资2043万元，位居全省第一，地方配套投资360万元；财政预算内以工代赈资金3806万元，其中国家以工代赈资金2977万元、省级配套资金490万元、市县自筹339万元，共建设县乡村四级道路70条146.4千米，建中小桥梁6座263延米，新建或修复河堤13处8280米，硬化渠道19处11.2千米。 （赵建峰）

工商行政管理

【企业注册登记管理】 2011年，洛阳工商行政管理部门坚持把推进经济社会发展作为自身工作的出发点和落脚点，围绕“两区”（产业集聚区和城市新区建设）、“三大”（大企业、大项目和大投资）、“三业”（高成长性产业、传统优势产业、先导产业）、“三农”（农村、农业和农民）搞好服务，完善服务措施，创新服务机制，优化创业环境，推进全民创业。全年完成内资各类主体开业登记47776户，同比增长28%。其中：个体工商户同比增长30%，农民专业合作社同比增长27%。登记外商投资企业955家，注册资本146543.74万美元，同比分别增长0.55%和1.99%。

【商标管理】 2011年，洛阳市工商行政管理部门以服务指导企业实施商标战略、争创驰名著名商标为主线，以打击侵犯知识产权和制售假冒伪劣商品专项行动为重点，全力推进商标战略的实施。全市新注册商标1347件，新认定驰名商标6件（其中司法认定2件），新注册商标数和新认定驰名商标数均创历史新高。新申报和期满重新申报省著名商标86件，同比增长57%。截至2011年年底，洛阳市有效商标总数8452件，著名商标113件，驰名商标13件（含4件司法认定）超额完成市政府下达的2011年建设国家创新型试点城市责任目标。

【股权出资登记】 2011年，洛阳市工商行政管理部门立足职能，拓展服务领域，积极开展股权出资登记，共为156户企业融资171604.6万元；办理动产抵押物登记247件，主债权金额达32.76亿元。按照河南省工商行政管理局要求，开展“百亿送贷行动”，为企业发放贷款12.88亿元，有效地缓解了中小企业发展融资难问题。

【市场规范管理】 2011年，洛阳市工商行政管理部门以网格化监管为依托，以落实巡查制为重点，以商品和食品抽检为手段，认真落实属地监管领导责任制和基层监管岗位责任制，推进完善经营者自律体系，积极构建食品监管的长效机制。全年组织检查食品经营户9.86万户次，开展食品安全专项整治38次，查处食品案件251起，案值89.8万元，查扣不合格食品2166.9千克，查扣假冒伪劣酒类1110.5千克，查扣非食用物质和食品添加剂124千克，捣毁“地沟油”窝点6个，销毁“地沟油”200千克。为增强流通环节食品安全监管的能力，在河南省工商局的大力支持下，积极筹建河南省工商局洛阳食品监测中心，先期投入资金78.8万元，将极大地提升工商行政管理食品检测的权威性，提高食品安全监管工作的效能和水平。

坚持把打击传销作为构建和谐洛阳和创优发展环境的一项基础性工作，组织打击传销集中行动20余次，清除涉嫌传销窝点49个，遣散参与传销人员370人，解救受骗群众52人，移送传销骨干分子5人。

履行工商职能，开展打击投资担保公司“两虚一逃”和超范围经营违法行为，立案查处投资担保类公司虚假出资、抽逃出资等案件62起。重点查处投资担保类企业利用各类形式发布的虚假违法广告行为，责令广告公司、广告主拆除清理各类违规户外广告350块，立案查处投资担保类违法广告案件16起。积极配合政府开展规范整顿。从2011年4月1日起，对全市范围内新设担保公司和投资类企业暂停注册登记。整顿期间，对所有未经工信部门审批的投资担保类企业一律不予通过年检，有效遏制了投资担保机构过多过滥、无序发展的势头。

大力整顿和规范市场经济秩序，严厉打击各类经济违法违章行为，办理各类经济违法违章案件6909起，立案3664起，结案3465起。其中：大要案件479起，不正当竞争案件89起，商业贿赂案件16起，制假售假案件177起。

深入开展专项执法活动。先后组织开展“黑网吧”、无照经营、扫黄打非、治理商业贿赂、农资市场、打击侵犯知识产权和制售假冒伪劣商品等专项执法行动，查处取缔“黑网吧”225户，立案查处无照经营532户，检查各类农资

市工商局12315申诉举报指挥中心

经营户8420户，立案查处违法违章农资案件133起，立案查处侵犯知识产权和制售假冒伪劣商品案件529起，查处广告违法案件285起。

【拓展执法监管和服务发展新领域】 2011年，洛阳市行政管理部门创新监管机制，率先在全省成立首家网络市场监管大队——洛阳市工商局专业分局网络市场监管大队，统一负责全市网络市场监管工作，同时开发出全省首套网络市场监管软件——洛阳市工商局网络市场监管系统。建立健全网络主体数据库，大力推行“网络经营主体备案制度”，组织实施“网络经济培育工程”，实现了“以网管网”的目标。全年组织开展的整治网络市场虚假广告、假冒注册商标、假冒伪劣商品等“亮剑”行动，通过网上巡查发现违法违规案件40余起，提请通信部门关闭网站2家，查办案件8起。

创新服务方式，研发启动工商移动执法服务平台。在移动执法服务车上配备笔记本计算机、无线上网卡及打印机等设备，可以随时登录工商内网系统，所有工商业务均可在移动平台完成。成为展示工商形象的“重要窗口”和人民群众满意的“民心工程”。

【消费者权益保护】 2011年，洛阳市工商行政管理部门坚持重在为民的维权理念，全力推进12315建设。一是关注民生，认真做好110城市应急联动工作。受理110联动中心转办案件3423起，做到及时受理、快速处置、件件落实，按时反馈。在67个应急联动终端服务单位评比中，先后两次受到市委、市政府的通报表扬。二是加强12315消费者申诉举报三级执法网络建设，构建以12315行政执法体系为核心内容的行政执法、行业自律、社会监督“三大”体系，增强维权力度。市工商局12315执法网络受理消费者咨询、申诉、举报24040件，其中咨询19934件、申诉2719件、举报1387起，为消费者挽回经济损失443.81万元。三是组织对通信行业和食品行业开展了专项整治。向市委、市政府上报消费者投诉情况报告10次，公布了2010年消费者投诉“十大”案例、投诉热点和《2010年度洛阳市消费环境状况调查情况》，向社会发布消费提示和警示119期。强化宣传引导，与洛阳交通广播电台联合开播《天天3·15》栏目，与洛阳电视台举办《每周3·15》维权栏目，与新报合作开辟了12315专版，通过维权热线，解读维权法则，维护消费者权益。 （康留国）

价格管理

【稳控市场物价】 2011年，洛阳市物价形势同全国、全省一样，居民消费价格指数高位运行，保持物价总水平基本稳定成为宏观调控的首要任务。市委、市政府高度重视，把稳定市场物价作为“市十大福民实事”之一，着力实施改善民生攻坚战工作。按照市政府要求，市物价部门经过认真调研，起草了稳定市场物价、保障群众基本生活的八项政策措施，经政府常务会议研究后以《洛阳市人民政府关于稳定市场保障群众基本生活的通知》下发文件，对控制市场物价过快上涨起到关键作用。全市各级物价部门，沉着应对，迎难而上，做了大量卓有成效的工作，市场物价持续快速上涨的势头得到了有效遏制，自7月份以来已连续5个月出现回落，12月回落至3.9%，全年CPI累计平均上涨5.6%，为促进经济社会平稳较快发展创造有利条件。

【价格监测分析和预警预报】 2011年，全市物价部门不断完善价格监测制度和预警体系，进一步加强对居民生活必需品价格监测，坚持日报制度，强化监测分析，并将监测情况及时上报。据统计，全年采集上报国家和河南省发改委各种监测数据3.6万条；向国家报送涉及13个品种副食品实时价格应急监测数据6857条；向市领导发送价格手机短信1584条。编发《价格监测周报》63期。调研分析性监测报告20多篇，受到市领导和相关部门好评。尤其针对由日本大地震引发的3月食盐价格暴涨和由盲目扩大种植造成的4～5月菜价持续下跌等状况，市物价部门及时启动监测预警机制，为果断处置、妥善应对食盐抢购风潮和部分蔬菜滞销赢得先机。

【实行重要民生价格信息采集公布制度】 2011年6月，洛阳市物价部门借鉴苏州做法，在河南省率先实行重要民生价格信息采集公布制度，对酒类、家电、药品、洗涤用品、箱装牛奶、洗洁精等26类商品进行价格比对，在新闻媒体发布。通过价格比对增强商场、超市价格自律意识，规范价格行为；解决了生产经营者和消费者之间商品价格信息不对称问题，优化了消费环境；有效防范价格欺诈等不正当价格行为发生。社会反响强烈，市民好评如潮，通过来电来信、网上发帖等各种方式献计献策，民评代表也给予高度赞扬，同时还得到市委、市政府的认可和河南省发改委的充分肯定。

【建立价格调控机制】 2011年，洛阳市物价部门建立价格调控机制，制定蔬菜生猪价格调控应急预案，出台应对生活必需品价格异常波动工作预案。为落实这些价格调控机制，一方面，通过完善地税部门代征价调基金流程、开征煤炭价调基金、加大宣传和稽查力度等措施，加大征收力度，全市征收价调基金6336万元（市本级2828万元），同比增长44%。另一方面，报经市政府批准，动用价调基金1800万元支持蔬菜生产基地和冷藏项目建设，提高了全市蔬菜自给率；动用价调基金270万元用于春节的肉食补贴。栾川县、宜阳县、嵩县共使用995万元，对农副产品和农资企业进行扶持和补贴，偃师市、伊川县、洛宁县、嵩县共投入141万元增加食盐库存、应对抢购风波。总体来说，2011年是洛阳市投放政府价调基金最多、价格调控力度最大的一年，全市共使用价调基金3452万元，与2010年使用2558万元相比增长35%。

【社会救助和保障标准与物价上涨挂钩联动机制】 2011年，洛阳市按照国家和河南省的有关要求，建立并启动社会救助和保障标准与物价上涨挂钩联动机制，对优抚对象、城乡低保对象、农村“五保”供养对象和领取失业保险金人员发放临时价格补贴共计2101.5万元。截至2011年年底，偃师市、孟津县、新安县、宜阳县、汝阳县、伊川县等也相继启动联动机制，发放临时价格补贴。

【价格改革】 2011年，洛阳市各级物价部门在稳定政府直接管理的商品和服务价格的同时，把握好改革的重点、力度和节奏，积极稳妥地推进价格改革，疏导价格矛盾。一是认真落实国家电价调整政策以及电煤临时价格干预措施，规范煤炭市场秩序，稳定了电、煤价格。二是明确第三批执行差别电价和第四、第五批执行产业集聚区电价企业名单，促进节能减排和产业集聚区建设。三是按照国际油价变化和国家调整方案，两次上调、一次下调成品油价，上调车用天然气价格，理顺油气比价关系。油价上调对出租车运价冲击最大，部分出租车司机多次集体上访，诉求调整出租车运价，市物价部门多次召开座谈会、协调会，在认真测算、成本专项调查的基础上，报经市政府同意，增加1元/车次的出租车燃油附加费。四是按照河南省规定的公路客运燃油附加费标准，对全市公路客运票价进行审核。五是通过召开听证会，栾川县调整城市供水价格，新安县调整城市集中供热价格。

【开展价格清费治乱活动】 2011年，洛阳市物价部门高度关注民生价格，持续开展清费治乱。一是落实农副产品运输“绿色通道”政策，加大清费力度，规范蔬菜市场进场费、摊位费、交易费等收费标准，设立4个社区蔬菜直销点，免收一切费用。二是建立《收费许可证》计算机网络管理系统，实现了网上换证，年审《收费许可证》350个，核发《收费许可证》422个，并会同市优化办、财政局、减负办整理编印《涉企收费项目目录》。三是会同市教育局下发文件，规范民办幼儿园收费备案工作，在洛阳物价信息网上开辟专栏进行公示，其中城市区民办幼儿园备案70余家。四是为适应新形势的需要，2009年对物业服务收费实行菜单式管理的基础上，进一步修订完善物业服务收费管理办法，力争从根本上治理物业乱收费。五是修订完善停车场看管服务收费管理办法，并根据市委、市政府指示，成立全市物价检查机构领导小组，组成6个检查组，出动720多人次，通过采取召开政策提醒会、发放告诫函、约谈停车单位负责人等形式，对停车乱收费问题进行专项治理，检查、纠正、处理停车乱收费行为120起。六是第二十九届牡丹文化节期间，对13个牡丹观赏园票价实行限价管理，视花情、花期自行下浮，对住宿业床位核定政府指导价并公示。同时，全市物价检查机构，采取分片包干、重点盯防等措施，对全市景区票价、旅店床位价格、停车收费等开展检查。七是为加大对低收入群体帮扶力度，市物价部门重申10项价格优惠政策，新出台10项价格优惠政策，在各大新闻媒体公示，并通过专项检查落实这些价格优惠政策，减轻低收入群体生活负担。此外，全市物价部门采用办理人大、政协提案建议、政府连线、行风评议、网上回帖、查处投诉举报等措施，妥善处理许多民生价格矛盾纠纷。

【查处乱涨价、乱收费行为】 2011年，针对洛阳市社会通胀预期较强、价格秩序混乱等问题，全市物价部门围绕民生价格，综合采取宣传引导、提醒告诫、直接干预、经济制裁等措施，开展价格执法活动。一是组织开展涉农、电力、成品油、教育、医疗等专项检查，查处违价案件577起，经济制裁1056.63万元，其中收缴财政817.61万元、退还用户239.02万元。二是实施银行、商品房销售明码标价重点检查，加强节假日市场监管。市、县两级检查人员进行拉网式检查和不间断巡查，严厉打击带头涨价、串通涨价、哄抬物价等违法行为，及时处置倾向性、苗头性问题。汝阳县、栾川县通过专项调查，分别查处烩面馆串通涨价和理发店恶意炒作、哄抬物价等行为。三是通过举办板报、现场咨询，受理投诉，免费发放《价格便民服务卡》和其他宣传资料等形式，开展12358价格举报电话开通10周年广场集中价格宣传活动，认真受理查处落实价格投诉举报。全市受理价格咨询9773件，处理投诉举报2543件，退还消费者31.35万元，罚款24.05万元，办结率达97.77%。

【价格基础工作】 2011年，洛阳市物价部门进一步完善成本监审机制，提高成本监审质量，开展了热力、旅游景区、经济适用住房等26项成本监审，剔除不应计入成本的费用2.1亿元。价格认证工作领域不断拓展，形成以“涉案、涉纪、涉税”财物价格认定、复核裁定为核心的“四定”职能体系，全年完成刑事案件价格鉴定97起、鉴定金额209万元，交通事故车物定损447起、鉴定金额723万元，价格认证5起、鉴定金额38万元。

【搞好行风评议整改活动】 2011年，

按照省、市纠风办要求，全市各级物价部门针对行风评议中群众反映的物价上涨过快、部分部门行业乱涨价、乱收费等突出问题，认真开展行风评议整改活动。市物价办积极参加《政府与百姓》《行风热线》直播栏目；两次组织召开民评代表座谈会，汇报行风评议整改情况；市物价部门尤其是重点评议单位（科室）及各县（市）、区物价部门积极整改，成效明显。市物价办与洛龙区组织召开龙瑞社区居民物价座谈会，介绍物价职能，分析价格形势，宣传政策法规，现场解答疑问，受理投诉举报，受到社区居民好评。（办公室）

统　　计

【统计年报、定期报表、普查和专项调查】 2011年，洛阳市统计局以统计年报和统计定期报表为基础，以“第六次全国人口普查”为重点，全面完成了各项统计工作任务。

第六次全国人口普查工作。在普查过程中，全市广大统计工作者和普查人员以对党、国家和人民高度负责的精神，“高标准、高质量、高效率”完成各项普查任务，获得了高质量的人口普查数据，涌现出许多先进人物和感人事迹。西工区、洛龙区、孟津县、栾川县获得全省第六次人口普查先进单位荣誉称号。

R&D资源清查。认真完成R&D资源清查数据查询、汇总、认定和公报发布、资料编辑工作。洛阳市统计局被国务院授予第二次全国R&D资源清查先进集体荣誉称号。

年报、定期报工作。2011年年报和2011年定期报的上报及时率、准确率均达100%，数据质量继续保持全省前列。在全省年报工作评比中，洛阳市统计局13个专业均进入优秀单位行列。

【统计分析研究和咨询服务监督】 2011年，洛阳市统计局编发《统计分析》《统计报告》《领导参阅》和《调查与分析》556篇，其中有21篇分析报告被市委、市政府主要领导批示。2011年7月12日，市统计局调查报告《洛阳与昆山差距》经省委常委、市委书记毛万春批示后在《洛阳日报》头版全文刊发，这在洛阳统计史上尚属首次。

在市统计局完成的556篇统计分析报告中，有6篇调查报告被《中国信息报》采用。2篇课题在全省优秀统计分析评选中分获特等奖和一等奖；12篇分析报告在第十二届河南省情研究优秀论文评选中获奖，获奖数量居全省首位。洛龙区3篇调研报告被《中国统计》《中国信息报》采用；偃师市多篇分析报告直接参与领导决策；西工区、瀍河区、吉利区、新安县、栾川县、嵩县、宜阳县围绕经济运行中热点、难点问题，加强预测、监测，较好地履行了统计信息、咨询职能。

积极开展“两会”服务。在“中国统计开放日”期间，市统计局组织统计新闻发布会和各类新闻媒体专访13次，向新闻媒体提供稿件上百篇次；认真完成人大代表提案办理；回复“连线政府”网民提问26次。

【统计基础规范化建设】 2011年，市统计局组织开展市、县、乡统计业务规范化网上自评工作。组织对市直43家统计调查单位和4个县（市）、区38个基层单位进行了为期3个月的统计基础工作检查。市统计局顺利通过全省统计业务规范化示范单位复检。县乡联网报送持续推进，投资、农业、工业、贸易4个专业报送率均达到100%。

统计数据质量控制把握能力不断增强。一是齐抓共管的统计数据质量管理机制已经建立；二是统计数据质量评估更加科学；三是源头数据质量管理进一步强化。全市主要统计数据的协调性和匹配性进一步提高，客观反映了全市经济社会发展水平和运行情况。

【统计制度方法改革】 2011年，全市统计系统以“四大工程”建设为核心的统计方法制度改革扎实进行。一是基本单位名录库建设扎实推进。12月24日，《中国信息报》以《洛阳市打造“四大工程”坚强基础》为题报道了洛阳市基本单位名录库建设经验。二是企业一套表试点工作顺利完成，为一套表的正式实施奠定了坚实基础。8月30日，《洛阳日报》以《“一套表”制度保障统计质量》为题，介绍市统计局推进统计改革，提高数据质量的做法。三是核算、工业、投资、贸易、能源、文化产业、劳动工资等多个专业统计方法制度改革扎实推进。建筑业按经营地统计试点和联网直报试点工作顺利通过国家验收，安居工程建设统计稳步推进。四是“三区”统计体系进一步完善。五是以“一套表”制度为核心的统计数据采集处理系统逐步完善。六是联网直报系统建设稳步进行。“三上”企业和房地产开发经营企业联网直报率均在50%以上，完成省定任务。七是统计方法制度改革研究工作成效显著。全市组织撰写统计制度方法改革论文54篇，其中5篇被评为全省2011年度统计制度方法改革研究优秀论文，获奖论文在数量和质量上均位居全省前列。

【统计信息工程建设】 2011年，洛阳市统计信息化建设步伐明显加快。一是市统计局投资近200万元建成标准化机房，60%的县、区完成专业化机房建设，超额完成省定任务。二是市统计局信息化硬件设备不断更新。11个县（市）、区完成网络设备的更新、升级。三是市统计局及各县（市）数据库、网站群和办公自动化应用进一步增强。

【统计执法】 2011年，洛阳市统计系统法制建设扎实推进。一是继续开展多种形式的统计执法骨干培训。二是广泛开展统计普法宣传活动。三是加大统计执法检查力度。坚持“教育为主，处罚为辅”的原则，立案查处统计违法案件11起。

【统计培训】 2011年，洛阳市统计局按照《统计从业资格考试管理办法》和《统计从业资格考试考务规则》的有关要求，精心准备，组织全市1400余人报名参加了统计资格考前培训和考试工作。报名参考人数名列全省前列。并圆满完成2011年统计从业资格考试合格人员的资格证受理、审查、办证和证件送达工作。大力开展持证人员继续教育工作。全市有近2000人报名参加继续教育，其中300余人报名参加计算机培训。全年举办计算机培训9期，其中为市直举办的继续教育培训8期，累计1100多课时。全市有1680余人通过3门考试，取得初级调查分析师资格。（李清江）

审　　计

市审计局领导到审计点指导工作

【概　况】 2011年，洛阳市审计机关坚持“依法审计、服务大局、围绕中心、突出重点、求真务实”20字工作方针，认真履行审计监督职责，努力加大审计监督力度。据统计，全年共完成审计项目1002个，查出违规金额5.37亿元，其中应上缴财政1.19亿元、应减少财政拨款或补贴841万元、应归还原渠道资金1.09亿元；已上缴财政1.10亿元，已减少财政拨款或补贴841万元，已归还原渠道资金1.09万元。移送司法机关、纪检监察部门处理事项1件，建议有关部门处理事项2件。提交审计工作报告、信息1022篇，被采用619篇。

【财政审计】 2011年，全市审计机关围绕构建财政审计大格局，增强财政审计的整体性、宏观性和建设性，全市预算执行审计（审计调查）单位95个，财政决算审计（审计调查）单位20个。围绕规范债务管理，促进建立健全债务风险评估、预警及责任制度，组织开展地方政府性债务审计、普通高中债务审计调查、基层医疗机构债务清理审计。围绕促进税收政策贯彻落实，提高征管部门依法治税水平，组织对耕地占用税、契税、房地产开发企业税费等3项财税政策执行情况进行审计或审计调查。

【金融审计】 2011，全市审计机关围绕有效防范风险，全力维护良好的经济秩序，对洛阳市建设投资公司等5家政府投资、融资平台进行专项审计调查，查出政府部门在投资、融资管理方面存在的管理体制不完善、资金使用效率低、资产运营效果不佳等问题，专项调查报告得到市政府批转。

【行政事业审计】 2011年，全市审计机关对中等职业学校“助学金”“免学费补助资金”和“农家书屋”工程建设资金进行专项审计调查，对全市中小学校校舍安全工程资金进行跟踪审计，对王城公园、洛阳警察学校2010年度财务收支进行审计。

【农业与资源环保审计】 2011年，全市审计机关对全市应急抗旱专项资金进行跟踪审计，对伊川县实施全国新增千亿斤粮食生产能力规划项目进行了专项审计调查，对洛阳市畜牧局、洛阳市林业局2009～2010年度预算执行及专项资金情况进行审计。

走进行风热线，倾听百姓心声

【固定资产投资审计】 2011年，全市审计机关围绕推进深化投资体制改革，有效提高建设资金的经济效益和社会效益，开展固定资产投资审计（审计调查）项目280个，核减投资额（工程款）2.79亿元，挽回或避免经济损失663万元。

【社会保障审计】 2011年，全市审计机关对全市福彩公益金进行审计，发现少缴税款241万元等问题。对全市养老保险基金进行审计，发现少计利息10.25万元等问题，积极督促被审计单位整改。

【企业审计】 2011年，全市审计机关对洛阳市国有资产经营有限公司、洛阳矿业集团有限公司等27家企业2010年资

产负债损益情况进行审计，查出违规金额1.58亿元，管理不规范金额2.24亿元。

【经济责任审计】 2011年，全市审计机关围绕深入学习贯彻中共中央办公厅、国务院办公厅《经济责任审计规定》，对全市298名领导干部进行了经济责任审计，查出领导干部负有主管责任的违规金额1.49亿元、管理不规范金额6.38亿元。洛阳市审计局重点对68名市管领导干部进行经济责任审计，组织开展洛阳市水务集团总经理曹静经济责任任中审计，为2012年开展任中审计工作探索了经验。

【专项资金审计（调查）】 2011年，全市审计机关重点开展洛阳新区土地出让金审计调查，共督促上缴土地出让金1.66亿元，查出伊滨区滞留征地拆迁补偿款1.48亿元，挪用征地拆迁补偿款2202万元，审计成果受到市领导高度重视。（王锦志）

金融监管

【概　况】 2011年，面对日渐收紧的货币政策，洛阳银监分局积极引导辖内银行业机构克服困难，增强信贷投入的持续性和有效性，促进了地方经济的平稳、较快发展。截至2011年年末，全市银行业各项存款余额2443.1亿元，较年初增加335.18亿元，增幅为15.9%；各项贷款余额1378.07亿元，较年初增加257亿元，增幅为22.93%，有力支持了地方经济发展和结构调整。

在信贷规模扩大的同时，对薄弱领域的金融支持进一步加强。一是洛阳银监分局班子成员多次深入企业调研，了解金融需求和融资困难。二是通过全省金融服务工作会促进中小企业金融服务。4月，全省银行业中小企业金融服务工作会在洛阳召开，促成17家银行业机构与洛阳608家小企业现场签约，授信金额50.9亿元。三是鼓励和引导银行业机构加强金融创新，加强对小、微企业的市场营销和金融服务。2011年年末，全辖银行业金融机构中小企业贷款余额为586.08亿元，占贷款总额的46%，较年初增加132.92亿元，增幅为29%。其中，小企业贷款余额280.24亿元，较年初增加84.31亿元，增幅为43%。实现了中小企业贷款“占比高于上年同期、增速高于同期全部贷款增速”的目标。“三农”金融服务水平得到提升，引导各银行业机构加强对农机、农资销售等涉农项目的贷款支持，努力做大涉农贷款份额。截至2011年年底，涉农贷款余额603.56亿元，较年初增加158.69亿元，增幅为35.67%，高于同期贷款整体增速21.57个百分点，实现了“两个高于”的目标。

【日常金融监管工作】 2011年，洛阳银监分局完成39个现场检查项目，共计投入8397个工作日，查出各类问题150个，涉及金额52.92亿元，提出整改意见199条。及时下达现场检查意见书，督促被查机构做好存在问题的整改。非现场监管质量进一步提高，全年审核报送非现场监管报表8000多张。在做好数据报送的基础上，加强对数据的分析和运用，下发监管通报46份，下发风险提示函15份。行政许可事项办理更加规范高效，结合“环境创优年”和“合规执行年”活动的开展，要求各部门进一步提高行政审批的规范性，改进对被监管机构的服务。设立电子触摸屏，加强行政许可时限的督导，确保行政许可事项按时办结。全年无行政诉讼及其他被监管机构投诉情形发生。

【银行业风险管控能力建设】 2011年，洛阳银监分局通过现场检查、非现场监管、推动银行业合规建设等手段促进辖区银行业依法经营、稳健发展，风险管控能力进一步提升。一是深入开展“合规执行年”活动。银监部门与法人机构负责人签订“合规执行责任与承诺书”，举办合规知识电视竞赛，组织开展“合规醒言”警示教育，强化从业人员合规意识。二是不良贷款持续“双降”，银行业资产质量不断提高。截至2011年年末，全辖不良贷款余额28.33亿元，较年初减少9.85亿元；不良贷款率2.06%，较年初下降了1.34个百分点。三是案件防控和安全保卫工作基础进一步巩固，连续3年零发案。四是农合机构风险化解成效明显，抗风险能力不断提高。截至2011年年底，全市农合机构资本充足率达到12%，较年初提高了8.35个百分点；拨备覆盖率达到82.1%，较年初提高43.57个百分点；贷款专项损失准备充足率57.26%，比年初增加21.46个百分点。五是多措并举抓好银监会三项重点监管工作。推动“三个办法一个指引”执行，对中长期贷款合同进行补正修订、对政府融资平台贷款进行清理规范。洛阳银监分局通过召开专门会议、约见谈话、加强与地方党

“伊川农商行杯”洛阳银行业“合规执行年”知识电视竞赛

政部门沟通等多种措施，大力推进三项重点监管工作。2011年末，执行贷款新规走款率、中长期合同补正修订率和平台贷款抵押担保率均达到银监会规定的时限目标。

【银行业机构改革】 2011年12月13日，洛阳市银行业协会挂牌成立；偃师融兴村镇银行、新安融兴村镇银行、孟津民丰村镇银行先后开业，澳洲联邦银行（伊川）村镇银行获准筹建。洛阳银行上市工作顺利启动并取得积极进展。市政府成立洛阳银行上市领导小组，洛阳银行内部资产和股权清理、规范工作稳步推进，上市辅导备案材料报至河南证监局；增资扩股方案已经河南银监局批复，相关新增和增持股东资格上报中国银监会待批，资本金由2011年初的8.41亿元增加至22亿元。农村合作金融机构改革发展进一步深化。洛阳银监分局加强了与市、县两级政府的沟通，督促各联社加强不良资产核销、化解历史包袱；指导吉利联社做好改制准备工作，农合机构改革取得明显成效。吉利农商行于2011年11月28日正式挂牌；宜阳联社筹建农商行工作已列入2012年全省农信社改革规划；西工、汝阳、经贸开发区等机构的监管指标已达到或接近改制标准。（张 婕）

国有资产监督管理

【国有经济】 2011年，洛阳市国有资产监督管理委员会（以下简称“洛阳市国资委”）23户监管企业累计实现销售收入305.26亿元，同比增长20.66%；实现盈利24.80亿元，同比增长4.07%（其中：盈利企业15户，盈利总额27.76亿元；亏损企业8户，亏损总额2.96亿元）；上缴税金19.67亿元，同比增长37.09%。监管企业资产总额1060.7亿元，同比增加202.38亿元；负债总额795.51亿元，同比增加191.99亿元；净资产265.19亿元，同比增加10.39亿元；平均资产负债率为75.00%，同比增加4.69个百分点。

市国资委主任唐超调研企业棚户区改造工作

【国资监管】 2011年，洛阳市国资委按照《2010年度经营业绩责任书》确定的经营指标和综合管理目标，结合2010年度企业财务决算报告，对11户被考核企业进行了考核评级，其中3户企业考核等级为A级、3户企业考核等级为B级、4户企业考核等级为C级、1户企业考核等级为E级。2011年7月，洛阳市国资委与监管企业签定了《2012年度经营业绩责任书》。

监事会监督作用得到充分发挥。针对一运、二运、龙门粮库、河南第三建筑公司等市出资企业监察中出现的问题，及时下达整改通知、明确整改事项、限定整改时限，并对整改落实情况进行监督检查。重点对市水务集团等企业资金运营情况、经营风险进行了检查，为企业下步改制工作提供了指导性意见。

全年办理5户企业国有产权登记及变更，其中占有登记1户、变更登记2户、注销1户、补证登记1户。

国资经营预算工作启动。2011年11月25日，洛阳市国资委会同市财政局召开全市国有资本经营预算会议，正式启动全市国有资本经营预算工作。

【企事业单位改革】 2011年，洛阳市纳入2011年改革范围的企事业单位共634户，其中事业单位597户、国有（集体）企业37户。事业单位中除6户因特殊原因报企事业单位改革领导小组同意暂不列入改革台账外，其余591户全部上报改制申请并批复，占全部事业单位的99%；改制实施方案已批复的563户，占全部事业单位的95%。通过改革共核减事业单位140个，收回事业编制4470名（其中全供615名）。37户国有（集体）企业中，实施改制23户，均上报改制申请并批复，上报改制实施方案并批复19户，占改制企业的82.6%；实施搬迁改造和破产的14户企业中，已完成任务12户，占搬迁改造和破产企业的85.7%。

18个县（市）、区中，纳入2011年改革范围的企事业单位共5429户，其中事业单位5120户、企业309户。5120户事业单位中，实施撤销89户，完成89户，完成率达100%；实施整合125户，完成118户，占94%；实施事业、企业分离57户，完成52户，占91%；实施转企改制或产权制度改革的114户，完成84户，占74%。309户县属国有（集体）企业中，完成或基本完成改革任务的有243户，占79%。从各县（市）、区改革任务完成情况看，除瀍河外，涧西、嵩县、孟津、西工、栾川、宜阳、高新、伊川、洛龙、吉利、龙门、偃师、洛宁、栾川等17个县（市）、区均按照年初确定的改革台账，完成或基本完成企事业单位改革任务。市委、市政府要求企事业单位改革年底前“大头落地”的目标顺利完成。

【央企合作】 2011年，洛阳市国资委

市国资委参加省政府与中央企业合作重点项目签约仪式

牵头完成与央企签约项目9个，总投资621亿元，分别是：投资40亿中国移动集团2万坐席（洛阳）客服中心项目、投资195亿中硅高科光伏产业园项目、投资18亿国机重工产业园项目、投资200亿中石化洛阳分公司新增1000万吨炼油及综合配套项目、投资45亿河南华润电力首阳山有限公司二期2×600兆瓦扩建工程项目、投资50亿洛玻集团整体搬迁改造项目及中国联合水泥集团有限公司整合洛阳水泥项目、投资35亿嵩县黄金公司新建及扩建生产线及地探项目和投资49亿洛宁大鱼沟抽水蓄能电站项目。

【招商引资】 2011年，洛阳市国资委完成引资1.8亿元，即中建材集团总投资30亿元建设汝阳节能玻璃基地和伊洛工业园新材料基地，2011年到位资金1.8亿元，超额完成市下达的招商引资目标任务。

【项目建设】 2011年，洛阳市出资企业29个项目共完成投资218187万元。其中：洛钼集团9个项目，共完成投资107932万元；水务集团5个项目，完成投资67683万元；洛阳有色矿业集团7个项目，完成投资33810万元；热力公司1个项，完成投资6000万元；市交运集团7个项目，完成投资2762万元。

【解决中小企业改革遗留问题】 2011年，洛阳市国资委坚持改革例会制度，集中对洛阳市黄金公司炭浆试验厂关闭和洛阳友谊资产管理公司改制遗留问题等进行了研究，使一批长期遗留问题得到妥善解决。

第四批核销养老金工作基本完成，共涉及10户破产关闭企业，涉及职工2600人，核销金额1560万元。第二批24户企业职工经济补偿金已发放完毕，涉及职工2854人，解除劳动合同经济补偿金1526万元。

积极推进企业年老、工伤人员纳入社会统筹工作，涉及破产关闭企业70余户，涉及职工1073人。截至2011年年底，第一批19户企业年老、工伤人员一次性伤残补助金44万余元已发放到位，惠及年老、工伤人员179名。（国资委）

国土资源管理

【耕地保护】 2011年，洛阳市严格执行基本农田“五不准”制度，把基本农田落实到了地块和农户。对基本农田规划调整、占用和补划，始终坚持“总量不减少，质量有提高，布局更优化”的原则，慎重对待此项工作。全市基本农田保护面积继续稳定在37.52万公顷（省定目标）以上，耕地保有量继续稳定在42.73万公顷（640.95万亩）以上，实现了先储备后使用，基本农田质量达到国家规定的质量标准。按照《国土资源部、农业部关于加强和完善永久性基本农田划定有关工作的通知》（国土资发〔2010〕218号）和《省国土资源厅、农业厅关于开展永久性基本农田划定工作的通知》（豫国土资发〔2011〕10号）要求，市国土资源局和农业局联合下发《关于开展永久性基本农田划定工作的通知》（洛国土资〔2011〕92号），并制定《洛阳市调整划定基本农田工作方案》，科室安排专人负责督促指导各县（市）、区做好基本农田调整划定工作，适时组织培训和召开座谈会，及时发现、解决调整划定工作中存在的问题，此项工作各县（市）、区已完成总工作量的75%。

市国土资源局结合全市后备资源匮乏实际情况，与各县（市）、区局签定补充耕地目标责任书，下达了补充耕地任务量，全年洛阳市批准补充耕地项目立项21个，立项面积7757.7596公顷；验收补充耕地项目18个，新增耕地面积2903.1147公顷，验收的18个项目均已经省国土资源厅核查确认并列入补充耕地储备库。严格执行建设用地项目与补充耕地项目挂钩制度，严格加强耕地占补平衡项目管理。已建立耕地后备资源库、年度占补平衡项目库和耕地储备库，建立了耕地占补平衡台账。2011年，洛阳市经国务院、省政府、市政府批准占用耕地1484.9172公顷，补充耕地1484.9172公顷，连续13年实现占补平衡有余。

【建设用地报批】 2011年，洛阳市坚持“依法依规，从紧从严，有保有压，节约集约”的原则，加强土地调控，确保了项目建设用地。全年上报国务院、省政府、市政府审批建设用地79个批次，用地总面积3045.5444公顷。其中：上报国务院审批用地3个批次，土地面积944.2188公顷（含中心城区一次性上报国务院审批用地）；上报省政府审批建设用地73个批次，土地面积2066.869公顷；上报市政府审批农转用用地3个批次，土地面积34.4566公顷。报件一次通过率达98%。

全市共经国务院、省政府、市政府批复建设用地87个批次，用地总面积3520.6216公顷（耕地2461.5276公顷）。其中：国务院批准建设用地4个批次，土地面积1233.5138公顷（耕地1024.4574公顷）；省政府批复建设用地80个批次，土地面积2252.6512公顷（耕地1433.9285公顷）。含2008年“百日行动”补办10个批次、面积279.1015公顷和2010年清查补办31个批次，面积797.3855公顷）；市政府批复建设用地3个批次，面积34.4566公顷（耕地3.1417公顷。含区位调整1个批次，面积30.7182公顷，有力地保障了洛阳至嵩县高速、西气东输二线、洛阳机场改扩建、洛阳船舶材料所特种装备材料、出口加工区、S311公路、北京利尔、福建合一集团、保障性住房、旧城改造等一大批重点项目用地，为全市建设用地项目及省、市重点项目工程提供了用地保障。

【土地利用总体规划修编】 根据《中华人民共和国土地管理法》的有关规定，按照树立和落实科学发展观，建设资源节约型、环境友好型社会和《河南省土地利用总体规划（2006~2020年）》的总体要求及河南省土地利用总体规划修编工作的整体安排部署，结合洛阳市实际，洛阳市人民政府编制了《洛阳市土地利用总体规划（2006~2020年）》（以下简称“《规划》”）。《规划》是城乡建设、土地管理的纲领性文件，是落实土地用途管制制度的重要依据，是实行最严格的土地管理制度的一项基本手段。《规划》对上一轮规划实施情况进行了科学评价，对土地利用现状和土地供需形势进行了总体分析，确定了规划修编的指导思想和原则，提出了土地利用战略目标和战略重点，制定了各业用地结构与布局优化调整方案，提出了规划实施的保障措施。《规划》以2005年为基期年，2010年为近期目标年，2020年为规划目标年。规划范围为洛阳市所辖全部土地，总面积为1522983.31公顷。2011年7月15日，《洛阳市土地利用总体规划（2006~2020年）》获国务院批准实施。至此，洛阳市市、县、乡三级规划体系得以建立，为各业用地提供了规划依据。

【地籍管理】 2011年，洛阳市按照国土资源部《关于开展全国地籍管理规范化建设的通知》要求，对照《地籍管理规范化建设内容及标准》逐条进行认真落实。截至2011年底，市本级以及各县（市）、区均已经达到省级地籍管理规范化建设标准。

2011年，全市国有土地使用权累计发证471556本，发证率为88.5%；集体土地所有权累计发证2873本，发证率为97.1%；集体建设用地使用权累计发证18533本，发证率为90.8%；宅基地累计发证1368955本，发证率为92.6%。洛阳市本级2011年共办理单位土地登记580宗，总面积22975241.5平方米；办理土地抵押登记296宗，抵押面积6569124.68平方米，抵押金额666284.64万元；办理城镇住房分割登记发证35526本，变更登记发证14064本。

【土地二次调查】 2011年，洛阳市按照国土资源部全面完成第二次土地调查任务的要求，严格执行国家和省有关土地调查技术规定，认真筹划，狠抓落实，组织完成全市接边工作。根据省第二次土地调查领导小组办公室对二调成果的预检要求进行整改，按时保质完成全市第二次土地调查各项任务。

【国有土地使用权供应】 2011年，全市共供应土地651宗，总面积3403.2186公顷，实现土地出让合同收入118.6522亿元。其中：市本级供应223宗，面积1100.385公顷。按供应方式划分，全市协议出让36宗，面积99.9503公顷，价款2.9602亿元；招牌挂出让407宗，面积1460.12公顷，价款115.692亿元；划拨供应208宗，面积1843.15公顷。按用途划分，全市供应商业54宗，面积121.67公顷；住宅332宗，面积1185.6766公顷；工矿仓储118宗，面积771.8174公顷；其他用地104宗，面积559.6926公顷。土地供应中，严格落实招牌挂出让制度，经营性用地招牌挂出让率达100%。

【保障性住房土地供应】 2011年，洛阳市积极服务保障性住房建设，供应经济适用房、廉租房、公租房、棚户区改造安置房等各类保障性住房项目用地37宗，土地面积220.83公顷，省定洛阳市年度新开工35294套保障房用地供应率达100%。

【批而未用土地处置】 2011年，洛阳市按照国土资源部和省国土资源厅要求，加大了批而未用土地处置力度。全市共处置批而未用土地1200公顷，占批而未用土地63.2%。市区土地平均供应率82.3%。其中：2007年度供应率86.96%，2008年度供应率93.18%，2009年度供应率88.4%，2010年度供应率70%，居全省前列。

【节约集约利用土地】 2011年，洛阳市新供工业项目全部在各类产业集聚区

局长丁新务在吉利区现场办公

选址，要求容积率不低于1.0，投资强度不低于3500万元/公顷，建筑密度不低于60%，绿化率不高于20%。指导产业集聚区参与土地节约集约模范县市区创建活动，孟津县、宜阳县、宜阳县产业园区、洛阳工业园区参与创建。其中：孟津县、宜阳县产业园区被评为先进，各获奖300万元；洛阳工业园区、宜阳县通过验收，各获奖83万元。指导洛阳高新区、洛阳工业园区、洛阳经济开发区、洛龙科技园区完成土地集约利用评价工作。继续加大标准化厂房建设力度，全年新建标准化厂房153.38万平方米，其中两层以上标准化厂房19.55万平方米。积极盘活使用存量建设用地，全年盘活利用存量土地766.421公顷。

【土地开发整理】 截至2011年年底，洛阳市范围内共批准实施82个土地开发整理项目，项目建设总规模27352.26公顷（41.03万亩），总投资60257.97万元，新增耕地面积2336.98公顷（3.51万亩）。此外，2010年组织7个县（市）编制8个土地整治项目，建设总规模为71912.43公顷（107.87万亩），新增耕地面积为538.21公顷（8073.15亩），预算总投资为17.35亿元。经向省财政厅和省国土资源厅积极争取，8个项目全部纳入土地整治项目库，并且批准实施4个项目，下达资金8.06亿元，其中2011年到位4.68亿元，该批项目正在进行实施准备工作，近期将陆续开工建设。

【土地收购储备】 2011年，全市收购、收回洛阳玻璃股份有限公司等国有土地使用权2宗，面积58.23公顷，收购资金总额60160万元，拨付洛玻集团、瀍河电影院、轴承保持器厂土地补偿款47120万元，有效缓解改制企业资金紧张的矛盾，支持了改制后企业的健康发展。全年储备土地出让2宗，面积10公顷，储备土地划拨3宗，面积7公顷，出让总价12.73亿元，扣除收购成本9454.0782万元，储备土地纯收益11.79亿元。截至2011年年底，洛阳市储备土地总面积510公顷，其中洛河北104公顷，新区406公顷（其中新区核心区109公顷、拓展区200公顷、洛阳南站98公顷）。

【土地储备贷款融资】 2011年，洛阳市土地储备整理中心，广泛争取各金融机构支持，利用收储的土地抵押、担保等形式，为城市建设筹措资金9.0208亿元，完成国有储备土地出让收益11.79亿元，创历史新高。

【地产交易】 2011年，全市进行了166宗土地的公开挂牌交易，成交155宗，总成交面积806.10万平方米，成交金额102.43亿元。土地市场竞争激烈，单宗地价达到12多亿元，土地单价超过每亩1000万元。

【执法监察】 2011年，洛阳市全力做好第十一次土地矿产卫片执法检查工作。2010年土地矿产卫片执法检查，国土资源部下发洛阳市土地监测图斑3277个、45665.7亩。经核查，对现有土地图斑进行分割合并后共有1659宗、45835.95亩。其中：军用土地12宗173.2亩，实地伪变化630宗10754.7亩，临时用地28宗672.61亩，增减挂钩43宗2317.9亩，新增建设用地946宗31917.54亩（耕地27174.64亩）。新增建设用地中，合法用地702宗29180.6亩（耕地25526.44亩），违法用地244宗2736.94亩（耕地1648.2亩），全市违法占用耕地面积占新增建设用地占用耕地总面积的比例为6.07%。违法图斑立案查处238宗，非立案查处拆除复耕6宗，收缴罚没款2343.42万元，没收违法建筑物面积42.04万平方米，复耕土地34.1亩，给予行政处分22人，移送司法机关追究刑事责任9人，申请法院强制执行145宗。洛阳市涉及矿产图斑13个，其中合法2个，有合法手续；伪变化9个，现场无采矿行为；违法2个，已立案并查处到位，顺利通过国家验收。做好国家土地督察济南局对洛阳市开展的土地例行督察工作。经国家土地总督察批准，按照例行督察工作规范要求和年度工作计划安排，2011年3月15日～4月18日，国家土地督察济南局对洛阳市土地利用和管理情况进行了例行督察，重点包括耕地保护、用地审批登记、土地执法检查、土地供应和利用等七个方面。本次例行督察共核查洛阳市2010年度各类卷宗3967卷。其中：卫片变化图斑卷宗3058卷，耕地保护卷宗24卷，建设用地审批卷宗93卷，土地供应及利用卷宗582卷、土地登记卷宗198卷，城乡建设用地增减挂钩卷宗12卷；问询国土部门业务人员200多人次，召开讨论会30余次，形成工作记录105份；对洛阳市16县（市）、区的612个图斑进行了实地核查；受理群众举报电话16人次，接待来访人员1次，并将存在的问题和整改意见，分解到各个县（市）、区逐条认真整改，确保整改落到实处。督察结束后，为进一步规范土地管理行为，健全完善土地管理长效机制，2011年5月31日，市政府下发《关于进一步做好土地管理工作的通知》（洛政〔2011〕68号）。做好黏土砖瓦

市国土资源局领导做客《政府与百姓》

窑场整治验收工作。按照省治理整顿黏土砖瓦窑场工作联席会议办公室的部署，洛阳市组织各县（市）、区开展了黏土砖生产反弹春季集中整治行动和全面的自查工作，并对各县（市）、区黏土砖瓦窑场整治工作进行了检查验收。通过检查，各县（市）、区所有实心黏土砖瓦窑场已全部拆除复垦到位，111家烧结类砖厂已全部淘汰传统黏土砖生产工艺，窑体类型均为烘干室轮窑或隧道窑，无晾坯场，全部符合省定标准。

【测绘管理】 2011年，洛阳市具有测绘资质的单位共有76家，其中甲级1家、乙级16家、丙级21家、丁级38家。2011年4月，洛阳市国土资源局被国家测绘局授予“全国测绘系统依法行政先进单位”称号。杨海彦被国家测绘局授予“全国测绘系统‘五五’普法先进个人”称号。7月，洛阳市测绘局被省测绘局表彰为“河南省测绘宣传工作先进集体”。8月，投资10万元制作了《洛阳市领导工作用图》。11月24日，洛阳市测绘局更名为洛阳市测绘地理信息局。更名后的洛阳市测绘地理信息局新增以下职能：监督基础地理信息获取与应用工作，为社会提供基础地理信息服务；组织协调地理信息安全监管工作；指导、协调全市地理信息产业建设。12月，洛阳市投资700万余元，对洛河以南城区480平方千米进行了航空摄影，制作了全数字化1：1000地形图。

【资源整合】 2011年，洛阳市积极稳妥推进矿产资源整合，在完成《河南省矿产资源勘查开发整合总体方案》规划的12个省定重点整合矿区整合工作任务基础上，编制了《洛阳市非煤矿产资源勘查开发整合实施方案》，省厅以《河南省国土资源厅关于洛阳市非煤矿产资源勘查开发整合实施方案的意见》（豫国土资函〔2011〕726号）文件同意符合规定的9个整合单元进行整合。截至2011年年底，9个整合单元的整合材料已全部上报省厅。

【地质勘查管理】 2011年，洛阳市有效勘查项目303个，各类计划项目（国家、省财政出资）26个，其他类型项目277个。按项目所在的县（市）划分，栾川县58个，嵩县125个，洛宁28个，汝阳41个，新安15个，宜阳19个，偃师9个，伊川县3个，孟津县5个。处于勘查阶段的项目全年共完成资金投入18132万元，完成技术人员投入9015个人。具体投入勘查工作量：机械岩芯钻探63348米，槽探57061立方米，浅井1430米，坑道施工7678米。另外还完成部分地形测量、地质填图、剖面测量、地球物理、地球化学测量及样品分析等工作。取得的重要地质成果：新安县郁山铝土矿提交铝土矿资源量2300万吨；宜阳、偃师两地的煤下铝勘查项目取得阶段性成果，预测铝土矿资源量在4000万吨以上。河南油田在伊川部署并实施了油气勘查，已完成钻探工作的风险探井屯1井试获工业气流，平均日产天然气7200立方米，是河南油田外围盆地近40年油气勘探取得的最重要突破，开辟了洛阳市油气勘探的新领域。

【地质灾害防治】 根据地质环境条件、地形地貌及地质构造特征、人类工程活动状况，结合气候等因素，洛阳市的主要地质灾害类型有崩塌、滑坡、泥石流、地裂缝、地面塌陷等。2011年，市国土资源局编制《2011年洛阳市地质灾害防治方案》，洛阳市政府以（洛政办〔2011〕79号）印发实施。方案中确定的市级地质灾害隐患点58处，方案中对地质灾害隐患点的防治责任、防治措施进行了明确规定。全市国土资源系统均建立地质灾害巡查制度、汛期地质灾害防治值班制度、灾情速报制度，编制地质灾害应急预案，成立了应急指挥系统。全年洛阳市没有发生因地质灾害导致人员伤亡或重大财产损失事件，成功预报了一起滑坡灾害。地质灾害防治工作“十有县”建设工作成效显著，继上年汝阳县、栾川县完成“十有县”建设后，全市又有4个县完成“十有县”建设达标工作。

【地质公园建设】 截至2011年年底，洛阳市共有新安县黛眉山世界地质公园，洛宁县神灵寨国家地质公园，栾川老君山、嵩县白云山为伏牛山世界地质公园扩展园区，汝阳县恐龙化石群省级地质公园，宜阳花果山省级地质公园等6个地质公园，地质公园建设工作在全省乃至全国都处于领先地位。2011年，洛阳市顺利完成中国王屋山—黛眉山世界地质公园的中期评估问题整改工作，国土资源部环境司组织检查后对该项工作给予肯定。此外，按期完成了汝阳恐龙省级地质公园提升为国家地质公园的申报工作。

【地质环境治理】 2011年，市国土资源局会同市财政局积极争取申请国家级、省级地质环境治理项目及资源保护类项目，共计申报地质环境治理项目16个。实施地质环境类项目3个，省财政下拨资金 5809万元。贯彻执行《矿山地质环境保护规定》，努力推进矿山地质环境治理恢复保证金制度的实施。截至2011年年底，洛阳市编制完成《矿山地质环境保护与治理恢复方案》151个，其中市级初评120个、市县两级发证矿山《方案》评审106个。全市交纳保证金1066万元。（办公室）

质量技术监督

【概　况】 2011年，洛阳市质量技术监督局按照“抓质量、保安全、促发展、强质监”的总体方针，紧密围绕“九大工程”，全力打好“六加一”攻坚战，严格依法行政，认真履行职能，扎实开展服务，较好地完成各项目标任务，有力促进全市质量水平的整体提高，先后被河南省质量技术监督局表彰为“目标管理先进单位”，被市委表彰为“全市法制宣传教育和依法治市工作先进集体”、被市政府表彰为“食品安全工作先进单位”和“安全生产目标管理先进单位”。全年完成各类产品检验17325批次，定期监督检查741批次产品，合格724批次，产品合格率为97.71%，与上年相比提高0.09个百分点，高于全省4.31个百分点。在河南省定期监督检查中，共检查洛阳市296家工业产品企业的372个批次产品，合格355批次，产品合格率为95.43%，高于全省同类产品合格率1.21个百分点。其中，

局长袁文忠陪同省质监局领导在巨尔乳业检查工作

有42种产品合格率达到100%，有22种产品合格率高于全省同类产品。在河南省监督抽查中，共抽查洛阳市53家企业的15种产品，抽查78批次，合格72批次，产品合格率92.31%。与上年相比提高0.27个百分点。

【质量立市】 2011年，市质量技术监督局按照“富民强市”战略，深入开展质量立市，认真抓好品牌创建和政府质量奖申报评选工作，大力发展品牌经济。根据成员单位人员变动情况，及时调整质量立市工作领导小组和名牌战略推进委员会成员，进一步完善质量立市工作联席会议制度、信息通报制度、联络员制度等，积极做好汇报协调，将组织申报政府质量奖、名牌争创和推行卓越绩效模式管理等工作纳入市政府考核目标，明确规定全市每年至少争创1个省长质量奖、10个省级以上名牌产品，每个县（市）、区每年至少有1家企业参与市长质量奖的申报和评选，全市每年至少有30家企业推行卓越绩效模式管理。认真组织制定全市品牌带动战略实施意见，通过品牌创建大力助推经济发展。积极指导企业做好省长质量奖申报工作，洛阳中船重工第725研究所以排名第一的成绩荣获省长质量奖，同时市长质量奖和县（市）、区长质量奖申报评选工作也受到地方政府更大的重视和支持，洛阳市政府拿出近600万元对质量立市工作先进单位进行奖励，市政府和5个县（市）、区相继召开质量立市暨市长质量奖表彰大会。全市共有11家企业的14个产品获得“河南省名牌产品”称号，有效期内有中国名牌产品6个，河南省名牌产品45个，河南省优质产品19个，共54家生产企业。这些企业2011年资产规模达到637.92亿元，工业实现增加值462.35亿元，销售收入总额达到758.99亿元，实现利税总额84.5亿元，占全市1634家规模以上工业企业3.3%的质量奖和名牌企业，其工业增加值和利税总额分别占其总额的36.99%和36.17%。

【安全监察】 2011年，市质量技术监督局按照“把握规律性，增强预见性，提高可靠性”的方针，在严格落实安全责任目标的基础上，积极创新监管体系，协调成立县（市）、区政府特种设备监管领导小组，建立乡镇（街道）特种设备安全监察室，使特种设备安全管理纳入地方政府的大安全工作之中，依靠地方政府加大特种设备的监管力度。结合重大节会活动、重点项目建设，主动开展服务保障工作，变“以检查保安全”为“以服务促安全”，坚持过程全服务、重点全检查、免费全检验、使用全值守，有效消除安全隐患。针对电梯业发展迅猛的态势，积极探索电梯远程监控平台项目建设，在全省率先开展“电梯卫士”工程的试点工作，受到地方政府的充分肯定。同时，认真组织《特种设备安全监察条例》宣传活动，严格落实定检制度和安全工作例会制度，针对性开展四季特别行动和危险化学品、压力管道元件、电梯、气瓶等专项整治活动，排查隐患企业1484家，排查出各类隐患1498项，其中重大隐患15项，有力提高特种设备监管水平，被表彰为“洛阳市2011年度安全生产目标管理先进单位”，并奖励现金2万元，特种设备科长许成义被表彰为全市安全生产优秀专家，市锅检所长赵胜利被表彰为全市安全生产先进工作者。

【食品安全】 2011年，市质量技术监督局注重突出工作重点，严格食品生产许可受理把关，狠抓食品安全监管工作全面落实，全年受理申请并组织审查企业196家，获国家质量技术监督局及河南省质量技术监督局批准118家。积极创新工作方式，通过约谈企业负责人和预警飞信提醒，督促企业落实好食品质量安全主体责任。主动帮助食品企业不断完善产品质量保证体系，在全国组织的乳制品生产许可证复审工作中，巨尔、生生、阿新3家乳制品企业全部以高分通过审查。加大宣传汇报力度，积极争取地方政府支持，争取政府食品抽样检验经费200万余元，有力促进食品检验工作的开展。认真组织食品安全专项整治活动，科学制定并严格落实“五个明确”“五个不漏”“七个落实到位”，检查食品生产企业597家，抽检产品8000多个批次，注销食品企业22家，销毁问题食品10余吨，端掉无证生产加工黑窝点3个、查处违法生产加工行为12起，较好地规范了食品生产加工秩序，被市政府表彰为“2011年度食品安全工作先进单位”。

【服务企业】 2011年，市质量技术监督局充分发挥质监工作职能，主动融入经济发展大局，积极开展服务企业活动。认真落实110联动服务制度，成立110城市联动值班室，制定值班工作制度，抽调4名工作人员专门开展110城市联动服务，妥善处理各种来电、来访，对突发事件及时报告，一般性来电来访及时处理，被评为“2011年度110联动和网民诉求办理先进单位”。加快推进行政审批提速增效，认真组织标准、计

为群众进行计量器具免费检定

量、特种设备等相关行政审批项目进入市政府行政服务大厅开展服务，积极开展窗口单位创先争优活动，切实提高质量技术监督工作的行政效能，市质量技术监督局行政服务大厅窗口全年办理业务近2万件，全部在承诺时限内办结，提前办结率100%，先后被评为“红旗窗口”“优质服务示范窗口”“2011年行政服务工作先进集体”。围绕抓质量增效益，出台服务企业工作十项措施，加强对企业的质量管理，以品牌、标准、效益为重点，全面推行实施卓越绩效管理模式，强化全过程质量管理体系，积极开展企业专项帮扶活动，将服务帮扶融入企业生产经营的全过程，认真组织质量管理培训、业务知识讲座、行业专家论坛、相关信息咨询，召开QC小组成果发布会，为企业提供多元化的公益性服务。成立6个专家技术服务组和1个督察组，针对企业实际，为企业提供质量、计量等业务技术咨询服务，每季度深入重点企业不少于3次，督察组负责对专家技术服务组工作情况进行督促检查，使服务真正落到实处，并建立企业问题季通报工作制度和企业问题处理情况档案，实现服务企业工作常态化、制度化。全年受理企业反映问题344件，其中省质量技术监督局、市企业服务办公室转办问题9件，符合政策已解决323件，不符合政策已解释21件，解决率为100%，企业满意率达100%。

【质量监督】 2011年，市质量技术监督局科学制定产品质量监督检查计划，按季度将任务进行市、县级分解下达，并对计划的执行情况进行监督、通报和讲评。全年完成各类产品检验17325批次，定期监督检查741批次产品，合格724批次，产品合格率为97.71%，实现市定检企业覆盖率达到95%以上的目标。按照“三不放过”原则，指导全市20家企业21个批次不合格产品进行后处理工作，整改率达100%。积极做好质检机构和机动车安检机构的管理工作，指导8家质检机构通过省局资质评审，全市13家机动车安检机构获得资质许可。严格工业产品生产许可证管理工作，制定下发《洛阳市质量技术监督局获证企业巡查和回访制度》和《洛阳市质量技术监督局获证企业分层管理制度》，通过定期巡查、监督抽查、年度审查、执法检查和回访等措施，对获证企业实行动态管理，努力规范获证企业的生产经营活动，切实提高生产许可工作的有效性。全年受理各类质量申投诉案件18起，为消费者挽回经济损失54.04万元，办结率达100%。

【计量工作】 2011年，市质量技术监督局不断完善计量标准体系，全年建立计量标准365项，全市四大领域强制检定计量器具135460台（件），强制检定计量器具受检率95%以上，完成定量包装商品净含量检测968批次，合格率达到97%。扎实开展诚信计量体系建设，重点解决计量器具未检定、检定不合格或者超过检定周期仍在使用等失信行为，29家企业被评为“诚信计量示范单位”。以民生计量为重点，积极开展计量监督检查，切实解决计量违法违规行为。加强人员培训，不断提高计量管理人员和专业技术人员的业务水平，培训各类人员480余人。加大汇报协调，争取政府专项资金77万余元，对全市51家集贸市场的4384台计量器具进行免费检定工作，使集贸市场真正成为“政府满意、群众放心”的诚信市场。

【标准化工作】 2011年，市质量技术

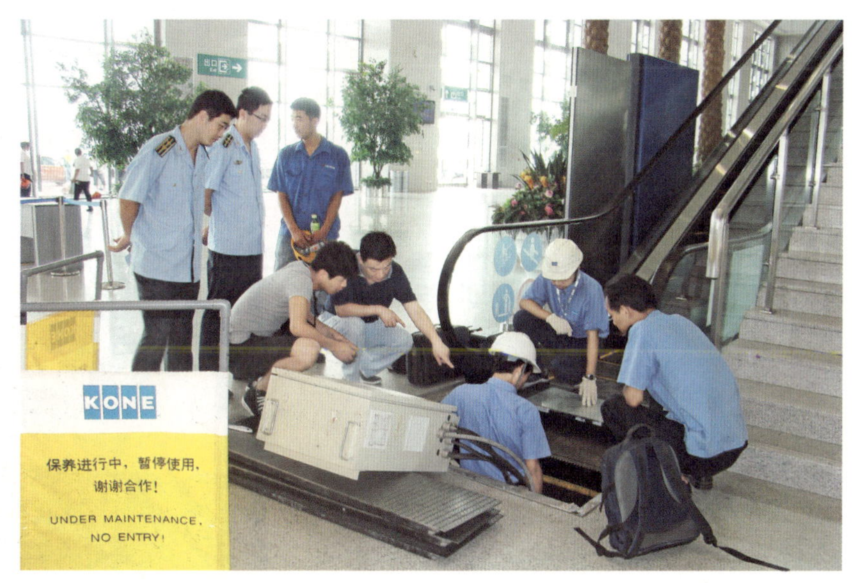

洛阳市特检所工作人员对火车站自动扶梯进行安全检查

洛阳市市长质量奖获奖情况

时间	奖项	单位名称
2010	河南省省长质量奖	中信重工机械股份有限公司
2011	河南省省长质量奖	中船重工集团公司第725研究所
2010	洛阳市市长质量奖	第一拖拉机股份有限公司
2010	洛阳市市长质量奖	中船重工集团公司第725研究所
2010	洛阳市市长质量奖	洛阳龙门文化旅游园区管理委员会
2011	洛阳市市长质量奖	前进民爆股份有限公司
2011	洛阳市市长质量奖	一拖（洛阳）福莱格车身有限公司

监督局围绕洛阳创建国际文化旅游名城建设，积极申报“全国旅游标准化试点市”项目并获得国家标准化管理委员会批准，市政府组织召开全市推进旅游标准化工作动员大会，对5个试点县区和34个试点企业标准化工作进行有序推进。结合洛阳工业发展实际和国家“十二五”标准化规划，积极申报“先进装备制造业全国标准化试点市”项目，针对创新型城市建设，强力实施技术标准战略，组织全市科研院所、大中型企业围绕洛阳主导产业、主导产品申报和制定国家标准和行业标准，以标准占领质量制高点，以质量赢得市场主动权。全年申报制修订国家标准计划66项，行业标准计划49项，完成国家标准制修订35项，行业标准制修订69项，其中属于新兴产业的国家标准7项，覆盖洛阳机械、建材、冶金及有色金属等行业。承担全国标准化组织工作实现新突破，全国拖拉机标准化技术委员会电子电器工作组在洛阳挂牌成立，使全市全国性标准化工作组织达到20个。同时，扎实推进农业标准化，完成《洛阳牡丹盆花质量标准》《洛阳牡丹种苗质量标准》及《牡丹生产技术规程》等4个省级地方标准制定工作，有效促进牡丹产业的发展。组织实施农业标准化项目国家级6个、省级25个，标准化种植面积达到140万亩。组织制定27项省级烟草行业企业标准，为建立河南省烤烟标准体系奠定基础。市质量技术监督局标准化科科长刘延庆被国家标准化管理委员会表彰为“全国农业标准化示范区先进工作者”。

【执法打假】 2011年，市质量技术监督局以推进法制质监为目标，严格规范行政执法行为，严格执法人员培训管理，认真搞好两法衔接，进一步完善案审会制度，积极推行“开门审案、阳光执法”，全年审理执法案件44起，复议案件1起，全部做到事实清楚，程序合法。狠抓重点产品、重点区域专项整治，有效地保证全市产品质量安全。先后组织开展农资、食品、建材等专项执法检查工作，全市系统出动执法打假人员3954人次，查处执法案件165起，涉案货值金额351.01万元，有力维护了正常的市场经济秩序和广大消费者权益。

（赵富光　杨晓曼）

安全生产监督管理

【概　况】 2011年，全市共有非煤矿山企业955家，尾矿库441座；危险化学品生产企业137家，经营企业1820家；烟花爆竹生产企业1家，批发企业24家；冶金、建材、有色金属、地质、机械、轻工、纺织、电力和商贸等行业生产经营单位5.5万余家。全市发生各类伤亡事故895起，死亡114人，受伤639人，直接经济损失673.02万元，与上年相比，事故起数、死亡人数、受伤人数、直接经济损失分别下降1.33%、37.95%、8.74%和82.51%。

【强化监管责任落实】 2011年，市安全生产监督管理局（以下简称“市安监局”）紧紧围绕“安全生产年”工作目标，强力开展“安全环境创优攻坚战”，探索改进方法，健全完善措施，进一步推进安全生产责任落实。通过落实“党政同责”“一岗双责”要求，实行“党委领导有人抓，政府领导具体管”，重点乡（镇）长专职负责安全生产工作等措施，督促县（市）区、乡（镇）街道全面落实安全生产监管责任。坚持利用市安委会月例会、局周例会，全面分析安全生产形势，讲评工作落实情况，通报剖析典型案例，部署安排重点工作，加强各项具体工作的组织领导。充分发挥市安委会办公室职能，督促国土资源、公安、交通、消防、建设、工商、工信、电力等部门切实履行职能，打造联动平台，实施联合执法，加强综合监管，切实形成齐抓共管的强大合力和声势。依据“零容忍”“五重

安全生产分级监管百家“A级企业”授牌仪式

处”原则，按照“隐患追究、过程追究、事故追究、顶格追究、公开追究”要求，从严落实问责追究前移措施，对31起事故、122名责任人在《洛阳日报》、《洛阳晚报》及市安全生产网等媒体上进行公示和曝光，强力推进安全生产工作责任落实。

【创新监管制度】 2011年，市委、市政府积极适应安全生产形势发展需要，紧密结合全市安全生产工作实际，深入进行调研论证，先后制定下发《洛阳市环境创优年活动安全环境创优工作方案》《洛阳市冶金机械等行业生产经营单位安全生产分级监督管理办法》《重大隐患事故排查治理责任追究暂行规定》《关于进一步加强尾矿库安全管理的意见》《关于做好安全生产事故隐患媒体公示工作的通知》和《安全生产违法违规行为举报奖励办法》等文件，进一步健全完善监督管理、责任追究、隐患公示、有奖举报等长效机制，全面推动市安全生产工作规范和创新，有效提升了全市安全生产监管工作的整体水平和层次。

【行业安全监管】 2011年，市安监、煤炭、消防、建设、公安、交通等相关部门贯彻落实国务院、省政府指示精神，按照市委、市政府部署要求，坚持对煤矿、非煤矿山、危险化学品、烟花爆竹等10个重点行业（领域）持续开展专项整治，从严打击违法违规生产行为，有效促进了重点行业安全生产形势持续平稳好转。

非煤矿山及尾矿库行业 全力推进安全避险“六大系统”建设，指导8家企业建成标准化示范矿井。累计投资3.2亿元，对179座尾矿库进行治理，108座受损库完成除险加固；对95座重点库进行安全评估，53座库安装在线监控系统，确保了安全运行。

危险化学品及烟花爆竹行业 指导21家涉及15种危险工艺的企业完成自动化改造提升，对53家小化工实施关闭，132个重大危险源安装视频监控和报警系统。把14家烟花爆竹生产企业整合为1家，抓好24家经营企业运输、储存、销售等各环节监管，从严打非治违，规范了生产经营环境。

冶金机械等九大行业 探索创新监管模式，对全市3万多家企业实施分级监督管理，对首批98家企业进行了评审定级，其中评定A级企业80家、B级企业18家。2011年5月，河南省安全生产综合监管工作现场会在洛阳市召开，总结推广创新分级监管的经验，新华社和新华网等媒体都作了专题报道。

职业健康监管 制定《2011年洛阳市作业场所职业安全健康监管工作意见》，对全市职业危害企业进行调查摸底，做好职业危害网上申报、现场监管等工作，共完成申报315家，检查企业46个，治理整改隐患135处。

煤矿行业 积极推进煤炭企业兼并重组，全市72家煤矿，关闭退出19家，整合1家，省定第一批52家兼并重组为50家，全部办理了各种变更手续。加大日常监管力度，持续保持高压态势，实现了安全稳定。

消防领域 全市共排查企业9.09万余家，督促整改火灾隐患或违法行为9.8万处，清理违规留宿1350人，临时查封危险部位3107处，罚款593万余元，行政拘留200余人。

交通运输领域 扎实推进道路客运隐患和打击非法违法生产经营行为专项整治，共检查客运企业240余家，排查治理各类隐患263处；查处无证或证照不全、无证上岗等非法违法生产、经营行为6618起；对4个水库库区、32个渡口进行了拉网式检查；排查桥梁2042座，排查出危桥297座。

建筑施工领域 深入开展以附着式升降脚手架、深基坑、消防安全为主要内容的专项整治，共巡查、检查在建工程项目5527项次，发现并消除一般安全隐患6850处，重大安全隐患23处。

特种设备、教育、公用事业、旅游、电力等行业领域也持续开展安全专项整治，及时消除隐患，均取得明显成效。

【安全教育培训】 2011年，市安监局紧密联系实际，采取有力措施，广泛开展宣传教育培训，提高全民安全素质，大力营造“关爱生命，关注安全”的社会环境氛围。持续推进安全知识进企业、进社区、进农村、进学校、进家庭行动，扎实开展好“安全生产月”活动，突出重点，明确责任，注重实效，组织200余家企业主要负责人讲授安全常识课，1500余家机关事业团体、企业、学校、社区、行政村组织参与安全培训教育，抽调市安委会专家140余人，配合县（市）区和企业开展隐患大排查、大治理，组织各类应急救援演练54次，参演人员3500余人，受教育干部和群众达4万余人，进一步提高了社会、企业、职工预防重特大事故的意识和应对突发事件的反应能力，被中宣部、公安部、国家安监总局等7部委联名表彰为“2011年全国安全生产月活动优秀单位”。协

“全国安全生产万里行”采访团在洛阳采访

消防综合实战演练

调接待“全国安全生产万里行”采访团在洛采访活动，全面宣传了市安全生产工作。进一步宣传12350举报电话，抓好安全生产有奖举报工作落实，动员全社会参与安全生产工作监督。共受理违法违规生产举报170起，兑现奖励81起、奖金8.92万元。抓好工矿商贸企业生产经营单位主要负责人、安全管理人员、特种作业人员培训，共培训158期、16304人次。

【安全生产应急救援】 2011年，市安全生产委员会制定下发《关于实行安全生产信息日报告的通知》，建立健全快速反应、运行有序的安全生产信息收集、报告和处置工作机制，及时全面掌握各类安全生产信息，对群众反映的安全生产事故和隐患从严、从快进行调查核实和妥善处理。指导各级加强应急机构、队伍建设，对县（市）区、生产经营单位等各行业、各系统、各层面的应急预案进行认真梳理检查，对各单位的应急预案进行细化修订，进一步增强了应急预案的针对性、操作性、实用性和系统性。以市矿山救护队、中石化洛阳分公司危险化学品应急救援基地等为依托，初步筹建覆盖全市的矿山、危化应急救援紧急响应体系，有效提升了全市应急救援能力和水平。

【强化大型活动安全保障】 2011年，市安监局高度重视并做好大型活动的安全保障工作，对春节、第二十九届中国洛阳牡丹文化节、2011中国洛阳河洛文化旅游节、河南省第五届农民运动会等大型活动的安全工作，专题研究安排，明确领导负责，制定具体方案，抓好组织保障，确保工作平稳有序运行。市安监局协调市安委会18个督察组深入一线明察暗访，安排局党组成员和县以上领导干部定点挂钩帮带，对重点部位、重要企业、重大隐患等，加大督察、暗访频次力度，推动防范措施深入落实；协调住建委、质监、消防、电力等部门，深入现场进行监督检查，对春节文化庙会、牡丹文化节开（闭）幕式、费玉清演唱会、周杰伦演唱会、赏石文化节、建党90周年大型演唱会、河洛文化旅游节、省第五届农民运动会等各项活动现场全面进行安全检查和验收，圆满完成安全保障任务。（办公室）

食品药品监督管理

【概　况】 2011年，洛阳市食品药品监管部门紧紧围绕“确保食品药品安全”“确保年度责任目标圆满完成”两大主线，突出食品安全整治、基本药物质量监管、药品市场秩序规范、自身建设和党风廉政建设等重点，深入推进，全市食品药品安全平稳，没有发生重大安全事件，食品评价性抽验合格率96.3%，比上年提高1个百分点；药品流通使用环节基本药物专项抽验合格率99.6%，有效保障了人民群众饮食用药安全。洛阳市食品药品监督管理局先后获河南省食品药品监督管理局“2011年度完成责任目标先进单位”，市委、市政府“创建全国文明城市嘉奖单位”“国家卫生城市复审工作嘉奖单位”“人口和计划生育工作先进单位”等荣誉。

【食品安全专项整治】 2011年，洛阳市食品药品监管部门组织有关部门先后开展了元旦春节、中国洛阳牡丹文化节、中秋国庆食品安全整治，食品添加剂、豆制品、“瘦肉精”“地沟油”、调味面制品、塑化剂等13项专项治理，检查食品单位185480家（次），立案960起，查处不合格食品及原材料货值金额45.78万元，移送司法机关案件11起，采取刑事强制措施14人。

【食品安全工作督察】 2011年，洛阳市食品药品监管部门建立了食品安全周例会、月调度、阶段总结机制和信息报送制度，推动了食品安全工作扎实有效开展。加强了食品安全工作督察，市政府成立8个督察组，分别由食药监、卫生、工商等部门领导带队，分包县（市）、区进行督察，先后开展督察25次，发现一般问题60余项，全部督促整改到位。

【基本药物质量监管】 2011年，洛阳市有基本药物生产企业10家，药品配送企业7家。建立了基本药物生产监管数据库，实行生产情况月报制度。全年生产企业监督检查覆盖率100%，对其中7家企业的49个文号进行了生产工艺和处方核查，对其中8家企业32个文号的重点基本药物品种进行了现场核查，抽检基本药物59批次，覆盖所有生产批次。扎实推进基本药物的电子监管，通过开展专项检查、召开企业现场交流会、举办电子监管培训班，印发教材80余套等，督促指导各企业完善、规范药品电子监管实施。全市参与投标的6家基本药物生产企业和20家药品批发企业全部入网运行，实现了网络实时监管。

【药品生产环节质量监管】 2011年，洛阳市食品药品监管部门继续向高风险的2家注射剂生产企业派驻驻厂监督员，在14家制剂及原料药生产企业全面实施质量受权人制度，进一步提高生产质量管理水平。日常监督检查药品生产企业19家43次，跟踪检查18家，对2家中药饮片和10家中药制剂生产企业进行了专项检查。检查医疗机构制剂室11家22家次，严格标准开展再注册工作，淘汰53个文号的制剂，抽验48批次。加强特殊药品经营企业监管，开展特殊药经营企业季巡查和麻醉药品一类精神药品批发企业专项检查。对辖区16家蛋白同化制剂、肽类激素经营企业开展清理整顿，注销1家批发企业的经营资格。完善药品不良反应监测体系，收集上报药品不良反应报告4523份。

副市长王敬林检查药品经营企业

【药品流通环节质量监管】 2011年，洛阳市食品药品监管部门配合文明城市创建工作，开展了零售药店“百日集中整治行动”，以麻醉药品、精神药品、疫苗、抗菌药物、中药饮片等为重点品种，以处方药不凭处方销售、驻店药师不在岗、连锁企业不统一配送药品、冷藏药品冷链管理等为重点整治内容，16个检查组历时100天，对零售药店进行了4次拉网式检查，共检查药品零售企业3530家次，责令整改194家，立案查处32家。开展含麻黄碱类复方制剂药物和终止妊娠药品专项检查，确保了重点品种的质量安全和规范流通。完善20家药品批发企业和17家药品零售连锁企业监管档案，配合省局对75家药品零售企业和2家药品零售连锁企业进行GSP认证，对17家药品批发企业、83家药品零售企业进行了跟踪检查，对113家药品零售企业进行了GSP认证初审。举办药品经营企业从业人员培训班2期，培训人员300余人。

【医疗器械质量监管】 2011年，洛阳市食品药品监管部门与51家生产企业签订《医疗器械生产企业质量承诺责任书》，生产经营企业监督检查覆盖率100%，抽检98批次。开展植入介入类医药器械经营企业专项检查，企业自查、医疗机构购进渠道倒查、集中突击检查相结合，保证了检查效果。加强医疗器械不良事件监测，建立专家咨询和联席会议制度，收集上报合格报告285份。

安全用药月活动宣传现场

【药品安全专项整治】 2011年，洛阳市食品药品监管部门切实履行牵头主办责任，以督察评估为重点，协调推进专项整治进一步深化。3月，市人大、市政协组织对全市药品市场进行专题视察。6月上旬，协调卫生、工商、邮政、广电、药监部门，组织对各县（市）、区专项整治工作情况进行专项督察。经过药品安全专项整治行动，全市建立了较为完善的药品安全责任体系，部门合作机制基本形成，利用互联网、寄递等渠道销售假劣药品的违法行为受到严厉打击，药品市场秩序进一步规范，顺利通过8月河南省药品安全专项整治考核验收。

【稽查打假工作】 2011年，洛阳市食品药品监管部门落实假劣药品案件协查核查、追踪查源、督察督办和责任追究机制，以打击侵犯知识产权专项行动、非药品冒充药品专项整治、违法违规销售含麻黄碱类复方制剂专项检查、“瘦肉精”类兴奋剂排查、利用互联网等媒体发布虚假广告、通过寄递等渠道销售假劣药品专项整治为重点，严查药品生产、经营、使用中的违法违规行为，始终保持对制售假劣药品违法犯罪活动的高压打击态势。全市共完成药品监督抽验1937批，医疗器械抽验98批，对发现的不合格药品全部立案查处。共立案查处药品医疗器械违法违规案件1001起，结案998起，结案率99.7%，取缔药品、医疗器械无证生产经营点21个，移交司法机关立案3起，刑拘3人、批捕2人、判刑1人。（办公室）

口岸管理

【航班运营管理与服务】 2011年，洛阳市开通洛阳—香港、昆明—洛阳—威海，洛阳—厦门。洛阳机场每周航班114班，年旅客吞吐量363817人次，较上年增加27.2%。为确保洛阳航班的健康运行与可持续发展，市口岸办多次与航线单位进行沟通和洽谈，采取了3项便民措施：对10人组团乘坐洛阳民航班机者施行机票3折优惠。对积极组团乘坐洛阳班机的先进旅行社进行奖励。大力进行洛阳航线航班宣传，使三门峡、晋城、焦作、济源等周边城市的更多人知道洛阳航线航班及其优惠措施，为居民进出洛阳、企业招商引资、扩大洛阳对外交往等提供了交通便利和保障。

【洛阳出口加工区申报建设工作】 2011年，洛阳市将洛阳出口加工区申报工作推向国家审批层面，进入了国家10部委联合审批程序。同时，优化完善规划选址，拓展洛阳出口加工区的发展空间，为洛阳出口加工区运行发展创造了条件。5月，国务院正式受理《河南省人民政府关于设立洛阳出口加工区的请示》，并批转海关总署办理。9月，海关总署组织商务部、国家发改委、税务总局等部委调研组，到洛进行实地调研考察。最终将洛阳出口加工区的选址确定在洛阳工业园区，面积2.302平方千米。组织开展预入区项目调研。落实预入区实际签约项目7个、明确入区意向项目3个。12月，海关总署加贸司已正式受理郑州海关呈报的《关于洛阳出口加工区项目入区情况》的送审材料。组织启动解决洛阳出口加工区周边基础设施开发程度低等问题。《设立洛阳出口加工区可行性研究报告》已完成市级评审，用地指标配置纳入省、市2012年计划，电力设施规划和市政水厂迁移已完成选址和规划，外围路网建设已具备开工条件。

省民航办副主任康省桢，市委常委、副市长吴中阳，市政府口岸办公室主任张耀民共同研究洛阳民航发展工作

【综合交通建设协调工作】 2011年，市口岸办紧紧抓住2011年铁路3次全线调图的机会，为努力争取客运运力。一是针对1月铁路全线调图后，经由洛阳站的客运列车有所减少，尤其是洛阳—郑州区间列车减少的情况，市政府口岸办和洛阳火车站的领导专程到郑州铁路局协调恢复和增加洛阳铁路客运运力问题，使原来停开的两趟列车从3月3日恢复运营。二是7月全线调图后，陇海线运行图持续进行优化，洛阳新增直通客车2对，提高列车等级2对。继续维持开行洛阳到郑州再到青岛、宁波、杭州的接续列车。本次调图郑西高铁图定动车组客车22对，一阶段开行15对，较1月调图运能持续增加。高铁洛阳龙门站新增开往郑州、西安北的始发车。三是9月28日调图后，洛阳站新增2对进京和入川、渝的停靠列车，高铁龙门站停靠动车组对数由7对增加到15对，洛阳铁路客运运力不断增加。

在牡丹节等重大活动期间，积极协调临时增加和调整铁路、公交运力。一是牡丹节期间，铁路运力方面恢复和开通既有线路洛阳至郑州始发车3趟。增加洛阳至郑州始发列车3趟。用经洛阳至郑州终点的3趟列车发售郑州票。加开始发北京的列车。调整了管内部分列车线路。从外站调入大量票额。从4月1～27日洛阳火车站每天总运能增加24066人。郑西高铁途经龙门站停靠的列车共有12对，基本满足高端乘客到郑州、西安方向及来洛乘客的需求。公交运力方面，协调新开通公交线路2条，优化调整公交线路4条，加密公交线路13条，为各类文化活动演出安排车辆1800余台次。二是中秋假期洛阳站增开4趟临客，“十一”黄金周洛阳站增开6趟临客，并延长5趟旅客列车运行线路。

认真调研解决市民反映机场公交及增加铁路客运运力等问题。5月4日、8月22日，市政府口岸办分别收到市政府批转的市民来信后，及时召集洛阳火车站、公交集团总公司、飞机场等部门，就“机场交通不便、增发洛阳始发列车、改造提升现有洛阳火车站”等问题，进行了认真研究和商讨，提出了解决问题的方案和责任分工，并督促有关部门认真落实。（郭新峰）

边防检查

【概　况】 2011年，洛阳边防检查站坚持以科学发展观为指导，以部队党的建设为牵引，以提高边检服务水平为重点，以正规化管理、规范化执法和信息化应用为抓手，着力提升队伍整体素质，着力提升后勤保障水平，着力提升维护安全稳定能力，部队建设在快速发展的基础上实现了整体进步。全年，洛阳边防检查站有4个集体受到上级通报表彰，23人立功受奖，其中勤务中队中士董传刚被公安部政治部评为全国公安现役部队优秀士官，荣立个人二等功。

【党委班子建设】 2011年，洛阳边防检查站党委坚持用党的最新理论成果武装头脑，严格落实党委中心组学习制度，认真传达中共中央总书记、国家主席、中央军委主席胡锦涛“七一”重要讲话，中央十七届六中全会、全国“两会”等精神，做到学前有计划、学后有成果。着力加强党委制度建设，严格用制度规范和约束权力运行，先后建立重大事项票决、决策监督、领导干部问责等制度规范，提高了党委科学决策、民主决策、依法决策的能力。严格落实党委议事规则和党委集体领导下的首长分工负责制，对涉及部队建设中的敏感问题，实行“阳光作业”，确保权力不失控、决策有民主。党委始终以公道正派取信官兵，从未发生任何违规违纪问题，树立了廉洁勤政的良好形象。

【部队党建工作】 2011年，洛阳边防检查站以创建“模范党组织生活”活动为载体，深入开展创先争优活动，不断提升部队党建工作科学化、规范化水平。坚持把创建活动作为“党委工程”和“主官工程”，持续强化组织领导，先后19次召开党委专题会议、中心组学习会和创建专班例会，研究部署推进创建活动。注重搞好教育实践，通过指定党委成员“上党课”、邀请专家“讲党史”、基层官兵“谈感受”等形式，深入开展“三学”活动，强化党员观念意识。先后开展了“走征程知艰难、看红剧谈感悟、访困苦献爱心、温誓词悉党性、唱红歌颂忠心”等迎接建党90周年系列活动，推动活动深入开展。注重抓好规范实施，先后制定重大事项票决、决策监督、责任追究等6项制度，建立党委（支部）会、民主生活会、党员大会、党日活动等22项流程示意图，进一步增强了党务工作的适用性、规范性和操作性。注重强化示范引导，以承接河南省公安边防总队创建活动试点为契机，收集“金点子”，拓展“新路子”，力求“鲜样子”，通过教育引导抓“新”、不拘形式抓“快”、见缝插针抓“小”、开门纳谏抓“真”、典型引路抓“活”、警地共建抓“和”等活动，促进了活动成果转化。9月，圆满承办河南省公安边防总队创建活动现场会，受到总队领导和与会人员的充分肯定。

【边检中心工作】 2011年，洛阳边防检查站坚持主业强警，狠抓定式养成，边检中心工作迈上新台阶。以贯彻公安部《意见》“大学习、大讨论、大宣传”活动为载体，以服务定式培训班精神为契机，实施全面动员发动，通过个人谈体会、专家作讲解、调研摸情况、查摆找差距、演讲促提升等形式，进一步深化了服务理念。

坚持年度培训与专项培训相结合，按照“一个好方案、一部好教案、一份好档案”的培训要求，以《空港边检执法执勤工作标准化规程》为指南，围绕服务规范、定式养成、执法规范、执勤技能等内容，分别开展了口岸复航专项业务培训和新学员基础业务培训，先后组织业务培训课程16门，共计218课时。9月，河南省公安边防总队组织开展的执勤执法技能竞赛中，洛阳边防检查站获得执勤类综合奖和执法类综合奖各1名，执勤执法类单项奖4名。坚持从执法能力、执法培训、执法行为和执法环境四个方面着手，完善现场执法环境，调配执法工作队伍，规范执法办案流程，部队执法规范建设水平有明显提高。全年，洛阳边防检查站组织全站干部参加执法资格等级考试，通过率达到100%。

圆满完成第二十九届中国洛阳牡丹文化节期间的出入境边防检查任务。其间，洛阳边防检查站出动警力356人次，为20架次出入境航班、1600名出入境旅客及180名机组人员办理入出境边防检查手续，优质规范、文明高效的服务，受到洛阳市委、市政府和出入境旅客的一致肯定。

【部队管理工作】 2011年，洛阳边防检查站坚持从严治警，按照“统一标准、科学实施、分类指导、全面推进”的工作思路，结合新时期部队管理特点，认真抓好部队正规化管理工作，全面规范部队“四个秩序”。深入开展“条令学习月”活动，通过学习公安部边防管理局两个正规化管理规定和总队《关于全面推进正规化管理工作的指导意见》，强化官兵的条令意识。制定下发《站正规化管理实施办法》及工作推进表，完善站日常管理奖惩制度。规范

为出入境旅客提供通关服务

办公室、单身干部宿舍、战士宿舍设置标准，更新部分办公生活设施和消防安全装置，对营区电路和营房防水进行综合检修。规范印章涉密文件管理，完善相关登记、车辆派遣和出入境信息查询等制度，显著提升正规化管理水平。保质保量完成年度军事训练任务，官兵军事素质进一步提高。

【部队后勤工作】 2011年，洛阳边防检查站修订完善《财务管理规定》和《公务接待管理规定》，积极建立决策、理财、监督管理机制，全面推进了财务规范化建设。认真开展“审计整改年”活动，重点围绕领导干部经济责任审计、预算执行审计和专项经费审计中存在的问题进行查摆分析和整改落实。扎实做好国有资产管理设备采购工作，做到资产规范化管理，推广运用二维条形码，充分发挥了资产管理的使用效益。加强车辆安全管理，开展安全行车教育，提高车场日质量，排除故障隐患，确保车辆处于良好运行状态。加强食品采购监管，丰富饮食种类质量，显著提高官兵的就餐满意率。组织官兵进行年度体检，积极做好乙肝疫苗接种工作，建立健全官兵健康档案。邀请专家到站授课，及时开展防暑降温知识宣传。大力加强基础设施建设，在洛阳市委、市政府和有关部门的大力支持下，部队新营区建设已初具规模。

（张广帅）

出入境检验检疫

【概 况】 2011年，洛阳出入境检验检疫局（以下简称“洛阳检验检疫局”）完成出入境货物检验检疫6333批次，货值57143万美元，检疫批次较上年减少1.34%，货值增长37.21%。其中：出境货物检验检疫5830批次，货值33031万美元，检验检疫批次增长3.17%，货值增长7.29%；入境货物检验检疫503批次，货值24112万美元，检验检疫批次减少34.51%，货值增长122%。检验检疫不合格货物30批次，货值524万美元，检验检疫批次增长150%，货值增长1856%。完成出入境人员体检5309人次，预防接种7217人次，检出各类病例1237人次。检疫处理出境木制包装136批7347件。签发出入境货物检验检疫证单5337份，签发各类产地证书4594 份，签证金额3.74亿美元，签证量占分支局总量的43%。

【“三个一”工程】 2011年，洛阳检验检疫局全面推进“三个一”工程，培育新出口企业4家，扶持有一定出口规模的企业5家，提升龙头优势企业4家。中航锂电（洛阳）有限公司被确定为重点提升的优势企业，全年出口大容量锂电池159批次、货值556.3万美元，同比分别增长63.9%和86.7%，成为洛阳一个新的出口增长点，改善了以机械产品为主的出口结构。洛阳富宁木业有限责任公司被确定为 “三个一”工程的提升企业，全年出口木质画框、装饰材料48批，货值93.3万美元，同比分别增长17.1%和17.4%。河南海鑫毛毯纺织有限公司被确定为出口潜力企业，全年出口毛毯超过50万条，生产的高档拉舍尔毛毯，顺利出口西班牙，洛阳毛毯借此首次打入欧美发达国家市场。洛阳固德机械设备有限公司作为重点培育对象，洛阳检验检疫局主动上门服务，面对面宣讲检验检疫各项服务企业的举措，讲解普惠制原产地证明书在提高产品竞争力扩大出口、开拓国际市场的作用，及时为企业办理登记注册及签证。累计签发普惠制优惠产地证金额23.5万美元，为企业带来直接利润15万元。

【检验检疫监管】 2011年，洛阳检验检疫局全力做好进口设备的检验监管和进境木质包装检疫的工作，帮助协调好进口大项目的通关检测事宜。全年检出进口重点设备不合格4批，货值162.5万美元，其中退运1批设备；检出进境木质包装检疫不合格2批。严格审核出入境体检人员身份资料，查获作假替检40余例；检出各类疾病1242例，检出率为23.5%，其中传染性疾病154例，检出率为2.9%。完成6例梅毒病例的流行病学调查和处置工作。

对50多家企业进行监督检查，发现不符合要求项目785个。检出不合格货物20批218万美元，制止了不合格货物走出国门。

【服务企业】 2011年，洛阳检验检疫部门进一步扩大出口企业绿色通道、直通放行范围，围绕口岸物流便利化建设，推动豫西地区进出口商品快进快出。

全年经河南省检验检疫局和青岛市检验检疫局审批，洛阳出口货物通过青岛口岸直通放行企业8家，实施电子报检5310份、电子签证4594份、电子转单4240批，为企业节省费用184万元。

积极利用一般原产地证、普惠制原产地证和区域性优惠原产地证等措施，帮助企业出口。全年签发各类产地证书4594份，签证金额3.74亿美元。累计使企业享受到关税减免超2297万美元。

扶持摩托车出口，实施优势带动战略，促进本地其他同类产品生产企业的出口。帮助北方易初摩托车有限公司和北方企业集团的多款摩托车整车通过欧盟e/E-mark认证，累计出口摩托车达939批、7227.5万美元，同比增幅为35.5%和45.2%。

积极支持地方承接产业转移工作，深入产业转移企业宣传检验检疫法律法规和相关政策，尽力为企业提供便捷监管和放行措施，帮助企业应对国外技术性贸易壁垒。全年中扩赠品玩具（洛宁）有限公司出口玩具656批，货值3100万美元，同比分别增加50.6%和19.2%，有力促进了当地劳动力就业。

开展非法检商品检验鉴定业务，不断扩大监管覆盖面。全年完成目录外商品检验鉴定90批，货值900万美元。

按照国务院《打击侵犯假冒知识产权和制售假冒伪劣商品专项行动方案》部署，深入开展打击侵犯知识产权和制售假冒伪劣商品专项行动。按照行动方案，认真组织实施，确保专项行动取得实效。

【科研工作】 2011年，洛阳检验检疫局申报科研、制标项目7项。实现课题立项1项，完成2项，实现阶段性成果3项。其中：张淑霞申报的《牡丹种质资源鉴定和检疫技术研究》获得国家质量技术监督总局立项，得到专项资金18万元；李二伟负责起草的《进出口机动车辆检验规程第二部分：摩托车》检验检疫行业标准通过认监委组织的审定。洛阳检验检疫局承担的《纺织品中甲醛含量的快速测定》、李二伟参加起草的《含铜废料铜含量的测定》《含铜废料铁、铝、钙、镁、锰、锌、钛、铬、镍、钒等杂质元素的测定》等检验检疫行业标准完成征求意见稿。全年有18篇科技论文分别被国家级杂志录用和发表，3人当选河南局科研骨干，韩庚琳和薛明分别作为拖拉机标委会委员和轴承标委会委员参加产品标准的审查工作。

加强检测人员专业技能培训，先后组织技术人员对新颁布的各类标准、ISO/IEC17025体系等进行了培训；派人参加“2011年中国仪器科学发展年会暨第九届中国国际科学仪器及实验室装备展览会”和“液相色谱和液相色谱—质谱联用高级培训班”，对领域内的前沿技术有了更全面的了解。

积极做好“三合一”评审工作。实验室资质认定、实验室认可、食品检验机构资质认定相关扩项申报材料已递交CNAS。洛阳检验检疫局实验室认可检测对象由原来的20类、175项检测参数扩展到87类、406项，类别数量均居分支局首位。

【航检工作】 2011年，洛阳检验检疫局积极与河南省检验检疫局和洛阳市政府相关部门联系，努力争取对洛阳航空口岸基础设施和查验设备的投入，使洛阳航空口岸的硬件建设达到了口岸开通以来的最高水平。一是在出入境通道上各安装两台红外体温监测仪，能够在不影响出入境人员通关的情况下完成测温工作；二是为飞机货舱查验人员配备手持式放射性监测仪，并在各出入境通道设置了放射性监测仪，能够在不开箱、不搜身的情况下完成对出入境人员携带物及行李的核辐射监测和识别；三是安装与海关X线检查系统相联的显示屏，能够以“一机两屏”的方式共享口岸行李查验结果；四是安装检验检疫查验现场视频监控系统，能够对口岸各相关工作区域实施监控和录像；五是争取地方资金35万余元安装光纤通信网络，口岸监控信号可通过网络实施洛阳检验检疫局、河南省检验检疫局和国家质量监督检验检疫总局的三级监控，现场工作人员可以通过自动化办公系统和互联网以及电话传真等多种方式与上级机关、地方政府和外界进行即时沟通。

完成《入境航空器检疫查验规范》等4个规范，编写《核和辐射突发事件应急处理预案》等4个应急预案，组织全体航检人员开展了一次航检业务的实地演练，有效提高航检人员的实际工作能力，为确保航检工作质量打下良好的基础。

【出口食品添加剂及其接触品专项检查】 2011年，洛阳检验检疫局制定《严厉打击进出口食品非法添加和滥用食品添加剂专项整治工作方案》，把打击非法添加剂和滥用食品添加剂专项工作列入重点工作，检查3家食品生产企业，共发现不符合项10个，督促企业整改到位。对辖区出口肉类加工厂和备案饲养场进行拉网式检查，组织出动18人次，供港动物及产品（肉类）注册养殖场4家。

严格食品接触品监管，不定期地抽取进出口食品接触产品，对产品中的铅、镉、砷、锑、甲苯二胺、双酚A、邻苯二甲酸酯、硬脂酸铅等有毒有害物质成分进行严密监测，确保有毒有害物质含量符合国家标准要求。及时向食品接触产品生产企业通报国外最新技术法规，帮助企业提前做好分析应对工作，及早调整生产工艺和配方，避免因产品不符合输入国最新要求而给企业造成经济损失。（办公室）

海关工作

【概　况】 2011年，洛阳海关以“把好国门、做好服务、防好风险、带好队伍”的总体要求统领各项工作，围绕“福民强市”总体目标和“打好六加一攻坚战”的战略部署，深入实施“优质服务年”活动，充分发挥海关职能，全力服务洛阳经济发展。全年，洛阳海关共受理进出口报关单1845票，较上年同期增长7.6%；监管货运量12万吨，货值5.9亿美元，开具税单464份，征收两税4.11亿元人民币，审批减免税340票，为全市企业减免两税2.47亿元；办理合同备案41份，备案合同金额2990万美元，核销合同37份，核销结案率100%。洛阳海关被评为“2010年度洛阳市对外开放工作先进单位”“2010年度三门峡市对外开放工作先进单位”。

破除等客上门观念，走出海关大门，了解企业呼声，变被动服务为主动服务。全年，洛阳海关主动走访企业36家，其中海关领导带队走访企业16家，收到很好效果。截至2011年年底，洛阳关区已申报A类企业27家，2A类企业7家，为进一步扩大区域通关覆盖面，拓

关长丁亚平到中硅高科公司调研

旅客安检

展洛阳海关业务量奠定坚实基础。

结合洛阳实际，加大融入力度，助推洛阳外向型经济发展。在产业结构调整、产品升级换代中，洛阳海关提前介入建设项目，针对一些国家鼓励的项目企业，前移服务环节，让企业把国家相关的政策用活、用足、用实，以推动洛阳外向型经济的整体发展。

针对洛阳市外向型经济发展滞后的现状，洛阳海关一方面对每季度的进出口情况进行分析，向市委、市政府提出意见和建议，发挥参谋助手的作用；另一方面，为关区企业提供更加优质的服务，为企业提供更加便捷的通关环境，提高通关时效，帮助企业做大做强，以此来推动洛阳外向型经济尽快上台阶，改变滞后局面。

【区域通关】 2011年，洛阳海关大力推进“区域通关”，积极组织申报A类、2A类企业的上报，进一步落实“属地申报、口岸验放”和“应转尽转”等通关便利措施，使尽可能多的符合条件企业享受通关便利，减少企业通关时间和成本，吸引企业在洛阳报关主动上门服务，及时提供政策咨询，帮助解决通关中的各类问题。一是坚持主动加强与口岸海关合作，构建区域通关快速通道。通过召开座谈会、走访口岸海关、发传真、打电话等多种方式，积极解决在区域通关改革中出现的各种问题，切实做到为企业主动服务。二是加强宣传，主动上门服务，让更多企业了解海关区域通关便利措施，进一步扩大企业参与面。三是积极走访关区业务量较大的进出口企业，开通与5个直属关区的区域通关，有35家企业适用区域通关业务模式，区域通关占全关业务的比重越来越大。此外积极支持洛阳机场新增国际航班、铁路集装箱办理站，推动洛阳外向型经济的整体发展。

【重点企业联络员】 2011年，洛阳海关完善重点企业、重点项目联络员制度，进一步落实好联络员管理办法，明确企业、重点项目海关对口联络人员，责任到人，并要求月上报工作情况，每季度进行一次总结讲评，把工作开展情况纳入年终考核内容，扎扎实实地帮助企业解决进出口过程中出现的实际问题。

【海关政务公开】 2011年，洛阳海关结合工作特点，不断加大政务公开力度，通过洛阳海关互联网站，在连线政府的网站上的洛阳海关栏目，洛阳海关业务咨询邮箱和洛阳海关关长信箱，及时答复群众在网上的咨询和建议。修订《洛阳海关关务公开主要内容》，上报并更新洛阳海关和郑州海关网站上发布的洛阳海关关务公开栏目的内容，组织拟制洛阳海关便民服务卡和行政许可内容。（海　关）

工业·大中型企业

工　业

【概　况】 2011年，洛阳市紧紧围绕“福民强市”战略目标，强力推进项目建设、经济转型攻坚战，工业经济基本保持平稳较快发展态势，各项主要经济指标均超额完成年初目标。全市规模以上工业企业实现增加值1255亿元，增长19.8%，分别高于全国、全省5.9和0.2个百分点。规模以上工业企业实现主营业务收入4907.1亿元，增长28.8%；利税总额和利润总额分别达到417.4亿元和233.6亿元，分别增长18.2%和24.5%。全市36个工业行业中有33个行业实现增长。其中有色金属矿采选、非金属矿物制品、通用设备制造、电力等支柱行业增速均在20%以上，对全市工业的拉动作用明显。

企业自主创新能力不断增强，创新能力建设取得新突破。2011年，科技经费投入35亿元，占国内生产总值比重达1.29%。全市规模以上高技术产业实现增加值42.24亿元，占规模以上工业企业增加值的比重达3.37%，比重高于同期0.9个百分点；同比增长32.5%，高于全市平均水平12.7个百分点，实现了高速增长。全年新建国际联合实验室2个、河南省院士工作站11个、市级以上企业研发中心49个，河柴重工技术中心被认定为国家级企业技术中心，超额1倍完成年初建设24个各级研发机构的目标。引导企业进一步加大研发投入力度，50户重点企业研发投入占销售收入的比例平均达3%以上。中钢洛耐研究院、中硅高科分别牵头组建了国家、省产业技术创新战略联盟。专利、发明专利申请量均居全省第二位。78项科研成果通过产学研合作信息平台实现产业化。荣获国家科技进步奖2项、省级科技进步奖28项。

【工业项目建设】 2011年，全市完成工业投资951.1亿元，同比增长22.5%；全年实施千万元以上工业项目2012个，完成投资931.4亿元。装备制造、有色金属、能源电力、石油化工、硅光电五大优势产业实现增加值930.9亿元，占全市规模以上工业的比重为74.2%，增长21.9%，高于全市增速2.1个百分点。

装备制造业方面，总投资30亿元的国机重工产业园项目、总投资11.8亿元的恩梯恩LYC汽车轴承生产基地、总投资11.06亿元的洛阳兰迪玻璃机器有限公司新型中空玻璃产品及设备产业化项目、总投资9亿元的中信重工机械股份有限公司液压与电气控制装备项目、总投资6.3亿元中国一拖集团有限公司铸造系统绿色科技升级改造等项目开工建

主要工业产品

设；总投资15亿元的洛阳南车城轨车辆组装及维护基地、总投资10亿元的洛阳永成农业装备制造产业园项目、总投资6亿元的洛阳北方玻璃技术股份有限公司低辐射镀膜玻璃LOW-E机组及钢化玻璃机组等项目进展顺利；总投资36亿元的中航锂电大容量锂离子动力电池生产基地建设（一期）、总投资11.8亿元的洛阳LYC轴承有限公司以科技创新推动产业全面升级改造、总投资11.37亿元的新洛轴工程、总投资8.56亿元的中信重工机械股份有限公司千万吨级煤炭超深矿建井及提升关键设备产业化等项目竣工投产。

有色金属产业方面，总投资76亿元的万基控股集团有限公司年产45万吨高精度铝板带箔项目、总投资24.6亿元的洛阳麦达斯有限公司年产5万吨轨道车体铝型材及车体零部件加工、总投资4.4亿元的栾川超越钨钼材料有限责任公司1万吨/年APT等项目开工建设；总投资40亿元的洛阳龙鼎铝业有限公司年产60万吨高精度铝板带箔、总投资8000万元的洛阳华陵镁业有限公司航空航天用“高温、高强”镁合金轧制板等项目进展顺利。

石化产业方面，总投资5亿元的河南河阳石化有限公司二期工程30万吨/年液化气深加工、总投资3.3亿元的洛阳骏马化工30万吨/年醇氨填平补齐技改工程、总投资2亿元的洛阳海惠工贸2000吨/年乙二醇钛等项目开工建设；总投资26亿元的河南煤化集团20万吨/年乙二醇、总投资6亿元的中石化洛阳分公司14万吨/年聚丙烯、总投资2.2亿元的洛阳金达石化有限责任公司二期工程10万吨/年特种油等项目加快建设；总投资约255亿元的中石化洛阳分公司1800万吨/年炼油扩能改造工程、总投资45亿元洛阳龙宇化工有限公司100万吨PTA（精对苯二甲酸）/年、总投资35亿元的中石化60万吨PX（二甲苯）/年等项目前期工作进展顺利。总投资8.6亿元的洛阳龙泽焦化一期60万吨项目、总投资4.6亿元的中石化洛阳分公司塔河原油适应性改造工程、总投资2亿元的骏马化工25万吨硝基复合肥等项目竣工投产。

硅光电产业方面，总投资18亿元的上海超日（洛阳）太阳能有限公司年产400兆瓦太阳能电池项目、总投资3亿元的强瑞光伏年产100兆瓦太阳能硅片项目等项目开工建设；投资8.5亿元的中航光电科技股份有限公司光电技术产业基地项目、投资4亿元的四季沐歌（洛阳）太阳能热利用产业基地项目、投资5.5亿元的河南华宇光电科技有限公司光伏产业化项目进展顺利；投资24亿元的洛阳中硅高科技有限公司多晶硅深加工及副产物循环利用高技术产业化项目、投资4.3亿元的上海超日100兆瓦太阳能电池片项目、投资1.4亿元的洛玻集团龙门玻璃有限公司超薄超白玻璃生产线等项目竣工投产。

2011年全市规模以上工业分行业总产值、销售产值、增加值

单位：万元

	单位数（个）	工业总产值（当年价格）	工业销售产值（当年价格）	工业增加值（当年价格）
总　　计	1629	49666327	48807445	12551209
在总计中：轻工业	359	6512422	6173412	1699862
重工业	1270	43153905	42634032	10851347
在总计中：大型企业	46	16982729	16642633	3951631
中型企业	238	13226608	12873771	3717959
小型企业	1345	19456991	19291041	4881619
煤炭开采和洗选业	30	1066679	1632903	561820
黑色金属矿采选业	17	156706	126689	44771
有色金属矿采选业	103	3002378	2225159	1316601
非金属矿采选业	21	238177	201543	77840
农副食品加工业	30	633282	615728	143324
食品制造业	19	173868	186705	41675
饮料制造业	10	182966	181342	51906
烟草制品业	2	193148	191723	141320

续表1

	单位数 （个）	工　业 总产值 （当年价格）	工业销售 产　值 （当年价格）	工　业 增加值 （当年价格）
纺织业	21	419885	410967	112223
纺织服装、鞋、帽制造业	17	223799	228407	60207
木材加工及木竹藤棕草制品业	17	247325	355828	97041
家具制造业	115	1601184	1533267	415692
造纸及纸制品业	18	159866	184390	39078
印刷业和记录媒介的复制	4	35651	33250	10371
文教体育用品制造业	2	190850	190392	70754
石油加工、炼焦及核燃料加工业	13	3563254	4117694	648461
化学原料及化学制品制造业	108	2530392	1997894	589206
医药制造业	19	269542	243884	75171
化学纤维制造业	4	221730	34840	49992
橡胶制品业	9	101438	92858	25804
塑料制品业	33	428504	329485	101399
非金属矿物制品业	274	4733019	4393790	1402820
黑色金属冶炼及压延加工业	35	2068658	2087211	455405
有色金属冶炼及压延加工业	85	8736548	8284971	1671781
金属制品业	57	938014	756723	230499
通用设备制造业	249	5617866	3988200	1582411
专用设备制造业	125	3653513	4439008	861604
交通运输设备制造业	92	2100991	2299023	448432
电气机械及器材制造业	40	483215	675539	112277
通信计算机及其他电子设备制造业	12	778887	578489	171955
仪器仪表及文化办公用机械制造业	11	233029	197986	55220
工艺品及其他制造业	5	77682	56012	20989
废弃资源和废旧材料回收加工业	2	164809	170338	34165
电力、热力的生产和供应业	26	4235218	5670259	795633
燃气生产和供应业	2	78674	69411	22068
水的生产和供应业	1	25582	25539	11297

2011年全市主要工业产品产量

产品名称	单位	2010年	2011年	2011年为2010年%
钢	吨	636453	431868	67.9
成品钢材	吨	3265223	3344297	102.4
铁合金	吨	5574	31051	557.1
10种有色金属	吨	1393968	1490036	106.9
铝	吨	1358556	1395143	102.7
氧化铝	吨	778692	802227	103.0
黄金	千克	9881	10768	109.0
铝材	吨	643857	981691	152.5
耐火材料	吨	4222083	5148019	121.9
发电量	万重量箱	3877805	4770693	123.0
原油加工量	万吨	715.7	622.95	87.0
汽油	吨	1518002	1392669	91.7
柴油	吨	2468624	2159789	87.5
燃料油	吨	43669	38931	89.2
润滑油	吨	35963	32865	91.4
硫酸(100%)	吨	74425	129366	173.8
合成氨(混合量)	吨	154291	115501	74.9
化肥(折100%)	吨	201588	382680	189.8
氮肥	吨	200464	382680	190.9
塑料	吨	114723	101569	88.5
染料	吨	15659	16070	102.6
中成药(实重吨)	吨	3413	7574	221.9
钼精矿折含量（含纯钼45%）	吨	105004	113693	108.3
钨精矿折含量（折三氧化钨65%）	吨	14776	19451	131.6
采矿专用设备	吨	88975	113394	127.4
滚动轴承	万套	14900	17348	116.4
大中型拖拉机	台	70734	78253	110.6
小型拖拉机	台	75546	58019	76.8
汽车	辆	10015	10267	102.5
摩托车	辆	993097	971814	97.9
压路机	台	3080	2030	65.9

续表1

产品名称	单位	2010年	2011年	2011年为2010年%
电话机	部	7928	12905	162.8
水泥	万吨	579	745.6	128.8
平板玻璃	万重量箱	879	702.3	79.9
砖	万块	402661	1109120	275.4
日用陶瓷器	万件	383.8	360.7	94.0
人造板	立方米	149842	242251	161.7
纱	吨	42053	47069	111.9
布	万米	12684	5768	45.5
畜肉制品	吨	50610	51543	101.8
机制纸及纸板	吨	55195	62773	113.7
卷烟	万支	907745	1300000	143.2
饮料酒	千升	190060	167992	88.4
白酒	千升	91327	73859	80.9
啤酒	千升	98553	94133	95.5
塑料制品	吨	148396	173537	116.9
小麦粉	万吨	26	28.7	110.4

黄金工业

【概　况】 2011年，洛阳市有嵩县、洛宁、栾川3个产金县。截至2011年年底，全市已探明黄金保有储量290吨，远景储量2000吨。全市黄金企业29家，其中矿山25家、冶炼3家、精炼1家；全行业从业人员1万余人；尾矿库40座（在用25座、闭库和停用15座），炸药库30个，氰化钠库13个；全市日采选矿石规模1.2万吨，日冶炼金精粉规模200吨，年精炼金能力50吨。矿石处理能力和黄金年产量均居全国产金省辖市第四。在全国总工会、中国黄金协会于2011年11月30日在北京召开的“十一五”期间全国黄金行业先进集体、劳动模范和先进工作者表彰大会上，市黄金局被中国黄金协会、中国机冶建材工会全国委员会授予“‘十一五’期间全国黄金行业先进集体”荣誉称号。在此次表彰的85家先进集体中，其中企业82家、行业协会2家，作为产金省、市、县黄金行业主管部门，全国仅洛阳市黄金局一家获此殊荣。这也是有史以来市黄金局获得的最高荣誉。

局长徐秋生在黄金矿井下检查安全生产

【目标管理】 2011年，全市黄金产量10768千克（34.46万两），完成市定责任目标的127.6%，同比增长7.2%。其中：嵩县生产黄金5655千克，同比增长7.7%；洛宁县生产黄金3453千克，同比增长2.4%；栾川县生产黄金1659千克，同比增长16.2%。全年实现工业总产值31.4亿元，同比增长27.1%；实现工业增加值12.4亿元，同比增长34.1%；实现利润7.9亿元，同比增长41%。

【项目建设】 2011年，洛阳市黄金行业实施千万元以上项目共16个，总投资19亿元，全年完成总投资7亿元。其中：投资2.2亿元的嵩县山金矿业有限公司九丈沟金矿选矿厂已经建成，矿山主要工程基本完工，总投资3.6亿元的金牛公司牛头沟改扩建项目，于2011年12月9日正式开工；总投资5.3亿元的金牛公司东湾选厂扩建项目前期工作全面开展，竖井已下掘400米。全市黄金矿山选矿规模由2011年初的1.1万吨/日，发展到1.2万吨/日。中金嵩县嵩源黄金冶炼有限责任公司金精矿冶炼项目建成试运行。洛宁紫金黄金冶炼项目，自2011年3月开工，进展顺利，截至2011年年底，累计完成投资2.1亿元，厂房建设、设备安装已基本完工。该项目建成达产后，每年可生产黄金6吨、白银24吨、电解铜5000吨、工业硫酸8万吨，年实现产值20亿元，利税1.2亿元。洛阳朋宜矿产公司150吨/日金精粉冶炼项目，按计划正在建设中。

【安全监管】 2011年，黄金企业安全生产基层基础工作得到进一步加强，行业安全标准化建设进展顺利，行业安全生产监管“265”长效机制运行良好。总结推广金牛公司“安全生产确认制”，强化安全生产一线监管；探索建立并投用安全生产信息平台，触角延伸到井下一线；坚持“安全生产月”例会制度，分析形势，解决问题；地下开采矿山安全避险“六大系统”建设取得明显进展，金源公司、潭头金矿井下安全避险“六大系统”基本建成，其他企业建设工作正快速推进；安全生产标准化建设稳步开展，嵩县金牛公司店房金矿、金源公司祁雨沟金矿、前河公司、洛阳坤宇矿业上宫金矿安全标准化建设通过验收。全年，市黄金局领导带队到企业安全检查90次（295人次），帮助企业发现安全生产隐患137起。全行业排查各类安全生产隐患4536起，整改4536起，整改率100%。隐患排查治理台账不断完善，以台账管理针对性施治，效果明显，行业安全生产监管责任、企业安全生产主体责任和环境保护的各项措施得到较好落实，全年杜绝较大以上安全生产事故的发生。全市黄金行业共发生安全生产事故3起，死亡4人。万两黄金死亡人数0.12（省定万两黄金死亡人数0.30，市定0.23），安全生产形势进一步好转。

【探矿增储】 2011年，洛阳市投入地探资金1.56亿元，探明黄金金属量23.25吨，平均品位2.05克/吨，使全市黄金可开采储量达到290吨，资源保障能力进一步提升。

【战略合作】 2011年，洛阳市黄金行业先后与中国黄金集团公司、山东黄金集团公司、福建紫金国际矿业、中国贵金属资源控股有限公司（香港）等大型企业集团开发与合作，黄金资源集中度得到显著提高，企业生产能力、管理水平也迈上一个新台阶。中金集团着力打造的嵩县黄金基地建设取得成效，在2011年8月28日中国黄金协会评选的“中国黄金十强县（市）”中，该县以2010年生产黄金5.4吨的成绩，成功入选“中国黄金十强县（市）”。 （罗亚明）

牛头沟3000吨/天改扩建项目开工典礼

煤炭工业

【煤炭企业兼并重组】 2011年，洛阳市高度重视煤炭企业兼并重组工作，市委、市政府主要领导多次听取工作进展情况汇报，及时协调各类重点难点问题。市煤炭局不断与义煤集团高层领导定期会商，加强产煤县（市）、区、市直部门和煤炭企业之间沟通协调，研究推进煤炭企业兼并重组工作，并采取目标管理，将任务分解到各产煤县（市）、区、各相关部门及各相关企业，明确到人，限期完成任务，对完不成任务的进行效能告诫，公开处理，极大地促进了该项工作深入开展。

截至2011年年底，全市50家兼并重组煤矿各种证照全部办理完毕，兼并重组主体企业“三真”落实到位，矿井复工复产稳妥有序进行。经兼并重组，有19处矿井关闭退出，现保留53处，年设计生产能力930万吨。其中，义煤集团、省煤层气公司、河南地方煤炭集团3个省属骨干煤炭企业兼并重组35处，地方主体企业所属煤矿18处。地方主体煤矿中，洛阳天源集团11处，新安万基控股集团5处，郑州中兴实业集团1处，郑州磴槽集团1处。保留煤矿按地域分，伊川县21处，新安县16处，宜阳县10处，偃师市3处，汝阳县2处，伊滨区1处。全市“六证”齐全矿井7处，其余46处为基建技改矿井。

【煤矿安全监管】 2011年，洛阳市进一步加大煤矿安全监管工作力度，采取一系列更加严厉、更加有效的安全措施，确保了煤矿安全生产。一是组织开展安全大检查活动，对全市范围的各类煤矿全面排查，及时发现、消除各类隐患和问题。市煤炭局全年下矿1413人次，检查煤矿1682矿次，其中下井检查88矿次、152人次，排查各类煤矿一般隐患和问题816条，下达《隐患限期整改通知书》76份，全部督促整改完毕。二是严格落实停工停产煤矿“两到位、五控制的要求”，严格限制用电负荷，收缴一切火工用品，严禁私自供电和供应火工用品，驻矿员必须24小时驻矿盯守，包矿县、乡级领导必须落实到矿检查制度。三是加大煤矿暗访检查力度，落实暗访工作常态化，增加暗访检查频次、检查密度和覆盖面，促进各项煤矿安全生产措施真正落到实处。市煤炭局7个暗访组，由局领导带队每周对全市煤矿暗访检查一遍，暗访检查采取不固定检查区域、定期轮换检查和互相监督的方式进行。煤炭局3个监管科室坚持每周下矿暗访检查不少于4天，每周对全市煤矿至少暗访检查一遍。四是严格煤矿复工复产标准、程序，对达不到安全条件和复工复产标准的煤矿坚决不予验收。坚持“谁验收、谁签字、谁负责”的原则，对存在煤与瓦斯突出、自然发火、水害威胁严重等重大安全生产隐患的矿井未经有关部门组织专家论证和省有关部门批准，一律不得批准整修和复工复产。五是组织对全市资源整合中已关闭的井口进行拉网式排查，确保全市53处煤矿24小时处于政府的监控之下。六是强化县乡领导包矿和驻矿员24小时驻矿盯守制度。要求包矿领导每周到矿检查不得低于2次。同时加强对包驻矿工作的监督检查力度，市、县成立联合检查组，对检查中发现的个别包矿领导未按规定到矿检查和个别驻矿员脱岗、离岗玩忽职守的行为，进行严肃处理和追究。七是认真落实矿长带班下井制度，并在矿区显著位置公示带班执行情况，接受社会监督。八是以市政府名义出台奖励举报煤矿非法违法行为通告，公布举报电话，加强新闻舆论监督和社会群众监督，严厉打击煤矿各类非法违法行为。同时，加大对煤矿违法违规行为的执法力度，查处煤矿违规案件6起，罚款80万元，促进了全市煤矿安全生产形势稳定好转。

【煤炭市场秩序】 2011年，洛阳市严把煤炭经营资格准入关，在煤炭经营资格证延续和年检中，取缔2家不合格企业，对8家企业提出整改要求；对民用煤加工经销点进行检查，取缔无证经销点10个，进一步净化煤炭市场环境。加强民用煤监管，对型煤加工企业产品实行每月定期检测，在市煤炭局网站公布企业产品质量指标，接受群众监督。推行连锁经营方式，督导所有型煤加工企业和2家大型民用型煤加工企业联营，实行“集中粉碎、统一配送、分散加工、加强监测”的连锁经营方式，提高小型蜂窝煤加工点的市场抗风险能力。严查电煤质量，多次到洛阳热电厂和阳光电厂，察看企业供应电煤质量，了解需方对供方商品煤质量评价，引导企业提高商品煤质量。

【事业单位改制】 2011年，市煤炭局按照市转制办的部署和要求，积极推动洛阳市煤矿职工技术培训中心、洛阳市煤炭质量检测中心转企改制，洛阳市煤炭矿山救护队内部三项制度改革改制工作。保证改制工作的顺利进行，市煤炭局成立改制工作领导小组，3家单位也相应成立了组织，从政策宣传、改制方案的制定、组织实施，局领导都亲自抓，保证了改制工作的顺利进行。尤其是到了改制进入实施阶段，党组书记田茂林对改制单位的股本设置、出资入股、新公司名称核准、产权交易挂牌、新公司《章程》制定等每一过程都反复论证，及时了解各单位改革情况，并针对存在问题，进行研究解决，并按照“改制单位职工利益最大化，发展活力最大化，效能最大化”的原则，认真做好职工的思想稳定工作，保证了转企改制工作的顺利进行。 （办公室）

局长刘三献、党组书记田茂林到煤矿检查安全生产工作

中国一拖集团有限公司

【概 况】 中国一拖集团有限公司（以下简称“中国一拖”）是国家“一五”时期156个重点建设项目之一，1955年开工建设，1959年建成投产，现为中国机械工业集团有限公司子公司。新中国第一台拖拉机、第一辆军用越野载重汽车在这里诞生。建成投产50余年来，通过加大重点产品研发、技改投入力度，基本形成了农业机械、动力机械及零部件等多元结构发展的格局。农业机械业务具有国内最完整的拖拉机产品系列，拥有国际先进、国内领先的具有自主知识产权的产品技术。其中大功率拖拉机国内市场份额第一，动力机

械业务在国内非道路用柴油机行业排名第一。累计为国家农业机械化提供拖拉机、柴油机等各种装备360多万台，拥有的“东方红”商标为中国“驰名商标”。

2011年，中国一拖面对宏观环境复杂多变、经营管理难度加大的严峻形势，以“聚核铸强”战略发展思路为指导，积极开拓市场，强化技术创新，注重品质提升，夯实基础管理，加快推进国际化进程，完成了全年各项任务目标，企业总体上保持了平稳发展的态势。全年，中国一拖实现营业收入165.41亿元，同比增长11.8%。大中轮拖等主导产品保持稳定增长，大轮拖同比增长8.4%，市场占有率35.8%，同比增加近1个百分点，继续保持行业第一的位势；中轮拖同比增长38.6%，市场占有率16.7%，同比增加5个百分点以上，行业排名上升到第三位；小轮拖同比增长17.8%，市场占有率14%，行业排名第三位；柴油机同比增长14.5%。从业务情况来看，发展势头良好，农装、动力机械、零部件业务收入实现稳定增长，同比分别增长19.7%、19.3%和9.43%。

【“聚核铸强”战略】 2011年，中国一拖以国机集团发展战略为指导，组织召开了战略研讨会，制定并发布了《中国一拖“十二五”规划纲要》。为加强规划的有效执行，制定下发战略管理办法和实施细则，逐步构建确保规划落地的规划管理体系，以及年度业务计划与中长期规划相互承接的战略落地和跟踪评估机制。7月开始，在前期工作的基础上，相继召开“聚焦‘十二五’、再造新一拖”系列战略研讨会，提出了实施“聚核铸强”战略，推进“卓越工程”，完善“保障体系”，实现企业“十二五”做强做优的目标。“聚核铸强”战略是新的发展阶段企业对自身发展的重新定位，体现了与时俱进的创新发展意识。其基本内涵可概括为“三聚核”“四能力”“三做强”。即聚集核心资源、聚力核心业务、聚焦核心市场；以提升自主创新能力、市场营销能力、国际化经营能力、人才强企能力为重点，不断提升公司创新和运营能力；做强拖拉机、柴油机、机具核心业务，做强零部件黄金供应链体系，做强国内国外两个市场，把中国一拖建设成为卓越的全球农业装备供应商。“聚核铸强”发展战略思路的提出，进一步明晰一拖公司“十二五”发展的方向和主要任务，确定了企业发展的关键环节和工作重点，是企业在新的发展阶段对以往发展思路的传承、持续，同时又根据内外环境的变化注入了新的内容，是中国一拖必须始终坚持、认真落实的工作总体指导。

【市场营销】 2011年，中国一拖围绕“加大市场开拓力度，提高市场竞争能力”的总体要求，逐步完善营销管理职能，初步搭建起管理平台、信息平台和服务平台，制定并实施中国一拖《应收账款管理办法》，加大逾期应收账款清欠力度，2年以上应收账款清欠比例超过20%。注重加强国内重点市场营销力度，加大多元化渠道建设，不断拓展市场份额，东北区域市场大轮拖同比增长44.5%，中轮拖同比增长50.1%，西北区域市场中轮拖同比增长36.4%。同时，加快国际市场拓展步伐，积极收集政府采购和对外援助项目信息并及时跟踪落实，中标中国政府援助吉尔吉斯斯坦的大轮拖项目，实现销售247台大轮拖；中标厄立特里亚农机采购项目，实现销售230台拖拉机及配套农机具；完成俄罗斯、巴西海外支持中心的基础设施建设并投入运行；俄罗斯SKD组装项目完成了海关保税仓库建设，实现批量装配下线。

【技术创新成果】 2011年，中国一拖获得国家科技部国际合作计划1项、国家科技支撑计划1项，国机集团科技基金项目1项，洛阳市科技计划1项，国家财政部技术创新及产业化项目2项，全年共获得支持金额2278万元。被工业和信息化部、财政部认定为国家首批技术创新示范企业。成功申报了河南省重点实验室，为申报国家级重点实验室奠定基础。组织参与高新技术企业的复审、申报工作，公司所属高新技术企业达到7家。强化专利管理，全年申请专利120项，占全年目标110项的109%，其中发明15项、实用新型93项、外观设计12项；获得授权专利121项，其中发明6项、实用新型97项、外观设计18项。完成重点产品研发项目关键节点21个，节点完成率为96%。其中：东方红—LA3004轮拖开发项目开始进行动力换档传动系试制及整机装配；东方红—LA2004轮拖完成二代样机图纸的设计并启动传动系装配；联合整地机的产品测绘和图纸设计工作已全部完成，液压翻转犁完成试制试验；6K系列柴油机电控泵样机已经完成全面性能试验工作，正在进行排放试验研究。

【重点项目建设】 2011年，中国一拖技改项目建设稳步推进，提升大功率柴油机制造技术水平与生产能力的重柴项目、实现农装业务战略布局调整的黑龙江基地建设项目等按节点推进，一拖工

东方红大轮拖生产线

业园重型柴油机项目建成并具备基本生产能力，黑龙江基地仅用1年时间实现了220马力拖拉机的下线。海外并购工作取得突破，成功完成对法国Mcc公司的全资收购，为快速获得拖拉机动力换挡传动系制造能力、提高主导产品技术档次和竞争优势、不断扩大高端拖拉机市场份额奠定基础。A股IPO工作取得实质性进展，获得证监会发审委审核通过。制定企业“十二五”信息规划，在ERP一期深化应用的基础上，积极推进ERP二期工作的实施，在基层10家单位实现上线运行，标志着ERP已开始在企业核心业务中发挥作用。

【战略合作共赢】 2011年4月15日，中国一拖与交通银行河南省分行签订银企战略合作协议，交通银行河南省分行向中国一拖提供23亿元综合授信额度，在流动资金贷款等方面提供全方位的服务。5月10日，中国一拖与中国进出口银行签订战略合作协议，根据协议内容，未来5年中国进出口银行将向中国一拖提供出口卖方信贷、进口信贷和贸易融资等信贷支持和其他金融服务，在“走出去”业务、出口基地建设、贸易融资业务等三大领域与中国一拖开展战略合作。同时，中国一拖还与中国农业大学、吉林大学、江苏大学等签订了战略合作协议，重点在农业机械领域的战略研究、新技术研究及人才培养等方面，开展多种形式的产学研合作；中国农业大学将根据国际现代农业机械领域发展动向和进展，及时向中国一拖提供具有自主知识产权的新技术、新产品以及该产业发展等方面的信息，并组织专家参与中国一拖的企业战略、科技工程项目，或进行决策咨询。“校企合作”为企业加快结构调整、促进发展方式转变、增强自主创新能力、提升核心竞争力提供了有效支撑。 （一拖公司）

洛阳LYC轴承有限公司

【概　况】 洛阳LYC轴承有限公司（以下简称“洛轴”）是河南煤业化工集团装备制造骨干企业，其前身为国家“一五”期间156个重点项目之一——洛阳轴承厂，始建于1954年，是中国轴承行业规模最大的综合性轴承制造企业之一。洛轴拥有国家级技术中心和博士后工作站，可根据用户需求，设计制造九大类型、各种精度等级1万多个轴承品种及轴承相关专用设备，拥有航空发动机轴承、轨道交通车辆轴承、重大装备专用轴承等核心技术，是国内加工直径最大、精密程度最高轴承的诞生地，中国风电发电机轴承标准制定单位，中国第一套特大型轧机轴承生产单位，也是轴承产品尺寸最广、用途覆盖面最宽、品种最齐全的生产基地，保持多项中国轴承行业记录。特别是成功为“神舟”系列和“嫦娥”飞船提供配套轴承，彰显强大的技术研发实力。

河南省重大科技专项观摩团考察新洛轴工程项目

洛轴积极调整经营方式和产品结构，大力推进科技创新和管理创新，加强内部市场化和对标管理工作，实现营业收入60.18亿元，同比增长7.95%，继续保持了稳定发展。荣获“中国机械工业百强企业”“装备中国功勋企业”“中国轴承行业‘十一五’发展先进企业、管理创新优秀企业”“中国工业行业排头兵企业”“中国装备制造业领军企业”等称号。“LYC”被国家商务部评为“中国最具市场竞争力轴承品牌”。

【科技创新】 2011年，洛轴完善《创新绩效考核办法》《科技创新奖励基金管理办法》等创新管理制度，建立“四级主体，三级收购”科技市场运行体系，设立创新奖励基金，“三新工程”采用风险抵押金恒值推进考核管理办法，营造了浓厚的创新氛围。全年共承担国家、省、市科研项目16项。其中：“兆瓦级风力发电机组轴承研发”、国家863计划“土压平衡盾构主轴承”等6个项目，通过国家及省部级项目结题或验收，创洛轴科研史上又一个新高，在国内企业中属领先水平。“行星齿轮调心球面滚子轴承研制”获中国机械工业科技进步一等奖，这是洛轴近5年来获得的中国轴承行业最高科研奖项。全年研发新产品338个，形成了一批技术含量高、市场潜力大的新产品群。申请受理专利28项，获授权专利22项，其中发明专利8项、实用新型专利14项。

【管理创新】 2011年，洛轴创新内部市场化结算方式，建立以效益为中心的经济责任制，从考核机制上实现了内部市场化工作由生产型向生产经营型的转变。对标管理扎实推进，以行业先进单位为标杆，将基础管理对标和项目管理对标相结合，狠抓成效落实。基础管理对标由六个方面扩大为八个方面，实行每月公开排序，纳入各单位考核中。制定9大类54大项212小项的项目管理对标计划，按照项目制模式大力推进，特别是技术工艺类和物资采购类取得的成效尤为明显。

洛阳LYC轴承有限公司与日本NTN公司合资合作项目——恩梯恩LYC（洛阳）精密轴承有限公司奠基仪式

【项目建设】 2011年，洛轴共完成项目投资5.1亿元，为年度计划的100.2%。其中：精密轴承生产厂完成搬迁并投入生产，无异音球轴承项目18条磨超生产线安装就位，产业机械轴承项目等产业升级项目基本完工并开始生产。以意大利诺瓦全自动铁路轴承磨加工生产线、瑞典利雪平高精度大型轴承全自动磨加工组群、德国滚子磨加工生产线、奥地利爱协林的多条热处理生产线为代表的一批具有国际最先进水平的加工设备陆续投入使用，极大地提高了公司的工艺装备水平和产品质量。此外，恩梯恩—LYC精密轴承项目和工程机械转盘轴承项目——江苏海普瑞斯进展顺利。

【安全生产】 洛轴将安全生产作为企业的“一号工程”，把“生命至高无上，安全生产第一”作为开展各项工作的第一信条。根据年初确定的安全生产目标，认真落实各项安全工作措施，加强安全宣传教育培训，提高各级人员安全意识，不断强化安全监督检查及隐患整改，逐步健全和完善群安监督网络，进一步加大事故责任追究力度，保持了安全形势相对稳定的局面。全年累计工伤事故较上年同比下降56.7%，杜绝了二级以上各类非伤亡事故，创安全生产历史最高水平。

【职工福利】 2011年，洛轴按照“谋求发展，造福员工”的宗旨，努力提高职工福利待遇。全年职工人均收入同比增长5.76%。先后投入200万余元，改善了职工餐厅就餐环境和大学生公寓居住条件。逐步改善职工家庭住房条件，开工建设5栋高层、1栋多层共1166套职工住房；投资400万余元对15号街坊等洛轴生活区基础设施进行了整体改造和维护，初步改善了职工的居住环境；组织全体职工体检，提高职工健康保障水平。组织劳动模范、先进工作者、首席员工等42人分批外出健康疗养。累计对困难职工和困难职工子女大学新生实施爱心助学资助4211人次，资助金额达65万余元。（刘 波 李 亮）

中国石油化工股份有限公司洛阳分公司、洛阳资产分公司

【概　况】 中国石油化工股份有限公司洛阳分公司、洛阳资产分公司（以下简称“洛阳石化”）是中国石油化工股份有限公司直属的特大型炼油、化工、化纤一体化石油化工企业，是国家第五个“五年计划”期间批准建设的500万吨/年燃料型炼油企业。1977年底开工建设，1984年部分建成投产，1993年全面建成并通过国家竣工验收。2000年化纤工程建成投产，洛阳石化形成油化纤一体化发展格局，逐步从单纯燃料型企业发展成为集炼油、化工、化纤于一体的综合型炼化企业。2010年10月16日，260万吨/年柴油加氢装置开工投产，标志着油品质量升级改造项目完工，洛阳石化跨入千万吨级炼厂行列。

2011年，该公司有各类用工5927人，其中洛阳分公司正式职工4008人、洛阳资产分公司正式职工275人。全年累计加工原料油657.5万吨，生产炼油商品616.6万吨，化工化纤商品71.7万吨。实现销售收入468.4亿元（上市部分392.7亿元，非上市部分75.7亿元），同比增长4.59%。上缴税金66.1亿元。洛阳分公司实现利润－26.3亿元（其中炼油－29.43亿元，化纤3.49亿元，化工－0.36亿元），洛阳资产分公司实现利润－0.41亿元，完成了限亏指标。全年轻油收率75.55%，同比提高0.93个百分点；原油加工损失率0.67%，同比下降0.04个百分点；原油储运损失率0.29%，同比降低0.04个百分点；炼油高价值产品收率82.78%，同比增加0.78个百分点；化工化纤各装置绝大多数技术经济指标同比均有进步，化纤产品差别化率（含聚酯切片）35.14%，同比提高3.49个百分点，增效1237万元。万元产值能耗0.484吨标准煤，炼油综合能耗66.7千克标油/吨，完成了总部下达的考核指标；化纤综合能耗195.95千克标油/吨，同比下降9.86个单位。

【增上汽柴油罐区项目全面开工建设】 2010年6月19日，洛阳分公司增上汽柴油罐区项目正式开工建设，12月31日，8台罐地基处理完，基础施工完。2011年7月29日，增上汽柴油储罐项目建成中交，10月26日投用。完成主要工程量：灰土挤密桩1413立方米，安装1×104立方米内浮顶储罐8台、总重1600吨，泵5台，工艺管线6千米，电气及仪表设备安装调试完成。

【成功生产98号乙醇汽油】 2011年12月5日，洛阳分公司首批70车共3360吨98号车用乙醇汽油调和组分油出厂，标志着洛阳石化具备生产98号车用乙醇汽油

调和组分油的能力。

【全面完成设备大检修工作】 2011年9月到10月中旬，进行为期一个半月的装置停工大检修。这次检修是继2008年之后，生产装置连续运行3年半后的全面停工检修。检修涵盖炼油、化工、化纤所有生产装置以及公用工程和辅助系统，其中延迟焦化装置、蜡油加氢装置、260万吨/年柴油加氢等装置，都是开工投产后首次进行全面检修，这次检修共完成常规检修计划7249项，更新计划65项，技术改造项目47项，一般措施项目41项。实现了“无事故、无污染、无扰民”和“修得好、开得顺、稳得住”的目标。

【新建4万吨/年硫磺回收（二期）项目】 2010年4月19日，4万吨/年硫磺回收（二期）项目可行性研究报告获批复。2011年1月28日，基础设计得到中石化总部批复，进入设计阶段。截至12月底，4万吨/年硫磺回收装置（二期）完成土建交接安装，安装工程完成20%，共提报纸版设备计划2041台/套（包括外部系统）。

【14万吨/年聚丙烯装置土建工程开工】 2011年11月22日，14万吨/年聚丙烯装置完成聚合区设备基础6个，完成总量的19%；挤压造粒区钢筋绑扎完成50吨，完成总量的45%；化学品库基础、柜架、柱钢筋绑扎完成15吨，完成总量的37.5%；丙烯进料泵棚钢筋绑扎累计完成13吨，完成总量的81%；铸铁管安装累计完成2400米，完成总量的52%。

【洛阳分公司与河南省消防总队联合进行事故预案演练】 2011年4月7日，洛阳分公司与河南省消防总队联合在液态烃球罐区进行事故预案演练。演练分关阀断料、注水堵漏、倒罐灭火三个阶段进行。本次消防演练，进一步加强了对生产要害部位和重大危险源的安全管理，预防和减少重大事故的发生，检验和提高了洛阳分公司对突发事件的应急处理能力。

【中央电视台《安全与法》栏目组到洛阳石化采访报道】 2011年4月13日，中央电视台《安全与法》栏目采编人员到洛阳分公司，就洛阳石化认真贯彻国家安全生产监督管理总局部署、实施安全生产责任保险工作进行专题采访。《安全与法》栏目组先后采访了总经理、党委副书记赵振辉，副总工程师刘永斌，并到生产装置现场进行采访。

【安全生产责任保险】 2009年7月，国家安全生产监督管理总局出台《关于在高危行业推进安全生产责任保险的指导意见》，要求在煤矿、非煤矿山、危险化学品、烟花爆竹、公共聚集场所等高危及重点行业推进安全生产责任制保险。按照国家和省、市安监局的要求，洛阳分公司报请集团公司同意，并经职代会代表团组长会议审议通过后，于2009年底和中国平安签订合同，为4000余名直接从事危险化学品生产的员工购买了安全生产责任保险，成为中国石化第一家实施安全生产责任保险的企业。

【加强专业技术队伍建设】 2011年7月，洛阳分公司引进各类高校毕业生100名，其中硕士研究生31人，重点院校生源占52%。做好职称评审工作，组织评审论文411份，举办6场论文答辩会，对91名申报高、中级任职资格人员进行了答辩考核。对在岗的第七批洛阳市优秀专家、洛阳市学术技术带头人进行考核，增强优秀人才建功立业、奉献企业的责任意识。注重利用外部智力资源，引入两名博士进入博士后科研工作站工作。

（王明堂　于　玲）

年产14万吨聚丙烯装置土建工程施工现场

中铝洛阳铜业有限公司

【概　况】 2011年，中铝洛阳铜业有限公司（以下简称“中铝洛铜”）是由中国铝业公司、洛阳市国资委共同出资组建而成，拥有铜精炼、铜及铜合金加工、铝镁材加工、有色加工设备制造等生产系统，拥有国家级企业技术中心、国家级重有色金属检测试验中心等研发检测机构。中铝洛阳铜业主要产品有铜及铜合金板、带、箔、管、棒、型、线材、铝镁板带材、电解铜等，可生产有色加工材合金牌号170余个，品种760余个，规格上万种。产品广泛应用于航空、航天、舰船、军工、冶金、电子、机电、纺织、交通、建筑、化工、轻工、能源等国民经济各领域，为国家国民经济发展和国防军工事业做出了突出贡献。按照“一年调整保生存、两年优化图发展、三年发展求效益”的阶段性发展目标，实施全方位深度结构调整，扎实推进管理改革创新，深入开展控亏增盈攻坚战，生产经营保持了平

市委副书记、市长李柳身到中铝洛铜调研

稳运行。全年累计完成有色金属加工材产量113686吨，同比增长7.68%；销售114342吨，同比增长11.37%；实现营业收入78.74亿元，同比增长41.62%。职工工资平均增长8.28%。

【控亏增盈】 2011年，中铝洛铜全面深化财务集中管理，系统防范资金风险，统筹优化资金、票据管理和使用，强化动态成本核算和资金占用跟踪管理，建立月度经营运行分析制度，为及时发现和解决经营运行中的问题提供制度性保障，加快资金流高效运作。

强化生产组织。加强金属分级分类管理和使用，通过技术攻关、工艺改进、合理控制旧料代用比例，单位产品金属损耗同比下降7.1千克/吨；压缩中转金属和库存占用，实行区域间物料流动限期流转和限额管理，推进物流、资金流高效运作。加强生产经营运行环节的有机衔接和精细化管理，基本实现3:3:4均衡生产，全面消除超过30天以上的合同，紫铜类主导产品交货期控制在10天以内。

积极盘活闲废资产。构建常态化的废旧资源快速回收、鉴定、处置的业主管理机制，抓住市场机遇，在金属价格高位阶段果断决策，处理含铜炉灰渣、黑铜、长年积压废旧钢铁和有色废料等物资，盘活资金2亿元。

加强项目投资管理。进一步加强对资本性支出项目的跟踪管理和考核力度，按照“有保有压”的要求，突出短平快、投资小、见效快的原则，重点确保技术改造、技术研发、节能减排等投资项目建设，压缩一般性项目支出792万元。

【风险防控】 2011年，中铝洛铜全面规范经销商渠道管理，明确品种和地域分工，理顺不同渠道间的价格秩序，杜绝无序竞争。强化客户分级分类和合同管理，严格实行产品销售合同签订刚性时间段约束，全面梳理规范分级客户的价格、付款方式等商务条件，将公司资源向重点品种和重点客户倾斜，特别对小品种、特殊品种的起订量及价格进行大幅度调整，从根本上杜绝产品净加工费低于边际成本的劣质合同的产生。健全营销运营质量评价体系，加大存货周转率、吨加工费收入考核权重，增加逾期货款、库存的考核比例，促进营销理念逐步向效益型方向转变。提高原料价格风险防范能力，系统做好原料购销平衡工作，通过套期保值和期现联动有效控制头寸风险。

【管理创新】 2011年，中铝洛铜按照自主经营、自负盈亏、模拟市场、独立运作的思路，相继对5个主体生产厂和2个辅助生产单位实施模拟事业部制改革，在人事、财务、原料采购等重大事项集中管控的基础上，各事业部成为相对独立运行的利润、成本、质量和资产责任中心。在销售体制上，调整销售分公司职能，由自主经营单位转变成办事处管理模式，原分公司自营合同全部转变成厂营。

全面推进分配和用工制度改革。实行工资总额包干管理，进一步完善分配激励机制，通过实施大学生生活补贴，设置专项、专责工程技术岗位等措施，将收入分配向关键技术岗位和一线岗位倾斜。在用工方面，探索实行劳务派遣集中使用管理模式，工作效率和质量明显提升，有效缓解了职工队伍老化问题，为用工制度根本

中铝洛铜拉制出国内最大直径白铜管

性变革奠定基础。

强化基础管理工作。围绕全方位深度结构调整需要和管控模式变化，全面清理历史遗留的二级单位管控小公司。整合加工装备制造资源，形成集设计、制造、安装、调试一体化的有色金属装备设计制造公司，成为新的发展亮点。进一步推进信息化建设，完善招标管理、投资管理和价格合同管理体系。

【结构调整】 2011年，中铝洛铜高精度电子铜带新生产线达产达标实现质的突破。举全公司之力推动新生产线达产达标，加快步伐完成新项目整体验收，新老板带线共享机制形成并逐步得到优化。3月起，新生产线结束了成品率对公司综合成品率负影响的历史，加工成品率达到59.88%，高出老线1.13个百分点，新生产线优势有所体现。

产品结构进一步优化。确立“专、精、特”的产品结构调整方向，努力推动新增10个产销量千吨以上品种的目标实现，重点产品产量完成71109吨，同比增长26.41%。加快新产品开发步伐，各生产系统品种结构形成新的布局，实现新产品产销量7997吨，同比提高13.4%。深入推进原料结构调整。积极开拓国内废杂铜采购渠道，加大废铜采购力度。开拓性实施了框架材料边角料回收带料加工新举措，以铜门料生产刚性原料使用控制为突破口，原料分级、分类使用初见成效。

【安全环保】 2011年，中铝洛铜坚持“安全第一、预防为主、综合治理”的安全生产管理方针，深入开展安全标准化和“违章行为综合治理年”活动，积极开展事故隐患排查治理工作，千人负伤率0.5‰，保持近年来的较高水平。

继续深入推进节能减排。全年加工材产品综合能耗为0.38吨标煤/吨，同比降低5.71%。产值能耗0.1167吨标煤/万元，较考核指标低8.6%；加工材新水、氮气单耗同比分别下降13.61%和9.58%；化学需氧量排放为零，工业废水零排放。 （吕有良）

中钢集团耐火材料有限公司

【概　况】 中钢集团耐火材料有限公司（以下简称“中钢耐火公司”）是中国中钢集团公司所属的生产企业，其前身为冶金工业部洛阳耐火材料厂，始建于1958年，是国家“一五”期间156个重点项目之一。经过50余年的发展，成为集产品设计、研发、生产、炉窑设计、耐材配置、施工及系统集成服务为一体最具竞争实力的大型国有企业。公司拥有国家认可的耐火材料实验室，是河南省高新技术企业。主要为冶金、建材、有色、电力、机械、轻工、石化等高温工业提供氧化物及非氧化物复合耐火材料、高纯氧化物制品、高铝系列制品、硅质制品、高档碱性制品、含碳耐火材料的定型、不定型中高档系列耐火材料，年生产能力30万余吨，产品畅销全国各地，并远销世界五大洲40 多个国家和地区，在国内外享有良好的品牌信誉。

2011年，中钢耐火公司，外拓市场，累计完成耐火材料产量188253吨，完成年计划的93.71%；实现营业收入78347万元，完成年计划的92.94%，实现利润1438万元，上缴税金5200万元。

【市场营销】 2011年，中钢耐火公司重视高端客户与外贸市场，围绕由“单一的耐材生产商向耐火材料的系统集成综合配套服务商”这一经营模式的转变，有针对性地对国内外的钢铁、有色、建材等知名设计院（所）进行互访，扩大合作范围。积极推进大外贸战略，在巩固老用户的基础上，努力开发新用户和新的国际市场。中钢耐火公司与日本品川公司续签了10年（2011～2021年）的合作协议；相继承接日本和歌山的1200余吨热风炉硅砖以及日本JFE公司的一座5855吨的焦炉硅砖项目。签订了台湾中龙的二座1.6万吨焦炉和2950吨热风炉的硅砖，韩国现代5250立方米高炉及热风炉用耐火材料5000余吨。积极做好新产品市场推广，在宝钢大型焦炉炉门用环保新材料上，与日本黑崎同台竞争，中标宝钢大型焦炉挂釉炉门砖项目80%，共642吨的订单，这也是国内首次在大型焦炉方面使用该材料实现国产化。全力塑造公司综合配套集成服务品牌，与滨海中宝镍业签订8万吨镍铁项目工业炉维修（护砌）服务合同，标志着公司将首次实现在高温工业整个全工艺链进行的全过程耐材维保服务。同时，顺利承接天津铁厂石灰回转窑耐材及砌筑合同，涟钢麦尔兹石灰窑合同。承接的锦疆化工总包项目顺利竣工，优质的产品、出色的服务得到用户和监理单位一致好评。

【镁质技改项目】 2011年5月，镁质技改项目（年产15万吨优质环保无铬碱性耐火材料生产线项目一期工程）开工建设。项目总投资3700万元。项目设计产能1.6万吨/年。该项目生产线节能、高效、低排放，主要解决公司生产高档无铬碱性耐火材料制品，以适应未来无铬化环保要求，生产的产品具有优质、环保等特征，具有广阔的市场发展前景。

【科研管理】 2011年，中钢耐火公司新产品开发初见成效，其中RH炉用无铬化耐材在较短时间内完成从研制到生产的整个过程，产品在宝钢试用效果良好，并得到宝钢认可。“鱼雷罐用环保型耐火材料的选择及优化配置”“优质环保无铬碱性耐火材料的研制及产业化”等项目被列为洛阳市2011年度重大科技攻关项目和河南省自主创新和产品结构调整专项资金项目，获得省、市科研开发资金支持。“窑炉修补用高抗热震微膨胀硅砖的研制与应用”项目获河南省科技进步二等奖、洛阳市一等奖；“垃圾焚烧炉用Al_2O_3-Cr_2O_3-ZrO_2砖的研制与应用”及“铜铅回收熔炼炉用炉衬砖的研制与应用”获洛阳市科技进步二等奖。“燃气隔焰新工艺制备非氧化物制品”项目获河南省三等奖、洛阳市一等奖。“RH炉用预合成镁铬砖的研制”获河南省科技成果一等奖；“气化炉用Cr90氧化铬砖研制与应用”获河南省科技成果二等奖。获得授权专利3项。

市委副书记、市长李柳身在中钢耐火公司调研

【欧洲高炉史上最大风口成功组合预砌】 2011年，中钢耐火公司圆满完成台湾中贸赛隆结合碳化硅砖高炉风口组合预砌合同。合同计170吨赛隆结合碳化硅砖，40个砖号，其中包含一个风口组合。该高炉风口64吨，共有22个砖号，其直径15.44米，是迄今为止公司承接的最大风口，也是欧洲高炉史上的最大风口。

【获国家窑炉工程专业承包资质证书】 2011年，中钢耐火公司取得住房和城乡建设部颁发的炉窑工程专业承包贰级资质证书。此项资质的取得，使中钢耐火公司成为全国唯一一家获得国家批准的集研发、制造、施工三位一体的国有企业，获取此资质有利于进一步拓宽中钢耐火公司主营业务范围，有利于公司的快速发展，增强了企业的核心竞争力，为实现企业又好又快发展增添了一个新的引擎。

【基础管理】 2011年，中钢耐火公司全面强化基础管理，在生产安全环保、质量、人力资源等方面迈出了坚强的一步。以职业健康安全、环境、质量管理体系为标准，合理安排生产计划，强化公司计划的执行力度，进一步加大重点合同的跟踪、协调力度，建立合同预警和快速反应机制，加大生产考核力度，保障了生产组织高效运行，同时定期对生产排放的废气、废水中可能造成环境影响的各类污染物进行检测，确保各项指标都能达标排放。质量管理以ISO9000标准为基础，持续改进质量管理体系，确保了公司质量、环境、职业健康安全一体化管理体系有效运行，顺利通过方圆标志认证中心的质量、环境和职业健康安全管理体系年度审核。

【人力资源管理】 进一步推进人才队伍建设，完成中层干部年度综合考评工作，技能人才队伍建设工作，实施首批优秀新员工转正式工制度。开展“制度执行年”活动，对公司所有管理制度和操作规程进行全面审视、梳理、修订、补充和完善，强化执行力度，增强风险防控能力，促进了企业生产经营管理稳健规范系统科学发展。

【李柳身到中钢耐火公司调研】 2011年10月4日，中共洛阳市委副书记、市长李柳身一行到中钢耐火公司调研。中钢耐火公司执行董事、总经理薄钧，副总经理任战文、党委副书记马翔弘，总经理助理章道运等陪同调研。李柳身一行参观了中钢耐火公司的硅质分厂、赛隆分厂、储运部硅质产品库、不定型分厂第三车间，仔细了解了耐火材料工艺流程和生产情况。公司总经理薄钧详细汇报了中钢耐火公司概况，产品用途、性能、服务的领域，公司在同行业中的地位以及今后发展思路。李柳身希望中钢耐火公司要正确处理企业档期生存与日后发展的关系；在进一步谋求企业发展的过程中，要从企业长远发展的角度出发，科学决策，统筹规划；要将发展思路与设备升级、工艺优化、产品结构调整结合起来；要勇于淘汰落后产能，引进高精尖技术，创建世界一流品牌，使其成为在国际、国内具有竞争优势和市场影响力的企业。

【洛耐工矿棚户区改造工程】 2009年11月30日，洛耐工矿棚户区（新村小区）改造工程，作为洛阳市第一家国有大型企业住房改造工程正式开工。工程建筑用地2万平方米，规划设计8栋7层住宅楼（其中1栋为廉租房），总建筑面

洛耐工矿棚户区（新村小区）改造后新校区——新泽苑校区现貌

积3.5万平方米，总投资5000万元，可安置职工住房427户。整个工程项目在规划上彰显“人房和谐”理念，在设计上突出“以人为本”思想，新建住房户型多样，结构合理，既满足小区职工安置的需要，又把工矿棚户区改造这项惠民政策落到实处。不仅使原小区职工的住房条件和居住环境得到根本改善，同时也有助于城市品位的提高。2011年5月，7栋住宅楼和1栋廉租房实现竣工入住。

（王　雯）

中信重工机械股份有限公司

【概　况】　中信重工机械股份有限公司（以下简称“中信重工”）的前身——洛阳矿山机器厂，是我国“一五”期间156项重点工程之一。2008年1月26日，改制成立中信重工机械股份有限公司。经过多次扩建、改造，中信重工已发展成中国重型机械行业的大型骨干企业之一、国内最大的矿山机械与水泥设备制造企业、中南地区热处理和铸锻中心、机械行业重载齿轮加工基地。公司主要从事煤炭、矿山、有色、建材、冶金、电力以及节能环保七大行业的大型设备、大型成套技术装备及大型铸锻件的开发、研制及销售，并提供相关配套服务和整体解决方案。

中信重工是国家创新型企业、高新技术企业。公司技术中心是国家首批认定的40家国家级企业技术中心之一，拥有“河南省矿山机械工程技术研究中心”和“河南省大型铸锻件工程技术研究中心”2个省级工程技术研究中心，建有矿山重型装备国家重点实验室、博士后工作站和河南省院士工作站。

2011年，面对异常严峻的经济形势，中信重工贯彻“应变、调整、创新、发展”八字方针，加快调整积极应对挑战，创新驱动引领科学发展，保持了企业的平稳、健康发展。全年共实现工业总产值152.3亿元，同比增长19.52%；实现营业总收入155.8亿元，同比增长27.29%；实现利润总额9.6亿元，同比增长26.44%；新增订货132亿元，累计已有订货256亿元。

【技术创新】　2011年，中信重工继续贯彻实施技术先导战略，加强“三位一体”技术研发体系建设，集成工程成套优势、产品设计优势和制造工艺优势，自主创新能力显著增强。在国家发改委2011年对全国729家国家级企业技术中心的综合评定中，公司排名第三名，技术研发的实力和水平得到验证。

全年，公司新获授权专利48项，截至2011年年底拥有有效专利221项，其中发明专利46项。“大型摩擦提升机动力学设计方法及应用”“百吨级大型铸钢件关键成型技术”“对撞机探测器——CsI晶体电磁量能器机械装备研制”“MZL系列多分流重载立磨减速机”“大断面棒材飞剪技术研究”获中国机械工业科学技术奖二等奖，“水泥低温余热利用成套工艺技术及装备”获节能及绿色工业科研成果奖一等奖。利用水泥窑消纳城市垃圾示范项目完成安装并已开始试运行，神华50万吨褐煤提质项目高压成型系统基本达到稳定化工业生产。CC500多缸液压圆锥破碎机完成开发，该产品具有效率高、处理量高、体积小、重量轻等优点，技术性能达到国外同类产品技术水平。

【市场营销】　2011年，面对国际经济持续动荡、重机行业竞争加剧、市场需求放缓的不利形势，中信重工及时调整营销策略，加强对重点项目的跟踪和新产品的推介，积极开拓工程成套市场和国际市场，保持了订货的稳步增长，新增订货突破132亿元，累计已有订货达到256亿元。

依托主机制造优势，中信重工大力拓展成套业务，全年成套订货突破46亿元，形成了国内国际两大成套市场和水泥、活性石灰、矿渣、余热发电、球团、干熄焦余热发电等六大成套业务板块。

通过持续加大自主研发新产品的市场推广力度，中信重工成功将液压旋回破、圆锥破、高压辊磨机等新技术成果转化为市场订单，使公司成为全球唯一能完整提供圆锥破、旋回破、高压辊磨、自磨机、半自磨机、球磨机六大主机设备的全球供应商和服务商。

【生产制造】　2011年，中信重工在生产组织中贯彻客户需求导向，根据产品结构的变化，不断调整生产组织模式，加强产销衔接，加快物流周转，由注重“量”到力保“期”，满足了客户对交货期的要求。

依托“新重机”工程的建成投产，利用新增设备资源优势，公司顺利完成

中信重工承制的江阴兴澄特钢4300毫米宽厚板轧机投产

中信重工18500吨油压机成功锻造438吨特大钢锭

了大飞机项目120MN（兆牛）张力拉伸机、兴澄特钢4300毫米精轧机项目、黄金集团2台大型矿用磨机、淡水河谷系列磨机、破碎机，铜陵有色2台矿用磨机和阳极炉，CP项目系列磨机、中科院100MeV回旋加速器等重点产品。热加工成功锻造300吨、438吨钢锭，多包合浇两件单重达355吨的轧机机架，彰显了公司的高端制造优势。

质量管理方面，公司荣获“全国质量工作先进单位”“全国进出口质量诚信企业”荣誉称号，质量看板管理和6S管理步入常态化、规范化。

【拓展国际市场】 2011年是中信重工国际化快速推进的一年，公司充分利用两个市场、两种资源，拓展了发展空间。一是全球化布局基本完成。2011年2月23日，公司完成对西班牙GANDARA CENSA公司的全资收购，并实现股权交割。完成收购后，GANDARA CENSA更名为CITIC CENSA（中信重工甘达拉公司）。截至2011年年底，CITIC CENSA运转正常，公司首次国际并购取得成功。12月13日，中信重工巴西办事处正式成立，这将有助于公司更好地开拓巴西乃至整个南美市场。此外，公司在澳洲、南非、印度、俄罗斯、北美、东南亚都建立起了销售网络。二是国际市场开拓取得重大进展。南美、亚太地区订货同比均有大幅增长，巴西市场更是独占鳌头，2011年巴西区域的球磨机均由中信重工中标。三是全球市场的影响力进一步扩大。公司几乎参加了所有重要的国际矿业大会，越来越多的客户了解并认同了中信重工。四是国际营销运营体系初步建立，国际服务流程进一步优化，主机质量及现场服务获得用户好评。五是国际团队日益壮大。一支专业的、高效的海外团队，在国际化发展中发挥了极其重要的作用。

【“新重机”工程全面投产】 2011年，中信重工“新重机”工程全面投产。“新重机”工程是中信重工通过系统投资，构建以1.85万吨自由锻造油压机为核心的高端重型装备制造工艺体系的系统工程，是公司高端装备优势的重要体现。围绕1.85万吨自由锻造油压机，公司建成了包括重型冶铸工部、重型锻造工部、重型热处理工部、重型机加工部、重型磨机加工工部、重铸铁业工部六大工部在内的高端重型装备制造工艺体系，配备了一系列精、大、稀机械加工设备，形成了国内乃至世界稀缺的高端重型机械设备加工制造能力。“新重机”工程的全面投产，使公司一次性提供精炼钢水的能力提升至900吨，最大钢锭单重可达600吨，铸钢件最大单重600吨，最大锻件400吨。

【企业管理】 2011年，中信重工在成本控制方面，强化成本预算管理，推行成本倒逼机制，向管理要效益，保证了盈利水平。资金管理方面，建立统一高效的资金管理体系，提高资金使用效率，实现了资金风险的可识、可防、可控。加强银企合作，创新融资方式，拓展了融资渠道，降低了融资成本，实现了营销模式的新突破。风险管控方面，完善内控制度，加强对重大项目、重大合同的前期法律审核，引入风险导向内部审计，全年未发生因风险事项造成的重大经济损失。人力资源管理方面，在控制员工总量的前提下，通过招聘和培训相结合的方式，不断优化人力资源结构。2011年，中信重工大学正式成立，在向客户和供方传递企业的经营理念及价值观的同时，也为培训内部员工，提升人员素质提供了更加良好的软硬件条件。公司注重企业和员工的共同发展、共同成长。2011年增加了技能工资在整体工资中所占比重，启动了“金蓝领”工程，鼓励员工立足岗位成长成才。启用生活服务中心，实施全员餐补，让员工分享企业发展成果，公司向心力、凝聚力大大增强。（解晓磊）

中信重工完成对西班牙GANDARA CENSA公司的全资收购

洛阳供电公司

【概　况】 洛阳供电公司担负着9县（市）6区的供用电任务，供电面积1.52万平方千米。公司管理职工总数6963人。2011年，公司完成售电量351.88亿千瓦时，实现销售收入179.07亿元，完成全员劳动生产率889.67万元/人·年。公司固定资产原值达84.53亿元，拥有110千伏及以上变电站89座，变电容量1349万千伏安，输电线路3191千米。其中：500千伏变电站3座，变电容量300万千伏安，线路368.35千米；220千伏变电站18座，变电容量564.6万千伏安，线路1319.8千米；110千伏变电站68座，变电容量484.25万千伏安，线路1502.4千米。

至2011年年底，洛阳电网形成以500千伏网络为电源支撑、220千伏核心双环网和市区110千伏双环网为骨干通道的网架结构，对外通过10条500千伏线路与三门峡、郑州、平顶山电网联网，8条220

线路改造

千伏线路与三门峡和济源电网联网，对内由18座220千伏变电站呈辐射状向市区及辖区内9县（市）供电。

【用电情况】 2011年，洛阳市用电总量408.29亿千瓦时，同比增长16.85%，占河南省的15.35%。其中：工业用电356.37亿千瓦时，同比增长17.29%。第一产业用电3.35 亿千瓦时，同比下降13.35%，占河南省的4%；第二产业用电348.55亿千瓦时，同比增长14.22%，占河南省的16.93%。第三产业用电21.16亿千瓦时，同比增长12.58%，占河南省的10.49%。城乡居民用电25.93亿千瓦时，同比增长20.07%，占河南省的8.24%。

【发电情况】 截至2011年年底，洛阳市发电总装机容量 924.3万千瓦。其中，火电装机711.05万千瓦，水电装机208.8万千瓦，新能源装机4.45万千瓦。河南省统调容量869.5万千瓦，地方统调容量54.8万千瓦。全年累计发电量483.63亿千瓦时，同比增长16.15%，占河南省发电量的18.61%。

【电网运行】 2011年，洛阳电网运行最低负荷351.1万千瓦，出现时间为1月31日3时19分。最高负荷达560.3万千瓦，出现时间为7月25 日11时36分。

【安全生产】 2011年，洛阳供电公司全面开展春、秋季安全大检查和检修工作，深入开展安全隐患排查治理，完成对电网重要断面、110千伏及以上变电站核心设备的检查处理，消除影响电网安全运行的危险点。精心实施359项春、秋检修项目，强化设备状态评估和隐患排查治理，消除设备缺陷496项，实施设备分级巡检监督制度，确保设备健康入夏度冬。加大老旧设备改造力度，完成大修技改投资1亿元，设备健康水平有效提升。积极应对煤电运紧张局面，科学安排电网运行方式，实施河南电力备用调度中心同步值班。认真落实“五协同”措施，建立政府主导、发供用三方联动的迎峰度夏（冬）有序用电工作机制，开展政企协作“保煤开机”，全省首家实现无缺煤停运机组；举行综合演练，提升应急处置能力，洛阳供电区用电负荷和日用电量七创历史新高，成功经受560万千瓦最高负荷和特高压冲击大负荷试验的严峻考验，全市供电平稳有序，得到省公司和市委、市政府主要领导的充分肯定以及市政府的通报表彰。截至2011年年底，实现连续安全生产2423天，创历史最高纪录。

【电网建设】 2011年，洛阳供电公司深化网市合作战略协议，积极推动市政府出台《支持电网建设若干意见》和《新建住宅项目配电工程建设管理办法》两个文件。开展洛阳电网“十二五”规划修编，将电网规划纳入城乡总体规划及城市控制性详细规划。全年各类电网总投资完成6.1亿元。其中：主网完成投资3.8亿元，配网完成投资0.5亿元，农网完成投资1.8亿元。全年建成投运两座220千伏变电站（百川变、成周变）以及110千伏莲花变、岭南扩、南昌路扩等10项输变电工程，新增变电容量81万千伏安、输电线路140.3千米，完成投资3.8亿元。深入开展“三强化三提升”和“三抓一巩固”活动，4项110千伏输变电工程获河南省供电公司优质输变电工程称号。扎实开展农村低电压治理，完成农网改造升级

500千伏牡丹变检修现场

工程投资1.8亿元。完成配网投资5230万元，新建改造台区136个、开闭所5座，新增配变容量4.35万千伏安，新建改造10千伏架空线路35.6千米、10千伏电缆线路27.4千米。

【优质服务】 2011年，洛阳供电公司强力开拓电力市场。深入实施供电服务提升工程，密切关注全市30个重点项目和17个产业集聚区建设进度，全力做好供电配套服务，荣获全市“重点项目建设攻坚战先进单位”。全年新发展客户2.76万户，新增容量87.95万千伏安。配合市政府发布新建住宅配电工程社会平均建设成本，周密制定内部工作流程，成功签约7户。扎实开展“为民服务创先争优”系列活动，圆满完成第二十九届中国洛阳牡丹文化节、河洛文化节等92项重要活动保电任务，公司“供电保障零失误”典型做法得到市委、市政府充分肯定。履行“八项服务”承诺，积极支持民营企业发展。走进洛阳电视台《政府与百姓》栏目，真诚与群众沟通。深化110城市应急联动服务，公司群众诉求满意率名列全市61家公共服务单位之首，工作经验获得全市推广。积极配合“用电服务质量监管专项行动”，认真组织“一月一查一通报”明查暗访，召开民评代表、行风监督员和大客户座谈会，自觉接受各界监督和电力监管，行风评议连续7年在全市公共服务行业中名列前茅。

【企业管理】 2011年，洛阳供电公司持续深化同业对标工作，巩固优势指标，破解短板瓶颈，以排名全省第二位的优异成绩蝉联省电力公司系统综合标杆，安全管理、资产经营、人力资源、电网建设、科技信息5个专业荣获单项标杆，资产经营等4篇典型经验入选河南省电网公司典型经验库。进一步夯实管理基础，顺利通过“三标同贯”认证。两项管理成果获得国家电网公司杰出调研成果和电力行业企业管理创新成果奖。健全科技创新体系，立足生产实际，组建攻关团队，2项科研成果分别获得国家电网公司、河南省科技进步奖。新授权专利91项，多项QC成果荣获省、市一等奖。以创先争优为主线，

牡丹文化节保电时期95598坐席员全席值班

全面开展“解放思想、创新发展年”活动，连续三届保持“全国文明单位”称号，荣获“国家电网公司文明单位”称号。 （张 宁）

河南柴油机重工有限责任公司

【概 况】 河南柴油机重工有限责任公司（以下简称“河柴重工”），是国内唯一的轻型高速大功率柴油机的研制生产基地，属国家大型一类企业，为中国船舶重工集团公司成员单位。河柴重工专业从事有关柴油机、气体机、柴油发电机组、气体发电机组等成套设备及零件制造、销售和维修服务。河柴重工始建于1958年5月，经过50多年的建设和发展，由单一的军品生产型转变成多种军民通用产品的生产经营型企业。2011年，河柴重工制定并贯彻“五三”“五六五”的工作部署，努力向规模生产转型，各项工作均取得新成绩。全年实现工业总产值87118万元，同比增长19%；工业增加值18108万元，同比增长15%；销售收入86.5亿元，同比增长16%；利润5885万元，同比同口径增长18%；生产柴油机993台，同比增长15%。由于工作突出，河柴重工被命名为省级文明单位。

【经营销售】 2011年，河柴重工贯彻“重规进取、诚信兴企”的营销理念，加快市场网络布局，加强对市场、客户、竞争对手的全方位研究和产品的适应性研究，优选代理商， 突出重点，周密策划，在多个领域均有新进展。全年新签合同5.9亿元。参加两批亚丁湾护航，在某军辅船动力市场开发上连续中标，保持了在海军舰船领域绝对优势的地位。陆用单机市场签单约5200万元，完工交付柴油机234 台，创签定陆用单机合同最高纪录。620V16应急发电机组中标深海海洋工程项目。8L21／31中速柴油机首次中标内河豪华邮轮首制船主动力。引进中速柴油机技术的3年时间里，实现6种机型批量生产，产品结构得以优化。620V12柴油机首次被选型为豪华游艇主机。发电机组中标核岛外电源。柴油机出口数量首次突破百台，达130台，货款收入同比增长107%，出口国家和地区继续扩大，覆盖亚洲和东欧。柴油机备件销售同比增长40%。按照自主生产、资源承包、配套协作三种经营模式，依托河柴重工品牌，与平阳重工、郑州煤机、郑州四维建立配套关系，结构件配套经营能力不断提升，经营总量快速增长，产值达2亿元，同比增长75%。

【企业管理】 2011年，河柴重工深刻剖析形势，进一步明确了“突出一个主题，坚持六个加强，做好五个板块”

的“十二五”发展思路。根据市场需求形势和发展实际，努力向规模生产转型。开展“单月上线、完工、发运三超百”劳动竞赛和“练内功、深挖潜、提产能、创新高”活动，从管理入手，深入挖潜，流程再造，总结经验，提升能力。

加强生产组织，树立模块化制造明细概念，零部件成套性基础相对明确，零部件来源逐步清晰；实行采购管理及采购订单的分级管理，提高外协配套的保障供应能力；加强供应商管理。以数字化设计平台、数字化制造平台、数字化管理平台和综合服务保障平台为建设内容，制定今后两年公司信息建设的实施计划。加强数字化设计平台建设，借助PDM梳理业务流程50种。做好计算机软硬件与网络资源整合管理、维护，构建安全防护体系；运用计算机信息与通信技术，开展质量控制系统应用、OA协同办公平台建设、ERP深化应用、PDM与CAPP系统应用、标准化管理系统应用，提高工作效率与管理能力，对产品制造、质量信息进行追溯与控制。从采购—机加—装配—试验—改装—出厂每个环节，探索质量管理、质量检验的模式、方法，对产品实现的过程控制状态进行分析，挖掘内部潜能，加快工作流程。

加大对采购产品的外检力度。制定《河柴三包零部件工作流程》等多项流程，规范质量管理工作。质量管理体系有效运行，通过军、民品第一次监督审核和装备承制单位资格及质量管理体系审查。QC小组成果获省部级奖项2个，地市级奖项2个。加强经济责任制考核和职代会任务分解以及重大决策部署落实情况的考核督办，制定目标责任考核评价模板，定期督办，并在OA协同办公平台上公示。加强目标成本管理，成立成本管理委员会。逐步完善各项合同管理制度，加强风险防范。

【技术创新】 2011年，河柴重工完成HND622V20、HND622V20CR自主品牌柴油机机体、曲轴、连杆等10余种关键自制零部件的设计并开始试制，完成冷却、润滑、进排气等系统方案设计和相关分析计算；与AVL公司合作完成第二阶段HND622V20CR柴油机的概念设计。成功研制HND316V16柴油机研制成功。现有高速柴油机所有机型通过各大船级社IMO TierⅡ排放认证。中速柴油机8L21/31主机国产化研制成功。TBD620V16柴油机国产化改进提高项目顺利实施，完成1000小时可靠性考核试验并通过项目验收。“16/24系列柴油发电机组国产化研制”及“中速柴油机机体三轴孔高精加工工艺研究”获河南省国防科学技术一等奖。开展知识产权推进工程，进行智力成果登记，申报12项专利并被受理，其中6项发明专利；另有1项发明专利、4项实用新型专利获得授权。“双五小”（即以技术为主体的小攻关、小设计、小发明、小革新、小创造和以技能为主体的小节约、小回收、小维修、小建议、小改进）全年共申报390项，其中奖励316项。

【科研技改】 2011年，河柴重工根据国防科工局“十二五”规划建设指导思想，结合生产经营实际调整企业统筹规划，及时争取项目，加大工作力度。234系列柴油机批产项目通过国防科工局评审，项目资金近1亿元。自主品牌高速大功率柴油机自主研制项目取得工信部批复，并已正式启动，项目总投资1.3亿元，拨付资金近6000万元，是迄今为止河柴重工在自主研发产品领域获得国家支持力度最大的项目。申报“十二五”预研支撑项目和国防基础科研项目，争取项目经费771万元。财政部批复重大技术创新及产业化资金项目，对公司补贴582万元。做好企业信息化项目中长期发展规划，针对国家军工政策，申请“柴油机设计与制造一体化协同”研究课题，争取科研经费215万元。新建工业废水处理站正式运行。新建油库完成设备安装与配套工程。完成700号厂房扩建，大件厂、运动件厂、特种螺栓制造公司生产线分线搬迁改造和总装厂试验站改造工作。

【安全保密】 2011年，河柴重工加强车辆公务用车管理，建立车辆档案，制定用车申请流程。全年申报管理创新和岗位创新100项，获奖32项。完善保密责任体系，建立保密工作档案，加强要害部门部位和办公自动化设备、移动存储介质的保密管理。以486分的高分（满分为500分）通过河南省军工保密资格认证委审查组的保密资格现场审查。职业健康安全管理与环境管理体系认证通过新时代认证中心的现场审核，并取得认可证书。与各二级单位签订安

河柴重工TBD620V16柴油机国产化改进提高项目顺利实施

河柴重工技术中心被批准为“国家认定企业技术中心”揭牌仪式

省委书记、省人大常委会主任卢展工视察河柴重工

全生产责任书，明确各级、各部门安全责任；修改、完善《安全生产责任制》等6项规章制度，加强隐患排查治理和应急处置，强化制度执行力。加强设备管理，坚持月评价制度。主要生产设备完好率99.34%，一级保养、二级保养完成率100%，主要生产设备事故率为零。加强动能和节能管理，落实年度节能目标责任制。万元产值综合能耗同比下降14.3%。

【人力资源】 2011年，河柴重工对中层干部进行全员竞聘，检验了工作思路、工作措施及工作状态。从再造工作流程、规范培训制度、构建课程体系、推动知识共享四个方面加强培训工作。举办“孙子兵法与营销战争”和“产能提升与供应链管理”专题培训，举办高速大功率柴油机专题讲座，提高经营和管理队伍的综合素质。全年组织内部培训班191个，外派培训项目22个，累计培训9274人次、39695课时。2011年，引进大专、本科、研究生126人。结合薪酬调整，对职能和后勤部门员工的岗位按技术、技能、管理、熟练等类别进行管理。出台《河柴员工奖励购房暂行办法》，11名符合条件的大学生成为首批享受奖励购房政策的员工。建立公司核心关重人才动态管理信息库，每季度和年度对关重工人才进行业绩考核，实行年终风险奖励。建立劳务工转正制度，首批5名优秀劳务工完成身份置换。深化技能竞赛长效机制，举办职工技能竞赛，覆盖两个类别共计12个工种，700余人参加比赛，涌现出12名技术标兵和23名技术能手。

【和谐构建】 2011年，河柴重工加强企业文化建设，在厂区内安装企业文化竖旗，宣传企业文化理念，展示劳模风采。举办庆“三八”趣味活动、大众体育比赛等多种文体活动，丰富职工文化生活。关心劳模身心健康，组织劳模休养。加强职工餐厅和职工活动中心的管理。坚持发展成果由职工共享，在岗职工人均收入持续增长。实施在岗职工交通补贴制度和取暖费福利待遇。集体企业改制工作进展顺利，集体企业职工得以妥善安置。规范用工管理，制定临时工管理办法，实施临时用工协议制度、劳务工入职体检制度等。关爱困难职工群体，建立健全困难职工电子档案，动态管理，及时救助。筹集资金13万元，对215名困难职工、特困职工和困难职工子女上大学进行救助。对1785名职工进行健康体检。为女职工办理特病保险，解决女职工生育费用报销问题。武汉路02街坊3幢职工住宅楼9月份竣工交付使用；武汉路北01街坊9幢职工住宅楼建造顺利。河柴医疗康复综合楼基本完成。加强区域化综合性治理，对生活区进行整合规划，完善小区安全监控设施，武汉路18号街坊生活区被定为涧西区样板小区。 （杨水河）

洛阳白马集团有限责任公司

【概　况】 洛阳白马集团有限责任公司（以下简称“白马集团”）是以纺织为主的集团化企业，全国1500家大型企业之一，全国信息化500强之一，国家纺织产品开发中心首批确定的运动、休闲类产品开发基地，也是国家主要的纺织品生产和出口基地之一。集团资产总额8.8亿元，纱锭16万枚，织机1000余台，其中新型无梭织机606台，引进世界先进转杯纺2352头，年产棉纱1.7万吨、棉布6000万米，企业产品以“白马牌”命名，远销日本、美国、欧州等地。2011年，白马集团坚持“以市场为导向、以产品为载体、以个性化服务为标准、以效益共享为目的”的经营宗旨，围绕着“审时度势，巩固成果；夯实资产，稳步发展”的年度工作方针，提高企业运行效率和运行质量。全年完成销售收入91108万元，实现利润1441万元。

【生产经营】 2011年初，市场棉价的持续上涨，二月下旬以后，棉价飙涨的趋势开始反转，纺织品价格也随之暴跌，面对严峻的市场形势，洛阳白马集团加大市场开拓力度和产品创新力度，深化内部各项管理，促进了各项工作顺利展开。一是积极推进“集中、稳定”战略，调整优化客户结构。通过客户集中、产品集中、生产和技术资源集中，促使企业服务对象向目标大客户适度集中，品种在既定的结构框架下适度控制数量，逐步向中高端靠拢。二是加强客户服务体系建设，巩固老客户，开发新客户。按照“一对一”客户服务理念的要求，对现有的VIP客户和企业未来的重点客户实行“一对一”服务，实现了推广企业产品、开发新客户的目的。三是进一步完善销售管理工作。根据市场变化，及时调整业务考核奖励办法，引导业务人员按照企业产品结构调整方向，拓展业务，通过调动业务人员积极性，实现企业经营目标。四是科学合理组织生产，确保交期稳定客户，为经营

织布生产线

提供有力保障。五是加强成本控制，挖潜降耗。集团各单位积极按照年度决策的要求，从生产经营的各环节入手大力开展“挖潜降耗，控制成本”活动，并取得明显的效果。六是强化执行，规范管理，运营效率进一步提高。及时修订关键绩效指标考核制度，完善分厂经济责任制方案，坚持开展大宗物资采购招标工作。七是全面贯彻“安全第一，预防为主”的方针。安技措施项目均按计划全部实施，并取得较好的效果。八是加强内部劳动管理，落实员工收入增长机制，继续完善薪酬体系。2011年，洛阳白马集团企业根据自身承受能力，通过提高出勤奖励的办法，适度提高职工收入水平，较好地稳定了职工队伍，保证了企业生产经营的正常开展。

【企业改制】 2011年，洛阳市委、市政府把白马集团列为重点改制企业，其间，白马集团多次召开职工座谈会，基层班长、工长、分厂厂长、集团高管四级会议，制定《职工安置方案》，张榜公布职工个人工龄、公积金等情况。并对疑难问题明确给予答复并公示。针对职工意见较集中的超过2493元/工龄年的人群，集团党、政、工、团联合发出倡议书，动员他们顾全大局，自愿放弃个人超过2493元/工龄年以上的经济补偿金。集团中、高层及业务管理技术人员以及部分工人163人在承诺书上签字（涉及人员166人）公示，保证了改革大局的平稳推进。依据市委、市政府关于对涉及群众利益的重大决策事项进行信访稳定风险评估的政策规定，白马集团专门召开信访稳定风险评估会，参会人员31人，包括职工代表及党员代表6人。经过论证分析，会议形成的风险评估结论认为：白马集团破产重整，关于《职工安置方案》职工满意度达80%，企业可以向市国资委提请审核《职工安置方案》，待政府搬迁补偿金落实后，可将市国资委审核的《职工安置方案》提交白马集团职代会审议。为慎重起见，企业进一步制定了预防和处置工作预案。2011年12月23日，白马集团召开职工代表大会。会议应到代表231人，实到代表225人，会议以无记名投票方式，以94%以上的高票率通过了《洛阳白马集团有限责任公司破产重整职工安置方案》。完成了白马集团重整改制的法律要件，标志着白马集团重整改制工作的大头落地。（蔡宝霞）

洛阳单晶硅有限责任公司

【概　况】 洛阳单晶硅有限责任公司（以下简称“洛单公司”）始建于1966年，是国内最早成立的，具有多晶硅、单晶硅、硅抛光片等综合生产加工能力的国有大型硅材料生产企业。主导产品IC级硅抛光片和单晶硅太阳能方片，广泛应用于军工、科研、信息产业、民品电器设施领域以及太阳能发电。

2011年，洛单公司面对欧债危机，积极应对市场，着力抓好企业生产经营工作，精心谋划项目，保持了企业平稳运行。全年洛单公司生产单晶硅220吨，较上年增长26.44%；实现工业总产值29297万元，同比增长11.92%；营业收入28648万元，同比增长3.97%；实现利润126万元。

【生产管理】 2011年，洛单公司克服诸多不利因素，各部门相互配合、密切协作，改进技术设备，更新生产工艺，充分发挥扩产改造的产能优势，加强生产现场管理，产量稳步提升。1～11月，太阳能方片产量完成计划的103.7%；电路级硅抛光片年平均月产量较上年有大幅提高，7月底基本完成全年利润目标。

公司在全员中进一步树立产品、品牌意识。各职能部门严把“三关”（即进料关、生产关、产品出厂关），进一步改进完善生产工艺，严格工艺纪律，严格执行质量管理体系标准，公司领导亲自带队走访用户，做好售后服务。客户全检不合格率由上年的2.44‰下降到2.37‰，达到年初制定的目标。

注重节能降耗工作。公司在原辅材料涨价、员工薪酬提高、各项费用增加等诸多不利形势下，注重从比价采购原辅材料、实施技术进步和工艺改进、加强成本费用的管理，加强资金周转及筹措等几个方面入手，较好地激励、提高员工工作热情和节能降耗意识。2011年，太阳能硅片生产中的线切割成本较上年平均降低32.45元/千克，单晶生产成本从5月后逐月下降，特别是2011年11月达到国内同行业较好水平。

严把安全生产关，公司以“安全责任、重在落实”为主题，层层签订目标责任书，把生产安全目标责任落实到车间、班组和岗位，形成了“企业统一领导、单位全面负责、全员共同参与”的责任网络。全年排查隐患300项，完成整改298项，其他2项正在整改阶段。全年公司未发生任何安全生产事故及重大人身伤亡事故，达到了零伤亡的目标。

建立企业现代管理制度，在借鉴先

“奋战四个月、精彩本年度”动员大会

进企业好的做法的基础上，结合实际，从企业的不同层面、各个部门、自上而下先后制定和完善了《重大事项日报告、督察督办制度》《洛单公司合同管理制度》《洛单公司后备中级管理干部民主推荐办法》《洛单公司人才管理暂行规定》等18项制度，并认真执行，确保每一项工作有具体的人来抓具体的事，严格杜绝推诿扯皮的现象，提高工作效率。

【市场经营】 从2011年9月开始，受欧债危机影响，加上国内多晶硅及太阳能电池片/组件产能过剩，国内外硅材料产业市场急速下滑，经济下行趋势明显。主要表现在量价双跌，90%以上企业不得不停产或减产以减少亏损。为应对危机、化解风险、降低成本，公司果断采取措施，最大限度地减少亏损。为此，公司开展“奋战四个月，精彩本年度”活动。在这短短4个月的时间里，改变了洛单原有的步履和格局，带来了一系列新的变化。9～12月，综合平衡各项经济指标，把目标分为必保、力争、奋斗三档，层层签订目标责任书，落实责任制。通过各单位、部门的奋力拼搏、共同努力，全面实现必保目标，部分指标达到奋斗目标，减少了市场形势突变带来的不利影响。

【企业文化建设】 2011年10月，洛单公司广泛发动员工参与，共征集到1500多条企业文化理念，经过三轮遴选，确定了“十大”企业文化理念，并印制成册，发给职工学习，在潜移默化中提升、统一员工的企业文化意识。从洛单近50年的厚重历史和1000多名员工的精神风貌中挖掘、提炼出企业精神：“乐于担当，忠诚使命”。2011年12月，公司召开《企业文化手册》宣贯大会。董事长、党委书记张军强对文化理念进行了诠释。强调要对企业文化进行强势宣传，全面、立体地宣传，使企业文化入脑、入心，成为职工的自觉行动，让制度失灵，实现文化的功效。

（洛单公司）

洛阳北方企业集团有限公司

【概　况】 洛阳北方企业集团有限公司（以下简称“北企集团”）位于洛阳高新技术产业开发区，始建于1969年，是中国兵器装备集团所属大型军工企业。1983年转产摩托车，完成军品生产向民品生产的战略转变，成为中国兵器行业首家全部“军转民”企业，是中国首批摩托车定点生产企业。经过40多年不懈拼搏，北企集团已发展成为一个总资产14.8亿元、拥有北易公司等一批骨干企业的大型企业集团，位居河南省百强企业第48位。公司具有年产150万辆摩托车的生产能力，产品从50～950毫升共100多个品种，拥有“大阳”“洛嘉”等著名商标，产品畅销国内并远销80多个国家和地区，年营业收入达到21.8亿元。转产以来累计产销摩托车1200多万辆，出口创汇数亿美元，成为中国摩托车市场四大板块之“鲁豫板块”的领军企业。“大阳”品牌入选“中国500最具价值品牌”，“大阳”商标被认定为“中国驰名商标”“全国重点保护商标”。公司产品多次荣获“中国消费者信得过产品”“国产精品”“最具竞争力的中国民族品牌”“全国用户满意产品”等荣誉称号。

2011年，面对宏观经济环境复杂多变、货币政策紧缩、电力供应紧张、摩托车消费市场持续低迷、“国Ⅲ”切换不畅等不利因素，北企集团坚持贯彻“12369”战略思想，全力推进再造三大体系、建设三大平台、强化三大支撑，各项工作取得了显著成绩，实现了“十二五”首战告捷。全年，北企集团销售摩托车156.9万辆，完成年度目标的101%；实现营业收入218479万元，完成年度目标的109.24%；实现利润7142万元，完成年度目标的119.03%；实现出口交货值65809万元，完成年度目标的153%，同比增长35.6%。其中洛阳本部销售摩托车12.76万辆，完成年度目标的111%，同比增长27.11%；实现营业收入83318万元，完成年度目标的105.39%；实现利润1227万元，完成年度目标的122.68%。

【亚洲虎款“LJ110-19”车生产超千台】 2011年1月12日，随着最后1台LJ110-19亚洲虎款整车顺利下线，LJ110-19车型在短短3个月内累计产量已突破2000台。这代表的不仅是一个车型的成功，也是北企集团一种全新开发模式的成功，为公司今后同类产品的开发探索出一条新路。

LJ110-19型车是在北企集团提出的“时间控制和质量控制”的开发指导思想下进行研发的一款全新车型。项目自启动以后，项目组紧紧围绕两个控制中心，改进思路，积极探索，使得产品在短时间内实现量产并投放缅甸市场。不但牢牢把握时机，也以优良的品质得到用户的好评。

【北方社区获“2010年度志愿服务工作组织奖”】 2011年3月2日，根据中央文明办的要求，由中国志愿服务基金会主办的社区志愿服务全国联络总站工作推进会在武汉召开。会上，12个社区获得“2010年度志愿服务工作组织奖”，受到大会表彰。以北企集团为主要组成部分的洛阳市涧西区徐家营街道北方社区获此殊荣。据悉，全国有200多家社区进入此次活动的评奖环节，参与的社区志愿者达1200余人，北方社区是河南省唯一一家获奖的社区。

【通过年度质量管理体系监督审核】 在2011年4月1日下午召开的2011年度质量管理体系监督审核末次会议上，中联认证中心审核专家组认为：北企集团领导层高度重视公司质量管理体系建设和改进，在全员积极参与的基础上，公司“创新发展、精益求精、满足需求、追求领先”的质量方针得到贯彻和实施。公司质量管理体系运行持续有效。可持续满足认证注册的要求，同意北企集团通过2011年度质量管理体系监督审核。

【荣膺“河南省国防科技工业经营管理先进单位”称号】 在2011年1月10日召开的河南省国防科技工业2011年工作会议上，有22个央企军工单位被评为“河南省国防科技工业经营管理先进单位”，北企集团榜上有名。会议还对48名“河南省国防科技工业优秀经营管理者”进行了表彰，北企集团总经理刘波获此殊荣。

新发动机生产线

【洛嘉 LJ125-3C样车试制顺利完成】 LJ125-3C两轮摩托车是北企集团为拓宽洛嘉骑式车产品结构，充分利用市场资源和公司配套体系，以满足河南和北方区域销售需求而开发的一款太子款车型。

为了验证该车的综合性能指标，2011年 5月7日，北企集团相关部门组织对该产品与国内知名品牌的同类摩托车进行了对比试验，检测、试验结果得到一致认可，尤其是震动控制方面明显优于北企集团的骑式车水平。最终确定了小批生产的具体配置方案，并根据市场需求展开小批试制工作。

【北企集团ERP换版升级项目正式启动】 2011年6月16日，北企集团隆重召开ERP换版升级项目启动大会，ERP换版升级项目正式启动。

北企集团此次实施ERP换版升级项目，是针对当前系统出现的问题，结合公司运营管理方面的现状，根据实际工作需求，经过认真分析论证实施的。该项目的实施，将立足于前期物流改进的工作成果，选用国际先进的Oracle软件产品，围绕精益生产和供应链协同，建设一个基于企业资源计划系统平台的协同化运营管理平台，规范、优化业务流程，统一企业数据，进而能为各个管理层面提供完善的信息支持，最终建立基于ERP系统信息流、物流和资金流集成的系统化运营管理平台，实现北企集团管理效益的进一步提升。

【庆祝建党90周年职工红歌演唱会】 2011年6月26日晚，北企集团和北易公司联合举办了庆祝建党90 周年“颂歌献给党”职工红歌演唱会，共有22个代表队、2000余名职工参加比赛，创造了两实体历届职工大合唱参赛代表队和参赛人数之最。

洛嘉摩托在银川摩旅节上广受关注

【荣获“诚信经营”示范企业称号】 2011年，为深入贯彻《商务部关于进一步推进商务领域信用建设的意见》，根据河南省商务厅《关于印发〈河南省诚信经营示范创建活动总体方案〉的通知》要求，河南省汽车行业协会牵头在全省汽车行业内开展了“诚信经营”示范创建活动。经过组织考核、评定，7月最终评定36家“诚信经营”示范企业。北企集团在“诚信经营”创建活动中表现突出，获颁由商务部统一式样和编号的证书和奖牌，同时被录入由商务部主办的中国反商业欺诈网。

【北企集团油箱工段QC小组获兵器行业优秀质量管理小组成果一等奖】 2011年7月，北企集团冲压焊接部油箱工段精焊QC小组派代表参加了2011年度全国兵器行业质量管理QC小组成果交流发布会，该小组的“降低HJ110-2油箱下体焊接作业时间”成果最终被评为一等奖。这也是油箱工段精焊QC小组连续两年被评为兵器行业质量管理QC小组成果一等奖。

【通过3C认证工厂监督检查】 2011年8月18～19日，中国质量认证中心武汉分中心对北企集团进行了为期两天的3C认证新规则监督检查。检查组依据《摩托车及发动机产品强制性认证实施规则》和国家相关法律法规、规章、行政规范性文件，以及工厂质量保证能力要求、生产一致性审查要求、产品认证标准、认证技术规范及其他相关文件，型式试验报告或已经确认的产品描述报告等，对公司申报的全部13种国Ⅲ车型、6种国Ⅲ型号发动机以及回复反射器等3C认证产品的生产一致性和工厂质量保证能力进行了3C认证新规则的监督检查。最终北企集团顺利通过了此次工厂检查。

【再入“河南企业百强”榜单】 2011年10月，河南省企业联合会、河南省企业家协会联合下文，向社会各界公布2011河南企业100强名单，北企集团榜上有名，位列百强第50位。北企集团已连续多年入围河南企业百强榜单。

河南省企业联合会、河南省企业家协会开展评选河南企业100强活动，旨在提高河南省大企业的社会知名度，不断增强其综合竞争能力，加快中原经济区建设步伐。

【获国防军工计量技术机构认可证书】 2011年10月26日，河南省国防军工计量技术工作会议在开封市召开。会上，省国防科工局向北企集团颁发了“三级国防军工计量技术机构认可”证书，批准北企集团开展长、热、力、电四大类10项相关专业计量检定、校准业务。

【8台先进机器人加盟北企集团】 2011年，8台进口智能型工业机器人在北企集团冲压焊接部集体“上岗”。焊接机器人具有性能稳定、工作空间大、运动速度快和负荷能力强等特点，焊接质量明显优于人工焊接，生产效率也大大提高。北企集团购进的8台进口智能型工业机器人，整体技术指标达到国外同类机器人领先水平。自动焊接机器人的批量投用极大提高了产品的竞争力，有助北企集团早日实现产业发展升级。同时也将有效降低工人劳动强度，改善企业劳动条件，树立企业良好形象。

（赵留斌）

洛阳北方易初摩托车有限公司

【概　况】 2011年，受国际经济大环境影响，全国摩托车行业形势异常严峻，洛阳北方易初摩托车有限公司（以下简称“北易公司”）外抓市场，内抓管理，加大研发力度，采取一系列营销策略和促销手段，有效地控制了内销量下滑速度，促进了外销量的持续上升。2011年，北易公司加大海外市场的开发力度，以及加强新产品、新车型的推广力度，全年出口销量同比提升43.17%，高于行业增长率16个百分点。

【入榜全国进出口质量诚信企业】 2011年年初，北易公司被评为“全国进出口质量诚信企业”。该项活动是由中国出入境检验检疫协会受国家出入境检验检疫总局委托组织进行的，在全国进出口企业中，共有858家符合条件的进出口企业被评选确认为“全国进出口质量诚信企业”，其中河南省共有64家企业入选。

【李绍祝莅临北易视察工作】 2011年3月30日，正大集团副董事长、易初工业集团董事长李绍祝莅临北易视察工作。李绍祝希望北易在稳定好国内市场的同时，积极开发和拓宽海外市场，让“大阳”走上国际“擂台”和世界摩托车品牌竞争，同世界摩托车品牌一拼高低。李绍祝说，北易必须从产品的性能着手做好质量工作，制造出的大阳摩托必须具有“国际味道”，满足国外消费者的口味，这是打进国外市场的制胜法宝。

【顺利通过ISO9000质量体系换证复审】 2011年5月10～11日，中国检验认证集团河南有限公司一行5人对北易公司进行了为期2天的ISO9000质量体系换证复审。审核结果显示：北易公司质量体系健全、运行有效，符合ISO9000条款要求，予以推荐换发证书。

【2011年度“3C”监督审核】 2011年5月24～25日，中国质量认证中心武汉分中心的7位专家对北易公司进行了为期两天的“3C”监督审核，审核组对公司的工厂保证能力和产品生产一致性等方面进行了全面检查。审核组宣布北易公司生产的产品及质量管理工作满足“3C”的相关要求。

【大阳品牌价值升至46.59亿】 2011年6月28日，世界品牌实验室发布了2011年“中国500最具价值品牌排行榜”，在这份基于财务分析、消费者行为分析和品牌强度分析而获得的中国实力品牌阵容中，“大阳”以品牌价值46.59亿元再度入榜中国500最具价值品牌榜单，位列排行榜第279位，居摩托车入榜品牌第三位。

【泰中商务委员会经贸代表团参观北易公司】 2011年6月30日，正大集团副董事长、易初工业集团董事长、泰中商务

泰中商务委员会经贸代表团参观北易公司

委员会主席李绍祝率领泰国商务部·泰中商务委员会经贸代表团一行40余人前来北易参观考察。泰国商务部·泰中商务委员会经贸代表团由泰国商业部官员，泰中商务委员会、泰中促进投资贸易商会及泰国知名企业领导人组成。6月29日，洛阳市委副书记、市长郭洪昌会见了泰中商务委员会经贸代表团成员。

【北易职业健康安全管理体系步入正规】 2011年8月初，北易公司收到由中国检验认证集团河南有限公司颁发的职业健康安全管理体系认证证书，北易公司职业健康安全管理体系推进工作圆满结束。北易公司于2010年9月开始推进职业健康安全管理体系工作，历时8个多月，2011年6月10日顺利通过中国检验认证集团河南有限公司专家组认证审核。

【入围2011河南企业100强】 2011年9月，河南省企业联合会、河南省企业家协会联合下文，向社会各界公布2011年河南企业100强名单，北易公司榜上有名，位列第90位。北易公司已连续多年入围河南企业100强榜单。2011年河南企业100强是以企业自愿申报为主，采用市场公开数据，按照国际通行的方式，以2010年企业营业收入即销售收入为入围标准所排列出来的。

【举行“弯梁真功夫，大阳宝宝Ⅱ”新产品发布会】 2011年11月18日，北易公司在禅宗圣地中岳嵩山举行“弯梁真功夫，大阳宝宝Ⅱ”新产品发布会，大阳家族又添新成员——大阳宝宝Ⅱ隆重上市。全国各地大阳经销商代表、北易公司营销系统负责人及部分销售人员等200余人参加了发布会。《摩托车世界》杂志社、《摩托车信息》杂志社、《摩托财智》杂志社、洛阳日报社、洛阳电视台、洛阳信息港等多家媒体对发布会进行了报道。

【顺利通过河南省工信厅一致性监督检查】 2011年10月12日，北易公司顺利通过河南省工信厅一致性检查。河南省工信厅检查组一行7人对北易公司进行一致性监督检查。此次检查以抽查产品的一致性为主，对公司生产的三种产品一致性的实现过程进行了详细检查。本次检查结果显示：北易公司产品在公告参数、产品主要技术参数和主要配置备案、产品一致性等方面均符合相关国家法律法规，通过省工信厅一致性监督检查。

【被授予“河南省进出口一类企业”荣誉称号】 2011年11月10日，由河南省出入境检验检疫局组织的河南省进出口一类企业授牌仪式在郑州举行，北易公司被授予“河南省进出口一类企业”荣誉称号。此次活动是针对省内出口产品企业进行评选的，获得此项荣誉，有利于企业取得国外客户的认可，促进企业业务能力的提升。

【北易公司、国家摩托车质量监督检验中心举行技术交流活动】 2011年12月23日，北易公司、国家摩托车质量监督检验中心（简称国检中心）在北易公司举行技术交流会。国检中心主任段保民、副主任袁森柱、陈文毅等10余位技术专家，洛阳市商检局相关领导，北易公司相关人员参加了技术交流活动，双方就摩托车行业政策、技术等进行了沟通交流。（段春媛　李飞舟）

北易公司举行“弯梁真功夫，大阳宝宝Ⅱ”新产品发布会

伊川电力集团总公司

【概　况】 伊川电力集团总公司是集煤—电—铝—铝深加工一体化的大型企业集团、全国500强工业企业、国家级文明单位、河南省重点培育的“双百亿”企业之一。伊电集团下属煤炭、发电、供电、电解铝、碳素、铝深加工等12个核心企业和电力安装、检修、印刷、废旧物资加工等15个多经企业。资产总额132亿元，拥有113万千瓦火力发电、年产200万吨原煤、40万吨电解铝及合金铝、20万吨碳素、20万吨铝深加工产品等核心生产能力。公司生产的“豫港龙泉”牌重熔用铝锭被授予全国消费者信得过产品、国家质量检测合格产品、河南省名牌产品等荣誉称号，产品远销日本、韩国、东南亚，享有较高信誉。2011年，伊电集团大力实施产品结构调整，强力推进产业升级换代，着力强化生产过程控制，全力扭转经营低迷态势，确保了生产经营管理内在质量稳步提升。全年生产电解铝78.39万吨，完成年计划的94%；发电71.83亿千瓦时，完成年计划的114%；阳极碳块32.78万吨，完成年计划的102%；粉煤灰砖3.61亿块，完成年计划的100%。实现销售收入181.53亿元，较上年相比减少2%；上缴税金3.71亿元，较上年相比减少32%，亏损9.88亿元，这也是伊川电力集团历年来首次出现年度亏损。

【节能降耗】 2011年，伊电集团成立节能降耗工作领导小组等机构，量化节能指标，制定节能措施，定期组织考核，把节能降耗作为日常工作的重头戏。全年实施电解槽低电压运行、异型阴极改造、电解槽底部保温、电机节能改造、照明系统改造等一大批节能项目，取得明显成效。通过调整空压机运行时间，每天减少运行40台时，年节约费用201万元；贮净打料时间由每班3次改为2次，全年节电63万度；破碎废生块9700块，盘活资金3000多万元。广大员工积极响应节能号召，创造出的小革新、小发明、小设计等“五小”活动成果层出不穷，极大地促进了节能降耗工作的深入开展。

【技术创新】 2011年，伊电集团实现技术创新82项，申报专利9项，争取科技专项资金3000万余元，科技成果转化率明显提升。围绕电解槽节能、固废物利用、碳块质量优化等课题，成立技术攻关小组，进行自主攻关。电解槽固体废弃物无害化处理与综合利用技术、阳极严重裂纹掉块技术攻关、免维护阳极钢爪开发试验、电解质块替代冰晶石焙烧启动技术，均取得成功转化。“铝冶炼综合节能与短流程连铸连轧技术的开发与应用”项目，获得省科技研发资助资金500万元。QC小组开展课题攻关89个，解决大量生产技术难题，年创造价值600万余元。

【重点项目建设】 2011年，伊电集团重点实施了25万吨黑兹列特高精度铝板带项目，4月进入生产调试阶段，11月，设备实现顺利交接。2×660兆瓦机组“上大压小”项目，自6月1日开工建设以来，克服了边拆除、边设计、边施工、边安装等诸多难题，顺利完成了土建、安装及三大主机设备的招标工作和16个配套项目可研报告的编制及批复工作。截至12月底，土建方面，1号、2号锅炉基础交付安装，1号除尘器基础、集控楼主体、空压机室及除尘器配电楼主体、化学楼及水处理主体等已完工。安装方面，1号锅炉钢架吊装95%，2号锅炉钢架吊装20%，1号机循环水管道安装60%，2号循环水管道配置70%。

【环境治理】 2011年，伊电集团完善环保管理三级网络，签定节能减排目标责任书，改进环保处理设施，编制环境应急预案，加大环保宣传力度，骨干企业顺利完成排污许可证换发工作。安排环保专项资金2000万余元，对电捕焦油器、烟气净化、敞开式料场等7个重点环保项目进行整治，包括排污口规范化建设、重点源在线监测在内的10余个环境综合整治项目通过省级验收，环保深度治理工作取得明显成效。

【生产管理费用控制】 2011年，伊电集团从过程管理着手，严控小型基建项目，做到事前审批、事中监督和事后验收，对493项小型基建项目进行了把关验收，审报金额2548万元，审定金额1724万元，核减金额824万元。同时，积极开展自主维修，除常规性生产工具实现自主检修外，电解车间多功能机组、天车轨道、气水车间空压机、循环水塔等项目均实现了自主维修，重点设备自主检修率已提高到70%，节约外委维修费用623万元。积极开展修旧利废工作，采取拼装、组合、翻新等方法，修复了大量工器具和设备元件，总价值1091.3万元。集团兑现奖励65万元。

2×660兆瓦机组工程安装开工仪式

【物资管理】 2011年，伊电集团通过采取开展清仓查库，规范物资品种定额，理顺物资采购流程，加大计划管理考核力度等措施，全年各单位物资库存均控制在定额范围之内，库存低于定额目标680.57万元，同比下降446.73万元，首次完成年度库存定额计划。通过公开招标，科学评标，增加价格透明度，提高采购效率，共组织招标79次504个标段，金额2.39亿元。

【销售工作】 2011年，伊电集团深入分析市场行情，加大信息采集力度，抓住有利时机对氟化铝、冰晶石等大宗物料集中采购，降低采购成本。密切关注市场变化，充分挖掘集团铝锭销售网络潜能，在做到产销量相匹配的同时，强化运输和物流管理，适时调配省内外铝锭市场发货量，抢抓铝价销售高位，提高铝锭销售利润。全年运输货物195.96万吨，采购氧化铝150.49万吨，氟化铝2.09万吨，销售铝锭74.6万吨。

【监察审计】 2011年，伊电集团严格按照审计制度、审计纪律和审计程序，以生产经营中的薄弱环节和员工反映的焦点问题为突破口，审计常规性项目18个，审计举报和查处项目15个，开展专项审计活动25次。根据审计结果提出整改意见30余条，落实整改措施47余项，充分发挥内部监督职能，实现了内部审计向常态化转变，为集团挽回经济损失300万余元。

【企业改制】 2011年，按照市委、市政府国有企业改制有关要求，伊电集团先后完成资产审计和评估工作，剥离出的23亿多元国有净资产已在省产权交易中心挂牌，在确保职工利益最大化的前提下，改制工作稳步推进。 （武建沛）

万基控股集团有限公司

【概 况】 万基控股集团有限公司（以下简称“万基集团”），始建于1987年，位于新安县产业集聚区，经过近20年的发展，逐步由一个总资产仅5900万元且100%负债的地方企业，发展成为融煤炭、电力、冶金、化工、建材五大支柱产业为一体的大型企业集团，“万基”商标被认定为“中国驰名商标”。产品远销美国、日本、印度、南非等国家和地区。位居中国500强企业第343位、河南省百户重点企业第14位。2011年，万基集团拥有26个子、分公司，职工1.38万人，厂区面积9.53平方千米。

全年，万基集团实现工业总产值223亿元；实现销售收入267亿元；实现利税5.14亿元。总资产达到221.5亿元。

【项目建设持续推进】 2011年，万基集团项目建设持续推进。65万吨高精度铝板带箔项目一期工程土建工程基本完工；设备安装方面，铝箔生产线已完成，冷轧完成80%；累计完成投资18亿元。20万吨钛白粉项目一期工程主要进口设备，国内长周期设备已经签订订货合同，完成投资1.3亿元。郁山煤矿技改工程，主井井筒工程、煤仓主体、锅炉房和井下－220轨道大巷施工全部结束，井底水仓施工正在进行，完成投资1.22亿元。5万吨合金棒扩建项目竣工投产。万基花园二小区10栋楼已封顶，砌体和室外粉刷、室内安装已经完工，外墙保温正在进行，剩余5栋基坑已陆续开挖，完成投资2亿元。2×60万机组、160千安系列电解铝改造等正在进行前期工作。

【企业改制目标实现】 2011年，按照市、县政府的指示精神，万基集团把企业改制作为全年工作的一项重点，经过多次探讨、研究、协商和大量认真细致复杂的工作，整个改制工作已基本实现大头落地目标。一是煤炭板块合作协议于2011年11月1日签订，义煤集团控股51%，万基集团占49%。义煤集团已经接管，新公司的注册、相关的名称、证照手续变更事宜正在进行。二是水泥板块的合作。万基集团已经与中建材签订合作框架协议，由对方控股（占51%），对方先期派驻人员已经到位，已进入挂牌程序。三是集团现有其他企业的改制工作。按照公司五届一次职代会讨论通过、县政府批复的方案，依照国家有关的法律法规进行。涉及集团公司的6369名职工身份已全部置换，重新签订劳动合同，在原岗位安排上岗，工资待遇、社会养老等自身权益不受任何影响。在进行上述工作的同时，集团公司将积极与证券公司沟通，逐步采取“借壳上市”或直接上市的方式，将企业推向资本市场，实现上市经营，促进

万基控股集团远景

企业的规范运作。

【技术革新效果显著】 2011年，万基集团完成技改项目36项，其中成效显著的有12项，特别是对万基铝业长期库存积压的电解质块进行粉碎利用，共消化氧化铝结壳块5.9万吨，仅此一项就盘活资金1.75亿元；一铝利用燃气焙烧启动电解槽技术运用取得成功，不仅有效降低职工劳动强度，而且单槽启动成本降低3万余元；铝加工进行的铝灰处理技改项目每年可处理铝灰1万吨，创造价值3000万元。二铝的整流循环水改造，节约了运营成本，达到节能减排效果。400千安系列槽上部料箱排气改造项目，进一步优化操作工艺；万基水泥的离线炉流化床喷嘴改造，提高设备运转率等效果都十分明显。

【职工权益保护】 2011年，万基集团在经营形势复杂多变、企业盈利能力下降的情况下，加大苦、脏、累、险岗位工资上调力度，对电解工、炉面工等岗位职工工资进行上调，最高月工资达到3500元，年增资额964万元。新招聘职工747人。从职工长远利益出发，积极开展专业技能培训和素质培训，开办班组长管理技能培训班4个，培训190人次。组织开展了化验工、电解工等10个工种技术大比武活动，组织职工参加全国、全省劳动竞赛，均获得较好名次。在洛阳市第三届职工技能大赛中，获得钳工、焊工、叉车工三项团体第一名。

（李建方）

洛阳栾川钼业集团股份有限公司

【概　况】 洛阳栾川钼业集团股份有限公司（以下简称“洛钼集团”）是以钼钨的采、选、冶、深加工及黄金的采、选、冶为主，集科研、生产、贸易为一体的综合性矿山企业。截至2011年年底，洛钼集团总资产约149亿元，净资产约113亿元，在资源储备方面拥有栾川县三道庄特大型原生钼钨共生矿矿山、上房沟原生钼矿矿山和新疆哈密东戈壁特大型斑岩型钼矿，其中三道庄矿山伴生的白钨资源储备超过40万吨金属量。洛钼集团拥有钼采矿和选矿能力3万吨/日、氧化钼焙烧能力4万吨/年、钼铁冶炼能力2.5万吨/年、白钨综合回收能力3万吨/日、钼深加工能力2000吨/年。钼精矿产量约占全国总产量的18%。2011年累计生产钼精矿（47%）33005吨，同比增长3.5%；生产氧化钼36935吨，同比增长8.5%；生产钼铁29512吨，同比增长11%；生产白钨精矿（65%）11670吨，同比增长40%；实现营业额6001.7万元，同比增长36.5%。出口创汇116.8万美元。实现利润总额15.3亿元，同比增长13.9%。

【市场营销】 2011年，洛钼集团以大型钢厂客户为基础，以中小贸易商为渠道，通过举办客户答谢交流会等形式，广泛接触，巩固老客户，签约新客户，提高市场占有率，公司钼铁客户有80余家，平均客户占有率在60%以上，全国重点钢厂除鞍钢、西宁特钢以外均和公司建立业务合作关系。同时根据市场调研及时调整销售节奏，最大限度提高产品销售价格，全年钼铁产销率达到95%，平均售价高于钼网站公布的市场平均价。此外，积极开展钨、铅、镍板、生铁等贸易工作，增加贸易新品种，全年实现贸易收入39213万元。

【经营管理】 2011年，洛钼集团公司采取多种措施，严格控制生产经营成本。一是根据市场情况，在不影响正常生产和未来运营的情况下，适度调整矿山基建剥离量，矿山的剥采比由上年度的2.4：1下降到1.9：1。二是全面提升预算管理水平，做好各项费用支出的预算工作，对于工程、生产等各项费用开支，实行事先预算、跟踪管理、事后审计的动态管理模式，降低资金使用风险。三是规范物资采购管理制度，成立招标管理办公室，对各分子公司的主要原辅材料购进和消耗进行专项调查，据此对集团公司的物资采购管理制度进行规范完善，通过开展招标采购、比价采购、履行合同签约程序等工作，降低生产成本，提高公司效益。四是强化审计职能，完善内部审计制度，严格审计监督，对公司经营状况及财务收支情况进行全面审计，规避不合理开支。五是进一步完善和规范绩效考核体系，使绩效考核工作更趋科学合理。通过以上措施，在人工成本、原辅材料价格大幅上升的情况下，全年平均生产成本与上年基本持平。

【人力资源管理】 2011年，洛钼集团持续开展采、选、冶岗位技术培训1123人次，其中289名员工经过培训、考试和答辩，通过了牙轮钻、电铲、矿山专用车司机等特有工种的初、中、高级技工资格认证。与省有色金属工业协会合作，通过培训、考试、考核，有55名员工获得技师或高级技师资格认证，进一步充实了高技能人才队伍；根据企业需要，采用公开竞聘方式选拔生产技术、机械设备、销售贸易等方面7名技术人员充实到企业管理岗位。邀请西安建筑科技大学专家组对公司试运行的薪酬体系和绩效考核体系调研评估，并拿出建议方案，为薪酬体系和绩效考核体系的进一步完善打下良好基础。

【信息化建设】 2010年底，洛钼集团启动信息化建设工程，目前，资金管理系统通过一年运行得以逐步完善，物资管理系统已在13个分子公司全面铺开，办公自动化系统已进入试运行，现已初步实现了物流、资金流和生产管理等方面信息的集中管理。目前正在此基础上开发相应的决策支持系统，辅助决策。

【科技创新】 2011年，洛钼集团科技投入超过1亿元，技术研发成果显著。“隐患金属矿产资源安全开采与灾害控制技术”“钼精矿自热式焙烧关键技术研究”获河南省有色金属工业“十一五”重大科技创新成果奖，“边角矿、低品位矿在上宫金矿的探矿和利用”“整合矿山电网提高运行效率和安全性能”技术获河南省黄金行业科技进步一等奖。富川公司上房沟矿区高滑石型钼铁矿选矿技术指标优化实验取得预期效果，钼粗选总回收率达83.32%；复合烃油提高选钼回收率的试验研究取得成功，粗选段辉钼矿回收率提高1.7%。2011年12月国土资源部和国家财政部将洛钼集团确定为河南栾川钨钼铁资源综合利用示范基地，使公司成为全国40个示范基地之一。国家将拨付5亿元资金支持基地建设，第一期1亿元已拨付。全年申报专利37项，其中发明专利10项，16篇科技论文在“2011年河南省有色金属行业优秀论文征集”中获奖。洛钼集团获河南省“十一五”技术创新先进单位称号，国家高新技术企业申报工作已经通过专家评审和公示。

【安全环保】 2011年，洛钼集团坚持“安全为了生产、生产必须安全”的指导思想，着力强化现场管理，严格落实安全责任追究制，加大安全隐患排查整治力度，全年排查整改安全隐患423项。认真组织“安全生产月”活动，加强对重点作业现场特殊工种及特种设备的管理，进一步完善应急管理机制。对露采空区、边坡、排渣场、尾矿库等重点部位重点防范、重点治理，全年空区处理面积达85万立方米，并投资1670万元基本实现全公司尾矿库在线监测。邀请武汉安全环保研究院及洛阳市安监局专家，对全公司一线员工开展安全知识培训，受培训人员达5000余人次，以上措施保证了公司安全运行，全年无发生重大安全事故。

洛钼集团高度重视经济效益、环境效益和社会效益的协调与统一。一是强化环境保护目标责任制，积极开展环境污染的综合治理，努力做到生产建设与环境整治同步发展，大力推进清洁生产和循环经济，由于成绩显著，获得国家污染源深度处理支持资金618万元；二是积极开展节能减排工作，超额完成市委、市政府下达的节能减排目标，并荣获河南省节能减排先进单位称号；三是加大环保投资力度，始终遵循“创宏伟钼业、建绿色矿山”发展理念，先后投资5500万元实施环境保护和土地复垦工作，有效避免水土流失，实现了人与自然和谐相处，生态保护与企业效益共赢，资源开发与环境协调发展的目标，国家绿色矿山申报工作已通过国土资源部的专家评审验收。

【重点项目建设】 2011年，洛钼集团积极推进新疆洛钼建设工作，基建前期所需电源线路工程已经完工，全长46千米的矿区外联道路于11月底竣工通车，自建引水工程正在建设。总承包合同草稿已经完成，中国国际工程咨询公司和公司内部人员正在对总承包合同草稿和初步设计概算进行审查、对设备进行询价。大力推进富川公司整合工作，上房沟矿区深部采矿权证申办工作已上报河南省政府，省政府已发函提请国土资源部批准协议出让上房沟矿区钼（铁）矿深部采矿权；上房沟3万吨/日露天矿破碎站建设项目的选址、征地手续、地勘、设计图纸、工程预算等前期准备工作已经完成。着手钨产业链条延伸工作，硬质合金项目及年处理4.2万吨低品位钨精矿项目相继开工建设，完成4.2万吨低品位钨精矿处理项目安评环评等前期准备工作，硬质合金项目安评环评以及土地证已经办理完毕。实施坤宇黄金建设工程，采矿证合并办理工作已取得河南省国土资源厅的资源整合批复，上宫选厂浮选柱改造工作已经结束，生产回收率提高1.5个百分点。（白 艳）

洛阳卷烟厂

【概 况】 2011年，洛阳卷烟厂全体干部职工贯彻落实河南中烟公司工作会和市委经济工作会议精神，围绕河南中烟黄金叶品牌“中原突破”和“福民强市”的发展目标，叫响“激情创业”，启动“千日营销”，深入创优对标，推进精益生产，全力加快各项工作“成长进位”。全年洛阳卷烟厂生产卷烟26万箱，实现工业总产值229727万元，同比增加42559万元，增长22.74%；实现税利167432万元，同比增加39742万元，同比增长31.12%。经过努力，洛阳卷烟厂“千日营销”效果明显，精益化生产更加完善，企业管理日益规范，先后荣获“国家二级安全生产标准化企业”、河南省首批“安全文化建设示范企业”以及洛阳市“安全监管A级企业”等荣誉称号，企业形象进一步提升，得到国家烟草专卖局及河南中烟公司领导的充分肯定和高度评价。

【实施“千日营销”计划】 2011年6月，为尽快将黄金叶品牌打造成全国知名品牌，河南中烟工业有限责任公司（以下简称“河南中烟”）新党组积极构建全员营销的工作格局，全面实施“千日营销”计划，并建立各部门、卷烟厂与省内18个地区黄金叶品牌培育对接制度。中烟公司各部门和8家卷烟厂的考核都与指定销区黄金叶品牌的销售业绩挂钩。根据中烟公司安排，洛阳卷烟厂负责洛阳、三门峡和济源3地销区的“千日营销”工作。为扎实推进“千日营销”计划，洛阳卷烟厂建立班子成员分包销区制度，

洛阳卷烟厂生产车间

大力拓展销售渠道，做精作细终端建设，全力促进黄金叶品牌成长进位。根据中烟公司统一部署，洛阳卷烟厂突出工商协同、团购建设和终端服务“三条主线”，创立“五定”（定人、定周期、定点、定内容、定流程）终端服务模式，积极建立团购服务机制，与商业公司共同建立团购客户供货绿色通道，快速打牢了黄金叶品牌市场基础。截至2011年年底，洛阳卷烟厂承担的“千日营销”工作综合排序名列全省8家烟厂第二位，得到中烟公司领导的表彰。

【卷烟精益化生产】 2011年，按照中烟公司打造“金叶制造”的要求，洛阳卷烟厂全面推进精益化生产，开展生产消耗过程审核，对卷烟材料过程消耗跟踪监控，提高各消耗指标、材料和退出物数量的管控能力。扎实开展“激情创业，市场保供”生产劳动竞赛，强化在线工艺质量巡查，建立质量责任传导信息平台，质量责任传导机制日益完善。大力开展质量技能大练兵和质量提升教育活动，全面自查整改影响质量稳定的问题62项，产品质量稳步提升。围绕生产中的各类技术难题开展攻关活动，《降低卷烟机残烟消耗》荣获行业第二十二届优秀QC小组成果发布会一等奖，洛阳卷烟厂被评为河南省质量管理先进企业。围绕生产效能提升，持续提高设备运行效率和产品质量，确保了红旗渠（软银河）顺利投产。根据公司安排，积极开展与红塔集团与江苏中烟的联营生产，企业生产加工水平得到联营方充分认可。强化原料、物资大配送，提前完成GDX2包装机项修，单机台日产量创历史新高，生产加工能力不断增强。

【基础管理】 2011年，按照河南中烟公司《优秀卷烟工厂创优争先考评实施细则》明确20项年度创新对标课题，洛阳卷烟厂全面开展管理改善活动，万支卷烟企业总耗能、万支卷烟耗用水、万支耗丙纤嘴棒三项指标完成情况走在全省前列。健全企业四级目标管理体系，健全包括23个部门、46个班组、305个岗位的四级目标绩效指标库，促进创优活动深入开展。加强贯标建设，以开展争创标准化标杆部门活动为抓手，强化深化标准自检、抽检工作和体系内审，进一步提升贯标质量。组织开展安全标准化创建工作，顺利通过公司安全生产标准化建设示范达标部门（班组）验收，获得中烟公司2011年度安全生产工作“优秀单位”、洛阳市2011年度消防工作“先进单位”等荣誉称号。积极推进管理创新，“以激发活力为目标的适应性绩效管理”和“多层次人才梯队建设”分获省企联管理创新一、二等奖，7项技术成果获国家专利证书。加快技改建设，生产指挥中心于7月16日交付使用，顺利完成对厂区平安路、迎宾路实施改造和老生产楼的拆除等改造项目，企业基础设施得到完善。深入推进“两项工作”，顺利通过国家烟草专卖局专卖内管抽查。加强财务预算和内部审计职能，“小金库”专项治理效果突出，企业基础管理有效加强。

【队伍建设】 2011年，洛阳卷烟厂创新技术员工薪酬管理模式，建立技术绩效管理体系，积极开展“首席工艺员”“首席质检员”和“注册安全工程师”评聘，有效调动了各级员工岗位成才的积极性。在全省首创中层管理人员阶梯工资强制分配模式，进一步调动了中层干部整体的积极性。扎实推进国家烟草专卖局“管理方法科学化”专题研究工作，率先完成课题报告，得到国家烟草专卖局及课题组成员的充分认可和高度评价。洛阳卷烟厂承担的“人力资源管理方法科学化”专题研究报告模板在国家局专题组推广。加快“金叶文化”建设步伐，通过开展“金叶情企业文化宣讲”“我为金叶添光彩”演讲比赛等活动，深化企业文化建设。完成《洛阳卷烟厂志》编撰工作，组织开展“新闻宣传百日竞赛”，树立先进典型，营造激情创业的良好发展氛围。

（办公室）

“金叶使者”爱心服务队为高新区史家沟村小学学前班的孩子们送去电暖气、手套、帽子、暖手宝、围巾等御寒物品

南车洛阳机车有限公司

【生产经营】 2011年，南车洛阳机车有限公司（以下简称“洛阳机车公司”）承揽国铁机车331台，市场占有率为24.1%，同行业排名第一。在抓好国铁机车检修市场的同时，新开发地方铁路市场客户17家，地方铁路机车承揽148台，同比增加29台，有效地弥补了国铁机车市场的不足。在和谐型机车检修方面，承揽HXD1型机车二年检60台，并与武汉铁路局和成都铁路局合作，拓展HXD1B和HXD1C机车二年检市场。在

省委副书记、省长郭庚茂到南车洛阳机车公司视察

工程机械整机及关键大部件制造方面，承揽广州地铁轨检车和朔黄综合检测车，与南车时代宝工形成转向架配套，承揽工程机械转向架53台套。截至2011年年底，洛阳机车公司检修机车538台，其中大修内电机车395台、大修电力机车55台、中修机车88台。公司实现销售收入15.2亿元，实现净利润3061万元。

【技术进步】 2011年，洛阳机车公司在既有机车检修方面，完成GKD3B和SS4G网络机车试修、神朔SS4G万吨牵引系统改造。按照“洛电襄内”的产品结构格局，襄樊分公司完成DF7G、DF12、DF4DD、DF7、DF7B、DF5C、DF10D等车型的平移和技术筹备，完成DF7G机车首台试修。在和谐机车检修方面，完成HXD1机车试修及批量检修、HXD1B机车二年检试修、DJ1机车换轮修及T2检，并完成HXD1C试修技术筹备。在工程机械整机及关键大部件制造方面，完成了广州地铁轨检车研制；与北京启帆公司联合开展朔黄综合检测车研制，并对铁路架桥机组车辆维修技术进行研究，开展铁路架桥机组车辆维修工作；完成与南车时代宝工配套的转向架的工艺平台建设；襄樊分公司完成转向架、轨道车大修、工程车轮对等多项产品拓展。全面平移和谐型电力机车制造平台，在和谐机车二年检中实施工序化检修和标准化作业，分公司在DF8B机车检修、金鹰公司转向架组成和工程车制造中实施工序化检修和标准化作业，均取得较好成效。

【质量管理】 2011年，洛阳机车公司根据铁道部电视电话会议精神和中国南车文件要求，结合SS8机车齿轮销移位的质量事故和铁道部大修机车走行部质量现场会的实际，在全公司范围内开展了以“工艺在执行、质控在进行、体系在运行”为主题的产品质量“大反思、大检查、大整改”活动。通过检查员交班制度的开展、检验作业指导书的编制、“八防项点”和“四不放过”专项整治活动的实施，进一步强化质量过程控制和质量改进。在和谐型电力机车二年检中，增加机车静态预检和机能试验，将质量管控体系前移，实现了质量管控全工序覆盖；实施以“转序零缺陷、交验零回修、整备零反馈”为核心内容的“三零榜”工作机制，提高了检修过程的可控性。开展直供电机车、机车走行部、机车线路等关键和重点产品的专项检查，提升产品的可靠性。充分发挥驻厂验收室的监督作用，以“八防工序”为主线，以质量控制为重点，厂验联合开展“三对三查”活动，促进质量管理水平的提升。积极开展QC活动，获得部级优秀QC小组1个，获得南车级优秀QC小组4个。机车一般D21及以上事故为3件，同比减少1件，机破、临修质量指标也明显好于2010年。和谐机车检修实现了百万千米无机破，得到用户的肯定。启动IRIS标准贯标认证工作，在咨询公司的指导下，完成程序文件的初稿编制。

【人力资源管理】 2011年，洛阳机车公司努力抓好中层领导班子建设，在纵向一体化项目实施中，对中层管理岗位实行重新聘任，一批富有朝气、具有现代管理理念、掌握现代管理工具的年轻技术、管理骨干走上中层管理岗位，占中层以上管理团队的比例达到13.6%。按照“工作有标准、管理全覆盖、考核无盲区、奖惩有依据”的原则，实施以岗位绩效工资制为基础的薪酬分配制度，进一步调动员工积极性。充分利用南车资源开展员工培训活动，选拔18名中层管理者及骨干人员赴株机公司进行为期半年的随岗培训，选拔21名新入职的大学毕业生参与和谐机车联合运营服务，组织赴株机公司、湖东机务段进行理论和实践学习，为公司开展和谐系列机车检修储备了力量。 （办公室）

中铁隧道集团有限公司

【概　况】 中铁隧道集团有限公司是集勘测设计、建筑施工、科研开发、机械修造于一体的国内隧道和地下工程领域最大的企业集团，隶属于中国中铁股份有限公司。集团公司注册资本16亿元；住址：河南省洛阳市老城区状元红路；网址：http://www.ctg.ha.cn。

2011年，中铁隧道集团有限公司总部共设有23个部处室及社管中心和房地产开发管理中心，集团公司派出机构有片区指挥部6个、办事处3个和A类项目经理部（指挥部）30个；集团全资子公司13个，控股子公司3个，参股公司2个，分公司7个。在建工程项目300多个，施工队伍遍布全国各地。全集团员工15439人，拥有管理、技术人员8890人，工人6549人。其中，中国工程院院士、国家级有突出贡献专家各1人，享受国务院政府特殊津贴6人，拥有涵盖铁路、公路、市政公用、机电、通信等专业的注册一级建造师416人。集团保有机械设备6905台套，净值18.76亿元，总功率74.7万千瓦。盾构、TBM装备62台，是国内拥有盾构、TBM门类最齐全、数量最多的施工企业。截至2011年年底，集团公司营业收入325.2亿元，完成预算286亿元的113.71%，同比增加7.98%；归属母公司净利润1.51亿元，是调整预算1.4亿元的107.86%；年度实现净资产收益率为5.41%。全年设备采购4.37亿元，集中度93.3%。全员劳动生产率达204万元/人年，同比提高20%。员工收入、福利与企业规模、效益同步增长，人均年收入达6.44万元。累计完成掘进312千米。35吨内燃牵引机车、盾构管片钢筋笼自动焊接设备、超级电容出碴车及水沟电缆槽整体模板等非标设备研发项目平稳推进，专业设备制造能力逐步增强。

【施工生产】 2011年，中铁隧道集团有限公司完成营业额320.7亿元，较上年净增17.2亿元，完成股份公司下达计划285亿元的112.5%。其中，境内施工完成305.2亿元、境外完成2.6亿元、勘测设计完成3.7亿元、其他完成9.2亿元。全年完成隧道444.9千米，折合单线655千米，桥梁77.9千米、土石方4956万立方米。竣工交验单位工程215件，合格率100%。

【经营开发】 2011年，受宏观经济形势影响，在国内建筑市场萎缩的情况下，全集团新签合同额301.8亿元，完成股份公司下达计划360亿元的83.8%。新中标施工项目较上年减少167.2亿元，减幅40.5%。经营投标力度明显加大，中标率明显提高，全年投标405项，中标79项，中标率19.51%，同比提高6.3%。

【科技创新】 2011年，中铁隧道集团有限公司投入7.27亿元，完成科研立项39项、工法立项30项、专利立项18项。获铁道部科研课题2项，11个项目列入中国中铁科技开发计划，3个科研项目分列国家863计划、973计划和国际合作专项。全年获国家级工法5项、省部级工法16项，发明专利6项，通过省部级以上评审鉴定的项目8项；获各类科技进步奖18项，获省部级以上设计、勘察、咨询类奖项7项，获中国中铁设计、勘察、咨询类奖项8项。自主研制的大净空曲梁模板台车、防水板铺设机和钢拱架安装机首次在施工中应用，长大铁路隧道施工机械化配套技术成果基本完善。

【企业管理】 2011年，中铁隧道集团有限公司结合企业实际加快恒源隧物资贸易、隧道设备制造、机电公司和路桥处的建设步伐，功能型子分公司有序运作，水利水电、机电安装、铁路电务等资质增项工作有序推进。梳理并编制内控流程301个。结合市场的变化修订A类工程项目、海外工程项目、调度工作管理办法和机械设备管理规则、员工奖惩办法、领导人员管理办法等一系列规章制度，提升系统的管控能力和运转效率。结合特级资质就位有关要求，积极推进企业信息化建设及相关的资质、业绩等工作，达到标准要求，通过了特级资质专家组的现场考评。运用法律手段做好企业法律事务，为企业挽回或避免经济损失2325万元，与洛阳芳达公司之间的诉讼案件以实现全部债权而结束。

【安全生产】 2011年，中铁隧道集团有限公司投入安全生产费用4.53亿元，安全管理能力和工程质量水平得到提升。沈阳地铁一号线获鲁班奖；襄渝铁路新大巴山隧道、国道317线鹧鸪山隧道获2011年詹天佑奖；中铁隧道集团公司参建的北京地铁一号线、衡广复线大瑶山隧道、厦门翔安隧道、乌鞘岭隧道、武汉长江隧道获“百年百项杰出土木工程”荣誉；上海轨道交通七号线工程获全国市政金杯示范工程。全年获省部级优质工程奖16项，全国优秀质量管理小组7个，省部级优秀QC成果34项。台山核电取水隧洞获中国建筑业协会3A级安全文明标准化诚信工地，阳泉西环高速公路LJ3标等11项工程获省部级安全文明工地。

【风险控制】 2011年，中铁隧道集团有限公司沉着应对铁路工程“急刹车”带来的资金短缺等各种问题，最大限度地控制和化解项目成本风险。紧密追踪建设资金到位情况，以资金为主导协调安排生产，及时锁定项目成本，有效避免盲目投入，最大限度地化解项目资金风险和项目维稳风险。同时，高度重视撤场前的安全工作，及时安排部署对产品结构尺寸和实体质量的专项检查，主动暴露施工产品存在的问题，采取措施予以纠正，防止安全质量投诉引发企业声誉风险。在此基础上，努力强化资金集中管理、积极拓宽融资渠道、多方筹措资金，对所有大额往来欠款、在资金中心有调剂款及办理大额承兑汇票的项目实行资金管控，并以系统帮促为主线，加大对项目的帮扶力度，承受住了铁路项目停缓建带来的巨大压力，保持经营生产平稳有序。 （吕惠聪）

中铁十五局集团有限公司

【概　况】 2011年，中铁十五局集团有限公司（以下简称“中铁十五局”）职工22318人，承揽工程任务518.06亿元，完成企业总产值281.13亿元，其中施工产值274.78亿元。实现利润3.68亿元，职工年人均收入40289元。2011年，集团公司连续10年蝉联全国“安康杯”竞赛优胜企业，并荣获全国工程建设质量管理优秀企业、全国水利建设市场主体信用评价3A级荣誉称号。

【企业管理】 2011年，中铁十五局把工程队建设纳入日常管理和监控体系，确保工程队建设常态化运行，取得明显成效。阜六项目2个架子队被上海铁路局评为“自控型优秀架子队”。法人治理结构变更工作。董事会成员由7名变更为3名。董事会经过向股份公司请示，将集团公司董事成员职数由3名变更为5名，全部由企业内部人员担任。年内召开第三届董事会第八次至第十七次会议，审议通过事关企业发展的重大事项，并形成了董事会决议。特级资质就位工作。集团公司特Ⅰ级工程（设计施工）总承包资质顺利通过住建部、铁道部和股份公司核查验收。

【安全质量】 2011年，中铁十五局荣获全国工程建设质量管理优秀企业、全国水利建设市场主体信用评价3A级荣誉

中铁十五局南京公司承建的淮安市牧皋中路京杭运河大桥工程

称号，连续10年蝉联全国“安康杯”竞赛优胜企业。获得国家优质工程2项，省部级优质工程11项、中国铁建优质工程13项，全国工程建设QC小组成果2个、省部级优秀QC小组7个、中国铁建优秀QC小组5个。

【财务管理】 2011年，中铁十五局实现利润3.68亿元。全员劳动生产率32088元/人年，职工年人均收入40289元。产值利润率1.21%，投资回报率25.83%，资产负债率90.55%，国有资产保值增值率124.6%，净资产收益率20.66%。年末资产总额1904989万元，其中流动资产1540971万元。向国家、地方政府交纳税金93703万元。

【人才队伍建设】 2011年，中铁十五局接收、安置高校毕业生1188名，其中本科723名、土木工程类662名，引进技校生223名，面向社会招聘选聘优秀人才20多名。68人次取得注册建造师、注册安全工程师等执业资格证书；141人取得高级职称任职资格，348人取得中级职称任职资格；25人通过高级技师技能鉴定，76人通过技师技能鉴定。

【审计工作】 2011年，中铁十五局完成审计项目204项，其中经济责任审计10项、工程项目审计97项、经济效益审计55项、财务收支审计17项、后续审计5项、专项审计调查3项、其他17项。投入审计工作日2360天。发现有问题金额22534万元，其中违规违纪金额13554万元、不良资产2253万元、损失浪费1074万元、其他5652万元。已纠正违规金额7212万元，提出审计建议708条。

【科技教育】 2011年，中铁十五局投入科研经费605万元，获国家级工法2项，国家专利4项，其中发明专利2项、实用新型专利2项。集团公司被中国施工企业管理学会评为“科学技术奖技术创新先进单位”。

全年开办各类培训班28期，培训4200人次，选派18人次参加股份公司岗位培训和后备干部培训班，5名优秀大学生参加清华大学国际财务管理专业英语培训班。共有68人次取得注册建造师、注册安全工程师等执业资格证书；141人取得高级职称任职资格，348人取得中级职称任职资格；25人通过高级技师技能鉴定，76人通过技师技能鉴定。

【党建工作】 2011年，中铁十五局召开党委常委（扩大）会6次，召开党委全委（扩大）会2次。加强领导班子建设，以党委中心组学习为主要形式，通过集中学习、交流研讨、专题调研，解读政策、领会精神、拓展视野、研判形势、把握方向，班子成员科学决策能力和正确执行政策的能力进一步提高。在领导干部和领导干部队伍建设方面，对部分单位领导班子以及处级岗位缺额进行调整、配备、优化，共提拔处级干部31人，调整33人。15个单位领导班子被评为2010年度“四好领导班子”。开展创先争优活动。通过召开推进会、现场经验交流会等形式，不断把活动引向深入。集团公司党委总结提炼的“搞好三个结合，坚持四个同步，注重五个体现”的“三四五”工作法，受到股份公司充分肯定，所坚持的“五个必须”工作模式，经股份公司推荐被列为2012年国资委思想政治工作研究课题。指导31个党委召开年度领导班子民主生活会，对15个“四好领导班子”、30个“先进基层党组织”、100名优秀共产党员标兵和优秀党务工作者标兵进行表彰奖励。六公司党委被国务院国资委党委授予“中央企业先进基层党组织”荣誉称号，1人分别被国资委党委、股份公司党委授予“优秀共产党员”称号。四公司、大西客专、阜六铁路、华北公司北京地铁八号线项目部分别被股份公司党委评为企业文化建设先进单位、优秀项目部。集团公司连续5年被《中国铁道建筑报》评为先进单位，连续3年蝉联股份公司网站信息发布先进单位第一名。全集团受理群众信访举报39件，初查核实案件线索39件，了结13件，立案26件，结案34件（含2010年遗留8件），有34人受到党政纪处分，收缴赃款216.7万元，避免经济损失1900万余元。

【工会工作】 2011年，中铁十五局表彰劳动竞赛先进个人168名、先进单位80个。用于劳动竞赛奖金4100万余元，获得业主等劳动竞赛奖励6700万余元。2个单位获得河南省重点工程建设劳动竞赛先进单位，1人荣获全国“五一”劳动奖章，2个基层单位荣获全国“工

承建的河南省驻马店至泌阳高速公路获2011年度国家优质工程银质奖

人先锋号”，多名个人、集体获省部级荣誉。“安康杯”暨“一法三卡”工作。集团公司连续10年荣获全国“安康杯”竞赛优胜企业，二、三、四、五、六、七、贵州路桥公司荣获全国“安康杯”竞赛优胜企业，1人荣获全国“安康杯”竞赛活动优秀组织者；六公司京沪铺架班组安全管理“六到位”工作法代表河南省参加全国班组安全建设竞赛，获得特等奖和全国“工人先锋号”称号，并在全国总结表彰大会上现场发布。职代会质量不断提高，2011年评出集团公司模范职代会28个；平等协商集体合同有效履行。“三线”建设。共授予32个单位“模范职工之家”称号。四公司二分公司顺利通过全国模范职工之家验收。“三不让”及“送温暖”活动。筹集下拨“三不让”专项资金87.85万元。“双节”期间共筹集送温暖资金186.89万元，慰问困难职工820户，慰问劳模、离退休人员、一线职工和民工4283人，有249名领导干部走访慰问了帮扶对象。女工工作。集团公司工会女工委被河南省总工会授予“女职工工作示范单位”。全集团先后有35个女职工标兵岗、示范岗先进单位，46名女职工标兵、女职工先进工作者，32户和谐家庭受到集团公司表彰，5名女职工被评为集团公司“劳动模范”，2名女职工获洛阳市“三八”红旗手。三公司油品中心女子发油班获河南省“五一”巾帼示范岗，2名女职工分别荣获河南省和铁路总工会“先进女职工”称号。

【共青团工作】 2011年，中铁十五局集团公司团委获得“中央企业五四红旗团委”称号；1个团支部获得“全国五四红旗团支部”称号；1个集体获得“河南省导师带徒优秀组织单位”称号；1个集体获得“河南省志愿服务优秀集体”称号；7个集体获得省部级以上“青年文明号”称号。1人获得第五届“中国铁建十佳青年技术工人”称号；5名团员青年获得省市级“青年岗位能手”称号；6个集体分别获得河南省和中国铁建“五四红旗团委（支部）”称号；9名团干和团员分别获得河南省和中国铁建“优秀团干部（团员）”称号。（郑凤华）

河南六建建筑集团有限公司

【概　况】 河南六建建筑集团有限公司（以下简称“集团公司”）成立于1954年。具有房屋建筑工程施工总承包特级资质，市政公用工程、机电安装工程施工总承包一级资质、公路工程施工总承包三级资质和钢结构、消防设施、建筑装修装饰等近10项专业承包一、二级资质；具有房地产开发、建材试验、水泥制品、商砼等多元经营能力。集团曾8次荣膺国家质量最高奖鲁班奖，6次荣膺国家银质奖，被授予全国“创鲁班奖特别荣誉企业”称号。在全国建筑施工企业率先通过ISO9001质量管理体系、ISO14001环境管理体系、GB/T28001职业健康安全管理体系认证，开发企业信息管理系统并实现了计算机网络管理，各项管理均达到全国先进水平。

2011年，现有各类专业技术人员800多人，一、二级注册建造师150多人，国家、省部级优秀项目经理50多人。全年前定工程合同额450289万元，完成年度指标225%。实现营业总收入262557.95万元，完成年度指标131.2%。

2010年度鲁班奖——大唐信阳发电有限责任公司2×660兆瓦超临界机组工程

河南六建建筑集团有限公司荣膺国家质量最高奖鲁班奖情况

年　度	工　程	奖　项
1994年	洛阳市百货大楼	鲁班奖
1997年	洛阳国际金融大厦	鲁班奖
2000年	河南省邮电管理局1号高层职工住宅楼	鲁班奖
2002年	洛阳市国税局综合楼	鲁班奖
2003年	河南省邮电局邮电生产营业、住宅综合楼	鲁班奖
2006年	河南省邮政大厦	鲁班奖
2009年	中石化华北分公司科研办公楼	鲁班奖
2010年～2011年	大唐信阳发电有限责任公司2×660兆瓦超临界机组	鲁班奖

【质量管理】　2011年，集团公司检验批质量验收合格率100%，交竣工工程一次交验合格率100%；创建“中州杯”工程6项（分别是：国家863中部软件园11号楼、洛阳市建业美茵湖二期29号楼、中石化华北分公司后勤基地1号楼及地库、中石化华北分公司后勤基地2号楼、中石化华北分公司后勤基地3号楼、中石化华北分公司后勤基地5号楼）、“结构中州杯”工程17项，完成年度指标340%；无重大质量事故和物资的非预期使用。

【安全生产】　2011年，集团公司承建的河南科技大学第一附属医院新区外科病房楼创全国“3A级安全文明标准化诚信工地”。全年，集团公司创建省级文明工地5项、“中州平安杯”工程2项（洛阳·建业高尔夫花园31号、32号楼工地、洛阳东方金典三地块13号楼及2号商业街工地），完成年度指标100%。安全生产合格率100%，其中优良率85%以上，一般安全生产事故频率为零，无重大人员伤亡、火灾和机械事故。

【科技进步】　2011年，集团公司承建的洛阳金融大厦工程创全国第二批绿色施工示范工程。全年，集团公司创全国工程建设优秀质量管理小组2个；申报国家级实用新型专利1项；创建省级科技和新技术示范工程5项，完成省级工法2项，完成年度指标100%；创河南省首批绿色施工示范工程4项。

【文化建设】　2011年，集团公司积极开展以“安康杯”为主题的劳动竞赛活动，连续6年被评为全国“安康杯”竞赛活动优胜企业；从维护企业和员工利益出发，在企业与员工代表充分协商的前提下签订《工资集体协议》，确保企业和员工合法权益的双保护。坚持进行树立典型、表彰先进活动，推荐表彰十佳员工、优秀员工、优秀务工人员和先进集体的并给予大会表彰和奖励，树立正确的价值理念，为构建和谐稳定的劳动关系奠定基础，营造了先进的企业文化氛围。　（戴　兵　雷　虹）

河南省前进化工科技集团股份有限公司

【概　况】　河南省前进化工科技集团股份有限公司（以下简称“前进化工集团公司”）是集爆破器材、烟花爆竹、危险品运输、工程爆破、工程安装、国内贸易、房地产、旅行社等为一体的综合性企业集团。公司始建于1966年，2010年1月成立集团公司，集团下辖9个子公司，拥有省级技术中心、河南省民用爆破器材行业职业技能鉴定站和河南前进爆破技能职业培训学校。集团拥有民爆产业和烟花爆竹两大主业。民爆产业集多品种的民爆物品生产、销售、运输配送、现场混装、爆破服务为一体，具有8.5万吨工业炸药、1000吨起爆具、1.99亿发工业雷管、6200万米索类火工品的生产能力，并拥有多项自主知识产权和国家发明专利，整体技术水平处于全国领先位置。烟花爆竹产业集烟火药剂、烟花爆竹的生产经营、批发销售、烟花燃放为一体，是河南省规模最大、硬件设施及技术最先进的企业之一。生产的产品有礼花弹、组合烟花、艺术盆花、架子烟花、冷光烟花、空中爆雷、鞭炮等7大系列1000多个品种，年产9.5万箱。具有河南省公安厅颁发的A级焰火燃放资质及烟花爆竹经营资质，产品质量稳定，所生产的“启庆”牌产品深受用户欢迎。

2011年，前进化工集团公司按照“大营销拉动大生产，大生产带动大发展”的经营思路，大力拓展省外市场，消化技术改造对生产经营的影响，经济规模总量进一步增大，全年销售回款完成6.27亿元，比上年增长7.06%；实现销售收入5.7亿元，比上年增长16.14%；上缴税金5726万元，同比上年增长13.75%。在经济总量大幅度增长的同时，经济效益大幅度提高，实现净利润4891万元，较上年增长36.7%，创下公司历史新高。

【项目建设】　2011年，前进化工集团公司投入资金5760万元，实施技术改造和项目建设，其中新建项目93项、维修项目336项。在年初完成2000吨炸药库区扩容和监控中心建设的基础上，2万吨乳化炸药生产线、1.5万吨膨化硝铵炸药生产线扩能改造顺利完成，于7月顺利通过验收；6000万发导爆管雷管生产线扩能改造项目在相继完成导爆药、延期药、延期元件制造、导爆管制造等配套项目后，于11月顺利通过验收；年产1万吨铵油炸药、8000吨乳化炸药的栾川混装炸药车移动式地面站项目，6月顺利通过试生产安全条件考核，11月22日正式通过验收。年产1000吨起爆具生产线在完成设备调试和人员培训后，进入试生产准备阶段，填补了河南省长期以来无起爆具产品的空白。此外占地198亩、共16座库房的烟花爆竹仓储基地顺利通过验收并投入使用。

【生产管理】　2011年，前进化工集团公司实施人才兴企战略，以调整员工队伍结构、加强员工队伍建设、提高团队整体素质为目标，积极引进并留用大学毕业生；依托职业技能鉴定培训，对新入员工、转岗人员、新建生产线操作人员、设备维修管理人员、财务人员进行辅导教育。安全生产全面加强以“隐患整改率100%、安全零事故”为目标，及时排查消除隐患，提升安全理念，打造安全文化、强化安全责任和员工的教育培训，完善安全生产监管制度，确保安全生产平稳运行，杜绝了重大火灾、爆炸、中毒、重伤以上事故和危险品被盗、流失事件的发生。抓创新，技术质量取得骄人成绩。QC小组成果获得省级奖励5项、市级奖励11项；取得“国家专利”3项，另有7项已上报国家专利局待批，还有17项已提交专利代理机构进行申报；以技术创新、管理创新、操作创新和合理化建议为主要内容的“三创一建议”活动在公司内持续蓬勃开展，全年申报项目145项，被公司受理79项，奖励71项，奖励金额共计30.4万元。

（办公室）

洛阳顺势药业有限公司

【概　况】　洛阳顺势药业有限公司（以下简称“洛阳顺势药业”）是集科技研发、药材种植、中药制造、生物制药为一体的现代化综合制药企业，河南省十大医药品牌企业。公司总资产1.4亿元，组建有河南省柴胡种植及制剂工程技术研究中心和河南省博士后研发基地。生产片剂、丸剂、口服液、糖浆剂、颗粒剂、煎膏剂、胶囊剂、酊剂8大剂型近百个品种，主导产品有柴胡口服液、活血通脉片、小儿智力糖浆、香砂养胃丸、胃肠复元膏、维血宁、大山楂丸、茵陈汁等。其中：胃肠复元膏获河南省优秀新产品奖，香砂养胃丸获全国临床信得过药品金奖及河南省优质产品奖，柴胡口服液、活血通脉片、小儿智力糖浆被评为国家中药保护品种。2011年，公司克服原材料价格持续上涨、市场无序竞争等多重困难，保持了较好的发展态势。全年完成中成药及制剂1022.3吨，产值5183.1万元，销售收入5391.5万元，比上年增长18.9%；实现利税330万元，比上年增长1.2%。

【产品营销】　2011年，洛阳顺势药业公司采取多种有效措施，实现销售收入稳步增长。一是加大招商力度，扩大销售，增加回款。全年代理产品实现回款1006.3万元，比上年879.5万元增加126.8万元。二是积极参加各省市的投标工作。全年参加16个省、市的基本药物和非基本药物的投标工作，其中11个非基本药物品种在6个省市中标，4个基本药物品种在4个省、市中标。三是加大非药产品销售力度，成立保健品事业部，实现回款158.6万元，较上年同期的84.6万元增加74万元。四是组织参加第六十五届成都和六十六届郑州国药会，宣传产品，展示公司形象，提升企业知名度，促进了销售。

【科技研发】　2011年，洛阳顺势药业完成首个生物制药产品——葡萄糖耐受因子试制工作。在中国科学院的技术指导下，先后进行9个批次样品试制，经过对生产工艺、检验方法10余次修改，基本确定生产工艺，各项收率和参数相对稳定，在河南省疾控中心进行功能试验和毒理安全性试验。结合2010年版《中国药典》实施，对活血通脉片工艺进行改进，改变丹参炮制、灭菌方法，提高了丹酚酸B含量，保证了产品的生产和销售。完善维血宁、健儿消食口服液、小儿止咳糖浆等产品生产工艺，解决了含量控制、沉淀问题方法。改进大山楂丸生产工艺，解决了冬季发硬难题，又降低生产成本，每批节约资金1000多元。进行高档食品研制，完成杜仲福源液等5个食字号产品生产试制，已小批量生产出部分产品。

【质量管理】　2011年，洛阳顺势药业严格按照国家有关药品生产的规定，做好原辅包装材料、半成品、成品的检验工作，累计退货原料54批次、包装6批次，有效保证了产品质量。完成基本药物电子监管赋码系统的安装调试和产品包装设计调整、审核工作，确保了生产有序进行。对采购、生产过程、仓库、质量检验及销售方面所产生的质量成本进行统计，为质量体系的完善和质量的持续改进提供有力的支撑。对照年度自检计划安排，于6月和12月开展药品生产质量管理规范（GMP）自检，重点解决不按工艺执行、状态标记管理混乱、物料超平衡等问题，为新版GMP的实施打下基础。

【贯彻实施2010版GMP】　2010年版GMP于2011年3月1日正式颁布实施，国家药监局要求到2015年年底药品生产企业必须全部按照2010版GMP认证。洛阳市药监局把顺势药业公司列为全市第一批2010版GMP认证试点企业，为确保在2013年原GMP证书到期前重新通过认证，公司做了认真部署和积极准备。2011年重点开展新版GMP的培训学习，上半年各部门对照自查学习，认真备课，培训班组长以上人员，按照职责分工，由各部门负责人对照新老条款，查找工作存在的不足，写出文件修订计划，找出难点、疑点，积极参加国家局组织的GMP培训，与专家沟通，准确理解和掌握新版GMP标准；下半年又对新版GMP全部章节进行分解，由公司技术骨干编写教案，每周六全员培训，并组织考试。

（魏国强）

洛阳中集凌宇汽车有限公司

【概　况】　洛阳中集凌宇汽车有限公司（以下简称“中集凌宇”）是由中集车辆集团和原洛阳宇通汽车有限公司合资成立，公司前身为成立于1960年的中国人民解放军5408工厂，现为中集车辆集团里一家具有40余年汽车生产历史的骨干成员企业。中集车辆集团是世界最大的集装箱制造集团——中国国际海运集装箱（集团）股份有限公司（简称“中集集团”）的全资子公司。中集车辆集团以“为全球市场提供一流陆路运输装备和服务”为战略目标，主要经营各类专用汽车的制造与销售服务，现已发展成为全球规模最大的罐车制造商，在全球建有22个生产基地，年产汽车15万辆，中集凌宇被集团定位为罐车生产基地。

2011年，中集凌宇总资产7亿多元，员工2000余人。公司主导产品有“凌宇”牌混凝土搅拌车、散装物料运输车、液罐车、客车和环卫车等，年产能力达1.2万台，产品覆盖全国31个省、自治区、直辖市，并出口到世界各地，成功跻身中国罐车行业前列。

【产品结构】 中集凌宇主要有三大系列产品：罐式专用车、环卫设备和客车。罐式车主要包括全系列混凝土搅拌车、粉罐车、油罐车、化工液罐车、液态食品罐车、中高档铝合金和不锈钢罐车等。2010年罐式车销量达6500台，跃居行业前茅，其中散装罐车名列行业首位，搅拌车名列行业前五名。环卫设备包括压缩式垃圾站、压缩垃圾车、收集车、勾臂车、洒水车、吸污车、餐厨垃圾车等，在全国十几个省、市实现销售。客车主要是公交车、校车及石油测井车等专用车产品。在专业化区域性市场具有一定的知名度。

【品质管理】 2011年，中集凌宇在国内工程机械行业整体水平急剧下滑的不利背景下，以深化管理，积极开拓市场，稳步提升产品品质为主线，以工艺创新和管理创新为着力点，持续打造企业核心竞争力。全年累计完成生产整车7650台，销售整车8083台，销售收入117749万元，实现净利润3422万元。中集凌宇一向重视质量管理能力的提升，于2000年12月通过ISO9001质量体系认证，2003年3月率先通过中国质量认证中心（CQC）的强制性产品认证即"CCC"认证，2005年1月通过ISO/TS16949质量管理体系认证，成为国内汽车行业推行ISO/TS16949质量管理体系标准的先驱。2008年3月、2011年3月中集凌宇分别通过ISO/TS16949质量管理体系认证的续证审核，标志着ISO/TS16949质量管理体系标准在中集凌宇得到持续、深入地贯彻实施，公司的质量管理水平得到稳定提高。2007年，中集凌宇搅拌车荣获“省优质产品”，企业获“省先进质量管理企业”等荣誉称号。2011年，公司先后获得河南省“高新技术企业”和“百高企业”等荣誉称号。

【市场开拓】 2011年，中集凌宇针对国家4万亿投资的经济刺激计划，以及下半年开始的国家房地产调控政策的影响，适时调整营销策略，将销售工作下沉到各省（市）二线、三线城市，加大品牌影响，有效实施终端拦截，进一步挖掘市场潜力；采取定期回访、强化服务等措施，加强与终端大客户的良好合作关系，扩大中集凌宇在终端市场的影响力，促进产品销量的有效提升。全年混凝土搅拌车超出行业同期增速27.7%。粉粒物料半挂车在项目优化的基础上，抓住行业增长的有利时机，通过灵活策划销售方案、积极加强产品推介、有效利用融资租赁等措施，促进主导产品销量大幅增长。液罐车和校车项目依靠多年的先进技术和生产工艺的储备，已经开发出多款适合国内和国际市场需求的产品，在市场上开始呈现大幅增长趋势。其中：液罐车同比增长122%，并成功打开东南亚和非洲市场，2012年预计液罐车出口量将达600多辆。

成品车车库

【技术研发】 2011年，中集凌宇拥有大专以上学历科技人员157人，占职工总人数的13%。专业配套齐全，设有混凝土搅拌车、粉粒物料运输车、客车、环卫车、液罐车等6个技术项目组成的洛阳市专用车辆技术中心，从业人员技术涵盖机械制造与自动化、材料成型、金属加工工艺、机修、设备、电力传动、液压控制、自动化控制、仪表、计算机、建筑、结构、汽车设计与制造等近20个专业。混凝土搅拌车和液罐项目开发组拥有一批本领域一流的技术专家，基本上形成了以洛阳市专用车辆技术中心和中集车辆集团车辆研究院主体的制度健全、管理规范、流程合理、运转高效的技术创新体系，设计、科研、开发的范围涵盖罐式专用车的各个领域，在罐式专用车行业形成了自己特有的技术优势。企业技术中心和集团车辆研究院秉承放眼全球，吸收先进理念及制造技术并加以消化吸收的理念，积极开展专用车领域新材料、新工艺、新设备和新技术的开发。其中粉粒物料运输专用车、厢式车、罐式车、罐式半挂车、车辆运输车和特种半挂车等高技术、高附加值的特种专用车方面都拥有了自己的技术和工艺专利。

【安全生产】 2008年以来，中集凌宇积极参与中集集团安全达标工程，在安全方面取得丰硕的成果。公司成立以刘宝山总经理为主任、各部门主管为委员的安全生产委员会，订立安全方针目标，签订各级安全生产责任书，安全生产职责明确，公司总理经、各部门主管均获取了安全培训证书。公司编制33项安全管理制度和38项安全技术标准，以危险源管控为中心，开展安全检查、三级安全教育、安全技术标准对标、事故横展、安全专念、应急演练等活动。现场员工开展低频次作业、一日安全员活动、危险隐患提案和危险预知训练等活动，2011年度现场员工共提交1525份危险隐患提案，组织了390余次危险预知

省委常委、副省长史济春调研中集凌宇

训练，员工自主参与改善，达到人人参与安全管理。公司推行指名作业管理，特种设备、特殊工种指名管理，操作人员获得特种作业资格证，人员、设备、安全管理板目视化“三统一”。公司推行6S管理，工作现场井井有条，现场物料定点、定量、定容管理，明确责任区域和责任人；现场粘贴各类安全标识，各种安全警示色通过画线予以展示。各部门的安全工作在月度安全生产例会汇报，通过安全生产例会回顾上月安全重点工作完成情况，明确当月安全工作重点。所有的管理体系和员工现场活动的运行记录通过安全管理板的方式展示，现场每个班组均有安全管理板，安全工作目视化管理。2011年公司的安全管理工作得到中集集团的高度认可，顺利通过中集集团安全精益达标工程“铜牌”标准认证审核。

【史济春调研中集凌宇】 2011年11月9日，省委常委、副省长史济春一行在洛阳市政府领导的陪同下到中集凌宇视察调研企业发展情况。中集凌宇总经理刘宝山向史济春介绍了公司的生产经营情况、公司产品品种及未来发展方向等。史济春对中集凌宇近几年取得的成绩给予充分肯定。他指出，作为河南一家重点发展的汽车企业，中集凌宇有着广阔的发展前景。中集凌宇一定要在未来的经营发展中扬长避短，充分发挥自己专用专业和中集集团的平台优势，要不断提高自主研发能力，拓宽工作思路，提高企业的核心竞争力，提高经济效益。要充分调动职工的积极性，激发内在动力，不断提高职工收入，使企业持续健康发展。在中集凌宇史济春一行参观考察焊接车间、环卫车间和承装车间。

【中集凌宇第二批搅拌车出口越南】 2011年8月3日，越南越德公司从洛阳中集凌宇订购的第二批10台搅拌车排着整齐的队伍，驶出工厂大门，开赴越南，服务于越南首都河内的各类工程建设项目。越德公司为河内当地规模最大的搅拌站，越德公司始终把混凝土产品质量放在首位，同样对订购的搅拌车质量也十分重视。在与中集凌宇合作前，由于对中国制造心有疑虑，一直使用的是韩国品牌的搅拌车。但通过与中集凌宇的第一次成功合作，彻底打消了客户对中国制造的偏见。中集凌宇搅拌车凭借稳固的车身，精致的外观，品牌的影响力以及首批10台车在当地使用中展现出的优良性能，得到客户的极大认可，第二批购买时毫不犹豫的定下中集凌宇的10台搅拌车产品。同时，借助越德公司在当地混凝土行业的龙头地位，中集凌宇的品牌也在越南得到了很好的宣传。据悉，越德公司订购的第三批10台搅拌车已商谈完毕，将于近期投入生产并交付客户。 （张晓磊　王汉宁）

中集凌宇液罐车出口东南亚

农业和农村经济

综　　述

【概　况】　2011年，洛阳市农业农村工作紧紧围绕“福民强市”总目标，把握“转变农业发展方式、建设现代农业”一条主线，做好结构调整、土地流转、生态旅游三篇文章，各项工作得到较快发展，社会和谐稳定。全市农业增加值达到203.8亿元，增长3.7%。农民人均纯收入6822元，增长20.1%。

【粮食生产】　2011年，全市粮食播种面积789.5万亩。其中：夏粮面积378.2万亩，秋粮面积411.3万亩。全年粮食总产量230.85万吨，较上年下降2.2%。其中：夏粮产量109.23万吨，秋粮产量121.62万吨。

【农业结构调整、土地流转和生态旅游】　2011年2月，市委、市政府出台《关于做好农业结构调整土地流转和生态旅游工作的意见》（洛发〔2011〕35号），各级党委、政府按照市委、市政府的总体部署，理清发展思路，明确发展目标，搞好产业规划，推进规模经营，加快农业发展方式转变，促进现代农业快速健康发展。全市新发展花卉苗木产业基地8.6万亩，其中牡丹4.9万亩，城区增植牡丹52.1万株；新发展蔬菜基地4.6万亩；完成核桃基地13.2万亩；红薯、谷子、花生种植面积均比上年增加5万亩，分别达50.8万亩、35.7万亩和51.3万亩。烟叶种植面积25万亩。新增奶牛1.1万头，林下特色养禽210万只，肉蛋奶总产达到76.99万吨，同比增长11%。新发展农业产业化龙头企业24家，总数达到406家，国家级龙头企业实现了零的突破。新发展农民专业合作社488家，总数达到1538家。农业产业化产值占到第一产业总产值的58%。全市15个县（市）、区成立了土地流转服务、仲裁机构，新增流转面积90万亩。重点扶持10大休闲农业观光园区，全市休闲旅游农业园区达到796个，营业收入20.2亿元。

【新农村建设】　2011年，全市开工新型农村社区87个，建成50个。回流移民进城安置3141人。2881个行政村建立了卫生长效保洁机制。硬化通组通户道路2061千米，新建农村社区服务中心103个，新发展农村超市310个。建成农村户用沼气池1.5万座，沼气工程30座，发展村级沼气服务网点100个。解决安全饮水30万人。完成74个整村推进村的168个财政扶贫项目，扶贫搬迁2250户、1万人。

【牡丹产业发展】　2011年，全市新发展牡丹4.9万亩，创牡丹发展新纪录。城市区增植牡丹53.7万株，超额完成年度50万株任务。完成盆养牡丹60万盆，其中春节催花牡丹40万余盆。牡丹花都产业示范园土地流转工作基本完成，18家入驻企业种植牡丹1.06万亩。牡丹深加工企业聚集区和牡丹花卉交易市场建设用地基本确定。牡丹元素符号应用工作稳步推进，重点在办公、接待、市区广告、城市亮化、旅游和服务窗口、城市雕塑、公交车、出租车上体现牡丹元素符号。牡丹花都标识图案确定。“中国牡丹花都”申报成功，2012年3月中国花卉协会正式命名洛阳市为中国牡丹花都。

【林业生态建设】　2011年，全市完成造林45.4万亩，森林抚育和改造12.2万亩，森林覆盖率达到46%。洛阳市被全国绿化委员会、国家林业局授予“国家森林城市”称号。偃师、伊川省级林业生态县创建工作通过河南省林业厅验收。全市有8个县（市）建成省级林业生态县。集体林权制度改革全面完成。森林防火工作总体良好，全年火灾起数下降50%，没有重大森林火灾发生。

【农业基础设施建设】　2011年，洛阳市前坪水库、小浪底南岸灌区等重点水利项目前期工作有效开展。洛河东西两段治理等水系工程建设扎实推进，全年完成水系建设投资4.2亿元。全年开工水库除险加固项目47座，主体工程完成12座，在全省排名靠前。争取上级投资970万元，安排水毁修复及险工治理项目28处；开工中、小河流治理项目5条，2条主体已完工。新增有效灌溉面积6.4万亩，发展节水灌溉5.54万亩，治理水土流失205平方千米，被省政府授予“红旗渠精神杯”称号。

【农村劳动力转移工作】　2011年，全市各级、各部门紧紧围绕市委、市政府确定的“农村百万劳动力转移工程”，积极开展“春风送岗位行动”“农民工活动月”等活动，充分挖掘就业岗位，举办各类招聘会近百场，提供就业岗位4万余个。坚持“市县结合，以县为主；长短结合，以短为主；订单和自主招生结合，以订单为主”的方针，按照

"先培训后输出、以培训促输出"，"自主招生、自主培训、政府监督、补贴兑现"的原则，公开培训计划，公开培训单位，积极开展订单培训、就地转移培训、岗前强化培训和转岗培训。全市共转移农村劳动力142万人，培训农民工21.6万余人，其中技能性培训9.1万人，劳务创收85亿元。

【"科技兴农"工作】 2011年，全市大力实施"百村万户"科技服务活动，先后为示范村引进新品种26个、新技术20项，送科技下乡600多人次，举办农业科技培训班150场（次），培训群众5000余人，印发科技资料10万余份。扶贫开发"雨露计划"劳动力转移技能培训8971人。阳光工程培训争取培训资金1025.5万元，组织认定了33个培训基地，圆满完成2.25万人的培训任务。落实农机购置补贴政策，全市新增农机动力8万千瓦，农机总动力达到428万千瓦；推广新型农机具1350台；完成机耕435万亩、机播465万亩、机收400万亩。丘陵区机耕率达90%以上，小麦机收率达到92%以上，玉米机收率达30%以上。

【秸秆综合利用和禁烧工作】 2011年4月，市委办公室、市政府办公室下发《关于切实做好秸秆综合利用和禁烧工作的通知》，明确秸秆综合利用和禁烧工作的基本原则、工作目标、工作重点和激励政策。全市上下按照"环境创优年"活动要求，通过行政措施、技术措施和经济措施，变事后追究为事前事中追究，变上级追究为基层追究，初步建立健全了秸秆综合利用和禁烧工作的长效机制。全市发放告知书、承诺书各125万份，出动宣传车1246台（次），悬挂横幅5.2万条，发送手机短信10万余条，设置秸秆综合利用和禁烧宣传指导点1993个，营造了"以焚烧秸秆为耻、综合利用为荣"的浓厚舆论氛围。成立了9个督察组和6个巡查组，对全市18个县（市）、区（含伊滨区和高新区）的禁烧工作进行督察和暗访。先后对30名科级干部进行了组织处理，对10个县（市）、区26个乡镇进行了经济处罚。全市秸秆还田330万亩，青贮秸秆190万吨，秸秆综合利用加工企业收储秸秆102万吨，秸秆综合利用和禁烧工作取得明显成效，受到省政府的表扬。

【惠农政策落实】 2011年，洛阳市向农民发放各类补贴18.11亿元，其中农机购置补贴资金5165万元、农作物良种补贴资金7591.8万元、退耕还林补助资金1378.57万元、粮食直补4196.37万元、种粮综合直补28925.25万元、农村义务教育"两免一补"资金45126万元、家电下乡补贴兑付资金1.7亿元、新农合7.17亿元。坚持减轻农民负担"一把手"负责制、目标管理责任制、信访接待和责任追究工作制以及农监委成员单位和县（市）、区长述职报告制度。受理涉农负担来信来访来电56起、75人次，立案15起，对3名责任人给予党纪、政纪处分，减轻农民负担11万余元。全面开展一事一议财政奖补工作，全市2134个行政村申请了一事一议筹资筹劳项目，项目总投资56367.43万元。其中：筹资筹劳总额28885.019万元，申请财政奖补资金14442.53万元，集体投资、社会捐助和其他资金13039.86万元；筹资筹劳项目2237个，主要包括道路修建、安全饮水、农田水利建设、村容村貌整治等方面，受益群众353万人。全年获中央、省财政拨款资金8864万元，市级配套拨款资金1124万元，县级配套资金2914万元。

（牛媛媛）

洛阳市农林牧渔业总产值发展情况

单位：万元

	2003年	2004年	2005年	2006年	2007年	2008年	2009年	2010年	2011年
农林牧渔业总产值(现价)	1156300	1478433	1841410	2057610	2368416	2772184	2886230	3242259	3564239
农业产值	653914	836562	1009862	1182984	1342469	1444274	1514409	1764596	1877663
林业产值	83612	99951	135567	175067	217825	267566	287805	307424	328391
牧业产值	362624	469558	600712	580214	669648	883366	888711	959545	1113898
渔业产值	6931	8973	12736	18518	20428	29538	32660	36425	40268
服务业产值	49219	63389	82533	100827	118046	147440	162645	174270	204018
老城区	12305	14679	17311	17102	18930	23415	23005	24799	26140
西工区	4477	4143	5258	4374	3930	4366	4579	4050	4491
瀍河区	3853	4203	5234	5678	6139	7959	6564	8245	8024
涧西区	1005	909	633	629	576	647	785	695	2761
吉利区	8914	11848	15171	17460	18826	22537	22572	24092	26666
洛龙区	58496	64569	85038	77353	90562	98666	96399	93456	101408
孟津县	88067	117497	142369	181427	238726	275222	286202	307930	321613
新安县	99456	131680	167648	195335	233283	277480	288264	320287	366109
栾川县	73724	82620	95113	107814	128252	158581	165594	180334	193982
嵩　县	127735	162020	209516	226667	252543	303403	352407	395202	435673
汝阳县	89095	106619	127780	117303	122328	147499	149418	172382	187694
宜阳县	146163	182442	215670	260599	288740	351072	367880	442827	500590
洛宁县	108224	151769	181643	214680	246691	283279	297032	336399	401431
伊川县	139235	189143	249868	294785	351253	406462	432879	469929	501623
偃师市	190903	249739	305209	319575	358128	408623	402495	294435	334113
伊滨区								111906	111802
高新区	3777	4830	5342	16297	17776	25653	25182	25862	25126

注：因与农业普查数据衔接，2006年农林牧渔业总产值进行调整

农　　业

孟津县蔬菜基地

【粮食生产】　2011年，全市粮食种植面积769万亩，较上年减少2.3%，全年粮食总产达到230.85万吨，实现了连续8年丰收，超额完成市政府确定的200万吨的目标任务。其中夏粮种植面积378万亩，较上年增加1万亩。全市小麦平均亩产291.2千克，比上年减少2.6千克，减少0.9%；以统计面积378万亩计算，总产109.2万吨，与上年基本持平。秋粮种植面积540万亩，其中粮食作物播种面积411万亩，较上年增加2.2万亩，增加0.5%，秋粮总产达121.6万吨。2011年的粮食丰收是在全市上下的共同努力下，战胜了冬春连旱，5月底至6月中旬的极端干旱，8月下旬持续阴雨、寡照、低温等诸多不利因素的影响，再次实现了丰收，保持了夏粮总产稳步增加的良好势头。

认真落实国家良种补贴政策。全年共发放小麦、玉米、水稻、棉花良种补贴资金7577.8万元。其中小麦、玉米按照每亩10元的标准分别发放3962.3万元、3426.5万元。水稻、棉花按照每亩15元的标准发放42.75万元、146.25万元。

狠抓高产创建，提高生产水平。全市共建立小麦万亩示范方10个、玉米万亩示范方10个。经过实际测产验收，10个小麦万亩示范方平均亩产达到616.46千克，比全市平均亩产288.8千克增产113%。全市高产创建示范方共增产小麦2690吨，增收672.5万元，让59623户农民从中受益。10个玉米万亩示范方平均亩产达到636.48千克，比全市平均亩产295.9千克增产115%。

深入开展“万名科技人员进万村”活动。为全面抓好粮食生产，河南省农业厅按照省委、省政府的要求，在全省农业系统开展“万名科技人员进万村”活动。洛阳市共抽调616名农业技术人员参加该项活动，积极组织农业技术人员进村入户，开展技术承包活动。通过采取印发技术资料、开展技术培训、举办电视专题讲座等形式，把粮食高产栽培技术措施传授给农民，提高群众科学种田水平，有力地促进了粮食生产。

（常俊军）

2011年洛阳市主要农产品生产情况

单位：吨

指标	2010年	2011年	比上年±%
粮食总产量	2359221	2308501	−2.14
#夏粮	1108470	1092327	−1.45
油料产量	132491	133705	0.91
烟叶总产量	60236	61400	1.93
蔬菜总产量	2201146	2336567	6.15
肉类总产量	243187	246396	1.31
禽蛋总产量	138918	142102	2.29
水果总产量	671269	712979	6.21

【蔬菜生产】　2011年，全市商品蔬菜生产基地面积57.9万亩，播种面积86万亩，均较上年增长5.4%，总产量198万吨，产值达35.6亿元。设施蔬菜栽培面积逐年增加，周年均衡生产能力显著提高，全市各类蔬菜保护地栽培面积11.7万亩，播种面积23.4万亩，年产量63万吨。无公害蔬菜生产初见成效，全市无公害蔬菜播种面积43万亩，占蔬菜生产总面积的50%，蔬菜质量安全水平有明显提高。孟津县送庄镇梁凹村的“慧林源”蔬菜专业合作社，被河南省农业厅列为“2011年全国蔬菜标准园建设”示范单位，为全市蔬菜产业的发展注入了新的活力。

城市近郊蔬菜生产基地建设。市农业局以市政府名义印发了《洛阳市2011年蔬菜生产基地建设实施方案》，决定在城市近郊县（市）、区新发展菜田4万亩，其中市供蔬菜基地1.5万亩、县级蔬菜基地2.5万亩。年底通过验收，全年新发展蔬菜基地45590亩，其中市供蔬菜基地16950亩，县级蔬菜基地28640亩，新建日光温室1779栋，新建塑料大棚1937个，新打机井167眼，硬化水渠161860米，硬化道路64760米，改造老菜田5090亩，修复日光温室120栋、塑料大棚300个，修复机井60眼，各项建设均超额完成目标任务。

为菜农提供技术服务。全年编印发放《无公害蔬菜实用生产技术》教材2万册、《无公害蔬菜生产常识》挂图2万张、《无公害蔬菜生产技术规程》手册2万册。充分发挥蔬菜协会的技术优势，组织河南科技大学、洛阳农科院等单位蔬菜生产领域的专家，举办蔬菜生产专业技术人员培训班2期，系统培训蔬菜生产技术员、蔬菜专干200余人次；举办菜农生产技术培训班200余期，在规划的蔬菜发展区域内，有针对性地培训菜农2.08万人次；对各县（市）、区在蔬菜生产中遇到的难题进行会诊、攻关，先后50余次深入菜区进行免费的技术指导，大大提高了菜农蔬菜种植水平，为蔬菜产业发展提供强有力的技术保障。

蔬菜新品种新技术推广。为提高蔬菜生产的科技含量，增加经济效益，加快蔬菜新品种、新技术和新材料的引进、试验、示范和推广。2011年，市蔬菜办在偃师市的会民蔬菜专业合作社、孟津县的慧林源种植专业合作社、宜阳县的金泉蔬菜种植专业合作社、伊川县的洛阳市新大农业科技有限公司、洛龙区的洛阳市四新蔬菜推广中心、吉利区的翠源蔬菜种植专业合作社，先后推广番茄、黄瓜、辣椒、柿椒、韭菜、茄子等20余个品种和立体栽培、穴盘基质育苗、管道节水灌溉、集约化营养钵育苗等5项新技术，科技对蔬菜生产的贡献率逐年提高，增收效果明显。

（王迎举）

【水果生产】 2011年，全市水果面积为67万亩，总产量48万吨，实现产值6.5亿元，分别较上年增长9.1%和4.8%，产量产值再创新高。结构布局进一步优化。全市新发展各类水果2.73万亩，其中苹果0.48万亩，梨0.41万亩，桃0.3万亩，葡萄0.34万亩，樱桃0.32万亩，杏、李0.19万亩，其他水果0.69万亩。实用技术得到广泛普及，管理水平明显提高，培训果农3126人次。水果质量安全指数明显上升，全市水果基地内苹果、梨、葡萄、石榴等大宗水果套袋率85%，疏花疏果面积占水果总面积的70%，优质果率达到62%。引进穴贮肥水、生物防控虫害新技术，全市推广果园生草、配方施肥技术面积约38.6万亩。完成5个市级水果标准化示范园建设，品种为苹果、梨、葡萄、桃、杏、李，面积1000亩，园内引进新品种15个，栽植0.85万株，综合运用“灯、板、套”技术防控病虫害，通过灯诱杀虫、板粘虫、烟熏杀虫，降低农药使用量，确保果品质量大大提升。

（师媛媛）

【农作物种植结构调整】 2011年，全市谷子、红薯、花生各新发展5万亩。按照整乡推进、连片发展的原则，建立3个红薯万亩高产示范区、3个谷子万亩高产示范区和4个花生万亩高产示范区。红薯万亩示范涉及汝阳、伊川和嵩县的3个乡镇、42个村、13789名农户，总种植面积3万亩，其中核心区面积9000亩。在前期严重干旱、中后期连绵阴雨寡照等多种不利因素的影响下，3万亩红薯示范方平均亩产鲜薯1773.1千克，超额完成了市农业局下达的亩产鲜薯1750千克的目标任务。谷子万亩示范区涉及伊川和洛宁县的4个乡镇、36个村，总种植面积5.56万亩。示范区种植品种主要是张杂谷8号、懒谷3号、张杂谷11号等抗除草剂杂交谷子新品种，5.56万亩谷子示范方平均亩产250.3千克，与同期种植的夏玉米123.7千克相比，增收126.6千克，增产102.3%。花生万亩示范涉及宜阳、孟津和嵩县的4个乡镇、32个村，总种植面积4.4万亩，其中核心区面积1.1万亩。4.4万亩花生示范方，平均亩产荚果307.8千克。其中核心区面积共1.1万亩，平均亩产荚果349.9千克。

（常役军）

【休闲旅游农业园区建设】 2011年，全市休闲、旅游农业园区总数796个，其中规模以上（指年经营收入500万元以上）33个。园区总数中，休闲农业园区133个，休闲农庄37个，农家乐（宾馆）529个，休闲垂钓园97个。休闲、旅游农业园区面积35.8万亩，从业人员3.5万人，资产总额26亿元，固定资产投资18.9亿元，年接待人数927万人次，年营业收入20.2亿元。栾川县和银杏嘉年华分别获得农业部和国家旅游局授予的全国休闲农业与乡村旅游示范县（点）。抓好休闲旅游农业园区规范提升。筛选了春华秋实、银杏嘉年华、常袋红提等10个休闲旅游农业园区，作为示范点进行重点规范、提升，并按照《2011年十大休闲旅游农业示范园区建设工作方案》和《考核方案》，从接待人数和经济效益、社会效益和生态环境效益、休闲旅游设施、经营与管理等九个方面对休闲旅游农业示范点进行考核验收。各示范园区按照制定的标准进行建设，园区服务内容和水平得到了极大提升。如银杏嘉年华园区作为龙门石窟的配套景点，年平均接待游客30万人次，发展前景十分可观。孟津慧林源蔬菜采摘园，日接待量500余人，年收入达300万元。

偃师市标准化葡萄园内篱架棚架技术生产模式

孟津琦梦红提庄园辐射带动种植面积4200亩，可促使农村近2000户1.3万人从事水果种植，基地总面积达6800亩。红山大粒樱桃采摘园旅游观光、采摘的游客20万余人次，旅游业收入230万元，农业产值410万元。

加大对生态旅游农业园区的扶持力度。经过对10大园区的考核验收，分批下达了500万元项目建设补助资金，并在农业部确定栾川县和银杏嘉年华为全国休闲农业示范县和示范点基础上，又向农业部、河南省推荐了孟津县和红山樱桃沟，争取获得国家政策项目扶持。

（张玉琳）

【水产生产】 2011年，全市水产养殖面积45万亩，同比增加0.36万亩；水产品总产量4.35万吨，同比增加0.49万吨，增长12.7%；经济总产值7亿元，同比增幅达29.8%，均超额完成市委、市政府下达的目标任务。推行健康养殖理念，开展标准化养殖。新创建部级健康养殖示范场3个，面积1.7万余亩。截至2011年年底，全市部级健康养殖示范场达到7个，面积2万余亩。特色水产发展势头强劲。在栾川、嵩县引进金鳟、鲟鱼、红鳟等冷水鱼养殖，并获得成功，现养殖规模已扩大到50余亩，在宜阳开展鱼菜共生试验，在池塘水面上试种空心菜，在池梗上种植苔菜和喂养家禽，取得满意效果。在孟津开展稻田养鱼、稻田养泥鳅、稻田养蟹新模式。强渔惠渔力度进一步加大。全年共争取到各级财政扶持资金414万余元，其中渔业成品油补助资金124.76万元。享受到中央财政菜篮子专项建设资金100万元支持，用于“菜篮子”水产品生产基地建设。通过扶持资金的撬动效应，吸引了大量社会资金及地方资金投入到水产基地建设中来。

（马胜亮）

2011年洛阳市分县（市）区渔业生产情况

	养殖面积（公顷）		水产品产量（吨）	
		国营		国营
洛阳市	30046	26080	43334	10601
吉利区	694		11330	
洛龙区	1405		5100	
孟津县	4690	4041	15800	4991
新安县	17158	17064	6223	4470
栾川县	21		55	
嵩　县	3240	3243	1628	654
汝阳县	245	228	180	112
宜阳县	613	20	1699	
洛宁县	1562	1366	591	366
伊川县	314	118	454	
偃师市	104		274	8

【土地流转】 2011年，全市农村土地流转面积154.4万亩，占家庭承包经营面积的32.6%，其中新增流转面积85.4万亩。从部门看，农业土地流转面积70.5万亩，占农户家庭承包面积的14.9%，占总流转面积的45.7%，涉及农户22.3万户，签订流转合同14.5万份，连片流转面积500亩以上的22.2万亩，其中2011年新完成农业土地流转面积29万亩，占目标任务的193%；连片流转面积500亩以上的15.1万亩，占新流转面积的52.1%。从流向看，流转入龙头企业的26.8万亩，流转入合作社的10.6万亩，流转入农户的32.7万亩。从流转用途看，重点是农业结构调整，由种粮转变为种植蔬菜、水果、花卉、烟叶、中药材或休闲农业园区建设，如嵩县车村镇天桥沟流转面积1000亩用于种植玫瑰、薰衣草。从流转规模看，规模也逐步扩大，如伊滨区新流转3万亩，其中连片500亩以上的2.1万亩，瀍河区新流转的2000亩全部是集中连片，偃师市、孟津县、新安县、伊川县、宜阳县、汝阳县、嵩县、栾川县等均完成土地流转任务，新流转土地面积均在1.5万～4万亩左右，且以规模种植为主。

加强对土地流转工作的管理。年初市政府发文要求各县（市）、区要成立土地流转服务中心和农村土地承包仲裁委员会，并确定偃师市、嵩县为土地流转服务示范点。经过一年的努力，完成试点建设，达到“四有标准”（即有办公室、有制度、有人员、有台账），其他16个县（市）、区都成立了土地流转服务机构。汝阳县高度重视对土地流转工作的管理，除到鄢陵学习外，还拨付专项工作经费，不仅县里成立2个机构，而且14个乡镇全部成立了土地流转领导小组、流转服务中心和乡镇土地承包纠纷调解委员会，每乡确定两三个重点村建立村土地流转服务站，乡流转中心有办公室、电脑、电话，流转制度、流转程序等一律上墙。偃师市也成立了市、乡、村三级土地流转服务体系，市级服务机构14人，拿出8万元购置了办公用品，设立了9间办公室，12个乡镇全部挂服务、仲裁2块牌子，配备2～3人，30多个重点村设立了服务站。另外，偃师市、汝阳县、宜阳县、嵩县等都统一印制了土地流转合同文本、委托书、登记台账和流转申请书等，对流转合同进行统一规范，农户和村委会签订土地流转委托书，合同、台账等在县（市）农经站存档。偃师市、宜阳县、嵩县、汝阳县、龙门管委会、瀍河等都下发工作方案，并制定奖补政策，如龙门管委会列出1500万元财政专项资金，分3年用于土地流转后水、电、路等基础设施建设补助（100亩补10万元）、规模种植补贴和经营企业奖励。嵩县凡连片流转500亩以上的，每亩补助100元。（张玉琳）

【植物保护】 2011年，全市农业系统发挥四级测报网络优势，加强农作物病虫害监测预警，共印发《病虫情报》137期4万多份，预报准确率达95%以上；制做播出病虫电视预报及电视专题讲座81期次，洛阳新闻报道5期，第一时间将农作物病虫害发生实况和科学的防治方法快速传播到广大农村，为农民提供及时有效的服务。

适时开展防治，控制病虫害。适时制定农作物病虫草害防治意见，在病虫害防治关键时期，发布小麦、秋作物重大病虫害监测防治明传电报2期；在病虫害重发区域实施统防统治320万亩次；及时监控蝗虫，累计防治面积占达标面积的126.4%。全年共组织技术干部下乡2091余人次，培训基层干部和农民42万人次，印发技术资料42.85万份，进行12316热线、手机专家答疑50余次；累计指导防治农作物病虫草害面积1941.59万亩次。

严格植物检疫，控制疫情扩散。按照检疫操作规程，实施产地检疫、调运检疫，全年开展产地检疫10.3万亩，产检合格种子2582.52万千克、苗木198万株；完成调运检疫965批次，调运量402.28万千克、苗木1017.91万株。有针对性地开展检疫性有害生物查除，普查各种农作物170万亩，开展疫情防除130万亩。加强种子市场监管，检查企业26个、经销单位805个，对违章调运进行查处。

加强农药管理，净化农药市场。开展禁限用高毒农药的宣传和以查处禁限用高毒农药、假冒伪劣农药为重点的市场监管，全市出动农药执法人员2087人次，检查农药经营单位2998个，立案查处18起，查处各类不合法农药产品686千克，涉案金额3.15万元。印发农药宣传资料10.98万份。

开展试验示范，推广植保技术。开展新农药、新药械试验示范8项，主抓了小麦、甘薯、花生、果树等6个病虫害综合防控、绿色防控示范区建设，成效明显。大力推广高效、低毒、低残留新农药7万千克，控制病虫草害面积180万亩以上。（李巧芝）

【农业产业化经营】 2011年，全市龙头企业总数达到406家，其中新增加24家，超额完成市政府确定的400家的目标任务。全市国家级龙头企业1家，省级龙头企业30家，市级龙头企业179家。其中：种植业55家、养殖业50家、加工业74家。龙头企业拥有员工2.75万人，龙头企业资产总额42亿元，销售收入69亿元，上缴税额1.2亿元。全市新发展合作社488家，完成目标任务的488%，总数达到1538家，比上年的1050家增长46%，其中省级示范社30家、命名市级示范社150家。各类产业化组织带动农户63万户，占全市农村总户数的48.5%。农业产业化产值占第一产业总产值的58%，农民来自产业化经营的收入占农户总收入的54%。

加大对涉农企业的政策扶持力度。制定《洛阳市2011年农业产业化重点发展龙头企业工作方案》《洛阳市2011年十佳农民专业作社发展实施方案》，为30家省级龙头企业和5家省著名商标的单位争取市财政扶持资金175万元；为春都、亿众、华裕等企业争取省产业化扶持资金330万元。

大力发展龙头企业。以市政府名义下发《关于调整公布农业产业化市级重点龙头企业的通知》，调整后第四批市级重点龙头企业179家，其中新申报龙头企业68家，并筛选上报了洛阳福达美生物新产品开发有限公司、洛阳春都投资股份有限公司、洛阳伊众清真食品有限公司等3家企业为国家重点龙头企业候选企业。10月，洛阳福达美生物新产品开发有限公司被农业部确定为国家级龙头企业。

积极组织参加农产品展示展销会。经过精心组织、认真筹备，在驻马店召开的全国农产品加工业投资贸易洽谈会，洛阳市参展企业43家，参展产品146个，获得金奖产品3个，优质产品5个。在成都举办的全国第九届农交会，洛阳亿众签约1.2亿元的肉牛基地项目，福达美公司杏鲍菇荣获第九届农交会金奖，汝阳同富粉条合作社的精装粉条得到农业部领导的高度赞誉，被确定为人民大会堂指定产品，为洛阳市争得了荣誉。（张玉琳）

【农产品质量安全】 2011年，洛阳农业系统不断加大农资监管力度，积极推进农业标准化步伐，严格实施农产品市场准入制度，全市的农产品质量安全水平稳中有升。基本杜绝在种植业产品生产过程中使用甲胺磷等5种禁用农药、水产品养殖过程中使用孔雀石绿等禁限用药物等行为，制售假冒伪劣农药行为得到有效遏制，农产品市场准入实施范围逐步扩大，农产品生产基地监管进一步得到加强，全年没有发生一起农产品质量安全事故。

积极开展农资市场专项整治，把好源头关。先后组织开展放心农资下乡进村宣传、春（秋）季农资市场专项执法行动、种子执法年、农药市场监管年等活动，通过严厉打击制售假冒伪劣农资（特别是制售国家禁用高毒农药）等违法违规行为，进一步规范、稳定了全市农资市场。2011年，先后出动农业执法人员7773人次，执法车辆968余台次，检查农资生产经营单位5387个次，查处违规经营种子3140千克，不合格农药863.75千克。

不断加快农业标准化进程，把好生产关。以无公害农产品生产基地为着力点，以点带面，稳步推进全市农业生产标准化进程。2011年，全市新认证无公害农产品基地8个、待批10个，新认定无公害农产品14个、等批20个。洛阳市奥吉特蘑菇食用菌开发有限公司、偃师市能峰葡萄种植专业合作社被省农业厅认定为省级标准化生产示范基地；洛阳天瑞生态农业有限公司等5家基地被市认定为市级农业标准化示范基地。

严格落实农产品市场准入制度，把好准入关。偃师市、孟津县已实施农产品市场准入制度，其他各县级检测机构已能够做到对县城及辖区内主要农产品基地进行每周两次以上的抽检，监管力度日益加大。市质检中心组织对全市的无公害基地进行抽检，并有力保障了洛阳市区的蔬菜、水果、水产品日常检测工作。2011年，全市共抽检蔬菜样品43.8万个，合格率达99.8%；水果样品3.6万个，合格率达99.9%；水产品3600个，合格率达100%。（李向军）

【农村能源】 2011年，洛阳市农村能源环保工作紧紧围绕农村沼气和沼气服务体系建设以及循环农业和农村环保工作等目标任务，经过全市上下共同努力，圆满完成年度各项目标任务。新建户用沼气15036座，全市户用沼气总量达到50.5万座；新建30座沼气工程，全市沼气工程总量达到457座；新建100个村级沼气服务网点，全市村级沼气服务网点达到1151个；完善200个全托服务网点，全市全托网点达875个，签订沼气服务合同30万份。截至2011年年底，全市沼气服务覆盖率达到90%以上。

积极探索农村沼气发展新途径。在偃师市、伊川县、栾川县、洛宁县新建联户沼气工程7座，对360余户农户集中提供清洁的沼气能源，使全市连户沼气工程达到12座，为600余户农户提供沼气能源。

继续加大“三沼”和秸秆综合利用的推广宣传力度。新增“猪（牛）—沼—粮（果、菜）”“秸—沼—粮（果、菜）”等循环农业面积20万亩，总量达100万亩，秸秆综合利用率达80%以上。以沼气为主的清洁能源使用率达到40.5%，节约了常规能源原料，降低了薪柴、秸秆等的使用比例，年约节标煤5.1万吨。在适宜农村地区大力推广太阳能，新增太阳能15731台，新增太阳能使用面积1.98万平方米，使用太阳能装置总数达到17.69万台，总面积17.56万平方米，年节约标煤2.12万吨。

（王小娟）

【渔政管理】 2011年，全市渔业安全检查大小渔船860多艘次，查处违规渔船43艘次，消除事故隐患8起。全市没有发生一起渔业安全生产事故，被国家渔政局评为“全国水生生物资源养护工作先进单位”，孟津县被农业部和安监总局联合授予“全国平安渔业示范县”。

加大渔业资源保护力度。在黄河、洛河、伊河等天然水域实施了为期两个月的春季禁渔活动。同时，积极开展增殖放流活动，在小浪底水库、故县水库投放银鱼卵2.1亿粒；在伊滨公园内开展大规模的水生生物增殖放流活动，放流花白鲢鱼、草鱼、甲鱼、锦鲤、河蟹、虾等水生生物13个品种 50多万尾。建立洛河鲤鱼国家级水产种质资源保护区，使洛河鲤鱼进入国家保护范围。举办第二届水生野生动物保护科普宣传月活动，通过各种形式宣传水生野生动物保护法律法规，普及水生野生动物保护知识。

加强渔船安全检验。完成全市432艘渔业船舶年检任务，按照河南省渔政局安排，对平顶山市的139艘渔船进行检验。

（姜　钧）

【农业行政执法】 2011年，全市农业系统组织开展了“放心农资下乡进村宣传”活动，出动科技及执法人员1320人次，宣传车辆120余台次，制作横幅80条、展板450块，印发宣传资料5万多份，现场接受群众咨询和培训5万余人。

可供400农户使用的盛平国债大型沼气工程项目

开展执法专项整治行动。开展种子执法年和农药市场监管年专项行动，发挥12316“三农”热线投诉举报功能，落实“闻报必动，有诉必接，接案必查，查必到底”。全年出动农业执法人员7973人次，出动执法车辆1075台次，检查农资生产经营单位5499个次，查处违规经营种子3170千克，不合格农药894.75千克。

抓好洛阳市农产品质量安全信用监管信息系统建设。委托洛阳市移动公司筹建农产品安全信用监管平台，将全市所有农资经营户（企业）、生产基地、检测点纳入系统，在加强监管的基础上，促使生产者、经营者养成诚信经营、安全生产的良好观念，为全市农资市场秩序进一步好转、农产品质量安全水平不断提升打下良好基础。

（王永好）

畜牧业

【综合生产能力稳定增长】 2011年，全市畜牧业克服养殖成本提高、产品价格波动和动物疫病防控难度大等不利因素影响，呈现出持续快速发展的良好势头，实现了数量、质量、效益的同步增长。全市奶牛存栏12万头，较上年增长17.6%，继续保持全省领先位次；生猪饲养量414万头，增长3.2%；肉牛饲养量99万头，肉羊饲养量129万只，保持稳定态势；家禽饲养量4283万只，增长6.8%，其中新增特色养禽210万只，饲养总量达到360万只。全市肉蛋奶总产达到80.3万吨，实现畜牧业产值111亿元。

【畜牧产业化经营】 2011年，全市改造畜禽规模养殖场78个，新建各类规模场65个，其中万头以上猪场5个，全市生猪规模养殖比重达60%以上；新建肉牛、肉羊规模养殖场（区）13个，奶牛养殖场（区）8个；建成年出栏100万只肉鸭养殖小区2个，万只鸡舍100栋。伊川新大牧业、汝阳恒野牧业、宜阳民政牧业、新安春天牧业等养殖企业规模快速扩张，发展速度和模式不断创新，成为全市乃至全省现代畜牧业发展的新亮

标准化奶牛养殖场

标准化养鸡舍

点。全市初步形成以偃师、孟津为奶牛优势区，以巨尔、生生乳品加工企业为龙头的奶业产业链，年加工能力达26万吨；以伊川、宜阳、偃师、汝阳为生猪养殖优势区，以偃师众品、洛阳正大、宜阳雨润等加工企业为龙头的生猪产业链，年加工能力达450万头；以洛宁、伊川、嵩县为特色肉禽养殖优势区，以洛阳立华、六和惠泉、东汉禽业等加工企业为龙头的肉禽产业链，年加工能力达5000万只；以洛宁、宜阳、伊川为肉牛养殖优势区，以宜阳清真伊众为龙头的肉牛产业链，年加工能力10万头。

【重大动物疫病防控】 2011年，洛阳市畜牧系统坚持“防控结合、预防为主”的方针，建立各级政府负总责、企业法人具体负责、有关部门各负其责的防控责任体系。积极组织开展春、秋两季集中免疫大会战，应免畜禽集中免疫密度达100%。全市设立疫情监测点267个，监测高致病性禽流感、口蹄疫等重大动物疫病样品1.5万份。进一步加强洛阳市重大动物疫情预警中心和县（市）、区传输网络建设，应急管理水平进一步提高。全年没有发生区域性重大动物疫情，顺利通过省畜牧局春季和全年重大动物疫病防控工作考核验收。

【畜产品质量安全管理】 2011年，洛阳市畜牧系统认真落实畜产品市场准入制度，加大检疫监督力度，严把上市肉品质量关，确保市民吃上“放心肉”。加强奶站集中整治和生鲜乳检测，坚持对全市规模奶牛场、养殖大户、奶站每月进行现场巡查一次。全面开展“瘦肉精”拉网排查和清剿活动，进一步完善了养殖和屠宰环节监管措施，在全省率先制定《洛阳市产地检疫瘦肉精同步检测规程》和《洛阳市生猪定点屠宰厂检疫检测规程》。发放张贴“瘦肉精”清剿通告17万份，印发畜产品质量安全知识宣传手册5万册。加大畜牧执法力度，全年畜牧系统共出动执法人员1.8万人次，检查生产经营企业10.8万家，抽检饲料兽药300余份，检测“瘦肉精”3.7万份，检出病害畜禽4.3万头（只），病害肉品4.5吨，办理违法案件317起。

【招商引资和政策资金争取工作】 2011年，全市畜牧系统坚持把招商引资作为快速培育龙头企业、促进畜牧产业化经营的重要抓手，先后引进南京雨润150万头生猪加工、常州立华3500万只特色养禽、新大牧业100万头生猪养殖等大型畜牧生产加工项目，带动了宜阳生猪养殖7个乡镇长工程、伊川30个每个出栏3万只以上特色养禽等一批标准化、产业化项目顺利实施，其中宜阳县乡镇长工程全部建成后可形成90万头的生猪出栏规模，占全市生猪出栏量的1/2。总投资5亿元的洛阳立华特色土鸡养殖项目建成后，可带动近千个农户，年出栏能力可达到3500万只，相当于全市家禽饲养量的总和。北京东汉禽业投资120万元，新建出栏100万只的肉鸭养殖区2个。同时，加大部省畜牧惠农资金争取力度，争取奶牛、肉牛、生猪良种补贴资金351万元，受惠农户达1.8万户。争取部省“菜篮子”工程、规模场建设改造、能繁母猪补贴等项目资金4300万余元，其他畜牧技术推广类资金达440万余元。

【执法机构和队伍建设】 2011年，全市畜牧系统干部职工上下齐心协力，尽职尽责，在完成“瘦肉精”排查、检测、整治、清剿等繁重工作的同时，认真做好基层队伍的调查研究，摸清基本情况，并积极向市委、市政府主要领导反映畜牧执法队伍状况及存在问题，充分与编办、人事等部门沟通。经过努力，市动物卫生监督所和畜产品质量监测中心新增编制22名，并成立洛阳市畜牧兽医综合执法支队，进一步增强了畜牧兽医执法力量。 （牛金涛）

林业

【概况】 2011年，洛阳市造林45.4万亩，森林抚育和改造工程12.2万亩，飞播造林5万亩，建设花卉苗木林果基地3.7万亩，核桃基地13.2万亩。义务植树1399万株，林业育苗2.6万亩。偃师、伊川县成功创建省级林业生态县。集体林权制度主体改革完成，林权发证1002万亩，占全市集体林地总面积的97%，顺利通过省政府验收。全年实现林业总产值54亿元，较上年增长20%。防治各类林业有害生物25.8万亩，林业有害生物成灾率0.77‰，低于3.9‰的省定目标。森林火灾受害率不足0.01‰，低于1‰的省定目标，无重大森林火灾和人员伤亡事故发生。全年办理各类案件2526起，无“公路三乱”案件发生。406万亩国家级、省级重点公益林管护良好。国家天然林保护工程二期正式启动。制定洛阳市地方标准《刺槐速生丰产林栽培技术规程》。新建林业科技示范园17处。2011年6月，洛阳市被全国绿化委员会、国家林业局授予“国家森林城市”称号。市林业局被省林业厅通报表彰，被市政府授予集体二等功。在2011国际森林年活动中市林业局被全国绿化委员会授予“国土绿化突出贡献单位”，成为全省唯一获此殊荣的单位。在年终综合考核中被省林业厅评为“目标管理优秀单位”。效能提升、林业生态建设、园林绿化、新农村建设等工作受到市委、市政府表彰。

【国家森林城市创建】 2008年以来，市委、市政府决定创建国家森林城市，确立“牡丹山水林城，宜居生态洛阳”为森林城市建设的基本理念。围绕创建国家森林城市目标任务和总体要求，突出“牡丹花城、千年帝都、文化名城、水韵城市”四个特色，积极构建“绿带贯穿、水网相连，森林成片、绿点均布”的绿化格局。至2011年年底，全市累计造林212万亩，森林抚育和改造65万亩，初步建成了覆盖城乡的生态通道网络，新发展城郊森林7.9万亩，对2583个村庄进行高标准绿化，栾川县、嵩县、汝阳县、洛宁县、新安县、宜阳县、偃师市、伊川县成为省级林业生态县，偃师市、洛宁县、栾川县、嵩县被评为全国绿化模范县。经济林面积达到206万亩，森林覆盖率达到46%，比创建国家森林城市前增加3.2个百分点，2011年6月，在大连举办的第八届城市森林论坛上，洛阳市被全国绿化委员会、国家林业局授予“国家森林城市”称号。

【林业生态建设】 完成造林45.4万亩，占任务的106%；森林抚育和改造12.2万亩，占任务总数的100%；义务植树1399万株，占任务的106%。全市建立500亩以上义务植树基地67个，义务植树尽责率达到98%以上。在10个县（市）、区建成市领导办绿化点10处，总面积1.55万亩。按照“突出重点、形成亮点、以点带面、示范引导”的工作思路，高标准建成5大类15项千亩以上市级示范工程。栾川县、宜阳县、伊川县、孟津县、偃师市建成5个城郊森林示范工程；嵩县、洛宁县建成2个山区生态林示范工程；汝阳县、新安县、伊滨区建成3个生态经济兼用林示范基地；孟津县、偃师市和洛龙区建成3个环市区花卉苗木林果产业基地示范工程；偃师市、宜阳县分别完成郑西高铁偃师段、宜阳段沿线防护林工程，形成了亮点，起到示范带动作用。偃师市、伊川县省级林业生态县创建工作通过验收。

【林业结构调整】 2011年，洛阳市在花卉苗木林果基地建设方面，制定了一系列优惠政策：凡是在规划区域内，符合规划要求，集中连片建设花卉苗木基地的，市财政给予每亩每年600元的补助，原则上连补3年；凡是在规划区域内建设林果基地或在林下发展花卉苗木的，市财政给予每亩每年300元的补助，连补2年。经过努力，全年建设花卉苗木林果基地3.7万亩，占任务总数的106%，创历史新高。培育了孟津县凤凰山、伊滨区佃庄镇、宜阳县莲庄等一批亮点工程，花卉苗木林果基地初步显现规模化、产业化的发展格局。在核桃产业发展方面，市政府制定优惠政策，通过向上争取政策与市财政补贴相结合的方式，对种植农户每亩补贴300元。经检查验收，全市完成核桃13.2万亩，占任务的120%。15个省级以上森林公园和1个省级生态旅游区接待游客总人数194万人次，森林公园门票收入2800万余元。全年实现林业总产值54亿元，较上年增幅20%。

【林业育苗】 2011年，洛阳市完成主要造林树种林业育苗2.64万亩，占年度目标任务2.5万亩的105.6%，可供当年用苗1.83亿株。其中：核桃育苗2780亩，占年度任务的111 %。组织36家育苗单位与河南省林业厅签订育苗合同，协议培育泡桐、侧柏、核桃、皂荚、花椒、臭椿、柿树等7个树种优质林木种苗448万株。

【集体林权制度改革】 2011年，洛阳市开展了集体林权制度改革回头看活动，加强县级档案室建设，规范档案管理，确保林改质量。截至2011年年底，全市完成林权发证输机面积1002万亩，占全市集体林地总面积的97%。在配套改革方面，栾川县等3个县成立林权交易中心，为规范林地流转、开展森林资源评估、林农抵押贷款等提供了平台。引导建立各类农民林业专业合作社90家，有效利用林业资源20万余亩，逐渐形成林菌、林禽、林药、林草、林粮、林菜、林畜、林蚕等8种林下经济发展模式。通过林业结构调整、开展森林生态游和发展林下经济等形式，全年完成林地流转50万亩，圆满完成林地流转目标。

【森林防火】 2011年，全市森林防火工作深入贯彻“预防为主，积极消灭”的方针，狠抓森林防火行政领导责任制、火源管理、基础设施建设、防火物资储备等各项防范措施的落实。组织森林防火专项督察100余次，查处违章用火

2011年洛阳市林业、林产品生产情况

项目	单位	数量	项目	单位	数量
当年造林面积	公顷	24403	零星植树	万株	11540186
#用材林	公顷	4549	育苗面积	公顷	1847
经济林	公顷	6534	核桃	吨	7384
防护林	公顷	13320	板栗	吨	18885
林地更新面积	公顷		生漆	吨	4
封山育林面积	公顷	5000	村及村以下木材采伐量	立方米	89117

生产经营单位17家，实行责任追究13人次，有效遏制各类野外违法用火行为的发生。各级防火部门坚持24小时值班和领导带班制度，确保火情信息和领导指示及时上传下达，为迅速处置森林火灾提供了保障。在天气条件极为不利、防火形势异常严峻的情况下，仍然取得无重大森林火灾和人员伤亡事故发生的好成绩，确保了全市森林防火形势的基本平稳。

【林业有害生物防治】 2011年年初，洛阳市林业局开展林业有害生物的越冬前后情况调查，发布了林业有害生物发生趋势预报，针对各类病虫害分别制定了防治计划和预案。加强野生动物疫源疫病监测、森林植物产地检疫和调运检疫工作，有效防止了外来有害生物入侵。组织开展草履蚧、落叶松鞘蛾、杨树食叶害虫等林业有害生物预测、监测和防治工作，对二广高速、连霍高速洛阳段的草履蚧危害进行防治，对连霍高速、二广高速、郑少洛高速洛阳段和洛栾快速通道的杨树食叶害虫进行飞机防治。组织10个专业队，对栾川、宜阳、洛龙、汝阳、新安、高新等县（区）主要通道两侧的杨树进行了地面喷药防治。全市累计防治各类林业有害生物面积25.8万亩，林业有害生物成灾率0.77‰，远低于省定3.9‰的目标。

【林业执法】 2011年，洛阳市开展了“春雷行动”和“亮剑行动”等林业执法专项行动，累计办理各类案件2526起。其中：林业行政案件2157起，涉林刑事案件143起，治安案件226起；刑事案件抓获人员171人，行政处理3191人次，治安拘留98人，没收木材1499立方米。先后查处特大非法收购运输国家重点保护植物兰草案、“3·30”特大非法运输木炭案、“4·19”非法占用林地案等一批在社会上造成恶劣影响的案件。通过一系列大要案的查处，打击了违法犯罪分子，有效遏制破坏森林资源违法犯罪行为，取得较好的社会效果。建立森林资源行政案件跨区联动执法机制，汝阳、嵩县被确定为全省首批3个重点联动执法区之一。

【天然林保护】 2011年，洛阳市启动天然林资源保护二期工程，建设期10年，涉及除偃师、汝阳外的所有县（市）、区，总投资4.2亿元。各实施单位科学编制并上报实施方案，落实工程建设任务、相关政策和措施，天然林停伐、森林资源管护、林业职工社会保险等工作稳步推进。全年累计为“天保工程”区国有森林加工企业1403职工争取基本养老保险、社会统筹补助859.62万元。

【重点公益林工程】 2011年开始，洛阳市公益林生态效益补偿面积大幅度增加，补偿标准也大幅度提高，天然林保护区国家级公益林全部实施生态效益补偿，全市公益林补偿面积达到406万亩，集体权属的省级公益林每亩补偿标准提高到10元。截至2011年年底，市林业局编制完成补偿基金实施方案和公益林建设项目实施方案，初步建立生态公益林管护机制、补偿资金发放管理机制，各项工作有序开展。

【林业基础设施建设】 2011年，洛阳市累计投入500万元，修建森林防火基础设施38项，购置各种森林防火机具280多台，工具7760把；投资300万元，建成洛阳市森林防火监控指挥中心。加强专业森林消防队伍建设，全市专业森林消防队伍达到12支，半专业森林消防队伍达到26支，重点乡（镇）森林消防突击队达到56支，形成了比较完备的森林消防队伍体系，森林防火扑火、救灾保障能力得到明显提高。黄河湿地自然保护区二期工程基本完工。国有林场危旧房改造全面展开。2010年国家下达我市国有林场危旧房改造任务366户，2011年新增改造任务845户，累计改造1211户，涉及7个县（市）16个国有林场，截至2011年年底，各个林场的危旧房改造项目全面开工，其中786户已改造完成。

【退耕还林】 2011年，洛阳市新增投资退耕还林年度造林15万亩，巩固退耕还林成果补植补造6.87万亩，完成退耕还林补植补造任务6.87万亩。组织开展退耕还林县级自查，并对历年来退耕还林地进行了阶段性检查，确保了56.5万亩退耕还林地全部通过国家验收。全年，国家下达退耕还林粮款补助及完善政策资金5786万元。

【野生动、植物资源保护】 2011年，洛阳市组织开展第二十九届“爱鸟周”、“野生动物保护宣传月”宣传活动。依法做好野生动物驯养、繁殖和经营利用等相关行政审批项目的办理工作，依照法定程序审核运输、驯养繁殖申请材料8份。积极做好伤困野生动物的救护工作，救助野生动物200余只。扎实做好野生动物疫源疫病疫情的防控工作，切实做好节假日值班，有效应对突发疫情发生。

【林业科技推广】 2011年，全市新建成林业科技示范园17处，带动当地群众推广林业新品种、新技术近3万亩。开展科技下乡活动，组织现场技术咨询服务295场次，举办各种技术培训班和技术讲座149次，培训林业职工和林农1736人次。编制完成洛阳市地方标准《刺槐速生丰产林栽培技术规程》，并于11月1日发布实施。

【万安山青年林项目建设启动】 2011年4月22日，洛阳保护母亲河行动——万安山青年林项目建设启动仪式在伊滨区潘沟村万安山南麓举行。市委常委、组织部长李少敏参加启动仪式，并参加植树活动。洛阳市万安山青年林建设规划面积500亩，位于伊滨区诸葛镇上徐马村，划分2个小班，主要栽植核桃嫁接苗和皂刺，外围采用侧柏常绿树种镶边，道路两侧栽植7年生核桃大苗，工程总投资99万元。

【《中国牡丹》首发式在国家牡丹园举行】 2011年4月18日，论述中华牡丹的最新巨著《中国牡丹》一书首发式在洛阳国家牡丹园举行。该书由中国花卉协会牡丹芍药分会副会长李嘉珏主编，中国工程院资深院士陈俊愉先生作序，中国大百科全书出版社出版发行。

《中国牡丹》一书从收集资料到出版发行历时9年，内容全面，系统总结近年来牡丹遗传资源及相关领域取得的丰硕成果，对促进牡丹产业发展具有深远影响。全书共12章，分总论和各论两个部分，对牡丹的栽培简史、生物学特性、品种分类、产业发展以及中原、西北、西南、江南、东北和国外牡丹均加以介绍。

【河南省“天保工程”工作会议在洛召开】 2011年6月1日，河南省天然林资源保护工程工作会议在洛阳市嵩县召开。副省长刘满仓、省政府副秘书长何平、省林业厅厅长王照平和相关省辖市有关负责人出席会议。市领导毛万春、郭洪昌、田金钢参加会议。

会议总结了全省“天保工程”一期（2000～2010年）建设的成效和经验，研究部署“天保工程”二期（2011～2020年）各项工作。会议提出，要通过实施“天保工程”二期，实现全省森林资源从恢复性增长进一步向质量提高转变，到2020年森林面积增加70万亩，森林蓄积净增315万立方米。

【《刺槐速生丰产林栽培技术规程》发布实施】 2011年9月26日，由洛阳市林业工作站承担起草的洛阳市地方标准《刺槐速生丰产林栽培技术规程》，已由洛阳市林业和质监部门聘请专家组成林业技术标准专家评审委员会，对其育苗技术、造林地的建立、速生丰产林管理技术、病虫害防治等技术程序进行了论证、评审，并予以通过。根据审定专家意见，经过认真修改，市质量技术监督局以洛质监标发〔2011〕8号文发布通告，《刺槐速生丰产林栽培技术规程》自2011年11月1日起实施。该标准的发布实施，将对规范和推动洛阳市的刺槐生产具有重要意义。

【洛阳牡丹惊艳国际林业产业博览会】 2011年11月4日，第二届中国国际林业产业博览会暨第四届中国义乌国际森林产品博览会在浙江义乌落下帷幕。洛阳代表团10多家企业携带20余种林特产品参展，洛阳国家牡丹园参展的催花牡丹成为河南展台“抢眼”亮点，成为河南省获得的13项金奖第一名，河南省唯一的“最佳参展产品奖”。

在第二届中国国际林业产业博览会暨第四届中国义乌国际森林产品博览会河南展台，由洛阳国家牡丹园参展的100盆洛阳红，凤丹白等10个品种组成的洛阳牡丹成为本届国际林业产业博览会众多游人观赏热点，受到全国各地及世界的游客的围观喜爱和一致好评。洛阳市此次参展的林业产品除国色天香的洛阳牡丹外，洛宁竹编、相框，栾川柿子醋等天然、绿色保建产品也引起众多客商的关注。

（金志峰）

水　　利

【概　况】 2011年，全市新增有效灌溉面积43公顷，占目标任务20公顷的215%；发展节水灌溉面积37公顷，占目标任务33公顷的110.8%；解决安全饮水30.04万人，占目标任务20万人的150.2%；治理水土流失185平方千米，占目标任务150平方千米的123%。引黄入洛工程、城市河渠综合治理等重点工程按计划实施，前坪水库、小浪底南岸灌区等重点项目前期工作加快推进。全国、全省山洪灾害防治县级非工程措施现场会在栾川召开，洛阳市再夺省“红旗渠竞赛精神杯”，同时获省“红旗渠竞赛精神杯”的还有宜阳县、栾川县和偃师市；孟津县水保科技园在全省率先成为全国中小学水土保持教育社会实践基地。成功应对了9月华西秋雨带来的严重汛情，取得防汛工作全面胜利。

【农村饮水安全】 自2005年开始，洛阳市按照国家统一安排，以让农村群众吃上干净水为目标，启动了农村饮水安全项目建设。全市当年普查上报农村饮水不安全人数为323万人，国家最后核定人数为155.9万人。截至2011年年底，全年先后实施12批国家饮水安全项目，累计完成投资6.3亿元，建设饮水安全工程1166处，累计解决饮水安全132万人，其中2011年完成投资1.39亿元，建设饮水工程303项，解决饮水安全30.04万人。

【水库除险加固工程】 洛阳市有各类水库156座，需除险加固的有149座，其中大型水库1座（陆浑水库），已进行除险加固；中型水库10座，至2011年年底完成除险加固7座；小型水库138座，至2011年年底完成除险加固47座。在工程建设过程中，全市各级水务、发改委、财政等部门密切协作，加强配合，积极协调解决施工中遇到的征地补偿、资金配套等困难和问题，各参建单位严格落实项目法人制、监理制等制度，按照项目建设程序，加强工程建设管理，有效保证了工程进度和质量。2011年，全市开工水库除险加固项目47座，主体工程完成12座，位居全省前列。

【农田灌溉配套工程】 2011年，洛阳

农田水利基本建设暨农业综合开发工作会议

市“小农水”重点县建设完成投资4272万元，其中中央1600万元、省1600万元，市县配套及群众自筹1072万元，新增灌溉面积28.9公顷，改善灌溉面积16.5公顷，新增节水灌溉面积2333公顷。孟津县黄河渠灌区节水改造项目总投资1944万元，新增、恢复灌溉面积24公顷。抗旱应急河库灌区水毁及修复项目完成投资840万元，恢复改善灌溉面积53公顷。支持部队抗旱打井51眼并完成配套。

省委常委、市委书记毛万春，省水利厅厅长王树山视察前坪水库项目

【水保生态治理工程】 2011年，洛阳市坚持生产发展与生态保护相结合，人工治理与自然修复相结合，工程建设与工程管理相结合的水土流失治理思路，重点抓好水保项目区和坝系工程建设，实施水保项目11个。其中：水保项目区6个，分别是偃师市北邙项目区、新安县金水河项目区、伊川县白降河项目区、栾川县狮子庙项目区、宜阳县高韩项目区和洛龙区龙门山项目区，总投资1111万元，治理水土流失面积26.3平方千米；小流域坝系工程5个，建设淤地坝5座，总投资294万元，分别是孟津县落驾沟坝系、宜阳县韩城河坝系、新安县马河坝系、伊川县甘水河坝系、汝阳县杜康河坝系。在抓好重点工程建设的同时，坚持点面结合，搞好面上水土流失治理，抓好水保执法监督，有效保证了水土流失治理效果，全年治理面积185平方千米。

【移民扶持工作】 2011年，洛阳市把落实移民扶持政策，维护移民大局稳定作为工作重点，全力作好移民扶持各项工作。一是按期发放移民后扶直补资金8388万元；二是完成水库移民后期扶持结余资金投资2705万元，完成移民后期扶持项目218个；三是积极推进陆浑水库回流移民进城安置工作，完成629户、3141人进城安置任务；四是全面做好移民信访稳定工作，及时化解矛盾和各种不稳定因素，坚决避免发生不稳定事件。

【城市河渠治理工程】 2011年，洛阳市把城市河渠治理及开发经营作为全市重点工程之一，围绕“以水为韵”新理念，进一步更新观念，拓宽思路，加快城市河渠治理和开发。在伊河市区段治理方面，规划六级橡胶坝开工五级，其中四级已具备蓄水条件。在北城区水系提升改造方面，洛河凌波沙滩浴场一期工程完工，东西两段北堤治理及太平橡胶坝、白村渠首坝全面开工；涧河市区段综合治理一级调蓄工程开工；邙山渠综合治理，完成渠道开挖、整修、护砌200米；中州渠解放路示范段改造工程已进入建筑主体施工阶段；引黄入洛工程主洞进尺4000米。在河渠综合开发利用方面，已签订开发利用合同1.4亿元，到位资金4000万余元。同时，河道采砂规范管理进一步加强，开展河道采砂秩序集中整治活动，基本实现了砂石资源统一规范管理，全年市级征收砂石管理费2305万元。

【重大水利项目前期工作】 2011年，洛阳市进一步加强力量，明确目标，落实责任，全力推进重点水利项目前期工作。其中：前坪水库项目2011年5月水利部水利水电规划设计总院（简称“水利部水规总院”）对项目建议书进行了审查，9月底完成修改完善，并及时进行复审；小浪底南岸灌区项目，规划报告修改完毕并上报水利部；伊洛河中下游治理，规划报告报河南省水利厅，同时分段编制项目建议书，争取上级投资尽快分期落实，已到位资金1.8亿元。

【水资源管理工作】 2011年，洛阳市水务局以市政府名义出台《关于强化水资源管理的意见》，对全市水资源管理工作提出具体目标和要求；开展取水总量控制分配，把取水总量控制指标细化到各县（市）；与公安部门联合开展水资源专项整治行动，有力打击各类水事违法行为；加强地温空调井管理，出台相关的文件和制度；进一步加大入河排污口整治，积极服务好碧水蓝天工程；积极推进节水型社会建设，顺利通过中期验收评估；强力开展水政执法和水资源费征收，查处各类水事违法案件72起，征收水资源费突破2000万元。

【防汛抗旱工作】 2011年，洛阳市防汛工作坚持“安全第一、常备不懈、以防为主、全力抢险”的防汛方针，扎实做好安全度汛各项工作。防汛工程措施方面，投资6800万元，初步建成集监测预警、视频会商、群测群防等为一体的山洪灾害防御体系，争取上级投资970万元，安排水毁修复及险工治理项目28处；开工中小河流治理项目5条，2条主体已完工。非工程措施方面，抓隐患排查整改、方案预案完善、防汛物资储备、应急抢险演练、防汛责任分包、防汛知识宣传等工作，确保了全市城乡安全度汛。在9月3～18日，全市出现持续降雨过程，平均降雨295毫米，与历年同期均值61毫米相比多384%，创历史同期雨量日最多、持续时间最长、雨量最大记录，洛河白马寺最大流量达到2270立方米/秒，伊河龙门最大流量达到1230立方米/秒。面对汛情，全市各级分包领导及时了解汛情，组织会商，并深入一线指挥协调，各级水利部门及防指成员单位充分发挥职能作用，积极协调配合，及时启动预案，深入一线抢险，保证了大汛情下没有发生大险情。在确保安全渡汛的同时，坚持防汛、抗旱并举，积极做好抗旱工作。2011年春季全市出现较大范围的持续干旱，各级水利部门迅速组织技术力量，及时启动抗旱预案，全力开展抗旱。抗旱期间，全市共投入抗旱资金3800万元，动员抗旱人员29万余人，投入抗旱机电井9000多眼、泵站440余处，出动流动抗旱设备660台套，支持部队抗旱打井51眼，累计抗旱浇麦150万亩次，解决临时吃水困难7600多人，为全市小麦再获丰收打下坚实基础。（陈亚辉）

农业机械化

【概　况】　2011年，洛阳市农机局按照市委、市政府关于农业结构调整、土地流转、生态旅游3篇文章打捆一起做的要求，认真落实农机购置补贴政策，高效组织“三夏”“三秋”工作，精心培育农机合作组织，强力推进玉米机械化收获，扎实做好农机安全生产工作，全市农业机械化综合水平持续快速提升，作业领域不断扩展，农业机械在加快新型农业现代化中发挥着越来越重要的作用。全市新增农机动力18万千瓦，农机总动力达到428万千瓦，比上年增长4.39%；推广新型农机具1350台，比上年增长35%；完成机耕435万亩、机播465万亩、机收400万亩，比上年分别增长2.35%、2.15%和11.12%。全市机耕率达到91%，小麦机收率达到92%，玉米机收率达到33%；玉米秸秆综合利用面积达到210万亩，其中机械直接还田183万亩，示范推广保护性耕作技术22万亩，比上年分别增长40%、83%和10%。新发展农机专业合作社65家，重点培育17家示范农机合作社，流转土地11万亩；完成在校培训3000人，其中驾驶操作人员2500人，分别比上年增长20%、25%。农机事故率连年下降，控制在1‰以下，无重大农机事故发生；争取到中央、省农机购置补贴项目等资金5538万元，比上年增长22.22%。

【农机购置补贴】　2011年，洛阳市争取到农机购置补贴资金5022万元，创历史新高。为做好农机购置补贴工作，市农机局与市财政局联合召开补贴工作会议，与各县（市）、区农机部门签订了目标责任书，并邀请市纪委副书记袁祖国对从事农机补贴工作人员进行警示教育。在落实补贴政策中，创造性实施了班子成员分片包干制、方案报批制、问题叫停制等制度，平均每月召开一次各县（市）、区农机局长座谈会，详细听取各县（市）、区补贴进度及存在的问题，发现问题及时解决，确保补贴工作顺利开展。认真落实督察制度，召开了农机购置补贴自查自纠动员会。从9月1日起，由市农机局班子成员带队，开展为期半个月的农机购置补贴检查工作，按照大型机具抽查率不低于80%、小型机具不低于20%的原则，对第一批补贴资金落实情况进行实地检查。共补贴各类农业机械18683台，其中大中拖913台、小麦玉米收获机械365台、秸秆综合利用机械1665台，受益农户15353户。

【农机合作组织建设】　2011年，洛阳市农机局加大扶持力度，向省农机局争取政策资金扶持，先后争取到扶持资金30万元，用于培育龙头合作社。同时加强引导，引导农民采用带地入社、带机入社、土地托管、承包等形式，组建农机合作社，提升土地流转能力。7月12～13日，在宜阳召开全市农机合作社建设现场会，对15家优秀农机合作社进行授牌奖励。全年新发展农机合作社65个，总数达215家，流转土地11万亩，培养出了偃师玉超、汝阳雷力、孟津又霖等17家流转土地超千亩的合作社。

【“三夏”农机生产】　2011年，洛阳市小麦成熟期呈“两极”分化的趋势，旱地麦收工作5月26日开机，较往年提前两天，水浇地麦收6月4日开机，比往年推迟3天。市农机局针对这种情况，一是提高组织协调能力。“三夏”前，积极协调中石化洛阳分公司、中石油洛阳分公司等石油供应部门发放农机用油优惠卡，对农机用油优先供应、优惠供应、充足供应。市、县农机部门全力组织，实行班子成员分片包干制，在县与县、乡与乡之间，合理调配机具，采取集中培训、以会代训、边学边训等形式，确

农民高兴领到补贴机具

保机手操作熟练，机具状态完好，作业效率优质高效。全市共组织各类农业机械24万台套投入“三夏”，日投入联合收割机最高达4323台，日引进外地机车最高达793台，均创历史新高。二是提高机械化作业规范程度。全年投入作业的大型收割机，新型、大马力及具有较高科技含量的机械比例增幅较大。“三夏”前，积极组织农机手认真学习《麦收技术规范的相关标准》，要求按标准规范操作，切实降低麦子损失率和破碎率，严控麦茬高度。三是提高秸秆综合利用水平。全年农机购置补贴资金重点向秸秆综合利用机械倾斜，市政府出台政策，对秸秆综合利用机械市、县、乡再给予10%的累加补贴，农民的购机热情高涨，全年新增秸秆打捆机95台，秸秆压块机20台。由于机械保障到位，秸秆综合利用水平大幅提升。四是提高全方位服务水平。“三夏”期间，市、县农机部门一把手坚守岗位，手机24小时开机，开通24小时热线服务电话，实行24小时值班制。加大“三夏”宣传力度，通过手机短信、电话咨询等方式，为机手提供天气预报、作业进度、机具需求等信息138条，利用报刊、电视、电台、网络等媒体，宣传报道“三夏”工作72次，编写《“三夏”快报》18期。成立16支维修服务队，维修保养机具1500余台。成立12支“三夏”麦收帮扶队，为4000余户外出务工人员、军烈属、困难户优先优惠收割小麦，帮扶1万余亩。

【玉米机械化收获】 2011年，洛阳市农机局针对“三秋”前连日多雨、玉米成熟期推迟的现状，提前摸清“三秋”机具需求情况，加强组织建设，合理调配机具，确保“三秋”工作顺利推进。全市共组织25万台（套）农业机械投入“三秋”生产，重点是抓好玉米机收示范区建设。第二批补贴资金重点向玉米机收倾斜，足额足量保证玉米机收机械。以建立玉米机收先行县、重点县和示范区为抓手，强力推动玉米机收工作上台阶，玉米机收先行县偃师市，重点县孟津县，省财政直管县宜阳县，在省分配第二批补贴资金的基础上，各追加补贴资金指标100万元用于玉米收获机械补贴。各县区建立1～2个面积不低于1000亩的玉米机收示范区，示范区内机收率达到80%以上。全市玉米机收率达到33%，比上年提高10个百分点。

【农机新技术、新机具推广】 2011年，洛阳市不断加大农机新机具、新技术的引进、试验和示范推广力度。市、县农机部门积极争取农机科研项目，大力推广和研制适宜本地的农机具，促进农机产品的更新换代步伐。先后推广了保护性耕作、小麦精播、玉米秸秆机械粉碎还田、深松作业等4项新技术，小麦玉米免耕播种机械、玉米收获机械、农作物秸秆青贮机械、捡拾打捆机械等11类新机具。为做好深松作业技术的推广，9月20日，市农机局组织各县（市）、区农机技术人员到许昌豪丰农机公司实地参观深松作业等新机械演示，并把深松耕地作业面积分解到乡、村、农户和农民专业合作社，实行整乡、整村区域推进。保护性耕作技术示范推广面积连年大幅增长，在偃师、孟津、洛龙、新安等地实施了22万亩，比上年增加20%。实施秸秆直接还田183万亩，比上年增加83%。

【农机安全生产】 2011年，市农机局坚持“预防为主、综合治理”的方针，贯彻落实国家、省、市农机安全工作会议精神，采取分片包干、强化宣传、集中整治、县区互查等方式，加强农机安全监管，确保农机生产安全。一是把农机安全纳入年度目标考核。在年初全市农机工作会议上，明确农机安全生产工作是年度考核重点，在年终评先上实行一票否决制。二是扎实开展农机安全生产宣传活动。先后多次开展农机安全宣传活动，全市共出动宣传车155次，设立咨询台75个，宣传横幅95条，发放宣传资料11万份。深入开展平安农机乡、村和平安农机合作社活动，先后有10个乡、40个村和21个合作社分别获得“平安农机示范乡、示范村、示范合作社”称号。三是严格落实安全生产责任制。进一步明确各级农机部门一把手为安全生产第一责任人、负全责，主管领导具体抓，农机监理部门是主体，市、县农机部门签订了目标责任书，细化任务，明确职责，落实到人。四是加大督察力度。“三夏”“三秋”农忙时节，由市农机局班子成员带队，深入各自所包县认真检查农机安全生产工作落实情况，发现问题及时整改。在日常工作中，积极联合公安、交通等部门对拖拉机无牌无证、违法载人、超速超载等进行专项整治，排除安全隐患，打击违规

玉米收割机作业现场

违法行为，确保农机生产安全。同时，认真做好分包县宜阳的安全生产督察工作，按照市政府要求，采取定期检查和随机抽查相结合的方式，对该县的安全生产情况进行督察，发现问题及时纠正，并定期向市安全工作委员会进行汇报。

【农机职业技能鉴定】 2011年3月17日，农业部政企联动项目——全国农机维修高技能人才及师资培训班在洛阳市举行，对来自全国的44名农机维修高技能人才进行了培训、考核，颁发了证书。7月，成立洛阳市农机行业考评员委员会，对每名考评员签订了聘任合同，分批对考评员进行了培训。9月，申请成立洛阳市职业技能培训鉴定基地。全年举办3期职业技能培训班，为300名农机从业人员颁发了合格证。 （门会超 王海林）

扶贫开发

【概 况】 2011年，洛阳市完成了解决5.32万人温饱问题的目标任务，争取扶贫资金1.3亿元，为历史新高。洛阳市扶贫开发办公室获得了国务院扶贫开发领导小组颁发的“先进集体”荣誉称号。3月，市委副书记、市长郭洪昌，市委常委、农工委书记田金钢与洛阳籍特邀嘉宾——央视著名节目主持人朱军一道，走进中央电视台七套《又是一年春来到》节目，全面介绍洛阳市的搬迁扶贫工作。

栾川白土乡马超营村

【搬迁扶贫】 2011年，洛阳市在汝阳、嵩县、栾川、洛宁、宜阳、新安、孟津7个县规划建设12个搬迁扶贫新村，搬迁2250户、10005人。规划建设在县城附近2个、在乡镇政府所在地8个、在旅游景区服务区1个、建其他新型社区1个。在8个新建项目中，有7个安置群众200户以上；4个续扩建项目中，每个点累计安置搬迁群众300户以上。截至2011年年底，12个搬迁扶贫新村76栋楼的主体建设任务已顺利完成。全年，经积极争取河南省扶贫开发办公室又为洛阳市安排增量资金1900万元，在6个县规划建设搬迁扶贫新村8个，搬迁1186户、5406人，计划2012年6月完成。

【整村推进】 河南省扶贫开发办公室分配洛阳市整村推进村的名额为50个，经积极争取，又增加24个名额，最后共规划74个整村推进村，涉及11个县（市）、区。规划项目581个，其中财政扶贫项目168个。计划投入资金17658万元，其中：中央、省财政扶贫资金3700万元，县财政资金1655万元，整合部门资金8047万元，群众自筹资金4256万元。168个财政扶贫项目于9月底竣工完成。同时，跨年度“县为单位、整合资金、整村推进、连片开发”试点项目，在嵩县试点的基础上，又争取到栾川整村推进连片开发试点，获取资金1200万元。截至2011年年底，第一批财政扶贫资金500万元已下拨，各项计划项目正在顺利实施。

【劳动力培训转移】 2011年，洛阳市投入扶贫培训资金806万元，完成技能性培训（雨露计划）8971人。涉及全市21个培训基地，其中省级基地2所、市级基地6所、县级基地13所。

【产业化扶贫】 2011年，洛阳市在科技扶贫项目方面，一是争取到2011年度国家级科技扶贫项目1个（洛宁县洛阳东汉禽业有限公司樱桃谷种鸭引进及推广项目），投资100万元。项目建设引进纯正樱桃谷SM3父母代种鸭3.6万只，在100户贫困户中推广示范，带动500户贫困户养鸭脱贫。二是争取到9个省级科技扶贫项目，其中5个省级重点科技扶贫项目、4个省级一般科技扶贫项目，共投资390万元。

扶贫到户贷款贴息项目。2011年，

汝阳付店牌路村

全市到户贷款发放规模7000万元，贴息规模350万元，贷款主要投向农村种植业、养殖业和加工业，资金覆盖372个自然村1562个贫困户。

产业化扶贫贷款贴息项目。2011年，全市成功申报8个产业化扶贫贷款贴息项目，争取贴息资金417万元。同时，鉴于上年产业化扶贫工作成绩突出，河南省扶贫开发办公室又追加产业化扶贫贷款贴息资金150万元。

互助金试点工作（跨年度）。2010年，嵩县、汝阳、洛宁、宜阳4个县互助资金试点工作全面铺开。通过积极争取，嵩县又获河南省扶贫开发办公室审批，新增460万元，涉及23个村，每村20万元互助资金。

【世行项目（跨年度）】 2011年是世行五期扶贫项目在洛阳市正式实施的第二年。此项目涉及嵩县、汝阳两县13个乡（镇）的48个世行五期项目村。2011年度项目计划投资 2025.42万元，其中：世行贷款1210万元，省级财政配套资金320万元，市级财政配套资金334万元，全球环境基金50万元。群众自筹44.15万元，群众投劳折资67.27万元。

2011年，河南省扶贫开发办公室在全市6个扶贫开发重点县实施“两项制度衔接”扶贫到户增收试点项目，涉及养殖业、种植业等31个项目，总投资850万元。

【社会扶贫工作】 2011年，洛阳市市直党政机关98个单位驻村帮扶工作有序展开。市扶贫开发办公室积极协调、指导县（市）、区组织358个县直单位参与社会帮扶工作；全力配合12家省直机关开展驻村帮扶工作。

2011年5月，国务院扶贫办、中国邮政集团公司、全国工商联牵头的向革命老区捐献“爱心包裹”活动，洛阳市获社会各界爱心人士及扶贫龙头企业捐款26万余元。此外，启动以来，市扶贫开发办公室继续与洛阳市统战部、工商联共同动员100多家私营企业参与“村企共建包村帮扶”工程。

协助河南省扶贫办积极筹备省扶贫开发协会及第一次会员代表大会召开，洛阳市5家企业捐款1808万元。闻洲瓷业有限公司、万基控股有限公司、东汉禽业有限公司被河南省扶贫协会授予“副会长”单位。 （冯　勇）

农业科研

【科研项目】 2011年，洛阳市农林科学院开展研究项目60项，其中国家级22项、省级13项、市级25项。

国家级课题项目有：国家农业科技成果转化项目“玉米新品种洛玉7号，洛单248配套技术研究与示范”，国家小麦产业技术体系洛阳试验站，国家玉米产业技术体系洛阳试验站，国家小麦产业技术体系土壤养分研究，黄河流域应对气候变化的生态环保型农业战略研究，北方冬小麦品种（系）抗旱性和节水丰产性鉴定，小麦核心种质有效利用及分子标记辅助育种，“丘陵薄地甘薯产量倍增技术”研究示范与应用，谷子新品种新技术示范推广，国家北部冬麦区旱地组小麦区域试验，国家黄淮冬麦区旱肥组小麦区域试验，生产试验及相似性鉴定，国家黄淮冬麦区旱薄组小麦区域试验，国家及河南省旱地小麦新品种抗旱性鉴定试验（黄淮旱肥组、旱薄组，北部旱地组，西北春麦区旱地、河南省旱地组），国家黄淮冬麦区及河南省高肥春水小麦冬春性鉴定试验，国家黄淮冬麦高肥小麦新品种展示，国家黄淮冬麦旱地组小麦新品种展示及河南省高肥小麦生产试验，国家黄淮南片小麦区域试验（冬水A组、冬水B组、春水组），国家甘薯新品种（特用组）区域试验，第八轮全国番茄品种区域试验，全国第六轮辣椒区试（河南点露地组），国家黄淮海夏玉米区域试验、生产试验，黄淮海中片大豆区试验，全国（北方区）花生区域试验，全国（北方区）花生生产试验（大粒组），国家油葵区域试验及生产示范、国家青贮玉米区域试验。

省级课题项目有：河南省科技厅河南省重大科技专项“牡丹产业化技术研究与开发”，河南省农业科技成果转化项目“高产广适优质小麦新品种洛麦22配套技术研究与示范”，“超级小麦新品种选育与示范”，河南省小麦产业技术体系遗传育种岗位专家项目，施用微量元素肥料提高小麦产量与品质试验，河南省小麦区试验（冬水组、春水组等共5组，另加特异性鉴定），河南省旱地小麦区域试验、预备试验及抗旱性鉴定，河南省甘薯新品种区域试验，河南省夏玉米生产试验、区域试验、预备试验，华北区夏谷区试验及生产试验，河南省谷子新品种区域试验，河南省大豆生产试验、河南省花生（小粒组）区域试验。

市级课题项目有：茄子连作障碍修复及无公害栽培技术研究与应用，大豆油分含量QTL定位及高产高油大豆新品种的选育，黄淮冬麦区旱地小麦品种性状演变规律及育种目标研究，小麦抗旱生理指标的筛选及小麦抗旱性鉴定方法研究，夏玉米超高产栽培技术及生理生态指标研究，冬小麦超高产栽培技术及生理生态研究，旱地小麦超高产栽培技术及生理生态指标研究，牡丹容器栽培优化基质指标研究，牡丹胚（胚珠）培养技术研究，紫花苜蓿新品种选育，蔬菜根结线虫的发生与防治研究，油用向日葵新品种选育及筛选应用研究，超级小麦新品种选育与示范，抗旱高产小麦新品种选育，高产多抗广适玉米新品种选育与应用，高产、耐密型玉米新品种的选育及应用，保护地茄子新品种选育，番茄新品种选育与应用，辣椒新品种的选育与应用，牡丹新品种选育，马铃薯新品种的选育与应用，优质抗病高产甘薯新品种的选育，优质高产大豆新品种的引进与选育，旱作区节水高效农作模式研究与示范，蛴螬可持续控制技术研究。

【科研成果】 2011年，洛阳农林科学院有8项成果获得奖励。即主持承担的“黄淮旱区保护性耕作技术作用机理研究与应用”获河南省科技进步二等奖，同时获市科技进步一等奖；“甜菜夜蛾防控关键技术研究与应用”获河南省科技进步三等奖；“高产抗病玉米新品种洛单6号”获市科技进步二等奖，同时获省农科系统科技成果一等奖；“夏大豆优质高产关键施肥技术研究与应用”获省农科系

洛椒908

洛茄1号单株

统科技成果三等奖；洛阳牡丹种苗质量标准、洛阳牡丹种苗生产技术规程、洛阳牡丹盆花质量标准和洛阳牡丹盆花催花技术规程通过河南省质量技术监督局鉴定并颁布。有3个项目通过专家成果鉴定，即名特优仁用杏新品种选育研究、食用菌液体菌种的生产与应用技术研究、豫西地区柿树优良品种示范与推广。有10个农作物新品种通过审（鉴）定，即高淀粉型甘薯品种“洛薯96-6”通过国家鉴定，列当年通过国家审定的9种非主要作物72个品种第一位；小麦新品种洛旱10号、洛旱12号、洛麦24、中洛08-2、玉米新品种洛玉863通过河南省审定；茄子新品种洛茄1号、洛茄2号通过省种子管理站鉴定；楸树新品种洛楸1号、洛楸2号通过省级审定。有3个小麦新品种、5个玉米新品种、2个甘薯新品种、2个蔬菜新品种参加国家和河南省区试。其中：洛番12号番茄新品种在国家鲜食番茄区试中表现优异，已被推荐参加国家鉴定；洛07-6玉米新品种、洛薯0402甘薯新品种在河南省区试和生产试验中表现突出，有望2012年通过省级品种审（鉴）定。玉米新品种洛玉863、小麦新品种中洛08-1取得国家品种权保护证书，小麦新品种洛麦26、洛旱11号、中洛08-1和玉米新品种洛玉863成功实现品种权转让。

【科技示范基地】 2011年，洛阳农林科学院围绕全市六大支柱产业，结合自身研究的新成果、新技术，发挥人才和技术优势，在省内外及市属各县（市）、区建成规模较大的示范基地80余个，示范面积达20万余亩，较好地发挥了辐射带动作用。其中有孟津、偃师、伊川等县农场洛旱系列小麦高产示范基地，伊川县高岭3000亩洛旱6号小麦高产示范基地，洛龙区白马寺20亩楸树育种示范基地，孟州市洛麦23千亩高产示范方，洛龙区李楼乡焦寨村300亩洛单668高产示范基地，孟津县送庄镇洛旱7号千亩高产示范基地，伊川县酒后洛玉4号千亩高产示范基地，伊川县白元乡洛麦22千亩高产示范方，宜阳县丰李镇洛玉863百亩高产示范基地，瀍河区蓝沟村300亩中黄39大豆高产示范基地，李楼乡潘村50亩洛马铃薯8号高产示范基地，汝阳城关镇张河村30亩甘薯高产示范基地，孟津县朝阳镇等地150亩青贮玉米高产示范基地，洛宁林场80亩柿树资源示范基地，宜阳县盐镇范园村500亩中仁1号杏树高产示范基地，孟州市等地100亩花生地下害虫综合治理示范基地，李楼乡潘寨村500亩嫁接茄子高产示范基地，汝阳县陶营村100亩洛番系列番茄高产示范基地，嵩县100亩洛研9号朝天椒高产示范基地和偃师洛麦24千亩高产示范基地。

【高产攻关】 2011年，洛阳农林科学院在品种综合配套技术研究及高产攻关上又有新的突破。其中“洛麦23”15亩高产攻关示范方实打验收亩产达754.8千克，刷新河南、安徽两省小麦单产记录；甘薯新品种“洛薯0604-6”验收产量超过3500千克/亩；设在潘村的百亩马铃薯早熟高产基地测产达到2400千克/亩，通过国家马铃薯产业体系专家验收。

【科技服务】 2011年，洛阳农林科学院先后开展送科技下乡700多人次，举办农业科技培训班150场（次），培训群众5000余人，印发科技资料10万余份。为示范村引进新品种26个、新技术20项，同时在全市6县16个革命老区村建立甘薯新品种示范基地增加到4000亩以上，在品种、技术等方面为当地农民提供一系列科技服务。该院有12人被确定为省、市级科技特派员，深入各级农业组织。集中开展新品种、新技术观摩活动。召开小麦新品种洛旱6号、7号，洛麦

谷子示范基地

送科技下乡活动

22号、23号和玉米新品种洛玉7号、洛单6号等规模较大的推广现场会，省内外400余位代表进行了现场观摩。在观摩月期间，利用国家区试站这个窗口，该院共接待农业技术人员及农民2000余人次，有效地促进了新品种、新技术的物化。

【学术交流】 2011年，洛阳农林科学院先后有30余名科技人员参加了国家小麦产业体系组织的观摩会、全国大豆科研生产会等专业性学术会议。主持召开河南省小麦产业体系小麦岗位专家、国家小麦产业体系洛阳综合试验站2011年度工作暨培训会议；承办了河南省小麦产业技术体系第一次工作会议。召开“应对气候变化的保护性农业技术集成管理与示范”首次培训会议。召开该院第十五届学术研讨会，46名科技人员进行了论文交流、学术探讨。广大科技人员紧紧围绕科研项目及研究领域，不断加强学术研究，积极撰写科技论文，有56篇论文在国家及省级以上刊物发表。

【项目争取和实施】 2011年，洛阳农林科学院紧紧抓住国家加大对农业投入的大好机遇，组织科技人员积极申报科技项目。全年争取15项重大科技项目，“十二五”国家科技支撑项目等国家级项目6个，省级项目7个。其中国家重大项目有国家农作物品种区域试验站二期建设、优质小麦原原种扩繁基地建设等；国家科技支撑计划项目有河南粮食核心区优质强筋超级小麦新品种选育与示范等；省级科技攻关及成果转化项目有优质高产玉米新品种“洛单668”的配套技术研究与示范、耐热高产紫花苜蓿新品种选育等；洛阳市重大科技专项有洛阳市小麦育种技术创新平台建设等。2011年该院又成功加入新一轮河南玉米重大专项。同时，通过对承担科研项目的实施，较好地完成全年的工作任务。其中承担的国家成果转化项目“国审抗旱节水小麦新品种‘洛旱7号’配套技术研究及示范”顺利通过省科技厅验收；国家农业科技成果转化资金项目“洛玉7号、洛单248配套技术研究与示范”项目完成各项任务等待结题验收；主持的农业部“948”项目抗旱节水小麦种质资源及垄作栽培等保护性耕作关键技术引进与示范项目，共引进抗旱节水小麦种质资源300份，组装集成保护性耕作技术1套，通过结题验收；大豆油份含量QTL定位项目利用品质分析仪对3个组合近800份大豆材料进行了品质测定；主持的牡丹重大专项在牡丹快速繁殖、组织培养技术、牡丹容器栽培技术、牡丹鲜切花技术研究等方面获得重要进展，通过搭载神舟八号进行牡丹太空育种研究。林果方面共有楸树、落叶松、柿树、仁用杏等5项国家和省部级协作课题顺利完成。

【科研平台建设】 2011年，洛阳农林科学院在旱作作物育种、旱作节水课题研究方面突出成绩，“河南省旱作节水工程技术研究中心”在该院挂牌，使省、市级工程技术中心达到3个；投资购置WINRHIZO根系扫描分析系统、体视显微操作系统、光合测定系统等科研设备7台（套），完善各个重点实验室的仪器设备，改善了该院的科研设施；投资600万余元的农业部洛阳旱作农业野外观测试验站顺利建成，将获取长期、稳定、直接、综合的原始资料和基础数据，更好地为农业资源环境管理工作提供服务。国家区试站建设项目进展顺利，投资182万元的种质资源库顺利建成并投入使用，投资50万元建设了农作物根系研究设施，投资23万元对干旱棚及围栏进行修复。

【科技园区建设】 2011年，洛阳农林科学院响应市委、市政府“三篇文章一起做”的号召，积极建设现代农业示范园和都市农业博览园等科技园区。现代农业示范园为200亩的高效蔬菜基地，主要进行名特优蔬菜品种的科研及示范展示工作，投资60万元，完成日光温室、田间井渠配套、道路硬化、围墙围栏等建设任务，并通过上级部门验收；以牡丹、林果为主的都市农业博览园占地800余亩，完成投资600万余元，按照园区规划完成道路、办公看护房等的建设任务，共栽（种）植牡丹籽800万粒、牡丹50万株、林果及中草药苗木1万株。

【农作物新品种试验及展示】 2011年，洛阳农林科学院主持了黄淮冬麦区旱肥组区试、黄淮冬麦区旱薄组区试、北部冬麦区旱地区试。对各试点进行了考察，检查督促各承试点试验质量，了解试验执行情况，掌握品种在不同生态类型区的表现。根据区试汇总，完成区试程序品种4个，推荐继续试验品种5个，停止试验品种26个，缓试品种1个，推荐2个品种通过国家审定；完成黄淮冬麦区旱肥组、黄淮冬麦区旱薄组、北部冬麦区旱地组和西北春麦旱地组小麦抗旱性鉴定年度任务及国家小麦冬春性鉴定试验和河南省高肥小麦冬春性鉴定试验，建立小麦冬春性鉴定技术体系；完成国家高肥及旱地小麦新品种展示；完成河南省小麦生产试验年度任务；完成国家黄淮海夏玉米区域试验、生产试验、国家黄淮海夏玉米新品种展示、河南省夏玉米引种试验，充分发挥国家区试站窗口作用，做好小麦和玉米新品种的展示和观摩，先后接待各级领导、专家和农民观摩2000余人次。

（潘　永）

林业科研

【科研项目】 2011年，洛阳农林科学院承担各级科研课题9个，其中上年度延续课题8个，2011年新下达1个。课题来源分别为国家级协作课题5个，省部级协作课题3个，市级主持课题1个。

国家级重点协作课题：（1）楸树珍贵用材林培育关键技术研究与示范。全年进行了楸滇杂和楸楸杂无性系试验林营造和研究；楸楸杂第五批分生态区育种无性系大田对比试验；建立08楸滇杂楸滇杂选种原始材料保存林、09楸滇杂选种原始材料保存林和08滇楸选种原始材料保存林；对08楸滇杂1次1级筛选选种原始材料无性系和09滇楸不同优树原株无性系一次一级选种原始材料无性系进行了保存；开展楸滇杂、滇楸、灰滇杂杂种无性系苗圃2级筛选试验和楸滇杂和滇楸无性系1级筛选试验研究；开展梓树属3个种和3个杂交组合的生理生化及分子研究；进行了基因资源大田自然接种抗楸螟性评价和楸楸杂无性系材性评价等。（2）伏牛山区高产优质多抗落叶松新品种选育。对家系试验林进行了清除林地杂灌，每株苗木采用人工放穴松土，施复合肥等全面抚育管理；调查了2004年营建的多点子代测定林物候及动态生长量；开展落叶松人工林生物量与长期生产力维护机制和土壤微生物群落测定；进行落叶松凋落物量与凋落物分解试验和土壤调查与样品分析，9月底对自主选育的“洛阳1号日本落叶松”进行了林木良种新品种现场专家测定。（3）红皮梨新品种及高产无公害栽培技术引进。调查分析了红皮梨各品种在不同立地的生长适应性和结果习性；开展红皮梨新品种及栽培技术的消化、吸收工作，研究了适合中国的红皮梨新品种无性繁殖技术。还调查了新西兰红皮梨的生长发育特性、红皮梨果实发育规律和果品经济性状等。（4）柿属植物种质资源保护与选育技术研究。引进收集国内外柿树种质80个，在洛宁县小界乡嫁接苗木8000多株。对洛宁吕村林场栽植种质资源圃80多亩浇水保苗。10月中旬，与中国林科院经济林研究中心联合完成2个柿树新品种“皇帝黑豆柿1号”“皇帝黑豆柿2号”的现场审定。（5）杜仲育种群体建立与综合利用技术研究。在全国范围内收集了杜仲种质资源50份；并多次对洛阳、三门峡各县区内的杜仲进行测量调查，收集杜仲种源、家系、变异类型等群体遗传资源及杜仲果实、杜仲叶、杜仲皮、杜仲雄花等变异单株、优良无性系、品种等个体遗传资源，进行种质分类评价。

省部级协作课题：（1）利用药用植物剩余物培育功能型食用菌开发与应用。在上年研究的基础上，开展了银杏

2011年洛阳农林科学院林业科研课题研究情况

序号	课题或子专题名称	主持人	计划来源	起止年限	计划类别
1	红皮梨新品种及高产无公害栽培技术引进	李　烽	中国林科院	2008.1～2013.12	国家948项目。洛阳农林科学院为第二主持单位
2	利用药用植物剩余物培育功能型食用菌开发与应用	梁　臣	国家林业局	2008～2012	国家林业局泡桐研究开发中心主持，洛阳农林科学院为协作单位
3	国家葡萄产业技术体系豫西及黄土高原综合实验站建设	李　灿	中国农科院	2008～2013	中国农科院郑州果树所为依托单位，洛阳农林科学院为协作单位
4	楸树珍贵用材林培育关键技术研究与示范	赵　鲲	中国林科院	2011.1～2014.12	国家科技支撑计划课题
5	伏牛山区高产优质多抗落叶松新品种选育	赵　鲲	中国林科院	2011.1～2014.12	国家科技支撑计划子专题
6	柿属植物种质资源保护与选育技术研究	梁　臣	财政部下达 国家林业局管理	2009.1～2013.12	国家公益性行业科研专项，国家林业局泡桐研究开发中心主持，洛阳农林科学院为协作单位
7	仁用杏新品种“中仁1号”中试及丰产栽培技术示范	梁　臣	科技部	2009～2012	国家林业局泡桐研究开发中心主持，洛阳农林科学院为协作单位
8	杜仲育种群体建立与综合利用技术研究	李　烽	国家林业局	2010.1～2014.12	林业公益性行业科研专项，国家林业局泡桐研究开发中心主持，洛阳农林科学院为协作单位
9	生态枣园复合种植模式研究	张俊伟	洛阳市科技局	2011.1～2013.12	洛阳市科技发展计划项目

叶、杜仲叶、杜仲枝、丹参等功能食用菌产品批量生产及销售；建立年生产能力300万袋的生产基地1个；在嵩县白河乡完成接种、发菌袋料香菇300多万袋；进一步研究扩大药用植物剩余物种类生产功能食用菌技术；与中国林科院经济林研究中心联合申报专利2个，分别是杜仲香菇生产专利和银杏香菇生产专利。（2）仁用杏新品种“中仁1号”中试及丰产栽培技术示范。在伊川森林公园建立20亩杏种质资源圃，收集杂交后代苗300个，收集种质资源30个，嫁接在宜阳县陡沟苗圃，对“十一五”选育的优良无性系进行了测定。在宜阳范园新栽植仁用杏500亩，为争取国家“十二五”项目奠定基础。（3）国家葡萄产业技术体系豫西及黄土高原综合试验站建设。完成了红提葡萄产业基地情况调查任务，进行巨峰葡萄无核化处理及膨大处理试验，进行葡萄病虫害防治药剂筛选，撰写了葡萄设施化栽培课题报告。另外在龙门、李楼三官庙新建设施葡萄栽培基地200亩。

市级主持课题：“生态枣园复合种植模式研究”开展枣园关键生态因子筛选，在多年衰弱山地枣园调查植物群落样方72个，并进行初步数据整理，分析大枣样品20个。

【科技示范基地建设】 2011年，洛阳农林科学院根据全市林业建设实际，在宜阳、嵩县、汝阳、新安、孟津等县原有10个科研示范基地基础上，新建宜阳三乡生态枣园示范基地1个，11个科研示范基地总面积4000亩。分别是：宜阳县盐镇乡仁用杏丰产栽培示范基地，嵩县何村乡杏李示范基地，新安县五头镇大樱桃示范基地，栾川县白土乡核桃示范基地，汝阳县王坪乡板栗示范基地，孟津县朝阳镇早实核桃示范基地，嵩县木植街乡代料香菇示范基地，嵩县五马寺日本落叶松示范基地，汝阳县大安镇核桃示范基地，孟津常袋乡葡萄示范基地，宜阳三乡生态枣园示范基地等。

【科技推广】 2011年，洛阳农林科学院依靠自身科技优势，在全市大力推广核桃、大樱桃、仁用杏、杏、枣、涩柿、日本甜柿、苹果、梨、桃、花椒、黄连木、速生杨、楸树等适生优良树种、优良品种28个；推广核桃丰产栽培技术、核桃高接换优技术、大樱桃根癌病防治技术、楸树速生丰产技术等实用技术8项。

【科技下乡服务】 2011年，洛阳农林科学院20多名林业科技人员按专业和农民所需，分别深入宜阳县的盐镇乡、新安县的五头镇和磁涧镇、偃师市的诸葛镇和顾县镇、孟津县的朝阳镇和平乐镇、汝阳县的大安乡和蔡店乡、嵩县的车村镇等洛阳市所辖的县乡村，在田间地头，山坡山沟、林场果园手把手地把林果优良品种和丰产栽培实用技术直接送到农民手中。特别是配合市委、市政府大力发展核桃优势产业，组织科技人员到重点乡、村核桃栽植基地，讲授核桃修剪、土肥水管理、病虫害防治及品种改良和育苗技术。全年累计科技下乡102人次，推广林果实用技术12项，举办核桃、大樱桃、梨等各类培训班11期，培训人员2200人次，发放核桃、桃、梨、杏、李、日本落叶松、仁用杏、食用菌、日本甜柿、黄金甜杏、楸树、大樱桃等科普资料4000多份，解答农民提出的各类林果问题500余条。

【科研成果与论文】 2011年，该院日本落叶松课题组选育的“洛楸1号”“洛楸2号”楸树优良品种通过河南省林木良种审定委员会审定。省林木良种审定委员会专家对选育的日本落叶松优良品种“洛阳1号日本落叶松”、柿子优良品种“皇帝黑豆柿1号”“皇帝黑豆柿2号”进行了现场数据测定，并提交河南省林木良种审定委员会进行良种审定。与中国林科院经济林研究中心联合申报专利2个，分别是杜仲香菇生产专利和银杏香菇生产专利。食用菌液体菌种生产与应用技术研究、名特优仁用杏新品种选育研究等2项成果通过河南省科技厅组织的成果鉴定。全年林业科研人员撰写技术论文、技术报告41篇，在省级以上刊物正式发表科技论文15篇。

（黄治民）

科技人员现场技术指导

果树研究

【科研课题】 2011年，洛阳农林科学院果林研究所承担各级研究课题4项，获各级科研成果3项，在省级以上学术刊物发表论文25篇。在承担的科研项目中，“核桃新品种引进与示范基地建设”为国家林业局重点农业科研项目，主要通过研究新品种核桃在豫西地区的适应性种植，结合现有立地条件进行改良，以适应豫西地区的经济林建设及广大果农种植的需求；“优质葡萄避雨栽培及示范园建设”为省农业厅重点农业科研项目，主要研究名优品种葡萄在豫西地区避雨措施栽培后的效果，以此带

葡萄示范园

动周边地区葡萄栽培新技术的应用和推广。此外，市级科研项目“果树科研基础设施建设”“名优牡丹和花卉基地建设”主要通过基地建设促进名优果树及园林花卉的发展。

【科研成果】 2011年，该所参与并主要完成的“洛阳牡丹花期控制技术研究及产业化开发”项目获洛阳市科技进步一等奖。参与进行的“仁用杏、中药材立体种植技术研究与开发”“桃新品——河洛红蜜”等项目获省科技厅鉴定。“优质葡萄避雨栽培及示范园建设”取得阶段性成果。

【示范基地】 2011年，该所在伊川县建立“优质果树示范基地”，在邙山镇土桥村建立了“牡丹及优质花卉繁育基地”以及“核桃新品种示范基地”。其中：“优质果树示范基地”80余亩，引进优质果树品种16个，基本满足了周边果农的种植需求；“牡丹及优质花卉繁育基地”种植面积130余亩，建有塑料大棚10个，日光温室5个，引进及培养各类花卉品种30余个，为洛阳市绿化、美化提供各类花卉10万余盆（株）；“核桃新品种示范基地”占地面积50余亩，引进名优核桃新品种8个，共种植苗木5000余棵。

【科技下乡】 2011年，该所先后组织科技人员85人次，赴洛龙区李楼、伊川、孟津、嵩县、洛宁等地开展科技下乡活动，举办各类知识讲座12次，培训农民700人次，发放科技资料7000余份，并选定科技下乡指导服务村14个。

【对外合作交流】 该所自2006年争取确立“优质葡萄避雨栽培及示范园建设”和“核桃新品种引进与示范基地建设”项目后，2011年，示范园建设取得阶段性成果并喜获丰收。其规范的管理、优良的品质吸引了包括山东、山西、河北、安徽等省份以及周边县（市）大量果农前来参观学习，从而推动了全市及周边地区的果树种植快速发展。 （李红苍）

新农村建设

【新型农村社区建设】 2011年，洛阳市计划开工建设80个新型农村社区，实际开工建设87个，有46个社区主体工程已封顶或基本完成建设任务，有35个社区一期工程已竣工，农户已入住。全市投入资金70亿余元，建设4层以上住房1291栋、4.78万余套，完成建筑面积503.9万余平方米，安置群众15万人，全部建成后预计可腾出土地6万多亩，目前已腾出4776亩。

在新型农村社区建设中，采取政府投资、群众自筹和市场化运作方式。2010年以来，市财政先后拿出1300万元，对新型农村社区建设进行奖补，其中对符合标准建成的农村新型社区，根据规模档次、时间先后、建设标准，分别给予200万元、180万元、120万元、100万元、80万元等不同程度的补助。各县（市）、区也拿出一定资金进行以奖代补，同时采取捆绑部门项目资金、单位包村帮建等办法支持新型农村社区建设。各地采取有效措施调动农民群众自主投工投劳共建美好家园的积极性；两年来，全市群众自筹用于新型农村社区建设的资金达17.6亿多元。吸纳社会资金。各地运用土地、信贷和规费减免等优惠政策，吸引房地产开发、工程设

新型农村社区休闲广场

农村基础设施建设

计、土建施工及其他企事业单位积极参与建设。

按照“因地制宜、分类实施”的原则积极推进新型农村社区建设。全市开工建设的156个新型农村社区分为六种类型：一是撤村进城建居型。对已纳入城市开发建设总体布局的城中村、城郊村，根据城市发展需要，政府引导、民主决策、市场运作，积极进行整体拆迁、整合改造，变集体土地为国有土地，变村民为市民。二是村企联建型。产业集聚区和大企业驻地村以及周边村庄，通过土地入股、村企联建方式，按照农村社区的标准，由企业、村集体共同组织建设集中居住区。三是小城镇集聚型。对乡镇驻地村庄，按照小城镇建设规划，搞好建筑设计，逐步集中建设改造成为城镇社区，并将周边村庄有条件的农户吸纳进来，促进小城镇做大做强。四是整村迁建型。对深石山区、地质灾害威胁区、煤矿塌陷区、矿区等不宜居住的村庄，结合扶贫搬迁、矿区安置等工程，向城镇、产业集聚区和中心村集中，实施整村搬迁，集中连片建设。五是逐步撤并型。对县域村镇体系规划确定要搬迁合并、经济实力较弱、尚不具备改造条件的弱小村、偏远村，一律停批宅基地，通过提供优惠条件引导农户到小城镇、中心村购房、建房。六是村庄整治改造型。对县域村镇体系规划确定保留的村庄，从改善村庄环境入手，按照“统一规划、逐步改造、配套建设”的思路，结合村庄整治配套建设可以满足相应需求的基础设施，提高居住和环境档次。

【农村基础设施建设】 2011年，洛阳市各县（市）、区多方筹措资金，加大基础设施建设力度，硬化完成2169千米通组通户道路。年初确定的100个示范村、200个重点整治村全部完成年度建设任务，同时加强对2011年以前建成市级示范村的整治和管理，使其按照市定“三清七集中，四改四化五有六好”标准继续完善。许多村庄在建设中因地制宜，将自然风貌、人文景观与村庄规划建设融为一体，建成了各具特色的新农村。

【完善农村社区服务中心】 2011年，洛阳市新建、改建115个融村“两委”办公场所、卫生所、健身休闲场所、计生室、文化室、连锁超市、远程教育终端等项目于一体的高标准农村社区服务中心。同时，完善已建成的农村社区服务中心，建立健全管理制度，使各项设施充分发挥其功能。

【农村卫生长效保洁机制】 2011年，洛阳市大部分村庄建立卫生保洁制度和卫生保洁队伍，负责村庄卫生保洁工作。部分县（市）、区落实卫生长效保洁专项资金，使保洁人员报酬得到落实，且配套了简易保洁设施。截至2011年年底，全市2996个村有2771个村庄建立了卫生长效保洁机制，占村庄总数的92%，基本做到有人员、有制度、有工具、有经费。

【包村帮建工作】 2011年，全市120个新农村建设市直包村帮建单位开展了新一轮为期三年的包村帮建工作。根据工作需要及时重新调整包村帮建工作机构，明确具体负责的科室，向分包的120个村派驻了120个工作队和560名工作队员。各包村帮建单位建立内部协调机制，实行了目标管理责任制，并结合本单位的优势，制定了帮建方案，多渠道筹措资金，援建农村基础设施，全年共投入资金650多万元，引进项目到账资金150万余元，使所包村庄的生产生活条件有了一定的改观。 （王宇芳）

商业贸易

商　业

【概　况】　2011年，洛阳市积极落实国家商务惠民政策，搞活商贸流通，扩大消费需求，超额完成省、市下达的责任目标。列入省、市为民实事的“万村千乡市场工程”建设工作经验在全国推广，“家电下乡”“家电以旧换新”工作圆满结束，“放心早餐工程”建设工作取得重要成果，市场运行监测、应急储备、成品油管理、酒类流通管理、生猪定点屠宰管理、打击侵犯知识产权和制售假冒伪劣商品专项行动等工作成绩突出，有力促进了全市商贸业的繁荣，为洛阳市的经济发展发挥了积极作用。全市共完成社会消费品零售总额963.5亿元，同比增长18.1%。从销售区域看，城镇消费品零售总额844亿元，比上年增长17.1%，其中：城区消费品零售总额553.6亿元，比上年增长22.5%；乡村消费品零售额119.5亿元，比上年增长25%。从行业分布看，批发和零售业零售额810.1亿元，增长18.5%；住宿和餐饮业零售额144.7亿元，增长15.4%。从

2011年洛阳市限额以上批发和零售业商品销售情况

单位：万元

	销售合计	批发	零售		销售合计	批发	零售
食品、饮料、烟酒类	806922	515239	291683	书报杂志类	24838	0	24838
食品类	246078	61536	184542	电子出版物及音像制品类	2351	0	2351
粮油类	80589	19438	61151	家用电器和音像器材类	262277	87961	174316
肉禽蛋类	60935	13821	47114	中西药品类	289479	221328	68151
水产品类	3672	0	3672	西药类	151721	122969	28752
蔬菜类	12413	4966	7447	中草药及中成药类	29731	18644	11087
干鲜果品类	11640	3	11637	文化办公用品类	30179	107	30072
饮料类	58951	12759	46192	家具类	74505	8251	66254
烟酒类	501893	440943	60950	通信器材类	34441	2077	32364
服装、鞋帽、针纺织品类	223195	5315	217880	煤炭及制品类	299454	280190	19264
服装类	158215	124	158091	石油及制品类	1361703	687700	674003
鞋帽类	41634	114	41520	化工材料及制品类	127391	127391	0
针、纺织品类	23345	5075	18270	化肥类	29209	29209	0
化妆品类	33723	143	33580	金属材料类	1365610	1365610	0
金银珠宝类	48951	2046	46905	建筑及装潢材料类	33603	12192	21411
日用品类	72949	477	72472	机电产品及设备类	719506	707803	11703
洗涤用品类	21593	342	21251	农机类	659730	659730	0
儿童玩具类	5946	0	5946	汽车类	889585	125593	763992
五金、电料类	28434	953	27481	种子饲料类	878	878	0
体育、娱乐用品类	11587	306	11281	其他类	112493	70604	41889

市委常委、统战部部长陈向平参加第六届中博会

商品分类销售看，全市限额以上批零贸易业销售的17大类居民消费类商品零售额均比上年有不同程度上升。其中：五金电料类、金银珠宝类、石油及制品类分列增幅前三位，分别比上年增长61.0%、43.7%和42.1%；化妆品类、服装鞋帽针纺织品类、家用电器及音像制品类、食品饮料烟酒类、建筑及装潢材料类、日用品类、电子出版物及音像制品类、文化办公用品类、汽车类、通信器材类10类商品增幅均超过20%。与居民基本生活密切相关的“衣、食、住、行”等商品类别的零售额，占所统计的17类商品合计零售额的51.7%，其中：服装鞋帽针纺织品类同比增长33.1%，食品饮料烟酒类同比增长32.0%，家居建材类同比增长16.5%，汽车类同比增长25.1%。

（赵永见、张亚明、陈湫霞）

【《洛阳市中心城区商业网点规划（2011～2020）》发布实施】 2011年，洛阳市在科学评估上轮城市商业网点规划执行情况的基础上，依照《城市商业网点规划编制规范》，在《洛阳市城市总体规划（2008～2020年）》框架内，结合城区商业发展状况，委托郑州市求是智业管理策划有限公司编制的《洛阳市中心城区商业网点规划（2011～2020）》，于9月2日通过专家评审。该规划包括规划文本、规划说明、基础资料研究和图示四部分，其中文本部分共8章90条。10月14日，市政府第九十九次常务会议研究通过该规划，并于10月22日上报河南省商务厅备案批准后正式发布实施。该规划是指导未来10年洛阳市中心城区商业发展的重要文件。

【中心城区重点商贸项目建设目标超额完成】 2011年，洛阳市重点实施投资额3000万元以上的商贸项目14个，完成投资18.25亿元，占年度目标10亿元的182.5%；完成建筑面积41.84万平方米，占年度目标25万平方米的167.36%。河南大张实业公司汝阳店、洛宁店建成投用；洛阳宝龙城市广场二期商业项目完成，入驻的永辉超市、苏宁电器于12月30日正式开业。

【历时四年的家电下乡工作圆满结束】 2007～2011年，洛阳市全面实施家电下乡政策，累计销售家电下乡产品246万件，销量占农户比例等指标居全省第一，销售金额51.3亿元；发放补贴6.26亿元，受益农户达100万户。在2012年3月21日省政府召开的河南省家电下乡工作总结大会上，洛阳市获“河南省家电下乡先进单位”称号。

【“万村千乡市场工程”经验在全国推广】 2011年7月上旬，在重庆市召开的全国“万村千乡市场工程”现场会上，洛阳市“万村千乡市场工程”在规划组织、政策扶持、规范提升、配送体系建设、日常监管等方面的做法，得到商务部和与会代表的充分肯定。洛阳市成为在本次大会上介绍经验的唯一地级市。近年来通过实施“万村千乡市场工程”，洛阳市共建成商品配送中心12家、农村连锁超市3198个，覆盖全市所有乡镇和81.5%的行政村，新增农村商业零售面积14万平方米，安排农村劳动力1.2万人，400多万农民直接受益。

【老旧汽车报废更新补贴资金发放】 2011年，洛阳市根据河南省商务厅、河南省财政厅《关于转发〈商务部办公厅、财政部办公厅关于2011年老旧汽车报废更新补贴资金发放有关事项的通知〉的通知》（豫商建〔2011〕80号），10月开始受理老旧汽车报废更新补贴申请。

【农村商务信息服务工作位居全省前列】 偃师市、伊川县、汝阳县为全省农村商务信息服务重点县。2011年确定的200个重点农村商务信息服务站（点），成功带动全市农村商务信息服务工程顺利开展。在商务部组织的2011年夏季、冬季农产品网上购销对接会上，洛阳市累计成交额1.1亿万元，位居全省18个地市前列，受到河南省商务厅的通报表彰。（郭贺立）

【成品油市场管理】 截至2011年年底，洛阳市共有在营成品油批发企业8家，库容总量15.035万立方米，从业人员360人。全年批发成品油50.69万吨，其中柴油36.53万吨，汽油14.16万吨。上述批发企业中，洛阳宏达实业有限公司的经营量位居第一位，占全市批发总量的54.58%，并担负着全省其他地市的成品油调拨、供应任务。全市共有在营成品油零售企业619家，其中单油品点27个、从业人员3173人。全年零售成品油70.54万吨，其中柴油40.98万吨、汽油29.56万吨。新增成品油零售企业6家。由于龙门大道扩宽、310国道市区段改建等原因，拆除成品油零售企业7家，全市加油站总数与上年基本保持平衡。

2011年，洛阳市加油站行业和批发仓储库容建设“十二五”规划获批。

其间，全市共规划建设加油站90座。其中10座是单品种加油点升级为双油品加油站；河南省商务厅下达洛阳市的“十二五”成品油批发仓储库容建设控制指标为11万立方米。6月～8月，洛阳市开展了成品油市场专项整顿活动，共出动车辆450台次、2300人次，查处、取缔非法加油站、点46个，处理流动加油车17个，查处未批先建加油站6个，撬装加油车5台，私自改扩建加油站2处，下达整改通知书16份。继续开展河南省“管理示范加油站”创建活动，中石化洛阳四十二加油站、中石化洛阳吉利化纤路加油站、中石化洛阳吉利坡底加油站、中石油洛阳第十五加油站、中石油洛阳第十六加油站、中石油洛阳第十九加油站6个加油站通过省联合验收组的综合验收。

【加气站建设暨经营】 2011年，洛阳市研究起草《洛阳市县（市）、区压缩天然气加气站建设实施意见（草案）》。截至2011年底，洛阳市中心城区共建成并投入运营汽车加气站6座。中心城区4226辆出租车中，符合改气条件的3762辆车完成油改气工作，改装公交汽车50辆。12月，新奥公司王城大道李屯加气站（母站）管道燃气投用。

【家电以旧换新】 2010年7月，河南省家电以旧换新工作电视电话会议召开后，洛阳市随即正式开展此项工作。实施家电以旧换新的时间为2010年6月1日～2011年12月31日。财政补贴资金来源为中央财政负担80%，省财政负担20%。补贴范围包括家电补贴、运费补贴、拆解处理补贴；补贴受益对象是参与家电以旧换新的消费者；补贴标准为新家电销售价格的10%，并分品种设最高补贴限额。其中：电视机400元/台，电冰箱（含冰柜）300元/台，洗衣机250元/台，空调350元/台，电脑400元/台。全市共确定家电以旧换新中标企业网点325个；定点拆解处理企业1家，为中再生洛阳投资开发有限公司。自家电以旧换新工作开展以来，全市共组织专场培训会10场，培训700余人次；印制《洛阳市家电以旧换新政策服务指南》10万份、《家电以旧换新购买须知》宣传海报7000份、条幅2万条，在社区发放、在中标销售网点张贴。在家电以旧换新政策实施期内，洛阳市共销售家电以旧换新产品275475台，销售金额99816.26万元。其中：电视机85399台，冰箱32522台，洗衣机29035台，空调116863台，电脑11656台；共回收五类旧家电278489台，回收金额490.27万元，销售总量和销售金额位居全省第二位。

【“放心早餐”工程建设】 2011年，市委、市政府再次把实施“放心早餐”工程列为全市惠民实事之一。5月13日，河南省“放心早餐”工程工作会议在洛阳市召开，市商务局在会上作典型发言，并被授予“全省放心早餐工程工作先进单位”称号。5月18日，政府“放心早餐”工程作为洛阳市创建工作中的“福民工程”，受到全国13家新闻媒体集中采访。截至2011年底，洛阳市拥有两家现代化的主食加工配送中心，面积各达8000平方米，日产能27万份；放心早餐运营网点508个，其中：全福食品公司284个，沁园春食品公司224个。早餐供应品种有7大类、60余种。全福公司于12月20日推出小麦精品“满有福”放心馒头主食品种。放心早餐供应网点覆盖市内和市周边新安、孟津、宜阳、偃师、伊川、汝阳6县（市），初步形成了以龙头餐饮企业为主体、以现代化主食加工配送中心为支撑、以标准化早餐销售网点为载体的早餐供应体系，并提前圆满完成市委、市政府下达的年底实现500个早餐经营网点的目标任务。

【5条特色餐饮街区得到改造提升】 2011年7月，市政府成立洛阳市餐饮业发展工作领导小组，制定《洛阳市特色餐饮街区改造提升实施方案》，明确提出年内完成瀍河区启明东路、老城区西大街、西工区时代美食广场、涧西区万达广场、洛龙区政和路5条特色餐饮街区的改造提升任务。10月底前，5条特色餐饮街区改造提升工作取得明显成

2010年6月～2011年12月洛阳市家电以旧换新销售情况

县（市）、区	销售量（台）	销售额（万元）
西工区	86254	31585.77
涧西区	81432	29977.71
老城区	45968	15869.62
嵩　县	11536	4291.25
洛龙区	8930	3611.06
孟津县	7825	2653.55
汝阳县	7194	2526.25
偃师市	5420	1815.94
吉利区	5149	1769.33
新安县	4544	1657.41
宜阳县	4177	1323.86
栾川县	2938	1250.11
洛宁县	2103	787.12
伊川县	1996	693.89
高新区	9	3.41
合　计	275475	99816.26

效：一是对街区内的各餐饮店进行规章制度完善和员工服务技能培训；二是对街区环境和餐饮门店进行粉刷装修，美化亮化，设施更新，提升硬件水平；三是分别在特色餐饮街区的入口处设置、安装醒目标识，标明街区内特色餐饮店的位置、名称和电话号码，为客人就餐提供方便；四是各个街区积极采取措施，突出经营特色，提升服务水平，保证食品安全，努力达到顾客满意。

【4家企业获“河南老字号”认证】 2011年10月，洛阳市西工饭庄有限责任公司、汝阳杜康酿酒有限公司、巨尔乳业有限公司和老城泮甡园酱肉店4家企业经河南省主管部门严格评审，获省商务厅授予的“河南老字号”证书、牌匾。这4家企业拥有独特的产品、技艺和注册商标，在企业文化建设和传承方面有所成就。

【3名厨师被中烹协评定为“中国烹饪大师”】 由中国烹饪协会组织的2011年度中国烹饪大师（名师）认定工作于年底结束，洛阳市有3名厨师经申报考核，获“中国烹饪大师” 称号。他们分别是河南省餐饮行业协会常务理事、洛阳面的故事餐饮有限公司董事长、中式烹调高级技师王强，河南省餐饮行业协会常务理事、洛阳伊盛祥（清真）餐饮管理有限公司总经理、中式烹调高级技师黄玉方，洛阳和味源酒店总经理、中式烹调高级技师郭全照。加上此前获此称号的任全福，目前全市共有4名“中国烹饪大师”。

【洛阳市餐饮企业家组团赴台考察交流】 2011年7月，洛阳市20余位餐饮企业负责人及管理骨干组成河南省餐饮业赴台考察团洛阳分团，同河南省其他餐饮业同仁赴台进行为期一周的行业交流活动。其间，考察团成员实地了解当地餐饮市场的经营状况和发展态势，并同当地民间行业组织就传承中华饮食文化、加强两岸行业交流的议题进行座谈讨论。（马晓辉）

【市场运行监测】 2011年，洛阳市市场运行监测工作在全省考核排名中位居第一。全年新增市场监测样本单位23个，因企业合并、停业、业务转型去除样本单位2个；拥有市场监测样本单位147个，涵盖全市16个县（市）、区。其中：生活必需品监测样本企业调整为18个，重要生产资料监测样本企业增加到18个，重点流通监测企业达到92个，农村市场监测单位扩大到4个，百家批发企业发展了1个，智能化信息采集企业新增1个，应急商品数据库企业4个，酒类流通企业4个，生猪畜禽屠宰企业5个，做到所有县（市）、区都有样本企业，所有监测商品和被监测行业有足够数量的监测样本企业报送数据。全年撰写市场运行分析文章1023篇。其中：县商务局撰写 803篇，市商务局撰写220篇；商务部采用330余篇，商务厅采用900余篇。《洛阳日报》《洛阳晚报》《洛阳商报》和洛阳电视台采用50余篇。组织开通新安县、孟津县、嵩县等10个县级“商务预报”信息服务平台，在全省率先实现了市、县两级“商务预报”信息服务平台的全面开通运行。制定《洛阳市商务预报网上信息发布工作规范》，有效保证了商务预报平台稳步运行。开展与洛阳电视台、《洛阳日报》《洛阳晚报》《洛阳商报》等主流媒体的合作，向社会发布各类市场信息共计5767条。全市市场监测工作扎实推进，城乡市场信息服务体系进一步完善，“商务预报”影响力不断提升，提供决策支持和公共服务的能力明显提高。

【应急物资储备】 2011年，洛阳市加强防汛物资供应工作，组织协调市木材公司储备木材100立方，中石化洛阳公司储备柴油60吨、汽油60吨；完成市区900吨冻猪肉储备任务。根据市政府常务会议《纪要》、《市政府办公室关于印发洛阳市冬春蔬菜储备管理办法的通知》文件要求，市商务局完成冬、春蔬菜储备5050吨。向市应急办申报“十二五”洛阳市生活必需品及成品油突发事件应急储备体系建设项目，制定《洛阳市生活必需品及成品油突发事件应急储备体系建设项目申报说明书》文字和多媒体演示材料报送市应急办。

【酒类流通管理】 2011年，洛阳市制定并下发《洛阳市商务局关于2011年度酒类流通管理工作安排意见》（洛商运〔2011〕9号），办理备案登记546家，向380家企业发放“随附单”1624本。开展“放心酒”经营示范店及“洛阳市十大畅销酒水品牌”创建评选活动。洛百烟酒等43家单位当选首批“洛阳市放心酒示范店”，“洋河蓝色经典”等10个品牌当选为“洛阳市十大畅销酒水品牌”。为全市酒类经营户免费更换“禁止向未成年人售酒”警示牌1500余块。在全市范围内组织开展为期半年的酒类

2011年洛阳市十大畅销酒水品牌

序号	酒水品牌	产地	生产厂家
1	茅台	贵州省仁怀市茅台镇	贵州茅台酒股份有限公司
2	五粮液	四川省宜宾市	五粮液集团有限公司
3	洋河蓝色经典	江苏省宿迁市泗阳县洋河镇	江苏苏酒实业有限公司
4	泸州老窖头曲	四川省泸州市	泸州老窖股份有限公司
5	宋河粮液	河南省鹿邑县枣集镇	河南省宋河酒业股份有限公司
6	青瓷杜康	河南省洛阳市	洛阳杜康控股有限公司
7	十八酒坊	河北省衡水市	河北衡水老白干酒业股份有限公司
8	酒鬼酒	湖南省吉首市	酒鬼酒股份有限公司
9	红星二锅头	北京市	北京红星股份有限公司
10	小老弟酒	河南省洛阳市	洛阳市豫人轩酒业有限公司 汝阳杜康村酒泉酒业有限公司

放心酒评比检查

专项整治活动，累计出动行政执法人员3946人次，检查酒类经营户8289家，发出限期整改通知书381份；补办《酒类流通备案登记证》161家；开通洛阳酒业网（www.lyjy.org）。（李孔玉）

【生猪屠宰管理】 2011年，洛阳市按照《河南省生猪定点屠宰厂（场）设置规划》和省商务厅《关于开展全省生猪定点屠宰企业审核换证和肉品质量安全专项整治工作检查的通知》精神，依据《生猪屠宰管理条例》中关于生猪屠宰厂（场）设立的标准条件，对全市100家生猪定点屠宰厂（场）进行重新审核换证。经审核，对具备条件的86家生猪定点屠宰企业换发生猪定点屠宰证、标志牌、肉品检验专用等10枚生猪定点屠宰企业印章；取消14家不符合条件的生猪定点屠宰厂（场）经营资格。7月1日起，全市生猪定点屠宰企业启用新的证、章、牌，原生猪定点屠宰证、章、牌作废。

【商务执法队伍建设】 2011年，洛阳所属9个县（市）分别组建了商务稽查大队和“12312”商务投诉举报服务站，机构、职能、人员编制、经费、办公场地、执法装备得到落实。新安县、嵩县、宜阳县被确定为“部级市场流通领域监管公共服务体系项目建设重点推进单位”，每个县获奖励资金30万元；汝阳县、伊川县、栾川县、洛宁县4个县被确定为“省级市场流通领域监管公共服务体系项目建设重点推进单位”，每个县获奖励资金20万元，有力推进了全市商务执法工作顺利开展。全年出动执法人员16976人次，执法车6460台次，检查生猪屠宰企业11530户次、酒类经营企业商户7960个、成品油经营企业1945次（个），涉案金额达410万余元；依法取缔私屠滥宰窝点37个、没收私宰肉及不合格肉品1800余千克，销毁病害猪肉4095千克；查处各种酒类案件236起，没收假冒酒1500余瓶；查处非法经营加油站（点）25个，整改隐患加油站（点）11个。在受理投诉及执法过程中，“12312”商务举报投诉服务中心发挥了重要作用，共受理接待举报投诉案件249件、咨询1071件。

【打击侵犯知识产权和制售假冒伪劣商品专项行动】 2010年10月～2011年6月，洛阳市按照河南省打击侵犯知识产权和制售假冒伪劣商品专项行动领导小组的安排部署，开展了打击侵犯知识产权和制售假冒伪劣商品专项行动取得显著成效。截至2011年6月30日，全市共出动执法检查人员31182人次，出动车辆11928台次，发放宣传材料2.6万份，悬挂条幅标语1186条，检查企业、商户24952户（个）次，检查批发零售经营户、集贸等各类市场6306个次；查处违规企业、商户1211个，收缴盗版音像制品10627盘、非法出版物79127册（本）、盗版教材教辅读物847件、非法印刷品4200余册（本）；捣毁窝点185个，罚没物品27437（件）个，涉案金额5824万余元。其中：重大案件涉案金额1324万余元；行政立案880起，涉案金额4556万余元，破案112起。（李太治）

【商务系统事业单位改制全面推进】 2011年，按照市委、市政府工作部署，洛阳市商务局成立了商务系统事业单位改革工作领导小组，制定商务系统事业单位改制工作方案，明确改制工作基本原则、主要任务和改制程序，加快推进局属11家事业单位的改革改制工作。采取典型引路、分类指导的工作措施，对11家事业单位分类指导，2家单位列入事转企，2家安置职工后撤销，2所职业教育学校整合，1所学校单独改制，2所公立医院转制改革，2所公立幼儿园转为民办；每一类中确定1家为典型引路的重点单位。成立4个工作推进组，分包11家事业单位改革改制工作。坚持以人为本，保障职工知情权、参与权和监督权，对每位职工的工龄、年龄、工资、养老、医保等情况认真核实，计算补偿费用，经严格审查后，公开张榜，民主监督。创新改制方式，提出改制“整体打包”的思路，即“统一处置资产，平衡安置职工”，得到市政府的批准，有力促进了改制工作的顺利进行。

市饮食技术考评办、商务局劳动服务公司、市中药职工中专学校3家无资产单位被撤销，职工并入商务局招待所安置；商务局招待所、市商业职工医院、市第二商业职工医院、市商务局幼儿园、市商业职工幼儿园5家单位已完成资产出让工作，正在变现；商业干校、物资中专、市经贸中专3家单位改制及职工安置方案已上报市企事业单位改革领导小组，待批准后实施。由于成绩突出，被市政府评为“2011年度洛阳市企事业单位改革工作先进单位”。

（胡一平）

粮食流通

【概　况】 2011年，洛阳市粮食系统

共有事业单位12家，企业124家，从业人员4009人；总资产12.9亿元，总负债11.9亿元，资产负债率92.2%。全年共收购粮食52.8万吨，销售粮食84.3万吨，实现粮油销售总收入9.8亿元。

【粮食系统企事业单位产权制度改革】 2011年，洛阳市粮食系统8家事业单位、11家粮食购销企业列入全市企事业单位改革台账。截至2011年年底，全市粮食系统企业单位改革改制工作实现了“大头落地”，提前两个月完成改革改制任务，荣获市委、市政府“六加一”攻坚战改革改制先进单位一等奖。在参与改革的8家事业单位中，洛阳市粮食局军粮供应管理中心和洛阳市粮油质量监督检测站两家单位完成内部“三项制度”改革；洛阳市粮食批发交易市场、洛阳市吉利粮食批发交易市场和洛阳市粮食局后勤服务中心3家单位撤销；洛阳市粮食局招待所完成转企改制；洛阳市粮食局郊区分局和洛阳市粮食局吉利分局两家单位完成事企分离，事企分离后分别组建洛阳市粮食局直属分局和洛阳市粮食局储备粮管理中心。11家企业中，洛阳市军粮供应站改制后组建国有独资的洛阳市军粮供应有限公司；洛阳市粮食局第四仓库与河南洛阳龙门国家粮食储备库两家企业整合后组建国有控股的洛阳洛粮粮食有限公司；洛阳市粮食局第一仓库、洛阳市粮食局第二仓库、洛阳市粮食局第三仓库和洛阳市粮食局油脂仓库4家企业改制后分别组建有国有参股的洛阳市雪龙粮油收储有限责任公司、洛阳之丰粮食有限公司、洛阳平等粮食仓储有限责任公司和洛阳正品粮油有限公司；洛阳0303河南省粮食储备库和洛阳市唐隆粮食购销中心两家企业撤销，财产和人员并入洛阳洛粮粮食有限公司；新疆天山面粉（集团）洛阳有限公司进行了增资扩股和股权转让；洛阳洛粉面业有限公司实现了国有产权有序退出。

粮食系统企事业单位改革工作面临行业情况复杂、历史遗留问题多、时间紧、任务重、标准高等困难。改革以确保国有资产不流失、确保职工合法利益最大化、确保按时间节点完成任务、确保全系统大局稳定为原则稳步进行：（1）深入宣传发动，创造良好氛围。通过层层召开宣传动员大会、编写《深化国有粮食企事业单位改革工作宣传资料汇编》和《深化国有粮食企事业单位改革改制解疑答惑90问》、深入企事业单位解答职工的困惑和疑问等形式，使干部职工认清形势，消除顾虑，积极支持并参与改革改制工作。（2）明确改革责任，规范改革行为。市粮食局成立以局长为组长的改革改制工作领导小组，按每位局领导分工直接负责到具体单位。对参与改革改制单位进行摸底调查，提出国有粮食企业改革的总体思路，制定符合实际情况的改革总体方案。加强与有关部门沟通协调，严格按照有关法律法规和规章制度办事。（3）加强监督检查，搞好协调服务。市粮食局领导作为分管企事业单位改革改制第一责任人，与分管科室负责人深入企事业单位，督促检查改革工作进度及各项政策落实情况。市政府各有关部门及时沟通协调，积极帮助企事业单位解决存在的问题。对于一些重大问题，市政府及时召开有关会议，协调解决。（4）严明工作纪律，维护大局稳定。市粮食局制定下发《关于在改革过程中加强国有资产管理严明工作纪律的通知》《关于国有粮食企事业单位改革改制进行信访稳定风险评估的实施办法》，妥善解决改革改制和涉及群众利益的重大决策事项，从决策源头上预防和解决信访突出问题。热情接待职工来访，及时纠正工作中的偏差，在政策允许的范围内尽力解决职工实际问题，为改革工作顺利进行创造良好的环境。

市粮食局直属分局、储备粮管理中心揭牌仪式

【粮食收购】 2011年，经国务院批准，国家发展和改革委员会、财政部、农业部、国家粮食局、中国农业发展银行、中国储备粮管理总公司联合制定《2011年小麦最低收购价执行预案》，作为小麦主产区的河北、江苏、安徽、山东、河南、湖北6省继续执行小麦最低价收购政策。即在2011年5月21日～9月30日期间，以县为单位，当确认其小麦市场价格连续3天低于最低收购价时，经中储粮总公司批准在相关市县或全省范围内启动预案，各委托收储库点按照《2011年小麦最低收购价执行预案》规定的最低收购价格，挂牌收购农民交售的小麦。具体为：以2011年生产的国标三等小麦为标准品，白小麦最低收购价格为每市斤0.95元，红小麦、混合小麦最低收购价格为每市斤0.93元。中国储备粮管理总公司及其相关分公司执行最低收购价政策收购的小麦，粮权属国务院，未经国家批准不得动用。2011年，洛阳市小麦市场价格一直高于国家制定的最低收购价格，《2011年小麦最低收购价执行预案》未能启动。根据小麦收购市场变化情况，洛阳市粮食部门及时研究制定具体应对措施，以保障洛阳粮食安全，实现农民增收、企业增效为目的，不断创新收购方式和融资方式，力争多

现代化粮食仓库远景

掌握粮源。在收购中，充分发挥国有粮食企业的主渠道作用，引导和鼓励有资质的粮食企业积极入市收购，搞活粮食流通。张榜公布收购价格、质量标准、结算方式等信息，严格执行收购政策，及时结算农民售粮价款，积极为售粮农民提供方便。切实履行粮食市场监管职责，加强对收购政策落实情况的检查，确保收购工作平稳有序进行。2011年夏粮收购期间，全市按市场价累计收购小麦17.4万吨，平均收购价1.024元/斤。

【粮食流通监督检查】　2011年，洛阳市粮食部门以抓基本队伍、基本制度、基本设施和装备落实为重点，通过试点探索、召开现场观摩会、加大考评力度等办法，积极推进粮食流通监督检查基础工作规范化建设。深入开展“5·26”《粮食流通管理条例》纪念日、“法律六进”（进机关、进乡村、进社区、进学校、进企业、进单位）等法制宣传教育活动，扩大粮食执法的社会认知度。积极开展各项专项监督检查工作，圆满完成2011年粮食库存监督检查任务。同时对全市军粮供应站（点）和军粮供应企业的军粮供应工作进行专项检查。此外，按照上级统一部署和洛阳市的实际，先后开展了国家临时存储粮食销售出库情况，“地沟油”“双节”供应粮油质量情况等专项检查，全年实施全面检查和专项检查50次，出动检查人员270人次。检查企业510家次，警告45家，限期整改25家，处罚5家。

【粮食安全保管】　2011年，洛阳市粮食部门组织开展春、冬两季粮油安全普查。通过普查，全市各库点符合“一符四无”（账实相符；无虫害、无霉变、无鼠雀、无事故）标准，各级储备粮均达到“一符三专四落实”（账实相符；专人管理、专仓储存、专账记载；数量落实、质量落实、品种落实、地点落实）。召开粮情工作例会，坚持“一、三、七”（危险粮一天一检查，半安全粮三天一检查，安全粮七天一检查）粮情检查、红旗仓评比等制度，确保各种储粮安全。加大检查通报力度，进一步规范化学药剂的领用、审批、管理和粮食规范熏蒸工作，努力做到绿色储粮。按照储备粮油推陈储新的要求，督促企业按要求分批轮出储备粮，并适时补库，对已经轮换入库的储备粮油数量和质量进行检查验收，确保存粮常储常新。积极开展科学储粮、科学保粮活动，大力推广应用储粮新技术。加强保化人员业务培训，积极开展粮食储运业务技能竞赛。选派6人参加河南省第五届粮食系统储运业务技能决赛，取得了良好成绩。深入开展粮油仓储企业规范化管理活动，洛阳市第三仓库和洛阳市第一仓库分别以总分第一和第三的成绩获得河南省“十佳粮库”称号。加强粮油仓储企业备案管理。对申请备案的109家企业进行审查，其中104家符合条件的企业予以备案登记。河南洛阳龙门国家粮食储备库地下粮仓管理近40年来在业内一直处于领先水平。2011年11月4日，由商务部主办的“发展中国家2011粮食仓储技术培训班”学员到该公司观摩考察。来自亚洲、非洲、大洋洲等18个国家的31位国外粮食领域专家和技术人员实地参观了该公司地下仓的内部构造，听取地下仓粮食储藏管理情况介绍，交流了粮食储藏管理技术。

【食用植物油库存检查】　按照国家和省粮食局的统一部署，洛阳市从2011年5月下旬开始对食用植物油承储企业的中央储备油、国家临时存储油、地方储备油库存及商品油库存进行全面检查，对其他企业的商品油库存进行摸底调查。检查的主要内容包括：油脂库存账实相符、账账相符情况，油脂库存质量卫生情况，储备油轮换管理情况，政策性油脂库存费用补贴拨付情况，政策性油脂库贷挂钩情况和油脂仓储管理情况。检查工作分准备、市县两级有关部门督导企业自查、省级有关部门普查、国家有关部门联合抽查、总结上报等五个阶段。由洛阳市粮食局、发改委、财政局、农发行有关负责人组成洛阳市食用植物油库存检查工作领导小组，加强对该项工作的领导。制定印发《洛阳市2011年食用植物油库存检查工作实施方案》，明确各检查阶段的任务、要求和时限。召开动员大会，安排部署全市的检查工作。选派24名检查人员参加国家粮食局和省粮食局组织的业务培训，对60名检查人员自行组织了业务培训。检查人员严格按照“有库（点）必到、有油必查、查必彻底”的原则和规定的检查方法开展工作，确保油脂库存检查数据真实、结果准确。6月中旬，全国食用植物油库存检查省级普查工作组对洛阳市辖区内储存的政策性储备油（市级储备油、县级储备油）、商品油进行了全面普查。普查结果表明，洛阳市油脂库存账实相符、账账相符，储备油质量全部符合国标，储备油轮换手续齐全，政策性油脂库贷挂钩相关资金占用合理，油脂仓储管理制度健全，储油设施设备等符合相关要求。洛阳市粮食局被河南省食用植物油库存检查领导小组评为"全省食用植物油库存检查工作优秀单位"。

【军粮供应】 2011年，洛阳市军粮供应工作坚持"以兵为本"的服务宗旨，以加快完善军供管理制度办法和军粮供应应急预案为重点，不断提高综合保障能力。召开全市驻军应急保障和后勤社会化保障工作专题座谈会，与洛阳市武警支队签订应急保障合作方案。成立"洛阳市部队应急食品加工中心"，开展应急食品储备。3月，兰州打井部队来洛打井抗旱。军供部门采取有效措施，有力保障了打井部队在洛期间的军粮与应急食品供应。在军粮供应管理中，继续推行全新质量流程图管理模式，使全市供应的军粮成为真正的"放心粮油"，确保了洛阳市军粮质量管理处于全省领先水平。洛阳市军粮供应站在军粮供应管理工作中，采取切实有效的措施，不仅保障了军供政策的贯彻落实，而且在拓展服务领域，深化为军为民服务方面取得较好的成绩，整体工作走在全省同行前列。2011年，在争创"全国粮食系统百强军粮供应站"活动中顺利通过国家粮食局考评验收，列为"全国粮食系统百强军粮供应站"候选单位并已通过公示。

【洛阳市粮食行业协会成立】 洛阳市粮食行业协会召开第一届会员大会，并宣布正式成立。这是河南省继郑州、焦作、南阳、安阳、鹤壁之后成立的第六家市级粮食行业协会。该协会为全市性粮食行业非盈利社会团体，登记入会会员129家（其中，粮食系统外企业47家），囊括了国有、集体、民营、个体等多种性质企业和涉粮事业单位，涉及粮食、粮油食品、饲料的购销、加工、储存、运输、质检等粮食行业的各个领域，充分体现了民间性，具有广泛的代表性。市粮食行业协会的基本宗旨是，充分发挥政府与企业间的桥梁纽带作用和服务、沟通、协调、监督职能，加强粮食行业管理，为国家宏观调控服务，为粮油企业服务，为粮食生产者和消费者服务。

【禁用面粉增白剂】 2011年，洛阳市按照卫生部等部门自5月1日起禁止生产、在面粉中添加过氧化苯甲酰、过氧化钙（俗称面粉增白剂）的公告精神，市粮食局下发《关于禁止使用非法食品添加剂的通知》，要求全市粮油加工企业严格执行食品安全法律法规和有关标准，严禁使用各类非法添加物，规范使用食品添加剂。3月16日，洛阳市粮食加工行业的骨干企业代表召开"坚决禁用面粉增白剂切实保障食品安全"倡议会。洛阳洛粉面业有限公司、新疆天山面粉（集团）洛阳有限公司、偃师市面粉厂、偃师盛隆实业总公司、偃师市永丰面粉有限公司、洛阳维雪面业有限公司、孟津县面粉厂和洛阳永生食品实业有限公司等8家企业代表参加会议。与会代表一致表示，立即在全市严格执行卫生部等部门的禁令，并倡议全市面粉加工企业尽快停止在面粉中添加面粉增白剂，坚决杜绝滥用添加剂的行为，以保证卫生部等部门的禁令5月1日起在洛阳市执行，为全市人民提供合格的面粉产品。 （张长燕　刘志厚）

供销社

【概　况】 2011年，洛阳市供销合作社下辖聚客隆实业有限公司、鑫鼎副食品有限公司、天翔土产杂品有限公司、寰保再生资源有限公司、金穗农业生产资料有限公司、花荣棉业有限公司、大千商贸有限公司、鑫合资产管理有限公司和洛阳市经济管理学校9个直属企事业单位，偃师、孟津、新安、伊川、宜阳、汝阳、洛宁、嵩县、栾川、吉利10个县（市）、区供销社。全年新规范发展各类农民专业合作社20个，新规范发展农村超市310个，累计建成农村超市1820个，提升完善农资、烟花爆竹配送中心21个，农副产品购销完成1.35亿元，销售化肥30万吨。招商引资完成200万元，均超额完成市政府下达的各项工作目标任务。洛阳市供销合作社荣获2011年全省供销社系统综合业绩考核先进单位特等奖。

【"新网工程"建设】 2011年，洛阳市供销合作社把加快"新网工程"建设作为重要工作来抓，加快新农村现代流通网络建设。存量资产较多的县（市）、区供销社以"开放办社"的形式，通过联建、自建、加盟等模式，在乡（镇）发展区域配送中心和大型超市，全年发展农村超市（便民店）310个，全系统农村超市（便民店）累计达到1820个，完善提升烟花爆竹、农资、日用品等各类配送中心21个。聚客隆公司推进聚客隆物流园区建设步伐，鑫鼎副食品批发市场、天翔炊具厨具市场管理逐步规范完善。

【农业社会化服务体系建设】 2011年，全市供销社系统抢抓机遇，主动担当，继续围绕农业"土地流转、结构调整、生态旅游"三篇文章一起作的思路，立足优势资源和特色产业，积极领办农民专业合作社，加快构建农业社会化服务体系。同时，完善标准化体系，推进农民专业合作社品牌化建设，引导农民专业合作社标准化生产、品牌化经营。偃师佃庄绿康蔬菜专业社立足现代农业发展，积极推进规模化种植、标准化生产、品牌化经营，培育佃庄绿康蔬菜专业社品牌，投资300万元建成占地300亩蔬菜大棚160个，发展4个绿色食品品牌，注册"佃庄蔬菜"商标，成为集育苗、种植、采后处理、加工销售为一体的蔬菜产业龙头，被中华全国供销合作总社评为全国供销合作社农业产业化重点龙头企业。2011年，全系统共兴办229个不同类型、功能的专业合作社，入社社员9.9万户，助农增收2.2亿元。

【2011"国际合作社日"纪念活动】 7月2日是国际合作社日，为进一步宣传推广合作经济发展理念，总结交流全国农民合作经济组织发展的实践成果，促进社企对接、农超对接、供销对接，帮助合作社解决运营中遇到的各类问题，中华全国供销合作总社、中国合作经济学会等联合在洛阳市举办纪念2011国际合作社日系列活动。其中：中国合作经济发展高层论坛以"产销对接、服务'三农'"为主题。中国农业产供销合作大会在中原物流中心举行，

中国合作经济发展高层论坛会场

内容包括全国合作经济组织成就展、优质农产品合作社推介会、农民合作社现代管理培训会、食品安全管理高峰论坛、农产品流通发展论坛、农产品展销等。全国人大常委会农业与农村委员会委员王明义，中华全国供销合作总社理事会副主任李春生及省市领导参加庆祝活动。偃师市缑氏葡萄专业社社长郭向民在中国合作经济发展高层论坛上作了典型发言。

【农业生产资料供应】 2011年，全市供销社系统农资部门开展形式多样的优质服务和诚信经营活动，以“放心农资店”为依托，组织有经营能力的农资大户向周边延伸农资经营网络，各级供销社、市农资协会会员单位邀请专家、组织农技人员开展农技服务，向农民讲授合理施肥、麦田追肥、病虫害防治方面的知识和技术，举办农技培训讲座35次，培训农民1.8万人次，发放农技宣传资料5万余份。全年销售各类化肥30万吨、农药680吨、农地膜700吨，小件农具12万件，总销售额10亿元。

【烟花爆竹安全经营管理】 2011年，全市供销社系统注重烟花爆竹仓库标准化建设，注重发展连锁网点，积极配合当地职能部门做好烟花爆竹市场管理。加强与企事业单位的联系，举办和参加安全经营培训班、订货会，抓好旺季销售，开展形式多样的促销活动，全系统烟花爆竹销售额达到4800万元，实现安全经营无事故。洛阳市天翔土产杂品公司购进燃放设备，组建燃放队伍，制定激励措施，积极拓展销售区域，“双节”期间，烟花爆竹销售燃放金额达828万元。 （张孝奇）

烟草专卖

【概　况】 2011年，洛阳市烟草专卖局（公司）内设15个职能科室及卷烟营销、卷烟配送、烟叶营销3个直属中心，下辖偃师、孟津、新安、宜阳、伊川、汝阳、嵩县、洛宁、栾川、城区、吉利等11个烟草专卖局（分公司）及孟津国家烟叶储备库。全年落实烟叶种植面积21.5万亩，收购烟叶34.2万担。销售卷烟21.98万箱，同比增长1.08%；实现两烟销售收入40.84亿元，同比增长12.36%；实现税利6.98亿元，同比增长21.45%。

【何泽华到洛阳调研】 2011年8月22～23日，国家烟草专卖局党组成员、副局长何泽华在河南中烟工业有限责任公司总经理杨自业，河南省烟草专卖局（公司）副总经理王志富、副总经理李俊成等陪同下到洛阳调研。在洛调研期间，何泽华一行到城区卷烟市场走访零售客户，详细询问零售客户的基本情况，察看客户手册和购物小票，了解货源供应、品牌培育等情况。在洛宁县东宋乡柏原烟叶基地，何泽华考察了烟叶生产及烟田管理情况，实地察看了水源性工程项目——洛宁渡洋河大坝工程选址及相关配套工程。何泽华对洛阳市烟草专卖局（公司）的工作给予肯定，并对下一步工作提出要求：一是烟叶发展要突出自己的特点，重视现代烟草农业建设，提高特色优质烟叶生产水平；二是把提升卷烟销售结构与市场需求有机结合起来，进一步提高网上订货率，全面推进卷烟营销上水平。

【烟草专卖管理】 2011年，洛阳市

国家烟草局副局长何泽华在洛阳烟区察看烟叶生产情况

烟草专卖局组织开展了“百日集中整治”、节日市场治理和“卷烟打假冬季整治行动”，扎实开展了高档卷烟市场净化、查处无证经营、打击非法运输烟草专卖品专项行动，取得良好效果。鉴别真伪卷烟1839批次，涉及牌号144个，出具鉴别检验报告899份。全年共办理烟草违法案件2899起，查收违法卷烟1237.64万支；拘留违法人员234人，其中刑事拘留55人、劳教5人、批捕17人、判刑12人；办理省定标准以上网络案件11起，其中办理国家局标准网络案件3起、侦办千万元网络案件1起。

【烟叶生产】 2011年，洛阳市建设集约化育苗大棚1818座，专业化育苗、商品化供苗基本达到100%。品种布局进一步优化，大面积种植了秦烟96等审定品种，推广中烟100、云烟87等优良品种。亩均种植密度进一步合理，基本达到每亩植烟1100株左右。加大基础设施建设和扶助资金的投入，全年投入生产基础设施建设资金7090万元，建设1786个基础设施项目，投入6503万元用于烟用物资的补贴，投资261万元、协调市县财政出资227万元，共计488万元，由中华联合保险公司对全部烟田进行了承保，洛宁渡洋河水源工程正在积极筹备之中。专业化服务水平持续提升，建立7个烟农综合服务合作社。基地单元建设持续深入，河南中烟宜阳张坞基地单元顺利通过国家局验收，并与浙江、湖北、江苏、川渝等工业企业合作建立5个基地单元。烟叶等级质量大力提高，“密码验级、封闭收购、约时定点、轮流交售、入户预检”等收购措施有效落实；收购中始终把“提高纯度、规范扎把、优化等级”作为重点，工商交接检查等级合格率位居全省前列，烟叶质量连续两年受到国家烟草专卖局通报表彰。

【卷烟销售】 2011年，洛阳市累计实现卷烟单箱销售收入16602元，同比增加3504元；销售一、二类卷烟3.51万箱，同比增长98%，占销售比重的15.98%，同比增长7.6个百分点。网络建设不断强化，电子结算率达到93.24%，网上订货率达到46.93%，全市200人以上自然村至少有一个零售网点，新建物流中心即将投入使用。营销水平持续增强，严格控制“千条户”，全市超千条商户453户，占总商户比重1.9%，同比降低0.46个百分点，尤其是下半年超千条商户229户，比重为0.96%。推行“集中分配货源”管理办法，转换订单呼叫模式，启用新的卷烟销售系统，建立卷烟营销信息短信平台，加强客户业态分类维护，实施高档品牌卷烟精准营销，推行了“135”工作法，加强了零售终端建设。

【企业管理】 2011年，洛阳市烟草专卖局严格落实专卖内管检查制度，对高档卷烟牌号销售进行实地调查，对烟叶合同签订情况进行专项检查，对报废烟草专卖品全程监销，办理内部不规范案件5起。办事公开深入推进，搭建了“两项工作”信息公开专题网，全年实施物资采购项目36个，组织工程建设项目招标24个，保证了整个过程的公正、规范。基础管理深入推进，财务管理力度进一步加大，实施全员、全过程预算，加大资金风险防范力度，开展“小金库”专项整治，做好租赁资产的管理。审计监督作用持续发挥，审计基建工程投资、烟叶基础设施建设等项目126个，审减资金1631.14万元。体系建设稳步实施，确定流程文件327个，初步建立了业务覆盖全面、岗位职责清晰、流程接口顺畅的流程体系。信息化建设水平进一步提升，开发卷烟营销移动信息平台，银企对账软件、预算信息管理系统已经运行，烟叶生产及收购信息化正在稳步推进。深入开展创建优秀基层单位活动，4个县级局、2个县级分公司、12个烟叶工作站顺利通过验收。

【文化建设】 2011年，洛阳市烟草专卖局充分融合洛阳地域文化特色，传承河南省烟草专卖局“根”文化精髓，在洛阳烟草“诚”文化的基础上，精心打造以“牡丹传情、鼎诚服务”为传播语的“牡丹情”服务品牌，初步形成了以服务标示、服务传播语、服务理念、服务形象为主要内容的“牡丹情”服务品牌体系。举办洛阳烟草系统“文化故事大讲堂”演讲比赛，选拔两名优秀选手参加省烟草专卖局演讲比赛，分获第二名和第八名的佳绩，成为进入前10强选手最多的地市。开展“文化故事大讲堂”有奖征文活动，征集论文150余篇，评出优秀论文31篇。“七一”前夕，组织举办洛阳烟草系统庆祝建党90周年“颂歌献给党”红歌比赛，邀请专家作“历史的丰碑”党史讲座，组织机关人员观看《建党伟业》，举办“红色文化聚人心、企业文化促发展”主题图片展。 （烟草局）

盐业管理

【概　况】 2011年，洛阳市盐业局围绕“取缔无证无照经营、严格凭证供应，多销盐、销好盐，让群众吃得放心、吃出健康”的工作目标，加强专营管理，提升服务质量，优化盐品结构，专营各项工作均取得长足进步。全年完成食盐购进36053吨，占计划的103%，同比上升2.25%。其中：多品种营养盐购进464吨、400克系列盐购进13758吨。完成食盐销售36522吨，占年计划的104.35%，同比下降4.1%。其中：物流盐销售11213吨、多品种营养盐销售474吨、400克系列盐销售13480吨。盐款回笼3715.16万元，占年计划的100%。全区食盐库存5176吨，占定额库存的124.33%，同比上升52.46%。食盐市场占有率100%；合格碘盐供应率100%；完成销售总值6927万元，占年计划的197.91%；同比上升6.11%；实现利税292万元，占年计划的224.62%，同比下降24.94%；实现利润0.4万元，突破市政府下达的“保平不亏”目标，同比上升33.33%。

【库存管理】 2011年，洛阳市盐业局狠抓库存管理，实施三项措施，保证食盐库存充足。一是重新修订完善《行业责任目标考评实施办法》。实行月末库存实地盘点，季末情况通报制度。把保证两个月库存作为关键指标，列入考核评价体系，实行一票否决。二是借河南省盐务局改变结算方式之机，向洛阳市政府提交《关于申请价格调节基金补贴的请示》。市政府领导高度重视，帮助解决资金近400万元用于补充库存。三是财务部门利用月末盘点审计检查盐款流向，确保专款专用，最大限度地保障库存资金需求。

工作人员接受群众咨询

【应对食盐抢购风潮】 2011年3月17日，因受吃碘盐可以防核辐射谣言的误导，洛阳市场上出现碘盐抢购风潮，并在极短时间内蔓延到全市范围。仅3月17～21日，全市销售食盐4500吨。其中3月17日一天的销量多达3100吨，高出正常日销量的31倍。食盐抢购事件引起市委、市政府的高度重视。3月17～19日，洛阳3位市领导作出重要批示，河南省盐务局副局长姚延岭也亲临洛阳指导工作。在此情况下，市盐业局立即启动应急机制，调动库存，充实市场；紧急组织车辆，安排人员协调调运，保证货源；全员联动，不间断营业，满足供应；利用报刊、电视、广播、网络等媒体及张贴公告等形式，全方位做好宣传解释，稳定盐业市场秩序；与工商、物价、公安、商务等部门密切配合严厉打击哄抬盐价、囤积居奇等行为，落实各项措施。仅用48小时就控制了事态的发展，平息抢购风潮，受到市政府的通令嘉奖。

【创新经营模式】 2011年，洛阳市盐业局按照“严格食盐零售许可证管理，创新经营方式，开展优质服务，提高企业效益”的总体发展思路，在市区内推广食盐零售直销业务。对零售直销用户实行免费送盐上门、服务上门，形成配送、稽查、订销、信息反馈为一体的终端配送模式。全年，市区销售食盐12338吨，其中直销盐2321吨，为企业多创效益74万多元。

【调整盐品结构】 从2009年起，洛阳市盐业局在保证500克普通加碘食盐正常供应的前提下，以满足不同消费者生活需求为目标，积极调整盐品结构，先后向市场投放400克多元素盐、400克绿色盐等系列健康盐种。并借助“3·15”“5·15”宣传日活动，利用新闻媒体，采取赶早市、入超市、进社区等方式，对多品种盐特别是绿色盐展开全方位宣传，使系列多品种盐的购销取得3年三大步的重大进展。2009年，全市完成系列多品种盐购进552吨，销售530吨；2010年，完成购进7212吨，销售6518吨；2011年，完成购进14222吨，销售13954吨，购销比例已超过年食盐购销计划的三分之一。

科学用盐知识宣传

【取缔无证无照食盐经营】 2011年，洛阳市盐业局依照市政府《关于查处取缔无证无照经营行为工作机制的通知》要求，全面展开查处取缔无证无照经营和转代批食盐经营工作。2月11日，在《洛阳日报》发布《关于取缔无证经营，规范市场秩序的通告》。决定自2011年3月1日起，对全市所有经营食盐零售业务的单位和个人，一律凭《食盐零售许可证》供应销售。无证不得从事食盐零售业务。出台《查处取缔无证无照经营工作方案》：对未经许可，擅自从事盐业经营的行为；已被吊销、撤销行政许可，或许可证有效期届满后未按规定重新办理，继续从事经营活动的行为；有违规经营行为且屡教不改的商户以及转待批户，坚决予以查处取缔。通过取缔无证无照经营工作的开展，不仅彻底改变过去那种有证无证都能卖盐的粗放型经营管理模式，也最大限度地保证零售户的经营利益，理顺了批零关系，使盐产品成为零售客户新的利润增长点。据统计，2011年全区累计销售小袋盐25167吨，同比上升20.33%。

【盐政管理】 2011年，洛阳市盐业系统把抓市场管理、促食盐销售作为重点工作，先后组织开展了夏季、“双节”、牡丹花会、“五一”、中秋、“国庆”期间盐业市场治理整顿活动，联合相关单位和相关职能部门严肃查处一批涉盐违法案件。全市检查各类批发市场150家，零售户8394家，饭店、民工食堂、小吃店7850家，检查学校食堂1139家，检查食品加工企业326家，检查饲料加工企业123家，检查工业用户128家。查处各类涉盐案件154起，其中简易案件139起、一般案件15起、盐政案件结案率100 %；查获私盐139.36吨，罚款6130元。5月，配合郑州盐业局成功端掉一私盐窝点，当场查获包装机3台，400克小袋盐8吨，大袋盐12吨。6月，在嵩县公安部门和伊川、郑州、平顶山等地盐业部门的通力配合下，在嵩县黄庄乡和县城区破获两起私盐案件，查没私盐14吨，刑事拘留4人，行政拘留4人，判刑1人，拘役1人。 （叶　红）

市场发展服务

【概　况】 2011年，洛阳市市场发展服务中心（以下简称“市场中心”）紧紧围绕“福民强市”的宏伟蓝图，以“强基础、保稳定、促改革、求发展、安民生、建和谐”为目标，稳定职工队伍，加大市场投入，着力抢抓机遇，创新发展初见成效，各项工作保持了良好的势头。

完成所属市场服务处移交各城市区管理工作。贯彻市委、市政府关于集贸市场实行属地管理的指示精神，结合市场中心实际情况，遵照“条块管理、以块为主”的市场管理服务原则，市政府决定市场中心机关与基层7个市场服务处分离，7个市场服务处按区域分别移交各城市区管理。8月5日，市政府常务会议研究通过《洛阳市市场发展服务中心基层市场服务处移交各城市区管理实施方案》。截至2011年年底，除洛龙区政府因花卉市场股份划转问题而未签订资产移交书外，市场中心所属市场服务处人员、资产已全部移交各城市区管理，人员思想基本稳定。

加大市场开发工作力度。广发大厦市场项目是市政府委托市场中心经营管理的国有资产，已办理该项目的相关手续，工程已建至地上3层，预计2013年5月竣工。新区新型农贸市场项目前期手续已办理完毕，完成项目方案设计。该项目现已按要求移交至洛龙区政府。瀍河廉租市场建设项目前期基础工作已结束，待土地挂牌。该项目已按要求移交至瀍河区政府。

逐步实施“农改超”工程。根据市长办公会议纪要精神，由市场中心负责制定农贸市场改超市方案和配套优惠政策。经过多方学习和调研，拟定《洛阳市市区农贸市场改超市实施方案》，并根据相关单位意见进行修订，待市政府研究通过后，将分3年对市区农贸市场实行“农改超”。

推进城市区农贸市场布局规划。按照市政府工作要求，市场中心负责制定洛阳市城市区农贸市场布局规划。现已拟出洛阳市城市区农贸市场布局规划工作领导小组，并与成员单位进行了沟通。申请的市财政专项拨款已批准，完成专业规划设计单位招标，规划初稿正在征求相关单位意见，年底前将按要求完成此项工作。

着力培育和建设农产品批发市场。按照《中共洛阳市委、洛阳市人民政府关于印发〈国务院关于支持河南省加快建设中原经济区的指导意见〉任务分解意见的通知》要求，市场中心与市农业局负责培育和建设大型农产品批发市场或农产品综合交易市场工作。市场中心对全市农产品批发市场和综合交易市场情况进行了摸底，完成《洛阳市农产品批发市场和综合交易市场建设实施意见》，已按要求上报市发改委。

落实集贸市场扩容提升工作。根据市委、市政府提出的“城乡面貌三年大提升”目标任务分解，市场中心负责全市集贸市场扩容提升工作，已制定出《集贸市场扩容提升的若干意见》，正等待市政府批准。

做好农贸市场管理和督导工作。结合农贸市场管理现状，市场中心研究制定《洛阳市市区农贸市场管理考核奖惩制度》，并根据相关委局的意见反馈对该《制度》进行了修改完善。强化督察整改，按照《洛阳市市区农贸市场管理暂行办法》的有关工作要求，市场中心组成督察组，采取实地检查、问题拍照、现场指出、评比打分、记录在案、下发整改通知等方法，对城市区农贸市场的经营管理、交易秩序、环境卫生、证照悬挂等十个方面的内容进行全面检查，并对城市区农贸市场进行排序，在创建全国文明城市新闻发布会上公布检查结果。经过反复检查、讲评，促进了各级参与市场达标创建、构建优美市场环境的积极性。 （市场中心）

对外经济贸易

对外贸易

【概　况】　2011年，洛阳市坚持把对外贸易作为拉动经济增长、扩大对外开放的重要工作，大力加强外贸出口基地建设，着力引进出口型项目，积极推进服务外包示范城市申报工作，外贸进出口运行呈现较快发展状态。全年共完成进出口总额208295万美元，同比增长34.7%，首次突破20亿大关，创历史新高。其中：出口总额147774万美元，同比增长40.5%；进口总额60521万美元，同比增长22.3%。出口产品结构进一步优化，机电产品、高新技术产品出口占出口总额的比重大幅增加。外贸出口队伍进一步壮大，新批自营企业195家，累计获权企业2520家。民营企业出口48434万美元，较上年同期增长49.6%，占全市出口总额的32.8%；加工贸易出口33513万美元，较上年同期增长31.1%，占出口总值的22.7%。

【外贸进出口】　2011年，洛阳市外贸进出口呈现以下特点：（1）提前完成全年进出口目标。全市出口总额147774万美元，在河南省18个地市中排名第三位，占全年目标124122万美元的119.1%。其中：机电产品出口84334万美元，占全年目标71202万美元的118.4%；高新技术产品出口36766万美元，占全年目标35680万美元的103.0%；加工贸易出口33513万美元，占全年目标30169万美元的111.1%；外商投资企业出口49610万美元，占全年目标48735万美元的101.8%。全市进口总额60521万美元，占全年目标59580万美元的101.6%。省定洛阳市各类进出口目标均超额完成。（2）

2011年洛阳市进出口商品综合情况

金额单位：万美元

项目		目标	累计金额	占目标%	上年同期	同比±%	占出口总额比重%	项目		累计金额	上年同期	同比±%
进出口总额		183702	208295	113.4	154662	34.7		12月进出口总额		15719	15198	3.4
其中：出口		124122	147774	119.1	105186	40.5		其中：12月出口		10455	9975	4.8
进口		59580	60521	101.6	49476	22.3		12月进口		5264	5223	0.8
出口按贸易方式分	一般贸易		111662		78675	41.9	75.6	进口按贸易方式分	一般贸易	50447	39471	27.8
	加工贸易	30169	33513	111.1	25562	31.1	22.7		加工贸易	9918	8691	14.1
	其他		2599		949	174.0	1.8		其他	156	1314	-88.1
出口按企业性质分	国有企业		49730		31515	57.8	33.7	进口按企业性质分	国有企业	31682	21834	45.1
	外商投资	48735	49610	101.8	41301	20.1	33.6		外商投资	17658	23935	-26.2
	民营企业		48434		32371	49.6	32.8		民营企业	11181	3706	201.7
工业制成品出口			145148	101384	43.2	98.2		工业制成品 进口		53284	40902	30.3
其中：机电		71202	84334	118.4	60341	39.8	57.1	其中：机电		43266	29342	47.5
高新		35680	36766	103.0	30235	21.6	24.9	高新		22190	19834	11.9
初级产品出口			2626		3802	-30.9	1.8	初级产品进口		7237	8574	-15.6
纺织品出口			10051		7536	33.4	6.8	纺织品进口		151	69	119.2
农产品出口			284		480	-40.8	0.2	农产品进口		30		221.8

县（市）、区出口势头良好。全年，县（市）、区出口109789万美元，同比增长37.4%，占全市出口总额的74.3%，完成目标的124%。全市17个县（市）、区（含高新区、伊滨区）全部完成年度目标，其中：洛龙区出口35336万美元，高新区出口24944万美元，出口总量分别居全市第一位、第二位，两区合计出口额占县（市）、区出口总额的54.9%。孟津县出口871万美元，同比增长125.8%，完成全年目标的191.3%；嵩县出口590万美元，同比增长123.8%，完成全年目标的189.7%；汝阳县出口564万美元，同比增长196.7%，完成全年目标的187.9%。（3）国有企业进出口优势显著，民营企业进口增长较快。全年国有企业进出口总额81412万美元，同比增长65.2%，占全市进出口总额的39.1%。其中：出口49730万美元，同比增长57.8%，占全市出口总额的33.7%；进口31682万美元，同比增长45.1%。民营企业进出口总额59615万美元，同比增长60.5%，占全市进出口总额的28.6%。其中：出口48434万美元，同比增长49.6%，占全市出口总额的32.8%；进口11181万美元，同比增长201.7%，增长速度较快。（4）出口商品结构有较大改善。全年工业制品出口145148万美元，同比增长43.2%，占出口总额的98.2%，较上年（96.4%）增加1.8%，出口商品结构更加合理。机电产品出口84334万美元，同比增长39.8%，占出口总额的57.1%，仍占主导地位；主要产品有太阳能组件、摩托车及配件、固体矿物分选机、轴承、钢制办公家具、玻璃加工设备等。高新技术产品出口36766美元，同比增长21.6%，占出口总额的24.9%；主要产品有太阳能组件、高尔夫球头、耐腐蚀交换器铜合金管材、摩托车发动机、四氟化碳、合成靛蓝等。（5）一般贸易仍为主要贸易方式。全年一般贸易进出口总额162109万美元，占全市进出口总额的77.8%。其中，出口111662万美元，同比增长41.9%，占出口总额的75.6%；进口50447万美元，同比增长27.8%。六、大宗商品对全市出口支撑作用明显。全市出口300万美元以上商品52种，出口额136672万美元，占全市出口总额的92.5%，对全市出口支撑作用明显。其中：太阳能光伏电池及组件出口27279万美元，同比增长15.6%；大型矿山机械等出口11060万美元，同比增长74.9%；人造刚玉及氧化铝出口11043万美元，同比增长23.9%。

【主要贸易伙伴】 2011年，洛阳市与160多个国家和地区发生贸易往来。其中：欧盟为第一大贸易伙伴，进出口总额64043万美元；美国为第二大贸易伙伴，进出口总额23043万美元；东盟为第三大贸易伙伴，进出口总额15455美元；中国台湾为第四大贸易伙伴，进出口总额15434万美元；日本为第五大贸易伙伴，进出口总额13365万美元；韩国为第六大贸易伙伴，进出口总额9829万美元；巴西为第七大贸易伙伴，进出口总额8192万美元；俄罗期为第八大贸易伙伴，进出口总额5834万美元；澳大利亚为第九大贸易伙伴，进出口总额4701万美元；印度为第十大贸易伙伴，进出口总额4671万美元。

随着国际市场开拓力度的加大，洛阳市与新兴市场双边贸易快速增长。其中：全年洛阳市与俄罗斯双边贸易额达5835万美元，同比增长183.3%；与孟加拉国双边贸易额达4400万美元，同比增长47.6%；与瑞士双边贸易额达2249万美元，同比增长1864.8%；与越南双边贸易额达2240万美元，同比增长327.6%；与赞比亚双边贸易额达1202万美元，同比增长5642.8%。

2011年洛阳市主要进出口贸易伙伴情况

金额单位：万美元

主要出口贸易伙伴情况					主要进口贸易伙伴情况				
序号	国家或地区	累 计	上年同期	同比±%	序号	国家或地区	累 计	上年同期	同比±%
1	欧盟	39228.0	32464.5	20.8	1	欧盟	24815.8	10461.7	137.2
2	美国	19121.1	12849.1	48.8	2	中国台湾	11773.3	15199.1	-22.5
3	东盟	14611.2	9517.4	53.5	3	日本	7999.2	9026.5	-11.4
4	韩国	8752.6	5648.6	55	4	美国	3921.9	4775.9	-17.9
5	巴西	7959.4	4004.0	98.8	5	澳大利亚	3253.6	3430.7	-5.2
6	日本	5366.3	4005.0	34	6	瑞士	2234.1	107.4	1979.3
7	孟加拉国	4400.9	2981.5	47.6	7	俄罗斯	1682.7	441.3	281.3
8	印度	4266.7	4040.7	5.6	8	智利	1185.1	1846.2	-35.8
9	俄罗斯	4152.0	1618.0	156.6	9	韩国	1076.5	1196.8	-10.1
10	中国香港	3726.2	2712.9	37.4	10	东盟	844.3	218.9	285.6

注：欧盟为第一大贸易伙伴，进出口总额64043万美元；美国为第二大贸易伙伴，进出口总额 23043万美元；东盟为第三大贸易伙伴，进出口总额15455美元；中国台湾为第四大贸易伙伴，进出口总额15434万美元；日本为第五大贸易伙伴，进出口总额13365万美元；韩国为第六大贸易伙伴，进出口总额9829万美元；巴西为第七大贸易伙伴，进出口总额8192万美元；俄罗期为第八大贸易伙伴，进出口总额5834万美元；澳大利亚为第九大贸易伙伴，进出口总额4701万美元；印度为第十大贸易伙伴，进出口总额4671美元

2011年洛阳市出口超300万美元商品

金额单位：万美元

商品代码	商品名称	12月出口金额	累计出口金额	同比±%
8541	半导体器件等；已装配的压电晶体	886	27279	15.6
8474	固体矿物分选等处理机器；铸造砂模成型机等	236	11060	74.9
2818	人造刚玉；氧化铝；氢氧化铝	818	11043	23.9
8711	摩托车及装有辅助发动机的脚踏车；边车	777	8870	33.5
6914	其他陶瓷制品	849	8315	97.2
8482	滚动轴承	557	5083	50.9
7606	铝板、片及带，厚度超过0.2毫米	23	4902	-1.8
6902	耐火砖、块、瓦及类似耐火陶瓷建材制品	614	4705	149.7
5209	棉布，棉≥85%，平米重>200克	172	3794	57.4
9403	其他家具及其零件	367	3322	42.9
9503	其他玩具；娱乐用模型；各种智力玩具	272	3212	55.4
7607	铝箔，厚度（衬背除外）不超过0.2毫米	204	2900	33.2
7614	非绝缘的铝制绞股线、缆、编带及类似品	420	2822	493.1
8607	铁道及电车道机车等车辆的零件	331	2778	142.3
8429	推土机、筑路机、平地机、铲运机等工程机械	113	2769	89
7411	铜管	249	2704	92.2
5516	人造纤维短纤纺制的布	335	2644	2.1
8701	牵引车、拖拉机（8709的牵引车除外）	118	2260	13.3
5208	棉布、棉≥85%、平米重≤200克	224	2235	59.3
8475	灯泡等的封装机、玻璃及制品制造或热加工机	40	2075	64.4
2504	天然石墨	187	1741	21.2
7409	铜板、片及带，厚度超过0.15毫米	74	1496	114.3
8708	8701至8705所列机动车辆的零件、附件	85	1313	66
8102	钼及其制品，包括废碎料	106	1171	-17
8483	传动轴及曲柄等传动部件；轴承座及滑动轴承	40	1131	190.7
7225	其他合金钢板材，宽≥600毫米	0	985	1544246.4
2812	非金属卤化物及卤氧化物	52	980	125.3
9506	体育运动或户外游戏用未列名的用品及设备	142	799	-40.1
8108	钛及其制品，包括废碎料	82	790	183.6
8514	工业或实验室用电炉及电烘箱等加热设备	50	766	218.9
8431	专用于或主要用于8425至8430所列机械的零件	72	742	33
8419	利用温度变化处理材料的机器、装置等	0	705	-2.8

续表

商品代码	商品名称	12月出口金额	累计出口金额	同比±%
7202	铁合金	5	629	192.2
6910	陶瓷洗涤槽、脸盆、浴缸等固定卫生设备	67	582	83.9
2921	氨基化合物	23	563	-8.7
2933	仅含有氮杂原子的杂环化合物	0	545	163.5
5603	无纺织物，不论是否浸渍、涂布、包覆或层压	52	520	62.3
8413	液体泵，不论是否装有计量装置；液体提升机	73	502	47.6
8407	点燃往复式或旋转式活塞内燃机	44	498	38.7
7615	家用铝器具及其零件等；铝制卫生器具及零件	50	494	71.3
8417	非电热工业或实验室用炉及烘箱，包括焚烧炉	119	475	-46.7
8704	货运机动车辆	72	473	201.7
2805	碱金属、碱土金属；稀土金属、钪及钇；汞	10	417	22.1
3824	铸模及铸芯用黏合剂；未列名化学产品等	31	415	25.1
8714	零件、附件，8711至8713所列车辆用	70	396	52.5
8430	泥土、矿物等运送、平整、铲运、挖掘等机械	80	369	36
8705	特殊用途的机动车辆	28	362	86.8
6911	瓷餐具、厨房器具及其他家用或盥洗用瓷器	25	361	-25.9
8409	专用于或主要用于8407或8408发动机的零件	133	356	104.8
4202	衣箱、手提包及类似容器	6	347	365.4
8428	其他升降、搬运、装卸机械	0	333	92.1
3816	耐火的水泥、灰泥、混凝土等耐火混合制品	19	331	81
8706	装有发动机的8701至8705机动车辆底盘	3	310	49.3

注：出口300万美元以上商品52种，出口额136672万美元，占全市出口总额的92.5%

2011年洛阳市县（市）、区目标完成情况

金额单位：万美元

名称	年目标（出口）	目标完成%	累计出口金额	累计出口金额增减%	累计进口金额	累计进口金额增减%
洛阳市	124122	119.1	147774.0	40.5	60521.0	22.30
偃师市	3761	176.1	6623.0	67.7	4491.7	1230.9
孟津县	455	191.3	870.6	125.8	1248.8	96.4
新安县	4065	126.8	5155.6	49.7	13706.5	3821.9
宜阳县	800	147.6	1180.5	57.3	1.4	100.8
伊川县	5108	120.5	6154.9	42.2	2309.9	-20.6
汝阳县	300	187.9	563.7	596.7	1480.4	
洛宁县	2800	142.2	3982.3	42.5	940.5	145.5
嵩　县	311	189.7	589.9	123.8	116.6	12.1

续表

名称	年目标（出口）	目标完成%	累计出口金额	累计出口金额增减%	累计进口金额	累计进口金额增减%
栾川县	2055	141.4	2906.6	66.9	1465.5	-59.3
涧西区	3000	183.5	5503.8	116.5	745.0	-11.8
西工区	12363	102.5	12677.6	15.9	119.6	-76.3
老城区	610	146.9	895.9	-4.4	0.1	-98.7
瀍河区	754	123.1	927.8	45.1	724.6	
吉利区	435	118.8	516.6	40.0	3.6	54.7
洛龙区	30821	114.6	35335.6	26.1	12572.5	-28.8
高新区	20276	123.0	24943.9	39.0	3493.5	-34.5
伊滨区	899	106.8	960.5	26.1	137.4	109.4

【进出口先进单位】 2011年，洛阳市在进出口工作中取得一定成绩，涌现出一批先进单位。河南省人民政府授予洛阳市“河南省太阳能光伏产品出口基地”；洛阳市人民政府授予洛龙区、高新区、偃师市、伊川县、洛宁县5家单位“2011年度洛阳市对外贸易工作先进单位”称号。

洛阳市对外开放工作领导小组授予阿特斯光伏电力（洛阳）有限公司、中信重工机械股份有限公司、卡博陶粒（中国）有限公司、洛阳北方易初摩托车有限公司、一拖国际经济贸易有限公司、洛阳德生纺织科技有限公司、中铝河南铝业有限公司、中铝洛阳铜业有限公司、洛阳白马集团进出口有限责任公司、中扩赠品玩具（洛宁）有限公司、洛阳北方企业集团有限公司、河南通达电缆股份有限公司12家企业“2011年度洛阳市外贸进出口工作先进企业”称号。

【重点贸易促进活动】 2011年，洛阳市先后组织企业参加一〇九届（春季）、一一〇届（秋季）广交会、第八届中国-东盟博览会、第十九届乌鲁木齐国际经济贸易洽谈会、第十三届中国国际高新技术成果交易会、第十九届昆明进出口交易会、大连软交会、中东（迪拜）秋季国际商品博览会、德国国际太阳能技术和产品交易会等经贸洽谈活动。

【申报国家服务外包示范城市】 2011年，市委、市政府将发展服务外包产业作为一项重要工作来抓，成立洛阳市发展服务外包产业领导小组，出台《关于加快发展服务外包产业的意见》，编制河南省首个服务外包产业发展规划——《洛阳市服务外包产业发展规划纲要（2011～2015）》（以下简称“《规划》”），对洛阳市服务外包的战略定位、空间布局、重点工作、扶持政策、保障措施等进行全面系统阐述。印发《洛阳市信息产业发展专项资金管理暂行办法》，对外来服务外包企业给予扶持。成立了以省委常委、市委书记毛万春为第一组长的洛阳市申报国家服务外包示范城市工作领导小组，申报材料已经国务院批转商务部办理。

加速服务外包人才培养。全市新增两所服务外包学院：洛阳市服务外包学院和洛阳市金融服务外包学院。新设立的两所服务外包学院分别在洛阳理工学院、洛阳师范学院，将以软件学院为主体，在专业设置方面根据用人单位的需要，新建和转型一批适合服务外包人才培养需求的专业，专为服务外包企业培养中高级实用型专业人才，打造洛阳服务外包人才品牌，并承担学历教育、技能培训、实习实训、高端人才培养等任务，为全市服务外包企业输送合格人才。

加快服务外包产业载体建设。根据《中共河南省委、河南省人民政府关于推进产业集聚区科学规划科学发展的指导意见》《中共洛阳市委、洛阳市人民政府关于加快推进产业集聚区建设的实施意见》等文件，对西工区、涧西区、高新区、洛龙科技园区、经济开发区5个区的服务外包产业进行发展指导和布局优化，确立了各区服务外包产业优势互补、错位发展的格局。《规划》中对服务外包载体建设提出明确目标：到2015年底，累计建成西工区、涧西区、经开区、洛龙科技园等产业园区载体60 万平方米以上，创建国家级示范园区（基地），辐射市内5区。

加强服务外包产业宣传力度。为营造申报国家服务外包示范城市的浓厚氛围，做好服务外包产业的宣传工作：一是邀请中国服务外包研究中心主任金世和两次到洛，进行专题演讲、业务培训。二是邀请北京服务外包协会理事长曲玲年、上海市发展改革研究院研究员郑韶参观洛阳动漫企业和服务外包实训基地，为特色服务外包提供专业指导。三是邀请中国服务外包研究中心领导和《中国服务外包》杂志编辑来洛，参观考察服务外包企业，并对市领导进行专访。四是组织洛阳首部3D动画电影《牡丹》，在美国纽约时报广场大屏幕做宣传海报。（王学干）

对外经济合作

【概　况】 2011年，洛阳市对外经济合作工作，以应对危机、促进经济平稳较快发展统揽全局，扎实推进“走出去”战略。全年完成国际工程承包营业额32338万美元，同比增长

15.3%，占省定年度目标32259万美元的100.2%；全市外派劳务完成5409人，同比增长8.4%，占省定年度目标5200人的104%；境外投资2910.3万美元，占省定年度目标400万美元的727.5%。截至2011年年底，洛阳市境外投资企业（机构）30家。

【对外劳务合作】 2011年，洛阳市外派劳务完成5409人，同比增长8.4%，占省定年度目标5200人的104%。全市外派劳务全口径完成6521人，其中：通过本省外经公司间接派出1112人，通过外省公司间接选派3696人，通过国际承包工程派出1713人。外派劳务主要分布在日本、韩国、新加坡、苏丹、沙特阿拉伯、安哥拉等30多个国家和地区，涉及机械加工、建筑、服装加工、设计咨询、电子装配、水产加工、医疗卫生、餐饮服务、渔业等行业。

【对外承包工程】 2011年，洛阳市共签订对外承包工程合同额33889万美元，完成营业额32338万美元。工程项目主要分布在印度、苏丹、阿尔及利亚、伊朗、波兰、阿联酋、巴基斯坦、澳大利亚、沙特阿拉伯等国家。其中：中铁十五局与沙特王国房屋总署新签两个项目，分别是沙特纳吉兰别墅项目12200万美元、沙特海尔别墅群13265万美元；中国石油天然气第一建设公司与伊拉克国家石油公司签订的鲁迈拉项目8290万美元。中铁十五局集团沙特南北铁路等项目，完成营业额14686万美元；中国石油天然气第一建设公司的阿尔及利亚储罐等项目，完成营业额15823万美元；中铁隧道集团有限公司伊朗北方高速公路等项目，完成营业额1826万美元。

【境外投资】 2011年，洛阳市新核准设立境外投资企业3家，中方协议投资额2910万美元，境外机构1家；新增境外直接投资企业3家，分别是第一拖拉机股份有限公司、卡玛洛阳置业包装有限公司、洛阳涧光石化设备有限公司。截至2011年12月，全市境外企业、境外机构共30家。其中：境外企业16，境外机构14家。涉及全市16家企业，分别是一拖国贸、中信重工、伊川亚通刚玉、洛阳大禹、河南伊川龙泉天松豫港公司、第四设计院、洛钼集团、河南六建、洛阳矿业香港公司、河南龙盛龙港公司、乐地农业科技、瑞光影视光电、洛阳航空工程建设有限公司、一拖股份、涧光石化、凯迈（洛阳）置业包装有限公司。

【外经工作先进单位】 2011年，洛阳市对外开放工作领导小组授予中铁十五局集团有限公司、中国石油天然气第一建设公司、中铁隧道集团有限公司、第一拖拉机股份有限公司、栾川县劳动就业管理服务中心、一拖外派劳务培训中心、伊川县商务局、宜阳县商务局、洛宁县商务局、涧西区商务局10家单位“2011年度洛阳市外经工作先进单位”称号。 （秦利利）

招商引资

【概　况】 2011年，洛阳市以“福民强市”为总体目标，强力实施“项目建设”攻坚战，以招大引强、承接产业转移和与央企开展战略合作为重点，以集群招商引进重大项目和龙头企业为抓手，创新招商方式，拓展招商领域，持续深入开展大招商、招大商活动，招商引资规模和质量显著提升。全市签订招商引资合同项目356个，投资总额2045.4亿元，同比增长50%；合同利用市外境内资金1979.2亿元，同比增长52.6%；实际利用市外境内资金437.2亿元，同比增长32.2%；实际到位省外境内资金325.4亿元，同比增长47.9%。全市新批外商投资企业45家，合同利用境外资金146145万美元，同比增长34.2%；实际利用境外资金176800万美元，同比增长46.8%。实际利用境外资金额度和实际到位省外境内资金额度双双位居河南省第二名。

【重大招商引资活动】 2011年，洛阳市成功举办第二十九届中国洛阳牡丹文化节投资贸易洽谈会、第二十九届中国洛阳牡丹文化节对外经济技术合作项目签约仪式、福布斯中原经济区投资与发展论坛等重大经贸活动，并举办了洛阳市政府华盛顿招商推介会、洛阳承接玩具产业转移恳谈会、跨国公司高级管理人员中原行洛阳市情说明会、洛阳（泉州）知名企业座谈会等；组织参加2011豫京津经济技术合作洽谈会、豫沪经济合作交流活动、河南省2011年与中央企业合作重点项目签约活动、豫港澳经贸交流活动、中原经济区合作之旅—走进台湾活动、2011年中国（河南）—东盟合作交流洽谈会、豫商大会、2011年河南省承接产业和技术转移合作交流洽谈会、第八届中国—东盟博览会、第十五届中国国际投资贸易洽谈会、第六届中国中部投资贸易洽谈会、第二届中国郑

对外经济技术合作项目签约仪式

2011年洛阳市新批外商投资合同（项目）

单位：万美元

		项目总投资（万美元）	
	合同（项目）数（个）	合　计	#外商投资额
总　计	34	125371	73556
按投资方式分			
中外合资	8	30738	21072
中外合作	1	6000	2000
外商独资	3	14190	4728
港澳台与大陆合资	13	54026	33166
港澳台与大陆合作			
港澳台独资	9	20417	12590
港澳台股份			
按国民经济行业分			
制造业	24	121338	71115
机械制造	2	8545	8045
非金属矿物制造业	2	12441	4838
专用设备制造业	11	54227	42528
其他制造业	9	46125	15704
批零贸易餐饮业	6	3992	2414
社会服务业	4	38	27
按国别（地区）分			
中国香港	17	62368	40001
中国台湾	4	12030	5710
澳门	1	45	45
韩国	1	0.5	0.25
日本	4	9374	3710
马来西亚	1	6000	2000
开曼群岛	1	14173	4711
卡塔尔	1	5600	4760
英国	1	265	111
法国	1	15	8
西班牙	1	8500	8000
加拿大	1	7000	4500

州产业转移系列对接活动、2011年中国（河南）—韩国合作交流洽谈会等大型经贸招商活动，成效显著。

3月3～16日，洛阳市组团赴美国、加拿大开展经贸交流活动。其间，在华盛顿举办“洛阳市政府华盛顿招商推介会”，建立洛阳市在美国的招商代表处，并聘请招商顾问。

4月，成功举办了第二十九届中国洛阳牡丹文化节投资贸易洽谈会、对外经济技术合作项目签约仪式和福布斯中原经济区投资与发展论坛等大型综合活动。来自26个国家（地区）及国内21个省（市、自治区）的1744名客商应邀参会。世界500强企业9家，较上年增加2家；中国500强企业16家，较上年增加10家；行业100强企业28家，较上年增加22家；洽谈项目259个，投资总额1666亿元；签订招商引资合同项目199个，投资总额1051.5亿元，较上届增长12.6%。集中签约仪式上，签约项目110个，投资总额731亿元，较上届增长16%。通用电气、IBM、摩立特、新希望、远大空调等国内外500强企业、国内知名企业和投资机构的代表和知名经济学家、文化学者等参加了福布斯中原经济区投资与发展论坛，围绕中原经济区崛起等主题，展开演讲和深度对话。同时，开展“2011福布斯中国寻找高增长企业之星”巡回活动，红杉资本、麦顿投资、云峰基金等14家国内知名基金管理公司，与全市50家高增长企业进行现场交流对接，效果良好。

5月4～8日，洛阳市组团赴北京参加“2011豫京津经济技术合作洽谈会”。签约项目4个，投资总额15.4亿元；对接项目27个，涉及先进制造、高新技术、基础设施、商贸服务、文化旅游、新能源等产业领域。

5月30～31日，洛阳市组团赴郑州参加“2011豫沪经济合作交流会”。签约项目5个，投资总额52.9亿元；洽谈对接项目24个，投资总额145.6亿元。

6月2～3日，洛阳市组团参加“河南省2011年与中央企业合作重点项目签约活动”，与中石化、中国恩菲、国家电网、中国移动、中建材集团等10余家央企签订战略合作协议，共吸引央企总投资近600亿元。

6月9～13日，洛阳市组团赴香港参加“2011年河南—港澳经贸交流活动”。活动其间，分别参加省政府组织举办的“香港中原经济区投资说明会暨合作项目签约仪式”“豫港经贸合作项目对接会”“香港地区闽籍企业家座谈会”“澳门中原经济区投资说明暨合作项目洽谈会”等重大活动。签约项目11个，投资总额20.11亿美元，合同外资17.74亿美元。其间，在香港组织举办“承接玩具产业转移恳谈会”，达成了中扩集团玩具三期项目、香港泛亚电子有限公司电子玩具项目、香港智康印刷有限公司玩具配套包装项目等合作意向。

6月14～21日，洛阳市组团赴台湾参加“中原经济区合作之旅——走进台湾”经贸活动，拜会客商20多位，与富士康科技集团赛博国际控股有限公司签订“3C销售网络合作意向书”。其间，组织举办“洛阳市—台湾工商建筑研究会合作交流恳谈会”，与台湾工商建筑研究会达成在洛宁县投资建设“台商产业园区”的合作意向。

6月28～29日，洛阳市组团赴郑州参加“2011年中国（河南）—东盟合作交流洽谈会”，成功签约5个项目，投资总额16.1亿元，同时组织多家企业参加“河南企业境外上市对接会”。

8月26～28日，洛阳市组团赴郑州参加“2011年河南省承接产业和技术转移洽谈会”，签约项目22个，投资总额231.5亿元，省外资金227.6亿元；洽谈对接项目18个，投资总额68.1亿元。其间，于8月27日在洛阳举办“跨国公司中原行洛阳市情说明暨优势产业推介会”，美国高盛高华证券、南非标准银行、英国格瑞克集团、麦当劳等知名企业参会，并考察了伊滨区和中信重工、洛阳北玻等企业。

9月5日，洛阳市在泉州组织举办“洛阳（泉州）知名企业座谈会”，26家知名企业高管参加活动，与中国闽商投资集团签订“中国闽商灯饰产业园合作项目”框架协议，协议投资总额18亿元。

9月7～8日，洛阳市组团赴厦门参加“第十五届中国国际投资贸易洽谈会”，拜会客商47名，对接洽谈项目28个，推进在谈项目5个。

9月26～28日，洛阳市组团赴太原参加“第六届中国中部投资贸易洽谈会”。利用中部博览会网站，报送招商项目109个；对接洽谈项目10个。

10月21～26日，洛阳市组团赴广西南宁参加“第八届中国—东盟博览会”，拜会香港宏安集团、中国（香港）农产品企业发展有限公司、广西玉柴重工有限公司等企业，洽谈农副产品批发物流中心、特种玻璃生产线等项目。

11月12～14日，洛阳市组团参加“第二届中国郑州产业转移系列对接活动”。承接产业转移项目93个，投资总额385亿元；签约项目23个，投资总额242亿元。

11月25～26日，洛阳市组团参加“2011年中国（河南）—韩国合作交流洽谈会”，与SK中国、韩国宝成利尔株式会社、韩松化学有限公司等企业进行沟通洽谈，签约项目3个，投资总额6500万美元。

【招商引资责任目标管理】 2011年，洛阳市对51家单位下达招商引资责任考核目标。下达目标：引进市外境内资金366亿元（其中河南省下达引进省外境内资金目标264亿元）；河南省下达实际利用外资14.1亿美元、合同利用外资130996万美元。全年实际到位市外境内资金437.2亿元，同比增长32.2%，占市定目标的119.4%；实际到位省外境内资金325.4亿元，同比增长47.9%，占省定目标的123.3%。全年实际利用外资完成17.68亿美元，同比增长46.8%，占省定目标的125.4%；合同利用外资完成146145万美元，同比增长34.2%，占省定目标的111.6%。

【招商引资先进单位】 2011年，洛阳市招商引资工作涌现出一批先进单位。洛阳高新区、新安县、西工区、老城区、栾川县、市科技局、市工信局、市公用事业局、市林业局、市农工委、市侨联11家单位获“2011年度洛阳市招商引资工作先进单位”称号。

（王金玲　陈　宁）

【利用境外资金】 2011年，洛阳市共批准设立外商投资企业45家（含再投资企业11家），比上年同期增加12家；合同利用境外资金完成146145万美元，占省定目标130996万美元的111.6%，同比增长34.2%；实际利用境外资金完成17.68亿美元，占省定目标14.1亿美元的125.4%，同比增长46.8%。

2011年，洛阳市利用外资主要特点：（1）外商投资领域较广，第二产业投资比重大。全市外商直接投资项目中，第一产业项目1个，占总数的2.94%，合同外资2310万美元，占新批合同外资总额的3.14%；第二产业项目22个，占总数的64.7%，合同外资61224万美元，占新批合同外资总额的83.23%；第三产业项目11个，占总数的32.35%，合同外资2142万美元，占新批合同外资总额的2.91%。（2）利用外资来源地集中，中国香港地区是外商投资的主要来源地。全市外商直接投资项目中，有16个项目来自中国香港地区，占总数的47.06%，合同外资39884万美元，占全市新批合同外资额的54.2%。（3）外资项目落户集中，主要分布在各类园区。全市外商直接投资项目中，22个落户各类园区，占总数的64.7%，合同外资68450万美元，占新批合同外资总额的93.06%。新批最大的外资项目力盛芯（洛阳）电子科技有限公司，投资总额1.42亿美元，位于伊滨新区。

外商投资企业为全市开放型经济的快速发展做出了突出贡献。2011年，全市外商投资企业共上缴税收18.84亿元，出口创汇49610万美元。

【受表彰的外商投资企业】 洛阳市对外开放工作领导小组对在2011年对外开放工作中做出突出贡献的外商投资企业进行了表彰，授予洛阳北方易初摩托车有限公司、河南华润电力首阳山有限公司、阿特斯光伏电力（洛阳）有限公司、第一拖拉机股份有限公司、洛阳亚洲啤酒有限公司、建业住宅集团洛阳置业有限公司、洛阳新奥华油燃气有限公司、中扩赠品玩具（洛宁）有限公司、恩梯恩LYC（洛阳）精密轴承有限公司、卡博陶粒（中国）有限公司、洛阳尚德太阳能电力有限公司11家企业“2011年度洛阳市优秀外商投资企业”称号。

（祖良军）

综　　述

【概　况】　2011年，全市民营经济围绕“六加一”攻坚战，大力实施项目建设，推进结构调整，强化自主创新，狠抓管理提升，民营企业上市取得重大突破，骨干企业规模进一步壮大，整体运行质量进一步提高，对县域经济的贡献进一步突出。全市民营经济户数达到21.9万户。其中：规模以上企业1436户，超亿元企业达到296户；从业人数达到128.1万人，比上年增加2.2万人。

【民营经济总量占比达50.6%】　2011年，全市民营经济累计实现营业收入4394.7亿元，比上年增长22.4%；实现增加值1404.1亿元，比上年增长14.4%；上缴税金159亿元，比上年增长15.2%。民营经济占全市国内生产总值的比重首次突破半壁江山，达到50.6%，比上年提高2.2个百分点。

【项目建设】　2011年，全市新开工投资千万元以上民营项目610个，总投资582.3亿元，当年实际完成投资98亿元。其中，新开工亿元以上项目170个。开工建设和引进年产100兆瓦太阳能光伏硅片，年产400兆瓦多晶硅铸锭、切片、电池片、电池组件一体化，洛阳巨子新能源科技太阳能铸锭切片、麦达斯年产5万吨轨道车型材及车体大部件（一期）、兰迪新型真空玻璃生产装备产业化、洛阳永成农业装备制造产业园、洛阳恒生科技园软件开发等一批对全市产业结构调整有重大推动作用的民营企业项目，对全市“调结构、保增长”发挥了重要作用。

【骨干企业培育】　2011年，洛阳市出台《洛阳市委、市政府关于实施“小巨人”企业培育工程的意见》和《洛阳市委、市政府关于实施龙头企业培育工程的意见》，启动洛阳市龙头企业和“小巨人”企业培育工程。市政府命名52家洛阳市“小巨人”企业重点培育对象，其中民营企业入选51家。市、县两级财政年终共对17家达到年度培育目标的民营企业奖励现金710万元。

【民营企业上市】　2011年，洛阳市共有通达电缆、杜康控股、隆华传热、北方玻璃等4家民营企业成功上市，实现了洛阳市民企上市为零的突破。

【改革改制】　2011年，全市78家县（市）、区属工业企业中，共有69家完成改制任务，进入民营企业序列。

【企业家培训】　2011年，市财政出资对民营企业家进行免费高层培训。全年

2011年全市规模以上非公有制工业分行业总产值、销售产值、增加值

单位：万元

	单位数（个）	工业总产值（当年价格）	工业销售产值（当年价格）	工业增加值（当年价格）
总　　计	1429	26643750	26355937	6882810
在总计中：轻工业	334	5674034	5572479	1402734
重工业	1095	20969080	20782774	5479915
在总计中：大型企业	15	144956	142519	29410
中型企业	166	8668418	8469572	2384411
小型企业	1248	17829740	17743161	4468828
煤炭开采和洗选业	13	277465	995268	146141
黑色金属矿采选业	16	141367	126702	40389
有色金属矿采选业	86	1693497	1678178	702208
非金属矿采选业	21	235346	201563	76862

续表

	单位数（个）	工业总产值（当年价格）	工业销售产值（当年价格）	工业增加值（当年价格）
农副食品加工业	26	562973	554678	127110
食品制造业	18	173886	174918	41679
饮料制造业	9	174152	172885	49402
纺织业	19	337265	329895	89378
纺织服装、鞋、帽制造业	17	223414	228430	60112
木材加工及木竹藤棕草制品业	17	347361	355865	97051
家具制造业	115	1601350	1533426	415735
造纸及纸制品业	17	146656	182162	35946
印刷业和记录媒介的复制	4	35655	33254	10372
文教体育用品制造业	2	190869	190412	70761
石油加工、炼焦及核燃料加工业	12	271084	282647	70029
化学原料及化学制品制造业	90	1193161	1087449	283218
医药制造业	17	263039	237856	73487
化学纤维制造业	4	23840	23278	6227
橡胶制品业	9	101449	92868	25807
塑料制品业	32	388718	326485	91989
非金属矿物制品业	248	3462579	3535505	1027985
黑色金属冶炼及压延加工业	35	2007485	2087426	441024
有色金属冶炼及压延加工业	65	2702177	2797378	375290
金属制品业	53	887648	683311	219312
通用设备制造业	223	4264855	3160627	1216343
专用设备制造业	113	1335290	1389825	315264
交通运输设备制造业	84	1796027	1883202	376404
电气机械及器材制造业	36	385063	643132	86768
通信计算机及其他电子设备制造业	9	551417	504213	111647
仪器仪表及文化办公用机械制造业	6	53446	50695	13461
工艺品及其他制造业	4	32779	32135	9008
废弃资源和废旧材料回收加工业	1	164826	164826	34169
电力、热力的生产和供应业	5	547561	545343	122601
燃气生产和供应业	2	69418	69418	19472

先后组织4批210名民营企业家到浙江大学参加卓越企业家经理人高级研修班（“5+2”培训）。

【破解融资瓶颈】 截至2011年年底，全市担保机构达到142家，注册资本金51亿元。累计提供各类担保金额192亿元。积极推进小额贷款公司建设，有32家小额贷款公司获批，开业27家，累计为中小企业提供贷款超过15亿元。

【民营经济新闻发布会】 从2011年4月开始，市委、市政府每月举办一次民营经济发展情况新闻发布会，重点对国家、省、市新出台的相关政策措施，市委、市政府的重大决策，全市民营经济发展中的好经验、好做法以及民营经济发展中的突出问题等进行发布，全年共发布9次。

营业收入超10亿元企业

【洛阳炼化宏达实业有限公司】 洛阳炼化宏达实业有限责任公司（简称洛化宏达），由原洛阳石化宏达实业总公司于2009年11月改制成立。公司前身系中国石化集团洛阳石化总厂下属企业，始建于1992年9月，经过近20年的艰苦创业，发展成为具有一定规模的以化工化纤生产与贸易服务为主的企业。洛化宏达有12万吨/年气体分离、3万吨/年聚丙烯、10万吨/年MTBE（甲基叔丁基醚）及2万吨/年异丁烯等化工生产装置；有18万吨/年聚酯、15万吨/年直纺涤纶短纤维、6000吨/年丙纶丝、PET再生粒子等化纤生产装置；具有成品油批发、煤炭经营资质，有齐全的油气化工产品贮存、装卸设施，主要从事成品油、化工、化纤等产品经营、装卸服务业务。公司固定资产近10亿元，员工1600余人，年销售收入逾30亿元，是河南省工业百强企业和洛阳市重点保护企业。2011年，洛化宏达生产聚丙烯1.71万吨、MTBE5.1万吨、异丁烯0.72万吨、聚酯切片1.28万吨、短纤维12.01万吨、丙纶丝0.51万吨；经销成品油27.68万吨；完成油气及化工产品装卸量59.88万吨；实现检维修及施工收入1567.96万元；生产桶装饮用水58.57万桶、瓶装水2.79万箱。全年实现销售收入43.94亿元，上缴税收9248.1万元，实现利润1612.07万元。

阿特斯公司长晶切片项目多晶车间一角

【洛阳紫金银辉金属冶炼有限公司】 该公司前身为洛阳市银辉金属冶炼有限公司，成立于20世纪80年代初，原隶属于中国人民银行洛阳分行，是集黄金收购、精炼、检测，金银首饰、工艺品加工生产、批发、零售于一体的专业黄金企业。公司拥有贵金属精炼厂、黄金首饰加工厂、金银工艺品生产厂以及黄金收购部、交易部、批发部、零售部和具有国家级资质的化验室。2005年11月，洛阳市银辉金属冶炼有限公司与紫金矿业集团股份有限公司（位于福建省上杭县的国家大型企业、高新技术企业，香港H股上市公司和上海黄金交易所会员单位）强强联合，合作成立洛阳紫金银辉黄金冶炼有限公司，注册资金1亿元。2011年实现营业收入1165152万元。

【洛阳国泰钢铁有限公司】 该公司成立于2006年1月，属民营钢铁加工企业，位于新安县产业集聚区，占地面积44.46万平方米。主要生产设备有4座两段式煤气发生炉和与之配套的煤气净化系统及输送管道。可以满足年产100万吨线材要求的推钢式加热炉一座，轧线由27架轧机组成，其中开坯机组5架、粗、中轧机组各4架；预精轧机组4架；精轧机组10架。产品主要有光圆钢筋和螺纹钢盘卷；规格有：ø5.5～ø 16毫米(光圆)，ø6.0～ø 14毫米(盘条螺纹钢)；生产钢种有碳结钢、优碳钢、低合金钢、焊条钢、冷镦钢。2011年公司实现销售收入210662万元。

【阿特斯光伏电力（洛阳）有限公司】 阿特斯（Canadian Solar Inc.）是由加拿大籍华人瞿晓铧于2001年创建的，是一家在加拿大注册的世界级光伏公司，总部和销售中心位于加拿大安大略省密西沙加市。自2001年11月，阿特斯先后在江苏苏州、常熟和河南洛阳成立6家全资子公司。公司主要从事晶体硅太阳电池、组件及光伏发电系统的研究、投资以及项目管理，致力于太阳能光伏产品的研发、制造、销售和售后服务，为全球客户生产在住宅、商用、工业等领域有着广泛应用的太阳能光伏产品、光伏玻璃幕墙及太阳能发电应用产品。阿特斯公司于2006年在洛阳投资了太阳能组件项目，并于2007年5月正式投产。组件项目现有全自动层压机11台、焊接流水线8条，产品畅销欧美市场，赢得了客户的一致好评。公司在太阳能组件项目上继续扩大产能，累计投资近4000万元，具备年产太阳能光伏组件100兆瓦的生产能力。阿特斯洛阳公司注册资金3800万美元，占地面积344亩，资产总额为16亿元，员工1369人。2011年销售收入为25亿元、利润 867万元。

【洛阳伟业（企业）集团公司】 该公司是一家集钢铁产品精深加工、纺织、公共防护设施等产业为一体的民营企业，下辖洛阳伟业轧钢有限公司、洛阳伟业彩板有限公司、洛阳伟业天公轻纺有限公司、洛阳伟业制坯有限公司、洛阳天公金属彩塑护网有限公司和山西晋城伟业钢铁公司等。公司员工1500余人，其中各类专业技术人员182人，总部位于关林工业园区，占地667亩，是洛阳市规划的钢铁和建材精深加工基地之一。总投资1.2亿元、年产40万吨的高速线材生产线于2003年12月兴建，2004年8月投产。总投资6000万元的CB1250彩涂板生产线也于2005年底建成试运行。2011年产量74.7188万吨，销售收入314324万元，利润674万元，缴纳税金2087万元。

【洛阳北方易初摩托车有限公司】 该公司位于洛宜北路徐家营，成立于1992年3月，是国家大型摩托车专业化生产企业，注册商标“大阳”牌，为全国重点保护商标。公司固定资产4.6亿元。主要生产50～150毫升6大系列50余个品种的大阳牌摩托车，年生产能力100万台。公司生产的DY100、DY90及DY110等系列摩托车不但成为国内市场上的主导产品，还远销欧、亚、非及美洲40多个国家和地区，拥有400多万用户群体。该公司是国家确认的科技进步企业，是国内摩托车行业中首家获得ISO9001质量保证体系国内、国外双重认证企业。公司还获得欧洲E-MARK认证，中国CCC认证，生产准入现场考核等。2011年实现销售收入169532万元，上交税金4151万元。

【河南大张实业有限公司】 该公司成

大张新区盛德美店

立于1992年，由当初不足20平方米的小店发展成为拥有50多个连锁分店、6万多平方米营业面积、3万多平方米现代化物流配送中心、40多台配送车辆、便利店、标准超市、大卖场及8000平方米的服装专业店的豫西地区大型商业连锁企业。2011年新开业门店4家，在栾川、汝阳、青年宫、纱厂西路各开新店，新增营业面积2万多平方米。2011年新安排就业人员1600多人。全年销售额14.5亿元，同期增长14%。纳税3500万元，同期增长14.29%。

【洛阳香江万基铝业有限公司】 该公司由广东香江集团和万基铝业控股集团公司合作于2005年成立，是由国家发改委批准立项、年产120万吨氧化铝的项目，公司是集矿山开采、氧化铝生产及配套设施于一体的联合企业。生产工艺采用适合中国铝土矿特点，具有国际先进、国内一流的拜尔法生产工艺。采用先进的DCS控制系统，对整个生产过程集中进行监视和控制，实现生产过程的监视、控制和管理集中化和自动化。主要设备从法国、德国、荷兰、美国等国家引进，企业的技术和装备整体达到国内外同类先进企业的标准。2011年实现销售收入198843万元，上缴税金18001万元。

【洛阳尚德太阳能电力有限公司】 该公司位于洛阳高新技术开发区，由无锡尚德太阳能电力有限公司与洛阳方自然人共同投资兴建。2005年11月注册成立，注册资金9000万元，主要从事晶体硅太阳能电池及其相关产品的技术研究、生产制造及销售服务。2006年12月被河南省科学技术厅认定为高新技术企业并通过高新技术产品评审。公司占地面积103.3亩，员工500余人。一期30兆瓦电池项目2006年10月正式投产，90兆瓦扩建项目同期进行，2007年生产能力达到120兆瓦。2007年3月公司建立企业技术中心，并与澳大利亚新南威尔士大学、郑州大学等高校、科研院所在科研、产业化技术研究和推广应用等方面进行研究与合作。2007年，公司通过ISO9001国际质量管理体系和ISO14001国际环境管理体系认证，产品质量达到国际先进水平。2011年实现销售收入14亿元，利润总额9441万元。

【洛阳金达石化有限责任公司】 该企业是2007年由原洛阳石化金达实业公司改制而成，注册资金2311万元，职工466人，经营范围涉及特油、化工、塑料、制衣、印刷等领域，主要产品有特种溶剂油、水处理剂、编织袋、服装、印刷品、润滑油、油浆阻垢剂等，同时还拥有阀门的检修、维修服务设施。2011年实现营业收入195022万元，实缴税金2880万元。

【洛阳洛钢集团钢铁有限公司】 该公司是集烧结、炼铁、炼钢、轧钢于一体的钢铁联合企业，主要产品为钢筋混凝土用热轧带肋钢筋。公司位于孟津县送庄镇东工业园区，2003年开工建设，2005年投产，工程建设投资5亿元。主要技术装备有92平方米烧结机1台、450立方米高炉1座、45吨转炉1座、R8米四机四流小方坯连铸机1台套、半连续轧钢生产线1条以及配套的6000立方米/小时制氧机1台套、110千伏变电站等，具有钢铁生产工艺流程的连续性、完整性和系统性。2011年营业收入180442万元，增加值54692万元，实缴税金3601万元。

【洛阳榕拓焦化有限责任公司】 该公司是洛阳地区年产100万吨冶金焦的大型焦化企业。筹建于2004年，总投资预算为5.67亿元，位于洛阳市孟津县平乐镇张盘村西，占地面积约49.44万平方米，距洛阳市区约16千米，公路及铁路运输十分方便。该项目由中国冶金建设集团鞍山焦化耐火材料设计研究院总体设计，铁路专线由西安铁路设计院设计。全部投产后形成冶金焦100万吨/年，焦油4.35万吨/年，精粗苯11940吨/年，硫磺2000吨/年，硫铵10400吨/年，外供商品煤气15万×10^3立方米/年的工业产能。2011年实现营业收入178334万元。

营业收入超5亿元企业

【河南通达电缆有限公司】 该公司始建于1987年，是国家电力公司规划设计总院指定生产330千伏～500千伏电缆的专业生产厂家。主要产品有钢芯铝绞线LJ-16-800平方毫米、铝绞线LJ-16-800平方毫米、稀土钢芯铝绞线和架空绝缘电缆等电力输送导线。年产钢绞线2万余吨，架空绝缘电缆3万千米，能够满足不同规格的高压电缆需要，先后为三峡、小浪底等国家重点水利工程提供了质优价廉的导线产品。2011年实现销售收入77264万元。

【洛阳北方玻璃技术（集团）股份有限公司】 该公司于1995年注册立，公司位于洛阳高新区，注册资本2亿元，职工1500多人，其中专业技术人员占25%以上，占地400多亩，厂房面积约12万平方米。2011年在深交所上市，股票代码002613。

该公司居行业龙头地位，集玻璃深加工技术设备和深加工玻璃产品的研发、制造和销售为一体，是具有完整产业链和持续自主创新能力的高新技术企业。1995年成功研发出中国首台玻璃钢化机组，打破国外垄断；2007年研制出中国第一台具有自主知识产权的离线低辐射（LOW-E）镀膜玻璃生产设备；2009年公司研发出超大规格平弯玻璃钢化技术设备，将玻璃钢化技术水平再次推向一个新的高度。公司设有省级研发中心。2011年完成销售收入80461万元。

【洛阳市金纺纺织有限公司】 该公司始建于1986年，是洛阳市“五十强企业”和“民营诚信五十优”企业之一。公司主要生产16～60支的纯棉纱及专纺、混纺等产品，产品质量均达到国标上等一级和一等一级。2011年实现销售收入90131万元，实缴税金410万元。

【洛阳市兴荣工业有限公司】 该公司位于汝阳小店工业区，是一家专业为国家重型装备制造业提供大型铸锻件生产的配套企业，产品覆盖矿山、冶金、船舶、路桥工程、风电设备等领域。公司职工1200人，下设1个锻压公司、两个铸造分厂和1个机加工中心。2009年11月，成功为国内某重型装备企业浇注单重210吨的轧机下横梁，铸件单重首次突破200吨。2011年实现营业收入50646万元，实缴税金1519万元。

【洛阳标新铝业有限公司】 公司成立于2007年10月，位于偃师高龙工业区。公司主要从事加工生产冷(热)轧板材、卷材业务。2011年实现营业收入74388万元，利润总额1412万元。

【河南省前进化工科技集团股份有限公司】 该公司（军工代号：9645）是省内规模最大、产品品种最全的民用爆破器材大型专业企业，是国家定点生产民用爆破器材的专业企业，隶属于河南省国防科学技术工业委员会，属河南省优秀民营企业，洛阳市30家重点民营企业之一。公司由东区、西区和洛阳新区组成，总占地面积1830亩。公司2006年2月完成股份制改造，员工2603人，各类专业技术人员263人。公司现逐步形成了以民用爆破器材为主导，向烟花爆竹、精细化工、机械制造等行业延展的多元化发展格局，生产的民爆产品涵盖工业炸药、工业雷管、工业索类火工品等三大系列近百个品种及规格，是中国民爆行业规模较大、产品品种较全的生产企业。2011年共完成收入5.7亿元，上缴利税1.1亿元。

【中实洛阳重型机械有限公司】 该公司成立于1981年，2005年完成股份制改造。公司员工1200人，其中各类专业技术人员300余人，下属10个生产分厂。产品涉及矿山设备、冶金设备、建材设备、洗选设备、电力设备、石油化工设备和相关的成套电控配置、金属结构件、工程塑料、大功率减速器和大型铸锻件等十几个领域。公司拥有8万多平方米的花园式工业园区和3万多平方米标准厂房，技术力量雄厚，工艺水平先进，设备齐全，年生产能力达3万多吨。拥有W200、W220落地式数显镗铣床，6×20米、2×10米重型卧车，2×8米数控卧车，15米数控滚齿机、8米滚齿机，8米数控立车、5米立车，80×4米卷板机、X5042A立铣、大型注塑机等各类机床设备400多台。2011年公司实现营业收入52588万元，增加值9466万元，上缴税金2447万元。

【洛阳大运三轮摩托车有限公司】 洛阳大运三轮摩托车有限公司始建于1999年，位于偃师工业产业聚集区。2010年，洛阳大运新工业园开工建设，总投资6亿元，设计年产三轮摩托车50万辆。

公司主导产品为正三轮摩托车，分为老车年系列和货车系列。老年车系列有爵士款、爵士二代、爵士新秀、爵士三代、凌鹰、猎鹰、凌鹰三代、猎鹰王、A博士、A博士宽座、骏旅，货车系列有110太子款、小太子款、V1款、T1款、T2款、T3（亮剑）款等。2011年完成销售收入5亿元，实现利润1606万元，上缴利税692万元。

【上海超日（洛阳）太阳能有限公司】 该公司位于偃师市工业区东区，是上海超日太阳能科技股份有限公司旗下子公司之一，是集研发、生产、销售为一体的民营独资高新技术光伏企业，注册资本7000万元，主要从事多晶硅铸造、切割以及电池片生产的研究、制造、销售和售后服务。主导产品有多晶硅片、电池片及组件，各项技术指标处于国际光伏行业先进行列。

2011年实现销售收入52064万元，实现利税713万元。申报专利8个，获得授权专利1个。

上海超日多晶炉

洛阳市优秀民营企业

1. 洛阳普莱柯生物工程股份有限公司
2. 河南发恩德矿业有限公司
3. 洛阳杜康控股有限公司
4. 嵩县丰源钼业有限公司
5. 洛阳香江万基铝业有限公司
6. 河南省前进化工科技集团股份有限公司
7. 河南大张实业有限公司
8. 洛阳尚德太阳能电力有限公司
9. 洛阳洛北重工机械有限公司
10. 洛阳市利安汽车贸易有限公司
11. 洛阳隆华传热科技股份有限公司
12. 洛阳金达石化有限公司
13. 洛阳市冠奇工贸有限责任公司
14. 上海超日（洛阳）太阳能有限公司
15. 中实洛阳重型机械有限公司
16. 洛阳大运三轮摩托车有限公司
17. 洛阳兴荣工业有限公司
18. 洛阳龙鼎铝业有限公司
19. 洛阳大华重型机械有限公司
20. 栾川县启源矿业有限公司

洛阳市高成长性民营企业

1. 河南海鑫毛毯纺织有限公司
2. 洛阳泰山石膏股份有限公司
3. 中扩赠品玩具（洛宁）有限公司
4. 洛阳八佳电器科技股份有限公司
5. 四季沐歌（洛阳）太阳能有限公司
6. 洛阳莱普生信息科技有限公司
7. 洛阳世必爱特种轴承有限公司
8. 洛阳金诺机械工程有限公司
9. 洛阳市海龙精铸有限公司
10. 阿特斯光伏电力（洛阳）有限公司

优秀中小企业公共服务平台

1. 洛阳市河洛人才中介服务有限公司（人才服务平台）
2. 河南省高新技术产业商会（技术咨询服务平台）
3. 洛阳市凯旋专利事务所（专利事务服务平台）
4. 用友软件洛阳分公司（信息化服务平台）
5. 洛阳荣威电子商务有限公司（电子商务服务平台）

发展民营经济先进县（市）、区

新安县　孟津县　偃师市　栾川县
宜阳县　伊川县　洛龙区

服务民营经济发展先进单位

市监察局（优化办）　市发改委
市财政局　市科技局　市统计局
市人社局　市商务局　市金融办
市环保局　市国土局　市规划局
市公安局　市工信局　市法制办
市质监局　市工商局　市国税局
工商银行洛阳分行　市供电公司
人民银行洛阳分行　中国银行洛阳分行
建设银行洛阳分行　洛阳银行
市地税局

洛阳市民营经济工作先进个人

乔文超　偃师市首阳山镇政府镇长助理
孙海涛　偃师市政府办公室政务信息中心副主任
侯宏伟　偃师市城关镇党委副书记
解　龙　孟津县平乐镇党委书记
朱义灵　孟津县常袋镇党委书记
王鹏举　孟津县会盟镇党委书记
曾祥瑞　新安县工业和信息化局局长
赵小彦　新安县正村镇党委书记
张丽娟　新安县仓头镇党委书记
罗洪武　宜阳县工业和信息化局副局长
闫朝辉　宜阳县工业和信息化局副局长
黄宏伟　宜阳县工业和信息化局科长
马胜利　伊川县工业和信息化局局长
申俊涛　伊川县城关镇党委副书记、镇长
宋克义　伊川县彭婆镇党委书记
高留虎　洛宁县工业和信息化局局长
张　洁　洛宁县工业和信息化局科长
杜朝辉　洛宁县城郊乡党委书记
袁建国　汝阳县工业和信息化局局长
陈富强　汝阳县付店镇党委书记
王行运　汝阳县内埠镇党委书记
赵海军　栾川县工业和信息化局局长
吴文化　栾川县陶湾镇政府经济发展办公室主任
王　冲　栾川县石庙镇党委书记
丁见智　嵩县民营企业服务局局长
索现军　嵩县城关镇党委副书记、镇长
耿建国　吉利区工业和信息化局局长
马俊霞　洛龙区工业和信息化局局长
付永红　洛龙区工业和信息化局副局长
张晓飞　洛龙区工业和信息化局股长
任晓丽　洛龙科技园区管委会副部长
马晓丽　涧西区工业和信息化局科长
李　炜　涧西区长安路办事处副主任
王加祥　西工区工业和信息化局局长
赵艺峰　西工区凯旋东路街道办事处主任
吕六标　西工区邙岭办事处主任
孙永红　老城区工业和信息化局副局长
王朝晖　瀍河区工业和信息化局局长
邢　伟　高新区项目服务和经济发展局副局长
张明伟　洛阳市伊洛工业园区经济发展局局长
平金玉　洛阳市财政局工业处副处长
王智勋　洛阳市统计局科长
韩　雷　洛阳市绩效考核办公室主任科员
王　晖　洛阳市优化经济发展环境办公室科长
徐会光　洛阳市政府办公室十科主任科员
贾锁文　洛阳市政府办公室十一科科长
葛俊杰　洛阳市人社局就业促进办公室副主任
黄旭光　洛阳市工信局主任科员
李东慧　洛阳日报报业集团记者
李　婷　洛阳广播电视台记者
焦育栋　洛阳广播电视台记者

旅 游 业

综 述

【概 况】 2011年，洛阳市接待游客6870 万人次，同比增长13.2 %。其中接待入境游客53万人次，同比增长15.74%；接待国内游客6817万人次，同比增长13%。旅游总收入350亿元，同比增长15.7%。其中旅游创汇15526万美元，同比增长15.02%；国内旅游收入339.13亿元，同比增长15.74%。旅游投资和招商引资总额为16.12亿元，同比增速达31.3%。

县（市）、区旅游业发展迅速。偃师市全年旅游总人数137.1万人次，较上年增长13.02%，完成年计划的100.81%；旅游总收入2.33亿元，较上年增长15%，完成年计划的101.3%。新安县全年旅游总人数483.5万人次，较上年增长12.7%，完成年计划的100.52%；旅游总收入9.28亿元，较上年增长16.88%，完成年计划的101.98%。栾川县全年旅游总人数687万人次，较上年增长13.55%，完成年计划的101.33%；旅游总收入25.9亿元，较上年增长18.26%，完成年计划的102.78%。洛宁县全年旅游总人数271.2万人次，较上年增长39%，完成年计划的123.83%；旅游总收入4.1亿元，较上年增长78.26%，完成年计划的157.69%。孟津县全年旅游总人数365万人次，较上年增长14.06%，完成年计划的101.96%；旅游总收入4.15亿元，较上年增长18.57%，完成年计划的103.75%。汝阳县全年旅游总人数364.6万人次，较上年增长13.72%，完成年计划的101.56%；旅游总收入4.7亿元，较上年增长23.68%，完成年计划的106.82%。嵩县全年旅游总人数625万人次，较上年增长13.64%，完成年计划的101.46%；旅游总收入16.8亿元，较上年增长16.67%，完成年计划的101.2%。伊川县全年旅游总人数13.1万人次，较上年增长12%，完成年计划的100.77%；旅游总收入0.42亿元，较上年增长15.01%，完成年计划的105%。旅客投诉控制在0.5‰，无发生重大旅游安全事故。

【旅游项目建设】 2011年，洛阳市围绕“福民强市”和项目、引资双带动战略，确定新建和续建的重大旅游项目32个，总投资额150亿元，年内计划投入资金26亿元。（1）洛阳市游客服务中心，主要建设内容：公共服务中心、旅游超市、学术交流中心、观光巴士总站。进展情况：洛龙区的地面拆迁工作正在进行。（2）洛阳同乐园水上游乐项目，主要建设内容：洛浦公园亮化工程，“游河寻梦园”游乐项目。进展情况：市政府办就此项目多次召开相关部门参加的论证协调会，水利部门认为对此项目需进一步论证研究。（3）龙门伊河湿地保护建设项目，主要建设内容：漫水桥、生态湿地和旅游设施等。进展情况：该项目的立项、可行性报告、初步设计等完成审批。（4）龙门景区设施提升工程，主要建设内容：龙门保护研究中心、伊滨公园龙门段、东山宾馆改造等。进展情况：伊滨公园龙门古韵段河道绿化已经完成。（5）安喜门文化旅游综合开发项目，主要建设内容：餐饮、休闲、娱乐、居住特色文化街区。进展情况：牡丹园、文昌园完工；安喜门7号楼完工，祖师庙周边2号楼主体完工，5号楼、6号楼主体封顶，建安街西侧城墙部分1号楼A区完工，建安街至北大街城墙城墙部分主体基本完工。（6）洛阳老城历史文化街区保护与旅游工程，主要建设内容：金元老城东、南城门，城墙恢复，宋代衙署、府文庙等文物保护展示。进展情况：正在做土地挂牌前的准备工作。（7）栾川5A旅游景区创建，主要建设内容：游客接待中心、停车场、旅游厕所，旅游标识系统，景区道路及其他设施改建等。进展情况：已将国家5A景区申报材料呈报国家旅游局审核评定。（8）白云山国际大酒店（五星级），主要建设内容：酒店、停车场、绿化等。进展情况：19层主楼封顶，裙楼10层主体完工，周边辅助设施基本完工；人行桥和下水道工程已建成，南出口正在建设，整体装修工作已启动。（9）黛眉国际大酒店（四星级），主要建设内容：主楼及配套设施。进展情况：19层主楼已封顶，裙楼10层主体已完工，周边辅助设施基本完工；人行桥和下水道工程建成，南出口正在建设。（10）洛阳黛眉山世界地质公园旅游开发工程，主要建设内容：草甸开发、上山道路、中心服务区、黄河湿地生态园。进展情况：山门建设、停车场建设及绿化工程完成工程总量的90%；主隧道已打通；通往景区的两条步行道路面硬化已完成；景区安全设施和服务区设施建设正在施工。（11）嵩县旅游总体开发项目，主要建设内容：对嵩县旅游资源进行有效整合及开发利用。嵩县境内伏牛山、熊耳山、外方山三山环绕，造就中原生态旅游得天独厚的优势，现有县级以上文物保护单位49处，国家4A级景区3个。进展情况：正在策划中。（12）洛阳现代文化产业园旅游综合开发项目，主要建设内容：拟建设中西部地区最具规模的“国际文化娱乐名品广场项目”共分四期实施。主要由娱乐综合大楼、中心商圈、美食街、国际商务酒店、高档住宅组成。进展情况：正在策划中。（13）大唐洛阳宫国家考古遗址公园，主要建设内容：应天门、明堂、天堂等保护展示工程。进展情况：宫城区，明堂遗址保护展示工程主体完工，正在实施内部陈列展览招标设计；天堂遗址主体完成80%。宫城遗址公园完成施工招标，已开工建设；应天门遗址复原性保护展示工程完成展示方案设计，正在履行报批程序；南城墙、四方馆等4个项目开展立项等前期工作；“一区一轴”展示方案设计由大地风景正在实施，完成初步成果。（14）白马寺景区环境提升整治工程，主要建设内容：地面、路面整修，绿化、亮化，服务中心，语音讲解、背景音乐系统，商业区、停车场提升，佛教文化展览等。该项工程于牡丹文化节前全部完工，效果明显。（15）老君山景区老君庙改扩建工程，主要建设内容：山顶道观改扩建。进展情况：全部设计工作已完成，并于上半年开工，一期工程投资6740万元，已完成2100万元，年内完成形象进度40%。（16）伏牛山滑雪场冰雪文化园，主要建设内容：听雪湖大酒店、冰雪文化园和旅游新村。进展情况：听雪湖大酒店

洛阳市旅游事业发展情况

	单位	2005年	2006年	2007年	2008年	2009年	2010年	2011年
人数总计	万人	2145.7	2802.3	4002.7	4567.0	5305.0	6079.0	6870.0
国内游客	万人	2131.8	2780.7	3976.3	4536.0	5268.0	6033.0	6817.0
入境人数	人	138291	216324	261995	307900	373200	457900	530000
外国人	人	110185	177054	214999	263310	321921	340112	399960
华侨	人							
港澳台胞	人	28106	39270	46996	44590	51279	117788	130040
总人天数	人天	224924	343188	337703	482476	488997	702878	773465
人均停留天数	天	1.6	1.59	1.29	1.57	1.31	1.54	1.46
接待外国人分国别人数								
亚洲小计	人	32683	64779	64149	82197	107747	123236	186332
印度	人	259	495	1502	2990	2632	1995	2300
印度尼西亚	人	1404	1557	1303	2047	1774	1841	3604
日本	人	10467	17960	22242	17618	23330	24692	24128
马来西亚	人	5920	14865	7221	13776	26182	20978	15761
菲律宾	人	600	232	599	596	521	301	1178
新加坡	人	1752	2269	2068	3049	5627	5278	3669
韩国	人	6097	14206	16330	24146	18383	38575	83318
泰国	人	5552	12234	9157	13778	20291	15720	14833
越南	人	101	100	432	1018	1794	1407	2748
缅甸	人	10	1	16	24			2613
朝鲜	人	39	22	33	60	256	100	16
蒙古	人					82	16	16
巴基斯坦	人	94	68	59	193	181	27	91
其他	人	388	770	3187	2720	6694	12306	32057

完成资金3000万元，地上10层地下两层已完成，计划年内主体完工；冰雪文化生态园项目完成投资2200万元，78户群众拆迁安置工作已结束；旅游新村建设主体建筑形象进度60%，单体别墅式房屋已完成36栋。（17）抱犊寨红色旅游景区开发项目，主要建设内容：景区纪念碑、战前指挥所、陈列馆、欲仙观、办公楼等。进展情况：完成投资3400万元，正在建设纪念碑、支前纪念馆、景区接待中心、停车场及景区道路等，整体形象进度已达80%。（18）青要山生态休闲旅游开发项目，主要建设内容：景区大门、畛河公路、画廊湖水坝、城崖地休闲区、瓦房高档度假村。进展情况：完成双龙峡、青女峰十项景观工程，建成景观游道、岸上至下河服务区道路、中心服务区至合伙塬道路及28座景观水坝；完成集吃、住、娱为一体的50户农家乐宾馆和50套度假别墅及酒吧一条街等服务设施。景区于“十一”前正式开园。（19）龙潭大峡谷景区5A级创建，主要建设内容：景区消防通道、步游道、休憩区、游客中心、景观水面工程等。进展情况：龙潭大峡谷景区5A创建工程基本结束，创建资料已上报省旅游局。（20）玄奘故里文化旅游区，主要建设内容：道路、河道整治、绿化、西行广场等。进展情况：景区周边居民搬迁、马涧河河道治理、进景道路、大型停车场等工程已基本完工；西行广场工程正在建设；玄奘故居扩建工程和景区入口大门（含游客服务中心）工程主体完成80%；景区绿化工程完成70%；水、电、路、公厕等四项基础设施工程正在施工；玄奘大道已通车。玄奘寺一期大雄宝殿工程装修工作基本结束，大佛已安置到位。（21）西泰山旅游度假风情小镇，主要建设内容：豫西风情旅游小镇。进展情况：目前一期建设任务均已完工，完成风情小镇总规划区内2.5万平方米113户家庭宾馆建设和27户移民安置房建设，搬迁群众全部入住；完成炎黄广场、祭坛、商业街、景观桥、门楼、水系、道路、净水、污水管网铺设、三线入地、绿化等工程，现已具备1500余张床位、3000人用餐的接待能力。（22）洛阳宝龙城市广场旅游文化街区，主要建设内容：影院、酒吧、餐饮、商场、星级酒店等。进展情况：工程进度主体一至三层、局部四层，已开始内部装修，外立面、广场、景观正在施工中，10月具备使用条件。（23）洛阳红太阳田汉剧场，主要建设内容：“洛阳.帝王之都”演艺项目。进展情况：洛铜集团与洛阳市红太阳文化传媒有限公司、市文产办草签合作协议。湖南长沙红太阳集团正在委托武汉设计单位按照工业遗产保护要求，制作洛铜俱乐部改造装修设计方案。（24）洛阳希尔顿五星级大酒店，主要建设内容：希尔顿酒店、停车场、道路硬化绿化等。进展情况：项目设计已经完成，地面拆迁工作正在进行。（25）陆浑湖半岛假日庄园，主要建设内容：景观洋房、会议中心及停车场等。进展情况：总体设计完成，已开工建设。（26）小浪底生态休闲苑，主要建设内容：休闲、健身会所、道路、绿化等设施。进展情况：项目规划及设计已完成，地基处理工作正在进行。（27）偃师中成大酒店（五星级），主要建设内容：酒店、停车场，道路硬化、绿化等。进展情况：前期工作已基本结束，其他工作按计划推进。（28）洛宁龙泰大酒店，主要建设内容：酒店主体及配套设施。进展情况：完成项目施工现场围墙封闭，三个标段的土方开挖和桩基工程正在进行。（29）灵山寺旅游文化园，主要建设内容：大门、观音广场、游客服务中心、莲花公园等。进展情况：完成景区大门、观音广场、悬崖护砌、商业街、停车场、景区围墙、东上西下旅游环线公路等项目。（30）西霞院旅游区（吉利）开发项目，主要建设内容：国际会议中心、欢乐河阳主题公园、沙滩浴场、高尔夫训练场等。进展情况：正在针对开发地块编制控制性详细规划。土地摘牌及立项审批工作正在进行。（31）龙门一号旅游综合开发项目，主要建设内容：温泉休闲旅游中心、国际会议中心。进展情况：一期工程河堤处理基本完工。（32）伊川二程文化园，主要建设内容：程庙、二程文化园、程林、伊川书院等。进展情况：主体建筑34处现已开工30处。其中程庙区崇理殿、藏经阁、先贤祠、厢房及书院区藏书楼、三进院东西厢房、五子殿及东西配殿等都在加紧施工。

【景区管理】 2011年，洛阳市旅游管理部门对全市A级景区依照标准进行了复核，并对景区建设、经营管理、基础设施、景区服务质量和环境卫生、安全等情况进行了全面督察，有效提升了A级景区执行标准。白云山成功创建5A景区；龙潭大峡谷、老君山、鸡冠洞创5A景区，千唐志斋、抱犊寨创4A景区工作正在实施中。在旅游行业实施运用牡丹元素，尽显牡丹花氛围，已初见成效。开展旅游景区培训，在县市区旅游部门组织培训工作基础上，对全市旅游景区中高级人员进行提升培训，提高其经营管理水平和市场营销能力。

【开通洛阳旅游观光巴士】 2011年，洛阳市旅游管理部门与市一运集团、交通旅游集团合作，推出洛阳旅游观光巴士项目。规划设计4条旅游观光巴士专用线路，将龙门石窟、关林、新区博物馆、天子驾六博物馆、民俗博物馆、国花园、洛浦公园等代表性景区，洛阳新区、歌剧院、开元湖音乐喷泉等城市特色建筑和风光，钼都利豪国际饭店、雅香金陵大酒店、牡丹城等高档酒店，中央百货等大型购物场所囊括其中。购置6台豪华旅游观光巴士车辆，配备导乘人员、液晶电视，介绍途经景点并播放旅游宣传片。洛阳旅游观光巴士自4月5日正式开行以来运行良好，全年运送游客16797人次，成为洛阳市旅游的又一亮点。

【旅游年票】 2011年，全市共发售旅游年票20万余张，实现年票收入1100万元；年票游客刷卡进入景区80万余人次；增设发售点15家。发行部本年度开展了为其2个月的夏季年票发行秩序整顿工作，撤销严重违规发售点3家；暂停发售整顿违规发售点12家；组织培训和年票发行知识考核12批次；发布整顿通知、处罚公告、通报批评、整顿情况简报20余篇。处理有效投诉13起，其中市长热线投诉2起，投诉处结率和满意率均达到100%。

【旅游服务进社区、下乡村工

程】 2011年，洛阳市制定旅游服务进社区工作实施方案，组织洛阳绿色假期国际旅行社、洛阳华夏国际旅行社、洛阳麟翔汽车有限公司、洛阳阿普汽车租赁有限公司分别进驻南盟社区、华源社区、联盟社区、七二五所社区、上阳社区、行署路社区、周公社区和鼓楼社区等试点社区。全方位为居民办理旅游年票、购买机票、景区门票、办理旅游手续等。

实施旅游服务下乡村工作。加快34个旅游特色重点村的一村一品工程建设，按照景区目的地型、旅游纪念品加工型和城郊服务型进行分类指导帮扶，加强旅游策划包装，打造不同旅游线路和产品，对外实施宣传营销。截至2011年年底，有15个村基本培育成熟，12个村正在培育中，7个村正在进一步策划包装。

【旅游考试培训】 2011年，洛阳市完成全国导游资格考试洛阳考区的组织工作，报名人数1375人，连续3年位列河南省第一。完成全市导游员年审培训首期培训任务，针对导游队伍的现状，精心编制培训计划，聘请授课老师，提升培训质量。加强见习导游队伍建设，新增见习导游员400余名。

【旅游信息化建设】 2011年6月23日，洛阳旅游体验网正式开通。洛阳旅游体验网采用三维还原、时空压缩、三维动画、360度拟真、FLASH、视频、音频等多种交互式多媒体技术对洛阳旅游资源和五大都城遗址进行全方位、立体式展示，拉近了游客与洛阳的时空距离。网站设有“不容错过”“经典名胜”“洛阳全攻略”“洛阳美食”“行程宝典”等版块，使游客的洛阳之旅更加轻松便捷。无线旅游成果丰硕，与中国移动合作，推出手机导游、手机看牡丹及景区、二维码电子门票及优惠券、旅游助手等服务。开展旅游信息化建设示范性项目奖励活动，出台旅游信息化示范性项目奖励标准，同市财政局、市工信局等部门对全市上报的旅游信息化示范项目进行综合评定，确定奖励补助项目名单及奖励补助标准，有效地调动了旅游行业加快旅游信息化建设的积极性。

【旅行社工作】 2011年，洛阳市旅游管理部门制定落实引客入洛奖励政策，实地考核旅游专列、大巴团队9列次，奖励16万元。与市口岸办、市财政局制定《关于促进洛阳民航和旅游业发展的奖励办法》，对输送洛阳游客前6名的外地组团社各奖励2万元，对6～12名的外地组团社各奖励1万元，共计奖励18万元。加大同国内外旅行社的战略合作，优化产品组合，积极拓展客源市场。在小浪底观瀑节、河洛文化旅游节期间，邀请全国20多个省（自治区、直辖市）的400多家国际旅行社参加洛阳旅游产品采购大会活动。组织旅行社参加北京、上海、武汉、重庆、昆明、西安、郑州、开封等地的全国性、区域性旅游交易会近20次。接待外地市的旅游推介团10多次。规范旅行社经营行为，新审批旅行社6家，受理旅行社变更事项34项，高效办结旅行社审批、备案、变更事项126项。

【星级饭店管理】 2011年，洛阳市旅游管理部门组织有关专家对星级饭店服务质量进行了专项检查，对存在问题的单位进行督促整改。9月，聘请南京金陵管理学院匡家庆教授对星级饭店及待评星级饭店中、高层管理人员进行培训，并颁发总经理及经理资格证。新评三星级饭店4家；对新申请的近20家单位进行初评，其中包括2家四星级饭店。组织全市星级饭店负责人参加河南省星级饭店星评员、内审员培训班。与栾川旅工委联合举办栾川首届特色小吃大赛。召开市旅游饭店协会13家副会长单位座谈会，听取和了解星级饭店在经营中所存在的一些突出问题，并协调发改委、技术监督、环卫局等单位帮助解决星级饭店中存在的实际问题。

旅游景区（点）

【龙门石窟】 世界文化遗产、全国重点文物保护单位、国家5A级景区。位于洛阳市城南13千米的伊河两岸的山崖间。龙门石窟始凿于北魏孝文帝迁都洛阳之际，历经东魏、西魏、北齐、隋、唐和北宋诸朝，营造时间长达400余年。东西两山现存窟龛2300余个，佛塔70余座，碑刻题记2800余块，造像近11万尊。

龙门石窟开凿高潮主要集中在北魏和唐代。北魏时期的窟龛造像约占总造像的30%，代表性洞窟有古阳洞、宾阳中洞、莲花洞、魏字洞、皇甫公窟等。其中：古阳洞开凿最早、造像内容最丰富，著名的“龙门二十品”，该洞占有十九品。龙门石窟唐代窟龛造像约占总造像的60%，代表性洞窟有潜溪寺、奉先寺、万佛洞、大万伍佛洞、高平郡王洞、看经寺等，奉先寺大卢舍那像龛，雕刻精湛、气势磅礴，是盛唐雕刻艺术

龙门石窟

的代表作、人类美术史上的杰作。

龙门石窟是北魏和唐代皇室、贵族发愿造像最集中的地方，因而具有典型的皇家风范。龙门石窟艺术中，北魏造像亲切慈祥、秀骨清姿、宽袍大袖、表情温和、潇洒飘逸的雕像和唐代造像体态丰腴、面相圆润、隆胸细腰、身姿灵动、线条优美、典雅端丽的雕塑，堪称中国古代民族雕塑艺术的典型范例，对以后的佛教石窟艺术产生了巨大的影响。

龙门石窟造像题记之多为中国诸石窟之冠。它们既是研究历史的佐证，又是不同时代、不同书体的真迹，为研究中国古代的政治、经济、宗教、地理、姓氏、民俗、书法艺术、医药和中外文化交流提供了珍贵资料，从中精选出的“龙门二十品”和唐代书法家褚遂良书丹的“伊阙佛龛之碑”是魏碑体和唐楷书法艺术的代表作品。

白马寺

【白马寺】 全国重点文物保护单位，国家4A级景区。位于洛阳市白马寺镇，创建于东汉永平十一年（68），是中国首座官办佛教寺院，有中国佛教“释源”“祖庭”之誉。

白马寺旅游区占地面积达2万余平方米。寺院前绿草如茵，开阔平坦。寺内，其主体建筑分布在上南向北的中轴线上，大体保持着明代的建筑布局和风格。进入山门依次为天王殿、大佛殿、大雄殿、接引殿、毗卢阁五层殿堂。从前到后，渐次升高。中轴线两侧建筑，左右对称。天王殿前，东侧为门头堂，西侧为云水堂。大佛殿两侧，东面原为客堂、斋堂，西面原为祖堂、禅堂。清凉台位于寺院后部，其中心建筑为毗卢阁，周围环绕以配殿、僧房等，布局整齐，自成院落。在其后侧为多宝阁、藏经阁和印度风格佛殿。寺内现存历代碑刻共40余方，其中宋代4方、金代1方、元代3方、明代8方、清代20方，具有极高的历史、艺术价值。寺院内苍松翠柏，花香四溢，清净优雅，安详静谧。白马寺现存佛教造像40余尊，多为元、明、清代作品。供置于大雄宝殿内的三世佛像、十八罗汉、两天将是一组价值极高的佛教文物瑰宝。大佛殿悬挂明代大钟一口，造型古朴，声音浑厚悠扬，“马寺钟声”被誉为洛阳八大景之一。

关林庙

【关林庙】 全国重点文物保护单位，国家4A级景区。位于洛阳市关林镇，始建于明万历二十年（1592），相传是埋葬三国蜀将关羽首级之处，为国内唯一的冢、庙、林三祀合一的古建筑遗存。

关林庙占地百亩，现有殿宇廊庑150余间，碑刻70余方，石坊4座，古柏800余株。主要建筑包括舞楼、大门仪门、拜楼、大殿、二殿、三殿、关冢等。其中在仪门和大殿之间有石狮甬道，共计大小石狮104个，姿态各异，栩栩如生。关冢平面为八角形，冢高10米，占地250平方米，冢前有康熙十六年（1677）修建的石墓门。1981年，在庙内开设了洛阳古代石刻艺术馆，展藏东汉至民国石刻精品1100余件，是研究中国古代建筑、书法、乡里社会及家族谱系的史料实物基地。

【千唐志斋】 全国重点文物保护单位，国家3A级景区。位于新安县铁门镇，是以珍藏西晋、北魏、唐以来历代志石为主的专题博物馆。该馆共计收藏石刻1419件。其中：唐志1185件，宋志88件，明志30件，西晋、北魏、隋、五代、清、民国志35件、墓志19件。

千唐志斋收藏的碑刻，多为历代名

家遗墨。斋中所藏唐人墓志自初唐的武德贞观年起，到后唐的天复、天祐年止，凡300年之年号，无不尽备；志主身份自相国、太尉至刺史、太守、处士名流、宫娥才女、百姓杂家无所不包。这些墓志记载了唐人形形色色的社会活动，为研究唐代的文治武功提供了难得的实物资料，是证史、纠史、补史的重要佐证。千唐志斋还收藏有历代书画大家董其昌、郑板桥、米芾、刘墉、王铎以及近代康有为、章太炎、于右任、李根源等人的书画石刻。既是一部内容丰富的石刻唐书档案馆，还是研究唐代翰墨文章、书法艺术的资料宝库。

【洛阳民俗博物馆】 全国重点文物保护单位，国家3A级景区。位于洛阳市瀍河区新街南端，是展示洛阳民俗风情、弘扬河洛文化的一座民俗专题型博物馆。

该馆依托的清代古建筑群潞泽会馆建于清乾隆九年（1744），占地面积15750平方米，建筑面积5010平方米，主要用于山西潞安府（今长治市）、泽州府（今晋城市）居洛商人集散物资、联络情谊、寄宿安身等，是晋商文化的产物。该古建筑群集清代地方建筑艺术和营造法式之大成，是中原地区保存最完整、规模最大的古建筑群之一。2001年6月被国务院公布为全国重点文物保护单位。该馆系统地介绍了洛阳地区的民俗风情，主要陈列豫西地区的刺绣、信俗、民间工艺品、婚俗、寿俗、农具等民俗文物展品和皮影戏表演活动，同时还收藏展示有旧时民间使用的马车、轿车、轿等交通工具和石磨、石碾、石碓臼、纺花车、织布机等生产工具，再现了洛阳地区旧时的生活、生产场景，为游客提供了一个怀旧访古的游览环境，展现洛阳先民的勤劳智慧与淳朴厚重的民风民俗。从1991年起，该馆于每年4月配合河南省牡丹花会举办的洛阳民俗文化庙会，已成功举办了二十届。洛阳民俗文化庙会以其雅俗共赏的艺术形式、博大精深的文化内涵、恢宏壮观的庙会气氛和丰富多彩的庙会节目每年都吸引着大批中外游客。

【洛阳周公庙博物馆】 全国重点文物保护单位。位于洛阳市老城区定鼎南路东侧，是在周公庙基础上建立的以弘扬周公文化、展示都城遗址文化内涵的专题博物馆，又称周公庙。该馆包括古代建筑实体、周公史迹陈列以及隋唐东都宫城正门应天门遗址三部分：前者以洛阳周公庙古建筑群为展示内容。周公庙又称元圣庙，是纪念西周时期政治家、军事家、古代洛阳的缔造者、中国儒家思想的奠基人周公姬旦的祠庙。始建于唐初，为隋将王世充草创。现存的建筑主要是明嘉靖四年（1525）修建的。次者以塑像和壁画的形式，系统地介绍了周公的主要历史功绩，集中陈列于周公庙定鼎堂、礼乐堂和东西两庑内，后殿内以塑像和姓氏牌位等形式为广大周公后裔搭建了一个寻根问祖的平台。后者作为1990年全国十大考古发现之一，现局部保护复原后向游人开放，再现了隋唐时期雄伟的都城建筑风格。该馆拥有具辽金建筑艺术特色的定鼎堂、河南省迄今发现的最大的明代彩塑像之一周公长子伯禽像以及两株树龄达800余年的古槐，具有较高的历史价值和文物价值。

【汉光武帝陵】 国家3A级景区。位于洛阳市孟津县白鹤镇铁谢村西南，是东汉开国皇帝世祖刘秀的陵园，距今已有2000年历史。景区占地53万平方米，由神道、陵园、祠院三部分组成。墓冢位于陵园正中，为夯土丘状，高17. 83米，周长487米。墓前树立清乾隆五十六年（1717）巨碑一通，上书“东汉中兴世祖光武皇帝之陵”。甬道直达山门，两侧碑碣参差，记录着历代封建帝王遣使御祭的祝文。汉光武帝祠，位于陵园西侧，是汉光武帝的祭祀祠院，面积2万平方米。陵内遍植隋唐古柏1500余株，由于年代久远，树形千姿百态，或如盘龙、惊鹿等，惟妙惟肖。同其他帝陵相比，独具“四绝三奇”。著名景观有汉皇仰卧、鸟鸣柏、神奇碑洞。鸟鸣柏：景区内有一片奇特鸟柏，只要众人立于树下，鼓掌拍手，树林中树梢间，便会发出“啁啾”“啁啾”的鸣叫声。汉陵晓烟：清明谷雨前后，天朗气清，晨曦初现之时，陵园柏林之中陡然紫气升腾，状似青烟、飘若浮云，柏香洋溢整个陵园。

【二程故里】 全国重点文物保护单位。位于河南省洛阳市嵩县东北15千米的田湖镇程村。二程理学在宋代以后的中国传统文化中占统治地位，对日本、朝鲜、东南亚许多国家的思想文化影响重大。二程故里初建于宋徽宗崇宁二年（1103），元朝仁宗时创建程庙，明景泰六年（1455）诏以颜孟例盖造二程先生庙，明、清均有重建。原有房舍60余间，面积达4392平方米，前后分三节大院，以中轴为主线，东西厢房严谨对称，祠堂、书院特点浓厚。现存两节大院，前节有“棂星门”“诚敬门”；后节有“道学堂”，两侧伴以“和风甘雨”“烈日秋霜”二亭。祠堂内尚存宋、元、明、清碑碣25块，清康熙御书“学达性天”、光绪赐书“伊洛渊源”、慈禧太后赐书“希踪颜孟”等匾额。

【唐恭陵】 全国重点文物保护单位。位于洛阳市偃师南部景山之上，是唐高宗李治第五子、女皇武则天长子李弘的陵墓，俗称“太子冢”，又称孝敬皇帝陵。陵园内城占地0. 4平方千米，灵台封土呈覆斗形，长163米，宽147米，残高22米。灵台封土东北50米外，有一方锥形土冢，为李弘之妃哀皇后寝陵，俗称“娘娘冢”。陵园四周原有神墙护围，四面神墙的中部各置神门，分喻为青龙、白虎、朱雀、玄武。朱雀门外有300米神道，神道两侧分列石狮、天马、翁仲、望柱等，神道东侧二三翁仲之间，耸立着唐高宗和武则天撰写的《孝敬皇帝睿德记》碑。陵园规模宏大，布局规整，是中原地区保存较好的一座皇帝陵，是研究唐代石刻艺术的宝贵资源。

【白　园】 全国重点文物保护单位。位于龙门东山北麓，占地40余亩。依山势建有松风亭、白亭、翠樾亭、道时书屋、乐天堂等富有唐代风格的亭阁。还专门在传说为白居易当年饮酒赋诗的地方，按当时风格建了一座草亭，游人至此，雅兴顿生。此外，白园内还有一条镶有近百块白翁诗作碑的诗廊，这些诗碑集篆、隶、楷、行、草数种书体，皆出自现代书法名家之手。

白居易墓园

登上琵琶峰，迎面是一座古色古香的仿唐乌头门，门楣上有“望阙”二字。峰顶中央为白居易墓，墓碑上书“唐少傅白居易墓”。墓南立几通清代石碑，墓北有一重24吨的自然卧石，上刻“醉吟先生传”。

【范仲淹墓园】 全国重点文物保护单位。位于洛阳市伊川县彭婆镇许营村北，是北宋著名政治家、思想家、军事家和文学家范仲淹及其生母及子孙的墓园。该园占地约57万平方米，分前后两区，前区有范仲淹及其母亲秦国太，夫人谢氏和长子纯祐墓；后区有范仲淹的次子纯仁、三子纯礼、四子纯粹及孙辈正臣等40余人墓。现存山门、石坊、石翁仲、石羊、祠堂、石碑数通。其中：有宋仁宗皇帝题额的“褒贤三碑文正公神道碑铭”字样。此碑由欧阳修撰文，翰林学士王洙书丹。

【“洛八办”纪念馆】 全国重点文物保护单位。位于洛阳老城南关贴廓巷35号。1938年创建，是中共中央在全国设立的4个办事处之一，为宣传抗日、培养输送中共干部做出了巨大贡献。1985年1月经省、市批准为纪念馆，并拨款重修旧址。展出现存的“洛办”、“西办”、十八集团军总部、朝鲜义勇军、抗大公学、机关团体的证章、纪念章等文物以及部分枪支弹药、军用工具和生活用品。

【洛阳博物馆】 国家3A级景区。位于洛阳市西工区中州中路西段北侧，创建于1958年，馆区占地2万多平方米，主展楼是一座仿古建筑，雄伟壮观，典雅凝重。洛阳博物馆是洛阳唯一的一座综合性历史博物馆，集中收藏着洛阳地区出土的上自旧石器时代下至明清的各类珍贵文物，包括青铜器、陶瓷器、金银器、玉石器、古字画等，还兼藏有明清宫廷珍宝。尤以青铜器和唐三彩著称而享誉海内外。

该馆有“永恒的文明——洛阳文物精品陈列”“魅力洛阳——洛阳地区文物考古成果精华展”与“新获北魏文物展”3个展览。“永恒的文明”由史前时期、夏商时期、两周时期、汉魏时期和隋唐时期五部分组成，展示文物珍品近千件套，其中：夏代的青铜爵、战国时期的错金银铜鼎、北魏时期的陶塑，唐代的三彩灯、三彩马皆堪称国之瑰宝。同时，结合运用多种现代表现方法和辅助陈列手段，赋予展品以新的生命力，使展览具有雄浑大方、精巧典雅的气势和风格，荣获国家文物局“1999年度全国十大陈列精品奖”。“魅力洛阳”展出洛阳几十年来发掘出土的文物1700余件，其中不乏新的重大考古发现和文物精品，再现了千年古都的辉煌历史。“新获北魏文物展”以北魏墓葬形制的沙盘形式，生动地展现出北魏杨机墓出土的大量珍贵文物，包括马、驼、镇墓兽、牛车、步兵俑、甲骑具装俑、侍俑、女俑、动物及生活用具等118件，为研究洛阳北魏晚期丧葬礼仪制度提供又一份弥足珍贵的资料，也生动展现了北魏时期的服饰、乐舞、军事武装等生活习俗。该馆馆藏以其数量巨大、跨代久远、种类丰富、品位高超而享誉中外。其中：仰韶龙山文化时期的陶器，夏商玉石器、两周青铜器、汉魏彩绘、唐三彩、宋瓷等多是稀世珍宝，并极具地域特色，在中国文物界有举足轻重的地位。

【偃师商城博物馆】 国家3A级景区。位于洛阳市偃师市区西南隅，占地面积1. 6万平方米，建筑面积约5408平方米。馆内陈列主旨为偃师夏商王都展览，主要展出为夏都斟鄩、偃师商城遗址及历年来出土的文物。

主展室设在大殿，从都市规划、都市建筑、都市出土文物、礼器、生产工具、生活中的陶器等几个方面，依据历史、考古研究，尤其夏商周断代工程的研究成果，辅以贴切的标题和简练的文字说明，调动声、光、像等形象表现方式，全面系统地介绍了迄今为止中国境内发现的两座最早的都城遗址——夏都斟鄩和商都西亳历年来出土的文物。

东展室主要展出历年来在偃师出土的各个历史时期的具有典型代表意义的珍贵文物，如远古象牙化石、仰韶时期陶罐、北魏武仕俑、唐三彩等。

石刻长廊位于大殿之后东、西两端，展线长275米。石刻长廊共分为三部分，分别为墓志、碑碣与石刻艺术。展出有上起东汉、下至明清的碑志300余方；碑碣、造像100余块；石像生40余件套。内容涉及各个时期的历史事件和社会生活，并保留有不少名人的撰文和事迹。如唐代以狂草闻名于世的书法家张旭书写的楷书孤本《严仁墓志》，以颜体书法声震书坛的颜真卿早期作品《郭虚己墓志》，东汉《肥致碑》《左墓志》，西晋《荀岳墓志》，北魏、北齐造像碑、造像龛等。

【天子驾六博物馆】 国家3A级景区。位于河南省洛阳市中心，是以原址展示的东周时期大型车马陪葬坑为主，系统展示东周洛阳珍贵遗迹、遗物的专题性

天子驾六车马坑

博物馆。该馆占地1700余平方米，由两个展厅组成。第一展厅以东周王城、王陵等遗迹以及历年来出土的东周珍贵文物为展示主体，详细介绍了东周王城的发现、研究概况，王城的城区布局；王陵的发现、分区，王陵的结构，大型陪葬坑及其出土文物；珍贵文物有青铜列鼎、容器、车马器，玉器，彩绘陶器等，生动再现了东周时期洛阳地区以王室贵族为代表的上层社会生活的基本面貌。第二展厅原址原貌展示了21世纪初年发现的大型陪葬坑群中的两座。其中："驾六"陪葬坑，长42.6米，宽7.4米，坑内葬车26辆、马70匹，规模系同期罕见，为当世唯一原址展示者。车马摆放形式与驾驭形式一致，车队呈两列放置，头南尾北，秩序宛若出行场面，十分精彩壮观。车前马匹分为2匹、4匹、6匹三个等级，直观再现了东周时期的用车制度。其中最令观众瞩目的就是唯一一处"驾六"遗迹的发现，以直观清晰的形式，印证了古文献中关于"天子驾六"的记载，廓清了汉代以后就存在的关于天子车骑役使马匹多少的疑问，解决了历史谜题。通览全馆，除了惊叹于"天子驾六"出行阵列的壮观图景之外，观众还可以比较系统地了解博大精深的周文化在东周洛阳的物质呈现，体味考古与文物所展示的洛阳之美。

【王铎故居】 国家3A级景区。位于洛阳东北孟津县会盟镇（老城）东大街。景区包括故居和宅居园林两部分，总占地面积12万平方米。故居为五进大院，建筑形制以前屋、客厅、中堂、后堂、后屋为主体，配以东西厢房，构成每进庭院的单独结体，体现了明清建筑艺术风格，展现明清宫邸巍峨、壮观、肃穆的文化氛围。后花园是古典园林建筑，建筑布局以泓涟碧水为中心，曲径回环，值景而造，形成三岸杨柳四面花的美丽秀色。故居内珍藏有王铎碑帖200余方，有王铎最负盛名的《拟山园帖》真迹石刻。每年4月13日举办王铎书画艺术节。

【龙马负图寺】 国家3A级景区。位于洛阳市孟津县会盟镇雷河村，占地近40亩。该寺为三进院落结构。一进为山门，东西两侧为钟楼、鼓楼，山门前为图河，其上有桥一座。山门内两侧有"龙马负图处""图河故道"古碑两通。二进为伏羲、文王、孔圣三殿。三殿前两侧各有一坛，分别为先天八卦坛、后天八卦坛。三进为该寺正殿——三皇殿。三皇殿前为河图、洛书二台，东西两侧为三十六官，内有汉白玉石质《周易》全文80余方。

现寺内存有龙马负图处、图河故道、古河图、一画开天、渊源、伏羲圣像、伏羲庙全图、历代帝王师等石刻，以及宋、明、清时期著名理学家、诗人、书法家程颐、朱熹、邵雍、王铎、张汉等撰述的伏羲先天图诗、龙马记等诗碑碣20余道，字迹古朴苍劲，刀法古拙有力，是该寺珍贵的文物史料，对研究河洛文化的起源和易经文化的发展有着重要的历史意义和学术价值。

【白云山风景区】 国家5A级景区，国家森林公园，国家级自然保护区。位于洛阳市嵩县南部，白云山因主峰常年白云缭绕，颇有仙山灵气而得名。

白云山森林公园总面积168平方千米。白云悠悠、林海莽莽、山俊石奇、流泉飞瀑是公园自然风光的真实写照；地跨三域、山水大观、原始林海、避暑胜地是公园旅游的最大特色。白云山既

王铎——中兴之庄

九龙瀑布

有北国风光雄伟之态，又有南方山水俏丽之容，被誉为“人间仙境”“中原名山”。

景区内森林密布，植被繁茂，覆盖率达95%以上。境内海拔1500米以上的山峰属暖温带向亚热带过渡区，动植物资源十分丰富。动物种类繁多，其中属国家重点保护的珍稀动物有金钱豹、大鲵、黑鹳、水獭、香獐、青羊等。林区内百鸟欢歌，彩蝶飞舞，是野生动物的乐园。植物种类1991种，其中属国家重点保护的植物有连香、红豆杉、金叶松、水曲柳、银杏、大叶冬青等，被誉为“自然博物馆”。有柴胡、石豆等药用植物48种，盛产香菇、鹿茸、猴头、羊肚儿、木耳、拳菜等特色产品。这里雨量充沛，年降雨量达1200毫米以上，盛夏最高气温不超过26℃，气候湿润，空气清新，凉爽宜人。白云湖碧波荡漾，水天一色，交相辉映，风景如画，是观光旅游、科研实习、度假避暑的理想胜地。

整个景区山、石、水、洞、树、花、草、鸟、兽为一体，雄、险、奇、幽、美、妙交相生辉，构成了白云山、九龙瀑布、玉皇顶、小黄山、高山牡丹园、原始森林六大观光区，另有白云湖、森林氧吧、高山牡丹园、张良祠休闲区等景点，并建成高山滑道、九龙瀑布观光索道等。每年4月举行的伏牛山登山节、5月的高山牡丹游园、9月的森林浴旅游活动、10月的“金秋旅游节”吸引数十万计的游客前来观光旅游。主要景观有白云山云海、玉皇顶日出、动植物分布带、九龙大峡谷系列瀑潭景观、原始古老的森林景观、姿态万千的山岳奇峰景观以及乌曼寺塔等历史人文景观共231个景点。

白云山　伏牛山系主要山峰之一，海拔2100米，奇峰突兀，常年白云缭绕，如海市蜃楼，似蓬莱仙境，大有“薄雾蒙翠峰，碧纱罩玉容”的意境。

玉皇顶　伏牛山主峰，海拔2216米，是中原最高峰，因峰插天宫、顶如皇冠而得名。长江、黄河和淮河主要支流白河、伊河、汝河发源于此，是中原地区观云海日出的首选地。

九龙瀑布　落差123米，石壁上天然形成九条龙身岩纹，形似九条巨龙。若逢丽日照射，瀑布现出道道彩虹，“九龙瀑布戏彩虹”被誉为当今世界自然风光中罕见的绝妙景观。

原始森林　面积20平方千米，生态系统保存完整，古木藤蔓原汁原味，林象景观险象环生，各类动植物和谐相处。林海寻幽探险，惊险刺激。

高山牡丹园　总面积168亩，栽植牡丹156个品种5. 6万株，栽植海拔1530米，其海拔之高、规模之大、品种之多，均居全国第一。每年五六月，游客都可以在这里欣赏到国色天香的牡丹芳容。

【老君山风景名胜旅游区】 国家5A级景区，国家自然保护区。位于洛阳市栾川县城南3千米处。融人文景观和自然景观为一体，原名“景室山”，取八百里伏牛山美景集于一室之意。因道教始祖老子李耳归隐修炼于此，被唐太宗李世民钦封为“老君山”而得名。

景区面积2640公顷，森林覆盖率92%。老君山海拔2200米，是八百里伏牛山主峰，位于北亚热带向南温带过渡区域和中国第二、第三级地貌台阶过渡的边缘，是长江、黄河的分界岭。动植物资源极为丰富。全区共有维管束植物1661种，陆栖脊椎动物184种，已列入国家重点保护动植物种类达34种之多，堪称中州地区天然生物种质资源基因库。

老君山

由于长期受风化侵蚀及地壳运动的影响，形成了山高谷深，犬牙交错，斧劈刀削，悬崖峭壁的奇特景观，具有很高的观赏价值。老君山的主要特色是气势磅礴、雄伟壮观、山势奇峻、人文景观丰富。亮宝台、玉皇顶、晒人场、三龟鼎负、盘龙翘首仰望道祖，实乃君山之奇。旅游区分为道教文化区、生态旅游区、森林观光区、休闲度假区、野营探险区和生活服务区六大功能区，有老君庙、石林、马鬃岭、聚仙宫、君山瀑布、舍身崖、灵官殿、老龙窝等八大景区，骆驼峰、神雕峰、悟道石、子母剑、南天门、仙人桥、朝阳洞、玉皇顶、将军石、道德府、淋醋殿、珍珠潭、黑龙潭、千年太白杜鹃林等精品景点124个。

老君庙 当年老子归隐建庵之所。仙景宝地、奇峰林立，尤以盘龙神龟负道祖为最，实乃君山之奇。几经修葺，一直保存着铁椽、铁瓦的“铁顶太清观”原貌。

石林 位于老君山南坡，面积约2平方千米，因区内石峰林立而得名。据不完全统计，大小峰有千余座，雄浑壮观。

君山飞瀑 由明暗五节组成，落差152米，水流长年不断。夏季瀑宽5米，声若虎啸，冬季冰瀑如山，碧绿晶莹。

【龙峪湾国家森林公园】 国家4A级旅游景区、国家森林公园、国家自然保护区和全国文明森林公园。位于栾川县东南28千米的石庙乡，属山岳型自然风景区，相传古为蛟龙戏水沐浴之地而得名。

公园总观赏面积4434公顷，森林覆盖率98. 6%，奇峰林立、峰峦叠翠、植被原始，八大精品景观引人入胜。春踏芳草、山花烂漫；夏栖树荫、满目绿色；秋观红叶、霜透千山；冬赏白雪、银装素裹。是一个生物多样性公园，有木本植物和草本植物2500余种，是天然的植物园；中药材800余种，人称“移步三棵药”，是天然的中药材宝库；珍禽异兽500多种。其中700亩的太白杜鹃继生林中千年古树达万株以上。紫玉兰古树300株左右，花朵早春开放。紫荆花、连翘花、红杜鹃、山海棠、四照花相继开放。黄栌、三角枫、五角枫、蛙林、红花树、连香树、巴山冷杉、三尖杉、红豆杉、暖树、山楠等都是中原地区难以见到的稀有树种，有很高的科研价值和观赏价值。

园内每立方厘米空气中负离子含量高达8. 5万个，三伏盛夏最高气温不超21℃，被誉为“天然大氧吧，自然大空调”。主要景点有：中原首峰——鸡角尖、千年太白杜鹃园、黑龙潭、仙人谷、雷打岩寨、万亩落叶松森林浴等200余处。

中原第一峰——鸡角尖 海拔2212. 5米，山势雄伟，壁峭万仞，有3999级台阶通往峰顶。山上有拦秀亭、天亭、太白杜鹃园，5月初为盛花期，株株白花开满枝头，花冠如拳，花香醉人，极为壮观。

仙人谷 位于公园中部，碧水清潭，流云飞瀑，鸟雀啁啾，景色极为壮观。

万亩落叶松森林浴 万亩落叶松郁闭成林，浓荫蔽日，落叶如毯，旱莲遍布，清新湿润的空气令游客惬意万分。

雷打岩寨 位于公园西北，海拔1821米，山上南北两峰峭峙，仅有一路可攀，堪称天险。

【木札岭原始生态旅游区】 国家4A级景区。位于嵩县东南部，东西毗邻石人山、白云山两大景区，由九龙河谷、原始森林、官帽峰、石林、石人老君峰五大景区组成。该景区原始林海、古木参天，奇峰怪石、景象环生，清溪瀑潭，珠连如贝，完整的原始生态品位中原罕见，是中原地区风格独特的生态旅游胜地。

山岭连绵，海拔1200～2153米，其中海拔1700米以上山峰11座，最高峰石人山2153米。森林覆盖率87%，有植物1884种、158科、698属，主要有国家二级珍贵树种连香树、杜仲、水曲柳、领椿木、银杏、水青杉、秦岭杉、冷杉、榉树等。药材15种。动物188种，分属28目63科。其中国家一级珍稀动物有金钱豹、黑鹳、羊肚子等。

原始森林 总面积20平方千米，有高等动物260多种，植物2000多种。区内从未有人类活动的痕迹，原始生态系统保存完整，是植物王国和动物乐园。林海莽莽，古木参天，林象景观和气候景观千姿百态，是林海寻幽、猎奇、探险、科考和避暑的胜地。

官帽峰 区内山峰险峻，怪石林立。官帽峰300米突兀而起，巍峨挺拔，形似官帽，酷似人面，承载着中国第一名相——伊尹的美丽神话；峰周围奇峰怪石密布，高达150米的石马、长约6米的石鸡、挺拔耸立的三将军峰等造型奇特的石景北国少有。

九龙河谷 落差1000米，谷内瀑布潭池，珠连如贝，青龙潭、黄龙瀑、龙井、龙潭，或跌宕，或细流，形态各异，景象万千。其中落差113米的双龙瀑布，跳越山崖，披挂而下，深涧雾罩，空谷传声。溯谷而上，亲水而游，清澈甘泉，不沐而爽。

【鸡冠洞】 国家5A级景区。位于栾川县城西南3千米处。鸡冠洞洞深5600米，上下分五层，落差138米。已开发洞长1800米，观赏面积2. 3万平方米，由八大景区连缀而成，依次为玉柱潭、溢彩殿、叠帏宫、洞天河、瑶池宫、藏秀阁、逍遥宫、石林坊，洞内峰回路转，曲径通幽，景观布局疏密参差，钟乳石形象各异，姿态万千，或如逸仙、如卧佛、如飞禽、如走兽；或如春笋、如密林、如竹帘、如帷幕，其景观栩栩如生，惟妙惟肖，一片片庞大的石幕犹如琴瑟，以石轻击，琴音清脆，余音袅袅，万古流淌的洞中河，清澈见底，“叮咚”作响，有“北国第一洞”美誉。

鸡冠洞旅游资源丰厚，洞中共有大小景点168个，尤其以众仙迎客、金龟渡仙翁、贵妃出浴、玉兔望月、海豚戏珠、鲤鱼戏水等88个景观，姿态奇异、形象逼真而备受广大游客青睐。

鸡冠洞考古科研价值极高。洞中石花、石旗、石瀑、石幔、石钟乳、石笋密布，据科研数据表明，较长石笋在18. 4万年前就已形成，通过石笋内部结构、层状结构以及沉淀下来的物质，可考察出古气候、古环境、古地理等多方面的信息，另有石盾、莲花盆等，它们的结构成因及特征、形状属世界罕见，具有极高的考古价值和科研价值。

【天池山风景区】 国家4A级景区，国家森林公园。位于嵩县西北部王莽寨林场境内，是山岳型自然风景区。天池山古称“王莽寨”，因山顶有上、中、下三大高山湖泊而得名。

天池山森林公园总面积2680万平方米，森林覆盖率98. 57%，有野生动物184种，植物1800余种，年最高气温28℃，千米以上的山峰有十几座，其中主峰王莽寨海拔1859. 6米。景区以幽谷潭瀑、奇石险峰、高山天池、人文遗迹为特色的自然、人文景观，加之春杜鹃、夏牡丹、秋红叶、冬雾凇等物候景观。天池山是中原地区风格独具的生态旅游胜地，景区中的“三宝”奇观（飞来石、高山天池、奇树上天龙）为中原地区所少见。飞来石景区以“雄、险、特、奇”而著称，奇石景观精绝天下。主要景点有“天下第一飞来石”、伟人仰卧、“公心”峰、龙隐峰、三星峰等。天池景区高山天池海拔1630米，水域面积1. 04万平方米，平均水深5. 3米。四周群山环抱、清幽高爽，周围有万亩日本落叶松林、水杉林。玉女溪及二郎沟景区，系峡谷型景观，全长5. 5千米，区内三步一潭、五步一瀑，溪水常流，石洁如洗、水清如碧，主要有鲤鱼恋水、快意峡、奇树上天龙、龙窟、虹桥卧波、芦塘听瀑等景点。

天池秋色

【养子沟】 国家4A级景区。位于洛阳市栾川县城东5千米处，是集山水景观、历史文化为一体的自然山水景区。因唐代贞观年间巾帼英雄樊梨花在此安营扎寨，养子、教子而得名。

风景区内十里峡谷山水相伴，古藤老树原始自然，既具有厚重深邃的人文底蕴，又具有浑然天成的生态之美。常年雨量充沛，气候宜人，植物类型多样，有各类保护树种40多种，木兰、乌桑、红枫、合欢、楠木等名贵树种比比皆是，形成了“天然植物园”。

历史文化底蕴深厚，源远流长。唐太宗末年巾帼将领樊梨花在此扎寨安营，生子、养子、教子，留下古寨墙等诸多古迹。唐贞观年间又在山顶孤卧巨石之上修造石窟“三清殿”。景区田园特色明显，主要由田园风情、梨花寨、老龙潭、寓言故事园、石板河、三清殿、青龙背、白石石童等八大景区组成。主要景点有梨花桥、黑龙潭、盘龙坡、锁儿崖、蝴蝶谷、空灵地、万卷天书、三清殿等。

栾川重渡沟

【重渡沟自然风景区】 国家4A级景区。位于栾川县东北50千米的潭头镇内。传说西汉末年，汉王刘秀为躲避王莽追杀，两次渡过这道沟河而得名。

重渡沟景区内林茂草丰，雉飞鹿鸣，四季泉水喷涌，常年飞瀑成群，翠竹碧水交织，肥鸭壮鹅嬉戏，水乡特色浓郁，堪称“北国一绝”。景区建筑风格古朴，山珍荟萃。风景区由金鸡河、滴翠河、水帘仙宫等三大景区组成，集秀、幽、峻、奇为一体，有飞虹瀑布、泄愤崖瀑布、双叠瀑布、水帘仙宫瀑布、菩提树等景点100余个。

金鸡河景区　位于重渡沟西南部，全长3千米，是由喷涌而出的剑插泉、象吐泉、铸链泉、天井泉等汇集而成的一条常年性的河流。5米以上的瀑布有20余条，30米以上的瀑布5条，最长瀑布100余米，最宽瀑布8米，是一个庞大的瀑布群。有千年菩提、小桥流水人家、灵潭、飞虹瀑布、蟾蜍邀主、泄愤崖瀑布、虬爪潭、锁蛟崖、双叠瀑布、九天擂鼓、双龟弄涛、听涛岭、金鸡谷瀑布、溅珠潭、剑插泉、象牙坝等景点。

滴翠河景区　位于重渡沟西北部，全长3. 5千米，景区内有竹林千亩，有天女植竹、湖光翠影、教堂隐竹、竹林长廊、碧剑刺天、幽竹寻溪、农舍掩竹、竹海蝉声、震天雷瀑布等景观。竹楼客栈、竹床、竹凳、竹椅、竹竿舞、竹筒米饭、竹笋烩菜、竹叶香茗、竹制器具和竹编工艺品别具一格。

水帘仙宫景区　位于滴翠河上游的石灰窑沟内，由水帘仙宫瀑布、水帘仙宫、仙翁登坛、千年豹榆、壁虎情缘等景点组成。

【神灵寨国家地质公园】　国家4A级景区、国家地质公园、国家森林公园。位于洛宁县城南部熊耳山北麓。境内有紫荆坪、莲花顶和白马涧3个地质遗迹保护园区，是一个以复合花岗岩体为主的地质文化景观。

神灵寨是以地质奇观为主，辅以自然生态和历史文化的综合型景区。区内植物种类繁多，有国家二级保护植物白皮松、合欢、五角枫等，历史文化景观有神顶岳庙、料窑、旗杆窝、摇铃坡等。景区总面积53平方千米。主要景点有中华石瀑、垂帘壁、骆驼峰、五女峰、擎天柱等。神灵瀑、莲花顶、石盏、石猿及绵延数十里的石瀑，其石之奇令人惊叹；三步一潭，五步一瀑，其水之秀使人称妙。山、水、石、竹所构成的独特自然风貌。

中华石瀑　由于长期的风化和流水侵蚀作用，岩石沿垂直裂隙破碎、垮塌，形成3个平坦光滑的石壁，在雨水和冰雪融水的长期冲刷下，石壁表面形成许多细小的冲沟，远看犹如流水瀑布，3个石瀑相互叠置构成园区内规模最大的石瀑——中华石瀑。石瀑瀑面总面宽度达260米，高172米，集帘瀑、萝卜瀑、悬瀑、叠瀑于一身，规模宏大，优美壮观，堪称石瀑中的珍品。

恐龙石瀑　花岗岩体出露地表后，由于长期的风化和流水侵蚀作用，岩石沿垂直裂隙破碎、垮塌，形成平坦光滑的石壁。整个石瀑瀑面高34～55米，宽165米，远看似飞流直下的瀑布。由于整个石瀑的外形如同一个恐龙逶迤前行，故称之为恐龙石瀑。

峰丛（五女峰）　在长期的风化和流水侵蚀作用下，岩石沿垂直节理面发生崩塌，形成底座相连的山峰，称为花岗石峰丛。最高峰达700多米，五女峰峰丛中的5个山峰高低不等，错落有致，形态各异，犹如五仙女下凡，在落日余晖的映衬下，秀丽挺拔，如梦如幻。

【黄河小浪底风景区】　国家4A级景区。位于洛阳市西北部，是以小浪底水利枢纽工程、峡谷河流为主要特色，体现黄河历史文化和自然风光的大型山岳湖泊型风景区。

景区总面积1262平方千米（其中水面296平方千米），由小浪底大坝、荆紫山、八里峡、三门峡大坝4大片区、13个景区、113个景点组成。风景区内小浪底大坝、进水塔群等大型水工建筑是中华民族治黄史上的壮举，是著名爱国主义教育基地。景区内柏崖山、黄鹿山、红崖山、始祖山、荆紫山、黛眉山山色清秀，人文景观荟萃，八里胡同峡、龙凤峡、孤山峡峡谷幽深，296平方千米广阔水域中河汊湖港密布纵横、岛屿半岛星罗棋布、豪华游船穿梭如织，有“北方千岛湖”“中原北戴河”美誉。自2005年，小浪底风景区每年举办大型观瀑节，每年6月中旬至7月上旬，小浪底水库放水调沙，开闸泄洪，巨大的人工瀑布喷涌而出，气势磅礴，蔚为壮观。

鹰嘴山位于小浪底水库大坝西10千米，在始祖山之东，两山隔畛湖相望，相距不过1千米。它东、北、西三面临水，形成总面积为500余公顷的半岛。这里视野开阔，三面水域均在2千米以上，是小浪底库区的黄金地段。整个半岛呈中高边低形状，最高处海拔442米，高出库区最高水位（275米）160余米、常年水位180余米。山缓土厚，岸线曲折，林丰树密，鸟语花香。

半岛之西的畛湖是小浪底库区最大的连体湖。水域面积68平方千米，且湖岸线曲折，形成大小不等的水湾、半岛，是理想的水上游乐区。

【龙潭大峡谷】　世界地质公园，国家4A级景区。位于洛阳市新安县北部，是世界罕见的U型峡谷，被誉为“中国嶂谷第一峡”，拥有“古海洋天然博物馆”“神州奇峡”“黄河山水画廊”等美名。

龙潭大峡谷是一座以沉积构造遗迹和地质地貌景观为主，与地质灾害遗迹、典型矿产和水体、植被及人文景观相辅相成的综合型地质公园。区内森林覆盖率达90%以上，有奇花异草800余种，野生动物资源丰富，是中国原始生态环境保存最为完好的峡谷之一。“五大自然谜团、八大自然奇观”使龙潭大峡谷充满神奇。主要景点有天碑石、五代波纹石、五龙潭、瓮谷、佛光罗汉崖、天书石、一线瀑等。

天碑石　天碑高达50余米，是一个巨型崩塌岩块，呈直立状，巍然耸峙在峡谷一侧，高大宏伟，气势恢宏。

五龙潭　因有五个水潭，犹如五龙聚会而得名，潭石长300米，宽50～150米，两岸青山对峙。

五代波纹石　波纹石为地质年代沉积物在水或风的作用下，发生物理迁移而形成的波痕层面遗迹，因沉积环境变化，有五层不同形状的波纹组成而得名。

水往高处流　这一段河谷正好垂直于地层的走向，岩层的倾向与水流的方向相一致，在峡谷里，游客总是把地层的层面作为参照物。由于河流的坡度小于地层的倾角，就会产生水往高处流的视觉误差。

【花果山国家森林公园】　国家3A级景区、国家级森林公园。位于洛阳市宜阳县穆册乡境内，总面积48平方千米。景区主峰海拔1831. 8米。森林覆盖率达87. 4%，年平均气温14. 4℃，夏季最高气温26℃。花果山山清水秀，风景宜人，文化底蕴丰厚，西游文化色彩浓郁。

景区奇峰林立，怪石密布，飞瀑高悬，烟云浩渺。现已探明的植物有白皮松、合欢、杜鹃等1840种；动物有金钱豹、香獐、金雕、大灵猫、相思鸟等达1000余种。著名景点有水帘洞、石院墙、石帘山、唐僧石、南天门、龙潭瀑等200余处，分布在岳顶风光区、花山觅圣区、石院墙自然保护区、七峪飞瀑区四大景区内。融动植物景观、自然景观、天象景观、人文景观于一体，有“雄峻赛五岳，奇秀冠中原”之称，是黄河中游地带不可多得的森林公园和避暑休养胜地。

旅游节庆活动

【小浪底观瀑节】 2011年6月20日～7月20日，由河南省旅游局、洛阳市人民政府与济源市人民政府联合举办小浪底观瀑节。本届观瀑节以“观瀑黄河小浪底、游历中华母亲河”为主题，精心策划组织“特色流鱼美食活动”“黄河小浪底红色旅游月”“小浪底观瀑节旅游商品展”“黄河奇石展”“寺院坡农家乐美食节”和“秀美黄河摄影大赛”等多项丰富多彩、各具特色的文化旅游活动，围绕黄河小浪底旅游风景区、汉光武帝陵、龙马负图寺、王铎故居等北线旅游景区推出一系列山水、文化、休闲旅游产品。观瀑节期间，小浪底景区共接待游客60万人次，门票收入116万元，同比分别增长28%和31%。

【河洛文化旅游节】 2011年9月10日～10月10日，由河南省旅游局、洛阳市人民政府主办。本届河洛文化旅游节，以“搭建国际文化舞台、展示旅游名城风采”为主题，以“让世界了解洛阳，让洛阳走向世界”为宗旨，以建设“国际文化旅游名城”为目标，组织安排综合类、旅游类、文化类、体育类、经贸类5大类共23项文化旅游活动，其中世界风情广场文化活动、中国洛阳国际旅行商采购大会、中国洛阳关林国际朝圣大典暨海峡两岸关公文化论坛、河洛文化论坛纪念邵雍诞辰1000年暨邵雍思想国际学术研讨会、王城金秋菊展等活动内容丰富，特色鲜明，富于创新，成为吸引游客的亮点。旅游节期间，全市共接待境内外旅游者947.55万人次，旅游总收入47.65亿元，分别较上年同期增长10.1%、10.25%。其中国内游客941.24万人次，国内旅游收入46.52亿元，分别较上年同期增长10.06%、10.12%；入境游客63110 人次，旅游创汇1739.61万美元，分别较上年同期增长15.79%；旅游景区接待游客710.83万人次，门票收入9831万元，分别较上年同期增长2.37%、5%。

【第七届中国洛阳伏牛山滑雪旅游节】 2010年12月5日～2011年3月31日，第七届中国洛阳伏牛山滑雪旅游节在栾川伏牛山滑雪度假乐园隆重举行。本届伏牛山滑雪旅游节由河南省旅游局、洛阳市人民政府主办，以“滑雪新时尚、纵情伏牛山”为主题，以塑造洛阳冰雪旅游品牌为重点，积极拓展洛阳冬季旅游市场。本届滑雪节分主题冰雪活动、冬季旅游活动两大板块，冰雪活动主要有 2011中国洛阳伏牛山滑雪旅游节开幕式、河南省大众高山滑雪赛、“冰之心”中国洛阳伏牛山冰灯冰雕展等5项内容，冬季旅游活动主要有中国洛阳“冬季游”全国旅行商采购大会、国家级山地旅游度假示范区（栾川）研讨会、栾川县旅游商品展、中国洛阳老君山冰雪摄影大赛等8项内容。

【伏牛山旅游商品博览会】 2011年4月29日，由河南省旅游局、洛阳市人民政府主办，洛阳市旅游局、栾川县人民政府承办的河南省伏牛山旅游商品博览会在栾川县旅游产品博览中心隆重开幕。

伏牛山旅游商品博览会，以“精彩伏牛山，旅游新商机”为主题，共设标准室内展位200多个，具有浓郁地方特色的旅游纪念商品，奇石、根雕类艺术品、文物复制品、金石字画、印刷音像作品等文化艺术品，日用工艺品、陶瓷产品和陈设工艺品等工艺美术品，依当地习俗开发和民间艺人开发的民俗民间艺术品和旅游装备及相关产品等在内的五大系列近千种旅游商品参与展销和贸易洽谈。参展商超过300家，省内外商家、超市50家，参观人员达到3万人次。

本次博览会为期3天，主要有旅游商品博览会开幕式、旅游商品研讨会、“十佳旅游商品”评选、旅游商品现场签约等六大主题活动，并有民俗风情表演秀、栾川旅游摄影展、河洛曲艺及杂技功夫表演等四大现场活动。

旅游线路

【一日游】

A. 市内：龙门石窟（含香山寺、白园）、关林、白马寺、天子驾六博物馆

B. 东线：白马寺、玄奘故里、少林寺

C. 北线：小浪底风景区、汉光武帝陵、龙马负图寺、王铎故居、古代艺术博物馆

D. 赏牡丹：王城公园、神州牡丹园、国家牡丹园、郁金香园

E. 白云山

F. 鸡冠洞、重渡沟

G. 西线：千唐志斋、汉函谷关、龙潭大峡谷、奇石山庄

H. 东南线：西泰山、玉马湖、杜康仙庄

I. 西南线：花果山、灵山寺风景区

J. 神灵寨、洛河漂流、洛书出处

【二日游】

A. 市内+东线

B. 市内+北线

C. 市内+赏牡丹

D. 市内+白云山

E. 市内+鸡冠洞、重渡沟

伏牛山室内滑雪馆场

F. 嵩县二日游：白云山、天池山、木札岭

G. 栾川二日游：鸡冠洞、重渡沟、龙峪湾、老君山

H. 市内+皇城相府

I. 市内+云台山

J. 北线+济源王屋山、五龙口

K. 西线+三门峡

L. 市内+石人山

M. 市内+运城死海

N. 市内+开封清明上河园、相国寺

【三日游】

A. 市内+东线+北线

B. 市内+西线+西岳华山

C. 市内+赏牡丹+白云山

D. 市内+少林寺+鸡冠洞、重渡沟

E. 市内+北线+济源

F. 市内+少林寺+云台山

G. 市内+北线+皇城相府

H. 市内+郑州+开封

I. 市内+西线+西安兵马俑

【四日游】

A. 市内+东线+北线+白云山

B. 市内+西线+嵩县二日游

C. 市内+赏牡丹+栾川二日游

D. 市内+东线+赏牡丹+少林寺

E. 市内+北线+云台山+皇城相府

【五日游】

A. 市内+东线+北线+嵩县二日游

B. 市内+东线+北线+栾川二日游

C. 市内+东线+赏牡丹+栾川二日游

D. 市内+东线+赏牡丹+少林寺+云台山

E. 市内+赏牡丹+北线+云台山+皇城相府

F. 市内+西线+三门峡+华山+秦始皇兵马俑

旅游商品

【概　况】 2011年，洛阳市加大旅游市场建设步伐，一是强化了旅游商品业协会行业组织的作用。实施行业自律。将整个行业大部分生产商、开发商、销售商组织到了一起，为旅游商品经营企业提供了自我管理、自我协调、共同发展的良好氛围。与旅游监察部门和质监、工商、公安等相关部门联手，开展旅游市场综合治理，规范旅游商品市场秩序和经营行为，取缔有损洛阳形象、阻碍商品业发展的非法生产营销商，打击假冒伪劣产品，引导商户进店经营。二是搭建了发展平台。今年牡丹文化节期间，在栾川召开的伏牛山旅游商品博览会吸引了伏牛山周边5市27个县区200余家旅游商品企业， 3天时间接待游客27万人次，初步形成了唐寺门工艺城、老城东西大街古城风情文化一条街、洛阳文化旅游礼品城、左岸河洛文化艺术街、周王城古玩城、新安县黄河奇石村、伊川县青铜器村、孟津县三彩村和牡丹画村等特色旅游商场，全市有旅游商品市场20余家，旅游商品生产厂家2000余家，生产旅游商品涵盖五大门类：旅游工艺品、旅游纪念品、旅游食品、旅游用品、土特产品，花色品种达万余种。

【旅游工艺品】 主要有唐三彩、伊川县仿古青铜器，新安县澄泥砚、黄河奇石，栾川县水晶制品、嵩县黄金制品、洛宁县竹编、孟津县金泊浮雕、汝阳县梅花玉，以及各种拓片、牡丹石、竹叶石、柳编、根雕、金泊画、美术陶瓷、刺绣、木刻、烙画、剪纸、石雕等。

【旅游纪念品】 主要有牡丹字画，以牡丹为题材的高科技玻璃牡丹，明信片、邮册、画册、图片等，以卢舍那大佛为题材的各种材质的雕塑、明信片、邮册、画册、图片、扑克、艺术瓷盘等，以天子驾六为题材的青铜制品等。

【旅游用品】 主要有酒店用盛放洗漱用品的及食品的竹编、柳编；中药保健品枸杞、冬凌草、山萸肉、山楂、丁香等，旅游鞋、纺织品、拐杖、野营用品等。

【旅游食品】 主要有全福牡丹饼，雅香楼蛋糕、面包，春都火腿肠等。

【土特产品】 主要有伏牛山珍，如猴头、香菇、拳菜、黑木耳、百合、鹿茸菌、松子、银条、猕猴桃等，令来洛游客目不暇接；闻名中外的杜康酒、牡丹燕菜，以及黄河鲤鱼、陆浑银鱼、粉条、玉米糁、山野菜、清酒等。这些产品已被开发成小包装、礼品包、饮料、罐头等，品种繁多。

牡丹·牡丹文化节

牡　　丹

【牡丹生产】　2011年，洛阳牡丹生产办公室按照《关于2011年牡丹生产及花卉苗木基地建设的通知》，把任务分解到各县（市）、区。各县（市）、区明确工作机构，抓好宣传发动，注重关键环节，采取有效措施，积极为企业服务。各种植企业克服雨水过多的不利影响，抢时间赶进度，实现了牡丹生产的历史性突破。据统计，全市完成种植4.87万亩，筹建了牡丹花都产业示范园和孟津小浪底牡丹园等2个万亩产业园，牡丹新发展面积实现翻番，创造了牡丹发展新纪录。

【牡丹花都产业示范园建设】　牡丹花都产业示范园位于伊滨新区，园区规划总面积1.5万亩，规划牡丹标准化种植区、反季节牡丹生产区、牡丹深加工企业聚集区、牡丹花卉交易中心等4个部分。2011年，牡丹花都产业示范园土地流转工作基本完成，18家入驻企业完成种植1.06万亩。牡丹深加工企业聚集区和牡丹花卉交易市场建设用地基本确定。

【牡丹盆花生产】　2011年，全市生产牡丹盆花60万盆。其中：春节生产盆花44万盆，花会期间供应盆花6万盆，其他时间及中秋、国庆合计生产盆花10万盆。神州牡丹园利用“奥运”和“世博牡丹”品牌成功在上海、武汉、北京建立催花展销生产中心，春节期间催花量达10万盆；天盛牡丹盆养公司重点搞好1万余盆容器栽培牡丹，新推出5个国外牡丹名优品种上市，供销渠道由原来的北京、武汉扩大至西安、郑州、长春等13个城市，成功实现了订单销售；洛阳牡丹科技有限公司生产的具有高科技含量的五色牡丹，色彩好，售价高，满足高层人群赠送礼品的需求；邙山牡丹合作社、市花木公司重点做好北京、河北两地花市的供应；国家牡丹园、神州牡丹园利用自身的催花资源和成熟的技术搞好春节期间的观赏和展销。

【牡丹深加工产品】　2011年，洛阳牡丹深加工产品研发和生产能力不断增强，产业化链条进一步拉长。牡丹红茶、牡丹酒、牡丹食品、保健品、化妆品、精油、食用油、牡丹茶、牡丹饮料等陆续研发上市。11月，洛阳牡丹红茶研制成功，在北京举行新闻发布会，填补了中国茶叶市场的一个空白。牡丹籽油是一种新兴的保健食用油，不饱和脂肪酸含量高达90%，品质优于橄榄油，带动能力很强，正在争取各种渠道融资开发。

【牡丹科研工作】　2011年，洛阳市在牡丹品种选育、切花保鲜、盆栽技术、标准化制定等方面均取得新的进展。与中国牡丹芍药协会合作在栾川县建立的首个中国牡丹种质资源迁地保护中心，收集整理和移植全国所有的牡丹野生种，培育出60多个牡丹新品种。国家牡丹园与北京林业大学合作的定向杂交育种项目，获得2万多株杂交株，其中100多株表现优良，并根据新颖性、一致性、稳定性情况，向国家提出新品种申请，向河南省林业厅申报的“国外珍稀牡丹引种和育种项目”正在立项。洛阳市牡丹生物学重点实验室获得“春

牡丹深加工产品展示

节牡丹催花技术”“牡丹生根剂应用技术”2项国家专利，致力于切花保鲜的技术研究取得新进展，牡丹切花储藏期已突破130天，芍药切花储存期达到160天，远高于国外储藏期60天的水平，处于世界领先地位。河南科技大学“盆栽牡丹容器体积对照试验项目”在国家牡丹园实施，为容器栽培提供可靠依据。洛阳出入境检验检疫局承担的全国唯一的“国家牡丹种质资源鉴定及检疫重点实验室”获得国家质量监督检验检疫总局批准筹建。洛阳农林科学院的中国牡丹种苗标准制定工作，已多次召开专家座谈会，2012年将完成申报工作。

【洛阳“牡丹花都”标志图案评选】 为彰显城市特色，塑造城市形象，2011年，洛阳市牡丹生产办公室制定了洛阳市“牡丹花都”城市标志图案设计征集方案，10月11日，在《洛阳日报》面向社会公开征集“牡丹花都”标志图案，12月1日投稿截止，收到全国25个省、自治区、直辖市的作品415件，经专家组评审，有10件“牡丹花都”标志图案作品入围。根据社会各界的反馈意见，对入围作品进行选择、提炼和修改，最终确定洛阳“牡丹花都”标志图案。

【“中国牡丹花都”申报工作】 2011年6月，中国花卉协会印发《中国花卉协会命名授牌管理办法（暂行）》，市委、市政府对洛阳市申报“中国牡丹花都”工作高度重视，积极开展申报工作。依据《中国花卉协会命名授牌管理办法》，市牡丹生产办公室组织编写了“中国牡丹花都”申报材料，并上报河南省花卉协会、中国牡丹芍药协会和中国花卉协会，顺利完成了“中国牡丹花都”的申报工作。

【城区牡丹增植】 2011年是洛阳市城区大规模有计划增植牡丹的第一年，受到广大市民的关注和拥护。市长办公会议《纪要》明确要求，全市增植牡丹50万株，其中：涧西区、西工区、洛龙区各栽植2万株，其他城市区各栽植1万株，园林局系统在城市主要道路、游园、广场、绿地种植牡丹（芍药）40万株。为完成城区牡丹栽植任务，市委、市政府主要领导多次召开会议，协调解决牡丹栽植过程中遇到的主要问题，市农工委、市牡丹生产办组成联合督察组，对有关区（局）进行督察；各城市区、各责任单位完善方案，落实苗木，充分保障了栽植牡丹工作的顺利进行，至2011年年底，全市栽植牡丹53.7万株。各城市区栽植牡丹11.4万株，市园林局栽植39.3万株。其中：牡丹广场、周王城广场、龙门高铁站、新区博物馆、新区体育中心种植牡丹10.12万株；王城大道、开元大道、牡丹大道、中州东路、中州西路种植18.93万株；中州西路交通岛、机场路交通岛、西苑桥南侧、九都路立交桥、民俗博物馆种植3.54万株；洛浦公园、航空港公园种植4.09万株；瀍河、关林高速出入口互通区增植2.6万株；除龙门大道和延安路正在改造施工尚未种植外，其他区域已完成年度任务。

玉芙蓉　　蓝宝石　　红霞映辉

八千代椿　　红艳凝霜　　黑缎裹金

豆　绿　　皇中黄　　岛　锦

【组织开展“洛阳市最佳牡丹观赏园”评选活动】 为提升牡丹观赏园建设档次和服务质量，树立榜样，营造氛围，在第二十九届中国洛阳牡丹文化节期间，市委农工委、市园林局、洛阳牡丹协会组织了“洛阳市最佳牡丹观赏园”评选活动，对参选牡丹观赏园的花期控制、入园人数、特色园建设、赏花效果、观赏规模、牡丹精品、景观质量、养护水平、规范化管理、环境管理、秩序管理、游园活动、人性化服务、安全管理等14个方面进行了综合评议，最终评选出“洛阳市最佳牡丹观赏园”5个，“最佳牡丹观赏景点”18个。

（孙会安）

【牡丹新品种审定和研究成果鉴定】 2011年，洛阳市牡丹研究院经过多年的不断努力，从数千株杂交实生苗中筛选出106个优良单株，对其主要性状和稳定性进行评定，最终确定12个优良牡丹品种作为新品种申报。专业技术人员从2010年底就开始筹备，除不断加强对牡丹植株的管理外，对多年来的原始记录资料进行整理、分析，写出了科研报告，制作了多媒体汇报材料。4月15日，洛阳市牡丹研究院“牡丹新品种审定会”和“牡丹新品种培育研究成果鉴定会”在洛阳召开。中国花卉协会牡丹芍药分会和洛阳市科技局组织全国有关牡丹专家到洛阳实地对洛阳市牡丹研究院申报的牡丹新品种进行了审定和研究成果鉴定。最终，有12个牡丹品种被审定为牡丹新品种，并通过了研究成果鉴定。此次确认的12个牡丹新品种为瑞丽、血染风采、冠芳、墨盘托金、艳紫争春、红艳凝霜、黑缎裹金、国旗红、墨楼镶翠、绚丽、紫蝶群舞、群英会，其中紫色系2个、红色系6个、黑色系3个、粉色系1个。

【为第八届园博会提供催花牡丹1100盆】 2011年11月19日，第八届中国（重庆）国际园林博览会在重庆市龙景湖开幕。洛阳市牡丹研究院为园博会提供催花牡丹1100盆，以红色系、白色系、粉色系、紫色系为主，包括洛阳红、肉芙蓉、卷叶红、香玉、白雪塔等33个品种，同时还挑选出11个品种100株优良牡丹植株，栽种在园博会洛阳展区，这些牡丹将在2012年春季绽露芳容，为园博会添彩。本次洛阳市参展的催花牡丹花大色艳，五彩缤纷，在园博会上受到各级领导、游客、其他参展城市的高度评价，不仅为洛阳市和洛阳牡丹赢得荣誉，也是洛阳市牡丹研究院在牡丹多品种反季节开花技术研究与应用方面的重大突破。

【为第二十九届中国洛阳牡丹文化节牡丹园艺展提供盆栽牡丹】 2011年，洛阳市牡丹研究院为第二十九届中国洛阳牡丹文化节牡丹园艺展提供盆栽牡丹61个品种1980盆、荷包牡丹212株、牡丹盆景12组。并于4月15日按照牡丹园艺展展厅内的设计要求布展9个色系的牡丹及荷包牡丹近800盆。从4月21日起，每隔2~3天更换一批，以保证展出效果。其间共更换5批近1400盆牡丹。准确的花期控制，良好的布展效果，受到领导和游客的广泛好评。

【科研课题组工作】 2011年，洛阳市牡丹研究院牡丹花开期间共做牡丹杂交组合52个，套袋1006个。杂交组合包括中原牡丹与日本牡丹的杂交，紫斑牡丹与日本牡丹的杂交，牡丹与芍药的杂交等。8月收取人工杂交种子及自然杂交种子2万余粒，科学管理，及时沙藏，11月播于育种圃内。

野生牡丹种质资源引种驯化与利用　2011年，洛阳市牡丹研究院对引种栽培的野生牡丹进行精心管理，及时浇水、施肥、灌药，提高野生牡丹在洛阳的适应能力和引种驯化成功率。花开期间进行了授粉套袋工作，秋季收取野生牡丹种子4857粒，野生牡丹与中原牡丹杂交种子218粒，播种在单位野生牡丹资源圃和栾川野生牡丹基地。引种稷山矮牡丹50株，全部栽植到栾川野生牡丹基地。

牡丹盆栽技术研究与产业化开发　2011年，洛阳市牡丹研究院根据盆栽牡丹的生长环境条件和特点，采取相应的管理措施，不断加强管理，并认真从盆土配比、试验品种、上盆时间、容器等方面进行技术分析，及时加以调整，使盆栽牡丹保持较好的长势。嫁接牡丹1858株，播种矮化盆栽砧木试材种子5千克。对盆栽牡丹进行多次修剪、浇水、施肥等，详细记录其生长状况。

牡丹芍药切花技术研究与产业化开发　2011年，洛阳市牡丹研究院在花开前剪取牡丹11个品种1500枝、芍药500枝进行切花试验。在冰柜中存储时设置4个储藏温度，不断进行观察记录。配制瓶插配方3个，先后3次进行瓶插试验，同时做好详细记录，并拍照留取资料。

牡丹名优品种繁育与推广　2011年，洛阳市牡丹研究院为保证嫁接牡丹生长良好，及时进行松土、拔草、摘除小花蕾、防治病虫害等。先后浇水3次，追施复合肥2次，喷洒药物4次。秋季分栽定植3年生新品种嫁接苗6660株，嫁接繁育牡丹名优品种20666株，其中牡丹新品种10540株，国外牡丹8251株，其他名优品种1875株。

牡丹与部分春花植物花期相关性研究　2011年，洛阳市牡丹研究院将全体技术人员分成4组，从牡丹萌动到牡丹花开，持续对本单位、中国国花园、隋唐城遗址植物园内牡丹品种和春花植物进行了物候期的观察记载，初步获得了牡丹花期与春花植物物候期相关性的规律，为研究牡丹花期与春花植物的关系提供了依据。

豫西野生植物资源引种驯化与应用　2011年，洛阳市牡丹研究院将2010年的播种苗进行了分栽定植，共定植山樱花、金缕梅、建始槭、木蜡树等6000多株幼苗并精心管理，目前长势良好。对2011年收集的野生种子河南海棠、五角枫等进行了催芽、播种工作，共出苗8000多株，并及时进行了移栽。通过外出考察采集、购买等方式，引种野生植物植株5份，野生植物种子20种。加强对野生圃内苗木及种子的管理，及时淘汰表现差的品种，精心管理表现好的品种。

优良宿根花卉资源收集选育研究与开发　2011年，洛阳市牡丹研究院重点对2010年表现较好的品种进行了繁育，包括玉带草、八宝景天、野生石竹等。通过两年来的观察，发现花期和牡丹较相近的有几个品种，如野生蛾蝶花、蛇莓、野生地黄、地丁等。又收集、引种野生宿根花卉12个，有土人参、狼尾草等，栽种在野生植物驯化圃内，并加强养护管理。

【牡丹嫁接】 2011年，洛阳市园林局开展了大批量牡丹嫁接工作，并委托洛阳市牡丹研究院具体负责组织实施。洛阳市牡丹研究院承担了全部砧木和绝大部分接穗供应、嫁接工组织管理、砧木和接穗验收、砧木和接穗储存、嫁接苗验收、整个嫁接过程技术指导与管理、沙藏技术指导、后勤保障等工作。本次嫁接工作，前后历时1个月，共嫁接牡丹近百万株。（刘莹莹）

【洛阳古今牡丹园】

隋代洛阳西苑牡丹园　公元604年，隋炀帝杨广即位，在都城洛阳辟地建西苑。据《海山记》记载："隋帝辟地二百里为西苑，诏天下进花卉。易州进二十箱牡丹，有赪红、鞓红、飞来红、袁家红、醉颜红、云红、天外红、一拂黄、软条黄、延安黄、先春红、颤风娇等名。"这是中国最早的牡丹园。

唐代平泉山庄　唐李德裕的平泉山庄，位于洛阳城南15千米的伊川县梁村沟，是一个规模宏大的名园，周围20里，构筑台榭百余所，天下奇花异草、珍松怪石无不毕致其间。"平泉朝游"为洛阳古八大景之一。李德裕不但喜好花木，更喜好牡丹，其园林中广植牡丹、芍药，有专著《平泉山居草木记》，李德裕的《牡丹赋》是最早的牡丹赋作之一，是研究牡丹文化的重要文献。

唐代洛阳归仁园　唐牛僧孺的私宅园林。据宋李格非《洛阳名园记》：

“归仁，其坊名也。园尽此一坊，广轮皆里余，北有牡丹、芍药千株。”

唐代洛阳午桥庄　唐代裴度的私宅园林，位于洛阳城南15千米，洛阳古八小景之一称“午桥碧草”。裴度一生酷爱牡丹。唐文宗开成四年（839）三月，裴度病势垂危，弥留之际，因不见牡丹开花而迟迟不肯瞑目，直到一丛牡丹发花目睹之后才安然逝去，爱重牡丹如此，真可谓之花痴。

后唐洛阳临芳殿牡丹园　五代时后唐庄宗期间建造。宋陶谷《清异录》记载：洛阳大内临芳殿庄宗所建，牡丹千余本，其名品亦有在人口者，见于后：“百叶仙人”浅红，“月宫花”白、“小黄娇”深黄，“雪夫人”白，“粉奴香”白，“蓬莱相公”紫花，“卵心黄”“御衣红”“紫龙杯”“三云紫”“盘紫酥”浅红，“天王子”“出样黄”“火焰奴”正红，“太平楼阁”千叶黄。

后周魏氏牡丹园　五代后周时期，宰相魏仁溥在洛阳有一处私家园林，人称魏氏池馆，位于邙山脚下魏坡村。魏宰相一生酷爱牡丹，在池馆中栽植许多牡丹，但可贵的是该牡丹园利用洛阳寿安山（即今宜阳县锦屏山）的野生牡丹培育出一代牡丹花后“魏花”。魏家有名花的消息不胫而走，花开时节，洛阳人争赏“魏花”，看牡丹要“登舟渡池”。据欧阳修《洛阳牡丹记》载：“此花初出时，人有欲阅者，人税十数钱，乃得登舟渡池至花所，魏氏日收十数缗。”

北宋洛阳白马寺牡丹园　白马寺位于洛阳城东，寺院内的牡丹始于唐，北宋时更加繁盛。寺院各殿前后、两侧皆有用砖石砌起的花台，内植牡丹，枝干高大如树，春日花开似锦。可谓“鲜花与古寺共辉”。

北宋洛阳天王院花园子　据宋李格非《洛阳名园记》载：“洛中花甚多种，而独名牡丹曰花王。凡园皆植牡丹，而独名此院曰花园子，盖无他池亭，独有牡丹数十万本。凡城中赖花以生者，毕家于此。至花时，张帷幄，列市肆，管弦其中。城中士女，绝烟火游之。过花时则复为丘墟，破垣遗灶相望矣。”

北宋李侍郎归仁园　原主人是唐牛僧孺，北宋时主人是李焘，以竹子、桃李、牡丹、水景名甲一时。

北宋洛阳李氏仁丰园　原是唐李德裕的平泉山庄的一部分，宋代园主人是李格非。有桃、李、梅、杏、莲、菊各数十种，牡丹、芍药至百余种。

梁家花圃　位于洛阳市郊区的李楼乡李楼村，由梁作栋始建于清乾隆年间，花圃内多植牡丹，牡丹品种达100多个。新中国成立后，部分牡丹移入王城公园。

冀家花圃　位于洛阳市郊区李楼乡李楼村，面积3亩，由冀能科始建于清道光年间，花圃内多植牡丹，牡丹品种数10个。新中国成立后，部分牡丹移入王城公园。

新村牡丹园　新村原名仁义寨，位于洛河南岸，其前身是西场花圃，清代以来，西场的村民家家有花圃，户户种牡丹，一直是洛阳地区有影响的花木专业村。后来，洛河泛滥成灾，西场居民搬迁至“老吴桥”西约2千米重建家园，故名新村，新村人也重建牡丹园。新中国成立后，新村牡丹园一直是洛阳较有影响的牡丹名园。

王城公园牡丹园　位于洛阳市周王城遗址上，始建于1955年，是河南省洛阳牡丹花会的主会场。园内辟有牡丹观赏区、牡丹文化区、历史文化区、大型游乐区、动物园五大景区，占地600亩。牡丹观赏区面积50余亩，种植国内外精品牡丹800多种、3. 5万余株。包括国内名优品种700余种，日本、美国、法国牡丹品种130种。园内牡丹以株型大、品种全、花色艳、花期长、整体观赏效果佳而著称。同时牡丹与山、石、建筑及其他植物和谐配置，充分利用各种造景元素，营造出最佳牡丹园林景观。牡丹区分国际牡丹园、紫斑牡丹园、牡丹仙子园、沉香楼牡丹园、桥北区牡丹园，各具特色。

西苑公园牡丹园　位于洛阳市涧西区，始建于1960年，占地200亩，原名洛阳市植物园。由于坐落在隋西苑的遗址上，1984年更名为西苑公园，该园从1985年秋即开始引进日本牡丹品种。牡丹观赏园占地14亩，拥有200多个牡丹品种。园内建有牡丹亭、牡丹长廊等景观，人工湖中心修建了牡丹岛，岛上广植牡丹。

牡丹公园　位于洛阳市涧西区西苑路中段。占地96亩，是一个以牡丹文化与园林景观为主题的综合性公园。该园始建于1956年，牡丹观赏区设在园内西北部及假山上，面积8亩，栽植牡丹7000多株、300多个品种。牡丹以植株大（2米多高）、树龄长（50～60年）、花大色艳、品种纯正而闻名。

洛阳国家牡丹园　又名中国国家牡丹基因库、国色牡丹园。位于王城大道与310国道交叉口西2千米，创建于1978年。1992年林业部批准建立国家牡丹基因库，是中国牡丹品种搜集、繁衍和发

王城公园牡丹园

洛阳国家牡丹园

展的重要基地。1999年5月被中国林木种子公司定为洛阳牡丹出口基地。同年12月又被国家林业局、中国花卉协会定为全国花卉生产示范基地。2003年3月国家林业局批准建立国家牡丹园。

公园占地800亩，拥有紫斑牡丹、稷山矮牡丹、卵叶牡丹等野生牡丹种群和中原牡丹、西北牡丹、西南牡丹、江南牡丹等四大园艺牡丹种群；栽植牡丹80多万株，拥有中原、西北、江南、西南、日本、法国、美国7大系列9个色系牡丹1100多个品种，其中搜集国内牡丹园艺品种800多个、牡丹野生品种7个，培育牡丹新品种72个，引进国外牡丹园艺品种146个、数量5万株；每年繁殖优质商品牡丹30万株，并出口至10余个国家和地区。这里已成为国内野生牡丹引种驯化、新品种培育和商品牡丹繁殖最大的基地。

该园分牡丹基因库、精品牡丹园、国际牡丹园、野生牡丹园、牡丹周年开花展厅和牡丹文化休闲娱乐区。该园牡丹自然花期比市内晚7天左右，因其品种繁多、观赏面大、观赏期长、环境幽雅，成为河南省洛阳牡丹花会的主要观赏点之一。

园内以牡丹为主分为3个展区：

牡丹精品区：位于310国道以南，以科研、科普、游览为主，包括基因库区、牡丹全年开花展示馆、科研区、浏览区。

春花秋月区：位于310国道以北，以浏览、科普、生产为主，包括春花区、秋月区、试验区、矮生牡丹区、切花牡丹区、秋花牡丹展示区。

夏爽冬梅区：位于310国道以北，以游览为主，包括夏爽区、冬梅区、水景区、牡丹故事景区、音乐喷泉广场等。

公园主要优势是牡丹品种齐全，观赏品种达1100个，植株高大，群体效果壮观，已实现四季有花，盛花期集中在4月10日～5月10日。

中国国花园　位于隋唐古城遗址之上，始建于2001年9月，是中国最大的牡丹专类观赏园，占地1548亩，享有“中国国花第一园”之美誉。园内分6个景区，现园内种植牡丹1000多个品种、40万余株。

公园以隋唐历史文化为依托，以牡丹文化为主要内容，融历史文化、牡丹文化和园林景观为一体，围绕牡丹和隋唐文化设置了紫根牡丹广场、花王花后广场、火炼金丹广场、二乔亭广场、国色广场、欧阳修碑广场、白居易《牡丹芳碑》广场等景观，园内植物千姿百态、山峦奇石叠翠、亭台楼榭成辉，湖泊碧水荡漾，充分展示了牡丹文化的地域特色。全园东西长2400米，南北最宽处524米，占地100万余平方米。其他各种植物150余个品种300万余株，在环境布局上，以植物见长，自然流畅，突出体现了传统皇家园林的造园风格。

牡丹文化区：由紫根牡丹广场、葛巾玉板广场、火炼金丹广场、秋翁遇仙广场、花王花后广场、合欢娇广场、春归花屋广场、白鹤卧雪广场、二乔亭与飞燕红妆广场、国色广场10个造型别致的牡丹文化广场和衍秀湖、无名山景观组成。

牡丹历史文化景区：由欧阳修碑广场、白居易《牡丹芳碑》广场、金牡丹台广场、花裳溢香广场、幻世绝艺广场和丹晖园广场6个体现不同牡丹历史文化的主题广场组成。历代文人墨客的生花妙笔、九朝古都的气韵、隋唐盛世的风采，历经千年而余韵犹存。

堤面游赏区：位于东大门北侧，是长2400米的堤面游赏区，上面建有12个游园广场和一些古建小品，景区内还种

中国国花园

有3000余株樱花、碧桃，是洛阳市最大的樱花、碧桃观赏区。

东入口景区：主体是古建筑群，额枋部的牡丹、凤凰彩绘生动逼真、栩栩如生，象征着富贵吉祥。

隋唐城遗址植物园　始建于2005年12月，于2006年8月建成开放，是洛阳市主要牡丹观赏景区之一，拥有17个植物专类园，品种2000余种。千姿牡丹园作为隋唐植物园中最具特色的专类园占地约427亩，由九色园、特色园、百花园及科技示范园组成，种植涵盖国内四大牡丹品种群及日本、欧美两大国际品种群1200个品种50万余株。此外还收集到传承至现代的品种百余个，如闻名于世的姚黄、魏紫、泼墨紫、露珠粉、烟绒紫、黑花魁等。涵盖了包括中原牡丹品种群、西北紫斑牡丹品种群、江南牡丹品种群以及西南野生牡丹品种群的四大国内品种群的牡丹。得天独厚的种质资源和长期积累的丰富的栽培经验，为中国牡丹新品种的选育和培养提供了大量的、稳定的遗传基因和性状，为芍药科牡丹组植物的可持续性系统研究创造了优越的物质条件。

千姿牡丹园以独具特色的园林小品、珍奇置石等造园手法充分展示洛阳牡丹的栽培历史及品种知识，并通过楹联、雕刻等多种艺术形式体现了中国历代赞颂牡丹的著名诗词典故。其中，九色园以表现牡丹花的九大色系为特点，九色台前有北宋文学家、著名诗人欧阳修的大型雕像，摘录有中国历史上最早的牡丹专著《洛阳牡丹记》的相关内容；特色园是以表现牡丹的各种特色为主，种植有株型最大和最矮的牡丹、花朵最大的牡丹、花色花型最奇特的牡丹、花瓣最多的牡丹、花型最丰富的牡丹、药用价值最高的牡丹以及独干牡丹、寒牡丹、野生原种牡丹、荷包牡丹等20余类；百花园又以种植牡丹品种多、百花齐放为特点；科技示范园主要以牡丹的引种驯化、科学研究为主，充分展示牡丹品种的多样性特点，收集有全国的牡丹野生原种，新、优、名、珍、稀及濒临灭绝的、具有较高科研价值的牡丹品种数百个。

在2011年洛阳市举办的大型评选活动中，隋唐城遗址植物园千姿牡丹园众望所归，以“牡丹品种最多、花色最全、文化氛围最浓厚”的特点荣获最佳牡丹观赏园称号。

神州牡丹园　位于洛阳市东郊白马寺镇、中国第一古刹白马寺对面，创建于1998年，是一座四季观赏牡丹的牡丹园景区。全园占地600亩，采用盛唐建筑风格、山水园林景观，点线面结合，以天然牡丹石、欧阳修汉白玉雕像、300多年树龄的牡丹王等为点，以百米长廊唐三彩牡丹壁画为线，全面展示牡丹发展史。融牡丹文化、牡丹艺术、牡丹景观、高科技四季牡丹于一体；汇天下牡丹精品，聚四季名卉于一园；以牡丹为主，集天南地北乔、灌、花、草、百卉等40万余株，争奇斗艳，交错如锦。全园分为五大景区：

牡丹文化区　盛唐建筑风格，有艺术珍品——洛阳唐三彩百米牡丹艺术长廊，记载中华民族国花牡丹辉煌发展历程的国韵阁和中国牡丹史话展的富贵楼，全面系统的展示牡丹千年发展的历程及“洛阳牡丹甲天下”的历史内涵。

牡丹休闲区　古典山水园林风光，同庞大的盛唐特色演员——员工一体化的演出《千年牡丹情》遥相呼应，仿佛穿越千年时空又回到了“唯有牡丹真国色，花开时节动京城”的盛唐时代。

牡丹精品观赏区　有牡丹活化石之誉的百年牡丹王（树龄300多年），同时还定植国内牡丹品种847个，国外牡丹品种174个。引进稀有牡丹新品种“黑海道”“帝冠”“五星红”“冠群芳”“玉面桃花”“娇子红”等40余个、10万余株；新植各种观赏植物3万余株，铺设草坪3800多平方米。

高科技四季牡丹展示区　有国内最大的牡丹展览大厅，高科技四季牡丹天天盛开，在自然牡丹非花季节，亦可领略国色天香的尊容。

商品牡丹综合区　可在赏花之余轻松选购各种牡丹盆景和独一无二的牡丹工艺品，把富贵吉祥带给亲人和朋友。

洛阳牡丹园　位于洛阳市北310国道与机场路交叉处西北隅，始建于1992年，占地150亩，共有牡丹品种500多个。园中有黑、绿、黄、白、紫、蓝、粉、复色等九大系列珍品牡丹及稀有牡丹，品种极为珍贵。还先后从日本、美国、法国引进品种牡丹150多株，从中国西北部引进紫斑牡丹170多个品种。此外，还有商品牡丹、花卉、鲜切花、盆景，该园承揽绿化工程、园林设计，并向中外牡丹专家、学者提供实习、研究场所。

国际牡丹园　位于洛阳市北郊邙山，占地450亩，主要栽植国内外晚开牡丹及芍药，园中牡丹品种300多个，其中日本、法国、美国等国家和地区的牡丹品种100多个，芍药品种也有300多个，是国内晚开品种最多、国外牡丹精品最多、芍药品种最齐全的牡丹园。公园观赏区由国际牡丹精品区、国内牡丹精品区、中外名优芍药区、中外寒牡丹区等

国际牡丹园

四部分组成，具有“精、晚、新、奇”的特点。

国际牡丹精品区：栽植日本、法国、美国等国家和地区的牡丹百余个品种、10万余株，其中美国品种“海黄”一年之内多次开花，十分罕见。主要观赏期在每年的4月20日～5月10日。

国内牡丹精品区：精选国内牡丹中晚期品种100多个，其中黑牡丹8个、绿牡丹5个、晚花新品种20个。主要观赏期在每年的4月15～30日。

中外名优芍药区：精选国内芍药品种300多个，红、粉、白、蓝、紫、黑、黄与复色八大色系，还有2500余株日本芍药，是国内芍药品种最多的生产观赏园。主要观赏期在每年的4月下旬至5月上中旬。

中外寒牡丹区：精选中国和日本寒牡丹近千株。寒牡丹“时雨云”“户川寒”等于初冬绽放，主要观赏期在每年的12月上中旬。

鸡冠洞高山牡丹园 位于栾川鸡冠洞景区，始建于2005年，总投资880.3万元，平均海拔1108.5米，占地面积101亩，共栽植180个品种、4.6万株牡丹，是全国牡丹自然花期最长的牡丹园之一。

鸡冠洞高山牡丹园内所栽的180个品种，是洛阳市牡丹专家从洛阳、山东菏泽、四川成都、河北石家庄等地的牡丹苗木基地，通过科学论证并逐一筛选，将适合鸡冠洞景区地理、土壤、气候、植被的珍贵品种栽植此处，以“红、黄、紫”三大类牡丹花卉为主，具有耐风寒、耐干旱、耐日照的特征。

园内修建了休闲观景步道3800米、廊亭台榭18处、玉带桥9处，安装石椅、石凳500多个，采用墨西哥进口红樟木建造的观景亭6处；栽植适合高山气候牡丹品种150个，自然花期达2个月以上，搭配珍贵稀有树种3000棵、行道绿化树3.6万棵，其他花草36类、5万棵，高山牡丹于每年“五一”前后全部绽放。

白云山高山牡丹园 位于洛阳市南部嵩县境内、“白云山森林氧吧”北侧，总投资330万元，面积为168亩。白云山高山牡丹园栽植牡丹156个品种、5.6万株，栽植区海拔1530米，是中国海拔最高的牡丹园。由于白云山景区海拔较高，其中50多个牡丹品种选择高山品系。高山牡丹园和野生牡丹园里风姿绰约的数万朵牡丹花是白云山的一绝。

受生态习性和气候条件等因素的影响，普通牡丹的盛花期大多集中在4月10日～5月5日，花期过于集中、短暂。白云山高山牡丹园利用气温差异大等优势，栽植的高山牡丹品种，将使洛阳牡丹自然花期延长至7月，与市区牡丹实现次第开放。

景区特设了几座十分精美的木雕观花阁，柴扉、茅庐、木屋、竹亭处处点缀着盛开的牡丹。石径幽深，亭台错落，游人漫步其间，阵阵芳香随着微风扑面而来，沁人心脾。俯首抬眼，千姿百态的牡丹雍容华贵，迎风含笑。

洛阳小浪底牡丹园 位于孟津县小浪底镇，距小浪底水库9千米，占地100亩，有200多个牡丹品种，牡丹正常花期比市区晚7～10天。

洛阳土桥牡丹园 位于洛阳市邙山镇土桥村，拥有牡丹、芍药生产基地1000余亩，牡丹、芍药400多万株，是洛阳市最大的“公司+农户”型牡丹企业，带动周边700多农户发展牡丹产业化经营。

洛阳先农牡丹园 创立于1998年，位于洛阳隋唐城遗址上，占地530亩，集生产、观赏于一体的牡丹园。

洛阳华以牡丹园 创立于1999年，位于洛龙路中段路西侧，占地1000亩，集生产、观赏于一体的牡丹园。由于受市场波动等因素影响，2006年华以牡丹园转产发展运动休闲业。

洛阳丰泉牡丹园 位于孟津县麻屯镇，建于2002年，占地583亩，园区以旅游观赏为主，共栽植牡丹460亩，品种近400个。

中国牡丹文化节

【概　况】 2011年4月1日～5月10日，第二十九届中国洛阳牡丹文化节在洛阳隆重举行。本届牡丹节以“洛阳牡丹、富贵天下”为主题，坚持“以人为本，牡丹为媒，文化为魂，扩大交流合作，推动科学发展”的办节宗旨，立足实际，敢于创新，不仅实现了洛阳经济效益和社会效益“双丰收”，同时也将洛阳举办牡丹文化节及大型活动的水平提升到一个新的高度。本届牡丹节与往届牡丹花会相比，成功开创了“五个第一”：即第一次由文化部和省政府共同主办、第一次明确以文化为魂由文化牵头唱戏、第一次由文化部组织全国优秀剧目展演、第一次为洛阳牡丹花会打上精彩的文化烙印、第一次实现洛阳牡丹花会划时代的转变。

本届牡丹文化节，洛阳市共接待旅游者1770.17万人次，旅游总收入86.73亿元，同比分别增长9.11%、8.33%。接待入境游客14.08万人次，旅游创汇3413万美元，同比分别增长15.22%和15.02%；旅游景区接待游客1476.95万人次，同比增长9.09%。市区旅游星级饭店平均入住率79%，同比增长0.5个百分点；铁路、公路、民航运送旅客1280.27万人次，客运总收入1.54亿元。万达广场、新都汇、沃尔玛、丹尼斯百货、大张盛德美、中央百货大楼、王府井百货等商业企业营业额比上年同期增长30%以上。其间，举办了开幕式文艺晚会、周杰伦“超时代”世界巡演洛阳站、费玉清“花开富贵”世界巡演洛阳站、“河洛欢歌·广场文化狂欢月”活动、文化部首届优秀保留剧目大奖获奖剧目洛阳展演月、全国牡丹摄影艺术展、洛阳牡丹灯会、第二十一届河洛文化民俗庙会、首届洛阳国际赏石文化艺术节暨精品展、“酒祖杜康杯”围棋国际大师邀请赛、“舞动花都”第十三届全国旅游城市国标舞公开赛、汽车场地越野赛等体育赛事；还有“洛神春赋”何水法画展、洛阳牡丹画精品展、全国第二届中国画线描艺术展获奖作品展、全国牡丹学术邀请展暨全国农民画展、第三届文明探源中国书画艺术展等大型文化活动。

全市签订招商引资合同项目199个，投资总额1051.5亿元，同比增长12.6%，合同利用市外资金1020.3亿元，同比增长17.5%。其中，在对外经济技术合作项目签约仪式上签约项目110个，投资总额731亿元，市外资

第29届中国洛阳牡丹文化节开幕式庆典晚会美轮美奂

金712亿元，较上届花会相比分别增长16%和23%。

【中国洛阳牡丹文化节上海分会】 2011年4月1日，2011上海花展暨中国洛阳牡丹文化节（上海分会场）在上海植物园开幕。此次上海分会场共设置“国色天香”“浪漫春色”“花之海洋”“精品荟萃”等4个牡丹主题展区，共展示早开牡丹60余种，总计5000多盆。上海市城乡建设和交通委员会副主任、市绿化和市容管理局局长马云安，上海市旅游局副局长程梅红，上海市绿化和市容管理局副局长崔丽萍，上海植物园园长胡永红等出席了开幕式。洛阳市市委常委田金钢出席开幕式。

【中国洛阳牡丹文化节北京分会】 2011年4月15日上午，第二十九届中国洛阳牡丹文化节北京分会场开幕式在北京市房山区琉璃河天香牡丹园举行。这是洛阳牡丹文化节首次在北京设立分会场，其意义在于加强洛阳与首都的联系，使北京市民不出京城就可以欣赏到国色天香、姹紫嫣红的洛阳牡丹，同时宣传、推介了洛阳旅游，使北京市民更加了解洛阳、认识洛阳。开幕式上，房山区人民政府副区长吴会杰和洛阳市政协副主席王亦丁为《千姿牡丹》第六组、《花开五洲》第三组邮册首发揭幕，还举办了中国红色文化国际促进会文艺演出。

洛阳牡丹文化节开始于1983年，已经成功举办了28届。28年来，洛阳市委、市政府贯彻“以花为媒，广交朋友，宣传洛阳，扩大开放”的指导思想，将牡丹花会办成一个融赏花观灯、旅游观光、经贸合作与交流为一体的大型综合性经济文化活动，已发展成为国际旅游的盛会，成为中华文化、中原文化展示的窗口，成为国际文化、经贸活动的重要平台。从2011年开始上升到国家级节会活动，第二十九届中国洛阳牡丹文化节由国家文化部、河南省人民政府主办，洛阳市人民政府、河南省文化厅承办。牡丹节包括24项活动，其中主体活动11项和专项活动13项，既有传统的经典项目，又有推陈出新的内容。四月的洛阳将是花的海洋，欢笑的海洋，充满无限商机的海洋。北京市旅游委委员邹伟南，房山区人民政府副区长吴会杰，中共洛阳市委副书记魏小东，洛阳市政协副主席王亦丁，房山区旅游局局长冀显江、副局长王晓燕，洛阳市旅游局，魏立峰局长等领导出席开幕式。

【中国洛阳牡丹文化节牡丹灯会】 2011年4月1日晚，第二十九届中国洛阳牡丹文化节牡丹灯会在王城公园开幕。此次灯会规模大、设计新颖，大量使用了声、光、电等高科技表现形式，展出的40组大中型彩灯主题丰富，主题灯组“祖国万岁”彰显时代特色，特色灯组“武后赏花”“牡丹花王”体现洛阳牡丹文化。以上海世博会中国馆为原型精心制作的“中国馆”花灯成为现场的亮点。此次牡丹灯会从4月1日持续至5月7日，赏灯时间为晚7时30分至9时30分。

【第二十一届河洛文化民俗庙会】 2011年4月13日，第二十一届河洛文化民俗庙会在洛阳民俗博物馆开幕，气势恢弘的铜器表演、精彩绝妙的杂技、神奇的变脸……精彩的民间演出和博大精深的非物质文化遗产交相辉映，引得中外游客拍手叫好。民俗文化

第二十一届河洛文化民俗庙会

庙会是第二十九届中国洛阳牡丹文化节重要活动内容，已经成为中外游客了解河洛文化的重要文化品牌。本届庙会不仅邀请了国家级非物质文化遗产项目——信阳市罗山县的皮影、开封市朱仙镇的木版年画到洛展演、展销，同时还邀请了全省各地一些极具代表性的文艺团体、社会团队和陕西省韩城市的围鼓表演等省外非物质文化遗产项目到庙会上进行表演。此外，本届庙会还举办“洛阳市非物质文化遗产传承技艺展演和民间艺术品展示活动”，邀请洛阳地区非物质文化遗产项目传承人和民间艺术家到庙会上表演和展示。为丰富活动内容，本届庙会还举办故纸撷英——洛阳民俗博物馆馆藏契约文书展和洛阳市第二届古今酒器展。其中馆藏契约文书展共展出明清至民国时期的地契、房契、人契、婚书、丧葬文书等各类契约文书600余份，展览时间为4月13日～5月13日。古今酒器展的展览时间为4月13～23日，展出全市数十位酒器收藏爱好者多年来收藏的数百件各类古今酒器。本届河洛文化民俗庙会由市文物管理局主办，洛阳民俗博物馆等承办。各种民间活动展演将持续至4月17日。

民间工艺石头画

【全国牡丹摄影艺术大展开幕】 2011年4月1日，由中国摄影家协会和市政府联合主办的全国牡丹摄影艺术大展在王城公园开幕。为充分展示洛阳牡丹倾国倾城的风采和牡丹文化的丰富内涵，4月，中国摄影家协会和洛阳市联合举办了全国牡丹摄影艺术大展，收到来自国内、国外的摄影作品共计10215幅。经过反复筛选，共评选出获奖作品186幅。4月1～30日，这些获奖作品将向游客展示。中国摄影家协会副主席朱宪民，中国摄影报社总编曾星明、副社长方焕然，河南省摄影家协会主席于德水出席开幕式。市领导魏小东、吴中阳、尚朝阳、杨玉龙、黄元元、杨炳旭、任海航和市人大常委会原主任刘典立参加开幕式。

【《福布斯》在洛举行专题论坛】 2011年4月20日，《福布斯》中文版与市政府联合主办的2011福布斯中国中原经济区城市投资与发展论坛在洛举行，全球及中国500强公司、国内知名民营企业高管代表和部分专家学者齐聚洛阳，围绕中原和洛阳崛起进行深入探讨。《福布斯》上海分社社长范鲁贤，《福布斯》中文版总编辑周健工、总经理张颖、执行主编刘瑞明，来自商务部研究院、全国工商联、北京大学、复旦大学的学者，通用电气、IBM、摩立特、新希望集团、远大空调等知名企业代表出席论坛。论坛期间，参加论坛的嘉宾围绕外资在中国布局新态势、关于中原和洛阳崛起的宏观思考、如何实现文化强市等话题，分别进行了主题演讲或圆桌对话。周健工在致辞中说，在中原经济区发展规划中，洛阳承担了发展装备制造业的重任，将迎来难得的发展机遇。洛阳通过发挥文化、工业基础、科研力量、自然资源等方面优势，必将成为中原经济区发展的重要引擎。

魏小东在致辞中说，国家促进中部地区崛起规划和实施意见等一系列政策陆续出台，为洛阳加快建设区域性中心城市、实现跨越式发展带来了重大机遇。《福布斯》中文版在洛阳举办论坛，将为洛阳加快发展提供更多思路。

李兴太在参加论坛圆桌对话时说，当前，洛阳已具有较为完备的产业基础、厚重的文化旅游资源和丰富的矿产资源等优势。展望“十二五”，洛阳在发展传统优势产业的同时，还将重点发展软件等现代服务业、生物医药产业和文化产业等，希望海内外客商在洛阳投资兴业、共谋发展。

论坛期间，参加论坛的嘉宾围绕外资在中国布局新态势、关于中原和洛阳崛起的宏观思考、如何实现文化强市等话题，分别进行了主题演讲或圆桌对话。

【各大媒体聚焦第二十九届中国洛阳牡丹文化节】 2011年4月10日晚举办的牡丹文化节开幕式，规模宏大，盛况空前，吸引了国家、省内外各主流媒体及网络媒体的关注。《人民日报》报道了牡丹文化节开幕消息；新华社播发了《第二十九届中国洛阳牡丹文化节开幕》的消息，国内众多媒体纷纷转载；新华网、人民网、中新网等国家级网络媒体对开幕式盛况进行了直播，其中新华网河南频道在头题位置报道牡丹文化节开幕消息的同时，还开辟专栏对本届牡丹文化节进行跟踪报道，新浪、搜狐等国内知名门户网站也以图文并茂的形式进行了专题报道；河南电视台、洛阳电视台等进行了现场直播。新浪网、搜狐网、腾讯网还利用微博形式，对牡丹文化节的有关情况进行全景播报，方便网友及时获取准确、丰富的信息。

2011年洛阳市最佳牡丹观赏园

名 称	位 置	品种（个）植株（万株）	花 期	路 线
隋唐城遗址植物园	王城大桥南	1216个品种、27万余株	大棚控温牡丹4月5日进入盛花期；大田牡丹盛花期为15日；整个花期将持续至5月6日前后	26路、29路、62路、34路、60路、68路、37路公交车
中国国花园	洛阳桥南与牡丹桥南之间	1000余个品种、61万株	大田牡丹10日进入初花期，15日进入盛花期	到东门，乘33路、52路、53路、55路、57路、58路、61路、65路、66路、69路、81路公交车，在洛阳桥南下车。到西门，乘15路、37路、68路公交车，在牡丹大桥南下车
国家牡丹园	王城大道与310国道交叉口西1500米	1350个品种、80万株	大田温棚品种4月1日初开，3日盛开；早开品种4月10日初开，中晚开品种20日盛开	51路公交车
王城公园	中州中路与王城大道交叉口西侧	800个品种、11万余株	4月5日为早开品种的盛花期，12～28日为中开品种的盛花期，整个花期将持续到5月5日	101路、102路、103路、9路、10路、11路、15路、19路、40路、50路、59路公交车
神州牡丹园	白马寺对面	1021个品种、40万余株	4月5～12日为初花期，4月13～5月2日为盛花期，整个花期将持续至5月5日	56路、58路公交车

2011年洛阳牡丹最佳观赏景点

名 称	位 置	观赏景点	路 线
隋唐城遗址植物园	王城大桥南	特色牡丹园、百花园、九色园	26路、29路、62路、34路、60路、68路、37路公交车
国家牡丹园	王城大道与310国道交叉口西1500米	牡丹四季展馆、牡丹基因库、千年牡丹林	51路公交车
中国国花园	洛阳桥南与牡丹桥南之间	国色广场、九色同现、木栈道	到东门，乘33路、52路、53路、55路、57路、58路、61路、65路、66路、69路、81路公交车，在洛阳桥南下车。到西门，乘15路、37路、68路公交车，在牡丹大桥南下车
国际牡丹园	王城大道北段机场花坛西100米	九色牡丹图、自动化遮阳赏花区、晚开牡丹群	83路公交车
神州牡丹园	白马寺对面	百米长廊“国花颂”“洛阳之春”牡丹四季展馆	56路、58路公交车
牡丹公园	涧西区西苑路与牡丹路交叉口	瀛园、古牡丹园	8路、60路、50路、69路、101路、102路、103路公交车
王城公园	中州中路与王城大道交叉口西侧	紫云天香台牡丹观赏区	101路、102路、103路、9路、10路、11路、15路、19路、40路、50路、59路公交车
西苑公园	九都西路与南昌路交叉口	瀛洲岛	2路、8路、54路、60路、69路、7路公交车

财　　政

【财政收支】 2011年，面对复杂多变的经济形势，全市各级财政部门深入贯彻落实科学发展观，紧紧围绕“福民强市”总体目标，坚持依法理财，努力增收节支，有力地促进了经济建设和社会事业的发展。全市财政总收入突破300亿元大关，达到344.27亿元，比上年增长24.4%，高于全省平均增幅0.1个百分点；一般预算收入突破170亿元，达到178.27亿元，同比增长25.5%，高于全省平均增幅0.9个百分点；税收占一般预算收入的比重达到73.6%，比上年提高0.7个百分点，高于全省平均比重0.2个百分点；财政一般预算支出完成296.57亿元，增长28.5%，高于全省平均增幅4.2个百分点，圆满完成市委、市政府确定的财政收支目标任务。

【财政服务】 2011年，全市财政部门进一步转变理财方式，充分发挥财政资金“四两拨千斤”作用，加大财政支持经济社会发展力度，全市经济社会保持良好的发展态势，为实现“十二五”经济社会发展和“六加一”攻坚战良好开局做出了积极贡献。

整合财政资金，集中财力支持科学发展。按照集中财力办大事的原则，整合财政资金支持“三化”（新型工业化、特色城镇化、农业现代化）协调发展，确保做到集中资源、统筹安排、协调实施、突出重点。一是整合资金支持新型工业化。将原有的产业优化资金，包括工业结构调整、节能减排、市级应用技术研究与开发等方面资金，统一整合5.4亿元经济转型发展资金，并引导、带动企业与科研院所加大项目和科研投入。认真落实国家税收优惠政策，累计为企业减免抵扣退税47.6亿元。注入创业投资公司资本金2000万元，为高科技、高成长性企业发展提供融资支持。筹措资金1.79亿元支持企事业单位改革改制，并进行现有资产资本化运作，为企事业单位改制提供资金保障。二是整合资金支持特色城镇化。落实产业集聚区财政激励政策，整合省、市资金3.4亿元支持产业集聚区基础设施和公共服务平台建设，推动产城融合。整合筹措资金6000万元支持新型农村社区和农村社区服务中心建设，推动城乡融合。拨付上级补助资金1亿元、整合市级资金5000万元支持农村公路建设，推动以城带乡。三是整合资金支持农业现代化。整合资金4亿元支持结构调整、土地流转、生态旅游“三篇文章”一起做，逐步建立现代农业体系。筹措农业综合开发资金13107万元、下达产粮大县奖励资金4130万元、拨付水利建设和抗旱救灾资金1亿元、安排蔬菜产业发展资金2000万元、牡丹产业发展资金1000万元、标准化水果示范园建设和耐旱高效作物等扶持资金1000万元，支持推进农业结构调整。安排1000万元农业产业化专项资金，对市级以上龙头企业实行贷款贴息，引导农村土地有序流转。拨付资金1.1亿元支持发展森林生态旅游，安排资金500万元支持生态旅游发展。

发挥“四两拨千斤”作用，撬动资金支持城市提升。充分发挥财政资金“四两拨千斤”作用，盘活存量资金、资产、资源、资本，引导社会资金参与城市建设提升，逐步形成政府主导、市场运作、社会参与的多元化投资格局。一是撬动资金支持城市基础设施建设。多渠道筹措资金97.5亿元，撬动引领社会投资230亿元，用于新区道路建设改造、伊河综合治理以及城市区域内征地拆迁安置、道路、管网等基础设施建设和19条道路提升及配套设施改造工程。二是撬动资金支持文化旅游名城建设。筹措资金6000万元注入文化投资公司，引导企业和社会资金作为投资主体，加快国际文化旅游名城建设。设立文化产业发展专项资金3500万元，积极带动社会资金投入文化产业发展。拨付资金7225万元支持旅游业发展。三是撬动资金支持保障性住房建设。多渠道筹措资金7.8亿元，撬动引领社会和企业投入资金33.8 亿元，财政资金有效放大了4.3倍，较好地解决了保障性住房建设资金缺口。

优化支出结构，调整财力支持民生改善。坚持福民优先，进一步优化支出结构，坚持财政支出向民生领域倾斜。全市民生支出达到198亿元，占一般预算支出的66.9%。一是加大教育投入。全年教育投入63.2亿元，同比增长42%，占一般预算支出的21.3%。拨付农村义务教育“两免一补”资金5.6亿元、城市义务教育免学杂费资金3580万元、农村中小学校舍维修改造和安全工程等专项资金1.7亿元、中职学校国家助学金8260万元、高中国家助学金3350万元，拨付市教育投资公司注册资金1000万元，支持教育优先发展。二是加大就业和社会保障投入。社会保障与就业投入27亿元，同比增长26.2%。拨付再就业资金1.6亿元全面落实就业再就业优惠政策，拨付城乡低保资金4.8亿元保障人均月补助水平分别提高15元和12元，拨付资金1340万元建立孤儿救助制度，拨付资金4000万元支持夏季因灾生活救助及倒房重建工作。三是加大医疗卫生事业投入。医疗卫生投入24.6亿元，同比增长42.8%。拨付资金5470万元确保国家基本药物制度全面实施。筹集新农合资金6.4亿元、城镇居民医保资金2亿元，财政补助标准由年人均120元提高到200元。拨付基本公共卫生服务资金9200万元，财政补助标准由人均15元提高到25元。四是加大惠农投入。农林水事务投入26亿元，同比增长34.6%。兑付粮食直补和综合补贴资金3.3亿元、农作物良种补贴资金7400万元、农机购置补贴资金5100万元、退耕还林工程补助资金5800万元，确保国家惠农政策落实到位。筹措通组通户道路建设资金2000万元、农村安全饮水工程资金1.3亿元、搬迁扶贫资金9100万元，着力改善农村生活环境。五是加大公交事业投入。拨付公交集团补助资金9704万元，同比增加1倍，用于弥补公交集团因公益性支出而造成的企业亏损和公交集团集中采购车辆，支持公交事业可持续性发展。

加大改革力度，推进财政精细化科学化管理。进一步深化部门预算改革，提前预算编制时间，细化预算编制内容，努力提高年初预算到位率。完善预算外收入纳入预算非税收入管理模式，确保非税收入及时、足额入库。分批对全市重点、热点支出项目开展绩效评价，逐步建立覆盖预算管理事前、事中、事后全过程的预算绩效管理体系。国库集中收付和公务卡改革范围进一步扩大，财政资金专户清理整顿工作全面开展。全面启动财政惠民补贴资金“一卡通”工程。开展政府采购效益年活动，全市政府采购规模达54.95亿元，节约资金7.59亿元，节支率达12.1%。充分发挥财政投资评审服务预算管理的职能作用，全市完成投资评审157.5亿元，节省资金29.5亿元，审减率18.7%。扎实开展“小金库”专项治理和各种专项资金检查，加大财政监督检查力度。加大政府投资项目资金、强农惠农资金和政府采购、投资评审等公开力度，做好预决算信息主动公开工作，切实保障重大财政支出事项的科学、民主、透明。全年承办的市十三届人大三次会议代表31项建议和市政协十一届三次会议委员16件提案，见面率、办结率、满意率均达100%。

坚持锤炼队伍，财政干部能力素质作风持续提升。牢固树立“以人为本、执政为民”的理念，大力发扬密切联系群众的优良作风，先后4次开展走访服务单位活动，广泛听取服务单位的意见，帮助解决服务单位的实际问题，进一步强化了财政部门为民理财的良好形象，在“福民强市”目标考评中市财政局效能提升获得行政执法类效能提升先进单位二等奖，在“六加一”攻坚战6项表彰中市财政局有3项受到表彰。组织一系列丰富多彩的庆祝建党90周年活动，使党员干部受到一次深刻的党史党性教育。深入推进创先争优活动和精神文明创建活动，市财政局被中央文明委表彰为“全国文明单位”、被财政部表彰为“全国财政‘五五’法制宣传教育先进集体”，市注册会计师行业党委被中组部表彰为“全国先进基层党组织”。全年市财政局获得省部级以上表彰38项，市委、市政府表彰奖励30项，先后有27名先进个人获得省市以上表彰。认真贯彻落实《廉政准则》，深入推进惩防体系建设，全面启动财政廉政风险防控管理工作，提升了反腐倡廉建设水平。

【非税收入征管】 2011年，全市各级非税收入管理部门强化非税收入征管，通过换发财政票据领购证、非税收入专项检查、预决算审核等措施，全面理清了全市非税收入基本情况；对新开征的经济适用房上市交易有关收费，实现了财政直接征收，拓宽了非税收入的征缴方式和范围。全市非税收入累计完成1951160.1万元，为预算的178.6%，较上年同期增收525379.1万元，增长39.7%。其中：纳入预算管理的非税收入完成470445万元，为预算的116.2%，较上年同期增收85236万元，增长22.13%；政府性基金收入完成1452252万元，为预算的229.5%，较上年同期增收599635万元，增长70.3%；纳入财政专户管理的完成28463万元，较上年同期减收159492万元，减少84.9%。市级完成1361444.4万元，为预算的202.5%，较上年同期增收458023.1万元，增长50.7%。其中：纳入预算管理的一般非税收入完成201555.7万元，为预算的130%，较上年同期增收70933.7万元，增长54.3%；政府性基金收入完成1152390.7万元，为预算的229.4%，较上年同期增收477715.7万元，增长70.8%；纳入专户管理的完成7498万元，较上年同期减收90626.3万元，减少92.4%。县及县级以下完成589715.7万元，为预算的138.2%，较上年同期增收67356万元，增长35.4%。

【预算执行】 2011年，全市财政总收入344.3亿元，增长24.4%。

全市一般预算收支　全市地方一般预算收入178.3亿元，为预算的112.8%，增长25.5%，按可比口径同比增长28.4%。其中税收收入131.2亿元，增长26.8%。税收收入占一般预算收入的比重为73.6%。全市一般预算支出296.6亿元，为调整预算的96.7%，增长28.5%。年初全市各级人代会批准的支出预算合计209.9亿元（含上级提前告知专项转移支付、上年结余结转等资金31亿元），执行中，上级专项补助比提前告知列入年初预算数增加46.4亿元，转贷地方政府债券5.8亿元，再加上上级新增转移支付补助、动用上年结余、当年超收安排、调入资金等44.7亿元，调整后支出预算为306.8亿元。

全市政府性基金预算收支　全市政府性基金预算收入145.2亿元，为预算的230.6%，增长70.3%。全市政府性基金预算支出148.5亿元，为调整预算的88.2%，增长75.7%。

市级一般预算收支　市十三届人大三次会议通过的2011年市级一般预算收入为47.8亿元，实际完成60.5亿元，为预算的126.5%，增长39.1%。市十三届人大三次会议通过的2011年市级一般预算支出为55亿元，市级一般预算支出总预算为70.8亿元（含上级提前告知专项转移支付、上年结余结转等资金15.5亿元），年度预算执行中，上级专项补助比提前告知列入年初预算数增加7.1亿元，转贷地方政府债券3.8亿元，再加上上级新增转移支付补助、当年超收安排、调入资金等11.2亿元，减去根据预算法增设周转金1.3亿元，市级一般预算支出调整为91.6亿元。2011年市级一般预算支出实际完成85.7亿元，为调整预算的93.6%，增长36.6%。

市级政府性基金预算收支　市级政府性基金预算收入115.2亿元，为预算的230.8%，增长71.1%。市级政府性基金预算支出76.5亿元（不含下达各区基金预算支出），为调整预算的90.3%，增长55.1%。

市级国有资本经营预算收支　市级国有资本经营预算收入4亿元，市级国有资本经营预算支出2.9亿元。

【财政监督】　2011年，全市财政部门充分发挥监督监察职能，加大对“三农”、教育、药品、人防等涉及民生资金、重大项目资金分配使用情况的监督检查和“小金库”专项治理工作，查出有问题资金1.95亿元，在“小金库”专项治理中查出各种违规违纪金额1.87亿元，发现并纠正“小金库”64个，涉及

2011年洛阳市预算内财政收入情况

单位：万元

	决算数 合计	市级	县级	乡镇级
财政收入合计	3234986	1844037	1009637	381312
一般预算收入	1782735	689947	714764	378024
一、税收收入	1312292	460428	487187	364677
增值税	202455	52331	84242	65882
营业税	384260	178134	98508	107618
企业所得税	199974	68928	76248	54798
个人所得税	51372	23312	15428	12632
资源税	53321	504	20538	32279
城市维护建设税	86913	38998	36932	10983
房产税	38811	4783	24127	9901
印花税	22366	2203	13206	6957
城镇土地使用税	49658	3585	30030	16043
土地增值税	79803	3670	52272	23861
车船税	10659	219	8331	2109
耕地占用税	31225	2933	17912	10380
契税	96632	80828	8965	6839
烟叶税	4843		448	4395
二、非税收入	470443	229519	227577	13347
专项收入	73407	39822	33585	
行政事业性收费收入	178465	82533	85733	10199
罚没收入	46315	9375	36940	
国有资本经营收入	28562	10830	17732	
国有资源（资产）有偿使用收入	61348	50042	11100	206
其他收入	82346	36917	42487	2942
基金预算收入	1452251	1154090	294873	3288

资金743万元，有效地保证了财政资金安全运行。2011年，全市共组织检查人员897人次，对517户单位进行了检查，共查出各种有问题资金22382.05万元，整改纠正违纪资金13687.34万元，追缴（扣拨）财政资金397.47万元，罚款27.8万元，针对存在问题，及时提出改进措施和建议。

围绕社会关心热点问题开展专项检查　一是完成对市教育系统27家单位2010年度财务收支情况检查。检查涉及资金58843.27万元，查出各类有问题资金13949.23万元。主要包括：违规收费以及未执行“收支两条线”705.53万元，违规发放津贴补贴5406.17万元，违规使用不合规票据505.63万元，经费超支、超标准超范围列支费用、虚列支出979.01万元，违反“三公消费”和公款旅游管理规定107.86万元等。按照有关规定，对有问题的学校分别下达了处理决定和限期整改通知。二是完成对市人民防空办公室及其所属共5家单位2010年度财务收支情况检查工作，查出各类违规违纪资金1002.07万元，除责令单位依法调整相关会计账目外，追缴国库财政收入17 万元，缴入财政专户款14 万元，补交税款3万元。三是在全市范围内开展村级财务管理和涉农资金管理专项检查工作。通过市检查组对部分县进行重点抽查，发现洛宁县林业生态资金存在滞留、挪用问题，为此对其下达了处理决定和限期整改通知。同时根据该县上报的整改落实与兑付工作情况，又对其进行了跟踪调查。四是开展市级预算收入情况调查。对交通银行洛阳分行、兴业银行洛阳分行、洛阳银行、市非税收入管理局等政府融资平台部分投资项目2011年地方税费缴纳情况调查，没有发现违规减征、免征、缓征和错级入库现象。

深入开展“小金库”专项治理工作　制定《2011年洛阳市“小金库”专项治理工作实施方案》，要求全市党政机关、事业单位、社会团体、国有及国有控股企业复查面必须达到100%，复查情况要进行公示和承诺，自觉接受群众的监督。全市共收到各县（市）、区、市直各部门111 份“小金库”治理工作承诺书。先后举办4次“小金库”专项治理工作培训班，充分利用报纸、电视、广播、网络等媒体，就“小金库”专项治理的意义、政策、目标、内容和范围，以及方法步骤和措施等进行了广泛深入地宣传报道，同时在《洛阳日报》刊登了“小金库”专项治理举报工作公告，在市政府门户网、市财政局内、外网公布了洛阳市“小金库”专项治理工作相关政策和举报方式。全市纳入全面复查范围单位共3871 户，其中党政机关963 户、事业单位1899 户、国有及国有控股企业422 户、社会团体587户，复查面达100%。洛阳市治理“小金库”工作领导小组办公室派出由市纪委、监察局、市财政局、市审计局、市民政局、市国资委等牵头单位组成的8个督导抽查组，分别对全市99户行政事业单位、国有及国有控股企业、社会团体以及举报案件进行了重点检查，共查出各类违规违纪资金3325万元，其中私设“小金库”3个，涉及资金45.18 万元，将涉及资金全部收缴国库，对相关责任人实行责任追究，并按规定下达了处理决定。对其他违规违纪资金分别下达限期整改通知，共追缴应缴财政收入436万元，追回挪用财政资金199万元，罚款6万元，同时对整改落实情况进行了跟踪检查和处理。截至2011年年底，历时3年、治理范围涉及全市党政机关、事业单位、社会团体及国有及国有控股企业的洛阳市“小金库”专项治理工作全面结束。据统计，全市共查出各类违规违纪金额18688万元，发现并纠正“小金库”64个，涉及资金743万元，“小金库”易发多发势头得到有效遏制。

【保障和改善民生】　2011年，全市财政部门坚持“福民优先”，调整优化支出结构，增加对“三农”、科技、教育、医疗卫生、社会保障、保障性住房、节能环保等方面支出，足额落实“十项民生工程”和中央投资公益项目的地方配套资金，进一步保障和改善了民生。全市民生支出达到198亿元，占一般预算支出的66.9%。其中：教育支出63.17亿元，增长42%，增加支出18.68亿元；科技支出5.95亿元，增长79.8%，增加支出 2.64 亿元；农林水事业支出26.04亿元，增长34.6%，增加支出6.69亿元；社会保障与就业支出26.97亿元，增长26.2%，增加支出5.6 亿元；医疗卫生支出24.6亿元，增长42.8%，增加支出 7.37亿元；住房保障支出11.46亿元，增长99.6%，增加支出5.72亿元。

教育、科技和文化事业　加大教育和文化投入，确保教育、计划生育、科普经费支出的法定增长和文化惠民工程、文物保护等工作的正常开展。一是支持教育优先发展，破解“上学难、上学贵”。2011年拨付农村义务教育“两免一补”资金56483.7万元，资助农村义务教育阶段学生79万人；拨付城市义务教育免杂费资金3600万元，对15万城市中小学生免除学杂费；拨付2011年春秋季学期普通高中国家助学金3347.2万元，资助学生2.6万人。筹措资金1153万元，支持解决进城务工人员随迁子女就学问题；筹措资金2.3亿元，支持实施中小学校舍安全工程、市直学校取暖降温设施改造，优化中小学布局，落实教师培训计划及特岗计划，着力提升义务教育办学条件和教师素质。支持职业教育发展，拨付2011年中等职业学校（含技工学校）国家助学金9029万元，资助学生6.8万人；拨付2011年春秋季中等职业学校农村和城市家庭经济困难学生及涉农专业学生免除学费资金2344万元；拨付中等职业教育改革发展示范校2011年中央补助资金1500万元，安排3050万元作为职业教育服务战略新兴产业发展引导性资金。支持民办教育发展，设立民办教育发展专项资金，对新建民办学校从办学规模、创建、教学质量、支持战略新兴产业等方面进行扶持和奖励。二是筹集资金支持洛阳文化事业大繁荣大发展。2011年积极筹措资金4600万元，支持免费开放博物馆、纪念馆、图书馆、文化馆，免费放映电影31560场、送演出400场，为864个村建立农家书屋。筹措资金6000万元，支持改善图书馆、文化馆、博物馆等公共文化基础设施条件，实施广播电视“村村通”工程，为26个乡镇和社区配备文体设备，加大重点文物单位和大遗址抢救保护，丰富城乡群众文化生活，促进优秀文化传承发展。大力开展文化惠民工程，拨付“河洛欢歌文化狂欢月”活动经费65万元、拨付洛阳市第二十一届民俗文化庙会16万元、拨付第二十九届中国洛阳牡丹文化节工作经费25万元、2011中国（洛阳）国际演出交易会举办和工作经费38万元。筹措245万元资金支持新区歌剧院周末剧场演出活动。

“三农”事业　2011年，市本级财政预算安排“三农”专项资金15829万元，比上年的12748万元增加3081万元，增长24%。其中农业专项资金安排9696万元，比上年的8815万元增加881万元，增长10%。“三农”调整预算追加支出13771.26万元，支农项目调整预算总资金29361.15万元。全年争取省以上财政资金95800万元，其中农业专项资金79830万元、扶贫资金12643万元、以工代赈项目资金3327万元。一是整合资金4亿元支持结构调整、土地流转、生态旅游“三篇文章”一起做，逐步建立现代农业体系；整合筹措资金6000万元支持新型农村社区和农村社区服务中心建设，推动城乡融合；兑付农作物良种补贴资金7400万元、农机购置补贴资金5100万元、退耕还林工程补助资金5800万元，确保国家惠农政策落实到位；筹措通组通户道路建设资金2000万元、搬迁扶贫资金9100万元，着力改善农村生活环境。二是精心做好农业综合开发项目建设，抓住上级加大对农业综合开发投资的机遇，千方百计争取项目，加大对农业基础设施的投入。全市农业综合开发土地治理项目投资8771万元，改造中低产田6.53万亩，建设高标准农田1万亩；新增节水灌溉面积3.61万亩，改善灌溉面积3.92万亩，改善了项目区农业生产条件。在2011年春夏严重干旱、秋季阴雨连绵的气候条件下，项目区比非项目区年亩均增收粮食300千克以上，人均纯收入增加600元以上。三是全面开展村民公益事业一事一议筹资筹劳及财政奖补工作，拨付全市村级公益事业“一事一议”财政奖补资金8864万元，加强农业基础建设、统筹城乡发展、促进城乡公共服务均等化，深化农村综合改革，促进和谐社会建设。

社会保障事业　重点支持启动九类基本公共卫生服务，促进基本公共卫生均等化，缓解群众“看病难、看病贵”的问题。一是筹措资金保障全市基本公共卫生服务。2011年加大资金投入，拨付中央补助3835万元和省级补助1638万元，大力推进基层医疗机构实施基本药物及综合改革。落实新农合和居民医保提标政策，参合农民485万人，筹集6.4亿元；参保群众87万人，筹集资金2亿元，享受医疗保险待遇1.73万人次。促进基本公共卫生均等化，为城乡居民免费提供建立居民健康档案、健康教育、预防接种等九类基本公共卫生服务，共筹集资金9221万元。二是关爱弱势群体，促进社会和谐稳定。2011年市财政部门进一步加大救助力度，在不断完善城乡低保制度的基础上，调整城乡居民最低生活保障标准和补助水平，城市低保对象人均月补差标准在不低于145元的基础上，每人每月提高补助15元；农村低保对象每人每月提高补助12元，人均月补差水平达到不低于72元。建立并启动社会救助保障标准与物价上涨联动机制，确保低收入群体基本生活不受物价上涨影响。全力做好救灾及倒房重建工作，筹集资金4000万余元，支持夏季因灾生活救助及4000多倒房户重建工作。加大孤儿救助力度，筹集市以上资金1343万元，确保社会散养孤儿救助标准达到每月600元以上，机构内抚养孤儿，救助标准达到每月1000元以上。提高农村“五保”供养标准，城市区农村“五保”集中供养标准由每人每年3000元提高到不低于3120元，县（市）农村“五保”集中供养标准提高到不低于2520元，各县（市）、区农村“五保”分散供养标准由每人每年1200元提高到1320元。

金融贸易事业　落实粮食安全和惠农政策，促进“三农”保险基层服务体系建设，开展洛阳市道路交通事故社会救助、小额担保贷款工作，促进金融机构扩大规模，支持信用担保机构做大做强，推动全民创业事业加快发展。一是严格补贴政策，做好粮食直补和家电下乡、家电以旧换新工作。2011年全市15个县（市）、区及130个乡镇享受补贴农户共计110万户，补贴面积为368.99万亩，兑付农户的粮食直补资金4196.37万元，综合补贴资金28925.25万元，两项合计33121.62万元；全市累计销售家电下乡产品233.5万台（件），销售额47.67亿元，兑付补贴数量217万台（件），兑付补贴资金5.4亿元，全年以旧换新共销售家电23.5万台，销售金额共计7.4亿余元，争取补贴资金超过1亿元。二是积极开展小麦、玉米、烟叶、能繁母猪和蔬菜保险，加大惠农补贴力度，推进“三农”保险基层服务体系建设。2011年全市开展小麦保险72.57万亩，拨付财政补贴资金1045.06万元；烟叶保险20.77万亩，拨付财政补贴资金199.4万元；玉米保险122.51万亩，拨付财政补贴资金1078.09万元；能繁母猪保险9.44万头，拨付财政补贴资金453.2万元；蔬菜保险365.63万亩，拨付财政补贴资金2.16万元。三是扎实做好小额担保贷款工作，促进就业再就业。2011年发放贷款2.21万笔，累计发放小额担保贷款13.75亿元，拨付小额担保贷款贴息资金11209.51 万元。组织中小企业担保机构信用担保业务补助申报工作，最终确定2家信用担保企业，23个贷款项目符合文件要求，共申请中小外贸企业融资担保专项资金281.14万元。向洛阳银行股份有限公司投资25694万元，增持洛阳银行股份有限公司股份8860万股。四是开展道路交通事故社会救助工作。先后举行两场小汽车号牌拍卖会，成交36个号牌，总成交价100万元，拍卖款项全部纳入洛阳市道路交通事故社会救助基金，用于垫付道路交通事故中受害人人身伤亡的丧葬费用、部分或者全部抢救费用。

旅游文化产业发展　市财政部门通过抢抓机遇争取上级资金、落实奖励激励机制、统筹安排资金投入等方式，全力保障和服务国际旅游文化名城攻坚战建设，发展洛阳文化旅游产业。投入国际文化旅游名城发展战略总体策划资金350万元。争取上级部门2011年度旅游发展专项资金620万元，支持了伊川县龙门一号温泉休闲旅游中心建设、嵩县白云山农业开发度假区汽车营地建设、嵩县陆浑乡村旅游基础设施建设、栾川县老君山生态旅游区基础设施建设、栾川蝶谷山庄旅游度假村建设、孟津县平乐牡丹村旅游服务设施建设和老城东、西南隅旅游文化街区建设项目。设立文化产业发展专项资金，2011年实际支出4025.94万元，其中2000万元用于大遗址保护，以补助、贴息、奖励等形式扶持重点文化产业项目、平乐牡丹画文化创意区扶持、文化企业补贴和洛阳牡丹文化节宣传经费等项目。统筹安排支持旅游业全面发展的资金共计8988.26万元，其中用于宣传促销活动经费2225.7万元，用于航班补贴经费4244.56万元，用于牡丹花会和河洛文化节等节会活动1206万元，其他旅游奖励、旅游项目经费1312万元。全力保障牡丹文化节的成功举办。支持第二十九届中国洛阳牡丹文化节北京分会场、上海分会场的成功举办，支持组团参加西安国内旅游交易会，重点推介洛阳牡丹旅游产品。在中央电视台高密度播放洛阳牡丹文化节旅游宣传片，在《中国旅游报》刊登整版和跨版洛阳旅游广告，在第一旅游网开设“花都洛阳”视窗，实施网上营销，在郑西高铁车载电视播放洛阳旅游宣传片等，为牡丹文化节预热升温，吸引国内外游客到洛观光、赏花、旅游。

【支持工业企业发展】 2011年，全市财政部门积极推动经济结构调整和发展方式转变，坚持把保持经济平稳增长与发展方式有机结合起来，更加注重推动结构调整，努力提高经济增长的质量和效益。积极筹措资金支持全市产业结构优化升级，拨付产业优化资金4亿元，以贴息、补助等方式支持改造、提升传统优势产业和培养高成长性产业，通过财政的引导调控，装备制造、铝工业、电力能源、石油化工、硅光电产业、钼钨钛产业等支柱产业，占全市工业增加值的比重超过75%，以洛阳石化、洛阳一拖、中信重工、万基控股集团、伊电集团、洛钼集团、中硅高科等为代表的优势龙头企业，规模不断壮大，行业带动能力不断增强，带动社会投资28.4亿元，实现新增销售收入627.5亿元，实现利税7.76亿元。支持产业集聚区建设，安排7000万元产业集聚区建设专项资金，下达县（市）、区产业集聚区（新区）省奖励资金18130万元，市奖励资金2700万元，使全市17家产业集聚区基础设施和管理机构建设得到进一步完善；支持重大工业项目建设，筹措资金9500万元支持石化扩能项目、筹措资金2480万元支持LYC公司项目建设，筹措资金1800万元支持南车城组装项目、筹措资金1200万元支持国机工业园项目；返还土地出让收益24754万元，支持一拖股份公司A股上市；支持节能减排，拨付节能资金2397万元，支持14个节能项目改造，减排及环境治理资金投入达到2965万元；一次性拨付资金1448万元，支持洛阳北玻成功上市融资；兑现270万元奖励资金支持隆华传热等4家企业上市融资；安排应用技术研究与开发资金3658万元，比2010年增长10%，用于支持电子信息及硅光电、生物制药、装备制造、新材料等项目建设，带动社会投资12.1亿元，实现销售收入115.3亿元，实现利税22.9亿元；拨付资金1.79亿元支持全市企事业单位改制，安置职工近4万人；拨付公交集团补助资金9704万元，其中筹措资金3265万元购买200辆公交车；筹措4461万元用于供暖补贴，筹措3000万元用于供暖企业补贴，财政贴息贷款1.3亿元，用于阳关热电和大唐洛热购置电煤；拨付资金529.5万元，完成水表改造12524户。在培植财源上下功夫，会同工信局、商务局、发改委等部门，制定了包括每年拿出5000万元选择50户高成长性企业予以重点培育，通过5年时间争取培育100家以上主营业务收入超5亿元的“小巨人”企业；每年拿出5000万元，重点培育50户主营业务收入超过50亿元、超百亿、超千亿的大型企业集团；通过每年安排战略性新兴产业专项引导资金10亿元，通过5年的努力，力争到“十二五”末战略性新兴产业产值达到3500亿元等政策意见。落实各项税收优惠政策，在规定时限内及时为企业办理各类退税手续，积极为企业发展提供政策支持和资金保障。全年累计为企业办理退税金额达1.8亿元；支持高新技术产业发展，与科技、税务部门密切配合，开展全市高新技术企业资格认定及复审工作，落实高新技术企业税收优惠政策，促进了科技创新和技术进步；协同税务、粮食、发改、农发行、民政等部门完成全市商品储备企业免税资格认定以及非营利性机构免税资格认定的初审工作。

【支持城市化建设】 2011年，全市财政部门科学理财，创新资金筹措办法，发挥财政资金“四两拨千斤”作用，给力洛阳新型城市化建设。一是实时掌握政策，积极争取上级资金。2011年，共申报淘汰落后产能项目6项，国家已下拨奖补1085万元；既有居住建筑供热计量及节能项目3项，下拨奖补资金600.92万元；农村环境连片整治项目41项目，下拨中央奖补资金975万元，市县配套资金682.5万元；矿产资源节约与综合利用项目10项，下拨奖补资金 6100万元。二是关注市本级基本建设预算执行情况，分清轻重缓急，合理安排项目资金。2011年，全市新开工项目42个，预算安排资金共计9648万元，续建项目8个，预算安排资金共计2587万元，共拨付市本级基本建设资金1.22亿元。全年省级转贷市级债券资金计划安排项目19个，共计39834万元，其中保障性安居工程2292万元，农村民生工程和农村基础设施（不含水利）3545万元，医疗卫生、教育文化等社会事业基础设施安排资金25680万元，重点基础设施安排资金8317万元。共拨付2011年省级转贷市级债券资金2.88亿元。安排教育费附加资金项目共计44个，其中基本建设类项目35个、网络维修及购置类项目4个、职业教育、继续教育及奖补资金类项目5个，预算安排资金19188万元，根据工程进度，已拨付教育费附加资金1.56亿元。三是提高行政效能，积极兑付上级资金。共拨付中央和省级资金19.7亿元，其中拨付市本级单位5.5亿元、拨付县（市）、区14.2亿元。3月兑付2010年成品油价格改革财政补贴资金（第一批）7223.7万元；6月兑付2010年成品油价格改革财政补贴清算资金12186.7万元；7月兑付2011年成品油价格改革财政补贴资金（第一批）5790.4万元。10月下达2011年成品油价格改革财政补贴资金2370.6万元。四是创新投融资机制，加强社会融资服务体系建设，鼓励引导社会资本进入市政公用设施、城乡基础设施等领域，支持城市基础设施建设。多渠道筹措资金97.5亿元，撬动引领社会投资230亿元，用于新区道路建设改造、伊河综合治理，以及城市区域内征地拆迁安置、道路、管网等基础设施建设和19条道路提升及配套设施改造工程；多渠道筹措资金7.8亿元，撬动引领社会和企业投入资金33.8亿元，财政资金有效放大4.3倍，较好解决了保障性住房建设资金缺口。2011年市财政筹措1.5亿元做大做强洛阳城市发展投资集团有限公司，全力支持全市旧城改造、城中村改造、城市基础设施建设等工作，全年实现融资18亿元，实现投资12亿元，完成城市拆迁面积64万平方米，土地收储1500亩；积极探索BT运作模式，引导社会资金投资，对中州东路、凯旋路、武汉路、周山西路、王城大道、玻璃厂路等6条道路改造，联盟路、体育场路、中州路、南昌路、牡丹广场周边道路、龙鳞路等6条人行道改造，新增30条无障碍改造工程等均采用BT模式组织实施，吸引社会资本投入8600万余元；加大组织收入力度，全年实现土地收入及各项政府性基金收入等115亿元，是年初预算46亿元的2.5倍，全部用于城市基础设施建设、维护、改造等支出。

【财政精细化管理】 2011年，全市财政部门按照打造"阳光财政"的要求，强力推进改革创新，着力提升财政管理水平。

政府采购　进一步规范采购程序，创新服务方式，提高招投标的公开性、公正性，积极拓宽政府采购范围，扩大政府采购规模，全市政府采购规模突破50亿元，比上年增加17亿元，增长51.5%，节约资金6.4亿元，节支率达到11.4%；电子化政府采购系统推广应用到所有市直单位，实现了政府采购信息公告管理、评审专家管理、采购计划管理、合同备案管理4个模块的电子化网络管理和操作，预算单位办理采购业务足不出户、轻点鼠标，就可以将采购计划通过互联网申报、备案到财政局。2011年，市本级公开发布采购信息2316次，完成采购项目532个，发放中标通知书855个，预算金额18.37亿元，中标金额16.58亿元（同比增长近一倍），节约资金1.79亿元，节支率9.74%，公开招标率61%，收到质疑23次，答复率100%，实现零投诉。采购规模、公开招标次数以及《中国财经报》和中国政府采购网上发布的采购信息量连年居全省同行前列。

财政投资评审　强化评审机制，加强制度建设，提高管理水平，率先在全省实现县级评审机构全覆盖，财政投资评审工作实现跨越式发展。2011年，全市各级财政投资评审机构积极贯彻落实科学发展观，不断开拓创新，积极拓宽评审范围，强化评审机制，加强制度建设，完善服务意识，提高管理水平，财政投资评审工作实现了跨越式发展。2011年，全市各级评审机构共完成项目2482个，送审金额突破150亿元，达到157.50亿元，审定资金128.01万元，平均审减率18.72%，为财政节省资金29.49亿元。其中市本级共完成评审项目1137个，送审金额104.08亿元，审定资金85.12亿元，审减不合理资金18.96亿元，平均审减率18.22%。送审金额、审定金额较之去年同期分别增长100%、113.87%，增势良好。全市各县（市）、区共完成评审项目1345个，评审总金额达到53.42亿元，审定金额42.89亿元，审减金额10.53亿元，平均审减率19.71%。

行政事业单位资产管理　认真研究事业单位改革政策，围绕全市"六加一"攻坚战中的"机制转换攻坚战"，积极做好事业单位改革国有资产管理工作，在加强事业单位资产监管、保证国有资产不流失的基础上，积极盘活改制事业单位存量资产，同时积极研究解决人员分流安置问题、经济补偿问题、产权交易、事业单位土地出让金返还相关问题等事业单位改革改制工作中敏感和热点问题。2011年共完成108个事业单位的清产的核资，48个单位的资产评估，批复资产整合和无资产单位60个单位。26户改制事业单位已经完成产权转让，进入安置职工，兑现职工安置费用和改制成本阶段。实现入库收入2711.51万元。筹集资金支付企事业单位改革改制成本1.75亿元，其中用于支付事业单位改革改制成本3300万元。

会计事务管理　大力推行初、中级会计人员网上继续教育工作，及时宣传继续教育工作的有关政策和要求，全年全市参加网上继续教育的会计人员达到3.2万余人，初、中级以下会计人员继续教育培训率达到了应培训人数的70%以上。组织完成2011年会计职称考试工作，共设置考点7个，考场194个，全市共计6005人报名参加会计专业技术资格考试，其中中级2159人、初级3846人；组织高级会计师考试报名工作，配合省厅组织328人参加全省高级会计师统一考试；完成2011年全国注册会计师统一考试洛阳考点的考务工作，设置考场35个，参考人员560名。推行会计从业资格无纸化考试工作，在财会学校建立会计从业资格证无纸化考试基地，投入专项资金300万元，确保全年156场1.5万人次会计从业资格无纸化考试的顺利实施。认真做好会计从业资格管理工作，全年累计办理省内外调转业务1847笔，会计从业资格证书信息变更及补办业务107笔。严格实施会计行政许可行为，按照《行政许可法》的要求，依法办理代理记账机构审批业务，全年共审批代理记账公司11家。争先创优，开展注册会计师行业党建工作，全市注册会计师行业基层党组织和广大共产党员，以开展"1618"争创活动（即全市行业行走在全省行业创先争优活动前列，评选6家先进事务所党组织、18名优秀个人）为主题，以创建"五个好"先进基层党组织、争做"五个模范"优秀共产党员为主要内容，充分发挥基层党组织推动发展、服务群众、凝聚人心、促进和谐的作用，积极引导广大党员在执业中比贡献、作表率、树形象。市注册会计师行业党委被中共中央组织部评为全国先进基层党组织，被中国注册会计师行业党委授予"全国注册会计师行业党的建设特别贡献奖"。

外债管理　积极申报切合洛阳市经济发展需要的国外贷款项目，切实加强外债项目管理。申报清洁发展委托贷款项目3.38亿元，用于新能源和可再生能源、节能和提高能效、资源回收利用等领域项目；申报亚行贷款河南特色种植业项目1亿美元，用于牡丹花的种植与保护；争取外国政府贷款卫生项目3.16亿元，缓解医院发展瓶颈，用于洛阳市中心医院、洛阳市第五人民医院、洛阳市第二中医院购置医疗设备等；积极推进GEF城市交通项目进展；争取世行扶贫五期项目还息政策优惠114.73万元，惠及嵩县、汝阳两县13个乡镇的56个贫困村，减轻县区财政负担，改善县区贫困人口的生活条件和贫困状况；争取财政部利费返还316万美元。加强政府外债日常管理工作，2010年全市政府外债统计显示，截至2010年年底，洛阳市政府外债余额7060.18万美元，为准确掌握政府外债项目的整体情况提供科学依据。此外，催收并偿还河南省财政厅到期贷款本息523万元。

绩效管理　加强组织机构建设，成立洛阳市财政支出绩效管理中心，加挂洛阳市购买服务测算中心牌子。调整了局预算绩效管理工作领导小组成员，由党组书记、局长谷树森担任预算绩效管理工作领导小组组长，各位副局长为副组长，指导工作的开展。印发了《洛阳市财政支出绩效评价管理暂行办法》和《洛阳市预算绩效管理工作考核办法（试行）》等一系列制度和办法。编制业务培训手册，分4期对各县（市）、区财政局、市属各预算部门（单位）530多人次采用集中学习、重点讲解的方式进行了预算绩效管理业务培训。对2012年财政支出项目，布置绩效目标申报审批工作，以结果为导向，逐步规范财政支出行为。对廉租房建设、科技支出等13个重点、热点和涉及民生的项目开展事中事后综合评价工作，涉及财政资金逾14亿元。

国库集中支付　拓展工作范围，规范、精简工作流程，制定《洛阳市本级基础设施重点工程建设代征税费管理办法》，专设代征税费窗口，受托代征基础设施重点工程建设税费。继续深化国库管理制度改革，严格预算执行，强化支付监督，确保资金安全。启动资金动态监控系统，建立代理银行和县区集中支付工作考评体系。加强内部管理，提升业务素质，完善国库集中支付报表体系，基本实现了“两个转变”，即由重支出向重分析转变，重服务向重管理转变。全年市本级纳入国库集中支付管理的预算单位（账户）526个。其中：财政预算资金集中管理单位492个，全部实行城域网管理；实有资金账户422个。国库集中支付完成73.83亿元，同比增长18.56%。其中：财政当年安排预算累计支出56.48亿元，同比增长20.83%；以前年度用款计划结余资金累计支出6.52亿元，同比下降14.5%；预算单位实有资金累计支出10.83亿元，同比增长37.08%。财政预算资金构成情况为：直接支付累计支出44.78亿元，占财政预算资金支付总量的71.07%；授权支付累计支出18.22亿元，占财政预算资金支付总量的28.93%。

产权交易　采用评审办法做好洛阳市水务集团股权转让项目，实际支付价款6.84亿元；举办洛阳市小汽车车牌吉祥号牌拍卖，收入全部纳入洛阳市道路交通事故社会救助基金专用账户；办理市行政事业单位房屋租赁权转让项目，成交金额2300多万元；经市企事业单位改革工作领导小组批准，对职工群体受让的未缴足的部分价款，进行权益托管。全年产权交易中心共办理交易项目75项，交易金额10.75亿元。企事业单位产权交易完成38项，交易额9.86亿元；举行拍卖会16场22项，成交金额8702.34万元；司法委托拍卖会21场，成交金额188.06万元。

信息化管理　采用市级集中管理模式，完成了市本级及所辖县（市）、区“金财工程”应用支撑平台的实施应用，集中部署了19个县（市）、区财政预算管理、预算执行、工资统发等业务应用系统，实现了省、市、县三级财政数据贯通，对防范资金风险、强化财政管理、实现综合分析、提高全市财政管理科学化精细化水平，发挥了重要作用；面向全市480余户预算单位开通财政支付短信业务，即通过系统设置，自动以短信方式将预算单位的分月用款计划和财政资金支付等方面的审核、执行和办结情况，通知到预算单位财务人员及相关负责人的手机，用户可以根据手机的短信提醒去办理财政资金的审批业务，可以在资金支付前发现问题，以技术手段构筑资金防线屏障，建立财政资资支出相互制约及监督机制，确保财政资金安全。

【机关建设】 2011年，洛阳市财政局的创建全国文明单位工作进入攻坚冲刺阶段，按照“规定动作认真做、保完成，自选动作创特色、树品牌”的要求，做实创建工作，做深创建文化，做优创建品牌，做强创建实力，通过文明创建更好地围绕中心、服务大局、保障民生，打造亮点精品，努力形成文明创建的“洛阳做法”和“财政特色”。在创建全国文明单位的过程中，全体财政职工精诚团结，奋发有为，团队战斗力实现了空前凝聚，同时带动区、县两级财政部门共同实现文明创建联动，形成全市财政系统营造文明、追求文明、负重奋进、实干为先的良好氛围。2011年12月20日，洛阳市财政局被中央文明委表彰为第三批全国文明单位。

树立“文化兴财”理念，打造活力财政　以“文化兴财”的治局理念，在全局开展“重培训、唱红歌、用贤才、活机制”等主题实践活动。“重培训”即围绕贯彻落实“十二五”干部教育培训规划，按照“以人为本”的要求，组织260名财政干部分4批到北京国家会计学院进行财政干部岗位培训，在培训层次、师资力量、课程安排、人员数量上都达到了历史之最。为迎接建党90周年，组织全系统31支代表队2000余人参加“唱红歌大合唱比赛”，通过高唱红歌，唱响主旋律，凝聚精气神，唱出了财政人的昂扬锐气、团队士气。“用贤才”即按照公开、平等、竞争、择优的原则，对5个正科级岗位和4个副科级岗位进行公开竞争，继续深化竞争上岗激励机制，拓宽选人用人渠道，促使德才兼备、实绩突出、群众公认的优秀人才脱颖而出，努力建设高素质的财政干部队伍。“活机制”即严格按照市企事业单位改革工作领导小组的工作部署，对局原有6个事业单位进行了整合，对局属11个参照公务员管理的事业单位实施了内部“三项制度”改革，强化了事业单位职能，增强活力。

全面推进政务公开，打造廉洁高效服务环境　坚持以网络平台建设为重点，充分利用网络宣传财政法规、各类信息、工作动态，全年共回复150名网民提出的200余个问题，回复率100%。高标准落实110联动诉求事项，实行全局联动，凡通过110联动平台受理的群众诉求，确保回复率100%，全年共办理联动诉求事项100余件。2011年通过内网“洛阳财政”栏目发布信息1350条，向省财政厅、市委、市政府报送信息800余条。建立党务政务公开专栏和工作台账及10项工作制度，以《党务政务公开工作简报》形式及时通报工作进展和有关情况，有效地公开党务、政务信息，机关政务环境创优和效能提升在全市测评中位居前列，群众对财政的满意度普遍提高，财政干部的服务意识、责任意识和效率意识明显增强。

加快公文运转，提升政务工作效能　2011年，市财政局办理局发公文1538件、业务来文1650件、机要文件400件，办理市领导批示件3830件，没有出现一起差错。按时完成47件人大代表建议和政协委员提案的办理任务，答复率、见面率达100%。全年办理市委、市政府督察件140项，均无迟报、漏报现象。制发《督察通知单》30份，有效督促了市委、市政府各项会议内容的落实。督促办理《首席服务官反映问题周报》《企业反映问题办理周报》等周报、月报、季报，努力推动市委、市政府解决各种矛盾和问题。协调参加市委、市政府会议1442次，并根据会议纪要全部进行了落实。

【财政科研】　2011年，市财政局以《洛阳财会》杂志编印和深化开展调研工作为载体，强力推进《洛阳市财政志》编纂工作。对市局各科室（单位）和县（市）、区财政局推荐的2010年度105篇调研成果进行评审表彰；下达2011年度全市财政系统调研计划课题97项，完成116项；做好2011年4期《洛阳财会》和《洛阳财政改革发展报告》的编印工作。《洛阳市政府采购工作问题研究》《探索我市财政支出绩效评价机制的实践与思考》《加强洛阳市县区财政国库集中支付管理的研究》等获得市政府调研成果一、二等奖，《洛阳市国库支付制度改革成效及问题》等成果在省级、国家级刊物发表。此外举办第二十届海峡两岸少儿珠心算通信比赛。接待了中国社科院财贸所70余人到洛召开工作年会，在嵩县白云山设立调研基地。召开“河南省支持中原经济区建设的财政政策支撑体系研究”课题协作会议，参加“河南省集中财力办大事情况调查”，完成《关于洛阳市财政集中财力办大事情况的调查报告》；完成《中国公共财政管理（2001）调研问卷》地市级卷和县区卷的搜集、填写和上报。

（张　翅）

国家税务

【组织收入】　2011年，洛阳市国税部门牢固树立经济税收观，坚持组织收入原则，努力做到税收收入与经济发展相协调；完善经济税收分析联动机制，及时掌握经济发展动态，把握组织收入主动权；注重收入质量和管理增税，成立由市局业务科室加基层分局的管理团队，在15家大型企业集团探索实体化管理新模式，稳控全市60%以上税收资源。在全市经济呈现前高后低走势时，市国税局组织班子成员分头深入基层，加大调研督导力度，全市上下形成齐心协力抓收入的态势。通过全系统广大干部职工的共同努力，全年累计组织税收收入192.3亿元，同比增长24.5%，与中部6省省会城市相比，洛阳市国税收入总量比南昌多17.4亿元，增幅分别高于太原、武汉、合肥4.9、6.4和7.3个百分点。地方级收入完成36.3亿元，占总收入的18.9%，同比提高0.6个百分点；企业所得税占“三税”（增值税、营业税、消费税）的18.5%，同比提高0.3个百分点；三产税收占“三税”的17%，同比提高0.4个百分点。全年办理各类税收优惠42.8亿元，同比增长9.9%，税收优惠金额达到当期入库税收的22.3%。收入结构进一步优化，税收在调结构、促转型、惠民生方面的作用更加突出。

【税务征管】　2011年，洛阳市国税部门按照创新社会管理的理念，以信息管税、风险控制为导向，对税源专业化管理进行再调研、再认识、再思考，进一步转变职能、整合资源、系统推进，初步构建“一二三四五”的专业化管理新模式：一是制定总体性指导工作意见；二是勾画以税收业务

2011年洛阳市国税系统税收收入情况

单位：万元

单位＼项目	全年计划	实际完成	占年计划%	同比±%	同比±额
合计	1755000	1923007	109.6	24.5	378248
涧西局	162000	173582	107.1	13.4	20489
西工局	120000	136406	113.7	23.2	25699
老城局	16500	17799	107.9	7.9	1304
洛龙局	55000	80175	145.8	98.7	39824
吉利局	610500	594377	97.4	24.1	115405
瀍河局	21500	29682	138.1	54.1	10424
高新局	190000	191537	100.8	16.5	27071
经济局	29000	49035	169.1	77.9	21471
车购局	60000	69090	115.2	9.9	6197
孟津局	37000	44640	120.6	33.9	11299
新安局	111000	119835	108.0	18.7	18857
栾川局	89000	117946	132.5	43.6	35814
嵩县局	13500	14124	104.6	16.0	1944
汝阳局	28500	41227	144.7	52.6	14209
宜阳局	36000	36155	100.4	4.1	1411
洛宁局	47800	63455	132.8	81.5	28501
伊川局	78000	60393	77.4	-21.4	-16444
偃师局	75000	83549	111.4	21.5	14773

流程图和组织机构拓扑图为主要内容的基本架构；三是确定“机构不动、资源优化、流程再造”的基本方针；四是突出抓好审批业务全进大厅、税源管理分级分类、数据分析分层实施、市县机关实体运行四项重点工作；五是明确“强管、提效、避险、优服、增收”的税收征管基本目标，形成了具有洛阳特色的专业化管理模式。推进审批业务全进大厅，从根本上解决纳税人“多次跑、多头找”问题，大厅服务投诉量同比下降近50%；推进税源分级分类管理，将征管资源向重点税源倾斜，341户重点税源入库税收156.34亿元，同比增长26.3%；推进税收分析分层实施，进一步明确市、县（区）、分局在信息管税和风险分析中的职责，分层次统筹开展税收分析和纳税评估，先后下达风险预警信息3232条次，评估税款1.26亿元；推进市县机关实体化运行，通过职能调整、归并、整合，两级机关人员逐步走向税源管理一线，初步形成了三级联动的税源管理新格局，管理的针对性和有效性进一步增强。围绕征管薄弱环节，实施“两个拓展”，采取“三查、三核”工作法，开展涉农涉矿行业专项治理，入库税款3546.9万元；以矿山车辆治理为突破口，开展全市车购税专项核查，入库税款2027.5万元。围绕税种管理，组织所得税汇算清缴和涉税资料评比，所得税同比增长53.23%；开展增值税政策执行情况检查，完善反避税案源库，加强非居民税收管理，追缴了新所得税法实施以来最大一笔管理服务劳务所得税；探索审计式稽查，对房地产、医药制造等高风险行业开展专项检查，查处制售假发票、非法代开发票案件217起，查补入库税款2.35亿元，有效发挥了稽查的震慑作用；扩大风险防范覆盖面，主动联合一拖集团、洛钼集团、王府井百货等50余户大企业开展涉税风险防范工作，实现税企双赢。

【优化服务】 2011年，洛阳市国税部门以服务洛阳经济社会发展大局为己任，深入贯彻国务院关于加快建设中原经济区的一系列决策部署，主动开展经济税源结构和民营经济发展调研，为转变经济发展方式建言献策，受到省委常委、市委书记毛万春，市委副书记、市长李柳身等主要领导的充分肯定；牢固树立纳税人至上理念，深入开展班子成员走基层、进企业、听诉求、讲政策、解难题活动，先后收集意见建议421条，逐条对照落实，提高服务针对性和有效性；创新政策宣讲辅导手段，组织“百场万户”税收宣讲会，开办初任纳税人培训班，开通税宣微博、税企QQ群，受到纳税人普遍好评；以纳税服务检查整改活动为契机，解决办税难题，优化工作流程，提升办税服务厅建设水平，形成了服务快线、服务E家等一系列服务品牌；拓展办税渠道，不断提高财税库银联网覆盖面，全市配置19台自助办税机，为纳税人提供便捷、高效、多样化服务；整合服务资源，打造12366热线、110城市应急联动等“六网合一”服务平台，快速响应纳税人诉求，全年受理纳税人投诉487项，处理率、回访率达到100%，纳税人满意率达到98%。

【税收队伍建设】 2011年，洛阳市国税部门围绕领导干部执政能力建设，扎实开展“八对照八提高”专题教育活动，坚持把提高思想认识贯彻始终，通过撰写心得体会、开展面对面谈心、集中上特殊党课等方式，解决思想认识问题，增强了各级领导干部的大局观和责任感；坚持把“抓三长、带全员”贯彻始终，通过召开党组民主生活会、查摆报告公开评议等方式，促使领导干部带头反思、带头查摆、带头整改，不断提升各级领导干部的执政能力；坚持把解决问题贯彻始终，通过归纳梳理群众意见和建议，解决群众关注的执法风险、基层经费紧张、基层人员紧缺等热点问题，增强广大干部职工的归属感、认同感。围绕队伍素质能力建设，有针对性地开展岗位技能培训，在全省率先实行实务模拟环境考试方式，层层筛选24名选手参加全省竞赛，17人被评为省级业务能手，数量居全省第一。大力开展国税文化建设，激发队伍干事创业活力，提炼出“尚礼厚德、乐税鼎新”的新时期洛阳国税精神；扎实开展行政执法类公务员管理试点工作，积极做好三、四级预算单位津补贴规范的审核统计与上报工作，为解决基层人员职务待遇偏低、晋升渠道单一进行有益探索；以文化协会为平台，开展庆祝建党90周年等一系列丰富多彩的文体活动，圆满承办全省第二届“国税杯”乒乓球比赛，荣获“2011年全省职工健身活动月”先进单位称号。坚持把反腐倡廉贯穿于各项税收工作之中，不断完善责任分解、责任考核、责任追究“三位一体”的党风廉政建设工作机制；积极开展内控机制信息化建设，立足现有资源，融合开发“风险内控信息系统”，实现对税收执法权和行政管理权的有效控制；加大执法督察力度，对6个单位开展财务审计，督促问题整改，认真开展公务用车、“小金库”清理和规范工作，全系统拍卖清理车辆76台；以“环境创优年”活动为契机，开展35项主题实践活动，公开36项服务承诺，出台19项服务措施，参加“行风热线”“创优访谈”和重点科室面对面评议，邀请民评代表、特邀监察员加大明察暗访力度，持续推进政风行风建设，社会各界满意度不断提高。

【管理创新】 2011年，洛阳市稽查局探索推行审计式稽查，努力构建税务稽查新模式；高新区局优化人力资源配置提升税源管理水平，全年评估税款2204万元，居全市第一；经济区局以创先争优为抓手，3个单位荣获“河南省群众满意基层站所”荣誉称号；涧西区局积极推进税源分级分类管理，探索出符合区域经济实际的重点税源管理新模式；西工区局把好完工清算关，探索所得税管理新途径；老城区局挖掘信息资源，建立行业管理模型，管理质效不断提高；洛龙区局努力打造“家”文化品牌激发队伍干事创业活力；瀍河区局建立“一账三附”管理机制，汽车销售行业管理水平全省领先；吉利区局围绕石化龙头企业，强化管理和服务，组织收入突破50亿元大关；偃师市局持续推进廉政文化品牌建设，获得河南省廉政文化建设精品工程；孟津县局自主研发三大信息平台，自动分析、比对、预警提醒，大大降低税收执法风险；新安县局强化服务品牌创建，县局办税服务厅被授予“全国巾帼文明岗”荣誉称号；伊川县局强化科室加分局的重点税源管理模式，克服种种困难，实现了税收止跌回升；汝阳县局不断完善专业化管理新模式，得到省局的充分肯定和认可；宜阳县局持续推进素质教育，7人获省级业务能手，在全省县区局中名列第一；嵩县局密切关注新政策落实情况，征收全市第一笔矿产资源劳务增值税；栾川县局围绕矿山企业车购税进行清查治理，入库税款1983万元，为全省车辆购置税管理提供了借鉴；洛宁县局不断加大国际税收管理力度，非居民企业所得税收突破4000万元。市国税局被命名为全国文明单位，并先后荣获“全省学习型组织”“全省国税系统先进基层党组织”“洛阳市2011～2014年度依法行政示范单位”等多项省、市级荣誉；全系统有10个单位被评为省级“群众满意基层站所”，数量居全市各单位和各省辖市国税系统之首。在市直209个科室参加的重点科室评议中，8个参评科室全部进入序列前茅，2个科室被评为“机关作风先进科室”，行风评议继续保持全市先进位次。

（王庆恩）

地方税务

【组织收入】 2011年，全市地税系统累计入库各项收入1283148万元，按可比口径增长27.3%，增收275395万元。其中：税收收入（不含契税和耕地占用税）完成1065004万元，同比增长27.3%，增收228292万元；非税收入92847万元，同比增长99.3%，增收46269万元；契税和耕地占用税合计入库1125297万元，同比增长0.7%，增收834万元。市级及以下地方收入完成939072万元，同比增长31.9%，增收226993万元，占总体收入的73.2%。全市地税部门组织收入占全省地税收入1218.3亿元的10.5%，地税部门组织地方收入（财政口径）占全市一般预算收入178.3亿元的57.1%。

【纳税服务】 2011年，洛阳市地税局扎实开展税收宣传活动，先后举办“万人百场税收大讲堂”暨“环境创优、真情服务”行动计划，“厚重老城、税系民生”民间艺术与税收文明成果展演等系列宣传活动，荣获河南省地税局税收宣传月活动组织奖和优秀宣传项目一、二等奖。深入开展办税服务厅“优质服务年”活动，实行办税服务厅绩效考核，评选“纳税服务明星”，纳税服务标准化建设不断细化，2个办税服务厅荣获省局“优秀办税服务厅”称号，9个税务所被命名为“全省优秀基层税务所”。市地税局被评为“全省办税服务厅优质服务年活动优秀单位”和“全省企业服务活动优秀单位”。受理12366来电14418件，办理110转办事项812件，办结率100%、群众满意率95%，被市直工委命名为“优秀党员示范岗”。拓展“纳税人之家”功能，举办“访百家、问千人”和“纳税服务高峰论坛”活动，走访企业5260户次，举办税企座谈会186次。积极开展“税企心桥”服务品牌创建活动，架起税企连心桥，被市直工委评为“创建机关品牌优秀单位”。

【依法治税】 2011年，全市地税系统认真贯彻《全面推进依法行政实施纲要》，编制“六五”普法五年规划，完善《税收执法检查实施办法》和《重大税务案件审理办法》，强化依法行政能力建设。出台《税收执法风险评估管理办法》，建立税收执法风险评估机制。开展移送涉嫌犯罪案件专项监督活动，顺利通过市检察院的专项监督检查。开展规范性文件清理工作，对建局以来出台的201个文件进行清理并公告效力。积极推进“依法行政示范单位”创建工作，10个县、区局顺利通过检查验收，市地税局被省地税局和市政府授予“依法行政工作先进单位”。大力开展税收专项检查、重点税源企业轮查、打击发票违法犯罪活动，查补税收1.9亿元。积极与市国税局开展联合检查，双方协作稽查迈出实质性步伐。深化闭环式以查促管运行模式，征管和稽查互动提供案源85起，提交《征管建议书》27份。严厉打击涉税违法犯罪，移送涉税犯罪案件22起，刑拘7人，拘留5 人，批捕2人。全面落实税收优惠政策，为3823户（次）纳税人办理税收减免3.9亿元。

【征收管理】 2011年，洛阳市地税系统积极推广应用新税收征管信息系统，圆满完成试点和全面上线任务，被省地税局荣记“集体三等功”。认真落实新版《税收征管业务规程》和《税收征管精细化管理手册》各项制度，不断提升

“万人百场税收大讲堂”暨“环境创优、真情服务”行动计划启动仪式

2011年洛阳市地税系统税收收入情况

单位：万元

项目 单位	税收合计	分税种收入													分级次税收			
		营业税	企业所得税	个人所得税	资源税	城建税	房产税	印花税	土地使用税	土地增值税	车船税	烟叶税	耕地占用税	契税	中央级	地方级	其中	
																	市级	县区级
洛阳市	1190302	383804	175808	127294	53320	118900	38741	22358	49472	79804	10660	4843	28667	96631	181860	1008442	336824	671618
直属局	209165	69233	8462	26270		59066	6346	3433	8717	20763	6875				20840	188325	104409	83916
涧西局	72001	33275	7014	11350	15	6194	4322	2037	2088	5657	49				11018	60983	23471	37512
西工局	87683	38687	12714	12451		4619	4844	2303	2386	9676	3				15099	72584	27011	45573
老城局	30214	16782	1292	1907		2111	946	695	1829	1819			2833		1919	28295	10109	18186
瀍河局	31096	14328	1098	6588		1974	669	1270	1306	2506			1357		4611	26485	9706	16779
洛龙局	85223	44210	6466	5194	48	7167	2280	1465	4150	14090			153		6996	78227	28060	50167
吉利局	18552	7204	4662	3012	1	1308	472	445	826	537			85		4604	13948	5929	8019
高新局	43813	13907	6409	12660		3740	1931	1007	1629	2150			380		11442	32371	12686	19685
经济局	41460	19647	5349	3059	519	2896	870	699	1812	6496	18		95		5045	36415	18664	17751
涉外局	35015	17736	22	3111		2705	1935	644	1170	7409	283				1880	33135	11754	21381
工业园局	12846	6424	974	1132		1117	474	402	1469	850	4				1264	11582	4197	7385
契税分局	80828													80828		80828	80828	
城区小计	747896	281433	54462	86734	583	92897	25089	14400	27382	71953	7232		4903	80828	84718	663178	336824	326354
偃师局	53288	9667	18290	5062	1090	3917	1474	1252	3439	1061	601		3694	3741	14011	39277		39277
新安局	58802	17976	7418	5454	6584	5488	2575	1670	7301	630	437	204	193	2872	7723	51079		51079
孟津局	40726	12861	4496	2442	2528	2300	3424	1695	2591	1695	687	547	3495	1965	4163	36563		36563
伊川局	43980	13916	4292	4653	445	2912	2618	1262	3563	1804	465	567	4880	2603	5367	38613		38613
宜阳局	32833	9805	9269	2333	1956	1629	615	320	1686	460	334	1435	2302	689	6961	25872		25872
汝阳局	23518	6352	2354	1669	5983	1554	217	229	1162	459	410	951	1355	823	2413	21105		21105
栾川局	135481	15492	60564	13189	29454	5586	2008	1125	1564	1167	289	131	3612	1300	44251	91230		91230
嵩县局	33562	9051	9935	2921	3067	793	403	165	365	435	57	765	4052	1553	7714	25848		25848
洛宁局	20216	7251	4728	2837	1630	1824	318	240	419	140	148	243	181	257	4539	15677		15677
县（市）小计	442406	102371	121346	40560	52737	26003	13652	7958	22090	7851	3428	4843	23764	15803	97142	345264		345264

征管精细化、专业化水平。严格执行建安和房地产行业项目登记申报、销售台账及外来经营报验制度，推广建筑砂石行业源泉控管、房屋租赁业备案管理和住宿餐饮业以票控税、最低税负警戒线等行业管理制度，试行投资担保行业专业化管理。大力推行“财税库银”横向联网，签约25921户，征收税款37.63亿元。制定《纳税评估实施方案》，积极开展纳税评估。全面推行新版发票换版和离线发票开具工作，强化税种管理。规范营业税行业管理，深入开展交通运输业税收专项整治，扎实推进土地增值税清算试点工作，积极运用GPS等科技手段开展房产税和城镇土地使用税税源清查，规范印花税委托代征，完善车船税代收代缴管理。做好地方教育附加和外资企业城建税及教育附加开征工作。积极协调房管、土地等部门，全面加强存量房交易税收征管准备工作。开展2010年度企业所得税汇算清缴，强化企业所得税核定征收管理，明确房地产行业管理模式。加强新个人所得税法宣传工作，确保政策及时落实到位。大力推广个人所得税管理软件，圆满完成年所得12万元以上个税自行申报工作，为18.3万名纳税人开具并邮寄个人所得税完税证明。认真做好“契、耕”两税划转相关工作，实现政策平稳对接。在全省率先开展“两税”征管规范化试点，取得阶段性成果。加大非居民税收管理监控力度，征收入库税款6100万元，同比增长166%。积极探索大企业管理服务与风险防控体系建设，协助一拖集团建立税务风险防控机制，荣获“全省大企业税收服务与管理优秀单位”称号。

【文化建设】 2011年，洛阳市地税系统以“读学唱传提”活动为主线，持续推进地税文化建设。组织“国学经典学习月”，举办“品味书香”诵读会，开展“业务大学习、岗位大练兵、技能大比武”活动，组织全员抽考、业务竞赛，积极营造人人“学业务、钻业务、精业务”的良好氛围，在全省各类业务竞赛中均取得优异成绩。开展“找规律、传经验、促创新”活动，召开工作创新经验交流会，开辟“传经验”平台和“基层风采”专栏，举办板报展，集中展示各单位的创新举措、亮点经验。深入开展创先争优和夺旗争星活动，荣获“河南省创先争优流动红旗”。扎实做好新农村包村帮建，积极投身志愿者服务和社会公益活动，被市委、市政府表彰为“新农村建设包村帮建先进系统”和“志愿者服务先进集体”。全力以赴创建全国文明单位，对软硬件进行标准化建设，设置主题文化展示区，营造“庭院文化”，开通“洛阳地税文明网”，在主流媒体开设宣传专栏，举办“洛阳文明大讲堂”、文明礼仪培训等活动，弘扬文明新风，受到市委、市政府通令嘉奖，并成功创建“全国文明单位”，实现了文明创建工作新突破。

【队伍建设】 2011年，洛阳市地税局坚持党组中心组学习和领导干部政治理论学习制度，认真开展“用领导方式转变加快发展方式转变”学习实践活动。编印《地税基层领导干部必读》，与清华大学联合举办“领导干部能力建设专题研修班”，持续开展“如何当好基层领导干部”研讨活动，着力提升领导干部执政能力。狠抓教育培训，着力提升全员综合素能。完善分级分类培训模式，依托“科室讲堂”“专题讲座”等形式，开办11个专题培训班，参训1200人次。组建“讲师团”，开展“送培训下基层”活动，增强了培训实效性。启动青年干部税务职业生涯规划活动，引导青年干部与地税事业同频共振、共同发展。在全省率先完成城市区局一级稽查管理体制改革，改革成效逐步显现。妥善完成“两税”机构划转和人员接收工作，保证了“两税”征收的平稳过渡。全面贯彻落实党风廉政建设责任制，加大督察审计力度，深化“两权”监督。加强反腐倡廉教育，组织开展纪检监察“队伍建设年”活动，增强“一岗两责”、廉洁从政意识。认真开展“小金库”、公务用车和煤炭领域腐败问题专项治理。深入开展“环境创优年”活动，公开服务承诺14项，切实转变机关作风，提高工作效率，市地税局荣获2010～2011年度政风行风评议第三名，直属分局办税服务厅荣获全市“十佳服务窗口”评比一等奖，6个科室在全市政风行风面对面评议和千人集中评议重点科室活动中进入前十名，11个基层税务所、办税服务厅被表彰为“河南省群众满意的基层站所”。（地税局）

中国人民银行洛阳市中心支行

【概　况】 中国人民银行洛阳市中心支行（以下简称“洛阳市中心支行”）为中国人民银行在洛阳的派出机构，按照总行授权开展具体工作，与国家外汇管理局洛阳市中心支局合署办公。下辖9县（市）支行，机关内设机构17个。2011年年末，全市人民银行系统在职职工462人，其中机关223人。全年，洛阳市中心支行紧紧围绕“安全无事故、出门无差错、工作创一流”的工作目标，认真履行基层央行职责，积极贯彻稳健的货币政策，强化服务，规范管理，求实创新，各项工作取得显著成效，被中国人民银行济南分行评为“目标管理综合考核先进单位”，被中国人民银行郑州中心支行评为“外汇管理先进单位”、“节能减排工作先进单位”。截至2011年年底，全市金融机构人民币各项存款余额达2428.6亿元，较年初增加333.7亿元，增长15.9%；增量和增幅分别居全省第二位和第九位；人民币各项贷款余额达1366.6亿元，较年初增加256.4亿元，增长23.1%，增量和增幅均居全省第二位。

【货币信贷】 2011年，洛阳市中心支行加强“窗口指导”作用。出台金融支持洛阳经济发展、现代服务业发展、农田水利建设等一系列指导意见，引导金融机构合理把握信贷投放的力度和节奏，保持信贷总量适度稳定增长；制定《关于引导金融资源优化配置的实施方案》，开展信贷政策导向效果评估，引导全市金融机构认真贯彻“区别对待，有扶有控”的信贷政策，把有限的信贷资金向中小企业、“三农”、保障性住房、科技创新、全民创业、文化产业等领域倾斜。

完善金融运行分析例会制度。按季召开全市货币信贷运行分析会，并创新会议组织形式，把会议开到企业、金融机构，先后在一拖集团和农行等多次召开分析会，把监测分析与传导货币政策有效地结合起来。成立货币政策分析小组，由主管行领导主持，召开7次专题分析会，就经济金融热点问题深入探讨，提高货币信贷分析的科学性和时效性。定期编发《洛阳市货币信贷形势分析》和《洛阳市货币信贷运行情况报告》，为市党政领导和上级行使决策提供依据。《2010年洛阳市金融运行报告》被郑州中心支行评为“优秀报告奖”。

以差别存款准备金动态管理措施为手段，指导地方法人金融机构信贷投放。按照郑州中心支行测算的地方法人金融机构全年合意贷款新增额，引导金融机构根据宏观审慎要求建立完善信贷行为自我把握、自我约束的弹性机制，合理安排贷款投放；跟踪监测法人金融机构实际信贷投放情况，引导其按照全年规划均衡、有序投放贷款。

搭建银企合作平台，促进银企合作。协助市政府有关部门举办银企洽谈会、中小企业银企签约暨项目推介会，收到较好的效果。

优化信贷结构，金融支持经济发展薄弱环节和弱势群体成效显著。引导金融机构加大金融产品和服务方式的创新力度，改善“三农”和中小企业金融服务。截至2011年年底，全市金融机构涉农贷款余额603.6亿元，较年初增加158.7亿元，增长35.7%，高于各项贷款增速12.6个百分点；中小企业贷款余额501亿元，较年初增加117.5亿元，增长30.6%，高于各项贷款增速7.5个百分点。

积极实施“小巨人”企业信贷培育计划。联合工信局、金融机构筛选确定126家成长型企业予以重点支持，举办洛阳市“小巨人”企业信贷培育工作推进会、财务辅导班，引导金融机构创新金融产品，加强对中小企业成长期的财务辅导、信贷培育、综合融资等金融服务。全年全市金融机构向“小巨人”企业累计发放贷款9.16亿元。

【金融服务】 2011年，洛阳市中心支行发行基金回笼券物流管理出入库系统试点工作顺利运行，在河南省率先实现发行基金回笼券批量物流化处理，有效扭转了传统手工点捆卡把带来的劳动强度大、工作效率低、操作时间长的被动局面，促进了货币发行管理高效化、科学化、规范化，得到郑州中心支行的充分肯定。针对群众反映的零辅币兑换难的问题，实施“人民币畅通工程”，搭建了零辅币调剂平台，为商业银行、大中型超市和企业调剂零辅币1.06亿元，人民币流通环境得到进一步改善。在全市开展以“提高防范意识、避免假币侵害”为主题的“春风行动”，严厉打击假币犯罪。2011年，共收缴假币85.64万元。

国库综合服务职能取得新进展。准确及时地办理预算收入收纳、划分、留解、退付及财政库款支拨业务。加快财税库银横向联网在地税系统的推广工作，继年初辖区伊川县支库成为全省地税系统首家成功运行TIPS的国库，又开通银行端查询缴税、POS机刷卡缴税等多种缴税模式，使纳税人缴纳税款更加方便、快捷，受到群众的欢迎。截至2011年年底，全辖TIPS业务量占比达95%。扩大国库直接业务范围，建设国库资金划拨“绿色通道”。使用中国人民银行救灾补助金发放信息专用录入工具，成功办理国库直接支付高新区实验小学教师工资及补贴，实现了瞬时到账，受到受助对象的欢迎。6月24日，嵩县遭受冰雹暴雨自然灾害，国库部门仅5分钟就将3笔共计45万元救灾资金拨付到位，为救灾救援提供了高效的金融服务。

支付环境建设成效显著。把农村支付服务环境建设作为“一把手工程”，扎实推动农村支付环境建设向纵深发展。选择金融机构营业网点少、存在空白乡镇、支付基础设施薄弱的贫困县重点推进，先后在汝阳县、栾川县、洛宁县组织召开农村支付环境建设推进会，现场指导推广使用现代化支付工具。在嵩县、洛宁县、汝阳县开展银行卡助农取款项目的试点，有效解决了金融机构空白乡镇群众取现问题；在试点的基础上，在全辖范围内开展改善农村支付环境“2011乡村全覆盖”活动，将现代化支付提供的便利金融服务惠及到广大的农村地区，全面提升农村支付结算服务水平，方便农民群众生产生活，得到了地方政府、涉农商户和群众的广泛赞誉。结合新版票据使用中存在的风险，积极推广电子商业汇票系统；积极探索建立账户管理系统三级操作员资格管理制度、账户核准三级审批制度、账户核准集中申报制度、档案装订标准化以及公开服务承诺制度等，促进账户标准化管理。加强对财政存款缴存和地方法人金融机构存款准备金缴存的审查、监督，实现会计核算零差错、银行资金零风险、柜面服务零投诉的“三零”目标。

认真履行反洗钱监管职责。在认真总结“9·18”特大地下钱庄案工作经验的基础上，编写《强化协作机制、带动案件突破、提升反洗钱工作成效》，并制作成PPT文件上报，受到郑州中心支行

国际货币基金组织驻华代表处首席代表李一衡等到洛阳市中心支行调研

好评。联合公安部门召开打击银行卡犯罪“天网2011”专项行动，维护辖区银行卡市场健康发展。

科技保障作用得到新加强。扎实推进金融信息化建设，确保金融网络及信息系统安全平稳高效运行。建立全市银行业金融机构科技工作联席会议制度，完善银行业信息安全协调工作机制。根据总行网络和信息系统应急预案编制指引，重新修订了IT系统应急预案，制定《洛阳市中心支行办公网应急预案》，加强办公网和业务网的安全管理。指导中小金融机构开展金融统计标准化建设，顺利完成所有数据测试上报工作。洛阳市中心支行作为全省首家试点单位，顺利完成人民银行系统业务网市县线路改造项目，得到中国人民银行郑州中心支行的高度评价，确保该项目在全省的顺利推广。中国人民银行郑州中心支行开展“两网分离”及信息技术应用和系统运行管理专项审计后，对洛阳市中心支行科技工作给予充分肯定。

跨境贸易人民币结算业务进展顺利。按照中国人民银行、财政部、商务部、海关总署、税务总局、银监会的统一部署，2011年河南省被纳入跨境贸易人民币结算业务试点范围。跨境贸易人民币结算是指国家允许指定的、有条件的企业在自愿的基础上以人民币进行跨境贸易的结算，支持商业银行为企业提供跨境贸易人民币结算业务。洛阳市中心支行积极组织商业银行参加中国人民银行总行举办的人民币跨境收付信息管理系统远程培训，在《洛阳日报》刊发专题报道，召开跨境贸易人民币结算业务座谈会，研究解决业务开展中存在的问题。洛阳市跨境贸易人民币结算业务初见成效，共有126家企业导入人民银行跨境收付信息管理系统，并已激活；已发生3笔跨境贸易人民币结算业务，金额1.5亿元，在全省位居前列。

【金融稳定】 2011年，洛阳市中心支行完善金融稳定协调机制，加强与地方政府相关部门和金融监管部门的沟通协调与信息交流，共同维护辖区金融稳定。加强日常监测分析和预警，密切关注金融机构各种报表、报告中的数据变化，对其中的异常情况和苗头性问题深入分析，及时调查，搞清其原因。在监测分析的基础上，及时向超标金融机构发出《风险预警提示函》，提示其关注风险，改进工作。此外，通过约见其负责人谈话，对相关机构提示了风险，提出了整改建议。密切关注金融改革，组织召开农村信用社改革情况座谈会，对农村信用社风险状况与改革成效的调查与评估；及时关注地方法人金融机构跨区域经营情况和可能产生的风险，维护辖区金融体系稳健运行。严格落实重大事项报告制度。建立健全辖内金融机构重大事项报告制度，及时掌握金融机构发生的各类重大事项。创新开展金融稳定标准化管理工作。建立法人金融机构金融稳定健康档案，收录法人金融机构基本情况、经营状况、监测报表、重大事项报告、风险防控措施等金融稳定关注的主要内容，实行一行（社）一卷，及时发现和清除风险隐患，夯实金融稳定工作基础。关注担保机构、小额贷款公司等风险状况。7月，洛阳盛归来投资担保公司出现风险后，积极协助市政府和有关部门做好风险处置，由于应对及时、处置有效，洛阳盛归来事件没有对全市担保业和经济金融运行造成大的影响。风险处置后，协助市政府对担保机构整顿工作进行了督导调研。创新建立重点企业监测制度和小额贷款公司监测制度。加强对重点企业运行、民间借贷和小额贷款公司资金流向的监测。召开洛阳市小额贷款公司资金流向监测座谈会，深入分析研究新形势下小额贷款公司运行状况及其对经济金融运行的影响，探索建立《非银行机构突发事件处置应急预案》，防止外部风险向金融业传导。

【征信管理】 2011年，洛阳市中心支行社会信用体系建设，协助市政府建立《企业重大失信信息通报工作制度》，完善失信惩戒机制；出台《洛阳市工程建设市场诚信监管暂行办法》，加强工程建设市场征信体系建设；并将个人信用报告查询纳入到城乡低保等社会救助工作程序中，提高征信工作实效。配合市政府开展“11·22”诚信日宣传活动，举办首届“洛阳市11·22诚信论坛”，营造“诚信洛阳”的良好氛围。

农村青年信用示范户创建试点工作成效显著。洛阳市作为河南省首批试点市，洛阳市中心支行联合团市委、农村信用社等部门积极实施农村青年信用示范户创建“春雨工程”。5月，在河南省农村青年信用示范户创建工作推进会上，洛阳市中心支行作了典型发言。6月24日，总行团委书记傅国文一行到洛调研，对此项工作给予充分肯定。

认真开展征信业务培训，提升征信服务水平。制定《2011年洛阳市银行业金融机构征信业务培训指导意见》，组织全辖征信骨干编写《征信业务培训手册》，对金融机构征信人员进行了培训。加强征信服务管理，全年全辖申领暨年审贷款卡8000余户、办理信用报告查询近1.7万余人次，实现零投诉。

推动中小企业信用体系建设。指导偃师农村信用联社完善“征信+信贷”信用贷款管理模式，加强与大华国际信用评级公司的合作，完善“星光大道”管理流程，实行先评级、后授信、再贷款，外部评级作为重要参考，确保了信贷资金安全。全年完成企业信用评级615户。把征信工作与“小巨人”企业信用培植结合起来，组织126户“小巨人”企业签订《企业诚信承诺书》，发放“小巨人”企业金融产品手册，举行了“诚信践诺、银企共赢”签名仪式，收到良好效果。

【外汇管理】 2011年，洛阳市中心支行按照“减顺差、防热钱、促平衡”的总体要求，加快转变外汇管理理念和方式，优化外汇服务。开展“送外汇金融服务进企业”活动，大力支持企业“走出去”战略，支持中信重工、一拖股份等龙头企业到境外并购投资。严格行政执法，有效防范和打击“热钱”、抑制套利资金流入。加大外汇检查力度，开展了5项专项检查，查处违反外汇管理规定案件2起，收缴罚没款3.5万元，结案率及罚没款收缴率均达100%。统一个人本外币兑换标识，外汇指定银行规范化管理水平显著提高。开发国际收支间接申报核查程序。积极构建“大统计”格局，建立数据长效保障机制，连续两年荣获“国家外汇管理总局国际收支统计之星先进单位”。开发国际收支核查辅助工具，解决国际收支核查工具的“短板”问题，被国家外汇管理局河南省分局推广，并配合河南省分局对河南辖内外汇局国际收支统计人员进行培训。

【内部管理】 2011年，洛阳市中心支行党委始终把文明单位创建作为建一流班子、带一流队伍、创一流业绩的总抓手，坚持重在建设、重视过程，紧紧围绕抓班子、带队伍、促业务三个重点，精心组织，稳步推进，文明单位创建工作取得明显成效。洛阳市中心支行被中国人民银行授予总行级“文明单位”；被中国人民银行济南分行授予“2009～2011年度思想政治工作先进集体”，洛阳市中心支行工会办公室被中国人民银行工会授予“工会先进集体”。

创先争优活动成效显著 连续两年荣获“国家外汇管理国际收支统计之星先进单位”、银行卡先进单位，货币信贷、金融稳定、国库、货币金银等专业在上级行专业会议作了经验介绍。内部审计水平得到提升。对洛宁县支行计算机安全管理风险导向审计项目，获“总行优秀内审项目先进集体三等奖”。6月，在济南分行创先争优活动经验交流电视电话会上进行了交流发言。

调查研究和政务信息工作名列前茅 始终坚持“调研立行”的理念，完善机制，营造氛围，扎实开展调查研究和政务信息工作。承担的“河南省地方政府金融发展改革顶层设计研究”荣获河南省人民银行系统重点研究课题一等奖；“完善小额贷款公司法律监管思考”荣获河南省金融学会重点课题一等奖。政务信息工作在济南分行和郑州中心支行考核中名列前茅，分别被授予“政务信息先进单位”。

行风标准化建设成效显著 按照《行风建设三年规划》，全面构建以岗位标准化管理为主线、行为规范化管理为形式、绩效考核和内外部监督为保障的行风建设长效机制。辖区9县（市）支行行风标准化建设全部实现达标。洛阳市中心支行在济南分行辖区行风建设标准化管理通报中列河南省第一名，受到济南分行通报表扬。

优化办公环境，规范窗口服务 完善综合性服务大厅服务功能，实行“一站式”服务，方便客户办理业务。在营业室、国库、外汇、征信等窗口部门开展“服务之星”评比、“五比五看”优质服务竞赛（即一比宗旨观念，看谁“权为民所用、利为民所谋、情为民所系”的全心全意为民服务观念最强；二比服务态度，看谁服务更热情、更主动、更周到；三比办事效率，看谁办事更快捷、安全、畅通；四比操作规范，看谁的流程更科学、执行政策更到位；五比社会形象，看谁的社会形象最佳、群众满意度最高），“为民服务、创先争优”，“央行服务创一流、巾帼建功展风采”等活动，开展优质文明服务，树立了人民银行的良好社会形象。推行“定点监测企业金融服务卡”制度，为大中型骨干企业开辟金融服务“绿色通道”。积极开展行风评议活动，诚恳接受社会各界的监督。通过洛阳广播电台《行风热线》，倾听民意，现场解答市民百姓咨询和关注的问题，宣传国家金融方针政策，受到社会各界的好评。（尚 红 李奇朋）

中国农业发展银行洛阳市分行

【概 况】 中国农业发展银行洛阳市分行（以下简称“农发行洛阳市分行”）成立于1996年11月，现辖9个县级支行和1个市分行营业部，是洛阳市唯一的一家农业政策性银行，主要职责是按照国家的法律、法规和方针、政策，以国家信用为基础，筹集资金，承担国家规定的农业政策性金融业务，代理财政支农资金的拨付，为农业和农村经济发展服务。2011年末，全行各项贷款余额339420万元，剔除中央财政消化新增粮食挂账、销售往年托市粮收回粮食调控贷款和呆账核销3个因素，贷款余额较年初增长57459万元。其中：政策性贷款余额270397万元，占比79.66%；准政策性贷款余额15468万元，占比4.56%；商业性贷款余额53555万元，占比15.78%。全部贷款中，中长期贷款余额143452万元，占比42.26%。

【支持“三农”发展】 2011年，农发行洛阳市分行累计发放各项贷款10.8亿元。其中：累计发放各类粮油贷款2.4亿元，包括发放夏粮收购及轮换贷款1.6亿元，支持收购轮换小麦69910吨。累计发放商业性贷款5.1亿元，支持中国一拖集团大马力拖拉机项目、强盛实业有限公司耕储农膜、骏马化工市级化肥储备、洛阳顺势药业中药材采购以及24家农业小企业；累计发放农业综合开发、农村基础设施建设、农民集中住房建设、农村流通体系建设等政策性贷款3.3亿元，支持小浪底南岸节水型农业生态灌溉区

省分行党委书记、行长殷久勇调研伊洛河城区段治理二期工程项目

项目、洛阳伊滨区建设项目、偃师农村广播电视网项目、大张实业有限公司农副产品的采购项目。

【经营效益】 截至2011年年底，农发行洛阳市分行各类存款余额61084万元，低成本存款日均余额51343万元，人均余额228万元。实现中间业务收入181.6万元，完成全年任务的140%。其中保险代理收入33万元、银团贷款手续费收入64万元、咨询类业务收入65.83万元、其他收入18.77万元。综合贷款利息收回率为79.22%。实现盈利3137万元，人均利润13.4万元，资产利润率为0.91%，收入成本率为22.88%。

【风险防控】 2011年，农发行洛阳市分行通过调整信贷结构、客户结构，强化信贷风险防范措施，开展客户风险排查和贷后监测分析，对CM2006系统进行升级，进一步规范信贷审查审议工作程序，夯实信贷基础管理。对存量不良贷款，加大了考核力度，及早下达清收、盘活、核呆的目标任务。对问题企业逐个摸底排查，“一企一策”制定“六定”清降方案，不良贷款现金清收411万元。积极消化历史包袱，加大呆账核销力度，核销呆账项目71个，金额12715万元。截至2011年年底，全行不良贷款余额13722万元，较年初下降12796万元；不良贷款率为4.04%，比年初下降3.1个百分点。

【合规管理】 2011年，农发行洛阳市分行以从严治行为切入点，夯实基础管理，深入开展“合规管理执行年”活动。出台《2011年度综合经营绩效考评办法》，突出业务发展，调整指标比重，实行基数增量差别化考核；制定业务发展、中间业务和存款组织、不良贷款清降3个专项考核办法;强化专业条线合规操作，制定《客户经理考评办法》，组织编印《经费开支报账制手册》和《财务会计管理制度选编》，开展会计档案展评、县级支行会计坐班主任异地交流和“擦亮窗口、创先争优、固基保安、制化于心、合规执行、持续发展”的主旨活动。强化内外部监督机制，配合上海特派办不良贷款审计、农发行河南省分行“4·30”专项审计、银监局现场检查等，整改纠正不规范贷款23笔，金额35141万元。（黄小曼）

中国工商银行洛阳分行

【概　况】 截至2011年年底，中国工商银行洛阳分行（以下简称“工行洛阳分行”）各项存款较年初新增39.64亿元，系统占比12.13%，排名第二；同业占比40.38%，持续保持同业第一。其中：对公存款较年初新增23.43亿元，同业占比36.24%；储蓄存款新增16.21亿元（不含理财），同业占比48.34%，均排同业第一。对公存款营销连续受到省工行一次通令嘉奖、三次通报表彰。各项存款新增在全国工行系统二级分行中的排名由2010年末的83名提升到2011年末的27名，提升56个位次。实现中间业务收入3.09亿元，全省系统占比10.18%，排名第二，系统贡献度提升排名第一；同业占比37.42%，排名第一。全年，工行洛阳分行在省行二级分行经营绩效中的排名由2010年年底的第十五名提升到2011年的前三个季度第二名，创工行洛阳分行历史最好成绩。在省行两次联动营销竞赛活动中，获得4个一等奖，2个二等奖，受到省行的通报嘉奖。2011年新增网点5个，升级改造营业网点6个，装修改造离行式自助银行7个，网点装修率达到88.6%。

【信贷工作】 截至2011年年底，工行洛阳分行各项贷款较年初新增22.35亿元，其中公司贷款较年初新增21.64亿元、小企业贷款较年初新增7.03亿元、个人住房贷款新增2.89亿元、个人经营性贷款新增2.92亿元。该行中间业务的拉动效应明显提升，中间业务贡献度达到41.27%。2011年10月，小企业贷款余额突破10亿元大关，列系统第二位。全年累计办理票据融资业务136.15亿元，较同期增加35.56亿元，同业排名第一、系统排名第二，票据业务利息收入同业和系统排名均第一。

【结构调整】 2011年，工行洛阳分行按照“一调五争（增）”的要求加快发展和转型，取得明显成效。2011年末，中间业务收入占比30.78%，同比增加8%。存贷比48.94%，同比增加1.22%。定活比由上年末的48：52降为2011年末的44：56。个人中高端客户占比9.32%，同比提升0.07%。信用卡中高端客户渗透率达到17.22%，同比提升2.1%。不良贷款率0.33%，同比下降0.1%。不良资产率0.16%，同比下降0.1%。

【客户拓展与新兴业务】 2011年，工行洛阳分行累计新增对公结算账户3396户，账户存量和增量持续保持同业第一。全行新增有贷户121户，其中小企业客户新增68户。新增个人有效客户8.49万户。信用卡新增发卡5.70万张，同业排名第一，系统排名第二。通过“一元秒杀”等活动，企业证书客户和个人证书客户分别净增3381户和9.63万户，新增工银信使客户16.19万户，系统贡献度达到23.59%。

全行法人理财产品销售额129.68亿元，系统占比25.52%，位居全省第一。办理外汇担保业务8053万美元，业务累办量系统占比70%以上，外汇担保中间业务收入系统第一，两次受到省行的通报嘉奖。成功承揽恩梯恩LYC（洛阳）精密轴承有限公司和洛阳安轮铝制品有限公司外汇资本金业务并获工商省行通报表彰。理财票据委托投资等7项业务开全省先河，黄金租赁和MIS收单项目等业务实现突破。（李晓峰）

中国农业银行洛阳市分行

【概　况】 2011年，中国农业银行洛阳分行（以下简称“农行洛阳分行”）持续贯彻落实“1213”发展战略和“三争两提高”奋斗目标，即以服务“三农”为主体，以城市业务和零售业务为两翼，以中间业务为重点，以基础管理、风险防控、队伍建设为保障；同业争主流、系统争先进、社会争形象，努力提高核心竞争力、提高价值创造力，坚持加快有效发展和结构调整并重，各项核心业务指标实现大幅度提升。截至

2011年年底，农行洛阳分行实现拨备后利润3.68亿元，总额排名全省农行第二位，成本收入同比下降4.85个百分点，经营效益大幅度提升；实现经济增加值1.35亿元，经济资本回报率26.28%，经营质量明显好转；各项贷款余额78.86亿元，较年初净增20.55亿元，增量份额排名全省农行第一位，有力支持了地方经济发展；各项存款余额197.61亿元，净增14.13亿元；实现中间业务收入1.24亿元，绝对额排名全省农行第二位，同比增加3487.5万元，增幅39.15%。

【信贷支持】 2011年，农行洛阳分行围绕价值创造和经济资本回报率要求，以支持产业集聚区产业、企业为重点，加大优质资产营销力度，与全市18家产业集聚区建立信贷关系客户达到62户，授信总额39亿元，已用信31.5亿元。产业集聚区贷款余额29.7亿元，较年初净增7.77亿元，在信贷规模趋紧的情况下，持续保持了对产业集聚区企业累计投放量和净投放量的增加。加快拓展中小企业市场，支持民营经济发展，累计投放中小企业贷款12.82亿元，其中办理小企业简式快速贷款2.03亿元，支持中小企业121家。高度重视消费信贷业务发展，树立零售银行品牌，累计投放个人贷款12.82亿元，净增10.6亿元，重点对个人创业、农村个人生产经营、个人消费、个人住房领域进行扶植，累计投放和净增额均居全省农行第二位，居全市各家金融机构第一位。

【“三大集中”建设】 2011年，农行洛阳分行践行“客户至上，始终如一”的服务理念，高标准推进“三大集中”（集中监控、集中授权、集中作业）建设，建立了标准化运营后台管理中心。“三大集中”成功上线以后，日授权业务量3000笔，远程授权成功率97%，平均每笔授权时间35秒，通过后台集约化处理前台业务受理，大大缩短客户业务办理时间，提高业务处理效率。此项工作历时半年，覆盖全辖85个营业网点，囊括市行本部10个部门，提前高标准完成“三大集中”建设推广工作，获评农行河南省分行“三大集中”推广先进单位。

【服务“三农”】 2011年，农行洛阳分行努力践行农业银行服务“三农”的重大使命，紧紧围绕洛阳市“三农”突出问题，积极创新产品服务，按照“集中、量力、有效”的原则，做精做细“三农”业务。以有产业支撑的专业村、特色村为重点，整村推进惠农卡发行，积极投放农户小额贷款，全年共发行惠农卡8227张，惠农卡授信1.3万户，投放小额农户贷款7.5亿元，为1.86万户农户发放小额农户贷款。通过“政府+公司（合作社）+农户”模式，重点支持孟津梁凹村无公害蔬菜基地建设、偃师岳滩镇摩托车配件加工、偃师翟镇妇女针织加工和嵩县木札岭农家宾馆建设等。创新金融服务“三农”模式，设立服务“三农”工作站4个、产业集聚区金融服务站4个、信用村28个。创新县域金融服务产品，推广县域工薪人员消费贷款。累计投放“三农”对公贷款35亿元，重点支持农业产业龙头企业发展。

【网点服务】 2011年，农行洛阳分行持续提升服务质量，大力推广以“客户分类、产品分包、服务分层”为内容的“三分”营销服务模式，建立“三分”营销服务标杆网点44个。开展“进市场、进企业、进社区、进机关、进学校、进村镇”为内容的“六进”活动，投放“智付通”转账电话等电子支付机具6039台，新增个人网银7.5万户，个人电话银行6.67万户、手机银行6.19万户，进一步完善了现代金融支付体系。为更好地服务个人客户，持续实施网点改造工程，按照总行统一标准新建改建25个营业网点、8个自助银行和6个理财中心，新装修网点功能齐全、设施完善、客户体验良好。依托PCRM（个人优质客户关系管理）系统和CFE（金钥匙理财专家支持）系统，全年发放贵宾卡10.03万张，进一步完善个人客户分层管理、差异化服务体系，充分挖掘中端客户的潜在价值，推动中端客户向高端客户的转化和提升。分层次落实贵宾客户名单制管理，统筹服务资源，构建贵宾客户增值服务体系，对白金卡、钻石卡等贵宾客户推行客户经理“一对一”服务、管家式服务；持续巩固提升网点服务效果，在省纠风办组织的“全省2011年群众最满意站所”评选中，农行洛阳分行2家支行入选，全省农行只有15家支行入选。洛阳市“牡丹杯”优质文明服务竞赛，农行洛阳分行选手在众多竞争对手中脱颖而出，荣获“洛阳市银行业最具创意服务明星”“洛阳市银行优秀服务明星”。在中国银行业协会组织的服务明星评选中，该行选手获评“明星大堂经理”称号；在中国银行业协会组织的“全国文明服务百佳示范网点”考评中，农行洛阳分行营业部被中国银行业协会评为“千佳示范单位”。在农总行对全国1400个网点服务质量监测中，被监测的2个网点并列全国第六名、河南省第一名，被农总行评为“百佳示范网点”。在省行“神秘顾客”监测中，连续排名省行前列。在总行“神秘顾客”监测中，市分行营业部全国排名第九。强化网点人员配置和员工培训，切实提高服务意识和服务技能，培训国际金融理财师48人，理财师数量居全省农行领先地位，服务水平大幅度提高，服务品牌得到社会广泛认可。

【基础管理】 2011年，农行洛阳分行以“三化三铁”创建和“合规执行年”活动为抓手，持续强化基础管理。进一步完善信贷后台体系建设，组建“三农”金融事业部，派驻信贷业务独立审批人、风险经理，“三农”信贷业务风险组织架构进一步完善。严格执行银监会“三个办法、一个指引”贷款新规，强化受托支付管理，年底按照贷款新规走款比重达到82.26%。围绕“合规执行年”主题，深入开展专项风险排查和治理活动，统筹安排各类检查、自律监管和内部审计，形成检查信息和检查成果共享机制，合规管理能力显著增强；强化运营管理各项职能和制度落实，高标准完成“三大集中、四大中心”建设，完成市区“一城一库”金库撤并目标，优化了部分授权和运营管理流程，运营管理效能得以强化，全年有6个网点被评为“三铁”单位，17个网点被评为“良好”单位；在全省农行系统率先完成办公网改造和多项系统推广上线，

“两网隔离”基本落地，信息系统运行安全稳定；完善价值管理体系，推行全面预算管理，构建了全额资金管理模式，财会基础管理水平明显提升；积极推行守押业务外包，加大安全检查力度，实现全行安全经营无事故。

（宋永安）

中国银行洛阳分行

中行洛阳分行基层网点召开晨会

【业务经营状况】 2011年，中国银行洛阳分行（以下简称“中行洛阳分行”）实现人民币存款余额（含理财）258.98亿元，比上年新增31.83亿元。其中：储蓄存款余额为119.42亿元，新增7.57亿元；公司存款余额为139.56亿元，新增24.26亿元，市场份额四大行第一。人民币贷款余额121.41亿元，新增27.43亿元。其中：公司贷款余额（含票据）103.99亿元，新增23.08亿元；消费信贷余额17.42亿元，新增4.35亿元。不良资产余额1.12亿元，不良率为0.9%，比年初下降1.22个百分点。清收化解不良资产1.14亿元。实现中间业务收入14609万元，中行河南分行排名第一。

【国际结算业务领先同业】 2011年，中行洛阳分行累计叙做国际结算总量12.83亿美元，同比增长30%，市场份额约59.28%，超过中行河南分行计划目标6.28个百分点，同业名列第一。办理供应链融资业务29.99亿元，完成省行全年目标任务402%，占全省供应链办理总量的23.65%。其中：办理国内融信达6.35亿元，融易达13.04亿元，销易达1.39亿元，融货达8.52亿元，国际融信达折人民币3696万元。办理国内商业发票贴现3820万元。全行稳定保证金存款8.55亿。实现中间业务收入4000万元，居全省第一位。

【科技工作创新成果显著】 2011年，中行洛阳分行以市场为导向，以科技引领业务发展为支撑，创新开展信息科技转型工作。一是自主开发的“网点回单查询打印系统”已在全省推广，并荣获“中国银行河南省分行2011年度科技进步奖”。该系统节省人力、节省开支，防范风险，减少了客户投诉。二是开发完成“个人客户识别营销系统”，被中行河南分行流程办确定为拟向全省推广项目。三是开发“公司贷款减值准备计提系统”作为流程再造项目已在全省推广，该系统大大缩短系统测算时间，提高了测算水平。

中行洛阳分行开展金融服务进社区活动

【中小企业业务发展取得较大进展】 2011年，中行洛阳分行中小企业业务发展指标在全省系统内综合排名第一；在洛阳市大型银行中综合排名第一。新模式授信客户达到90户，超额完成省行下达的全年任务。授信余额6.59亿元，新增4.04亿元。在中小企业授信大幅增长的同时，该行中小企业资产质量继续保持良好，实现了不良率、不良余额、不良发生率、欠息率、内控案件“五零”的目标。

【运营服务效能持续提升】 2011年，中行洛阳分行积极优化运营架构，建立统一的运营服务平台。推进运营集中，以“减负网点、服务业务”为出发点，相继实现BGL账户统筹管理、调整业务及特殊业务调整管理、现金和凭证集中配送、同城清算业务集中处理、城区离行式ATM设备管理等多项业务集中，减轻一线工作压力，有力支持了业务发展。

【队伍建设】 2011年，中行洛阳分行根据干部任期交流、绩效激励约束、中智公司测评、个人申报、人岗匹配相结合的原则，开展了人力资源大调整。206人报名参加选聘，免支行级正职8人、副职14人；提拔31人，机关本部提拔充实到基层10人，基层提拔16人，本部提职5人。另外还让10名优秀青年挂职锻炼。共涉及49个机构（部门）。调整后，干部年龄结构得到进一步优化。其中“70后”增加14人，“80后”增加9人，最年轻的干部只有26岁。此外，加大本部与基层的交流力度，从本部交流到基层73人，从基层交流到本部33人。一批学历高、干劲大、年富力强且有较丰富工作经验的优秀人才被充实到不同的关键岗位上。市行本部人员由281人整合至203人，业务支持和保障部门在本部人员占比由整合前的28.11%调减至25.12%；行政管理部门在本部人员占比由整合前的32.39% 调减至21.18%，而业务拓展和产品部门在本部人员占比却由整合前的39.5%调升到了53.69%。干部队伍整体素质得到明显提高，全日制本科学历提高了3个百分点。通过测评把所有干部的优势和劣势、长板和短板进行整合和培训，使干部队伍整体素质明显提高，精气神焕然一新。

【项目授信创新】 2011年，中行洛阳分行着力推行从单一客户营销向集团化营销转变的理念，从单一产品服务向一揽子服务发展，营销效率大大提高，通过走转型发展和创新发展，在项目授信创新上取得突破。办理了全省第一笔内保外贷业务1500万欧元。争揽通达股份、隆华传热IPO以及中航锂电定向募集资金合计17.7亿元。独家成功发行洛钼集团20亿元短期融资券，成为当地最大一单发债业务，实现中间业务收入675万元。争揽3.5亿元融资租赁资金。成功牵头组建全省系统内最大总额的银团贷款，组团金额18.4亿元，截至2011年年底，中行洛阳分行代理和参与的银团贷款项目达6个，也是当地参与银团数量最多的金融机构。办理了全省首笔上市公司股权质押贷款业务，金额1亿元。

（袁绪华）

中国建设银行洛阳分行

【概　况】 2011年，中国建设银行洛阳分行（以下简称“建行洛阳分行”）各项业务持续增长，经营效益大幅提高，全口径存款、各项贷款、账面利润等代表银行综合实力的十项主要指标继续领先同业。在全省建行系统KPI考核中排名第四，等级行考核位列一类行第二。实现账面利润6.18亿元，实现考核利润5.76亿元，经济增加值3.04亿元。全口径存款突破300亿大关，余额和新增分别为314.33亿元和24.59亿元。其中，一般性存款余额和新增分别为310.75亿元和21.33亿元，企业存款余额和新增分别为124.37亿元和12.25亿元，个人存款余额和新增分别为186.38亿元和9.08亿元，同业存款余额3.58亿元，新增3.27亿元。各项贷款余额和新增分别为179.29亿元和27.52亿元。不良贷款率0.32%，下降0.17个百分点。

【经营改革】 2011年，建行洛阳分行调整完善组织架构，提升全行对公业务经营能力。全辖65个营业机构中有54个开办对公业务，实现了业务全功能服务。重组了专业服务房地产开发企业的公司经营六部，设立机构业务部，基本建立起由公司经营部、县支行、综合性支行（网点）组成的一线专业化经营机构和市分行各部门组成的支持保障体系。深入推进网点二代转型和星级网点建设，实现了28个网点的二代转型工作。通过星级网点的评定，提升了网点的综合服务能力和竞争力，切实提高了产品营销能力和客户满意度，南昌路支行和华山路支行被中国建设银行总行复验为五星级网点，洛阳分行营业部通过总行五星级网点验收，五星级网点占到全省建行的50%。深入推进财富中心（私人银行）的经营转型。自2010年9月，财富中心在全国较早地开通交易功能，财富中心经营转型持续推进，2011年实现柜面交易量3.68亿元，连续四年被评为总行财富管理先进单位，在总行财富中心向私人银行转型验收中以总分满分的成绩获全省第一名。

【金融服务】 2011年，建行洛阳分行加大服务设施投入和软件建设力度，服务面貌明显改观、服务效率明显提升、服务管理更加完善。成功购置网点项目1个,迁址装修4个，原址装修3个，网点升格为支行3个，全行网点自有率由36%提高到39%，自助银行数量达到60个，继续保持同业市场第一。在全省政风行风评议活动中，6个营业机构获得“群众满意的基层站所”，客户满意率达到100%；被评为洛阳市最具影响力银行服务品牌。

【产品创新】 2011年，建行洛阳分行克服信贷规模紧张，培育新的融资创利途径。先后成功为中铁隧道、一拖股份、中航光电研究所、中铝洛铜、轴承控股5家重点企业发行理财产品17.5亿元，并取得全省首笔中小企业信托受益权转让型理财产品1800万元的发售，培育了新的融资创利途径；国际业务先后取得10种新产品的突破和2项制度创新，新产品突破的数量位居全省建行首位，跨境人民币结算、NRA账户营销、保理保单融资、信保买断等业务在全省和同业处于领先地位，在全国建行系统创新开办了首笔碳排放交易业务；物业通电银业务产品投入使用，在全省范围内实现零的突破。

【合规经营】 2011年，建行洛阳分行深入贯彻落实省银监局“合规执行年”活动工作部署，广泛动员营造合规氛围，进行全员风险排查，培养合规行为，在洛阳市银行业合规经营知识竞赛中获第二名。首创银行业基层机构合规文化管理体系。总结、提炼、完善了华山路支行合规文化管理体系的创新实践，在全行推广应用，被省分行树为典型，在全省推广，受到洛阳银监局的肯定并在全市银行系统推广学习。

【争先创优】 2011年，建行洛阳分行大力开展党团主题实践活动和在公共服务窗口行业为民服务“创先争优”活动。举行前台党员佩戴党徽上岗，基层党支部设立党员示范岗，建立四级网络党员案防责任区，开展各项劳动竞赛。进一步深化“以客户为中心”的经营理念。通过坚持“三个面向”，做到“四个服务”，不断提升服务水平和效率，促进业务快速发展。南昌路支行党支部被中央组织部授予“全国基层先进党组织”，被中国建设银行总行授予“先进基层党组织”荣誉称号。（田博玉）

交通银行洛阳分行

【概　况】 2011年，交通银行洛阳分行（以下简称“交行洛阳分行”）全辖有17家支行，21家自助银行，29个单机服务点。交行洛阳分行实施战略转型，紧跟市场大潮变革创新，业务发展创历史新高，截至2011年年底，交行洛阳分行存款余额191.48亿元，新增32.92亿元，增幅20.77%。其中公司存款余额95.74亿元，新增18.65亿元，增幅24.19%；结算性存款余额21.67亿元，新增6.83亿元，增幅46.06%；储蓄存款余额74.06亿元，新增7.44亿元，增幅11.17%。存款增量在系统内和洛阳市同业保持领先地位，市场占比稳步上升。

【体制改革】 2011年，交行洛阳分行努力认真贯彻总行党委“加快推进战略转型、积极开展经营管理体制改革”的总体要求，以建立“强大的前台，高效的中台，集约的后台”为主要目标，成功实施矩阵式改革试点工作，完成了组织架构的调整、人员结构的优化、规章制度的梳理修订以及业务流程的再造，极大地提高了营销能力、市场反应能力和综合竞争力。一是组织架构调整到位，板块之间实现了资源共享，营销功能凸显。二是部门职责重新界定，各岗位责、权、利三者有机结合，管理职能更加清晰。三是合理使用分流的干部员工，队伍思想保持稳定。四是业务流程再造取得进展，采用一体化管理、部门流程细则，岗位整合等举措，建立起快捷通畅业务流程，后台支撑能力进一步增强。

交行洛阳分行矩阵式改革试点工作的成功实施，为总行全面推广矩阵式改革积累了经验。

【业务亮点】 2011年，交行洛阳分行成功实施了矩阵式改革试点工作，调整优化组织架构、完善业务流程，各项业务得到持续提升。一是负债业务表现突出。在严酷的市场环境下，自三季度以来，该行负债业务突飞猛进，9月底存款余额达到211亿元的历史新高，一度创下54亿元的新增纪录。二是中收和利润快速增长。实现利润4.31亿元，新增8185万元，增幅23.42%。发展贸易融资，依托战略性产品，扩大理财产品的销售，全方位、多渠道带动中间业务收入的增长。全年中间业务收入13225万元，新增6443万元，增幅95%。三是贷款业务稳步发展，小企业信贷业务表现突出。全年贷款余额135.9亿元，新增23.26亿元，增幅20.65%。其中：小企业贷款实现较快增长，在洛阳市5大国有商业银行中，余额占比和增量占比均排名第一。四是资产质量持续提升。贯彻落实“三法一指引”，合理把控贷款投向，强化贷款风险管理，加大不良资产清收力度。不良贷款余额3248万元，下降831万元，不良贷款率0.23%，下降0.12%，不良资产管理持续实现双降。五是市场占比进一步提高。存款市场占比13%，提高0.78个百分点。增幅在洛阳市同业排名第二，在五大银行中排名第一。六是争先进位业绩突出。全年该行存款增量实现历史性突破，连续多次在系统内排名第一，在同业保持领先地位。截至2011年年底，在16家重点省辖行排名第四位，在系统内排名第五位，较上年提高17个位次。

【创新发展】 2011年，交行洛阳分行加快矩阵式改革模式下配套机制的建设，强化省行支撑，推进条线化经营，建立完善营销人员进入退出和激励约束机制，调动营销团队的整体活力。创新营销方法和手段，及时把握资金变动趋势，掌握政策导向，深度挖掘重点企业发展需求的最新信息，捕捉市场新机遇，通过加强与总行子公司、境内外分行以及同业间的深度合作，多方面拓宽营销渠道。业务创新取得长足进展。以企业IPO、增发等大宗存款业务为主要营销目标，带动新型存款增长，全年创新业务带来存款10多亿元，为推动该行业务快速发展做出巨大贡献。创新能力的提升，增强了市场竞争力，还争取到更多的资源优势。

【内控管理】 2011年，交行洛阳分行结合“合规执行年”活动要求，深化内控制度建设，致力于合规意识和管理水平的提升，做到了业务发展和内控管理两手抓，质量与效益并举。

交行洛阳支行与有色院企业年金基金管理合作签约仪式

一是面向全员进行风险宣讲和案例通报，有效提高全行员工的合规意识。二是逐步构建成熟完善的内控体系，狠抓各项规章制度落实，确保合规经营。三是积极配合区域审计中心和上级行，进行“内控风险检查”“五大重点风险排查”“员工行为管控检查”等专项审计和检查工作，就查出的相关问题全面开展自查自审，制订内部审计问题管理层行动方案，并认真组织好整改落实。四是适应矩阵式改革的需要，完成规章制度的梳理和重新修定工作，为业务发展提供有效的制度保障。（交行）

洛阳银行

【概　况】　2011年，在复杂多变的宏观经济及货币政策下，洛阳银行紧紧围绕结构调整促发展的主线，准确研判政策变化及经营形势，一方面抓内部管理，强化机制创新，一方面抓业务调整，优化资源配置，各项业务保持良好的发展势头，资产负债持续增长，盈利水平大幅提升。截至2011年年末，全行总资产580亿元，增幅35%；各项存款436亿元，增幅26%；各项贷款283亿元，增幅36%；实现税前利润12.25亿元。资本充足率12.39%，核心资本充足率10.58%；不良率0.57%，不良贷款余额和不良率实现双降。

【金融改革】　2011年，洛阳银行从组织架构、业务流程入手，以“充分授权、有效监督”为原则，对异地分行、业务流程管理体制和考核机制进行了梳理，建立健全总分支管理监督及考核激励体系，初步形成步调一致的管理与被管理的机制；优化、建立总行、分行业务发展的联动机制，总行加强对区域外机构的内部制度、业务流程、基础客户、授信管理等方面进行检查，并对分行经营管理、业务进行评估，提出了指导性意见，引导区域外分行健康有序发展。

【信贷资金管理】　2011年，洛阳银行抓住年初扩大信贷规模的有利时机，积极与各级人民银行协调，按照“早投放早收益”的原则，将新增规模向贷款倾斜，新增信贷规模额度达到70亿元，较人行核定规模增加29.2亿元，超出上年全年信贷规模17.3亿元。下半年，抓住票据贴现利率震荡走高的有利时机，将新增规模向票据业务倾斜，保持票据资产较高的资金和规模占用，并在资金使用方面配合票据业务部进行波段操作，取得了较好的资金收益。年内，全行资产收益率达到1.89%，较上年增加0.42个百分点；净资产收益率30.1%，较上年增加5.86个百分点。

【资产风险管理】　2011年，严峻的宏观经济形势对银行风险防控提出了挑战。为此，洛阳银行积极推动全面风险管理体系建设，按照全面风险管理的原则，对组织架构、部门职责、管理流程进行了梳理，明确各项风险的管理体系、组织架构、职责分工、业务流程，初步建立了涵盖各类风向的全面风险管理体系。主动调整授信政策，对涉及的主要行业实行授信限额管理，进一步严控高污染、高耗能等不符合国家产业发展规划的信贷客户，防范和化解行业风险和系统性风险，逐步压缩政策性平台贷款和集团贷款。对全行信贷客户准入、综合收益、贷款管理进行评估，进一步规范分支机构的授信管理。对存量不良贷款进行了全面风险排查，对新增不良贷款进行了尽职评价，切实增强信贷人员履职尽责的能力。按照“抓重点、促全面”的工作思路，以历史遗留不良贷款为重点，积极争取政府的支持，通过依法清收、资产保全、强制执行等手段，加大不良贷款的清收力度，使一大批历史遗留问题得到解决。

【存款业务】　2011年，受央行收紧市场流动性的影响，银行存款形势严峻。洛阳银行牢固树立存款立行的理念，在调整负债结构的同时，确保了各项存款持续增长。一是狠抓对公存款的结构调整，建立大额非信贷客户存款监测台账，密切注意大额资金流向，确保大额资金不流失；加大非信贷公存大户的营销力度，大力拓展网银、票据承兑、大小额支付结算系统等支付结算手段，为客户提供优质服务，提高非信贷对公存款的占比。二是抓客户细分，建立客户档案，对客户进行分析、细分，加强对高端客户的营销力度，针对不同客户需求，提供差异化的服务，满足客户多样化需求。三是抓好储源，挖掘存款增长点。及时捕捉拆迁及城中村改造信息，紧盯拆迁保证金、赔付款等各个环节的资金流，指导支行开展工作，集中全行资源，形成上下联动营销。积极拓展代发工资业务，抓好信贷客户代发工资的同时，努力营销非信贷客户的代发工资业务。四是抓产品带动，整合个人业务品种，拓展中间代理业务，做好理财产品的开发设计，通过中间代理业务、基金代销业务、发行理财产品等，扩大储蓄客户群体，带动储蓄存款的增长。五是抓好考核激励，完善储蓄存款考核办法，通过储蓄存款配套各项费用的合理分配，调动支行在维护及营销储蓄存款方面的积极性；制定大堂经理激励考核办法，进一步明确营销储蓄客户的职责，揽存、产品销售等指标要与其工资收入挂钩，提高大堂营销服务能力。截至2011年年末，各项存款436亿元，较上年增加89亿元，增幅26%。其中，对公存款304亿元，较上年增加69亿元，增幅30%；储蓄存款132亿元，较上年增加20亿元，增幅17%。

【信贷业务】　2011年，洛阳银行坚持调结构促增长，在优化对公存款结构的同时，确保对公存款的稳定增长。区域内，通过捕捉存款信息，建立非信贷客户监测台账，加大正向激励、费用倾斜政策、下达指令性增存目标等措施，引导区域内支行积极营销非信贷对公存款；区域外，异地分行强力开拓市场，加大考核力度，优化负债结构，完善网点布局，保持了存款的稳定增长。截至2011年年末，各项贷款283亿元，较上年增加75亿元，增幅36%。按照“立足地方经济，立足中小企业，立足城市居民”的市场定位，继续加大对中小企业、社会民生、城市基础设施建设的信贷支持力度。

孟津民丰村镇银行开业庆典仪式

【私人业务】 2011年，洛阳银行推出"豫商卡"白金借记卡，大力拓展自有POS业务，发展自有商户271户，新装机具291台，POS回笼资金达到5.76亿元。全年，银行卡内存款余额26亿元，实现手续费收入380万元。积极发行理财产品，全年发行个人理财产品10期，金额9.2亿元；发行机构理财产产品2期，金额7000万元；兑付理财产品9期，兑付客户本金6亿元，留存资金余额5.7亿元。

【创新业务】 2011年，洛阳银行加大小企业信贷业务创新力度，根据客户实际需求，整合完善现有的贷款产品，逐步形成"富民宝"系列产品，并推出动产浮动抵押、循环抵押、牵制力保证等担保方式。以理财业务为核心，围绕个人客户存款、贷款、银行卡等业务需求，建立个人金融业务综合营销服务体系，将理财产品、信托产品、个人贷款产品、银行卡产品进行系统的整理和包装。

【机构建设】 2011年，洛阳银行在郑州设立1家支行，在三门峡设立2家支行，并在深圳、孟津发起设立了2家村镇银行。同时，加强对异地分行的管理、监督和指导，鼓励、引导区域外机构结合当地经济发展状况，实施本地化经营战略，促进了区域外业务的快速发展。截至2011年年末，郑州分行各项存款90亿元，实现税前利润13710万元；三门峡分行各项存款24亿元，实现税前利润4477万元。 （洛阳银行）

中国光大银行洛阳分行

【概　况】 中国光大银行成立于1992年8月，是国内第一家国有控股并有国际金融组织参股的全国性股份制商业银行。2004年，光大银行首家开办理财业务，并推出首支个人银行理财产品。2008年11月，经中国银行业监督管理委员会河南监管局批准筹建中国光大银行洛阳支行，隶属于中国光大银行郑州分行。2011年11月21日，中国光大银行洛阳分行的第一家支行——南昌路支行隆重开业。截至2011年年底，洛阳分行一般性存款余额18.34亿元，其中，对公存款余额14.69亿元，对私存款余额3.65亿元。各项贷款余额18亿元，贷款不良率保持为零。

【"母亲水窖"工程】 "母亲水窖"工程是中国光大银行一直坚持开展的公益项目。2011年，中国光大银行洛阳分行在组织员工用自己的实际行动为西部严重缺水地区献出了片片爱心的同时，利用阳光理财、信用卡等多种金融产品宣传"母亲水窖"项目，增加捐款渠道，将光大的爱心传播到社会各界，让更多的人关心弱势群体，为改善西部干旱地区群众的生存环境起到积极作用，促进社会和谐。

【阳光服务】 2011年，中国光大银行洛阳分行始终坚持用"一流的服务"理念打造一流的"阳光服务"品牌，用柜面服务系统工程积极打造"星级网点"和"星级柜员"，用专业的理财团队标识着致信于客户的"阳光理财"，通过内"诊"外"治"、多措并举，中国光大银行洛阳分行用实际行动践行了"阳光服务，天天进步"的承诺，在广大洛阳市民心中竖起"阳光理财、值得信赖"的光辉形象。

中国光大银行洛阳分行营业部"阳光服务"承诺誓言

【"合规执法年"活动】 2011年，中国光大银行洛阳分行秉承"违规就是风险，安全就是效益"的合规文化理念，深入开展"合规执行年"活动，不断提升每位员工的合规意识、风险意识，坚持合规经营。一是加强培训，不断提升员工自身业务素质，有效防范风险。要求全体员工认真学习各项规章制度，牢记并熟练掌握本岗位职责和技能，严格照章办事、坚持合规操作、坚守岗位、忠于职守、爱岗敬业，决不违规办理一笔业务，坚决抵制任何违规违法行为，坚持文明服务。二是强化教育，构建思想防线。营造积极进取的工作氛围，树立正确的价值观、法制观和从业观，对不良思想倾向查于未发，对不良行为动机止于未萌。三是细化检查，对日常工作进行有力监督。按照各项检查规定开展定期不定期检查，督促员工合规合法开展业务，及时堵塞业务漏洞，构建牢固的内控合规监督防线。四是加强宣传，形成合规良好氛围。充分发挥网络、报纸、信息栏等宣传工具的作用，开展多种形式的宣传教育，扩大内控合规管理宣传的覆盖面，提升员工的合规合法意识，营造良好的内控合规管理氛围。（光大银行）

电子汇票业务宣传

中国民生银行洛阳分行

【概　况】 2011年，中国民生银行洛阳分行（以下简称"民生银行洛阳分行"）围绕"特色银行"和"效益银行"两大目标以及做"民营企业的银行、小微企业的银行、高端客户的银行"发展战略，以"加快发展、调整结构、提升效益、精细管理、严控风险"为经营指导方针，积极应对复杂多变的经济金融形势和宏观调控政策，努力拓展市场，加快发展速度，夯实发展基础，牢固防控风险，取得良好的经营业绩。截至2011年年底，该行资产总额 42.84亿元，较上年增长9.69亿元，增幅29.2%。本外币各项存款余额41.53亿元，比上年新增8.92亿元，增幅 27.3%，增幅高于辖内中小股份制商业银行平均增幅5.42个百分点。其中，对公存款余额31.29亿元，储蓄存款余额10.24亿元，储蓄存款余额和新增均位居辖内中小股份制银行第一位。存款总额占辖内中小股份制商业银行存款总额的18.42%，较年初增长0.78个百分点。各项贷款余额31.86亿元，本年度新增10.68亿元，在洛阳同业中小股份制银行中居第二位。其中中小贷款余额7.6亿元、零售贷款余额7.67亿元。贷款总额占辖内股份制商业银行贷款总额的16.92%，较上年增长2.99个百分点。

【经营管理】 2011年，民生银行洛阳分行在信贷工作方面，突出客户结构调整带动资产结构调整，将单一客户利润贡献率和资产利润率提升作为克服资本、规模和资金约束实现信贷业务健康、可持续发展的重点来抓。全面推进绿色经济、循环经济、低碳经济信贷市场，加快洛阳市重点项目和优先发展经济区域、产业聚集区和新的经济增长点的信贷布局。积极探索以产业链为基础的连融资业务，大力推动贸易融资业务、短融、中票等新业务以及民营企业、中小企业、小微企业信贷，深度开发"商贷通"等特色业务市场。

在存款工作方面，以产品结构调整带动负债业务实现新的突破。牢固树立存款立行的经营指导思想，创新负债业务营销模式，用新产品、新思路、新举措不断开辟新的存款空间。全力开展纯负债业务营销，以组合营销、联动营销和交叉业务营销为手段，深入目标客户群营销具有竞争优势的产品，抓好老客户产品渗透的同时，积极拓展新客户市场。

【风险防控】 2011年，民生银行洛阳分行成立初始，就把依法合规经营作为立行之本，秉承"规规矩矩办银行"的经营理念，全面推进合规执行建设。按照"行为有规、授权有度、监测有窗、检查有力、控制有效"的总体要求，进一步建立健全内部控制规范，强化内控评价激励约束，完善事前、事中、事后的全过程内控管理，依法合规对违规违纪行为进行处罚，确保在全行树立依法合规经营理念，自觉确立在制度规定中求发展的意识。大力倡导内控防范责任文化，在内控有效性上下功夫，全行上下内控防范意识、防范手段和防范能力进一步提升，呈现出了经营稳健、管理提升，全员知"规"、守"规"、行"规"的良好局面。（民生银行）

兴业银行洛阳分行

【概　况】 2011年，兴业银行洛阳分行全辖有1个分行营业部、3家支行、14个离行式自助银行。全年该行以加快业务发展为主线，以深化改革为动力，以实现经营业绩、经营效益最大化为目标，严控风险，强化营销。截至2011年年末，各项存款余额达到34亿元，其中对公存款余额

兴业银行洛阳分行营业大厅

达到25.85亿元、储蓄存款余额达到8.15亿元；各项贷款余额38.72亿元，其中对公贷款余额32.62亿元、个人贷款余额6.1亿元，资产总额达到44.6亿元。负债总额达到43.14亿元，实现利润1.45亿元。

【深化改革】 2011年8月，兴业银行洛阳分行全面贯彻总行党委“关于推动分行企业金融体系专业化改革”的决策部署，落实河南省分行“关于企业金融体系专业化改革方案”，按照方案进行了相应的改革，成立洛阳分行企业金融总部，下设业务管理中心、营销管理中心、小企业中心、7家企业金融业务部。完成改革后，通过大力拓展新业务，培育新的业务增长点，加大培训力度，完善考核机制等措施大力拓展金融业务。

【服务管理】 2011年，兴业银行洛阳分行加大硬件建设和软件服务力度，先后建成开业了建设路、凯旋东路2家支行，建成开业离行式自助银行3家，使该行的网点数达到4家，离行式自助银行达到14家。为提升网点服务水平，兴业银行洛阳分行积极与咨询公司、省分行联系进行服务礼仪培训，加大对前台工作人员的培训力度；成立服务督察领导小组，加强对各营业网点的检查力度，开展员工服务行为互评，推广服务经验，进一步规范柜面服务行为；组织开展全行柜面业务技能培训、技能考试，评选服务明星支行和个人服务明星；开展“以老带新”帮扶活动；将服务质量、业务量、业务素质等纳入日常考核中，全面提高柜员业务技能和服务素质，营造良好的服务文化氛围。

在洛阳市创建办开展的“农发行暨其他股份制商业银行营业网点优质服务公众评选”活动中，兴业银行洛阳分行营业部、洛阳凯旋西路支行位列最优服务窗口第一、二名。

【合规建设】 2011年，兴业银行洛阳分行按照合规执行年的要求，组织管理部门对分行各项规章制度进行梳理，做到“有规可依”。组建成立洛阳分行合规经理队伍，为该行“合规执行年”活动打下良好的团队基础。组织全行各机构全面展开自查自纠工作，7月，对9个部门、2家机构进行了检查，检查覆盖面达到100%。组织全行员工参加法规知识考试，深入推进“合规执行年”活动。开展“赤道银行与绿色金融”主题宣贯活动，把“赤道原则”理念融入日常业务发展中，为内部风险防控工作打下坚实的基础。 （陶新智）

中国邮政储蓄银行洛阳市分行

【概　况】 按照国务院关于邮政体制改革方案，中国邮政储蓄银行于2007年3月6日在北京成立。同年12月13日，中国邮政储蓄银行洛阳市分行（以下简称“邮政储蓄银行洛阳市分行”）成立。截至2011年年底，全行零售贷款年累计净增6.26亿元，居全省第三位。资产业务不良率由年初的0.46%下降到0.31%，小额贷款不良率由年初的0.86%下降到0.75%。全年，邮政储蓄银行洛阳市分行被市委、市政府评为效能提升先进单位，当选洛阳市“十一五”建设功勋企业，行长牛为民当选洛阳市“十一五”建设功勋人物；被河南省分行评为“先进单位”，被省工商局、省邮储银行联合评为“百亿送贷优秀单位”。

【“千亿送贷”行动】 2011年，邮政储蓄银行洛阳市分行针对中小企业和“三农”的融资困境，主动和工商部门配合，建立战略合作伙伴关系，携手开展“千亿送贷进企业进市场进农村行动”，以小额贷款、小企业贷款为抓手，为中小企业和“三农”提供贷款支持。在国家宏观经济政策不断收紧，银行业信贷额度不断收紧的情况下，积极向上级银行争取信贷资源，主动为各产业集聚区内的中小企业推介小企业贷款。全年，邮政储蓄银行洛阳市分行放款111笔、2亿元，贷款结余1.8亿元。截至2011年年底，全行零售贷款结余（含小企业）15.11亿元，年累计净增6.26亿元。

【全省小企业贷款研讨会在洛阳召开】 2011年9月1～2日，中国邮政储蓄银行河南省分行在洛阳组织召开全省小企业贷款业务研讨会。洛阳市委常委、常务副市长吴中阳出席研讨会并作重要讲话。吴中阳对邮储银行在服务大局、融入地方、支持洛阳经济社会发展中所做的积极努力表示感谢，并表示将采取有力措施，加强地方信用体系建设，为邮储银行的发展创造更加优良的金融生态环境。会议要求全省各级邮储银行一是要充分认识到大力发展小企业贷款，是国家宏观政策的基本导向，是推进银行转型的战略选择；二是要采取有效措施，积极打造小企业贷款业务可持续发展机制。

【机构改革】 2011年，邮政储蓄银行洛阳市分行按照《中国邮政储蓄银行河南省分行二类支行改革具体实施方案》要求，加强与邮政企业的沟通配合，稳步推进二类支行的改革工作。截至2011年年底，该行完成金业路支行等9家二类支行迁址更名为一类支行并原址设立营业所工作，孟津县白鹤镇支行等5家二类支行原址降格为代理网点。

【毛万春到邮政储蓄银行洛阳市分行调研指导工作】 2011年2月1日，省委常委、市委书记毛万春，市委常委、秘书长尚朝阳一行到邮储银行洛阳市分行慰问干部职工，送上节日的问候和新春祝福。在听取了行长牛为民的工作汇报后，毛万春对邮储银行在支持洛阳地方经济建设和服务“三农”工作中所做出的贡献表示肯定。同时也希望邮政储蓄银行洛阳市分行继续按照全市经济工作的总体部署，以科学发展为主题，以“福民强市”为总目标，为推动洛阳经济快速发展做出更大的贡献。毛万春表示，市委、市政府将全力支持邮政金融发展，努力创造更优的发展环境。

（办公室）

河南省农村信用社联合社洛阳市办公室

【业务经营状况】 2011年，河南省农村信用社联合社洛阳市办公室（以下简称“洛阳市农信办”）是河南省农村信用社联合社的派出机构，对所辖的宜阳、汝阳、嵩县、洛宁、栾川、偃师、孟津、新安、市区、吉利、西工、开发区12家农村信用合作社联合社和伊川农村商业银行履行管理、指导、协调和服务职能。13家县级行社是具有独立法人资格的地方性金融机构，有营业网点400家，网点遍布城乡，业务辐射范围较广，全市农村信用社各项业务快速发展、资金实力不断增强、服务功能日趋完善，已成为农村金融的主力军和联系农民最好的金融纽带。

2011年，各项存款余额为362.95亿元，较年初增长66.99亿元，增幅22.63%，同比增长0.24亿元，完成省联社下达66.54亿元新增存款年计划的101%。各项存款余额占全市金融机构的14.95%，居第一位；新增存款占全市金融机构的20.08%，居第一位。全市农信社各项贷款余额247.37亿元，较年初增长45.59亿元，增幅22.6%，同比增长0.65亿元。全市农信社存贷比为68.15%，新增存贷68.06%。新增农业贷款140.71%。全辖累计发行金燕卡128万张，卡存量117万张；银行卡存款余额45.6亿元（不含POS商户存款），较年初新增15.2亿元，完成全年新增计划10亿元的177%。累计布放自营收单机具1679台，较年初新增自营收单POS机具857台，完成全年布放目标600台的143%；POS交易量167.7亿元（不含收单交易量），完成全年交易计划88亿元的191%。受理农民工银行卡特色服务交易量1.07亿元；实现银行卡收入853万元，完成全年收入目标600万元的142%。全年实现各项收入323972万元，同比增加120308万元，其中中间业务收入4483万元，同比增加780万元。实现账面净利润40024万元，实现经营利润128361万元，同比增长52233万元，增幅68.6%。

【“农信社”改革】 洛阳市吉利区农村信用社联合社以2010年3月31日为基准日申报农村商业银行。2011年4月10日，吉利联社筹建农村商业银行申请获得中国银监会批复。2011年12月5日，吉利农村商业银行挂牌开业，成为洛阳市继伊川农村商业银行之后第二家农村商业银行，也是洛阳市城区首家农村商业银行。截至2011年年底，宜阳县、汝阳县、西工区等3家农村信用社联合社组建农商行主要指标已经达标，改革组建农商行工作正积极稳步推行。

【社会服务】 2011，洛阳市农信办以《河南省农村信用社视觉识别系统》为蓝本，制作《洛阳市农村信用社营业网点建设视觉规范》，3月底前全面完成辖内400个营业网点门楣招牌的更新改造，全面提升农信社形象。改善“窗口”环境，从3月开始在全辖开展优质文明服务大检查活动，从网点（ATM、信贷大厅）外部环境、网点内部环境、员工仪容仪表及服务纪律、网点柜员标准服务质量、服务秩序、保安、是否主动营销服务等七个方面组织有关人员进行明察暗访，针对发现的问题及时下发整改通知书，限期整改，并严格督察整改落实到位情况。同时，按照市委、市政府的部署，积极开展“最差窗口单位”评选活动，对全市13家农村信用社联合社的214个网点进行检查。开展服务竞赛活动，抓住“中国洛阳牡丹文化节”“省农运会”“河洛文化节”举办的有利时机，实施“擦亮服务窗口、展示良好形象”优质文明服务竞赛活动，提升服务水平。借用户外广告、媒体宣传和自办《洛阳农信》等方式，突出农

洛阳城区首家农村商业银行开业

信社服务“三农”、服务中小企业的特色，使更多客户了解农信社，认同农信社。

【优化资产结构】 2011年，洛阳市农信办按照“总体稳健、调节有度、结构优化”的要求，加大对实体经济的信贷投放力度，进一步提高实体经济贷款占全部资产业务的比重。同时，改进和完善信贷支农方式，加大对农业项目的信贷支持力度，重点支持现代农业、订单农业、农业产业化龙头企业和规模化种植、养殖专业合作社。截至2011年年底，全市农信社农业贷款余额210.15亿元，较年初增长64.15亿元，增幅43.94%，超过贷款增幅21.34个百分点。

明确营销重点，优化信贷结构。本着“立足客户、研究客户、细分客户、服务客户”的原则，根据客户需求方向和市场环境变化而调整经营策略，整合营销资源，满足客户资金需求，不断提升对客户综合营销能力和金融服务能力。在客户选择上，明确市场定位，突出营销重点。通过各种途径和渠道，收集整理重点企业和重点项目相关信息，以支柱产业、战略新兴产业、基础产业、高新技术产业为主导，重点营销辖内龙头企业、重点项目、产业集聚区，按照“定客户、定目标、定责任、定奖惩”营销机制，加强项目库建设，促进客户结构调整。结合自身实际进行产业分析、区域分析、客户分析和产品分析为主要内容的市场调研，在市场细分的基础上，优选目标客户，制定目标客户营销目录。锁定目标客户，及时做好跟进工作，对辖区内的高端优质客户，因地制宜开展形式多样的营销攻坚活动，完善激励机制，充分调动积极性。在风险防控优先原则下，加快节奏，提高营销成效，充分发挥作为主体业务对全辖效益的支撑和对其他业务的带动作用。

认真落实国家金融政策与产业政策，围绕中原经济区建设，大力支持政府倡导的产业和项目。在巩固和优化现有中小客户群体的基础上，树立“大农业”意识，重点支持一批规模实力雄厚、资金需求量大的高端客户和优质客户。为洛阳城市发展投资集团有限公司投放贷款5亿元，支持城市建设；为万基控股集团公司的下属子公司流动资金授信1.65亿元；为洛阳龙泽焦化有限公司流动资金授信2.8亿元。推进社团贷款业务的持续健康发展，制定《社团贷款业务发展指导意见》，在全市选定200家客户作为重点营销对象，通过社团贷款业务服务一批区域内的优质客户、朝阳产业和新兴产业的排头兵，把更多的资金投向有更大潜力的客户，实现农信社由大到强的转变。截至2011年年底，全市农信系统累计发放社团贷款21亿元。

【拓展市场份额】 2011年，洛阳市农信办深入开展“清街清户”活动，对辖内客户数量、经营规模、所处行业特点、资金流量等进行研究分析，根据不同类型客户的特征、需求特点等，锁定目标客户群体，制定具体营销方案。运用“二八法则”做好客户细分，根据高端、低端客户推出不同服务，对大客户、重点客户进行重点维护。加大代发工资业务的营销力度，积极争取行政事业单位人员工资的代发，对法人类信贷客户，将代发工资作为对其信贷支持的条件之一。抓住一季度“双节”前后城乡居民收入相对集中、劳务人员返乡、行政事业单位发放奖金、商品市场交易活跃等特点，加大全员揽储力度。通过以上措施，有效促进了市场份额的扩大。截至2011年年底，农信社各项存款新增额占全市金融机构的20.08%，居第一位。加大财政专户资金存款吸收，指导存款占当地市场份额低于贷款份额的宜阳、汝阳、嵩县、洛宁、栾川等联社积极与地方政府部门沟通，争取当地政府支持，尽可能多的把财政专户开立到信用社。同时，以资产业务为切入点，着力提高对公存款综合营销能力，将信贷客户账户资金结算量与贷款利率挂钩，引导客户在信用社办理结算业务，提高客户资金归社率。对在信用社贷款余额高于其他金融机构的客户，必须要求其基本账户开立在信用社。对只在信用社贷款而没有结算业务的客户，不能增加新的信用，并压缩现有信用余额直至退出。通过以上措施，促进了对公存款大幅度增长。截至2011年年底，新增对公存款20.2亿元，占新增存款的30.15%。

【加强“三防一保”】 2011年，洛阳市农信办把安全保卫工作纳入综合经营目标进行考核。实行一票否决制，形成了安全保卫齐抓共管的局面。认真落实安全保卫责任制，层层签订安全目标责任书，明确目标，落实责任，责任到人。细化操作流程，实现安全保卫全覆盖。建立全方位的监测防控体系，依靠科技手段，充分利用监控网络，在监控联网的基础上，建立了以基层网点为基础，以县联社为支撑，以市农信办为平台的洛阳市农信社视频监控查看中心。全市农信社共建成县级联社监控查看中心13个，市农信办监控查看中心1个，基本达到对各营业场所、金库、款箱交接、ATM取款等进行重点监控。同时，推行社会守押，降低管理风险。

（韩幸福）

中国人民财产保险股份有限公司洛阳市分公司

【概　况】 2011年，中国人民财产保险股份有限公司洛阳市分公司（以下简称“人保财险洛阳市分公司”）采取进取性市场策略，全力打造网络优势、专业优势和队伍优势，积极为“福民强市”目标实现和中原经济区建设提供全方位保险服务。全年实现保费收入6.1亿元，同比增加6264万元，增长11.6%，承担风险责任1186.8亿元。积极履行纳税义务，全年上缴地方税金3842万元，代收车船税4273万元。在业务快速发展的同时，加强公司精神文明建设和企业文化创新，荣膺“省级文明单位”“洛阳市平安建设先进企业”“洛阳市财贸工会委员会先进单位”等荣誉称号。

【业务发展持续增强】 2011年，人保财险洛阳市分公司科学制定年度和各阶段发展目标及考核办法，坚持日提醒、周考核、月点评制度，及时分析研判经营形势，督导所属经营机构持续发展。全辖27个展业机构，19个提前超额完成全年任务，其余展业机构均实现正增长。重点加强产品线建设，配备精兵强

洛阳市校方责任险理赔专题工作会议

将，使产品线不仅能管理，而且能拓展市场、公关项目。全年车险保费收入5.2亿元，增长7.2%；财产险保费收入3767万元，增长5.6%；责任险和意外健康险保费收入3305万元，增长19.6%。加强与4S店的互动合作，实行4S店专管专营，4S店业务同比增长18.9%。立足于服务“三农”，全面启动农业政策性保险和农网建设“一号工程”，大力开办小麦、玉米、蔬菜大棚等保险业务，把支农惠农政策落到实处。

【服务质量显著提升】 2011年，人保财险洛阳市分公司按照总公司“服务年”活动各项工作要求，把“做人民满意的保险公司”共同愿望贯穿于工作的各个环节，努力构建大服务体系。在签单承保服务上实行全市出单统一管理模式，提高运行效能，在市区设立4个出单分中心，配备移动出单车，推出上门出单、上门送单服务，得到社会的好评。在理赔服务上及时推出“盗抢车辆上门办理理赔手续服务”“四海通行”“车险查勘四个一”等活动和车险万元以下案件1小时通知赔付等服务举措，打造洛阳保险服务的头等舱，持续提升公司的服务水平。积极开展“满意在人保”主题活动，携手人保寿险、人保健康开展“2011人保客户节”活动，提升公司服务价值。适时开展牡丹文化节和“十一”黄金周自驾游服务，使客户贴近人保、了解人保、选择人保。快速处理各类投诉案件，及时化解与客户的矛盾。同时，各经营机构结合本单位实际，开展各具特色的服务活动，客户满意度明显提高。2011年共处理各种赔案7.47万余件，累计支付赔款2.87亿元，为洛阳经济社会发展发挥了稳定器作用。

【管控能力得到增强】 2011年，人保财险洛阳市分公司严格执行保监会和上级公司各项合规规定，加强合规文化建设和合规管理，营造宽严有序的竞争环境。与各经营机构主要负责人签订党风廉政建设目标责任状，始终做到警钟长鸣、防微杜渐。加强对重点岗位和人员的管理，完善各项管理规章制度，确保公司不发生重大违规、违纪事件。加强对各经营机构的审计督察，先后对9个基层公司进行财务、业务等工作审计，确保各经营机构依法合规经营，不踏政策红线。进一步强化理赔稽查工作职能，在查假、打假、挤压水分等方面发挥了重要作用。2011年稽查案件430件，减少赔款708万元，维护了公司正当利益。按照监管部门和上级公司专项治理工作安排，进一步完善“小金库”治理、商业贿赂专项治理、反洗钱等工作机制，深入开展自查自纠，确保系统内部关键环节管控到位，有效防范经营风险和政治风险。

【企业文化凝心聚力】 2011年，人保财险洛阳市分公司深入贯彻总公司《企业文化实施纲要》，立足于公司业务发展和经营管理实践，不断丰富企业文化内涵，努力形成全员统一的价值观和共同理想，增强员工的归属感，增进公司的凝聚力。一是坚持以人为本，弘扬“关爱”精神。完善员工“关爱基金”管理制度，对困难员工进行及时救助，对员工生病住院和婚丧嫁娶进行及时慰问，为考上大学的员工子女家庭及时送去助学金，使更多员工享受到“关爱基金”的关爱。二是发挥工会的作用，为公司发展凝聚力量。坚持开展“夏天送清凉、冬天送温暖”活动，坚持为员工办实事、办好事，在决战半年目标

安全生产责任保险理赔服务

和冲刺全年任务攻坚战中，把慰问品送到业务一线，为广大员工鼓劲加油。利用现有条件努力改善办公环境，对洛阳市分公司本部办公大楼营业厅、部分支公司办公场所进行内部装修，改善公司形象。恢复职工食堂，解决员工就餐问题。隆重举行纪念建党90周年座谈会和新党员入党宣誓，坚定理想信念。举办庆“八一”乒乓球友谊比赛和转业复退老兵座谈会，重温历史，鼓舞干劲。三是加强培训教育，不断提高员工的综合素质和业务技能。把对员工的培养教育作为重要的福利待遇，通过视频、讲座、以会代训等多种灵活形式，使其在业务知识、管理技能、合规经营、展业技巧等方面得到明显提高。9月，洛阳市分公司组织全市50余名中层干部在复旦大学进行了为期7天的提升领导力培训，取得良好成效。四是加大人保品牌宣传，提升企业形象。加强与洛阳主流媒体的合作，通过广播、电视、报纸、洛阳网宣传公司品牌形象。紧扣各阶段工作主题和洛阳市“六加一”攻坚战，及时更新本部及各经营机构LED宣传内容，取得良好的社会效应，人保的品牌地位得到显著提升。（张德庆）

中国人寿保险股份有限公司洛阳分公司

【概　况】　中国人寿保险股份有限公司是中国最大的人寿保险公司，总部位于北京，注册资本282.65亿元。中国人寿保险股份有限公司洛阳分公司（以下简称“中国人寿洛阳分公司”）是总公司授权在洛阳地区开办人身保险业务的专业化公司，在9县（市）6区均设立有分支机构，服务网点遍布城乡。全市设置22个分支公司和116个乡镇营销服务部。拥有员工及营销员6000多人。2011年，中国人寿洛阳分行股份总保费收入172139.9万元，其中长险首年保费75132.4万元、首年期交保费24251万元、短险保费5544.4万元、续期保费91463万元、标准保费6705.8万元。企业年金签约609.4万元，代理财险3100万元，占洛阳国寿财险公司整体保费的30%。

【优化调整结构】　2011年，中国人寿洛阳分公司优化调整保险业务结构，一是大力发展期交业务，提高首年新业务价值。全年首年期交保费在寿险新单中的占比达到32.28%，较上年提高近5个百分点。二是大额补充医疗保险成功转型。经过反复协商争取，政府部门再次提高征缴标准和基本医疗封顶线，有效降低公司经营风险。三是团险渠道成功消化补充医疗保险转型带来的缺口。全年完成短险保费3845.2万元，其中意外险2811.9万元，完成比例107.3%。

【人寿市场份额达到34.72%】　2011年，中国人寿洛阳分公司发挥国有公司多种优势，积极进取，主动参与市场竞争，公司的市场份额达到34.72%，是位居第二的太保寿险（13.3%）的2.61倍，市场领先优势明显。

【建功立业活动成果显著】　2011年，中国人寿洛阳分公司大力开展“创新金融服务、支持经济发展”的建功立业活动，涌现出了政策性业务、理财中心等方面的先进典型。

公司的政策性业务，被誉为“洛阳模式”，受到国务院领导的关注和肯定，中央电视台进行了专访和报道，并荣获国家级企业管理现代化创新成果二等奖和总公司创新成果奖。2011年服务人群达到548.48万次，约占全市总人口的83%，受托资金9.43亿元。洛阳分公司和市公司健康保险部分别被中国金融工会和集团公司、股份公司授予“建功立业先进集体”荣誉称号。

洛阳理财中心以高素质、高绩效、高收入的“三高”理财队伍和骄人的业绩，成为全省乃至全国银保渠道的一面旗帜。2011年5月，被股份总公司授予“国寿建功立业先进集体”荣誉称号。

【员工培训】　2011年，中国人寿洛阳分公司建立兼职讲师年聘任制度，选拔聘任兼职讲师109人，专兼结合，有效整合资源，为培训工作提供了有力的师资保障。全年举办培训班132期，参训11950人次，其中市区新兵营21期、参训367人，代资考通过率达到85%。

【诚信服务和风险防范】　2011年，中国人寿洛阳分公司采取多种措施，营造柜面争先创优的氛围，全面推行柜面标准化服务。一是开展“6・16”国寿客户节活动，宣传并开展国寿“1+N”服务。二是进一步提高理赔时效和理赔质量，及时为客户分忧解难，赢得客户信赖。三是严格单证管理、印章管理，有效开展404遵循、效能监察、行风评议、反洗钱和审计工作，扎实推进银行批量转账、非年交转年交工作。四是加强财务预算管理，严控费用支出，规范各种企划支出，降低销售成本。五是发挥信息技术作用，不断完善后援支持平台。

（人寿洛阳分公司）

“便民便利、优质服务”签名活动

中国太平洋人寿保险股份有限公司洛阳中心支公司

【概　况】 中国太平洋保险股份有限公司是全国三大保险公司之一，在上海证交所和香港联交所成功上市。中国太平洋保险股份有限公司1998年进入洛阳，2000年底，经中国保监会批准，中国太平洋人寿保险股份有限公司洛阳中心支公司（以下简称“太平洋寿险洛阳中心支公司”）正式分业经营。多年来，太平洋寿险洛阳中心支公司始终把经营管理和业务发展放在同等重要的位置，不断优化经营管理模式，积极推动业务结构调整和发展方式转变，大力发展核心业务，各项业务在系统内和洛阳市场处于领先地位。2011年，坚持贯彻“推动和实现价值可持续增长”的发展理念和“以客户需求为导向”的转型发展战略，贯彻落实“突破瓶颈、聚焦营销、改革创新、客户为先”的经营指导思想，进一步细化管理，提高专业化经营水平，实现了较好的业务增长。截至2011年年底，太平洋寿险洛阳中心支公司实现规模保费收入7.27亿元，同比增长17%；实现标准保费收入5.8亿元，同比增长27%。太平洋寿险洛阳中心支公司总体市场份额增速明显，稳居洛阳市场第二名。核心业务营销期缴、银保期缴、团体意外均在洛阳当地市场排名前列。公司综合经营等级连续4年在河南分公司系统内处于最高等级3A级，在2011年度综合经营等级评定中被评为3A级第一名，被河南分公司授予2011年度“优秀中心支公司”称号。

【优化业务结构】 2011年，太平洋寿险洛阳中心支公司积极实施“两个聚焦”策略，坚持业务结构调整优化不动摇，集中精力做强做大个险期缴、银邮期缴和3个新保渠道意外险业务，在市场对标、核心业务推动、基础管理等方面得到进一步的提升。个险渠道标保增幅显著，同比增长近40%；银保、团险指标均在达成全年指标的基础上得到持续优化。全司聚焦营销、聚焦期缴，大力发展核心业务。个险积极落实“城乡两轮驱动”战略，在稳固县区业务的同时，着力拓展城区市场。在城区业务发展、区拓业务试点、个险人力增长、产创说会经营等方面，大胆尝试、创新模式，取得了令人满意的成绩。银保客户经营作为总公司和分公司的试点进展顺利，续收、满期、客户经营三位一体，在客户经营队伍建设、提升银保渠道业务价值方面成效显著。团险管理模式不断优化，在稳固安贷保和乘意险渠道基础上，建工险取得有效的突破。续收核心指标持续优化，积极落实续期收费模式转型。后援条线紧紧围绕业务发展，不断增强服务意识，提高工作效率。通过过程管控，优化流程，完善制度，不断提高管理水平。同时通过深入一线的帮扶活动，及时解决一线需求，为业务发展提供有力的支持和服务。

【加强企业文化建设】 2011年，太平洋寿险洛阳中心支公司利用多种途径和形式，积极宣导公司企业核心价值观，加强企业文化建设。在干部队伍建设上坚持“政治合格、业务精良、德才兼备、以德为先、群众信任”的基本标准，建立了一个较为完善的、系统的后备干部队伍人才培养体系，采取后备梯队干部的跟岗、轮岗及挂职锻炼的方式，加快培养选拔复合型优秀人才，对政治成熟、业务精良、有培养前途的年轻干部大胆使用，营造干事创业的良好氛围。加强培训工作，筹建了培训中心。通过一系列的培训，进一步提升内外勤员工的专业能力和销售技能，提高全员综合服务水平。公司开展丰富多彩的群众性文化活动，通过参加保险行业协会、献礼建党90周年大型红歌合唱比赛、组织公司全体党员参观西柏坡革命圣地等活动，密切了干群关系，增强公司的凝聚力、向心力，营造了良好发展氛围。广大干部员工充满了职业自豪感，广大销售队伍以公司品牌为荣，展业的积极性、主动性、自信心不断增强。

【勇担社会责任】 2011年，太平洋寿险洛阳中心支公司围绕市委“福民强市”总体目标，以规范行业行为、提高服务质量、优化发展环境为重点，积极营造和谐发展环境，自觉将自身的发展放在洛阳经济社会发展的大局中去考虑，充分发挥保险“经济补偿、资金融通、社会管理”功能，为千家万户提供了完备的保障和贴心的保险服务。积极履行纳税义务，全年上缴税款1067.79万元。在业务发展的同时，太平洋寿险洛阳中心支公司以做一家负责任的保险企业为己任，本着强烈的社会责任感和使命感，积极投身于公益事业，通过“一元关爱计划”、新农村帮扶、为福利院孤残儿童捐助、组织义务献血、为山区小学生捐赠图书和文具等多种形式，积极塑造良好的企业形象，赢得了社会认

建党90周年红歌合唱

为山区小学生捐赠图书、文具

可和客户信赖，连续2年被洛阳市文明委授予“洛阳市文明服务示范窗口”称号，被河南省人民政府残疾人工作委员会授予“河南省扶残助残先进集体”称号、被有关部门授予“洛阳市最佳保险服务机构”“洛阳市民首选十大保险品牌”等诸多称号。

【客户服务】 2011年，太平洋寿险洛阳中心支公司牢固树立“用心承诺、用爱负责”的服务理念，一切以客户的感受良好为标准，以完善规章制度、完善服务流程、完善服务标准、规范服务行为为基础，在创建优美环境和优质服务上下功夫，不断加强柜面标准化服务建设，狠抓柜面服务的各个环节。4月，完成系统P10的上线工作，大大缩短业务办理时效。8月，针对广大客户开展了“感恩·关爱·20年”大型绘画、摄影等各类主题活动，其中7幅作品获得河南分公司一、二等奖。定期开展对客户的服务拜访、回馈等活动，征询广大客户对公司服务的意见和建议。

在理赔服务方面，加强对理赔人员的培训辅导力度，提升理赔人员的沟通能力与处事能力，提高理赔时效，加强人性化管理，开启绿色通道，对外承诺“简单赔案5日结案，疑难赔案25日结案”，加大对结案率的考核，使理赔服务更加高效，年度理赔平均时效仅为2.53天；积极推动“理赔放进金鱼缸”项目，让客户全程了解理赔动态，真正做到理赔透明、公开。2011年，太平洋寿险洛阳中心支公司办理理赔案件1342件，累计理赔金额1372万元，较好地履行了保险责任。（许　静）

泰康人寿保险股份有限公司洛阳中心支公司

【概　况】 泰康人寿保险股份有限公司系1996年8月22日经中国人民银行总行批准成立的全国性、股份制人寿保险公司，公司总部设于北京。泰康人寿保险股份有限公司洛阳中心支公司（以下简称“泰康人寿洛阳中心支公司”）经中国保监会批准成立于2002年4月16日。公司自成立以来，始终坚持“专业化、规范化、国际化”发展战略，坚持“稳健经营，开拓创新”的发展方针，努力提升各项服务，勇担社会责任，致力于为洛阳父老乡亲提供专业化、高品质的寿险服务。截至2011年年底，公司机构已辐射到全市12个县、区及10个乡镇，为全市30多万家庭提供保障，并于2011年荣获“洛阳市民首选十佳保险品牌”称号。

【业务发展】 2011年，洛阳市场实现保费收入52.07亿元，整个市场同比负增长0.04%，泰康人寿保费收入4.95亿元，市场份额9.5%，居市场第四位。坚持“城区崛起、本部倍增”的营销战略。主城区人力增长迅速，由年初的80人增长至153人，并成功筹办市区二部拉动主城区人力增长，累计承保标保1483万元，同比增长2%，在册人力628人。泰康人寿洛阳中心支公司机构行政管理工作进展顺利，偃师、孟津、吉利、栾川4家机构顺利升级为支公司。

续期实收保费9128万元，同比增长20%，超额完成全年任务，新契约承保标保367万元，同比负增长2%，继续率92.59%，排名全省第三；团队人力112人，组织架构、处组数量稳定，为团队的良性、持续发展打下良好的基础。

筹备养老金分公司，并努力壮大队伍，达成规模保费3133万元，同比增长6%，其中AB类短险387万元，同比增长68%，企业年金到账2506万元，居全国第一位，两差利润达到100万元。

银保完成规模保费4.58亿元，在洛阳市场排名第二，其中期缴4465万元，洛阳市场排名第三；幸福人生完成89万元，银保续期应收保13个月继续率93.71%，银保团队营销人力114人。

【客户服务】 2011年，泰康人寿洛阳中心支公司共处理理赔案件1161件，赔款合计852.56万元。其中：个险理赔812件，医保通占比51.03%，理赔5日结案率95.98%，个险首两年非意外出险率0.052%；长期医疗险赔付率71.15%；短期医疗险赔付率42.77%。

4月，“健保通”直付式理赔系统在洛阳上线。“健保通”项目是泰康人寿针对理赔服务的独家创新，即客户在出院时即可结算理赔，客户仅需支付保险公司理赔款之外的差额即可，真正实现了“免申请、零等待”的即时保险赔付。“健保通”的投入使用，真正解决了理赔难的问题，极大地缓解了患者的经济压力，免除了客户办理理赔时往返奔波的辛苦，同时，医院借助泰康人寿庞大的客户资源，积极引导患者到医院及时合理就诊，从而实现患者、医院与保险公司多方共赢，从根本上解决理赔难的问题，转变老百姓“理赔难”的观点，可以有力的促进当地保险行业与医疗行业的快速发展，为市民提供了更好的医疗服务和保险服务。截至2011年年

泰康电影节

底，与泰康人寿合作的“健保通”医院有河南科技大学第二附属医院、吉利石化医院、栾川县人民医院、东方医院、偃师市人民医院。

电子化是公司未来运营工作的主要方向，泰康人寿以电子化的特色服务铸造公司以人为本的形象，立志成为客户身边的“移动保险管家”，让客户用最短的时间享受到最好的服务。2011年，泰康人寿推出3G电子化理赔及电子化投保项目。3G电子化理赔可以现场操作理赔申请，5分钟便可结案，大大提高了理赔效率。电子化投保服务方便客户随时随地办理保单，5分钟之内便可承保。电子化服务不仅让服务更便捷，极大地提高工作效率，更可以为客户提供简洁、高效的服务，方便客户随时随地办理业务。

2011年，泰康人寿洛阳中心支公司举办系列客户附加值活动，如电影节活动、生日同庆会、茶艺表演晚会、第十一届客户服务节系列活动等。其中第十一届客户服务节中的“寻找幸福密码——国学讲堂”及为河南电视台初选的“达人秀”活动是历届服务节中参与人数最多，规模最大的一次活动。系列附加值活动的举办得到广大客户朋友的高度赞扬，其中提出的健康时尚的生活理念得到广大客户朋友的认同。

（张璐萍）

阳光财产保险股份有限公司洛阳中心支公司

【概　况】 2011年，阳光财产保险股份有限公司洛阳中心支公司（以下简称“阳光保险洛阳中心支公司”）紧密围绕阳光集团公司的发展战略，以“一个目标”“两个行动”“五大战役”“六大专项推动”为指引，以“创百强机构”和“5・19”大会战为契机，扎实开展工作。全年实现保费收入7575.4万元，较上年增长50.68%，共接报案7997起，其中车险7910起、财产险35起、意外险52起，已决案件7675起、金额2014.69万元，及时立案率95.02%，快赔实施率99.43%，增速比行业平均高出31.63个百分点，在全市19家产险公司中排名第六位。

【业务管理】 2011年，阳光保险洛阳中心支公司围绕“成本、盈利、发展”核心主题，贯彻落实集团公司以“盈利和价值发展”为衡量标准的阳光发展观与价值观，进一步深化车险目标市场管理，全面提升业务品质，对2011版车险生命表进行测试上线，优化业务分类，合并及调整业务类别，扩大目标市场范围，促进了业务发展。

打造品质服务平台，提升工作效率。实行“一秒钟核保，一分钟报价，十分钟出单”的核保要求，致力打造高品质的承保服务平台，对出单员实行严格的考评定级，落实“真实、规范、高效”的工作原则，将出单员垂直管理和考核落到实处，通过更加明确的岗位分工，职责的细化并实行出单计件制，加快了核保速度，提升核保质量，出单速度显著加快，实现了客户满意度的最大化，以及职能水平的全面提升。严格执行监管机构的规定和行业自律规则，坚持依法合规经营，与同业共同维护市场规范。

【销售管理】 2011年，阳光保险洛阳中心支公司以完成“加速行动”计划为目标，适时制定科学清晰的销售方案与策略，把握全年销售节奏，加大销售支持力度，为业务一线提供充实而实用的销售支持工具，推进GCD工程，以客户为导向，提升销售人员的销售能力，确保全年销售目标的顺利达成。

阳光保险洛阳中心支公司坚持“业务发展，渠道为王”的发展理念，先后成立电销团队、车商团队、经代团队、重客团队、直管团队、综拓团队和银保团队，相继开展一季度“超速行动”竞赛方案，二季度加速行动之“花开富贵 舍我其谁”销售推动方案，“加速行动”之“凉爽之夏、激情拼搏”业务竞赛方案，“5・19”大会战竞赛方案、大型货车推动方案，车险价值业务推动方案，三、四季度竞赛方案和四级机构振兴计划等方案。全年，实现保费收入2507万元。

【客户服务】 2011年，阳光保险洛阳中心支公司深入开展“降赔增效、合作送修、快速理赔、客户满意”和“六大专项推动”，在行业率先推出“闪赔”服务，从5月开始，加快5000元以下案件的结案时效，在10月以后开始逐步向万元以下案件延伸，到12月中旬，事故年度纯车损结案周期达到4.84天，快赔实施率达到99.43%。

（杨超美）

信息化建设

【概　况】 2011年，洛阳市着力发挥后发优势，大力培育战略性新兴产业，全面推进信息化建设进程，信息产业快速发展。全市软件及信息产业的营业收入达30亿元，同比增长超过30%；信息产业企业数量超过350家，当年新增企业86家。信息产业在全市产业结构调整、促进经济增长中的作用日益凸显。

【信息产业培育发展】 2011年，洛阳市紧紧抓住现代服务业由欧美及沿海地区向内地转移的机遇，努力实施从“洛阳制造”向“洛阳创造”“洛阳服务”转型，把信息产业作为战略性新兴产业的重点积极培育发展，编制《洛阳市信息化总体规划》《洛阳市信息产业规划》《洛阳市工业信息化规划》《洛阳市服务业信息化规划》《洛阳市创意产业规划》《洛阳市服务外包发展规划》《洛阳市物联网产业发展战略》等有关规划，相继出台《关于大力推进信息化工作的决定》《关于实施信息服务业培育工程的意见》等一系列加快信息产业发展的政策。

市政府与河南省三大通信运营商签署战略合作框架协议，三大通信运营商计划5年内投资112亿元，用于改善城市信息基础设施。洛阳市举办“在京IT界河南籍高端人士新春恳谈会”“信息产业——龙门会”“中国（洛阳）电子商务大会”以及不定期的信息产业相关高峰论坛等活动，通过组织一些重大活动，向社会宣传洛阳市大力发展信息产业的决心，同时也征求省内外IT界专家对发展信息产业的合理化建议。

市委、市政府在产业优化资金中设立信息产业发展专项资金1000万元，用于支持信息产业发展，全年奖励信息化企业14家。涧西区、西工区、洛龙区、经济开发区相继出台政策并设立500万元信息化专项资金。

【重点项目建设】 2011年，洛阳市以打造中西部重要信息产业基地为目标，加快实施推进信息产业重点项目建设，开工建设十大重点项目，即投资100亿元的科技城产业园项目、投资40亿元的中国移动（洛阳）呼叫中心项目、投资32亿元的炎黄科技园项目、投资28亿元的移动终端产业链基地项目、投资24亿元的数据动漫产业园项目、投资10.5亿元的景安IDC产业园项目、投资11亿元的大学科技园（一期）项目、投资10亿元的洛阳恒生金融外包产业园项目、投资7亿元的北航科技园项目和投资5亿元的洛阳863电子商务产业园项目。

【信息产业专业园区】 2011年，洛阳市确定工业智能与机器人产业、信息通信与移动互联网产业、服务外包产业、软件及信息服务产业、创意产业与虚拟博物馆、云计算与数据中心产业、信息技术教育培训产业作为全市信息产业发展的方向和领域，重点培养做大做强。洛阳市先后创建省级“呼叫中心产业园”“信息通信产业园”“云计算和互联网数据产业园”等专业园区。共规划了科技城产业园、863电子商务产业园、恒生金融外包产业园、信息通信产业园、炎黄数据处理产业园、云计算和互联网数据中心产业园、移动智能终端产业园、数据动漫产业园、大学科技园、洛阳软件园、信息科技城、北航科技园十二大信息产业专业园区，总规划面积20平方千米，总投资超过300亿元，预计可提供就业20万余人。已吸引中国移动（洛阳）呼叫中心项目、平安保险呼叫中心、中国万网呼叫中心、用友软件、金蝶软件、四川华迪、教育部ITAT培训中心等国内知名企业落户园区，为产业集聚区发展打下基础。　（工信局）

电子政务

【《洛阳市电子政务“十二五”发展规划》出台】 市政府出台《洛阳市电子政务“十二五”发展规划》的通知。

规划包括以下内容：规划背景、发展趋势、指导原则与发展目标、总体框架、主要任务、保障措施等。

市政府信息中心制定规划的同时也形成了《洛阳市电子政务战略规划研究报告》《洛阳市服务型电子政务顶层设计研究报告》两个项目成果。

【电子政务网络建设和网站群建设管理办法】 2011年2月23日，经市政府第四次常务会议审议通过，洛阳市出台了《洛阳市电子政务网络建设管理办法》和《洛阳市政府网站群建设管理办法》。其中：《洛阳市电子政务网络建设管理办法》包括总则，电子政务网络建设，电子政务网络安全保障体系建设，电子政务网络接入，运行、维护和管理，附则，共6章，29条。

《洛阳市政府网站群建设管理办法》包括总则，组织管理，网站建设和管理，信息发布和内容保障，互动交流，网上办事，考核和培训，安全保密，附则，共9章，33条。

上述两个办法的出台，对提高电子政务建设管理水平，促进政府信息化建设具有重大的现实意义。同时也避免各级各部门盲目建设、重复建设造成的资金浪费，有效地保障了市电子政务建设平稳健康的发展。

【统一电子政务平台建设完成并投入使用】 2011年4月6日，洛阳市统一电子政务平台完成初步验收。

该项目包括短信专线、语音专线建设，应用服务器、语音服务、短信服务器、VPN设备、CA设备部署，软件应用系统上线。经过阶段性试用，政务办公中使用较多的政务门户、政务邮件、信息报送、会议管理系统正式投入使用。同时，市政府信息中心对市直各委（局、办）举行3期培训，约97个单位和科室、200余人参加。

【电子政务外网系统整合建设项目顺利完成】 2011年3月起，洛阳市根据省政府办公厅《河南省政府网站电子政务外网整合建设情况和意见》和省发改委《河南省电子政务外网系统项目管理有关要求》的指示精神，进行了全市电子政务外网系统项目建设。

项目实施过程中，按照《国家电子政务工程建设项目管理暂行办法》、《河南省电子政务工程建设项目管理办法（试行）》的有关要求，严格执行招标投标、政府采购和合同管理制度，并确保项目按省定时间和目标完成。各县（市）、区根据省信息中心《河南省电子政务外网系统项目技术框架》指示，于2011年8月前陆续完成了设备采购和项目实施工作。至9月中旬，各县（市）、区陆续实现了与省级、市级平台互联互通，并递交测试报告和互联方案。至此，洛阳市实现了省、市、县三级网络覆盖，电子政务建设向前迈进了一大步。

【电子监察系统搭建完成正式投入运行】 2011年10月9日，洛阳市电子监察系统完成平台搭建，正式投入运行。洛阳市电子监察系统依托市电子政务网络，设立实时监控、预警纠错、投诉处理、绩效测评、统计分析、信息服务等6个模块，在市电子监察监控中心，可实时对全市范围内的行政审批项目进行监控。

该系统建成后，可采集市行政服务中心和8县1市7区办事大厅、3个乡镇街道便民中心、1个社区便民中心，以及市公安局车管所、市财政局政府采购中心、市区国地税办税大厅、市住房公积金管理中心服务大厅等94路视频监控点，实现市县两级联网。同时，可对洛阳市49个市直部门的496个行政审批项目全部实现电子监察。

【市政府机关领导干部电子政务培训班】 根据2011年市政府第四次常务会议有关工作安排，市政府信息中心于5月19～20日，在市委党校多功能会议室举办了市政府机关领导干部电子政务培训班。培训对象为市政府各部门及有关单位分管政府信息公开与电子政务工作的领导和主管该项工作的科室负责人（主任）。培训内容包括：领导干部在信息化中的价值和作用、电子政务规划与服务型电子政务、无线城市的发展与未来。参加本次培训班的有64个单位，共128人。

【洛阳市电子商务示范园区揭牌】 随着互联网的快速发展，传统的交易模式已经无法满足市场需求。为促进企业经营理念和经营模式的转变、创新，2011年3月8日，由洛阳市工业和信息化局主办、洛龙区工业和信息化局承办的“洛阳市电子商务示范园区”在关林商贸城举行授牌仪式。“洛阳电子商务示范园区”具备信息发布、资讯收集、电子商务等功能。电子商务进入市场打破了传统的关林市场经营模式，对提升关林市场档次、壮大市场规模、拓宽市场流通渠道、繁荣商贸经济将产生巨大推动作用，同时也促进了商户经营理念和经营模式的改变。关林市场成为“电子商务示范园区”后，将逐渐摆脱三轮车、架子车进货，现金交易等传统交易模式，电子商务示范园区内的企业利用网络技术，建立电子商务网站，面向国内外宣传推广洛阳企业和产品，使关林市场成为洛阳市综合性网上批发商城。

【洛阳市旅游局携手洛阳移动打造无线旅游平台】 2011年，洛阳市旅游局携手中国移动通信集团有限公司洛阳分公司成功打造了无线旅游平台。该平台依托洛阳无线城市平台，可以为广大游客提供全方位旅游服务。包括吃、住、游、购、娱信息，以及龙门、白马寺等17家景区手机语音导游服务，移动用户利用积分或话费可直接购买国花园、神州牡丹园等17家景区的手机电子门票，同时通过手机可观看4家牡丹景区实况，使用手机电子优惠券参观郁金香花园和隋唐城遗址公园，即可享受优惠门票价格，在为游客提供便利、快捷的旅游服务的同时，也给游客带来了牡丹文化节不一样的信息化体验。

无线旅游平台各项信息化应用及业务为游客提供了WEB、手机WAP、手机客户端等3种接入方式：WEB方式：登录官方网站www.lywxcs.com；WAP方式：手机登录wap.lywxcs.com；手机客户端拨打**0379#通过链接下载。

【景区电子门票助力洛阳无线旅游】 2011年，洛阳市在全市17个景区（点）推行了手机电子门票。通过扣除手机积分或话费即可实现折扣购票。省内移动用户不用排队买票，拨打10086扣减相应的手机积分或拨打12580扣除相应话费后即可收到系统发送的二维码电子门票，门票以彩信形式下发至用户手机，彩信包括所兑换景点的景区介绍、行车路线以及二维码电子门票等内容，只需在景区二维码终端上用手机轻轻一刷，即可畅游洛阳。手机电子门票不仅价格优惠，而且使用起来简单、快捷。洛阳市开通电子门票服务的景区有：国家牡丹园、国际牡丹园、神州牡丹园、中国国花园、郁金香牡丹花园、木札岭、千唐志斋博物馆、黄河小浪底、龙潭大峡谷、白云山、天池山、神灵寨、养子沟、伏牛山滑雪场、汉光武帝园陵、老君山和关林。（陈朝晖）

邮　　政

【概　况】 2011年，洛阳市邮政局辖偃师和宜阳、嵩县、洛宁、新安、伊川、汝阳、栾川、孟津1市8县邮政局；服务总面积1.52万平方千米、服务总人口684.66万人，局所平均服务面积81.72平方千米、服务人口3.5万人。分设18个生产机构和1个附属企业清理办公室。年末在岗职工563人，其他用工609人。全区共有邮政局（所）185处、邮储联网网点149处、信箱信筒453个、ATM自动柜员机71台、邮政车辆185辆、邮路63条，总长4413千米，城市投递段道227条，总长3530千米，农村投递线路13223千米。

2011年，洛阳邮政实现系统收入6.30亿元，较上年增长29.99%。其中，邮政企业实现收入3.9亿元，较上年增长7.41%；邮储银行实现收入2.04亿元，较上年增长57.81%；速递物流公司实现收入4397万元，较上年减少4.83%。邮政企业全员劳动生产率13.8万元。邮政服务质量综合满意度84.8分。

【邮政能力建设稳步推进】 2011年，全市邮政系统在基础设施建设方面，改造城市金融网点8处，购置城市精品网点8个，新建、改造农村邮政支局所16处。在连锁服务能力建设方面，累计建成村邮站1700个，连锁超市1395个，邮政仓储物流中心2个，直营店2个。在网络能力建设方面，着力打造投递综合经营管理平台，新建信报箱2.3万户，补建信报箱6.2万户，累计建成信报箱总户数35.1万户，市区成立6个揽投部，21个揽投站，102条揽投段道按照“派三揽三”服务频次组织运营，大大缩短上门揽收时间，加快了市场响应速度，使洛阳邮政服务社会、快速发展的能力得到明显提升。

【“审美回归”人民美术学术交流展暨瑞兔华年生肖邮品发行仪式】 2011年1月6日上午，“审美回归”人民美术学术交流展暨瑞兔华年生肖邮品发行仪式在洛阳举行。此次画展由人民美术网、港澳台美术报、河南省邮政公司联合主办，以“审美回归”为主旨，共展出著名作家、画家、人民美术网总编辑李人毅，著名学者、画家、人民美术创作院院长李德哲等人为主的中国画作品50多件，是《人民美术》学术交流泉州画展后的再次集结奉献。本次展览开幕式上，还同时发行了瑞兔华年生肖邮品。该系列邮品以兔年邮票为切入点，结合兔生肖吉祥、平安的美好寓意和文化内涵，采用邮折、邮册、摆件等多种形式，将邮品的珍藏性与知识性合为一体。中国美协中国画艺委员会秘书长、著名书法家孙克，人民日报社文艺部主编常莉，国家画院文艺交流中心主任胡宝利，省邮政公司副巡视员郭洪杰，省书协副主席王鸣，市领导王全乐、郭丛斌、白志刚、杨炳旭，以及来自全国各地的知名画家、学者出席了活动。

【洛阳邮政春耕助农行动在伊川启动】 2011年3月16日，洛阳邮政春耕助农行动在伊川县鹤鸣广场隆重举行，伊川县各乡镇农民代表200余人参加了启动仪式。启动仪式上，洛阳邮政局向伊川县捐赠20吨扶贫农资，并组织“测土配方”服务队、“科技讲座”服务队、“试验示范”服务队、“文化下乡”服务队奔赴农村一线开展服务活动。活动期间，组织无偿测土配方60场次、科技讲座120场次、文化下乡40场次。该活动得到社会各界广泛关注，《中国邮政报》、洛阳电视台等新闻媒体予以报道。

【投递员张建武被评为“感动洛阳”十大年度人物】 2011年1月28日，在2010年“感动洛阳”十大年度人物颁奖仪式上，栾川县邮政局山区投递员张建武以129286张选票当选为2010年“感动洛阳”十大年度人物，被誉为“飞入山间千万家的信鸽”。张建武是栾川县邮政局深山区投递员。自参加工作起就一直负责栾川县陶湾和赤土店两个乡镇的投递工作。10年来，他认真学习邮政业务，爱岗敬业，在平凡的邮政岗位做着不平凡的事情。张建武是洛阳邮政近年来涌现出的众多先进典型中的代表，他充分展示了洛阳邮政人真学真干、积极进取、创业兴业、关爱社会的时代风采。

【拟山园帖暨王铎故里·文化孟津邮票珍藏册发行】 2011年4月15日，孟津县邮政局在王铎书法馆隆重举行拟山园帖暨王铎故里·文化孟津邮票珍藏册首发仪式。此举对宣传孟津，弘扬孟津厚重文化，加快创建书法之乡步伐，促进孟津经济崛起起到积极的作用。

【代收农电费项目成功试运行】 2011年，偃师市邮政局通过与电力部门的攻关与协调，与电力部门签订了合作协

洛阳邮政春耕助农行动启动仪式

议，于5月21日成功试运行，成为全市第一个在村邮站开办代收农电费业务的县局。全市全面开通代收农电项目后，每月可增加电子商务收入10万余元，年收入可增加120万余元。

【孟津邮政小麦万亩示范方喜获丰收】 2011年 6月10日，孟津县邮政万亩示范方内的小麦收割工作开始有序进行。由孟津县多位高级农技师和农业专家联合组成的孟津邮政小麦万亩示范方测产验收组实地测产，孟津县邮政小麦万亩示范方亩均产量预计604.3千克，比相邻地块的非示范方增产65.6千克，全面实现了高产目标。邮政万亩示范方的试验成功进一步增强了邮政品牌的影响力，赢得农户对邮政的信任。

【洛阳邮集在全国专题集邮邀请展上获银奖】 2011年6月18～21日，在北京举办的“纪念中国共产党成立90周年——北京2011全国专题集邮邀请展”上，洛阳市参展的邮集获银奖。这次邮展是新中国成立以来北京市举办的最大规模的专题邮展，河南省共有4部邮集参展，其中洛阳市3部，分别为沈潮的《城市公交》、王世敏的《桥》和吴启亮的《龙门石窟》。

【牡丹文化邮票开发研讨会】 2011年6月23日，洛阳邮政局在新区集邮创意园召开牡丹文化邮票开发研讨会。研讨会围绕牡丹文化和河洛文化，将“千姿”牡丹由品种拓展至绘画风格、艺术形式等领域，与牡丹绘画艺术、牡丹摄影艺术、牡丹书法艺术、牡丹剪纸艺术、牡丹雕刻艺术等充分融合，共同探讨了如何更好地将牡丹文化与邮票充分结合，以合适的邮票表现形式恰当地彰显洛阳牡丹特色文化，打造既凸显洛阳牡丹的地域特色，又极具邮票艺术之韵味的牡丹邮票精品。此次研讨会，为洛阳邮政局继续以牡丹为媒、以邮票为载体宣传洛阳城市形象，提升洛阳旅游产业，丰富拓展河洛文化奠定了的基础。

【“爱心包裹”捐赠仪式】 2011年6月29日，由洛阳市扶贫开发办公室、市工商业联合会和洛阳市邮政局联合举办的洛阳市“真情报党恩”系列活动之“爱心包裹”项目2011年向贫困地区及革命老区学生关爱行动捐赠仪式在洛阳局举行，市工商联主席安石柱，市扶贫办组长姚建芳和洛阳局副局长程豪岭出席仪式。部分捐购爱心包裹的企事业单位代表、各界爱心人士、洛阳新闻主要媒体等150余人参加捐赠仪式，现场30多家爱心企业共捐赠爱心包裹51.685万元。爱心包裹项目是中国扶贫基金会于2009年4月26日发起的一项全民公益活动。“爱心包裹”启动两年来，全市累计通过180多个邮政网点捐赠学习型爱心包裹22064个，学校型爱心包裹639个，共募集捐赠款284.54万元，惠及2万多个灾区学生和600多个贫困学校（受灾家庭）。2011年“爱心包裹”项目以纪念中国共产党成立90周年真情报党恩为主题，从4月19日启动至今，洛阳市共通过邮政网点捐赠爱心包裹57.025万元，可惠及5700个贫困学生，部分爱心市民还通过“拉手网”洛阳团购网站捐购了1469个“爱心包裹”。捐赠仪式上，市扶贫办、市工商联、市邮政局领导和捐赠单位代表还向受捐学生代表发放了“爱心包裹”。受捐学生代表表达了对爱心人士的深深谢意，表示要好好学习科学文化知识，使自己成为一个爱党、爱国、爱人民的革命事业接班人。

【举办“西点特训营—执行力”大型培训】 为全面提高员工素质，打造企业高效执行力鹰团队，全面促进洛阳邮政快速、健康发展，洛阳局于8月12～14日联合深圳中旭企业管理股份有限公司共同举办了“西点特训营—执行力”大型培训活动，市局局长程峰，副局长王俊玲、程豪岭和全区副科级以上领导干部、原始本科及以上大学生，市局管理岗、支局长、生产班组长及客户经理等近300人参加了本次培训。通过三天的授课和分享以及中旭讲师文有明深入浅出的引导和交流，让参训人员深刻意识到自己的不足，叩响了参训人员内心的天花板，为洛阳局下一步突破瓶颈增速发展打下了良好的基础。

【洛阳市荣获“全国集邮文化先进城市”称号】 2011年11月11日，在无锡举办的中国2011第二十七届亚洲国际集邮展览在无锡隆重开展。展览会洛阳和南京、广州、深圳、苏州、青岛等18个城市被授予“全国集邮文化先进城市”，洛阳市是河南省唯一获此称号的城市。全国集邮文化城市创建评选活动由中宣部、文化部、教育部、中央国家机关工委、国家邮政局、中国邮政集团公司、中华全国集邮联合会共同举办，旨在通过开展集邮文化活动，为当地文化建设搭建交流平台，丰富大众文化生活，促进推动社会文化大发展、大繁荣。

【第56期大河集邮论坛】 2011年8月25日，由大河报社、省集邮公司、省集邮

洛阳市被授予“全国集邮文化先进城市”

协会主办，市文物局、市集邮协会和洛阳邮政局承办的第56期大河集邮论坛隆重举行。论坛以“邮苑颂武圣、华夏万古传”为主题，以“关公与洛阳”为主线，专门邀请省内知名教授、专家等参与研讨。论坛上，郑州大学教授、人文学者、民俗专家高天星，著名邮票设计家、河南省集邮公司艺术总监刘钊等围绕关公俗信文化、关公与洛阳的文化渊源、关林朝圣大典活动及关公邮票设计及印刷亮点等主题做了精彩讲解。洛阳市邮政协会骨干及集邮爱好者150余人参加了此次活动。

【《关公》特种邮票在洛阳关林国际朝圣大典上隆重发行】 2011年9月19日，2011年中国洛阳关林国际朝圣大典在关林广场隆重举行。开幕式上，省邮政管理局局长杨汉振和洛阳市人大常委会副主任李柳生共同为《关公》特种邮票揭幕，此次发行的《关公》特种邮票共1套2枚、小型张1枚，分别是《千里单骑》《夜读春秋》和《关公像》。《关公》邮票是继“龙门石窟”“小浪底”“白马寺”之后，洛阳市又一文化题材荣登国家名片，对宣传洛阳关林、提高关林的知名度、弘扬关公文化，具有重要意义。（李红宇）

通　　信

·中国移动通信集团河南有限公司洛阳分公司·

【概　况】 中国移动通信集团河南有限公司洛阳分公司（以下简称“洛阳移动”）是洛阳市专注移动通信领域全业务的电信类运营企业，主要经营移动话音、数据、IP电话、多媒体和互联网等业务，拥有“全球通”“神州行”“动感地带”“移动之家”等知名品牌，用户号码段包括139、138、137、136、135、134（0至8号段）、159、158、150、151、152、187、188。2011年，洛阳移动秉承“正德厚生，臻于至善”的核心价值观，以“移动改变生活”为战略远景，积极探索创新型增长模式，在保持国有资产增值的基础上，运营效益稳步提升。截至2011年年底，洛阳移动电话用户总数达到376.78万户，网络交换容量达到645万户，上缴国家税金达到2.72亿元，网络覆盖率高达99.9%，网络运行质量始终处于全国前列。

【网络质量提升】 在2010年洛阳成功入选全国9个“3G（TD-SCDMA）网络领先试点城市”的基础上，2011年，洛阳移动通过创新工程施工手段和方案，加快工程建设，新建TD基站684个，在全国率先完成建设任务，全部达到集团规定的开网标准并投入运行，实现洛阳8县1市6区城区及县（市）、区至市区主要道路沿线网络的连续覆盖。同时，洛阳移动着力落实“四网协同”发展战略，增强网络全业务支撑能力。新建2G基站464个，网络能力持续增强，GSM网络质量全面领先。深入开展网络质量提升活动，加快网络优化整治，确保优质高效的网络运行质量，GSM网络接通率达到99.4%。

【扩大“两个份额”】 2011年，洛阳移动充分挖掘新客户、新话务、新业务潜力，不断扩大对个人客户的“生活服务份额”，多项新业务实现规模发展，改变着市民的生活方式。Mobile Market（移动应用商场）累计下载次数达到1117.71万次，已成为全球最大的中文应用商店。12580信息服务使用用户达到46.25万户，洛阳手机报用户数突破10万户，数据业务流量较上年同期增幅69.12%。同时，洛阳移动积极拓展新领域、探索新模式，不断扩大对社会各行业的“信息服务份额”。全市统一电子政务平台已覆盖所有县（市）、区政府，122家单位、5000余名公务员。移动执法、警务通、铁路叫班、校园一卡通、医疗查询应用等系统的应用为公众的生活带来更多便利，为行业发展创造了更高的效率。

【“无线城市”项目】 自2010年洛阳市“无线城市”项目启动以来，洛阳移动紧紧围绕“政府主导、市场运营、资源共享、以点带面、逐步推进”的建设模式，依托3G网络建设，加快综合信息化应用项目建设。2011年，洛阳移动在无线城市平台、无线政务平台、无线便民平台、无线旅游平台等八大平台相继投入使用的基础上，重点以行业应用和民生应用为建设主线，完成WAP、WEB、手机客户端3大门户平台建设，完成了政务、交通、娱乐、公共事业等10大类190余项信息内容引入，推出公积金、交通违章、物价信息查询、高速监控、手机支付（水、电、燃气费）、餐饮、电影优惠券免费下载等便民服务举措，同时结合洛阳特色，推出手机看牡丹、景区电子门票、手机导游等特色栏目，进一步推动了全市信息化建设进程。

【客户服务】 2011年，洛阳移动深入开展“为民服务、创先争优”活动，大幅下调38个国家和地区的国际漫游资费，最高降幅超过80%；持续推进“两城一家”、全球通统一套餐等25项服务举措，使得部分套餐的资费降幅高达40%以上；推出“业务扣费主动提醒”和“增值业务0000统一查询退订”举措，优化客户账单、详单信息，进一步围绕客户消费的全过程，建立起覆盖客户整个生命周期的、全流程的“透明消费”服务体系，真正让客户明白放心消费。进一步加强与政府主管部门的沟通合作，不断强化垃圾信息治理专项工作，维护行业绿色通信环境。深入开展12582农信通服务，推进平台建设和服务升级，为返乡农民工提供务工信息服务，促进农村地区发展。加快电子渠道建设，大幅提升电子渠道业务办理量，通过“示范营业厅”建设，打造标准、规范、统一的窗口新形象，窗口服务满意度达到99%以上；积极推广“VIP管理支撑系统”，成立国内首个全球通VIP俱乐部高铁贵宾厅，客户满意度连续9年行业领先。

【移动项目建设】 2011年，洛阳移动加大项目投资建设力度，积极争取上级投资加大基础设施改善和服务工作，对拉动洛阳市经济发展做出了积极贡献。

作为洛阳呼叫中心产业园区首批入驻的核心项目，中国移动河南公司2000座席客户服务中心（洛阳）项目2011年

手机电子门票，轻松穿越景区门闸

12月投入运行，该项目总投资约5.6亿元，占地面积约83亩，建筑面积10万平方米。

全年累计完成固定资产投资约6.7亿元，先后完成GSM网络15B、16A工程及配套设施建设，重点强化市区、县城及重点乡镇的网络覆盖状况，进一步优化全市的移动通信体系，改善了移动通信质量。

总投资1500万余元，完成洛宁分公司生产楼等项目建设。完善了通信基础建设。

【履行社会责任】 2011年，洛阳移动在自身发展的同时，全面履行企业社会责任，多次为重大活动、自然灾害提供通信保障，为地方经济建设做出了重要贡献。

信息惠农促发展。通过与政府、金融企业三方联合，加快农村服务阵地建设，促进农村商品流、信息流、资金流“三流”的融合和顺畅运转，利用信息通信技术优势，着力构建“农村通信网”“农村信息网”“农村营销网”，为广大农民和农业生产流通企业提供高质量的移动通信服务，使他们“用得上、用得起、用得好”移动电话和移动信息服务产品，足不出村就能方便办理移动业务，开创新农村建设的新局面。

真情帮扶暖人心。联合洛阳市妇联举行“洛阳移动温暖100——爱心献春蕾，真情一帮一”活动，帮助家庭困难学生顺利完成学业，勇担企业社会责任。

优质服务担责任。联合市妇联开展社区体验活动，与团市委、高校大力开展大学生创业及集团服务月等活动，积极跟进在建项目，提供优质服务，践行企业社会责任。

重大活动保畅通。全年共开展各项应急预案演练20次，圆满完成第二十九届中国牡丹文化节、农运会、河洛文化节等大型经济、政治、文化活动的通信保障。 （王旭光）

·中国联合网络通信有限公司洛阳市分公司·

【概　况】 2011年，中国联合网络通信有限公司洛阳市分公司（以下简称“洛阳联通”）是中国联通的分支机构，主要经营移动电话、宽带及拨号互联网接入、本地固定电话、无线市话（小灵通）、国内和国际长途电话、数据通信、网络元素出租、电视电话会议等综合性电信业务，并能够为用户提供前所未有的资讯、娱乐、商务、生活等信息服务。以提升市场份额为目标，以突出效益增长为导向，务实推进各项工作，取得较好成效。全年业务收入突破10个亿，完成全年预算进度的101.6%；业务发展再创新高，移网新增市场份额首次超过主要竞争对手；信息化应用市场快速拓展，集团客户市场拓展成效显著，集团客户收入完成预算123%，纵向考核指标全省第一；网络实力全面增强，3G网络实现县城以上和主要景区、高速公路全覆盖，呈现领先优势，3G网络质量位列全国同类城市第一位；2G实现广域覆盖，网络实力与主要竞争对手基本持平，部分县区甚至超过主要竞争对手。3G VIP服务体系有效建立，形成了服务领先优势，制度体系，为服务质量的持续改善和提升奠定了基础。企业管理持续加强，业务流程、管理制度、用工机制、营销模式等实现了初步的创新和转型。本年度，洛阳联通荣获“河南省先进基层党组织”“全国模范职工之家”等称号。

【信息化应用】 2011年，洛阳联通以行业应用“5+2”为抓手，大力拓展信息化应用市场，签约了“巡防通”“警务通”“全民健康信息化联网工程”“移动采编”等一批有影响力的信息化项目，其中“沃·商务拓展大赛”作为河南省唯一一个入选案例，荣获“2011年中国联通中小企业客户营销案例策划优秀奖”。

【渠道建设】 2011年，洛阳联通大力开展渠道建设，引进全国战略渠道3家，省级35家，地市级14家，建设门店近百个，新建社会渠道600余个，完成16个转型试点厅的改造工作。电子渠道使用用户增长152%，渗透率达到29.98%，全省排名第二；交易额较上年同比增长189%，其中3G销量排名全省第一。电话营销渠道销量增长110%。

【网络支撑】 2011年，洛阳联通建设GSM基站、WCDMA基站500余个，组建了河南联通首个交换机容灾网络MSC POOL；建设室内分布系统近千个站点，WLAN站点200余个，3G网络质量列全国同类城市第一位。开展宽带升级提速工程及宽带光纤技术升级改造工程，新建、扩容宽带端口10万余个，利旧DSLAM宽带端口1.3万个。持续开展市区、农村、室内分布专项优化，移网投诉率由上年的8.42例/月/万户下降到6.42例/月/万户，移网故障投诉率同比下降7.3%。

【客户服务】 2011年，洛阳联通以关注客户感知、贯穿全程、覆盖全员为原则，完善服务质量管控体系，强化责任认定，提升服务水平。抓好服务短板，推行营业服务“零容忍”活动，提升服务水平。完善3G维系体系，全面调整启用移网个人VIP客户分级服务标准，发展俱乐部商家30家，开展俱乐部活动10余次，有效增加VIP客户的自豪感和归属感。

【2011“沃·商务”实战拓展大赛】 2011年4月7～10日，洛阳联通作为河南省联通公司先行试点之一，成功举办2011“沃·商务”实战拓展大赛。此次大赛是河南联通对商务楼宇，专业市场，工业园区“整楼、整市场”拓展的有效探索，能够全面提升一线人员的销售能力和战斗力，确保快速占领市场，大力提升市场份额。

【首届平安圣诞COSPLAY大赛】 2011年12月24日，由洛阳联通主办的平安圣诞COSPLAY大赛在工人俱乐部举行。此次COSPLAY年度盛典专门邀请了香港COSPLAY名角“地狱蝴蝶丸”与来自洛阳市的12个社团的动漫达人同台演出。首届平安圣诞COSPLAY大赛作为动漫节的热身，将为洛阳联通承办洛阳市动漫节活动奠定基础，同时也为手机游戏、校园营销营造良好氛围，并有效巩固联通主导通信运营商的形象。 （联通）

·中国电信集团公司河南省洛阳市电信分公司·

【业务品牌】 2011年，中国电信集团公司河南省洛阳市电信分公司（以下简称“洛阳电信”）统筹做好移动网与固网协同发展，以宽带、中高端、大众移动市场三项重点业务为抓手，做好考核评价激励机制、培训体系、资源配置、信息系统四项支撑，不断提升执行能力，实现了用户规模和业务规模的双增长，整体业务收入稳居全省前列。其主要品牌包括天翼、天翼e家和天翼飞Young。

天翼 有效填充了中国电信全业务运营的内涵，进一步深化“综合信息服务提供商”的企业品牌定位，其数据业务优势进一步强化中国电信在互联网领域的差异化优势，并不断通过丰富的游戏、娱乐、影音、社区群体等互联网应用，让客户体验“科技创新、自信、时尚活力”的品牌个性，更好满足广大客户特别是中高端企业、家庭及个人客户的综合信息服务需求，成为“领先一步、掌握未来”的信息时代先锋。

天翼e家 是中国电信全新升级的家庭客户品牌，全面融合了最优质的信息通信产品，将更好地为广大市民提供家庭信息服务解决方案，一站购齐，全家共享。

天翼飞Young 是中国电信面向校园学生用户以及校外年轻群体推出的3G套餐，突出手机上网、WiFi上网、短信等增值业务优惠，具有与智能手机结合，满足用户通信及移动互联网信息需求等特征。

【网络建设】 2011年，洛阳电信固网宽带建设已从传统的DSLAM加铜缆的接入方式，过渡到以FTTH为主导FTTB+LAN等多种PON接入方式，极大地提升接入网的传输速率。截至2011年年底，洛阳电信宽带端口能力达到12.8万个，覆盖20万余用户。在移动网络方面，洛阳电信投入巨资进行移动网络全方位覆盖建设，密集城区和县城区的移动网络覆盖率由2008年的94%提升到2011年的99.8%，乡镇及以下的移动网络覆盖率由2008年底的81%提升到2011年的98.5%，移动网络覆盖区域3G网络开通率达到100%，均达到史上最高水平。

【信息化建设】 2011年，洛阳电信充分利用网络、技术、资金等优势资源，紧紧围绕洛阳经济发展的大局，全力支撑市政府重点项目建设，在金融信息化应用、交通管理信息化应用、教育信息化应用、医疗信息化、党政军信息化应用等领域取得丰硕成果，为政府、金融、能源、大中专院校、医疗卫生等20多个行业和广大企业提供针对性的信息化解决方案，先后开发的呼叫中心、客运E通、导游助手、天翼对讲等项目为洛阳经济社会发展发挥重大作用。截至2011年年底，洛阳电信呼叫中心、客运E通、天翼对讲、疾病预约挂号服务等行业应用项目深受广大民众和医疗机构的好评，在壮大企业用户规模的同时，有力推动了城市信息化建设。

【“五个一”服务承诺】 2011年，洛阳电信将“为民服务”作为创先争优的中心工作，全员动员，把思想统一到为民服务上，把力量凝聚到为民服务上，把行动集中到为民服务上，不断强化“用户至上、用心服务”和“回报社会，做有责任心的企业公民”的企业价值理念，通过深化企业战略转型，努力为客户提供诚信、优质、满意的服务，将客户最关心、最易感知的服务内容加以提炼，郑重向社会推出“五个一”服务承诺。其内容包括：“一张账单，明白消费；一键接入，便捷沟通；一站服务，首问负责；一点查询，自主订退；一声提醒，温馨关怀。”

【客户服务】 2011年，洛阳电信以快捷服务（时限类）、便捷服务（功能类）、和关怀服务（回馈类）三大类服务为基准，率先在全省制定下发《2011版洛阳电信全业务客户服务标准》和《2011版洛阳电信宽带专项客户服务标准》。打造“中国电信、我的3G宽带专家”服务品牌；开通“中国电信洛阳分公司”官方微博等服务措施，贴近用户，实现与客户零距离的沟通交流；为方便用户选号、查询、缴费需求，全市所有三级以上营业厅，配备自助选号、话费查询及打印、自助缴费等设备，同时简化营业操作界面，规范营业厅服务流程，配发销售手册，既提高工作效率，又缩短用户等待时间，提升了客户满意度。 （电信）

无线电管理

【无线电发射台站】 2011年，洛阳市拥有各类无线电发射台站6982个（不包括移动、联通、电信三大通信运营商），其中广播电台14个，短波台站11个，甚高频、特高频电台1725个，集群移动通信系统1868个，无线接入系统3045个，卫星地球站14部，微波接力站2个，业余电台288个，其他台站26个。全年，洛阳无线电管理局累计监听监测7200个小时，成功查处9起无线电干扰案件，充分保障全市无线电空中运行安全。

【重大活动期间无线电安全保障】 2011年，洛阳无线电管理局全力做好元旦、春节、国庆等重要节假日及“人代会”“党代会”期间的无线电安保工作。洛阳市“两会”期间，该局成立无线电安全保障领导小组，并协助市委办公室组建专用通信网，保障广播电视转播及公众移动通信、公安、交警等重点无线电台的安全。第二十九届中国洛阳牡丹文化节期间，该局技术人员利用移动监测车和固定监测站对文化节开幕式主会场新区体育馆、龙门、白马寺、飞机场、高铁站等主要景点和场地进行不间断地监听、监测，对活动区域电磁环境做到心中有数，防患于未然。建党90周年庆祝活动期间，市无线电管理局建立了保障机制和应急预案，协调各相关单位组织一期“建党90周年无线电安全保障技术演练”，确保活动期间无线电安保工作。

【重要考试无线电安全保障】 2011年，洛阳无线电管理局共保障全国性各类考试6项（即普通高校招生考试，英语四，六级考试，司法干警考试，公务员招录考试，会计资格考试，硕士研究生考试），保障河南省各类考试4项（即：公务员招录考试，公安干警招录考试，检察院，法院招录考试，律师资格证书考试），共出动监测执法车辆40余台次，监测设备30余台次，技术人员90多人次。考试过程中多次监测到可疑数传信号，及时启动应急预案对作弊信号实施干扰管制，圆满完成无线电安全保障任务，维护了公平、公正和良好的考试秩序。

技术演练

【排除各类无线电干扰】 2011年，洛阳无线电管理局排除9起无线电干扰事件。其中较为典型的案件：一是成功查处一起恶意并具有一定反监测手段干扰有线电视网络事件。3月31日，洛阳高新区辛店镇徐家营村村委主任反映，该居住区2000余户居民在收看电视节目时经常受到时断时续的信号干扰，严重影响了村民的精神文化生活。接到干扰投诉后，市无线电管理局派出技术、执法人员，采取昼伏夜查的方法精心排查，终于在居民区查到干扰源。在公安机关的配合下，发现一台经过伪装隐藏在两扇门板之间的卫星干扰器，配置有UPS不间断电源及定时开关等附属设备，依法予以查扣。二是11月30日市无线电管理局先后接到移动公司、电信公司投诉，称其十几个基站的GPS受到干扰，处于半瘫痪状态，同时洛阳民航飞行学院数据传输链路频率也受到严重干扰。监测人员兵分两路，进行监听监测、定位追踪，确定两起干扰为同一干扰源所致，均为洛阳某研究中心实验室发出，执法人员与该中心公安处联系，令其立即停止发射，但因该中心是国家军品重点科研单位，双方经过协商达成协议，此后再有类似试验先报无管局审批，设备经监测或降低功率后再行使用，干扰问题得以圆满解决。三是成功查处民航洛阳机场对空指挥无线通信网频点受干扰案件、洛阳市交警支队驾校擅自使用发射电台对移动通信基站造成干扰、市公安局架设图像传输中转台干扰居民收看数字电视节目等7起干扰事件。

【无线电台站审验】 2011年，洛阳无线电管理局对西工康星郑州日产汽车维修服务中心、洛阳市西工区恒力汽车修理部等5个新设台单位进行技术资料输入，建立健全数据库。全年核发新设电台执照79个，换发执照258个。

【移动通信基站检测】 2011年9月1日，洛阳无线电管理局对3家移动通信公司基站进行检测，共抽检基站46个，其中移动公司21个，联通公司15个，电信公司10个，并对移动公司抽查不合格基站下发了限期整改通知书。通过对三大运营商的基站抽检，达到了预期效果。 （杜琴芳）

城市建设

综　　述

【概　况】 2011年，洛阳市完成城市建设投资459.75亿元，圆满完成市委、市政府下达城建系统的各项建设任务。

第四期城市总体规划最终成果经国家相关部委审核完毕，已上报国务院。《洛北城区生态廊道限建区专项规划》《洛阳新区生态廊道专项规划》通过规化委员会审核，《涧西区近现代工业文化街区保护利用规划》《洛北中心城区分区规划》已编制完成。

实施了109项市政路桥工程，概算总投资116亿元。其中，洛北城区38项，概算投资32.17亿元；新区71项，概算投资83.83亿元。投资7.16亿元对洛北城区市政基础设施和社区环境进行综合提升改造。全年新增绿地面积125万公顷。完成伊滨公园龙门古韵段一期工程。对开元大道东延长线等13条道路实施绿化。

全市实现供水1.24亿立方米，供水水质综合合格率达到99.9%。处理污水9710万立方米，销售中水6326万立方米。销售管道燃气2亿立方米。购买公交车202辆，新开通公交线路6条，公共交通行驶里程9265万千米，运送乘客2.97亿人次。新区污水处理厂已具备纳水条件，新区西郊调峰热源厂1号、2号锅炉已开始试运行，新区集中供热热力管网二期工程敷设热力管线25.7千米，城市供水管网改造工程铺设管道11.8千米。

新增防空地下室12.8万平方米，实施了王城公园、师范学院门前、辽宁

2011年洛阳市城市建设基本情况

指　标	计量单位	2010	2011
城区面积	平方千米	331.42	331.42
#建成区面积	平方千米	180.54	186.85
年底供水综合生产能力	万立方米/日	79.31	84.3
全年供水总量	万立方米	13630.69	15868.4
#生活用水量	升	5781.7	5936.8
平均每人每天生活用水量	升	89.25	103.1
用水普及率	%	97.78	97.82
公共交通标准运营车辆	标台	0	0
平均每万人拥有公交车辆	标台	0	0
煤气家庭用量	万立方米	2031	2541
天然气家庭用量	万立方米	969	1415
液化石油气家庭用量	吨	18409	21195
燃气普及率	%	36.34	40.57
集中供热面积	万平方米	1640	1812
道路长度	千米	552	581.73
道路面积	万平方米	1649.8	1791.45
排水管道长度	千米	1201	1254.17
建成区绿化覆盖面积	公顷	5955	6080
建成区绿化覆盖率	%	32.98	32.54
公共绿地面积	公顷	1743	1783
人均公园绿地面积	平方米	7.17	7.33
公园个数	个	14	14
公园面积	公顷	727	767
生活垃圾清运量	万吨	39	54.8
垃圾无害化处理率	%	98.15	83.58

路、解放路、青岛路等地下过街通道人防工程建设。

完成旧城、城中村和棚户区征迁1710万平方米，其中洛北城区对45个旧城、31个城中村、29个棚户区进行改造，征迁面积1210万平方米，开工面积1500万平方米，竣工面积340万平方米。落实保障性住房建设项目83个、261万平方米、35917套，竣工83.8万平方米、13243套，完成投资24亿元，超额完成省下达的目标任务。

完成房地产投资130亿元，商品房新开工面积780万平方米，施工面积2186万平方米，竣工面积440万平方米。批准预售商品房348.3万平方米、32623套，预售管理覆盖面达到100%；新建商品房销售面积311.6万平方米、29954套，销售额143.71亿元；二手房销售面积138.7万平方米、12884套，销售额20.39亿元。

全市共归集住房公积金26.16亿元，同比增长15.55%，新增缴存单位377个，新增缴存职工4.2万人，覆盖率达到86.2%。

全市县城改造完成投资63亿元，征迁258万平方米，新开工面积560万平方米，竣工面积380万平方米。县城新区建设完成投资73亿元，新开工面积259万平方米，新建道路210千米。争取国家资金1.524亿元，完成了2.54万户农村危房改造任务。洛宁故县镇、兴化镇和下峪镇被命名为河南园林乡镇。

建筑业实现总产值860亿元，施工产值768亿元，利税总额41亿元。

建筑节能设计执行率和实施率均达到100%，全市节能建筑竣工135项，建筑面积156万平方米。“国家可再生能源建筑应用示范项目”进展顺利，已竣工123万平方米。大力推行新型墙体材料应用，推广面积607万平方米，粉煤灰利用410万吨，新型墙体材料产量31.24亿标块，5个中心乡镇通过省“禁实”验收。（余现会　孙建斌）

城乡规划

【四期总体规划编制和报批】 2011年，洛阳市按照住房和建设部（以下简称“住建部”）组织的专家审查会意见和部际联席会议的精神，积极协调国家文物局、国土资源部、水利部等相关部委，配合中国城市规划设计研究院（以下简称“中规院”）对全市城市总体规划成果进行修改完善，并取得各部委同意上报意见。5月，全市第四期城市总体规划最终成果已经审核完毕，上报至国务院等待批复，这标志着城市总体规划报批工作取得重大进展。

【控制性详细规划编制】 2011年，洛阳市按照市、区两级政府6：4的出资模式，以城市区为单位编制控制性详细规划，通过财政招标确定河南省城市规划设计研究院有限公司、洛阳规划建筑设计有限公司、广东省城乡规划设计研究院、亚泰都会（北京）城市规划设计研究院参与全市控制性详细规划编制。10月，控制性详细规划中期成果已经通过洛阳市规划专家评审委员会的专家评审，正在积极组织上报市规划委员会审议，为实现控制性详细规划全覆盖打下坚实基础。

【专项规划编制】 2011年，洛阳市城乡规划部门完成了多项城市规划编制，其中《洛北城区生态廊道限建区专项规划》《洛阳新区生态廊道专项规划》通过规划委员会审核。编制完成《涧西区近现代工业文化街区保护利用规划》，九都路、王城大道和龙门大道等城市快速路方案设计已进入审批阶段，《洛北中心城区分区规划》《洛阳市近期建设规划》《洛阳市交通专项综合规划》《洛阳市山城一体专项规划》等专项规划的中期成果已编制完成。此外，积极协助洛阳市新农村办公室开展各县（市）的社会主义新型农村社区规划编制工作，取得一定进展。

【县城总体规划修编及报批】 2011年，洛阳市城乡规划部门按照《城乡规划法》有关要求，完成偃师城市总体规划的上报工作，积极协调各县（市）人民政府开展县城总规修编工作。完成伊川县、孟津县、汝阳县城总体规划修编。完成嵩县县城总体规划的评审论证和新安、洛宁、栾川县城总体规划纲要的评审论证。

【产业集聚区建设进度月报制度】 为掌握河南省产业集聚区建设进度，加强对产业集聚区实施动态考核和管理，加速推进产业集聚区建设步伐，2010年7月，河南省住房和城乡建设厅（以下简称“省住建厅”）要求各省辖市认真组织所属各产业集聚区开展产业集聚区建设进度月报报送工作。按照省住建厅工作要求，洛阳市城乡规划部门克服种种困难开展此项工作，认真组织，加紧督促，使该项工作顺利展开，确保每月及时将洛阳市所属17个产业集聚区的建设进度上报省住建厅，获得省住建厅通报

九都路快速规划效果图

表扬。

【重大项目前期的规划审批与服务】 2011年，洛阳市城乡规划部门先后完成南车集团城市轨道车辆组装及服务基地、隋唐宫城明堂展示工程、升龙广场、正大国际广场、洛阳广电中心等项目的规划服务工作；对西工区三村改造涉及的高压线路改移及220千伏西工变电站选址；辽宁路、青岛路、解放路区域地下人防工程项目审批积极开展方案审查和协调工作，为该建设项目下一步工作的开展打下基础。

【保障性住房的规划服务工作】 2011年，洛阳市城乡规划部门针对市政府确定的旧改、大改、棚户区改造和保障性住房建设任务，积极想办法加快前期工作进度，完成《涧西区七里河村控制性详细规划》《西工区五女冢地块控制性详细规划》等规划编制和报批工作。《涧西区兴隆寨村控制性详细规划》《西工区纱厂路以东、中州路以南、八一路以西、凯旋路以北地块控制性详细规划》等控规正在报批中。同时，先后对市住房办提交的近30个地块逐一查看现场，核对规划，认真做好规划服务工作，确保保障性住房的顺利建设。完成阳光丽都住宅小区、白马城邦小区及开元名居等经济适用房的总图规划审批工作，完成中信重工南山棚户区改造等项目总图审批工作。

【项目审批】 2011年，洛阳市城乡规划部门积极优化审批模式，严格“一书两证”管理，较好完成日常规划管理工作。全年，核发建设项目选址意见书72份，建设项目用地规划许可证159份，建设项目工程规划许可证628份，下发技术要点130个，办理建设项目定位审批32件，总图审批53件，方案审批87件；组织召开城市规划专题审议会10次、城市规划专家委员会37次、城市规划专项论证会35次；组织规划核实项目67个。

【规划公示】 扩大公示范围，改进公示方式，2011年，洛阳市城乡规划部门最大限度地实施阳光规划。进一步对公示总图、效果图、平面图、立面图、剖面图内容严格把关，指定公示牌位置，加强巡视监督力度，对公示牌图面内容、文字说明、沟通渠道等信息进行完善。对于大型控规项目采取网上及现场公示，对于重大项目实行报纸、网上、现场公示同时进行，均取得良好监督效果。累计办理批前现场公示项目87个，报纸公示项目62个，网上公示项目9个；组织11期窗口受理项目办理情况通过网站进行信息公开；共分转、办理、答复连线政府栏目答复189个，答复率100%；分转、办理、答复百姓呼声栏目答复235个，满意率100%。通过政府网站公开办事程序、标准和承诺时限，接受社会监督；每季度向人大代表、政协委员，服务对象及有关政府部门，发放一张民主测评表，对局工作人员的工作效能、服务态度、廉洁自律、作风纪律等方面进行测评，以廉促效。印制5000份《城乡规划服务告知单》，公开办事程序，面向全社会免费发放。

拆除违章建筑

【执法监察】 2011年，洛阳市城乡规划部门坚持对重要地区、繁华路段、景观大道等特殊区域实行日巡查、对一般地区和路段实行3日巡查、对偏僻和偏远地区实行周巡查制度，按照属地管理、部门联动的原则，依法查处各种私搭乱建行为。全年，共查处各类违法建设行为68起，把违法建设消灭在萌芽状态的8起，立案查处60宗，罚没款入库667万余元。在查处违法建设过程中，对下达过《责令停止违法行为通知书》后拒不停工的单位，依法强令其拆除在建部分3处，拆除各类广告74块。受理城建热线、市长热线及各类群众反映电话257余次，接待群众来访320余人次，杜绝各类违纪违法和不安全事故的发生，确保各项工作的顺利开展。 （肖一心）

城市基础设施建设

【概况】 洛阳市组织实施城市基础设施建设工程竣工项目，共计51项，完成投资17.04亿元。其中：洛北建城区城市基础设施建设工程竣工项目共计29项，完成投资4.51亿元；新区竣工项目22项，累计投资12.53亿元，通车总里程69千米。截至2011年年底，洛阳新区累计通车总里程329.6千米，完成道路面积1172.52万平方米，人均道路面积17.69平方米。

【春都路人行道改造工程】 该工程自国花路至平等街，长5442米，红线宽30米，工程内容为人行道重新铺设道板砖。概算投资4000万元。工程于2011年6月开工建设，2011年10月竣工。

【6条破损路面大修改造工程】 该工程包括纱厂西路王城大道西200米快车道新建，九都路慢车道铣刨罩面，西苑路快

车道罩面，金业路九龙鼎至丽景门人行道大修，民主街人行道、快车道大修，解放路道南路至中讯酒店门前快车道铣刨罩面。概算投资3750万元。工程于2011年4月开工建设，2011年6月竣工。

【城市交通综合改善工程】 该工程是对城市主要路口进行拓宽改造，对城市主要道路公交站台进行迁移改造，以提高道路通行能力。截至2011年年底，南昌路、中州路和九都路解放路口交通改善工程已完工，第二批路口拓宽改造工程正在进行设计。概算投资3500万元。工程于2011年4月开工建设，2012年12月竣工。

【中州路谷水铁路道口改造工程】 该工程包括更换橡胶道口板，更换枕木、钢轨，地基换填。概算投资300万元。工程于2011年3月开工建设，2011年4月竣工。

【城市道路无障碍设施改造工程】 该工程包括对中州路、王城大道、南昌路、政和路、联盟路等16条道路进行盲道和缘石坡道改造，改造缘石坡道2019处。概算投资1132万元。工程于2011年4月开工建设，2011年8月完工。

【衡山路桥下整治工程】 该工程是对桥下广场进行铺装，修建下桥踏步、栏杆、辅道。概算投资465万元。该工程于2010年12月开工建设，2011年9月竣工。

【衡山北路（二期）建设工程】 该工程自310国道至红山路，长1140米，40米红线。同期配套建设各种城市基础设施。概算投资3368万元。工程于2010年5月开工建设，2011年9月竣工。

【滨河路（二期）管道工程】 该工程自御博路至七一路，长660米，红线宽18米。同期配套建设各种城市基础设施。概算投资3550万元。工程于2011年7月开工建设，2011年11月竣工。

【涧河治理污水截流工程】 该工程是对涧河谷东村至310国道2300米排入河内的污水进行截流整治，修复水毁地段管道。概算投资1350万元。工程于2010年10月开工建设，2011年7月竣工。

【牡丹桥和洛川街桥下整治工程】 该工程包括桥下硬化、铺装人行道板，修建辅道，绿化、完善环卫设施。概算投资600万元。工程于2010年10月开工建设，2011年7月竣工通车。

【中州东路道路改造工程】 该工程自民主街至启明南路，长1324米，宽43米。工程包括机动车道新建、非机动车道局部病害处理。沥青罩面、人行道道牙更换、无障碍设施改造。概算投资4450万元。工程于2011年7月20日开工建设，2011年9月20日竣工。

【凯旋路道路改造工程】 该工程自解放路至定鼎路，长2330米，宽60米。工程包括路面破除新建，人行道道牙、道板重新铺装。概算投资1828万元。工程于2011年7月20日开工建设，2011年9月20日竣工。

【武汉路道路改造工程】 该工程自西苑路至联盟路，长470米，宽30米。工程包括快车道路面、人行道新建。概算投资200万元。工程于2011年7月20日开工建设，2011年9月20日竣工。

【周山西路道路改造工程】 该工程自南昌路至秦岭防洪渠，长1400米，宽30米。工程包括快车道新修，人行道道牙、道板调平铺装。概算投资1500万元。工程于2011年5月20日开工建设，2011年7月30日竣工。

【金业路道路改造工程】 该工程自九龙鼎至九都西路，道路全长780米。工程包括道路局部补强罩面，道牙、道板重新铺装。概算投资197万元。工程于2011年8月5日开工建设，2011年9月20日竣工。

【联盟路人行道改造工程】 该工程自南昌路至武汉路，长3597米，路面面积4.1万平方米。工程包括道牙更换、道板重新铺装、无障碍设施改造。概算投资750万元。工程于2011年5月20日开工建设，2011年9月20日竣工。

【中州路人行道改造工程】 该工程自玻璃厂路至西关，长2137.6米，路面面积6万平方米。工程包括道牙更换、道板重新铺装、无障碍设施改造。概算投资1600万元。工程于2011年5月10日开工建设，2011年7月10日竣工。

【南昌路人行道改造工程】 该工程自周山路至延安路，长2600米，路面面积15.9万平方米。工程包括道牙更换、道板重新铺装、无障碍设施改造。概算投资560万元。工程于2011年5月20日开工建设，2011年7月20日竣工。

【牡丹广场周边道路改造工程】 道路全长800米，路面面积7.8万平方米。工程包括道牙更换、道板重新铺装。概算投资420万元。工程于2011年5月20日开工建设，2011年7月20日竣工。

【景华路道路改造工程】 该工程自武汉路至延安路，长3750米，道路红线38米。概算投资1360万元。工程于2011年12月1日开工建设，2012年2月10日竣工。

【唐宫路道路改造工程】 王城大道至定鼎路长3275米，道路红线35米。纱厂南路至解放路段及周边路口待人防工程实施后由人防办组织建设。概算投资1496万元。工程于2011年9月20日开工建设，2011年10月20日竣工。定鼎路至环城西路长1174米，道路红线35米。概算投资1068万元。工程于2011年7月20日开工建设，2011年9月20日竣工。

【南昌路道路改造工程】 该工程自滨河路至河洛路，长854米，道路红线30米。概算投资380万元。工程于2011年9月5日开工建设，2011年10月15日竣工。

【纱厂南北路道路改造工程】 道南路至纱厂东路长700米，道路红线40米。概算总投资320万元。工程于2011年7月24日开工建设，2011年10月20日竣工。纱厂东路至中州中路长1145米，道路红线40米。概算投资733万元。工程于2011

年7月24日开工建设，2011年10月20日竣工。

【长安路道路改造工程】 该工程自建设路至中州路，长400米。概算投资240万元。工程于2011年9月10日开工建设，2011年11月30日竣工。

【道南路道路改造工程】 定鼎路至金谷园路长1655米，道路红线40米。概算投资1277万元。工程于2011年9月30日开工建设，2011年11月30日竣工。解放路至纱厂北路长401米，道路红线40米。概算投资1039万元。工程于2011年9月30日开工建设，2011年10月25日竣工。

【长春路道路改造工程】 该工程自中州路至建设路，长400米，道路红线60米。概算投资453万元。工程于2011年9月30日开工建设，2011年10月20日竣工。

【春都路道路改造工程】 纱厂立交东匝道至龙泉西街长4392米，道路红线30米。概算总投资1887万元。工程于2011年7月20日开工建设，2011年9月20日竣工。龙泉西街至北大街长803米，道路红线30米，同时对龙泉西街积水点进行改造。概算投资217万元。工程于2011年7月20日开工建设，2011年9月20日竣工。

【西苑路道路改造工程】 武汉路至延安路（含牡丹广场南北道路）局部修补。西苑路道路全长2644米，牡丹广场南北路道路全长3464米。概算投资1013万元。工程于2011年1月20日开工建设，2011年3月20日竣工。

【洛阳桥西人行天桥改造工程】 该桥长425米，桥宽10.5米。概算投资58万元。工程于2011年8月25日开工建设，2011年9月25日竣工。（赵静　孙建斌）

【开元大道东段改造工程】 位于新区核心区东侧，西起开元大桥，东至洛偃快速跨伊河桥大桥西段，道路全长3597米，红线宽95米（2×15米景观绿化带+2×6米人行道+2×7.5米非机动车道+2×7米机非隔离带+24米机动车道）。计划投资9053万元，累计完成投资7026万元，2010年11月开工建设，2011年4月完工。

【洛白路】 洛界高速至翟泉工业区段，全长约6000米，红线宽30米（3米人行道+5米非机动车道+2.5米机非隔离带+9米机动车道+2.5米机非隔离带+5米非机动车道+5米人行道）。计划投资8100万元，累计完成投资2054万元，2011年1月开工建设，2011年3月完工。

【伊洛路（一期）】 位于新区中南部，西起王城大道，东至龙门大道，道路全长约3200米，规划红线宽60米（6米中央绿化带+2×12米机动车道+2×3.5米机非隔离带+2×5米非机动车道+2×6.5米人行道）。沥青砼路面结构，污、雨水管道和电力电缆沟及其他配套管线同时建设。计划投资7680万元，累计完成投资7121万元。2009年11月开工建设，2011年4月完工。

【伊尹大道南延长线】 北起滨河路，南至伊洛路，全长约750米，红线宽65米（5米人行道+5米非机动车道+2.5米机非隔离带+11米机动车道+7米中央隔离带+11米机动车道+2.5米机非隔离带+5米非机动车道+5米人行道+11米绿化带）。沥青砼路面结构，污、雨水管道和电力电缆沟及其他配套管线同时建设。计划投资3826万元，累计完成投资1782万元。2010年8月开工建设，2011年4月完工。

【伊尹大道北段】 北起滨河路，南至开元大道，全长约1407米，红线宽65米（2×5米人行道+2×5米非机动车道+2×4.5米机非隔离带+2×11米机动车道+14米中央隔离带）。沥青砼路面结构，污、雨水管道和电力电缆沟及其他配套管线同时建设。计划投资6295万元，累计完成投资2398万元。2010年11月开工建设，2011年7月完工。

【孙辛路南段】 位于洛龙工业园区中部，南北走向。北段过洛河，南至南环路，属交通主干道。从关林路至规划伊洛路，长700米，规划道路红线宽65米（14米中央绿化带+2×11米机动车道+2×4.5米机非隔离带+2×5米非机动车道+2×5米人行道），沥青砼路面结构，污、雨水管道和电力电缆沟及其他配套管线同时建设。计划投资2859万元，累计完成投资1995万元。2010年12月开工建设，2011年4月完工。

【牡丹大道（三期）】 西起伊尹大道，东至希真街，道路全长1752米，道路红线宽130米（50米中央绿化景观带+2×11.5米机动车道+2×3米隔离带+2×5.5米非机动车道+2×5米人行道+2×15米绿化带），沥青砼路面结构，

牡丹大道（三期）

古城路东段

污、雨水管道和电力电缆沟及其他配套管线同时建设。计划投资7020万元，累计完成投资3万元。2010年5月开工建设，2011年4月完工。

【古城东路】 位于洛阳经济开发区北侧，西起龙门大道，东至伊洛路，道路全长3131.92米。道路红线42米（15米机动车道+2×3米机非隔离带+2×6米非机动车道+2×4.5米人行道）。沥青砼路面结构，污、雨水管道和电力电缆沟及其他配套管线同时建设。计划投资8484万元，累计完成投资5128万元。2010年2月开工建设，2011年4月完工。

【污水截流（三期）】 位于新区东部，从古城路段至新区污水处理厂，管道全长5200米。其他配套设施同时建设（不含穿过焦枝铁路和二广高速段）。计划投资4500万元，累计完成投资2926.53万元。2010年9月开工建设，2011年12月完工。

【关林路等11条道路道板砖铺设】

关林路 王城大道—伊尹大道，道路全长约6300米，道路面积5.67万平方米。

伊尹大道 开元大道—关林路，道路全长约900米，面积9000平方米。

瀛洲路 洛宜路—关林路，道路全长约2200米，面积24.2万平方米。

张衡街 开元大道—关林路，道路全长约1400米，面积1.12万平方米。

滨河南路 东方今典售楼中心—瀛洲路，道路全长约1700米，面积1.53万平方米。

凝碧南街 英才路—王城大道（含龙兴街、美茵街、花园路），道路共约2000米长，面积1.4万平方米。

洛宜南路 学府街—瀛洲路，道路全长约2500米，面积2.25万平方米。

翠云路 定鼎门街—金城寨街，道路全长约1800米，面积1.44万平方米。

展览路 定鼎门街—金城寨街，道路全长约1500米，面积1.2万平方米。

广利街 牡丹大道—关林路，道路全长约700米，面积5600平方米。古城路—政和路，道路全长约900米，面积7200平方米。

定鼎门街 开元大道—关林路，道路全长约1500米，面积1.2万平方米。

计划投资1390万元，累计完成投资1390万元。2011年2月开工建设，2011年4月完工。

【开元大道西段、王城大道人行道改造项目】 开元大道西段位于洛阳新区洛龙科技园区，东起经二路，西至伊尹大道，道路全长约2400米，人行道铺装宽度为两侧各6米。学府街中段位于大学城中部，北起开元大道，南至牡丹大道，道路全长约600米，单侧铺装宽度为6米。学府街南段北起关林路，南至洛一高南围墙，道路全长约700米，两侧铺装宽度各为6米。牡丹大道中段位于大学城东部，东起王城大道，西至学府街，道路全长约650米，单侧铺装宽度为6米。王城大道位于新区行政区与大学城之间，北起牡丹桥南头，经王城大桥南至李屯特大桥北端，全长约5200米，人行道铺装宽度为两侧各4米。该改造项目计划投资881万元，累计完成投资881万元。2011年8月开工建设，2011年10月完工。

【古城路等3条道路病害整治】

古城路西起西苑桥南，东至市府东街，道路约3070米。道路红线42米（15米机动车道+2×3米机非隔离带+2×6米非机动车道+2×4.5米人行道）。

开元大道东起王城大道，西至学府街，道路约1000米。道路红线95米（24米机动车道+2×8米机非隔离带+2×6.5米非机动车道+2×6米人行道+2×15米基础绿带）。

关林路东起学府街，西至瀛洲路，道路约1400米。道路红线45米（15米中央绿化带+2×11米机动车道+2×4.5米机非隔离带+2×5米非机动车道+2×4.5米人行道+2×7.5米基础绿带）。

计划投资3000万元，累计完成投资2526万元。2011年7月开工建设，2011年10月完工。

【顾龙路改造工程】 改造范围为龙门北桥南引线至二广高速口段，全长约1500米，宽25米（4.5米人行道+16米车行道+4.5米人行道）。沥青砼路面结构，污、雨水管道和电力电缆沟及其他配套管线同时建设。计划投资1000万元，累计完成投资810万元。2010年11月开工建设，2011年4月完工。

【龙门北桥改扩建】 工程包括龙门北桥加宽工程和既有龙门北桥改造工程。龙门北桥加宽工程：龙门北桥加宽桥位于既有龙门北桥的下游。加宽桥桥面宽12米，全长666米，以既有龙门北桥为准，保证中央分隔带净距为12米，即加宽桥桥梁横断面布置为0.5米（防撞墙）+9.5米（车行道）+2米（人行道）。既有龙门北桥改造工程：将既有龙门北桥改造成城市桥梁，桥面布置和加宽桥相对称，改造后桥梁横断面布置为0.5米（防撞墙）+9.5米（车行道）+2米（人行道）=12米。加宽、改造后桥面横向布置为：2米（人行道）+9.5米（车行道）+0.5米（防撞墙）+2米（中央隔离带）+0.5米（防撞墙）+9.5米（车行道）+2米（人行道）=26米。计划投资7000万元，累计完成投资3166万元。2010年5月开工建设，2011年4月完工。

【希望路（一期）】 位于偃师诸葛、李村两镇的北部伊河平原区，大致北至伊河、南至龙门山、东至李村边界、西至二广高速的范围。希望路为规划区域内东西向主干道。希望路西起龙门大道、东至中原大道，全长10559米。道路规划红线宽度为60米（3米中央绿化带+2×11.5米机动车道+2×6米绿化带+2×6米非机动车道+2×5米人行道），沥青砼路面结构，污、雨水管道和电力电缆沟及其他配套管线同时建设。其中本次施工段为西起西环路，东至中原大道，全长8030.34米。计划投资2.5亿元，累计完成投资16468万元。2010年6月开工建设，2011年4月完工。

【龙门北桥引线】 东引线由古龙路至龙门北桥东，西引线由龙门北桥西至龙门大道（不含穿越焦柳铁路箱涵及连接部分），全长2176.864米，道路规划红线宽度13.5米（9.5米车行道+4米人行道）。沥青砼路面结构，污、雨水管道和电力电缆沟及其他配套管线同时建设。计划投资1900万元，累计完成投资2310万元。2010年4月开工建设，2011年3月完工。

【伊洛大道（一期）】 伊洛大道北起洛偃快速通道，南至顾龙路，全长4960米。道路规划红线宽62米（6米中央绿化带+2×11.5米机动车道+2×4.5米隔离带+2×6米非机动车道+2×6米人行道），沥青砼路面结构，污、雨水管道和电力电缆沟及其他配套管线同时建设。计划投资22171万元，累计完成投资11676万元。2010年6月开工建设，2011年4月完工。

【玉泉街（一期）】 北起洛偃快速通道，南至高铁大道，总长约2766米。红线宽44.5米（4.5米人行道+3米绿化带+12米车行道+6米绿化带+12米车行道+3米绿化带+4米人行道）。沥青砼路面结构，污、雨水管道和电力电缆沟及其他配套管线同时建设。计划投资5500万元，累计完成投资4010万元。2010年6月开工建设，2011年4月完工。

【吉庆路（一期）】 西起伊洛大道，东至中原大道，总长度约5000米，红线宽45米（4.5米人行道+4米绿化带+12米车行道+4米绿化带+12米车行道+4米绿化带+4米人行道）。沥青砼路面结构，污、雨水管道和电力电缆沟及其他配套管线同时建设。计划投资9000万元，累计完成投资6060万元。2010年6月开工建设，2011年4月完工。

【协和路（一期）】 西起西环路，东至伊洛大道，全长约3650米，规划红线宽44.5米（4.5米人行道+4米绿化带+12米车行道+4米绿化带+12米车行道+4米绿化带+4米人行道）。沥青砼路面结构，污、雨水管道和电力电缆沟及其他配套管线同时建设。计划投资11415万元，累计完成投资5963万元。2010年10月开工建设，2011年4月完工。

【高铁大道（一期）】 西起西环路，东至中原大道，全长约7500米，规划红线宽60米（4.5米人行道+7.5米非机动车道+5米隔离带+11.5米机动车道+3米中央隔离带+11.5米机动车道+5米隔离带+7.5米非机动车道+4.5米人行道）。沥青砼路面结构，污、雨水管道和电力电缆沟及其他配套管线同时建设。计划投资2.5亿元，累计完成投资12946万元。2010年10月开工建设，2011年4月完工。

【洛偃快速通道（7、8标段）】 西接跨伊河大桥引线，东至中原大道，全长6218.806米，规划红线宽100米。计划投资32431万元，累计完成投资23362万元。2010年10月开工建设，2011年4月完工。（吴　丹　孙建斌）

龙门北桥

城市管理

【概　况】 2011年，洛阳市城市管理以创建全国文明城市为载体，不断完善工作机制、加大巡查督办力度，城市市容、环境卫生水平不断提升。开展30多项专项治理行动，累计发现问题20万余件，下达督办1.36万余件，问题解决率达99.9%。建立了多部门联动治理、绩效考核和群众举报奖励机制，全年清理各种小广告40万余条。严格执行“一日两扫，全天保洁”作业标准，基本落实了“五定”责任制；对城市主要道路、繁华地段实施精细化保洁，生活垃圾“日产日清”，清运率达到100%。新建公厕303座，新建垃圾中转站34座。全市共处理生活垃圾约55万吨，其中无害化处理约47.6万吨，无害化处理率达到87%以上。开展精细化养护达标活动，实现市属市政设施完好率达到95%的目标。

【完善市容管理体系】 2011年，全市城市监察管理部门多策并举，加大市容巡查督办力度。一是采取日常巡查和专项巡查相结合的方法，全年累计发现问题226857件，下达督办12600余件，问题解决率99.9%。二是坚持日常巡查和专项巡查、专业巡查相结合，进行全覆盖、全方位、全时段不间断巡查。三是开展专项治理活动。在加大巡查督办力度同时，先后开展城中村、城乡接合部、店外经营、占道经营、露天烧烤、散流体、店面容貌等30余项专项治理行动，市容市貌明显提升。

严格落实“市容环境卫生考核”机制。一是采取多种考核方法，进行全面性考核。通过日常考核与集中考核相结合、量化指标考核与实地查看效果相结合、明察与暗访相结合、专业人员考核与群众参与相结合、表彰奖励先进与批评督促落后相结合等方法，确保考核结果的实效性、全面性和真实性。二是建立联合考核组，实行综合性考核。市容市貌考核组由市城市监察管理局牵头组建城市管理评比考核专家库，确保了考核结果公开、公正。三是制定考核标准，实行细化考核。为统一考核标准，结合《洛阳市市容市貌环境卫生管理办法》制定了《市容市貌专项考核标准》和《环境卫生专项考核标准》，确保了考核的准确性。通过考核制度的落实，有力地促进了各县（市）、区城市管理水平的整体提高。

严格落实问责、奖励机制。一是坚持周曝光、月考核、年度总评机制。通过《市容巡查督办情况周报》，每周向市委、市政府报告市容市貌巡查督办情况，对未按期限整改到位或未果事项在媒体上曝光，并由纪检部门给予问责。二是落实市容考核奖惩制度。按照《洛阳市打击非法小广告治理小张贴暂行办法》《洛阳市城市区市容市貌环境卫生整治评比考核方案》等要求，先后对环境卫生管理考核、小广告治理考核、市政设施养护考核中取得优异成绩的15个单位，进行通报表彰和23.8万元的物资奖励。

建立有偿管理机制，提高城市管理中应急事件的处理能力。一是制定《洛阳市垃圾有偿清运管理规定》，确保突发性积存垃圾得到及时清运。2011年，全市共有偿清运生活垃圾、建筑垃圾9处，共计126.7吨，对责任单位进行经济处罚53214元。二是为加强城市窨井设施的维护和管理，制定《洛阳市城市窨井设施管理办法》，由市城市监察管理局与其签订窨井设施安全管理协议，明确双方责任、义务以及违约应当承担的经济惩罚责任，大大提高了窨井管理水平。全年对18个窨井盖进行了经济惩罚性修补，对管理责任单位经济处罚36270元。

建立非法小广告（小张贴）发现、清理、干扰、打击闭合管理机制。以市委、市政府印发《洛阳市打击非法小广告、治理小张贴暂行办法》，进一步明确打击、治理工作职责和标准，建立多部门联动治理、绩效考核和群众举报奖励机制。二是对非法张贴小广告进行ABC精细化分类，完善了取证、清理、处罚、直至停机的闭合管理环节。三是建立无线电管理局、洛阳电信、洛阳移动、洛阳联通公司协调治理机制，对拒不接受处理的非法张贴小广告实施停机处理。截至2011年年底，共停机处理650个电话号码。四是加强媒体宣传，通过媒体对治理工作进展情况适时报道，提高群众对小广告治理工作的认知度，本着疏堵结合的原则，督促各区设置了免费发布广告信息栏。五是加大投入，利用技术手段打击非法小张贴。督促各县（市）、区购买小广告清洗机24台，购买安装了69套“治理违法小广告、小张贴不间断干扰呼叫系统”，可同时对1024个电话号码进行语音提示或干扰。治理效果明显提升。

巩固和完善协管员制度。一是要求各城市区要固定人员，在总结“米长”制的基础上，结合实际合理设置城市管理协管员。二是对协管员职责进行明确，即主要负责市容秩序管理、机动车和非机动车停车秩序监督管理。三是将协管员管理纳入城管队伍管理体系，实行严格的责任管理和目标考核。四是建立协管员与执法人员联动机制。

【环境卫生管理】 2011年，全市城市监察管理部门督促各城市区环卫部门加强道路清扫保洁力度，建立责任制，严格执行“一日两扫，全天保洁”作业标准，基本落实了“五定”责任制。延长保洁时间。增加夜间保洁人员300余人，对城市主要道路、繁华地段实施精细化保洁，保洁时间由过去的7：00～18：00延长为7：00～22：00。生活垃圾“日产日清”，清运率达100%。建立环卫分班作业机制，新增环卫保洁人员3460人，购置多功能洗扫车、高压冲洗车20余台，环卫机械化作业率达35%以上。

督促推进环卫基础设施建设进度，加大环卫基础设施管理。全市计划再建公厕303座，已建成253座，投用200座。在对老旧垃圾中转站进行改造的基础上，新建13座压缩式垃圾中转站，并在垃圾中转站配备防污、除臭、降尘等设施。

规范垃圾处置场规范化运营管理，提高生活垃圾无害化处理率。一是加大垃圾无害化处置设施建设，建成生活垃圾无害化处理场11座，配备推土机、装载机等机械设备100余台。二是加大垃圾渗滤液处置设备建设，9座生活垃圾场完成渗滤液设备的建设安装工作，8套设备开始运行，另有2座生活垃圾处置场待建设安装垃圾渗漏液处置设施；按照《城市生活垃圾卫生填埋技术规范》（CJJ17-2004）、《城市生活垃圾填埋污染控制标准》（GB16889-2008）等垃圾填埋场国家标准和规范要求，垃圾处理场坚持每日消杀、灭蝇、除臭、压实、覆盖垃圾。无害化处理率95%以上。三是推进餐厨垃圾处理工程项目建设。完成《洛阳市餐厨垃圾管理办法》草案的起草及征求意见工作，待政府通过后实施。

生活垃圾处置费征收。2011年1～9月已完成1334万元，在垃圾处置费征收工作中，坚持4项制度（即各区负总责制度、行政委托和强制追缴制度、月报制度、票据管理制度），对拒不缴纳垃圾处理费的单位，有37家被申请法院强制执行。

【市政设施养护管理】 2011年，全市城市监察管理部门加强日常市政设施养护管理，1～9月，市政设施累计完成养护产值4516.6万元，市属市政设施完好率达95%。

开展城市道路及市政设施精细化达标养护活动，对车行道、人行道、检查井和商场、酒店等经营性单位门前广场病害进行集中整治，涵盖86条市管道路、270条区管道路、90条背街小巷和社区道路及排水、热力、煤气、自来水、电力、通信。通过市政道路、市政设施养护精细化达标活动的开展，城市区市政道路、市政设施完好率进一步提高。

此外，对涉及市、区两级508条道路管理权限进行界定；进一步明确市管道路和区管道路负责养护、巡查、监管的责任人，并通过媒体向社会公布，接受社会监督。

【城市防汛】 2011年，全市城市监察管理部门以市城市防汛组名义起草下发《2011年城市防汛工作方案》和《2011年城市区河道防洪抢险预案》，并与城市区9个防汛指挥部和13个专业防汛组负责人签订责任目标书。落实防汛值班制度。坚持领导带班，保证24小时防汛救灾信息畅通与协调，及时收集汇编各单位应急预案、防汛队伍、物资储备等情况。加强防汛料物储备，提高防汛人员处置能力。落实并将各防汛成员单位的职责、负责人、应急电话在《洛阳日报》上公示，接受群众监督。在做好物资准备的同时，为提高防汛人员处置能力，各防汛责任单位对防汛处置进行了规范，并对防汛人员进行培训。加大城市积水点改建。投资10.9万元，完成6处严重积水点的改造任务，确保道路、桥涵汛期期间交通的畅通、雨水顺畅排放。（张红卫　孙建斌）

建筑施工

【概　况】 2011年，洛阳市共有建筑企业454家，施工总承包企业186家，专业承包企业268家。完成建筑业总产值1042亿元，施工产值962亿元。全年共办理报建工程160项，单体工程600栋，面积780万平方米，造价95亿元。施工许可证580项，面积750万平方米，造价98亿元。

完善防新欠长效机制，抓好清欠遗留问题的处理，积极推行农民工工资卡制度，切实保护农民工和施工单位的合法权益，确保不发生因拖欠工程款和农民工工资而引发的恶性事件。配合市信访局共受理投诉拖欠工程款和拖欠农民工工资案件800余起，涉及农民工2万余人。

加强动态管理和考核，完善信用信息记录公示办法，加快推进市场信用体系建设。2011年1～3月，完成全市建筑业企业2010年资质动态考核工作。属于本次考核范围539家企业，合格475家，基本合格30家。在建筑市场动态管理中，积极支持企业做大做强，限制和淘汰社会信誉差、质量安全管理水平低、违法违规的建筑施工企业，维护建筑市场秩序。根据《河南省建设厅关于规范使用建筑市场信用记录公示信息的通知》和《河南省建筑市场信用信息记录和公示管理办法》文件精神，出台洛阳市的实施细则，并在洛阳工程建设信息网开辟信用不良记录查询专用平台。

调整建筑业行业结构，通过企业资质分立重组，实现资源的优化配置，进一步壮大房建总承包企业队伍。加强对骨干企业全方面指导，进一步落实加快发展的政策，鼓励骨干企业增加资质增项专业，提高市场竞争力，为升级企业开辟绿色通道，实行上门服务，帮扶企业整理资质升级资料。全年办理资质50家，其中向省厅申报17家企业资质，其中一级7家、二级8家、三级2家。市级审批25家企业。办理资质变更46项。

做好二级建造师初始、变更、增项、注销注册工作。做好注册建造师的管理工作，对企业申报二级建造师初始注册和二级临时建造师资料进行受理，严格按照省市有关文件审查，经初审，共受理二级建造师注册1050人，其中初始注册730人、增项注册25人、注销注册83人、变更注册198人。办理项目经理承担工程备案200项。

开展2011年度河南省二级建造师执业资格考试报名初审工作，受理初审2300余人。开展2011年度河南省一级建造师执业资格考试报名初审工作，受理初审3000余人。此外办理外地企业进洛备案158家；办理本市企业外出施工手续360家，开具外出诚信手续320家。

办理建设工程项目竣工无拖欠备案65项。办理退还农民工工资保障金40家。收取农民工工资保障金9814万元，累计收取农民工工资保障金37589万元。

（秦　瑛　孙建斌）

公用事业

【概　况】 2011年，洛阳市实现供水12424万立方米，供水水质综合合格率99.91%，供水管网压力合格率99.5%；处理污水9710万立方米；销售中水6326.8万立方米，供应高温热水96.6万吉焦，供应工业蒸汽57.3万吨；综合天然气销量2.1亿立方米，其中煤气销售3.44亿立方米、天然气销售0.67亿立方米，完成民用户接驳72592户，完成工商户接驳、折合天然气10.48万立方米／日；公共交通行驶里程9284万千米，年客运量2.98亿人次，年营运收入2.62亿元；全市主次干道亮灯率99.7%，设施完好率96%。截至2011年年底，城市综合供水能力72万立方米／日，处理污水能力42万立方米／日，洛阳新区管道供热能力1008万立方米，城市供水管网总长1367千米，供水客户达到22.31万家，用水总人口达到227.6万；燃气管网1250千米，拥有居民用户31万余户，商服户600家，日高峰用气量天然气达到47万标准立方米、义马煤气达到125万标准立方米，城市公共交通拥有营运车辆1464辆，营运线路84条，线路总长1314.65千米，城市路灯照明共安装路灯4万余盏，亮化灯饰8.1万余盏，灯杆2万余基，照明高压电缆171千米，低压电缆953千米，箱（台）式变压器350台。（全加法　陈庆华）

【企事业单位改革改制】 2011年，洛阳市公用事业局按照市委、市政府的统一部署，积极推进公用事业系统内部企事业单位改革改制，完成了局属5个事业单位的改革改制任务，其中：城市照明灯饰管理处按照“事企分离”“管养分离”的原则，将原承担的养护职能从

2011年洛阳市城市公用事业基本情况

	单位	数量		单位	数量
市政设施			城市交通情况		
年末实有道路长度	千米	581.7	年末公交实有车辆	辆	1464
年末实有道路面积	万平方米	1791.5	公共汽车	辆	1389
城市桥梁	座	78.0	电车	辆	75
城市防洪堤长度	千米	30.0	标准运营车数	标台	1852
城市排水管道长度	千米	1254.2	运营线路网长度	千米	484
城市污水排放量	万立方米	12400.0	全年公交客运人数	万人次	29800
城市建成区面积	平方千米	186.9	出租车营运车数	辆	4267
年末自来水情况			出租车客运总量	万人次	10902
水厂个数	个	4.0	园林绿化		
供水综合生产能力	万立方米/日	84.3	建成区绿化覆盖面积	公顷	6080
水 厂	万立方米/日	76.0	年末公园数	个	14
自备水源	万立方米/日	8.3	年末公园面积	公顷	767
年末供水管道长度	千米	1405.0	燃气		
全年供水总量	万吨	15868.4	年末用气人口	万人	98.61
#生活用水	万吨	5936.8	全年煤气供应总量	万立方米	31648
用水人口	万人	237.8	全年天然气供气总量	万立方米	6861
人均日生活用水	升	103.1	液化石油气供应量	吨	27932

城市照明灯饰管理处剥离，成立了洛阳市城市照明养护中心，并于2011年10月举行挂牌仪式。公用事业局机关后勤服务中心和公用事业局劳动服务公司撤销编制建制。洛阳市燃气市场管理办公室、洛阳市公用事业局离退休人员服务中心完善内部“劳动、人事和分配”三项运行机制。洛阳市水务集团有限公司与北京控股有限公司合作，成立洛阳北控水务集团有限公司，2011年12月30日举行了揭牌仪式。洛阳市公共交通集团有限公司完成了清产核资和资产评估工作。（冯治安）

【“优质服务”活动】 2011年，为打造让“用户更满意、群众更便利、政府更放心”的公用行业，洛阳市公用事业局深入开展“优质服务”活动，进一步完善落实公开承诺、星级评定、投诉事项办理回访等8项制度，举行了洛阳市公用事业局系统“百日服务提升活动公开承诺”启动仪式，对2011年度“十佳优质服务标兵”“十佳优质服务窗口”和22个优质服务先进集体、123名先进个人进行了表彰。（冯治安）

【108条背街小巷路灯改造工程】 2011年，洛阳市城市照明灯饰管理处积极与各城市区建设部门配合，对涧西、西工、老城、瀍河108条背街小巷的路灯设施进行了全面升级改造。新增和改造的路灯均采用新型高效的节能型LVD路灯，具有低能耗、高光效的优点。（蔡维良）

【城市照明节能】 2011年，洛阳市积极推广应用太阳能路灯、LED路灯、LVD电磁感应路灯和节能钠灯等新型节能照明产品，先后对关林路原高耗能路灯进行了升级改造，安装太阳能路灯312基624盏；在伊尹大道安装了120基240盏太阳能路灯，快车道太阳能灯改造为80瓦，慢车道改造为40瓦；在开元大道东延长线上安装了30基90盏新能源LED节能型路灯。截至2011年年底，全市安装各种节能路灯3950余盏，其中太阳能路灯1260余盏、LVD电磁感应路灯800余盏、LED路灯290余盏、节能钠灯1600余盏，辐射全市20多条道路，约占近年来新建道路照明总量的70%。（蔡维良）

·洛阳市公共交通集团有限公司·

【概　况】 洛阳市公共交通集团有限公司（以下简称“洛阳公交公司”）拥有资产4.54亿元，职工5322人，营运车辆1464辆，营运线路84条，线路总长1314.65千米，全年行驶里程9284万千米，年客运量2.98亿人次，年营运收入2.62亿元。全年两次为70岁以上老年人办理和年审免费公交IC卡13.8万张，为60～69岁老年人办理公交优惠乘车IC卡2.2万张。

【线路优化调整】 2011年，洛阳市优化调整线路11条。其中：延长线路4条，即45路、61路、50路、82路；调整线路5条，即57路、67路、71路、49路、14路；恢复线路2条，即83路至常袋镇政府、68路至丰李。

【公交场站建设】 2011年6月26日，洛阳新区第一公交停车场开工建设。全年完成部分围墙、清运垃圾及耕土层、场区施工图设计和办公楼效果方案设计工作，项目手续办理了规划用地许可证、环评、文物普探及地质勘查、可研报告批复立项、土地证，场平工程公开招标前期手续办理。郭寨公交停车场，因总参科研三所需要，市政府同意另行选址建设。东出口公交停车场，充分利用市、区两级财政和社会资金进行场站开发，完成了该项目开发方案设计及金额测算工作。

新购进的无障碍空调公交车

【车辆更新】 2011年，洛阳公交公司新购公交车200辆，除15台电车、68台普通车辆外，其余117台全部是空调公交车，其中5台是无障碍空调公交车。空调车最终将按照需求比例配置，在城市区主要道路达到30%以上。在对老旧车辆增加维修保养、杜绝带“病”上路的基础上，洛阳公交公司努力通过增加新购车数量以缩短老旧车辆报废年限。从乘客安全系数与城市配套考虑，洛阳市新购车辆档次也在不断提升。

【线路开辟】 2011年，洛阳公交公司新辟公交线路6条，即89路、75路、76路、77路、78路、84路。

【市领导到公司调研】 2011年7月15日，洛阳市委副书记、市长郭洪昌，市委常委、常务副市长吴中阳，副市长史秉锐，带领市直有关部门的负责人到洛阳公交公司调研，专题研究公司生产运营、场站建设、补贴资金等问题。此后印发《洛阳市人民政府市长办公会议纪要》，对公交集团政策性亏损问题、公交场站建设资金、公交发展投入的办法和建立公交系统职工工资正常增长机制等问题提出了明确意见。决定在2011年对公交月票补贴1000万元的基础上，再增加1000万元财政补贴。9月2日，市政府第二十五次常务会议研究决定：从市财政部门收取的每平方米120元城市基础设施建设配套费中，按每平方米10元提取公交发展专项资金用于发展公交事业，并纳入财政预算管理。

【企业改革改制】 2011年，洛阳公交公司根据洛阳市企事业单位改革工作领导小组《关于加快推进企事业单位改革工作的通知》（洛市企事改组〔2011〕117号）精神，按照国有控股，引进合作伙伴增资扩股等实现股权机构多元化的方式，加快了公司的改制步伐。洛阳公交公司于2011年12月底完成财务审计、清产核资、资产评估和拟定公司初步改制方案等工作。

【“中国城市无车日”活动】 2011年，根据住建部要求，洛阳市第五次参加了“中国城市无车日”活动。活动以“绿色交通，城市未来”为主题，积极宣传公交优先，倡导绿色出行。活动中，市政府发动社会各界捐助公交车，洛阳新奥华油集团有限公司和河南煤化集团分别向公交集团捐赠50辆和2辆公交车，价值达2760万元，加上2011年6月洛阳杜康控股集团捐赠的2辆公交车，2011年已有3家企业捐赠公交车54辆。

【天然气公交车】 2011年，洛阳公交公司积极与新奥华油燃气有限公司合作，开始对汽油公交车实施油改气工作，共改造22辆，主要投入到22路公交线路上。天然气公交车的投入运营，不仅降低了公交车的运营成本，而且减少了机动车辆尾气对大气的污染。

（毕令周　俞　萌）

金海马公交车场举行公交车应用天然气启动仪式

2011年洛阳公交公司线路开辟情况

时间	路别	起始站—终点站	线路长度（千米）	共设站（个）	沿途站点
1月6日	89	宝龙城市广场—草店	15.9	21	宝龙城市广场公交首、末站发车，走展览路、龙门大道、过龙门西山、郭寨、到东草店
3月23日	75	中钢洛耐公司—高铁龙门站	17.5	35	中钢洛耐公司发车，走西苑路、牡丹广场、延安路、丽新路、辽宁路、行署路、王城大道、古城路、金城寨街、太康路、市府西街、政和路、厚载门街、通衢路、高铁龙门站
3月24日	76	东花坛—高铁龙门站	18.3	30	东花坛发车，走启明西路、夹马营路、民族路、唐宫东路、定鼎路、龙门大道、关林路、厚载门街、通衢路到高铁龙门站
4月15日	77	洛阳站—洛阳博物馆	7	10	洛阳站发车，走金谷园路、中州中路、解放路、牡丹桥、隋唐园北路到洛阳博物馆
4月23日	78	曙光村—唐宫西路芳林路口	10.7	21	曙光村发车，走学院路，龙门大道、九都路、体育场路、凯旋西路、八一路、唐宫西路、沿纱厂南路、中州中路到唐宫西路芳林路口单环
9月22日	84	南昌路南苑路口—贠庄	15	25	南昌路南苑路口发车，走南昌路、滨河南路、瀛洲路、开元大道、张衡街、牡丹大道、龙鳞路、开元大道、洛宜路到贠庄

2011年洛阳公交公司延长线路情况

时间	路别	起始站—终点站	线路长度（千米）	共设站（个）	沿途站点
1月10日	45	西关—红山乡	19	39	西关发车，走金业路、九都路、珠江路、延安路、景华路、天津路、中州西路、华山路、汉宫路、衡山路、310国道至红山乡
1月10日	61	茹凹—红山乡	18.6	34	茹凹发车，走军民路、学院路、卫国路、龙门大道、定鼎南路、中州中路、解放路、道南路、石油路、汉宫路、衡山路、310国道至红山乡
5月10日	50	洛阳站—150医院	16.8	30	洛阳站发车，走金谷园路、中州中路、延安路、景华路、天津路、西苑路、龙鳞路到150医院终点站后，回程走单环沿丰润东路、诚信路回龙鳞路
5月28日	82	中原物流中心—珠江路南口	12.6	25	中原物流中心发车，走中州西路、武汉路、景华路、丽新路、到丽新路周山路口后，沿丽新路、滨河北路至珠江路南口

2011年洛阳公交公司调整线路情况

时间	路别	起始站—终点站	线路长度（千米）	共设站（个）	沿途站点
2月16日	57	东花坛—河南科技大学新校区	20	37	东花坛发车，走启明西路、夹马营路、华林路、九都路、龙门大道、通济街、关林路、学府街、开元大道到河南科技大学新校区
4月6日	67	关林庙公交枢纽站（路西）—关林庙公交枢纽站（路东）	14	27	沿关林庙、龙门石窟、高铁龙门站、关林庙方向单环，即关林庙公交枢纽站发车，走关圣街、关林路、龙门石窟、龙门大道花园路口、高铁龙门站、通衢路龙门大道口、关林庙回关林庙公交枢纽站
4月6日	71	关林庙公交枢纽站（路西）—关林庙公交枢纽站（路东）	14	26	沿关林庙、高铁龙门站、龙门石窟、关林庙方向单环，即关林庙公交枢纽站发车，走关林庙、关林路龙门大道口、高铁龙门站、龙门大道花园路口、龙门石窟、龙门大道辛庄路口、关林庙回关林庙公交枢纽站
4月19日	49	西关—高铁龙门站	15.5	27	西关发车，走中州中路、玻璃厂路、凯旋东路、体育场路、九都中路、牡丹桥、王城大道、古城路、望春门街、宜人路、通济街、翠云路、厚载门街、通衢路到高铁龙门站
4月20日	14	谷水西—洛阳站	14	29	谷水西发车，走秦岭路、南华路、联盟路、黔川路、西苑路、天津路、嵩山路、纱厂西路、解放路到洛阳站

·洛阳北控水务集团有限公司·

伊滨水厂施工现场

【概　况】　洛阳北控水务集团有限公司（以下简称“北控水务集团”）是股份制民营控股企业，前身是1954年成立的洛阳市自来水公司，2007年12月改制为洛阳市水务集团有限公司，2011年12月30日挂牌成立洛阳北控水务集团有限公司。经过57年的艰苦创业，公司已由单一制水、售水企业发展成为集供水、原水供应、污水处理、热力供应、中水回用、给排水设计、市政建设为一体的新型水务集团。公司下设涧西、涧东、关林、伊滨4个供水分公司，涧西、瀍东、涧河、新区4个污水处理厂，涧西、涧东、新区、东城、高新5个服务营销分公司，以及新区热源厂、新区热力分公司、泓源公司、水质监测中心、水表厂等生产经营服务部门。截至2011年年底，北控水务集团综合供水能力72万立方米/日，处理污水能力42万立方米/日，管道供热能力1008万立方米，城市供水管网总长1367千米，供水客户达到22.31万家，用水总人口227.6万人。

【洛阳新区污水处理厂】　洛阳市新区污水处理厂位于二广高速公路以东50米、规划洛偃快速路及伊河以北50米，东干渠以南。总规划规模日处理污水20万吨。其中：一期建设规模日处理污水10万吨，估算投资3.7亿元。工程采用改良型氧化沟工艺，出水水质执行《GB18918—2002》一级标准A指标。工程于2009年8月1日开始土建施工，截至2011年年底，工程建设任务、设备单体及联动调试已全部完成，正在进行微生物培养驯化工作。

【伊滨区供水工程】　伊滨区供水工程是2010年洛阳市计划开工建设的重要基础设施之一，位于伊洛大道与陈潭路交叉口西北地块。总投资2.08亿元。项目建设包括设计供水能力为30万吨的水厂，伊滨区供水加压站及输配水管网工程，水源地建设工程，供水营业及管网维修中心。截至2011年年底，清水池导流墙砌筑及粉刷完成40%，送水泵房及吸水井基坑开挖完成60%，伊滨区一期输配水管道累计敷设49千米。工程建成后，将保障伊滨区建设和发展用水需要，改善居住环境和发展环境。

建设中的新区污水处理厂

【洛阳新区西郊调峰热源厂】　洛阳市新区西郊调峰热源厂位于洛龙科技园区郑西高铁以南、伊洛路以北、苏秦街以西、伊尹大道以东，占地约90亩，工程总投资1.84亿元，设计规模3×75吨/小时链条炉排燃煤蒸汽锅炉及其配套设施。该工程于2010年11月12日开工建设。截至2011年年底，工程土建施工已全部完成，1号锅炉、2号锅炉联合调试完毕，并于2011年10月23日一次性点火成功。建成后可供应225吨/小时工业蒸汽，增加供暖面积337万平米，为缓解洛阳市新区核心区供热需求矛盾、改善新区核心区投资环境具有重要意义。

【洛阳新区集中供热二期工程】　洛阳市新区供热二期工程总投资3.2亿元，供热范围为关林地区、洛阳龙门站地区和洛龙科技园区的部分区域，规划铺设热水管网90.01千米、蒸汽管网8.06千米，建设热力交换站142座。工程于2009年12月立项，截至2011年年底，已敷设完成中国移动呼叫产业园区、孙辛路、洛宜南路等热力管线30.9千米，新

洛阳北控水务集团有限公司揭牌仪式

增供热面积80万平方米。该工程建成后可解决洛阳新区新开发建设的各类民用建筑用热问题，具有显著的社会效益、环境效益和一定的经济效益。

【企业改革改制】 2011年，按照市委、市政府关于全面推进全市企事业单位改革改制的工作要求，有条不紊地推进水务集团的改革改制，积极引进战略合作伙伴，实行产权多元化，与北京控股有限公司所属北控水务集团有限公司合作，成立洛阳北控水务集团有限公司。2011年12月30日，新公司举行了揭牌仪式。改制后，洛阳市水务集团有限由洛阳市人民政府持有其100%股权，调整为企业管理层及职工股权50%，北控水务股权40%，国有股权10%。

【城市供水管网改造工程】 2011年，北控水务集团积极利用国债资金和自筹资金加快城市区供水管网建设，先后完成唐宫路、青岛路、中州路等供水管道工程项目建设，对古城路、南昌路等道路实施了供水管网改造。全年累计敷设供水管道77千米，新发展用户11657家。

【一户一表改造】 2011年，北控水务集团积极实施自来水分户计量、一户一表改造工作，先后对中信重机、南车洛阳机车工厂、锦绣园小区、三英花园等单位进行成片户表改造，完成户表改造14451户。

【洛阳新区第一加压站】 洛阳新区第一加压站位于洛阳新区永泰街以西、关林路以南，建设用地面积41亩，为市政公用配套设施。该项目担负着开元大道以南、瀛洲路以西地区供水及为瀛洲路加压站转输水任务，同时担负供水管网的维修、收费工作和新区集中供热管网的维修、收费工作。工程总投资1.4亿元，2010年10月开工建设，截至2011年年底，洛阳新区第一加压站加氯间、清水池、泵房主体已完成，1号综合楼土建施工已完成，2号综合楼装修完毕。工程建成后，将有效提高新区开元大道以南、瀛洲路以西地区的供水压力。

【封闭自备井】 2011年是全市封闭自备井工作的第七年，北控水务集团重点加强对地温井、铅封自备井、已封闭自备井的监管与复查。全年封闭自备井27眼，累计封闭自备井304眼。

（屈颜平）

·洛阳新奥华油燃气有限公司·

【概　况】 洛阳新奥华油燃气有限公司由洛阳市燃气总公司、新奥燃气投资（中国）有限公司、中国华油集团3家组建成立的中外合资企业，注册资本金1.6亿元，其中新奥51%、洛燃30%、华油19%。2006年4月29日挂牌成立，主要负责洛阳市区及部分县域的燃气市场开发、燃气工程设计及建设、燃气经营、汽车加气、燃气计量装置检测和能源服务等业务。2011年，洛阳新奥华油燃气有限公司综合天然气销量2.1亿立方米。其中：煤气销售3.44亿立方米，天然气销售0.67亿立方米；完成民用户接驳72592户，完成工商户接驳折合天然气10.48万立方米/日。截至2011年年底，全市燃气管网长1250千米，拥有5座营业厅，在建行、商行实施燃气费代收业务，拥有居民用户31万余户，商服户600家，汽车加气站6座，日高峰用气量天然气达到47万标准立方米、义马煤气达到125万标准立方米。

【西气东输二线入洛管线】 2011年12月13日上午11时18分，洛阳市委常委、副市长、市委经济工作部部长宋殿宇缓缓开启小庄门站燃气阀门，来自中亚的天然气通过中石油西气东输二线入洛管线进入洛阳。由此，洛阳市结束了没有管输天然气的历史，管输天然气时代正式到来。

西气东输二线入洛工程从洛阳市伊川县小庄门站到位于洛阳市洛龙区的李屯调压站，全线长约10千米，沿线经过伊川县、洛龙区、龙门风景管理委员会等3个县区、5个乡镇、9个村，穿越高速公路1处、高等级公路2处，铁路、高铁各1处，翻越6千米山地、丘陵。该工程2010年11月开工建设，2011年8月20日全线贯通。与之配套的李屯调压站和小庄门站于2011年7月20日开工建设，11月底竣工具备接气条件，进入设备联合调试阶段，12月13日试通气，正式引进中亚管输天然气。

小庄门站设计输气能力为每年20亿立方米，其中向洛阳市区输送能力为10亿立方米，向洛阳市汝阳县大安产业园输送能力为6亿立方米，远期预留4亿立方米。在李屯调压站，天然气将向5个方向分输：洛阳市区西环燃气管网、东环燃气管网、市区管网、加气母站和伊川反输管线。整个工程集输气、储气为一体，采用国内管径最大的管道，除输气外，储气能力可达70万余立方米。

【机动车辆“油改气”】 2011年，洛阳市积极实施机动车辆油改气工作，共改造1735台，其中出租车及其他社会车辆1238台、公交车22台、收车载瓶车辆66台、收华银改装车辆409台，洛阳市区所有出租车完成“油改气”工作。

【煤气转换天然气】 2011年12月25日起，洛阳市将涧河以西及新安县煤气居民用户10万户、工业用户37户、商服228户逐步置换为天然气。在置换过程中，把高新区、涧西区、洛新工业园区、新安县义马煤气供气区域分为35个片区，分片实施，保证置换工作安全、稳定、有序地进行，减少了对居民生活、工业生产和商服经营造成的影响。

燃气户内置换工作

【加气站建设】 2011年4月13日，龙鳞路加气站开始运行，该站的顺利运营，大大方便了整个涧西区和高新区营运的车辆。

2011年12月13日，西气东输二线气入洛后，李屯加气站正式投入运营，该站的运营结束了洛阳市加气站用气靠车拉的历史，解决了加气站气源保障这一大难题。

【伊滨区天然气调压站】 2011年3月30日，举行伊滨区天然气调压站项目开工奠基仪式。伊滨区调压站是洛阳市管道天然气利用工程总体规划的重要组成部分，伊滨区燃气管网输配系统计划投资1.2亿元，伊滨区调压站作为其中最大的调压站，是连通西气东输二线、安洛线天然气和山西煤层气三大气源向伊滨区供气的枢纽。建成后，将与伊滨区城市中压管网连成集供气、抢险、维修的输配系统，年供气量3亿立方米，可保证伊滨区未来10年的用气需求。

（孙晓洁）

伊滨区天然气调压站项目开工奠基仪式

住房公积金管理

【概　况】 2011年，归集住房公积金26.14亿元，同比增长15.45%，完成市定目标的130%。住房公积金覆盖率达86.21%，居全省第二位，超过省定目标6.2个百分点。全年，洛阳市住房公积金管理中心为房地产市场和低收入群体提供购置住房资金30.25亿元。其中：提取公积金12.96亿元，项目贷款1.3亿元，发放个人贷款15.99亿元，完成市定目标的132%；个贷率（个人贷款率）为64.76%，资金使用率为80.02%，超省定目标10.02个百分点。实现增值收益7391万元，上缴市财政廉租住房建设补充资金796万元。洛阳市住房公积金管理中心被河南省住房和建设厅评为“全省住房和城乡建设系统先进委（局）”“河南省住房公积金管理工作先进单位”和“河南省住房公积金服务工作先进单位”。

【住房公积金归集】 2011年，洛阳市归集住房公积金26.14亿元，同比增长15.45%。其中：市本级当年归集公积金17.2亿元，同比增长12.27%，占归集总量的65.8%；县区管理部当年归集公积金6.51亿元，占归集总量的24.91%；铁路分中心当年归集公积金2.43亿元，占归集总量的9.29%。全市住房公积金余额达到84.84亿元，同比增长21.29%。

新增缴存单位377个，新开户职工4.20万人，新增年缴存额1.41亿元，占新增归集额的40.28%。截至2011年年底，缴存职工达到45.88万人，缴存单位4605

住房公积金对账单邮寄启动仪式

个，住房公积金覆盖率达到86.21%，归集业务各项指标均达到历史新高。

【住房公积金提取】 2011年，洛阳市办理住房公积金各类提取12.96亿元，同比增长43.20%。其中：市本级办理提取9.12亿元，同比增长37.09%，占提取总量的70.37%；县区管理部办理提取2.23亿元，同比增长94.58%，占提取总量的17.21%；铁路分中心办理提取1.61亿元，同比增长28.16%，占提取总量的12.42%。

【住房公积金贷款】 2011年，洛阳市发放个人住房公积金贷款15.99亿元，同比增长13.37%。惠及职工8039户。其中，市本级当年发放个人贷款11.48亿元，同比增长18.07%，占放贷总量的71.79%；县区管理部发放个人贷款3.76亿元，同比增长19.35%，占放贷总量的23.51%；铁路分中心发放个人贷款0.75亿元，同比下降45.52%，占放贷总量的4.69%。

全年，洛阳市住房公积金管理中心利用住房公积金结余资金共为保障性住房累计发放项目贷款2.3亿元，收回项目贷款本息1.68亿元，支持建筑面积81万平方米，解决了7996户中低收入家庭的住房问题，为保障性住房建设提供了有力的资金支持，取得较好的经济效益和社会效益。

【住房公积金效能建设】 2011年，洛阳市投资1600万元，完成新安、孟津、伊川、栾川4个管理部服务用房购建工作；投资200万余元，更新了业务系统硬件；投资40多万元，对新设立的汇缴中心、贷款中心和客服中心进行整修。与中国移动洛阳分公司、中国联通洛阳分公司联合开通住房公积金短消息平台和12580人工语音住房公积金账户信息查询服务系统，将公积金咨询电话由原来1条线路增加到4条，开通110服务专线，实现24小时语音服务和8小时人工在线服务。制定并向社会公布《洛阳市住房公积金服务指南》；主动“上门服务”，先后为7个“大客户”、103个“特殊客户”上门办理了有关业务；为一拖公司、中信重工、中钢洛耐等30家“大客户”开辟了“绿色通道”。压缩办事时限，将原来的13项非行政审批事项压缩为1项，除公积金贷款以外的所有业务只要符合条件立即办理。8月底至10月中旬，制作了2.5万册住房公积金宣传册，利用每周六上午时间开展政策集中宣传活动；投资40万余元，为4336家单位、40万余名缴存职工寄发公积金对账单；组织20家缴存单位召开住房公积金业务座谈会，为全市129家房地产开发企业的190余名公积金专管员进行了公积金信贷业务专管员培训会。先后在省、市新闻媒体发表宣传报道60余篇。 （卢彦飞）

园林绿化

【概　况】 2011年，洛阳市城市园林绿化以构筑“文化为魂、水系为韵、牡丹为媒、产城融合、组团发展、生态宜居”为目标，全年新增绿地125公顷。城市建成区绿地面积达到5069公顷，绿地率30.56%，绿化覆盖率35.04%，人均公园绿地8.6平方米。本年度，洛阳市园林局先后被河南省住建厅命名为“全省住房和城乡建设系统优秀委（局）”“省精神文明建设工作先进单位”和“省园林绿化工作先进单位”。

【新区绿化建设步伐加快】 2011年，洛阳新区伊滨公园龙门古韵段（龙门北桥至一级橡胶坝）工程及开元大道东延长线、龙门北桥引线、龙和路、伊洛路、通济街二期、广利街二期、孙辛路二期等7条道路绿化工程顺利完工，新区的生态环境和城市面貌得到了进一步提升。

【洛北城区道路绿化进一步完善】 2011年，洛阳市园林局先后完成滨河路二期、瀛洲北路二期、南昌路引线、洛阳桥扩建引线、牡丹桥引线、洛白路等6项道路绿化工程。

【义务植树】 2011年，洛阳市城市区义务植树活动安排在洛浦公园滨河北路瀛洲桥以西段与滨河北路南昌路以东段开展。市党政领导、机关干部、企事业单位职工、大中专院校学生及居民群众15万余人参加了城市区的义务植树活动，共种植雪松、栾树、重阳木、大叶女贞、楸树、银杏、连翘、锦带、贴梗海棠、丁香、扶芳藤、八角金盘等乔灌木30余种40多万株。新增绿地约13万平方米。经验收，成活率达到90%以上。

【援建上海市长宁区一座牡丹园】 2011年，为加深洛阳市与上海市长宁区之间的友好交流，进一步提高洛阳牡丹在海内外的知名度，按照市委、市政府的安排，洛阳市园林局为上海市长宁区援建了一座牡丹园，该园面积达1万多平方米，种植各类精品牡丹2500多株。

【服务第二十九届中国洛阳牡丹文化节】 2011年，中国洛阳牡丹文化节期间，洛阳市园林部门周密组织，精心做好文化节的筹备工作。一是认真抓好赏花启动仪式的前期准备工作，加强牡丹的养护管理，控制好牡丹花期，确保赏花启动仪式举办时有成片的牡丹开放。二是认真抓好各牡丹观赏景点的环境建设，为广大中外游客创造优美的赏花环境。三是搞好优质服务教育，树立良好的窗口形象。四是精心安排好丰富多彩的文化娱乐活动，提高牡丹文化节的文化品位，成功举办“第二十九届中国洛阳牡丹文化节牡丹灯会”“第三届‘王城之春’牡丹插花花艺展”“首届中国·洛阳赏石文化艺术节暨交易会和第二十九届中国洛阳牡丹文化节牡丹园艺展”等活动。五是加强安全保卫工作，确保各赏花景点的安全。牡丹节期间，各牡丹观赏园秩序井然，实现了“热烈、祥和、安全、有序”的工作目标。

【美化彩化亮化提升工程】 2011年，洛阳市园林局对全市各重点公共场所，实施了亮化和彩化等环境美化提升工程。在牡丹广场、火车站广场、龙门高铁站、周王城广场、洛浦公园东门、隋唐城遗址植物园南门和西门、市政府南门和北门、瀍河高架桥、中州路七里河桥、九都路瀍河桥、九都路涧河桥、凯旋路中州渠桥等18个地点对广场及路灯灯杆，采用300多万盆草花，包括矮牵牛、三色堇、瓜皮菊、瓜叶菊等8个品种进行了彩化，美化路灯灯杆460根。在延安路、长兴街、永泰街、政府东街、政府西街、宜人路、南昌路、太康路等8条道路对树穴进行了美化，共美化2200个树穴、3000多平方米。在洛浦公园两岸进行了亮化，安装照明电缆25527米、灯具2200组及配套的接地极、配电箱、防盗网等设施，投资约400万元。

【环境创优】 2011年，洛阳市园林局对城区道路绿地、洛浦公园、广场游园进行了综合整治。改造道路11条，新植苗木11.36万株，全市道路绿篱修剪一遍，修剪乔木7.45万株，补栽苗木135950株，补栽地被6500平方米，整修水渠1800米，整修道路3.5万米，清理人踩小道2000平方米，清运垃圾2100车，清理小广告3300处，维修护栏5.3万米，刷漆3.6万米。在延安路、长兴街、永泰街、政府东街、政府西街、宜人路、南昌路、太康路等8条道路对树穴进行了改造，共改造树穴2200个、3000多平方米，使市容环境有了较大提升。

【公园绿地改造】 2011年，洛阳市王城公园对凤湖东假山进行整体改造，形成叠石假山配置牡丹的观赏景点。整修铺装3500平方米、粉刷建筑物及园林设施4000平方米，新建网络售票室1个，新植乔、灌木品种20余个，2万余株。中国国花园完成衍秀湖生态驳岸改造，修建了水生植物种植池，安装涌泉喷头11个，完成园内部分园路、景观花坛及休闲广场改造提升约5500平方米，种植调整乔、灌木5800多株。隋唐城遗址植物园对春节庙会后园内破损毁坏的园林基础设施进行了全面的整修改造，新植绿篱、草坪、花卉等植物14万平方米，各种乔木2000余株，悬挂植物标牌742个。西苑公园维修牡丹坛、地坪100平方米，园林建筑及设施表面粉刷600平方米，新建了一座封闭垃圾场，对沿九都路和南昌路门面房进行了全面的治理、整顿和刷新工作，新植牡丹21个品种计2005株。牡丹公园对全园花坛护栏进行了刷新、维修，整修了供电线路，完成植物调整工作。开元湖完成喷泉的全面调试及曲目确定工作，在湖周边新建绿地1400平方米。国际牡丹园对围墙和排水管道进行了全面的整修，完成遮阳棚顶部除锈喷漆、厕所改造，使园容园貌有了明显改善。

开元湖音乐喷泉冠名权签约仪式

【“满城皆是牡丹花”工程】 2011年，市委、市政府决定实施“满城皆是牡丹花”工程，园林部门在调查摸底的基础上制订、完善了牡丹种植方案，确定了5个广场、5条城市主干道、7个重要节点和8个牡丹观赏园为主要种植区域，同时督促各城市区完成了牡丹增植方案。在实施过程中，两次组织人员赴山东、安徽等地考察牡丹种苗及价格，通过招标，与7家供苗商签定合同，共采购牡丹31.58万株、芍药7.25万株、月季16万株、美人蕉等草本植物2.1万株，2011年年底前完成种植任务。

【开元湖音乐喷泉冠名权、商业表演独家代理权拍卖成功】 2011年，按照市委、市政府的部署，市园林局经过精心运作，对开元湖音乐喷泉冠名权、商业表演独家代理权进行了公开拍卖。此次拍卖的开元湖音乐喷泉冠名权和商业表演独家代理权使用期限均为5年，拍得冠名权的单位可在音乐喷泉表演前后通过播放企业之歌、宣传短片和大型LED

广告等多种形式展示企业形象，并为喷泉冠名。最终，泉舜集团（洛阳）置业有限公司以1000万元竞拍成功，开启了国内音乐喷泉市场化运作先河，这是市委、市政府提出的公益事业项目按经营城市的理念与市场实现完美结合的一次较好体现。

【王城动物园动物繁殖取得较好成绩】 2011年，洛阳王城动物园重视场馆建设，建成高标准鹿圈、跑马场，面积达1200平方米，既改善动物生存条件，也改善游客的观赏游玩环境。该公园在科学安排和精心哺育下，共繁育华南虎4只、松鼠猴4只、黑帽悬猴1只、斑马1只、鹿类8只、猕猴9只、雉鸡类100余只、水禽8只、鸟类50余只，整体繁殖量较往年增加5%，其中华南虎的繁殖技术已日趋成熟完善。王城动物园的华南虎数量居全国第二位，为保护濒临灭绝的华南虎珍稀物种做出了贡献。

【参加第八届中国（重庆）国际园林花卉博览会】 2011年，洛阳市园林局参加了第八届中国（重庆）国际园林花卉博览会，这是目前全国规模最大、规格最高、内容最丰富的风景园林与花卉盆景行业综合性花坛盛会，积极参与该盛会，对进一步提高洛阳的国际知名度，加强洛阳与国内外的科技文化交流，具有十分重要的意义。在洛阳园的建设过程中，市园林部门始终坚持高规格设计，高质量施工，于2011年11月上旬完成了洛阳园建设。该园占地面积3250平方米，投资近300万元，整体风格上突出了洛阳古典园林特色和洛阳深厚的古都文化底蕴，向世界展示了古都洛阳独特的魅力。

【洛阳城投园林发展有限公司成立】 2011年12月，洛阳城投园林发展有限公司成立。该公司将承担新建公园、绿地、广场等园林设施的建设及融资任务，以经营园林的观念，通过市场化运作，对现有公园、绿地、广场进行改造、开发和利用，发挥自身优势，挖掘经济潜力，促使经济效益、社会效益与生态效益共同提高。

【园林科研】 2011年，洛阳市园林局积极探索牡丹、芍药航天诱变育种，完成了“神舟八号”飞船搭载牡丹、芍药种子航天育种试验，在国际牡丹园进行了播种繁育。牡丹研究院加大牡丹新品种选育工作力度，在“牡丹新品种审定会”和“牡丹新品种培育研究（2011）成果鉴定会”上，中国花卉协会牡丹芍药分会和洛阳市科技局组织的有关专家对洛阳牡丹研究院申报的牡丹新品种进行了实地审定和研究成果鉴定，最终12个牡丹品种被审定为牡丹新品种，并通过研究成果鉴定。编辑出版了牡丹专业技术论著《牡丹》。在牡丹新品种培育与育种技术研究方面，该单位组织开展了牡丹杂交组合、野生牡丹种质资源引种驯化与利用、牡丹盆栽技术研究与产业化开发、牡丹芍药切花技术研究与产业化开发、牡丹名优品种繁育与推广、牡丹与部分春花植物花期相关性研究、豫西野生植物资源引种驯化与应用、优良宿根花卉资源收集选育研究与开发等8个课题的研究，并取得一定进展。为保证第八届中国（重庆）国际园林博览会牡丹用花，牡丹院精挑细选出11个品种100株优良牡丹植株，与1100盆催花牡丹送抵重庆并在洛阳展区室外栽种，受到各级领导、游客及其他参展城市的高度评价。

【园林设计】 2011年，洛阳市邀请德国瓦伦丁城市规划与景观设计事务所、北京林业大学、北京多义景观规划设计事务所、上海同济大学、南京林业大学等国际、国内知名设计企业，进行城市重大绿地概念性方案设计或景观绿地规划设计征集，优中选优确定实施方案。洛阳牡丹博览中心概念性规划设计方案直接由德国瓦伦丁城市规划与景观设计事务所承担，所设计的洛阳牡丹博览中心是一个绿色环保的新型展览馆与温室的综合体，温室建筑屋顶为全玻璃结构，其他所有展馆屋面及外立面装饰都有陶瓷挂片；以牡丹花色彩变化排列的建筑外立面，与起伏的屋面组合，从空中俯视宛如一朵盛开的牡丹，给人以强烈的视觉冲击力。伊滨区中央轴带水系景观绿地方案征集，北京多义景观规划设计事务所、上海同济大学、南京林业大学、国家林业局林产工业设计院4家单位参加，以北京大学教授王向荣担任主设计师的北京多义景观规划设计事务所中选实施方案。龙门大道改造景观绿地方案征集，上海同济大学、南京林业大学、河南农业大学园林设计院等4家单位应征，上海同济大学获得方案深化、施工图设计。上海同济大学还中选洛浦公园提升项目的设计。国际、国内知名设计企业的参与，给洛阳市园林绿化建设带来了精彩的构思、创新设计以及先进的设计手法和表现形式。

【绿化执法】 2011年，洛阳市绿化监察大队设立24小时举报中心，向社会发放千余份举报联系卡，完成巡查里程7.5万余千米，累计查处各类违法案件20起，其中简易程序案件1起，一般程序案件19起，无行政复议和诉讼案件，纠正各类违章案件千余起，强拆了新区一、二支渠违章建筑，收缴罚款17万余元，有效的遏制了各类毁绿案件的产生和蔓延。

【园林单位创建】 2011年，洛阳市园林局严格按照省、市相关标准督促各县（市）、区认真开展园林县城、园林乡镇、园林单位、园林小区创建活动，取得了可喜成绩。2011年，洛宁县故县镇等3个乡镇被河南省住房和建筑厅命名为“河南省园林乡镇”；市经济开发区地方税务局等12个单位被省住建厅命名为“河南省园林单位”，洛阳石化河阳新村等4个小区被省住建厅命名为“河南省园林小区”，学府街等8条道路被省住建厅命名为“河南省绿化达标道路”，周王城广场、牡丹广场被省住建厅命名为“河南省绿化达标广场”。

（赖　旭）

环境状况

【概　况】 2011年，洛阳市城区环境空气质量为良好级。全市大气降水PH值范围在5.73～6.98，酸雨发生率自2008年以来连续4年为0。地表水整体水质级别为良好，主要污染仍以氨氮有机污染类型为主。2011年，全市监控的河流总长578千米，其中水质类别达到Ⅰ类的河段长209千米，占36%；达到Ⅱ类的河段长181千米，占31%；达到Ⅲ类的河段长102千米，占18%；达到Ⅳ类的河段长30千米，占5.2%；达到Ⅴ类的河段长56千米，占9.7%。地下水综合评价分值F为2.18，水质级别为良好级。饮用水水源地平均水质综合定性评价指数为0.718，整体水质级别为良好级。城市区域声环境质量属较好级；交通噪声环境质量为较好级；城市功能区声环境质量达标率为85.9%，声环境质量级别为较好级。洛阳市城市区环境空气质量优良天数为316天，占总天数的86.6%。洛阳市地表水出境断面伊洛河汇合处化学需氧量、氨氮监测结果达标率均为100%，综合达标率为100%；城市区集中式饮用水源地取水水质达标率为100%。其中，环境空气质量优良天数及饮用水源地取水水质达标率均达到省政府责任目标（环境空气质量优良天数292天以上、饮用水源地取水水质达标率98%以上）的要求。

【大气环境】 2011年，洛阳市城区环境空气质量为良好级，与上年持平。一年四季中，按污染由轻到重排序依次为：夏季、春季、秋季、冬季，呈明显的季节性变化趋势。

全年，洛阳市环境空气中首要污染物首次由可吸入颗粒物转为二氧化硫，其污染负荷达到42.7%；其次为可吸入颗粒物和二氧化氮。

根据空气污染指数统计结果，洛阳市城区环境空气中二氧化硫、二氧化氮和可吸入颗粒物年均值分别达到国家环境空气质量三级、一级和三级标准，综合级别为三级。洛阳市城区环境空气质量优良天数为316天，占总天数（365天）的86.6%。其中：优23天，占6.3%；良293天，占80.3%；轻微污染46天，占12.6%；轻度污染3天，占0.8%；无中度污染及中度污染以上天气。

二氧化硫　2011年，洛阳市城区环境空气中二氧化硫年均浓度值为0.067毫克/立方米，超出国家环境空气质量二级标准，与上年（0.052毫克/立方米）相比增加0.015 毫克/立方米，增幅达22.4%。日均浓度值范围为0.016～0.200 毫克/立方米，达标率为98.6%，与上年相比下降1.4%。二氧化硫浓度四季变化规律为：冬季＞秋季＞春季＞夏季，季节性变化明显。月均值变化规律为：1月、11月、12月浓度较高，7～9月较低，呈“U”字形变化趋势。

二氧化氮　2011年，洛阳市城区环境空气中二氧化氮年均浓度值为0.039毫克/立方米，优于国家环境空气质量二级标准，达到一级标准，与上年相比持平。日均浓度值范围为0.009～0.105 毫克/立方米，均达到国家环境空气质量二级标准，达标率为100%。二氧化氮浓度四季变化规律为：冬季＞春季＞秋季＞夏季。月均值变化规律为：1～2月浓度较高，之后逐渐下降，7～8月为谷底，9月之后逐渐上升。

可吸入颗粒物　2011年，洛阳市城区环境空气中可吸入颗粒物年均浓度值为0.101毫克/立方米，超出国家环境空气质量二级标准，与上年相比降低0.006毫克/立方米，降幅为5.6%。日均浓度值范围为0.019～0.326毫克/立方米，达标率为86.9%，最大日均值超过国家环境空气质量二级标准1.17倍。全年中可吸入颗粒物浓度四季变化规律为夏季＞春季=冬季＞秋季。月均值变化规律为：4月浓度较高，其他月变化不大。

大气降水　2011年，洛阳市城区发生36次大气降水，其中有5次为酸雨，4次发生在9月，全年酸雨发生率达14%。酸雨的复现除了受9月连续降水和区域环境空气污染影响外，也一定程度上表明环境空气污染水平的上升，同时也验证了全市局部二氧化硫浓度升高的结论。

【地表水环境】 2011年，洛阳市7个国、省控监测断面，年均值达到规划目标标准的断面有5个，水质总达标率为71.4%。其中：Ⅰ类、Ⅱ类、Ⅲ类水质的断面各有2个，各占28.6%；Ⅴ类水质的断面有1个，占14.2%。伊河潭头、洛河长水、洛河高崖寨、汝河紫罗山断面水体水质优于规划功能，洛河白马寺、伊河龙门断面劣于规划功能，伊河龙门大桥断面达到功能规划要求。7个国、省控监测断面全年共监测84次，断面总体达标率为81.0%。断面达标率最高的为洛河长水、伊河潭头、汝河紫罗山断面，达标率为100%，最低的为洛河白马寺断面，达标率仅为16.7%。

2011年，洛阳市地表水整体水质综合评价为良好，全市主要监控河流水质污染程度由重到轻依次为伊洛河（轻度污染）〉洛河（良，Ⅰ～Ⅲ类的河段长度占监控长度的68.5%）〉伊河（良，Ⅰ～Ⅲ类的河段长度占监控长度的93.1%）〉汝河（优）。

2011年，全市监控的河流总长578千米。其中：水质类别达到Ⅰ类的河段长209千米，占全市监控总长度的36%；达到Ⅱ类的河段长181千米，占全市监控总长度的31%；达到Ⅲ类的河段长102千米，占18%；达到Ⅳ类的河段长30千米，占5.2%；达到Ⅴ类的河段长56千米，占9.7%。

伊　河　2011年，伊河监控的4个断面达到Ⅰ～Ⅲ类水质的断面有3个，达到Ⅳ类水质的断面有1个，Ⅰ～Ⅲ类水质比例为75.0%，河流整体水质类别为良。伊河监控的288千米河段长度中，水质类别达到Ⅰ～Ⅲ类的河段长268千米，占监控河段的93.0%，其中水质类别达到Ⅰ类的河段为166千米，占监控河段的62.7%，达到Ⅳ类的河段长20千米，占监控河段的7%。

伊河主要污染因子为石油类和总磷。潭头、陆浑、龙门断面石油类年均浓度值均达到Ⅰ类标准，西石坝断面年均浓度值达到Ⅳ类标准；潭头、陆浑、龙门断面总磷年均浓度值达到Ⅰ类标准，陆浑、龙门断面总磷年均浓度值均达到Ⅲ类标准，西石坝断面未监测总磷。

伊河上游控制断面潭头水质级别为优，流经嵩县、伊川后，因接纳了沿岸农业源排放或渗入的废水以及大量生活污水后，水质明显恶化，其主要污染因子总磷的年均浓度，由0.015毫克/升升至0.03毫克/升和0.108毫克/升，水体水质也由优下降为良。伊河另一污染因子石油类，在上、下游控制断面（潭头、陆浑）和市区对照断面（龙门）年均浓度值均达到Ⅰ类标准，伊河通过龙门流经市区后，由于接纳了大量洛龙区、伊滨区排放的工业废水，水质明显恶化，总磷浓度由0.05毫克/升升至0.07毫克/升，单因子水质类别也由Ⅰ类恶化为Ⅳ类。

洛　河　2011年，洛河监控的4个

2011年洛阳市各监测断面水质类别

河流	断面名称	规划功能	水质类别	水质状况	达标情况
洛河	长水	Ⅱ	Ⅰ	优	达标
	高崖寨	Ⅲ	Ⅱ	优	达标
	白马寺	Ⅳ	Ⅴ	中度污染	不达标
伊河	潭头	Ⅱ	Ⅰ	优	达标
	陆浑水库	Ⅱ	Ⅲ	良	不达标
	龙门大桥	Ⅲ	Ⅲ	良	达标
汝河	紫罗山	Ⅲ	Ⅱ	优	达标

2011年洛阳市各监测断面水质达标率

河流	断面名称	规划功能	监测次数	达标次数	达标率（%）
洛河	长水	Ⅱ	12	12	100
	高崖寨	Ⅲ	12	11	91.7
	白马寺	Ⅳ	12	3	25.0
伊河	潭头	Ⅱ	12	12	100
	陆浑水库	Ⅱ	12	7	58.3
	龙门大桥	Ⅲ	12	11	91.7
汝河	紫罗山	Ⅲ	12	12	100
合计			84	68	81.0

2011年洛阳市主要河流断面水体水质

河流	监控断面	断面属性	断面类型	水质类别	水质状况	监控河长（千米）
洛河	故县水库	/	省控（湖库）	Ⅱ	优	/
	长　水	上游控制	省控	Ⅰ	优	43
	高崖寨	市区对照	国控、省控	Ⅱ	优	79
	白马寺	市区对照	省控	Ⅴ	中度污染	56
伊河	潭　头	上游控制	省控	Ⅰ	优	166
	陆浑水库	下游控制	省控	Ⅲ	良	44
	龙门大桥	市区对照	国控、省控	Ⅲ	良	58
	西石坝	/	市控	Ⅳ	轻度污染	20
伊洛河	汇合口	交界（洛阳—郑州）	市控	Ⅳ	轻度污染	10
汝河	紫罗山	交界（洛阳—平顶山）	市控	Ⅱ	优	102

断面达到Ⅰ～Ⅲ类水质的断面有3个，达到Ⅴ类水质的断面有1个，Ⅰ～Ⅲ类水质比例为75.0%，河流整体水质类别为良。洛河监控的178千米河段中，水质类别达到Ⅰ～Ⅲ类的河段长122千米，占监控河段长度的68.5%，其中水质类别达到Ⅰ类的河段为43千米，占监控河段的24.2%，达到Ⅱ类的河段长79千米，占监控河段的44.4%，达到Ⅴ类的河段长度为56千米，占监控河段的31.4%。

洛河主要污染因子为石油类、氨氮和总磷。主要污染因子按上、下游顺序排列浓度值变化为：

石油类：故县水库、长水、高崖寨断面年均浓度值均达到Ⅰ类标准，白马寺断面年均浓度达到Ⅳ类标准。

氨氮：故县水库、长水断面年均浓度值达到Ⅰ类标准，高崖寨断面年均浓度值达到Ⅱ类标准，白马寺断面年均浓度值达到Ⅴ类标准。

总磷：故县水库断面年均浓度值达到Ⅱ类标准，长水断面年均浓度值达到Ⅰ类标准，高崖寨断面年均浓度值达到Ⅱ类标准，白马寺断面年均浓度值达到Ⅳ类标准。

洛河上游长水断面水质达到Ⅰ类标准，水质状况为优；流经宜阳县后，高崖寨断面水质达到Ⅱ类标准，水质状况为良，流至市区后融入涧河、瀍河等支流，吸纳了新安、孟津、偃师部分工业废水和生活污水，接纳了市区所排放的工业废水和生活污水以及洛河径流量减少，自净能力降低等原因，其水质明显下降，其主要污染因子石油类、总磷、氨氮年均浓度也由原来Ⅰ～Ⅱ类标准，下降为Ⅳ～Ⅴ类标准，导致市区出境白马寺断面水质恶化为Ⅴ类，水质状况为中度污染。

伊洛河　伊洛河为黄河一级支流，接纳伊河、洛河水，2011年，监控的10千米河段达到Ⅳ类水质，水质状况为轻度污染，达到其规划目标要求。伊洛河主要污染因子为石油类。

石油类年均浓度为0.16毫克/升，超过地表水环境质量标准》（GB3838-2002）Ⅲ类标准2.2倍。除化学需氧量年均浓度值达到Ⅲ类标准外，其他因子年均浓度值均达到Ⅰ～Ⅱ类标准。

汝　河　2011年，汝河监控的102千米河段达到Ⅱ类水质，水质状况为优，达到其规划目标要求。全市7个国、省控监测断面达到Ⅰ～Ⅲ类水质的断面有6个，占全部断面总数的85.7%，地表水整体水质为良好，与上年持平，但断面水质总达标率比上年降低14.2%。全市监控的578千米河段长度中，水质类别达到Ⅰ～Ⅲ类的河段长492千米，与上年相同。其中：达到Ⅲ类标准的河段长度为102千米；达到Ⅰ类标准的河段长度为209千米，2010年无达到Ⅰ类水质的河段。水质类别达到Ⅳ类的河段长30千米，较上年减少56千米；水质类别达到Ⅴ类的河段长56千米，2010年无Ⅴ类水质的河段。

【湖（库）水环境】　根据2011年洛阳市故县水库、陆浑水库富营养化状态指数分别为39.8和44.6，富营养化状况评价结果均为中营养，未达到富营养化状态。与上年相比，故县水库营养化状态指数有所下降，降幅为7.66%；陆浑水库营养化状态指数略有上升，升幅为16.45%。

故县水库　规划功能为饮用水源保护区，规划目标为Ⅱ类水质，该水库各监测评价因子水质类别中除总磷水质类别为Ⅱ类外，其他各因子水质类别均为Ⅰ类，综合水质类别为Ⅱ类，达到规划目标要求，水质状况为优。

陆浑水库　规划功能为饮用水源保护区，规划目标为Ⅱ类水质，该水库各参评因子中总磷水质类别为Ⅲ类，高锰酸盐指数水质类别为Ⅱ类，其他各因子水质类别均为Ⅰ类，综合水质类别为Ⅲ类，水质劣于规划目标要求。

【集中式饮用水源】　2011年，洛阳市城区居民生活饮用水80%以上的3个集中式饮用水水源地，即洛南水源地混合水、李楼水源地混合水、张庄水源地混合水。洛南集中式饮用水水源地综合水质类别为Ⅱ类，张庄、李楼2个集中式饮用水水源地综合水质类别均为Ⅲ类，各水源地综合达标率为100%；3个饮用水水源地总取水量为9148.5万吨，达标取水量9148.5万吨，取水水质达标率为100%，与上年相比持平。洛阳市区饮用水水源地水环境质量整体保持稳定，整体水质级别为良好级。

【地下水环境质量】　2011年，洛阳市城区11个地下水有水质优良、水质良好和水质较差3个级别。单井水质优良的占9.1%，单井水质良好的占63.6%，水质较差的占27.3%。水质优良和良好级所占比例较上年降低18.2%。单井综合水质类别达到Ⅲ类的有8眼，占监测井总数的72.7%；达到Ⅳ类的单井数为3眼，占监测井总数的27.3%，无Ⅴ类水质单井。与上年相比，临涧水源、解放军外国语学院水源单井水质由Ⅲ类转为Ⅳ类，水质有所下降；而洛南水源单井则由Ⅲ类转为Ⅱ类，水质有所好转；东郊水源维持Ⅳ类，其他水源单井水质在2010年、2011年均维持在Ⅲ类不变。地下水单井综合水质有所下降。主要原因为临涧水源、解放军外国语学院水源单井总硬度年均值增高，由上年的Ⅲ类变为Ⅳ类。

地下水综合评价分值（2.18）与上年（2.20）相比变化不大，为良好级；但细菌学因子几何平均值5.16较上年的5.43有所下降，降幅为4.98%，单因子水

2011年洛阳市主要河流断面水体水质

监测断面	监测次数	达标次数	达标率（%）	超标时段（月）	水质类别	主要污染指标（超标倍数）
故县水库	12	12	100	/	Ⅱ	/
洛河长水	12	12	100	/	Ⅰ	/
洛河高崖寨	12	11	91.7	12	Ⅱ	/
洛河白马寺	12	0	0	12	Ⅴ	石油类（1.0）、氨氮（0.67）、总磷（0.15）

注：评价标准为地表水环境质量标准（GB3838-2002）Ⅲ类标准。

质有所好转。超标因子分别为总大肠菌群数、硝酸盐和总硬度3项。其中：总大肠菌群数年均值浓度超过Ⅲ类标准的井位有4个，占监测井位数的36.4%，是地下水首要污染物；总硬度年均值浓度超过Ⅲ类标准的井位有3个，占监测井位数的27.3%；硝酸盐年均值浓度超过Ⅲ类标准的井位仅有1口井为东郊水源2号，超标因子主要集中在东郊水源、解放军外国语学院、下池水源、肉联厂水源等井位。

【辐射环境】 2011年，洛阳市依据河南省环保厅部署，按照“谁审批谁验收”的原则，完成260个核技术应用项目验收工作。截至2011年年底，全市共有辐射工作单位331家。其中：放射源使用单位61家、放射源644枚；射线装置使用单位270家、射线装置589台；移动、电信、联通3家移动通信公司的手机基站共计4223个；市供电公司110千伏及以上输变电站87个、输变电线路3137千米。市环保部门继续加大日常监督检查工作，对全市331家辐射工作单位的安全防护和运行情况等进行全面检查，对42家存在各类问题的单位下发限期整改通知书，监督其对安全隐患进行整改，实现辐射事故零发生率。全年送贮各类放射源51枚，废旧放射源收贮率达100%；完成放射源在线监控系统建设工程（一期）验收工作，启动二期工程建设；开展安保用X射线装置专项检查活动，将保用X射线装置纳入辐射安全监管范围；受理审批46个新、扩、改建辐射项目；完成全年辐射监管机构标准化建设任务；开展辐射安全许可证核发及延续工作，对5家符合申领条件、17家符合延续的辐射工作单位颁发或延续了许可证。

【声环境】

区域噪声 2011年，在洛阳市建成区按800米×800米均匀网格，对城市区域声环境质量262个监测点位进行了监测。城市区域环境噪声平均等效声级为53.5分贝，区域声环境质量属较好级，与上年53.6分贝相比，基本不变，声环境质量级别未发生变化。

交通噪声 2011年，对洛阳市建成区内72条主要干道133个监测点位道路交通噪声进行监测，监测路段总长125.4千米。洛阳市道路交通噪声等效声级为68.2分贝，交通噪声环境质量为较好级，较上年的67.7分贝增加了0.5分贝，交通声环境质量由好级变为较好级，道路交通噪声区域噪声变差。

功能区噪声 2011年，城市功能区声环境质量总达标率为85.9%，较上年91.7%的达标率降低了5.8%，声环境质量级别由好级变为较好级，功能区声环境质量变差。

【生态环境】 2011年，洛阳市有自然保护区819.66平方千米，饮用水源保护区34.92平方千米、风景名胜区490.4平方千米，森林公园713.88平方千米，合计自然保护区2058.86平方千米。自然保护区覆盖率为14%。全市有国家级和省级生态建设示范区4处，占地 4074.07平方千米，占全市土地总面积的26.8%。

（环保局）

环境保护

【概　况】 2011年，洛阳市环境保护部门安装了覆盖全市水、气、噪声、辐射的自动监控系统，涵盖了包括11家火电厂在内的38家国、省控重点污染源企业、13座城市污水处理厂、10个地表水监测断面、17个空气质量监测点、11个环境噪声监测点、22家企业271枚放射源及4个辐射环境质量监测站点，自动监控系统稳定运行率在95.3%以上，数据有效率达91.24%。全市环境质量持续改善，城区环境空气质量优良天数达到316天（其中优级天数23天），达标率为86.6%，较上年（315天）略有上升。地表水整体水质综合评价为良好，7个国、省控监测断面全年共监测84次，断面总体达标率为81%。对出境断面伊洛河汇合处共进行了45周监测，化学需氧量均值为16.25毫克/升，达标率为100%；氨氮均值为0.712毫克/升，达标率为97.8%。断面综合达标率为97.8%；地下水综合评价分值F为2.18，水质级别为良好级。城市集中饮用水源地取水水质达标率持续稳定保持在100%，城市地下水水质级别为良好。辐射环境质量达到国家控制标准。城市区域声环境质量级别为较好。道路交通噪声等效声级为68.2分贝，交通噪声环境质量为较好级，较上年的67.7分贝增加了0.5分贝，交通声环境质量由好级变为较好级，道路交通噪声区域噪声变差。

【“碧水蓝天”工程】 2011年，在洛阳市启动“碧水蓝天”工程，涉及水环境整治、大气环境整治、声环境整治、产业集聚区综合整治四个方面的内容，包含149项具体任务。其中：124项工程类任务完成122项，25项监管类任务均正常开展。全市共关闭41家选矿企业、7家铅酸蓄电池企业、8家畜禽养殖企业、12家非法煤炭经销加工企业；62家选矿企业、275家涉重金属企业、31家规模化畜禽养殖企业完成环境整治，89家有尾矿库企业编制了突发环境事故应急预案，完善了应急处置系统；71家医疗机构，63家化工、造纸、酿造、肉类加工企业完成废水深度治理，25家水泥、焦化、碳素、钢铁、铝和陶瓷等行业企业完成废气深度治理，洛阳市的环境状况有一定改观。

【主要污染物总量减排】 2011年，河南省政府下达洛阳市的主要污染物总量控制目标化学需氧量排放量控制在7.39万吨以下，氨氮排放量控制在0.74万吨以下；二氧化硫排放量控制在19.84万吨以下，氮氧化物排放量控制在19.66万吨以下。经初步测算，化学需氧量、氨氮、二氧化硫、氮氧化物4项指标均已完成年度减排任务。

全市建成并投运城镇污水处理厂15座，日处理污水能力达到62万吨。现役燃煤机组全部建成脱硫设施，实施旁路烟道铅封。神华国华孟津发电有限责任公司2×60万千瓦发电机组、洛阳万基发电有限公司2×30万千瓦发电机组配套建设了烟气脱硝设施，均投入运行，新增氮氧化物减排量2732吨。关闭洛阳玻璃集团股份有限公司、偃师市寺里碑永鑫造纸厂，康玻福利造纸厂，洛阳市涧西福利包装材料厂，洛阳市龙祥纸业有限公司，伊川县北方纸业有限公司，原新安电厂7号、8号燃煤发电机组，豫港电力1号、2号燃煤发电机组，洛玻市区生产线，洛阳长铝宜铁水泥厂，洛阳桥兴水泥厂，永安特钢等34家企业。

【建设项目环境管理】 2011年，洛阳市通过环保审批的建设项目共有522个，其中环保部审批项目1个、省环保厅审批项目34个、洛阳市审批项目487个。经省政府批准，河南省共成立180个产业集聚区，其中洛阳所属的17个产业集聚区，规划环评全部通过省环保厅审批。17个产业集聚区污水处理厂开工建设14家，实现集中供热的5家，实现集中供气6家。

【环境综合整治】 2011年，洛阳市环保局全面完成流域水环境综合整治，推进了偃师、孟津、新安、宜阳、伊川区城和城市区大气环境综合治理；对全市电力、钢铁、水泥、铝、淀粉、合成氨、造纸行业进行深度治理。全市涉重金属企业275家，符合环保要求的207家，不符合要求的68家都已关闭；对医疗机构危废进行集中处置，全市县级以上医疗机构医废集中处置率达到100%，乡（镇）医疗机构医废集中处置率达到75%以上。在第二十九届洛阳牡丹花会环保专项行动中，开展城市区燃煤锅（窑）炉拆除，风景名胜区及周边、主要道路两侧整治，高铁沿线整治、市区周边重点区域整治回头看工作。郑西高铁洛阳段沿线环境综合整治，沿线需环境整治的污染源232家，按照要求全部整治或关闭、搬迁到位。

【农村环保和生态保护】 2011年，洛阳市大力开展规模化畜禽养殖环保专项整治行动，制定下发《洛阳市规模化畜禽养殖环保专项整治行动方案》，进一步规范全市畜禽养殖行业环保管理工作，努力实现畜禽养殖业废物减量化、无害化、资源化和生态化的目标。在农村环境连片综合整治工作中，16个农村环境连片综合整治项目已经开工，4个乡镇生活污水治理示范工程、20个村庄环境综合整治工程全部完成。全市有45个村庄被命名为省级生态村，40个村庄被命名为市级生态村。嵩县车村镇被环保部命名为国家级生态乡镇。

【环保执法】 2011年，洛阳市环保局通过现场监察、风险排查、应急处置等方式，严肃查处违法行为，维护群众环境权益。

饮用水源地保护区环境综合整治 开展伊河陆浑水库至龙门段地表水体环境治理。对伊河陆浑水库到龙门段沿河污染源治理、产业集聚区污水处理厂建设、沿河主要乡镇污水处理工程或人工湿地建设、沿河排污口整治及截流和河道采沙行业整治等工作任务。全市市区沿河排污口50个、城市区21个排污口已完成截流，各县（市）150个排污口全部达标；堆浸环保整治项目共24个，已全部整治到位；选矿环保整治项目共117个，114个完成整治；尾矿库环保整治项目共130个，完成整治114个。

开展重金属污染专项整治 全市涉重金属企业275家，符合环保要求的企业187家，继续进行整治的企业20家，因不符合要求关闭的企业68家。排查出化工企业248家。整治到位174家，停产73家，搬迁1家。

环境执法监管 开展整治违法排污企业保障群众健康环保专项行动。对302家环境风险源企业进行检查，105家完善信息数据，关闭企业69家，已检查尾矿库120座，其中83座已建立和完善基本信息库，尾矿库企业编制环境应急预案的共计95家。全年受理各类环境投诉7377件，办结7377件，办结率100%。畅通“12369”举报投诉渠道，受理投诉2682个，办结2682个，办结率达到100%。接“110”应急联动3232件，回复3232件，办结率达到100%。

环境应急处置 妥善处置中硅高科技有限公司一分公司阀门破裂造成三氯氢硅泄漏、嵩县金牛公司尾矿水泄漏、吉利区一罐车倾翻造成粗苯泄漏、偃师市洛阳超达食品添加剂有限公司爆燃、孟津县宇晶化工厂盐酸泄漏事件等6起突发环境事件，最大程度地减轻事件造成的危害，保障环境安全，维护了群众权益。

拆除城乡接合部一批有污染的小冶炼企业

【环保法规政策】 2011年，洛阳市环保局不断创新环境管理机制，完善污染防治措施，加大环境违法处罚力度，通过推进法规标准建设、实行水环境生态补偿、排污权交易、重点污染企业责任保险、实施污染联防、环保联动机制等措施，进一步深化环保工作。

完善污染防治措施 市环保局坚持有法必依、违法必纠、执法必严的原则，市政府印发《关于进一步加强大中型客货车辆排气污染防治管理的通告》和《关于进一步做好城市扬尘污染防治工作的通知》，使法规更加细化，更加规范化，更具有操作性。

加大环境违法处罚力度 市环保局严格遵守“先立案后调查，先审查后处罚，先告知后决定”的执法程序，严厉

环保志愿者在行动

查处环境违法行为。2011年，对违法事实清楚、证据确实充分、程序合法的环境违法案件立案206起，下达《处罚决定书》166起，结案122起（部分案件是上年立案，今年结案），追缴排污费715多万元，对未按时履行行政处罚决定的企业（单位）依法申请法院强制执行66起。

实行挂牌督办和“黑名单”　市环保局将洛阳鑫瑞纺织品有限公司等3家企业列入环境违法“黑名单”，对洛阳万基水泥有限公司等7起环境违法行为实施“挂牌督办”。

建立环保联动机制　为遏制环境污染，多领域、多举措加强对环境违法企业生产经营行为的有效管控，建立了由发改委、工信局、工商局、金融、财政局、监察、电力、水务局等部门参加的惩治环境违法联动通报机制。

【环保宣传教育】　2011年，洛阳市环保局进一步加大宣传教育工作力度，组织开展了“洛阳环保世纪行”“环境纪念日”“环境大接访”系列活动，为推进环境与经济协调发展营造良好的社会氛围和舆论环境。

“洛阳环保世纪行”宣传活动　深化“洛阳环保世纪行”宣传活动的品牌效应，加强与宣传部门沟通协调、不断总结经验，改进方法，把握重点，突出实效，使“洛阳环保世纪行”宣传活动开展的有声有色，发表各类稿件数十篇。在推动碧水蓝天工程中发挥了重要的舆论引导作用。

“环境纪念日”“环境大接访”宣传活动　精心策划组织“6·5”环境日、“环境大接访”宣传活动。首次与电视台联手对这次活动进行全程现场直播；在全市“6·5”宣传活动中，组织彩车巡游活动，动员20余家大型企业参与，联合相关部门和社会团体，请市委、市政府主要领导参加。通过开展大型广场宣传活动，提高广大人民群众环境意识，扩大宣传影响。

强化舆论引导、扩展社会参与　在腾讯和新浪网同时开通官方微博，通过网络传播迅速的特点来把握舆论导向，让市民了解环保工作，进而关心、支持环保工作。开展第六批市级“绿色学校”创建活动，推进全民环境教育。截至2011年年底，已创建“绿色学校”173所，其中省级26所，国家级2所。同时有效利用各种自然保护区、博物馆、科技馆等环境教育资源，强化环境监测、监察、宣教等部门和城市生活污水处理厂、垃圾处理场、企业污染治理设施等场所的环境教育功能，组织市民、网民参观，增强环保意识。

（环保局）

洛阳新区开发建设

综　　述

【概　况】 2011年，洛阳新区共实施项目381个，完成投资302.6亿元，增长47.1%，主要经济指标、投资总量和增速均位居全省11个新区前两位。全年，洛阳新区实现地区生产总值220亿元，增长14.9%；规模以上工业增加值95亿元，增长26.1%；全部固定资产投资302.6亿元，增长47.1%，其中城镇500万元以上投资完成275亿元，增长48.6%；社会消费品零售额106亿元，增长19.5%；地方财政一般预算收入13.9亿元，增长76.1%；城镇居民人均可支配收入18030元，农民人均纯收入7080元，分别增长12.7%和14.2%。

【规划编制】 2011年，洛阳市按照“政府组织、专家领衔、部门合作、公众参与、科学决策”的思路，编制完成了洛阳新区经济与社会发展“十二五”规划、伊滨区产业布局及创新机制战略研究和伊滨区科学城建设可行性报告，完成了城乡一体化示范区南兆域生态农业休闲园总体规划修改工作、《伊河生态廊道龙门至开元大道段限建区专项规划》《佃庄镇总体规划》《丰李镇总体规划》《李楼镇总体规划》《白马寺镇总体规划》《洛龙科技园产业集聚区总体规划》《洛龙科技园产业集聚区控制性详细规划》《经济技术开发区空间发展战略规划》《经济技术产业集聚区总体规划》《经济技术产业集聚区开元大道以北控制性详细规划》《洛阳新区总体规划》等。已经设计完成并通过专家评审拟报市规划委员会评审的规划有《伊滨区道路系统规划》《伊滨区竖向规划》《伊滨区排水工程规划》《伊滨区给水工程规划》《伊滨区燃气工程规划》《伊滨区供热工程规划》《伊滨区电力工程规划》《伊滨区人防设施规划》《伊滨区绿地系统规划》《伊滨区公交规划》《伊滨区环境卫生设施规划》《伊滨区加油站规划》《伊滨区消防规划》《伊滨区中小学专项规划》《伊滨区商业网点规划》《伊滨区景观水系规划》《伊滨区通信工程规划》《伊滨区加油站规划》《洛阳新区伊滨区分区规划》《万安山生态利用和保护规划》等33项。

正在编制的有《洛阳经济技术产业集聚区开元大道以南区域的控制性详细规划》《龙门大道两侧景观规划及城市设计》《开元大道东延长线城市设计》《伊滨区城市设计》《伊滨区中央轴带控制性详细规划》《伊滨区职教园区控制性详细规划》《伊洛产业集聚区首期10平方千米控制性详细规划》《伊滨区24平方千米控规未覆盖区域控制性详细规划》行政中心区、大学城、高层次人才区控规修编《经济技术产业集聚区开元大道以南区域的控制性详细规划》《隋唐洛阳城洛南里坊区规划》《洛阳隋唐城遗址文化旅游园区发展规划》《庞村镇总体规划》《寇店镇总体规划》等约20项规划。批复项目建设书、

洛阳新区掠影

洛阳新区体育中心公园

可行性研究报告、项目申请报告、初步设计方案等共115余项。

【土地报批和环评工作】 2011年，洛阳新区完成土地报批8000多亩，其中已批准实施征收和农转用土地4177亩，其他正在上报审批中。同时，严格执行环境影响评价制度和“三同时”制度，完成项目环评审批113个，其中报告书30个（省批项目4个）、报告表65个、登记表18个。30余个项目环评报告正在编制中。依法否定20余个不符合环评要求的项目。

【征地拆迁】 2011年，按照和谐征迁要求，洛阳新区共完成腾地约1.7万亩，征迁约546万平方米。其中：伊滨区完成腾地11041亩，征迁约205.8万平方米；龙门园区完成征迁约33万平方米；洛龙区完成腾地5736亩，征迁约308万平方米。

【招商引资】 2011年，洛阳新区采用多种招商模式，组织各种推介、洽谈活动30多次，共签约5亿元以上项目29个，10亿元以上项目13个。主要项目有投资6亿元的电子信息第十一研究设计院科技工程股份有限公司洛阳分公司项目、投资2.8亿元的都灵理工大学洛阳研究院项目，投资15亿元的杭州龙鼎铝业研发中心项目，投资1.74亿美元的恩梯恩LYC（洛阳）精密轴承项目和投资10亿元的利尔总部基地及研发中心项目等。建立城市建设投融资平台，运作土地约1700亩，融资13亿余元，签约项目投资350亿元，推进了40余个重大项目。

【基础设施建设】 2011年，洛阳新开工市政、水利项目共31项，概算总投资35.17亿元，其中市政工程27项，水利工程4项。至2011年年底，已完工洛白路改造等7项，完成投资0.96亿元。在建项目24项，完成投资21.09亿元。续建市政、水利工程共28项，概算总投资28.47亿元，其中市政工程25项、水利工程3项。主要有古城东路、伊尹大道南延长线、开元大道东段扩建、伊尹大道北段、牡丹大道（三期）、孙辛路南段、核心区道板砖铺设、龙门北桥及其引线改扩建、伊洛大道（一期）、希望路（一期）、玉泉街（一期）、吉庆路（一期）、协和路（一期）、高铁大道、洛偃快速通道（7、8标）、龙顾路改造、伊河第一级水面工程等。

龙康安置小区

【福民工程安置小区和房建工程】 2011年，洛阳新区核心区龙腾、龙盛、龙康（E区）3个安置小区，总建筑面积54.38万平方米，已完成龙腾、龙盛两个小区，建筑面积44.62万平方米，可安置青阳屯、邢屯、南刘和李屯（部分）村村民。伊滨区10个福民工程安置小区建设进度加快。1～4号小区在建高层103幢，主体封顶60幢。5号小区23幢楼12月全部启动。8号小区已具备进场条件。同时，建成一批临时过渡安置房，有效解决了搬迁群众的临时过渡安置问题。

核心区房地产项目总体进展顺利。新开工房地产项目28个，开工面积117万平方米，共计69栋高层、57栋多层。完成投资17亿元，竣工面积21万平方米。

【产业集聚区项目建设】 2011年，洛阳经济开发区以“开元大道沿线城市经济景观带、信息服务外包园、开元门生态商务区（EBD）、现代商贸物流园、唐风带商贸旅游服务园”“一线四园”为主战场，全力推动重大项目签约落地，共实施重大项目27个，完成投资15亿元。其中亿元以上项目10个。

洛龙科技园区完成投资62.4亿元，在建亿元以上产业项目17个。其中：续建项目6个，新开工项目11个，竣工项目6个，拟开工项目3个。全年引进项目9个（10亿元以上项目6个），项目总投资额98.9亿元。其中：开工项目3个、总投资额22.8亿元，签约项目6个、总投资76.1亿元。

伊滨区签约10亿元以上工业项目7个，投资总额达130.48亿元。中信、洛烟、麦达斯、兰迪、轴研科技等重大项目投资总额68.73亿元，已完成投资5.8亿元。

【城乡一体化项目建设】 2011年，洛阳新区按照“三集中、六统一”的要求，实施城乡一体化项目114个，累计完成投资23.7亿元，其中有50个项目竣工投入使用。在累计完成投资中，续建项目累计完成投资5.3亿元，新建项目累计完成投资18.4亿元。同时，加快土地流转，土地流转总面积达6.53万亩。

新型农村社区建设。新区总面积515平方千米，总人口62.3万人。其中城乡一体化发展区域356平方千米，总人口31.2万人。有12个乡镇、141个村。按照新区总体规划和新型农村社区建设规划，共规划新型农村社区36个、民俗文化村社区3个。其中：洛龙区15个，分别是丰李镇负庄社区、丰李镇丰李社区、李楼镇伊河社区、李楼镇二北社区、李楼镇白碛社区、李楼镇潘寨社区、李楼镇李楼社区、白马寺镇洛河社区、白马寺镇孔寨社区、白马寺镇分金沟社区聂湾社区、白马寺镇孙村社区、关林镇八里槐社区、关林镇南城社区、龙门镇裴村社区、龙门镇龙门西山社区，规划可安置农民19.5万人；伊滨区新型农村社区16个、民俗文化村社区3个，分别是佃庄镇黄庄社区、佃庄镇东大郊社区、佃庄镇东石桥社区、佃庄镇马庄社区、庞村镇东西庞村社区、庞村镇窑沟社区、庞村镇大庄社区、庞村镇掘山社区、寇店镇中心社区、寇店镇和谐社区、寇店镇沙河社区、诸葛镇新希望社区、诸葛镇东山社区、诸葛镇西山社区、李村镇雷村社区、李村镇魏村社区、寇店镇水泉民俗文化村、诸葛镇上徐马民俗文化村、李村镇苇园民俗文化村，规划可安置农民18.9万人；龙门文化旅游园区5个，分别是郜庄社区、唐韵社区、张沟社区、郭寨社区、草店社区，规划可安置农民3.6万人。规划新型农村社区建设用地2.1万亩，规划人口42万人。

【龙门大道改造建设项目】 龙门大道改造工程北起洛阳桥，南至龙门北处，全长约10.65千米，全线按90米道路规划红线实施，横断面布置形式：中间为23米宽的主车道，两侧各为12米宽的主辅分隔绿化带、9米宽的辅道、2米宽的慢行道边侧绿化带、6.5米宽的慢行道、4米宽的人行道。按规划设计要求同期配套建设绿化、照明、交通、雨水、污水、供水、热力、燃气、通信等城市基础设施。计划投资12.3亿元。2011年6月16日进场施工。全年完成投资6亿元。

【开元大道东段改造建设项目】 该项目西起龙门大道，东至开元大桥，长约3千米，道路红线95米，两侧各拓宽15.5米，总投资2.74亿元，为沿线企业和居民增加供暖、自来水、燃气、用电等齐全的配套设施。2011年完成全部投资。沿线12个重点项目中，2个项目主体已封顶，其他10个项目基坑开挖工作全部完成。沿线绿化也进行了同期改造提升。

【中央商务区建设】 2011年，洛阳新区中央商务区在建的科技大厦、彤辉广场、金融服务大厦、工商联大厦、海港城大厦、影视传媒大厦、祝福大厦、明珠城等8个项目、16栋单体建筑，总投资30亿元，已累计完成投资13亿元。

【行政副中心建设】 该项目位于伊滨区伊洛大道以东，开拓大道以西，高铁大道以北、吉庆路以南，占地462亩，规划建筑面积90万平方米，总投资30亿元。2011年8月开工建设。计划3年建成，初步规划进驻市直行政事业单位30余家。

【科技城建设】 该项目位于伊滨区高铁大道以南、伊洛大道以东，规划面积10～15平方千米，起步面积1.5平方千米。按照“政府主导+项目带动+院所支撑+大学参与”的产学研共建共管的

龙门大道

伊滨区效果图

一体化机制进行运作。重点项目有洛阳科技城联合大学科技园、科技城创智广场、洛阳科技城微电子产业园项目、洛阳科技城光电产业园项目、洛阳科技城半导体材料及设备产业园项目等。其中：微光机电技术芯片设计及制造生产基地和研发中心项目2011年12月开工建设，该项目总投资6亿美元，一期投资1.5亿美元，计划于2013年第二季度正式投产，预计产出12亿元；意大利都灵理工洛阳研究院项目正在进行设计等前期准备工作。

【伊河综合治理工程】 2011年，在伊河18.5千米范围内，共规划建设六级水面，回水总长16.6千米，可形成水面800万平方米，蓄水1000万立方米，概算总投资2.15亿元。龙门古韵段2011年3月立坝蓄水，中央商务区段11月16日立坝蓄水，其余水面工程2012年花会前全部完工。伊滨公园中央商务区段已于2011年12月中旬开工建设。

【动力谷核心区建设】 该项目位于伊滨区高铁大道以南，伊洛大道以西，占地约20平方千米，总投资126亿元。已开工5个项目，主要项目有中信液压与电气控制装备基地项目、麦达斯年产5万吨轨道车辆铝型材及车体大部件项目、新型中空玻璃产品及设备产业化项目、轴承科技产业园项目、中烟集团烟用材料生产基地项目等。

【职教园区建设】 职教园区共规划面积4.2平方千米，概算投资30亿元。计划3～5年基本建成。项目全部建成后，将形成完整的教育产业带和产业链，成为中原一流、全国有影响的区域性高等和职业教育示范区。首批入驻的4所院校，计划2012年9月开始招生。其中：洛阳师范学院新校区总投资20亿元，占地2850亩，正在进行基础施工；洛阳商务高等职业学院占地155亩，建筑面积9.5万平方米，总投资1亿元；洛阳龙门科技工程学校占地150亩，建筑面积8万平方米，总投资1亿元；洛阳绿业信息学院占地150亩，总建筑面积7.1万平方米，总投资1.2亿元，一期工程10栋楼7.1万平方米全部封顶，正在进行内外装饰，二期工程计划建设的16栋楼10万平方米已开始桩基施工。

【3个文化片区建设】 2011年，市委、市政府决定重点打造龙门石窟世界文化遗产园区、白马寺佛教文化园区和关圣文化产业园等3个文化园区。

龙门石窟世界文化遗产园区　规划指导思想：以国内唯一全方位再现大唐自然山水与人文历史的世界文化遗产园区为发展定位；以打造21世纪中国最大的具有大唐风格的自然山水园林，全面保护遗产文化、提升遗产质量、发挥遗产作用，打造洛阳国际旅游文化名城的地标、洛阳旅游目的地的龙头，促进园区产业结构转型、带动园区社会综合发展为发展目标；以远近期结合、自然山水保护第一、人文历史传承优先，面向高端市场的旅游精品开发，低密度、低容积率的人工建设为发展原则。规划项目目标：一是实现龙门世界文化遗产的保护、使用、拓展与周边拉动。通过对风景资源的保护与提升，历史遗迹保护、发掘，与部分再现，达到景区由石窟“景点”向石窟“景面”的改变和龙门石窟遗产的“本体”提升。二是打造国际旅游目的地的龙头。扣除风景名胜保护区1.94平方千米（龙门石窟本体范围）和文物保护范围6.96平方千米，在风景名胜区和文物保护区之外，24.74平方千米（其中包含建控地带10.05平方千米）范围内适当增加旅游活动项目与配套旅游服务设施，形成石窟艺术游、特色文化游、休闲生态游、温泉度假游的旅游体系。三是作为一种新型的城市市区、城乡交接地带和乡村区域的综合性园区，在对龙门世界文化遗产和龙门石窟国家重点风景名胜区保护的同时，保持31.7平方千米的园区整体和谐发展。规划建设项目：用5～10年时间，按照“一、二、三、四、五”的思路，规划一批重点建设项目，实现龙门一体化打造目标。“一”即1万亩生态林和珍奇植物、牡丹花卉以及以石窟为核心、南北沿伊河打造1条生态园林湿地观光带（阙南大唐园林生态湿地公园）。“二”即建设大唐古镇和北魏历史文化街区2个古镇、街区。“三”即建设文物展示中心、东山擂鼓台古遗址展示中心和文物保护研究试验中心3个中心。“四”即恢复重建乾元寺、皇觉寺，遗址展示古香山寺、古奉先寺等4个古寺院。“五”即提升东山宾馆，建设凤翔山庄、大唐行宫酒店、五洲会议度假中心、龙门温泉大酒店等五星级酒店。截至2011年年底，总体规划基本完成，湿地文化公园、西北东北两个出入口整体形象塑造、景区护栏、标识等服务设施、龙门山森林保护工程等项目已经着手实施。

白马寺佛教文化园区　规划范围：310国道以北，巨尔乳业白马寺分厂北围墙以南，齐云塔院东围墙以西，白马寺停车场西围墙以东，本区域南北纵深达900多米、东西宽逾800米，总面积达1300亩。规划定位："释源祖庭、佛教圣地"。规划设计目标："重现释源祖庭地位、再塑佛教圣地形象"。规划设计原则确定为："保护白马寺历史文化遗产，突出白马寺'释源祖庭'地位；遵循佛教文化法理，再塑白马寺'佛教圣地'形象；彰显白马寺自然山水格局，再现'九龙汇白马'之形胜；完善白马寺寺院功能，重塑佛教文化研究传播中心；充分利用现代科技，建立绿色生态可持续发展的新寺院模式；建立灵活弹性的空间发展模式，适应白马寺长期发展需要；观照白马寺与城市双赢发展，促进城市经济社会文化旅游全面发展。"截至2011年年底，白马寺佛教文化园区概念性总体规划已经市规划委员会原则通过，白马寺佛教文化园区绿化方案、祖师墓提升方案、万佛殿、戒坛的单体建筑概念性设计、缅甸风格佛殿施工图设计等正在加快进行。泰国风格佛殿扩建工程已开始施工。

关圣文化产业园　规划范围：北起至开元大道，南至伊洛路，西起龙门大道，东至焦柳铁路，总面积约5.19平方千米。一期核心区范围：北起（规划）牡丹东路，南至伊洛路，西起龙门大道，东至焦柳铁路，总面积1.9平方千米。总体规划方案正在修改完善，征迁等前期工作正加快推进。

【完善新区建设和管理机制】　2011年，洛阳新区完善城市建设投融资平台，运作土地约1700亩，筹措各项资金44.46亿元。其中土地出让收入31.26亿元、融资13.2亿元。建立健全城市管理市场运作平台，对新区城市基础设施管护、社会服务及政府公共投资项目进行市场化运作，新区开元湖音乐喷泉向社会招标，泉舜集团以1000万元取得冠名权及商业表演经营权，开创国内音乐喷泉市场化运作先河。完善市民就业、创业和社会保障体系综合服务平台，伊滨区安置农民就业1860多人，引导性培训2万多人次，累计转移农村劳动力6万余人。　（王　慧）

洛　龙　区

【概　况】　2011年，洛龙区总面积211平方千米，总人口40.1万人，其中乡村人口23.3万人。人口自然增长率稳控在5.64‰以内。辖关林镇、龙门镇、安乐镇、白马寺镇、丰李镇、李楼乡、古城乡7个乡镇和安乐、开元路2个街道。全年，洛龙区实现平稳快速增长，民生不断改善，社会事业持续发展，社会大局保持稳定。生产总值完成97.7亿元，同比增长14.2%。全社会固定资产投资108.9亿元，同比增长24.4%；地方财政一般预算收入8.97亿元，同比增长46.2%；社会消费品零售总额75.8亿元，同比增长17.8%。农民人均纯收入7541元，同比增长21%；城镇居民人均可支配收入21412元，同比增长14.4%。

【项目建设】　2011年，洛龙区共实施千万元以上项目263个，总投资809.5亿元。其中，竣工投产项目97个，总投资76亿元。主要有：洛阳船舶材料研究所新材料研发基地、中硅高科75兆瓦硅片、新多维特环保滤料、大为玖朝酒店等项目。在建千万元以上项目166个，总投资733.5亿元。其中，新开工项目94个。主要有：恒辉广场、中部数谷—炎黄科技园、力合保障房、中硅高科5000吨多晶硅及副产物循环利用、恒和国际会展中心、恩梯恩LYC轿车轴承生产基地、中航光电、建行职工住宅等项目。续建项目72个，总投资377亿元。主要有：东方金典、宝龙城市广场二期、利尔耐火总部基地及研发中心、龙盛小区、中油一建石油化工设备厂安全隐患治疗及技术改造等项目。

【招商引资】　2011年，洛龙区招商引资签约项目64个，投资总额200.32亿元。其中：亿元以上项目24个，投资额186.6亿元；合同利用外资3766万美元；进出口总额39117万美元。

【经济转型和改革改制工作】　2011年，洛龙区按照"做优一产、做强二产、做特三产"的要求，加快推进经济转型。一是传统工业向现代工业转型。紧紧依托以现代工业为主的洛龙科技园，围绕"硅光伏、先进装备制造、新材料"等主导产业，大力引进和发展高精尖项目。鼓励现有企业扩产扩能和升级改造，中硅高科、中集凌宇、四季沐歌、阿特斯、天久铝业、大华重机、古城机械、永盛摩托等企业不断新上二、三期项目，工业结构正在加快调整，产品不断调优。二是传统农业向现代农业转型。加大农业投入，制定优惠政策，围绕"无公害蔬菜、牡丹花卉、食用菌种植、林果业"等特色产业，以"两带一区"（即丰李南山至龙门伊河一带，

四季沐歌生产车间

洛龙区丰李镇揭牌仪式

龙门伊河至李楼水源保护带到白马寺洛河一带，隋唐城遗址片区）为重点，大力做好结构调整、土地流转、生态旅游“三篇文章”。全年，洛龙区完成农业结构调整10500亩，流转土地28850亩，完成5920亩核桃基地和3000亩环市区苗木花卉林果产业带建设，提前完成市下达目标任务。新发展市供蔬菜基地1550亩，改造老菜田4950亩。丰李和古城南山万亩核桃基地、龙门西山万亩小杂果基地、李楼万亩无公害蔬菜基地、白马寺牡丹花卉基地、安乐隋唐城遗址现代农业观光园的档次和水平不断提升。三是传统服务业向现代服务业转型。加大对市定八大重点示范性服务业项目建设的协调服务力度，实施区级领导分包制，推动项目的快速建设。总投资15亿元的泉舜财富购物中心、总投资16亿元的宝龙城市广场项目建设进展顺利，永辉大型超市、水系商业街年底将建成投用，正大城市广场、恒和国际会展中心等项目呈现塔吊林立的繁荣建设场景。加快关林商贸城的升级改造步伐。福拉多五金建材市场一期加快建设，福拉多数码城正在招商中。此外，围绕“两轴”（开元大道、龙门大道）的改造建设，沿线服务业正在进行升级改造。

稳妥推进改革改制。洛龙区在企事业单位改革改制工作中，坚持“三个最大化”（即改革改制单位职工利益最大化，发展活力最大化，部门服务改革改制效能最大化）原则，完成对洛阳牡丹物资总公司、区五交化公司等5家破产企业的破产终结程序。对列入改革台账的20家事业单位，有17家完成改革任务，剩余单位按时间节点稳妥推进。同时，启动实施卫生系统绩效工资、基本药物零差价等改革工作。

【创建全国文明城市工作】 2011年，洛龙区紧紧围绕创建全国文明城市、国家卫生城市复检、碧水蓝天工程等各项工作任务，加大创建工作力度。印发创建全国文明城市市民手册10.5万余册，发放创建调查问卷15万份；加大创建投入，全区投入各类创建资金8000万余元，新购置新型洗扫车2台、垃圾转运车2台，垃圾收集车15台；建成公厕44座，正在建设43座；新建垃圾中转站3座、环卫作息用房5座。建立健全创建长效机制，落实创建分包责任制、创建例会制度、督察通报制度、千分考评机制，严格落实“三包五不准”，实施网格化管理，确保每一寸土地都有人管理。投资600万余元，对15个老旧无主管小区进行提升改造，达到了路平、灯明、整洁、安全的要求。对81条总面积550万平方米的道路进行了经常性的保洁，对沿路抛撒、建筑工地扬尘、非法小广告等进行了集中整治。对开元大道、龙门大道、洛白路、龙顾路、9个建成村民安置小区等重点部位进行环境整治。在牡丹文化节、“五一”、“十一”、春节等重要节日和重大活动期间实施高标准的亮化、彩化和美化，提升了城市品位。

【乡改办、村改居工作】 2011年，洛龙区古城乡、关林镇、龙门镇改办方案已报请市政府审核，开元路街道村改居挂牌工作已完成；新设置中原康城、龙安、龙盛、龙康、英才、大学城等6个社区，22个新建商住小区全部纳入社区管理范围。

【民生和社会事业】 2011年，洛龙区累计投入民生和社会事业领域资金2.9亿元。一是完善社会保障体系。洛龙区落实城镇和农村低保政策，共拨付低保资金2284万元，13928名困难群众受益；实施被征地农民基本生活保障办法，向全区4574名60岁以上被征地农民每人每月发放280元生活保障金；全面启动城乡居民养老保障办法。李楼乡敬老院已建成入住，“五保”供养率达到45%以上；新农合参合率达98.51%，筹资标准提高至200元/人，参合农民住院年度累计最高支付限额提高至10万元，累计发放补助金2741.27万元，6万余名群众受益。二是推进就业和全民创业。2011年，洛龙区新增就业4581人，再就业1816人，困难群众就业696人；新创办各类经济实体100家；农村劳动力转移就业5万余人。三是加快学校建设步伐。总投资1.5亿元的16个教育工程项目有序推进，其中第二实验小学齐村教学楼、东鸣鹤小学竣工投用。龙丰小学、第七实验小学、第一实验小学、十九小学、十二小学、十一小学等学校主体工程均已完工，室外工程正在紧张施工。恒河小学、龙康北小学正在施工。滨河小学、龙城双语初级中学、龙腾小学正在进行开工前期准备工作。龙兴小学扩建工程施工图纸已通过审查。投资1500万余元建成青少年活动中心以及13个学校少年宫。四是文化事业不断繁荣。成功举办元宵节文艺会演、牡丹文化节和谐洛龙大型焰火晚会以及庆祝建党90周年红歌会等10余场大型活动，指导村、社区开展群众文化活动700余场，放映电影2127场，免费为群众演出100场戏，受到群众欢迎。文化馆、图书馆已按标准建成，区档案馆成功创建国家二级档案馆。五是社会事业全面发展。生殖健康进家庭优质服务活动和计划生育利益导向政策优质服务年活动扎实开展，全区人口出生率为6.89‰，出生人口性别比趋于平衡。争取市级科技项目8个，资金250万元；成功申报市级企业研发中心1家，正在审批4家。定鼎门社区服务中心正在积极协调开工。完成第六次全国人口普查户主姓名底册录入及小区电子地图绘制。

国家档案局专家组对洛龙区创建二级档案馆进行评审

【创建国家二级档案馆】 2011年，按照洛阳市创建文明城市的硬件要求，洛龙区档案馆开展创建国家二级档案馆工作。区史志档案局成立了以局长马正标为组长的争创国家二级档案馆工作领导小组，制定了争创工作方案。多次组织全局人员学习国家档案局出台的《市、县级国家综合档案馆测评细则》56条规定，并结合实际，逐条对照分析。依据测评标准（一级档案馆标准得分在90～100分之间，二级档案馆标准得分在80～89.9分之间）自查自评，找出差距，明确整改方向，落实具体实施步骤，并将任务分解落实到个人，保证了创建二级馆工作全面、有序的进行。全局上下齐心合力、艰苦奋战，使得区档案馆在硬件保障、基础业务、开发利用、信息化建设等方面取得了新突破。5月31日，由河南省档案局业务指导处处长翟賔远带队的评审组对区史志档案局（馆）创建国家二级档案馆工作进行预验，认为史志档案局（馆）的各项建设情况接近并达到国家二级档案馆水平，同意申报国家档案局进行正式验收。6月17日，河南省档案局常务副局长刘延龙受国家档案局委托，带领专家测评组一行7人通过听汇报、实地察看、座谈讨论等多种形式，对区创建国家综合二级档案馆中的爱国主义教育基地、档案库房、工作室及创建资料等项目一一进行检查测评，专家组测评得分89.4分。这一优异成绩在全省已创建成功的30多个二级馆中位列第一。8月12日，国家档案局为洛龙区档案馆颁发国家二级档案馆证书及匾牌，标志着区档案馆正式成为国家级档案馆。

【环境创优工作】 2011年，洛龙区实施安全检查“3+2”工作法（即每周至少3天下基层检查，2天在机关处理内务），积极开展安全生产隐患排查治理和安全生产月活动，共检查各类生产经营单位6200多家次，发现安全隐患9760处，均已整改到位。打击非法储存烟花爆竹商户4家，取缔无证经营15家，收缴烟花爆竹“三无”产品720余箱。

坚持信访稳定工作日碰头周研判制度、信访日报制度、信访信息日报告零报告制度、月通报季分析制度、信访疑难问题社会救助制度，积极化解疑难信访问题，多数信访案件达到息访罢诉的目的。加大矛盾调解力度，共调解各类矛盾纠纷2217件，调成率达到98.3%。

优化政务环境。全区68个单位均成立政务环境创优工作领导小组，开展好每个阶段的工作，抓思想发动、抓学习提高、抓舆论氛围、抓政务公开、抓问题查摆、抓集中整改、抓暗访督察、抓效能评议、抓责任追究、抓长效机制。通过活动，机关干部的责任意识不断增强，执行力不断提高。

稳定社会环境。全区积极开展矛盾排查化解工作，共排查矛盾纠纷1407起，化解1407起，化解率达100%。继续开展“打黑除恶扫痞”专项活动。共查结上级批转的涉黑线索3条、涉恶线索5条，已全部办结。摸排上报涉黑线索2条、涉恶线索2条，打掉黑恶犯罪团伙7个43人，起诉2起28人，判决1起17人。抓获社会痞子162人（现已判决）。开展“清网行动”，区公安机关共抓获网上逃犯102人。

【国际文化旅游名城建设】 2011年，洛龙区高度重视文化旅游产业发展，成立国际文化旅游名城建设攻坚战领导小组，并分别由4位区领导牵头，组建了关圣、龙门石窟周边、白马寺和汉魏故城周边、隋唐城遗址文化产业园建设指挥部，全力推进文化旅游产业融合发展。

白马寺院周边改造　完成白马寺镇域体系的规划编制，并委托市规划院编制控规；与上海天惠公司签定战略性合作协议，正在进行旅游创意策划。确定“一线两点一广场”的建设方案，制定工作计划，明确了洛白路两侧整治提升的主要任务。

关林庙周边改造　正在编制规划；印制了招商手册，成功举办关林朝圣大典，招商活动全面展开。

龙门石窟周边文化产业园　按照仿古风格对龙顾路进行了改造，伊河裴村段正在积极谋划建设具有龙门石窟风格和牡丹特色的田园名居。

隋唐城遗址文化产业园　已进行了规划设计，文物保护与文化产业发展之间的瓶颈正在积极研究破解。

（秦献乐）

伊　滨　区

【概　况】 2011年，伊滨区总面积280平方千米，其中平原面积占44.6%、

伊滨公园龙门古韵段

丘陵面积占32.1%、山区面积占23.3%。辖诸葛、李村、庞村、佃庄、寇店5个镇，106个村，总人口26万人。主要含城市规划区和城乡一体化示范区。城市规划区主要是伊滨产业集聚区，位于洛阳市区东南部，规划范围北起伊河南岸，南至万安山200米（局部180米）等高线，西起二广高速，东至东汉帝陵南兆域文物保护区西边界，规划面积52平方千米，现有人口约11万。伊滨产业集聚区主导产业为高端装备制造、电子信息、新材料。功能上以郑西高铁为界分为城市和产业两个建设区域：高铁以北为生活区，主要建设中央商务区、行政副中心、滨河商住区、职教园区等；高铁以南为工业区，重点发展“动力谷”和“科技城”两大产业板块。城乡一体化区涵盖庞村、寇店、佃庄3镇和诸葛、李村两镇的山区，面积228平方千米，73个村，人口15万人，耕地19.4万亩，建设用地4.3万亩，是省政府确定的城乡统筹改革发展试验区和洛阳市城乡一体化示范区。

2011年，伊滨区实现生产总值109.28亿元，同比增长17.1%。其中：第一产业6.96亿元，第二产业77.85亿元，第三产业24.47亿元，二、三产业同比分别增长22.5%、8.4%。规模以上工业增加值59.32亿元，同比增长27.3%。固定资产投资73.53亿元，同比增长29.1%。其中，亿元以上项目完成投资占53.1%，建筑业营业税增速207.6%。农民人均纯收入8300元，同比增长9.1%。财政收入1.65亿元。伊滨区在洛阳市“六加一”考评中，摆脱了落后、进入全市中游行列，在全市排位中，科学发展、环境创优指标双双进入第四名，文明城市创建取得较好成绩。

招商引资和项目建设扎实推进。2011年，伊滨区邀请广州台商协会、世界500强客商团组等重要客商37批次，300余人到区参观考察，赴台科技经贸交流活动发放邀请函12份；通过豫京津经济技术合作洽谈会、豫沪经济合作交流等活动与美国等商会组织建立长期联系机制。区主要领导外出招商20余次，对意大利都灵理工大学、一汽、二汽、集瑞重汽、三一重工、沈阳机床厂、柳汽、长丰、东风德纳等知名企业参观洽谈。共引进亿元以上项目10个，其中10亿元以上工业项目5个，投资总额达88.98亿元，占全年任务的188.7%；实际利用外资完成5783万美元，占市定目标的116%。出口总额完成961万美元，占市定目标的106.8%。2011年5月2日，伊滨区举行对外经济技术合作签约仪式。总投资约28亿元的中国轴承技术研究院项目、轴承科技产业化项目和高层次人才居住项目，总投资约22.8亿元的电气化铁路接触网导线及500兆瓦太阳能电池片和组件项目，总投资22.5亿元的年产15万吨多金属复合板带产业化项目顺利签约，标志着伊滨区动力谷核心区和科技城两大产业的先期项目顺利启动。投资24.62亿元的麦达斯轨道车辆铝型材及车体大部件项目、投资11.06亿元的兰迪新型中空玻璃设备及产品产业化项目进入实质性建设。投资6亿美元的台湾微光机电芯片设计及制造项目、投资5亿元的信息产业第十一设计院中原分院项目正在进行前期准备。

开发建设步伐加快。2011年是伊滨区开发建设的关键一年，全区上下团结一致，奋勇攻坚，克服了开发建设种种困难，圆满完成了各项目标任务，开发建设形势振奋人心。主要发展指标大幅提高，经济运行质量明显提升，“六加一”考评胜利完成年初目标；招商引资成效明显，工业项目分批落地，产业引领性、集中、集聚优势正在形成；规划区建设步伐加快，各项重点工程推进顺利。道路、市政管网基础设施进一步完备，骨干路网初步形成；征地拆迁成效显著、安置小区、伊滨公园、中央商务区、职教园区等项目进展顺利；社会事业全面进步，经济社会大局稳定。

和谐征迁持续推进。2011年，伊滨区围绕重点工程建设，完成腾地11041亩、签订自愿交地协议18563亩；入户丈量11087户，签订协议6897户，拆除房屋6459户，搬迁各类企业（场）121家，完成拆迁216万平方米，累计拨付征地拆迁补偿金10.86亿元。由于惠民政策宣传到位，镇、村组织有力，群众积极参与，在拆迁和预拆迁中，东棘针、方楼、王府、西白塔、西李、武屯、袁付、东柿园等村在规定时间内完成协议签订95%以上，出现了群众排队踊跃签订协议的好局面。其中：武屯村133户一天内全部签订协议；西李村1003户农宅在不到20天时间内完成丈量，一次性签订预拆迁协议992户，签订率达99%；东棘针村一次性签订预拆迁协议432户，签订协议率100%。伊滨区区指导、镇服务、村为主的征地拆迁工作机制初步形成，村两委干部已经成为征地拆迁的主力军。

城市基础设施逐步完善。2011年，伊滨区共实施项目95个，总投资480.8亿元，累计完成投资90.7亿元。城市道路基础设施75项、267千米，已建成31.6千米。伊洛大道一期、洛偃快速通道、希望路、协和路、吉庆路、高铁大道、产业大道等已建成通车，新源路、白塔路、滨河路、西环路、永兴东街、永兴西街等9条道路正加快进行。行政副中心首期项目、中央商务区彤辉大厦、工商联大厦、商务高等职业学院、龙门科技工程学校、绿业信息学院一期工程等14栋楼宇全部封顶。洛阳师范学院、伊河二级橡胶坝和伊滨公园中央商务区段，水厂、热源厂、天然气网站及配套管网等一批公益事业项目顺利推进。

安置小区形象初现。规划建设福民小区10个，安置规划区内35个村11万余人，总用地3290亩，总建筑面积687万平方米，计划建设高层建筑345栋，总投资140亿元。在确保质量同时，安置小区建设进度加快。1～4号小区在建高层103幢，主体封顶67幢，室内装修、室外工程、地下车库、电梯安装正加快进行。5号、8号小区“三通一平”、招标工作完成，已进场施工。

城乡一体化建设开局良好。城乡一体化区围绕工业向产业园区集中，农业向规模经营集中，农民向新型社区集中，形成“314”镇村发展格局、“235”产业格局和“七横三纵”骨干路网体系。南兆域、伊河生态廊道、万安山生态保护规划及佃庄、庞村、寇店镇域规划已完成或基本完成。完成土地流转4.3万亩，其中花卉苗木规模种植3.5万亩，牡丹花都产业示范园项目种植9300亩。工业项目续建9个，开工26个，竣工13个，建成标准化厂房10万平方米。硬化通组通户道路140千米，掘丁路首期、沿渠路各4000米稳定层已完成。庞村镇新市镇改造提升基本到位；位于伊河生态廊道、总投资36亿元的薰衣草庄园项目开始建设。

社会事业全面进步。2011年，伊滨区省定、市定和区定各项实事全面完成，福民惠民政策全面落实。筹资3851万元，落实各项惠农奖补政策，新增绿化面积1.5万亩，新建蔬菜基地3000亩，完成酒流沟水库除险加固和雷村、上徐马等万余名群众安全饮水工程。完成“一事一议”筹资酬劳申报项目37个，配套资金730万元，争取上级补贴资金213万元。动物防疫、“瘦肉精”专项整治及违禁物品清缴取得阶段性成果。新建农家书屋40个，配备了电脑、投影仪及书籍、报刊、音像制品8万余册（盘），免费放映电影1272场，丰富了村民文化生活。建立完善“新农保”“新农合”保障体系，筹集资金1.26亿元，分别为10.3万人办理新农保、23.12万人办理新农合；筹资1453万元，按时发放城乡低保、五保、优抚对象各类补贴及救灾救助补贴。建立被征地农民社会保障体系，累计参保18452人，为9518人发放社会保障金、就业补助金以及16岁以下安置金3114.5万元。围绕创业就业安置，落实就业登记5.4万人，技能培训2万人，就业安置800人。筹资732万元，建立免费健康体检体系，发放动迁群众免费体检卡18175人。公共卫生服务进一步完善，国家医药卫生体制改革、基层医疗机构内部改革、人口计划生育目标顺利实现。信访接案247起，按期报结率100%；区积案排查21起，化解18起；受理劳资纠纷54起，追讨工资91万元。按时办结110联动539件，查办各类网络诉求件375起，保证了无恶劣网络事件发生，实现社会大局安全稳定。扎实开展安全生产月和隐患排查化解活动，加强重点领域、重点行业安全监管，依法取缔无证烟花爆竹、加油站点、无证采石场48处，实现安全生产无事故。深入开展社会治安综合治理和平安建设集中宣传，“打黑除恶扫痞”及“清网”专项行动扎实推进，刑事处理186人，行政拘留197人，劳动教养4人，抓获在逃人员35名，群众公众安全感不断提高。

基层党建工作不断加强。全面落实“以治庸提能力、以治懒增效率、以治散正风气、以治软立规矩”，干部的效能意识进一步增强，政务环境进一步提升。大力开展工程建设领域反腐治理和征迁专项清查活动，对征迁工作不力的16名工作人员进行追究，对廉政问责工作落实不规范的13个单位或部门进行通报批评。“村改居”、村级组织换届顺利完成，“五个好乡镇党委”、“五个好村党支部”、“四议两公开”、后进村整顿活动扎实开展，基层组织建设进一步增强。

中央商务区景观水系绿地效果图

【项目建设】 2011年，伊滨区先后开工建设了中央商务区、行政副中心，伊河治理和伊滨公园、洛阳师范学院迁建、第一人民医院迁建、“动力谷”、科技城、南兆域城乡一体化综合开发、和谐社区等重点项目，至2011年年底，绝大部分项目已竣工，部分项目正在进行中。

中央商务区项目　总面积2800亩，依托景观水系，以商务办公、商务酒店和商务写字楼为主。首批入驻单位8家，总投资30亿元，占地251亩，173.5万平方米，共21栋高层建筑。投资2.5亿元彤辉广场、投资5亿元的工商联商会大厦已建成封顶，投资9亿元的海港城项目、投资近4亿元的科技大厦、投资1.7亿元的公积金中心金融服务大厦、投资7.8亿元的隆安明珠广场等项目进展顺利。

行政副中心项目　位于伊洛大道以东，开拓大道以西，高铁大道以北，吉

福民工程1号安置小区

庆路以南，规划面积约700亩，建筑面积80万平方米，项目总投资约35亿元，已开工建设5栋高层。项目完工后，不仅能集约利用土地，降低行政成本，提高服务效率，更能体现便民、高效、廉洁、服务型政府建设的要求，而且规划超前，布局合理，环境优美，将成为伊滨区最具特色的建筑群体之一。

伊河治理和伊滨公园项目　总长度18.5千米，总投资28亿元。六级水坝已开工建设五级，7座桥梁已开工5座，其中龙门北桥和洛偃快速通道桥已建成通车，希望路跨伊河桥、高铁大道跨伊河桥、开拓大道跨伊河桥正在建设。伊滨公园龙门古韵段已建成投用。

洛阳师范学院迁建项目　位于玉泉街以西、吉庆路以北、泰安街以东、白塔路以南，占地约2850亩，概算投资20亿元，按建成后可容纳在校师生约4万人，进行一次性征地，统一规划，分期建设，逐步配套完善。

第一人民医院迁建项目　是一所采取股份制形式建设的三级甲等综合性医院，用地696亩，总建筑面积68万平方米，概算投资20亿元，总床位4600张，建设周期3～5年，分两期建设。项目由临床医疗中心、中华传统医药绝技治疗中心、健康管理中心、养老康复中心、临终关怀中心、卫生培训中心“六大板块”构成。

动力谷项目　占地约20平方千米，总投资126亿元。已开工建设项目5个，主要包括中信重工液压与电气控制装备基地项目、洛阳烟厂烟用材料生产项目、麦达斯年产5万吨轨道车辆铝型材及车体大部件项目、兰迪公司新型中空玻璃产品及设备产业化项目、通达集团电气化铁路接触网导线及承力索项目，项目建设进展顺利。

科技城项目　紧邻一期标准化厂房区规划孵化器科技城项目，占地约200亩，由伊滨区投资2亿元建设15万平方米标准化厂房及研发中心大楼。吸引全国一流科研院所入驻，并将引进LED芯片、集成电路等高科技产业，形成产学研一体的、最具发展活力的产业区域。微光机电芯片设计与制造基地和研发中心项目已完成公司注册登记，非晶硅薄膜太阳能电池及设备研发项目已完成项目立项。

南兆城城乡一体化综合开发项目　总投资48亿元，涉及寇店镇、庞村镇和李村镇5个村，总面积约1.7万亩。主要建设项目：（1）建设农民安置房约50万平方米，安置农民1.2万人；（2）利用三年左右完成约1万亩高效观光农业园建设，其中农业产业孵化园2000亩；（3）修建项目区内约20千米主要道路4条（希望路、陈谭路、沙河西路、沙河东路），并配套各种管网等设施；（4）对沙河进行综合整治，建设自然体验、假日休闲、绿色氧吧等生态休闲旅游项目；（5）利用区域内建设用地，开发建设高端住宅、三产服务、商务会所等；（6）建设社区综合服务中心、学校、卫生室、文化体育等设施。

和谐社区项目　位于伊滨区寇店镇李家村，计划整合李家村、杜寨、刘李、常村、大王5个村，由5个小区组成，规划总建筑面积56万平方米，计划集聚总人口1.4万人。截至2011年年底，建成6层居民楼24栋646套，建筑面积约10万平方米。和谐社区杜寨小区位于和谐社区西侧，小区规划占地82亩，总建筑面积6.8万平方米，概算投资1.1亿元，计划安置杜寨村搬迁居民349户1409人。

【郭庚茂调研伊滨区福民工程1号小区】　2011年11月16日下午，省委副书记、省长郭庚茂在洛阳市委书记毛万春，市委副书记、代市长李柳身等陪同下，专程到伊滨区福民工程1号小区调研。伊滨区福民工程1号小区，占地约420亩，总投资8.9亿元，规划建设高层建筑49栋，总建筑面积62.5万平方米。截至2011年年底，1号小区44栋楼主体封顶，其中33栋楼正在进行外墙保温施工，11栋楼正在进行室内装饰和砌体工程施工，38部电梯正在安装。西北组团地库主体工程已完成，东北组团地库基础完成工程量的30%。配套学校、幼儿园建设项目已完成施工图纸设计。

【毛万春出席洛阳新区60项重点项目集中开工仪式】　2011年6月26日上午，省委常委、市委书记毛万春出席洛阳新区60项重点项目集中开工仪式，并下达开工令，洛阳新区60项重点项目涉及基础设施、福民安置小区、工业、房地产开发、社会事业、文化旅游产业等方面，总投资358亿元。60个重点项目集中开工，标志新区建设步入新的发展时期。毛万春等市领导还为通达股份电气化接触网导线项目、福民工程6号安置小区项目、兰迪新型中空玻璃生产设备产业化项目、伊滨公园中央商务区段项目等奠基。　（许　庚）

交 通 运 输

公路运输

【概　况】 2011年，洛阳市完成交通基础设施建设投资79.9亿元，为年度目标的138%。连霍高速郑洛段改扩建工程洛阳境55千米建成通车，连霍高速洛三段改扩建工程洛阳境28.9千米、洛栾高速公路129.2千米、郑卢高速洛阳段124.1千米顺利推进。洛阳至宜阳快速通道建成通车，洛阳至偃师快速通道、洛阳至吉利快速通道一期工程主体工程完工，洛阳至伊川快速通道伊川段一期工程建成通车。白马寺货车临时绕行公路和机场路改造提升工程进展顺利。建成县乡公路39项195千米，桥梁31座1592延米。洛阳市公路运输枢纽客运东站主体工程完工，洛阳市公路运输客运南站和旅游服务中心项目完成征地及前期投资5900万元。加大招商引资力度，全年完成招商引资18105万元，为市定目标的284%。

运输服务能力不断提升　加强运输组织和运力协调，推行“一县一网一公司”运营方式，加快农村客运网络化建设，大力开展出租车行业文明创建工作，积极推进现代物流业发展，进一步完善96520公众服务平台建设，全市公路运输完成客运量1.6亿人次，周转量124亿人千米，货运量1.6亿吨，周转量356亿吨千米，同比分别增长20%、20.5%、21.5%和22%。新组建的洛阳交通运输集团有限公司，完成经营收入25.2亿元，实现利税8900万元。

交通运输改革扎实推进　原一运集团公司、二运公司和市运公司合并组建洛阳交通运输集团有限公司，其改制和职工安置方案已批复。事业单位改革改制工作实现年底大头落地的目标，局属两个事业单位机关后勤服务中心，科教培训中心机构撤销，人员已安置到位，完成改革工作。市公路局重油库，公路规划勘察设计院、路星监理公司基本完成改革改制任务。全市二级公路收费人员610人转岗分流任务圆满完成，实现“人人有去向、人人有岗位、不增加社会就业压力”的目标。

公路养护管理成效显著　干线公路投入2.9亿元用于国道、省道的养护大中修、危桥改造、水毁修复和安保工程建设。郑西高铁客运专线洛阳境36座“公跨铁”桥梁全部移交地方管理。农村公路养护累计完成投资6.55亿元，完成大中修工程311项，实施安保工程16项202千米，整治平交路口1650个，实现了公路养护管理工作常态化、规范化、制度化。

交通运输行政执法规范有序　大力宣传《公路安全保护条例》等法律法规，加强对执法人员、执法车辆的监管监督，全年共查处道路运输违法案件6106起，出租车违法案件160起，维护了交通运输市场秩序。车辆超限超载率控制在4%以下。加大治理公路“三乱”力度，全年无公路“三乱”案件发生。

（周得京）

【郑卢高速公路洛阳至卢氏段工程】 该工程是郑卢高速公路的重要组成部分。其洛阳境内，东起洛阳市区九都西路与孙辛路交叉路口，向西经洛龙区、高新区、宜阳县、洛宁县，西至洛宁与卢氏交界处，全长124.1千米。项目按双向4车道标准建设，分东、西两段施工。东段东起洛阳市区九都西路与孙

洛阳交通运输集团有限公司揭牌仪式

洛栾高速公路洛嵩段溪河大桥

洛嵩段玉皇庙隧道

辛路交叉路口，西至洛宁县城郊乡寨礼村，长68.92千米，概算投资36.99亿元，设计行车时速100千米，2010年5月16日开工建设；西段东起洛宁县城郊乡寨礼村，西至洛宁与卢氏交界处，长55.16千米，概算投资39.38亿元，设计行车时速、起点至长水互通段为100千米，长水互通至终点为80千米。2011年1月开工建设。整个工程推进顺利，2011年完成投资22.3亿元。（周得京）

【连霍高速公路郑州至洛阳段改扩建工程竣工通车】 该工程东起郑州广武、西至洛阳任村，全长106.39千米。2008年11月26日开工，采用边施工边通车的方法，施工期间不影响车辆通行。2011年12月3日竣工。

该工程竣工后的连霍高速公路郑州至洛阳段由双向4车道改扩建为8车道。设计行车时速平原微丘区为120千米，山岭重丘区为100千米。日通行能力由原来的3万辆提升为8万～10万辆。在洛阳境55千米内，增设了朝阳站（位于连霍高速公路与洛吉快速通道交会处）和偃师东站（位于偃师山化乡境内）两个新站。道路沿线指示牌、标线、电子显示屏、防护栏等设施更加完善。（周得京）

【连霍高速公路洛阳至三门峡段改扩建工程开工建设】 该工程东起连霍高速公路洛阳任村立交桥西侧，西至三门峡市豫陕交界处，长195千米，由双向4车道改扩建为8车道，概算总投资125亿元。计划工期3年。其中，洛阳市境内全长28.9千米，概算投资19.8亿元，由河南高速公路发展有限责任公司组织施工。2010年12月7日开工。工程采用边施工边通车的方法，施工期间不影响车辆通行。2011年顺利推进，完成投资3亿元。（周得京）

洛宜快速通道

【洛栾高速公路工程】 该工程北起洛阳市西南绕城高速公路伊川北站西约4千米处，引线向北与凌波大桥相连接，南至栾川县庙子乡河南村，与规划的武西高速公路尧山至西峡段相连接，全长129.2千米。按双向4车道高速公路标准建设。工程分两期施工。一期工程，北起西南绕城高速公路伊川北站西约4000米处，南至嵩县纸房乡东后地村东北，设计行车时速为100千米，2009年9月30日开工建设。二期工程，北起嵩县纸房乡东后地村东北，南至栾川县庙子乡河南村，设计行车时速为80千米，2010年12月开工建设。洛栾高速公路2011年顺利推进，完成投资35.6亿元。预计2012年年底前将建成通车。（周得京）

【洛宜快速通道建成通车】 洛宜快速通道东起洛阳新区开元大道与伊尹大道交叉口，向西沿洛河南岸至宜阳县城东，穿西南绕城高速公路，郑西高速铁路，与省道八官道相交，全长17.5千米。

该工程于2010年3月开工建设，总投资2.35亿元。2011年7月1日建成通车。全线按二级公路标准设计。路基宽45米，其中主车道宽22米，为双向6车道；两侧各有慢车道5.5米，绿化带3米，人行道3米。“半小时经济圈”效果初现。洛宜快速通道是洛阳市“一中心五组团”首条建成通车的快速通道。

（周得京）

【洛偃快速通道主体工程完工】 洛阳至偃师快速通道西起洛阳新区开元大道与二广高速交会处，向南跨伊河，沿伊河南岸向东，经伊滨区，跨207国道，至偃师市顾县镇与310国道相交，向东沿310国道加宽，至偃师与巩义交界处，全长29.3千米。按一级公路标准建设，宽100米，其中主干道宽26米，双向10车道，设计行车时速80千米，主干道两边有绿化带、慢车道、步行道。2010年3月开工建设，总投资10.3亿元。整个工程推进顺利，伊河大桥、国道207互通立交、苗湾桥、沙沟桥全部完成，全线沥青面层铺设已全部完成。截至2011年年底，累计完成投资约9亿元（其中2011年完成5.8亿元），主体工程完工。偃师顾县镇至巩义交界处5000米完成投资0.6亿元。预计2012年6月底前建成通车。

（周得京）

【洛吉快速通道一期主体工程基本完工】 洛阳至吉利快速通道一期工程，南起洛阳市区定鼎北路与310国道交会处，北至孟津县省道314线，全长12千米，按国家一级公路标准建设。路基宽26米，双向4车道，行车道宽15米，中央分隔带宽2米，设计行车时速80千米。总投资3.51亿元。2009年11月25日开工建设。截至2011年年底，累计完成总投资3.51亿元（其中2011年完成1.2亿元）。除连霍高速朝阳互通区受交叉施工影响外，主体工程已完工。（周得京）

【洛伊快速通道伊川段一期主体工程建成通车】 洛阳至伊川快速通道全长23.8千米。洛阳市区段长9千米，已完成工程可行性研究报告，开始征地拆迁等前期工作。伊川段长14.8千米，分两期施工。一期工程，北起伊川县城关镇李圪垱村附近的污水处理厂，南至伊川县伊龙大道，长6.4千米。按一级公路标准建设，红线宽92米，其主车道宽31米，双向8车道，设计行车时速80千米。两侧依次 3米宽的隔离带，6米宽的非机动车道，4.5米宽的人行道及15米宽的绿化带。该工程2010年8月开工建设，总投资约1.8亿元。2011年12月30日主体工程竣工通车。

洛伊快速通道伊川段二期工程，北起洛栾快速通道龙门南桥，南至伊川污水处理厂，全长8.4千米，总投资约2.4亿元，已开工建设，预计2012年6月底完工。

（周得京）

【310国道白马寺货车临时绕行公路工程】 该工程是白马寺文物保护项目。起于207国道与孟津平乐镇团结路交叉口，向西延伸，途经上屯村、妯娌村，至平乐镇西，止于洛常路，全长7.98千米。采用双向4车道二级公路标准建设，路基宽21米，路面宽15米。总投资7647万元。设计行车时速80千米。该工程2011年9月10日开工，推进顺利，预计2012年牡丹文化节前建成通车。

（周得京）

【机场路改造提升工程】 该工程分二期工程进行，一期工程南起邙岭立交桥，北至洛阳机场，长7.3千米，其北段5.3千米。路基宽42米，路面宽31米，快车道18米，两边慢车道各5米，快慢车道间是各1.5米绿化隔离带，路两侧各设5.5米绿化平台。1999年11月建成通车。二期工程东起洛阳机场，西接小浪底专用线，长3.06千米。路基横断面宽50米，为“三块板”设计，快车道宽18米，两侧绿化带各1.5米、慢车道各5米，绿化平台各5米。2001年8月建成通车。

机场路此次改造提升的路段起自机场路与310国道交叉口，途经下凹、刘家楼、下屯，至孟津县麻屯镇，洛阳机场路与小浪底专用线交叉口段，长8.09千米。总投资2106.8万元。改造提升的内容包括快车道路面病害处置，部分路段进行沥青混凝土罩面，加宽机动车与非机动车隔离带，高标准组团布置绿化，更换路缘石，新设和规整人行道等项目。改造提升工程2011年9月动工，预计2012年3月底竣工。（周得京）

【干线公路养护】 2011年，洛阳市投入养护资金2.9亿元，重点强化日常养护、危桥改造、水毁修复、安保工程、桥涵维护和大中修护等工程。全年整修路肩边坡981.5万平方米，疏通排水系统491.6万米，处理水毁冲沟71.06万立方米，维修路基构造物4.66万米，道路保洁150.2万平方米，处理破碎板1227万平方米，挖补面层坑槽30万平方米，挖补基层坑槽9625平方米，处理拥包波浪787万平方米，处理沉陷184平方米，灌缝8.6万米，处理龟裂9.92万平方米，维修安全设施4.73万米，维修标志7895块。并投入资金1.053亿元用于国道207线和洛栾线的中修工程，投入资金2254.4万元用于国省干线798千米的综合提高路段和1019千米的综合完善路段，打造了干线公路“畅、洁、绿、美、安”的通行环境。

洛吉快速通道

【干线公路路政管理】 2011年，洛阳

凌波大桥

市干线公路管理人员按照“立足源头，依法严管，标本兼治，长效治理”的要求，加大干线公路巡查和治理“三乱”力度，保护路产路权不受侵犯。全年，依法检测车辆20.2万台次，查处超限超载车14730辆次，超限超载率控制在4%以下；办理涉路行政许可3501件，办理超限运输许可55件。完成路政巡查里程74.5万千米，查处路政案件353起，路政索赔额175万元，路政案件查处率为100%，索赔率达99.9%。拆除及制止违章建筑409处，制止打场晒粮1242处，拆除非法公路标志牌及其他标牌11627块，清理路障堆积物3.64万立方米，出动宣传车1652台次，发放宣传材料7.73万份。（胡明可）

【农村公路建设】 2011年，洛阳市农村公路建设完成投资3.06亿元，为年度计划的153%。完成建设项目70个。其中，县乡公路建设项目39项、188.195千米，桥梁31座1592延米。在项目建设中，严格建设程序，严管工程质量，通报批评施工和监理单位13家，驱逐监理人员6人，累计罚款16万元。（周得京）

【农村公路养护】 2011年，全市农村公路养护累计完成投资6.85亿元，是上年的1.5倍。完成大中修养护工程311项（含计划外大中修工程102项），总投资5464万元；按照标准，实施安保工程16项202千米，总投资2700万元，整治平交路口1650个。全市农村公路1335座桥梁全部建立档案，危桥逐桥制定应急预案并加大改造力度，拆除重建34座，加固58座；开展“万千米文明路”创建活动，创建“文明路”3545千米，完成农村公路冬春普修1.46万千米。实施农村公路环境60天集中整治活动，清理各类垃圾6.3万立方米，修补路面8600平方米，安装标志标牌570块。整治农村公路3652.5千米，重点整治路段21条362.58千米。完成路肩培护780万平方米，硬化路肩160万平方米，栽植绿化、美化树150万株。全市各级政府投入水毁路面修复资金2.6亿元，群众出工出劳370万个工作日，县乡道修复全部完成，村道路面工程尚有20%仍在修复中。（胡明可）

【农村公路路政管理】 2011年，洛阳市加大农村公路路政管理力度，大力宣传路政法规，出动宣传车7460台次，张贴散发宣传材料18.5万份，张贴宣传标语1.1万份。强化管理，加强巡查，每月上路巡查不少于20天。开展“优秀路政管理工作站”评比活动，全市37个工作站有25个被评为“优秀路政管理工作站”。“三夏”“三秋”期间，实施农村公路专项治理行动，清理公路打场晒粮1200余处1.3万平方米。建立协调联动机制，共强制拆除违章建筑、构筑物40余处。加强路政综合治理，清理各类违章占道、堆积物1800余处2.5万平方米，出动路政人员1.59万人次、车辆4800台次、铲车320台次；治理各类违章占道2200起、堆积物3390平方米、各类马路市场和占道经营74处。此外，还积极开展流动治超工作，检测车辆5002台次，治理超限超载车1730辆，卸货3289吨，农村公路超限超载车辆明显减少。（胡明可）

【洛阳市公路运输枢纽客运东站工程】 该工程始建于2010年7月，至2011年底，主体工程基本完工，4层框架式站房楼已封顶建成，总高17.2米，建筑面积5600平方米，楼内划分候车厅、售票厅、行包托运处等16个功能区。新增设的地下室工程正在建设中，近2000平方米的室外绿化工程已完成。

（胡明可）

农村公路

【客运市场管理】 2011年，客运市场管理效果明显。一是对春运、牡丹文化节道路旅客运输工作严密组织，周密安排，圆满完成旅客运输任务。二是强力推进区域客运班线公司化改造工作。全市已有7条线路、72台客车实行了公车公营。汝阳至洛阳等8条县（市）进市客运班线和195条农村客运班线进行统筹核算管理，实行"六统一"管理，真正实现了标准化、公司化的品牌客运班线。全市公交化运营改造线路和实行统筹核算管理的线路已达到区域内线路的80%，提前完成省局下达目标。三是继续推进农村客运网络化建设，强力推行"一县一网一公司"的运营方式。全市村客运通达率提高到99%，解决了2968个村482万群众的乘车难问题。四是加强应急运输管理，建立健全各项应急运输保障机制。安排130辆客车作为应急运力，健全了应急通信保障、值班制度、突发事件的报告和处理流程，实行应急责任追究制。五是开展旅游客运市场整顿，对371台旅游客车进行逐一核查清理，下发旅游企业整改通知2家，收到良好效果。（胡明可）

【货运市场管理】 2011年，全市货运市场重点是加强安全监管。在春节、花会前对全市29家危运企业进行两次全面的安全检查。按照"谁主管、谁审批、谁负责"的原则建立了岗位责任制，采取现场审核的方式严把市场准入关、车辆技术状况关、从业人员资格关。督促各危运企业对企业监控平台、车载终端进行升级改造，并与行业监控平台实现联网联控，危运监控平台、危运车载卫星定位设备全部安装符合交通运输部交通产品认证的平台和车载终端。全市31家危运企业，1259辆危运车辆已安装完毕，实现了对危运车辆运营的实时动态监控管理。积极开展企业班组长、骨干等进行安全培训，强化从业人员素质。培训班组长、骨干317人次，全部持证上岗。开展安全生产教育培训会议5次，培训企业负责人200余人次。（胡明可）

【出租车管理】 2011年，洛阳市狠抓出租车市场整治，净化经营环境，大力开展行业文明创建，出租车行业形象大幅度提升。会同公安、技术监督部门联合执法，查处非法营运及套牌车辆4台次、异地营运出租车21台次、安装快表车7台，查处违规案件400起，办理违规司机培训班150人次，出租车市场秩序进一步好转。围绕"争当文明使者、展示的士风采、构建和谐行业、树立古都形象"主题，广泛开展争当"文明驾驶员、争创文明出租车""学习出租车文明示范号"等活动。2011年高考期间，全市800台爱心车免费接送6500多名考生。全年涌现拾金不昧、助人为乐等好人好事3280余件次，受到社会各界的广泛好评。（周得京）

【驾培行业管理】 2011年，洛阳市严把交通运输市场准入关和行政审批程序，联合公安交警部门进行市场整顿，取缔非法驾校及合法驾校违规设立的培训点，并在《洛阳日报》等媒体进行公示。抓好教练员新办、换证资格审查工作，新办教练员证312人，教练员证换证469人。与全市各驾校分别签订《诚信服务承诺书》《安全生产承诺书》，并在城市区内以法律规范、行业自律、政府监督为中心，试行区域自治管理。严把市场准入关，抓好从业资格证办理工作。全年共新办普通客、货运从业资格证15541个。（胡明可）

【交通法制建设】 2011年，洛阳交通运输系统组织开展《行政强制法》、《公路安全保护条例》《河南农村公路条例》等法律法规的宣传活动。加强行政执法培训，全面推进行政执法责任制，增强了干部职工的法制观念，提高了执法队伍的整体素质。全年共查处道路运输违法案件6106起，出租客运违法案件160起；依法检测车20.2万辆次，治理超限超载车14730辆次，将超限超载率控制在4%以下。市道路运输局全年共派出运政执法人员3000余人次，查处违章案件721起，其中客运589起、货运31起、无从业资格证40起，非法驾校9起、非法营运车52台。市公路局和市农村公路管理处在路政执法方面成绩显著。洛阳市出租车管理处正在进一步修订和完善《洛阳市出租汽车客运管理办法》，力争早日出台。交通法制建设进一步得到加强。（胡明可）

【洛阳市公路学会工作】 2011年，该学会积极开展学术交流活动。推荐11篇论文在市科协第四届学术年会上交流，全部入选该会编辑出版的《论文集》。有4篇论文在全国城市公路学会第二十届学术年会上参加交流，亦入选《论文集》，其中1篇获优秀论文奖。

大力开展技术培训。与有关单位合作，3～5月举办一次农村公路系统工程技术人员培训班，来自全市16个县（市）、区的技术骨干40人参加了培训；有50人参加了全市公路养护技能培训班；同时还组织市公路局等5个单位派人参加中国公路学会1～3月分别在哈尔滨、成都、杭州等地举办的3期"公路工程标准勘察设计招标资格预审"宣传贯彻培训班和8月在西宁市举办的"公路桥梁运营安全与检测养护管理"培训研讨班。根据省公路学会《关于申报2011"中国公路学会科学技术奖"工作的通知》《关于征集科技工作者建议的通知》《关于开展第十一届河南省青年科技奖推荐工作的通知》及《关于推荐第六届中国公路百名优秀工程师》等文件精神，认真做好有关申报和推荐工作。（胡明可）

民用航空

【概　况】 中国民用航空飞行学院洛阳分院（以下简称"民航飞行学院洛阳分院"）位于河南省洛阳市北郊邙山之巅，距市中心10千米，总占地面积2600余亩。民航飞行学院洛阳分院的前身是中国民航飞行学院三分院，始建于1963年。1993年，为适应民航事业的发展，加速飞行人才的培养，根据国家民航总局的决定，分院从四川广汉搬迁洛阳，与民航洛阳航空站整建制合并，组成中国民航飞行学院洛阳分院，从事飞行教学训练和航班运输生产双项主业。建院至今，分院先后飞过10余种机型。截至2011年年底，民航飞行学院洛阳分院累计完成飞行教学训练73.6万小时，安全起降245.5万架次，为国家培养了7599名飞行人才。实现连续安全飞行48周年，是全国民航“安全飞行标兵单位”。

民航飞行学院洛阳分院下属的洛阳北郊机场（航空站）始建于1985年1月，1987年9月26日正式通航。洛阳机场跑道的飞行等级为4D；道面等级号为PCN52/R/W/T；机场净空条件好，可飞天气多，跑道主降方向为一精密进近跑道，可供B757及同类型飞机起降；客机坪可同时停放10余架大型客机；有规模相当、设施完备的候机楼，可为国内和国际航班进出机场提供可靠保障；航站地面保障部门齐全，配套设施完善，组织保障工作有力，地面服务质量不断提高。

教学训练现场

【飞行教学训练】 2011年，民航飞行学院洛阳分院针对教学训练资源短缺、影响飞行教学训练质量和进度的问题，提出“以洛阳为依托向周边辐射发展”的思路，多次派人到郑州、济南、南阳、运城、长治、济源等地与军地相关部门协商机场空域使用、转场航线开辟等事宜。经过艰苦努力，成功开辟洛阳到南阳、郑州、襄阳、运城转场航线，在运城、南阳实施教学训练的设想已成现实，并初具规模，为学生转场训练飞行提供了可靠保证，教学大纲符合度进一步提高。同时，随着分院承担教学训练任务量的逐年攀升，为确保训练质量“不走样”，在日常的教学训练中，严格落实飞行四个阶段工作，把握好“四个环节”和“三个关口”，坚持好讲评日制度，每月定期召开训练质量分析会、学生训练专题会，认真探索教学方法，对教学训练中出现的新情况新问题，集体会商，研究拿出对策，着重对教学训练中的一些高难科目，加强研讨公关，努力寻求突破。全年，民航飞行学院洛阳分院共组织飞行训练日327个，完成飞行训练63390.18小时，起落97771架次，毕结业学生907人。

【航班运输生产】 2011年，洛阳机场抓住国家助推中原经济区建设的有利时机，巧借“东风”做文章，将机场建设发展置身于地方经济建设的大盘子中进行谋划考虑，争取地方政府的政策扶持和资金支持，在洛阳市委、市政府的主导下，大力实施“航班倍增”计划，与市口岸办一起，密切协同，主动出击与多家航空公司进行接洽协商。截至2011年年底，洛阳机场开通航线11条，通航城市有北京、上海、广州、深圳、重庆、成都、杭州、昆明、威海、厦门和呼和浩特，每周航班达114班，旅客吞吐量为363817人次，同比增长27%，货邮吞吐量为1197.29吨，同比增长20.56%。

【新舟600飞机首次投入飞行教学】 2011年3月26日，中国自主研发生产的首架新舟600飞机投入教学飞行仪式在民航飞行学院洛阳分院隆重举行。新舟600（MA600）由中国一航西安飞机工业（集团）有限责任公司研制生产的双发涡桨支线飞机。新舟600是“新舟”系列涡桨支线客机的成员，是由新舟60（MA60）飞机根据市场及用户的需求升级换代改进而来。在当天举行的飞行仪式上，来自中国民航学院，中航工业，西飞国际，民航西南、中南、西北管理局，河南、四川监管局以及分院的领导参加了活动。此次活动，引来了国内众多新闻媒体的关注，《人民日报》、新华社、中央电视台、《中国航空报》《四川日报》《陕西日报》、河南电视台、洛阳电视台等对活动进行了报道。

新舟600飞机投入飞行教学

【洛阳—香港航班复航】 2011年4月8日14时10分，随着香港至洛阳的CZ3047航班在洛阳机场的平稳落地，时隔一年，洛阳机场再次迎来了第一架国际航班，同时也宣告洛阳机场新航站楼国际联检大厅正式启用。4月1日～5月10日是文化部和河南省人民政府首次共同举办的第二十九届中国洛阳牡丹文化节。为方便大批的海外、特别是中国香港客商前来旅游观光、洽谈投资和参加商贸文化活动，南方航空公司在4月8日～5月9日期间，每周一、五恢复香港至洛阳航班。具体航班计划为：航班号CZ3047/8，班期为每周一、五执行往返，航班时刻为12点整从香港起飞，14点10分到达洛阳，15点10分从洛阳起飞，17点40分到达香港。

向香港-洛阳首航航班旅客献花

【洛阳机场圆满完成连战一行航班保障任务】 2011年8月11日下午，中国国民党名誉主席连战夫妇一行乘坐的CZ6512航班准时到达洛阳机场，经过数十分钟的过站短停后飞往深圳。在航班过站短停期间，省委常委、市委书记毛万春会见了连战一行。毛万春期待洛阳能与台湾早日开通直航航班。其间，洛阳机场机场服务、航务保障、机务维护、后勤保障、安全保卫等相关部门开展了卓有成效的工作，全力保障此航班及相关活动。

【安全运行再刷新纪录】 2011年8月28日，民航飞行学院洛阳分院实现了安全飞行48周年。在第48个安全年里，飞院洛阳分院共完成教学飞行训练6.4万小时，训练起落10万余架次。这是创造分院飞行训练量新纪录的一年。

【洛阳—昆明—威海航班开通】 2011年10月10日，随着东方航空云南有限公司（简称“东航云南公司”）一架彩绘飞机顺利降落洛阳机场，标志新开通的洛阳至昆明、威海航班正式开始运营。该航班由东航云南公司执飞，前期计划每周一、三、四、六执飞，在执行民航冬春季航班后，该航班拟调整为每日一班，机型将视客流情况适时调整。该航线中，洛阳至威海是洛阳机场首次开通航线，这也为洛阳增加了一个通航城市。

首架西锐飞机起飞

【洛阳—厦门航班开通】 2011年10月31日晚8时25分，山东航空公司一架由厦门飞往洛阳的波音737飞机经过120分钟飞行，安全抵达洛阳机场停机坪，带来29位旅客的同时，完成该航空公司从厦门到洛阳的首次飞行。当晚9时10分，该飞机经过短暂停留后，带着31名旅客从洛阳飞往厦门。这标志着洛阳至厦门航班正式开通。

20世纪90年代中期，洛阳市曾开过洛阳至厦门航班，后来因故停航。此次通航，由山东航空公司的波音737-800型飞机执飞，每周3班，周一、周三、周五执飞。洛阳至厦门起飞时间为21时10分，到达时间为23时10分；厦门至洛阳起飞时间为18时25分，到达时间为20时25分。从11月7日起，将更改飞行时间，洛阳至厦门起飞时间为23时10分，到达时间为次日0时55分；厦门至洛阳起飞时间为20时35分，到达时间为22时25分。该航班的开通将加强中原地区与福建沿海地区的联系，极大方便往来两地的旅客，促进两地经贸发展。 （办公室）

【西锐飞机顺利引进】 2011年10月14日，洛阳分院新引进的首批6架教学训练用机——西锐飞机，经青岛港入境运抵洛阳机场，海关人员查验关封后，开箱卸货。经过一系列大量的前期准备工作，12月2日，首批在洛阳分院组装完成的西锐（SR—20）飞机开始试飞，并取得出厂试飞成功，这标志着洛阳分院教学训练能力得到进一步提升。

【洛阳机场通过中国民用航空局安全审计】 2011年10月21日，洛阳北郊机场以97.69%的符合率，高分通过了中国民用航空局组织的安全审计。这标志着洛阳机场已达到一类（优先）运行要求，机场安全管理水平上新台阶。

【RNP APCH飞行程序实地验证试飞获得成功】 2011年12月22日，洛阳机场RNP APCH飞行程序实地验证试飞获得成功。该项目自9月26日启动到试飞成功仅用了短短3个月时间。RNP APCH导航技术应用和推广将是飞行运行方式的重大变革，对中国民航的飞行运行、机载设备、机场建设、导航设施布局和空域使用产生重大影响，对有效促进行业安全、提高飞行品质和减少地面设施投入具有积极作用。RNP APCH导航技术是中国建设新一代航空运输系统的核心技术之一，是实现民航强国战略计划中的重要组成部分。

水路运输

【概　况】 2011年，洛阳市在航务海事工作方面，突出重点抓安全，确保水上交通畅通平安，实现了连续5年安全无事故。处理海事违法案件4起，打击了各类违法经营活动，维护了水路运输市场秩序。全市水路运输客运量15万人次、周转量530万人千米，货运量53万吨、周转量1033万吨千米，与2010年相比，有较大幅度增长。大力开展渡口渡船安全管理专项整治活动。积极参与河南省水上交通安全示范渡口考评申报工作，全市共有11道渡口被河南省交通运输厅“示范渡口”考评领导小组评为“水上交通安全示范渡口”。

（周得京）

【水上安全监督】 2011年，洛阳市地方海事局始终坚持“安全第一、预防为主、综合治理”的方针，严格落实“四项机制”，认真开展“三关一排查”“全国安全生产月”和“渡口渡船专项整治”活动，全年组织开展船舶安全检查16次，检查船舶836艘次，下达停航通知书39份。春运、牡丹文化节、河洛文化旅游节，“五一”“十一”黄金周等节假日期间对重点库区、渡口、水域监督检查20余次，检查船舶120艘次，排查隐患19处，当场整改13处，下达隐患整改通知书6份。水上安全宣传教育常抓不懈，仅“安全生产月”期间，即悬挂安全宣传横幅15条，制作宣传展板2块，张贴安全标语600余条，发放安全宣传资料7000余份，《〈河南省水路交通管理办法〉解读》200余本。全市水上生产安全形势持续平稳。（周得京）

【渡口渡船安全管理专项整治】 2011年9月9日，湖南省邵阳县渡船沉船事故发生后，省委常委、市委书记毛万春对渡口安全工作做出重要批示。洛阳市地方海事局于9月16日召开的市、县两级航务海事机构参加的专题安全会议，深入开展渡口渡船安全专项整治专题活动。组织力量对辖区内的30道渡口进行拉网式检查，并于9月21日将渡口和挖砂船舶存在的问题及安全建议上报市政府安委会。11月，洛阳市交通运输局对全市渡口渡船安全管理专项整治活动进行了验收，市辖区内渡口95%以上达到验收标准，确保了全市水上交通运输安全形势稳定。

【水上交通安全应急演练】 2011年，为切实提高水上交通安全应急队伍的组织能力、反应速度，确保处于危险状态下的人员、船舶及设施得到及时救助，洛阳市地方海事局在水上事故较为高发的6月和7月，分别在小浪底水库、陆浑水库和故县水库组织了船舶消防、水上救生等科目的应急演练。通过演练，锻炼了水上抢险救助队伍，提高了海事人员和水运企业、船员在紧急情况下的反应、指挥和救助能力。

【船舶登记和检验】 2011年，洛阳地方海事部门检验各类船舶366艘，9035总吨、23213千瓦，3706客位、2596载重吨。其中：洛阳籍船舶251艘，3306总吨、9854千瓦，1933客位、1386载重吨；三门峡籍船舶77艘，4138总吨、9369千瓦，469客位、1210载重吨；济源籍船舶38艘，1591总吨，3990千瓦、1304客位。检验合格率达到98%以上。与此同时，完成6艘船舶设计初审工作。圆满完成营运船舶登记和检验任务。全年未出现一起安全责任事故和登记检验人员违规违纪事件。

【水路运输】 2011年，洛阳地方海事部门加大行业管理力度，对洛阳市遨龙水上服务有限公司、洛阳市鸿远旅行社有限公司、嵩县天湖船舶有限责任公司、洛宁县港航水路运输有限公司进行了认真核查，并对120艘资历合格的营运船舶进行核查，有力地维护了水路运输市场的经营秩序。全年共完成客运量15万人次，较上年增长4.5万人次，增长率为42.86%；旅客周转量530万人千米，增长215万人千米，增长率为68.25%。完成货运量53万吨，增长13万吨，增长率为32.5%，货运周转量1033万吨千米，增长246万吨千米，增长率为31.85%；渡运量完成13万人次，增长1万人次，增长率为8.3%。（周得京　程苑利）

教　　育

【概　况】 2011年，洛阳市共有各级各类学校4980所，毕业生 848452人，招生443409人，在校生1888947人，教职工87319人，其中专任教师77160人。幼儿园407所，毕业生41838人，招生71482人，在园幼儿131971人，教职工8014人，其中专任教师4926人；小学2188所，毕业生105416人，招生105824人，在校生635406人，教职工29509人，其中专任教师28442人；初中学校387所，毕业生99119人，招生99091人，在校生291199人，教职工21169人，其中专任教师19543人；高完中68所，毕业生42912人，招生42812人，在校生126139人，教职工9974人，其中专任教师8598人；高等学校9所，毕业生34733人，招生38249人，在校生111175人，教职工7131人，其中专任教师5074人；特殊教育学校14所，毕业生208人，招生139人，在校生1107人，教职工338人，其中专任教师294人；中等职业教育学校89所，毕业生47637人，招生36943人，在校生115969人，教职工7269人，其中专任教师7191人；成人技术培训学校1599所，毕业生428413人，在校生406416人，教职工2185人，其中专任教师1937人；成人中小学校195所，毕业生36355人，在校生37069人，教职工184人，其中专任教师137人；技工学校23所，毕业生11802人，招生11785人，在校生32433人，教职工1489人，其中专任教师992人；工读学校1所，毕业生19人，招生15人，在校生63人，教职工30人，其中专任教师26人。

【招校引资工作】 2011年，洛阳市积极落实省、市招商引资大会涉及教育项目，引进的洛阳东方外国语学校已正式开学；中誉公司总投资1.5亿元的洛阳国际学校建设项目8月28日正式开工建设；香港言爱基金会捐款2000万元在洛宁、宜阳两县各建设1所思源实验学校项目确定；台塑集团捐资90万元实施伊川县城关镇小庄小学和洛龙区丰李镇尹屯学校2个明德小学建设项目；江苏隆章置业有限公司投资2亿元建设洛阳龙瑞国际学校项目达成初步意向；洛阳市与北京师范大学合作办学项目、洛阳市双语实验学校项目正在积极筹划中。全市共引进幼儿园39所、职业教育及培训机构17所、基础教育学校15所，各类学校总投资额约13.2亿元。

·基础教育·

【义务教育均衡发展创建活动】 2011年，洛阳市教育局制定出台《洛阳市发展教育事业先进县区评选办法》和《洛阳市发展教育事业先进县区评估指标体系》，指导各县（市）、区制定县域3年内义务教育均衡发展推进计划，加快县域内义务教育实现基本均衡的步伐。栾川县、洛龙区被授予“洛阳市发展教育事业先进县区”称号，并分别给予40万元、20万元资金奖励。

【缓解结构性“上学难、上学贵”问题】 2011年，洛阳市启动破解“上学难、上学贵”工作，成立学前教育、义务教育、高中教育、薄弱学校改造等4个领导工作小组，建立长效工作机制和联席制度；认真查找造成“上学难、上学贵”的主要原因，先后出台《关于破解上学难、上学贵问题的意见》《基础教育“增优减弱”计划》《实施学校三年提升计划》《引进民办学校计划》《幼儿园建设计划》《特色学校发展计划》和《引进名校计划》等政策措施，积极进行破解工作。同时，全面规范招生和办学行为，义务教育严格按照划片招生、就近免试入学的原则进行，普通高中择校生严格执行“三限”政策，杜绝超大班额，大班额比例较上年下降60%，省、市级示范性普通高中招生指标均衡分配到初中的比例达到50%。落实中小学行为管理规范和教辅准入制度，切实减轻学生课业负担和家长经济负担。在城市区指定近100所学校接纳4500名进城务工人员随迁子女的入学就读，做到应入尽入。

【基础教育管理】 2011年，洛阳市健全基础教育质量标准、监控和评估体系，出台《洛阳市中小学办学水平星级评估指标体系及评分细则》和《洛阳市普通高中教育教学质量评价方案》，实施基础教育“增优减弱”行动计划，通过融合发展、结盟发展、多渠道增加优质资源等方式，进一步推进学校均衡发展，提升学校教育教学质量。顺利完成中招工作，全市中招录取4.6万人。大力开展校本教研活动，认真做好高考备考工作，确保2011年高考各批次上线人数均大幅度超过省平均增长水平。

河南省第十二届中学生"晨光"体育夏令营在洛阳市一中正式开营

【开展阳光体育活动】 2011年，洛阳市大力开展阳光体育活动，成功举办第十三届洛阳市中小学"晨光"体育运动会和河南省第十二届中学生"晨光"体育夏令营活动；充分发挥体育考试导向作用，中招体育测试成绩继续按60分计入中招考试总成绩。落实重大疫情报告制，重点抓好传染病防控和食品卫生安全工作。认真组织好音乐、美术系列竞赛、评比、会演活动，带动学生素质全面发展。

【规范化学校建设】 2011年，洛阳市评选认定第五批市级规范化学校，分别授予东升二中等5所初中和涧西区周山路小学等37所小学为"洛阳市规范化初中（小学）"称号。全市规范化初中及小学分别达到105所和505所。

【开展完全中学分离工作】 2011年，洛阳市科学调整布局，首批将市直9所完全中学进行初、高中分离。其中市实验中学、市二实验中学（北院）、河洛中学、市二十四中、市四十二中、市四十九中、市五十八中等7所分离后变为初中；市二十二中、市五十九中分离后变为高中。

【普通高考取得新成绩】 2011年，洛阳市在报考人数较上年减少3298人的情况下，一本上线人数首次突破3000人大关，三本以上上线人数首次突破2万人大关，本科上线率达45.6%，与上年相比增加9个百分点。其中一本上线3274人，比上年增加498人，增幅17.9%；二本上线11246人，比上年增加1330人，增幅13.4%；三本以上上线21642人，比上年增加2858人，增幅15.2%。

【学校德育工作】 2011年，洛阳市扎实推进中小学德育工作，广泛开展文明礼仪教育、青少年科学调查体验、第九个"弘扬和培育民族精神月"、第十八届爱国主义读书和庆祝建党90周年主题教育等活动，全市共涌现出市级三好学生2579名、优秀学生干部346名、先进班集体616个以及省级三好学生85名、优秀学生干部43名。

【制定学前教育三年行动计划】 2011年，洛阳市出台《洛阳市人民政府关于大力发展学前教育的实施意见》，制定《洛阳市学前教育三年行动计划》《洛阳市各县区利用闲置校舍改造幼儿园规划》和《洛阳市农村中小学附属幼儿园基本规划》，并与各县（市）、区签订《洛阳市学前教育三年行动计划目标责任书》，明确学前教育三年发展目标，即到2013年底，新建326所、改扩建277所幼儿园。实施农村学前教育试点建设工程，投入资金1180万元，在新安县建设乡镇中心幼儿园9所。同时，鼓励社会参与、多渠道多形式举办学前教育，全市共引进幼儿园39所，缓解了幼儿入园难的问题。

·职业教育·

【推进职教攻坚计划】 2011年，已入驻职教园区的洛阳绿业信息学校、龙门科技学校和市商务局资源整合新校区，共完成投资1.7亿元，一期主体工程已竣工。安排财政专项资金3050万元，支持19所中职学校发展，积极建设职业教育实训基地。洛阳市第一职业高中的动漫级手机游戏实训室、洛阳市第四职业高中的电子商务实训平台、洛阳市第一职业中专的酒店厨房实训平台、洛阳市旅游学校的西餐烹饪实训室已建成使用。

【突出职业教育办学特色】 2011年，洛阳市做好职业教育招生和职业资格鉴定工作，完成3.5万人招生任务，对1629名中职学生进行职业资格鉴定，合格率达到98%。7所中等职业学校共向富士康公司输送600余名专业人才。结合洛阳市大力发展现代服务业和新兴产业的优惠政策，推动职业学校和驻洛高校积极开设战略新兴产业，洛阳市第四职业高中整体转型为洛阳市服务外包职业学院，洛阳师范学院开办软件学院，河南科技大学开办服务外包学院，另有10所中职学校开设了呼叫中心、动漫、新能源等专业。创新中职学校课堂教学模式，形成具有洛阳职业教育特色、适合学生全面发展的教学改革模式，其中洛阳旅游学校"起承转合四环教学法"、洛阳服务外包学院"116"常规化课堂模式、洛阳市第一职业中专"多元动态"教学方案被确定为省重点科研课题。

【职业技能大赛成绩全省领先】 2011年6月，在全国中职院校职业教育技能大赛上，洛阳市参赛选手取得3个一等奖、7个二等奖和6个三等奖的历史最好成绩（河南共取得8个一等奖、27个二等奖和40个三等奖），获奖率达100%，居全省各地市之首，受到省教育厅和市政府的贺信表彰。

【提高职业教育办学层次】 2011年，以洛阳市卫校、洛阳市技校、洛阳市职工科技学院整合成立的洛阳职业技术学院与河南推拿职业学院一起升格为高职高专，填补了洛阳市普通高等职业教育的空白，为经济社会发展提供急需的较高层次的专业技能人才。

·师资队伍建设·

【加强师德师风建设】 2011年，洛阳市开展“师德师风”主题教育和竞赛活动，2人获得省级师德先进个人、549人获得师德征文及演讲省、市级奖，市教育局再次获得省教育厅师德主题教育活动优秀组织奖。评审15所中小学校为市级师德师风先进校，推荐8所学校参加创建省级师德师风先进校。

【不断充实教师队伍】 2011年，洛阳市进行招录补充教师和教师资格认定工作，公开为市直薄弱学校招录补充教师280名，招聘农村特岗教师685名，为1754名师范类应届毕业生和2100名非师范类应届毕业生认定了教师资格。

【教师培训】 2011年，洛阳市落实“国培计划”等系列教师培训工作，组织培训教师3.8万人次，其中238名市直学校教师参加了研究生学历进修。组织开展业务标兵、优秀班主任、首届名师评选和教师节表彰工作，全市评选了300名业务标兵和300名优秀班主任，评选出特级名师50名、优秀名师100名和名师200名；教师节前，共表彰优秀教师和优秀教育工作者485名。组织开展教师发展学校试点、教师进修学校省级标准化示范性创建工作，选定市实验中学、市第二实验中学、东升二中和东方二中为首批教师发展学校试点单位；推选栾川县教师进修学校参加省级示范性县级教师培训机构的评选验收。

【特岗教师队伍在位率稳定】 截至2011年，洛阳市9个设岗县（市）共招聘特岗教师2726名，其中初中教师1727名、小学教师999名。共有2664名特岗教师服务于农村教育一线，服务于全市9个设岗县（市）的1039所中小学（在位率97.72%）。其中：初中教师1622名，服务于461所初中；小学教师1032名，服务于578所小学，另有10人为农村教育硕士，服务于2所高中。先后有62名特岗教师转岗或流失，流失率为2.28%，低于全省及全国流失率。

教师节前夕，市委常委、组织部长李少敏到洛阳市一中对教师进行慰问

·其他教育事业·

【落实义务教育经费，保障机制改革政策和国家助学金政策】 2011年，洛阳市落实农村义务教育经费保障资金5.2亿元（其中补助公用经费资金3.9亿元、免费教科书资金8437万元、补助农村家庭经济困难寄宿生生活费资金4201万元），大幅提高农村义务教育生均公用经费，为全市78万余名农村义务教育阶段中小学生免除学杂费并免费提供教科书，为4.5万名农村家庭经济困难寄宿生补助生活费；落实城市义务教育阶段学生免杂费资金3582万元，资助学生15.4万人；安排城市义务教育贫困家庭学生教科书资金和补助贫困寄宿生生活费资金63.8万元，资助学生0.96万人；大幅提高城市中小学校公用经费，执行小学460元/年、初中650元/年、市直普通高中400元/年的标准。严格落实为中职学生及普通高中家庭困难学生提供国家助学金和免学费政策，共为6.5万名符合条件的资助对象发放助学金8102万元。

【加大学校建设力度】 2011年，洛阳新区学校建设项目进展顺利：投资4635万元、建筑面积1.9万平方米的新区龙泰中学主体工程完工，投资4635万元、建筑面积1.7万平方米的新区龙祥中学于7月开工建设；投资1.25亿元、建筑面积5.9万平方米的市第二外国语新区分校建成投用，9月开始招收新生。由洛阳外国语学校负责承办新区品牌学校建设项目正全力推进。

【改善学校办学条件】 2011年，全市实施农村中小学校舍安全改造工程项目150个、城市区中小学校幼儿园改造项目34个、新建（改扩建）学校项目16个、农村学前教育试点建设工程项目9个，共计项目209个。完成市直学校取暖降温设施安装、课桌凳和计算机设备更新等工程，总投资2477.3万元，更换课桌凳2.1万套，更新计算机设备1330台，安装冷暖两用空调6847台，解决了城市区48所学校冬季取暖与夏季降温问题。

【“班班通”工程】 2011年，洛阳市教育局制定了符合洛阳实际的“班班通”工程建设总体方案，计划总投资7700万余元。其中：投资1500万元的市直学校“班班通”工程建设任务基本完成；各县（市）、区正加快推进步伐。

（陈如陵）

大中专院校

·河南科技大学·

【概　况】　河南科技大学创建于1952年。1956年更名为洛阳工学院。1998年由机械工业部划转河南省。2002年，河南省委、省政府为了优化省内高等教育结构布局，将洛阳工学院、洛阳医学专科学校、洛阳农业专科学校等3所高校合并，组建了以工为主的综合性大学——河南科技大学。

2011年，河南科技大学设26个学院，80个本科专业，28个一级学科硕士学位授权点，143个二级学科硕士学位授权点，涵盖理学、工学、农学、医学、经济学、管理学、文学、法学、历史学、艺术、教育学等11大学科门类，具有工商管理硕士、工程硕士、农业推广硕士、临床医学硕士、兽医硕士、翻译硕士等专业学位授予权，是教育部授权的联合招收、培养博士研究生单位。河南科技大学面向全国30个省、自治区、直辖市招生，2011年录取全日制本专科新生9804人，研究生534人；毕业本专科生13489人，研究生534人。截至2011年年底，河南科技大学有全日制本专科生、研究生等37187人。

河南科技大学教职工3492人，其中专任教师2169人。专任教师中具有高级专业技术职务的教师1092人，其中具有博士学位的教师582人、硕士学位的教师1148人。学校有共享院士7人、中原学者1人、河南省“百人计划”特聘教授1人、省级特聘教授11人、博士生导师51人；拥有“国家有突出贡献中青年专家”“百千万人才工程”国家级专家、享受国务院特殊津贴专家、省部级优秀专家、河南省学术技术带头人、河南省教学名师等高级人才225人；拥有国家级教学团队2个、省级教学团队3个、省级科技创新团队6个。

学校有45个省级重点学科，12个省级特聘教授设岗学科。有矿山重型装备国家重点实验室、教育部摩擦学与材料防护工程研究中心、河南省机械设计及传动系统重点实验室、河南省有色金属材料科学与加工技术重点实验室、河南省汽车节能与新能源重点实验室、河南省汽车节能与新能源国际联合实验室、河南省高等学校先进制造技术重点学科开放实验室、河南省高等学校材料损伤与摩擦学重点学科开放实验室、河南省高等学校车辆工程与装备重点学科开放实验室、河南省高等学校智能技术与系统重点学科开放实验室、河南省高等学校大型铸锻件成型制造技术重点学科开放实验室、河南省高等学校环境与畜产品安全重点学科开放实验室、河南省高等学校农产品深加工技术重点学科开放实验室、大型装备制造技术重点实验室（教育部重点实验室培育基地）、齿轮制造及其装备重点实验室（省重点实验室培育基地）、河南省耐磨材料工程技术研究中心、河南省特大型轴承工程技术研究中心、河南省高校轴承工程技术研究中心、河南省拖拉机与农机装备工程技术研究中心等国家、省部级、省高校重点实验室和工程中心19个；有中国齿轮教育培训中心、中国轴承陈列馆、河南省显微外科研究所、河南省机械工业CAD培训中心、河南省制造业信息化技术服务中心等国家及省级教学培训基地；有6个国家级特色专业建设点、9个省级特色专业建设点、2门国家级精品课程、20门省级精品课程、1门国家级双语教学示范课程、1门省级双语教学示范课程、6个省级实验教学示范中心；有14个洛阳市重点实验室、7个洛阳市工程技术中心和8个洛阳市人文社科基地。《河南科技大学学报》自然科学、社会科学、医学3种版本面向国内外公开发行，均是河南省一级期刊。其中，自然科学版是全国中文核心期刊，获教育部“全国高校优秀科技期刊一等奖”；社会科学版被评为“全国优秀社科学报”。

河南科技大学在齿轮、轴承等装备基础件研究方面居国际先进水平，研究成果先后荣获国家发明二等奖和国家科技进步三等奖；大型装备数字化设计及控制技术研究取得重要成果，复杂地层特大型竖井钻机及成井工艺关键技术荣获国家科技进步二等奖；农业机械研究具有传统优势；金属材料及其加工技术研究方面达到国内先进水平；与国防科研机构和军工企业长期合作，在国防科技进步中发挥了重要作用；应用数学研究领域取得突出成绩；肿瘤学、神经外科学、法医学、显微外科学、农副产品加工技术、旱作栽培与育种、预防兽医学、动物育种与繁殖等学科的研究，具有明显的特色；“名优花卉矮化分子、生理、细胞学调控机制与微型化生产技术”获国家科技进步二等奖。“离子液体的构效关系及其化学工程基础研究”项目获国家自然科学二等奖。

河南科技大学有西苑、景华、周山、开元等4个校区，占地面积325.67公

西苑校区红叶

专家组对学校博士学位授予单位立项建设进行中期检查

顷，校舍建筑面积155万平方米，固定资产总值13.82亿元，教学科研仪器设备总值3.49亿元。图书馆建筑面积2.89万平方米，馆藏文献340.75万册，中外文期刊近2200种。学校是河南省首批数字化校园示范单位，荣获中国教育信息化建设优秀奖、"河南省教育科研计算机网建设与管理工作先进单位"称号，学校门户网站荣获"2010年度河南省高等学校优秀门户网站"称号。校园网主干带宽3.6G，数据存储容量60TB，校园网用户44840户。体育场馆面积17万平方米。

学校有5所附属医院，其中第一附属医院是省级综合性教学医院、三级甲等医院、全国百佳医院。医院有床位2300张，固定资产总值8.79亿元；有10个省级重点学科和重点专科、1个一级临床医学硕士学位授权点（含二级临床医学硕士学位授权点18个）、1个临床医学专业硕士学位授予权点，设有博士后科研工作站，医院的综合竞争实力和社会影响力均居河南省综合性医院前列。

【"查找廉政风险、构筑拒腐防线"活动动员大会】 2011年5月26日，河南科技大学召开"查找廉政风险、构筑拒腐防线"活动动员大会。校长王键吉，校党委副书记苟义伦、闫纪建，副校长段广才，校纪委书记杜遂渊出席大会，全体处级干部和机关科级干部参加会议。校长王键吉发表重要讲话，从提高认识、积极推进、加强监督、建立长效机制等方面对活动提出明确要求。该活动历时5个月（5～9月），分为学习动员、排查廉政风险、确定风险等级标准、制定防控措施、加强监督管理、检查考核和修正完善6个阶段进行。

【学校顺利通过博士学位授予单位建设中期检查】 2011年7月10日，受国务院学位办委托，河南省学位委员会组织专家对学校新增博士学位授予单位立项建设工作进行中期检查。专家组听取了校长王键吉关于学校新增博士学位授予单位立项建设情况的汇报，召开了立项建设授权学科、支撑学科及有关部门负责人参加的座谈会，并分组到有关学院实地考察了授权学科、支撑学科建设情况。专家组一致认为，经过近3年立项建设，河南科技大学在培养和引进拔尖人才、提升科技创新能力、提高人才培养质量和增强社会服务能力等方面实现了快速发展，整体实力和办学水平得到提高。学校人才培养取得新成效，构建了较为完善的人才质量保障体系和研究生创新体系；学科建设实现新突破，学科基地建设收获丰硕，学科布局更加合理；师资队伍建设跨上新台阶，师资队伍的规模、结构和层次得到进一步优化；科学研究达到新水平，为国家和区域经济社会发展做出了重要贡献；授权学科建设结出新成果，支撑学科建设获得新进展；公共服务体系保障能力得到新增强，能够满足事业发展和服务学生的需要；学术交流与合作开创新局面，共建高水平学科建设平台，为行业发展和区域经济提供技术和智力支撑。河南科技大学新增博士学位授予单位立项建设工作成效显著，圆满完成立项建设的总体目标任务，已完全具备博士学位授予单位和授予学科的条件。

【一级硕士学位授权点增至28个】 2011年，河南科技大学新增中国史、生态学、统计学、软件工程和草学5个一级学科硕士学位授权点，一级学科硕士点增至28个，二级学科硕士点增至143个，涵盖理、工、农、医、经、管、文、法、史、艺术、教育等11大学科门类，学科布局更趋合理。

【学科基地建设】 2011年，河南科技大学司法鉴定中心顺利通过司法部的资质认证。"智能技术与系统院士工作站""高分子材料院士工作站""骨修复与生物材料院士工作站""建筑工程安全与防护院士工作站""齿轮轴承基础理论与应用技术研究院士工作站"和"微创医学基础研究院士工作站"6个实验室获批河南省院士工作站称号；"河南省汽车节能与新能源重点实验室"获批河南省国际联合实验室称号。

【第五次教学工作会议】 2011年12月21日，河南科技大学召开第五次教学工作会议，会议主题为"强化内涵建设，推进人才培养模式改革，全面提高人才培养质量"。校长王键吉简要回顾了第四次教学工作会议以来学校教学工作取得的主要成绩，并对未来两年教学工作提出具体要求。副校长宋书中作了《强化内涵建设，推进人才培养模式改革，全面提高人才培养质量》的报告，对当前教学工作面临的形势和存在的主要问题进行分析，并部署今后两年教学工作的主要任务。校党委书记严全治发表重要讲话，号召全校教职员工为早日实现高水平教学研究型综合性大学的目标而努力奋斗。校领导苟义伦、闫纪建、李念群、杜遂渊出席大会。

【学校成立河南省首家"对日软件外包人才实训基地"】 2011年9月11日，

由河南科技大学与省科融科技有限公司联合创建的第一个省内高校与IT企业联合培养"对日软件外包人才实训基地"在河南科技大学正式启用。学校软件学院主要承担培训班的前期基础理论课讲授。该基地的成立，为促进学校毕业生就业、推动校企合作，也为响应洛阳市政府"打造具有竞争力的服务外包产业基地"的号召做出有益探索。

【开元校区建设工作】 2011年，河南科技大学开元校区建设稳步推进，办学条件明显改善。专家接待中心、北大门、菁园1号、4号学生公寓、方城中心热力交换站及热力管网敷设、南大门主干道、明湖桥等两桥两路、德园住宅区功能完善等工程相继竣工并交付使用。文科组团综合办公楼、工科二区、图书信息中心等工程完成工程总量的70%以上。学校的工程建设获得河南省结构中州杯工程、河南省高校校舍建设优良工程、河南省首批绿色施工示范工程、省级文明工地、河南省安全文明工地和中州平安杯等奖项，被河南省教育厅评为2011年河南省高校基本建设管理先进单位。

【专业建设和课程建设】 2011年，河南科技大学机械电子工程专业、市场营销专业被批准成为河南省高等学校特色专业建设点。"大学物理""车辆构造"被评选为河南省高等学校精品课程建设项目；"有机化学"被评选为省级双语教学示范课程。"控制技术教学团队"被批准成为省级教学团队。

【师资队伍建设】 2011年，河南科技大学新增高级专业技术人员103人，新聘任上岗省特聘教授2人，新增河南省高校特聘教授岗位2个，享受政府特殊津贴专家2名，新增省级科技创新团2个，河南省优秀技术创新团队2个。1人获"十一五"优秀科技创新人才称号，1人获全国"五一"巾帼标兵称号，1人获河南省"五一"劳动奖章，3人获"河南省职业道德建设先进个人"称号，3人被河南省教育工会授予"师德标兵"称号，1人获"教育部新世纪人才支持计划"资助，2人获"河南省高校科技创新人才支持计划"资助，3人被授予"河南省科技创新杰出青年"称号。

【学校引进2名省级特聘教授】 2011年，经河南省教育厅批准，张玉银博士和崔磊博士分别被聘为河南科技大学动力机械及工程学科和生物医学工程学科省级特聘教授。

【科学研究】 2011年，河南科技大学申报成功各级各类科研项目569项。其中：国家级项目55项、省部级项目126项。获得科技部"十二五"国家科技支撑计划项目1项，科技部"973"前期研究专项1项，航空科学基金项目3项，科技部国际合作项目1项。除纵向项目外，签订横向委托合同131项，成为军工产品摩擦磨损检验实验机构，获13项重点军工科研项目。学校获得各级各类科研奖励173项，其中获省部级以上科技进步和科研成果奖32项；通过各级科研成果鉴定和结项226项，出版学术著作82部、教材39部，发表学术论文1853篇，被"三大检索系统"收录628篇。申报专利677项，获授权专利93项，其中发明专利48项。

【国家自然科学基金项目申报再创佳绩】 2011年，河南科技大学获得国家自然科学基金项目42项，比上年度增加18项。其中：面上项目12项、青年基金23项、数学天元基金2项、理论物理专项1项、主任基金3项、专项基金1项，资助总经费1300万元，比上年度增加547万元。

【学校获得首个"十二五"国家科技支撑计划项目】 2011年，河南科技大学教授师清翔申报的"丘陵山区主要作物生产关键装备研制与示范"项目，通过"十二五"国家科技支撑计划首批重点项目评审及可行性评估和论证，获得专项科研经费923万元。

【学校获得1项国家"973计划"前期研究专项课题立项】 2011年，河南科技大学教授王键吉主持申报的"功能离子液体低温溶解/催化木质素生成液态烷烃燃料的研究"项目，获2011年度国家"973计划"前期研究专项课题立项，属于国家"973计划"研究计划中"新能源高效利用"研究领域。

【学校为"神舟八号"和"天宫一号"对接做出重大贡献】 2011年11月3日，中国电子科技集团公司发来感谢信，对在圆满完成11月3日凌晨"神舟八号"飞船与"天宫一号"交会对接任务中，河南科技大学材料科学与工程学院教授谢敬佩领导的"空间工程材料"项目组在激光雷达材料分析和应用中给予的大力支持和帮助表示感谢。此项目组2010年由河南科技大学与中国电子科技集团公司第二十七研究所联合成立"空间工程材料科学与技术实验室"。合作以来，共同承担多项军工"863项目"，拓展材料研究与应用新领域，为中国的空间技术和国防事业做出了重大贡献。

【司法鉴定中心取得国家级资质认定和认可证书】 2011年3月，河南科技大学司法鉴定中心获得中国国家认证认可监督管理委员会和中国合格评定国家认可委员会颁发的"资质认定审查认可证书（2011000034I）""资质认定计量认证证书（2011003200X）""实验室认可证书（CNAS L4922）""检查机构认可证书（CNAS IB0248）"共四项资质认定证书和实验室认可证书，认证认可的领域包括法医病理、法医临床、法医物证和法医毒物等，涵盖了法医司法鉴定的主要类别，成为河南省及中部地区项目最多、类别最全、唯一同时获得"四证"的法医类司法鉴定机构，出具的鉴定意见和检测数据可在国际互认。

【学校获准成为车辆工程领域见习工程师认证试点单位】 2011年5月4日，河南科技大学获准成为车辆工程领域见习工程师认证试点单位，在国内汽车工程领域开展 "中国工程师专业技术资格认证"。2011年度进行车辆工程领域见习工程师认证，今后将扩展至汽车诊断工程领域和汽车营销工程领域。全国仅有两所高校获准成为此项认证试点单位。

【河南省“创新型科技团队”增至6个】 2011年12月，河南科技大学教授李全安率领的“新型有色金属材料”研究团队成功入选河南省“创新型科技团队”。至此，学校拥有6个省级“创新型科技团队”。

【首届MBA毕业典礼暨学位授予仪式】 2011年3月31日，河南科技大学首届MBA毕业典礼暨学位授予仪式举行。洛阳市人民政府副市长杨萍、校长王键吉、副校长段广才、优秀企业家代表出席典礼。王键吉校长为首届30名MBA毕业生拨苏正冠授予学位。

【王键吉出席“2011河南高校教育改革发展高峰论坛”】 2011年5月15日，河南科技大学校长王键吉出席“2011河南高校教育改革发展高峰论坛”，畅谈培养科技创新型人才，服务中原经济区建设。他指出，河南科技大学要实现从传统的知识质量观到涵盖知识、能力的全面素质质量观的转变，实现学科从全到优的转变，实现科技创新能力从“支撑”到“引领”的转变，实现从人才聚集地到人才高地的转变，为中原经济区建设提供人才保障、智力支持和科学支撑。

【学校获赠世界大学生夏季运动会火炬】 2011年9月24～25日，第二十六届世界大学生夏季运动会组委会向河南科技大学赠送火炬——“虹”。副校长宋书中代表学校接受火炬，并分别在4个校区进行展示。河南科技大学是全世界80所获赠大运会火炬高校之一，也是河南省唯一一所获赠大运会火炬的高校。

【河南科技大学第一附属医院新区医院正式开业】 2011年12月18日上午，河南科技大学第一附属医院新区医院正式开业。

河科大一附院新区医院位于学府街和关林路交叉口西500米，是洛阳市委、市政府按照“再造一个新洛阳”的思路在洛阳新区规划的一所三级甲等综合性医院，其建成使用填补了洛阳新区没有综合性医院的空白。

据河科大一附院院长冯笑山介绍，医院以脑科中心、妇儿中心、急救创伤中心、微创外科中心、健康管理中心五大中心为依托，下设神经内科、神经外科、康复科、妇科、产科、儿科、创伤外科、重症监护病区等多个科室。

【招生与就业】 2011年，河南科技大学招收全日制研究生、本专科新生10338人。本科一批招生专业由11个扩大到21个，招生计划较上年增长25.48%。机械设计制造及其自动化、材料成型及控制工程等21个专业在河南省、福建省、吉林省本科一批招生，招生人数1891人。其中，在河南省，文理科投档线均超出重点线，机械设计制造及其自动化专业的录取分数超过部分“211”院校的录取分数。在本科二批招生中，医学类录取最低分高出省定分数线30分，理工类录取最低分高出省定分数线37分，文科录取最低分高出省定分数线23分。省外本科二批招生中，录取最低分高出当地省定分数线30～50分。学校成人学历教育招录10311人，自学考试主考本科专业增至21个，均居全省第一。

2011年，学校毕业生和研究生就业率均逾95%。学校被确定为全省首批3所“河南省大学生创业教育示范高校”之一，连续两年荣获“全国青年创业教育年度先进集体”称号，是“河南考生心目中最理想的高校”，济南军区授予的唯一一所“空军飞行学员优质生源学校”。

【大学生创新教育】 2011年，河南科技大学大学生研究训练计划新立项271项；完成上年度项目结题249项，受项目资助的学生在CN刊物上发表学术论文32篇。学生创新能力不断增强，获得国家级学科竞赛奖励22项，省级学科竞赛奖励130项。获第三届河南省大学生日语演讲比赛一等奖1项。在第二届河南省“国家大学科技园杯”科技创新大赛中，获得特等奖和二等奖，分别获得300万元和50万元创业资助资金；在第三届“高教杯”河南省大学生先进图形技能与创新大赛中，获得1个团体特等奖、6个单项一等奖、3个个人全能一等奖；获得第九届“挑战杯”赢响中原河南省大学生课外学术科技作品竞赛“优胜杯”；获得河南省第八届“挑战杯”大学生创业计划竞赛金奖；学生赵快乐荣获中国青少年科技创新奖。在“读者杯”2011中国机器人大赛暨RoboCup公开赛中，获得3个一等奖；在第四届“高教杯”全国大学生先进成图技术与产品信息建模创新大赛中，蝉联团体一等奖，赢得“三连冠”，另获6个单项一等奖；获2011中国机器人大赛——创意设计大赛一等奖1项；在第十二届“挑战杯”全国大学生课外学术科技作品竞赛中，获得1个二等奖，5个三等奖。获得世园会专项竞赛二等奖1项，三等奖1项；在“中南地区港澳特区工程训练学术会暨第五届大学生机械设计制造创新大赛”上，获得1个一等奖、1

第二十六届世界大学生夏季运动会组委会向学校赠送火炬

个二等奖；在“第六届全国信息技术应用水平大赛”中，夺得Android应用开发团体决赛一等奖1项，个人赛决赛全国二等奖1项；荣获2011年“国家大学科技园杯”科技创新大赛企业组特等奖2项，每项获得不低于500万元的资助。

【学术交流】 2011年，河南科技大学举办高水平学术讲座“科大讲坛”70余次，邀请70多位两院院士和国内外知名学者、教授到校讲学。同时，有多位学校教师应邀参加国际学术会议。5月27日，北爱尔兰贝尔法斯特皇后大学无机化学教授、离子液体和绿色合成与催化研究领域先驱者之一、总统绿色化学挑战奖获得者肯尼斯·理查德·赛旦先生来校讲学。6月2日，德国资深规划师，慕尼黑工业大学城建与区域规划系教授、博士生导师，俄罗斯国家自然科学院海外院士郝伯特·卡尔迈耶教授应邀来校讲学。10月22～25日，白俄罗斯国立大学摩擦学专家Sergei Sherbakov博士应邀来校讲学。11月7日，美国南加州理工大学教授、清华大学客座教授、中国计算机学会杰出成就奖和IPDPS-2011 Founder’s Award获得者黄铠先生应邀到校，作了题为“未来互联网需要的云计算生态系统”的报告。5月17～19日，学校农学院范丙友副教授，参加了在法国南锡举行的第二十七届“新植物学家·树木生物能”国际研讨会，与来自全球100多名致力于第二代生物能研究的科学家进行学术交流。9月19～20日，学校法学院张项民教授应邀出席在芬兰坦佩雷举行的第二届中芬高等教育国际论坛，作主题发言，并同与会专家提问交流。

【对外交流】 2011年1月7日，香港专业进修学校副校长黄惠娴一行24人到校访问。1月8日，台北医学大学管理发展中心副主任、台湾万芳医院行政副院长、知名医院管理专家吕岚钦应邀访问学校第一附属医院。双方就建立姊妹大学和姊妹医院、加强合作等方面进行深入探讨。2月23日，由河南省机械设计及传动系统重点实验室主任李济顺教授为团长的5人培训团赴美国参加盾构机主轴承试验技术培训。4月7日下午，台湾铭传大学参访团一行17人访问学校MBA教育中心。5月26日，美国维特堡大学师生代表团一行23人来校访问。6月16～23日，学校第一附属医院院长冯笑山等一行5人，随同河南省卫生厅访问团赴台访问，与台北市立万芳医院签订了友好医院合作协议。7月20日，台湾静宜大学EMBA参访团一行21人来访。8月7～8日，台北医学大学校董洪奇昌一行7人来访，参观了河科大第一附属医院及其新区医院，双方洽谈了合作事宜。10月15～16日，台湾亚洲大学招生委员会副主委、创意中心主任黄万传教授来校考察交流，签署了《河南科技大学与亚洲大学学生交流协议书》。10月20～21日，学校MBA师生参访团一行20人，对台湾静宜大学、铭传大学进行学术交流性回访，双方就未来的长期合作达成初步意向。11月17～23日，校长王键吉应邀率团赴日本高校访问，访问了国立冈山大学、冈山大学医院、冈山理科大学、仓敷艺术科学大学和至学馆大学，与国立冈山大学签署了全面合作协议，与至学馆大学签署了学生交换协议。11月21日，台湾台东大学校长蔡典谟一行19人来访，双方签署了合作协议。

【承办“第二届中日摩擦学高层论坛”】 2011年4月16～17日，第二届中日摩擦学高层论坛在河南科技大学举行。中日专家学者和业界人士共100多人参加论坛。日本摩擦学会理事长、日本东海大学熊田喜生教授和中国摩擦学会理事长、清华大学雒建斌教授分别代表日中双方参会人员发言。会议期间，共作25场学术报告，与会专家学者进行了深入的交流探讨。

【承办“洛阳第二届国际生物医学科学会议”】 2011年4月12日，洛阳第二届国际生物医学科学会议在河南科技大学第一附属医院召开。美国加州KPBP医疗中心麻醉科主任邱春元教授、骨肿瘤外科主任Chris Steven Helmstedter、心内科电生理心率失常专科主任、美国心脏病学院院士韩新强教授、Bervic Bertrin johns、Murslidhar Hundi kamath，美国国家疾病控制中心职业病研究所丁敏教授，南加州大学附属医学中心余春昊教授7位专家组成的北美医学访问团应邀到会，副校长段广才教授出席会议。学校举行聘任仪式，聘请7位国际专家为学校第一附属医院兼职教授。第一附属医院的专家、在读研究生及省内近300名医务人员听取了学术报告，并与专家进行了学术交流。

【联合主办“2011年应用力学、材料与制造国际学术会议”】 2011年11月18～20日，由河南科技大学与长春理工大学、香港工业技术研究中心联合主办的“2011年应用力学、材料与制造国际学术会议”在深圳召开。来自中国、日本、澳大利亚、韩国等国家的130余名专家学者参加会议，收到国内外学术论文400余篇。河南科技大学副校长谢敬佩教授担任大会主席，出席开幕式并作了主旨报告。本次会议旨在促进国际间应用力学，材料与制造工程新理论、新材料、新技术的发展和应用。

【学生工作十大特色基地建设获河南省一等奖】 2011年10月9日，在2011年河南省高等学校校园文化建设成果评选中，河南科技大学报送的“打造精细化特色基地 创新校园文化建设新载体”建设项目获得一等奖。

【赵快乐获第七届“中国青少年科技创新奖”】 2011年8月22日，河南科技大学材料科学与工程学院2009级材料加工工程专业硕士研究生赵快乐，荣获第七届“中国青少年科技创新奖”，受到与会中央领导王兆国、刘延东等人的接见。赵快乐作为项目第一负责人，获2010年国家大学科技园杯科技创业大赛特等奖，获300万元的项目投资资金。申请实用新型专利1项，发表论文8篇。

【王谊群当选河南省高校传媒联盟执行主席】 2011年4月17日，中国（河南）高校传媒联盟年会暨第三届主席团换届选举在黄河科技学院举行。河南科技大学大学生记者团团长王谊群入选主席团，并当选河南省高校传媒联盟执行主席。

【康颖欢获“中国大学生自强之星”提名奖】 2011年4月29日，河南科技大学人文学院对外汉语专业081班学生康颖欢荣获2010年度“中国大学生自强之星”提名奖，并获得由新东方教育科技集团提供的“新东方自强奖学金”2000元。

【体育竞赛取得优异成绩】 2011年5月9～13日，在河南省大学生“华光”体育活动2011年系列体育竞赛第七届乒乓球比赛中，河南科技大学乒乓球队夺得本科甲组女子团体亚军、男子团体季军。10月11～12日，在河南省健美操比赛中，学校健美操队荣获大学甲组集体徒手二等奖、大学甲组集体器械三等奖。在河南省大学生“华光”体育活动“农行杯”第十届排球锦标赛上，学校女子排球代表队获得冠军；学校健美操代表队在2011年全国啦啦操锦标赛郑州站的比赛中，夺得大学组花球规定（混合组）冠军、大学组街舞规定（混合组）冠军。 （张光莉 赵黎霞）

·洛阳师范学院·

【概 况】 2011年，洛阳师范学院全日制在校生22292人（本科生20181人、专科生2111人），成教生3940人。设有21个院系（部），50个本科专业。在岗教职工1300余人，其中专任教师1145人（教授94人、副教授286人、讲师592人），具有博士和硕士研究生学位的教师760余人。教师中有国家级学术技术带头人1人，享受国务院政府特殊津贴2人，省级学术科技带头人和专家13人，地（厅）市级学术科技带头人和专家57人，30余名教授被多所大学聘为兼职博士、硕士研究生导师。学校有1个省部级人文社科研究基地，2个省级重点学科，11个校级重点学科。学校占地111公顷，校舍建筑面积62万平方米，教学仪器设备价值12280万元，固定资产总值79557万元。图书馆藏书近200万册，中外文期刊4741种，电子图书27万余册。

【新校区建设】 2011年，洛阳市委、市政府在伊滨区规划出2850亩土地，作为洛阳师范学院新校区建设用地。河南省政府、省发改委和教育厅对新校区建设给予大力支持，专门下文核定学校到2020年在校生规模为3.5万人，并将学校新校区建设项目列为2011年河南省第二批重点项目。4月29日，学校举行新校区建设工程开工奠基仪式。截至2011年年底，新校区一期建设项目桩基基础施工及工程监理招标工作顺利完成，各项工作正有条不紊地按预定计划进行。

【《洛阳师范学院“十二五”改革和发展规划（2011～2015年）》出台】 2011年1～3月，洛阳师范学院结合新校区建设，在原稿基础上修改完善《洛阳师范学院“十二五”改革和发展规划（2011～2015年）》（以下简称“《规划》”），经学校二届三次教代会审议、学校党委审定通过，于3月16日下发实施。全年，学校围绕《规划》编制校园建设规划、“十二五”专业发展规划和2011～2020年专业发展长期规划等专项规划，各部门、各院系陆续制定本单位发展规划或实施方案，完善配套措施，确保《规划》落实到位。

【省、市领导视察指导学校】 2011年4月29日，河南省人大常委会副主任蒋笃运一行6人到学校视察工作，并观看古代石刻艺术展和美术作品展。6月8日，省委常委、市委书记毛万春，洛阳新区管委会主任王立林一行莅临学校检查指导工作。11月9日，市委副书记、市长李柳身视察学校新校区建设筹备进展情况。12月29日，河南省委高校工委常务副书记、教育厅副厅长李敏，师范教育处处长朱自锋，基础教育二处处长尹洪斌等一行5人亲临新校区建设工地视察指导工作。

【获批教育硕士专业学位研究生培养试点单位】 2011年10月，洛阳师范学院被国务院学位办批准为教育硕士专业学位研究生培养试点单位，确定学科教学（语文）、学科教学（数学）、学科教学（英语）和学科教学（音乐）为学校首届教育硕士招生学科，办学层次实现新突破。

【洛阳市金融服务外包学院成立】 2011年3月17日，洛阳师范学院举行洛阳市金融服务外包学院揭牌典礼，洛阳市副市长杨萍和院长时明德共同为洛阳市金融服务外包学院揭牌。洛阳市金融服务外包学院是洛阳市政府和学校依托信息技术学院、软件职业技术学院现有专业、师资和实验实训资源成立的，是学校探索“产学研用”一体化办学新模式，服务地方经济社会发展的有效尝试。

【教育教学】 2011年，洛阳师范学院新增音乐学1个省级特色专业，视唱练耳、解析几何两门省级精品课程，信息技术实验教学示范中心被评为省级实验

新校区建设工程开工奠基仪式

教学示范中心，形势与政策课被评为省级高校思想政治理论课优秀课程，思想政治教育专业核心课程教学团队被评为省级优秀教学团队。积极推进教育教学改革，承担的6个省级高等教育教学改革研究项目全部通过结项鉴定，获得2011年高等教育教学成果奖一等奖1项，二等奖3项。搭建教育教学资源数字化平台，建设华夏名师网、教师教育实践能力训练网、公共外语教育教学网和语言文字学习网，服务在校师生及地方基础教育教师专业化成长。探索实习支教新方式，首批23名师范生赴新疆哈密地区实习支教取得圆满成功。教育教学质量不断提升，各专业学生竞赛成绩优异，全年获得国家级奖励32项，省级奖励100余项。其中：获得河南省第九届高等学校师范教育专业毕业生教学技能大赛一等奖6个、二等奖4个、团体总分第一的优异成绩；获得大学生数学建模竞赛全国一等奖1个、二等奖8个，河南省一等奖14个、二等奖7个、三等奖3个，创参赛以来最好成绩。承办河南省普通高校公共艺术教育经验交流暨现场会、河南省高校本专科学生学籍学历管理培训会，于12月获得“第二届全国学籍管理先进单位”称号。

【科研工作】 2011年，洛阳师范学院获准立项国家基金项目11项，其中国家社科基金项目3项、国家自然科学基金项目8项，继续保持全省同类院校前列。获批省部级项目73项、地厅级项目168项，获各类科研成果奖198项，获得纵向和横向外来科研经费528万余元。全年发表学术论文1259篇，出版各类著作40余部，其中国家级重要核心期刊论文44篇，被SCI、EI收录232篇。搭建与地方合作开发研究工作平台，引导广大教师以科研服务地方经济社会发展，先后与西工区、偃师市、孟津县、宜阳县等县区签订科技合作协议，被洛阳市科技局认定为洛阳市产学研合作示范单位。参加“非硕士单位与郑州大学联合培养硕士研究生”工作，组织和承办“日地活动现象中基本等离子体过程”国际学术研讨会、“新出土唐墓志与唐史研究”国际学术研讨会等5场学术会议。

【招生就业】 2011年，洛阳师范学院计划招生7448人，实际录取7542人。会计学第一志愿上线率超过500%，美术类、音乐类专业第一志愿上线率超过200%，数学、化学、汉语言文学、播音主持、编导专业第一志愿上线率超过150%，生源质量大幅提高。学校2011届毕业生5666人，在保持毕业生高就业率的同时，狠抓就业质量的提高，重点做好考研、特岗计划、选调生、政府直招、“三支一扶”计划、应征入伍等重点项目，毕业生年终就业率达到95.27%。9月，被评为河南省普通高校毕业生就业工作优秀单位；12月，被济南军区评为国防动员先进单位。

【学生工作】 2011年，洛阳师范学院引进7名专职硕士辅导员，外聘32名优秀毕业生作为辅导员队伍的编外补充，4名一线辅导员通过竞聘被任命为党总支副书记，完成5名科级辅导员的聘任工作，36名学工人员获得职业心理咨询师三级资格证书。学生工作在“转变作风、创新机制、注重实效”上下功夫，召开2011年思想政治工作暨学生工作会议，开展机关干部联系院系，包班、包宿舍活动，“四进一参加”活动，师生“相识相知”竞赛活动，举办学生工作恳谈会、首期辅导员主题沙龙等，不断探索学生工作的新思路、新方法，推进学生工作健康持续发展。全年，学校获得河南省高校校园文化建设优秀成果二等奖，被评为河南省普通高等教育本专科学生管理工作先进集体。此外，学校为395名学生办理国家助学贷款，受助金额178.3万元；完成各项学生资助金额2852.54万元；安排550名家庭经济困难学生参加勤工助学工作，发放勤工助学资金41万余元。

【师资队伍建设】 2011年，洛阳师范学院培养引进博士研究生18人，硕士研究生35人，专任教师中硕士以上学位比例达到71%以上。职称评审通过正高8人，副高25人，高级职称比例达到35.2%。1人获河南省教学名师奖，4人获省级“优秀骨干教师”称号。稳定有序完成岗位设置管理工作，制定《洛阳师范学院岗位设置方案》和《洛阳师范学院岗位设置管理实施方案》，经个人申报、二级单位审核、学校评审、上报省厅等程序，学校全体在编在岗教职工都进入相应的岗位设置等级，无一人落岗。

【思想政治工作与精神文明建设】 2011年，洛阳师范学院以中国共产党成立90周年为契机，在全校开展“庆祝建党90周年合唱比赛”“我身边的共产党员”演讲比赛、征文比赛等主题鲜明、内容丰富的思想政治教育活动，并参加河南省教育系统“庆祝中国共产党成立90周年”合唱比赛，获得金奖第一名的好成绩。学校学生王方荣获济南军区“富国

国务委员兼国防部部长梁光烈接见“富国与强军”主题演讲比赛冠军王方同学

与强军”主题演讲比赛冠军，受到中央军委委员、国务委员兼国防部部长梁光烈的接见。注重培养学生创新创业精神和实践能力，举办大学生科技创新成果展、创新创意大赛、创新创业活动月等系列活动，被团中央授予“MM百万青年创业计划”优秀组织高校，是河南省唯一获此殊荣的高校。在第六届“飞思卡尔杯”全国大学生智能车竞赛西部赛区比赛中，学校作为河南省唯一的师范院校首次参加比赛，获得1个二等奖、1个优胜奖；在河南省第九届“挑战杯”大学生课外学术科技作品竞赛中获得一等奖2个，二等奖6个，三等奖15个和优秀组织奖。2011年，学校被评为河南省“三下乡”社会实践活动先进单位、河南省思想政治工作先进单位。完成省级文明单位年度复查工作、省文明标兵学校申报工作和考察组的检查验收工作。在全校开展“五创两争”活动、第五届“感动师院人物”、“十佳文明教工”评选活动等群众性精神文明创建活动，营造爱校敬业、文明和谐的浓厚氛围。深挖外宣突破口，有针对性地集中策划宣传报道重点，围绕新校区建设、教育硕士专业学位研究生培养试点单位申报成功等重大新闻题材，邀请《光明日报》《中国社会科学报》《中国教育报》《科学时报》等媒体到校采访报道。2011年，学校在市级以上新闻媒体发稿479篇，其中国家级媒体58篇。

【对外交流与合作】 2011年，洛阳师范学院申请与美国惠灵顿维多利亚大学联合开展本科合作办学项目通过教育厅审核，并报教育部等待批复。6月，由院长时明德带队赴韩国大真大学、大邱加图立大学、培材大学3所大学进行考察交流，洽谈合作办学事宜。学校先后接待巴西圣马特乌斯大学、斯里兰卡帕拉德尼大学、美国雪城大学、韩国大邱加图立大学等7个外国访问团到学校进行友好交流，与斯里兰卡帕拉德尼大学、韩国大邱加图立大学、日本东京三立学院等6所国外大学签订合作协议，将在教师互派、人才培养、合作研究、学分互认等方面开展合作。其中，由洛阳市政府牵头，支持学校与意大利都灵理工大学合作成立分校工作正在进行，真正实现“开放办学，开门办学”。

（高 莹）

·洛阳理工学院·

【概 况】 2011年，洛阳理工学院设17个教学系（部）和国际教育学院、继续教育学院、软件职业技术学院、天瑞干部学院。共有24个本科专业和63个专科专业。学院各类毕业生8889人，其中首届本科毕业生1150人、大专毕业生7200人、成人教育毕业生539人。招收新生8148人，其中本科生4671人、专科生2913人、成人教育本科生205人、专科生359人。各类在校生25547人，其中本科生12131人、专科生12452人、成人教育学生964人。学院教职员工1855人，其中专任教师1258人、正高职称92人、副高职称412人、博士和硕士776人、院办工厂242人。学院有王城、开元、九都3个校区，总占地面积155.67公顷，建筑面积86.8万平方米，图书馆藏书173万册，电子图书95万册，各种电子书库和数据库20种。学院固定资产14.6亿元，其中教学仪器设备总值1.49亿元。2011年，学院被评为“河南省学校行风建设先进单位”，“河南省高等学校先进基层党组织”，“河南省内部审计工作先进单位”，“河南省‘五四’红旗团委”，“河南省高校优秀门户网站”，“河南省平安建设先进单位”。

【教学改革】 2011年，洛阳理工学院学位授予单位资格和首批6个本科专业学士学位授权专业顺利通过河南省教育厅评审。学院土木工程系“钢结构”被评为省级精品课程；“思想道德修养与法律基础”被评定为河南省优秀课程。12个项目通过河南省教育教学“十二五”规划课题立项，6个项目通过了河南省教育教学“十一五”规划课题的鉴定。

【编制《洛阳理工学院“十二五”发展规划》】 2011年，洛阳理工学院依据《国家中长期教育改革和发展规划纲要（2010～2020年）》精神，立足学院实际，在充分学习考察、调研论证、广泛征求意见基础上，科学编制了《洛阳理工学院“十二五”发展规划》（以下简称“《规划》”），《规划》由“十一五”工作回顾、“十二五”发展的指导思想、主要目标、发展任务、保障措施和组织实施五部分组成，从稳定办学规模，优化学科布局，突出教育教学，加强师资队伍，强化科技创新，完善办学条件六个方面明确了学校未来5年的整体发展目标。

【学科建设】 2011年，洛阳理工学院与郑州大学等高校开展联合培养研究生工作，制定并颁布《洛阳理工学院联合培养研究生管理办法》《洛阳理工学院关于联合培养硕士研究生指导教师的遴选及管理办法》等文件，选拔8名高级职称人员为郑州大学兼职硕士生导师，另有其他院校兼职博士、硕士生导师10名。搭建高层次学科建设平台，通过院士工作站的建设与逐步充实，与中铁隧道集团、总参工程兵三所及盾构与掘进机国家重点实验室等建立合作关系，开展了校企合作的研究模式。

【人才队伍建设】 2011年，洛阳理工学院根据省委组织部的安排，选派3名博士参加省博士服务团，进行为期一年的服务地方经济社会活动。学院引进博士15人，有4名教师通过河南省优秀青年骨干教师评审，获得10.4万元项目资助。全年委托培养博士研究生13人，硕士研究生3人。选拔5名优秀教师赴英国格拉摩根大学进行双语教学进修；选派23名教师参加国内各类培训进修活动。9名教师被评为正教授职称，33名教师被评为副高级职称。完善职称评聘工作制度，制定《中级职称评审工作细则》和《中级职称评审材料审核办法》，首次实行系部、学科组、中评委三级淘汰评审制度。

【招生就业】 2011年，洛阳理工学院在全国30个省、自治区、直辖市录取新生8260人。生源质量再上新台阶，其中在省内本科二批录取中，理科录取分数线为549分，高出省控线18分，位居省内同类院校前列。专科一批生源火爆，理科录取分数线最低480分，高居省内高校第一，录取分数超过三本线25分、专科一批线170分。省级特色专业建设点材料工程技术专业计划招生160人，第一志愿报考率为280.6%，录取最低分高达515分。

推进院系两级考评实施办法，在全省首家推出“就业协议书加条形码”管理模式，举办2012届毕业生的冬季就业双选会，近2000人签约。毕业生计68个专业，共8647人。其中，本科毕业生1127人，专科毕业生7520人，就业率为91.07%。

【大学生心理教育】 2011年，洛阳理工学院建立大学生心理健康干预和预警机制，开展心理健康知识普及宣传活动。通过网络、板报、报刊、心理讲座、影视欣赏等活动普及心理健康知识。建立新生心理档案，对班级学生心理委员专业培训。组织全体辅导员进行岗位工作培训和专项学生工作培训，举办辅导员职业心理咨询师培训班，加强辅导员专业技能培训和工作培训，提高辅导员的基本素质和工作能力。

【大学生创新教育】 2011年，洛阳理工学院组织学生参加全国第十二届“挑战杯”竞赛、全国大学生电子设计竞赛、智能车大赛、全国大学生数学建模竞赛、机器人大赛、传感器应用大赛等一系列科技创新竞赛。获得国家一等奖7项，二等奖15项，三等奖17项。荣获全国第十二届“挑战杯”竞赛优秀组织奖、河南省第九届“挑战杯”竞赛团体总分第三名，喜捧“优胜杯”。组织参加河南省第十一届运动会暨第二十九届中国洛阳牡丹文化节开幕式，组织参加河南省大学生艺术展演。开办团支部书记培训班和“河洛青年论坛”，深入推进“青年马克思主义者培养工程”。继续实施“大学生志愿服务西部计划”、服务贫困县计划和“三支一扶”，有4名学生投身西部大开发，1名学生到贫困县从事科技扶贫工作。

【“李进学艺术馆”建成开放】 2011年9月25日，由中国书法家协会会员、中国魏碑书法学会主席、洛阳市书法家协会主席、洛阳书法院院长李进学捐赠的“李进学艺术馆”在洛阳理工学院举行开馆仪式。“李进学艺术馆”面积600平方米，收藏名人书画200余幅，李进学书画佳作50余幅，古玩摆件50余件。这是洛阳理工学院继精品墓志室、李準纪念室之后的又一文化盛举。

【科研工作】 2011年，洛阳理工学院入选国家自然科学基金项目立项3项，参与国际科技合作项目1项，国家支撑计划项目1项；教育部人文社会科学研究项目立项1项，河南省社科规划项目立项3项；河南省政府招标课题立项18项；省科技厅自然科学研究项目49项。纵向经费到账202.3万元。获河南省科技进步二等奖3项，获得省社科优秀成果奖一等奖1项、二等奖1项，三等奖2项。国家社科基金特别委托项目结项1项；河南省科技厅53个项目的成果鉴定；省社科规划结项3项；省政府发展研究中心结项11项。签订横向合同33项，获得横向资助合同额近500万元。申请专利计有33项，取得专利授权书的有7项。加强产学研合作，与偃师市政府等20家政府部门签订科技合作协议书，建立了产学研战略合作关系。做好科研平台建设工作，市人文社科重点研究基地“河洛文学与方言研究中心”“地方文献信息研究中心”挂牌；申报通过了洛阳市“嵌入式应用技术”重点实验室，使学院的市级重点实验室数目由原来5个增加为6个。

【助学工作】 2011年，洛阳理工学院发放国家奖学金、国家励志奖学金、国家助学金等各类奖学金、助学金、勤工助学酬金及贫困生救助金3211.85万元，帮助759名家庭经济困难的新生通过“绿色通道”顺利入学。申请办理国家助学贷款1074万元，提供2010年学生国家助学贷款风险补偿金106万元。评发政府设立的2011年秋季学期临时补贴168万元。完成2011届毕业生应征入伍服义务兵役的89名学生国家助学贷款代偿和学费补偿的申请审核工作和2010届毕业生应征入伍服义务兵役的58名学生国家助学贷款代偿和学费补偿的发放工作。资助工作在河南省高校资助2010年度考核中获得优秀。

【洛阳市服务外包学院成立】 2011年3月17日，洛阳理工学院成立洛阳市服务外包学院。新创设的洛阳市服务外包学院将以学院的软件学院为主体，整合艺术系、工商管理系的教学资源，新建、转型一批适合服务外包人才培养需求的专业，建立新的课程体系和教学模式。2011年招收软件开发、软件测试、3G开发、动漫设计等服务外包急需专业，并与服务外包有关的团队合作、呼叫中心服务等内容加入其他相关专业的课堂教学中。加强与企业的合作，进行定向合作办学，订单式教学，全过程课程嵌入，为企业提供更多更好的适用型人才。

【“洛阳理工学院中迈干部管理学院”揭牌】 2011年6月，洛阳理工学院与河南中迈投资集团举办校企合作签约仪式。洛阳理工学院院长杨小林和河南中迈投资集团董事长曹相春签署了《关于成立“洛阳理工学院中迈干部管理学院”的协议书》。9月20日，举行洛阳理工学院中迈干部管理学院揭牌仪式暨新生开学典礼。2011年首批招生机械设计与制造、建筑工程技术、工程造价、财务管理等4个专业，共110人。

【常鹏飞荣获2010中国大学生年度人物入围奖】 2011年6月，教育部思想政治工作司公布了2010年中国大学生年度人物评选结果，学院计算机系大学生常鹏飞荣获中国大学生年度人物入围奖。这次评选由中央宣传部、教育部、共青团中央、人民日报社指导，人民网、大学生杂志社共同主办。共评出“2010中国大学生年度人物”10名，提名奖20名，入围奖170名，特别奖6名。

【洛阳理工学院一届三次教职工暨工会会员代表大会】 2011年3月4日，洛阳理工学院一届三次教职工暨工会会员代表大会在学术报告厅召开。124名正式代表、5名列席代表参加会议。大会听取并审议通过了院长杨小林所作行政工作报告。审议通过了学院工会主席陈富贵所作工会工作报告、审议通过了学院“十二五”建设发展规划、财务工作报告、提案征集情况报告，民主评议了学院中层正职以上领导干部。

【国际合作与交流】 2011年，洛阳理工学院与加拿大蒙克顿大学签署了缔结友好学校以及联合培养应用科学硕士协议，与美国阿肯色州立大学签署了全面合作协议，与新西兰教育学院签署了缔结友好学校协议。接待来访的国外团组21个，赴国外参加学术交流41人次。另应友好学校韩国公州映像大学的邀请参加了韩国百计文化节，28名师生组成的文化交流代表团在公州映像大学、扶余郡和公州市演出3场，加深了学院与国外文化的交流合作。有5名学生赴俄学习，5名学生赴韩国学习。学院首次开设韩语选修课程。

【校园文化】 2011年，洛阳理工学院创建省级文明标兵学校，完成了省级文明标兵学校的考核工作。学院共有9000余人次参与到文明交通志愿者、社区志愿者、普法宣传志愿者活动中。学院印发并实施《关于规范使用我院校区道路等名称的通知》和《王城校区、实验楼名称的通知》，加强校园文化标识的宣传、推广和规范使用工作，完成王城校区、开元校区、九都校区新命名道路、桥、楼宇等名称的设计、招标安装，启动校园景观的规划设计。拟定《洛阳理工学院校园文化建设规划》（初稿），重点打造几个校园文化示范区，建设具有历史传承、时代特征和洛阳理工特色的大学文化。组织学生参加河南省大学生艺术展演。做好暑期“三下乡”社会实践工作，组织实践团队437个。建立13个大学生社会实践基地。

（王进平）

·洛阳广播电视大学·

【概　况】 洛阳广播电视大学（以下简称“洛阳电大”）是一所运用计算机网络、卫星电视、文字及音像等多媒体教材进行现代远程开放教育的高等学校。学校由洛阳电大校本部和11所县级电大分校组成，形成了远程开放教育本科、专科，成人高等教育专科，网络学院，成人中专，职业培训等多层次、多规格、多形式的办学格局。学校依托全国电大教育系统，运用“天地网相结合，三级平台互动”的网络环境，具有教学形式活、讲授知识新、传播速度快、教学水平高的特点。2011年，洛阳电大开设本科专业19个、专科专业49个、中专专业34个，各类在校生1.2万人。

【招生工作】 2011年，洛阳电大面对日趋激烈的办学市场，采取多种举措加大宣传力度，招生规模稳步提高。全年，招收开放教育本专科和成人专科注册新生2763人。

中专招生较上年有所突破，学校利用国家对涉农专业的优惠政策，联合两所中专学校，第一次招收涉农专业新生243人。

【继续教育】 2011年暑假期间，洛阳电大与市教育局合作举办3期现代教育技术培训班，有366人参加培训。全年有13662人次参加保险代理人考试，办理证书5642个；反假币上岗资格证考试2130人次，办理合格证书558个；举办全国网络统考3次，共有2813人次参加考试。学校共招收中南大学、郑州大学、中国石油大学网络学院新生442人。

【教学管理】 2011年，洛阳电大按照河南省广播电视大学“教学质量与教学改革工程意见”“教学工作绩效考核办法”等指示，按照学校年初安排的“教学质量年”的要求，积极开展教学工作争先创优活动。一是突出教师对组合式教学模式的运用及一体化教学方案的设计，开展教案评比活动，经过评审，评出以“小学数学教学研究”为代表的五科次的优秀教案。二是开展教学技能竞赛活动，在全市系统内结合专业课程教学、实训教学、实践环节教学指导，发现、培养优秀教师、名师，实现教学经验、教学资源的共享与互补。评选出8名优秀课程辅导教师。三是组织参加全省广播电视大学的教学技能竞赛。采用面授通讲、阶段辅导及期末辅导等形式，通过网上视频系统，进行参赛评比，参加教师11名，其中获得一等奖2名、二等奖2名、三等奖2名、优秀奖4名。同时获得优秀组织奖。四是坚持学校专职教师课程一体化方案设计，强调开放教育教学环节中多种媒体资源的综合运用、强调教师在教学中导学作用的充分发挥。在网上教学活动中，配合省广播电视大学完成英语专业的网上答疑以及汉语言文学专业的网上实施课堂的相关工作；按照学校的相关要求，继续做好教务处专业教学网页的填充工作，及时发布相关网上教学指导意见并通知相关的网上教学活动。五是有效使用各种平台，开展有关电大主页功能使用、课程讨论区的使用、省广播电视大学主页相关信息资源及平台的使用等内容的培训。六是开展洛阳电大教学研究项目申报工作，学校专门制定课题研究指南、项目立项申请书。在各分校、各部门申报的基础上，决定将“电大导学教师（班主任）管理运行机制研究”等6项课题，作为学校2011年度教学研究项目，其中一般项目4项、一般自选项目2项。七是按照学校的统一部署，落实对县级教学点综合工作的绩效考核，完成涉及招生、学籍、考务、教学、教材等工作的实地考核与平时考核工作。八是根据学校教学管理运行机制，制定相应管理措施，规范教学过程管理工作，落实各教学环节，抓好面授辅导课，强化网上教学，作好补修课程的教学工作，按照三种教学组织形式正常开课。认真做好中央电大基于网络考核课程的教学及组织工作，组织相关人员参加省校网上在线业务培训，强化导学教师业务素质培训，促进了教学质量的整体提高。

【创新教学形式】 2011年，洛阳电大坚持教学改革，推广新的教学模式，突出学生网上自主学习能力，重点关注网上教学改革的落实。帮助学生在线选课，督促学生按时完成在线作业及教师批阅。制定措施敦促学生上网学习，学生在线发10722帖，列全省第三名。参加网上教学活动523人次，列全省第三名。在线学习时间人均654分钟，列全省第六名。选课比66%，列全省第五名。

（马智慧）

·河南科技大学林业职业学院·

【概　况】　2011年，河南科技大学林业职业学院（河南省林业学校）设3系1部，分别为园林系、森林资源环境系、信息工程系和基础部。开设有园林、园艺、林业、旅游服务与管理、计算机应用、动漫设计与制作、汽车检测与维修、文秘、武术与社会体育、数控技术、会计电算化等22个中职专业，开设有园林技术、园艺技术、城镇规划、林业技术、生物技术及应用、生态旅游管理、环境监测与治理技术、电子商务、计算机网络技术、电脑艺术设计、动漫设计与制作、商务英语、旅游英语等15个高职专业。学院占地面积22.67公顷，校舍建筑面积11.35万平方米，建有生物工程、组织培养、园林工程、计算机网络等各类实验实训室48个，校内外实训基地、实习林场总面积6000余公顷，教学仪器设备总值2000万余元；图书馆各类藏书43万册。

【招生就业】　2011年，河南科技大学林业职业学院采取多种措施，广泛开展招生宣传，利用学校优越的办学条件、雄厚的办学实力、农林类学生免学费等有利优势吸引生源，并积极探索跨省、市招生。全年共招收新生1727人，其中中职1153人，高职新生574人。

学院在就业方面实行“全员化、全过程、全方位”的工作方针，加强对就业工作的指导，广开就业渠道和门路，健全就业信息网络，加大就业宣传，加强与南方企业的联系；充分发挥实习实训基地作用，开展就业实践活动，加强岗前培训，积极采取切实措施，为学生就业提供优质服务，学生就业率达到96%。

【科研工作】　2011年，河南科技大学林业职业学院获批教科研项目8项，其中国家“948”项目1项、省级教科研项目4项、市级研究项目3项，申报数控加工国家实用新型专利3项。

【省级重点专业】　2011年11月3日，河南省教育厅下发《关于认定2011年河南省中等职业教育省级重点专业点的通知》，河南科技大学林业职业学院数控技术专业被确定为2011年河南省中等职业教育省级重点专业。近年来，学校工科专业克服开办时间短、实验实训设备少、师资力量相对薄弱等劣势，开拓思路、迎难而上，大胆探索“工学交替、校企合作”的办学模式，不断加大与企业的合作力度、积极创建校外实习实训基地，专业规模迅速扩大，从开办之初的1个中职专业发展到4个中职专业和1个高职专业。

【教学标准研讨会】　2011年3月24日，“河南省中等职业学校园林技术专业教学标准”研讨会在河南科技大学林业职业学院举行。洛阳市园林局、河南农业职业学院、商丘职业技术学院、南阳农业学校、洛阳农业经济学校等从事园林建设、教育的专家、教授和学校园林系的教师参加了会议。

“园林技术专业教学标准”是河南省教育厅职教处确定的“制定河南省中等职业学校22个专业教学标准”之一，是一项中职园林技术专业教学改革研究。该项目河南省林业学校为主持单位，南阳农业学校协作共同完成。

【学校迎来60华诞】　2010年5月18日上午，河南科技大学林业职业学院举行建校60周年庆祝大会。中国林业教育学会职教分会主任苏惠民、国家林业局职业教育研究中心副主任贺建伟，北京林业大学党委副书记全海、省林业厅副厅长刘有富，河南科技大学校长王键吉、洛阳市副市长杨萍等出席大会。来自省内外兄弟院校和各地校友600多人参加了大会。

【洛阳市牡丹产业县企对接洽谈会暨牡丹生产管理培训班】　2011年6月29日，洛阳市委农工委在河南科技大学林业职业学院举办“洛阳市牡丹产业县企对接洽谈会暨牡丹生产管理培训班”。来自伊川县、孟津县、伊滨区、偃师市等13个县（市）、区的主管领导及20余家牡丹企业的代表近150人共聚一堂，分析洛阳牡丹产业发展现状、畅谈产业未来发展思路。部分企业展示牡丹深加工产品，介绍了牡丹生产管理技术要点。县、企双方还草签了相关合作意向。

【刘应安到学院考察】　2011年10月8日上午，中共洛阳市委副书记、纪委书记刘应安带领市牡丹办等相关部门负责人到河南科技大学林业职业学院考察牡丹种植情况。校长吴国新向考察组一行汇报了该学院牡丹种植历史、品种和面积，重点汇报了学院发挥专业优势和人才优势，积极申报国家林业局“国外牡丹新品种的引进与繁育”948项目的进展情况。刘应安鼓励学校要发挥专业优势，为洛阳市提出的“满城皆是牡丹花”的战略决策提供强有力的技术支撑。

【校企恳谈会】　2011年11月下旬，河

校园掠影

南科技大学林业职业学院召开森林生态旅游、园林技术、动漫技术和汽车应用与维修系列校企合作恳谈会，各系部邀请有关企业和高校的专家、教授、管理人员等进行座谈交流，就学校的专业建设、人才培养模式、教学改革创新、师资队伍建设、社会培养、顶岗实习等进行了深入探讨和沟通，是校企合作、校企共赢、资源共享的一次成功实践。

【五届三次教代会】 2011年12月24日上午，河南科技大学林业职业学院召开第五届三次教代会。65名正式代表、23名列席代表参加会议。校长吴国新在大会上作工作报告，向大会报告上年的工作情况。副校长刘宗利作财务工作报告。副校长路买林作学校五届二次教代会提案工作落实情况和五届三次会议提案征集情况报告。教代会代表对学校工作报告和财务报告进行了民主评议。

（李兴平）

·河南省农业经济学校·

【概　况】 河南省农业经济学校（以下简称“河南农经校”）是全日制国家级重点中等职业学校，隶属河南省农业厅。2011年，学校开设果蔬花卉生产技术、现代农艺技术、畜牧兽医、农业机械使用与维护、数控技术应用、焊接技术应用、农村经济综合管理、会计电算化、电子商务、市场营销、计算机应用、计算机平面设计、学前教育等20个专业和对口升学班，在校学生5072人。学校建成园艺、植物组织培养、畜牧兽医、计算机、电子测绘、电工电子、会计模拟、电子商务模拟、数控仿真等专业实验室和普通车床、数控铣床、焊接等工种实训车间共26个，教学用计算机726台。建有16路闭路电视教学系统、34套多媒体教学系统，校园网宽带连接所有教室、实验室、办公室，基本上实现多媒体教学和计算机辅助教学以及办公电子化。在职教职工164人，其中中级、高级职称96人。学校占地面积125.9亩，建筑面积73590平方米。校内实习实训场所建筑面积13500平方米，总值1074.325万元，图书馆藏书11.385万册。

【教学改革】 2011年，河南农经校以迎接中等职业学校教学质量评估和“国家级重点中等职业学校”复评为契机，按照“以评促建、以评促改、以评促管、评建结合、重在建设”的原则，进一步深化教育教学改革，强化内部管理，促进教育教学质量的全面提高。一是对学校专业设置进行了进一步规范与合理调整，促进人才培养与职业岗位需求相吻合。二是对实施性教学计划重新进行了论证和修订，把从业资格要求的内容融入相关课程。三是全面施行以能力为本位的课堂教学模式——“315学导式课堂教学模式”，突出技能型人才的培养规律，提高学生的职业能力。四是以知识、技能竞赛为抓手，加强学生实践能力的培养，各专业科期期有比赛，师生同参与，专业课程全覆盖。五是鼓励“教科研用”一体化，学校研究氛围浓厚，师生的自觉性提高。2011年，在教育教学方面获省厅级一等奖5人，二等奖12人、三等奖14人，国家级二等奖1个、三等奖1个。

【招　生】 2011年，河南农经校在中等职业学校招生普遍低迷、生源锐减的形势下，认真总结经验，改进招生宣传办法，开辟招生新渠道，调动全校教职工的积极性，全方位多渠道进行办学模式创新，稳定招生规模，不断提高办学效益。学校积极宣传国家关于涉农专业免收学费的优惠政策、国家助学金资助政策，吸引更多的应、往届初、高中毕业生到学校接受中职教育。学校积极配合洛阳市扶贫部门，宣传扶贫资助政策，实施“雨露计划”和“金蓝领工程”。学校多方挖掘潜力，通过多种途径、多种形式进行合作办学，扩大招生规模。学校继续与河南农业职业学院联合开设“五年一贯制”和“3+2”大专班；挑选部分县市政府部门、农村薄弱职业学校合作办学；与大型企业开展“订单培养”，取得良好的社会效益。2011年，注册新生2224人，完成学校年初预定的招生工作目标，并且超额完成省教育厅下达的1200人的招生任务。

【实习就业】 2011年，河南农经校积极进行市场调研，收集就业信息，协调各专业科，加强学生就业指导工作。学校采取工学交替、分段培养等方式，创新顶岗实习实践模式，逐渐实现学校与企业的深度对接，技能与岗位的零距离对接，教师专业理论与技能的深度融合，学校文化与企业文化的深度融合。教师执教实行“双证制”（教师资格证与专业资格证），学生毕业实行“双证制”（专业资格证与毕业证）。学校和各实习企业均成立有相应的管理机构，指派专人负责，共同制定实习管理制度，建立学生实习管理档案、开展岗前培训等。学校与实习企业签定实习责任

教学实践

保险协议，并切实监督、检查，圆满完成2011届学生顶岗实习工作。学生就业率达96.7%以上，用人单位对学生职业能力与表现的满意率在99%以上。

首届文化艺术节和谐校园书画展

【校企合作】 2011年，河南农经校为增强办学活力，本着平等自愿、互惠互利、合作双赢的原则，先后与17家企业签定合作办学协议，明确校企双方的责任义务，保障了校企合作的顺利运行。企业参与培养方案制定、课程开发、职业能力培训、质量标准制定与考核等教育教学全过程，并在技术、设备、资金等方面给予一定支持，设备的总体装备水平比较先进，完全满足学生生产性实习和顶岗实习的需要，促进了学校发展。学校与企业共建急需专业，设立了首席手工艺术花艺大师工作室、服装技师办公室，创建手工艺术花艺实训室、服装制作实训车间。试行现代学徒制，积极营造工学结合的实践教学环境。采用了双实践教学模式和工学交替、订单培养、教学工厂、厂内基地、引企入校等教学模式，引进企业优秀技术人员上讲台，实现了学校与企业的零距离接触，切实形成了以就业为导向，以行业、企业为依托的校企合作、产学研用相结合的教育机制。

【职业技术培训】 2011年，河南农经校面向社会开展多层次、宽领域的职业技术培训，完成各级各类技术培训任务3029人次。其中河南省基层农业技术人员培训3期419人，阳光工程短期技术培训20期2060人，阳光工程农民创业培训3期共550人。此外，还举办了农、牧、花、果、菜、数控车工、焊工、农村会计、农村幼教等短期实用技术培训班，为农业现代化和新农村建设培训了大量紧缺人才，受到主办单位和培训学员的充分肯定。河南农经校是农业部现代农业技术培训基地、河南省雨露计划省级培训基地、河南省农村劳动力转移培训基地、河南省阳光工程培训基地和河南省农民创业培训基地。

【首届校园文化艺术节】 2011年4月，河南农经校举办为期一周的首届校园文化艺术节，以引导师生展示能力、提升素质、整合智慧、凝聚精神。艺术节活动丰富，异彩纷呈，开展了以“激情四月，放歌春天”为主题的歌咏比赛，以“路在脚下”为主题的演讲比赛，以及财经商贸知识大赛、毛笔和硬笔书法比赛等文化艺术活动；还组织开展了数控车床、艺术插花等内容的技能大赛。校园文化促德育，通过各种竞赛、比赛活动，学生特长得到发挥，学生的敬业精神、团队精神、竞争意识、创业意识得到培养，对养成良好的道德品质起到积极促进作用。

农民创业培训

【全国技能大赛创佳绩】 2011年3月，河南农经校在全国职业院校学生技能大赛省级选拔赛中，参赛学生参加了园艺技术和种子检验两项比赛，囊括一、二等奖。6月14日，在教育部、农业部、人力资源和社会保障部、财政部联合举办的全国农业职业院校职业技能大赛中，学校代表河南省组队，农艺专业学生潘亚萍荣获中职组种子质量检测项目二等奖，园艺专业学生王金金荣获中职组园林花木修剪项目三等奖。这是学校连续两次获得此类大奖。

【全省中等职业学校教学质量评估优秀】 2011年9月28日，河南省教育厅教学质量评估专家组对学校教学质量评估工作进行了复评。专家组听取了郭金岭校长的工作汇报，观摩了教师授课，实地察看了实验室、实习车间，召开学生代表、教师代表座谈会，检查了学校自评工作材料。专家组认为，学校的整个教学质量评估工作积极有效，领导高度重视，组织机构完备，评估方案切实可行。最终，学校在全省中等职业学校教学质量评估中获得优秀。

【**顺利通过国家级重点中等职业学校检查评估**】 2011年11月2日上午，河南省教育厅国家级重点中等专业学校检查评估组在洛阳市教育局有关领导的陪同下，对河南农经校成为国家级重点7年来进行了首次检查评估。检查评估组听取了关于学校发展、重点专业建设、教育教学等基本情况的详细汇报，观看了学校成为国家级重点中等专业学校以来的发展纪录片，召开了教师座谈会，查阅了自评材料，对学校的基本硬件建设、图书馆、教学设备、实习基地、校园文化环境建设等情况进行实地检查，最后对学校的专业建设、师资队伍建设、实训基地建设、课程与教材建设等方面进行评估。检查评估组对学校全面贯彻落实职业教育文件精神、教育改革和发展、办学条件、教师队伍建设、教育管理等方面给予了充分的肯定。学校顺利通过评估，又一次荣获“国家级重点中等职业学校”称号。

【**再次荣膺河南省文明单位**】 2011年，河南农经校在省级文明单位届满后积极继续创建申报。学校进一步加强校园文化硬件建设，狠抓师德师风建设，开展了多种多样的精神文明创建活动，并将之渗透到教学、管理、服务等各项工作之中。同时，积极参与洛阳市创建国家级文明城市活动，对口帮扶辖区贫困村、贫困户搞好精神文明建设，积极参与形势宣传、环境卫生、交通秩序、抗旱防汛、农村书屋、救助贫困党员等工作，受到地方各级政府好评。2011年再次荣膺“河南省文明单位”称号。学校还被洛阳市文明办评为“第二十九届中国洛阳牡丹文化节优秀志愿集体”，被河南日报报业集团评为“2011年度河南职业技能院校综合实力20强”。

（校　办）

·河南省洛阳人民警察学校·

【**概　况**】 河南省洛阳人民警察学校（以下简称“洛阳警校”）是一所实行警务化管理的全日制普通中等公安专业学校，隶属于河南省公安厅。学校位于王城大道156号，占地129.5亩，校舍建筑面积52948平方米，建有综合大楼、教学试验楼、警体训练馆、警务技能战术训练场、地下和地上靶场、机动车训练场、标准田径场、学员公寓、新培训楼和餐厅等基础设施，拥有多媒体教室、司法鉴定中心、连接互联网的校园网、电子阅览室以及痕迹检验、法医微量物证分析、刑事照相、文字检验等各种实验室。学校设有普通中专、大专函授、“三加二”分段式高等职业教育、本科自考和培训教育等教学层次，分为计算机应用、法律文秘等专业。学校还常年担负省、市公安机关的各种民警培训任务，承办的培训班有警衔晋升、新警初任、军转干部、派出所长、政工干部、刑侦队长、选优大学生、企业内保干部、执法轮训等。学校全年完成学历教育5500课时、民警教育训练1.01万课时。

【**民警训练**】 2011年，洛阳警校在民警训练中引入心理测试和心理危机干预新课题，学校投资建设了心理拓展训练场，建立公安民警心理训练实验中心，完善心理训练设施功能，加强民警心理训练队伍建设，在民警训练教学中将民警心理健康训练纳入培训体系，探索形成了创新型的民警心理训练工作机制。加大网络教育训练平台的建设力度，投资建设600平方米、120台计算机的洛阳警校公安网络教育学院，开发警用多媒体网络教育训练课件，发挥信息技术支撑民警训练教学的作用。加大“河南公安精神”、整体作战法深度应用、社会管理创新与警务机制改革、公安单警装备应用、信息化建设的培训内容。新开发10个课题和专题，“十二五规划纲要”“涉案人员非正常死亡问题”“如何适应新警务机制下的派出所工作”“刑法修正案（八）解读”已经列入民警训练教学内容。强化教育引导和技能培训，完善现场教学法、研究式教学法、案例教学法、情景模拟教学法等不同的训练方法，构建了教、学、练、战一体化的教学模式。备战全国公安机关战术教官大比武，学校承担了河南省公安厅代表队的战术教官强化训练工作，工作富有成效。圆满完成30期4820人的民警教育训练任务，其中承办河南省公安厅16期3300人次，洛阳市公安局“战训合一”轮训14期1520人次，超额完成年初预定培训任务。

【**教学与科研**】 2011年，洛阳警校为迎接全省职业学校教学质量评估工作，

警务技能训练

加强组织领导，落实了工作人员、办公场所和经费投入，制定了《关于开展教学质量评估活动的实施方案》，对指标体系进行分解并责任落实到人。在基建修缮工作及时跟进的同时，学校以教学评估为推动，加强教学过程的监控，听课、评课56人次，对课堂教学秩序检查96次，绩效办对检查结果及时发布教学检查通报。利用学生早读、晚自习时间组织学生对授课教师的教学质量进行教学评价，共收集统计测评表4250份，学生对教师授课满意率达96%，教学水平和育人质量得到显著提升，在全省中职学校教学质量评估复评活动中成绩优秀。尝试集中补习、强化培训等形式，对口升学录取率74%，“3+2”升段率93%，“高校直通车”考试继续保持较好势头。

教学评估

学校教师全年在各类期刊物发表学术论文68篇，其中各类核心期刊30篇、各类CN期刊38篇，建校以来教师发表论文数量新高。有12篇论文参加中国法学会、河南省教育厅、河南省社科联组织征文、优秀论文成果评比活动，有2篇研究报告获2011年省教育科学优秀成果二等奖，2篇论文获河南省职业教育教学成果三等奖，2篇论文获得洛阳市第十二次社科成果三等奖，2个教学课件获省教育厅优秀教学课件二等奖。响应党委号召，68名教师利用暑假参加深入公安基层调研的活动，撰写调研报告、论文62篇，评出一等奖2篇，二等奖6篇，三等奖12篇。学校年度论文宣讲会收到学术论文12篇，6篇论文会上宣讲交流。

【洛阳警校获“全省文明标兵学校”称号】 2011年，洛阳警校为全面完成各项创建指标任务，并保持在届省级文明单位的荣誉，调整了精神文明建设领导小组，成立创文工作领导小组，制定《创文工作任务分解的通知》《2011年度文明创建工作方案》，创建工作实行岗位责任制，创建任务实行目标管理，将精神文明建设与业务工作同步安排、同步考核。在教职工中大力开展“创优良教风，树师表形象”主题实践活动，组织学生开展“文明中原行”、“文明大讲堂”等活动，学习《洛阳市民守则》和《洛阳市文明公约》。深入开展创文明学校、创文明班级、争当文明教师、争当文明学生的“两创两争”活动，引导师生争当育人模范、学习标兵。成立青年志愿者大队，参加团市委组织的“万人书写洛阳精神”活动、争创全国文明城市等各项志愿者活动。组织学生600余人次参加第二十九届中国洛阳牡丹文化节郁金香花园、洛阳国花园执勤及洛阳市烈士陵园等执勤任务，受到社会各界的普遍好评。圆满完成河南省2011年高招体检、体育复试执勤任务，受到省教育厅的高度评价及表彰。在公益方面，警校向农民工救助5000元，向“结对帮扶”对口单位红山乡圪垱头村“路路通工程”捐款5000元，参加万人献爱心送温暖救助活动捐款5000元。学校顺利通过创建文明工作验收，省级文明单位在届复评取得95分的佳绩，被河南省教育厅授予“全省文明标兵学校”称号。 （黄　明）

少年警校学员训练

·洛阳市财经学校·

【概　况】 洛阳市财经学校是一所国家级重点中专，位于洛阳市夹马营路82号，学校占地73亩，建筑面积45590平方米，拥有5个多媒体教室、1个会计模拟实验室、2个画室，藏书10万余册，电脑300多台。学校在职教职工103人。其中：副高级职称28人，中级职称36人，省、市级优秀骨干教师、“双师型”教师和学科带头人50余名。学校开设有会计电算化、计算机应用、金融事务、电子商务、农业经济等11个专业，分“3+2”分段制大专、普通中专学历教育和成人培训教育。全日制在校生1440人。

【竞赛与科研活动】 2011年，洛阳市财经学校成立科研处，实行校长负责制，并制定《洛阳市财经学校教科研管理办法》，倡导鼓励师生“坚定不移搞竞赛”“坚定不移搞科研”，使学校师生竞赛和科研活动取得一定成绩。09级学生李兰兰和张磊在河南省举行的中职学校会计电算化技能大赛中获得二等奖。参加洛阳市中等职业学校学生技能大赛，参赛学生有5人获得个人一等奖、5人获个人二等奖；英语情景剧《白雪公主》获得集体项目二等奖。在洛阳市举行的优质课大赛中，参赛教师马丽梅、赵金泉荣获市优质课一等奖，李艳丽、徐静波、尹燕杰3位教师获市优质课二等奖。学校科研项目（含论文、课件）获省级二等奖1项、省级三等奖3项、市级一等奖1项、市级二等奖15项。8位教师在CN类刊物发表论文17篇。校长于幸福主持申报省市级科研项目一项。

学生运动会

【师资建设】 2011年，洛阳财经学校狠抓“双师型”教师队伍建设，有5位教师获取“高级营销师”“营销师”资质证书。学校加大师资培训力度，外派教师参加会计、电脑动画设计、计算机网络技术、市场营销、移动呼叫转移等专业培训。同时，学校把培养青年教师的“青蓝工程”列入学校教学重点工作之一，开展师徒结对，一对一辅导提升教学工作成绩。

【学生管理】 2011年，洛阳市财经学校周密安排，严格组织，开展了广场猜谜联谊会，趣味运动会，学生运动会、学生拔河比赛、羽毛球比赛、三人篮球赛、校园卡啦OK大赛等文体活动，丰富学生的业余生活，培养集体主义观念。结合节日庆典、纪念日活动，学校组织参加各种社会公益活动，分批分次组织团员青年到敬老院、福利院、社区、街道等开展青年志愿者活动。学生管理工作注重加强班、团干部的选拔、使用、培养和管理，注重调动学生干部的工作积极性，提高学生自我教育、自我管理、自我约束的能力。把各种检查、考核评比与国家政策结合起来，进一步完善奖学金评定、特困生救助制度，形成科学的奖惩机制。同时，引导鼓励学生追求进步，组织40多名师生参加第十四期业余党校学习，组织法制讲座，消防演练等各种专题教育活动。

重点中专复评

【通过国家重点中专复评】 2011年，洛阳市财经学校根据《河南省教育厅关于对我省国家级和省级重点中等职业学校进行检查评估的通知》，成立评估工作领导小组，对照国家级重点中专评审指标体系及检查评估通知的相关要求，分解工作任务，确定工作进程，按标准、定期查校资料准备情况和达标情况。学校在总结近3年来在教学管理、德育工作、内涵建设、工学结合、校企合作和实训基地建设等方面的发展思路、成果、经验和办学特色的基础上，于9月26日上报自评报告。11月4日，河南省国家级重点中专检查评估组到洛阳市财经学校进行复评，评估检查组对学校近3年设施、设备、校园建设投入情况、教师培训经费支出情况、实训室建设情况进行了详细资料查证和查看，对学校工作给予充分肯定，并称赞学校是“名副其实，底蕴深厚，基础工作扎实的老牌中专学校”。

【招生就业】 2011年，洛阳市财经学校在中职、专院校招生竞争日益激烈的情况下，克服困难，招生突破千人大关。在稳定本地生源大县的同时，开辟了山西、河北、宁夏、甘肃等生源基地。5月，在就业方面，学校通过多种途径联系就业单位，积极拓宽就业渠道，先后安置有意向就业的学生200余人。苏州紫翔电子、芜湖中达电子、中国农业银行洛阳分行、康达药业集团、王府井百货、鸿诚百货、天诚会计事务所等多家单位都与学校签定就业协议。（白　鹏）

·洛阳市卫生学校·

【概　况】 洛阳市卫生学校是国家级重点中等卫生专业学校、河南省护理教改试点学校，河南省护理重点专业示范点。学校分设南、北两个校区，占地面积23.3万平方米，校舍建筑面积9.96万平方米。有基础和临床实验室31个，教学实验设备总值1216万元，附属医院1所。开设护理、助产、医学检验技术、药剂、英语护理、医学影像技术、农村医学、口腔修复工艺等9个普通中专专业，护理、助产、医学检验技术3个大专专业（含五年一贯制），有普通全日制在校生5000余人。

【洛阳职业技术学院挂牌成立】 2011年5月，经河南省人民政府批准，洛阳市卫生学校和洛阳职工科技学院成功组建为洛阳职业技术学院，并通过教育部备案。6月30日，市政府隆重举行洛阳职业技术学院授牌仪式。市委副书记、市长郭洪昌，市委常委、常务副市长吴中阳，市政协副主席肖宏滨，市长助理、市总工会主席原文涛参加了授牌仪式。洛阳职业技术学院是洛阳市卫生学校发展史上的一个重要里程碑，填补了洛阳市目前没有高等专科院校的空白。洛阳职业技术学院属于公办综合性全日制普通高等专科学校，涵盖医科类、工科类等职业技术教育。

【教师培训】 2011年，洛阳市卫生学校制定青年教师培养方案、开展课堂教学达标考核、为青年教师选派高年资的指导老师等措施，加大青年教师培养力度，全面提高青年教师的教育教学能力，一批青年教师快速成长。加强教师进修培训及临床一线实践，加强双师型队伍建设，提高教师临床实践能力。组织全校教师参加高校教师资格认定考试，学校参考教师通过率90%以上。在河南省中等职业教育护理技能大赛中，学校获得2个三等奖；在洛阳市中等职业教育技能大赛中，学校参加的护理技术、普通话演讲、英语情景剧、礼仪、电脑应用文写作5个项目全部获奖，并荣获团体奖和优秀组织奖。

【教学科研】 2011年，洛阳市卫生学校通过举办学术讲座，开办研究生论坛，开展教科研理论培训，组织优秀教学课件、优质课评选等活动，营造良好的学术氛围，提升广大教师的教科研水平。在省教育厅、省卫生厅设立的职业教育改革课题项目中，学校成功立项2项，结项5项。获教育教学改革成果奖5项；在国家公开发行的学术期刊上发表专业论文28篇，主编、参编省规划教材37部。4人获省优秀课件奖，4人获市优质课件奖，4人获市优质课奖。

【学科建设】 2011年，洛阳市卫生学校以“必需、够用、实用”为原则，以突出人文素质培养、强化实践技能训练为主线，以达到教学内容与岗位需要和执业资格考试相接轨为导向，以培养高素质医技人员为目标，修订教学计划，取得较好的效果。积极争取中央财政支持的重点专业建设，通过认真分析论证、积极申报，护理专业顺利通过教育部审批，并获得200万元的专业建设经费。

【成人学历教育】 2011年，洛阳市卫生学校在稳定新医成教、郑大自学助考等项目的基础上，增加了郑州大学护理专业本科层次的自学助考，同时还与郑州大学联合开展成人高等教育、与河南科技大学签订检验专业、护理专业本科层次的自学助考协议，逐步形成多类型、多层次的成人学历教育体系。截至2011年年底，洛阳市卫生学校有各类成教学员1600余人。

【学生管理】 2011年，洛阳市卫生学校认真做好学生常规管理工作，严格执行各项规章制度，落实班级量化考核，加强纪律、卫生、“两操”、公寓、安全、公物、实习管理等工作，学生违纪

洛阳职业技术学院授牌

洛阳市卫生学校师生在洛浦公园举行义诊活动

或不文明行为明显减少，好人好事明显增多。在潜能生教育中，大胆尝试尊重、理解、赏识教育，注重从心理上寻根究源，效果良好。编写和完善《医学生成长手册》《医学生教育手册》《医学生实习管理手册》《学生安全手册》和《青年手册》，配合编制了《洛阳职业技术学院学生手册》，为学生管理和教育引导奠定了良好基础，发挥积极的作用。加强班主任队伍建设，通过班主任培训班、经验交流会、量化考核等提高班主任队伍素质及管理水平；完善学生干部的选拔、培训、考核及管理制度，强化学生干部的培养、管理、使用。中层领导干部联系班级工作进一步加强，有针对性地解决了联系班级学生的思想问题和实际困难，为班级管理和建设发挥了积极的作用。2011年，学校有34人被评为省级优秀毕业生，7人分别被评为省级三好学生、文明学生、优秀学生干部，2个班级分别被评为省级先进班级、文明班级，3个班级被评为市级先进班级，2名班主任被评为市级优秀班主任。

【国家资助】 2011年，洛阳市卫生学校认真执行国家政策，严格工作程序，做好国家助学金、国家助学贷款、免学费及医保工作。全年有6617人次获得国家助学金，总金额4962750元；11名学生申请助学贷款6.2万元；1161名学生获得国家免学费政策资助，总金额1102950元。落实学生医保政策，为2589名参保学生建立医保档案，接诊参保学生9000余人次，门诊报销6万余元。

【招生就业】 2011年，洛阳市卫生学校招收新生1607人，其中普通高招医学类专科新生625人、五年一贯制专科471人、普通中专511人。重视毕业生就业工作。把就业指导课列入教学计划，定期举行就业指导讲座，引导学生树立正确的就业观。积极与用人单位联系，为学生与就业单位搭建平台。5月14日，成功举办2011年毕业生就业洽谈会，106家用人单位携2337个就业岗位与1800余名学生进行了就业洽谈，当天有691人达成就业意向。据不完全统计，2011年毕业生就业率90%以上。

【党建和思想政治工作】 2011年，洛阳市卫生学校以开展争先创优活动为契机，组织教职工学习十七届六中全会精神、省第九次党代会精神和学校的重要文件等，提高全体教职工的政治思想觉悟。加强中层干部队伍建设，校党委在全体中层干部中开展“四个一”（才艺展示、公文写作比赛、电脑操作比赛和读好书）活动，增强中层干部求知意识和竞争意识，在庆祝建党90周年系列活动中，学校开办第27期业余党校，吸纳8名学生加入中国共产党。坚持“党委统一领导、党政齐抓共管、业务部门各负其责、纪检监察组织协调、群众积极参与”的党风廉政建设与反腐败工作领导体制和工作机制，贯彻执行“三重一大”和“校务公开”制度，建立健全惩治和预防腐败体系长效机制，积极查找廉政风险，构筑拒腐防线；及时接待师生来访，处理师生来信，防患于未然，为学校建设发展营造了清风正气。洛阳电视台一套、二套等报道学校14次，《洛阳日报》《洛阳晚报》学校7次，对宣传学校工作、树立学校形象，起到了积极作用。（张晓亮）

·洛阳文化艺术学校·

【概　况】 洛阳文化艺术学校位于洛阳市瀍河区，是豫西地区唯一一所集戏曲表演、戏曲音乐、舞蹈、声乐、器乐、美术为一体的艺术类综合性中专学校，下设有二级机构实验艺术团，通过演出实践促进教学。2011年，学校在职人员78人，其中副高以上职称14人、中级职称35人、市级学术技术带头人2人。建校近40年来，学校严格遵循“勤学、善悟、品高、艺精”校训，教学成果显著，为社会各界输送5000多名专业艺术人才，毕业生遍及全国。有14人次荣获表演艺术领域内的最高奖项——中国戏剧艺术“梅花奖”及政府大奖“文华奖”，其中1979届毕业生李树建任中国戏剧家协会副主席，1985届毕业生王红丽为中国戏剧家协会理事。

【三项制度改革】 2011年，根据市委、市政府的改革工作部署，洛阳文化艺术学校积极探索，结合实际情况，完成学校内部三项制度改革工作，激发单位内部发展动力，促进学校科学发展。学校内部三项制度改革工作的主要内容：（1）实行公开招聘制度，新进人员均纳入岗位管理，实行公开招聘。（2）实行竞聘上岗制度，中层领导岗位和专业技术岗位均实行竞聘上岗。（3）建立岗位绩效工资制度，使工资分配适当合理地向多岗多责、扎实工作且作出了突出成绩的工作人员倾斜。在此基础上，学校于7月中旬分别对6个管理岗位和6个专业技术岗位进行公开竞聘，使学校三项制度改革工作落到实处。

豫剧大师马金凤到学校指导学生

【实验艺术团改制】 2011年，洛阳文化艺术学校对实验艺术团的改制工作认真学习改制政策文件，全力以赴组织实验艺术团进行改制工作。多次召开艺术团全体工作人员会议，传达精神，宣传相关扶持政策，明确改制内容，说明人员安置办法。4月中旬，制定并上报艺术团的改制方案、改制节点安排表，进行清产核资、财务审计、资产评估工作。改制后新公司于11月24日挂牌，名称为洛阳市伟宸演艺有限公司，建立了法人治理结构和适应市场经济的运营机制，充分调动艺术工作者的积极性和创造性。

【教学管理】 2011年，洛阳文化艺术学校坚持每月第一周召开教研室会议，教师互相交流教学经验和教学方法，由各专业老师对教学工作提出意见和建议，使教学过程中的问题能够及时得到了解和解决，大大提高了教学效果。在教学督导方面，采取查课、听课、公开课等多种形式，督促教学，每周不定期听课1～3次，平均每学期听课30次，深入课堂第一线检查教学情况，发现问题及时处理，保障教学工作健康有序的进行。在教学交流方面，邀请豫剧大师马金凤先生为全校师生作报告，传授学艺心得，进行艺德教育，并为部分优秀学生示范指导。使全体师生受到极大的启发和鼓励，促进了教学工作的进步。学校在2011年河南省教育厅、洛阳市教育局组织的教学质量评估活动中获得优秀等次。

【实践教学】 2011年，洛阳文化艺术学校完成《李慧娘》《钓金龟》《梳妆》《接印》《渡口》《汉宫惊魂》《小宴》《搜狐救孤》《对花枪》等9个折子戏的排练。分别开展“爱我中华·红歌赛”声乐比赛活动、“爱我中华·放飞梦想”作文大赛活动、“爱我中华·金秋写生”美术作品展活动、“爱我中华·勤奋学艺”唱腔比赛活动、“刻苦练琴学生评选”等各种活动，丰富校园文化生活，激发学生们勤奋练艺的学习热情。

【演出活动】 2011年，洛阳文化艺术学校在第二十九届洛阳牡丹花会广场狂欢月活动中，承担了两个专场演出，参与了开幕式和闭幕式的演出活动，得到组委会的表彰。学校荣获优秀组织奖，有3名教师获得个人组织奖，戏曲、舞蹈等多个节目共获得2个一等奖、4个二等奖、6个三等奖。下半年，学校还组织师生到山西、山东等地参加舞台实践活动。在这些活动中，学生以精美的节目和高质量的演出赢得了主办方的赞赏，也使学生的专业技能和艺术表现力有了长足的提高，有效地促进了教学工作。

参加牡丹花会狂欢月演出

【大赛成果】 2011年10月，洛阳文化艺术学校戏曲表演班荆莹在河南省“金龙杯”河洛大鼓大赛中荣获一等奖。11月，2009级声乐班4位学生代表洛阳市教育局及洛阳文化艺术学校，参加了在郑州举办的河南省中等职业教育技能大赛校园小合唱类别比赛，荣获二等奖第一名。1名教师在市教育局组织的论文比赛中获一等奖，在省教育厅组织的论文比赛中获二等奖。

【学生管理】 2011年，洛阳文化艺术学校为更好加强完善学生的管理，培养德、智、能、美、劳全面发展的合格人才，强化学生自我约束能力，创造良好的校园环境，精心制定了详细的操行评分标准，并将得分与毕业、就业、奖学金发放挂钩。组织开展文明宿舍评比、卫生流动红旗评比以及纪律整顿月、安全教育月、精神文明月等活动，有效提高了学生的纪律意识和文明素质。深入开展主题教育活动，对新生开展为期一周的学前教育活动，邀请洛阳东站派出所所长对新生做法制教育。参观“洛八办”，使学生了解革命史，进行爱国主义教育。丰富校园生活，创办学校广播站，通过校园新闻、点歌等节目引导学生精神生活；组织春季、秋季运动会，提高学生身体素质；积极组织学生办校园黑板报，宣传文明礼貌、历史常识等知识。起到良好的效果。积极开展学生团员志愿者活动，学校校团委通过考试的形式，选拔出一批思想先进的团员进入到团委队伍里，开展了一系列志愿者活动，如迎接新生、打扫校园卫生、敬老院义务演出等。 （王 欢）

科学技术

【科技计划管理】 2011年，洛阳市申报国家重点新产品项目14项、河南省高新技术产业化项目13项、河南省自主创新和工业结构调整项目10项、河南省科技项目58项。一批重点项目获得国家、省科技部门立项支持，其中“重型拖拉机CVT关键技术研究与整机研制”“丘陵山区主要农作物生产关键装备研制与示范”“高速铁路和城市轨道交通车辆轴承关键技术研究与应用”“2兆瓦以上风电装备系列轴承关键技术研究与应用”等4个项目列入国家“十二五”科技支撑计划项目。伊川电力“铝冶炼综合节能与短流程连铸连轧技术的开发与应用”、南车公司“轨道交通关键技术及装备研发——城市轨道车辆关键技术研究与产业化”、中航锂电“大容量锂离子动力电池全自动生产线研发”和中船重工“高品质钛加工材关键技术研究”等4个项目列入河南省“十二五”首批重大科技专项，占全省14个项目的28.5%，争取资金2000万元，位居全省首位。

北玻公司的“低辐射(LOW-E)镀膜玻璃机组研发及产业化”、一拖集团的“非道路型大功率柴油机研制”2个项目通过省科技厅组织的重大科技专项论证；“无漩涡高转换率太阳能单晶硅片的研发及产业化”“0.45毫米电子玻璃的技术研究及应用”“高性能耐蚀合金和超级不锈钢板带关键技术研发及产业化”等3个项目通过省2011年扶持企业自主创新资金项目。“D56K-250J超大型全自动冷辗扩数控机床”“SIF法处理废水中总氰一体化装置”等58个项目列入国家、省科技型中小企业创新基金项目，获资金支持2860万元，创历年新高。

洛阳市科技局联合市财政局下达市应用技术研究与开发资金项目两批，下达资金3658万元，完成科技计划项目合同签订工作。积极为企业提供“新产品、新技术、新工艺”项目认定工作，下达“新产品、新技术、新工艺”研发计划3批479个项目。

【高新技术产业】 2011年，洛阳市新增高新技术企业21家，高新技术企业总数达到117家，1～10月高新技术企业实现总产值700亿元，增加值150亿元，分别较上年同期增长25%和28%。

洛阳LYC轴承有限公司的“兆瓦级风力发电机组轴承研发”、洛阳船舶材料研究所双瑞橡塑有限公司的“兆瓦

2011年洛阳市科技活动人员情况

单位：人

	单位数（个）	单位从业人员年末数	从事科技活动人员	科学家和工程师
总 计	1640	522043	29096	19365
按执行部门分				
1.科学研究与技术开发机构	26	5861	3013	2376
2.科技情报与文献机构	1	16	14	10
3.全日制普通高等学校	3	6271	1978	1722
4.规模以上工业企业	1588	446579	21340	12696
5.医疗卫生机构	7	7506	390	354
6.其 他	15	55810	2361	2207
按科学领域分				
1.自然科学	8	5550	2809	2240
2.农业科学	18	313	209	137
3.医药科学	8	7506	390	354
4.工程与技术科学	1605	508660	25679	16625
5.人文与社会科学	1	14	9	9

级风力发电机组弹性支撑设计制造技术"、洛阳双瑞风电叶片有限公司的"兆瓦级风力发电机组叶片先进制造技术研究与产业化"等3个河南省重大科技专项通过省科技厅验收。先后在兆瓦级风电轴承、风电机组弹性支撑设计制造技术、风电叶片先进制造技术等方面实现重大突破，掌握了一批具有自主知识产权的关键核心技术，开发出兆瓦级偏航、变桨、主轴轴承40个系列品种，形成年产4000余套偏航、变桨轴承，2500套主轴轴承，300套2.0兆瓦风电叶片和4000套兆瓦级风力发电机组弹性支撑产品的生产能力，累计实现年销售收入15亿元。市级科技项目立项围绕洛阳市重点发展的新材料、新能源、节能环保、装备制造等产业领域，启动实施"低热值褐煤提质新技术及装备的研究与开发""复合型空冷凝汽器的研究及产业化""二辊铜带热连轧生产工艺及装备研究""高温气冷堆核电锻件技术研究"等30个重大科技创新项目，共投入研发资金12.6亿元，完成23项，实现新增销售收入42亿元，利税8.6亿元，支撑了洛阳市发展方式转变和产业结构调整。

【创新型企业培育工作】 2011年，一拖集团、轴研科技等7家企业入选河南省创新型企业，兰迪玻璃、中冶重工等7家企业入选河南省第四批创新型试点企业。截至2011年年底，洛阳市共有国家创新型企业2家，河南省创新型企业14家，河南省创新型试点企业10家。洛阳高新区成为首批河南省创新型产业集聚区，洛阳精密轴承特色产业基地被确定为河南省高新技术特色产业基地。依托洛阳市轴承产业优势，申报洛阳高新区高性能轴承创新型产业集群。组织洛龙科技园积极申报省级高新区，已顺利通过初审。

【研发平台建设】 2011年，洛阳市不断完善区域创新体系，加大国家工程技术研究中心、国家重点实验室的申报推荐力度，在实施洛阳LYC轴承有限公司重大科技专项的基础上，全面提升河南省高速重载轴承工程技术研究中心的研究水平，培育和建设"国家高速重载轴承工程技术研究中心"；积极争取轴研科技的"高性能轴承技术"重点实验室、一拖集团的"拖拉机关键技术"重点实验室进入河南省人民政府和国家科技部会商议题。全市新增省级工程技术研究中心10个，新建市级工程技术研究中心15个、市级重点实验室5个，市50户重点企业中的制造业企业全部建立市级以上企业研发中心，数量达到394家，研发水平和创新能力显著提升。

惠中兽药有限公司承建的国家兽用药品工程技术研究中心，新建研发楼及配套设施1.2万平方米以上，开发出一系列处于国内外先进水平的技术和成果，承担并实施的国家"863计划"等重大科技项目10多项，开发成功多项填补行业空白的重大产品；申请专利22项，获得国家专利局专利授权（授权登记）28项；顺利实现5个以上新产品产业化和市场推广。

完成市级工程技术研究中心考核工作。对2006年以来批准建立的39家市级工程技术研究中心进行年终考评，完成39家市级工程技术研究中心的年度考核，其中优秀14家，整改22家，不合格3家。

【科技进步先进市创建工作】 2011年，"全国科技进步先进市"考核工作变化大、时间紧、任务重，竞争更加激烈。洛阳市第一时间成立了以杨萍副市长为组长，市委办、政府办、组织部、发改委、科技局、财政局、工信局、统计局等17个部门为成员单位的考核工作领导小组，召开考核工作专题动员大会，明确了实现全国科技进步先进市考核"三连冠"的目标任务，各县(市)、区和市直有关部门密切配合、高标准完成创建工作各项申报材料，受到省科技厅考核专家组的高度肯定，市本级和15个县（市）、区全部通过科技部组织的专家评审。

【农业科技示范园区建设】 2011年，汝阳县绿园蔬菜科技示范园区，新发展蔬菜大棚200座，新增种植面积1500余亩，总资产突破2000万元。带动本村及周边农民600户从事蔬菜生产，年人均收入增长到8000多元。偃师市旺民奶牛养殖科技示范园区新建标准现代化挤奶厅一座，标准化养殖牛舍2栋3000平方米、凉棚4栋1800平方米、运动场5000平方米、青贮池8000立方米、干草库2个1624平方米，引进澳大利亚奶牛后裔、中国良种黑白花奶牛800头，新增鲜奶7000吨，实现销售收入2.7亿多元。被评为全国标准化奶牛养殖示范基地、市级龙头企业。

【农业重大项目】 2011年，全市国家富民强县项目——柴胡、山茱萸规范化种植技术研究及产业化开发进展顺利。嵩县通过发展中药材种植，两年累计发展以柴胡、山茱萸、连翘、金银花为主的无公害、无污染的优质中药材种植基地13万亩，使全县中药材种植面积达到26万亩，中药材年产值达7.5亿多元，基地乡村农民人均种药收入占人均纯收入的65%。龙头企业——洛阳顺势药业有限公司在项目实施中，通过扩大规模，为农民提供1200个就业岗位。栾川县承担的"连翘等中药材规范化种植技术研究及深度开发"国家富民强县项目也在按计划进行。在狮子庙、白土、赤土店、陶湾等乡镇人工栽植连翘112万株5684亩，完成了全年人工栽植任务量的379%；新发展连翘育苗基地120亩，野生连翘人工管护11266亩。丹参育苗115亩，完成了全年任务的115%。

普莱柯生物工程公司承担的省重大专项"猪主要疫病防控关键技术研究与新型疫苗开发"项目研究实现重大突破。该公司成功开发国家级二类新兽药1项，申请（授权）专利16项、商标注册4项，获得国家农业部颁发的生产批文3项。项目产品高致病猪蓝耳病疫苗、猪瘟活疫苗、猪圆环病毒2型灭活疫苗已经顺利实现产业化并推上了市场，实现销售收入1.3亿元，实现利税6000万元。

洛阳市农林研究院承担的省重大专项"牡丹产业化技术研究与开发"项目，在牡丹快速繁殖、容器栽培、切花技术、产业化等四个方面取得了突破性进展，编制的4个有关牡丹的生产标准通过省标准审定会专家组审定(《洛阳牡丹种苗生产技术规程》《洛阳牡丹盆花催花技术规程》通过审定成为省级地方标准，建成国内品种资源最全的牡丹资源圃，收集牡丹品种1060个，约2万株。

在洛阳近郊及县区，新发展牡丹5233亩。

【企业研发项目认定】 2011年，市科技局组织对洛阳市2010年度企业研发项目进行专家评审认定，推荐5个项目通过省级认定，145个项目通过市级认定，经认定的研究开发项目投入，将可以获得在企业税前按研发投入150%抵扣应纳税所得额。据统计150个项目申请加计抵扣额度近4.8亿元，可为企业申请税收减免1.3亿元，对于鼓励洛阳市企业加大研发投入，提高自主创新能力，促进技术水平提升，发挥积极的作用。

【科普活动】 2011年5月，洛阳市举行“科技活动周”活动，活动主题是“携手共建创新型洛阳”。科技活动期间，全市共悬挂各类条幅600多条，出动专家100多名，发动科普志愿者1000多名，设立咨询台300多个，发放各类宣传资料4万多份，为群众解决技术难题600多个。各县（市）、区通过举办科技宣传广场、科技一条街、科技大篷车等形式开展宣传活动。吉利区、涧西区、洛龙区、偃师市、新安县等地都有科技部门牵头，农业、科协、畜牧、医疗等部门配合，利用活动广场、庙会、农村集市，通过悬挂标语，摆放宣传画、展板，赠送图书、发放宣传资料，开展科技咨询和科普活动。孟津县、嵩县、吉利区、洛龙区、伊川县等地邀请农业、畜牧、法律、蔬菜种植等方面的专家深入乡村，开展技术服务、技术咨询、技术讲座等。

2011年洛阳市科技成果情况

	发表科技论文（篇）	出版科技著作（件）	专利申请（件）	专利授权（件）
总　计	5028	150	1978	1063
按执行部门分				
1.科学研究与技术开发机构	311	2	201	327
2.科技情报与文献机构	2	0	0	0
3.全日制普通高等学校	2949	147	79	56
4.规模以上工业企业	635		1649	648
5.医疗卫生机构	251	0	7	1
6.其　他	880	1	42	31
按科学领域分				
1.自然科学	238	0	193	292
2.农业科学	75	2	8	35
3.医药科学	251	0	7	1
4.工程与技术科学	4464	148	1770	735
5.人文与社会科学	0	0	0	0

【产学研合作】 2011年5月，市科技局组织召开全市产学研合作推进大会，制定出台《洛阳市2011年产学研一体化推进方案》。6月，成功举办新材料、装备制造、文化创意、检测技术和电子信息、中科院科技成果发布、中药材种植及其特色旅游产品等6场产学研金合作活动日，发布科技成果356项，推进实施产学研合作科技项目86项。引导、推动县（市）、区开展产学研合作，偃师市人民政府、西工区人民政府、嵩县人民政府分别与河南科技大学、洛阳理工学院、洛阳师范学院签署科技合作战略协议，17个省级产业集聚区同洛阳市高校全部建立产学研合作关系，产学研金融合作发展不断深化。

洛阳大学科技园建设。围绕《洛阳市2011年经济转型攻坚战实施方案》中“加强科技孵化基地和创业基地建设”的目标任务，市科技局着手洛阳大学科技园建设各项工作。市委、市政府成立洛阳大学科技园建设领导小组，通过平台建设，成功吸引河南北方投资公司、河南生产力促进中心投资共建洛阳大学科技园。市发改委、财政、税务等部门共同制定《洛阳大学科技园若干优惠政策》，河南科技大学、洛阳理工学院、洛阳师范学院先后出台鼓励本校师生入园创业创新的配套办法，校地共建大学科技园的政策支撑体系基本形成。

科技成果转化步伐加快。积极推进科技成果转化基地和信息平台建设，组织洛阳市企业参加河南省承接产业和技术转移合作交流洽谈会，实现对接科技项目119项，展示重大成果14项，完成技术交易金额39.25亿元，居河南省第二位。争取省级科技进步奖28项，位居河南省首位，其中一等奖2项、二等奖18项、三等奖8项。150医院的“内胚层分化器官肿瘤血清比较蛋白质组研究及临床应用”项目获一等奖。评出市科技进步奖项目77项，其中一等奖18项、二等奖59项。

创新人才队伍不断壮大。新增中原学者1人、河南省院士工作站5家，培养科技创新骨干人才和青年创新人才36名。完成制定《洛阳市高层次科技人才引进计划》，深入推进科技特派员专项行动计划，实施“百千工程”行动计划，加快推进产学研融合发展。

【全面推进知识产权战略】 截至2011年10月底，全市专利申请量达到3042件，其中发明专利申请量905件，分别较上年同期增加71%和89%，均位居全省第二位，其中职务发明申请占专利申请总量比例居全省第一。完善专利申请预报体系，及时预测全市专利申请总体情况，为领导决策提供依据。培育省级优势企业和区域4个，加强县（市）、区知识产权行政机构建设，开展省级产业集聚区规模以上工业企业知识产权清零试点和市级知识产权优势企业培育工作，加大知识产权执法力度，受理专利侵权纠纷17件，处理结案17件，结案率100%。（科技局）

科研院（公司）、所

·中国石化集团洛阳石油化工工程公司·

【概　况】 中国石化集团洛阳石油化工工程公司（以下简称“洛阳工程公司”）前身是石油部抚顺设计院，创建于1956年10月，是国内能源化工领域集技术专利商与工程承包商于一体的高新技术企业。拥有国家颁发的工程设计综合甲级资质证书，为国家首批业务涵盖21个行业的工程咨询企业之一，已通过QHSE管理体系、ISO 10015培训管理体系认证。洛阳工程公司本部位于河南省洛阳市。截至2011年年底，洛阳工程公司在册职工2066人，其中中国科学院院士1人、国家设计大师4人、享受政府特殊津贴的专家25人（含退休返聘人员）、教授级专业技术职务59人、高级专业技术职务781人、各类注册工程师417人。

洛阳工程公司具有工程设计和工程研究（R&D）结合的结构优势，在科技发展和技术进步方面形成了独有的特色。先后承担并完成渣油加氢处理、低压组合床重整、灵活高效催化裂化（FDFCC）、甲醇制低碳烯烃（DMTO）等一批国家和中国石化集团公司的科技攻关课题。截至2011年年底，累计获国家级科技进步奖（含发明奖）35项，国家级优秀设计奖26项，省部级科技进步奖（含发明奖）257项，省部级优秀设计奖76项，拥有国内外授权专利414项。（李建永）

【中国石化长岭分公司170万吨/年渣油加氢装置建成投产】 2011年5月30日，由洛阳工程公司实施EPC总承包的长岭分公司170万吨/年渣油加氢装置提前1天实现高标准中交。8月25日，该装置投产成功，生产出合格产品，标志着长岭油品质量升级及原油劣质化改造项目全面建成投产。（李建永）

【中国石化北海炼化500万吨/年原油预处理装置投产成功】 2011年11月7日，由洛阳工程公司EPC总承包建设的北海炼油异地改造项目500万吨/年原油预处理装置投产成功，生产出合格产品，成为成功投运的第一套主体生产装置。（李建永）

【哈萨克斯坦阿特劳炼油厂FCC石油深加工项目EPCC总承包合同签约】 2011年12月29日，哈萨克斯坦阿特劳炼油厂FCC石油深加工项目EPCC总承包合同正式签订。该项目是哈萨克斯坦政府“2010～2014年工业战略发展规划”和“石油炼化厂综合发展六年规划”的国家重点工程之一，合同金额约为16.8亿美元，主要采用美国石伟（Stone & webster）公司的催化裂化技术和法国AXENS的专利技术。项目包括新建250万吨/年催化装置（R2R）、汽油加氢装置、柴油加氢装置、异构化装置、制氢装置等17套装置，以及其配套的系统，包括储运罐区、系统管网、全厂运输及通信等，合同工期为41个月。（李小爽）

【中国石化茂名石化炼油改扩建工程开工奠基】 2011年1月19日，总体投资44.14亿元的茂名石化炼油改扩建工程开工奠基。该工程建设内容包括油品质量升级改造及同步建设配套项目，将于2013年全面建成投产。（李建永）

【中国石化湛江东兴200万吨/年柴油加氢及其配套项目开工建设】 2011年3月26日，湛江东兴200万吨/年柴油加氢及其配套项目开工建设。该项目总投资3.57亿元，设计规模为200万吨/年，年操作时数8400小时，计划工期9个月，2011年12月30日实现中交，预计于2012年3月投入运营。该项目采用中国石化液相循环加氢工艺，反应部分采用炉后混氢热低分流程，分馏部分采用硫化氢汽提和产品分馏双塔流程。投产运营后，每年可产197万吨国IV标准的柴油，不仅能够满足国家车用柴油质量升级的要求及总部提出“2011年7月1日出厂柴油须满足国IV车用柴油标准”的要求，而且加工成本较低，建成投产后对地方的经济发展起到积极的带动作用。（李建永）

【中科合资广东炼化一体化项目开工奠基】 2011年11月18日，中国最大石化合资项目之一——中科合资广东炼化一体化项目在湛江开工奠基。该项目由集团公司和科威特石油公司按股比50∶50合资建设，计划总投资590 亿元。主要建设内容包括1500 万吨/年炼油、100万吨/年乙烯及其衍生物、30万吨级原油码头及配套公用工程等，将建设常减压、加氢裂化、催化裂化等18 套炼油装置和聚乙烯、聚丙烯等10 套化工装置，计划于2015年建成投产。（李建永）

【中国石化九江分公司800万吨/年油品质量升级改造工程开工奠基】 2011年11月25日，九江分公司800万吨/年油品质量升级改造工程开工奠基，标志着江西省和中国石化的合作翻开了崭新的篇章。项目建设内容包括2号常减压装置异地改造，170万吨/年渣油加氢、240万吨/年加氢裂化、4万立方米/时PSA（电压吸附分离）、2×7万吨/年硫磺回收、10万标准立方米/小时煤制氢以及储运系统、环保设施改造等。（李建永）

【“炼油厂腐蚀监控系统与保运技术研究”通过总部技术鉴定】 2011年3月16日，由洛阳工程公司开发的“炼油厂腐蚀监控系统与保运技术研究”在北京通过总部技术鉴定。专家组对该技术给予了较高评价，认为总体上达到国内领先水平，建议持续进行工程应用开发和推广应用。（李建永）

【中国石化海南炼化60万吨/年对二甲苯项目基础设计通过审查】 2011年5月10日，海南炼化60万吨/年对二甲苯项目基础设计通过审查，标志着拥有中国石化自主知识产权的对二甲苯项目进入工程建设快车道。该项目以60万吨/年对二甲苯联合装置为主体，含总图运输、罐区、管网、火炬、循环水场、热工设施等33个单元，由洛阳工程公司承担拿总设计，负责芳烃抽提、歧化2套装置和全部系统配套共30个单元设计，SEI负责异构化、二甲苯精馏、吸附分离3套装置设计。（李建永）

【“FDFCC-HydroGAP组合工艺开发”项目通过国家验收】 2011年8月11日，受科技部委托，中国石化科技开发部组织专家对国家科技支撑计划“清洁汽柴油关键技术”中“符合第四阶段汽车排放标准汽油技术的开发”课题进行验收，洛阳工程公司承包完成子课题——“FDFCC-HydroGAP组合工艺开发”。验收专家组认为洛阳工程公司开发的催化裂化汽油烯烃芳构化技术解决了汽油加氢脱硫过程中由于烯烃饱和而造成的汽油辛烷值大幅度降低的难题，完成工业试验，可以有针对性地进行推广应用。（李建永）

【“PO/SM废气催化氧化处理成套技术”通过集团公司专家鉴定】 2011年10月24日，由镇海炼化、抚研院和洛阳工程公司合作开发的中国石化科技攻关“十条龙”攻关项目——“PO/SM废气催化氧化处理成套技术”，通过中国石化科技开发部在总部组织的专家技术鉴定。专家一致建议该技术在丙烯晴、PTA等氧化尾气处理上推广应用。（李建永）

【洛阳工程公司启动岗位管理体系开发项目】 2011年11月8日，洛阳工程公司举行岗位管理体系开发项目启动仪式，正式启动全员岗位管理体系优化工作。这是洛阳工程公司继引入ISO10015国际培训管理体系和基于平衡计分卡（BSC）的战略管理体系后的又一精细化管理工程。（李建永）

【中国石化炼油反应工程技术研究重点实验室揭牌】 2011年9月26日，中国石化炼油反应工程技术研究重点实验室在洛阳揭牌，标志着中国石化炼油工程技术领域唯一的一个重点实验室正式挂牌成立。该实验室是一个以大型冷模试验、催化反应动力学和热力学为核心，以固定床、流化床、移动床和非催化四大类反应工程技术开发为重点，以形成自主知识产权的成套炼油技术为目标的实验室，研究课题涉及炼油行业催化、加氢、重整、焦化、环保等多个技术领域。（李建永）

【“超大加氢反应器研制及工程应用”项目获国家科技进步二等奖】 2011年1月14日，2010年度国家科学技术奖励大会在北京隆重举行。洛阳工程公司作为第二开发单位参加的“超大加氢反应器研制及工程应用”项目获2010年度国家科技进步二等奖。该项目从实验室试验研究开始，开发、设计、制造出首台国产化钢加氢反应器，成功掌握了这一具有世界领先水平的生产制造技术，带动中国加氢反应器的设计、制造技术水平迈上一个新台阶。（李建永）

【“煤代油制烯烃技术迈向产业化”入选2010年中国十大科技进展新闻】 2011年1月19日，由中国科学院院士工作局、中国工程院学部工作局和科学时报社共同主办，557名中国科学院院士和中国工程院院士投票评选的2010年中国十大科技进展新闻在京揭晓，洛阳工程公司与陕西煤业化工集团、中科院大连化物所开发的“煤代油制烯烃技术迈向产业化”项目荣登榜单。（李建永）

【甲醇制取低碳烯烃（DMTO）技术获中国石油和化学工业技术发明特等奖】 2011年10月26日，全国石油和化工科技工作会暨石化联合会科技奖励授奖大会在成都召开，洛阳工程公司参与开发的甲醇制取低碳烯烃（DMTO）技术，被授予2011年度中国石油和化学工业技术发明特等奖。（李建永）

【洛阳工程公司获“全国模范劳动关系和谐企业”称号】 2011年8月15日，由人力资源和社会保障部、全国总工会等单位联合主办的全国模范劳动关系和谐企业表彰在北京人民大会堂揭晓，洛阳工程公司荣获这一光荣称号。洛阳工程公司党委副书记、纪委书记、工会主席于俊玫代表公司领奖，并受到国家副主席习近平等中央领导的接见。（李小爽）

【洛阳工程公司安全生产实现“四连冠”】 2011年1月11日，在集团公司2011年度HSE工作会议上，洛阳工程公司再次被评为2010年度HSE管理先进单位，是继2007年、2008年、2009年之后连续第四年获此殊荣。同时，洛阳工程公司还被评为2010年“我要安全”主题活动先进单位。闫少春、周成平、罗明被评为集团公司安全生产先进管理者，潘灵、郭维军、杨晓伟被评为安全先进职工，申满对被评为环境保护先进工作者，陈庆伟被评为“我要安全”主题活动安全卫士。（李建永）

【洛阳工程公司入选ENR“中国承包商和设计企业双60强”】 2011年11月16日，由美国《工程新闻记录》（ENR）与中国《建筑时报》共同主办的2011年度中国承包商与工程设计企业“双60强”排名榜单及“最值得推荐的30家中国工程法律律师事务所（团队）”揭晓，洛阳工程公司连续五年荣登中国工程设计企业60强榜单。（李建永）

【中国石化洛阳分公司油品质量升级项目获全国工程总承包金钥匙奖】 2011年11月26日，全国勘察设计行业管理创新大会召开，洛阳工程公司承担EPC的中国石油化工股份有限公司洛阳分公司油品质量升级项目，被授予第五届工程总承包金钥匙奖。这是洛阳工程公司继西安石化清洁燃料技改工程、海南炼化800万吨/年炼油项目加氢制氢项目之后第三次获此殊荣。（李建永）

【洛阳工程公司QHSE管理体系通过监督审核】 2011年12月29日，北京中设认证服务有限公司对洛阳工程公司QHSE管理体系进行了监督审核。认为洛阳工程公司的QHSE管理体系持续满足GB/T19001-2008、GB/T24001-2004和GB/T28001-2001标准要求；产品质量稳定。工程咨询、工程设计和建设工程总承包的设计开发、采购、施工、调试和服务的实施过程及相关管理活动所涉及的环境因素、危险源得到了识别和评价，对重要环境因素和风险进行了较有效的控制。产品质量和涉及到的环境影响及职业健康安全控制能够满足顾客、相关方和法律法规的要求。QHSE管理体系持续改进机制健全并发挥作用，管理体系运行有效，洛阳工程公司保持QHSE管理体系认证证书。（李建永）

2011年洛阳石化工程公司建成中交及投产工程项目

序号	投产项目	中交、投产日期	备 注
1	茂名石化实华股份有限公司环保型溶剂油质量升级技术改造项目	2月投产	工程设计
2	辽阳石化100万吨/年加氢裂化、200万吨/年加氢精制	4月投产	工程设计
3	日照岚桥港口石化项目一期工程	6月投产	工程设计
4	中化天津港石化仓储有限公司一期项目	6月投产	工程设计
5	山东华星600万吨/年原料油预处理装置、140万吨/年延迟焦化装置	7月投产	工程设计
6	山东华星140万吨/年焦化汽柴油加氢装置、2万标立/时制氢装置	8月投产	工程设计
7	乍得恩贾梅纳炼油有限公司重油催化裂化联合装置	8月投产	工程设计
8	山东华星100万吨/年催化汽油加氢装置	8月投产	工程设计
9	青岛炼化公司消除瓶颈挖潜改造项目	9月投产	工程设计
10	青岛炼化公司8.5万吨/年乙苯—苯乙烯项目	5月中交、8月投产	工程设计
11	洛阳分公司常减压换热流程改造、二催化反再系统改造、焦化装置改造、重整装置改造、PTA装置改造等6套装置	10月投产	工程设计
12	九江分公司1号催化裂化装置安全隐患治理技术改造工程	11月投产	工程设计
13	长庆石化60万吨/年连续重整装置	12月投产	工程设计
14	茂名北山岭原油商业储备基地工程	3月中交	工程总承包
15	延长石油集团榆林炼厂180万吨/年催化裂化装置	4月中交、6月投产	工程总承包
16	长岭170万吨/年渣油加氢装置	5月中交、8月投产	工程总承包
17	北海炼油异地改造石化工程项目500万吨/年原料预处理装置	9月中交、11月投产	工程总承包
18	北海连续重整装置、苯抽提装置、LPG罐区及泵棚、燃料气回收设施、全场中心控制室、全厂供电及照明和6个现场机柜间共12个装置（单元）	9月中交	工程总承包
19	北海催化裂化装置、延迟焦化装置和火炬设施	10月中交	工程总承包
20	腾龙芳烃（漳州）有限公司芳烃加热炉工程中交	12月中交	工程总承包

2006～2011年洛阳石化工程公司申报专利情况

指标名称	2011	2010	2009	2008	2007	2006
国内申请数	128	109	79	40	41	29
国外申请数					2	
国内授权数	65	36	35	32	37	27
国外授权数					2	

2006～2011年洛阳石化工程公司主要生产经营指标完成情况

指标名称	2011	2010	2009	2008	2007	2006
资产总值（亿元）	78.93	71.95	42.25	39.26	34.85	20.21
流动资产（亿元）	75.55	68.69	39.28	36.97	32.75	18.47
固定资产原值（亿元）	5.16	4.66	4.36	3.27	3.06	2.67
固定资产净值（亿元）	2.88	2.78	2.59	1.94	1.84	1.66
建设投资（亿元）	322.89	262.68	228.25	206.38	164.74	120.68
主营业务收入（亿元）	65.75	58.41	51.04	41.70	31.67	16.04
实现利税（亿元）	15.23	11.82	11.15	5.87	5.41	2.22
实现税金（亿元）	4.18	3.62	3.16	2.23	2.55	1.07
承接工程数量（个）	1064	717	557	557	490	395
授权专利数量（个）	65	36	35	32	37	27

2011年洛阳石化工程公司通过鉴定或评议(验收)研发项目

序号	项目名称	主持鉴定（评议）单位	鉴定及评议日期	备注
1	加氢裂化装置扩能改造及产品质量提升应用技术开发	中国石化	2011.3	鉴定
2	降低大型减压塔塔高度的工程技术开发	中国石化	2011.3	鉴定
3	钛板壳式换热器耐腐蚀应用研究	中国石化	2011.3	鉴定
4	炼油厂腐蚀监控系统与保运技术研究	中国石化	2011.3	鉴定
5	厚壁加氢设备用钢板及设备制造技术研究	中国石化	2011.2	评议
6	国产825合金材料高压空冷器成套技术开发	中国石化	2011.2	评议
7	多产高辛烷值汽油的MIP工艺技术	中国石化	2011.6	鉴定
8	PO/SM废气催化氧化处理成套技术及工业应用	中国石化	2011.10	鉴定
9	重整装置反应器及再生内构件的结构优化	中国石化	2011.9	评议
10	尾油生产高档基础油技术开发及工业应用	中国石化	2011.12	评议

2011年洛阳石化工程公司获优质工程、科技进步奖情况

优质工程奖			
序号	获奖项目名称	授予单位	获奖日期
1	中国石油化工股份有限公司洛阳分公司油品质量升级改造项目	中国勘察设计协会	2011.3
2	安庆分公司10万吨/年干气制乙苯-苯乙烯装置	中国石化集团	2011.4
3	湛江东兴炼油配套完善工程(聚丙烯、催化、气分三套装置)	中国石化集团	2011.4
4	安庆分公司220万吨/年蜡油加氢装置	中国石化集团	2011.4
5	天津分公司100万吨/年乙烯及配套项目100万吨/年重整抽提装置	中国石化集团	2011.4
6	福建炼油乙烯一体化项目主体装置（炼油包一、炼油包二、炼油包四、乙烯、聚乙烯、聚丙烯、C4、IGCC等装置）	中国石化集团	2011.4

续表

科技进步奖				
序号	获奖项目名称	授予单位	获奖等级	获奖时间
7	超大加氢反应器研制及工程应用	国务院	二	2011.1
8	甲醇制取低碳烯烃（DMTO）技术	中国石油和化工联合会	特等	2011.10
9	大型蒸馏装置高轻收深总拔低能耗成套技术	中国石化集团	一	2011.3
10	石油替代综论	中国石化集团	二	2011.3
11	大型储罐建设用高强度钢板国产化研发应用	国家能源局	三	2011.1

（李小爽）

·洛阳轴研科技股份有限公司·

【概　况】 洛阳轴研科技股份有限公司（以下简称“洛阳轴研科技公司”）成立于2001年，是经中国机械工业集团有限公司（简称“国机集团”）和国家经贸委的批准，以洛阳轴承研究所为主发起人而发起设立的股份有限公司，所属有3个全资子公司和1个控股子公司，即洛阳轴承研究所有限公司、洛阳轴研科工有限公司、阜阳轴研轴承有限公司和洛阳轴研精密机械有限公司。

2011年，洛阳轴研科技公司以深入开展“创先争优”活动和“四好”领导班子活动为契机，全体干部员工共同努力，奋力拼搏，克服困难，科研、生产、经营、管理等方面再创佳绩。公司全年实现营业收入61616万元，利润总额7608万元，同比分别增长18.10%和31.29%，超额完成了国机集团及公司确定的“实现营业收入5.7亿元，利润总额5600万元”的年度经营目标。研制的“天宫一号”姿态控制用控制力矩陀螺高速转子、生命保证系统轴承首次随“天宫一号”发射升空，性能稳定，质量可靠，为国家载人航天事业的又一里程碑作出了贡献。本年度，洛阳轴研科技公司荣获“2011年度中国最具竞争力十强品牌企业”“中国机械工业优秀企业”“国家二级安全生产标准化企业”称号，连续3年荣获“中国机械500强”。成功入选河南省创新企业，被确定为河南省品牌价值测算试点单位。“ZYS”商标荣获中国机械行业影响力品牌。

【科技创新】 2011年，洛阳轴研科技公司联合清华大学、合肥工业大学、河南科技大学开展国家“十二五”科技支撑重点课题“高速铁路和城市轨道交通车辆轴承关键技术研究与应用”，联合哈尔滨工业大学等开展工信部重大专项“新型高效、高速、高刚度、大功率电主轴及驱动装置”课题，联合西安交通大学等开展“高速、精密、大功率电主轴的可靠性设计与性能试验技术”课题等。申请并中标国家科技重大专项“高速精密数控机床轴承系列产品升级及产业化关键技术”课题。

全年洛阳轴研科技公司安排民品科研课题53项，完成鉴定验收项目18项，其中“数控机床高速精密滚珠丝杠球轴承技术研究”“土压平衡盾构主轴承”“大型专用轴承”等4项国家（省部级）科研项目通过验收。2009年、2010年两个立项的国家数控机床重大专项课题按照任务书要求正在扎实推进。与西安交通大学合作的国家863项目“高速、高精密液动压电主轴的研发”已通过上级部门的项目评审。完成国家“十二五”科技支撑计划“高速铁路和城市轨道交通车辆轴承”、“2兆瓦以上风电装备系列轴承关键技术研究

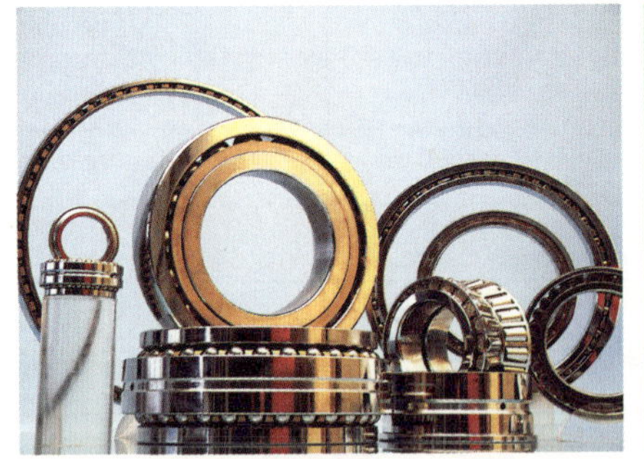
精密轴承

精密陶瓷球轴承

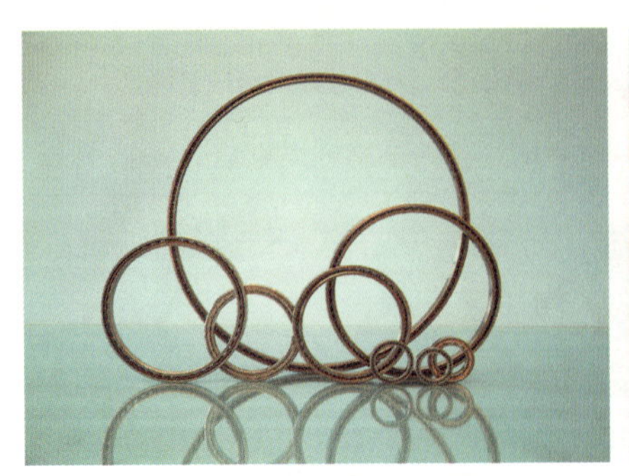
薄壁轴承

高精度陀螺马达轴承

数控插齿机床

与应用”“高速高效加工工艺与装备技术创新平台”“数控机床用精密轴承产业化”等项目的申报。所申报的两项“十二五”第一批军工年度项目通过国防科工局组织的立项论证和批复，并获得科研经费。预研项目“航空发动机主轴轴承轻载打滑试验研究”和“航空发动机轴承试验数据库管理系统”均已完成。按计划完成了“十一五”军工科研项目“四点角接触球轴承的研制”“发动机用抗贫油高速陶瓷轴承的研制”“涡轮泵高速轴承的研制”3个项目的鉴定验收。洛阳轴研科技公司承担的重点科研项目“航空发动机轴承用复合塑料保持架材料完成配方筛选和材料性能测试”，通过技术专家的年度验收。在高性能陶瓷球和高性能滑动轴承研制方面完成军工项目任务书规定的研究内容。制定、修订标准10项，校对复核标准12项，完成报批标准12项，复审标准13项。申报专利89件，其中发明专利59件；授权专利63 件，其中发明专利30件。截至2011年年底，累计申请专利562件，其中发明专利258件，获得专利授权380件，其中发明专利104件，形成了一大批具有自主知识产权的核心技术。

此外，洛阳轴研科技公司通过河南省高性能轴承技术重点实验室审批，获得洛阳市的经费奖励。顺利完成了国家认监委安排的国家质检中心的专项监督检查和认可实验室“三合一”复评审，使实验室的检测校准和管理水平得到进一步提高。

【市场营销】 2011年年初，洛阳轴研科技公司成功开发用于汽车行业和光伏行业的精密轴承和电主轴，市场前景看好。启动圆柱滚子轴承生产线，实现批量生产。太阳能光伏业用高速精密重载角接触球轴承的研发取得重大突破，向国内知名企业提供新产品2000套（组）。高速精密轧机轴承经过多年的项目攻关，在宝钢和鞍钢的生产线上试用，其产品性能和质量均得到用户的高度认可。公司的重大型轴承产品相继进入三菱本部、韩国STX、富士康等国际知名企业。在国内风电行业低迷期，依然拿到广西银河、内蒙古锋电能源等风电主机企业的大额轴承订单。新开发的船用转盘轴承市场、工程机械轴承市场和盾构机精密组件市场，已开始供货。

2011年3月，洛阳轴研科技公司顺利通过GJB 9001B-2009质量管理体系换版审核和GB/T 19001-2008质量管理体系监督审核。7月，通过CCS（中国船级社）对公司风电轴承的产品认证，12月，相继通过总装备部和国家国防科工局对公司质量管理体系监督检查、武器装备科研生产许可证增项审核。为规范产品合格证管理，2011年6月起，公司民品轴承启用新版防伪合格证，11月，启用军品轴承新版防伪合格证。

【品牌建设】 2011年，洛阳轴研科技公司确定了品牌传播语“中国轴承·轴研科技”和“宇航技术·军工品质”，以紧扣“七大产业板块”、结合“十二五”战略规划、密切联系相关部门、扩大品牌影响为指导思想，通过国内外展览会、行业主导期刊、网络、媒体提高公司品牌的声誉和影响力。并开通使用全国统一服务电话400-6379-111。

洛阳轴研科技公司制定《国内外展会参展管理暂行办法》，安排参加10个国内展会和4个国外展览会，涵盖军工、机床、风电、有色金属加工、冶金、磨料模具磨削、海事等行业。除主要宣传相关的产品及品牌外，侧重宣传“中国轴承·轴研科技”“宇航技术·军工品质”广告语，国机集团联合标志，公司宗旨“引领轴承工业科技，提升世界装备水平”，公司全国统一服务电话等。

在16种行业主导技术期刊上刊登公司形象及相关产品的宣传广告。结合公司提出的品牌传播语等内容，设计了反映公司整体形象的广告块，并在杂志广告上加以展现，增强了公司广告的视觉冲击力和一致性。此外，公司还在《中国工业报》《中国轴承信息报》《中国机电工业》《高速铁路与轨道交通》《国防科技工业》《中国经贸导刊》等期刊上进行了公司整体形象的广告宣传。

针对经济全球化的国际形势，公司提出“企业‘走出去’，商标须先行”战略，先后通过“马德里商标国际注册”体系被美国、俄罗斯、意大利、日本、英国、捷克、德国、意大利、瑞士等国家以及欧盟商标局（OHIM）核准注册。国际注册的商标达109件。

【人力资源管理】 2011年，洛阳轴研科技公司与清华大学联合新招收博士后 1 人，招聘大学生26人。11 月，组团参加全国机械工业首届轴承套圈精制造工职业技能竞赛，以第一名的成绩获得团体优胜奖，其中杜志国获得深沟球轴承组个人一等奖、牛学立获得个人三等奖、赵振宇获得个人优秀奖。全年组织完成从高层到员工的培训32项，培训521人次，有5名工人获得轴承行业技师资格。

洛阳轴研科技公司为在职员工上调员工社保基数、企业年金基数，提高员工住房公积金缴费比例到12%，全部增加员工基础工资，并且在个人所得税标准调整后，加大月度效益工资的发放力度，使员工得到更多实惠。为建立劳务派遣人员录用长效机制，畅通优秀派遣员工成长通道，出台《员工录用暂行管理办法》，不仅稳定劳务用工队伍，而且为公司开辟一条吸纳优秀人才的通道。公司发布《轴研科技后备干部管理办法》，选拔40余名后备干部，组织后备干部及部分中层管理者参加河南科技大学"MBA"考试，逐步建立公司管理人才队伍梯队，增强了公司后备干部的管理水平。

【安全生产】 2011年，洛阳轴研科技公司以"标准化企业"创建活动为契机，组织专业人员对原有的安全生产管理规章制度、管理办法进行全面修订，完成了《安全生产责任制》《安全生产责任目标考核试行办法》《安全生产管理制度》《员工安全生产守则》《安全生产教育培训制度》《安全生产检查制度》等29项制度，并编撰完成公司所有工种的安全操作规程。

公司安全生产部制定公司安全生产"十二五"规划，建立完善的应急管理体系，加强应急预案的管理，修订了公司现场处置方案，并进行专项预案的功能演练。大力开展"安全生产标准化二级企业"创建，历时7个多月，经现场考评、自评和复评，8月22日，获得河南省安监局颁发的"二级安全生产标准化企业"证书。 （杨昌福）

·中机十院国际工程有限公司·

【概　况】 中机十院国际工程有限公司（以下简称"中机十院"）成立于1958年，系原机械工业部第十设计研究院2005年整体改制组建。总部位于北京，在洛阳本部设有设计、研发中心和产业化基地，在上海、深圳、合肥、中山、郑州、西安、新疆、海口设有分公司，是中央大型企业集团所属的国家甲级综合性设计研究单位，持有国家颁发的机械工程设计、建筑工程设计、项目管理与工程总承包，工程咨询、工程监理、工程造价、环境污染防治等甲级资质证书及城市规划、轻工、食品、商物粮、人防工程、市政工程设计等乙级资质证书，并具有压力容器、压力管道设计资质及境外工程咨询、工程设计、工程监理、劳务输出等对外经营自主权，已通过质量、环境、职业健康安全三标管理体系认证。

截至2011年年底，中机十院有员工600多人，其中享受政府特殊津贴的专家、教授级高级工程师40多人，高级工程师130多人。设有机械制造、锻压、铸造、热处理、理化计量、工具、机电修、轴承工艺、工程机械、农业机械、包装与食品机械、冷藏工程、物流运输、建筑工程、结构工程、总图与城市规划、供配电、消防、给排水、空调与暖通、节能、热工与动力工程、电气自动化、环境保护、职业与安全卫生、工程经济、工程造价、压力容器、非标设备、机械化运输、计算机网络等专业。能为国民经济各行业提供从前期规划、可行性研究、评估咨询、招投标咨询、投融资咨询、项目管理咨询到工程设计、工程监理、工程总承包到竣工图编制、竣工决算及项目后评价各阶段全方位服务，在机械工程、建筑工程、食品工程、环保工程、城市规划、市政工程、轻工、电力、电子、压力容器、设备开发、新工艺、新技术开发等领域为各企业提供优质服务。

2011年，中机十院营业收入是中国农机院考核目标的123.75%、实现利润是考核目标的116.83%。排除轴承公司和精密公司的因素，同比2010年的营业收入增长31.72%，比上年的利润总额增长29.26%。

【业务拓展】 2011年，中机十院进一步加大对轴承主业的经营发展力度，以传统行业优势做强品牌，同时有针对性地拓展别的行业。先后承担了洛阳轴承研究所有限公司数控机床用精密轴承产业化项目、瓦房店轴承集团风电轴承扩能项目、阜阳轴承有限公司轴承公司第二产业园项目、济宁精益轴承有限公司、镇江飞亚轴承有限公司新厂区建设项目、江苏海普瑞斯轴承有限公司建设项目、恩梯恩LYC（洛阳）精密轴承有限公司、合肥恩斯克有限公司一期工程、沈阳恩斯克有限公司二期工程、常熟恩斯克有限公司二期工程、北京北汽大世汽车系统有限公司汽车座椅生产基地建设项目、北京北汽李尔汽车系统有限公司汽车座椅扩建建设项目、江苏红蜻蜓油脂有限责任公司工厂内半蔽式原料周转库和钢板仓项目、中航工业哈尔滨轴承有限公司新厂区建设项目、洛阳市景安计算机网络技术有限公司景安云计算和互联网数据中心产业园等的工程设计、监理和总承包业务。全年，签订合同额33791万元，完成实际收入

2011年中机十院涉及科研项目情况

序号	项目名称	奖项名称
1	《全国轴承行业"十二五"发展规划咨询报告》	机械工业优秀工程咨询成果奖一等奖
2	《沈阳罕王精密轴承有限公司大型精密轴承建设项目（一期）可行性研究报告》	机械工业优秀工程咨询成果奖二等奖
3	常熟长城轴承有限公司迁建项目	机械工业优秀工程勘察设计（工业工程设计）奖三等奖
4	木樨地24#院部级干部住房项目	机械工业优秀工程勘察设计（民用建筑工程设计）奖三等奖
5	伊水湾大酒店（五星级）	
6	北京市天主教长辛店教堂复建工程	
7	用水泥土垫层消除黄土湿陷性技术研究项目	获洛阳市科学技术进步奖二等奖

公司设计的中交建设集团第一公路局科研综合楼

5010万元。其中单项设计合同收费300万元以上的项目有中交建设集团第一公路工程局科研综合楼项目，洛阳市撤村并城规划建设办公室洛阳新区伊滨福民工程6号、9号、10号安置小区三项目，偃师中迈置业发展有限公司中迈·夏都首府项目，长春市寅泰房地产开发有限公司·熙旺中心项目，中机西南蓄能技术装备产业化项目，合肥恩斯克有限公司一期工程项目，河南创园华锦置业有限公司·新安县集聚区住宅小区工程项目，洛阳市力合城建置业投资有限公司·力合恒昌家园项目，恩梯恩LYC（洛阳）精密轴承有限公司三代汽车轮毂轴承建设项目，深圳福田区市容提升第三阶段工程设计项目，江门市骏景湾品峰小区工程项目等。

此外，还承担了国务院机关事务管理局节能司委托的“中央国家机关组合式空调机组过滤器节能改造项目”和“中央国家机关各部委办公楼餐厨垃圾处理”两个项目的可研编制，完成国家发改委、财政部、水利部、国家工商总局、国家质检总局等5个部委的行政办公区节能诊断及节能诊断报告编制，国资委有色金属机关服务中心办公楼节能维修改造项目设计，大庆河海投资管理有限公司大庆北国之春梦幻城可再生能源供冷供热工程设计，北京北汽李尔汽车系统有限公司新工厂建设节能评估专篇等。

【清理四级企业】 2011年，中机十院根据国家有关政策和国机集团〔2011〕661号文件规定的要求，对所属的中机十院洛阳精密机械有限公司和参股的十院金鑫（洛阳）置业公司的股权进行了全部转让。两家公司的股权转让工作分别于8月和12月结束，转让资金全部到账。

【“三标”体系建设】 2011年，中机十院在上年首次通过“三标”管理体系认证的基础上，根据战略发展的需要，重点制定了总承包和项目管理程序文件共24个文件（7个管理文件、17个技术文件）并发布，完善了对监理公司的有关程序文件、作业文件的修改调整工作，使监理公司的技术管理制度更加完善。同时，加大对总承包现场和监理工地的检查督导工作，对暴露出的质量管理问题，及时提出解决问题的办法，进一步提升质量管理的理念，确保“三标”管理体系运转有效，并已顺利通过外部审核。

【对接中国农机院（集团）各二级公司的业务和资源优势】 2011年，中机十院全面对接中国农机院（集团）各二级公司的业务和资源优势，先后和现代农装、中包公司、中机康元、中机西南、生物质能中心等公司分别就委内瑞拉工厂项目、委内瑞拉稻种加工厂和大米加工园区工程、安徽大平油脂集团公司扩建项目、江苏红蜻蜓油脂集团公司项目、深圳华南国际印刷纸品包装物流区二期2号楼中央空调冷源系统供货及安装工程、中海油新能源公司南阳沼气工程等项目进行了广泛的合作与配合。彼此的业务优势得到互补，提升各公司的综合竞争力，达到互利双赢的效果。

【调整组织结构】 2011年，中机十院对洛阳的科技生产部和洛阳经营发展部进行重组，成立了经营生产部和“三标”管理办公室。对洛阳本部采取“授权管理、放权经营、有效监督”的管理模式。为合理布局中机十院的经营网络，经中国农机院批准并报国机集团备案决定设立新疆分公司，2011年6月在新疆乌鲁木齐高新区登记注册成立新疆分公司并开始运营。

【行业协会工作】 2011年，中国轴承工业协会规划咨询委员会设在中机十院，顺利完成《全国轴承行业“十二五”发展规划》编写工作，并在瓦房店正式向行业发布。此外，组织开展了评选和表彰全国轴承行业“十一五”发展先进企业工作、《轴承行业“十二五”市场需求分析预测》课题研究、《中国机械工业年鉴·轴承行业综述》编写、《洛阳轴承》会刊编辑出版等一系列行业工作。

（尹会林）

·机械工业第四设计研究院·

【概　况】 2011年，机械工业第四设计研究院在册员工1191人，其中专业技术人员901人（国家设计大师1人、教授级高工56人、高级职务342人、中级职务338人、初级以下职务164人），享受政府特殊津贴的专家6人。全院专业注册人员452人，其中注册一级建筑师17人，注册二级建筑师4人，注册一级结构师71人，注册造价师13人，注册规划师9人，注册监理工程师8人，注册安全工程师49人，注册电气师14人，注册公用设备师63人，注册岩土工程师16人，注册咨询师16人，注册一级建造师56人，工程项目经理67人（其中：高级20人），注册资产评估师3人，注册设备监理师4人，注册机械工程师27人，注册环评工程师15人。

2011年机械工业第四设计研究院行业以上获奖项目

序号	项目名称	奖励名称	获奖等级
1	广西玉柴机器股份有限公司铸造中心一期	中国机械工业科学技术奖	二等奖
2	安徽江淮汽车股份有限公司瑞风二代焊接线项目	中国机械工业科学技术奖	三等奖
3	上汽临港产业基地涂装生产线	国机集团科学技术奖	三等奖
4	北汽福田股份有限公司与戴姆勒股份公司及戴姆勒东北亚投资有限公司合资生产中重型载货汽车及其发动机项目申请报告	机械工业优秀工程咨询奖	一等奖
5	山东凯马汽车制造有限公司汽车零配件生产基地可行性研究报告	机械工业优秀工程咨询奖	二等奖
6	北汽福田康明斯发动机有限公司（BFCEC）	机械工业优秀工程设计奖	一等奖
7	广西玉柴机器股份有限公司铸造中心一期工程	机械工业优秀工程设计奖	一等奖
8	上汽临港产业基地涂装生产线	机械工业优秀工程设计奖	二等奖
9	中信重机新重机重型热处理工部工程勘察	机械工业优秀工程设计奖	二等奖
10	海马投资集团股份有限公司河南轿车项目	机械工业优秀工程设计奖	二等奖
11	郑州宇通整车电泳车间设计项目	河南省勘察设计行业创新奖	一等奖
12	洛阳市中级人民法院审判大楼	河南省勘察设计行业创新奖	二等奖
13	义马市食品大厦3期工程勘察	河南省优秀工程勘察设计行业奖	一等奖
14	洛阳双瑞精铸钛业有限公司钛板带项目EB炉基坑支护设计	河南省优秀工程勘察设计行业奖	二等奖

业务范围包括工程勘察、测量、岩土工程、水文、工程咨询、承包、监理，非标设备、电气自动化设备制造、安装，境外工程咨询、设计、工程总承包及设备材料进出口，对外派遣劳务人员。兼营轻工、电力、物资、林业、民用、航空、纺织、市政规划及其他行业的乙级工程设计、研究、打字、晒图、复印、房屋租赁等业务。连续多年名列全国百强勘察设计单位。

【生产经营】 2011年，机械工业第四设计研究院承揽了长安标致雪铁龙(CAPSA)深圳汽车生产基地建设项目、上汽通用五菱乘用车基地（柳东新区）项目、徐工集团工程机械有限公司重卡项目、河南速达年产10万辆电动汽车项目规划及实施方案、中通客车控股股份有限公司年产2万辆客车项目涂装车间一期非标设计项目、安徽江淮汽车股份有限公司乘用车基地扩建项目焊装、涂装、总装车间及部分自动化非标设计、重庆长安汽车生产线扩能技术改造项目、奇瑞重工汽车股份有限公司大型农业装备产业基地建设项目、洛阳正大国际城市广场暨市民中心、洛阳市伊滨区福民安置4号和5号小区、洛阳双瑞特特种装备产业基地一期工程、济源升龙置业升龙城、洛阳市新天地置业“盛世新天地”洛阳达码格利置业“摩天中城”、洛阳市新天地置业“红太阳花园”等项目。

【创名牌企业】 2011年，机械工业第四设计研究院凭借多年来企业自身的综合实力和行业品牌形象、社会影响力以及设计领域做出的杰出贡献，荣获“2010年度河南省勘察设计协行业优秀企业”及“税收贡献奖和平安建设先进单位”称号。院长张志胜再次荣获“2010年度优秀勘察设计院长”称号。四院领导班子被评为“2010年度河南省勘察设计行业优秀领导班子”。

【技术开发课题】 2011年，机械工业第四设计研究院完成技术开发课题35项。分别是：焊装常用buffer的设计与标准化、垂直链式输送机、焊装用高速定位滑橇、滚床系统开发、高速往复杆式输送线体开发、与欧美保持技术同步的轻型EMS技术开发、高压水喷管系统、多品种混线生产输送与交接系统对生产工艺的适应性研究开发、摩擦式底涂输送机、随动式摆杆返回导向机构开发、结构振动传播与控制的研究、AMDE网架设计软件、大跨度桁架式檩条研究及应用、废气焚烧炉排烟余热利用、大型静压自动造型线（1950X1200X400/350）开发、缸体组芯储存输送系统技术开发和运动式钢条码识别系统等。

【专利成果】 2011年，机械工业第四设计研究院成功申报专利（实用新型）5项，其中“废气焚烧炉供热装置的热补偿机构”“电动剪叉式匀速升降台”“大载荷高阻尼橡胶隔振器”3项专利获国家专利机关授权，专利维护14项。（李　华）

·中国空空导弹研究院·

【概　况】 中国空空导弹研究院（以下简称“导弹院”）创建于1961年，隶属中国航空工业集团公司，是专业从事空空导弹、发射装置、地面检测设备、机载光电设备及其派生型产品研制开发及批量生产的基地。导弹院经过50年的发展壮大，形成完整的空空导弹武器装备体系，构建了涵盖100多个专业技术领域的研发、制造产业链，成为专业齐全、设备先进、设计手段一流、技术实力雄厚、生产经验丰富的科研生产经营型的精确制导武器系统发展中心。同时，军民融合发展成绩显著，新能源产业和光电、机电产业，房地产、酒店业务快速增长，国际市场开拓取得突破，非航空产业成为重要的经济增长点。

截至2011年年底，导弹院在职职工5700余名。其中科技人员2400余名，高级技能人才1700余名，具有正高职称的职工168人。实现总收入47亿元，其中民品、三产和外贸收入23.9亿元。导弹院拥有国内一流的厂房、实验设施，各类高精尖仪器设备，并设有5个硕士点、2个博士点、1个博士后科研工作站。拥有先进的产品总装生产线和配套的精密制造、成型工艺、光学加工、电子装配等生产能力以及现代化的计量、理化、环境试验等手段，并通过ISO 9000质量体系、ISO 14001环境管理体系、GB/T28001职业安全健康管理体系、国家一级保密资格单位认证。

【科技创新】 2011年，导弹院新申报专利190项，新授权专利126项；获得省部级以上科技成果18项，其中某项目获得国家科学技术进步二等奖，另一项目获国防科学技术进步一等奖。完成104个“十二五”国家、国防或行业预先研究课题的开题论证，其中71个项目通过评审。

被中航工业集团公司授予“专利工程”特别优秀奖；被中国人民解放军总装备部评为“2006～2010年装备预先研究先进集体”；被河南省知识产权局授予“河南省知识产权优势企业”；河南省“十佳科技创新单位”称号。

【民品、三产和外贸】 2011年，导弹院下属各子公司发展迅速，累计完成收入23.9亿元。备受社会各界瞩目的中航锂电（洛阳）有限公司新建1.2亿安时大容量锂离子动力电池生产线投产，标志着投资36亿元、规划用地525亩、总建筑面积32万平方米、国内规模最大的专业化锂电池研发生产基地正式启用。凯迈（洛阳）机电公司荣获“河南省十佳科技型企业”称号，凯迈（洛阳）测控公司荣获“第五届全国优秀企业管理成功案例奖”和“河南省高技术工业60强企业”称号。 （李石山）

·洛阳船舶材料研究所·

【概　况】 洛阳船舶材料研究所是中国国防工业系统唯一从事舰船材料研制及应用工艺研究的军工科研事业单位，重点科研领域：船体结构材料研究、有色金属研究、非金属材料研究、腐蚀与防护研究、特种材料研究、焊接工艺研究、自然环境试验研究。主要科技产品有钛合金材料、钛合金结构件和铸件产品、金属波纹管膨胀节及特种材料压力容器、非金属隐身材料制品和特种橡胶产品、管道和桥梁支座产品、特种材料铸锻件产品、金属爆炸复合材料、特种金属管件制品和医疗器械。2011年，洛阳船舶材料研究所坚持“把握大势、战略引领、创新超越、科学发展”的方针，正确协调持续发展、结构调整、风险管控的关系，妥善处理资金紧张、重大合同延期、出口下降等突出问题，在军工科研、科技产业、改革创新、党建工作、和谐建设等方面取得新成绩。全所合同总量65亿元，同比增长28%；承接合同58亿元，同比增长34%；完成合同50亿元，同比增长19%。实现营业收入44.7亿元。截至2011年年底，全所总资产93亿元，净资产50亿元。

【科研及技术基础】 2011年，洛阳船舶材料研究所在研课题274项；全所科研总投入2.8亿元，其中自主投入近2亿元。申报专利150项，其中发明专利104项，新获授权专利107项。创新水平持续提升，该所获得中国船舶重工集团公司“十一五”预先研究先进集体等荣誉，在集团公司科技创新评比中再次名列第一。

以市场需求为导向，培育科技产业新增长点。在国家发改委等渠道成功申报船舶压载水管理系统成套装备技术产业化、高品质钛加工材关键技术研究、船舶节能减阻防污涂料应用及评价技术研究、城市轨道交通用非金属材料制品产业化研究等一系列民用科研项目，积极培育新的产业增长点。

新组建纳米材料与应用研制中心和钛冶金工程技术开发中心，为全所产业的持续发展提供了新动力。大力推动各公司的创新平台建设和产业规划实施，双瑞特装成为先进减磨耐磨技术河南省工程实验室，双瑞复合材料成为洛阳市企业技术中心。各产业公司、研究室结合市场需求和技术方向，抓好所级立项和公司自主立项，积极培育开发新产品，2011年全所共开发新产品、新技术共73项，转化应用72项，随着无载体药物支架获得国家重点新产品认证，全所国家级重点新产品累计达13个。

加强精细化管理，推动科研项目顺利实施。深入开展科研精细化管理，重大项目采取闭环监督，有效地保证了科研的进度和质量，顺利完成“十一五”55项重点项目验收工作。通过加强对在研项目的过程管理，严格按照时间节点考核科研进度和科研质量，确保重大项目出成果、上水平。

持续加大自主研发投入，进一步加强知识产权保护。持续加大自主科研经费投入，全年科研总投入2.76亿元，其中国拨经费近8000万元，自主投入近2亿元，有力地支撑了全所新产品研发、成果转化等科技创新工作。乐普医疗围绕心脏外科研制系列新产品，八室、双瑞橡塑、双瑞复合材料分别开发钛合金阀、谐振式浮轨扣件、压载水过滤器等一批新产品。

加强知识产权保护，专利申报策略由“专利点”转向“专利群”，围绕医疗器械、轨道交通等产品初步构建了专利集群，有效增强了相关产业的核心竞争力。

做好技术基础工作，巩固该所行业地位。全年完成4项国标和船标的制订发布，完成8项船舶标准和军用标准的修订。加强对检测中心、厦门和三亚试验站的管理，全所检测收入3000多万元，保障了全所科研生产，扩大了该所的影响力和技术地位。国防科技工业大型构件焊接中心通过评估考核，提高了该所在国内外高强钢应用研究领域的知名度和影响力。

进一步加强竞争性情报研究，及时掌握市场变化趋势。重视档案工作，不断提高归档率和归档质量。首次召开全所科技成果发布会。举办建所50周年学术报告会，营造了良好的科研学术氛围。

【产品营销】 2011年，洛阳船舶材料研究所承接民品合同55亿元，完成民品合同45亿元。连续第5年入选河南省百强企业，综合排名持续攀升。

加强战略引领，统筹策划全所重大经营活动。坚持经营全球化、产品高端化战略，抓订单稳总量，抓清收防风险，重点与石化、铁路、地铁、新能源等一批重要战略客户加强协作，深层次拓展了在核电、轨道交通、船舶等领域的市场份额，成功开辟船舶压载水、轨道减振、车间底漆等新市场，推动传统产业和新兴产业快速发展。组织策划产品推介会、签订战略合作协议等20余次，为产品进入相关领域创造有利条件。

五大板块平稳运行，科技产业健康发展。特种装备产业板块。双瑞特装针对高铁市场的剧烈变化，在巩固高铁市场的同时，加强公路桥梁市场的开发。通过策划运作中石化武汉乙烯项目、天津热网项目、苏尔寿铸钢项目等一大批重点项目，继续保持在石油化工、集中供热、桥梁工程等领域的领先地位。不断开发新客户，在煤、化工领域获得明显的市场份额。全年承接合同同比增长16%，完成合同同比增长9%。

双瑞复合材料稳步提升管理水平，积极改善产品结构。电厂烟囱取得较大市场突破，占公司承接合同总额的50%以上。成功研发压载水装置过滤器和电厂电解防污用过滤器等系列产品，初步具备批产能力。全年承接合同同比增长28%，完成合同同比增长30%。

特焊中心深入开展精益管理，稳步提高生产效率和产品质量。无缝药芯焊丝成套设备取得了较大进展，真空熔炼产品实现了批量供货。全年承接合同同比增长27%，完成合同同比增长6%。

双瑞达特铜坚持销售和采购的联动机制，规避原料价格波动的影响，精细管理各种流程，控制生产成本，重视应收账款回收，货款回收率始终保持100%。全年承接合同同比增长52%，完成合同同比增长34%。

钛合金产业板块。双瑞精铸持续提升精益管理水平，推进产品多元化。航空航天用钛铸件总合同额首破2000万，超过传统舰船领域合同额；球头产品加大市场开发力度，新客户订单首超传统客户。钛板带项目实现了从熔炼板坯、热轧、冷轧到焊管生产的全流程贯通，EB电子束冷床炉“一炉双锭”一次试车成功，钛锭出口实现增长，钛带打破国外垄断，开辟了国内市场。全年承接合同同比增长61%，完成合同同比增长22%。

双瑞万基实现海绵钛的1万吨设计产能，精镁、四氯化钛自给能力显著提升，全流程资源配置进一步优化，质量控制能力提高，低成本优势和抗风险能力显著增强，市场占有率大幅提高。全年承接合同同比增长55%，完成合同同比增长79%。

八室密切跟踪重大项目进展，同时不断扩展民用市场，加强开发新产品和新市场，新用户、新产品占年度合同的1/4。全年承接合同同比增长16%，完成合同同比增长14%。

防腐与水处理产业板块。青岛双瑞精心布局，统筹规划，构建全球船舶压载水管理系统产品营销网络，提升了知名度，产业化进程取得突破，实现了批量订单，目前订单量全球第二。继续巩固传统防腐产业的市场优势，签订多个千万级大合同。中标世界首个第三代核电站海水淡化项目，树立了品牌；面对日本核电事故的不利影响，确保重大电解制氯项目100%中标。全年承接合同同比增长49%，完成合同同比增长51%。

厦门双瑞加强内部管理，持续改善工艺，产品质量和生产效率得到明显提高，提升了市场认可度和竞争力，在重大工程上取得显著成效，各项经济指标创新高。车间底漆取得重大突破，实现了在中船重工7个船厂的全面使用。全年承接合同同比增长79%，完成合同同比增长49%。

七维公司以海工、石油石化和水电市场为基础，重点向煤化工、盐化工等化工及装备制造业领域拓展，进一步加强大项目运作和新产品、新市场开拓，取得较好的效果。全年承接合同同比增长17%，完成合同同比增长17%。

医疗器械产业板块。乐普医疗募投项目稳步推进，进一步巩固了药物支架等核心产品的市场地位，努力扩大配套产品的市场份额，造影机等心血管设备成为新的经济增长点。加快实施国际化战略，在国内外开展收购兼并业务，加强海外团队建设，拓展国际市场，累计获得17个海外CE认证，产品在20个国家注册，海外销售同比增长200%。

橡塑复合材料产业板块。双瑞橡塑整合内部资源，引入高端人才，积极开发新产品，不断拓展新市场。面对高铁市场的重大变化和地铁建设周期的不利影响，积极转变战略，成功运作了广州地铁、郑州地铁等项目。建立国内首个轨道交通减振降噪试验装置，当年研制转化的减振道床垫在郑州地铁上获得应用。按计划推进募投资金使用。全年承接合同同比增长34%，完成合同同比下降24%。

双瑞风电面对过度竞争、行业整顿的不利局势，积极实施客户多元化战略，改变了用户单一的局面；实施产业多点布局战略，积极建设哈密产业基地；提升了工艺创新水平和结构设计能力，实现了产品系列化。全年承接合同同比下降16%，完成合同同比下降22%。

新产业孵化工作。各研究室在做好科研工作的同时，重视成果转化，在高压气瓶、纳米粉及ITO靶材、高性能磁性材料、钛合金阀门等新产业孵化工作上取得了重大突破，均较好地完成年初制定的经营生产指标。新成立了纳米中心和钛冶金中心，为相关领域的产业化推进创造了条件。七星公司持续拓展气体供应市场，对外销售额明显增加。

【改革和管理工作】 2011年，洛阳船舶材料研究所深入开展“精益管理提升年”活动，制定“精益管理提升年”实施方案，将精益管理思想向经营、新产品开发、生产、供应链等体系延伸。各公司积极响应，结合发展需求，开展有针对性的提升和整改活动，全年开展风电叶片模具转换技术、车间底漆工艺稳定化技术、海绵钛还蒸炉节能技术等工艺创新126项；组织2批20多名管理干部赴日本丰田精益研修；在所部建立精益培训道场，培训员工120多名。

加强人力资源管理，做好人才队伍建设。强化高端意识，搭建事业平台，1人入选国际海事组织“海洋环境保护压载水工作组”专家，3人入选总装备部技术专家组；面向国内外引进人才，全年引进高级人才6名，其中1人入选国家千人计划。坚持“高素质、高绩效、高回报”的用人理念和“按需设岗、按岗招聘”的原则，创新人员招聘方式，充分调动基层单位的积极性，招聘硕士以上人员119人；持续推动岗位梳理，完成了机关、研究室和部分公司的中层竞聘上岗以及机关人员的调整；全面开展绩效管理，加强岗位绩效考核，完善分配制度，提高员工岗位工资和福利水平，落实退出机制，优化员工队伍。全年完成一、二级培训574项，培训效果不断提高。

规范财务管理，做好资金保障。积极沟通协调，确保融资渠道畅通，加强资金筹集、调配，保障了全所科研、生产经营、建设的资金需求，保证了资金链的安全稳定。规范财务管理，顺利通过各类财税审计、检查。加强对各产业公司的财务指导与监督，启动委派财务主管项目，加强大股东和托管方的服务监管职能，保障了科技产业的健康发展。加强财经法规的研究，防范发展风险，为全所发展提供决策支持。

质量、环境和职业健康安全管理体系不断完善，运行有效，保持了军品和民品的质量管理体系注册和武器装备科研生产许可认证注册，产品实物质量满足了海军装备建设和顾客的需求。卓越绩效模式推进工作取得显著成效，该所以综合排名第一的成绩获得了河南省省长质量奖。

全所高度重视安全生产工作，各单位不断夯实班组安全管理，持续深入推进“质量零缺陷、安全零违章”班组建设。全所质量、安全工作双双获得重工集团先进，获得洛阳市安全分级管理A级企业。群众性质量改进活动获得大发展，共完成QC小组活动120项，获得国家级、省级和集团公司优秀QC小组9项。

重视环境保护，积极开展动力能源管理和节能减排工作。在保障科研生产和生活用电的同时，在全所开展节能宣传活动，并组织进行节能技术改造。2011年，该所万元产值综合能耗、万元增加值综合能耗比上年分别下降了16%和19%，超额完成了集团公司下达的节能指标。全年没有发生重大的环境、安全、质量事故。

稳步推进信息化建设。制定“十二五”信息化发展规划。完成信息化咨询项目策划和调研论证。确定了仿真中心方案设计并启动实施。完成新所部弱电信息系统建设和网络的整体搬迁工作，实现办公自动化全集团覆盖，并深入推进了无纸化办公。持续推进各公司信息化建设与应用，如双瑞特装公司ERP生产管理模块的开发，青岛双瑞公司业务流程管理和BI（商务智能）建设等，取得了明显成效。

（洛阳船舶材料研究所）

·中钢集团洛阳耐火材料研究院有限公司·

【概　况】 中钢集团洛阳耐火材料研究院有限公司（以下简称“中钢洛耐院”）是中国中钢集团公司所属的科技型企业，是国内耐火材料行业学术、技术、信息中心，国家重点高新技术企业和国家创新型试点企业。企业技术中心是耐火材料行业唯一的国家认定企业技术中心，企业实验室被认定为河南省重点实验室，并设有企业博士后科研工作站。2011年，受国内外经济形势影响，耐材行业面临有货可供无钱可挣的局面，在此艰难背景下中钢洛耐院坚持科技创新，加强基础管理，调整产品结构，较好地完成各项任务。全院完成营业收入5.83亿元，实现利润总额1873万元。各项经营活动运转安全有序，无工亡、职业病、重大及以上安全事故和重大环境污染事故发生。

【科技创新】 2011年，中钢洛耐院成功入选第三批“国家创新型企业”，依托该院的“河南省高性能碳化物材料院士工作站”申报成功。以中钢洛耐院为理事长单位的“耐火材料产业技术创新战略联盟”正式成立。成功召开“先进耐火材料国家重点实验室（筹）”第一届学术委员会会议，进一步推动“先进耐火材料国家重点实验室”的建设和发展。不定形耐火材料创新团队被认定为河南省创新型科技团队。截至2011年年底，中钢洛耐院已拥有河南省创新型科技团队3个。

【科技成果和荣誉】 2011年，全年申报受理专利50项，其中发明专利32项；中钢洛耐院获得授权专利29项，其中发明专利13项。发表文章50余篇，其中被SCI（科学引文索引）、EI（工程索引）收录15篇。

“梯度功能耐火材料的研究开发”通过河南省科技厅成果鉴定，技术水平国际领先；“氮化物结合碳化硅异型耐磨材料的研制”获洛阳市科学技术进步一等奖；“超高温钨钼加工炉用高性能ZrO_2（二氧化锆）隔热制品”获国家重点新产品称号。中钢洛耐院获“十一五”国家科技计划执行优秀团队奖，院长李红霞获河南省“十一五”优秀科技创新人才称号。中钢洛耐院被中国耐火材料行业协会评为行业AAA级企业；通过了“高新技术企业”复审，入选2011年国家火炬计划重点高新技术企业，在全国729家中排名第79位。

【新产品开发】 2011年，中钢洛耐院完成科技创新投入3500万元，在研项目37项，有两个项目通过院学术委员会中试研究评审进入中试。开发新产品6项。

【纵向项目申报】 2011年，中钢洛耐院申报各类科研项目25项，其中国家级项目15项、河南省项目8项、洛阳市项目2项。国家科技支撑项目“新型特种耐火材料关键技术开发”、科技部973项目“高温服役条件下耐火材料微结构演化和调控机理研究”、国家自然科学基金项目“致密耐火浇注料快速升温致爆裂机理的研究”申报获得成功。

【科技交流与合作】 2011年，中钢洛耐院成功与西北工业大学联合开发超高温蓄热体材料，与中石化公司联合开发水煤浆加压气化炉用新型锥底砖，与安泰科技股份有限公司合作开发新型特种耐火材料关键技术，与北京科技大学联合进行连铸用旋流式浸入式水口制作与生产试验。与中国石化集团宁波技术研究院签订战略合作协议。

【行业服务】 2011年，中钢洛耐院“材料科学与工程”专业获得批准为硕士学位授权一级学科。金属学会耐火材料分会举办了2011全国耐火原料学术交流会、2011（第十一届）全国不定形耐火材料学术会议。举办国内外学术交流10次。成功举办中国金属学会耐火材料分会第六届理事会的换届工作会议，选举产生新一届领导班子。

耐火材料标准化技术委员会主持完成3项行业标准修订和22项行业标准复审，确认其中13项标准继续有效。举行全国耐标委基础、产品、试验方法3个分技术委员会换届暨标准化专业知识培训会议。如期完成国家标准审定会，完成GB/T18301“耐火材料常温耐磨性试验方法”审定工作。组织召开“高铝砖”“硅砖”国家标准项目工作研讨会和GB/T10325“耐火材料抽样验收”标准研讨会。

国家耐火材料质量监督检验中心积极开展创新工作，引入0123的质检管理模式，严格检测管理，强化服务意识。完成委托合同7483份。为耐火材料用户和生产企业培训检验人员16人次。荷软标准样品获得国家标准样品号。完成国家标准《耐火材料常温耐磨性试验方法》修订工作。顺利完成3家单位委托的仲裁类检验。（洛耐院）

·洛阳有色金属加工设计研究院·

【概　况】 洛阳有色金属加工设计研究院(以下简称“洛阳有色院”)是中国以有色金属加工行业规划、工程设计为主业的综合性设计科研机构。1984年，该院开展有色金属加工装备的研制开发。1985年2月，成立有色金属加工设备经营部，标志着洛阳有色院有能力承担成套有色金属加工设备的设计、制造任务。1990年，根据发展的需求，在保持原有有色金属加工工程设计、工程咨询和装备研制开发业务的基础上，进一步拓展民用及市政工程设计、环境保护治理、消防智能化工程设计、施工、工程监理、工程造价咨询、工程总承包业务等业务领域。1998年，该院成立有色行业“三大集团”，划归中国铝业（集团）公司管理。

截至2011年年底，洛阳有色院在职总人数1180人。其中：国家级设计大师2人，享受政府津贴专家23人，教授级高级工程师100余人，高级工程师282人。拥有有色金属加工工艺、机修、设备、工业炉、液压控制、自动化控制、输配电、电力传动、电讯、自动化仪表、计算机、热力工程、给排水、通风、空调、环境保护、建筑、结构、总图、贮运、技术经济、概预算、规划等30个专业，并且拥有具备国内领先水平实验研发仪器及设备的苏州有色金属加工研究院和重视基地等研发机构。

【生产经营】 2011年，洛阳有色院实现新签合同额21.96亿元，营业收入13.01亿元，利润总额1.71亿元，较为圆满地完成了工作目标。尤其是装备业务板块充分参与市场竞争，克服困难，在管理模式变革之年实现了平稳发展。随着阿塞拜疆铝板带项目等涉外项目的签约，海外市场开发迎来了新局面。新业务、新市场开发工作也得到大力推进。

【改革与管理】 2011年，洛阳有色院强化对项目执行计划的日常检查和对关键节点的跟踪，及时协调解决项目运行过程中出现的问题，合理安排项目的衔接，逐步完善质量问题改进库，采取外委设计等多种方式解决设计生产任务重、阶段性用工高峰问题，大力推进设计标准化，加强安全知识培训、强化安全责任的落实和对重点部位的督察等。为进一步促进装备业务发展，该院根据装备业务的特点实行模拟法人管理办法，再造了管理制度和流程，初步理顺装备研发、设计、制造三者之间的管理关系，在生产实践中发挥了较好作用。

扎实推进院管理改革创新后续工作，完成局部的机构调整和人员岗位调整，实现工作平稳过渡。一些管理部门经过这次调整，职能增加，人员减少，工作负荷增大，但仍然克服困难较好地履行了部门职责。为树立多元化成才的价值导向，激励年轻职工更加专注业务发展，出台《青年科技人才奖评选办法》，实施第一届青年科技人才奖的评选和对53名获奖者的表彰激励工作，弘扬了该院尊重技术、尊重人才的优良传统。

【节能减排】 2011年，洛阳有色院制定并实施“十二五”节能减排规划，组织完成“中国铝业公司节能减排潜力与对策研究”项目中铝加工和铜加工两个专项课题的研究报告的编写工作，对节能减排重点单位进行定期检查。该院环境工程所积极研究国家关于环境治理的有关法律法规，研究节能减排新技术并投入应用，为社会环境治理履行了应尽职责。

接待阿塞拜疆客人

【基建与产业化项目】 2011年，洛阳有色院优化研发流程，缩短研发周期，加强科研条件保障工作。“CuCrZr合金线杆制品项目”“汽车悬挂件异形锭坯铸造”“高强耐蚀汽车散热器用铝合金复合箔”等项目初步具备产业化条件。单机架铝带坯热轧机二级系统、冷轧二级系统、六辊板带轧机中间辊抽动板形控制技术、热轧铝带坯测宽装置、铝卷材冷却室技术已完成系统定型。此外，中试基地二期扩建项目主体工程外购组装车间、苏州院科技楼项目已验收完毕，苏州院新型合金材项目完成厂房上部结构施工，苏州中色金属新材料有限公司项目施工设计正在紧张进行中。以上这些成果和工作，将为加快科技成果的产业化转换、促进产业化实施创造条件。

【自主创新与技术进步】 2011年，洛阳有色院共争取到中铝、省、市科技基金支持项目6项，完成省部级以上鉴定5项、报奖6项，荣获国家级优秀设计银质奖1项，荣获省部级以上科技进步奖、优秀设计奖及优秀咨询成果奖共9项，φ950×1300毫米二辊可逆铜带热轧机组获得“国家重点新产品”称号，并得到财政部的资金支持。此外，申报国家火炬计划项目、工信部关键技术发展重点项目、科技部2012年储备项目7项。申报专利120件，其中114件获得授权，建设“我的有色加工”网并上线运行，编制气控机械延时装置企业标准，并在政府技术监督部门备案。这些科研成果对进一步营造科技创新氛围，进一步提升该院的核心竞争力，巩固在有色金属加工技术领域的地位，有着极大的促进作用。 （赵冬琴）

·黎明化工研究院·

【概　况】 黎明化工研究院（以下简称“黎明院”）始建于1965年，由北京、上海、天津、沈阳等4个化工研究院相关部室整合建制，搬迁至青海大通县，组建国内唯一专门从事化学推进剂及原材料研究开发的科研机构。1977年根据中央批示内迁洛阳。1999年转制为科技型企业，隶属于中国昊华化工（集团）总公司。主要从事化工新材料和国防化工专用产品的研发、设计、生产。2011年，黎明院在册职工840余人，专业技术人员约占70%，其中中国工程院院士1人、享受政府特殊津贴专家16人、教授级高级工程师21名、中级以上技术职务440多人。全院总占地约41万平方米，建筑面积17万平方米。

黎明院是中国聚氨酯工业协会理事长单位，中国无机盐协会过氧化物分会会长单位，国防化工专用产品军用标准化归口单位，全国塑料标准技术委员会聚氨酯塑料分技术委员会秘书处承担单位，河南省创新试点企业。黎明院设有国家反应注射成型(RIM)工程技术研究中心、全国化学推进剂信息站以及中国国防化工专用材料质量检验监测中心、国家认可实验室。2000年获得“化学工艺”“高分子物理与化学”硕士学位授予权。2002年通过GB/T 19001-2000和GJB 9001-2001质量管理体系认证，2004年获得国防科工委颁发的军品科研生产许可证，2005年通过国家武器装备科研生产二级保密资格认证。是高新技术企业和省级创新试点企业。

经过40多年的发展，黎明院逐渐形成了化学推进剂原材料、过氧化氢及配套产品、含氟气体材料、聚氨酯新材料等四个专业领域，均在国内同行业处于领先地位。经过近年来的产业化发展，黎明院已建成3000吨/年六氟化硫、10万吨/年过氧化氢（27.5%浓度）、200吨/年过氧化氢用钯催化剂、2万吨/年聚氨酯材料及总产量约1500吨/年的10余条专用化学品生产线。

黎明院是伴随着“两弹一星”战略工程的要求而诞生的，是中国唯一的以化学推进剂原材料研制为主体发展起来的综合性研究开发机构。研究开发出的系列化学推进剂及原材料，为载人航天工程、卫星发射和国防事业做出重要贡献，也确立了黎明院在化学推进剂原材料领域的主导地位。

【产业化及项目建设】 2011年，黎明院大力推进产业化建设，有两个在建项目。一是国家“化学推进剂原材料研制生产基地项目”。该项目2010年启动建设，截至2011年年底，累计完成投资6000万元。该基地建设项目的批准是国家对黎明院在国防化工事业贡献和地位的肯定，同时也将进一步提升黎明院科技创新能力，巩固黎明院在化学推进剂领域的实力和地位。二是年产5000吨聚酯、年产2万吨聚醚产业化项目建设已完成，聚酯装置已开始试生产，聚醚装置也已达到开车条件。

根据市场变化，加快技术改造和改扩建装置的建设。为适应产品结构调整及科研生产需要，黎明院对相关配套装置、设施进行改扩建。全年进行四季沐歌太阳能配套的组合材料新增10立方米反应釜及配套设施项目、保温库房改造、三氟化氮精馏装置、四氟化碳精馏装置、食品添加剂级过氧化氢装置改造等项目装置改扩建16项。

【科研及创新】 2011年，黎明院申报立项科研项目12项，争取科研经费2462万元。全年安排科研课题32项，评审验收项目10项。组织开展设计和开发项目33项，完成15项设计和开发项目，21项按进度节点完成设计和开发阶段全部工作，并转入生产阶段，其他项目在顺利实施中。

科研工作完成预定目标，并有不少项目技术上取得突破或取得较好效益。如：“高性能可变玻纤增强聚氨酯材料的开发及应用”已完成全部研制内容，技术水平达国际先进、国内领先，具有很好的市场推广前景。“聚双环戊二烯RIM原液中试批量应用研究”等项目都取得新突破。

2011年，黎明院申报专利21项，获授权专利17项。全年获中国石化联合会二等奖2项、三等奖1项，获河南省政府科技二等奖1项。

【管理变革】 2011年，黎明院大力开展节能降耗、增收节支活动，通过技术改造、修旧利废、合理调配、循环利用等措施降低成本消耗，全年节约资金约360万元，万元产值综合能耗、水耗同比下降15.2%和14.2%。

认真贯彻安全管理制度，不断完善安全标准化管理，坚持每月定期和节假日安全检查及日常监督相结合的安全管理模式，落实安全管理责任。严格执行安全标准化要求，加大监督检查力度和隐患排查、整改力度，严防死守，坚决杜绝安全事故的发生。

加强财务管理、提高资金风险防范能力。在资金的支出上严格执行预算，严格执行资金支付审批程序，控制非生产性开支；坚持每月财务分析制度及资金和物资采购平衡会制度，做到收、支心中有数，按收、支平衡安排当月物资采购计划。通过这些管控措施的实施，留足资金保运行、保项目建设、保职工薪酬。

推进6S管理和班组建设，开展推行全面生产维护（TPM）管理。黎明院在充分分析管理工作的基础上，于2011年10月，推行以全面设备维护为主要内容的全面生产维护（TPM）管理活动，着重从设备管理、维护、保养、运行等方面入手，提升装置、设备的运行效率。

【信息化建设】 2011年，黎明院根据中国化工（集团）总公司信息化建设工作部署，完成视频会议系统、协同办公系统、人力资源变革系统等信息化建设工作。通过信息化建设，建立起日常办公、沟通管理、知识管理等机制，使各单位领导、管理者能有效实现对日常任务的管理与分配，实现不同组织成员间协同办公、经验知识积累和共享，从而建立和完善扁平化高效的企业管理架构。 （王勇平）

·洛阳电光设备研究所·

【概 况】 洛阳电光设备研究所成立于1970年，隶属于中国航空工业集团公司，是中国唯一的以火力控制系统总体为核心的研究所，集产品研发、生产、维修、服务为一体，是光机电多学科、综合性应用技术研究所，是航空工业成立55周年重大贡献单位。2011年，洛阳电光设备研究所在集团公司“两融、三新、五化、万亿”发展战略的指引下，以实现“三个转变”为方向，以实现跨越式发展为目标，坚持在危机中抓机遇、迎挑战，各项工作取得了良好成效。全年实现总收入24.1亿元，总收益4亿元，各项经营指标均名列航电板块第一。组织完成专利申请89项，23项专利取得专利证书，超额完成上级下达的任务指标。获得省部级以上专利17项。其中：国防科技二等奖2项，集团级科技成果一等奖2项、二等奖1项、三等奖8项，另有省国防科工局科技成果4项。

【民品及“三产”】 2011年，洛阳电光设备研究所参加了“慕尼黑国际电子—光电展”“中航国际光电产业博览会”“十三届中国国际高新技术成果交易会”，其市场化行为有力提高了该所在民品产业市场的知名度，提升了品牌价值。全年，民品及“三产”对外销售收入达到4.3亿元，较上年增长34.4%。

【人才队伍建设】 2011年，洛阳电光设备研究所提拔任用干部17人，制定并实施《洛阳电光设备研究所岗位津贴方案》，规范收入管理。全年，洛阳电光设备研究所新增列为导航、制导与控制专业博士研究生招生单位，首次拥有博士研究生的培养资格；硕士研究生年度首次突破100人，博士研究生突破10人，为该所长期稳定、快速发展储备了必要的人才资源。

【创先争优】 2011年，洛阳电光设备研究所以开展创先争优活动为契机，坚持融入中心、服务大局，全面推进党建、思想政治工作和企业文化建设。深化创先争优活动成果，助推科研生产顺利进行，通过“党员先锋”评选等为主要内容的“先锋工程”，涌现出一大批先进模范。加强党员管理，开展党支部书记培训，推进“四好四强”党支部建设取得新进展。确立“创新求知提素质”的学习理念，深入践行“六大学习工程”，在全所营造了崇尚学习的浓厚氛围。策划“企业文化周”系列活动，开展新版《企业文化手册》编制，完成企业文化主题屏保大赛作品征集，有效地提升了全员的文化认知。充分利用《中国航空报》、手机报、所报、电视新闻、园区网等各类内外宣传媒介，深度挖掘宣传亮点，全年外宣稿件近200篇，为洛阳电光设备研究所的变革发展营造了健康的文化氛围。 （办公室）

·洛阳拖拉机研究所有限公司·

【概 况】 洛阳拖拉机研究所有限公司（以下简称“拖研所”），主要经营拖拉机、农用运输车、工程机械、汽车、配套发动机及其零部件产品的开发设计、试制试验和检测，以及计算机技术、电器仪表、测试设备、新材料、新工艺的技术开发、推广、应用等；承担并组织拖拉机行业的标准制、修订工作。是中国一拖集团有限公司核心研发机构。

拖研所是中国合格评定国家认可委员会认可的实验室，拥有国内领先水平的各类实验室（场）15个和比较完善的履带拖拉机、轮式拖拉机、收获机械、柴油机、小型工程机械、车辆产品及其测试设备技术开发手段，其中拖拉机、非道路柴油机、小型工程机械产品及拖拉机测试设备研制技术处于国内领先水平。拥有近400人的研发团队，其中专业技术人员306人，具有中高级职称人员229人，各类专家、拔尖人才49人。

挂靠管理可行使国家授权的机构或组织有：“国家拖拉机质量监督检验中心”、“科技成果检测鉴定国家级检测机构”、“车辆排放污染检测机构”、“国家道路运输车辆燃油消耗量检测机构”、“蓄电池生产许可证检测单位”、OECD（国际经济合作与发展组织）中国官方拖拉机试验站，全国拖拉机标准化技术委员会、中国农机学会拖拉机学会、中国农机工业协会拖拉机工业分会、机械工业CAD咨询服务中心拖拉机行业分中心、河南省机动车零部件质量监督检验站、河南省知识产权事务中心洛阳办事处等。

【科研工作】 2011年，拖研所紧紧围绕一拖集团公司核心经营业务，重点推进产品升级换代及相关技术开发工作，尤其是加强重型拖拉机产品及相关技术开发与研究、K系列柴油机开发与性能研究、整机控制与电控动力换档及换向技术研究等工作。在强化自主创新的同时，通过深化技术交流与合作，借鉴国外先进技术、方法及管理流程，进一步完善一拖集团公司现有产品技术开发平台，巩固和保持了大轮拖及配套动力机械产品在国内行业中的技术领先位势。

全年，拖研所承担并实施一拖集团公司委托科研项目62项，承接适应性改进项目11批；在研政府项目7项，其中新申报获批项目3项。

2011年，拖研所获得各级奖项5项，其中获省部级科技进步二等奖3项、三等奖1项，国机集团科技进步二等奖1项。完成专利申报81项，获得专利授权105项。组织完成国家、行业制修订标准33项，受到洛阳市人民政府表彰、奖励。

【科技创新平台建设】 2011年，拖研所加大科技创新平台建设，承担“河南省拖拉机关键技术重点实验室”建设项目申报获得认定。规划投资2.95亿元的提升技术创新能力建设项目（新试验基地）进入收尾阶段。（拖研所）

·洛阳矿山机械工程设计研究院有限责任公司·

【概　况】 洛阳矿山机械工程设计研究院有限责任公司（以下简称“矿研院”）是中信重机公司旗下的独立法人单位。主要从事机械、冶金、建材、矿山、电力等行业的工程设计与工程承包；重型与矿山机械的产品研发；重型与矿山机械产品的制造工艺设计与研究。经国家有关部门批准，全国矿山机械标准化技术委员会、国家矿山机械质量监督检验中心挂靠在该院。编辑出版国家一级刊物《矿山机械》。2011年，在全球经济危机的大环境下，矿研院积极转变经营方式，继续稳定和开拓国内、外市场，各项经济指标取得历史最好水平。新增订货合同38.04亿元、新增生效合同30.57亿元，销售收入15.39亿元、利润总额2.77亿元。

【市场经营与销售】 2011年，矿研院在订货总量上实现重大突破，完成新增订货38.04亿元。其中：江都泰富2×300万吨/年球团总包项目合同额7.8亿元、林州电力等3个水泥成套项目合同额13.13亿元、常州中天2×1000吨/日等8个活性石灰项目合同额4.56亿元、余热发电11项3.2亿元、湖北新冶钢铁100万吨/年矿渣微粉工程等4个矿渣立磨成套项目4.06亿元、太钢哈斯科钢渣处理项目7300万元。工程设计和工程总承包的合同额占有90%以上的比例。实施成套项目59个，合同额48.1亿元。共交工16项，合同额8.5亿元，其中包括日产6000吨水泥项目、水泥生产线纯低温余热发电工程、年产100万吨矿渣微粉工程等。一批多年未能验收的难点项目，均于2011年达标验收。

【科技成果和新产品】 2011年，矿研院申报专利38项，其中发明专利18项。“MZL系列多分流重载立磨减速器”获中国机械工业科学技术二等奖和洛阳市科技进步一等奖；“大断面棒材飞剪技术研究”获中国机械工业科学技术二等奖和洛阳市科技进步二等奖；大型摩擦提升机动力学设计方法及应用获中国机械工业科学技术二等奖。“120万吨矿渣立磨及粉磨工艺系统”“大型高效高压辊磨机研制”“F3减速器”和“煤化工水煤浆制备棒磨机组”4个项目通过专家鉴定，达到国际先进或国内领先水平。

完成了利用水泥回转窑消纳城市生活垃圾项目、大型磨机、硬岩掘进机开发、褐煤提质、大型破碎机、矿用高压辊磨机、钢渣处理技术等重大项目（产品）的设计和服务工作。其中，利用水泥回转窑消纳城市生活垃圾项目列入国家“十二五”科技支撑计划，自行涉及完成的太钢直径7.32米×11.28米和直径7.32米×12.5米等6台大型球磨机，再次改写中国自主设计制造大型矿用磨机设备的纪录。

【创新平台建设】 2011年，矿研院投资1100万余元改善办公条件，打造国内一流的办公环境。投资500万元购置计算机、工作站等办公机具，实施服务器及桌面虚拟化系统的建设。购置LMB8通道振动噪声测试分析系统等检测和实验设备，拓宽了检测领域和试验范围。

【矿山机械行业工作】 2011年，矿研院组织完成《矿山机械术语第八部分：焙烧设备》等3项国家标准和《高压对辊褐煤成型机》等41项行业标准的起草、审查及报批工作；编制完成《“十二五”矿山机械行业标准化发展规划》。完成12家企业24台样机生产许可证检验。完成矿山在用提升设备安全性能检验280台。完成30余项煤自燃倾向性和煤尘爆炸性鉴定等委托鉴定检验。完成《国外矿山机械》《重机信息》的编印工作，收集资料信息578篇412万字。建成由135种《数字化期刊》和25793册数字图书组成的数字图书库，提高了技术图书的利用率。（张荣宽）

知识产权保护

【企业知识产权战略推进工作】 2011年，洛阳市实施知识产权服务托管试点工作，确定洛阳高新区和洛龙科技园区启动园区为试点单位，全年签订合作协议单位30余家，洛龙科技园零专利企业数由试点前的70%降低到20%。开展知识产权优势培育工作，成功认定省级优势企业和区域2个，培育省级优势企业和区域4个，兰迪公司被确认为示范企业，普莱柯生物工程公司等11家企业被确认为优势企业。洛阳高新区、涧西区、洛龙区等制定出台知识产权战略实施意见，中航光电公司、空空导弹研究院等一批企业的知识产权战略运用工作向纵深延伸。河南科技大学、洛阳船舶材料研究院、中钢集团耐研院、洛阳供电公司、洛阳佳嘉乐农业产品开发公司等专利申请大幅增长，呈现出良好的工作态势。

【专利申报】 2011年，洛阳市知识产权局贯彻实施全市知识产权战略，以提高专利申报数量为工作重心。组织开展“知识产权百日专项行动”，整理申报专利项目和装备制造、外观设计、上市和拟上市企业、大专院校专利申请促进四项专项行动，并完善资金配套政策，提高专利资助标准，超额完成了专利申请目标，截至2011年年底，全市专利申请4752件，发明1866件。

2011年洛阳市专利申请情况

单位：项

月份	总数	涧西	西工	高新	洛龙	老成	瀍河	吉利	偃师	洛宁	嵩县	伊川	汝阳	新安	孟津	宜阳	栾川
1	429	128	85	113	44	4	13	1	11	3	0	6	1	2	6	3	9
2	143	26	30	54	11	2	0	0	3	0	0	0	3	4	10	0	0
3	261	77	24	85	27	1	4	0	12	1	0	14	0	3	7	1	5
4	322	84	39	96	35	2	2	2	37	0	5	8	2	0	4	6	0
5	218	39	32	75	27	0	2	2	11	0	3	3	0	14	0	2	8
6	349	104	57	76	20	2	3	5	10	1	36	1	0	12	9	11	2
7	293	77	27	94	48	4	2	2	9	3	6	2	1	3	6	5	4
8	330	84	24	101	30	0	7	8	18	0	0	8	0	4	14	5	27
9	296	94	24	68	28	25	14	9	3	1	2	0	0	24	2	2	0
10	412	120	22	147	33	3	4	5	16	22	2	21	0	4	2	5	6
11	740	217	28	190	58	41	31	5	78	0	15	5	13	23	27	5	4
12	959	145	198	191	59	12	22	15	51	14	12	0	49	21	32	31	7
合计	4752	1295	590	1290	420	96	104	54	259	45	81	68	69	114	119	76	72
发明	1866	577	171	608	302	14	23	28	25	19	6	15	11	16	16	18	17

【知识产权宣传培训】 2011年"4·26"世界知识产权日期间，洛阳知识产权局联合知识产权协调领导小组成员单位及洛阳电视台、洛阳报业集团开展了保护知识产权宣传周活动，活动中各单位通过发放宣传资料、悬挂条幅、发放印制宣传文字等方式，大力宣传知识产权法律、法规，宣传国家、省知识产权战略纲要，取得了良好成效。全年市知识产权局编辑《洛阳市知识产权信息》10期，在国家局、省局网站发布信息35篇。

2011年，市知识产权局针对高新技术企业、拟上市企业、产业集聚区等单位举办培训班9起，培训2000余人次。培训内容包括质押融资、专利复审、专利检索、外观设计等，各县（市）也针对区域企业特点，举办不同层次和内容的培训活动，累计举办培训班30余起，培训人员3000人次。全局及县（市）、区知识产权局工作人员组织全市知识产权优势企业参加知识产权远程教育培训，培训500人次。组织完成《2010年洛阳市知识产权保护状况》白皮书的编写发布工作。

地方知识产权战略信息员培训班

【知识产权执法维权活动】 2011年，市知识产权局实施"5·26"知识产权工程，对红星美凯龙家居广场、洛阳名优建材城、王府井百货、丹尼斯百货以及部分医药超市400余件标有专利号的商品进行了登记，发现25件商品涉嫌假冒专利，并依法对涉嫌假冒专利的商品进行处理。联合公安局经侦大队就玻璃产品群体性专利侵权案件进行了专项执法行动。全年市知识产权局受理专利侵权纠纷17件，处理结案17件，结案率100%，涉案金额1000万余元。申请洛阳中级法院强制执行案件1起。开展知识产权维权援助工作，帮助专利权人解决知识产权维权难题和困难。举办洛阳市首场知识产权推动上市工作风险预警座谈会，有30余家企业以及中介机构参加会议。通过典型案例介绍专利在上市过程中的作用与法律风险，受到好评。启动《洛阳市专利管理保护条例》调研工作，完成地方立法建议项目报送工作，并完成初步的调研报告。

【知识产权服务体系建设】 截至2011年年底，在洛阳市开展的专利服务机构共计7家，其中外地4家。凯旋专利事务所在吉利区设立服务中心，结束了吉利区企业无申报专利的历史。郑州睿信、中原专利事务所进驻洛阳，提供知识产权战略咨询等高端服务；北京中原华和知识产权代理有限公司提供国际专利服务，为洛阳知识产权社会中介服务体系的高端化、多样化服务。（刘景才）

防震减灾

【监测预报】 2011年，洛阳市地震监测能力和预测水平有较大提高，形成了由国家、省、市、县及企业地震监测台和宏观观测点组成的地震监测网络，监测仪器运转正常，观测资料连续、完整，数据信息传送及时、准确，为地震监测预报和开发研究工作提供了可靠的基础资料。《洛阳市2011年度地震趋势综合研究报告》获得河南省优秀奖。涧西区科技局、宜阳县科技局获得河南省2011年防震减灾工作先进单位称号。洛阳地震台在2011年中国地震局资料评比中，大地电场获得第三名，测震、地磁、电阻率、地下流体等获得优秀奖；在河南省地震局资料评比中，大地电场、电阻率获得第一名，测震、地下流体获得第二名，地磁获得优秀奖。

全年，市财政将宏观观测点补助经费7万元列入财政预算，用于观测员的通信和交通补助。根据河南省地震局和市政府要求对宏观点进行认真排查，按照布局合理、规模大小等重新确立98个宏观观测点，其中市级3个。

【震害防御】 2011年，洛阳市抗震设防行政审批实现了网上审批，审批时限由2天缩短为1天。全市95%以上建设工程均进行了抗震设防，85%以上应进行地震安全性评价的建设工程开展了安评工作。2011年洛阳市地震行政执法工作获得河南省"法规工作先进单位"。为解决施工方与当地居民的纠纷，市地震局为小浪底沟桥电站爆破震动和河南煤业化工集团洛阳永龙能化有限公司（伊川）乙二醇项目强夯震动进行了现场实地监测，并分别出具震动监测报告。

【地震应急避难场所建设】 2011年，洛阳市按照《地震应急避难场所场址及配套设施》建设规范要求，完成洛浦公园应急避难场所三期工程建设任务。截至2011年年底，洛浦公园应急避难场所标示建设工作全部完工。洛浦公园东西长20余千米，贯穿整个城市区，总面积超过100万平方米，可容纳30万人。洛浦公园应急避难场所规划包括应急指挥部、应急物资储备区、应急医疗救护区、应急棚宿区、应急厕所、应急水源、应急供电、应急通信、直升机停机坪等功能区。涧西区、吉利区、偃师市部分应急避难场所标示工作已经完成。其他县（市）、区的应急避难场所建设工作正在进行中。

【地震活动】 2011年，洛阳没有发生破坏性地震，发生震级（ML）大于（含）2.0级地震2次。最大地震为1月28日偃师里氏2.2级地震。2011年洛阳地震活动的特点是：地震频次明显偏低，仅发生2次里氏2.0级以上地震，低于本区地震活动的年平均水平。

【异常考察】 2011年，洛阳市地震系统接到2起水井异常报告。3月2日，宜阳县赵保乡东赵村一户居民反映院内水井连续5天水温持续升高，水温最高达41度，打出的井水清澈、透亮、冒着热气；3月8日，伊川县一户村民反映家中水井发热，水温40～50℃。经现场勘查，井水水温短期内突然升高均因水泵漏电导致，与地震异常无关，平息了村民的恐慌情绪。

【晋陕豫地震联防区年会】 2011年6月7～10日，第三十五届晋陕豫三省地震联防区工作年会在洛阳市召开。参加会议的有山西省运城市、临汾市，陕西省渭南市、西安市、咸阳市，河南省三门峡市、洛阳市地震局的主要领导，联防区部分县（市）、区、台站和大中型企业地震部门的负责人。河南省地震局局长梁宪章、省地震监测预报中心主任王文旭和洛阳市副市长杨萍出席会议。

会议听取了运城市地震局关于《联防区2010年以来防震减灾工作的总结报告》。报告充分肯定了联防区7市的防震减灾工作，认为联防区在地震监测预报、震害防御、地震应急工作等方面取

2011年洛阳建成地震应急避难场所分布情况

所在地	名称	等级	地块属性	总面积（万平方米）	实际避难面积（万平方米）	可容纳避难人数（万人）
洛阳市	洛浦公园	1级	公园绿地	250	100	25
涧西区	牡丹广场	2级	广场用地	10	6	2
吉利区	河阳广场	2级	广场用地	8	5	1.5
偃师市	华夏广场	2级	广场用地	6	3.6	1.2

2011年洛阳地震活动情况

日 期	纬 度	经 度	震级（ML）	参考地名
2011-01-28	34° 44′	112° 50′	2.2	偃师
2011-06-02	34° 27′	112° 57′	2.0	偃师

第三十五届晋陕豫三省地震联防工作会议

得重大成效，为当地经济社会稳定发展发挥了积极的作用。河南省地震局监测预报中心主任王文旭关于《地震灾害和地震趋势》的报告，就地震灾害的特点、如何减轻地震灾害及河南省地震形势进行了详细介绍和分析。会议就防震减灾工作进行了经验交流与研讨，各市地震局围绕新形势下如何加强市、县监测预报和应急救援工作，进一步提高全社会防震抗震能力等方面提出许多建设性意见。会议还对联防区地震形势进行分析会商，提出了联防区2011年度地震趋势意见。

【防震减灾宣传教育】 2011年5月12日是全国第三个“防灾减灾日”，其主题为“防灾减灾，从我做起”。洛阳市地震局按照“积极、慎重、科学、有效”的宣传方针，大力开展地震应急、地震科普知识、防震减灾法律法规进企业、进校园活动。宣传周期间，制作防震减灾科普宣传专栏18块，编辑印刷《防震减灾法》《地震科普应急宣传手册》、地震科普知识折页等宣传资料10万余册（页），开展各种大小规模的地震应急演练20余次。同时，加大信息工作力度，把信息工作作为防震减灾不可缺少的重要内容来抓，中国地震信息网、河南地震信息网和《河南省地震局工作动态》《中原减灾》采用市地震局信息70多篇；洛阳市委和洛阳市政府采用信息20篇；《洛阳日报》、洛阳电视台等新闻媒体刊发稿件15篇。

洛阳市民防馆防震减灾科普教育基地，被授予“国家防震减灾科普教育基地”，该馆集人防、国防、防灾减灾教育为一体，其中防震减灾科普教育展区有4D立体动感影院、地震倾斜屋、展区四周的墙壁上悬挂的制作精美、图文并茂的地震科普展板及10多台不同时期的地震仪器，使参观者更直观地了解、感受、认识地震，提高防震减灾意识。该馆自2010年3月开馆以来，年开放天数达200天以上，共接待参观者5万余人次。

【“十二五”防震减灾规划】 2011年，洛阳市根据《中华人民共和国防震减灾法》和《河南省“十二五”防震减灾规划》，完成《洛阳市“十二五”防震减灾规划》的编制工作，并通过专家论证。根据规划，未来5年，洛阳市防震减灾综合能力达到河南省领先水平，实现基本抗御里氏6级左右地震的目标；地震监测能力、地震速报能力、地震应急响应能力，防震减灾知识普及率、城乡建设工程抗震设防达标率达到河南省先进行列；地震预测预报水平与风险决策能力和地震紧急救援能力明显增强。（张培华）

开展专题防震减灾知识讲座

社 会 文 化

【春节文艺晚会《福临河洛春》】 由市委宣传部、市广播电视总台、市文化广电新闻出版局主办，市广播电视台承办的春节文艺晚会“福临河洛春”在洛阳歌剧院精彩上演。晚会在开场歌舞《玉兔迎春过大年》中拉开了序幕。歌曲组合《伊洛春歌》《有咱就有发言权》，舞蹈《舞动中原》《福临河洛春》等节目一一精彩亮相，不仅唱出人们对幸福的赞歌、舞出对生活的热爱，更反映了人们对新一年到来的期盼与向往，同时展现了军民共建美好洛阳的信心，抒发了军民的鱼水情。整台晚会以热情讴歌河洛大地秀美山川为主题，以激情奏响洛阳“福民强市”经济社会发展为主旋律，精彩演绎了657万河洛儿女奋发有为的精神风貌。晚会历时近两个小时，由歌舞、戏曲、小品、相声等多种形式的10余个节目组成。独特新颖的舞美设计，彰显了洛阳厚重的文化特色，冯巩、郭达等国内著名演员加盟演出，为晚会增加亮色，他们机智幽默的语言、精湛的表演，使晚会高潮不断，笑声连连。市委、市政府主要领导及各界代表1500余人观看了演出。

【“双节”文化活动】 2011年春节期间（正月初一至初五），洛阳市开展了丰富多彩的民间舞蹈社火闹春活动。老城区青年宫广场锣鼓响处只见巨龙飞舞、火光冲天，还有腰鼓队、秧歌队、抬花轿、划旱船等民舞表演的热闹红火；西工区在周王城广场舞起了大头娃娃、跑毛驴、猜谜语；瀍河区在铜驼暮雨广场表演了河洛盘鼓、戏曲清唱、二鬼摔跤；洛龙区则表演了狮舞、龙舞、海神乐、走索上高台等节目；涧西区则在牡丹广场进行了现代歌舞与戏曲演出。此次文化活动与春节黄金周旅游有机结合，从而形成了聚客效应，春节文化庙会，王城公园迎春灯会，白马寺与香山寺撞钟祈福，关林庙会许愿都吸引了大批游客，接待量达92.72万人次，门票收入达940万元。元宵之夜洛阳市分别在涧西、西工、洛龙、老城、瀍河、吉利六大城市区举办烟火表演，各区纷纷出动舞龙、舞狮、跑旱船、抬花轿、踩高跷、威风锣鼓等民舞庆祝活动，使民众度过了欢乐祥和的元宵之夜。

春节文艺晚会《福临河洛春》

【中国洛阳牡丹文化节开幕式】 2011年4月10日，中国洛阳牡丹文化节开幕式庆典文艺晚会在新区体育场隆重举行。全国政协副主席何厚铧，文化部党组副书记、副部长欧阳坚，中国邮政集团公司党组成员、副总经理马建中，浙江省政协副主席陈艳华，福建省、浙江省、云南省、安徽省等省市有关领导和嘉宾，省委书记卢展工，省长郭庚茂，省政协主席叶冬松，省委常委、宣传部部长、副省长孔玉芳及省直相关部门负责人出席开幕式。俄罗斯科斯特罗马州副州长陈诺欣·阿列克赛·阿列克谢耶维奇，法国图尔市副市长雅尼克·卢卡，韩国、巴西、日本、泰国、新加坡等国家和地区的代表应邀出席。市领导毛万春、郭洪昌、李兴太、魏小东、常振义、周宗良及驻洛部队首长、老干部代表及社会各界代表等参加开幕式。

开幕式由洛阳市长郭洪昌主持，省长郭庚茂致欢迎词。开幕式上，马建中、叶冬松为《千姿牡丹》《花开五

第二十九届牡丹文化节广场狂欢月

洲》两组邮票发行揭幕。随后上演了主题为“盛世天香溢中华”的大型文艺晚会。文艺晚会由央视主持人任鲁豫和著名演员陈数主持。明星璀璨放歌河洛，靓歌炫舞异彩纷呈，佟铁鑫、于魁智、马金凤、潘玮柏、毛阿敏等明星接连登场，通过充满激情、富有魅力的艺术手法，突出颂扬了洛阳悠久的历史和独特的牡丹文化。演出了《铸造文明》、《梦幻洛神》《盛开的牡丹》等原创歌曲和舞蹈节目，观众的掌声响彻夜空，文艺晚会在戴玉强、曹芙嘉深情演唱的《花开盛世》歌声中落下帷幕。

【广场文化狂欢月】 2011年4月2日，第二十九届中国洛阳牡丹文化节“河洛欢歌广场文化狂欢月”活动在周王城广场盛装开幕。人们敲锣打鼓、欢歌劲舞，共同迎接这个盛会。开幕式由空政文工团孙伟国和丁甜现场主持，有省、市著名戏曲表演艺术家现场献艺，著名曲艺表演艺术家范军用地道的洛阳话与观众互动，相声《开心十分》更是将现场的气氛带向了高潮，使整个广场成为一片欢乐的海洋。许多看演出的市民表示，能在广场上免费欣赏到这么多名家的表演，作为洛阳人，他们有一种幸福感和自豪感。自4月2～29日，周王城广场上每天为市民送上精彩的专场文艺演出，有声乐、舞蹈、戏剧、曲艺、杂技等。市民也可走上舞台向观众展示自己的才艺。狂欢月共举办各专场演出56场，参演单位30余家，百姓舞台接受报名500余人，参演人员达万人，受益观众达50万人次，收到良好的社会效果。

【庆祝建党90周年大型歌咏演唱会】 2011年6月26日，洛阳市举行大型歌咏演唱会庆祝建党90周年。此次大型演唱会由市委、市政府主办，市委宣传部、市文广新局和市文明办承办。在此次大型演唱会中，来自全市各行各业的15支代表队共计4000多名群众歌唱演员和近千名舞蹈演员登台表演。这些演员中，既有洛阳市各大艺术院团的专业演员，也有来自一线的产业工人、山区农民等。演出曲目从大家熟悉的《南湖的船》《闪闪的红星》，到《太行山上》《解放区的天》，再到《在希望的田野上》《走进新时代》《爱我中华》等。

【河洛文化庙会】 2011年春节期间，备受市民关注的河洛文化庙会在隋唐城遗址植物园隆重开幕。本届庙会特设三大板块、七大分区。演艺板块不但有河洛大鼓、二鬼摔跤、大里王舞狮、高跷、挠阁、宫廷乐、舞龙、唢呐、木偶戏等节目，还有糖画、泥塑、面塑、剪纸等民间艺术大观。展览板块有新春图书展、工艺品展、名车展。互动板块有套圈、打沙包、投桶、钓金鱼、水上步

民间绝艺上刀山

民间艺人庙会忙，“糖兔”作品增年味

行球、打气球、打老鼠、海盗船、空中转椅、翻江倒海等。七区分别为洛阳海神乐表演区、大里王舞狮表演区、俄罗斯等5国大马戏表演区、抖空竹表演区、新春舞龙表演区、小动物明星表演区和名车展区，表演了兔子耍跷跷板、狮子戏桌、皇家马术、转身720度接空竹、小狗推磨、公鸡走灯泡、苏武牧羊等精彩节目。

【全国第三次文化馆评估揭晓】　2011年，洛阳市按照河南省文化厅的部署安排，进行了各县（市）、区文化馆的评估自查工作，组织检查组赴各地进行监督检查，并同省文化厅检查组对市群艺馆、部分县区文化馆进行检查。就完善包片辅导、资金划拨、软件建设、人员编制、免费开放、各类活动资料等进行评估，顺利完成文化部验收组的评估定级的验收工作。经全国第三次文化馆评估定级工作验收组复查验收，洛阳市群众艺术馆被确定为市级一级馆，新安县文化馆被确定为县区级一级馆。涧西区、西工区、瀍河区、洛龙区、吉利区、偃师市、栾川县7个文化馆被确定为县区级二级馆。

【省级文化先进乡镇评选】　2011年，洛阳市组织开展了河南省省级文化先进工作的申报工作。洛龙区白马寺镇、偃师市寇店镇等7个乡镇获得第五批河南省文化先进乡镇（街道）称号；汝阳县上店镇、洛龙区关林镇2个乡镇被评为第二批河南省民间文化艺术之乡。吉利区大庆路街道中油社区 、西工区洛北乡洛浦御博城社区获得第二批河南省文化先进社区称号。

【香山中秋诗会】　2011年9月12日，由龙门石窟世界文化遗产园区管委会、洛阳市文学艺术研究会共同主办的第九届香山中秋诗会举行。诗会上演出了音乐、歌舞、配乐诗朗诵《龙门之春》《香山寺的钟声》《梦回瑟瑟峰》《石头的文化与文化的石头》、大合唱《巍巍龙门石窟》等。香山中秋诗会肇始于2003年，每年一届。洛阳是诗歌的圣地，流传至今的5万首唐诗中，有5000首是歌颂洛阳或与洛阳有关的。近年来，洛阳的文化学者和诗歌爱好者，已经习惯了中秋在白园聚会，吟诗、歌唱，赞颂美好的生活。“中秋诗会”已经成为洛阳文化界的盛事，彰显着洛阳深厚的文化底蕴。

【河洛文化旅游节开幕】　2011年9月10日，中国洛阳河洛文化旅游节开幕式暨世界风情民舞巡游表演在新区体育馆隆重举行。省旅游局局长范修芳，省政协教科文卫体委员会副主任常法武，市领导毛万春、郭洪昌、刘应安等出席。开幕式由市委常委、宣传部部长杨炳旭主持。市委书记毛万春宣布2011中国洛阳河洛文化旅游节开幕，市长郭洪昌致欢迎词。开幕式上国内的表演团队以及来自美国、法国、印度、荷兰等20个国家和地区的表演团队进行了精彩的世界风情巡游表演。特别是爱尔兰的“大河之舞”、西班牙的“斗牛舞”、印度的“檀香舞”等非常精彩。另有巴西的“桑巴嘉年华”舞，它被称为巴西的“国舞”，以动作幅度很大，舞姿狂放，节奏明快，激情似火的特点，给人以强烈的视觉冲击。

【关林国际朝圣大典】　2011年9月19日，中国洛阳关林国际朝圣大典隆重举行，海内外朝拜团代表及洛阳市群众数千人齐聚关林，祭拜关圣帝君，共叙亲情友情，促进交流发展。9时30分礼炮齐鸣，烟花齐放，在五彩缤纷的花雨中拉开朝圣大典仿古祭祀帐幕，“泱泱中华，几多英豪。威震华夏关云长，大义精忠映霜雪……”一曲《关帝颂》将关羽“忠勇仁义”的精神表露无遗，舞蹈《关林神韵》、武术表演《威武关家军》、祭祀舞《八佾舞》、献太牢等再现了古代皇家祭拜关公的盛况。开幕式上还举行了河南省对台交流基地揭牌仪式，特种邮票《武圣关公》首发仪式。

【中国洛阳牡丹文化节获“乡土盛典”奖】　2011年12月10日，由中国民间文艺家协会、联合国教科文民间艺术组织（IOV），中国农业电影电视艺术中心和中国网络电视台联合举办的，在中央电视台推出的首届“乡土盛典”颁奖仪式上，中国洛阳牡丹文化节荣获“最具人气民间节会”荣誉称号。首届“乡土盛典”以“文化大发展、根脉在乡土”为主题，以推介进步、优秀的地方文化产业、古城古镇、民俗文化旅游目的地、民间特色节庆为框架，以异彩纷呈的原生态民间文艺节目为表现手段，积极传播最具个性的文化名片。在此次评选中，中国洛阳牡丹文化节受到专家、评委的一致好评，与其他9个地方特色节会一起被评为最具人气民间节会。

【洛阳荣获全国文明城市殊荣】　2011年12月20日，中央文明委在北京召开全国精神文明建设工作表彰大会，洛阳市荣获全国文明城市称号。省委常委、市委书记毛万春，市委常委、宣传部长杨炳旭等参加表彰会议，受到中央政治局常委李长春接见。同时洛阳市另有3个村镇、5个单位获此殊荣。

专业艺术

【文化惠民活动】　2011年，洛阳市组织开展了“百场公益性文艺演出”和“舞台艺术送农民”活动，洛阳豫剧院、洛阳市曲剧院、洛阳歌舞剧院等4个演出团体参加了会演，演出400次。继续开展“欢乐进农村”“欢乐进社区”“欢乐进军营”等慰问演出工作，慰问演出80余场。在创建全国文明城市的关键阶段，洛阳成立6个创建全国文明城市演出小分队（洛阳豫剧院一团、洛阳豫剧院二团、洛阳市曲剧团、洛阳歌舞剧院、洛阳梦之幻乐团、洛阳武皇十万宫廷乐舞团），城市区演出68场，取得良好的社会效果。围绕全市中心工作，先后参加了“迎新春团拜会”“历史文化名城保护与发展论坛”“全军信息化建设培训班”“中原经济区建设调研会”等演出活动，得到与会各级领导、代表的好评。

【“星光盛世”洛阳演唱会】　2011年3月19日，由北京新阳光艺辉文化传播有限公司主办的“星光盛世”洛阳演唱会在新区体育馆举行，演员阵容庞大，有著名歌舞明星田震、李玉刚、阿宝、付玉龙、杨光、张晓棠、金美儿、玖月奇迹等，为洛阳观众奉献了一场新春的歌舞艺术盛宴。

【《清风明月》参加省戏剧大赛】 2011年，洛阳市积极组织参加了河南省第十二届戏剧大赛，经过积极筹备，由洛阳豫剧院演艺有限公司排演的现代戏《清风明月》参赛。该剧编剧为李学庭，主演陈大华、刘亚林等，获得了河南文华剧目奖和文华剧作奖。2个演员获得文华表演一等奖、1个表演二等奖。

【洛阳曲剧院参赛中国曲剧艺术节】 2011年，洛阳曲剧院参加了第二届中国曲剧艺术节，演出了精品保留剧目《寇准背靴》《三子争父》《铡赵王》《庞三春》等剧目。在曲剧“十大名角”评选中，刘爱云荣膺“曲剧十大名角”榜首、朱雪娟荣获“曲剧十大名角”称号、王巧平荣获“曲剧十大新星”称号。何海江撰写的艺术论文《浅谈曲剧的形成与发展》获艺术论坛“优秀奖”。另外，申报的“洛阳小调曲”，被确定为省级非物质文化遗产保护项目。

【两部作品入选全国舞蹈艺术大赛】 2011年8月25～30日，由文化部主办的第九届全国舞蹈大赛在宁夏银川举行。来自全国30多个省、自治区、直辖市的解放军、武警部队等代表参赛，参赛演出的700多个节目中有165个节目闯入决赛。洛阳市以河洛大鼓为素材编创的舞蹈《河洛大鼓》（群舞）和双人舞《他和她》双双入选进入决赛，并获得好评。

【关美利举办个人演唱会】 2011年10月，洛阳豫剧院著名演员关美利举办了“美丽金秋·关美利个人演唱会”。演唱会上关美利演出了马派艺术的著名唱段，声情并茂，充分展示了马派传人关美利的艺术风采和个人魅力。受到了领导的赞扬以及业内专业人士的认可。

文化产业

【中国（洛阳）国际演出交易会开幕】 2011年5月14日，由河南省文化厅、洛阳市政府和中国演出家协会共同主办，河南省演出家协会和洛阳市文化广电新闻出版局承办的2011中国（洛阳）国际演出交易会隆重开幕。来自全国各地的文化市场管理机构、演出经销商、经纪公司、演出剧场代表700余人会聚洛阳市，共商演出市场创新大计。中国（洛阳）国际演出交易会由中国演出家协会主办的每年一度全国性演出交易会，已经先后在北京、南京、桂林、重庆、贵州、温州等城市举办，交易会已成为演艺界人士广交朋友、共谋发展的有效途径，这次在洛阳举办的2011中国（洛阳）国际演出交易会是第十届演出交易会。本届交易会期间还举办了“中国文化产品国际营销年会——中国演艺产品走向国际市场专题研讨会”，其目的就是通过合作，共同搭建文化交流的平台，通过组织各种内涵丰富、形式多样的活动，进一步推进中国文化产品出口。本届演出交易会期间举行了主题论坛、项目推介、演出观摩等活动。新华社、《光明日报》、《大河报》、河南文化网、《洛阳日报》、洛阳电视台、洛阳人民广播电台、《东方今报》等新闻媒体进行了报道。

【孟津平乐农民牡丹画文化创意产业园开建】 2011年，孟津平乐农民牡丹画文化创意产业园经过几个月的紧张施工建设，目前已初具规模。该项目共占地600亩，总投资11348万元。第一期工程，占地90亩，投资3848万元，主要建设美术馆培训中心综合楼，二层画家创作楼200套；牡丹园写生基地以及其他配套设施。第二期工程，占地510亩，投资7500万元，主要是在原有牡丹园写生基地25亩基础上再扩大牡丹园面积到510亩。该项目建设，第一期工程2010年元月开始动工，目前美术馆培训中心综合楼已建成，4月13日举行了开馆仪式。画家创作楼主题已全部建成，正在内外装修。牡丹园写生基地已完工。预计产业园12月份可投入运行。第二期工程正在进行前期准备工作。该项目已纳入全省全市文化产业发展总体规划，力争在3年内通过该项目的实施和带动使画家队伍由700多人增加到1000多人，从事牡丹画产业人员达到2000余人，年销售收入由1500万元达到3000万元以上，将平乐建成集旅游观光、休闲娱乐、教育培训、产品交易为一体的农民牡丹画产业基地，实现“中国牡丹第一村”的发展目标。

【3D动漫电影《牡丹》开机】 2011年，3D动漫电影《牡丹》由洛阳菁锐文化传播有限公司精心打造，时长90分钟，概算总投资5000万元，是河南省首部自主原创的三维动画电影。《牡丹》

戏曲联唱

《大梦敦煌》剧照

《丝路花雨》剧照

电影邀请国内知名导演特别指导，国内当红歌手演唱片首、片尾曲及插曲，国内一线演员加盟配音。2012年国庆节前后将完成整部影片制作，在全国放映。

【第四批河南省文化产业示范基地评选】 2011年，洛阳市按照《河南省文化厅关于开展第四批河南省文化产业示范基地评选和现有示范基地巡检工作的通知》要求，全力做好第四批河南省文化产业示范基地评选上报和现有四家示范基地迎检工作。经过严格筛选，优中选优，共推荐5家文化企业申报第四批河南省文化产业示范基地。其中，河南梦想之旅文化传播有限公司成功入选。

文化市场

【整顿规范游艺娱乐场所】 2011年，洛阳市按照国家文化行政主管部门的工作部署，加大对以动漫、模拟游艺为主的娱乐项目发展的指导和规划，按照“科学规划、有序准入、规范经营、有效管理”的总体要求，进一步优化娱乐项目产业结构，提升产业层次，引导游艺娱乐场所向规模化、品牌化、综合型、特色性发展。全年审核验收35家游艺娱乐场所，有6家连锁网吧企业通过省文化厅的验收批准。

【首届全国优秀获奖剧目展演月】 2011年4月4日，文化部在洛阳举办“首届全国优秀获奖剧目展演月”。8部21场精彩的演出为广大市民带来一场文化盛宴。参加本次展演的8部作品有辽宁人民艺术剧院话剧《父亲》，浙江小百花越剧团的越剧《五女拜寿》，甘肃省歌舞剧院的大型民族舞剧《丝路花雨》《大梦敦煌》，福建泉州市木偶剧团的木偶剧《火焰山》，北京京剧院的《三打陶三春》，中国儿童艺术剧院的《马兰花》，重庆川剧院的《金子》等。全部演出剧目包括话剧、舞剧、京剧、越剧、川剧、儿童剧和木偶剧等，形式多样，种类丰富。

【打击侵权盗版专项活动】 2011年，洛阳市文化市场行政执法部门组织开展打击侵权知识产权和制售假冒伪劣产品专项行动，出动检查3300人次，检查网吧4758家、歌舞娱乐场所1324家、图书出版物市场263家、印刷企业88家、收缴非法书刊48690件，非法音像制品和电子出版物7630件。先后查获了洛龙区关林市场镜花缘饰品商店销售侵权“牡丹化妆镜”案，在涧西区壹加壹书店销售盗版图书案，嵩县实验中学征订盗版《河南省初中毕业生学业考试》和洛阳市皇苑印刷有限公司印制侵权出版物《小学期末真题试卷精选》图书案。立案查处176起，结案96起。

【文化市场管理】 2011年，洛阳市以“抓管理促繁荣”为主线，科学规划，重拳出击，全力做好全市文化市场的管理和发展。利用“3·18”文化市场法制宣传日、“4·22”扫黄打非集中销毁活动日开展集中销毁活动，向广大市民大力宣传学法、守法、依法的舆论氛围，收到很好的宣传效果。扎实开展“扫黄打非”工作，组织开展“打击侵犯知识产权和制售假冒伪劣商品专项行动”“打击盗版教材教辅读物专项整治行动”“打击淫秽色情出版物和有害信息专项行动”，出动执法人员近万人次，收缴非法出版物146128件，行政处罚违规经营网吧537家，取缔违规网吧2家，查办“扫黄打非”案件117起，做出行政处罚案件112起，移交公安机关案件4起，有效地遏制了侵犯知识产权和制售假冒伪劣商品的行为。

公共图书事业

【图书馆免费开放】 2011年，洛阳市图书馆实施免费开放制度，所有免费开放的服务窗口和服务项目全部对读者开放，设立读者场所导引图、借阅流程图，方便于读者。对参考部和自习室进行调整，并对流通书库和自助书库合二为一，开架借阅面积由原来的240平方米扩大至400余平方米，开架图书8万余册，音像资料2000余种，并在开架书库配备12张阅览桌，增设阅览席位48个，在实现均等普惠的公共服务基础上，增加对未成年人、老人、农民工和残疾人等特殊人群的对象化服务，设置盲道、电梯，开展送书上门、建立馆外借阅点等服务项目，采取设立老年人专用座位、配备老花镜、拐杖、轮椅等措施，服务弱势和特殊人群。全年推介新书2500余种，地方文献专项购置费单列，出台地方文献征集方案，地方文献的藏量明显增加。

采用ILAS自动化管理系统，实现采访、编目、流通、书目检索和办公自动化。建立馆内局域网，开通洛阳市图书馆网站。全年365天对读者开放，周开放时间98小时。全年外借册次达到24万，流通人次31万。解答读者事实性咨询5000多条，专题和定题服务25项。为党政机关领导决策提供《信息参考》6期。配合送书下乡，制作《农民改革信息》《农村科技信息》《健康知识专刊》《农民工就业专刊》《家电下乡信息》和《种植养殖专刊》等。

【“文明中原大讲堂·洛阳讲堂”常讲不衰】 2011年，“文明中原大讲堂·洛阳讲堂”举办讲座报告会、研究会40余场次。根据省、市文明委关于在全省组织开展“文明中原系列行动”通知要求，结合实际，周密部署，认真组织实施。“文明中原大讲堂·洛阳讲堂”公益活动主要有庆祝建党90周年特别节目《复兴之路》《国际形势报告会·聚焦利比亚》南海形势报告会《危机与前景》、中外文学比较欣赏专题讲座《山水旅游与文学创作》等；成才之路系列讲座有《通向清华之路》《考前心理自我放松》《生活化的心理学》《单词记忆与单词造词规律》《如何轻松应对高考》。另有关注家庭教育、促进孩子健康成长系列教育讲座，《周易》系列讲座等。

【“我们的节日”活动丰富多彩】 2011年，元旦、春节、“五一”、端午节、“七一”、“八一”、国庆节、中秋节、中国洛阳牡丹文化节、河洛文化旅游节等节庆期间，洛阳市图书馆举办了读者喜闻乐见的公益活动和讲座，参加人数上万人次。每逢节假日、双休日到图书馆听讲座，看电影，参加活动，成为许多市民的一种雅好。少儿阅览室在“六一”期间，举办了丰富多彩的少儿读者活动，如“快乐猜猜猜”“优秀动画片展播”，同时还为小读者们准备300多种700余册少儿新书供小读者借阅。在第二十一次全国助残日活动中，举办“扶残助残、有你有我”联欢和残疾人演讲比赛。

【举办各种展览】 2011年，洛阳市图书馆举办各种书画艺术展览10余场。其中，建党90周年文献及捐赠图书展，展出新书400种。与洛阳市委统战部等联合举办洛阳市纪念辛亥革命100周年书画展，参展作品120余幅。另有白灵坤书法展、河洛慈善书画院义捐作品展、林布篆刻展等。

【古籍保护】 2011年，洛阳市图书馆积极开展古籍建库工作，投资30万元制作77组樟木柜，将馆藏古籍全部入柜。完成本馆一、二级古籍普查工作任务，共计25种405册。此外，古籍普查平台注册权限全部分配完毕，组织申报了第四批全国古籍重点保护单位和《河南省珍贵古籍名录》。 （办公室）

广播影视

【加强广播电视节目（广告）播出管理】 2011年，洛阳市广播电视管理部门贯彻落实《广播电视广告播出管理办法》及《广播电视广告播出管理办法的补充规定》《广播电视节目监管细则》《群众参与的广播电视直播节目管理暂行办法》，切实履行行业管理职责，加强广播电视节目（广告）播出监管。组织开展了打击电视购物领域侵犯知识产权和制售假冒伪劣商品专项行动、虚假违法广告专项整治活动、抵制低俗之风专项行动等一系列专项活动。对洛阳广播电视台开办的《政府与百姓》《行风热线》等群众参与的直播节目进行重新审核，进一步净化了声频荧屏。

进一步完善全市各级广播电视行政管理部门广告投诉受理机制，建立各级广播电视播出机构广告播出日志制度和广播电视行政管理部门监管情况定期报告制度。全市广电行政部门严格落实对辖区内播出机构广播电视广告监测每周不少于2次的工作机制，并每季度定期向省广电局汇报广播电视广告播出监管情况、虚假违法广告查处情况等。积极与工商、药监等部门沟通，采取多种措施加强对洛阳广播电视台广告播出的监管。及时处理群众举报投诉问题，对网民反映及群众举报投诉的16起市、县播出机构违规播出食品、药品广告和插播游动字幕广告的问题进行严肃查处，有效遏制虚假违规广告播出，规范了广告播出秩序。

【电影放映经营管理】 2011年，洛阳市按照《电影管理条例》《省广电局关于进一步明确和规范电影管理工作程序的通知》等有关规定和要求，对8家持有《电影放映经营许可证》的单位进行年检年审，对不符合年检条件的郑州铁路局洛阳文化体育活动站依法注销了《电影放映经营许可证》。简化办理程序，从快、从速为符合开办条件的洛阳市广百奥斯卡影城办理《电影放映经营许可证》。组织人员对各电影放映经营单位开展打击侵权盗版影片活动、遵守放映贴片广告有关规定、创建全国文明城市工作、庆祝建党90周年优秀国产影片放映情况进行督察。

【圆满完成“农村电影公益放映工程”】 2011年，按照河南省广电局《关于下达2011年农村电影公益放映场次与计划的通知》精神，洛阳市对农村电影公益放映35820场任务进行分解，制定每村每月放映计划，建立放映场次台账，认真落实月报、季报和放映“回执单”制度，每季度对放映“回执单”和“季度报表”进行审核。安排组织开展优秀国产电影献映活动。利用每月为每个村放映一场电影这项惠民工程，与市610办联合开展“崇尚科学、反对邪教”电影宣传片放映活动，全年共放映6000余场。同时，每月按时向省局上报全市农村电影放映工程进展情况。截至2011年11月底，已圆满完成35820场公益电影放映任务，观众达1676万人次。

【广播电视新闻奖评选】 2011年，按照河南省广电局、省广电协会要求，洛阳市组织开展广播电视新闻奖、播音与主持作品奖、新闻论文奖、文艺奖的评奖工作。在222件参评作品中，评选出一等奖作品33件、二等奖作品54件、三等奖77件。在向省广电协会推荐的58件参评作品中，有 42件作品获奖，其中一等奖9件、二等奖13件、三等奖20件，获奖数量位居全省18个省辖市前列。

【直播卫星管理】 2011年，洛阳市完成周王城大酒店接收卫星传输的境内电视节目的审批工作。发布张贴境外卫星电视专项整治通告8500份，印发宣传标语和传单6000余份，在电视台播放整治通告110余次。出动车辆200台次，人员600人次，开展集中查处行动69次，查处非法销售窝点49个，查扣商户销售或个人安装使用的卫星电视广播地面接收设施3643余部（套）。开展境外卫星电视地面接收设施专项整治工作，依法查处违法销售商101家，收缴卫星接收设施308套，查扣商户销售和个人擅自安装卫星地面接收设施1716余部（套）。

新闻出版

【连续性内部资料年审】 2011年，洛阳市新闻出版管理部门完成连续性内部资料年审工作，对全市连续性内部资料刊物进行审核登记，通过年度核验登记的54种，撤销准印证的4种，新增《洛阳妇幼保健》等11种连续性内部资料，使全市连续性内部资料刊物总量达65种。

【新闻媒体管理】 2011年，洛阳市按照国家、省统一安排部署，组织开展“杜绝虚假报道、增强社会责任、加强新闻职业道德建设”专项教育活动以及“新闻记者法规教育活动”。组织各新闻单位结合各自工作实际，采取集中学习与个人自学，专题辅导与座谈讨论，理论引导与工作实践相结合等方式，加强党的路线方针政策、新闻理论知识等内容的学习，并组织全市新闻采编人员集中观看新闻记者警示教育片，使学习教育活动深入人心。各新闻单位在提高认识、查找问题的基础上，坚持落实责任、健全制度，积极进行整改，以完善的规章制度确保整改工作取得良好效果。同时，通过市属新闻媒体面向社会公布虚假报道举报电话，接受社会各界监督，建立健全工作受理、督办和反馈制度。活动开展以来，受理举报3起，有关单位及时进行了处理。做好洛阳日报社申领新闻记者证的资格初审工作，通过材料审查、实地调查等方式，对洛阳日报社申领新闻记者证的28名人员的资格进行初审，并签署初审意见。

【出版印刷行业年审】 2011年，全市新闻出版管理部门完成出版印刷行业年审换证工作。全市888家印刷企业，通过审核登记的有799家，其中复印打字495家，暂缓审核的33家，不予审核登记的56家。全市共有740家出版物发行单位通过年度核验，其中批发15家，零售725家，缓审许可证17家，吊销许可证41家。通过审核的音像制品经营单位162家，其中民营137家，新华书店系统25家，未通过年审或已注销的49家。办理印刷企业设立申请61项，其中出版物印刷3项、包装装潢印刷22项、其他印刷品36项。

【“扫黄打非”工作】 2011年，洛阳市按照河南省“扫黄打非”办公室的安排部署。组织开展“打击侵犯知识产权和制售假冒伪劣商品专项行动”“打击盗版工具书专项行动”“治理假报刊、假记者站、假记者、假新闻专项行动”“打击政治性非法出版物专项行动”“校园周边环境专项整治”和“打击淫秽色情出版物和有害信息专项行动”。收缴非法出版物146182件，其中违禁出版物2239件、淫秽色情出版物575件、侵权盗版出版物112817件、盗版教材教辅读物2812件、非法报纸期刊24164件，查办“扫黄打非”案件117起，行政处罚112起，移交公安机关4起，圆满完成全年“扫黄打非”工作任务。

非物质文化遗产保护

【非物质文化遗产宣传展示活动】 2011年6月11日，贯彻落实《非物质文化遗产法》，在周王城广场举办了非物质文化遗产宣传展示活动。共展出展板10块，重点介绍了《非物质文化遗产法》相关内容以及全市入选国家级、省级、市级非物质文化遗产名录的项目。

【第三批市级非遗项目申报评审】 2011年，洛阳市完成第三批“非遗”项目申报评审工作。此次评选共有来自全市10个县（市）、区的33个项目参与申报，涉及民间文学、传统音乐、民间舞蹈等7个类别。10月27日，召开专家会对项目进行认真评审，有22个项目被推荐；11月9日，在洛阳文化网、《洛阳日报》、《洛阳晚报》、《大河报》等媒体进行公示。12月17日，市政府召开会议，原则通过洛阳市第三批非遗名录，共计19项。至此，洛阳市市级非遗名录已达108项。

作为国家级非遗项目“关公信俗”，文化部已将该项目作为中国向联合国教科文组织申报2012年“代表作名录”的推荐项目。在省文化厅的协助下，邀请国家非物质文化遗产保护工作专家委员会副主任委员、中国申报世界非物质遗产评审委员会评委乌丙安先生一行及省非遗专家、学者抵洛，协助做好关林申报材料的组织工作，报送中央，并赴北京参加申报工作会议。

【18个项目列入省级“非遗”名单】 2011年12月30日，河南省公布了第三批省级非物质文化遗产名录和省级非物质文化遗产扩展名录，洛阳市18个项目榜上有名。第三批省级非物质文化遗产名录新入选项目95个，其中洛阳市有14个项目，分别为玄奘传说、洛阳儿歌、苏羊竹马、东蔡庄高抬“故事”、崇阳垛子、南无拳、孙氏十六挂转秋、笙制作技艺、黛眉手织布工艺、金属捶锻工艺、烟云涧青铜器制作技艺、烧伤自然疗法与自然烧伤膏、纯德堂口疮散和老君山庙会。此外，4个项目入选省级非物质文化遗产名录扩展项目，分别是：三弦铰子书、杨氏沙园膏药、济世堂李占标膏药和聂麟郊膏药。截至2011年年底，洛阳市现有7个国家级非物质文化遗产名录项目、7个国家级项目代表性传承人；26个项目被列入第一批、第二批省级“非遗”名录，省级项目代表性传承人35个。

2011年入选国家、省、市非物质文化遗产项目情况

项 目	传 承 人	级 别	项 目	传 承 人	级 别
河洛大鼓	陆四辈	国家级	洛阳心意六合拳	孙友恒	市 级
	彭爱香、王太平、张怀生	省 级	陈家鼓技艺		市 级
唐三彩烧制技艺	高水旺	国家级	新安县烫面角	王银栓、方鸿仪	市 级
真不同洛阳水席制作技艺	姚炎立	国家级	王祥卧冰的传说	集体传承	市 级
关公信俗	集体传承	国家级	邵夫子的传说	邵雷勤	市 级
洛阳牡丹花会（中国洛阳牡丹文化节）	集体传承	国家级	伊尹的传说	宋明方、姬朝武、张运生	市 级
洛阳宫灯	王福信、朱学愈	国家级	同乐社盘	刘彦邦	市 级
平乐郭氏正骨	郭维淮、郭艳锦	国家级	通背武狮	唐丙炎	市 级
	郭芜沅、鲍铁周、毛书歌、杨耀洲	省 级	三官庙挠阁	肖留学	市 级
黄河澄泥砚	李献中、游 敏	省 级	独角兽	杨六祥	市 级
杜康酿酒工艺	张献敏	省 级	洛阳龙马盘鼓	朱万灿	市 级
大里王狮舞	王铁娃、王建良、王新平	省 级	二鬼摔跤	张宏伟、李长发	市 级
洛阳海神乐	郭鸿运	省 级	洛阳小调曲	刘爱云、刘联合、郑庆恩	市 级
河图洛书传说	符建林	省 级	四面八方通背拳	王红军、王书成	市 级
洛神的传说	集体传承	省 级	凉洛寨泥娃娃		市 级
面塑	李金诚	省 级	瓷窑烧制技艺	介长来	市 级
刘井薛氏石刻	薛永山	省 级	青铜器仿古制作工艺	方长站	市 级
九连灯	王汉宾	省 级	洛宁蒸肉制作技艺	卫军平	市 级
曹屯排鼓	张德宽	省 级	太仓毛笔制作技艺	潘占堆	市 级
木偶戏		省 级	铁谢羊肉汤制作技艺	李亚飞	市 级
通背拳		省 级	马杰山牛肉汤制作技艺	罗怀林	市 级
制鼓技艺	陈义超	省 级	梅花玉雕制作工艺	张俊星、朱保国	市 级
小街锅贴制作技艺	刘永康	省 级	糖塑技艺	赵留合	市 级
银条种植栽培及烹饪技艺		省 级	殷天章专门喉科	殷宝鑫	市 级
象庄秦氏妇科	秦月好、秦彩霞、秦杰平	省 级	赵氏中医正骨	赵秀崇	市 级
灵山庙会	集体传承	省 级	福安堂傅氏膏药	付耀华	市 级
民间剪纸	张秀琴	省 级	小丸药	陈发曾	市 级
黄河号子（破工号子）		省 级	李楼李八先生妇科	李守惠	市 级
洛阳儿歌	赵金昭	省 级	泰生堂魏氏中医外科	魏春菊	市 级
玄奘传说		省 级	中药偏瘫速愈康制备工艺	樊喜明	市 级
苏阳竹马	罗怀林	省 级	象庄郭氏中医针灸	郭岩涛	市 级
东蔡庄高抬“故事”	于清利	省 级	鲁氏腹部推拿	鲁淑娥、马 军	市 级
南无拳	刘成庄	省 级	济世堂李占标膏药	李四成	市 级
孙氏十六挂转秋	孙 鑫	省 级	牛心山信俗	集体传承	市 级
笙制作技艺	毛智远	省 级	福昌庙会	集体传承	市 级
黛眉手织布技艺	陈小团	省 级	姜公庙会	集体传承	市 级
金属捶锻工艺	王书品	省 级	周公解梦	集体传承	市 级
青铜器制作技艺	方长站	省 级	蔡伦造纸传说		市 级
烧伤自然疗法与自然烧伤膏	肖建勋	省 级	程门立雪传说		市 级
纯德堂口疮散	杨金平	省 级	龙门传说		市 级

续表

项　目	传　承　人	级　别	项　目	传　承　人	级　别
老君山庙会	集体传承	省　级	布贴		市　级
崇阳垛子	苗永民	省　级	嵩县大铜器		市　级
三弦铰子书	王孝章、刘孝良	省　级	南街排鼓		市　级
杨氏沙园膏药	吴建丽	省　级	赵岭高跷		市　级
聂麟郊膏药	聂树信	省　级	皂角树抬阁		市　级
鬼谷子的传说	杨长林	省　级	传拓技艺		市　级
黄大王传说	集体传承	市　级	栾川豆腐制作技艺		市　级
卦沟村的传说	集体传承	市　级	风筝制作技艺		市　级
刘秀的传说	集体传承	市　级	平乐脯肉制作技艺		市　级
武皇十万宫廷乐	张麦仓、张彦强、白贵来	市　级	任氏痔瘘疗法		市　级
九莲灯	王汉宾	市　级	“双隆号”咽炎疗法		市　级
东关双龙		市　级	翟泉王氏中医		市　级
高装	杨延庆、史振忠、王之峰	市　级	史法璋中医外科		市　级
旧县背装	徐景霞、金保安、周进道	市　级	陈屯社火		市　级
靠山黄	杨　强、魏留聚	市　级	放河灯		市　级
牡丹传说		市　级	手工棉纺织技艺		市　级

文　物

【大遗址保护】　2011年，洛阳市隋唐城“一区一轴”保护展示项目全面铺开，投资6000万元的明堂遗址保护展示工程建成，正在实施内部展陈提升。投资1.5亿元的天堂遗址保护展示工程以及投资5000万元的宫城考古遗址公园全面推进；应天门遗址保护展示工程已获国家立项，保护展示方案正在报批。定鼎门遗址两侧城墙延伸以及四方馆保护工程前期工作正扎实推进。汉魏故城二号宫门、铜驼大街保护展示工程完成，三号宫门、宫城西南墙保护展示工程已开工建设。偃师商城宫城遗址、二里头遗址等保护展示工程扎实推进。

大遗址保护项目申报和资金争取工作成效明显。完成隋唐城应天门、汉魏故城太极殿等13个大遗址保护展示项目方案的编制上报，争取中央大遗址保护专项资金2.08亿元，全部资金达到2.5亿元，争取市外国家政策性资金总量位居全市第一。

【博物馆建设】　2011年，市文物系统圆满完成洛阳博物馆新馆落成和对外展陈工作。洛阳博物馆新馆投资4亿元，陈列面积约6.2万平方米，主题展陈以五大都城遗址为核心，全方位、多角度展示了河洛文化的形成和发展轨迹。河南古代壁画馆建成并对外开放。历时两年、投资800万元的河南古代壁画馆于11月8日正式开放。作为河南首座壁画专题类博物馆，展出历代出土壁画45组。同时，国家古代壁画保护工程技术研究中心河南工作站在洛阳揭牌，标志洛阳市古代壁画修复保护工作迈上一个新的台阶。积极推进曹休墓博物馆、洛阳契约文书博物馆的筹建工作。曹休墓博物馆的保护设计方案、施工图及工程预算已完成，一期主体框架钢结构吊装工作已经完工；契约文书博物馆规划设计方案已基本确定，正在进行展出文物的遴选、装裱、装框和征集工作。支持鼓励民办博物馆建设。组织相关专家召开民办博物馆论证会，多次赴现场调研指导，认真审核申报材料。有9家民办博物馆申报材料获得省文物局审核。按照博物馆建设“三贴近”的要求，全年共举办和引进临时展览21个，接待观众140万余人。在2009～2010年度河南省优秀陈列展览评选活动中，洛阳博物馆“秦汉·罗马文明展”、隋唐洛阳城定鼎门遗址博物馆“定鼎门遗址博物馆基本陈列”获优秀陈列展览，洛阳民俗博物馆“洛阳匾额博物馆基本陈列”获最佳内容设计奖，洛阳周王城天子驾六博物馆“王城春秋·东周洛阳文明展”获最佳综合效益奖。

【“丝绸之路”与大运河“申遗”】　2011年，洛阳市按照国家文物局统一部署，完成丝绸之路、大运河洛阳段保护规划和“申遗”文本的编制；结合大遗址保护，编制完成含嘉仓和回洛仓遗址保护展示方案。市政府出台《大运河申报世界文化遗产工作方案》，召开了大运河“申遗”专题会议；新安县结合“丝绸之路”“申遗”，积极推进汉函谷关遗址的保护和环境整治，取得显著效果。洛阳市大运河和“丝绸之路”“申遗”工作迈出坚实步伐。同时，按照国家文物局部署，积极推荐二里头遗址为《中国世界文化遗产预备名单》。

【文物抢救性保护】　2011年，洛阳市顺利实施了河南府文庙、安国寺、文峰塔等古建筑的保护和维修工程；编制完成关林和“洛八办”旧址整体保护规划；山陕会馆整体保护和综合利用工作取得新的进展。龙门石窟奉先寺、擂鼓台防渗水工程全面启动。完成全市第五批省级文物保护单位保护范围和建设控制地带划定工作。曹休墓、明堂、天堂遗址考古现场文物保护成效明显；石窟寺保护、古墓壁画和文物藏品修复取得新的进展，全市文物保护基础工作进一步加强。

【文物勘探及考古发掘】 2011年，洛阳市文物系统完成文物勘探项目156项，钻探总面积269.4万平方米；完成考古发掘54项，发掘古墓葬2255座，其他文物遗迹500余处，出土历代文物近7000件；出具各类项目规划选址意见70余项，有力地支持了项目建设和城市发展。取得了孟津县平乐镇晚唐时期圆形壁画墓、栾川县龙泉山旧石器晚期古人类洞穴遗址等多处重大考古新发现，举办了旧石器时代专家研讨会，引起社会广泛关注。

积极配合大遗址保护工程建设，在隋唐洛阳城、汉魏故城、邙山陵墓群等考古发掘项目中成果丰硕，为大遗址保护工作的全面推进提供了科学有效的技术支持。同时，考古单位进一步拓展工作领域，主动承担了扬州等地的文物勘探业务，为全市考古事业的发展注入了新活力。

【科研工作】 2011年，洛阳市文物系统完成《隋唐大运河中心——洛阳》、《洛阳王城广场东周墓》等8部论著的编撰出版，发表论文100篇。国家文物局立项的洛阳片区大遗址保护管理体系建设、邙山陵墓群调查与勘测项目有了新的突破。

【文物安全和行政执法工作】 2011年，洛阳市文物系统认真贯彻“预防为主，确保重点，打击犯罪，保障安全”的文物安全工作方针，严格落实各级文物安全责任制，努力做到警钟长鸣。洛阳博物馆、关林、山陕会馆、洛八办纪念馆等单位积极争取资金，进一步完善了技防设施。由于对安全工作认识到位、措施有力，确保了馆藏文物、考古工地、田野文物、重大遗址、文物景区（点）的安全，实现了馆藏文物安全年的目标。加强对古玩市场的监督管理，进一步规范了文物经营行为，净化了文物古玩市场。

建立文物安全应急处理机制，配合公安部门，开展了打击盗掘古墓葬、破坏田野文物等文物犯罪活动，田野文物安全形势有所好转。洛阳市公安局龙门派出所、安乐派出所侦破盗掘古墓葬案件成绩显著，受到河南省文物局和公安厅的表彰。成立110联动和网民诉求办理机制，全年共计接处文物案件30余起，办理网络舆情近百起。

认真履行文物保护职责，严格执法，文明执法，依法查处10起违法建设项目，依照《文物保护法》的要求，对其违法行为实施了处罚，维护了国家文物法律法规的严肃性。积极争取市人大常委会、法制部门的支持，加强文物保护地方立法工作。《洛阳市邙山陵墓群保护条例》经省、市人大常委会讨论通过，为邙山陵墓群的有效保护提供了强有力的法律保障。

【洛阳关林春节民俗庙会】 2011年2月3～21日，洛阳关林春节民俗庙会在关林庙广场隆重举行。此次活动以“弘扬传统文化、新春祈福纳祥”为主题，活动时间从大年初一开始一直持续到正月二十结束，历时20天，横跨春节、情人节和元宵节三大民间重要节日，是关林历史上千年古庙会的再次启动，也是对古老关公信俗文化的继承和发展。

2011关林春节民俗庙会以传统民俗文化、传统古庙会为平台，为游客提供丰富多彩的民俗文化表演和展示非物质文化遗产的体验大餐。游客在庙会期间可以品小吃、赏民俗、拜关公，欢欢喜喜过大年。最特别的是，庙会期间游客能有幸观赏到古老的祭拜关公旧俗，以及形式多样的关公祈福、送财、纳祥活动。本次关林庙会活动力求汇聚精品节日文化资源，再现民间过年的欢腾场面，感受新时代洛阳关林民俗文化的风采和韵味，体味中国洛阳关林千年古庙会的民俗风韵。

明堂遗址展示保护工程

【隋唐洛阳城明堂遗址保护主体工程竣工】 该工程位于中州路与定鼎路交叉口东北角，是隋唐洛阳城宫城核心区大遗址重点项目之一，西关辖区隋唐城宫城核心区内，是国家重点文物保护项目之一。该工程2010年6月开建，主体为正八边形、两层台体攒尖顶建筑，高21.18米，建筑面积近万平方米，投资约6000万元。2011年5月，主体工程竣工，转入外部配套设施施工，计划2012年牡丹花会对外开放。

【国家文物局到洛调研大遗址保护工作】 2011年3月7～8日，国家文物局副局长董保华一行6人到洛，围绕“文物保护、博物馆体制机制创新”，特别是大遗址保护与利用体制机制的课题开展调研。调研中，董保华一行察看了汉魏故城、隋唐城核心区明堂、定鼎门遗址博物馆等大遗址保护工程和民俗博物馆，并召开座谈会，听取了洛阳市大遗址保护工作汇报和市政府土地、规划、建设、人力资源、文物、旅游部门及从事大遗址保护基层单位领导、专家的发言。

董保华强调，大遗址保护的开展，是文物保护划时代的大事，要正确全面理解文物工作方针，使大遗址保护与国家的发展、民生的改善相结合。保护和利用是车之两轮、禽之两翼，同等重要。要认真总结、积极借鉴好的经验，创新大遗址保护利用的方式和手段，要发挥各级政府各部门的作用，继续探索破解文物利用的难题，促进大遗址保护工作健康、持续发展。

【洛阳博物馆（老馆）举办“日本友人捐献龙门石窟老照片展”】 2011年3月14～18日，洛阳博物馆（老馆）举办“日本友人捐献龙门石窟老照片展”，展出日本东京大学珍藏关野贞龙门百年前老照片65幅。已故日本著名学者关野贞，曾于1906年和1918年先后两次到龙门石窟考察，写了许多调查报告并拍摄了很多照片，既有对当时龙门石窟的全景拍摄，还有许多石窟、造像的特写，可以一睹宾阳洞、古阳洞里许多已经残破不全的石窟造像全貌。展览为人们了解百年前龙门石窟的历史及今后的研究工作提供了宝贵的第一手资料。

本次展览由日本东京大学东洋文化研究所、东京大学工学系研究科、日本政府人类文化研究机构以及龙门石窟研究院、洛阳博物馆共同主办。展览结束后，东京大学将把这些照片捐献给龙门石窟世界文化遗产园区，待园区展览馆建成后，长期向公众展出。

【单霁翔到洛调研】 2011年4月15～16日，国家文物局局长单霁翔到洛阳市调研文物保护工作。在洛阳期间，单霁翔详细察看了隋唐洛阳城明堂遗址保护展示工程、应天门遗址、隋唐城遗址植物园、定鼎门遗址博物馆等工程项目，并出席了洛阳博物馆新馆开馆仪式，参观了洛阳博物馆新馆陈列和洛阳民俗博物馆、洛阳匾额博物馆，观看了在民俗博物馆举办的第二十一届河洛文化民俗庙会等。

单霁翔指出，在城市竞争中，文化竞争力的影响与作用越来越突出，成为推动城市可持续发展的重要力量。希望洛阳继续把文物保护工作做好，充分体现以人为本理念，主动将深厚的历史文化底蕴融入城市发展，融入群众文化生活中去，成为人们建设自己美好家园的强大的精神动力。

【汉函谷关新发现石刻题记及古道路遗迹】 2011年，新安县文物局工作人员对汉函谷关调查时在关楼东200米处北侧发现一处石刻题记及人工开凿的古道路遗迹，具有较高的历史价值。石刻题记刻于断崖中，题记虽有缺残，但尚存字迹清晰，铭文为“上元二年十月”及“王”“赵”等姓氏。“上元”为唐朝高宗李治时期年号，“上元二年”即公元671年。古道路为红砂岩石，石质较硬，东西走向，高出涧河河床约1.5米。现存路长约100米，路面宽约3米，车辙印迹1.05米，深10～30厘米不等，因长期碾轧而形成，印痕清晰。

汉函谷关为崤函古道中第一关隘，已被列为“丝绸之路”“申遗”预备名录。石刻题记及古道路遗存的发现为汉关研究提供了新的佐证，同时也丰富了汉函谷关申遗的内容。

【涧西工业遗产街区被评为第三届中国历史文化名街】 2011年6月11日，第三届“中国历史文化名街”授牌仪式在山东济宁隆重举行，“河南省洛阳市涧西工业遗产街”成功入围。“中国历史文化名街”评选活动由文化部、国家文物局支持，由中国文化报社、中国文物报社联合主办，共有400多条历史文化街区参评。

“中国历史文化名街”的入选标准是：街区拥有鲜明地域、民族风貌和历史文化特色，在历史上有过重要影响；有丰富的非物质文化遗产，古迹保存丰富；在今天仍有居民生活，延续其传统和活力等。“中国历史文化名街”评选活动适时唤醒了各地政府及民众的保护意识，能推动城市保持个性、传统和魅力，有助于向世界展示中国丰富的地域历史文化和传统城建智慧。

【洛阳博物馆新馆正式开馆】 2011年4月16日，洛阳博物馆新馆正式开馆，并对公众免费开放。洛阳博物馆始建于1958年，是国家一级博物馆、全国优秀地市级博物馆。2007年11月，为进一步提升博物馆服务功能，满足公众日益增长的文化需求，洛阳市开建博物馆新馆。博物馆新馆占地300亩，建筑面积6.2万平方米，总投资4亿元，展出文物约1.1万件（套）。

洛阳博物馆新馆

【第二十一届河洛文化民俗庙会】 2011年4月13～17日，洛阳市第二十一届河洛文化民俗庙会在洛阳民俗博物馆举办。该庙会以保护展示利用河洛地区非物质文化遗产为主线，展示国家级非遗3家、省级9家、市级8家，每天安排有围鼓、铜器、皮影、木偶戏、马戏、剪纸、木板年画、锣鼓书、坠子书、唢呐、宠物狗等民间艺术演出、民间绝活表演。由该馆从近8年来征集的近2万份纸质文书中精选600多份举办的“故纸撷英——洛阳民俗博物馆馆藏契约文书展”是庙会亮点。庙会期间吸引了近5万人次游客参观，在文化惠民和河洛民俗文化传承弘扬方面取得良好社会效益和经济效益。

【孟津发现圆形穹顶唐代贵族壁画墓】 2011年4月6日，洛阳市文物工作队在孟津县平乐镇新庄村发现一座圆形穹顶唐代贵族壁画墓。该墓葬形制为穹顶圆形墓，由墓门、甬道、墓室三部分组成。墓道长约21米，宽2.4米，为斜坡式。甬道两侧分别绘有两组壁画，壁画内容为唐代文官仪仗。墓室高4～5米，为圆形，直径约6.85米。出土器物有墓门上的铜质鎏金泡钉以及瓷碗、瓷碟、粉盒等，还有几枚写有“开元通宝”铜钱。最值得关注的是，围绕墓室壁一周，有许多门、窗、柜子、桌子等再现古人生活场景的砖雕。

此前洛阳发现的唐代壁画墓葬比较多，但多属唐代早期，唐代晚期的壁画墓葬比较罕见。尤其值得一提的是，该墓葬的穹顶圆形结构，在唐代晚期非常罕见，在宋代却很常见，体现了中国古代墓葬制度从唐代到宋代的演变过程。

【洛阳古代艺术博物馆完成登封宋代壁画墓整体搬迁】 2011年6月3日，洛阳古代艺术博物馆将位于登封唐庄的宋代壁画墓进行整体吊装搬迁，并安全运送至郑州古荥镇安置保存。这次壁画墓的整体吊装搬迁，在河南省尚属首次。

登封唐庄宋壁画墓，2010年11月由郑州市文物考古研究院配合焦桐高速公路建设中发现、发掘。该墓形制较小，坐北朝南，为仿木结构砖室墓，由墓道、甬道、墓室三部分组成。墓内壁画16幅，面积约8平方米，主要是反映墓主人日常生活场景和当时社会佛家、道家、世俗等超度及吊孝时的场景。该墓壁画保存完整，内容丰富，线条流畅，画法考究，色泽艳丽，是中原地区壁画艺术中的精品，具有重要的历史、艺术和研究价值。为更好、更完整地保存壁画及其历史信息，文物部门决定对该墓整体搬迁，洛阳古代艺术博物馆受邀接受了此项工作。

为保证壁画墓顺利搬迁，洛阳古代艺术博物馆制定了严密的搬迁方案。从4月29日开始，壁画墓整体搬迁工作按照三个步骤进行：一是壁画本体的加固、回贴及防霉处理。针对墓室内80%～100%的高湿环境，采用低浓度的丙烯酸溶液进行多次渗透加固，增加壁画整体强度，并对空鼓部位进行填充回贴。为防止后期加固摩擦，壁画表面整体粘贴了一层宣纸保护，之后用防霉剂进行了整体喷护处理。二是对墓室内部的支顶加固。针对壁画墓下面为六面体、中间有凸凹的斗栱、上面为六角攒尖顶的不规则形状，设计采用了“层楼一点多支”的方法进行支顶加固：墓室内自下而上用胶木板、方木建造起六层支架，每层支架从中间立柱向周边个个面进行支撑，使墓室形成一个稳固的整体。在壁画和支撑方木之间以泡沫板、胶木板填充隔离保护。三是墓室外部的整体加固及与地面的分离。在墓室外部用槽钢及螺纹钢焊接成一个网状箍框，内以石膏加麻布充填包裹结实；在墓室底部逐次穿插多根槽钢置换底座，再将各个槽钢焊接牢固，最终使墓室内外形成一个保持原状原位而脱离土层的整体。完成加固后的壁画墓总重13.5吨，长3米、宽2.86米、高3米。

考古发掘后曹休墓室土圹局部（由南向北）

【曹休墓博物馆开工建设】 2011年7月26日，曹休墓博物馆正式开工建设。鉴于曹休墓本体70%位于扩建高速公路的路基下面，博物馆的可建设用地是夹在连霍高速公路主体和上匝道之间的狭长用地，长约300米，宽约45米。根据设计方案，曹休墓的保护及与之相关的三国文化展示将通过地下博物馆的形式来进行。

工程分两个阶段进行。第一阶段为地下部分“大地之痕”，主要是让观众了解曹休的人生轨迹，由入口序厅、主展厅、曹休墓室本体、尾厅、纪念品商店等五部分组成。这一部分的建设，主要是通过打桩、做圈梁等方法在曹休墓周围打下一个基础框架，从而将墓本体与高速路扩建工程隔开，在其互不影响的情况下进行建设。第二阶段为地上部分“历史之门”，主要是建设各种地面建筑及绿化、硬化等配套设施，届时游客可通过一个高约20米的标志性建筑，远眺整个邙山陵墓群。

【栾川发现一处西周时期的烧灶】 2011年7月，洛阳市文物工作队、栾川县文物管理所在栾川墁子头遗址的建设控制地带考古发掘工地发现一处西周时期的烧灶。烧灶为两个，其中一个灶膛内烧土明显，但后期破坏严重，另一个保存较为完好。该烧灶就地取材，席地而坐，用三块烁石摆成三角型支点，三个支点之间挖土坑成灶膛，灶膛内遗存有灰烬与炭碴，灰烬因长期淹埋浸泡已不太清晰。此烧灶形制简单，可能是古人在进行狩猎、耕种生产或从事其他活动时临时制作烧煮饮食所用。另在此处还发现有鬲、罐、钵等生活用具残片。

【国家文物局到洛阳调研“十一五”可移动文物保护修复项目执行情况】 2011年8月9～10日，国家文物局科技信息处副处长施晨艳一行6人到洛，对“十一五”期间国家重点文物保护专项（可移动文物）项目执行情况进行调研。

洛阳古代艺术博物馆的壁画保护修复项目是此次被调研内容，该项目获得“十一五”国保专项资金扶持（预算批复为350万元，已分年度拨付资金300万元），调研组全面了解后对该馆2008年以来壁画保护修复项目工作开展情况予以肯定。此次调研由国家文物局委托中国国家博物馆承担，调研范围是“十一五”期间全国获得国家重点文物保护专项补助经费支持的馆藏一、二级及重要出土文物保护修复项目。涉及河南省河南博物院文保中心、河南省文物考古研究所郭庄楚墓出土青铜器保护修复和洛阳古代艺术博物馆的壁画保护修复3个项目。

【李际期墓石刻保护工程完工】 2011年，孟津县出资2万元完成了李际期墓石刻保护工程。该墓位于孟津县会盟镇老城村，2006年6月被河南省人民政府公布为省级文物保护单位。李际期，孟津双槐人，清初累官至工部尚书、兵部尚书，其墓冢前石碑、供案、翁仲、石兽、望柱等全套石雕保存基本完整；整套石刻造型敦厚，意实并蓄，虽是清初作品，却有宋陵风格，在雕刻技法上，既沿袭遗风，又发展变化，具有装饰美感和观赏价值及较高的历史、艺术研究价值。由于历史变迁及风吹雨淋，部分石刻或倒伏于地，或严重倾斜，为保护这一文物古迹，孟津县政府出资对倒伏、倾斜石刻进行扶正加固，恢复原状，既保护了文物，又利于观瞻，通过此项工作，使这处文物古迹得到了较好的利用和保护。

【张钫纪念馆开馆】 2011年10月10日，新安县在铁门千唐志斋博物馆广场隆重举行纪念辛亥革命100周年暨张钫纪念馆开馆仪式。

张钫纪念馆本为张钫故居，始建于1917年，占地4200平方米，是民国初期的民居建筑。2008年，“张钫故居维修保护方案”正式出炉，工程进入当地重点工程项目之列。2010年10月，工程完工，投资达800万元，故居内的房屋、道路、绿化和排水设施都得到彻底修缮。2011年初，当地有关部门把面貌一新的张钫故居，改造成张钫纪念馆。该馆分为12个展厅。张钫后人捐赠的数百件张钫遗物，被分散摆放在多个展厅。张钫印鉴、抗战胜利纪念章及张钫手书的《孙子笔法》、穿过的大棉袄、家传的象牙筷……这些旧物带着历史的味道，真实还原了张钫的一生。

展厅内外，处处闪动着辛亥革命的精神。5号展厅是“核心”，记录的是张钫在辛亥革命前后的事迹。展厅内，悬挂着张钫在1913年任陕军第二师师长时的戎装照，英姿飒爽、威风凛凛。墙上还有一篇张钫于1912年写的《辛亥革命一周年抒怀》：“秦中起义，于今一载。最可惨而不能忘者友人刘粹轩、钱定三……皆磊落光明，有死无降。与当世英雄豪杰再作一番事业，以造福于万姓慰已死之友，吾无憾矣！”读来让人动容。

【《洛阳市邙山陵墓群保护条例》经河南省人大常委会审议通过】 据统计，邙山陵墓群占地面积756平方千米，地跨洛阳市所属的7个区县，包括20多个乡镇、360多个自然村，文物保护区内约有20万人。洛阳邙山地区汇集了自两周至明清各个时期、各种类型的古代墓葬，估计约有10万之众，号称“邙山无卧牛之地”。其中，作为国保单位的邙山陵墓群是邙山地区古墓群的主体，包括东周、东汉、曹魏等6个朝代的帝陵及其陪葬墓群，主要是一些大型封土墓。负责邙山陵墓群调查和勘测工作的洛阳市第二文物工作队队长史家珍说，在这700多平方千米的范围内，有大型封土墓972座，共有6代24位帝王长眠于此。邙山陵墓群是中国帝陵体系的重要组成部分，对于研究古代历史和陵寝制度有着极其重要的价值，从这个意义上说，它无愧于“东方金字塔”的称号。不过，对邙山上陵墓的盗掘、破坏，几乎和其营造的历史同样悠久。新世纪以来，相关部门对邙山陵墓群的保护力度不断加大，量身打造的《洛阳市邙山陵墓群保护条例》（以下简称“《条例》”）于2011年11月25日经河南省十一届人大常委会第二十四次会议正式表决通过。《条例》共22条，将于2012年3月1日起正式实施。随之而来的还有一系列保护与开发计划。邙山陵墓群正迎来历史上“最好的时光”。这是邙山陵墓群最新的一道“护身符”，也是洛阳市制定的第六部关于文物保护工作的地方性法规。立法使得洛阳对邙山陵墓群的保护和开发工作更具操作性，也更趋完善。

【洛阳市争取国家大遗址保护专项资金超2亿元】 “十一五”以来，国家累计投入洛阳市大遗址保护专项资金4.6亿元，其中2011年首次突破2亿元，达到2.08亿元，主要用于隋唐洛阳城、汉魏故城等9个项目的保护。其中隋唐洛阳城“一区一轴”项目争取资金1.5亿元。

【洛阳市第三次全国文物普查名录公布】 2011年12月20日，洛阳市第三次全国文物普查名录公布，共登记9320处不可移动文物点，为河南省第一，占全省总数的1/7。

在所登记的9320处不可移动文物点中，复查文物点999处，此次普查新发现文物点8321处，新发现占总数的89.3%。其中：古遗址1090处，古墓葬884处，古建筑5270处，石窟寺石刻100处，近现代重要史迹及代表性建筑1973处，其他类3处。洛阳市在早期人类遗址、乡土建筑、工业遗产等领域的普查登记取得重大进展。

【二里头遗址发现约3600年前宫室建筑】 近年来，河南偃师二里头遗址新一轮勘探与发掘工作又取得重要进展：

距今约3600年、保存最好的二里头早期宫室建筑问世，新发现的巨型坑或为商代国家级祭祀场的源头。

遗址的宫殿区，是一组多重院落的大型夯土建筑基址，由至少三进院落组成，总面积超过2100平方米。这座被编为5号基址的大型建筑，与数年前发掘的3号基址东西并列，3号基址因院内曾出土成组贵族墓和大型绿松石龙形器而闻名。

与3号基址相同，此次的5号基址院内也发现数座贵族墓，两座建筑的性质应该大体一致。由于3号基址为晚期的宫殿建筑所叠压，具体布局结构不详，5号基址是迄今所知保存最好的二里头文化早期大型宫室建筑。多重院落的布局，在东亚地区前所未有，也与其后二里头文化晚期至殷墟时代以单体“四合院”为主的建筑格局不同，这两座大型院落基址的发现，把西周及以后中国古代宫室建筑主流模式的源头上溯到二里头文化早期。

在宫城东北部、宫室建筑群以北发现的一处巨型坑，总面积约2200平方米，仅小面积的试掘就发现多处以幼猪为祭品的祭祀遗迹。巨型坑与宫室建筑群的相对位置以及其中祭祀遗迹的发现，都与稍后的偃师商城宫城内祭祀区的情况相似，而后者一般认为是商代前期的国家级祭祀场。二里头宫殿区巨型坑的发现，为探索偃师商城相关祭祀制度的源头提供了重要线索。

位于河南省偃师市的二里头遗址，是探索夏文化和夏商王朝分界的关键性遗址。在过去的30多年中，中国社会科学院考古研究所对其进行60余次考古发掘，发现迄今所知中国最早的大型宫殿建筑群、最早的宫城、最早的城市道路网、最早的车辙痕迹、最早的青铜礼器群及铸铜作坊，该遗址也因此成为探索华夏文明和国家的形成、夏文化和夏商王朝分界的关键性都城遗址。

（办公室）

地方史志编纂

【概　况】 2011年，洛阳市地方史志办公室机构编制18人，在职16人，内设综合科、市志科、县区科、年鉴科和信息科。完成《洛阳市汶川大地震救助援建志》编纂工作，《洛阳年鉴》（2011）如期出版发行，《洛阳大事月报》编辑出版12期，洛阳地情网发表各类文章、信息170余篇、数据库新增图书10部50万字。县（市）、区地方志工作全面推进，洛龙区续志顺利出版，偃师等15个县（市）、区出版综合性年鉴14部。此外，伊川县编辑出版《伊川乡镇概览》。

《元河南志》首发仪式

【《洛阳年鉴》（2011）全彩制作】 2011年，《洛阳年鉴》首次采用彩色工艺制作，这是河南省首部编纂出版的全彩型年鉴。改版后的《洛阳年鉴》封面、封底分别选用牡丹和司马光《过洛阳故城》诗句，宏观上实现了洛阳的地方特色。全书各类图片600余幅，数据表格150余个，与130万字的文字内容融为一体，以图文并茂的形式综合记述了2010年全市经济、政治、文化和社会建设所取得的非凡成就，给人以耳目一新的感觉，向打造精品年鉴迈出了扎实的一步。

【旧志书引用与整理】 2011年，洛阳市旧志整理工作被列入《洛阳市国民经济和社会发展第十二个五年规划》，是全市性的重点文化工程之一。为做好此项工作，市地方史志办公室详细摸清有关洛阳旧志方面书籍的现有版本状况和存放地点，筹集资金100万余元，分别在国家图书馆、北京图书馆、上海图书馆和台湾故宫博物院引用《河南府志》《洛阳县志》11部15个版本、450余卷，并且率先影印了《元河南志》。

【洛阳方志馆成立】 2011年6月，洛阳市方志馆正式成立。该馆由洛阳市地方史志办公室原编排中心改制而成，具有独立法人，属于正科级事业单位，机构编制4人，主要职责：承担志书、年鉴等地情书籍及原始稿件的收集、整理、保存；收集、整理、收藏、保存全国各类地情文献资料；负责征集全国各地地方志类图书和地情资料，并承担地情书籍的选订及地情资料的对外交流；开展借阅、阅览、复制、展览、资料摘编、咨询等服务性工作；利用馆藏资源开展爱国主义教育活动，提供史志文献信息服务。

（地方志）

档案工作

【概　况】 洛阳市档案馆成立于1958年，为市委、市政府直属的正县级事业单位。2007年2月，洛阳市档案局与洛阳市档案馆合署办公，设6个科室，编制50人。档案馆存有清代、民国和新中国成立以来各类档案及资料32万多卷、册。

座落于新区的洛阳市档案馆总面积约2.01万平方米，其中库房面积约1.3万平方米、爱国主义教育基地展厅实用面积约2500平方米，是河南省目前最大的地市级综合档案馆。

【洛龙区档案馆、涧西区档案馆通过国家二级综合档案馆测评验收】 2011年，洛阳市档案部门紧紧围绕市委、市政府创建全国文明城市的总体要求，在市档案馆晋升国家一级档案馆的基础上，又确定了洛龙区档案馆、涧西区档案馆晋升国家二级档案馆的工作目标，并有针对性地加大对洛龙区和涧西区的专项指导力度。洛龙区档案局、涧西区档案局全面强化基础业务建设，不断加强档案资源建设，加快推进档案资源数字化、数字档案管理标准化和数字档案信息服务网络化进程，形成了馆藏丰富、门类齐全、管理规范的档案保管、检索体系。6月，洛龙区档案馆、涧西区档案馆顺利通过国家二级综合档案馆测评验收。其中洛龙区档案馆在全省已创建成功的30多个二级馆中分值位列第一。

【新农村建设档案工作规范管理】 2011年，全市各级档案部门主动与民政、农业、新农村建设等涉农部门协调与配合，在巩固村级建档的基础上，以乡镇为依托，不断提高新农村建设档案工作规范化管理水平。全年，洛阳市农村建档率、“4+2”工作法归档单位数均为100%。年初市档案局确定栾川县作为“社会主义新农村建设档案工作示范县”和“农村档案资源共享工程”试点。栾川县成立新农村建设档案领导小组，建立县、乡、村三级联动机制，全县14个乡镇全部制定新农村建设档案工作实施方案，积极探索建立集档案、已公开现行文件、图书资料、农业信息、计生信息为一体的档案信息管理模式，积极利用信息网络技术，搭建信息共享平台，为农民群众提供综合信息服务。12月，经过省档案局的评审，栾川县获得省级“社会主义新农村建设档案工作示范县”称号，4个乡获得省级新农村建设示范乡镇，为新农村建设档案工作的开展积累了宝贵经验。

【档案法制建设】 2011年，全市各级档案部门通过多种形式，继续加大档案法规的宣传教育和贯彻实施力度，进一步提高全社会依法治档意识。严格按照《档案法》《河南省档案管理条例》开展档案执法监督工作，落实档案登记备案制度，规范档案执法文书，为档案执法工作打下了良好基础。由于成绩突出，洛阳市档案局被市政府法制办授予“2011年度洛阳市依法行政示范单位”称号。

【档案基础业务建设】 2011年，全市各级档案部门始终把推进档案工作规范化管理建设作为提升档案工作整体水平的一项重要工作来抓，通过抓典型、做示范、树样本的模式，大力开展档案工作规范化管理等级认定活动。市国税系统、地税系统、社保系统和检察院系统被评定为档案工作最佳系统；嵩县地税局等6家单位被评定为洛阳市机关档案工作示范单位；市黄河劳教所等7家市直单位通过规范化省级认证，年度递增量为13%。机关、企事业单位档案工作稳步前进，机关文书档案保管期限表的编制审批工作已全部完成。电力系统所属单位的档案管理全部达到省级以上标准。继续深入开展档案工作目标管理活动，市档案局被省档案局授予“2011年度全省档案工作目标管理先进单位”称号。

【档案征集】 2011年，洛阳市档案局继续加大对不同门类、不同载体档案的接收征集力度，尤其是地方特色档案和名人档案的征集。一批民国时期的档案资料先后征集进馆保存，全市93168卷档案资料接收进馆。市档案局与省档案局技术保护中心共同录制了第二十九届牡丹文化节开幕式的声像材料，积极与有关部门联系，将洛阳大遗址保护专题档案，2008年北京奥运会、残奥会火炬传递档案接收进市档案馆保存。积极开展已公开现行文件收集工作，接收政府规范性文件、政府公报等，并进行整理编目，为广大利用者提供方便。

【档案信息化建设】 2011年，洛阳市档案局高度重视档案信息化建设，不断加大投资，基本实现档案信息资源数字化、信息传递网络化、数据存储海量化、信息资源共享化、服务快捷智能化的目标。完成馆藏革命历史档案文件级目录数据的采集任务。6月，洛阳市档案局通过省档案局的验收，成为全省首家地市级档案信息化建设示范单位。全市重要档案异地异质备份工作全部完成，重要档案异地异质备份工作的开展，为有效应对突发事件和自然灾害，确保国家重要档案的安全，提供了强有力的保障。　　（李　志）

党史征编

【概　况】 2011年，全市党史部门以学习贯彻中央10号文件和全国党史工作会议精神为主线，按照中央、省委对党史工作的新要求，围绕我市“福民强市”的总体目标，弘扬“洛阳精神”，深化党史研究，扩大宣传教育影响，抓住中国共产党建党90周年的契机，重点搞好建党90周年的各项纪念活动，按计划出版两本书籍，保质保量完成了2011年的党史征编工作。

【毛万春对洛阳党史工作做出重要批示】 2011年5月9日，省委常委、市委书记毛万春对洛阳市党史工作做出重要批示：“以史鉴今、资政育人”是党史工作的重大职责。希望全市党史部门和党史工作者以纪念建党90周年为契机，紧紧围绕党史研究，深入挖掘全市各条战线的先进典型，把大力弘扬“洛阳精神”活动引向深入，为实现“福民强市”总体目标进一步凝聚精、气、神。各级党委要重视党史工作，帮助解决实际困难和问题，积极创造良好的工作条件。该批示充分体现出了市委书记毛万春对党史工作的重视和支持。市委常委、秘书长尚朝阳要求全市党史部门要认真学习和深入贯彻落实毛万春书记重要批示精神，按照省委党史研究室的工作部署，结合大力弘扬“洛阳精神”活动，切实发挥党史工作的资政作用，为实现“福民强市”的总体目标做出积极贡献。

【全市党史工作会议】 2011年5月27日，全市党史工作会议召开，会议重点是贯彻落实中央10号文件、豫发11号文件、全国党史工作会议和全省党史工作会议精神。市委常委、秘书长尚朝阳参加会议并对做好新形势下党史工作提出了几点意见：一是统一思想，提高认识，做好新形势下的党史工作是职责所在，发展所需，人民所盼；二是围绕当前洛阳经济社会发展的中心和大局，用党史工作服务科学发展大局，用实现自身科学发展的成效来检验党史工作，使党史工作更加体现时代性、把握规律性、富于创造性；三是要切实强化党委领导，通过加强自身建设和分工协作，努力构建党委领导、党史部门为主、各部门联动的党史工作新格局。市委党史研究室主任谢旭田对2010年全市党史工作进行总结，并就2011年学习贯彻中央和省党史工作会议精神，迎接建党90周年的重点工作进行部署。他要求各级党史部门要以学习贯彻中央10号文件和全国党史工作会议精神为主线，实现科学发展，充分发挥党史研究服务现实、资政育人的作用。

【纪念建党90周年活动】 2011年，市委党史研究室根据市委《关于中国共产党成立90周年纪念活动的通知》意见，从年初开始，早谋划、抓创新、重实效，广泛开展一系列庆祝建党90周年活动。一是与洛阳日报社及各县（市）、区党史研究室联手精心策划“红色记忆·庆祝中国共产党成立90周年”报道。该报道自5月16日开始在《洛阳日报》刊出27期。报道引领广大群众寻访红色足迹，讴歌光辉岁月，传扬革命精神，歌颂美好生活，在对历史记忆、历史经验、崇高精神的追寻和传承中，激发全市人民实现“福民强市”宏伟目标的强大动力。二是与洛阳电视台新闻部联合举办《红色先驱》专栏。该栏目共制作19期节目。自6月10日开始在洛阳电视台《洛阳新闻》《午间新闻》《政务要闻》等多个栏目循环播出，取得了良好的社会效应。报道客观忠实记载了新中国成立前洛阳党史人物的历史活动，大力宣传了洛阳土地上发生的这些红色先驱的革命事迹，弘扬了他们大无畏的革命精神。三是“七一”前夕举办了洛阳党史系统庆祝建党90周年理论研讨会。经市委党史研究室和评审组研究，评选出各县（市）、区和有关单位优秀论文9篇，并颁发了证书。四是与市委宣传部、市直工委和市文物管理局联合举办“河洛丰碑”·党在洛阳90年奋斗历程及辉煌成就图片展。本次图片展于6月27日开展，分为“红色记忆”“血色黎明”“激情年代”“东方风来”“辉煌成就”“领导关怀”六部分，共展出图片350余张，展览持续到10月底。五是与市委组织部联合召开全市“七一”学习《中国共产党历史》第二卷座谈会。与会单位将《中国共产党历史》第二卷的学习与理想信念、党的建设、开展“创先争优”活动、打赢“六加一”攻坚战、推进“福民强市”目标相结合，联系本单位工作实际发言并进行了座谈交流。

【出版书籍】 2011年“七一”前夕，市委党史研究室编辑出版了《辉煌“一五”》一书。全书分为9章，文字24万字，图片119幅，记述了“一五”时期洛阳工业大会战的火热场景，客观总结了六大厂矿在建设管理和生产经营中探索出的宝贵经验，发挥了党史研究资政的重要作用。10月，出版了《中共洛阳历史大事年编》（2010年）。全书共收录全市包括各县（市）、区的党史大事条目1086条，图片60余幅，文字53万字，分为洛阳党史大事记、县（市）、区党史大事记、光荣榜、统计资料、党史大事图片等部分。该书准确真实记载了洛阳各级党组织带领人民全面建设小康社会，实现“福民强市”总体目标的历史进程。

【党史资料征编工作】 党史大事记征编工作。2011年，市委党史研究室收集完成党史大事条目2000余条，各县（市）、区及有关部门党史大事条目1500余条，共计80万余字。同时完成《中共河南历史大事年编》（2011年）洛阳重点大事条目的上报，该书共收录洛阳大事条目3万余字资料。

进一步完善革命遗址普查资料。市委党史研究室在2010年革命遗址普查资料基础上，重点对文字部分进行审查修改、补充完善，共补充约15万字和300张图片，并完成初稿。同时按照省委党史研究室要求，编审了革命遗址普查丛书洛阳部分资料。

开展中共中央中原局资料征集工作。按照省委党史研究室《关于征集中共中央中原局党史资料的通知》要求，研究制定《关于征集中共中央中原局党史资料的实施方案》。积极与“洛八办”进行沟通协商，收集整理图片60幅和文字资料2万余字。

撰写党史资政育人报告。按照省委党史研究室《关于认真做好党史资政工作、党史育人工作及典型培养、经验总结等相关工作的通知》文件要求，以纪念中国共产党成立90周年为契机，对近两年全市的党史资政工作、党史育人工作典型经验进行了总结研究，撰写4篇资政育人报告约1.3万字，8月底上报省委党史研究室。

【各县（市）、区党史征编工作】 2011年，嵩县出版了《中国共产党嵩县历史》（第一卷）、《中共嵩县历史大事记》（1919.5～2008.12），完成了《中共河南省嵩县组织史资料》（第三卷）、《中共嵩县党史》（第二卷）的初稿。宜阳县编辑出版《中共宜阳县组织史资料》（第三卷1996.03～2006.12）17万字、《中共宜阳县村级组织史》（1949.10～2010.12）22万字，出版的大型画册《光辉历程》，收入宜阳县建党以来各个历史时期的图片400余张。伊川县完成《中国共产党伊川县历史》（第一卷）的出版发行工作，全书共3编8章33节20万余字，并完成《中国共产党伊川县历史》（第二卷）的编审和出版前各项准备工作。偃师市完成2011年4期《偃师党史》出版工作，完成《中共偃师历史》（第二卷）初稿约30万字，编写《八路军皮徐支队偃师抗战风云录》一书约13万字，编写完成专题《习仲勋视察偃师》。老城区出版《老城区组织史》（第三卷）。汝阳县参与《汝阳县建设志》的编写，已完成初稿约20万字。

此外，偃师市党史研究室正式开通

"偃师市党史网"，嵩县牵头县广播电视台、嵩县网等部门，开通启动"嵩县党史网"。　　（办公室）

图书发行

【政治理论读物发行】　2011年3月初，洛阳市新华书店下发《关于做好"中原文化记忆丛书"发行工作的通知》，要求全体员工积极主动开展上门推销，深入征订，广泛宣传，全力以赴做好该书的店外推销工作，同时要求各县店参照市店通知，结合各自实际制定切实可行的营销办法，全面做好该书的发行工作。在掌握政策的基础上，全面做好《何平九论》及其相关学习读物在洛阳地区的征订发行工作。积极与有关部门协调，出台文件，抓住政策支持这一有利条件，做好服务，共销售图书3650册，码洋71540元。以建党90周年为契机，做好《中国共产党历史》（第二卷）的宣传、征订、发行工作，以此带动《中国共产党史》（第一卷）销售，共销售《中国共产党史》（第二卷）500余册，《中国共产党史》（第一卷）200余册，码洋近10万元。

【教材教辅发行】　2011年，洛阳地区新华书店积极转变经营观念，用足用活政策，建立新形势下良好的店教关系。积极宣传教材征订发行政策，改进服务措施，使政府部门和学校领导充分理解新华书店经营的难处，从而配合新华书店完成教材教辅征订发行任务。根据全市行政区划调整，从4月下旬开始，主动与市教育局、伊滨区沟通协调，多次到伊滨区选址，为伊滨区店的成立做好前期准备工作。同时健全完善教材发行联络员制度。对所有教材发行人员进行严格考核，挑选一批优秀青工充实到联络员队伍中。此外，还根据实际情况，采取有效措施，建立教材教辅发行奖罚机制，从各方面调动发行人员的工作积极性。

2011年，洛阳市推行教辅审定准入制度。5月11日，市教育局、市政府纠风办出台《关于印发教辅资料审定准入制度的实施方案的通知》，并由市教育局监察室牵头，对全市教辅资料进行审查。洛阳市新华书店积极配合政府部门，在政策允许的范围内尽最大努力做好教辅发行工作。7月13日，洛阳市新华书店专门召开由全区各县（市）店经理、教辅发行负责人参加的教辅发行工作专题会议。要求全区各店充分认识实行教辅审定准入制度的重要意义，直面当前教辅发行存在的困难，群策群力，积极应对，确保全区教辅发行大局稳定。8月20日，洛阳市教育局公布了审定准入出版社和教辅品种名单，20家出版社的80个品种中标，新华书店拿到了其中15家出版社的64个品种的发行权。在时间紧、任务重的情况下，立即安排印刷厂加紧开机印刷，新华书店不惜成本保证随印随发，送书到校，保障秋季开学学生教辅用书供应，确保了"课前到书、人手一册"政治任务的圆满完成。

【一般图书和电子音像出版物发行】　2011年，洛阳市新华书店进一步完善全员店外推销制度，转变经营观念，增强主动服务的意识，多措并举拓展市场。制定了详细的推销计划和推销方案，与多家出版社联手在春节、"五一"、"六一"、"十一"等重要节假日开展了购书赠券、赠小礼品等活动，业务部门还千方百计借助名人效应，提升卖场人气，提高图书销售。6月6日，著名儿童文学作家杨红缨携其最新力作《淘气包马小跳系列》升级版第二辑亮相洛阳市店中心门市，举办签名售书活动，与洛阳广大读者欢聚一堂，一起分享"快乐阅读，快乐成长"的美妙时光。受到洛阳广大读者的热烈欢迎，当日售出《淘气包马小跳系列》图书1000余册，销售码洋2.3万余元，取得了良好的经济效益和社会效益。

2011年，洛阳市新华书店在音像市场持续低迷的情况下采取多种措施努力提高经济效益，共推销中国共产党历史纪念产品300余套，码洋2万余元。同时加大店堂宣传促销力度，提高门市的销售能力。在暑假期间开展优惠促销活动，对学生实行8折优惠，当月销售码洋7.4万元，同比提高销售2.1万元；金秋时节开展购光盘返券送礼品活动，销售码洋7.3万元，同比提高1.9万元。为扩大销售还多方联系新产品货源，扩大经营范围，满足不同阶层客户的多样化需求。

【读者俱乐部和农家书屋装备工作】　2011年，洛阳地区新华书店读者俱乐部会员7590人，会费收入20.5万元，成为新华书店联系读者、服务读者的桥梁和纽带。为增加会员人数，在"六一"期间举行优惠办证活动，当天新老会员办证、续会费一律9折优惠，受到广大读者的热烈欢迎，取得良好的效果。

为圆满完成2011年农家书屋装备配

装饰一新的农家书屋

供工作，按照河南省新华书店发行集团《关于认真做好2011年农家书屋装备配供、服务、宣传报道工作的紧急通知》文件精神，洛阳市新华书店根据农家书屋配供工作的要求，主动与当地新闻出版部门签订服务合同。2011年全市共有1400余家农家书屋的装配任务，为确保按时完成配送、分类、上架、装备工作。洛阳市新华书店读者俱乐部、物流中心等部门密切配合，克服人员少、车辆不足等困难，顺利完成农家书屋装配工作任务。共为农家书屋配送图书、音像制品216万元，装备配套设施39.5万余元，共计256万余元。

【青少年爱国主义教育读书活动】 2011年，以“共产党好”为主题的第十八届青少年爱国主义教育读书活动在洛阳市成功举行，全市共有49万余名中小学生参加此次活动，发行活动用书码洋295万元，比上届的212万增长39%。

【物流中心和教材代发货工作】 2011年，洛阳市新华书店物流中心根据春、秋两季的不同特点，制定出详细的收、发货工作预案，在工作中严格执行《河南省新华书店物流工作手册》和《代发货管理办法》，认真稳妥地做好教材、教辅的收发货工作，严把图书质量关，对代发品种做到随到、随收、随录入、随分、随送，从而确保全年工作的顺利完成。共代发教材教辅612万余册，码洋3953万余元。

【文化惠民活动】 2011年，洛阳市新华书店贯彻落实市委宣传部《关于春节期间开展“文化惠民”活动的通知》精神，开展了“开卷有益，给力阅读，新年购书赠券”活动。实行全场9折优惠，将实实在在的购书优惠奉献给广大读者。为更好地服务农民工、大学生、少年儿童、中老年人等特殊读者群体，洛阳市新华书店在销售过程中处处体现“以人为本、读者至上”的经营理念，设立求职、理财、低幼、养生等图书专柜或专架，针对不同读者群体的不同需求开展导购导读、新书预订、缺书登记、电话购书、礼品包装等特色服务，满足不同读者的多样化需求，让每一位前来购书的读者都感受到文化惠民政策的好处。

新安县新华书店启动“文化年货带回家”活动。组织了一批优秀书刊、音像、电子出版物等进火车、进长途汽车，向旅客特别是农民工、大学生旅客赠送。

汝阳县新华书店为了把购书实惠带给广大读者，对全场图书实行8折优惠，同时针对外出农民工的需求，免费为农民工读者发放地图册，共发放近百册，受到广大农民工的一致好评。

（张小龙）

洛阳日报报业集团

【正确引导舆论】 2011年，《洛阳日报》围绕“建设高品质机关报”的总体目标，进一步明确党报定位和“党报自觉意识”，树立“权威、高度、严谨、大气”的党报风范：立足于党报特点和洛阳实际，恢复单报头，优化报型，全彩印刷，党报形态更加鲜明科学；紧跟、紧贴市委中心工作，优化版面设置，增设“福民强市”版，为洛阳在中原经济区建设中有担当、谱写福民强市新篇章、强力推进“六加一”攻坚战，营造浓厚舆论氛围。根据党报的职责特点，调整优化部门设置，组建重点报道部，充实加强评论部，运行机制更加科学高效。特别是集中力量打造“洛平”品牌，开设“高端评论”、“洛平感言”、“河洛谈”等评论栏目，采发评论文章近400篇，其中“作风硬，洛阳兴”“洛阳精神”“十问洛阳，洛阳十答”“审视‘六加一’攻坚战”“洛阳十八谈”等大型系列专题评论，多次受到市委主要领导的直接表扬，在社会各界特别是主流读者中产生重大影响，彰显了党报的高品质和权威性。

【重大题材宣传报道】 2011年，洛阳日报报业集团“五报两网”（《洛阳日报》《洛阳晚报》《洛阳广播电视报》“洛阳网”“河图网”、洛阳手机报）围绕全国“两会”、全市“两会”、中原经济区上升为国家战略、“福民强市”、市十次党代会、中国洛阳牡丹文化节、创建全国文明城市、碧水蓝天工程、平安洛阳建设、纪念建党90周年、纪念辛亥革命100周年、河洛文化旅游节、全市各季度工作讲评会等内容，创新宣传策划，推出专版、专栏、专题报道，在全市营造了浓厚的舆论氛围。洛阳市委领导、《河南报刊审读》和社会各界多次对集团的宣传策划和宣传效果给予肯定和赞扬。

【服务百姓生活】 2011年，洛阳日报报业集团各媒体深入开展“走、转、改”活动，新闻宣传紧贴“地皮”，采写了一大批真实、生动、鲜活的新闻报道，使媒体与群众的联系更为紧密。《洛阳日报》增设“福民强市”版、财经版、人文河洛版等新版面和《网上网下》等新栏目。《洛阳晚报》在原有40余个基本版面的基础上，增加8个地方新闻版，强调新闻要重本土、重原创、重深度、重独家，强调主流、责任、贴近、实用，办报质量、编校质量进一步提升，文字差错率降为2.5‰，低于国家规定的3‰标准，在市场上的竞争优势更加明显。《洛阳商报》确立“以市区中产阶层为目标读者群的洛阳地域性经济生活报”的报纸定位，突出“财经资讯、贴身服务”的内容特点。《洛阳广播电视报》引入全新办报理念，围绕“消费消遣”“幸福生活”的主题进行全面改版，努力打造洛阳时尚生活类周报。洛阳网和洛阳手机报深入挖掘本地新闻，新增“洛阳社会”栏目，加强“百姓呼声”“县区频道”和“洛阳社区”栏目建设。各媒体记者深入基层，将群众关心的农村发展、社区治理、城建道路、医疗教育、就业创业、环境保护、百姓生活等方面的新闻做细、做深、做透，受到读者普遍欢迎，报纸订阅量、网站访问量持续提升。

【对外宣传】 2011年，洛阳日报报业集团各媒体报道题材有所拓宽，在外报不仅有宣传洛阳的新闻报道，也有围绕市委、市政府中心工作的言论稿件。《实干践诺，问责求绩》《向“庸懒无为”亮剑》《打破常规，创新图强》《提振精神，激流勇进》《公开的力量》《时刻绷紧安全之弦》《心动更要行动》《廉洁自律，坚守底线》《吃透精神，率先垂范》《让奉献精神在感动中升华》《基层干部存在执“网”能力短板》《与“网”俱进》《洛阳需要清醒、清醒、再清醒》《今天，我们再度出发！》等被《东方今报·洛阳读本》等媒体转载。新闻稿件《河南工人利比亚脱险记》发表在《河南日报》。《报纸作证，“救命血”登机》《生机乍现，血样配型成功17岁的大哥可捐“救命血”》《养父救女卖光全家15袋口粮》《3天获捐28万元，养父母决定捐出多余的善款》《救妹妹“贵州哥哥”倒计时》等新闻稿件发表在《贵州都市报》。

【发展新媒体】 2011年4月，为提升中国洛阳牡丹文化节的宣传报道水平，《洛阳晚报》创新推出国内第一份4D报纸，为读者提供了全新的阅报体验，受到读者热捧。10月，由洛阳日报报业集团视觉中心与专业公司联合研发的“河图网”上线试运行。河图网是报业集团旗下的第二个网站，是省内纸质媒体创办的第一家专业摄影图片网站。

【广播电视报社转企改制】 2011年，洛阳广播电视报社被列入全市改革改制单位。洛阳日报报业集团党委高度重视广播电视报社改革改制，多次深入基层调研，认真完善改革方案。经过数月的考察、研究和耐心细致的思想政治工作，11月，洛阳广播电视报社顺利改制，由事业法人整体转制为企业。广播电视报社改革方案既充分考虑了新闻传媒的特殊性，又做到职工利益优先，实现了职工利益最大化。广播电视报社改革迈出洛阳报业体制改革的实质性步伐，新的广电报公司当年开始运营。

【加快推进《洛阳商报》、洛阳网等媒体的公司化运营】 2011年，根据国家非时政类报刊改革改制的具体要求，洛阳日报报业集团党委未雨绸缪，加快推进《洛阳商报》、洛阳网的公司化运营，实行独立法人、独立核算、独立经营、独立分配、自负盈亏的运营体制，同时，公开竞选媒体经理人，精简内部机构和人员，下放单位日常经营权和管理权，媒体市场竞争能力不断增强。2011年，洛阳网经营创收实现翻番，网站影响力及各项指标取得历史性突破；《洛阳商报》办报质量稳步提升，报纸经营大幅减亏。

【重组调整多元化经营实体】 2011年，洛阳日报报业集团在经营上抓大放小，优化经营结构，发挥集团优势，降低经营成本和市场风险。集团在抓好广告、发行、印刷三大主业经营的基础上，形成了以房地产开发为龙头，文化产业、资本运作为新的经济增长点的多元化创收格局。2011年，集团纳税额为河南省500强之一，在河南省平面媒体中排名第二。

【经营再创佳绩】 2011年，洛阳日报报业集团党委及时调整经营思路，设立金融通信等新的广告分部，以策划带动营销，创新包装车展、房展等大型活动，广告收入在上年大幅度增长的基础上，又增长22%，创历史最高水平。九鼎房地产公司积极开展市场化运作，中和湾4期完成工程建设5万平方米。力合公司翰林苑、伊水苑小区和经济适用房、安置房项目建设顺利推进，壮大了集团的综合实力和发展后劲。

【印刷发行】 2011年，洛阳日报报业集团印刷公司不断强化“新闻安全、政治安全、生产安全、经营安全、环境安全”意识，积极开拓市场，为客户提供延伸服务。公司在保证集团报纸出版时效、出版质量、出版安全的前提下，积极拓展客户市场，同济源日报社、中州古籍出版社、大象出版社、西安军医大学出版社等进行了较大业务合作，书刊印刷量比上年上升88%，对外经营创收比上年增加13.2%。报纸发行量稳步增长，牢牢稳住洛阳报业市场的主导地位。洛阳日报报业集团不断提高办报质量和服务水平，建立偃师发行站，开发和扩大县域发行市场。《洛阳日报》征订目标按时全部完成；《洛阳晚报》发行量稳步提升；《洛阳商报》征订取得突破。同时，依托物流配送队伍和发行网络的优势，积极开展经营活动，取得了显著经济效益。

【作品获奖】 言论《福民是最大的政治》荣获2010年度河南省新闻奖一等奖、河南省省辖市报新闻奖一等奖；论文《多元化社会与办好副刊》《新闻热线：互动新景观》荣获2010年度河南省新闻奖新闻论文一等奖；新闻作品《这条斑马线，因他而铺设》荣获2010年度赵超构新闻奖一等奖；新闻作品《我有一腔女儿情，无奈错生男子身》荣获2010年度赵超构新闻奖三等奖；新闻作品《跨越南北半球，他们拥抱在一起》荣获2010年度中国地市报新闻奖一等奖、河南省新闻奖二等奖；新闻作品《关注伊春空难中的洛阳人》荣获2010年度中国地市报新闻奖一等奖；新闻作品《咱农民工也成立工会组织，中不中？》荣获2010年度中国地市报新闻奖一等奖；《循着先贤的足迹，续写千年情谊》荣获2010年度中国地市报新闻奖一等奖；新闻作品《洛阳将拥有“六大都城遗址”》荣获2010年度中国地市报新闻奖二等奖；论文《党报广告实现快速增长的思考》等12篇荣获2010年度河南省新闻奖新闻论文二、三等奖；论著《变迁——洛阳60年》荣获2010年度中国地市报论著三等奖；照片《一个人的电影队》《118个脑瘫孩子一个爹》荣获2010年度河南省新闻奖二等奖；漫画《憧“景”》《坚持》《都市瀑布》荣获2010年度河南省新闻漫画作品一等奖；新闻作品《不买殡仪馆的骨灰盒，不免“装灰费”？》等9篇分别荣获2010年度中国地市报新闻奖二等奖、河南省省辖市报新闻奖一等奖；新闻作品《“武皇”坐高铁，“驾临”西安城》等15篇分别荣获2010年度中国地市报新闻奖三等奖和2010年度河南省新闻奖二等奖；作品《凡圣之间》等3篇荣获2010年度全省副刊作品二等奖和三等奖；版面2月8日《洛阳日报》七版等2个版面荣获2010年度河南省新闻奖一、三等奖；照片《古稀竹匠，老去技艺》等2幅荣获2010年度河南省新闻奖三等奖；照片《伊川矿难》在2010年度其他专业类评奖中获奖；《洛阳日报》等4个广告版面荣获2010年度中国地市报广告版面一、二等奖。　（刘居彬）

洛阳广播电视台

【概 况】 2011年，洛阳广播电视台（原洛阳广播电视总台）有职能部门12个，宣传部门13个，从业人员615人，年经营创收5738万元。全年在中央人民广播电台播发新闻稿件80篇，在河南人民广播电台播发新闻稿件760篇，发稿总量和分数位居全省18个地市第一名。在中央电视台、河南电视台发稿继续保持全省各地市前列。其中在河南电视台播发新闻稿件突破千条，播出专题40多部。节目创优成绩显著，在省市“好新闻”奖、广播电视文艺奖、播音与主持奖以及学术论文奖评选中，获奖33篇（件），其中特别奖1篇（件）、一等奖6篇（件）、二等奖10篇（件）、三等奖15篇（件）、单项奖1篇（件）。

【广播电视宣传】 2011年，洛阳广播电视台围绕市委、市政府中心工作，不间断地组织宣传战役。在《洛阳新闻联播》《洛阳新闻》《新闻聚焦》等主要栏目，洛阳广播电视台分别开设了《环境创优、提升效能》《创建文明城市监督台》《打赢“六加一”攻坚战》《平安洛阳》《两会之声》《喜迎省九次党代会》《市十次党代会精神解读》《福民强市》《学习“十八谈”》《贯彻十七届六中全会精神》《助力中原经济区建设》《创文明城市、做文明市民》等专栏，及时报道市委、市政府决策谋划、工作部署等，传播时政信息、反映群众呼声，为中心工作营造了良好的宣传舆论氛围。在做好正面宣传的同时，本着帮忙不添乱、助推市委、市政府各项工作开展的原则，开展积极有效的舆论监督。在年初全市环境创优大会之后，洛阳广播电视台新闻节目及时领会大会精神，派出多路记者，对节后彭婆镇等6个乡镇机关工作情况进行暗访，以《乡镇机关沉醉节日，群众办事难见人影》为题进行了报道。针对部分不良会风，《洛阳新闻联播》播发《会风曝光台》节目，对部分干部的不良会风进行报道，较好地促进了环境创优活动的开展。

在服务中心工作的宣传报道上，洛阳广播电视台注重利用专题、评论、访谈等多种形式，增加感染力和影响力，不断提升宣传效果。先后组织播发了《作风硬、洛阳兴》《攻坚克难的“传家宝”》《打赢攻坚战的“助推器”》等10多期系列报道和特别节目，配合“何平”九论、“洛平”十一论以及“环境创优”等宣传，配以编前话、短评等，做到关键时刻不缺位、不失声，正确引领了社会舆论。此外，洛阳广播电视台与市纪委纠风办联动开办《行风热线》和《政府与百姓》栏目。全年，《行风热线》邀请120个（次）委局及部门走进直播间，接听群众投诉860多条；《政府与百姓》依托栏目热线，现场接听投诉和意见，受到群众关注。

【重点宣传】 2011年，针对全市重点工作、重大活动多，宣传任务重等状况，洛阳广播电视台对每一项报道都做到了提前介入，精心策划，全力做好宣传。

在创建全国文明城市宣传中，洛阳广播电视台加强了专线记者力量，在开设的《创文明城市、做文明市民》《暗访监督》《创建曝光台》《和谐洛阳》《我做文明洛阳人》等专栏中，播发稿件1600多条。同时，积极联系中央人民广播电台、中央电视台及河南电视台等媒体对洛阳的创建活动进行集中宣传。5月29日，由洛阳广播电视台参与摄制的新闻《河南洛阳：创建文明城市 切实改善民生》在央视《新闻联播》栏目播发。6月初，洛阳广播电视台和中央人民广播电台合作，通过《政务直通》栏目，成功直播了大型访谈节目《解读洛阳》。市委常委、常务副市长吴中阳代表市委、市政府，走进中央人民广播电台直播间，接受了1小时的专访。

2011年牡丹文化节期间，洛阳广播电视台先后联系中央人民广播电台、中央电视台、河南电视台等媒体记者80余人次到洛采访报道。4月在河南电视台发稿140条，名列地市台前茅，创下洛阳广播电视台在河南电视台单月发稿量历史新高。央视科教频道《走近科学》与洛阳广播电视台共同摄制了纪录片《张松峰和他的盆栽牡丹》。该片时长30分钟，在央视10套多次播出。牡丹文化节前，洛阳广播电视台相关领导多次前往北京，积极与中央电视台协调，促成了大型电视系列节目《天地洛阳》在央视的重播，为中国牡丹文化节营造了浓厚的宣传氛围。

此外，洛阳广播电视台抽调人员完成创建双拥模范城专题片《双拥花开牡丹城》和创建文明城市专题片《文明花开洛阳城》等紧急摄制任务。

【广播电视直播】 洛阳广播电视台克服各种困难，广泛采用广播电视直播手段，使市委、市政府的重大会议、重要活动实现了全程安全直播。全年洛阳广播电视台参与的重要广播、电视直播活动60多场。2011年全市“环境创优年”动员大会在春节过后的第一天召开，为做好大会的直播及报道工作，洛阳广播电视台近10个宣传部室的工作人员放弃春节休息，提前上班，反复进行预演。3个电视频道、4个广播频率同时对大会进行了直播，圆满完成了市委、市政府交给的重要任务。从6月开始，洛阳广播电视台发挥直播优势，配合市纪委、市委宣传部、市委办公室等单位和部门，推出《向人民报告》《向人民述廉》及《市长热线》等时政类直播节目。此外，洛阳广播电视台利用广播直播车，对济南军区国防动员委员会第七次全体会议、国家产业和科技创新调研组到洛调研、中原经济区调研组综合组到洛调研、全省重点项目观摩会、全省天然林资源保护工作现场会等重大活动进行了现场直播和解说。在直播过程中，洛阳广播电视台优质的播音解说，高质量的稿件，受到考察团和市领导的高度赞扬。

【对外宣传】 2011年，洛阳广播电视台在中央人民广播电台发稿80篇、河南人民广播电台发稿760篇，发稿总量和分数位居全省18个地市第一名。在中央电视台、河南电视台发稿继续保持全省各地市前列。其中在河南电视台播发新闻突破千条，播出专题40多部。其主要做法是：一是成立对外宣传部，选调经验丰富的精干采编力量，负责对外宣传工作，为对外宣传提供组织和人力保障。二是进一步密切与中央、省级媒体的联系，积极与省驻洛记者站合作，策划、组织重大宣传题材的采访、制作和送稿工作，提升洛阳广播电视台的外宣质量。三是发挥各宣传部门的作用，特别是新闻广播工作部和电视新闻节目部在外宣工作中的作用。洛阳广播电视台要求广播电视一线部室的编辑记者，时刻树立外宣意识，在重大活动、重大题材的报道上不失时机，及时向中央和省台采制发送了大量的稿件。

【节目整合与节目创优】　2011年，洛阳广播电视台按照“少办栏目、精办栏目、创出品牌”的指导思想，积极推进节目整合、栏目改版。在充分借鉴中国传媒大学专家分析论证的基础上，采取“成熟一个、改进一个”的方法，对《法治报道》《人生》等栏目进行整合，对《洛阳新闻联播》《百姓直通车》等栏目进行了重新包装和改版。

在对《百姓直通车》栏目的改版中，洛阳广播电视台电视新闻节目部采取内部分配政策倾斜等措施，加强社会民生新闻的采编力量，建立起较为规范的民生新闻采编播运作机制，改版后的《百姓直通车》更加贴近百姓，贴近民生。新闻广播对《洛阳新闻》《午间新闻》等栏目进行了改版。《洛阳新闻》首次采用直播方式播出，同时，打通了早7：00～9：00的新闻时段，增加《今日消费》节目，引进了评论节目《老曹时事点评》。改版后的新闻广播，内容丰富，节目收听率明显提高。在2010年度省市“好新闻”奖、广播电视文艺奖、播音与主持奖以及学术论文奖评选中，洛阳广播电视台获奖33篇（件），其中特别奖1篇（件）、一等奖6篇（件）、二等奖10篇（件）、三等奖15篇（件）、单项奖1篇（件）。

【经营创收】　2011年，洛阳广播电视台积极拓展各种渠道，全力做好经营创收，实现经营创收5738万元，圆满完成全年创收任务。一是改革宣传部室广告创收办法。将原来下达给各部室的广告时段统一划至广告工作部；鼓励各宣传部室利用挂角、片尾字幕、栏目赞助等“边角料”开展创收。此举既使宣传部室集中精力做好新闻宣传，不致因广告创收影响宣传质量，同时克服了创收上的无序竞争。二是压缩医疗广告，加大品牌广告创收力度。针对国家对医疗广告播出的规定，改善广告经营结构，压缩医疗广告份额。同时，采取多种办法，在品牌广告方面加大营销力度。交通广播结合自身特点及客户要求，拒绝送上门的医疗广告投放，确定了以地产、汽车品牌为主的品牌广告体系，通过“2011第四届中部名城汽车巡展”“《达攀秀》听友见面会及砍价拼拼团”等活动，与商家共同推广、合作共赢，年度广告创收增幅达到40%以上。三是广播电视形成联动，拓展创收领域。整合媒体经营资源，广播电视联合策划组织各种营销活动，拉动市场需求。先后主办或与有关单位联办了“房地产交易会”“林安汽车节”“创建文明城市晚会”“戏曲名家演唱会”“青少年才艺大赛”“中老年才艺大赛”等活动，多渠道增加经营创收。四是内部挖潜，增加广告创收平台。利用频道、频率资源，经上级部门认可，分别开播广播文娱频率和电视文娱频道，吸引并固定了观众收视群，提高广告创收能力。

【基础设施建设与文化产业】　根据省、市有关发展文化产业的指示精神，2011年以来，洛阳广播电视台在加快发展广电事业的同时，强力推进文化产业发展，努力实施市委、市政府提出的“文化强市”战略。

影视剧制作　2009年，洛阳广播电视台与北京海融基业文化传播有限公司合作，成立洛阳影视传媒集团公司。2年来，集团公司已成为洛阳文化产业发展的龙头。特别是在影视剧制作上，完成电影《甲天下》在全国院线的上映，与河南影视制作集团联合摄制电影《忐忑》，其中《甲天下》在洛阳牡丹文化节期间在全国约5000块银幕同时上映，为宣传洛阳、弘扬河洛文化做出积极贡献。

电影院线建设　根据集团在市、县、乡村进行院线建设规划，第一家电影院——汝阳影院于10月建成并投入运营，运营效果良好。

传媒大厦工程及影视文化基地建设　计划投资1.2亿元，作为新区拓展区重点工程的传媒大厦工程，完成地下车库及桩基工程建设。

节目市场化运作　与央视12频道合作，成为央视普法栏目剧供片单位，每年能够提供10部栏目剧在央视播放。为获得必要的纸媒传播渠道，集团与河南报业集团签订《今日消费》周报深度合作合同，共同经营《今日消费》报。除在郑州继续创办《今日消费·亲子》周刊外，还进行股权投资。

车载移动电视项目　该项目分三期实施，一期工程共安装公交移动电视500台，10月初开始试播；二期工程安装公交移动电视500台、出租车移动电视1000台，其他车辆移动电视500台，2012年年底安装完毕；第三期工程2013年开始实施。

洛阳手机电视（CMMB）项目　该项目与中广传播集团合作开发，按省局统一规划，洛阳广播电视台投资50万元，正在发展用户阶段。

中原明珠电视塔LED项目及亮化项目　洛阳广播电视台与合作伙伴共同投资1500万元的中原明珠电视塔LED球体广告屏项目正式运营；投资120万元的电视塔亮化工程，在2011年牡丹文化节期间亮相洛阳，首次实现了从原来每年贴钱30多万元亮化费到有一定广告收入盈余的转变。

此外还有地面无线数字电视覆盖工程项目　该项目主要是通过市场运作手段提高洛阳广播电视台广播电视节目的覆盖质量和效果。2011年，经过组织有关人员到长沙、安阳、开封等地进行实地考察，洛阳广播电视台已经制定出具体策划方案和设计方案，正在筹备下一步工作。

【工程项目建设】　2011年，洛阳广播电视台在资金紧缺的情况下，多方筹措资金，确保了技术设备更新改造和重点工程项目建设顺利进行。一是洛阳广电中心工程建设如期推进。按照建设管理程序，所有标段统一由市政府采购中心组织公开面向社会依法、依规招标，累计完成广电中心总投资额1.3亿元。二是

洛阳广播电视发射台开播仪式

马店广播电视发射台项目进展顺利。投资200万元的洛宁马店发射台项目，2011年10月开工建设。该项目是继嵩县九皋山发射台之后，洛阳广播电视台在南部山区建设的第二个转播台，将安装四台1千瓦调频广播发射机。项目建成后，将实现省内广播领域的两个“第一”，即第一个调频同步广播网，第一个进入有线电视网的广播节目。马店发射台项目进行的同时，还对九皋山发射台的设备进行补充，新增一台1千瓦数字电视发射机和两台1千瓦调频广播发射机，丰富九皋山发射台的节目数量。三是技术装备更新改造。2011年，洛阳广播电视台在技术设备更新及维护上较前几年有较大投入，涉及项目达十几项。主要有：投资200多万元购置了新闻直播车；投资116万元，购买切换台、摄像机、在线包装等部分关键的高清设备，初步完成新闻演播室高清改造工作；投资20多万元，重开电视四频道；投资25万元，购置哈广10千瓦数字中波发射机，增加文艺广播中波信号覆盖；投资24.5万元，更新部分无线话筒等音频设备；投资近10万元，购买微波传输车；投资11万元，购置美国ORBAN FM8500数字音频处理器1台，提高文艺广播调频信号收听质量；投资数万元，整修3个演播厅的演出灯光系统；投资近10万元，为上载机房、播出机房配置10多台空调等硬件设施，解决播出发射机房设备散热过高的问题。

【安全播出】 2011年，洛阳广播电视台完成技术部门的重新组合，将原独立管理广播、电视业务的两台技术部室合并，成立录制技术部和播出发射部，重新进行并完成业务划分、职责岗位界定，两部室从安全播出角度，对播出机房、制作机房、广播电视演播室使用与管理重新进行了规范。层层落实负责制和应急机制，落实安全播出的领导和专人负责制，严格执行安全播出的值班值守规定，建立起畅通、快速、高效的联系机制，对突发事件做到及时发现，反应迅速，处置得当。如6月13日中午，洛阳广播电视台所在的王城路地区突然大面积停电，由于措施到位，预案周密，处置妥当，洛阳广播电视台4个广播频率、3个电视频道的播出没有中断一秒，节目没有播错一条，避免了一起后果严重、影响较大的安全播出事故。全年，洛阳广播电视台在重大节日、敏感日期均无发生任何安全播出事故。

（宁来群）

卫生·体育

卫　　生

【概　况】 2011年，洛阳市共有医疗、卫生机构802个，年末职工总数46849人，其中卫生技术人员31716人（执业医师、助理执业医师13266人，注册护士11896人），开放床位28873张。各级财政卫生经费投入73761.2万元，比上年增加22637.9万元，增加幅度44.28%。全市各级医疗机构业务收入491999.3万元，比上年增加83428.9万元，增长率为20.42%。其中：医疗收入增加53548.7万元，增长率为23.36%；药品收入增加17944.4万元，增长率为10.14%；药品收入占业务收入的比例为40.79%，呈明显下降趋势。全市各级医疗机构业务支出501572.5万元，比上年增加82011.3万元，增长率为19.55%，其中医疗支出增长24.14%、药品支出增长5.71%。全市各级医疗机构门诊人次为1742.8万人次，比上年增加108.3万人次，平均每门诊人次收费132.72元，较上年增加11.46元；实际占用床日数为669万床日，比上年略有下降。全市各级医疗机构综合病床使用率为86.26%，较上年提高5.27%；平均每床日收费398.98元。

【公立医院改革改制】 2011年，洛阳市按照市委、市政府的工作部署，对市属18家公立医院进行改革改制。截至2011年年底，洛阳市中心医院、洛轴医院、洛铜医院、东方医院、洛阳市第一商业职工医院、洛阳市第二商业职工医院完成国有产权出让，新的股份制医院开始运行。机车医院正在进行产权出让。洛耐医院、第一人民医院、第三人民医院、白马医院进入产权出让公告程序。洛阳市妇女儿童医疗保健中心、第二中医院、洛钢医院已经完成资产审计评估，筹备召开职代会。河南科技大学第一附属医院、第一中医院、市精神卫生中心、第五人民医院实行内部运行机制改革，建立“三会一层”的法人治理结构，实行内部三项制度改革。2011年1月1日，全市全面实施乡镇卫生院基本药物零差率销售后，又于11月比全省提前2个月启动村级药品零差率销售。在全国16个改革试点市和中部各省中率先全面启动县级公立医院药品零差率销售。市卫生局获得全市机制转换攻坚战一等奖第一名。

【农村卫生服务保障能力】 2011年，洛阳市基层卫生服务体系建设不断加强。在完成伊川县、汝阳县、嵩县县医院和偃师市中医院达标改造的基础上，又开工建设4个县医院、3个精神病医院和7个乡镇卫生院项目。12个中心乡镇卫生院和8个社区卫生服务中心全部竣工。在全市建立起村卫生室补偿和乡村医生养老保障、生活补助政策，进一步稳定乡村医生队伍，巩固了农村卫生网底功能。

【新农合保障能力进一步提高】 2011年，全市参合农民达到485.23万人，年度筹集新农合基金11.16亿元，参合率99.41%，位居全省前列。筹资标准从上年度的150元提高至230元。参合农民住院年度累计最高支付限额从上年度6万元提高至10万元。全市已有595.54万人次的参合农民得到实惠，直接减轻参合农民医疗费用负担8.07亿元，门诊统筹补偿179万人次，补助2020.48万元。全市救治儿童重大疾病患儿707人次，新农合基金补助1000.96万元。推行市内自主择医、市外转诊审批制度和网上办理转诊、市内直补等服务。积极推行省内异地直接结算和跨省辖市即时结报工作，进一步方便参合农民就医补助。积极探索门诊总额预付等新农合支付方式改革，在全省率先实行所有县人民医院开展新农合按病种付费管理试点，探索建立费用共担机制，促进基金的合理使用。

【国家基本药物制度】 2011年1月1日起，全市152个乡镇卫生院全部实施基本药物制度，3835万元中央补助资金、1638万元省补资金全部到位；307种基本药品和200种增补药品均实行网上采购、集中配送、零差率销售。全年实施基本药物制度的基层医疗卫生机构门诊就诊449.72万人次，同比增加42.41万人次，出院13.36万人次，同比减少1.46万人次。业务总收入2.53亿元，同比下降2683.16万元，降幅9.58%。药品销售收入1.48亿元，同比下降2446万元，下降14.22%。次均门诊药品费用和次均住院药品费用下降幅度分别为22.09%和5.05%，百姓就医负担明显降低。市卫生局受到市委、市政府表彰，并获得民生改善攻坚战一等奖第二名。

【基本公共卫生服务均等化】 2011年，全市9大基本公共卫生服务项目和6项重大公共卫生服务项目全面落实，人均补助公共卫生经费标准由上年度的每人15元提高到每人25元。全市建立农民健康档案431.7万份，建档率89.4%；建立城市区居民健康档案76.57万余份，建档率66.5%，全部超额完成省定目标。补助农村住院分娩产妇50461人，发放救助资金1513.83万元；农村育龄妇女孕前期和孕早期增补叶酸项目共补服叶酸37587人；免费为农村适龄妇女宫颈癌检查32635人，超额完成省定年度任务。3500例贫困白内障患者复明手术全部完成，手术成功率达100%。完成预防接种300万余剂次。完成重性精神病人线索调查，初步诊断重性精神病人16236人，其中1.04万人的信息已纳入国家重性精神病人信息管理系统。

【优势医院倍增发展计划】 2011年，全市11家倍增发展医院新增投资额4.8亿元，新增建筑面积3.5万平方米，新增床位1020张。市第一中医院已完成倍增建设任务，综合病房楼投入使用，河科大一附院新区医院开始营业，精卫中心国债项目建设近期将投入使用；河科大二附院综合病房楼、市第五人民医院新区医院门诊医技楼、市妇儿中心新区医院、市第三人民医院二期工程——社区卫生服务中心综合楼主体封顶，正在进行内外装修；东方医院综合病房楼建设项目正在进行主体建设；洛阳正骨医院传统医学中心项目已举行开工典礼；新确定的河科大二附院急诊楼项目、市中心医院新建综合病房楼项目和河科大一附院新建门诊医技综合楼项目都已获得市政府有关部门审批，均被列入全市重点工程项目，并由市四大班子领导分包联系，协调指导。

【重大疾病防控和卫生应急】 2011年，全市重大疾病防控工作取得突出成效。认真开展疾病监测和分析，确保全年无重大传染病疫情暴发。手足口病防治疫情总体平稳，报告数较上年下降20.6%，重症病例下降69.7%，无死亡病例。艾滋病、结核病、免疫规划3项政府责任目标圆满完成。全市累计管理艾滋病感染者占全省感染数的0.77%，艾滋病疫情仍保持低流行态势。完成省下达的新涂阳肺结核病人发现任务数，治愈率保持在90%以上，2项指标均超出省定标准。开展"免疫规划质量管理年"活动，疫苗接种率农村和城市均在98%以上。疫苗针对传染病控制效果明显，为巩固无脊灰成果实现消除麻疹目标打下坚实基础。

制定《洛阳市卫生应急队伍管理办法》，组建110应急联动服务体系，成立5类10支120人的突发公共卫生事件专业应急队伍。重新调整补充4类24人的突发卫生事件专家咨询队伍，明确了职责。制定人感染禽流感、食物中毒和重大交通事故医疗救援等应急演练方案。在全省急救比武中，洛阳市代表队荣获团体一等奖，9人获单项一等奖。成功组织洛阳市、三门峡市、济源市紧急医学救援应急拉动演练，提高了应急保障能力。

【医院管理和医疗服务】 2011年，全市医院管理"十大指标"监管及"三好一满意"活动考核成绩优良，三级医院考核得分平均达90分以上。全省50家三级综合医院中，洛阳市5家医院的药占比全部低于省定目标，并有4家低于全省平均水平；全省108个县人民医院中，洛阳市9个县医院药占比全部低于省定目标并有5家低于全省平均水平；全省115家二级综合医院中，洛阳市18家医院有17家低于省定目标并有12家低于全省平均水平。全市14家医院共实施36项医学重点专科项目，15项临床特色专科项目，全年投入1762万元，购买大型设备114台；开展重点业务技术项目72项，新技术新业务项目64项。河科大二附院心内科获批国家医学重点专科。实施临床路径管理的国家级试点单位市中心医院、河科大二附院和省级试点单位河科大一附院、市第一人民医院、市妇儿中心、东方医院等6家医院，就医患者平均药品费用占总费用的比例降到26.6%，住院天数平均缩短3天。全市15家二级以上医院的52个病区开展了优质护理示范病区创建工作。河科大二附院荣获全国优质护理服务示范工程先进单位，市中心医院等4家医院荣获全国优质护理服务先进病区。全市各级各类医疗机构全部纳入临床检验质控网络。

【中医和保健工作】 2011年，洛阳市建成覆盖全市优势突出、结构合理、功能健全的中医药服务网络。市、县11家中医院门诊量、住院人次、床位使用率、业务收入较上年同期分别增长21.6%、20.3%、5.9%和21.5%。市第一中医院的周围血管病科通过国家级重点中医专科验收；市第二中医院通过省中医局三甲复审，被授予"三级甲等中医医院"；河科大二附院被国家中医药管理局命名为"全国综合医院中医药工作示范单位"。大力宣传中医药文化，不断提升社会认知度和满意度。市卫生局被国家中医药管理局表彰为中医基本现状调查优秀组织单位。

认真做好离退休老干部的医疗保健工作，圆满完成市保健对象的日常保健工作。高标准完成全省农运会、牡丹文化节、河洛文化旅游节等重大活动及到洛首长的保健和医疗保障任务。

【卫生监督与行政执法】 2011年，洛阳市建立健全食品安全监管机制，集中开展专项整治活动20余次，共出动执法车辆4300余台次，执法人员1.7万多人次，检查辖区餐饮单位2.9万余户次，没收销毁索证不全的食品及食品原料1100余千克。圆满完成了30余项重大事项及任务的饮食安全保障任务。全市餐饮业量化分级管理率和公示率继续保持在95%以上。严厉打击非法行医，取缔无证诊所243户次，没收药品486箱，拆除灯箱、牌匾68个，向公安机关移送涉嫌非法行医案件42起，移送法院强制执行非法行医案件13起。强化医疗机构依法执业和传染病防治监督检查，对存在超范围执业、使用非卫生技术人员的36家医疗机构和医疗美容机构进行了行政处罚。

【国家卫生城市复审和爱国卫生工作】 2011年，是洛阳市国家卫生城市复审年。对此，洛阳市成立高规格复审工作指挥部，组建办事机构，抽调30人分设五个工作处，分包城区重点部位整治工作，实行责任管理。建立"每日督察通报""一周一讲评""一月一排序""市领导督察"和"金字塔"式责任体系等工作机制。将群众反映较多、问题反复出现、影响市容市貌并引起社会关注的100个城乡地段列为重点治理监控点，对60个方面180个具体问题，进行集中整治，彻底解决一批重点难点问题。11月24日，全国爱国卫生委员会宣布洛阳市为国家卫生城市，成为全国爱卫会重新确认的63个国家卫生城市之一，并受到全国爱卫会通报表扬。市卫生局被市委、市政府记集体二等功。

爱国卫生工作取得新成效。2011年，全市争取并完成中央重大公共卫生农村改厕项目10350户，投入项目资金517.5万元。孟津县、新安县仓头镇通过国家卫生县城（镇）评审，宜阳县、栾川县、新安县石寺镇通过国家卫生县城（镇）3年届满复审，150个单位、41个村获得省级卫生先进单位、卫生村荣誉称号。争取市财政资金130万元，全市共投入589万元用于病媒生物防治工作，有效地控制了病媒生物密度。

【洛阳市第七次荣膺全国无偿献血先进城市】 2011年，洛阳市被卫生部表彰为全国无偿献血先进城市，这是洛阳市第七次荣获此项殊荣。为了保障临床应急用血的需求，全市建立固定献血者、机采血源、应急献血、稀有血型献血者4支应急献血队伍。全年共采集全血57390人次、114595单位，同比增长2.82%；全年供血总量计26.77吨，同比增长10.44%；采集机采成分血3466人次，4802个治疗量，同比增长28.46%；为临床医院急诊送血、常规送血530次，临床用血满意率达98.5%，确保了全市医疗机构安全用血。洛阳市无偿献血率达100%，质量合格率达100%、临床用血和献血者满意率在98%以上，成为文明城市创建的一个亮点。

【党风廉政和卫生行风建设】 2011年，全市公共卫生行业严格落实领导干部“一岗双责”、节假日公务用车封存备案和资金使用报告、物资采购招标监督等制度，全市60家二级以上医疗机构全部纳入集中招标采购，集中采购药品9.8亿元，医用耗材3.6亿元，耗材招标平均降幅8.13%，让利群众2600万元。签定廉政承诺书，举行重大节日廉政宣誓，进一步筑牢了干部职工拒腐防变的思想防线。

全市卫生系统坚持标本兼治、综合治理、纠建并举、注重预防的方针，加大行风建设力度，积极开展民主评议卫生行风工作，认真办理群众信访和诉求，查处违规违纪案件，纠正医药购销、医用耗材集中招标采购和医疗服务中的不正之风，开展违规套取骗取医保和新农合资金专项整治活动，系统全年无重大违规违纪案件发生。3个重点科室评议较上年度有较大提升，双年度行业行风评议进入全市前八名。市卫生局和部分局属单位、县卫生局等9家单位被省卫生厅表彰为“十一五”期间全省行风建设先进单位；洛阳正骨医院、河科大一附院、洛阳市中心医院被省纠风办评为全省群众最满意的医院。

【全民健康信息保障工程】 2011年10月18日，河南省一次性投资最大的全民健康信息保障工程正式开工建设，投入资金6500万余元。通过建立区域卫生信息共享平台，整合现有信息资源，建立安全可靠、功能完备并适应卫生体制改革发展需要的高效便捷的卫生信息化体系。市洛阳级数据中心平台硬件已经到位，设备安装、网络调试正在进行，工程建设第一阶段涉及的医疗机构部分硬件设备已经到位，其他各医疗卫生机构硬件设备正在积极采购。工程承建方完成对洛阳市中心医院医护人员的前期培训工作，安装的HIS系统和电子病历在试运行中。

【对外交流与合作】 2011年6月12～14日，法国卫生评价专家丛汇泉、冈城医疗中心副院长拉腊·维瑙赛德、胡昂医疗中心第一副总院长雅克·梅约哈等6人组成的法国卫生部代表团到洛阳市考察访问，并从医疗质量、医疗机构、医疗收费管理、护理管理等方面介绍了法国公立医院的改革经验。省卫生厅副厅级巡视员魏琳娜、市卫生局局长张水利陪同调研。其间，河科大二附院与法国冈城医疗中心、胡昂医疗中心签订了合作协议。双方将在卫生行政管理、医院管理、医疗质量管理、临床路径管理、人力资源管理、财政管理、信息系统、临床医疗、护理等方面开展交流合作。

（齐晓莉）

2011年洛阳市医疗机构、卫生人员基本情况

机构分类	机构数（个）	床位数（张）	编制人数	在岗职工													
				合计	卫生技术人员									其他技术人员	管理人员	工勤技能人员
					小计	执业（助理）医师	执业医师	注册护士	药师（士）	技师（士）	检验师	其他	见习医师			
总　计	3849	28873	37864	46849	31716	13266	9842	11896	1470	1555	1080	3529	530	1659	1814	3856
一、医院	109	21407	17525	24399	19714	7465	6588	8657	1026	969	683	1597	381	1063	1113	2509
综合医院	83	15185	12669	18622	15241	5673	5076	6871	743	750	534	1204	310	621	823	1937
中医医院	15	3802	3474	4158	3234	1431	1187	1086	236	175	114	306	60	351	221	352
中西医结合医院	1	55	80	52	40	15	11	11	2	2	1	10	0	0	6	6

续表1

机构分类	机构数（个）	床位数	编制人数	合计	在岗职工											
					卫生技术人员									其他技术人员	管理人员	工勤技能人员
					小计	执业（助理）医师		注册护士	药师（士）	技师（士）		其他				
							执业医师				检验师		见习医师			
民族医院																
专科医院	10	2365	1302	1567	1199	346	314	689	45	42	34	77	11	91	63	214
口腔医院																
眼科医院	1	20	0	24	17	8	8	7	0	0	0	2	2	1	3	3
耳鼻喉科医院																
肿瘤医院																
心血管病医院																
胸科医院																
血液病医院																
妇产(科)医院	1	90	175	175	119	26	25	82	0	3	2	8	1	24	2	30
儿童医院																
精神病医院	3	2116	953	1110	862	226	217	521	31	24	20	60	6	54	43	151
传染病医院																
皮肤病医院																
结核病医院																
麻风病医院																
职业病医院																
骨科医院																
康复医院																
整形外科医院																
美容医院																
其他专科医院	5	139	174	258	201	86	64	79	14	15	12	7	2	12	15	30
护理院																
二、基层医疗卫生机构	3682	5808	17081	18659	9292	4779	2508	2469	383	381	234	1280	121	384	360	819
社区卫生服务中心（站）	150	638	1447	2279	1915	870	802	800	87	92	51	66	12	96	132	136
社区卫生服务中心	41	628	1115	1531	1251	552	503	473	76	87	47	63	11	75	90	115
社区卫生服务站	109	10	332	748	664	318	299	327	11	5	4	3	1	21	42	21
卫生院	155	5045	6091	5836	4823	2214	918	983	242	242	146	1142	99	283	211	519
街道卫生院																

续表2

机构分类	机构数（个）	床位数	编制人数	在岗职工												
				合计	卫生技术人员									其他技术人员	管理人员	工勤技能人员
					小计	执业（助理）医师	执业医师	注册护士	药师（士）	技师（士）	检验师	其他	见习医师			
乡镇卫生院	155	5045	6091	5836	4823	2214	918	983	242	242	146	1142	99	283	211	519
中心卫生院	25	1158	1237	1430	1241	570	197	229	52	57	30	333	30	66	30	93
乡卫生院	130	3887	4854	4406	3582	1644	721	754	190	185	116	809	69	217	181	426
村卫生室	3047	0	8941	8941	1137	919	140	218	0	0	0	0	0	0	0	0
门诊部	18	125	207	335	284	124	92	87	16	33	23	24	3	5	17	29
综合门诊部	14	115	195	284	244	97	82	82	15	28	20	22	3	3	14	23
专科门诊部	4	10	12	51	40	27	10	5	1	5	3	2	0	2	3	6
诊所、卫生所、医务室	312	0	395	1268	1133	652	556	381	38	14	14	48	7	0	0	135
诊所	218	0	311	904	798	460	395	258	28	10	10	42	6	0	0	106
卫生所、医务室	94	0	84	364	335	192	161	123	10	4	4	6	1	0	0	29
护理站																
三、专业公共卫生机构	53	1258	2927	3486	2471	922	666	672	50	183	152	644	28	207	321	487
疾病预防控制中心	16	0	1071	1080	722	353	251	64	12	85	78	208	1	79	129	150
省属																
省辖市(地区)属	1	0	292	211	137	87	86	12	1	2	1	35	1	26	12	36
地辖市属	7	0	353	300	155	78	60	21	2	30	30	24	0	19	53	73
县属	8	0	426	569	430	188	105	31	9	53	47	149	0	34	64	41
其他	0	0	0	0	0	0	0	0	0	0	0	0	0	0	0	0
专科疾病防治院(所、站)	1	80	67	63	38	23	8	8	2	3	2	2	0	3	4	18
专科疾病防治院																
传染病防治院																
结核病防治院																
职业病防治院																
其他																
专科疾病防治所(站、中心)	1	80	67	63	38	23	8	8	2	3	2	2	0	3	4	18
口腔病防治所(站、中心)																
精神病防治所(站、中心)																
皮肤病与性病防治所(中心)																

续表3

机构分类	机构数（个）	床位数	编制人数	合计	在岗职工											
					卫生技术人员									其他技术人员	管理人员	工勤技能人员
					小计	执业（助理）医师		注册护士	药师（士）	技师（士）		其他				
							执业医师				检验师		见习医师			
地方病防治所(站、中心)	1	80	67	63	38	23	8	8	2	3	2	2	0	3	4	18
妇幼保健院(所、站)	16	1158	1072	1652	1285	504	381	551	35	75	54	120	16	81	85	201
省属																
省辖市(地区)属	1	336	400	696	564	179	175	306	16	24	18	39	0	63	40	29
地辖市属	7	73	183	140	97	56	49	21	3	10	7	7	0	4	11	28
县属	8	749	489	816	624	269	157	224	16	41	29	74	16	14	34	144
其他	0	0	0	0	0	0	0	0	0	0	0	0	0	0	0	0
妇幼保健院	10	1088	933	1529	1184	455	344	521	30	65	47	113	16	77	72	196
妇幼保健所	3	50	53	64	55	20	13	21	2	7	5	5	0	2	5	2
妇幼保健站	3	20	86	59	46	29	24	9	3	3	2	2	0	2	8	3
生殖保健中心																
急救中心(站)	1	20	47	32	19	8	8	11	0	0	0	0	0	6	1	6
采供血机构	1	0	98	93	58	0	0	28	0	14	14	16	11	14	7	14
卫生监督所(中心)	16	0	481	492	298	0	0	0	0	0	0	298	0	18	87	89
省属																
省辖市(地区)属	1	0	106	98	71	0	0	0	0	0	0	71	0	0	20	7
地辖市属	7	0	199	192	79	0	0	0	0	0	0	79	0	3	51	59
县属	8	0	176	202	148	0	0	0	0	0	0	148	0	15	16	23
其他	0	0	0	0	0	0	0	0	0	0	0	0	0	0	0	0
计划生育技术服务机构	2	0	91	74	51	34	18	10	1	6	4	0	0	6	8	9
四、其他卫生机构	5	400	331	305	239	100	80	98	11	22	11	8	0	5	20	41
疗养院	2	400	239	222	172	56	43	79	10	19	9	8	0	0	13	37
卫生监督检验(监测、检测)所(站)																
医学科学研究机构																
医学在职培训机构	2	0	84	75	63	42	35	18	1	2	1	0	0	5	4	3
临床检验中心（所、站）																
其他	1	0	8	8	4	2	2	1	0	1	1	0	0	0	3	1

注：本表人员合计中包括乡村医生7477人和卫生员327人；不含乡镇卫生院在村卫生室工作的执业（助理）医师、注册护士数

2011年洛阳市医院等级情况

分组名称	医院	综合医院	中医医院	中西医结合医院	民族医院	专科医院	妇幼保健院	专科疾病防治院
总　计	109	83	15	1	0	10	10	0
三级	4	2	2	0	0	0	0	0
三级甲等	4	2	2					
三级乙等								
三级丙等								
未评等次	0	0	0	0	0	0	0	0
二级	48	34	9	0	0	5	2	0
二级甲等	21	9	9			3	2	
二级乙等	22	21				1		
二级丙等	2	2						
未评等次	3	2	0	0	0	1	0	0
一级	43	36	3	1	0	3	6	0
一级甲等	21	19	1			1	3	
一级乙等	8	6	1			1	1	
一级丙等								
未评等次	14	11	1	1	0	1	2	0
其他	14	11	1	0	0	2	2	0

2011年洛阳市各县（市）区医疗机构、卫生人员基本情况

地　区	机构数（个）	机构数（个）	床位数（张）	人员数（人）												
				合计	卫生技术人员									其他技术人员	管理人员	工勤技能人员
					小计	执业（助理）医师		注册护士	药师（士）	技师（士）		其他				
						医师	执业医师				检验师		见习医师			
总　计	3849	802	28873	46849	31716	13266	9842	11896	1470	1555	1080	3529	530	1659	1814	3856
老城区	94	65	664	1397	1177	528	395	437	49	46	34	117	7	42	55	62
西工区	175	149	4571	6809	5423	2175	2015	2514	281	210	171	243	64	315	351	676
瀍河区	66	51	2542	3190	2487	949	901	951	133	85	68	369	62	224	185	277
涧西区	177	160	4564	6768	5614	2210	2098	2652	260	304	208	188	70	260	317	562
吉利区	60	20	335	569	404	154	130	138	26	28	17	58	5	19	48	40
洛龙区	241	36	2548	2912	2018	823	625	775	81	98	67	241	19	118	129	284
孟津县	252	24	1315	2436	1551	669	369	395	51	88	56	348	64	152	51	39

续表

地区	机构数（个）	机构数（个）	床位数（张）	人员数（人）												
				合计	卫生技术人员									其他技术人员	管理人员	工勤技能人员
					小计	执业（助理）		注册护士	药师（士）	技师（士）		其他				
						医师	执业医师				检验师		见习医师			
新安县	337	41	1601	2367	1527	681	459	469	77	94	64	206	6	85	86	160
栾川县	215	28	1073	1635	1090	421	245	388	52	55	31	174	10	79	64	143
嵩　县	354	36	1595	2801	1448	616	361	420	73	84	47	255	9	67	108	199
汝阳县	241	25	1335	2312	1231	494	319	447	66	81	54	143	47	87	86	215
宜阳县	408	33	1715	3797	2265	952	516	722	81	111	76	399	55	39	69	193
洛宁县	359	37	1411	2339	1365	674	304	399	57	63	46	172	33	39	99	238
伊川县	467	51	1880	4150	2546	1288	603	646	77	98	61	437	29	75	91	249
偃师市	403	46	1724	3367	1570	632	502	543	106	110	80	179	50	58	75	519

注：本表人员合计中包括乡村医生7477人和卫生员327人；不含乡镇卫生院在村卫生室工作的执业（助理）医师、注册护士数。

第一个机构个数含村卫生所，第二个机构个数不含。

体　　育

【概　况】 2011年，洛阳市体育局直属在编事业单位有7个，即洛阳市体育运动学校、洛阳市重点体校、洛阳市射击单项体校、洛阳市足球单项体校、洛阳市田径单项体校、洛阳市体育中心和洛阳市人民政府体育市场管理办公室（加挂洛阳市足球办公室牌子）。正式在编职工275名，其中教练员93名。开设体育运动项目19项，在训运动员2000名。全年承办省级以上比赛17项，举办县级以上比赛153场次，参加运动员5.8万人次。审批国家二级运动员326人、国家二级裁判员637名。发展二级社会体育指导员165人、三级社会体育指导员220人，进行网络注册的社会体育指导员近2000人。本年度，全市体育工作在以科学发展观为指导、不断深化改革的同时，以倡导健康和谐的体育运动方式为中心，以增强人民体质丰富大众文化生活为重点，积极做好群众体育、竞技体育和体育产业等各项工作，取得可喜的成绩，圆满完成年度各项责任目标。

群众体育工作，深入贯彻落实《全民健身条例》《河南省体育发展条例》以及《河南省全民健身实施计划（2011～2015年）》，围绕“全民健身、福民强市”这一主题，组织开展丰富多样的全民健身活动，在全市形成了群众身边有组织、有场地，形式多样、健康文明的健身环境。全年组织大型群众体育活动主要有“农信杯”元旦长跑比赛、洛阳市第三届农民篮球赛、河南省“促和谐奔小康”全民健身空竹竞技比赛、5月全民健身月暨全国百城健身气功交流展示系列活动、8月8日“全民健身日”展示活动。洛阳市体育协会还举办了信鸽竞翔赛、门球邀请赛、健身操舞比赛、鞭陀赛、传统武术比赛以及户外运动、登山等一系列活动。全市组织市级以上群众性比赛10余场次，取得良好的群众健身效果。12月，国家体育总局授予洛阳市体育局2011年全民健身活动优秀组织奖。

全民健身月活动启动仪式暨全国百城健身气功交流展示系列活动洛阳大会

加强公共体育设施建设。利用体彩公益金为120个社区或村免费安装了全套健身器材，农村建设180个农民健身工程和7个乡镇农民健身工程，成功推荐嵩县成为“雪炭工程”建设地，推荐宜阳县2个乡镇、汝阳县1个乡镇参加全国乡镇体育健身示范工程申报。加强社会体育指导员队伍建设，发展各类社会体育指导员385名。同时对全市300余个健身气功站点进行年检注册工作，完成第五套健身秧歌培训工作，并举办“全国第九套广播体操”洛阳市培训班，培训各县（市）、区相关部门30余人。推荐栾川县3个体育旅游项目申报“国家级体育旅游精品项目”，并参加海南体育旅游精品项目展。全年，洛阳全民健身运动项目取得丰硕成果，参加河南省第三届健身气功交流大赛获得集体项目八段锦一等奖和易筋经二等奖，并获个人赛一等奖5个、二等奖3个；代表河南省参加第二届中国（亳州）健身气功博览会暨交流比赛，洛阳代表队获得集体项目一等奖2项、二等奖1项；代表河南参加全国第四届健身比赛，洛阳代表队取得集体项目五禽戏、八段锦2项二等奖、个人项目1项二等奖。

学校体育工作继续贯彻落实《学校体育工作条例》，利用青少年体育俱乐部和各级体育传统项目学校开展各类体育活动，并在全市中小学中开展“晨光”和“曙光”体育活动，举办足球、网球、排球、篮球、乒乓球等体育比赛项目，活跃校园体育文化生活，增强学生体质。在参加全国足球学校杯男子U17比赛中，洛阳三中足球队获得季军，这是洛阳市中学生足球队近年在全国性比赛中取得的较好的成绩。

老年人体育取得优异成绩。在河南省第十一届老年人运动会上，洛阳老年体育代表团参加了运动会所设全部大小项目的比赛，并在乒乓球、棋类、柔力球、太极拳剑、门球、健身球操、健身秧歌项目上取得佳绩，最终蝉联运动会团体总分和金奖第一名，并获得团体金奖、组织工作奖、体育道德风尚奖、特殊贡献奖等所有奖项。同时，洛阳市还承办本届运动会健身球操、健身秧歌、抖空竹等比赛及运动会闭幕式活动。洛阳老年人武术代表队参加香港第九届国际武术节获得5金、4银、9铜。洛阳代表河南省参加全国老年人健身活动展示大会，获得健身球操优秀奖第一名。组队参加第二十二届全国城市老年篮球比赛，洛阳市老年代表队勇夺亚军。参加台湾台中市举办的第二十二届世界华人篮球邀请赛，洛阳代表队获得55岁组冠军。新安县老年门球队在全国老年人门球赛上获得金奖第三名，偃师市老年台球队在第八届全国老年台球大赛上夺得亚军。

继续举办洛阳“牡丹杯”全国门球邀请赛，来自全国11个省市的126支门球队参赛，规模之大，创历史之最。残疾人体育捷报频传，在雅典世界夏季特殊奥林匹克运动会上，代表中国参赛的洛阳老城区培智学校选手钱琳汇和王启升在比赛中获得佳绩，钱琳汇夺得乒乓球女子单打冠军，并和队友王启升合作夺得男女混合双打亚军。在全国第八届残疾人运动会上，洛阳轮椅运动员宋胭脂参加射箭比赛获得4枚银牌。

在竞技体育方面，积极做好备战河南省全运会的各项基础性工作，加强各运动队的训练与管理，进一步提高竞技运动水平。一是组建了备战河南省第十二届运动会领导小组，成立备战省十二运会办公室，全面启动备战机制，并明确总体目标任务。二是加快教练员队伍建设，造就高水平的教练人才队伍。按照公开、公平、竞争、择优的原则，通过一定程序内聘教练员45人，外聘教练员14人，返聘教练员3人，组建备战省运会的教练员队伍，同时签定周期指标任务合同。三是在广泛调研的基础上，出台《教练员奖惩管理办法》《运动员奖惩管理办法》，加强教练员、运动员管理，调动教练员、运动员的积极性。四是加强业余训练工作，三级训练格局，做好新训练周期运动员的注册工作，新注册各项运动员1200余人，保证了参赛队伍的基本阵容和优秀选手的参赛资格。同时坚持体教结合，扩大业余训练面，贯彻落实国家《少年儿童体育学校管理办法》，提高体育传统项目学校的质量和发展数量。五是积极学习外地市先进的训练经验，探索洛阳的体育训练新路径。六是努力改善训练条件，投入近200万元为运动学校和业余体校配备急需器材，改善训练条件。2011年，洛阳运动员在省级锦标赛各项比赛中取得183枚金牌，3864分总分的好成绩，实现了周期头年开门红。此外，洛阳籍运动员在国内外各项重要体育比赛中取得优异成绩：在法国举办的世界田径少年锦标赛上，李景玉获三级跳远亚军；在深圳举办的世界大学生运动会上，杨铱洋与队友合作获飞碟双多向团体第一名；在全国射击总决赛中，张玥获得女子气步枪40发第二名。在科威特举行的亚洲气枪锦标赛上，张玥与队友合作夺得气步枪40发团体冠军。在第十四届全国成人游泳锦标赛中，洛阳冬泳协会队获得团体总分第三名，并获男子团体季军。洛阳选手贾四丹参加全国自行车冠军赛获得女子20公里个人计时赛亚军。洛阳射击队参加晋秦豫陇协作区射击赛，夺得5金5银6铜，获团体总分第一名。洛阳晚报东方宾馆队参加中国大运河城市晚报杯围棋赛，获得季军。在韩国举办的第五届“金寅国手杯”国际业余围棋邀请赛上，洛阳女队以五战全胜的战绩获得团体冠军。

积极承办高水平体育赛事，活跃市民业余文化生活。全年，洛阳市承办中国洛阳“酒祖杜康杯”围棋国际大师邀请赛、第十四届全国成人游泳锦标赛、全国女子篮球青年联赛第二阶段比赛、全国男子排球联赛（河南主场）、第二十二届“洛阳牡丹杯”全国门球邀请赛等国际和国家级重要赛事。同时还承办河南省第五届农民运动会、河南省第十一届老年人运动会闭幕式、第八届洛阳伏牛山滑雪节暨河南省首届高山滑雪公开赛等12项省级重要赛事。举办各级各类县级以上比赛153场次，丰富了市民的业余文化生活，提升了洛阳的影响力和知名度。

体育产业改革步伐加快。根据市政府《关于进一步加快发展体育产业的意见》，市体育局对体育中心进行“事企分离”改革。这项改革主要是按照企业化管理运营模式，成立洛阳市体育产业发展有限公司，承担运营体育中心下属各体育场馆、广场、湖面及配套设施，建立起责权利相统一、自主经营、自负盈亏、自我发展的管理机制。体育中心作为体育局下属事业单位，对“产业公司”经营行为进行监督和指导，以达到

2011年洛阳籍运动员参加世界及亚洲比赛获冠军情况

项 目	获得者	运动会名称	日期	地 点
四十式太极拳	李山川	香港第九届国际武术节	3月	中国香港
武当太极剑	李山川	香港第九届国际武术节	3月	中国香港
三十六式太极刀	张巧芬	香港第九届国际武术节	3月	中国香港
四十二式太极剑	杨太山	香港第九届国际武术节	3月	中国香港
心意六合拳	邢来臣	香港第九届国际武术节	3月	中国香港
乒乓球（16～21岁组）女子单打	钱琳汇	第十三届世界夏季特奥会	7月	希腊雅典
女子足球	王珊珊（中国队主力队员）	第二十六届世界大学生夏季运动会	8月	中国深圳
男子飞碟双多向团体	杨铱洋（与队友合作）	第二十六届世界大学生夏季运动会	8月	中国深圳
女子气步枪40发团体	张玥（与队友合作）	亚洲气枪锦标赛	10月	科威特

2011年洛阳籍运动员参加全国比赛获冠军情况

项 目	获得者	运动会名称	日期	地 点
男子个人全能	孔繁辉	全国武术套路锦标赛	4月	江苏太仓
女子气步枪40发个人	张 玥	全国射击冠军赛	5月	福建莆田
围 棋	孙启睿	全国业余围棋赛	6月	山西晋城
女子三级跳远	李景玉	全国田径青少年锦标赛	6月	济南
女子气步枪40发团体	张玥（与队友合作）	全国射击个人团体锦标赛	7月	昆明
女子三级跳远	李景玉	全国第七届城运会	10月	南昌
女子4×100米混合泳	李悦（与队友合作）	全国第七届城运会	10月	南昌
八卦掌	赵 焜	全国武术套路（传统项目）冠军赛	11月	成都
劈挂掌	王玉静	全国武术套路（传统项目）冠军赛	11月	成都
双 钩	孔繁辉	全国武术套路（传统项目）冠军赛	11月	成都

体育中心国有资产的保值增值，最终实现公益性社会公共体育场馆服务社会的管理运行机制，全年，体育中心举办各类赛事、会演和会展活动13场次，收到良好的经济效益。认真做好体育彩票发行销售工作，继续坚持“稳定、调整、创新、提高”的工作方针和“保持乐透型、促进即开型、发展竞猜型”的经营方向，优化网点布局、扩大营销宣传，扩宽销售渠道。全年销售体育彩票26974万元（其中：销售即开型体育彩票7061万元，销售传统电脑彩票19913万元）。

加强体育市场管理工作。依据国家法律法规，规范全市体育经营活动，维护消费者的合法权益，促进全市体育市场健康发展。在加强对危险性经营项目的安全审查与审批的同时，深入县区对滑雪、户外运动、漂流、游泳等场所进行安全大检查。据统计，全年共检查各类体育经营活动场所250余次，行政执法里程9000余千米，有效杜绝了各种不安全因素。截至2011年年底，全市已有体育经营、体育类民办非企业120家，体育经营者遍布各县（市）、区，项目包括游泳、台球、保龄球、街舞、健身等共计22个种类。

【洛阳市体育局事业单位改革】 2011年，按照市委、市政府的要求和事业单位改革的有关文件精神，洛阳市体育局成立体育局事业单位改革工作领导小组，对局属系统10个事业单位进行改革。改革方式分别为事企分离、事业单位整合、撤销编制单位以及内部三项制度改革。洛阳市体育中心实行事企分离，编制核减为20名，“三定”方案已报批，成立洛阳市体育产业发展有限公司，形成管办分离、所有权和经营权分离的体育场馆管理模式；洛阳市人民政府体育市场管理办公室与洛阳市足球办公室整合，在职能性质不变、经费人力财政供给不变的前提下，成立洛阳市人

河南省第五届农运会

民政府体育市场管理办公室（加挂洛阳市足球办公室牌子）；撤销机关后勤服务中心和体育局招待所单位建制，人员安置按照报批的分流安置方案进行；洛阳市体育运动学校、洛阳市重点体校、洛阳市射击单项体校、洛阳市足球单项体校和洛阳市田径单项体校实行内部三项制度改革（已完成）。通过改革，优化机构设置和体育资源，提升了工作绩效，激发了单位活力。

【中国洛阳围棋国际大师邀请赛】 2011年4月25～26日，中国洛阳“酒祖杜康杯”围棋国际大师邀请赛在洛阳新区体育中心举行。来自中、日、韩三国的4名围棋名宿有：中国聂卫平九段、日本武宫正树九段、韩国曹薰铉九段和中国台湾旅日棋手林海峰九段。经过现场抽签，在第一轮的比赛中，聂卫平战胜林海峰，武宫正树战胜曹薰铉；在第二轮决赛中，聂卫平战胜武宫正树获得冠军。比赛后，近千名围棋爱好者现场聆听了中国围棋协会主席王汝南八段和中国围棋队领队华学明七段精彩的大盘讲棋会。

【河南省第五届农民运动会在洛阳举行】 2011年10月18～22日，河南省第五届农民运动会在洛阳举行。来自全省18个省辖市的254支代表队4000多名运动员参赛。运动会共设田径、武术、毽球花毽、中国式摔跤、健身秧歌和舞龙舞狮等13个大项175个小项。

在本届运动会上，郑州市代表团夺得36枚金牌，名列金牌榜榜首。洛阳市代表团组建17支运动队参加了包括武术、田径、游泳等10个项目的比赛，获得35枚金牌、27枚银牌和18枚铜牌，位列金牌榜第二、团体总分第一。

洛阳等10个市被授予最佳组织奖，洛阳市体育中心等10个单位被授予最佳场地奖，洛阳杜康集团公司、嵩县顺势药业等单位获贡献奖。

【河南省第十一届老年人运动会在洛闭幕】 2011年11月5日，历时7个月赛程的河南省第十一届老年人运动会在洛阳新区体育馆举行了闭幕式。

本届省老年人运动会自2011年4月初开始，共设乒乓球、门球、气排球、太极拳、柔力球等14个比赛大项，45个小项，分别在全省10个赛馆举办。全省18个省辖市、省直机关和各行各业共25个代表团的1.8万余名老年运动员参加了比赛。这是河南省历届老年人运动会中规模最大、比赛项目和参赛人数最多的一届老年人体育盛会。

在本届运动会上，洛阳市代表团以45项金奖、17项银奖和7项铜奖，355分的总成绩，获得全省团体冠军。在8个行业老年体协中，河南油田老年体协以158分位居第一名。

【全国成人游泳锦标赛在洛举行】 2011年8月13～14日，第十四届全国成人游泳锦标赛在洛阳新区游泳馆举行。来自北京、上海、广东等全国30多个省、市以及香港、澳门的39支代表队共计432名运动员参加了比赛。经过两天比赛，共有27项新纪录产生。河北天业队、广州日之泉队和洛阳冬泳协会队获得团体总分前三名。

在这次比赛中，洛阳冬泳协会队派出58名选手，是参赛人数最多的代表队。在各年龄组的比赛中，洛阳选手取得近20项比赛的冠军。在团体排名中，洛阳冬泳协会队获得男子团体第三名、女子团体第五名、团体总分第三名的好成绩。这也是洛阳代表队在此次赛事上取得的历史最好成绩。

【武林风四国对抗赛在洛举行】 2011年9月3日晚，“中外英雄武林风洛阳四国对抗赛”在洛阳新区体育馆激情上演。来自中国、美国、日本、泰国的武林豪杰展开激战。最终，参赛的3名中国选手刘晌明、张光毅和方便分别击败美国、日本和泰国选手，取得完胜。这次比赛是由洛阳市体育局主办、市武术协会承办的一项世界级武术赛事。

【洛阳市体育产业发展有限公司成立】 2011年6月29日，洛阳市体育产业发展有限公司在洛阳市体育中心正式挂牌成立。该公司是市体育中心实行“事企分离”后成立的国有企业。该公司成立后，将保持各体育场馆的公益性，为市民提供完善周到的健身服务。同时，通过市场化运作、企业化管理、社会化服务，逐步实现体育场馆的自主经营、自我发展，提高使用效率，实现国有资产的保值增值。

【全国男子排球联赛在洛举办】 2011年12月18日～2012年1月1日，中国男子

2011～2012赛季全国男排联赛

排球联赛（2011～2012）洛阳赛区第一阶段比赛在洛阳新区体育馆举行。来自河北、河南、江苏、山东、北京和浙江的6支球队展开了较量。第一阶段第十三轮比赛结束后，八一、上海、辽宁3支球队位于积分榜前三名。

【全国女子篮球青年联赛在洛举行】 2011年8月4～10日，2011年CBA女篮青年联赛决赛阶段在洛阳新区体育馆举办。来自广东、八一、辽宁、黑龙江、北京、江苏、河南、山东等8支球队参加了比赛。最终，广东嘉宏队夺得本年度冠军，辽宁衡业队和八一青年队分获亚军和季军。

【伏牛山滑雪旅游节】 2011年12月25日，第八届中国洛阳伏牛山滑雪旅游节暨河南省首届高山滑雪公开赛，在栾川县伏牛山滑雪度假乐园开幕。

伏牛山滑雪旅游节是洛阳市重点打造的4大节庆活动之一。从本届滑雪节开始，滑雪节与专业滑雪比赛相结合，包括冰雪旅游、冰雪体育、冰雪文化三大板块。本届滑雪节的主题是“发展冰雪体育，彰显牡丹花城风采”。在为期3个月的节会中，陆续推出河南省首届高山滑雪公开赛、中原冰雪旅游峰会、家庭滑雪赛、全国滑雪励志冬令营等15项精彩活动。本届滑雪节的开幕式别开生面，既有传统体育运动会的特色，又因在雪地上举行，使入场式别具一格。来自全省18个地市的滑雪代表队的800余名运动员参加了入场式。开幕式上，伏牛山滑雪度假乐园“河南省滑雪训练营地”同时揭牌。

【全国帐篷音乐节在洛阳栾川开幕】 2011年7月29～31日，2011全国帐篷音乐节暨河南栾川消夏养生避暑节在洛阳栾川隆重开幕。该活动由国家体育总局登山运动管理中心，中国登山协会、河南省体育局、洛阳市人民政府主办，河南省登山户外运动协会、洛阳市体育局、栾川县人民政府承办。活动吸引了来自浙江、江苏、山东、山西等18个省市180多个户外运动俱乐部的5000余名户外爱好者参加。

活动期间，举办了负重登山、山地自行车、滑雪、美食烹饪等各类趣味赛事及栾川狂欢嘉年华、伏牛山音乐篝火晚会、重渡沟山水狂欢等活动。

【河南省“三山”同登群众登山健身大会（洛阳赛区）】 2011年9月24日，首届“迎重阳”河南省“三山”（太行山、伏牛山、大别山）同登群众登山健身大会，洛阳赛区比赛，在栾川县老君山风景区举行，有3000多名群众参加活动分老年组、中年组和青年组3个组别，活动项目有群众登山活动、速搭帐篷比赛、户外美食赛、户外摄影赛和趣味定向比赛等户外运动休闲项目。

洛阳赛区活动由省体育局、省旅游局主办，市体育局、市旅游局、栾川县人民政府承办。这项全民健身大型品牌赛事活动，旨在突出“健康河南，幸福中原、重阳敬老，美德长传”的主题。

（刘　明）

人民生活

城市人民生活

【概　况】 2011年，洛阳城市居民生活水平持续提高。据337户城市居民生活抽样调查，2011年平均人口876人，平均每户人口2.6人，比上年减少1.14%。2011年末，被调查户的退休人口数为229人，平均每户人口为0.68人，比上年增加4.54%；就业人口为421人，平均每户就业人口1.25人，比上年减少1.25%；每一就业者负担人数（含本人）2.08人，比上年增长8.33%。全年，洛阳城市居民人均可支配收入20775.22元，扣除物价变动因素后，比上年实际增长12.7%。人均消费性支出为14483.39元，扣除物价变动因素后，比上年实际增长15.63%。城市居民人均年末储蓄余额38939.77元，比上年同期的39163.56元减少0.57%。城市居民人均住房面积31.27平方米，比上年增长1.76%。

【收　入】 2011年，洛阳市城市居民人均实际收入23427.91元，扣除物价变动因素后，比上年实际增长12.82%。其中：人均可支配收入20775.22元，扣除物价变动因素后，比上年实际增长12.7%。在人均可支配收入中，工资性收入15048.07元，比上年实际增加13%；经营净收入1348.15元，比上年实际增长22.34%；养老金和离退休金收入5556.52元，比上年实际增8.31%；赡养收入237.02元，比上年实际减少24.24%；捐赠收入173.01元，比上年实际减少30.16%；出售财物收入3.16元，比上年实际减少77.85%。

2011年，洛阳市城市居民人均借贷收入4987.01元，扣除物价变动因素后，比上年实际减少26.53%。其中：提取存款4951.46元，比上年实际减少23.89%；借入款11.53元，比上年实际减少90.34%；其他借贷收入3.26元，比上年实际减少80.52%。

城市住户人均可支配收入由低到高排队后再按百分比分组，共分为八个组。第一组占调查总户数的10%，全年人均可支配收入为6317.75元，扣除物价变动因素后，比上年实际增长5.41%。第二组为最低（占第一组户数的5%），人均可支配收入为4190.09元，比上年实际减少14.48%。第三组占调查总户数的10%，人均可支配收入为10609.37元，比上年实际增长13.08%。第四组占调查总户数的20%，人均可支配收入为14809.91元，比上年实际增长15.78%。第五组占调查总户数的20%，人均可支配收入为19731.31元，比上年实际增长15.97%。第六组占调查总户数的20%，人均可支配收入为25702.59元，比上年实际增长11.79%。第七组占调查总户数的10%，人均可支配收入为32287.67元，比上年实际增长6.47%。第八组占调查总户数的10%，人均可支配收入为51220.93元，比上年实际增长11.71%。

2011年洛阳市城市住户人均现金收入情况

单位：元

	合计	按相对收入不等距分组							
		第一组 10%	第二组 最低5%	第三组 10%	第四组 20%	第五组 20%	第六组 20%	第七组 10%	第八组 10%
一、家庭总收入	23427.91	9201.48	8481.93	12450.44	16871.13	21794.23	28307.4	35897.9	56822.7
#可支配收入	20775.22	6317.75	4190.09	10609.37	14809.91	19731.31	25702.59	32287.67	51220.93
1. 工薪收入	15048.07	6217.34	5564.33	8233.66	9840.5	12656.28	17034.15	24388.4	42478.44
工资及补贴收入	14146.26	5888.48	5156.43	7092.5	8985.63	12166.17	16215.74	24073.7	39051.1
其他劳动收入	901.8	328.86	407.91	1141.17	854.87	490.1	818.41	314.7	3427.34
2. 经营净收入	1348.15	4.67		818.23	345.77	1211.77	1913.78	1808.43	5471.59

续表

	合　计	按相对收入不等距分组							
		第一组 10%	第二组 最低 5%	第三组 10%	第四组 20%	第五组 20%	第六组 20%	第七组 10%	第八组 10%
3. 养老金或离退休金	5556.52	2043.56	1909.02	2438.94	5593.28	6741	8245.89	7015.45	4888.29
4. 赡养收入	237.02	153.13	321.13	43.34	9.62	325.98	342.54	786.55	146.11
5. 捐赠收入	173.01	70.24	147.3	34.67	130.84	86.03	27.92	837.66	297.66
6. 出售财物收入	3.16			1.98	10.79	0.3	1.88	1.33	
二、借贷收入	4987.01	3174.91	4399.83	1827.27	2790	3451.07	7211.64	13072.9	7593.6
1. 提取储存款	4951.46	3144.44	4399.83	1827.27	2697.38	3434.96	7185.41	13072.86	7543.07
2. 借入款	11.53	30.47					26.23		50.53
3. 收回借出款									
4. 收回储蓄性保险本									
5. 其他借贷收入	3.26					16.12			

在八个分组中，人均可支配收入最高的第八组比最低的第二组高出9.21倍。

【支　出】 2011年，洛阳市城市住户人均现金实际支出18441.18元，扣除物价变动因素后，比上年实际增长9.57%。其中，人均消费性支出14483.39元，比上年实际增长15.63%；人均捐赠支出690.26元，比上年实际减少19.65%；人均赡养支出396.11元，比上年实际增长3.36%；人均财产性支出65.83元，比上年实际减少42.86倍。

2011年洛阳市城市住户人均借贷支出9822.63元，扣除物价变动因素后，比上年实际减少3.24%。其中，人均存入储蓄款9606.95元，比上年实际减少2.80%；人均借出款4.81元，比上年实际增长73.72%；人均归还借款11.59元，比上年实际增长4.88%；人均储蓄性保险支出82.1元；比上年实际减少8.21%。人均其他借贷支出33.9元，比上年实际增长2.40%。

按人均生活费收入由低到高排队后，再按百分比分组的实际现金支出，第一组为9387.07元，扣除物价变动因素后，比上年实际增长63.66%。第二组为10838.78元，比上年实际增长97%。第三组为10384元，比上年实际增长6.66%。第四组为13362.89元，比上年实际减少5.69%。第五组为16302.62元，比上年实际增长14.93%。第六组为23227.21元，比上年实际增长12.80%。第七组为31594.24元，比上年实际减少0.31%。第八组为36619.02元，比上年实际减少18.89%。收入最高的第八组比收入最低的第二组全年现金实际支出额高出2.38倍。第一组的借贷支出为2616.09元，扣除物价变动因素后，比上年实际增长34.63%。第二组为1619.87元，比上年实际增长27.05%。第三组为3637.61元，比上年实际减少21.32%。第四组为6107.08元，比上年实际减少1.55%。第五组为8874.52元，比上年实际减少6.96%。第六组为12480.56元，比上年实际减少9.16%。第七组为17050.99元，比上年实

2011年洛阳市城市住户人均现金支出情况

单位：元

	合 计	按相对收入不等距分组							
		第一组10%	第二组最低5%	第三组10%	第四组20%	第五组20%	第六组20%	第七组10%	第八组10%
一、实际支出	18441.18	9387.07	10838.78	10384	13362.89	16302.62	23227.21	31594.24	36619.02
消费性支出	14483.39	6197.96	6177.58	8320.27	10338.24	13133.27	18228.25	26416.01	27695.98
捐赠支出	690.26	284.87	204.46	334.65	563.03	786.56	835.91	1021.4	1195.29
赡养支出	396.11	178.93	295.33	24.12	274.31	242.57	796.94	537.12	1025.13
财产性支出	65.83	0.04	0.09		26.73	38.38	101.25	185.99	212.59
二、借贷支出	9822.63	2616.09	1619.87	3637.61	6107.08	8874.52	12480.56	17050.99	27568.44

续表

		按相对收入不等距分组							
	合 计	第一组10%	第二组最低5%	第三组10%	第四组20%	第五组20%	第六组20%	第七组10%	第八组10%
存入储蓄款	9606.95	2595.77	1577.27	3563.2	5992.74	8743.13	12251.71	16548.65	26762.02
借出款	4.81						4.2	40.29	
归还借款	11.59						73.4		
储蓄性保险支出	82.1	20.32	42.6	38.32	63.32	59.25	107.62	267.3	56.36
其他借贷支出	33.9			36.1	24.35		1.64		298.03

际减少16.64%。第八组为27568.44元，比上年实际减少12.94%。收入最高的第八组比收入最低入的第二组全年借贷支出高出16.01倍。

【消　费】 2011年，洛阳市城市住户人均年消费支出14483.39元，扣除物价变动因素后，比上年实际增长15.63%。其中：人均食品消费支出4523.78元，扣除物价变动因素后，比上年实际增长13.13%，占消费支出的比重由上年的31.96%降为31.23%；人均衣着消费支出1529.65元，比上年实际增长14.15%，占消费支出的比重由上年的10.71%降至10.56%；人均家庭设备用品及服务支出1261.66元，比上年实际增长21.32%，占消费支出的比重由上年的8.28%升至8.71%；人均娱乐教育文化服务消费支出1875.45元，比上年实际增长10.56%，占消费支出的比重由上年的13.57%降至12.95%；人均医疗保健消费支出1915.52元，比上年实际增长4.96%，占消费支出的比重由上年的8.48%降至8.1%；人均交通和通信消费支出1173.12元，比上年实际增长10.67%，占消费支出的比重由上年的14.65%降至13.23%；人均居住消费1737.22元，比上年实际增长51.41%，占消费支出的比重由上年的9.05%升至11.99%；人均杂项商品和服务消费支出466.99元，比上年实际增长13.21%，占消费支出的比重由上年的3.3%降至3.22%。

食品 2011年，洛阳市城市住户人均食品消费支出4523.78元，扣除物价变动因素后，比上年实际增长7.47%。在食品消费支出中，人均粮食消费支出458.06元，比上年实际增长11.67%；人均油脂消费支出126.32元，比上年实际增长6.31%；人均肉禽及制品消费支出136.54元，比上年实际减少81.53%；人均蛋类消费支出145.23元，比上年实际增长22.71%；人均水产品类消费支出119.22元，比上年实际减少5.63%；人均菜类消费支出432.49元，比上年实际减少0.57%；人均糖烟酒饮料类消费支出363.03元，比上年实际减少11.34%；人均干鲜瓜果类消费支出369.63元，比上年实际增长7.31%；人均糕点类消费支出376.99元，比上年实际增长314.51%。在按人均生活费收入的八个分组中，第一组人均食品消费支出为2595.8元，比上年实际增长18.26%。第二组为2531.97元，比上年实际增长22.56%。第三组为3681.98元，比上年实际增长15.11%。第四组为4296.72元，比上年实际增长14.35%。第五组为4922.84元，比上年实际增长15.98%。第六组为4986.66元，比上年实际增长2.84%。第七组为6009.58元，比上年实际减少5.84%。第八组为5276.84元，比上年实际减少13.29%。收入最高的第八组比收入最低的第二组的该项消费高出1.08倍。

2011年，洛阳市城市住户人均全年购买主要商品数量，粮食93.56千克，比上年增长4.83%；食用植物油7.97千克，比上年减少5.46%；鲜菜125.8千克，比上年增长1.13%；猪肉13.6千克，比上年减少11.52%；牛羊肉0.57千克，比上年减少86.49%；禽类6.82千克，比上年减少0.87%；蛋类15.87千克，比上年增长9.07%；鲜奶21.44千克，比上年减少1.74%；水产品类4.49千克，比上年减少40.61%；白酒0.91千克，比上年减少47.09%；干鲜瓜果类40.53千克，比上年减少31.86%；糕点7.23千克，比上年增长33.15%。

衣着 2011年，洛阳市城市居民人均衣着消费支出1529.65元，扣除物价变动因素后，比上年的实际增长8.49%。按人均生活费收入的八个分组中，第一组人均衣着消费支出为612.81元，比上年实际增长49.54%；第二组为537.6元，比上年实际增长19.63%；第三组为763.71元，比上年实际增长11.62%；第四组为1133.98元，比上年实际增长15.13%；第五组为1380.24元，比上年实际增长12.45%；第六组为1677.36元，比上年实际减少0.86%；第七组为2888.76元，比上年实际减少8.36%；第八组为3422.2元，比上年实际增长7.57%。收入最高的第八组比收入最低的第二组的该项消费高出5.36倍。在人均衣着消费支出中服装消费支出1128.94元，扣除物价变动因素后，比上年增长4.46%。全年人均购买服装9.19件，比上年增长6.61%；人均购买鞋类3.36双，比上年增长23.53%。

设备用品及服务 2011年，洛阳市城市居民人均设备用品及服务消费支出1261.66元，扣除物价变动因素后，比上年实际增长15.66%。在按人均生活费收入的八个分组中，第一组人均设备用品及服务消费支出为256.3元，比上年实际增长1.45%；第二组为236.7元，比上年实际增长15.75%；第三组为425.58元，比上年实际增长22.39%；第四组为554.03元，比上年实际减少34.46%；第五组为1077.78元，比上年实际减少1.88%；第六组为2170.32元，比上年实际增长74.68%；第七组为3218.09元，比上年实际增长57.2%；第八组为2070.76

2011年洛阳市城市住户人均全年购买主要商品情况

	单位	合 计	按相对收入不等距分组							
			第一组 10%	第二组 最低5%	第三组 10%	第四组 20%	第五组 20%	第六组 20%	第七组 10%	第八组 10%
粮 食	千克	93.56	94.61	89.09	93.13	106.44	96.92	91.32	82.08	67.28
食用植物油	千克	7.97	7.27	5.51	7.16	8.67	8.08	7.37	9.4	7.33
鲜 菜	千克	125.8	109.11	92.2	117.01	128.84	139.59	126.51	127.91	114.68
猪 肉	千克	13.6	9.28	8.99	12.04	12.9	16.16	14.2	16.82	12.14
牛羊肉	千克	0.57	0.34	0.48	0.33	0.8	0.57	0.77	0.23	0.6
禽 类	千克	6.82	4.65	4.45	7.27	6.16	7.61	7.88	7.28	6.26
蛋 类	千克	15.87	14.76	11.65	16.04	14.76	18.19	15.82	15.96	14.34
水产品类	千克	4.49	3.19	2.83	2.81	4.41	5.55	4.49	5.41	5.19
白 酒	千克	0.91	0.25	0.33	1.01	0.98	1.39	0.49	1.23	0.72
干鲜瓜果类	千克	40.53	24.84	24.89	31.77	39.2	44.09	48.79	49.34	42.62
糕 点	千克	7.23	3.66	3.2	5.05	5.82	14.61	4.97	6.23	6.5
鲜乳品	千克	21.44	9.16	11.01	21.12	22.44	20.74	24.68	26.54	24.86
服 装	件	9.19	6.57	5.74	6.39	7.89	9.96	9.62	13.11	12.92
鞋 类	双	3.36	4.59	2.33	2.32	2.97	3.16	3.29	4.4	3.59
煤 碳	千克	17.57	34.72	32.14	33.64	14.37	14.33	6.56	17.32	8.5
液化石油气	千克	9.06	10.65	8.07	8.81	6.73	11.53	5.98	10.94	11.27

元，比上年实际减少24.12%。收入最高的第八组比收入最低的第二组的该项消费高出7.75倍。

在人均设备用品及服务消费支出中，耐用消费品消费支出为753.04元，扣除物价变动因素后，比上年实际增长20.58%。设备用品中的主要耐用消费品百户拥有量：摩托车8.72辆，比上年减少44.1%；助力车32.47辆，比上年减少10.15%；家用汽车16.84辆，比上年增长81.47%；洗衣机93.3台，比上年减少0.66%；电冰箱94.9台，比上年增长4.69%；微波炉56.11台，比上年增长11.73%；空调器138.99台，比上年增长10.7%；淋浴热水器79.95台，比上年增长16.48%；消毒碗柜10.49台，比上年增长20.99%；洗碗机0.32台，比上年减少58.97%；健身器材5.01套，比上年增长66.45%。

医疗保健　2011年，洛阳市城市居民人均医疗保健消费支出1173.12元，扣除物价变动因素后，比上年实际增长5.01%。其中：药品费618.3元，比上年实际增长16.83%；医疗费433.04元，比上年实际减少4.33%。在按人均生活费收入高低划分的八个分组中，第一组人均医疗保健消费支出为443.63元，比上年实际减少12.74%；第二组为365.75元，比上年实际减少37.81%；第三组为976.16元，比上年实际增长22.66%；第四组为1204.3元，比上年实际减少13.86%；第五组为1290.39元，比上年实际增长63.72%；第六组为1218.86元，比上年实际减少14.20%；第七组为1929.77元，比上年实际增长38.03%；第八组为1033.26元，比上年实际减少29.99%；收入最高的第八组比收入最低的第二组的该项消费高出1.83倍。

交通和通信　2011年，洛阳市城市居民人均交通和通信消费支出1915.52元，扣除物价变动因素后，比上年实际减少0.7%。其中人均交通和通信消费支出为1301.07元，比上年实际减少1.24%。在按人均生活费收入高低划分的八个分组中，第一组人均交通和通信消费支出为448.21元，比上年实际增长40.64%；第二组为531.33元，比上年实际增长23.53%；第三组为710.24元，比上年实际增长22.72%；第四组为903.34元，比上年实际减少41.87%；第五组为985.71元，比上年实际增长4.88%；第六组为3022.77元，比上年实际增长53.71%；第七组为3621.06元，比上年实际增长3.95%；第八组为6613.22元，比上年实际减少18.63%。收入最高的第八组比收入最低的第二组的该项消费支出高出17.89倍。

2011年末，洛阳市城市住户每百户固定电话拥有量为62.45部。比上年减少10.76%；每百户移动电话拥有量为184.19部。比上年增长8.69%。

娱乐文教服务　2011年，洛阳市城市住户人均该项消费支出为1875.45元，

2011年洛阳市城市住户年末耐用消费品百户拥有量

	单位	合 计	按相对收入不等距分组							
			第一组 10%	第二组 最低5%	第三组 10%	第四组 20%	第五组 20%	第六组 20%	第七组 10%	第八组 10%
摩托车	辆	8.72	2.14		17.42	8.6	7.29	9.74	12.42	2.52
助力车	辆	32.47	20.59	14.06	41.46	42.58	32.62	25.42	24.83	32.65
家用汽车	辆	16.84			4.57	6.54	19.3	22.4	23.31	48.47
洗衣机	台	93.3	77.18	72.09	92.73	92.66	92.34	100	100	94.11
电冰箱	台	94.9	77.66	64.84	88.38	94.4	100	96.43	103.71	97.08
彩色电视机	台	111.38	104.75	93.61	108.41	105.23	110.3	118.14	122.59	112.6
家用电脑	台	76.28	36.27	36.04	65.94	67.49	75.32	82.48	113.1	97.12
组合音响	套	14.79	8.04	11.46	6.15	6.53	15.98	15.72	32.79	25.14
摄像机	架	7.76	4.21			1.92	5.39	9.32	32.47	7.35
照相机	架	45.44	18.72	12.53	30.82	37.62	44.13	58.04	74.93	53.33
钢　琴	架	1.35						2.8	7.29	0.8
其他中高档乐器	件	3.14			5.1		1.36	6.9	6.5	4.28
微波炉	台	56.11	23.46	21.73	46.24	43.16	58.4	69.61	84.33	67.9
空调器	台	138.99	84.67	97.1	95.85	110.07	144.3	159.48	192.53	199.05
淋浴热水器	台	79.95	54.72	53.22	63.94	84.92	73.24	83.26	102.53	96
消毒碗柜	台	10.49	6.35	4.14	3.64	1.86	11.84	14.91	21.33	18.56
洗碗机	台	0.32							2.9	
健身器材	套	5.01	4.21			1.5	8.52	7.85	7.42	4.01
固定电话	部	62.45	17.42	17.34	49.19	52.92	73.12	77.82	73.71	81.01
移动电话	部	184.19	183.34	200.95	188.69	171.5	166.51	201.65	208.36	187.3

扣除物价变动因素后，比上年实际增长4.90%。其中：文化娱乐用品消费支出542.15元，比上年实际减少5.52%；文化娱乐服务消费支出650.77元，比上年实际减少7.1%；教育支出682.54元，比上年实际增长32.92%。在按人均生活费收入高低划分的八个分组中，第一组人均娱乐文教服务消费支出为1120.05元，比上年实际增长160.42%；第二组为1369.85元，比上年实际增长175.88%；第三组为928.52元，比上年实际增长1.93%；第四组为1122.72元，比上年实际减少4.65%；第五组为1710.5元，比上年实际增长35.86%；第六组为2320.92元，比上年实际减少3.15%；第七组为2907.64元，比上年实际减少21.98%；第八组为2907.64元，比上年实际增长0.24%。第八组比第二组高出2.43倍。

2011年末，洛阳市城市住户主要耐用文娱用品百户拥有量，彩色电视机111.38台，比上年减少6.13%；家用电脑76.28台，比上年增长11.57%；组合音响14.79套，比上年减少22.12%；摄像机7.76架，比上年增长8.84%；照相机45.44架，比上年增长11.77%；钢琴1.35架，比上年减少45.34%；其他中高档乐器3.14件，比上年减少25.59%。

居住　2011年，洛阳市城市住户人均居住消费1737.22元，扣除物价变动因素后，比上年实际增长45.75%。其中：人均房租56.19元，比上年实际增长46.03%；水费72.91元，比上年实际增长0.68%；电费336.64元，比上年实际减少8.10%。在按人均生活费收入的八个分组中，第一组人均居住消费477.59元，比上年实际减少11.16%；第二组为418.96元，比上年实际增长9.72%；第三组为658.94元，比上年实际减少5.25%；第四组为860.72元，比上年实际减少25.63%；第五组为1507.84元，比上年实际增长30.21%；第六组为2176.67元，比上年实际增长100.6%；第七组为4399.76元，比上年实际增长129.66%；第八组为3879.69元，比上年实际增长49.43%。第八组比第二组高出8.26倍。

2011年末，城市居民人均住房面积31.27平方米，比上年的30.73平方米增长1.76%。

杂项商品和服务　2011年，洛阳市城市住户人均该项消费支出为466.99元，扣除物价变动因素后，比上年实际增长7.55%。在按人均生活费收入高低的八个分组中，第一组为243.55元，比上年实际增长380.68%；第二组为185.41元，比上年实际增长223.86%；第三组为175.15元，比上年实际增长33.56%；第四组为262.43元，比上年实际增长23.28%；第五组为257.97元，比上年实际增长0.91%；第六组为654.7元，比上年实际增长72.38%；第七组为1441.36元，比上年实际增长36.46%；第八组为702.35元，比上年实际减少65.43%。第八组比第二组高出2.79倍。

储蓄　2011年，洛阳市城乡居民年末储蓄余额为12330532万元，比上年同期的11116814万元增长10.92%。其中城市区居民为7406345万元，比上年同期的6794877万元增长9%。

按人均计算的年末储蓄余额，全市城乡居民平均为18008.66元，比上年同期的16326.65元增长10.3%。其中城市区居民为38939.77元，比上年的39163.56元减少0.57%。

乡村人民生活

【概　况】 2011年，洛阳市乡村居民收入持续增加，生活水平整体继续提高。据1200户乡村居民生活抽样调查，2011年末，1200户居民家庭常住人口4920.5人，整半劳动力3509人。外出从业人数为1048人。劳动力文化程度，不识字或识字很少的67人，小学程度403人，初中程度1923人，高中程度592人，中专程度106人，大专及以上程度86人。调查户年末人均生产性固定资产原值2640.6元。人均经营耕地面积0.91亩，人均粮食产量426.78千克。人均新建或购买住房面积1.99平方米。年末人均住房面积40.95平方米。全年人均纯收入6821.65元，扣除物价变动因素后比上年实际增长8.01%。全年人均生活费支出5293元，扣除物价变动因素后比上年实际增长6.30%。

【收　入】 2011年，洛阳市农村居民人均总收入8849.34元，扣除物价变动因素后比上年实际增长24.79%。在人均总收入中，工资性收入3855.31元，比上年实际增长37.37%；家庭经营收入4387.97元，比上年实际增长13.54%；财产性收入196.35元，比上年实际增长17.84%；转移性收入409.71元，比上年实际增长61.34%。

2011年，洛阳市农村住户人均纯收入6821.65元，扣除物价变动因素后比上年实际增长13.3%。从分地区人均纯收入情况看，老城区为7626.52元，比上年实际增长9.82%；西工区为8353.38元，比上年实际增长15.39%；瀍河区为8711.97元，比上年实际增长16.85%；涧西区为10200元，比上年实际增长9.16%；吉利区为8331.79元，比上年实际增长14.1%；洛龙区为7540.98元，比上年实际增长14.15%；高新区为8211.13元，比上年实际增长27.24%；孟津县为7100.48元，比上年实际增长29.66%；新安县为7880.47元，比上年实际增长22.56%；栾川县为5737.72元，比上年实际增长13.15%；嵩县为5847.31元，比上年实际增长21.21%；汝阳县为5157.97元，比上年实际增长12.88%；宜阳县为5347.99元，比上年实际增长9.72%；洛宁县为5196.25元，比上年实际增长13.0%；伊川县为6838.62元，比上年实际增长11.43%；偃师市为10208.42元，比上年实际增长15.98%。

在被调查的1200户农村居民中，按人均纯收入分组，人均纯收入在100元以下的为16户，占调查总户数的1.33%；100～200元的为5户，占调查总户数的0.42%；200～300元的为2户，占调查总户数的0.17%；400～500元的为4户，占总户数的0.33%；600～800元的为3户，占总户数的0.25%；800～1000元的为8户，占总户数的0.67%；1000～1200元的为9户，占总户数的0.75%；1200～1300元的为7户，占总户数的0.58%；1300～1500元的为7户，占总户数的0.55%；1500～1700元的为13户，占总户数的1.08%；1700～2000元的为26户，占总户数的2.17%；2000～2500元的为60户，占总户数的5.0%；2500～3000元的为44户，占总户数的3.67%；3000～3500元的为66户，占总户数的5.5%；3500～4000元的为75户，占总户数的6.25%；4000～4500元的为86户，占总户数的7.17%；4500～5000元的为71户，占总户数的5.92%；5000元以上的为758户，占总户数的63.17%。

在以上的分组中，全年人均纯收入在1000元以下的有38户，比上年的34户增加11.76%；占总户数的比重由上年的2.83%升至3.17%。全年人均纯收入在2500元以上的有1160户，比上年的953户增加10.83%；占总户数的比重由上年

2011年洛阳市农村住户人均收入情况（一）

	单位	洛阳市	老城区	西工区	瀍河区	涧西区	吉利区
总收入	元/人	8849.34	7883.69	9723.28	8772.69	10212.83	11417.88
工资性收入	元/人	3855.31	6338.58	6210.98	5996.77	5119.07	5481.83
1. 在非企业组织中劳动得到收入	元/人	211.23	313.51		362.20		451.17
2. 在本乡地域内劳动得到收入	元/人	1896.38	4542.17	909.39	1384.19	2152.32	5030.65
3. 外出从业得到收入	元/人	1747.70	1482.90	5301.59	4250.37	2966.76	

续表

	单位	洛阳市	老城区	西工区	瀍河区	涧西区	吉利区
家庭经营收入	元/人	4387.97	284.44	1842.48	1662.34		4639.05
第一产业收入	元/人	2539.54	0.38	409.64	205.19		3894.92
1. 农业收入	元/人	1337.75	0.38	409.64	6.51		997.59
2. 林业收入	元/人	53.61					
3. 牧业收入	元/人	1147.62			198.68		2897.33
4. 渔业收入	元/人	0.57					
第二产业收入	元/人	878.71		568.25	107.49		
1. 工业收入	元/人	716.23		313.26	107.49		
2. 建筑业收入	元/人	162.48		254.99			
第三产业收入	元/人	969.71	284.06	864.59	1349.66		744.13
其他产品收入	元/人	2.11	0.28				
第三产业服务性收入	元/人	967.60	283.78	864.59	1349.66		744.13
1. 交通、运输、邮电业收入	元/人	425.66	9.01	864.59	254.71		744.13
2. 批零贸易业.饮食业收入	元/人	316.66	274.77		522.17		
3. 社会服务业收入	元/人	105.11			500.26		
4. 文教卫生业收入	元/人	35.05			72.51		
5. 其他行业收入	元/人	85.12					
财产性收入	元/人	196.35	423.64	1151.81	563.72	2483.04	846.20
转移性收入	元/人	409.71	837.02	518.00	549.87	2610.72	450.81

2011年洛阳市农村住户人均收入情况（二）

	单位	洛龙区	高新区	孟津县	新安县	栾川县	嵩 县
总收入	元/人	8628.96	8497.85	11662.47	11178.08	6840.34	7485.75
工资性收入	元/人	4579.46	5659.93	3314.93	6151.74	3536.69	2813.61
1. 在非企业组织中劳动得到收入	元/人	300.04	158.75	102.30	179.73	272.40	228.05
2. 在本乡地域内劳动得到收入	元/人	3084.67	3964.86	1519.74	3385.28	2363.66	781.05
3. 外出从业得到收入	元/人	1194.74	1536.33	1692.89	2586.72	900.63	1804.51
家庭经营收入	元/人	3523.22	847.40	7343.57	5670.73	2249.00	4323.10
第一产业收入	元/人	1832.65	289.42	6270.56	3058.66	498.95	3064.71
1. 农业收入	元/人	1803.53	289.42	2119.49	713.16	422.25	1733.59
2. 林业收入	元/人	29.12		32.14	16.60	30.57	154.28
3. 牧业收入	元/人			4118.93	2327.00	46.13	1176.84
4. 渔业收入	元/人				1.90		

续表

	单位	洛龙区	高新区	孟津县	新安县	栾川县	嵩 县
第二产业收入	元/人	69.65	19.80	494.42	174.70	655.78	461.43
1. 工业收入	元/人	3.20		267.11	37.57	178.32	120.20
2. 建筑业收入	元/人	66.45	19.80	227.31	137.13	477.46	341.24
第三产业收入	元/人	1620.93	538.18	578.59	2437.38	1094.27	796.95
其他产品收入	元/人		1.60	0.54	0.06	7.20	3.47
第三产业服务性收入	元/人	1620.93	536.59	578.05	2437.31	1087.07	793.48
1. 交通、运输、邮电业收入	元/人	558.74	201.32	372.04	1216.36	258.29	175.43
2. 批零贸易业.饮食业收入	元/人	281.45	81.32	154.99	399.06	539.81	468.73
3. 社会服务业收入	元/人	154.19	105.71	14.03	332.02	193.93	76.67
4. 文教卫生业收入	元/人	454.52	14.52		94.11	26.63	
5. 其他行业收入	元/人	172.02	133.72	36.99	395.76	68.40	72.65
财产性收入	元/人	150.08	845.84	382.51	-815.53	831.73	6.69
转移性收入	元/人	376.21	1144.68	621.46	171.14	222.92	342.36

2011年洛阳市农村住户人均收入情况（三）

	单位	汝阳县	宜阳县	洛宁县	伊川县	偃师市
总收入	元	6617.26	6641.96	6999.24	8380.87	13319.31
工资性收入	元	2807.67	2817.63	2716.15	4622.79	4005.51
1. 在非企业组织中劳动得到收入	元	181.95	191.40	310.54	257.50	143.12
2. 在本乡地域内劳动得到收入	元	1511.13	1147.20	1452.17	1099.01	3152.47
3. 外出从业得到收入	元	1114.59	1479.03	953.44	3266.28	709.92
家庭经营收入	元	3253.64	3334.83	3960.93	2925.44	8655.25
第一产业收入	元	1977.15	2482.60	3229.92	1790.19	2183.42
1. 农业收入	元	1626.06	1622.51	2335.76	916.20	999.87
2. 林业收入	元	0.79	3.88	308.01	16.65	1.07
3. 牧业收入	元	350.29	852.96	586.14	857.34	1182.48
4. 渔业收入	元		3.24			
第二产业收入	元	244.23	21.48	163.40	364.65	5725.26
1. 工业收入	元	56.52		69.24	364.65	5427.78
2. 建筑业收入	元	187.71	21.48	94.16		297.49
第三产业收入	元	1032.26	830.76	567.61	770.59	746.57
其他产品收入	元	7.63	0.02	0.75		4.68
第三产业服务性收入	元	1024.63	830.73	566.87	770.59	741.89

续表

	单位	汝阳县	宜阳县	洛宁县	伊川县	偃师市
1. 交通、运输、邮电业收入	元	12.97	479.89	91.29	494.98	564.42
2. 批零贸易业.饮食业收入	元	883.44	251.01	241.67	165.96	115.85
3. 社会服务业收入	元	46.21	95.95	47.62	101.81	53.17
4. 文教卫生业收入	元	8.76			7.85	
5. 其他行业收入	元	73.25	3.87	186.27		8.44
财产性收入	元	175.75	262.64	1.61	170.65	407.24
转移性收入	元	380.21	226.86	320.55	661.99	251.30

2011年洛阳市农村住户人均纯收入分组（一）

	单位	洛阳市	老城区	西工区	瀍河区	涧西区	吉利区
人均纯收入	元	6821.65	7626.52	8353.38	8711.97	10200.00	8331.79
附：人均总收入	元	8849.34	7883.69	9723.28	8772.69	10212.83	11417.88
人均总支出	元	7742.71	6826.58	7947.67	8229.05	8683.94	9349.93
人均生活消费支出	元	5292.57	6043.05	6529.55	6540.88	8167.53	6026.43
按调查户人均纯收入分组							
100元以下	户	16		1			1
100～200元	户	5					
200～300元	户	2					
300～400元	户						
400～500元	户	4					
500～600元	户						
600～800元	户	3					
800～1000元	户	8					
1000～1200元	户	9					
1200～1300元	户	7					
1300～1500元	户	7	1				
1500～1700元	户	13					
1700～2000元	户	26					
2000～2500元	户	60					
2500～3000元	户	44	1				1
3000～3500元	户	66		1			1
3500～4000元	户	75			1		3
4000～4500元	户	86	1	1	2	1	
4500～5000元	户	71	1			1	1
5000元以上	户	758	26	27	27	28	23

2011年洛阳市农村住户人均纯收入分组（二）

	单位	洛龙区	高新区	孟津县	新安县	栾川县	嵩 县
人均纯收入							
人均纯收入	元	7540.98	8211.13	7100.48	7880.47	5737.72	5847.31
附：人均总收入	元	8628.96	8497.85	11662.47	11178.08	6840.34	7485.75
人均总支出	元	8678.30	7159.50	9783.18	9778.83	7666.19	6410.22
人均生活消费支出	元	6901.95	6471.03	5019.02	5740.19	6310.77	4613.02
按调查户人均纯收入分组							
100元以下	户	1		5	3	1	
100～200元	户			1			
200～300元	户			2			
300～400元	户						
400～500元	户				1		
500～600元	户						
600～800元	户			2			
800～1000元	户			1		2	2
1000～1200元	户			1			4
1200～1300元	户			1			
1300～1500元	户			1	1	1	
1500～1700元	户	1		2		3	3
1700～2000元	户	1		5	1	3	4
2000～2500元	户	3		7		1	4
2500～3000元	户	2	1	10	2	5	6
3000～3500元	户	6	3	10	2	11	7
3500～4000元	户	4	2	8	5	9	3
4000～4500元	户	5	4	10	5	8	8
4500～5000元	户	7	3	9	5	6	6
5000元以上	户	60	27	75	75	50	53

2011年洛阳市农村住户人均纯收入分组（三）

	单位	汝阳县	宜阳县	洛宁县	伊川县	偃师市
人均纯收入						
人均纯收入	元	5157.97	5347.99	5196.25	6838.62	10208.42
附：人均总收入	元	6617.26	6641.96	6999.24	8380.87	13319.31
人均总支出	元	6397.54	5393.13	5800.69	7775.01	10447.61
人均生活消费支出	元	4653.70	3989.06	3854.62	5634.46	6394.32
按调查户人均纯收入分组						
100元以下	户					4
100～200元	户	2			2	
200～300元	户					
300～400元	户					
400～500元	户	1				2
500～600元	户					
600～800元	户					1
800～1000元	户	1		1	1	
1000～1200元	户	1	1		1	1
1200～1300元	户	2	1		2	1
1300～1500元	户	2		1		
1500～1700元	户				1	3
1700～2000元	户	4	2	3		3
2000～2500元	户	6	18	13	2	6
2500～3000元	户	5	3	1	3	4
3000～3500元	户	12	2	2	5	4
3500～4000元	户	5	13	6	12	4
4000～4500元	户	8	8	8	11	6
4500～5000元	户	5	7	7	8	5
5000元以上	户	46	55	58	72	56

的79.42%升至88%。全年人均纯收入最高户比最低户的收入差距达到数十倍。值得注意的是农村贫富差距扩大依然是当前农村工作中不可忽视的一个重要问题。

【支　出】 2011年，洛阳市农村住户人均总支出7742.71元，扣除物价变动因素后，比上年实际增长10.59%。其中：人均家庭经营费用支出1802.71元，比上年实际增长2.94%；购置生产性固定资产支出151.45元，比上年实际增长107.82%；税费支出4.88元，比上年实际增长95.67%；生活消费支出5292.57元，比上年实际增长7.71%；财产性支出4.23元，比上年实际减少65.31%；转移性支出398.04元，比上年实际增长60.99%。

2011年洛阳市农村住户人均支出情况(一)

	单位	洛阳市	老城区	西工区	瀍河区	涧西区	吉利区
总支出	元/人	7742.71	6826.58	7947.67	8229.05	8683.94	9349.93
（一）家庭经营费用支出	元/人	1802.71	246.75	1098.63	21.07		2864.96
（二）购置生产性固定资产支出	元/人	151.45		5.98	1480.18		
（三）税费支出	元/人	4.88		1.68			
（四）生活消费支出	元/人	5292.57	6043.05	6529.55	6540.88	8167.53	6026.43
1. 食品消费支出	元/人	1620.53	2005.19	2108.86	2072.42	2775.52	2189.82
2. 衣着消费支出	元/人	510.40	647.43	1332.70	574.70	811.94	751.25
3. 居住消费支出	元/人	1211.14	1233.90	1115.78	2046.44	1240.30	1018.78
4. 家庭设备、用品消费支出	元/人	411.88	535.07	353.33	730.50	846.33	579.60
5. 交通和通信消费支出	元/人	702.58	489.72	799.33	433.25	472.02	490.83
6. 文化、教育、娱乐消费支出	元/人	264.49	499.99	348.14	443.25	1184.46	424.39
7. 医疗保健消费支出	元/人	452.08	379.69	235.05	213.88	627.53	466.45
8. 其他商品和服务消费支出	元/人	119.46	252.07	236.36	26.44	209.44	105.31
（五）财产性支出	元/人	4.23					
（六）转移性支出	元/人	398.04	536.78	311.83	186.92	516.41	458.55

2011年洛阳市农村住户人均支出情况(二)

	单位	洛龙区	高新区	孟津县	新安县	栾川县	嵩县
总支出	元/人	8678.30	7159.50	9783.18	9778.83	7666.19	6410.22
（一）家庭经营费用支出	元/人	959.66	180.77	4322.47	3138.40	872.15	1251.19
（二）购置生产性固定资产支出	元/人	3.35	127.62	28.60	363.30	105.69	262.09
（三）税费支出	元/人			1.61	6.29	0.81	0.55
（四）生活消费支出	元/人	6901.95	6471.03	5019.02	5740.19	6310.77	4613.02
1. 食品消费支出	元/人	2309.21	1947.51	1696.07	1205.71	1595.47	1305.72
2. 衣着消费支出	元/人	727.54	532.07	460.50	595.99	656.95	287.39
3. 居住消费支出	元/人	1109.51	1944.26	944.09	573.84	1954.99	1626.58
4. 家庭设备、用品消费支出	元/人	690.31	371.11	535.71	730.92	331.74	304.30
5. 交通和通信消费支出	元/人	647.58	678.11	615.57	1957.10	487.90	555.64
6. 文化、教育、娱乐消费支出	元/人	426.97	403.88	270.86	250.79	284.41	129.75
7. 医疗保健消费支出	元/人	778.91	505.53	396.92	275.79	913.05	273.85
8. 其他商品和服务消费支出	元/人	211.91	88.56	99.30	150.05	86.26	129.79
（五）财产性支出	元/人	4.48		1.35	6.58	1.48	19.33
（六）转移性支出	元/人	808.85	380.08	410.12	524.07	374.73	261.06

2011年洛阳市农村住户人均支出情况(三)

	单位	汝阳县	宜阳县	洛宁县	伊川县	偃师市
总支出	元/人	6397.54	5393.13	5800.69	7775.01	10447.61
（一）家庭经营费用支出	元/人	1240.68	1082.79	1536.11	1303.48	2926.62
（二）购置生产性固定资产支出	元/人	144.56	70.65	163.85	213.36	16.10
（三）税费支出	元/人	7.95	3.42			26.86
（四）生活消费支出	元/人	4653.70	3989.06	3854.62	5634.46	6394.32
1. 食品消费支出	元/人	1576.96	1313.30	1594.23	2041.10	1460.81
2. 衣着消费支出	元/人	408.57	466.12	632.05	489.16	431.46
3. 居住消费支出	元/人	907.68	824.71	588.03	1112.89	2315.57
4. 家庭设备、用品消费支出	元/人	315.44	297.78	197.91	384.40	414.98
5. 交通和通信消费支出	元/人	663.44	419.93	314.19	501.44	1002.89
6. 文化、教育、娱乐消费支出	元/人	145.93	261.81	245.23	315.82	209.88
7. 医疗保健消费支出	元/人	433.14	327.32	210.57	650.37	505.43
8. 其他商品和服务消费支出	元/人	202.54	78.10	72.41	139.28	53.30
（五）财产性支出	元/人		9.71			
（六）转移性支出	元/人	350.60	237.49	246.11	623.39	281.27

【消　费】 2011年，洛阳市农村住户人均生活消费支出5292.57元，扣除物价变动因素后比上年实际增长7.71%。其中：人均食品消费支出1620.53元，比上年实际增长9.57%，占消费支出的比重由上年的30.1%升至30.62%；人均衣着消费510.4元，比上年实际增长9.8%，占消费支出的比重由上年的9.46%升至9.64%；人均居住消费1211.14元，比上年实际减少5.69%，占消费支出的比重由上年的26.14%降至22.88%；人均家庭设备、用品及服务消费411.88元，比上年实际增长18.69%，占消费支出的比重由上年的7.06%升至7.78%；人均交通通信消费702.58元，比上年实际增长7.37%，占消费支出的比重由上年的13.32%降至13.27%；人均文化、教育、娱乐消费支出264.49元，比上年实际减少12.60%，占消费支出的比重由上年的6.16%降至5%；人均医疗保健消费452.08元，比上年实际增长64.25%，占消费支出的比重由上年的5.60%升至8.54%；人均其他商品和服务消费119.46元，比上年实际增长12.43%，占消费支出的比重由上年的2.16%升至2.26%。

食品　2011年，洛阳市农村住户人均食品消费支出1620.53元，比上年实际增长9.57%。分地区情况考察，老城区为2005.19元，比上年实际增长14.78%；西工区为2108.86元，比上年实际增长8.7%；瀍河区为2072.42元，比上年实际增长24.57%；涧西区为2775.52元，比上年实际增长7.4%；吉利区为2189.82元，比上年实际增长70.34%；洛龙区为2309.21元，比上年实际增长28.14%；高新区为1947.51元，比上年实际增长43.76%；孟津县为1696.07元，比上年实际增长12.2%；新安县为1205.71元，比上年实际减少16.94%；栾川县为1595.47元，比上年实际增长6.96%；嵩县为1305.72元，比上年实际减少14.99%；汝阳县为1576.96元，比上年实际增长8.89%；宜阳县为1313.3元，比上年实际增长10.79%；洛宁县为1594.23元，比上年实际增长8.05%；伊川县为2041.1元，比上年实际增长21.24%；偃师市为1460.81元，比上年实际增长15.3%。

2011年，洛阳市农村住户主要实物人均消费量：粮食147.09千克，比上年减少43.67%；蔬菜及菜制品55.27千克，比上年减少31.39%；植物油8.04千克，比上年增长11.12%；动物油0.03千克，与上年基本持平；猪肉7.07千克，比上年增长18.05%；牛肉1.45千克，比上年增长212.54%；羊肉0.05千克，比上年减少34.05%；家禽0.69千克，比上年增长39.31%；肉禽及制品1.07千克，比上年增长28.68%；蛋类及蛋制品6.55千克，比上年减少11.80%；食糖0.98千克，比上年增长16.51%；酒3.19千克，比上年减少11.96%。

衣着　2011年，洛阳市农村住户人均衣着消费510.4元，扣除物价变动因素后比上年实际增长9.8%。分县区考察人均衣着消费：老城区为647.43元，比上年实际减少5%；西工区为1332.7元，比上年实际增长53.29%；瀍河区为574.7元，比上年实际增长38.4%；涧西区为811.94元，比上年实际减少5.01%；吉利区为751.25元，比上年实际增长50.6%；

洛龙区为727.54元，比上年实际增长26.06%；高新区为532.07元，比上年实际增长63.72%；孟津县为460.5元，比上年实际增长30.2%；新安县为595.99元，比上年实际增长8.04%；栾川县为656.95元，比上年实际增长43.02%；嵩县为287.39元，比上年实际增长1.15%；汝阳县为408.57元，比上年实际减少6.1%；宜阳县为466.12元，比上年实际增长37.51%；洛宁县为632.05元，比上年实际增长4.85%；伊川县为489.16元，比上年实际增长3.9%；偃师市为431.46元，比上年实际减少17.61%。

居住　2011年，洛阳市农村住户人均居住消费支出1211.14元，扣除物价变动因素后比上年实际减少5.69%。分县区考察人均居住消费支出，老城区为1233.9元，比上年实际增长47.53%；西工区为1115.78元，比上年实际增长37.21%；瀍河区为2046.44元，比上年实际增长38.23%；涧西区为1240.3元，比上年实际减少0.79%；吉利区为1018.78元，比上年实际减少17.64%；洛龙区为1109.51元，比上年实际减少42.55%；高新区为1944.26元，比上年实际增长134.23%；孟津县为944.09元，比上年实际减少8.98%；新安县为573.84元，比上年实际减少56.45%；栾川县为1954.99元，比上年实际增长65.46%；嵩县为1626.58元，比上年实际增长24.52%；汝阳县为907.68元，比上年实际减少29.88%；宜阳县为824.71元，比上年实际减少2.69%；洛宁县为588.03元，比上年实际增长21.75%；伊川县为1112.89元，比上年实际增长21.27%；偃师市为2315.57元，比上年实际减少0.68%。

2011年末，洛阳市农村住户人均住房面积37.53平方米，比上年减少1.7%。分县区考察，老城区为55.05平方米，比上年减少17.15%；西工区为40.24平方米，比上年减少23.94%；瀍河区为43.17平方米，比上年增长7.93%；涧西区为29.84平方米，比上年减少68.86%；吉利区为50.25平方米，比上年增长5.11%；洛龙区为62.38平方米，比上年增长14.47%；高新区为89.7平方米，比上年增长116.77%；孟津县为46.05平方米，比上年增长13.83%；新安县为24.46平方米，比上年减少43.5%；栾川县为48.88平方米，比上年增长20.09%；嵩县为22.9平方米，比上年减少18.81%；汝阳县为31.85平方米，比上年增长2.09%；宜阳县为36.19平方米，比上年增长6.26%；洛宁县为22.09平方米，比上年减少6.56%；伊川县为44.07平方米，比上年增长20.52%；偃师市为38.17平方米，比上年减少31.14%。

家庭设备用品及服务　2011年，洛阳市农村住户人均该项消费411.88元，扣除物价变动因素后比上年实际增长18.69%。分县区考察，老城区为535.07元，比上年实际减少43.4%；西工区为353.33元，比上年实际减少35.32%；瀍河区为730.5元，比上年实际增长21.23%；涧西区为846.33元，比上年实际减少4.69%；吉利区为579.6元，比上年实际增长42.32%；洛龙区为690.31元，比上年实际增长49.66%；高新区为371.11元，比上年实际减少66.08%；孟津县为535.71元，比上年实际减少1.84%；新安县为730.92元，比上年实际增长103.8%；栾川县为331.74元，比上年实际增长16.08%；嵩县为304.3元，比上年实际增长36.51%；汝阳县为315.44元，比上年实际增长82.38%；宜阳县为297.78元，比上年实际增长18.75%；洛宁县为197.91元，比上年实际增长3.63%；伊川县为384.4元，比上年实际增长8.47%；偃师市为414.98元，比上年实际增长10.68%。

2011年末，洛阳市农村住户主要家庭设备耐用品百户拥有量：洗衣机为93.04台，比上年增长5.89%；电冰箱为51.31台，比上年增长30.7%；空调机为29.51台，比上年增长41.82%；微波炉为11.11台，比上年增长71.11%；热水器为27.05台，比上年增长85.35%；自行车为69.11辆，比上年减少17.47%；摩托车为62.84台，比上年减少5.23%。

交通通信　2011年，洛阳市农村住户人均该项消费支出为702.58元，扣除物价变动因素后比上年实际增长7.37%；分县区考察，老城区为489.72元，比上年实际减少27.25%；西工区为799.33元，比上年实际增长40.26%；瀍河区为433.25元，比上年实际增长10.37%；涧西区为472.02元，比上年实际增长0.58%；吉利区为490.83元，比上年实际增长9.94%；洛龙区为647.58元，比上年实际增长37.02%；高新区为678.11元，比上年实际减少3.28%；孟津县为615.57元，比上年实际增长4.89%；新安县为1957.1元，比上年实际增长227.65%；栾川县为487.9元，比上年实际增长15.5%；嵩县为555.64元，比上年实际增长17.01%；汝阳县为663.44元，比上年实际增长53.66%；宜阳县为297.78元，比上年实际增长18.75%；洛宁县为314.19元，比上年实际增长11.31%；伊川县为501.44元，比上年实际减少61.56%；偃师市为1002.89元，比上年实际增长33.42%。

文教娱乐用品及服务　2011年，洛阳市农村住户人均该项消费264.49元，扣除物价变动因素后比上年实际减少12.6%。分县区考察，老城区为499.99元，比上年实际增长96.41%；西工区为348.14元，比上年实际减少43.11%；瀍河区为443.25元，比上年实际减少44.11%；涧西区为1184.46元，比上年实际增长15.51%；吉利区为424.39元，比上年实际减少50.35%；洛龙区为426.97元，比上年实际减少40.38%；高新区为403.88元，比上年实际减少45.55%；孟津县为270.86元，比上年实际增长7.45%；新安县为250.79元，比上年实际减少28.66%；栾川县为284.41元，比上年实际减少31.81%；嵩县为129.75元，比上年实际减少34.33%；汝阳县为145.93元，比上年实际减少30.45%；宜阳县为261.81元，比上年实际增长47.44%；洛宁县为245.23元，比上年实际增长5.98%；伊川县为315.82元，比上年实际增长53.84%；偃师市为209.88元，比上年实际减少24.53%。

医疗保健　2011年，洛阳市农村住户人均该项消费支出452.08元，扣除物价变动因素后比上年实际增长64.25%；分县区考察，老城区为379.69元，比上年实际增长7.70%；西工区为235.05元，比上年实际减少32.43%；瀍河区为213.88元，比上年实际减少28.46%；涧西区为627.53元，比上年实际增长9.56%；吉利区为466.45元，比上年实际减少8.15%；洛龙区为778.91

元，比上年实际增长191.69%；高新区为505.53元，比上年实际减少18.94%；孟津县为396.92元，比上年实际增长53.41%；新安县为275.79元，比上年实际减少3.3%；栾川县为913.05元，比上年实际增长42.7%；嵩县为273.85元，比上年实际增长24.48%；汝阳县为433.14元，比上年实际增长8.66%；宜阳县为327.32元，比上年实际增长156.6%；洛宁县为210.57元，比上年实际增长74.26%；伊川县为650.37元，比上年实际增长116.13%；偃师市为505.43元，比上年实际增长131.67%。

其他商品和服务　2011年，洛阳市农村住户人均该项消费支出119.46元，扣除物价变动因素后比上年实际增长12.43%。分县区考察，老城区为252.07元，比上年实际减少15.71%；西工区为236.36元，比上年实际增长169.5%；瀍河区为26.44元，比上年实际减少64.06%；涧西区为209.44元，比上年实际减少42.31%；吉利区为105.31元，比上年实际减少15.74%；洛龙区为211.91元，比上年实际增长11.44%；高新区为88.56元，比上年实际减少21.04%；孟津县为99.3元，比上年实际减少2.29%；新安县为150.05元，比上年实际减少47.01%；栾川县为86.26元，比上年实际增长19.76%；嵩县为129.79元，比上年实际增长150.45%；汝阳县为202.54元，比上年实际增长79.40%；宜阳县为78.1元，比上年实际增长233.84%；洛宁县为72.41元，比上年实际减少2.3%；伊川县为139.28元，比上年实际增长20.97%；偃师市为53.3元，比上年实际减少22.39%。

储蓄　2011年洛阳市城乡居民年末储蓄余额为12330532万元，比上年同期的11116814万元增长10.92%。其中：9县（市）合计为4924187万元，比上年同期的4321937万元增长13.93%。2011年末洛阳市城乡居民人均储蓄余额为18008.66元，比上年同期的16326.65元增长10.3%。其中9县市人均为9957.91元，比上年同期的8517.81元增长16.91%。

2011年洛阳市农村住户主要实物人均消费量（一）

	单位	洛阳市	老城区	西工区	瀍河区	涧西区	吉利区
粮食消费量	千克/人	147.09	102.85	43.55	92.80	88.24	119.09
蔬菜及菜制品	千克/人	55.27	69.29	78.88	51.08	93.03	50.23
植物油	千克/人	8.04	10.94	5.60	11.79	7.61	7.86
动物油	千克/人	0.03		0.03			
猪　肉	千克/人	7.07	7.07	16.59	2.02	10.31	8.57
牛　肉	千克/人	1.45	1.64	1.42	7.34	1.22	1.60
羊　肉	千克/人	0.05	0.24	0.32	0.80	0.33	0.66
家　禽	千克/人	0.69	2.14	4.68	3.47	2.72	3.51
肉禽及制品	千克/人	1.07	3.56	1.54	1.03	7.37	5.64
蛋类及蛋制品	千克/人	6.55	7.66	7.44	9.68	10.72	14.92
食　糖	千克/人	0.98	2.41	0.90	0.68	1.24	1.00
酒	千克/人	3.19	5.21	6.04	2.19	5.03	5.86

2011年洛阳市农村住户主要实物人均消费量（二）

	单位	洛龙区	高新区	孟津县	新安县	栾川县	嵩　县
粮食消费量	千克/人	119.05	70.10	159.02	88.67	162.54	138.99
蔬菜及菜制品	千克/人	103.18	47.83	54.47	52.52	36.17	25.81
植物油	千克/人	8.66	8.87	8.12	9.40	9.14	8.49
动物油	千克/人		0.01			0.25	0.02
猪　肉	千克/人	9.40	9.77	6.32	5.83	8.66	5.82

续表

	单位	洛龙区	高新区	孟津县	新安县	栾川县	嵩县
牛肉	千克/人	0.95	0.79	0.52	0.09	0.18	0.18
羊肉	千克/人	0.16	0.13	0.03	0.04	0.04	
家禽	千克/人	0.89	1.54	0.49	0.18	0.99	0.37
肉禽及制品	千克/人	4.44	4.50	1.60	1.19	1.89	0.55
蛋类及蛋制品	千克/人	10.58	7.35	7.04	3.79	5.32	7.63
食糖	千克/人	0.86	0.84	0.71	0.33	1.04	1.68
酒	千克/人	7.94	4.61	3.00	2.15	4.71	3.95

2011年洛阳市农村住户主要实物人均消费量（三）

	单位	汝阳县	宜阳县	洛宁县	伊川县	偃师市
粮食消费量	千克/人	206.94	131.95	201.91	120.75	194.92
蔬菜及菜制品	千克/人	56.73	49.96	78.41	70.86	36.46
植物油	千克/人	6.43	6.40	6.51	5.05	9.89
动物油	千克/人	0.13			0.03	
猪肉	千克/人	9.27	6.12	4.04	7.29	8.17
牛肉	千克/人	0.16	0.23	0.12	0.21	0.25
羊肉	千克/人	0.03	0.02	0.02	0.01	0.05
家禽	千克/人	0.29	0.51	0.26	0.69	1.01
肉禽及制品	千克/人	1.45	0.29	0.17	2.98	0.74
蛋类及蛋制品	千克/人	9.89	5.06	4.10	6.18	6.46
食糖	千克/人	2.51	1.01	0.31	0.58	0.82
酒	千克/人	2.32	2.26	3.24	3.22	1.26

2011年洛阳市农村住户主要耐用品百户拥有量（一）

	单位	洛阳市	老城区	西工区	瀍河区	涧西区	吉利区
洗衣机	台/百户	93.04	100.00	100.00	96.67	113.33	96.67
电冰箱	台/百户	51.31	100.00	93.33	100.00	106.67	86.67
空调机	台/百户	29.51	100.00	93.33	93.33	126.67	136.67
微波炉	台/百户	11.11	13.33	10.00	20.00	63.33	40.00
热水器	台/百户	27.05	60.00	63.33	63.33	96.67	66.67
自行车	辆/百户	69.11	113.33	153.33	80.00	236.67	236.67
摩托车	辆/百户	62.84	83.33	43.33	13.33	30.00	83.33

续表

	单位	洛阳市	老城区	西工区	瀍河区	涧西区	吉利区
固定电话	部/百户	28.70	43.33	10.00	63.33	56.67	70.00
移动电话	部/百户	212.97	206.67	233.33	113.33	270.00	220.00
彩色电视机	台/百户	120.29	106.67	110.00	103.33	173.33	133.33
照相机	架/百户	2.99	10.00	3.33	0.00	80.00	6.67
家用计算机	台/百户	21.90	20.00	53.33	63.33	93.33	66.67

2011年洛阳市农村住户主要耐用品百户拥有量（二）

	单位	洛龙区	高新区	孟津县	新安县	栾川县	嵩 县
洗衣机	台/百户	101.11	100.00	120.83	87.00	86.00	77.00
电冰箱	台/百户	80.00	92.50	82.50	63.00	46.00	41.00
空调机	台/百户	67.78	30.00	39.17	31.00	15.00	5.00
微波炉	台/百户	18.89	10.00	25.00	12.00	7.00	6.00
热水器	台/白户	57.78	45.00	30.00	28.00	26.00	15.00
自行车	辆/百户	164.44	142.50	103.33	1.00	46.00	14.00
摩托车	辆/百户	53.33	57.50	106.67	51.00	40.00	56.00
固定电话	部/百户	42.22	47.50	20.83	2.00	15.00	14.00
移动电话	部/百户	212.22	270.00	265.00	211.00	246.00	187.00
彩色电视机	台/百户	124.44	115.00	125.00	107.00	143.00	112.00
照相机	架/百户	8.89	7.50	4.17	5.00	4.00	0.00
家用计算机	台/百户	48.89	22.50	26.67	31.00	12.00	5.00

2011年洛阳市农村住户主要耐用品百户拥有量（三）

	单位	汝阳县	宜阳县	洛宁县	伊川县	偃师市
洗衣机	台/百户	85.00	99.00	82.00	105.00	103.00
电冰箱	台/百户	45.00	26.00	13.00	64.00	66.00
空调机	台/百户	20.00	9.00	5.00	34.00	77.00
微波炉	台/百户	17.00	0.00	0.00	3.00	30.00
热水器	台/百户	29.00	32.00	12.00	27.00	29.00
自行车	辆/百户	84.00	46.00	55.00	103.00	104.00
摩托车	辆/百户	62.00	82.00	49.00	61.00	66.00
固定电话	部/百户	47.00	24.00	34.00	32.00	61.00
移动电话	部/百户	181.00	235.00	143.00	296.00	169.00

续表

	单位	汝阳县	宜阳县	洛宁县	伊川县	偃师市
彩色电视机	台/百户	106.00	122.00	111.00	154.00	122.00
照相机	架/百户	3.00	1.00	1.00	1.00	5.00
家用计算机	台/百户	8.00	10.00	11.00	32.00	41.00

2011年洛阳市城乡居民年末储蓄情况

	年末储蓄余额（万元）			人均储蓄存款（元）		
	2010年	2011年	比上年+-%	2010年	2011年	比上年+-%
总　计	11116814	12330532	10.92%	16326.6	18008.7	10.30%
一、市区合计	6794877	7406345	9.00%	39163.6	38939.8	-0.57%
二、县（市）合计	4321937	4924187	13.93%	8517.81	9957.91	16.91%
偃师市	965077	1117710	15.82%	13535.44	18722.11	38.32%
孟津县	446474	514880	15.32%	9877.743	11340.97	14.81%
新安县	495438	565844	14.21%	9509.367	10798.55	13.56%
栾川县	613879	617658	0.62%	18546.19	18492.75	-0.29%
嵩　县	353844	426068	20.41%	6038.294	7233.752	19.80%
汝阳县	299977	347014	15.68%	6423.49	7383.277	14.94%
宜阳县	369949	437449	18.25%	5067.795	6294.23	24.20%
洛宁县	259825	312353	20.22%	5413.021	6453.574	19.22%
伊川县	517474	585211	13.09%	6517.305	7333.471	12.52%

县（市）、区情

偃 师 市

【概 况】 2011年，偃师总面积668.58平方千米，其中耕地3.27万公顷、常用耕地3.03万公顷、临时性耕地0.23万公顷。总人口61.84万人，其中非农业人口9.14万人、农业人口52.7万人。人口自然增长率为5.46‰。辖城关、首阳山、翟镇、岳滩、顾县、缑氏、府店、高龙、山化9镇和邙岭、大口2乡及1个工业区。全市生产总值（不含诸葛、李村、庞村、寇店、佃庄五镇，下同）完成286亿元，同比增长12.4%。规模以上工业增加值122.6亿元，同比增长24.4%。全社会固定资产投资134亿元，同比增长26.4%。

产业结构持续优化。着力培育新兴产业，提升壮大传统产业，巩固农业基础地位，大力发展第三产业。一、二、三产业增加值分别为17亿元、173亿元、96亿元，三次产业比例为6：60.4：33.6。高新技术产业增加值为6.2亿元。

改革开放持续深化。完成政府机构改革，市政府组成部门由27个精简为24个。完成443家事业单位和18家国有企业改革任务。实际利用市外境内资金44.3亿元，实际利用外资8020万美元，出口创汇5900万美元，同比增长81.5%。

发展质量持续向好。完成规模以上工业主营业务收入、利税、利润528亿元、56.7亿元和44.6亿元，分别增长35.6%、42.3%和46.7%。财政一般预算收入9.31亿元，增长13%。工商税收占财政一般预算收入的比重为58.2%。

民生水平持续提升。城镇居民人均

2011年偃师市主要经济指标完成情况

指标名称	计量单位	2011年	比上年增长（%）
生产总值		2864396	12.4
第一产业	万元	173135	4.5
第二产业	万元	1729566	16.2
工业	万元	1606671	17.2
建筑业	万元	122895	4.0
第三产业	万元	961695	7.4
粮食总产量	吨	259188	5.1
#夏粮产量	吨	125109	0.9
秋粮产量	吨	134079	9.4
蔬菜产量	吨	318301	
水果产量	吨	60877	
肉类总产量	吨	29204	
规模以上工业（不含首阳山电厂）增加值	万元	1226365	24.4
工业总产值	万元	5064453	24.4
工业销售产值	万元	4937226	25.2
利税总额	万元	567142	42.3

续表

指标名称	计量单位	2011年	比上年增长（%）
#利润总额	万元	445630	46.7
全社会固定资产投资总额	万元	1342945	26.4
农户固定资产投资	万元	49645	7.2
社会消费品零售额	万元	895075	17.2
货物运输量	万吨	2323	
货运周转量	万吨/千米	212091	
旅客运输量	万人	4942	
客运周转量	万人/千米	198600	
银行各项存款余额	万元	1467549	12.5
城乡居民储蓄余额	万元	1117710	15.8
银行各项贷款余额	万元	688038	9.6
地方财政收入	万元	149684	45.1
#一般预算收入	万元	93100	13.0
财政支出	万元	239216	21.4
#一般预算支出	万元	182870	15.6
农民人均纯收入	元	9826	12.2
农民人均生活消费支出	元	6081	10.9
城镇居民人均可支配收入	元	17970	9.8
人均居民消费支出	元	11845	9.1
在岗职工工资总额	万元	90750	7.2
在岗职工人均工资	元	30033	10.0

可支配收入和农民人均纯收入分别为17970元、9826元。社会消费品零售总额89.5亿元，增长17.2%。

河南省著名商标（豫皇）

豫皇挂面

【王艺红在京受到李长春接见】 2011年11月17～18日，河南省豫剧二团原创大型豫剧《苏武牧羊》在北京人民大会堂演出2场，上万名观众观看，感受了豫剧新剧目的魅力。中共中央政治局常委李长春及河南省委书记卢展工观看了演出，并对演出作出高度评价。偃师市豫剧名家王艺红应邀到场。

演出结束后，李长春接见了中国剧协副主席、河南剧协主席李树建和偃师市豫剧名家王艺红，并与他们合影留念。

【偃师市新增10件省著名商标】 2011年9月，偃师市"豫皇""硅谷""博雅堂"等10件商标被河南省工商局新认定为河南省著名商标，"日健""科阳""宇龙"3件省级著名商标顺利通过复核。截至2011年年底，偃师市拥有省级著名商标34件，省级著名商标总数位居全省县（市）第一。近年来，偃师市积极实施商标战略，市政府规定对获得省级著名商标和中国驰名商标的企业，由市财政分别给予1万元和10万元的奖励。据了解，省级著名商标的有效期为3年，凡获此称号的企业及产品将被工商部门重点保护，并可在此基础上争创中国驰名商标。

【偃师一家庭获"全国模范和谐幸福家庭"称号】 2011年5月，首届"全国模范和谐幸福家庭"评选结果揭晓，全国600个模范和谐幸福家庭当选。偃师市市民山岳顶一家入选，是洛阳市唯一一家，河南省仅4家。

这次"全国模范和谐幸福家庭"评选

是由国务院发展研究中心组织，教育部家庭中国教育学会家庭教育专业委员会、中国民俗文化研究会、中国幸福指数研究院等4家单位联合200多家新闻媒体，通过调查、访问等形式，在全国3.7亿个家庭中，遴选出600个幸福家庭予以表彰奖励，旨在树立和谐榜样，弘扬文明风尚，传承中华美德，推动幸福家庭建设。

【全国中小城市发展委员会考察团莅临偃师】 2011年5月23日，全国中小城市发展委员会名誉会长、内蒙古自治区人大常委会原副主任陈瑞清，中国城市发展研究会副理事长、中小城市发展委员会执行会长赵滑濮带领全国中小城市发展委员会（以下简称“中小城会”）考察团莅临偃师考察，共商合作发展大计。

中小城会前身是全国小城市发展促进会，于1984年由多位著名经济学家和知名城市市委书记、市长倡议发起并经国务院原副总理万里批示成立，由中国社会科学院主管，在中国城市发展研究会的指导下开展工作，协调组织会员单位联合组建系列协作实体，提高对会员城市建设和招商引资的支持力度，着力打造城市品牌。其会员包括全国中小城市、城市管理与科研单位、城市经济集团等，有团体会员400多个。

该考察团一行观看了《古都偃师》宣传片，就与偃师市合作事宜进行座谈，并签署战略合作框架协议。中小城会还向偃师市委书记尚英照颁发了中小城会委员聘书，向偃师市颁发了中小城会委员单位标牌。考察团一行还深入泰山石膏板、万年硅业、上海超日等企业及窑头村标准化厂房建设现场进行察看。在随后召开的经贸文化洽谈会上，与会双方就部分项目进行对接，并就初步达成意向的新农村建设、农业种植深加工、玄奘文化旅游区开发等7个项目进行了现场签约。

【二里头遗址发掘出约3600年前最完整宫室建筑】 2011年12月11日，迄今所知中国最早的王朝都城——偃师二里头遗址新一轮勘探与发掘工作又取得重要进展。距今约3600年、保存完整的二里头早期宫室建筑问世，新发现的巨型坑或为商代国家级祭祀场的源头。

二里头遗址宫殿基址群发掘现场

据了解，这是中国社会科学院考古研究所二里头工作队继续对二里头遗址宫殿区的布局进行探索时发现的。作为中华文明探源工程第三阶段研究项目的重要组成部分，相关文物整理工作及发掘近期仍在继续进行。在该遗址的宫殿区，考古工作者揭露出一组多重院落的大型夯土建筑基址，至少由“南、中、北”三进院落组成，总面积超过2100平方米。这座被编为5号基址的大型建筑，与数年前发掘的3号基址东西并列，3号基址因院内出土成组贵族墓和大型绿松石龙形器而闻名。此次揭露的5号基址“北、中”院内分别发现有二里头文化二期规模较大的贵族墓葬，并出土有绿松石器、漆器、白陶器等较高规格的器物及较多陶器。由于3号基址被晚期宫殿建筑所叠压，具体布局结构已难恢复，5号基址是迄今所知保存最好的二里头文化早期大型宫室建筑。

中国社会科学院考古研究所夏商周考古研究室主任、二里头工作队队长许宏说，多重院落的布局，在东亚地区前所未有，也与其后二里头文化晚期至殷墟时代以单体“四合院”为主的建筑格局不同，这两座大型院落基址的发现，把西周及以后中国古代宫室建筑主流模式的源头上溯到了二里头文化早期。

另外，一处总面积约2200平方米的巨型坑也在宫城东北部、宫室建筑群以北被发现，仅小面积试掘就已发现多处以幼猪为祭品的祭祀遗迹。仅此处发现的红烧土和料礓石道路表明巨型坑非同一般。这处巨型坑与宫室建筑群的相对位置以及其中祭祀遗迹的发现，都与稍晚的一般认为是商代前期国家级祭祀场的偃师商城宫城内祭祀区相似，为探索偃师商城相关祭祀制度的源头提供了重要线索。

二里头遗址是探索夏文化和夏商王朝分界的关键性遗址。30多年来，中国社会科学院考古研究所对其进行了60余次考古发掘，发现了迄今所知中国最早的大型宫殿建筑群、最早的宫城、最早的城市道路网、最早的车辙痕迹、最早的青铜礼器群及铸铜作坊，该遗址也因此成为探索华夏文明和国家形成、夏文化和夏商王朝分界的关键性都城遗址。

【“最早的中国”——发现中国文化考察团莅临偃师考察】 2011年10月18日，“最早的中国”——发现中国文化考察团到偃师市参观考察。该考察活动由中国妇女发展基金会发现中国文化基金和社科院考古研究所公众考古中心联合主办。活动立足于“全方位感悟中国、在现场发现中国、立体化传播中国”的理念，追寻华夏文明起源和繁荣的历程，探访中华文明对今天的深远影响，着力实现“探索中国、发现中国”和“弘扬中华文化、传承中华文明”的目标，以探寻“最早的中国”为主题，采取“行万里路+读万卷书”的深度行知体验方式，通过考察运城盐池、垣曲铜矿等古代手工业遗迹和后土祠、池神庙等古祠古庙，亲临伯乐相马、假途伐虢、唇亡齿寒等历史事件发生地，徒步重走黄河栈道、虞坂盐道等古代交通要道，参观襄汾丁村、侯马晋、偃师二里头等遗址，实现了对文明腹地的穿越式考察。此次考察，还对手工业、文明兴衰、公众考古等问题进行了研讨。启动仪式于10月14日在山西省运城市万荣县启动，为期5天，考察范围集中在晋南、豫西一带。

考察期间还举行了发现中国研习会成立仪式、专家讲座等一系列活动。

【玄奘寺举行大雄宝殿落成大典】 2011年10月3日上午，偃师市缑氏镇玄奘寺隆重举行大雄宝殿落成大典。玄奘寺位于缑氏镇陈河村，是纪念伟大的佛教理论家、旅行家玄奘的重要菩提道场。玄奘寺体现“隋唐建筑格局、仿唐建筑风格、佛韵梵音净土、恢宏兼容博大”的特点，在建设细节上注重内涵符号，使之具有“一沙一世界、一叶一菩提”的视觉效果。根据总体规划，玄奘寺总占地面积8.5万平方米，建筑面积3.8万平方米，坐东面西，依次布局为：牌坊、丹凤荷花池、山门、天王殿、大雄宝殿、观音殿、祖师殿、藏经阁、讲经堂、玄奘三塔(中塔为13层39米，左右两塔为11层33米)。香港玄奘法师研究会会长圆明法师将任玄奘寺第一任方丈，主持玄奘寺寺院的创立和建设工作，该寺建成后，将是集佛教圣地、参禅修学、旅游观光、学术研讨于一体的综合性建筑群，其整体规模和建筑设计、工程技术等都处于世界领先水平，其2255平方米的大雄宝殿可容纳千名僧人同时进行佛事活动。

【第四届玄奘国际学术研讨会在偃师市召开】 2011年10月3日，为期2天的第四届玄奘国际学术研讨会在偃师拉开帷幕。来自印度、尼泊尔、美国、德国、泰国、韩国、日本等9个国家及中国内地、香港、台湾地区的宗教界人士及专家学者80余人济济一堂，围绕玄奘在佛学、旅行、外交等方面的贡献展开研讨。

玄奘是唐代著名高僧，他曾西行5万里，历时17年，到印度游学取经，是举世闻名的伟大佛教理论家、旅行家和中印文化交流的杰出使者。玄奘的《大唐西域记》记载了他所游历的110个地方和据传闻所知的28个以上的城邦、地区、国家的情况，成为研究中亚、南亚地区的重要文献。

第四届玄奘国际学术研讨会围绕“玄奘对世界文化的贡献”主题，以积极探索的精神和严谨治学的态度，开展学术研讨，不少真知灼见将对进一步扩大玄奘文化研究成果、进一步提升玄奘文化对世界的影响产生积极而深远的影响。本届玄奘国际学术研讨会的召开，对于增进中国与世界各国，特别是印度、日本、韩国等周边国家的经济、文化交流及睦邻友好关系，有着现实意义和长远意义。

【偃师市8乡镇进入洛阳市社会经济综合实力30强】 2011年9月，从洛阳市统计局公布的结果获悉，偃师市有8个乡镇进入洛阳市乡镇社会经济综合实力30强，是洛阳市进入前30强乡镇最多的县市。其中城关镇蝉联洛阳市第一名。其他进入前30强的乡镇依次为：首阳山镇第4名，岳滩镇第6名，顾县镇第11名，府店镇第13名，高龙镇第14名，翟镇镇第19名，大口乡第27名。

偃师市乡镇经济实力的提升得益于乡镇工业发展一直处于洛阳市领先地位，岳滩镇由2009年的第13位上升至2010年的第6位，前进7个位次，显示出较强的竞争潜力。

【偃师市首届玄奘故里葡萄文化节开幕】 2011年8月24日～9月12日，偃师市首届玄奘故里葡萄文化节如期举行。该文化节“以休闲筑平台，以文化树形象，以真情聚人气，以旅游促发展”，旨在挖掘葡萄文化内涵，并通过葡萄采摘、品尝、酿酒以及其他文化活动，创新葡萄产业运作模式，弘扬生态观光旅游生活方式，把玄奘故里葡萄文化节办成既有深刻文化内涵，又有市场主体凝聚力的民俗节日。

近年来，偃师市的葡萄种植逐步形成了以缑氏镇为中心，沿207国道、辐射高龙、府店等周边几个乡镇的葡萄种植长廊，种植面积达到3.5万亩，主要品种有巨峰、红提、维多利亚等十几个品种，年产葡萄1.05亿千克，年产值达4亿多元。同时，偃师市成立葡萄专业合作社15个，葡萄深加工企业2个，葡萄专业交易市场5个，主要销往广东、云南等地，2001年被国家林业局授予“中国葡萄之乡”。

【中华丘（邱）氏河南堂文化园开工】 2011年7月28日，中华丘（邱）氏河南堂文化园在缑氏镇邱河村开工建设。中华丘（邱）氏总会会长邱家儒及500多名来自世界各地的中华丘（邱）氏宗亲参加文化园开工庆典。

中华丘（邱）氏河南堂文化园项目

缑氏葡萄

由中华丘（邱）氏宗亲联谊总会投资建设，预计总投资5000万元，占地面积100亩，建筑总面积1万平方米。

中华丘（邱）氏宗亲联谊总会，是以中国大陆为主体，由世界各国、各地丘(邱)氏宗亲自愿参加的民间团体。中华丘(邱)氏历经3000多年绵延发展，后裔衍播中华大地和世界各地。

（段延峰　刘俊娥　李朝霞）

孟津县

【概　况】　2011年，孟津县总面积758.7平方千米，其中耕地面积34054公顷。总人口46万人，其中乡村人口40万人。人口自然增长率为4.96‰。辖城关、会盟、白鹤、平乐、送庄、朝阳、横水、小浪底、麻屯、常袋10个镇和华阳产业集聚区1区。全年实现生产总值139.73亿元，比上年增长16.2%。其中：第一产业增加值18.89亿元，增长3.6%；第二产业增加值85.19亿元，增长23.6%；第三产业增加值35.65亿元，增长9.6%。工业增加值74.33亿元，增长27%。粮食总产量21.61万吨，减少1.2%。财政一般预算收入6.6亿元，财政一般预算支出14.54亿元。全社会固定资产投资完成额135.7亿元。社会消费品零售总额35.8亿元。城镇居民人均可支配收入15615元，人均消费性支出10093元；农村居民人均纯收入6458元，人均生活费支出5019元。城乡居民年末储蓄存款余额51.49亿元。

项目引资实现新突破。全面落实“招商引资创新年”行动计划，突出招商引资理念、项目、方式、措施“四个创新”，扎实开展“大招商”活动，共引进市域外资金42亿元，新动工投资千万元以上项目70个，其中亿元以上项目20个、10亿元以上项目2个，引资数量、引资质量、引资水平有较大幅度的提升。充分发挥示范带动作用，实施工业、服务业、基础设施等领域“十大示范项目”、50项“崛起工程”和20项书记镇长工程，采取领导分包、联审联批、首席服务、现场办公等行之有效的办法，加快推进项目建设，全年共实施千万元以上项目170个，项目总投资286亿元，完成投资84.2亿元。投资61亿元的国华孟津电厂、投资8.45亿元的中再生二期、投资2.7亿元的恒兆电子等75个项目已投运或试生产，经济发展后劲进一步增强。

经济结构实现新转型。以十大产业基地为载体，全面落实“现代产业体系建设提升年”行动计划，经济发展方式进一步转变。突出发展新型工业，在对传统产业进行升级改造的同时，加快培育高新技术产业，全县新申报省市科技项目16项、研发中心8家，新增高新技术企业3家，高新技术企业数量位居全市9县（市）第一。启动朝阳电子工业园建设，规划建设循环经济园区，形成新的产能和产业。大力发展现代农业，在确保粮食总产稳定的基础上，以“三篇文章一起做”为抓手，扎实推进农业“7252”工程，引进象丰万亩蔬菜基地、红娇天香万亩牡丹园等一批农业龙头企业，烟叶、蔬菜、奶牛养殖、林果花卉种养规模进一步扩大，农业产业化、现代化步伐明显加快。积极发展第三产业，着力提升“五朵金花、一枝奇葩”，投资1050万元完成王铎故居改造提升工程，汉光武帝陵与刘秀后裔签订了总投资10亿元的合作开发协议，小浪底、西霞院旅游开发加快推进，建成黄河中下游分界线主题公园，全县旅游景区实现接待游客365万人次，旅游综合收入4.15亿元，金融、商贸、房地产等现代服务业也得到长足发展。强力推进节能减排，大力实施“碧水蓝天工程”，围绕重点领域、重点行业，加大环境整治力度，关闭“十五小”企业10家，重污染企业11家，化学需氧量、二氧化硫排放量分别削减421.75吨、550.89吨，顺利完成年度节能减排目标。

全民创业持续推进。扎实开展“全民创业促进年”行动计划，出台一系列支持全民创业的扶持政策，建立了一系列推动全民创业的工作机制，组成“创业标兵”报告团在全县进行15场巡回宣讲。一年来，全县按政策减免创业人员营业税、所得税180万元，发放创业补贴资金1218万元，发放贴息贷款5060万元，开展各类创业培训98期，培训创业人员2.05万人次。全县新增个体工商户1932户，新增民营企业224家，新发展畜禽养殖户625户，新发展苗木花卉林果产业1.27万亩，全民创业的热情持续高涨，全民创业的效果持续显现。

机制转换持续深化。认真落实“企事业单位改革攻坚年”行动计划，按照事业单位分类定位、分别改革，企业单位分类指导、因企制宜的原则，成立事业单位、工业企业、农口企业和商贸流通企业4个改革改制领导小组，领导分包，责任到人，明确任务，强力推进。2011年，孟津县列入改革改制的26家事业单位，已撤销10家，合并2家，收回编制104个，14家“事转企”单位12家已完成改制；同时，完成全县332个事业单位岗位设置工作；列入改制范围的25家企业，有24家完成改制，县化肥厂、磷肥厂、精锻厂相继实施了兼并重组、破产出售和股份制改造，初步达到盘活存量、焕发生机的目的。

城乡建设持续提升。以新型城镇化为统领，坚持“四位一体”的发展思路，加快城乡一体化进程。新区建设方面，完成总规审批和详规编制，建成汉魏大道，开工瀍河大道、西霞路和汉魏大道二期工程，引入投资总100亿元的东方今典大型城市综合体项目，增添了新区建设的动力。旧城改造方面，完成检察院后支道和平乐东路改造工程，休闲文化广场建设已进入扫尾阶段；实施城中村、旧城旧村改造项目19个，完成拆迁28.6万平方米，开工建设65.8万平方米，完成投资8.76亿元，金色阳光、丰泰华府、桂城曙光、黄河明珠4个小区主体工程和桂花西路安置房建设已经完工。产业集聚区建设方面，理顺了华阳产业集聚区管理体制，华阳、空港两个集聚区实施千万元以上基础设施项目17个，完成年度投资6.4亿元，集聚区基础设施进一步完善。加强小城镇经营管理和新型农村社区建设，10个镇都对各自小城镇建设的特色和方向进行了重新定位，规划了55个新型农村社区，15个已开工建设，3个已经建成，城乡居民生产生活条件得到进一步改善。

各类亮点持续涌现。常袋撤乡建镇，中央统战部新农村建设总结大会在孟津县召开，平乐牡丹画创意园区美术馆开馆，成功举办全国农民画展、全

国牡丹画学术邀请展和全国书法名家邀请展暨首届王铎杯书法大赛，隆华传热公司在深圳证券交易所成功上市，成功创建“国家卫生县城”“中国书法之乡”“全国计划生育优质服务先进县”；先后荣获“中国最佳生态旅游目的地”“中央统战部新农村建设项目管理奖”“全市党风廉政建设责任制工作先进单位”“全市优化经济发展环境工作先进县”“全市宣传思想文化工作先进单位”等荣誉称号，全县上下呈现出经济繁荣、社会和谐、政治安定、大局稳定的良好局面。

“王铎杯”全国书法大赛开幕式

【孟津县荣获“中国书法之乡”称号】 2011年12月12日，经中国书法协会会议研究，批准孟津县为“中国书法之乡”。孟津县是一个具有4000多年悠久历史的文化名县，文化底蕴厚重，古往今来名人辈出，文化古迹遍布全县。那里不仅诞生了中国最早的文字——伏羲八卦，更是著名书法大家“神笔王铎”的故乡。王铎作为明末清初中国书坛的领军人物，书尚刚健，取法高古，张弛有度，气势豪迈，被称为“自唐怀素后中国书坛第一人”。孟津，正是因为王铎在中国书法史上的尊崇地位，以及留在这里的90块稀世珍宝《拟山园帖》，成为国内外著名的书法朝圣之地。孟津县委、县政府提出创建“中国书法之乡”，把书法创建工作纳入该县三大创建目标之一。为推动书法创建工作，县委、县政府斥资1000万余元对王铎故居进行大规模提升改造，对王铎故居书法展馆进行装修，建成1300多平方米展厅，可容纳书法展出作品500余幅。广泛开展“书法进万家”活动，在各镇、县直单位成立书法协会分会，积极发展书法协会成员，并于2011年11月17日全国书法名家作品邀请展暨“王铎杯”全国书法大赛及颁奖仪式在王铎故居隆重开幕。当天，中国书法协会考察团一行对孟津书法创建工作进行验收，对孟津县的书法创建工作给予充分肯定。

【孟津县实现“国家卫生县城”创建目标】 2010年，孟津县开始“创建国家卫生县城”活动，成立了高规格的创建国家卫生县城指挥部，实施道路畅通工程、绿化亮化工程、旧城改造工程、精细管理工程、碧水蓝天工程、健康教育工程、病媒防治工程、食品安全工程等8大工程，全面改善县城环境面貌。通过大力宣传，采用多种形式、多种渠道，加强创建宣传。进一步健全完善《县城环境卫生保洁制度》《县城管理三包五不准责任制》等一系列管理制度、办法，使县城在精细化管理方面进入了经常化、制度化管理轨道。累计投入1.398亿元，加强县城道路、管网等基础设施建设；投入9.3亿元，对县城区镇辖村进行拆迁改造、道路整修；投入364.3万元，新购11辆环卫车、1台高空作业车，购置65辆人力保洁车，更新、增添937个果皮箱、垃圾桶，新建2座垃圾中转站，新建、改造12所公厕等环卫基础设施，进一步完善县城功能，群众对卫生状况满意度达92.8%。

2011年12月6日，全国爱卫办发函通知：孟津县在基础设施建设、环境卫生面貌、群众文明卫生意识方面取得明显成效，整体卫生水平达到《国家卫生乡镇（县城）标准》要求；2013年第四季度将统一进行社会公示和命名。

孟津县创国家卫生县城省级考核汇报暨反馈会

【隆华传热在深圳证券交易所成功上市】 洛阳隆华传热科技股份有限公司前身为洛阳隆华制冷有限公司，创立于

隆华传热公司

1995年。2006年、2008年先后建成蒸发式冷凝器、板式换热器生产线，2009年12月完成股份制改造，更名为洛阳隆华传热科技股份有限公司。2011年9月在深圳证券交易所成功上市，成为洛阳市首家在创业板上市的民营企业。

洛阳隆华传热科技股份有限公司共占地280余亩，建筑面积10万余平方米，拥有员工800余人；产品包括蒸发式冷凝器、复合型变频蒸发式冷却器、压力容器、空气冷却器等系列，已形成研发设计、机械加工到成套产品完整的产业链，其生产技术处于国内领先并达到国际先进水平，产品广泛应用于化工、冶金、电力、煤炭、食品、农业等领域，是中国第一台高效复合型（甲醇）蒸发式冷凝设备的诞生地，已成为国内最大的高效复合型冷却（凝）设备的研发制造基地之一，名列中国化肥设备制造百强企业第七名。公司研发实力雄厚，设立有省、市级制冷换热工程技术研究中心，系国家高新技术企业、河南高成长型民营企业。2011年公司实现利润7900万元，上缴税金3600万元。

【洛吉快速通道一期建成通车】 洛吉快速通道全长27千米。从定鼎北路与国道310交会处起，向北经孟津至吉利区。洛吉快速通道连霍高速以南按一级公路标准修建，以北按超二级公路标准修建。一期工程自洛阳市定鼎北路310国道，与连霍高速交叉至省道314线游王村北，全长12千米（其中孟津境内9.86千米，途经朝阳镇9个村，占地619.05亩）。一期工程按双向4车道一级公路标准设计施工，设计时速80千米/小时，路基宽26米，中间设2米隔离带，大桥两座，涵洞26道，总投资3.93亿元。一期工程由洛阳市财政投资修建，2009年10月正式开工建设，2011年主体工程已完工通车，其他附属工程正在加紧施工。

【孟津县城汉魏大道一期建成通车】 汉魏大道一期工程东起朝阳大道，西至小浪底大道，全长1647米，道路控制红线45米，主车道宽22米，两侧各设置3米宽绿化隔离带、4.5米宽慢车道、4米宽人行道，同步建设供排水、通信管道、电力沟、绿化、路灯工程，概算投资3300万元。2010年6月24日动工，2011年4月19日完成地下管网及道路建设，实现主车道通车。2011年10月底随着路灯和绿化工程完成，实现全面竣工。

【孟津县荣获全国计划生育优质服务先进县称号】 2011年初，县委、乡政府明确提出创建全国计划生育优质服务先进县，成立以县委书记吉振华为组长的创建领导小组，召开全县创建全国计划

洛吉快速通道

汉魏大道

生育优质服务先进县暨春季集中服务活动动员大会。

县委、县政府切实加大对人口与计划生育工作的领导力度、经费投入力度和改革创新力度，始终坚持党政主要领导亲自抓、负总责，严格落实目标管理责任制，全县动员、全民参与，创建活动扎实开展。实现了“加强基础工作、实现工作均衡发展”“深化技术服务，提高公共服务水平”“强化依法行政、完善计划生育利益导向机制”“推进民主管理、推进计划生育村（居）民自治”“坚持综合治理、遏制出生人口性别比偏高势头”“建立流动人口优质服务新体系，实现流动人口服务均等化”六个方面的突破。2011年10月11日，以国家人口计生委办公厅副主任姚宏文为组长的验收组，对孟津县国有创建工作进行验收评估，11月29日被国家人口计生委授予“全国计划生育优质服务先进县”称号。

（裴绍武　陈金铭）

新安县

【概　况】 2011年，新安县总面积1160.3平方千米，其中耕地面积27744公顷。辖城关、磁涧、铁门、石寺、五头、南李村、北冶、仓头、正村、石井等10个镇，曹村乡1个乡及2个省级产业集聚区288个村委会，18个社区居委会，总人口52.38万人。全年实现国内生产总值304.9亿元，增长18.7%，人均生产总值达64719元。其中：第一产业完成18.2亿元，增长2.6%；第二产业完成239.7亿元，增长21.1%；第三产业完成46.9亿元，增长10.4%。全社会固定资产投资达到218.2亿元，增长26.6%。地方财政收入150042万元，同比增长19.4%，其中财政收入一般预算完成130577万元、比上年增长7.1%。城镇居民人均可支配收入18101元，同比增长15.4%；农民人均纯收入7575元，比上年增长24.9%。城镇居民人均生活消费支出14957元，比上年增长38.4%;农民人均生活消费支出5616元，比上年增长14.6%。社会消费品零售总额55.6亿元，同比增长18.3%;县金融机构人民币各项存款余额942753万元，比年初增加112424万元，增长13.5%；贷款余额612940万元，比年初增加129001万元，增长26.7%。

结构调整迈出新步伐。积极实施“旅游富民”战略，龙潭大峡谷景区成功创建国家4A级景区，黛眉山景区顺利实现从省级、国家级到世界级地质公园的“三级跳”，青要山、千唐志斋等景区的开发水平进一步提高。加快推进三产服务业发展，2011年服务业增加值完成46.9亿元，占全县生产总值的15.4%。加大农业结构调整力度，形成了面积达17万余亩的朝天椒、中药材、大粒樱桃、薄皮核桃等特色农业产业格局。

各项事业取得新进展。加快推进教育事业发展，按计划完成教育投入，占财政一般预算收入的32%。高招本科上线人数连续5年位居全市前列。2011年，全县各级各类中小学校216所（含荣华技校，下同），各类在校生10.9万人，其中小学在校生4.9万人，初中在校生2.4万人，高中在校生1.1万人，中专职高在校生2.3万人。各类学校专任教师4872人。学龄儿童入学率达100%。城镇居民医疗保险、城镇职工医疗保险和新型农村合作医疗参保（参合）率、报销比例、报销总额逐年提高，保障能力不断增强。投资5636万元，改建扩建县级医院2所、乡镇卫生院7所，新增床位622张，实现了公共卫生服务由点到面、覆盖城乡。年底，全县共有卫生机构33个（含民营），卫生机构病床床位共1601张，卫生技术人员1527人。县、乡、村三级卫生服务网得到进一步加强和完善。乡（镇）共有卫生院13个。高度重视残疾人事业，积极开展群众性文化体育活动，扎实推进人口和计划生育工作，各项社会事业都取得新的进展。

工业强县实现重大突破，工业经济发展。全年实施千万元以上项目246个，涉及投资350亿元，完成投资146亿元，其中亿元以上项目19个。投资11亿元的新义煤矿120万吨原煤建设，投资10亿元的30万方加气块、2亿块粉煤灰砖、200万吨粉煤灰水泥扩建，投资4.5亿元的3万吨石墨化阴极扩建等一批重点项目竣工投产，形成了企业关联、循环经济的新亮点；投资3.5亿元的南车集团大型无缸压机、投资3亿元的洛阳科创5万吨高档耐火材料等一批新上项目开工建设，展现了先进制造的新活力；投资85亿元的60万吨铝板带箔、投资18亿元的香江万基40万吨氧化铝三期等一批重大项目顺利推进，标志着新安工业的产业链条进一步延伸，科技含量、产品附加值进一步提高。招商引资成效明显，全年共引进项目175个，到位资金48.5亿元。万基控股集团顺利实现总资产和销售收入“双两百亿”目标。新安县产业集聚区入驻企业106家，年销售收入471亿元；洛新产业集聚区入驻企业达289家，年销售收入240亿元。截至2011年年底，全县规模以上工业企业达到215家，规模以上工业增加值达到178.4亿元。

调整产业结构，经济转型迈出关键步伐。加快推进工业转型升级，大力压缩“两高一低”项目和产能，培育了中超铝业、新强联风电轴承、畅通硅业等一批科技含量高、市场竞争力强的优势企业。万基控股、新强联、畅通硅业等企业上市前期准备工作迈出新步伐。加快推进旅游业发展，实施青要山景区开发工程，对千唐志斋进行改造提升。龙潭峡景区游客服务中心等配套项目相继竣工，5A级创建通过省级验收。全年共接待游客483万人次，实现综合收入9.3亿元，同比分别增长12.7%和16.9%。积极发展现代农业，新发展大粒樱桃1550亩、朝天椒4万亩、中药材6.4万亩，土地流转面积达到1.7万亩，形成了北冶关址玫瑰、磁涧杨镇蔬菜等一批农业产业化新亮点。不断提高粮食生产能力，全年夏秋粮食总产达到4.38亿斤。

加强基础设施建设，城乡面貌明显改观。县城“百栋高层”楼房已累计建成76栋、在建11栋，东、西区开发完成建筑面积30.8万平方米。黛眉地质文化广场建成投入使用。城中村、旧城改造累计完成拆迁26万平方米，开工建设53万平方米。投资4283万元，开工建设保障性住房1232套6.2万平方米，970户城镇低收入家庭已入住新居。投资240万元，实施县城供水能力提升工程；投资7800万元，新发展供暖面积25万平方米，城区供暖面积达到100万平方米；新奥燃气完成投资1.1亿元，天然气与城市建设和工业发展同步推进。城市公共服务和市政设施进一步完善，道路、绿化、保洁等服务状况也都实现了较大改善。实施城市建管百日提升工程，规范化、制度化、社区化的城市精细化管理模式初步形成，成功创建省级文明县城。加快小城镇和新型农村社区建设，完成新型农村社区布点规划45个，开工建设16个，整合村庄52个，腾出土地2000余亩，集聚人口3万余人。总投资7161万元，开工建设洛新产业集聚区污水处理厂二期扩建、第二污水处理厂一期工程和乡镇污水处理站7个。投资8000万余元，实施246省道新安南出口改建、314省道改造和310国道北京路至铝厂段慢车道、铁磁路、李寺路、庙石路大修等工程，累计修复改造公路120千米，扭转了道路通行不畅的被动局面。

完善社会保障体系，民生福祉实现明显改善。实现就业再就业7735人，下岗失业人员再就业3131人，累计发放小额担保贷款1289笔9709万元。城镇职工养老保险参保率达到100%，农村居民基本养老保险参保率达到82%，新型农村合作医疗参合率达到98.9%，统筹标准提高到230元，县乡两级住院报销比例分别提高到80%和90%。积极推进城乡低保分类施保，全年发放低保资金3615万元，比上年新增410万元。优先发展教育事业，县职教中心完成投资4400万元，征地拆迁基本完成。洛阳科技学院扩建顺利推进。幼儿园建设累计完成投资2319万元，17所乡镇中心幼儿园全部建成；校安工程累计完成投资1760万元，新建、扩建校舍2.1万平方米。积极推行基本药物制度，乡镇以下卫生医疗机构全部实现了药物零差率销售，累计拨付补贴资金363万元；改扩建乡镇卫生院2所，新建精神病院综合楼、县医院医技楼，新增床位400张。积极实施扶贫搬迁和生态移民工程，累计搬迁群众260户928人。发展户用沼气3000座、全托服务网点28个。发放住房保障补贴资金344万元，1487户城市住房困难家庭得到保障；发放因灾倒房重建补助资金1100万余元，845户倒房群众搬入新居。医疗救助、家电下乡、农家书屋建设等民生实事均得到较好落实。

广泛开展“干部作风年”活动，社会管理水平得到提升。积极探索城市管理机制创新，13个达标社区、精品小区全部建成，10个社区居委会挂牌运行，社区封闭管理和规范化物业管理工作有序推进。9个村实现村改居。建立健全领导接访、信访评估等工作机制，认真办理群众诉求。在全市率先建立110应急联动服务平台，联动办共办结各类诉求2760件，按时办结率达到95%。完善各种技防措施，实行治安网格化巡防，扎实开展“打黑除恶扫痞”、打击“两抢一盗”等专项行动，全县社会治安形势总体平稳。扎实开展火灾隐患排查治理，未发生重大火灾事故。深入推进安全生产攻坚，扎实开展打击非法、治理违法、隐患整治、安全生产评估和安全问责行动，全面推进安全质量标准化建设，安全生产形势保持稳定。环境保护、非煤矿山治理、超载超限治理等工作均取得明显成效。

【“故乡情”李优良书法展在新安县举行】 2011年9月11日，由洛阳市政协、人民日报社《人民文摘》杂志社，中共新安县委、县政府联合主办的“故乡情”李优良书法展在新安县博物馆举行。此次书展共展出李优良不同时期创作的近百件作品。作品书体涉及真草篆隶，内容有作者自撰诗词，也有临摹日课，从多层面展示了作者扎实的书法功底和深厚的文化修养。

李优良原籍新安县磁涧镇，这次展出是他应新安县在“中国书法之乡”申报成功二周年和书法工作会议召开之际邀请举办的。

【500千伏洛阳西输变电工程】 2011年7月，500千伏洛阳西输变电工程在新安县南李村镇李家沟村动工兴建，工程占地82亩，总投资8亿元，规划建设规模为主变3600兆伏安，500千伏出线 8 回，220千伏出线 16 回。其中第一期工程建设规模为主变 2400兆伏安，500千伏出线 4 回，220千伏出线 10 回。工程投运后，能充分满足河南西部地区用电需求，对洛阳经济的发展将起到重要的促进作用。

【《中国古代书法——草书》特种邮票暨《新安墨宝》发行】 2011年4月15日，《中国古代书法——草书》特种邮票首发式暨《新安墨宝》邮品发行仪式在新安县城新城世纪广场举行。此次发行的《中国古代书法——草书》特种邮票共4枚，内容选取的4件作品，均是中国书法史上最知名的草书作品，分别为西晋陆机的《平复帖》、东晋王羲之的《初月帖》、唐代张旭的《古诗四帖》和怀素的《自叙帖》。这是继“篆书”“楷书”“行书”之后发行的又一套书法题材邮票，是“中国古代书法”系列邮票的“收官”之作，由国家著名邮票设计家王虎鸣设计。为配合《中国古代书法——草书》特种邮票发行，经国家邮政局批准，新安县邮政局开发制作《新安墨宝》邮票册，精选了新安古代和当代书法名家的力作，集艺术性、宣传性、收藏性于一身，是不可多得的艺术精品。

【仓头镇荣膺中国人居环境范例奖】 2011年3月，国家住房和城乡建设部公布2010年度中国人居环境范例奖，新安县仓头镇榜上有名。此为河南省唯一一家获此殊荣的乡镇。也是该镇继荣获“省级文明乡镇”“省级卫生乡镇”“省级园林乡镇”“省级环境优美小城镇”之后所获得的第一张国家级名片。

仓头镇位居黄河岸边，是新安县最偏远的乡镇之一，从2002年开始，仓头镇抓住小浪底水库移民搬迁的有利时机，利用近10年时间，先后投入7.5亿元，建成了一座具有现代化气息的花园式小城镇。截至2011年年底，该镇建成区0.9平方千米，“四纵七横”主次干道11条，种植乔、灌木32种4.5万余株，镇区绿化面积41.4万平方米，绿化覆盖率达46%，人均公共绿地面积14.8平方米。

在小城镇建设中，仓头镇大力发展绿色产业，在镇北黄河万山湖畔发展高山牡丹5000余亩，在镇南张村、曲墙一线发展丹参、黄芪、菊花等中药材，在镇东、西两侧发展大粒樱桃、薄皮核桃种植，达到“三季有花，四季有果”的效果，湖光山色，相映成辉，吸引了大批游客前来观光。良好的人居环境，吸引各地居民向城镇集中和外来资金前来投资。镇区商铺开业率达到96%，常住人口增至9000多人，占全镇人口的1/3。

【保障性住房项目——益民小区竣工】 2011年6月15日，新安县保障性住房项目——益民小区举行落成竣工典礼。益民小区2009年筹建，占地48.671亩，建筑面积6.14万平方米，总投资约6140万元。该小区建设砖混7层楼房19幢（其中包括廉租房17幢和经济适用房2幢），可解决1232户城镇低收入家庭的住房问题。小区内健身场地、卫生室等基础设施配套齐全，是一个布局合理、功能齐全、环境优美的精品小区。

【煤矿整合】 2011年11月1日，义煤集团和万基控股集团举行煤矿合作签约仪式。万基控股集团下属5对矿井由义煤集团以资产收购的方式实现控股。至此，新安县地方煤矿全部实现与国有大型煤炭企业的整合。从2010年开始，新安县按照省、市关于煤炭资源整合的工作部署，强力推进煤炭资源整合工作，把全县14对年生产能力在15万吨以上的小煤矿全部整合移交给义煤集团。

【华纳·爱丁堡花园奠基】 2011年10月26日，华纳·爱丁堡花园在新安县城东区奠基。爱丁堡花园是新安县公开拍卖开发的高档精品住宅小区，由中房集团·河南华纳置业股份有限公司开发建设，总占地面积2.1万平方米，规划面积7万平方米，由5幢24～26层的高层组成，预计建设周期2～3年。该小区充分吸取英格兰爱丁堡城市的文化和艺术氛围，打造现代欧式风格建筑。小区户型设计超前，面积紧凑，彰显出一种尊贵的生活方式。

【新安县档案局（馆）新馆开馆】 2011年10月18日，新安县档案馆新馆正式开馆。档案馆新馆位于世纪广场东南角，占地面积3000余平方米，建筑面积4700平方米，全框架结构，主体建筑5层，总投资630万元，严格按照国家一类档案馆的建设标准及功能要求进行设计建设，是集收集、整理、保管、利用于一体的多功能综合档案馆。新馆馆藏容量可达50万卷（册），能满足30～50年馆藏的需要。

【鸿仙一枝书法馆开馆暨海峡两岸书画展】 2011年10月11日上午，鸿仙一枝书法馆开馆暨海峡两岸书画展开展仪式在新安县磁涧镇掌礼村王广庆纪念馆举行。王广庆的亲属、好友代表，县有关单位负责人和书画界人士，社会各界群众200余人参加仪式。

王广庆（1889～1974），字鸿仙，新安县磁涧镇掌礼村人。早年加入同盟会，曾留学日本，历任国民党要职、国立河南大学校长等。他酷爱金石，著有《洛阳先后出土正始体石经记》《洛阳近年石刻出土记》和《洛阳访古记》。王广庆纪念馆是由王广庆的后人在社会各界的支持下设立的。

此次活动由新安县政协主办，旨在纪念辛亥革命，缅怀王广庆的功绩，弘扬民族精神，增进海峡两岸文化交流。专程从台湾赶回的王广庆的女儿王季姜，向纪念馆捐赠了父亲部分珍贵的遗物。

【千人广场书法创作迎国庆】 2011年9月29日，新安县黛眉地质文化广场彩旗招展，热闹非凡。全县书法爱好者和学生1000余人，在此挥毫泼墨，现场展示书法作品，吸引众多群众的驻足观看。近年来，新安县围绕“中国书法之乡”这一文化品牌，在各中小学校全面开设书法课，大力普及书法活动。全县有中国书法家协会会员11人，省书法家协会会员43人，市书法家协会会员260余人。成立于1995年的新安县书法协会有会员1200余人，下设16个分会，全县书法艺术家及爱好者近万人。

【黛眉地质文化广场开园】 2011年9月28日上午，新安县西区黛眉地质文化广场开园仪式隆重举行。黛眉地质文化广场是新安县新城西区的核心景观工程，也是西区的商业经济中心。广场占地122亩，其中假山建筑占地16亩，公益广场面积106亩。广场内设30米高中心天碑石一座，巨型仿真崖壁3.6万平方米，巨型浮雕《图说新安》12幅，河洛文化铜雕5组，新安文化雕栏1300平方米，景观奇石80余块，景观树700余株，30米高杆灯4座，景观灯20余盏，草坪灯110盏，太阳能庭院灯50盏，铺设花岗岩3.5万平方米，绿化面积3.3万平方米。该广场将成为新安县占地面积最大、功能最全、景观最多的开放式广场，进一步提高县城居民的物质和精神文化生活质量，提升了城市形象。

【全省计算机“神童”新安“论剑”】 2011年6月2日下午，为期两天的第二十届中国儿童青少年威盛中国芯计算机表演赛河南赛区总决赛在新安县圆满结束。该项赛事由工业和信息化部、卫生部、全国妇联、中国科协、中国关心下一代工作委员会、中国残疾人联合会、中国儿童少年基金会等联合主办，新安县教育局已连续承办了四届河南赛区的赛事。

计算机表演赛分为学前组、小学低年龄组、小学高年龄组、初中组和高中组。3～18岁之间的青少年儿童都可以报名参赛。比赛灵活多样，融知识和娱乐，探索和创新等为一体，分为基础练习、智能控制、网页设计、动画制作、电子音乐、DV创作、3D仿真机器人、命题搜索等10个多元化项目和100多个创新软件。

河南赛区共报名41万人，初赛人数达到9万人，报名参赛的学生涉及洛阳市、三门峡市、信阳市、漯河市等17个城市。经过初赛选拔，有204名学生参加了河南省分赛区的决赛。经过激烈角逐，15名优秀选手脱颖而出，其中新安县选手13名，8月，他们代表河南赛区赴北京参加全国总决赛。

【新安县与苏州亚硕签约新能源项目】 2011年5月11日，新安县人民政府与苏州亚硕新能源有限公司签约100兆瓦风能、100兆瓦光能发电站建设项目。上述两个新能源项目选址于曹村乡。其中100兆瓦风能发电站建设项目总投资8亿元，规划占地约600亩，项目分两期建成；100兆瓦光能发电站建设项目总投资20亿元，项目分四期建成。项目规划新建太阳能光伏产品、太阳能光热产品、空气能热水器等新能源产品生产线及华中太阳能应用研发中心。

【新义煤矿竣工投产】 2011年4月28日，义煤集团新义煤矿举行竣工投产庆典仪式。义煤集团新义煤矿位于正村镇境内，可采储量1.1亿吨，年生产能力120万吨，服务年限67年。矿井采用立井两水平上下山开拓、综合机械化采煤工艺，概算投资10.7亿元，2005年1月开工建设。2011年1月，该煤矿124个单项工程全部竣工并通过验收和认证，具备矿井竣工验收条件。4月19日，通过国家发改委能源局项目竣工验收。（裴雪雁）

伊川县

【概　况】 2011年，伊川县总面积1059.45平方千米，其中海拔在500米以上的浅山区占22.2%、250米以下的河川区占13.44%、250～500米之间的丘陵区占64.36%，耕地面积60307.62公顷。全县辖城关、高山、鸣皋、水寨、白沙、半坡、江左、吕店、彭婆等9镇及鸦岭、平等、酒后、葛寨、白元等5个乡，369个村，总人口79.9万人，其中城镇人口18.56万人，城镇化率24.5%。全年实现生产总值227.3亿元，比上年增长13.5%。全社会固定资产投资199.7亿元，增长24.8%。地方财政一般预算收入10.08亿元，增长9.2%。规模以上工业增加值102.6亿元，增长23.3%。

不断加大对外开放力度，夯实发展基础。伊川县坚持把项目建设作为各项工作的重中之重，大力实施对外开放战略，扎实推进项目建设，签约投资千万元以上项目57个，总投资192亿元，实际利用市外境内资金38.4亿元，外资1.05亿美元。洛阳国际科技创新产业园、动漫产业园等一批科技含量高、辐射带动能力强的投资项目入驻伊川，奠定了“一区六园”发展新格局。全县安排实施千万元以上重点建设项目97个，总投资375亿元，其中实施亿元以上重点工业项目32个。北京利尔（洛阳）光伏产业园、伊电集团2×660兆瓦超临界发电机组等项目顺利推进，伊东220千伏输变电工程建成投用，产业集聚区供排水、污水处理等9个基础设施项目进展顺利，滨河新区路网、水系、老城改造提升等工程全面启动，经济发展环境得到明显改善。

高度重视“三农”工作，农业基础地位得到巩固。伊川县坚持“三篇文章”一起做，引导农民群众发展特色优势产业，促进了农业增效、农民增收。粮食产量连续5年稳定在35万吨左右，获得“全省粮食生产先进县”荣誉称号。全县发展200亩以上蔬菜基地15个，完成土地流转6万亩；新大牧业总部、常州立华优质土鸡养殖项目入驻伊川，新建和改扩建规模养殖场70个，畜牧业总产值达21.8亿元；完成造林面积4.37万亩，顺利通过省级林业生态县验收。全县改造中低产田1.5万亩，治理水土流失15平方千米；3万人安全饮水、西干渠险工险段护砌、白降河治理（一期）等项目全面完工，洞子沟、掉剑沟等水库除险加固工程进展顺利。累计投入资金1000万余元，强力实施“五个一工程”（一条示范路、一个示范村、一条精品街、一个贸易市场、一个新型农村社区），完成6个新型农村社区、14个示范村建设任务，硬化通组通户道路300千米。

强力推进城市建设，城乡面貌进一步改观。伊川县坚持新区开发与老城改造互动，建设和管理并举，城市化进程不断加快。滨河大道一期工程主车道建成通车，二期工程正在进行路基、桥涵和管网施工；龙腾路、志高路等新区路网、立奇商务大厦、伊河景观水系及志远路、伊龙路2座景观大桥开工建设；圣府嘉苑、御名苑等一批高档住宅小区建成封顶，全年新区开工建设楼盘约70万平方米，已建、在建高层达104幢。实施龙腾名流居、锦绣苑等老城房产开发项目15个，启动南府店、北府店、窑湾等9个城中村开发改造工程，拆迁36.5万平方米，开工建设112万平方米，竣工66.3万平方米。完成杜康大道、豫港大道等6条老城区道路改建工程。全面启动国家级卫生、园林、文明县城创建工作，县城建设和管理体制更加理顺，实施了21项城市提升工程，顺利通过省级园林、卫生县城复审验收。

切实关注民计民生，居民生活水平进一步改善。伊川县坚持富民、福民并举，不断提高居民生活水平，县级财政在民生方面投入占财政总支出的59%。提高城乡居民低保和农村“五保”供养标准，发放城乡低保金4221万元，实现动态管理下的应保尽保；全县乡镇卫生院实现药物零差率销售，“新农合”参合率达98%以上，在全市率先实现省内跨区域即时结算和“一卡通”。发放小额担保贷款5758万元。427套廉租房、473套经济适用房、1000套公共租赁房建设进展顺利；县职教中心正在进行教学楼、学生餐厅等工程建设；西场小学、县直第三小学扩建、30所农村中小学改建、14所示范性幼儿园建设等工程全面完工；县医院高层病房楼二期工程竣工投用，县精神病院正在进行主体施工。多渠道筹集“一事一议”资金8000万余元，完成农田水利、农村道路、安全饮水等建设项目300余个，农村生产生活条件得到进一步改善。不断加大农民负担监管力度，减负工作取得明显成效。人口和计划生育工作取得新成效，人口自然增长率控制在4.8‰以内；扶贫开发成效显著，荣获“全省扶贫开发工作先进县”称号。

高度重视社会管理工作，和谐伊川建设全面加强。伊川县打掉涉黑团伙3个、黑恶势力9个，扫除恶痞125人，“清网行动”抓捕网上逃犯146人。积极推进警务机制改革创新，不断完善社会治安综合防控体系，居民安全感指数不断提升；深入开展矛盾纠纷大排查、大化解活动，社会大局总体平稳；切实加强食品药品安全监管，全年未发生重大食品、药品安全事件。强力推进煤矿兼并重组，认真落实县级领导分包煤矿、24小时驻矿盯守等一系列监管措施，煤炭安全形势持续平稳。在全县15个重点行业领域开展集中整治、打非治违和隐患排查治理等专项行动，始终保持对安全领域违法违规行为的高压严打态势。

不断加强政府自身建设，行政效能得到提升。伊川县企事业单位改革改制稳步推进，完成601家企事业单位的改革改制工作，撤销事业单位9家、整合11家，收回事业编制855个，完成578家事业单位“三项制度”改革。自觉接受人大及其常委会监督，支持政协参政议政，办理人大代表建议、批评和意见85件，办理政协委员提案146件，答复率、满意率均创历史新高。大力推进依法治县、依法行政工作，“六五”法制宣传和依法治理工作全面启动。加强基层民主建设，较好地完成村民委员会换届工作。严格落实党风廉政建设责任制，政府廉政建设和反腐败工作取得新成效。高度重视“双拥”工作，进一步完善军队转业干部安置、随军家属就业等体制机制，军民团结进一步巩固。

【重点工程项目】 2011年，伊川县123个重点工程项目中大部分项目能够按时序要求顺利开展，其中工作进展较快、成效较好的项目有49个，工作有所推进的项目有44个。产业升级工程29个，其中成效较好的项目有18个，分别是龙鼎铝业年产60万吨铝箔项目、伊电集团2×60万千瓦机组项目、周一重工混凝土搅拌运输车及工程运输专用车生产项目、得天公司年产18万吨高温冶金辅料项目、旺达铝业年产2万吨氧化铝箔深加工项目、源华冶金年产8万吨高档耐火材料项目、埃斯特特种变压器生产项目、洛阳华翔公司聚乙烯塑料吹膜项目、洛阳远见矿山设备公司输送机生产项目、五丰公司机械配件生产项目、洛阳鑫盾机械加工有限公司收割机配件生产项目、宇光新能源公司太阳能设备生产项目、湄格公司高纯气体生产项目、依顿重工拖拉机总装项目、伊川县华达塑料厂硅烷电缆料及塑料管材生产项目、成阳冶金年产3.5万吨耐火材料项目、龙跃机械轨道车牵引电机外壳扩建项目和合乙铁业年产9000吨铸铁件项目。

【产业集聚区建设】 2011年，伊川县产业集聚区主要实施9项基础设施建设工程，总投资5.8亿元。其中东园绿化、亮化工程已竣工投用。在建项目有投资1.6亿元的多层标准化厂房、投资1亿元的220千伏变电站、投资6000万元的供水工程、投资6000万元的污水处理厂以及二期路网和综合服务中心等。正在实施的产业项目有10个，总投资78亿元，分别为投资50亿元的洛阳利尔中晶光伏材料有限公司硅及光伏产业园项目、投资9亿元河南斯特曼单晶硅项目、投资2.8亿元的郑州泓昊铝深加工项目、康师傅矿物质水和青岛啤酒豫西物流配送中心项目等。尤其是洛阳利尔中晶光伏材料有限公司硅及光伏产业园项目，全部投产后年可实现销售收入125亿元，利税30亿元，可安排3500人就业。截至2011年年底，伊川县产业集聚区入驻企业52家，其中规模以上企业14家，实现营业收入137.48亿元，完成固定资产投资61.86亿元，税收2.29亿元，就业人员达1万余人。这些项目的相继开工建设，与已经投产见效的龙鼎60万吨铝箔及连铸连轧25万吨铝板带箔等项目，为伊川县产业集聚区建设新型工业化产业示范基地，构建现代化产业体系奠定了坚实基础。

【农业产业化建设】 2011年，伊川县强力推进农业产业化建设，重点种植业基地建设全面完成。全县蔬菜种植8.2万亩，其中温棚蔬菜3.4万亩，新建蔬菜大棚3326座。新建蔬菜基地19个，面积5500亩。其中温棚基地15个，面积3600亩。辣椒基地面积5500亩。鸣皋镇规划1000亩蔬菜大棚基地，建成蔬菜温棚近200个。白元乡规划千亩大棚蔬菜基地，在王耆店村已开工建设大棚80个，在土门发展辣椒2000亩。江左镇以李寨村为中心，发展旱地辣椒500亩。以石张庄为中心发展芥菜生产基地500亩，建设一座占地50亩的芥菜加工厂，实行深加工增值。鸦岭乡建成蔬菜大棚60个。彭婆镇新建以南衙为主的蔬菜生产基地500亩，以申圪垱为主的温棚蔬菜生产基地300亩。平等乡在宋店、马回营和马回村新建或改建温棚蔬菜基地700亩，新建温棚46座。金天地公司一期投资1000万元，建成温棚60个。全县种植红薯12万亩，其中春薯10.5万亩、夏薯1.5万亩。创建红薯万亩方4个，面积4.12万亩，分布在鸦岭、葛寨、彭婆、鸣皋4个乡镇32个村，主要品种徐薯18、梅营1号、SL–19、北京553、北京868、豫薯8号等。全县谷子种植11万亩，建设谷子万亩方2个，300亩以上连片示范方20个，高产示范户400户。示范种植区域内品种统一为懒谷3号和张杂谷8号1000亩。加快培育龙头企业、专业合作社步伐，新培育和发展种植业、养殖业、林果业及农产品加工业各类农业产业化龙头企业22家，从业人员3548人，带动农户7.6万户，农产品加工业实现产值9.5亿元，参与农业产业化经营的农户户均增收820元。全县新培育各类农民专业合作社43家，有效提高农产品进入市场的组织化程度，增加了农民的收入。农村沼气建设完成2200座，占年度计划任务的100%，建设大中型沼气工程4处，新建农村沼气服务网点10个，与农户签订沼气服务协议4万份，新建全托服务网点20个。贯彻执行上级有关减轻农民负担的各项方针政策，要求向全县农户发放19万份农民负担监督卡，建立500个惠农政策宣传栏，积极推进农村公益事业一事一议财政奖补工作，全县有276个村开展了一事一议项目建设，占全县369个村的75%，总投资8156.32万元，其中农民筹资筹劳5117.57万元，申请各级财政奖补资金2558.78万元。

【招商引资工作】 2011年，伊川县坚持“项目兴县，福民强县”战略，以洛阳牡丹文化节等重大经贸活动为载体，以强化项目综合洽谈对接为手段，以推动重大签约项目建设为重点，促成一大批投资规模大、科技含量高的重大项目陆续开工建设，尤其是以洛阳国际创新科技产业园的引进为标志，招商引资在扩大县域经济总量、促进产业转型升级方面发挥的作用。据不完全统计，全县签约招商项目55个，项目总投资142.2亿元，合同引进市外境内资金128.4亿元，境外资金1.252亿美元。截至2011年9月底，新签约项目和结转项目到位资金完成34.7亿元，实际利用外资8690万美元，分别占市下达责任目标36.4亿元、9283万美元的95.3%和93.61%，保持在各县市继续领先的良好势头。结转项目和新签约项目全年可组织到位资金42.5亿元，实际利用外资可完成9500万美元。

根据低保动态调整机制的要求，将农村低保标准由每人每月40元、60元、80元调整为52元、72元、92元，城镇低保标准由每人每月145元调整为160元。全年累计新增城市低保对象262户、490人；新增农村低保对象1294户、1496人。按时足额发放困难群众基本生活价格补贴，发放低保对象价格补贴815042万元；发放五保对象价格补贴67万元。积极筹措救助资金，全年累计救助困难群众915人次，支出医疗救助金135万

滨河新区

元。认真做好救灾、救济工作，累计救助灾民1.5万人次。扎实做好孤儿救助工作，新增孤儿21人，事实无人扶养385人，并按照每人每月270月的标准发放救助资金。

【农村安全饮水及水利工程建设】 2011年，伊川县完成鸣皋镇坡根、中章屯，平等乡西村，鸦岭乡康庄，白沙镇杨岭、高山镇刘家沟村等安全饮水工程，打机井23眼，新建管理房9座，管网铺设5.5万米，投资960万元。白降河完成清淤6.56千米，新建堤防9.68千米，堤防护岸5.4千米，投资1552万元。杨寨水库完成大坝上、下游坝坡回填，上游坝坡面板浇筑，斜卧管浇筑，溢洪道交通桥等，投资350万元。程村水库完成大坝上、下游削坡，管理房拆除重建，齿墙浇筑，老溢洪道桥拆除，投资360万元。完成水土保持治理15平方千米。其中：白降河项目区小流域综合治理2.75平方千米，其中造水保林0.65平方千米，造经济林0.4平方千米，封山育林1.7平方千米；荆山、沙沟河小流域综合治理面积0.15 平方千米。西干渠险工加固及节水改造工程全部完工，清淤、衬砌渠道1400米。全年争取到上级资金3761万元，其中中央特大抗旱经费200万元、抗旱应急工程221万元、河道治理130万元、农村安全饮水1964万元。

【滨河新区建设】 滨河大道一期工程累计投资1.01亿元， 12月中旬竣工通车。4条长4.4千米的路网一期工程，累计完成投资4120万元，完成工程量的92%。志远路、周城路、商都路工程完工，东环路一、二标铺油已完成，具备通车条件。供水工程已打200米深水井7眼，输电线路架设完毕。新区8个小区开工建设38栋，完成投资5.43亿元。其中：御明苑、圣府嘉苑、祥和苑12幢主体建筑已封顶；怡鑫苑、伊滨华府、华夏御府、金融小区、鑫隆花园已开工21幢。土地报批方面，新区出让土地9宗，共516.36亩。划拨土地2宗127亩。

（李聚池）

宜阳县

【概　况】 2011年，宜阳县总面积1616.88平方千米，其中常用耕地面积56709公顷。总人口69.45万人。其中农业人口59.64万人、非农业人口9.81万人。城镇化率为24.76%。辖城关镇、柳泉镇、香鹿山镇、韩城镇、白杨镇、锦屏镇、三乡镇、张坞镇、莲庄镇、盐镇乡、高村乡、董王庄乡、樊村乡、花果山乡、上观乡、赵保乡等9镇7乡及工矿区街道1个，全县现有353个村民委员会，6个居民委员会。

全县实现生产总值154.2亿元，同比增长14.2%。全社会固定资产投资170亿元，同比增长47%。地方财政一般预算收入5.067亿元，同比增长18.6%。社会消费品零售总额47.8亿元，同比增长18.7%。城镇居民人均可支配收入15531元，同比增长16%；农民人均纯收入5348元，同比增长13.2%。先后荣获中国西游文化之乡、河南省对外开放工作先进县等诸多荣誉，国家卫生县城、河南省园林县城顺利通过复审。

加大工业项目建设力度，工业经济显著增强。新上黄河同力二期、轴承产业园等331个项目，总投资268亿元。规模以上工业增加值51.8亿元，同比增长26.8%。工业对经济增长的贡献率为61.3%。民营经济发展迅猛，营业收入超亿元企业有17家，营业收入、增加值和税金分别为215亿元、65亿元和6.8亿元，同比增长20%、23%和15%。加快产业集聚区建设，累计投资92.5亿元，建成“八横十三纵”的路网体系，通车里程65千米，铺设各类管网187千米，入驻企业129家，成功跻身河南省10个先进产业集聚区行列。

加强城乡基础设施，城乡面貌大为改观。科学编制城市总体规划，完成369个村的村庄规划。在实施老城区改造、北城区开发的基础上，强力推进宜东新区开发，建成区面积达27平方千米，城市框架不断拉大，城区布局更为合理。累计投资87亿元，实施矿口路、滨河路、纬一路、同力大道等198个项目，新增城区道路67.8千米，铺设管网160千米，完成拆迁120万平方米、开工207万平方米，建成28个新型住宅小区、55栋高层建筑。实施阳光水岸开发，建成三级橡胶坝、6千米长3680亩的水系景观。加快灵山景区开发，华严宝殿、寺院大门、钟鼓楼等16项工程完工。洛宜快速通道在全市5条快速通道中率先通车，八官线洛河大桥、花果山洛河大桥等项目竣工通车，同力洛河大桥、锦龙洛河大桥加紧建设，全县公路通车里程达到2223千米，累计投资4.5亿元，实施农村电网、移动基站等项目建设，供电、通信保障能力明显增强。

调整优化生产结构，现代农业加快发展。粮食生产稳定在35万吨。现代烟草农业加快推进，成为“国家级烟叶标准化生产优秀示范区”。新上雨润集团

宜阳县6月重大项目集中开工

福润公司、华泰牧业、广东万禾等11个总投资22亿元的项目，畜牧养殖规模化发展步伐加快。累计造林22万亩，荣获“河南省林业生态县”称号。实施香鹿山四期、五期、六期绿化，总面积达到2.2万亩，成为“省级森林公园”。实施中小型水库除险加固19座，小流域治理80平方千米，恢复改善灌溉面积3.8万亩，解决了15.8万人饮水安全问题。新建改造社区服务中心239个，硬化通组通户道路1684千米，建成文体广场130个。

加大民生投入，群众生活显著改善。投入资金36亿元，与广大人民群众利益密切相关的养老难、上学难、就医难、就业难、住房难等“五大难题”得到有效缓解。全面启动城乡居民社会养老保险试点，为60岁以上老人发放基础养老金2380万元。引进社会资金8.3亿元，新建5所民办学校，社会办学取得突破性进展；双语学校、红旗实验学校投入使用。全面实施国家基本药物制度，“卫十一”项目顺利推进，标准化村卫生所、新农合、城乡居民医保实现全覆盖。实施全民技能振兴工程，发放小额担保贷款1.4亿元，累计实现就业4.4万人，年均就业8779人。实施城乡低保提标扩面，提高五保供养标准，累计发放资金1.7亿元。积极实施安居工程，建成幸宜小区、锦屏小区等保障性住房3900套31万平方米。

加强和谐社会建设，各项事业全面进步。加大环境综合整治力度，圆满完成节能减排目标任务。坚持节约集约用地，土地管理日趋规范。加强对重点部位、重点领域的安全监管，安全生产形势保持平稳。创新信访工作机制，强化源头治理，社会大局保持稳定。加大平安建设力度，群众安全感不断增强。圆满完成第二次全国经济普查、第六次全国人口普查。国防、双拥工作取得新成效。民族、宗教、科技、档案、史志、计生、气象、人防、残疾人等各项社会事业都取得了新成绩。

加强作风建设，执政水平不断提高。以“三具两基一抓手”和“两转两提”活动为载体，行政效能明显提升。“五五”普法通过验收，群众法制意识不断增强。自觉接受人大、政协监督，认真办理人大代表建议、政协委员提案，满意率达到98%。充分发挥政府网站作用，全面推进政务公开。加强行政监察和审计监督，廉政建设得到新加强。

【“宜阳民声网”正式开通运行】 为畅通群众诉求表达渠道，加快推进党委、政府部门工作方式转变，12月2日，宜阳县第一个网络问政平台——“宜阳民声网”正式开通运行，网址为：www.lyyyms.com。

“宜阳民声网”开设“百姓呼声、部门对话”等15个特色栏目，面向网友，面向社会，集“互动交流”和“诉求办理”为一体，以“倾听民声、汇集民意，纾解民情、服务民生”为工作理念，倾力打造老百姓信赖的网站。主要功能包括：信息发布平台；以文字、图片、视频等形式报道宜阳及国内最新时事动态。网上问政平台；由“部门对话、留言板”2个栏目组成，网友可以通过栏目反映情况，提出咨询、意见、建议，与政府部门实现“一对一”“零距离”的对话交流。网络论坛平台；开设“百姓呼声、魅力宜阳、文学艺术、旅游户外、摄影天地、图说宜阳、商业街”等7个论坛版块，为网友开辟多个沟通交流和个性展示的平台。

【交通基础设施建设】 2011年，宜阳县紧紧围绕交通提升攻坚战，大力实施交通基础设施建设，加快洛宜一体化进程。按计划相续完成洛宜快速通道、同力洛河大桥、锦龙洛河大桥、3.3千米产业集聚区东南环新建及农村公路等20项57.9千米重点工程部分建设任务，总投资4.5亿元。实现宜阳与洛阳市的交通对接，拉近了与洛阳的时空距离。同时完成洛栾高速、洛卢高速宜阳段建设协调任务。

洛宜快速通道建成竣工通车，成为全市“一中心五组团四支撑”重要发展战略5条快速通道中最早建成的一条。

建成通车的洛宜快速通道

完成S319安虎线宜阳境灵山段全长1.48千米的改建工程，工程总投资868万元。完成西庄工业园区东1路、东2路、东3路、东4路新建工程，总长2.534千米，总投资1423万元。完成产业集聚区外环路新建工程，全长420米，工程总投资123万元。完成产业集聚区富兴路新建工程，全长681米，总投资354万元。完成产业集聚区红旗东路（同力大道）改建工程，全长2.5千米，总投资1251万元。完成S319安虎线洛龙区至宜阳县城段（洛宜快速通道）慢车道新建工程，工程总投资3330万元。完成洛宜快速通道西庄广场新建工程，工程总投资130万元。完成产业集聚区南环路新建工程，全长3.312千米，总投资2800万余元。完成民主南路新建工程，全长309米，工程总投资450万元。完成洛陕线宜阳境甘棠桥危桥改造工程部分工程，全长38.66米，工程总投资167万元。完成同力大桥引线全长1856米部分工程任务。安虎线县城至灵山段（李沟—灵山）改建工程全长5.1千米，工程总投资4500万元，已全面开工建设。投资4000万元的同力洛河大桥，完成全部桩基工程，完成投资1500万元。投资8000万元的锦龙洛河大桥已全面开工建设，完成桩基浇筑50%，完成投资1000万元。完成农村公路建设6项，总投资2025万元。完成2010年跨年度“村村通”工程。完成村村通砼路建设3项8千米。新增防撞护栏200米，完善各类标志标牌79套，设置警示墩200个，刷新警示墩400个，修复警示桩600个，增设路政公示牌15块，路政宣传牌28块，埋设警示桩千余根。高速公路建设平稳进行，涉及5个乡镇49个村52千米的洛阳至洛宁高速公路宜阳段征地拆迁工作已经完成，桥梁工程打桩、灌注，路基工程填筑，整个工程按计划顺利推进。

【灵山景区开发】 灵山风景区开发总面积13平方千米，总投资超过12亿元。共分为六部分：灵山主景区、灵山莲花公园、灵山莲花水景公园（洛河水面景观区）、灵山新型社区、灵山养生村和万亩生态观光园。2011年完成投资4.5亿元，完成建设项目18个，在建项目22个。

灵山主景区 灵山主景区由山西燕山石化实业有限公司投资承建，总投资6亿元。2011年完成景区段公路改线工程、凤凰山综合治理、新旧公路之间的土方工程、华严宝殿、旧寺院整体修缮、钟楼、鼓楼、景区围墙、景区大门、景区牌坊等10个项目。在建项目有：华严宝殿东西厢房、财神殿、观音殿、药师殿、僧人院、居士林、悬崖护砌、仿古商业街、小吃街、十三级佛塔、送子观音像焊接、景区停车场、舍利塔、东上西下旅游环线和景区排水系统等项目15个。

灵山莲花公园开发 灵山莲花公园由洛阳国诚置业有限公司承建，总投资2.4亿元。2011年完成一期33.3公顷荷塘施工建设、莲花种植和漂流渠、一期公园围墙等项目。

灵山灵秀社区 灵山新型社区项目由洛阳国诚置业有限公司承建，总投资1.2亿元，主要包括医院、学校、超市、娱乐中心、污水处理及住房等设施，计划新建住房400套、改造现有居民住房335套，建筑总面积5.76万平方米。2011年完成居民住房建设84套，总面积1.92万平方米。

灵山莲花水景公园 灵山莲花水景公园项目由洛阳国诚置业有限公司承建，总投资1.5亿元。项目综合整治洛河3.5千米，形成水面150公顷。2011年完成景区段洛河南北大堤主体工程。正在施工生态护坡、绿化亮化、橡皮坝和水电站等工程，计划于2012年6月底建成蓄水。

灵山养生村 灵山养生村项目由洛阳国诚置业有限公司承建，总投资1.5亿元。项目占地18公顷，建设生态别墅式养生屋120套，计划2012年10月建成使用。截至2011年年底，完成对地标附属物进行清理、施工建设围墙和地基处理等工作。

河洛明珠万亩生态农业观光园 河洛明珠万亩生态农业观光园以建设花卉苗木、生态农业种植、岛屿浓缩景观及休闲设施为一体的洛阳市大型农业旅游观光园为目标，由洛阳家鑫公司承建，总投资2亿元。截至2011年年底，柳泉镇元村第一批流转的60公顷土地已种植蔬菜，项目所涉及的柳泉镇元村、五树、水兑3个村的其他土地已分村民组丈量结束。

【河南省香鹿山省级森林公园开工建设】 2011年4月，在中国洛阳第二十九届中国洛阳牡丹文化节上宜阳县政府与河南昊澜实业集团签订合作投资协议，由昊澜集团投资25亿对香鹿山森林公园进行总体开发。5月，县政府与河南昊澜公司签订开发合作框架协议。9月23日，召开由县四大班子领导及相关部门参加的香鹿山生态旅游产业园策划终稿与规划初稿评审会。10月，由县政府办牵头，香鹿山生态园管理处、香鹿山镇、盐镇乡及公园占地有关村历时1个月，完成对香鹿山森林公园边界线及界桩位置的确认工作。11月23日，由省市有关专家、县四大班子领导和有关部门负责人组成评审团，对香鹿山生态旅游产业园项目总体规划进行评审，通过昊澜实业集团所做的规划。12月22日，县人大第十二届常委会第五十八次会议通过《宜阳县人民政府关于批准实施香鹿山生态旅游产业园开发的议案》，香鹿山森林公园开发走上科学化、规范化的轨道。

【产业集聚区建设】 截至2011年年底，宜阳县产业集聚区入驻企业129家，其中规模以上企业73家、亿元以上企业39家。完成固定资产投资81.2亿元。工业企业实现营业收入145亿元，入库税金3.26亿元，规模以上企业吸纳就业1.5万人。该产业集聚区被评为“洛阳市先进产业集聚区”，并获得奖励资金400万元，被《河南法制报》评为“首届最具投资法制环境产业集聚区”，被省政府评为“河南省对外开放先进产业集聚区”“河南省节约集约模范产业集聚区”“河南省先进产业集聚区”等。

【县城区集中供热工程举行签约仪式】 2011年3月1日，宜阳县政府与河北丰汇投资有限公司在洛阳华阳广场国际大饭店举行城区集中供热工程签约仪式。集中供热工程建设规模为供热面积300万平方米以上，计划总投资3.6亿元，总体工程分3年完成，首期建设规模达到供热面积50万～100万平方米，计划于2011年5月30日开工，10月15日前完成，11月15日正式供暖。

【第二十九届中国洛阳牡丹文化节宜阳县对外经济技术合作项目签约仪式举行】 2011年4月13日，第二十九届中国洛阳牡丹文化节宜阳县对外经济技术合作项目签约仪式在洛阳举行。本次集中签约的36个项目总投资94亿元，投资10亿元以上项目3个，投资1亿~10亿元项目19个，5000万~1亿元的项目10个，涉及装备制造、旅游资源开发、高新技术、电子电器、化工、农产品深加工、基础设施等领域。

【城区学校建设】 2011年，宜阳县委、县政府认真贯彻市委、市政府关于“加快城市区和县城中小学建设，使城镇中小学建设步伐跟上城镇化发展步伐”的指示精神，积极落实城区中小学建设规划，采取切实可行的措施，加大招商引资力度，多渠道筹措建设资金，强力推进城区学校建设步伐，缓解城区就学压力。

实验初中改扩建工程。新建4层学生宿舍楼1栋，建筑面积1667平方米，总投资120万元。

城关镇中街学校改扩建工程。新增占地面积3000平方米。新建3层教学楼1栋，建筑面积2837平方米，总投资285万元。

新建宜阳县职业教育中心。由温州华富投资管理有限公司投资兴建。项目投资概算3亿元，占地面积360亩，建筑面积17.75万平方米。工程分两期实施，一期工程建设宜阳县职业教育中心，于1月11日开工，先后完成2栋教学楼、1栋办公楼、2栋学生公寓、2栋教师公寓、1栋实训楼、1栋餐厅的主体建筑建设任务，建筑面积7.45万平方米，累计投资1亿元。二期工程建设宜阳县职业教育中心大专部（洛阳华富商学院），主要建设建筑面积4万平方米的实践中心综合楼和建筑面积1万平方米的2栋教学楼。

引资筹建宜阳县儿童世界。由洛投置业有限公司投资建设，项目投资概算2亿元，占地125亩，规划建设面积10万平方米，设计规模108个教学班，可容纳近4000名幼儿就学。

双语实验学校二期工程。完成二期工程建筑面积8000平方米的学生公寓、建筑面积1.3万平方米的教师公寓、建筑面积3000平方米的绿化生态园和建筑面积1.1万平方米的综合楼的主体建设任务。二期工程还包括宜阳县教师新村项目建设，规划占地159亩，建筑面积24.38万平方米，总投资3亿元，其中学生公寓2栋3.9万平方米，教育宾馆1栋6600平方米，教师公寓15栋17.6万平方米，商业及其他用房2.23万平方米。

新建城关镇红旗实验学校。由河南昶瑞房地产开发有限公司投资兴建，占地面积38亩，建筑面积3.5万平方米，投资概算5000万元。设计规模60个教学班，其中初中36班，小学24班，可容纳学生2400人。9月开学投用，在校学生950余人。

规划新建宜阳县思源实验学校。由香港言爱基金会援建，项目占地80亩，投资概算3200万元，设计规模40个教学班，容纳学生1800人。此外，新建宜阳县实验幼儿园教学楼1栋，建筑面积1444平方米，总投资160万元。安排中小学校舍安全工程项目8个（宜阳县实验初中食堂工程、盐镇乡张村小学教学楼工程、柳泉镇清泉小学食堂工程、高村乡石村小学办公楼工程、三乡镇一中教学楼工程、张午镇张午小学办公楼工程、白杨镇中心小学教学楼工程、韩城镇二中食堂工程），建筑面积7140平方米，投入资金714万元。中央救灾资金安排改建项目3个，建筑面积960平方米，投入资金80万元。

【“召伯甘棠”廉政教育基地建成开放】 2011年，宜阳县以“召伯甘棠”历史文化遗产为主题，以弘扬“召伯廉政精神”为切入点，以创建市级廉政教育基地为落脚点，积极开展廉政文化建设。投资100万余元在“召伯听政处”所在地宜阳县甘棠村建设市级廉政教育基地，基地由召伯文化广场及廉政教育展厅两部分组成。广场面积2300余平方米，北有召伯听政群雕，南有清代张汉手书“召伯听政处”碑刻及召伯亭，西有召伯文化展示墙，内容包括召伯事迹浮雕、召伯画像碑以及由省书协主席团成员题写的历代吟诵召伯甘棠的8块书法碑刻等，东有卧石一座，“召伯文化广场”的题名由省书协王鸣主席题写，“甘棠遗爱”由国内书法名家、西安美院教授茹桂题写，广场新栽甘棠树56棵。12月26日，“洛阳市廉政教育基地”授牌仪式暨召伯廉政文化书画展开幕式在宜阳县香鹿山镇甘棠村举行。

汝 阳 县

【概　况】 2011年，汝阳县总面积1332.84平方千米，其中山地占30.2%、丘陵占19.6%、平川占10.2%、常用耕地面积33184公顷。辖城关、小店、付店4个镇，内埠、蔡店、陶营、刘店、靳村、王坪、三屯、十八盘、柏树9个乡和大安工业开发区，216个村，5个居民委员会，总人口 47.03万人，其中农业人口 40.03 万人、非农业人口 7 万人。

全县生产总值达到92.9亿元，同比增长19.8%；全社会固定资产投资75.3亿元，同比增长28.7%；规模以上工业增加值37亿元，同比增长46.8%；地方财政一般预算收入3.89亿元，同比增长19.2%；社会消费品零售总额35.3亿元，同比增长18.4%。财政收入超过千万元的乡镇8个，超过2000万元的乡镇 2个。农民人均收入和城镇居民人均可支配收入5158元和14740元，同比分别增长15.8%和11%。城乡居民储蓄余额达347014亿元，较年初增长15.7%。汝阳在全省的综合实力排序大幅前移，在全市“福民强市”科学发展目标考核中多项指标位居县（区）前列。

项目建设明显加快、工业主导型经济逐步形成。坚持把扩总量、调结构作为加快转变经济发展方式的重点，坚定不移实施项目带动战略，工业主导型县域经济初步形成。全年实施千万元以上工业项目42个，完成投资21.7亿元，金堆城5000吨钼采选、龙泽焦化一期、国邦陶瓷一期、强盛陶瓷一期、金钼玻璃一期、兴荣公司扩建等一批超亿元项目相继建成投产；金鼎煤矿、顺和能源、俸达医用包装等一批超亿元项目加速推进。产业集聚区建设成果丰硕。累计实施千万元以上基础设施项目34个，完成投资9.8亿元，建成区面积5.87平方千米，“三纵六横”交通网络初步形成。兴汝大道、工业供水厂、110千伏变电站等项目建成投用，综合配套项目加快推进，产城发展有机融合。蔡店白酒酿造专业园，杜康造酒遗址公园改造加快实施，杜康酿酒观光园开工建设；小店专业园一期2万平方米标准化厂房基本完工。规模以上工业民营企业由2006年的19家发展到53家，民营经济增加值由2006年的11.9亿元增长到60.5亿元，占全县生产总值的65.3%。

省委副书记、省长郭庚茂到汝阳县调研

农业基础不断巩固、农村面貌日新月异，坚持不懈做好“三农”工作，特色产业不断壮大。着力推进农业增效农民增收。夏粮总产达7.6万吨；种植烟叶3.46万亩，发展核桃种植1.28万亩、蔬菜基地1500亩、红薯7万亩，落实牡丹种植面积2560亩；完成土地流转1.07万亩；实现农村劳动力转移11.5万人次，劳务创收4.5亿元。畜牧业实现规模化、标准化养殖，盛平华多、汇城牧业一期、恒野农牧等大型养殖场建成投用。农村生产条件显著改善。前坪水库项目取得重大进展，《国务院关于支持河南省加快建设中原经济区的指导意见》明确支持前坪水库建设；北汝河马庄段河道除险加固工程全面完工，黄龙潭、青山崖小水库除险加固工程进展顺利，涉及1.3万人的安全饮水工程开始实施。新农村建设扎实推进，硬化通组通户道路130千米，造林绿化5万亩，成为首批省级林业生态县。全县216个村全部建立卫生保洁机制，农民生活环境明显改善。付店牌路、城关东街、城关古严3个新型农村社区试点，安置农户1543户7739人。

城市建设加快推进、城镇形象大幅提升。建成区面积7.5平方千米，常住人口达7.5万人。城中村和旧城改造拆迁 36.5万平方米，开建120万平方米，完成投资9.3亿元。隆盛路中段全线贯通，富凯天下城、左岸贵都、天伦嘉园等项目进展顺利。新区建设完成投资5.5亿元，建成36万平方米，交通综合楼、中医院等工程建成投用，滨河小区东区基本完工，县法院迁建、客货运中心、滨河景苑等工程加快建设。基础设施加快推进。“六横两纵一环线”交通网络基本建成。电力通信能力不断增强，新建220千伏变电站1座、110千伏变电站2座、35千伏变电站8座，实现了乡乡通宽带、村村通电话和手机信号全覆盖。城镇形象大幅提升，完成《县域村镇体系规划》《县城总体规划》等编制工作，在全省率先实现城乡规划全覆盖。凤凰山森林公园、滨河公园建成开放，保持“省级卫生县城”“省级园林县城”和“省最佳人居环境奖”等荣誉称号；城关镇荣获“全国优美乡镇”、付店镇和上店镇荣获“中州名镇”称号。新增城镇人口1.95万人，累计进城农民2.35万人，全县城镇化率达到23.8%。

改革开放不断深化、发展活力持续增强，围绕制约经济社会发展的突出问题，积极稳妥推进各个领域改革开放。杜康集团、汝化公司等9家县属企业成功改制，汝阳杜康酿酒公司、洛阳鑫冠化工公司等企业焕发出新的活力。金鼎煤矿、古城煤矿兼并重组工作圆满完成。医疗卫生、粮食企业、种子管理、水管体制、集体林权、公路养护体制、农村信用社等各项改革取得积极进展。招商引资成效明显，投资17亿元的洛玻集团搬迁、投资20亿元的金钼集团玻璃高技术深加工、投资20亿元的4家陶瓷企业22条生产线等重大项目成功落户。旅游及服务业蓬勃发展，编制完成《全县旅游业发展总体规划》《西泰山景区详规》等4部规划；在汝阳县发现的大型恐龙化石群引起巨大反响，被授予“中国恐龙之乡”称号，“汝阳恐龙地质公园”获国家地质公园资格；成功举办“河南·汝阳杜鹃花节和炎黄文化节”，提升了“洛阳看牡丹，汝阳赏杜鹃”的品牌效应；恐龙旅游专线、西泰山风情小镇建成投用，恐龙遗址馆主体建设、炎黄广场改造顺利完成。“中国杜康文化之乡”成功授牌，汝阳旅游的知名度、美誉度大幅提升。现代物流、商贸服务、餐饮娱乐、信息通信、房地产等第三产业迅速发展。2011年服务业增加值完成22.2亿元，年均增长15.4%。

社会和谐进步、人民群众得到更多实惠。城镇居民人均可支配收入和农民人均纯收入分别达到14740元、5158元，积极推进全民创业，下岗失业人员实现再就业6050人，发放小额担保贷款1.87亿元；全面完成城乡低保提标扩面工作，城乡居民养老保险参保居民26.3万人，全县60周岁以上符合条件居民按月领取养老金；建成廉租住房10.6万平方米，改造困难群众危房1623户。教育工作稳步推进，投资1.13亿元，完成县实验中学、体育场、职教中心教学楼等项目建设；投资3500万余元，完成一批农村中小学项目建设。城区教育资源得到优化，东街小学改建完工投用，县实验小学改扩建进展顺利。卫生事业进一步发展，投资9000万余元，完成县医院医技综合楼、中医院迁建、妇幼保健院、

河南汝阳杜鹃花节暨炎黄文化节开幕式

14所乡镇卫生院改扩建和216个村的标准化卫生室建设任务，医疗设施和水平显著提升。新农合累计报销1.68亿元，受益群众94.7万人次，农民看病贵、看病难得到有效缓解。科技文化不断进步，投资906万元，建成乡镇综合文化站14个、农家书屋141个，继续保持"全国科技进步先进县"荣誉称号。覆盖216个行政村的信息共享工程全面建成，广播电视覆盖率达到96.5%。圆满完成第二次经济普查和第六次人口普查阶段性任务。人防、气象、老龄、慈善、金融保险、妇女儿童、史志档案、爱国卫生、民族宗教、民兵预备役等工作取得新的成绩。

政府自身建设、精神文明建设不断进步。坚持依法行政，自觉接受人大及其常委会监督，支持政协参政议政，人大议案、建议和政协提案，办结率、满意率均达100%。开展"两转两提""环境创优"等实践活动，干部作风明显转变。政府机构改革全面完成，规范津贴补贴工作有序推进。加强审计和财政监督，反腐倡廉工作取得新成效。市场经济秩序整顿扎实推进，精神文明创建活动深入开展，发展环境明显优化。公共机构节能降耗、政府法制建设、目标管理、信息公开、政务督察、应急管理、行政审批等工作不断加强。深入开展"五五普法"活动，强化社会治安综合治理，荣获"全国法治县创建先进单位""全省平安建设先进县"等称号。开展"大接访、大下访"活动，一大批群众反映的问题得到有效解决。安全生产形势持续好转，社会大局和谐稳定。

【汝阳县客货运中心项目开工建设】 2011年1月，汝阳县客货运中心项目开工兴建，该项目为国家二级客货站，属于汝阳县重点工程，总投资2500万余元，占地35亩。项目规划工程主体为地下1层，地上28层，建筑面积4万平方米。整个项目预计2012年10月完工。新站投入运营后，最高可日发班次600余个，运送旅客近万人次，极大地方便全县人民的生产生活。

【民政部救灾司检查汝阳县旱情及救灾工作】 2011年2月24日，民政部派出灾情检查组到汝阳县调研评估旱灾地区群众生活需求情况。该灾情检查组先后到城关镇张河村、刘店镇岘山村、上店镇西局村实地察看受灾情况，详细询问了饮用水情况、土地干旱面积、抗旱情况以及地方救灾物资和资金发放情况。检查组将这些数据统计后将上报民政部，以此作为抗旱救灾物资发放的重要依据。

【农业部赴河南抗旱工作组到汝阳调研旱情】 2011年2月25日，农业部派出赴河南抗旱工作组到汝阳调研旱情。抗旱工作组组长、农业部直属机关党委常务副书记陶永平，副组长、河南省农业厅副厅长刘自印先后到三屯乡新建村和刘店乡沙坪村，深入田间地头，察看苗情、墒情，详细了解旱情对小麦生产的影响、抗旱技术措施落实、浇麦进度和春耕备耕等情况。

抗旱工作组对汝阳县的抗旱举措表示肯定，并指出一定要坚持科学抗旱，做好组织和引导工作，要把国家支持农民抗旱浇麦的政策落实到基层，落实到农户，努力争取把旱情影响降到最低，千方百计争取夏粮好收成。

【国家新闻出版总署打击"四假"座谈会在汝阳县召开】 2011年3月3日，国家新闻出版总署打击"四假"座谈会在汝阳县召开，对严厉打击"四假"专项行动作出具体部署。

国家新闻出版总署党组副书记、副署长蒋建国指出，假报刊、假记者站、假记者和假新闻的泛滥，已成为社会的一大公害。各省、市、县要对"四假"时刻保持清醒的认识，明确各级、各部门在行动中的职责；要提高新闻媒体的职业素质，增强地方单位与部门的防范意识，教育社会各界提高警惕，认清预防假记者行骗行为；要通过宣传、举报、专项治理等多种方式有效遏制"四假"行为。

【汝阳县荣获"全国法治县（市）、区创建活动先进单位"称号】 2011年3月4日，从市司法局传来喜讯，汝阳县被全国普法办公室命名为全国法治县（市）、区创建活动先进单位，洛阳市仅两家。

近年来，汝阳县把全国法治县创建活动作为推动经济社会发展的动力，以"平安大喇叭""法制大篷车"等形式，扎实有效地推进创建活动深入开展。通过狠抓普法教育、公正执法、依法治理、检查监督等，使广大干部群众法律素质明显提高，司法保障作用得到有效发挥，依法监督的覆盖面进一步扩大，为汝阳县的三大文明建设提供了良好的法治环境和法治保障。

【国家发改委、农业部领导到汝调研乡镇农技推广体系建设工作】 2011年4月16日，由国家发改委评估中心工程师鲍杰农业部农技中体系处处长陈守伦等人员组成的调研组到汝阳县调研乡镇农技推广机构建设工作。

调研组在市农业局副局长孙清良、副县长吕晓辉等陪同下先后察看了内埠镇、小店镇农业服务中心办公用房、办公设施设备，详细了解了从事农技推广体系建设工作人员的年龄、学历及基本服务技能掌握情况。内埠、小镇两镇均存在着农技办公用房少、农技推广人员流失，年龄构成不均衡、农技推广困难等问题。在座谈会上，调研组听取了汝阳县农技推广体系建设情况汇报，目前全县遴选了100名农业技术指导员、1000个科技示范户，建立了10个试验示范基地，确立了主导产业，筛选推广了一大批主导品种和主推技术，初步建立了县、乡、村三级农技推广网络，但在农技推广中，普遍存在着基础设施落后，服务条件差等问题。调研组实地察看和听完汇报后，希望汝阳县加大投入力度，想方设法推进农技推广体系建设任务，同时还表示把汝阳县基层农技推广体系建设中存在的问题及时反馈到国家发改委、农业部，通过制定政策来促进基层农技推广体系建设工作。

【靳村乡恐龙谷漂流项目开工建设】 2011年8月5日，汝阳县靳村乡恐龙谷漂流项目开工建设。该项目由河南天昊旅游开发有限公司投资建设，投资3900万元，分两期建设。一期于2011年4月开工建设，主要建设恐龙谷丛林漂、激流漂、竹筏漂等。二期将建设金水湾娱乐场所、石寨山景区等。

整个漂流里程16千米，途经石寨、双寺等6个村，沿线风光迤逦，惊险刺激，将给游客带来意想不到的欢娱。恐龙谷漂流预计2012年5月正式营业。

【河南海鑫毛毯纺织有限公司的毛毯首次出口欧美】 2011年6月8日，河南海鑫毛毯纺织有限公司生产的5500条、价值8万美元的高档拉舍尔毛毯，经洛阳检验检疫局检验，顺利发往西班牙，实现汝阳毛毯出口欧美发达国家零的突破。该公司成立于2010年3月，2011年8月取得自营进出口经营权，生产高档拉舍尔毛毯、工艺雕花毯、高档工艺雕花地毯、高档玩具绒布、高档服装面料等产品，产品70%为外销。

【汝阳县中医院被确定为洛阳市红十字会大病救助定点医院】 2011年6月8日，洛阳市红十字会大病救助定点医院在汝阳县中医院挂牌成立。汝阳县中医院热心公益事业，经常开展公益活动，受到群众普遍好评。经洛阳市红十字会考察，决定把汝阳县中医院设立为市级红十字会大病救助定点医院，旨在解决大病患者负担过重问题，进一步减少因病致贫、因病返贫现象。

【洛阳五马食品有限公司荣获“中国产品质量放心品牌”称号】 2011年6月9日，位于汝阳县上店镇的洛阳五马食品有限公司获得由中国品牌质量管理评价中心、中国中小企业品牌培育工作委员会颁发的“中国产品质量放心品牌”匾牌，洛阳市仅此1家获得此项殊荣。该公司是1家加工面粉、制作、经销挂面的企业，利用本地产粮过剩的优势，开辟了农粮就地深加工的新路子。公司自成立之日起，坚持把产品质量放在首位，严把原材料进出关，采用质量责任追究制管理方式，产品质量市场信誉度高，畅销省内外。

【玉马水库水电代燃料项目设备安装到位】 截至2011年7月23日，玉马水库水电代燃料项目设备安装到位，所安装的新设备最大特点是自动化水平高，水电机组运行全部采用电脑控制。玉马水库和电站均建造于20世纪70年代。存在不同程度磨损和绝缘老化问题，严重威胁着发电运行安全。对此，汝阳县投资680万元实施玉马水库电站水电代燃料项目。项目包括更新改造3台发电机及水轮机制动系统，水轮机综合自动化系统，励磁系统，油、气、水自动化系统和消防系统等。项目建成后，将为玉马水库周边的玉马、秦岭等4个村的1600户6080人提供代燃料用电量190万千瓦时，可保护森林植被面积2.25万亩，改善生态环境。

【汝阳县争取到两批以工代赈项目】 2011年7月23日，汝阳县争取到两批计划外以工代赈项目，项目总投资475万元。其中：以工代赈示范项目1个，即投资232万元的靳村乡靳村小型农田水利工程。投资243万元的以工代赈易地扶贫搬迁项目2个，分别是王坪乡洞沟村易地扶贫搬迁项目和城关镇河西村易地扶贫搬迁项目。项目建成后，不仅可改善89户441人贫困群众的居住环境，还能保护耕地500亩，造田60亩。

【汝阳县两个农业项目获得中央财政资金支持】 2011年8月9日，汝阳县的规模化节水灌溉增效综合示范项目和旱作节水农业示范基地项目获得中央财政资金扶持。中央投资600万元，计划在陶营乡发展高产、高效、节水农业，建设示范基地7500亩。在汝阳县实施的旱作节水农业示范基地项目，计划建设基地1.75万亩。

【洛阳阿尔百达刘店分厂生产的3000多件服装首次出口】 2011年8月10日，白氏集团洛阳阿尔百达刘店分厂生产的3000多件头批服装首次出口。该公司是汝阳县第一家直接出口创汇企业，计划在汝阳县建立5个分厂1个总部，总投资达3亿元，可安排当地劳动力6000多人，产品直接出口中东地区。刘店分厂是该公司在汝阳县建立的第一个分厂，可解决1500个劳动力就业，年实现税收200万余元。

【龙泽焦化项目点火烘炉】 2011年8月10日，位于汝阳县产业集聚区的洛阳龙泽焦化有限公司一期项目点火烘炉，标志着该项目由建设施工状态转入调试生产阶段。龙泽焦化项目选用的捣固焦炉和碳化室是目前国内技术水平最先进的焦炉炉型，生产工艺由原来的一般顶装煤炼焦改为侧装的捣鼓焦，污染小、能效高，不仅可大幅提高焦炭的强度，提升炼钢行业的产品等级，而且对原煤的需求更加广泛，大大提高资源的综合利用率。龙泽焦化项目一期正式投产后，年出焦可达60万吨，实现年产值12亿元、利税1.56亿元。

【63名贫困学子喜获凝聚力工程助学金】 2011年8月24日，汝阳县举办凝

聚力工程“金秋助学”活动贫困大学生助学金发放仪式，2011年考上大学的李亚豪等63名贫困大学新生获得1000元或2000元的助学金。自2004年以来，汝阳县统战系统每年都组织民营企业家积极开展凝聚力工程“金秋助学”活动，累计捐款、捐物500万余元，救助贫困大学生700多名，兴建小学教学楼6座，帮扶9个村开展新农村建设，成效显著。据了解，本次活动共募集捐款15.3万元，救助贫困大学生63名。仪式上，还对金堆城钼业汝阳有限公司等13家企业进行通报表彰，并授予2011年汝阳县凝聚力工程“金秋助学”活动“爱心企业”称号。

【王公社完成汝阳古城泥塑微缩景观】 2011年9月1日，城关镇西街村农民王公社历时3年时间用泥塑做出了汝阳县古城微缩景观，展示汝阳老城清代道光年间到公元1947年间的古城风貌。整个微缩景观精巧别致，约有4平方米，有1000多个建筑模型构成，它基本上是按照1∶300的比例，将汝阳老城全貌展现出来。特别是古城东西南北的4座城门楼，制作精细，形状逼真，让人不禁联想到过去这些建筑风格和气派。伫立在整个微缩景观中央过街楼、东南一隅的奎星楼以及横跨在主要街道的牌坊，玲珑中彰显着厚重的历史文化气息。

【靳村乡沙沟大桥建成投入使用】 2011年6月，靳村乡沙沟桥工程开工建设，10月23日，建成投入使用。位于县道三禅线靳村乡境内沙沟桥，是靳村乡通往外界的一条重要通道。原桥于2010年8月份被洪水冲塌，该项目为县人大议案工程。项目设计为钢筋混凝土空心板桥，桥面铺装10厘米厚防水混凝土，桥梁总长64.04米，总投资174.95万元。

【汝阳县举行重大项目集中开工仪式】 2011年12月19日，汝阳县在产业集聚区举行重大项目集中开工仪式。项目总投资28.2亿元，此次集中开工的6个项目分别为豫西煤炭储配中心项目、河南正昂新型材料项目、洛阳通瑞新型材料项目、河南守正新型材料项目、产业集聚区综合服务项目、隆盛路南北延伸及隆盛大桥项目。

【电影《火红的杜鹃花》拍摄成功】 2011年12月26日，电影《火红的杜鹃花》首映式在人民大会堂举行。影片《火红的杜鹃花》是以全国模范检察官、汝阳县检察院干警程建宇先进事迹改编创作而成的，讲述了一名普通的检察官程心阳不顾身患重症，用拼命工作来拉长生命的感人故事。影片通过艺术的形式生动地再现了以程建宇为代表的检察干警始终保持共产党人的政治本色、全心全意为人民服务的坚定理想信念；再现了检察干警爱岗敬业、自强不息、一身正气的精神风貌和检察队伍依法办案、执法为民、心系百姓的崇高精神境界，生动地诠释了检察机关立足检察职能、服务和谐社会建设的时代要求。这部电影由最高人民检察院、河南省人民检察院、洛阳市委宣传部、洛阳市人民检察院、汝阳县委县政府和汝阳县人民检察院联合摄制。 （刘亚平）

嵩　县

【概　况】 2011年，嵩县总面积3008.9平方千米，其中常用耕地面积31806公顷。总人口 58.9万人，其中乡村人口52.8万人。人口自然增长率为5.7‰。辖城关、田湖、闫庄、车村、旧县、德亭、大章、白河、纸房等9个镇和大坪、库区、何村、饭坡、九店、黄庄、木植街等7个乡，318个村。全年实现生产总值127.6亿元，比上年增长13.3%。其中，第一产业增加值26.5亿元，增长4.7%；第二产业增加值65.6亿元，增长19.6%；第三产业增加值35.5亿元，增长8.8%。工业增加值50.4亿元，增长24.3%。粮食总产量20.97万吨，减少5.4%。财政一般预算收入4.68亿元，增长17.1%；财政一般预算支出16.3亿元。全社会固定资产投资额171.8亿元。社会消费品零售总额43.5亿元。商品出口总额590万美元。实际利用外资2652万美元。城镇居民人均可支配收入15760元，人均消费性支出10016元；农民人均纯收入5680元，人均生活消费支出4613元。城乡居民年末储蓄存款余额42.6亿元。

工业结构调整步伐加快。与中金集团、山东黄金合作领域不断扩大，引入万向集团、法恩德集团、中国五矿集团等大型企业投资开发。金源、金牛、前河、丰源等骨干财源企业高效运转，九仗沟日处理600吨黄金采选项目建成投产，金牛公司牛头沟日处理3000吨黄金采选项目开工建设，东湾日处理2000吨黄金采选项目、黄水庵万吨钼采选项目完成前期工作。大章整装勘查项目取得重大突破，计划投资2.5亿元建设日处理1000吨黄金采选项目。全年黄金产量达到18万两，在全国黄金十强县中位列第七。丽达公司日处理2000吨铁选项目建成投产。萤石资源整合顺利移交矿权。产业集聚区扎实推进。饭坡园区氟化工基地加快发展，无水氟化氢二期扩建、尾矿渣制砖项目竣工投产，万向集团钾长石综合开发技术取得重大突破，产品国内领先，工艺国际先进。投资3000万元的钾长石中试项目已经启动，为总投资10亿元的钾长石综合开发基地奠定基础。青发矿业有限公司在天津证券交易所成功上市，成为嵩县第一家上市公司。田湖园区快速崛起。新建园区道路4.6千米，开工建设标准化厂房2.7万平方米、职工公寓及公租房3万平方米。投资6000万元的万利达碳化硅项目建成投产，爱浪电动车、鸿马电动车、富达箱包、三达高科药用包装材料等4个亿元以上项目开工在建。围绕园区招商、链条招商、科技招商，开展各类招商活动，累计签约亿元以上项目18个、总投资97.4亿元。加拿大法恩德集团铅锌开发、蓝点公司中医药产业园、兴亚集团两程故里文化产业园、大唐集团5万千瓦风电等重大项目成功签约。外贸出口取得新突破，百合公司、开拓者钼业等6家企业完成外贸出口600万美元，综合考核居全市第二。

财政保障能力明显增强。财政总支出首次突破20亿元，达到21.8亿元，比上年净增7.7亿元，增幅54.3%。民生支出大幅增加。教育支出3.9亿元，增长35.3%；社会保障和就业支出1.4亿元，增长50.4%；医疗卫生支出1.8亿元，增长65%；住房保障支出9544万元，增长207.8%。强化财政管理。在全省率先开展预算绩效试点工作，20万元以上财政支出项目纳入预算绩效管理范围。依托政府融资平台，全年融资3.15亿元支持重点工程建设。住建部、财政部把嵩县列为河南省仅有的3个国家可再生能源建筑应用试点县之一，给予1800万元建筑节能补贴，财政部每年给予嵩县生态功能区转移支付资金2900万元。争取上级扶贫资金4400万元，居全省第二，连续3年保持全市第一。

"三农"工作得到加强。县财政落实奖补资金500万元，结构调整、土地流转、生态旅游"三篇文章"一起做成效明显。林业、烟叶、牧业、中药材、花卉五大产业不断壮大。新发展核桃3.3万亩，中药材2.5万亩，牡丹5000亩，玫瑰、薰衣草1000亩，茶叶1000亩，种植烟叶3.2万亩，新建5个500头规模标准化养牛场，11个500头规模标准化生猪养殖场，土鸡饲养总量达到360万只。新增土地流转面积3万亩，累计流转5.8万亩。开工建设10个休闲农业观光示范园、35个旅游度假示范村、40个林业生态示范村。农业基础设施加快推进。投资2995万元完成黄村、洪涧河水库除险加固，投资3000万元完成现代烟草基础设施建设项目，投资580万元改造中低产田5000亩，投资875万元实施山洪灾害防治非工程措施建设，防汛会商系统覆盖到全县所有乡、村，得到水利部充分肯定。新农村建设成效明显。建成9个新型农村社区、10个农村社区服务中心，建设桥北、梁园等6个移民新村，安置回流移民300户。投资4000万元完成10个村整村推进、900户扶贫搬迁、14个村连片开发和世行五期年度建设任务。争取"一事一议"财政奖补资金1621万元，为177个村修建通组入户道路210千米，为34个村修建灌溉吃水工程。新建农村户用沼气2000座。嵩县新农村建设、扶贫开发、集体林权制度改革和"三篇文章"一起做分别被授予全市先进县。

城市形象明显提升。完成新一轮县城总体规划修编，县城规划区面积从11.35平方千米扩大到28平方千米。伊东新区开发形成热潮。六纵四横新区路网完成垫方，敷设管网11.3千米。投资3400万元的伊东水厂完成主水井建设。投资6000万元的伊河东岸大堤南北延伸、伊河西岸南延工程加快建设。新区入驻商住项目14个，40栋高层楼盘开工建设。县城提升改造取得新进展。投资1200万元完成滨河公园西园延伸工程，投资3亿元的五星级酒店正在主体施工。北店街城中村改造完成3幢高层、3幢多层安置房主体工程建设。高都小区392户拆迁基本结束。成功创建国家园林县城。纸房实现撤乡建镇，全县建制镇达到9个，城镇化水平进一步提高。

交通、电力建设提速发展。洛嵩高速顺利推进，圆满完成征地拆迁和各项协调任务，桥梁、隧道正在加紧施工。洛栾快速通道大修、侯饭线饭坡至九店段改建、天城路水毁修复、黄庄红堂桥等一批交通工程顺利竣工，陆车路大修开工建设。开展"公路养护综合提升"和"和谐人车路、畅通新嵩州"活动，高标准完成天城路等县乡公路综合提升工程，在全市好路杯评比中名列第一，荣获全省"好路杯"金杯县。抓住新一轮农网改造机遇，投资4720万元完成农村电网升级改造，投资1600万元完成田湖、库区两个乡镇24个村电气化改造工程。投资2500万元进行电网、设备技改大修，全县电网得到进一步优化和提升。

旅游发展态势良好。开工建设天池山索道、木札岭调节水库，完成白云山换乘中心三期工程和卧龙谷、龙池十八瀑景区升级改造。白云山风光在央视1套、7套常年播出展示，开通北京—洛阳"白云山"号旅游列车，成功举办白云山登山节、天池山金秋旅游节、千年银杏节，嵩县旅游知名度和美誉度大幅提升。车村、白河、木植街、大坪等乡镇积极开发农家乐生态游，乡村旅游呈现蓬勃发展态势。文化旅游取得新进展，陆浑影视基地、两程理学文化产业园开展前期工作，白云山经营权转让进行实质性洽谈。

民生实事扎实办理。车村、白河、旧县、木植街4个灾后集中安置点进展顺利，458户群众已搬入新居。硬化通组入户道路210千米，新建农村公路桥梁3座。建成安全饮水工程17处，解决1.96万人的安全饮水问题。管道燃气进展加快，首批14个小区通气入户。建成廉租房496套、2.58万平方米，开工建设828套廉租房和609套公共租赁房。投资1300万元，改建招油路、金城路北店街段，打通益民巷，修建建设南路、西环路，硬化湖滨小区等3个小区道路。投资1741万元完成14个学校1.3万平方米D级危房改造。组建16个乡镇巡防队，治安巡逻覆盖到所有村，群众安全感进一步提升。

社会事业全面进步。全省首个中科孵化器落户嵩县，举行中科院博士后嵩县科技行活动，引进山茱萸保健饮料、太阳能热泵烤烟等10项高新技术项目。嵩县再次被授予全国科技进步先进县、全国科普示范县，荣获"十一五"国家科技计划管理优秀组织奖荣誉称号。教育事业加快发展。对县一高等5所高中9800万元建设债务剥离化解。明德特殊学校改扩建完工。中小学校班班通一期工程完工，首批22所初中计算机教室投入使用。招录特岗教师181名，对5000多名教师全面培训。全县高考本科上线率40.8%，同比提高4.4个百分点。整合职教资源，组建职教集团。卫生体系不断完善。投资5100万元的县医院综合改造工程全面竣工，大章镇中心卫生院病房楼建成投用。新农合补偿封顶线由6万元提高到10万元，累计补偿63万人次7600万元。国家基本药物制度在全县乡镇卫生院和村卫生室铺开，群众看病难、看病贵问题得到有效缓解。社会保障得到加强。规范城乡低保申报发放，基本实现动态管理下的应保尽保。为1546名60岁以上农村籍退役士兵发放生活困难补助。"新农保"在全县实施。征缴保费2600多万元，参保率达到89.1%，全县6.7万名60周岁以上老人每月领到60元养老金。完成城镇新增就业4308人，下岗失业人员再就业1417人。发放小额担保贷款 1102人6369万元，有力支持了全民创业就业。销售家电下乡产品5.5万件，发放补贴1871万元。巩固计划生育"国优"创建成果，县计划生育服务站硬件设施得到完善，服务能力进一步提高。

发展环境进一步优化。行政服务一站式办公全面推行，378个审批项目、78个收费项目全部进入行政服务大厅，全年办理报件3.8万件，同比增加83.6%。开展政风行风评议，组织暗访166次，问责90人，行政效能明显提升。集中开展打黑除恶，清网行动完成率达到92%，群众安全感指数在全省处于先进位次，荣获全省平安建设先进县。认真开展积案化解和非法上访专项治理，信访形势保持稳定。扎实推进大调解活动，建立医疗纠纷、交通事故等15个行业调解委员会，累计调解2653起，大调解工作走在了全市前列。荣获全省安全生产示范县。强力推进企事业单位改革改制，749家单位完成年度改制任务，改革改制工作走在全市前列。

精神文明和民主法治建设取得新成绩。荣获省级文明县城创建工作先进县。建设天城路、311国道百里文明长廊，建成2个文明镇、3个文明村。成功举办第二届感动嵩州十大人物评选活动，涌现出荣登“中国好人榜”的裴文学、“感动中原十大人物”李鹏等一批新时期英雄模范人物。县文化综合活动中心建成开放，5个乡镇文化站配套工程完工，建成117个农家书屋，文化市场远程监控平台投入运营。城乡广播全面恢复，98个自然村广播电视工程建成开通。引资5000万元更新改造农村有线电视网络，在全市率先开通乡镇数字电视信号。坚持依法行政，严格执行法定程序和法制把关。出台政府投资项目管理规定，推行重大建设项目投资审计，切实保障财政资金安全。全年办理人大建议97件、政协提案99件，办结率100%，满意率98%以上。村委换届顺利完成。

【嵩县被命名为国家园林县城】 近年来，嵩县县委、县政府，坚持“以人为本、生态立县、绿化美县、工业兴县、旅游强县”的方针，积极实施城镇化带动战略，严格按照《国务院关于加强城市绿化建设的通知》，着力打造以伊河为轴线、两岸对称发展的湖滨旅游县城，县城形象和品位明显提升，在被命名为国家生态示范区，市、省级园林县城和人居环境范例奖之后，于2011年做出创建国家园林县城的重大决策。成立创建国家园林县城指挥部，制定实施方案，采取多种形式宣传创建国家园林县城重要意义，广泛开展“爱绿、植绿、护绿，美化嵩县”的宣传教育活动。投入资金2.8亿元，实施城市精细化管理，努力打造卫生、舒适、优美的人居环境。县城建成区绿化覆盖率41.6%，绿地率36.25%，人均公园绿地12.31平方米。被住建部命名为“国家园林县城”。

【宁夏军区支援嵩县抗旱救灾】 2011年春，嵩县旱情严重，140余天无有效降水。嵩北小麦主产区平均降水量13.54毫米，为1951年以后同期降水量最少时期。对居民生产、生活造成严重影响。为支援嵩县抗旱，2011年2月，被誉为“西北水神”的宁夏军区给水工程团出动官兵150名，不远千里奔赴嵩县抗旱打井。全体官兵克服困难，科学施工，在田湖镇南凹，大坪乡宋岭、常凹等村打井17眼，解决了嵩县5个乡镇的用水难问题，使2万多名群众受益，有效增强了嵩县抵御自然灾害的能力。8月28日，在大坪乡宋岭村举行兰州军区给水工程团支援河南抗旱打井竣工仪式，解放军总政治部副主任贾廷安，省委常委、市委书记毛万春，副省长刘满仓及济南军区、兰州军区、河南省军区领导出席仪式，为宋岭村引水入户工程剪彩。

宁夏军区给水团150名官兵赴嵩县打井抗旱

【央视“粮安天下，春耕有我”大型演出活动在嵩县举行】 2011年4月12日，由中央电视台7套、河南省扶贫办主办的“粮安天下，春耕有我”——2011春耕行动大型公益系列活动在嵩县举行。整场演出精彩纷呈，高潮迭起。演出过程中，县委、县政府为宁夏给水团官兵赠送“吃水不忘打井人，军民鱼水情谊深”锦旗，感谢他们在嵩县抗旱保春耕中做出的贡献。演出活动中，以观众有奖问答形式，向群众解读政策、传播科技，指导农民开展春耕生产，并为嵩县发放了300万元的农资农具。

【“6·24”冰雹、大风、暴雨灾害】 2011年6月24日22时13分～23时18分，嵩县城关、纸房、库区、大坪、何村、闫庄、木植街、车村等乡镇，遭受大风、冰雹、雷电、局部地区暴雨等强对流天气袭击，暴雨中心的县城降水量达57.3毫米，最大冰雹直径6厘米，瞬时风力9～10级。农作物、基础设施损失严重，总计直接经济损失6317.8万元。其中农作物受灾面积2.8万亩，成灾面积1.9万亩；倒塌房屋4户12间，损坏民房137户407间，冲毁道路220米，堤坝120米，通信线杆倒毁56根，城市路灯、环卫设施、绿化、供水设施以及部分建筑企业、商户店铺损失严重。灾情发生后，县委、县政府立即启动防汛应急预案，紧急安排部署抢险救灾。县主要领导带领防汛成员单位及各乡镇负责人深入救灾一线，指导抢险救灾。组织有关部门疏通道路、清除路障，抢修通信、电力、供水设施，加强气象监测，排查交通、地质灾害隐患。积极开展生产自救，确保受灾群众正常生产生活。

【嵩县入选“中国黄金十强县（市）”】 2011年8月，中国黄金协会评选出“中国黄金十强县（市）”，嵩县居第七位。其他入选“中国黄金十强县（市）”的分别是山东招远、福建上杭、河南灵宝、山东莱州、贵州贞丰、陕西潼关、山东蓬莱、内蒙古乌拉特中旗和青海大柴旦。嵩县2010年生产黄金5.4吨，折合17.28万两，超过全市产量的一半。近些年，嵩县提出打造“全国有名的金城钼都”发展目标，通过制定科学规划、引进有实力的企业、加大安全环保监管力度、有效整合资源、拉长产业链条等多种举措，实现县域黄金产业的持续、快速、健康发展。

【卢展工到嵩县调研】 2011年4月9日，中共河南省委书记卢展工到嵩县调研。在饭坡产业集聚区，卢展工深入中金嵩原黄金冶炼有限公司和洛矿集团嵩县非金属矿产有限公司进行调研。在实地查看和听取相关情况汇报后，卢展工对嵩县立足资源优势，结合高新技术产业，加快工业项目建设给予充分肯定。随后，卢展工来到饭坡乡搬迁扶贫新村——知福村调研。卢展工走家串户，与群众亲切交谈，详细了解群众生产生活情况。卢展工还与基层干部、群众代表亲切座谈，详细了解农村各项事业发展情况和群众收入情况，认真听取群众的意见和建议。卢展工强调，好的设想、好的规划、好的要求、好的思路固然很重要，但更重要的是怎么去做，奔小康不是一句空话，是靠大家干出来的。认真做、做得好，就会有好的结果；不去做、做不好，就什么都不会有。一个村子和一个乡镇是这样，一个县、一个市和一个省也是这样。

省委书记、省人大常委会主任卢展工调研嵩县饭坡产业集聚区和饭坡乡搬迁扶贫新村

【县医院改扩建工程竣工】 2011年9月7日，嵩县人民医院举行改扩建工程竣工暨新设备开机仪式。县医院住院部大楼总建筑面积1.52万平方米，按二级医院要求建设各个病区、并建有高标准净化手术室和农合综合服务大厅等。县人民医院改扩建工程自2007年开始兴建，总投资4200万元，其中总投资2700万元的医技综合楼工程为国家财政投资项目。2009年，住院部改扩建项目竣工，床位数增加至430张，并安装水源热泵中央空调。2011年1月，医院门诊楼高标准改造工程完工，原门诊各科室顺利搬迁，全面开展业务，同时又对老行政楼进行改造、装修。5月，医技楼建设和高标准内装工程结束，检验、医技、影像等科室陆续迁入。6月，医院对停车场、绿地进行改造，缓解了医院内部人流、车流拥挤状况。改扩建工程的竣工形成了该院门诊部、住院部、医技部、后勤部“一院四部”的庭院式格局，使患者的就医环境得到进一步优化。该院又投资1300多万元购置直线加速器及精确定位系统、西门子16排螺旋CT、高频全数字化X线胃肠造影机、全自动生化分析仪、透析机、眼底造影机等一大批设备，为患者治疗提供更加精确的诊断依据，并派出18名医护人员到全国著名医院和高校进行学习深造，提高技术能力和服务水平。

【嵩县连续8年获得“全国科技进步先进县”称号】 2011年11月，嵩县再次被科技部授予“全国科技进步工作先进县”。至此，嵩县已连续8年保持全国科技进步先进县荣誉称号。2011年，嵩县认真做好国家可持续发展实验区项目建设、高新技术项目引进、科技项目建设、科技培训宣传、科普示范等工作。全年争取投入科技资金1260万元，实施科技项目62个，其中完成招商引资660万元，投入县级科技经费600万元，并与中科院合作成功创办嵩县中科孵化器有限公司，圆满完成省、市、县下达的各项目标任务。此次获得“全国科技进步工作先进县”荣誉称号，是嵩县继2011年1月被科技部授予“十一五”国家科技计划组织管理优秀组织奖后，科技工作取得的又一项国家级荣誉。

【嵩县人民广播电台调频广播正式开播】 2011年11月30日，嵩县人民广播电台调频广播正式开播。嵩县人民广播电台前身嵩县广播站成立于1956年。随着电视事业的迅速崛起，2001年，广播电台节目停办。随着传媒科技的不断发展，广播宣传以其轻便快捷等优势再次受到社会各界的广泛关注和重视。2010年，县委、县政府研究决定恢复广播工作。经县广播电影电视台抽调工程技术人员进行考察、设计、安装、调试，频率为92兆赫的嵩县人民广播电台调频广播节目于2011年9月开始试播，主要开办有“新闻920”“嵩州故事”“魅力嵩州”“生活资讯”“评书联播”等栏目。嵩县人民广播电台调频广播在县城主要街道及16个乡镇政府所在地及主要村安装了广播喇叭，广播覆盖率达80%以上。

【嵩县中金牛头沟金矿3000吨改扩建项目开工建设】 2011年12月9日，中金集团嵩县金牛公司牛头沟金矿日处理3000吨改扩建项目开工建设。金牛公司牛头沟改扩建工程生产规模日处理矿量3000吨，设计利用资源矿石量906万吨，金属量14.5吨，平均地质品位1.6克/吨，矿山服务年限8年。项目内容包括采矿、选矿、尾矿系统及公用辅助设施，总占地600多亩。基建工程量14万立方米。项目总投资4.4亿元，建设周期2年，投产后年产黄金1042千克，年利润8000万余元，实现税收5000万元。（王红丽）

洛宁县

【概　况】 2011年，洛宁县总面积为2306平方千米，其中山区占69%、丘陵原区占22.3%、川涧区占8.7%。常用耕地41774公顷。总人口为48.29万人，其中非农业人口10.9万人、乡村人口37.39万人。辖城关、王范回族、上戈、下峪、兴华、河底、故县、马店、东宋、赵村等10镇，以及城郊、小界、长水、罗岭、底张、西山底、陈吴、涧口等8乡，387个村、3035个村民小组，1个社区居委会、10个居民小组。全年，洛宁县完成地区生产总值117亿元，比上年增长14.5%。地方财政一般预算收入达到4.39亿元，比上年增长28.4%。全社会固定资产投资完成135亿元，比上年增长24.7%；社会消费品零售总额34亿元，比上年增长18.2%。城镇居民人均可支配收入15401元，农民人均纯收入5197元，分别比上年增长15.6%和19.8%。

重点项目建设卓有成效。全年实施千万元以上项目84个，其中续建项目28个、新开工56个，累计完成投资34.5亿元。另有一批重大项目前期准备工作正在稳步推进。招商签约项目39个，其中亿元以上项目15个，总投资74.47亿元。年底到位市外境内资金18.6亿元（其中省外境内资金15.7亿元），实际利用外资3100万美元，合同利用外资4200万美元。

工业经济增长势头强劲。产业集聚区规划面积7.5平方千米，建成区1.8平方千米，建成标准化厂房19.8万平方米，成为全省“示范产业集聚区”“最具投资价值产业集聚区”之一。全县实施千万元以上工业项目36个，累计完成投资15.5亿元，工业经济结构进一步优化。东振科技线束仪表厂、俊德虹宇500吨／日选厂（扩建）、发恩德1000吨／日选厂、坤宇公司五龙金矿300吨／日选厂（改建）、君龙公司400吨／日选厂、歌尔电气（二期）等18个项目竣工投产。紫金黄金冶炼、湖滨食品饮品、LED节能显示屏等在建项目进展顺利。全年规模以上工业企业完成主营收入120亿元、实现增加值37.5亿元、利润17.4亿元，分别比上年增长40.6%、28.1%和40.1%。全县民营经济完成营业收入105亿元，实现增加值41.8亿元，上缴税金6.5亿元，分别比上年增长39%、31.4%和47%。

农业特色产业集约发展。新发展水果面积1236公顷，建成标准水果示范园15个，引进水果新品种10个，完成水果套袋3亿枚。林果总产量达到2.2亿千克，实现产值4亿元。其中苹果总产量1.7亿千克，实现产值3.5亿元。烤烟种植面积5923公顷，充分发挥省级烟草试点乡（小界乡）和王村核心示范园的示范带动作用，实行科学管理。投放资金9335万元，收购烟叶542万千克，完成税收2054万元。完成各类造林11860公顷，全县林木覆盖率59%以上，被省政府确定为“河南省林业生态县”。新建一批养殖场区，肉牛、肉鸭养殖规模进一步扩大。全年新增肉牛存栏8890头，出栏肉鸭557万只。投资1701万元，建成粮食核心区；投资4028万元，实施洛南灌区干渠硬化、应急抗旱饮水、中低产田改造等一批农田水利项目。农业综合生产能力得到提高，全年粮食产量252828吨，其中夏粮132227 吨、秋粮120601吨。

城乡建设持续推进。县城建设开工实施重点项目24个，累计完成投资7.45亿元。兴隆路改造和福宁大道绿化、亮化等5个项目如期完工，昌瑞大厦、中心农贸市场、公租房、廉租房等在建项目进展顺利。永宁湖改造升级、洛河城区段综合治理等工程的实施，拉大城区框架，进一步完善了城市功能。新农村建设，完成40个新型农村社区的布点规划（其中10个新型社区进行控制性详细规划），开工建设王范回族镇王东、下峪镇银凤等6个新型社区。完成10个新农村市级示范村和11个整村推进村建设任务，1个搬迁扶贫新村竣工。村容村貌、路容路貌整治持续推进，农村人居环境不断改善。八官线西寨桥改建项目如期竣工，洛阳至洛宁高速公路项目、崇阳洛河大桥项目、县级3条公路和4座桥梁项目正在实施中。

旅游产业趋于繁荣。洛宁“三个景区、两个节会”（神灵寨景区、绿竹风情园景区、西子湖景区，绿竹风情节、上戈金秋苹果采摘节）的旅游产业格局已经形成，被评为“中国魅力文化生态旅游县”，入选了“中国生态旅游大县”。在此基础上，按照全县总体规划实施了一批旅游项目。神灵寨景区5A级整体开发项目启动，洛出书处、绿竹风情园（二期）开发正在进行招商。西子湖（故县水库）被水利部命名为“国家水利风景区”。绿竹风情节、上戈金秋苹果采摘节的效应持续扩大，成为特色旅游节会品牌。凤翼山观光园、西山底现代农业示范园、底张樱桃观光园等一批具有休闲、观光特色的园区建设初见成效。实施了五星级龙泰假日国际酒店、紫竹购物中心、紫竹大酒店等一批重点服务项目，食、宿、玩、购物等旅

县委书记孙君奎在城关镇凤翔村调研

游系列服务设施齐全，旅游环境全面改善。2011年实现旅游总收入3.7亿元，是2006年的4.6倍。

社会事业统筹实施。完成王范回族镇一中（二期）、聋哑学校、王协小学（二期）、豫港幼儿园和9所农村中小学建设项目。争取香港言爱基金会1000万元资金，实施国内一流建设水准的思源学校项目。启动洛书文化产业园开发项目，打造洛宁"文化"名片。大力开展科普宣传教育活动，增强了科普软实力，被评为"河南省科普示范县"。加强书法队伍建设，成功创建"中国书法之乡"。县医院12层内科综合楼主体工程竣工，4个乡（镇）卫生院病房楼建成投入使用。全县新型农村合作医疗参合率达99.59%。为90名城乡困难群众发放大病救助资金27.6万元，为2406名困难群众二次医疗报销62.9万元。新增城镇低保对象1250人、农村低保对象1852人，全年发放低保金4597.1万元、五保供养金449.6万元。建成县儿童福利院，收住孤残儿童86名。洛宁县养老中心开工建设，建筑面积11767平方米。全年新增就业再就业6855人。销售家电下乡产品32114台（部），销售金额3337万元，补贴金额956万元。

【产业集聚区建设】 洛宁县产业集聚区以洛河为轴心，沿两岸对应发展。洛河北园区东至城郊乡溪村，西至中扩玩具厂西界，南至洛河北岸，北至洛阳—洛宁快速通道；洛河南园区东至涧口乡涧河西，西至陈吴乡涧河东，南至宜故路北，北至洛河南岸。规划面积7.5平方千米，建成区1.8平方千米，累计完成基础设施建设投资19.87亿元，建成标准化厂房19.8万平方米，入驻企业27家，初步形成了"一区四园"（洛宁县省级产业集聚区内划分为劳动密集型加工制造产业园、杨木精深加工产业园、有色金属精深加工产业园、高新技术产业园）大格局，成为全省20家"示范产业集聚区"之一、"循环经济试点单位"和"最具投资价值产业集聚区"。

【全国新增千亿斤粮食规划项目】 2011年，该项目田间工程在城郊乡实施。总投资1133万元（中央预算内投资960万元、地方配套227万元），新修硬化渠道65.315千米，修复硬化渠道2.75千米，埋设管道1.7千米；新修田间混凝土路11.19千米、泥结石路2.1千米；新打机井23眼，机井配套36眼；新建提灌站2座，修复提灌站2座；新修建管涵106座，架设低压线路19.35千米。工程竣工后，1513公顷粮田实现高产稳产。预计年增产粮食227万千克，产值增加450万元。

【洛宁县现代化农业示范园】 该项目位于西山底乡洛河南岸至安虎线北（孙洞村、南洞村段），一期规划面积117.87公顷。规划建设肉牛繁育育肥加工区、肉鸭养殖区、水产养殖区、食用菌工厂化生产区、有机肥蔬菜栽培区、名优果树栽培区、沼气发电区和农产品质量检测中心、农技培训中心、休闲娱乐中心。2011年，开工建设4个项目：10万只肉鸭养殖项目、2000头肉牛育肥和观光畜牧项目、300头肉牛育肥项目和500亩树莓栽培项目。

【林果生产】 2011年，洛宁县新发展优质水果面积1236.33公顷，其中苹果700公顷（含SOD、多微营养和艺术苹果266.67公顷）、金珠果423.33公顷、桃68公顷、柿子17.33公顷、樱桃20公顷、红梨6.67公顷、杏1公顷。创建国家级园艺标准园2个、省级水果标准园2个、市级标准园5个、县级标准园6个。引进水果新品种10个（苹果3个、梨3个、樱桃2个、山楂2个），完成水果套袋3亿枚（其中苹果2.5亿枚）。全县涌现出4个林果万亩乡（上戈和东宋为苹果万亩乡，马店为金珠果万亩乡，罗岭为核桃万亩乡）、6个水果千亩村、10个水果百亩园。全县林果总产量22万吨，实现产值4亿元（其中苹果产量17万吨、产值3.5亿元）。

【烟叶生产】 2011年，全县落实合同种植烟叶面积5923公顷，千亩以上示范园区增加到25个，500亩以上示范园区增加到40个。争取建设资金3600万元，新建烟叶育苗大棚80座、密集烤房749座，推广烟用机械2500台。集约化育苗率、良种推广率均达100%，烟田起垄率达90%以上，地膜覆盖率达80%以上。举办各种烟叶生产技术培训班208期，受训烟农9.3万人次，发放技术资料7.7万余份。当年收购烟叶542万千克，实现税收2054万元，烟农收入9335万元。烟叶生产主要指标继续保持全市第一。

【保障性住房建设】 2011年，洛宁县投资4419万元，完成公共租赁住房建设项目4个，共820套，总面积40340平方米。其中：产业集聚区328套、15428平方米，富宁木业106套、5570平方米，中扩赠品玩具厂172套、7576平方米，社会福利中心214套、11766平方米。建成经济适用房22套，总面积1980平方米。

【社会保障工程】 2011年，洛宁县全面开展城乡低保清理、整顿工作，取消不符合条件的城乡低保对象2363人，追回低保金80万元。全县新增城镇低保对象1250人、农村低保对象1852人。城镇低保补助标准每人每月提高15元，达到160元；农村低保补助标准每人每月提高12元，达到72元。全年为11275名城镇低保对象发放低保补助金2342.3万元，为23931名农村低保对象发放低保补助金2254.8万元。分散供养和集中供养的五保对象供养金标准，分别提高到110元和220元。全年累计为2230名五保对象发放供养金449.6万元。全县424名孤儿全部纳入社会救助保障体系，全年累计发放孤儿生活救助金96万余元。加大城乡困难群众医疗救助力度，全年发放大病救助资金27.6万元、二次医疗报销资金62.9万元。实现城镇新增就业4600人，下岗失业人员再就业1785人（其中就业困难人员再就业470人）。

【创建全省科普示范县】 2011年，全县农村有156个专业技术协会，会员2.34万人；县直有16个科普学会，会员4630余人。全县18个乡镇均成立科普协会，共配备科普工作人员58名；各村都配备科技村委副主任和科普员，农村科普图书室共有科普图书8万余册。完成农村劳动力技能和科技素质培训36万人次，培训科技致富带头人5.1万人次。推广测土配方施肥、果实套袋等新技术26项。创建科技示范乡镇10个、科技示范村23个、科技示范户2315个。全县有25个农村专业技术协会和科普示范基地受到市级以上表彰。上戈苹果科普示范基地、马店金珠果科普示范基地和东宋烟叶技术协会，被中国科协、财政部分别授予“全国科普惠农兴村计划”先进科普示范基地和先进农村专业技术协会。12月30日，中国科协经过严格考核，将洛宁县命名为“全国科普示范县”。

【创建“中国书法之乡”】 洛宁县书法艺术底蕴深厚，历年来在国家级书法展览中有43人次的作品获奖或入展、入选；在省级书法展览中，有68人次的作品获奖或入展、入选。2011年，全县有中国书法家协会会员13名、河南省书法家协会会员50名、洛阳市书法家协会会员120余名、县级书法家协会会员1100余名。全县有10个行业书法协会、10个委局书法协会、10个乡镇书法协会、10个村级书法协会。全县有青少年活动中心、洛宁高中2个书法展厅，部分乡镇、县直单位、学校、企业也建立了书画展厅，个别书画家建立了个人创作展览室。2011年初，洛宁县成立“中国书法之乡”创建工作领导小组，设立创建办公室，制定全县书法发展规划和“中国书法之乡”创建工作方案。同时，出台《洛宁县优秀书法作品奖励办法》，建立了优秀书法人才信息库。培养壮大书法队伍，普及书法知识，扩大了书法艺术的影响。中国书法家协会经过严格考察，12月16日，命名洛宁县为“中国书法之乡”。 （张泽民）

栾川县

【概　况】 2011年，栾川县总面积2185平方千米，其中耕地面积10467公顷。总人口34.36万人，其中乡村人口29.75万人。人口自然增长率8.16‰。辖城关、赤土店、庙子、合峪、潭头、三川、冷水、陶湾、石庙、狮子庙、白土、叫河等12镇和栾川、秋扒2乡。全年实现生产总值168.8亿元，同比增长22.2%。第一产业增加值12.4亿元，增长3.4%；第二产业增加值131.3亿元，增长26.4%；第三产业增加值25.1亿元，增长10.6%。规模以上工业企业增加值完成120.2亿元，同比增长28.3%。粮食产量6.8万吨。完成财政一般预算收入15亿元，同比增长20.1%。全社会固定资产投资108.4亿元，同比增长25%；社会消费品零售总额实现35.5亿元，同比增长17.7%。城镇居民人均可支配收入16762元，同比增长15.8%；农民人均纯收入5738元，同比增长19.9%。城乡居民年末储蓄存款余额61.8亿元。实际利用外资2603万美元。

【项目引资】 2011年，栾川县49项重点工程累计完成投资50.6亿元，占年度计划投资49.9亿元的101.4%，其中22个项目如期竣工，其他27个项目完成年度投资。全年争取上级资金2.7亿元。深入开展节会招商和定向招商活动，签约市外境内合同项目49个，到位市外境内资金28亿元。

【旅游工作】 2011年，栾川县总投资19.2亿元的10项旅游重点项目顺利推进。老君山、鸡冠洞旅游区成功创建国家5A级景区，抱犊寨创建4A景区通过省级验收。旅游商品开发成效明显，全县旅游商品企业达35家、种类达300余种。成功举办全国帐篷音乐节、河南省三山同登群众健身大会、伏牛山滑雪旅游节暨河南省首届高山滑雪公开赛、河南省伏牛山旅游商品博览会等节会活动。全年累计接待游客681万人次，实现旅游总收入25.9亿元，同比分别增长14.5%和16.8%。

【城市建设】 2011年，栾川县东部新区开发顺利开局，与上海育华公司达成合作投资30亿元的土地联合开发整理框架协议，朝阳、樊营整村拆迁，迎宾大道沿线搬迁顺利完成，新区一高、新区医院、文化艺术中心、仓储物流中心等一批重点基础设施建设和产业发展项目加快推进。老城改造全面提速，伊河南岸畅通工程基本完成，城区主次干道提升、背街小巷硬化照明、园林绿地提升、水面山体亮化、休闲区设施完善全面完成。城中村和旧城改造在全市两次观摩评比中排名第一。城市管理更加精细，人居环境更加优美，顺利通过国家卫生县城届满复审命名。

【农业农村工作】 2011年，栾川县累计流转土地林地16.6万亩，特色种养殖基地规模不断扩大，新发展龙头企业和专业合作社95家，奥达特食用菌开发、百世荣农林开发等特色农业龙头项目稳步发展，合峪柳坪生态农业观光园、三川圣景苑生态农庄等生态旅游项目呈现亮点，农民增收步伐不断加快。特色小城镇升级改造全面完成，新农村示范村、新型农村社区建设和扶贫开发扎实推进，荣获全省扶贫开发先进县。

【生态建设】 2011年，栾川县深入实施碧水蓝天工程，化学需氧量、二氧化碳等污染减排和节能降耗目标超额完成，全县地表水出境水质综合达标率98%以上，城区环境空气质量优良率达到96.2%。生态建设扎实推进，生态植被恢复、地质环境治理、水土流失治理和土地整理成效显著，新增造林3.38万亩、耕地346.7公顷。全省农村环境保护暨生态建设示范现场会、全省农村环境连片综合整治动员会先后在栾川召开，栾川环保监管模式在全省推广，国家级生态县创建工作顺利通过环保部技术评估。

【民生改善】 2011年，栾川县灾后重建修复工程全面完工，汤营大桥、八一桥、北街桥竣工投用，灾后重建提前半年全面完成。省、市、县福民惠民实事如期完成。全县新增就业12272人，农村劳动力转移就业12.3万人次；在全市率先实现城乡养老保险全覆盖，城镇职工基本医保、新农合年度支付限额和报销比例进一步提高。率先实现县乡村三级基本药物零差率销售，县域综合医改经验在全市推广。新区一高和赤土店外国语学校建设加快推进，新区小学建成投用。文化基础设施更加完善，群众文化活动丰富多彩，人民生活更加幸福。

【和谐社会建设】 2011年，栾川县深入开展重点行业领域安全专项整治，成立全市规模最大的矿山安全监督检查大队，地下矿山安全避险“六大系统”建设扎实推进，首批34座尾矿库在线监控系统全面完成，安全生产形势持续稳定。深入开展“打黑除恶扫痞”活动和清网行动，覆盖城乡的新型治安防控模式更加完善，再次荣获全省平安建设先进县。畅通群众诉求渠道，落实领导包案和大接访制度，各类矛盾纠纷得到及时化解，全县社会大局和谐稳定。

（吕俊峰）

涧西区

先进制造业集聚区入口

【概　况】　2011年，涧西区总面积89平方千米，总人口43.95万人，人口自然增长率为5.48‰。辖工农乡、洛阳市先进制造业集聚区，湖北路街道、天津路街道、长春路街道、长安路街道、重庆路街道、武汉路街道、郑州路街道、南昌路街道、徐家营街道、珠江路街道、周山路街道。全年完成生产总值63.3亿元，同比增长15.4%。财政一般预算收入实现12.1亿元，同比增长34.1%。完成规模以上工业增加值26.1亿元，同比增长25.4%。完成固定资产投资90.5亿元，同比增长26.9%。社会消费品零售总额113.1亿元，同比增长18.7%。城镇居民人均可支配收入20383元，同比增长14.1%；农民人均纯收入10200元，同比增长15.7%。民营企业实现营业收入169亿元，增加值41亿元，上缴税金11亿元。全年组织小分队外出招商48批次，签订招商引资项目126个。引进省外境内资金21.3亿元，实际利用外资8444万美元。

【政府建设】　2011年，涧西区积极开展“环境创优年”活动，政府各部门主动公开服务承诺，公示整改举措，部分机关干部存在的“庸、懒、散、软、浮、躁、怨、疲”不良作风得到有效扭转，行政效率明显提升。健全完善内部管理制度，加强督办交办协调，110城市联动服务更加便捷高效。强化普法宣传教育，规范政府职能部门执法行为，依法履职意识普遍提升。自觉接受人大法律监督、政协民主监督、社会舆论监督，加强政务公开和“三公”经费公开。完善政府采购、国有资产管理制度，加强财政资金使用监管。高效办结人大代表建议和政协委员提案289件，满意和基本满意率达到100%。严格落实党风廉政建设责任制和领导干部“一岗双责”制度，政府廉政建设和反腐败工作取得新成效。

【项目建设】　2011年，涧西区加大招商引资力度，完善招商引资鼓励政策，及时开展花会招商、定向招商。18个重大项目实行区领导分包，明确时间节点任务，形成了比学赶超的良好局面。通过项目例会、现场办公等形式，定期研究、解决项目建设中遇到的问题，加快项目推进速度。落实项目建设两级负责制，乡、街道新上百万元以上项目351个。总投资39亿元的“新重机”工程建成投产，投资14亿元的世纪华阳城市综合体项目即将封顶，总投资22亿元的第四设计院地块开发、总投资12亿元的大张物流园、投资6亿元的南昌路10号街坊改造等项目开工建设。全区实施1000万元以上项目257个，总投资347亿元，其中新开工项目197个。积极发展高新技术产业和新兴现代服务业，不断调整产业结构，加快发展方式转变。投资22亿元的中铝洛铜高精度电子铜板带、投资10亿元的LYC产业全面升级改造项目建成投产，投资8.8亿元的河柴重工船用高速柴油机、投资8.5亿元的中信重工千万吨级煤炭超深矿井提升设备产业化、投资6.2亿元的一拖铸造系统升级改造、投资5.5亿元的中钢洛耐年产15万吨优质耐火材料等项目顺利实施。先进制造业集聚区被评为全省十强产业集聚区、全省最具行业竞争力集聚区和全省知识产权优势区域。餐饮、购物等传统服务业不断提档升级，新兴现代服务业迅速崛起。

【科技创新】　2011年，中信重工、中钢洛耐院入选国家创新型企业。洛阳石化、中信重工2项科技成果获国家科技进步二等奖。河柴重工建成国家级企业技术中心。矿研院、中冶重工2家企业通过省级工程技术中心认定。洛阳祥和牡丹科技公司等15家民营企业被认定为市级企业研发中心。创新型城市建设取得实效，涧西区第四次获得“全国科技进步先进区”，被评为“洛阳市产学研金合作示范区”。

【楼宇经济】　2011年，涧西区商务楼宇建筑面积达到54万平方米，入驻企业突破1500家，楼宇经济全口径税收突破3.5亿元，区级税收近亿元。六合国际信息产业基地特色明显，阿里巴巴洛阳客服中心、名阁影画文化传播公司等多家知名电子商务企业进驻容威电子商务大厦。全区引进创意设计类企业100余家，年营业额2000万元以上的8家。全年实施千万元以上服务业项目147个，完成服务业增加值29.4亿元，同比增长10.3%。

【城乡建设】　2011年，涧西区投资

2000万余元完成安徽路、陕北一路等21条区属道路的改扩建和道路提升，对14条背街小巷实施大修。投资3240万元对295个居民小区进行环境整治。新建、改造垃圾中转站2个，新建公厕56个。积极开展农村环境整治及县乡公路养护综合提升活动，投资991万元完善农村道路、环卫、供水等基础设施。辖区一拖5号街坊，洛铜34号街坊，洛轴14号、17号街坊地块改造项目顺利实施，洛轴职工大学西侧地块、六冶棚户区改造等项目开工建设，省建六公司地块、铜锣湾广场、38号街坊改造等项目正在完善规划方案。全年实施旧城、棚户区改造项目55个，完成投资37.2亿元，完成征迁41万平方米。南村、浅井头、兴隆寨、王府庄等城中村整村改造大面积征迁，七里河、遇驾沟等村正在入户丈量、政策宣传。扎实推进城市精细化管理，大力开展爱国卫生运动。加强了对餐饮企业、“五小单位”的污染整治，碧水蓝天工程取得明显成效。城区形象、品位和竞争力大幅提升，为洛阳市荣膺全国文明城市、国家森林城市做出积极贡献。

衡山大桥

【社会事业】 2011年，涧西区投资2600万元，新建安徽路小学、中州西路小学等4个学校教学楼2万余平方米，改造塑胶操场4个，更换课桌椅2700套。基层卫生服务不断加强，辖区社区卫生服务中心、服务站实现基本公共卫生服务全覆盖。全面落实种粮直补等支农惠民政策，发放各类补贴76万元。再就业技能培训3352人，新增就业2.1万人，其中就业困难人员再就业3492人，新增的零就业家庭全部安置到岗。加强城乡低保规范管理，实现了动态管理下的应保尽保，发放城乡低保金2701万元，惠及城乡居民12313人次。城乡居民社会养老保险实现全覆盖。3993户低保、低收入家庭享受廉租房补贴；22820人参加新农合，参合农民受益9868人次。社区建设不断深入，“四位一体、两级网格”模式的社区管理体制逐步铺开。以创建文明城市为契机，加强图书馆、文化馆、档案馆建设，区档案馆被确定为国家二级馆。完善、落实领导干部接访、信访每日碰头会等制度，积极解决群众诉求，及时发现、消除各类不稳定因素，群众工作扎实有效。不断强化政府、行业主管部门的安全监管责任和企业的主体责任，积极开展安全隐患和重点领域安全专项整治，及时将安全事故消除在萌芽。强化食品安全监管和道路交通安全控制，全区安全形势持续平稳。切实加强平安建设，整合利用各单位的技防资源，建立了基本覆盖全区的技防设施网络。加大治安巡逻力度，加强社区警务室建设，群众的安全感和满意度不断提升，社会治安环境明显改善。审计、人防、物价、史志编纂、民族宗教、机关事务、残疾人事业、民兵预备役建设等方面工作均取得新的成绩。

（杨公颍）

涧西区工农乡南华新村文体广场

西 工 区

【概 况】 2012年，西工区总面积55.95平方千米，总人口33.55万人。辖洛阳火车站地区管理处、洛北乡、红山乡、金谷园街道、西工街道、王城路街道、凯旋东路街道、汉屯路街道、唐宫路街道、邙岭路街道，36个社区居委会和28个村民委员会。

全年，西工区围绕“六加一”攻坚战工作导向，大力实施“商务兴区、工业强区”发展战略，取得显著成绩。

全区完成生产总值65.4亿元，同比增长14.7%；区本级财政一般预算收入8.3亿元，同比增长24.2%；规模以上工业增加值25.9亿元，同比增长27.1%；社会消费品零售总额165亿元，同比增长22.3%，总量和增速均居全市首位；全社会固定资产投资75.1亿元，同比增长25.2%；城镇居民可支配收入和农民人均纯收入分别为22165

元和8353元，同比分别增长14.2%和22.9%。各项主要经济指标均达到或高于市定目标任务。

希尔顿酒店奠基庆典仪式

【商务商贸】 2011年，西工区围绕“商务兴区”战略，以项目建设为载体，加快传统服务业和现代服务业转型升级。全年引进服务业项目28个，概算总投资近150亿元，新增商业面积突破4万平方米。新都汇、名优建材城三期完成改造升级，香港今世福珠宝洛阳旗舰店、百安居家居建材、大宅第、新东方教育集团等重点项目开业经营。紫金城信息产业园项目一期投入使用，该区被定为全市“信息产业试点地区”和“信息服务业示范园区”。招商银行顺利入驻，全区银行、保险等各类金融机构78家，银行、证券机构分别占全市总量的76%和71%。全区商务楼宇57栋，其中总部型、500强企业及分支机构43家，实现区级税收1.33亿元。

【对外开放】 2011年，西工区坚持实施“项目、引资双带动”战略，引进市外境内资金34.55亿元，合同利用外资6649万美元，实际到位外资6649万美元，分别占市定目标的191%、113%和121%。完成外贸出口1.27亿元，同比增长15.9%。签订千万元以上项目59个、30亿元以上项目5个，总投资达387亿元。民营经济繁荣发展，完成营业收入390亿元、税金17亿元，同比分别增长10%和37%。区属企业改制“大头落地”，109家事业单位内部运行机制改革全面完成，获洛阳市“六加一”攻坚战改革改制先进单位三等奖。

【新农村建设】 2011年，西工区坚持城乡统筹发展，按照“东城西游”规划布局，积极推进新农村建设。樱桃沟景区33间窑洞宾馆对外经营，新种植樱桃树100亩，发展樱桃育苗基地80亩，成功举办第七届西工红山樱桃文化节，接待游客12万余人；新建花卉苗木基地300亩，是市定目标的3倍，该区连续3年被评为市“蔬菜基地建设先进单位”“创建国家森林城市”工作被市委、市政府计集体三等功。加大村容村貌整治力度，拆除违章建筑1175平方米，新建垃圾池75个、垃圾填埋场2个，清理垃圾2.93万余方、小广告5000余条，粉刷主次干道外墙1.7万余平方米，修建污水排放设施2727米。全面实施惠农实事工程，史家湾、白湾涧河桥改建工程正在施工，红山乡综合文化站，寨坪、史家湾村便民服务中心建成投用，王村沟村便民服务中心正在建设，3个农家书屋全部建成，10个新型农村社区完成规划布点，新修通组通户道路20千米，农村2500人安全饮水项目建成投用。争取国家扶贫项目资金50万元，发放粮食直补、农资直补、“家电下乡”等各类惠农补贴800万余元。

洛阳工业园区中收机械装备有限公司生产车间

【河南洛阳工业园区建设】 2011年，河南洛阳工业园区新实施千万元以上项目16个，其中亿元以上项目10个，企业总数45家。一拖工业园重型柴油机项目正式投产；春都食品工业园项目一期竣工，即将投产；国机重工产业园项目开工建设；洛阳综合保税区项目申报和招商工作均取得阶段性进展。园区基础设施投资全年完成5亿元，新建标准化厂房8.55万平方米，经二路、纬二路、纬三路建成通车，新修供水、电力、燃气、通信等各类管网近20千米。

【城乡建设】 2011年，西工区旧城旧

村改造完成投资58亿元，征迁面积300.7万平方米，开工面积336万平方米，竣工面积96万平方米。紫金城A区、置隆花园二期等一大批项目建成投用，原油泵油嘴厂家属院、博西路等地块基本完成征迁。东涧沟、五女冢、瞿家屯、蒋沟、后李等8个城中（郊）村安置房正加紧建设。道北三路、芳林南路等市政道路完成征迁，行署路改造、西工小街和春晴东路等9条区管道路提升工程竣工。

【城市管理】 2011年，西工区以创建全国文明城市为契机，加大基础设施投入，更换人行道板7500平方米，修复道牙676米，修补路面3115平方米，清挖雨污水井560座，更换雨污井盖126个，维修路名牌148个，增设缘石坡道125个；汉屯东路、健康中路、玻璃厂南路等8条背街小巷路灯改造提前完工；新开建垃圾中转站12座，建成6座；新开建公厕47座，已全部建成；新开建环卫道班房15座，建成6座；更新果皮箱2630个，投入140万元新购置两台多功能清扫车投入使用；投资121万元在繁华地段和重要街区安装牡丹景观灯和LED造型灯带，督促沿街门店整改亮化设施1960处；2万株牡丹增植布点全部完成，新增城市绿地1500平方米，种植林木1200株，连续九年荣获市“园林绿化工作先进单位”。进一步细化城市管理，83个无主管楼院接收稳步推进，36个居民庭院环境提升工程全部完成；居民庭院、市容市貌、农贸市场、“五小”单位、市政道路维护建设、车站地区、城中村及城乡结合部达标工程深入推进，长效管理机制初步建立，在全市创建卫生城市复审和创建文明城市检查中始终位居前列，该区连续4年获城市“住宅区人居环境改善工作先进单位”。

【平安建设】 2011年，西工区不断加大安全监管力度，未发生一起生产性责任亡人事故，被推荐为“2011年河南省安全生产监管工作先进单位”。高度重视信访稳定工作，全年排查化解较大不稳定因素217起，处置各类突发性事件54起，受理上访817起3780人次，办理省、市立案76件，按期回复率100%，未发生赴京、省集访和大规模恶性上访事件，全市“城中村”信访评估现场会在该区召开。推进社会管理创新，完善“网格化”管理模式，36个社区全部建立治安巡逻队，并实现与警务室同址办公，达到一区一警标准。持续开展打击“两抢一盗”和打黑除恶扫痞行动，全年破获刑事案件397起、治安案件1981起，抓获各类违法犯罪嫌疑人2526人。

【社会事业】 2011年，西工区坚持把“民生优先”理念贯彻于政府工作的始终，致力于提高社会事业和社会保障水平，累计投入民生资金4.7亿元，创历年民生投入之最。省、市下达“实事工程”全面完成，人民生活水平持续改善。丹城路小学教学楼投入使用，洛浦路小学和健康路小学教学楼即将竣工。全年投入科技经费近1000万元，申请专利495件，同比增长30%。完成区疾控中心、两乡卫生院医疗设施提升工程，文化馆、图书馆、文化信息资源共享工程支中心等一批文化场馆建成投用。全年新增就业人员22861人，累计发放城乡低保金和各类补贴2112万元，社会保障体系更趋完善。洛北青年公寓、国花宝居等保障性安居工程顺利推进，该区被评为“省‘十一五’保障性安居工程先进单位”。“家电下乡”累计销售产品27032件，销售额7627万元，各项指标排名均居城市区首位。

【党的建设】 2011年，西工区深入开展创先争优活动，各级党组织兑现承诺240余项，党员兑现承诺9000余项，解决一大批群众关心的热点、难点问题。在农村、社区、“两新”组织中分别开展后进村集中整顿、“支部进楼院”、“红色基石”主题活动，基层党建科学化、规范化水平进一步提升。圆满完成区、乡、村三级党组织换届选举和村级组织换届选举工作。积极加强宣传思想工作，在市级媒体发稿1200余篇，省级以上媒体及网络发稿47篇。以“政务环境创优年”活动为载体，深入开展政风行风评议和“千企走访”活动，发展环境进一步优化。（苗晓卷）

老　城　区

【概　况】 2011年，洛阳市老城区总面积56.3平方千米，其中耕地面积1455公顷；总人口18.65万人，其中乡村人口4.57万人。人口自然增长率为4.16‰。辖区9个街道（邙山街道、洛浦街道、道北路街道、西关街道、西北隅街道、东北隅街道、西南隅街道、东南隅街道、南关街道），24个社区，10个村改居，11个村。2011年全区实现生产总值达到23.9亿元，同比增长13.4%。其中：第一产业增加值1.6亿元，增长3.6%;第二产业增加值14.2亿元，增长15.4%（工业增加值12.2亿元，增长16.4%）；第三产业增加值8.1亿元，增长10.8%。粮食总产量7635吨。财政一般预算收入3.23亿元，财政一般预算支出4.5亿元。固定资产投资完成31.8亿元。社会消费品零售总额完成43.7亿元。城镇居民人均可支配收入19685元，人均消费性支出11049元；农村居民人均纯收入7627元，人均生活费支出6043元。

项目建设和招商引资成果突出。老城区强力推进项目、引资双带动战略，全年确定的57个千万元以上项目顺利实施，实现投资59亿元，其中苗北村整体改造、中沟村整体改造等40个项目开工建设，阳光家园、恒顺贵府等11个项目竣工投用。全年组织和参加各类招商活动55批次，引进项目13个，到位市外境内资金14.5亿元，为目标的116%；其中省外境内资金12.6亿元，为目标的119%。出口创汇896万美元，为目标的146.9%；实际利用外资4190万美元，为目标的111.3%。

经济转型步伐加快。文化旅游、现代物流、商贸服务、楼宇地产等现代服务业快速发展，全年服务业增加值完成8.1亿元，同比增长10.8%。格力电器仓储物流中心等3个亿元以上大型物流项目开工；香港中国农产品企业发展有限公司投资2亿美元的洛阳宏进农副产品国际物流园已签约。中电产业洛阳基地项目一期450亩土地已交付，是老城区建设的第一个大型集中的产业基地。生态农业建设扎实推进，牡丹销售、无公害蔬菜等实现经济效益3000万元。

国际文化旅游名城攻坚战扎实推进。2011年投资850万元，制作完成了古城历史街区项目保护总规、控规和修建性详规，并顺利通过国家级专家评审；已与开发方达成投资意向，现正制定具体合作方案。投资2亿元的中州东路老城段两侧外立面改造工程正在实施。上清宫老子及道教文化产业园项目建设用地已批复，现正作深度策划。安喜门文化广场古城墙正加紧建设。

城建提升力度加大。全年实施旧城、城中村及棚户区改造项目40个，完成拆迁307万平方米，为市定目标的116.7%；新开工367.08万平方米，为目标的114.71%；竣工75.75万平方米，为目标的101%。苗北、苗南、史家沟、岳村、中沟等村整体改造安置房已开工，开工面积169万平方米；工农、新生等村正在实施拆迁。道北三路、道北五路、经三路、310国道和金谷园北路等市重点工程按进度完成拆建任务。

民营经济快速发展。以推进全面创业为契机，以企业改制为抓手，以提升服务水平为保障，大力发展民营经济。积极组织开展银企洽谈活动，不断完善民间担保体系，共为60余家企业协调融资1.2亿元。2011年全区民营经济营业收入完成77亿元，同比增长15.6%；增加值完成21亿元，同比增长21.3%；实交税金3.5亿元，同比增长20.6%。

民生工程全面落实。坚持把发展经济与改善民生有机结合，全面落实省、市下达的各项实事工程。落实“两免一补”资金398万元，惠及学生1.2万人次；“三馆两中心”主体已竣工。新增城镇就业5342人，下岗失业人员再就业2573人，其中就业困难对象实现就业1393人，零就业家庭实现动态为零。发放城乡低保金1853.8万元，保障城乡困难对象11.5万余人次。落实养老、医疗、工伤等保险政策，征缴各类保险金4200万元，发放养老金4376万元。新农合参保3.96万人，参合率99.13%。加快实施保障性安居工程，中电阳光新城、富阳佳苑配建的1180套廉租房已开工建设。新开工建设经济适用房3889套，累计在建7778套。发放廉租房补贴633.4万余元，惠及低保和低收入家庭1514户。积极做好家电下乡工作，累计销售家电下乡产品2.3万台（部），金额5760万元；发放补贴410万元，惠及1.3万户农民。加快企事业单位改革步伐，老城区24家区属企业、108家事业单位圆满完成改革改制任务。

环境创优活动成效明显。老城区深入开展政务环境创优年活动，积极查摆问题，及时整改，机关工作效率、工作作风得到明显改善。全面落实安全生产责任制，积极开展安全生产月、安全隐患大排查等集中活动。认真落实信访党政联席会和领导包案责任制，建立健全三级信访代理网络，开展“信访基层基础建设年”“信访积案化解”和创建信访工作“四无”社区（村）活动，加强矛盾纠纷排查，有效化解了一批影响社会稳定的突出问题。深入推进平安建设，不断加强防控体系建设，开展打击“两抢一盗”“打黑除恶扫痞”等专项行动，案件发案率大幅下降，社会大局比较稳定。

【老城区古城保护与整治项目】 该项目位于老城核心区，北至中州东路南侧，南至护城河。东至新街，西至中州渠东侧，占地约1.24平方千米，按照控制性规划进行整治与保护，总投资额100亿元。该项目是全市重点旅游建设项目之一，以老城区历史文化街区为依托，逐步修复府文庙、妥灵宫、文峰塔、城隍庙等文物古迹遗址，打造最具有河洛特色的古城美景。2011年，老城区古城初步完成《洛阳市老城东、西南隅历史文化街区整治与保护规划》《洛阳市东、西南隅历史文化街区整治与保护控制性规划》和《洛阳市东、西南隅历史文化街区修建性详细规划》。其中：《洛阳市老城东、西南隅历史文化街区整治与保护规划》已通过专家评审，并进行了社会公示，已报省建设厅待批；《洛阳市东、西南隅历史文化街区整治与保护控制性规划》初步成果已经专家评审，并按专家所提意见进行修改。2011年10月，老城区组织相关部门对古城改造规划区内进行摸底调查，至2011年年底老城区总建筑面积是951304.48平方米。其中：3层以下住房总面积是474844.3平方米，3260户居民；成套住宅总建筑面积是202272.45平方米，2548户居民；教育单位建筑面积是69751平方米，9个单位；行政事业单位是12442平方米，6家单位；企业用地建筑面积是23154平方米，5家；商业总建筑面积是101481.53平方米，17个单位，708户商家。无证建筑面积是67359.2平方米。为了保证古城建筑风格的统一，区委、区政府决定对中州东路进行提升改造。委托清华大学建筑设计研究院制作了《洛阳市中州东路改造概念性规划方案》，多次组织专家对该方案进行论证，待上级部门批准后实施。

古城保护与整治、苗南村改造项目签约仪式

第二十九届中国洛阳牡丹文化节对外经济技术合作项目签约仪式

【老城区中国洛阳牡丹文化节招商引资结硕果】 2011年4月11日，第二十九届中国洛阳牡丹文化节对外经济技术合作项目签约仪式在华阳国际饭店举行。在项目签约仪式上，老城区一次就签约上亿元项目5个，涉及历史街区开发、整村改造和新能源新材料等不同领域，投资总金额达70亿余元。

【中电产业洛阳基地项目签约】 2011年8月28日，中电产业洛阳基地项目正式签约。中电产业洛阳基地项目，是由中电华软投资集团与老城区政府合作实施，项目位于老城区邙山镇苏滹沱村，总占地1000亩，概算总投资18亿元，主要是以高新产业为龙头，引进具有自主知识产权的新能源（LED灯及太阳能产品）、新材料（低碳保温材料）、先进设备制造企业，规划建设以新能源、新材料、设备制造等为一体的研发生产基地。该项目的建设，对加快产业结构调整，促进就业，带动区域经济社会发展，改善周边群众生产生活条件具有重要意义。

【老城区“村改居”工作进展顺利】 2011年，老城区“村改居”工作按照“全面推进、积极稳妥”的原则分步实施，在搞好试点的基础上，稳步推进。至2011年9月30日前，老城区首批“村改居”的试点社区苗南村、苗北村、新生村、工农村4个改居村已完成挂牌任务。史家沟村、营庄村、中沟村、葛家岭村、岳村、烧沟村在2011年年底前完成“村改居”的挂牌工作。老城区“村改居”村数量占到全区村总数的48%，超额完成市下达任务的2.5倍。

实行“村改居”后，村民们将正式告别农民的称谓，成为城市社区居委会的“市民”。以往分散的农村管理方式，将向有序的城市社区管理模式转变。此次“村改居”比以往多出了社区居务监督委员会的牌子，由原来的“两委”变成“三委”。社区居务监督委员会的建立，表示社区居民群众亲自参与、行使监督权，使社区事务更加阳光透明，切实为进一步加强基层民主政治建设，保障社区居委会民主决策、民主管理和民主监督制度落到实处提供了强有力的组织保障。

【洛阳宏进农副产品国际物流中心项目签约】 2011年11月22日，洛阳宏进农副产品国际物流中心项目正式签约。洛阳宏进农副产品国际物流中心项目，是由中国农产品交易有限公司之全资附属公司洛阳宏进农副产品批发市场有限公司投资，位于老城区邙山镇，洛吉快速通道以西，310国道以北。项目总占地1000亩，总投资额约2亿美元，总建筑面积约53万平方米。项目建成后，预计年交易量达700万吨，年交易额超150亿元，成为豫西地区最重要的农产品物流中心。该项目建设包括果菜交易中心、水产品交易中心、副食品交易中心、粮油交易中心、仓储冷链物流中心、加工配送中心、质量检验检测中心、结算中心、监控中心和相关的市场配套设施。项目建成后，将成为洛阳市“菜篮子”“果盘子”“米袋子”供应的重要载体，还将带动洛阳市周边交通运输、通信、商业服务业、加工配送业的迅猛发展。

【老城区“九鼎豫丰苑项目安置房”项目开工】 2011年12月27日，老城区“九鼎豫丰苑项目安置房”项目开工奠基。该项目是老城区旧城改造的重点工程，由洛阳广达置业有限公司和洛阳商储物流有限公司开发建设。项目位于老城区道北路街道，占地约15亩，总投资额2亿，拟建地下2层，地上32层的商住大厦，总建筑面积近7万平方米，其中安置房3.5万平方米，商业房面积3.5万平方米。2011年已引进两家大型上市国有企业，其中华润公司将进驻地下1层和地上2层，设立大型超市；中国人寿保险公司将占用1万余平方米的写字楼。项目建成后，可安置回迁群众200余户、1000余人，商业用房可容纳经营商户200家。整个工程预计2014年底前完工。

（孙秀华）

瀍河回族区

【概　况】 2011年，瀍河回族区（以下简称“瀍河区”）总面积41.7平方千米，其中耕地面积717公顷。总人口17.99万人，其中农业人口3.39万人。人口自然增长率4.18‰。所辖1个乡（瀍河回族乡）、7个街道（东关街道、北窑街道、瀍西街道、五股路街道、塔湾街道、杨文街道、华林街道）。全区完成生产总值59.6亿元，同比增长12%。财政一般预算收入2.82亿元，同比增长21.8%，高于年目标7.8个百分点。规模以上工业增加值7.5亿元，同比增长27.1%，高于年目标12.1个百分点。社会消费品零售总额38.98亿元，同比增长20.4%，高于年目标2.4个百分点；农民人均纯收入8711元，同比增长23.9%，高

市领导到瀍河区检查清真食品

通和农副产品物流产业园项目奠基仪式

于年目标14.9个百分点；城镇居民人均可支配收入20201元，同比增长14.3%，高于年目标5.3个百分点。

【项目建设】 2011年，瀍河区累计完成固定资产投资39.2亿元，同比增长25%，新开工亿元以上项目15个，10亿元以上项目3个。城市轻轨车辆制造、通和农副产品物流园、国龙物流园、310国道商用车市场、客运东站等一批重大产业项目和基础设施项目加快推进。

【招商引资】 2011年，瀍河区认真谋划、精心组织了第二十九届牡丹文化节瀍河重点项目签约专场，签约亿元以上项目7个，总投资152.5亿元。全年累计引进省外境内资金12.2亿元，占年目标的117.5%；实际利用外资4171万美元，占年目标的101.7%；出口创汇928万美元，占年目标的123.1%。

【城市征迁】 2011年，瀍河区以前所未有的力度和速度推进城市征迁改造，全年实施旧城、城中村和棚户区改造项目14个，完成征迁面积211.96万平方米，开工面积275.4万平方米，竣工面积65.25万平方米。

【实事工程】 2011年，瀍河区制定的9件实事全面落实。机车小学教学楼加固改造工程顺利完工，东关回小等区属学校的基础设施进一步完善；乐善南街、邙麓街、灵泉北街、团结街、共和胡同等5条区管道路改造及古仓街积水点改造工程完工，22条背街小巷路灯完成改造；区计生指导站和15个村的生育文化大院建设全面完成；新建公厕16座、供水口5个、压缩式中转站3座、环卫道班房10座；实施特色农业“四个一千亩”工程，建成温室蔬菜大棚18个，种植牡丹1100亩，核桃1900亩；投入89万元用于完善区应急救援大队装备；投入300万元用于辖区平安建设，为辖区76个居民社区安装了技防设施，完成区技防监控中心建设并投入实战应用；配套201.2万元用于城镇居民医疗保险和新型农村合作医疗；发放4050人员及零就业家庭人员岗位补贴466万元。

【新农村建设初见成效】 2011年，瀍河区全面贯彻执行市委、市政府关于加快社会主义新农村建设要求，紧紧围绕新农村建设“二十字”方针，在环境卫生、住房、医疗、道路，饮水安全等方面作出不懈努力。（1）开展村容村貌整治。全年共出动劳动力1900余人次，清运垃圾1.6万余立方米，拆除违章建筑120平方米，新修雨、污水排放设施 130余米，规范治理各类广告942余条，绿化道路1810米，农村“脏、乱、差”现象得到有效遏制，村容村貌明显改善，农民群众的居住环境得到进一步优化。（2）认真落实中央各项支农惠农政策，加快农村饮水、通户道路、村民安置小区等基础设施建设。投资390万余元，修建了12千米的通组通户道

塔西新村小区

恒大绿洲小区

路，改善人民群众的出行条件。加大排水设施建设力度，共新修排水明渠暗管设施500米，修复水泵站1处，确保农田灌溉畅通。（3）大力开展新型农村社区建设，全年完成布点规划6个，完成建筑面积8.9万平方米，完成2个新型社区，并开工3个新型社区。区、乡新农办经过实地考察，为马坡村配套建设体育健身器材和增补书籍，丰富群众文化生活。中窑村中信小区二期工程进展顺利，计划安置526户村民。下窑村村民安置房已经开工，项目占地75亩，计划投资2亿元，建筑面积20万平方米，安置村民400户。史家湾村、北关村整村改造完成入户丈量、补偿安置协议签订，部分拆迁补偿款已发放至群众。

【民族团结进步创建活动】 2011年，瀍河区全面贯彻落实党和国家的民族宗教政策、法律法规，扎实开展民族团结进步创建活动。依法加强清真食品的管理，清理整顿非法宗教活动场所，努力营造各民族相互尊重、和睦相处的良好氛围。坚持“稳定压倒一切”和“安全第一”的方针，切实加强基层基础工作，完善“大防控”体系和“大调解”机制，从源头上预防和化解社会矛盾。进一步健全完善信访日碰头、周研判制度，严格按照“谁主管、谁负责”以及“属地管理，分级负责”原则，坚持突发性事件区领导始终第一时间赶到现场，及时有效控制事态，积极稳妥化解不稳定因素。扎实有效开展区领导大接访活动，切实解决群众反映的合理诉求，确保重大活动期间的信访稳定。全年未发生赴京到省集体上访，未发生市以上恶性上访，为促进经济快速发展创造了宽松环境。（杨丽霞）

吉利区

【概　况】 吉利区始建于1982年8月，位于洛阳市东北部黄河北岸，西和西北与济源市接壤，北和东与孟州市相邻，南临黄河与孟津县隔河相望，总面积79.9平方千米，其中耕地面积1504公顷。总人口6.9万人，其中农业人口3.5万人。辖大庆路街道和吉利乡。全年实现生产总值33亿元，增长12%；完成财政一般预算收入2.85亿元，增长14.7%；城镇居民人均可支配收入突破2.4万元，农民人均纯收入突破8000元，分别增长14%和15%。

工业经济发展势头良好，围绕石化产业集聚区建设，全年吉利区实施14万吨聚丙烯等千万元以上工业项目23个，完成工业投资12.5亿元；签约各类项目13个，总投资42.1亿元。石化产业集聚区完成营业收入480亿元、税收70亿元，经济总量位居全省前列，并被评为2011年全市唯一一家河南省高新技术特色产业基地。服务型经济快速发展，隆惠公司维检信息服务平台、博泰花园等一批服务业项目先后实施。高新技术企业营业收入占石化产业集聚区营业收入的比重超过50%，科技对经济发展的带动作用进一步显现。大力加强节能减排，顺利完成市定节能降耗目标，进一步提高可持续发展能力。

【“天字一号”工程】 2011年，吉利区成立支持和服务全市“天字一号”工程建设领导小组，集全区人力、物力、财力，围绕项目申报、选址、规划等方面，开展了大量工作，取得明显成效。成功争取上级对吉利发展的高度重视。省政府与中石化就实施1800万吨炼油扩能改造项目签署战略合作协议，市政府确定市、区两级共同筹集项目征迁所需资金。省、市两级在政策、资金等方面，给予吉利区前所未有的支持。项目前期工作取得重大进展，1800万吨炼油扩能改造、100万吨PTA（精对苯二甲酸）、60万吨PX（对二甲苯）项目被正式列入国家“十二五”规划，进入审批阶段。以上3个项目总投资近300亿元，建成后洛阳石化原油加工能力将达到2000万吨，产值超千亿，吉利区将成为中西部最大、全国一流的现代石化城。

【城镇化步伐加快】 2011年，吉利区按照“城乡融合、产城融合”的理念，大力加强城市建设，以城带乡促进发展，取得明显成效。一是城乡功能不断完善。多渠道筹措资金近5000万元，先后实施大港路北延、启明南路、滨河路污水管网、泰安路207国道段、城市西部供水改造、上河水库除险加固、农村公路等一批城乡基础设施工程，进一步提升石化产业集聚区承载能力、完善城市功能、改善农村生产生活条件。二是现代农业快速发展。坚持结构调整、土地流转、生态旅游“三篇文章”一起做，大力发展现代农业，新增西瓜、山药种植面积各1000亩，全区高效农业种植面积8500亩，新发展核桃种植1200亩，初步形成西北部岭区核桃经济林基地。加快推进鱼乐园休闲渔业和一水湾开心农场等项目，基本建成占地近千亩、集休闲垂钓、餐饮服务和开心农场为一体的休闲观光农业基地。

各项惠民实事全面落实。围绕发展科、教、文、卫等社会事业，多方筹资4000万余元，先后实施新一小建设、提高“五保”供养标准、推行文化惠民工程等十件实事，解决了一批关系群众切身利益的热点问题，荣获全国计生优质服务先进区、全国科技进步考核先进区、河南省“五五”普法工作先进区等多项国家和省、市级荣誉称号。恪守“创建为民、为民创建”理念，大力改善城乡居民生活环境，国家卫生城市复审工作全市领先，同时也为全市成功创建全国文明城市做出重要贡献。坚持以人为本、福民优先，圆满完成全区116家企事业单位改革任务，实现了职工利益、单位权益、社会效益三方共赢。坚持把平安建设作为构建和谐社会的保障工程，大力加强信访稳定和安全生产工作，公众安全感指数位居全省前列，被洛阳市综合治理委员会推荐为2011年度全省平安建设先进区。

大力加强和改进党的建设。坚持固本强基、自我完善，胜利召开区七次党代会，大力加强区委领导班子建设和党的纪检、组织、宣传思想、统战等各项工作，使全区各级党组织始终充满凝聚力、创造力和战斗力。深入开展建党90周年纪念活动和中央十七届六中全会以及省、市党代会精神学习贯彻活动，进一步把全区广大党员干部的思想统一到加强党的建设、加快吉利发展上来。坚持正确的用人导向，选拔任用一批优秀年轻干部，进一步优化科级领导班子结构。先后抽调130余名优秀年轻干部到征迁、创建等急难险重岗位上实践锻炼，进一步增强了干部队伍整体素质。扎实开展“创先争优”活动，涌现出了区委组织部、区民政局党支部等一批市级先进基层党组织。圆满完成村级组织换届选举工作，切实强化了以党支部为核心的村级基层组织建设。深入开展政务环境创优、民主评议政风行风、效能监察等活动，党员干部廉洁自律意识和拒腐防变能力不断增强。（吉利区）

洛阳高新技术产业开发区

【概　况】 洛阳高新技术产业开发区（以下简称“洛阳高新区”）是1992年经国务院批准设立的国家级高新技术开发区。2011年，洛阳高新区实际管辖面积96平方千米，已开发16.8平方千米。高新区常住人口11.1553万人。

全年，洛阳高新区总收入1051亿元，增速16%；规模以上工业企业工业增加值39亿元，增速21.3%，利润14亿元，同比增长19%；万元增加值能耗全年下降率为-8.9%；财政收入全口径完成24.4亿元，累计增幅18.7%，一般预算收入完成4.15亿元，累计增幅20.5%；全社会和城镇固定资产投资完成41.9亿元，增幅24.5%。招商引资工作实际利用外资1.4亿美元，占省定目标的117.5%，实际利用市外境内资金22.7亿元，占市定目标的130.6%；外贸出口2.4亿美元，占市定目标的118%。

【主导产业】 2011年，洛阳高新区逐步确立“四加二”产业格局，即装备制造、精密轴承、硅电子、钛钼钨等4大支柱产业和生物医药、现代服务业2个前导培育产业。截至2011年年底，高新区拥有各类工业企业790家（其中规模以上企业61家），实现销售收入175亿元，利税24亿元。全区高新技术企业达到69家，总收入达到100亿元，同比增长23%。

先进装备制造产业　以“河南省有色金属加工装备工程技术研究中心”“河南玻璃加工装备技术研究中心”为依托，以双瑞特装、北玻、中重自动化、源创、鑫迪铁道为代表的先进装备制造业发展迅猛，北玻公司的离线低辐射镀膜玻璃填补了国内空白，金诺首创的“一炉五芯”多晶硅硅芯炉荣获洛阳市科学技术进步一等奖。高新区成功获批建设国家首批新型工业化产业示范基地，以双瑞风电叶片二期项目为龙头的节能装备产业园开工建设。全区各类装备制造业企业200家，销售收入达到72亿元，同比增长21%，利税14亿元，同比增长44%。

高端精密轴承产业　以“河南省机床主轴工程技术研究中心”“河南省高性能轴承技术重点实验室”为依托，以轴研科技、中机十院为代表，2011年高新区高端精密轴承产业共实现销售收入9.6亿元，同比增长18%，利税1.16亿元，同比增长43%。高新区精密轴承特色产业基地获批河南省高新技术特色产业基地。高新区向科技部成功申报高性能轴承创新集群，为全省唯一一家。

光伏及硅电子材料产业　以“多晶硅材料装备技术国家工程实验室”为依托，以中硅高科、尚德太阳能等企业为代表，高新区光伏及硅电子材料产业形成了年产多晶硅1万吨、铸锭1000吨、单晶硅300吨、单晶硅切片5000万片、电池片200兆瓦、组件180兆瓦的生产能力，实现销售收入16亿元，同比增长17%，利税1.5亿元，同比增长40%。高新区硅光伏产业园被认定为“河南省特色招商产业园”“河南省太阳能光伏产品出口基地”，被国家认定的硅材料及光伏高新技术产业化基地通过科技部年度复核。

钛钼钨产业　以“河南省减震降噪材料工程技术研究中心”为依托，以双瑞钛业、洛钼集团为代表，高新区钛钼钨新材料产业形成了年产钛板带5000吨、钛锻胚700吨、高尔夫球头100万只、钛设备500吨、钼钨深加工材1500吨、氧化钼1.7万吨、钼铁1.8万吨的生产能力。2011年，高新区钛钼钨产业9家企业共实现销售收入29亿元，被河南省发改委批准建设以钛钼钨为代表的新型合金材料产业园。

生物医药产业及现代服务业　以“国家兽用药品工程技术研究中心”为依托，以普莱柯公司、民生制药等企业为代表的生物制药产业方兴未艾；以“河南省特种水泥工程技术研究中心”为依托，以水泥设计院、上扬机械、微软洛阳技术中心为代表的工程设计和信息服务等现代服务业正快速增长，成为高新区调整产业结构和支撑未来发展的重要力量。

【项目建设】 2011年，洛阳高新区实施千万元以上项目57个，其中新开工29个，占任务的107%，竣工千万元以上项目34个、占任务的170%。新引进外资企业10家，同比增长11%。世界500强项目进区步伐加快，微软技术支持中心展示平台基本建设完毕，霍尼韦尔正与瑞昌

2011福布斯中国寻找高增长企业之星巡回活动在高新区举行

石化洽谈合作方案，山特维克洛阳技术服务中心项目已启动实施。

为加快项目建设，高新区认真落实“项目攻坚战”“企业服务年”“首席服务官”等一系列工作措施，帮助企业协调解决各类问题200余项，协助争取各类计划项目200项，立项136项，金额7116万元。上报国家创新基金项目27个，立项25个，支持金额1650万元；区创新基金立项14项，支持金额 373 万元。组织20余家企业申报信息化专项资金等，共获得700万余元支持；组织金诺等9家企业申报洛阳市“小巨人企业”并已全部通过公示。

2011年进驻高新区的项目中，已投产的有中航锂电1.2亿安时电池生产线项目；已开工的有投资28.6亿元的洛钼集团钨金属材料及硬质合金项目、投资2.3亿的轴研科技项目、投资1000万美元的美国嘉实公司电脑绣花机项目；已签约的有投资2亿元的普莱柯与美国施怀哲合资项目、投资4980万美元的娃哈哈饮品项目等。

大力推进机制转换攻坚战，全区事业单位和21家国企全部完成改制。8月30日，北玻股份正式登陆深交所中小板上市交易，成为高新区第一家上市的民营企业。普莱克公司通过河南省证监局验收，方智测控、天誉环保等企业完成股份制改造。高新区还召开创新创业表彰大会，向企业兑现奖励政策，总计金额达5.6亿元。

【创新能力】 2011年，洛阳高新区新增市级以上研发中心48家，全区市级以上研发中心总计达124家，其中国家级3家、省级37家、市级84家。组织筛选、申报高新技术企业2批，新认定或通过复审40家，全区高新技术企业总计达到69家。全区申请专利1296件，其中发明专利占30%。

大力推广创新方法，举办5期创新方法培训班，培训企业经营管理和专业技术人才200余人；与河南科技大学、洛阳师范学院、洛阳理工学院等院校达成协议，共建科技成果孵化基地，被授予洛阳市产学研合作示范县区。洛玻集团公司国家级技术中心与浮法玻璃新技术国家重点实验室搬迁至高新区；国家自主知识产权产业化试点基地建设迈出新步伐，专利技术大厦竣工，专利成果展厅投用，开通全省首家专利信息检索及分析服务平台。国家知识产权试点园区顺利通过验收，高新区被确定为中部5省首家知识产权托管工作试点单位。创业中心完成转企改制，全年引进企业60家，毕业10家。

全年，洛阳高新区中航光电、天誉环保、圣瑞机电等3家企业成功获批河南省第二批博士后研发基地，全区共设立院士工作站3个、博士后科研工作分站3个。1人入选国家“千人计划”，2人入选“新世纪百千万人才工程”，2人获国家科学技术进步奖，5人享受国务院特殊津贴。高新区双勇公司“双勇”商标被国家工商总局认定为“中国驰名商标”。区管委会设立主任质量奖，大力开展“质量提升服务进企业”活动，帮助企业建立质量管理体系，全区新增河南省名牌4个，省名牌企业达到5家，省名优企业14家。

【文化建设】 2011年，洛阳高新区与清华大学合作共建的“清华大学国家大学生文化素质教育基地人文实践基地”揭牌，与清华大学联合举办了主题为“洛阳·传统与现代”的大学生人文实践活动。与国家开发银行联合筹办洛阳“11·22诚信日”系列活动，组织区内企业与相关专家学者、金融机构就信用文化与企业风险管理等方面进行充分的交流。加强文化设施建设，辛店镇、孙旗屯乡建立综合文化站2个、农家书屋19个，为群众放映电影420场次；为社区配发资源共享设备、文体活动器材，全面完成社区活动室建设任务。机关综合档案室顺利通过了省二级等级认证。

【开发建设】 2011年，投入资金7.87亿元、历时5年的洛阳高新区六期开发建设工程全面完工，六期开发面积3224.5亩，拆迁房屋48.5万平方米。建设了徐家营社区和溥沱社区，总建筑面积达20.1万平方米，安置房1843套，安置村民4000余人，配套建设徐家营中心小学、两个幼儿园以及8000平方米的商业服务设施，实现道路通车里程14.1千米，敷设各种管网91.7千米，实施绿化面积12万平方米，绿化覆盖率达41.6%。在总结六期开发的基础上，高新区又启动七期开发建设。

重点道路工程建设　完成华夏路溥沱段、青岛路、银川路、天津南路、辛店高压走廊、郑卢高速用地的拆迁工作，启动西环路高新区段建设工程。西环路是洛阳市构建城市环线交通的重要组成部分，全长8.97千米，北起谷水与310国道相连，南接龙鳞路抵河洛路。其中：高新区段长4.57千米，将按一级公路32米宽双向6车道标准建设，全程建设特大桥2座，特长隧道2座，互通式立交1座，分离式立交1座，通道2道，平交2处，工程估算投资总额6.7亿元。

文明城市创建　投资1000多万元改

高新区中小企业知识产权托管国家级试点工作启动仪式

溏沱村安置房开工

造、提升区内市政基础设施，投入500万元对锦绣园等8个旧小区进行改造，实现社区管理全覆盖；加强城市精细化管理工作，实施了碧水蓝天工程，狠抓公共机构节能，ISO14001环境管理体系顺利通过年审。

城中村改造　启动实施了孙旗屯村、辛店村、溏沱村、吕沟村等4个村庄的改造，全面、超额完成了城中村改造各项指标任务。积极与洛阳市城市建设投资公司合作，共同探索加快城中村改造步伐，向溏沱村改造项目投资2.75亿元，溏沱村安置房开工建设。

土地管理　组织征收报批土地2100余亩，出让1050.5亩；融资2.9亿元，完成3756亩土地的实地测量，完成6万平方米标准厂房建设任务，加大土地、规划执法监察力度，整治私搭乱建现象；落实耕地保护目标责任制，确保了基本农田面积不减少、质量不降低，在第十一次卫片执法检查验收中高新区位居城市区第一名。

【新农村建设】　2011年，洛阳高新区新改建农村社区服务中心2个，新修通组通户道路30千米；完成1.15万人的安全饮水建设项目。申报了35个农村公益事业建设一事一议筹资筹劳项目，覆盖率100%。孙旗屯乡和辛店镇共有13个村完成“村改居”挂牌。

农业发展水平稳步提高，发放粮食直补、综合直补、良种补贴共计496万余元，落实摩托车、家电下乡补贴229万元；帮助巨尔乳业、新溢养殖、卓尔牧业等企业申请国家补贴320万元；完成300亩花卉苗业基地建设任务，创建国家森林城市的工作被市委、市政府嘉奖。乡镇经济实力不断增强，孙旗屯乡技工贸总收入11.2亿元、财政收入5202万元、农民人均纯收入6525元；辛店镇GDP（生产总值）达8亿元，同比增长10.34%，农民人均纯收入4925元，同比增长7.23%，实现财政收入2900万元，同比增长15.5%。

【社会事务】　2011年，洛阳高新区新增公共租赁房990套、经济适用房1465套、廉租房384套，缓解了中低收入群体住房压力。制定被征地农民、城乡居民养老保险政策，城乡居民养老参保率达90%，城镇居民医保参保居民19534人，占任务的150%；及时兑现城乡低保、农村五保332万元，新农合参合率达到98.89%，高出市定目标3.89%。高新区人力资源市场为企业和求职者提供就业岗位1万余个；超额完成就业再就业任务，城镇新增就业1289人。

顺利完成第七届村委会换届选举，全区22个需换届的村共登记选民27334人，参选率达93.9%。投入820万元，进一步改善办学条件，提高生均公用经费标准，落实“两免一补”政策。全面实施基本药物制度，加大对非法诊所的查处力度，积极开展五小单位、瘦肉精、调味品、问题馒头、食品非法添加等多项整治活动，居民的就医、饮食安全得到基本保证。　（王海峰）

洛阳经济开发区

【概　况】　2011年，洛阳经济开发区常住及流动人口2万余人。全年实现地区生产总值6.74亿元，同比增长12%；全社会固定资产投资6.03亿元，同比增长35%；完成第三产业增加值4.45亿元，同比增长12%；全口径财政收入3.22亿元，同比增长32%，其中一般预算收入6000万元，同比增长21.3%。

【招商引资和项目建设】　2011年，洛阳经济开发区以开元大道沿线城市经济景观带、信息服务外包园、开元门生态商务园（EBD）、现代商贸物流园、唐风带商贸旅游服务园“一线四园”为主战场，推进产业招商，推进项目建设，一批大项目、央企项目、省市重点项目相继签约落地。总投资10亿元的洛阳恒生科技园项目、总投资5亿元的洛阳863软件孵化器项目先后实施；总投资40亿元的中国移动2万座席呼叫中心项目奠基开工；总投资1.5亿元的天健国际服务外包中心项目已经签约；河南移动客服中心、教育部IT人才培训基地、万网呼叫中心、洛阳华迪实训与创业基地等千万元以上项目投入运营，信息服务外包园初具规模；开元门生态商务区北部示范区一期16栋商务办公楼主体封顶，南部示范区博客金融大厦等4个项目已经开工；开元大道东段沿线伟业钢铁等18个整合改造地块的土地变性工作全部完成，鑫和佳苑等12个项目已建成面积26万平方米，沿线城市环境有了明显提升。产业集聚区建设快速推进，知名度和影响力不断扩大。集聚区产业定位和新兴产业项目得到省、市领导的充分肯定，开发区信息服务外包产业园区被省商务厅命名为“河南省特色招商产业园”，在省工商联、河南报业集团组织的全省产业集聚区评选活动中，被评为“河南省最具产业竞争力集聚区”。

一大批民生工程进展快速。市第五

人民医院新区医院项目门诊楼主体已完工；“怡心苑”经济适用房项目8栋多层及1栋高层主体已封顶；洛阳双语国际学校宿舍楼、教学楼、综合楼等主体工程完成过半；顺兴产业园公租房项目一期154套已建成，二期170套正在建设；市政府下达的10座公厕和1座垃圾中转站建设任务按时完成；大明渠（政和东路段）改造工程已完工；新区公交中心建设正在加快。

【征地拆迁和基础设施建设】 2011年，洛阳经济开发区整合、回收、出让土地1300余亩；完成开元大道沿线退界绿化、新区污水总干管、忠义路、伊洛路等基础设施项目涉及企业、仓储、民宅共计10万平方米的地面附属物拆迁工作；完成恒生科技园、潘村安置小区等10余个重点项目所需770余亩建设用地的征地、腾地及围墙圈建工作；完成大东村955户23万平方米民宅入户丈量工作；豆腐店村整体拆迁协议已经村两委通过；午桥小区铁匠组团群众已入住新居。

集中力量加快基础设施建设。太康东路、长夏门街等8条道路建成通车，完成道路建设里程8.05千米，配套水、电、气、暖等管线30.52千米，实现投资1.6亿元，绿化、亮化、交通信号工程完成投资3000万元。在建3条道路进展顺利，古城东路全段具备通车条件，伊洛路（宜人路至古城路段）雨污水管沟已敷设完毕；关圣街首层沥青面已敷设完成。忠义路配套2米管径的新区雨水总干管工程建成投用，解决了开元大道东段汛期积水问题。

【和谐开发区建设】 2011年，洛阳经济开发区全面完成文明创建工作任务，荣获“全市国家卫生城市复审工作先进单位”等称号，流动商贩、店外经营、小广告等专项整治活动扎实开展，辖区13个居民小区综合环境提升改造成效显著，城建监察、市容督察、市场管理、社区建设得到加强，城市形象进一步提升。全力抓好生产安全、卫生安全、消防安全及清剿火患专项行动，全年无重特大事故发生。高度重视群众来信来访，圆满处理信访案件、连线政府、110联动服务400余起，稳妥推进医药城、饮食城商户房产证办理工作。企业管理、统计调查、法治仲裁、综合执法、劳动保障、计划生育、卫生防疫、节能降耗等工作扎实有效，机关服务保障有力，全区大局和谐平安。

【行政效能建设】 2011年，洛阳经济开发区以“福民强区”战略统领全局，持续深入开展“创先争优”活动，把党员干部思想统一到“创造业绩、加快发展”上来，一批单位和个人受到省、市表彰。完成区机关党支部改选工作，进一步夯实党的基层组织基础。全面贯彻《廉政准则》，严格执行重大事项集体决策、重大经济活动全程监察等制度，扎实开展“厉行节约”“公务用车”等专项治理，廉政建设进一步加强。深入贯彻落实《洛阳市机关工作人员效能告诫暂行规定》等工作规范和制度，健全激励约束机制，干部职工大局意识、责任意识、服务意识、效能意识得到提高，执政能力进一步增强，机关作风有了较大的改进。（办公室）

法规规章

地方性法规

洛阳市邙山陵墓群保护条例

（2011年8月30日洛阳市第十三届人民代表大会常务委员会第二十次会议通过，2011年11月25日河南省第十一届人民代表大会常务委员会第二十四次会议批准）

第一条 为了加强对邙山陵墓群的有效保护和合理利用，根据《中华人民共和国文物保护法》等法律、法规，结合邙山陵墓群现状和本市实际，制定本条例。

第二条 本条例所称邙山陵墓群，是指本市行政区域内位于邙山的东周、东汉、曹魏、西晋、北魏、后唐等朝代帝陵及其陪葬墓群。

第三条 在邙山陵墓群保护范围及建设控制地带内进行规划建设、考古发掘、旅游开发、生产生活或者其他活动的单位和个人，应当遵守本条例。

第四条 邙山陵墓群保护工作，实行国家保护为主与社会保护相结合的原则，贯彻“保护为主、抢救第一、合理利用、加强管理”的方针，确保邙山陵墓群及其历史风貌和自然环境的真实性、完整性。

第五条 市人民政府应当加强对邙山陵墓群保护工作的领导。

市文物行政部门是邙山陵墓群保护工作的行政主管部门。

其他相关部门依照有关法律、法规，在各自的职责范围内共同做好邙山陵墓群的保护工作。

邙山陵墓群所在地的县级人民政府及其有关部门应当做好本行政区域内邙山陵墓群的保护工作。

第六条 市人民政府应当将邙山陵墓群的保护纳入国民经济和社会发展规划，编制邙山陵墓群保护规划，并将其纳入本市土地利用规划和城市总体规划。

第七条 市人民政府和邙山陵墓群所在地的县级人民政府应当将邙山陵墓群保护经费列入本级财政年度预算，并及时拨付。邙山陵墓群保护经费应当随着财政收入的增长而适当增加。

鼓励国内外社会团体和个人自愿捐资发展邙山陵墓群文物保护事业。

邙山陵墓群的保护资金应当专款专用，不得截留挪用，并接受财政、审计等部门的监督。

第八条 各级人民政府及其文物、教育等部门以及报刊、广播、电视、网络等媒体，应当加强本条例的宣传教育工作，增强公民的文物保护意识。

第九条 任何单位和个人对破坏邙山陵墓群及其历史风貌和自然环境的行为都有权依法制止、举报。对于在邙山陵墓群保护工作中有显著成绩的单位或者个人，由市人民政府或者市文物行政部门给予奖励。

第十条 邙山陵墓群已发现并确认的重要墓葬和遗址包括：

（一）东周墓地。位于孟津县平乐镇金村东，汉魏洛阳故城内城东北城垣内，面积1200米×1000米。

（二）大汉冢及其陵园遗址。位于孟津县送庄镇三十里铺村南。以坐标N 34° 46.520′，E 112° 34.975′ 为中心，向东南西北各延伸600米。

（三）二汉冢及其陵园遗址。位于孟津县平乐镇平乐村西北。以坐标N 34° 45.977′，E 112° 35.070′ 为中心，向东南西北各延伸500米。

（四）三汉冢及其陵园遗址。位于孟津县平乐镇平乐村北。以坐标N 34° 45.701′，E 112° 35.125′ 为中心，向东南西北各延伸500米。

（五）邙山陵墓群调查编号707号汉代大冢及其陵园遗址。位于孟津县平乐镇朱仓村西北。以坐标N 34° 46.581′，E 112° 36.227′ 为中心，向东南西北各延伸500米。

（六）邙山陵墓群调查编号722号汉代大冢及其陵园遗址。位于孟津县平乐镇朱仓村西北。以坐标N 34° 46.524′，E 112° 36.026′ 为中心，向东南西北各延伸500米。

（七）刘家井汉代大冢及其陵园遗址。位于孟津县送庄镇三十里铺村刘家井自然村。以坐标N 34° 47.244′，E 112° 35.239′ 为中心，向东南西北各延伸500米。

（八）曹魏征东大将军、大司马曹休墓。位于连霍高速公路洛阳服务区东约100米。以坐标N 34° 46.461′，E 112° 34.705′为中心，向东南西北各延伸500米。

（九）西晋文帝崇阳陵。位于偃师市城关镇后杜楼村北1500米。以坐标N 34° 45.0294′，E 112° 44.2001′为中心，向东南西北各延伸500米。

（十）西晋武帝峻阳陵。位于偃师市首阳山镇南蔡庄村北2500米。以坐标N 34° 45.0001′，E 112° 41.9963′为中心，向东南西北各延伸500米。

（十一）北魏孝文帝长陵及其陵园遗址。位于孟津县朝阳镇官庄村东约800米。以坐标N 34° 45.9596′，E 112° 25.0573′为中心，向东南西北各延伸300米。

（十二）北魏宣武帝景陵。位于洛阳市老城区冢头村，洛阳市古代艺术博物馆所在地。以坐标N 34° 44.084′，E 112° 24.430′为中心，向东南西北各延伸300米。

（十三）北魏孝明帝定陵及其陵园遗址。位于孟津县送庄镇东山头村东南。以坐标N 34° 46.506′，E 112° 33.764′为中心，向东南西北各延伸300米。

（十四）北魏孝庄帝静陵。位于洛阳市西工区红山乡上寨村。以坐标N 34° 42.273′，E 112° 22.518′为中心，向东南西北各延伸300米。

（十五）后唐明宗徽陵。位于孟津县送庄镇送庄村东南。以坐标N 34° 47.088′，E 112° 33.912′为中心，向东南西北各延伸500米。

根据考古发现或者研究成果，应当及时依法增补重要墓葬和遗址。

第十一条 邙山陵墓群保护范围分为西段、中段和东段。

（一）西段：洛阳市北郊、孟津县境内，北魏陵区。

北界孟津县朝阳镇游王村至孟津县朝阳镇崔沟村北；西界孟津县朝阳镇崔沟村至洛阳市老城区邙山镇冢头村南；东界孟津县朝阳镇游王村至洛阳市瀍河回族区盘龙冢村；南界洛阳市老城区邙山镇冢头村至洛阳市瀍河回族区盘龙冢村。

洛阳市西工区红山乡杨冢村南、西工区新塘屯村东南、红山乡上寨村南、老城区邙山镇中沟村西、洛阳市驾驶员训练场西、营庄村庄王山自然村北、老城区邙山镇苗南村西、洛阳车辆段等9个大冢为中心，向东南西北各延伸300米为保护区。

（二）中段：洛阳市北郊、孟津县境内，东汉陵区。

北界孟津县送庄镇东立射村至孟津县会盟镇靳村；西界孟津县送庄镇东立射村至孟津县平乐镇左坡村南；东界孟津县会盟镇靳村至孟津县平乐镇天皇村半个寨自然村；南界孟津县平乐镇左坡村南至孟津县平乐镇金村。

（三）东段：偃师市境内，东汉、曹魏、西晋陵区。

北界首阳山一线；西界偃师市首阳山镇寨后村、保庄村至偃师市首阳山镇义井村小湾自然村；东界首阳山主峰至偃师市城关镇塔庄村；南界偃师市首阳山镇义井村小湾自然村至城关镇塔庄村之间的洛河北堤。

保护范围依法重新划定的，从其新的规定。

第十二条 邙山陵墓群建设控制地带分为西段、中段、东段和夹河段。

（一）西段：洛阳市北郊、孟津县境内，北魏陵区。

北界孟津县常袋乡酒流凹村至孟津县城关镇缠阳村至孟津县城关镇水泉村；西界孟津县常袋乡酒流凹村至洛阳市西工区红山乡杨冢村南；东界孟津县城关镇水泉村至洛阳市瀍河回族区小李村南；南界洛阳市西工区红山乡杨冢村南至洛阳市邙山镇苗南村至洛阳市瀍河回族区小李村南。

（二）中段：洛阳市北郊、孟津县境内，东汉陵区。

北界孟津县城关镇水泉村至孟津县白鹤镇牛庄村至孟津县会盟镇李家庄村；西界孟津县城关镇水泉村至洛阳市瀍河回族区小李村南；东界孟津县与偃师市的分界线；南界洛河河道北堤。

（三）东段：偃师市境内，东汉、曹魏、西晋陵区。

北界孟津县会盟镇李家庄村、小集村至偃师市邙岭乡东蔡庄村至偃师市山化乡游殿村；西界孟津县、偃师市的分界线；东界偃师市山化乡游殿村至偃师市山化乡忠义村；南界洛河河道北堤。

（四）夹河段：偃师市境内伊洛河交汇处，东汉陪葬墓区。

北界洛河北堤；西界洛阳市洛龙区李楼乡潘寨村至洛阳市洛龙区李楼乡焦寨村；东界偃师市首阳山镇古城村至翟镇镇王七村；南界伊河北堤。

建设控制地带依法重新划定的，从其新的规定。

第十三条 市文物行政部门应当在邙山陵墓群重要墓葬和遗址、保护范围、建设控制地带设立保护标志、界桩等保护设施。

任何单位和个人不得擅自移动、损坏保护设施。

第十四条 在邙山陵墓群重要墓葬和遗址内禁止下列行为：

（一）对设有禁止拍摄标志的区域或者文物擅自进行拍摄；

（二）刻划、涂污或者以其他方式故意损坏文物建筑物、构筑物；

（三）违规倾倒、堆放垃圾和排污、排水；

（四）修墓、立碑；

（五）建房、建窑、打井、挖塘、挖洞、挖渠、取土、垦荒；

（六）存放易燃、易爆、腐蚀性等危害重要墓葬和遗址安全的物品；

（七）擅自采集文物；

（八）其他危害重要墓葬和遗址安全的行为。

第十五条 在邙山陵墓群保护范围内，不得进行与邙山陵墓群保护无关的工程建设或者爆破、钻探、挖掘等作业。确需进行工程建设或者爆破、钻探、挖掘等作业的，应当符合邙山陵墓群保护规划，依法履行相关报批手续。

第十六条 在邙山陵墓群建设控制地带内进行工程建设，应当符合邙山陵墓群保护规划，确保邙山陵墓群的安全，并不得破坏邙山陵墓群的历史风貌。工程设计方案在依法报有关部门批准前，应当征求市文物行政部门的意见。

第十七条 对危害邙山陵墓群本体，破坏邙山陵墓群历史风貌，与邙山陵墓群保护展示不相协调的现有建筑物、构筑物，当地人民政府应当及时调查处理，必要时逐步拆除或者迁移，并依法予以补偿。

第十八条 在邙山陵墓群从事文物调查、勘探、考古发掘等活动，应当依照《中华人民共和国文物保护法》的有关规定履行报批手续，并报市文物行政部门备案。

考古调查、勘探和发掘结束后，应当及时向市文物行政部门提供勘探和发掘情况、出土文物清单和保护意见。发掘出土的文物应当及时移交市文物行政部门指定的国有收藏单位收藏和保护。法律、法规另有规定的，从其规定。

第十九条 邙山陵墓群所在地的各级人民政府应当合理利用邙山陵墓群文物资源，积极发展文化事业、文化产业、文化旅游业，促进经济社会协调发展。

利用邙山陵墓群拍摄电影、电视等影像资料以及举办大型活动，拍摄方、举办方应当依法履行报批手续，制订文物保护预案，落实保护措施，并接受市文物行政部门的监督。

第二十条 违反本条例，有下列行为之一的，由县级以上文物行政主管部门或者其他相关行政管理部门责令改正，情节严重的，按照下列规定予以处罚：

（一）违反第十三条规定，擅自移动、损坏邙山陵墓群保护标志、界桩等设施的，处二百元以下罚款；

（二）违反第十四条第（一）、（二）项规定的，处二百元以下罚款；违反第十四条第（三）、（四）项规定的，处五百元以上二千元以下罚款；违反第十四条第（五）、（六）项规定的，处二千元以上一万元以下罚款；违反第十四条第（七）项规定的，处五千元以上五万元以下罚款，并依法收缴非法所得文物；违反第十四条第（八）项规定的，依照有关法律和本条例的规定予以处罚；

（三）违反第十五条规定，在邙山陵墓群保护范围内擅自进行与保护无关的工程建设或者爆破、钻探、挖掘等作业，危害邙山陵墓群安全的，处五万元以上五十万元以下罚款；

（四）违反第十六条规定，在建设控制地带内进行工程建设时，工程设计方案未履行报批手续，对邙山陵墓群本体和历史风貌造成严重破坏的，处五万元以上三十万元以下罚款。

违反本条例，对邙山陵墓群及其保护设施造成损坏的，应当赔偿损失。因工程建设施工对邙山陵墓群本体和历史风貌造成破坏的，责令拆除违法建筑或者构筑物、恢复原状；构成犯罪的，依法追究刑事责任。

第二十一条 邙山陵墓群所在地的各级文物行政部门及其工作人员应当依法履行职责，如有违反本条例规定，滥用职权、玩忽职守、徇私舞弊的，对责任人依法给予行政处分；构成犯罪的，依法追究刑事责任。

邙山陵墓群所在地各级人民政府及其有关职能部门，由于工作失职造成邙山陵墓群严重破坏的，对责任人依法给予行政处分；构成犯罪的，依法追究刑事责任。

第二十二条 本条例自2012年3月1日起施行。

行 政 规 章

洛阳市城市中小学校
幼儿园规划建设管理条例实施细则

（洛阳市人民政府令第116号）

第一条 为贯彻实施《洛阳市城市中小学校幼儿园规划建设管理条例》（以下简称《条例》），结合我市实际，制定本细则。

第二条 市、县（市）、区人民政府分级负责本细则的实施。

第三条 市、县（市）、吉利区人民政府应当结合城市总体规划、教育事业发展规划和发展实际，依据国家、省规定标准，编制、修订城市中小学校、幼儿园布局专项规划。

第四条 城乡规划行政管理部门组织编制、修订城市控制性详细规划时，应当按照中小学校、幼儿园布局专项规划，并征求市教育行政管理部门的意见。

第五条 编制、修订的中小学校、幼儿园布局专项规划报请同级人民代表大会常务委员会批准前，应当在市主要新闻媒体、网站上向社会公布；自向社会公布之日起20个工作日内，市、县（市）、区教育行政管理部门、5名以上人大代表或者10名以上居民提出听证申请的，应当进行听证。

第六条 编制、修订中小学校、幼儿园布局专项规划时，应当按照每户不少于3.2人的标准核定中小学校、幼儿园建设数量及规模。

第七条 市、县（市）、区人民政府应当每两年组织城乡规划、教育、国土资源等行政管理部门对中小学校、幼儿园布局专项规划实施情况进行全面检查，并向同级人民代表大会常务委员会报告。

第八条 《条例》第八条规定的中小学校、幼儿园预留用地生均面积，应当符合下列标准：

（一）新区开发建设的中小学校、幼儿园，中学生均用地不低于20平方米，小学生均用地不低于15平方米，幼儿园生均用地不低于13平方米；

（二）旧区改建的中小学校、幼儿园，中学生均用地不低于15平方米，小学生均用地不低于10平方米，幼儿园生均用地不低于10平方米；

（三）中等职业学校应当根据需要适当提高生均用地标准。

第九条 《条例》第十一条第一款规定的非营利性中小学校、幼儿园建设预留用地实行划拨用地。

第十条 市、县（市）、区人民政府应当创造条件，逐步使旧区改建的中小学校、幼儿园生均用地标准达到新区开发建设的中小学校、幼儿园生均用地标准。

第十一条 城乡规划行政管理部门在组织编制控制性详细规划时，应当会同国土资源、教育行政管理部门核定中小学校、幼儿园建设预留用地具体位置及界线，并严格加以控制。

第十二条 城乡规划行政管理部门在审批城市拆迁、旧区改建规划时，应当根据中小学校、幼儿园布局专项规划和现有中小学校、幼儿园用地面积，落实中小学校、幼儿园的增地额度，并会同同级发展和改革、国土资源、教育等行政管理部门做好中小学校、幼儿园的扩建或者增容工作。

第十三条 发展和改革行政管理部门应当根据城镇化进程和城市人口增长趋势，将城市中小学校、幼儿园建设纳入当地经济社会发展计划，并在立项时优先安排。

第十四条 市教育行政管理部门应当会同市发展和改革、城乡规划、国土资源、财政等有关行政管理部门，根据中小学校、幼儿园布局专项规划及国家规定的有关中小学校、幼儿园的设计、建设规范和标准，制定符合我市教育发展实际的中小学校、幼儿园举办标准。

中小学校、幼儿园的举办标准，应当注重体现我市教育文化特色，注重环保节能，厉行节约。

第十五条 市、县（市）、区教育行政管理部门应当会同本级发展和改革、财政等行政管理部门，根据中小学校、幼儿园布局专项规划和用地规划，于当年10月份前编制次年中小学校、幼儿园年度建设计划，报请本级人民政府同意，列入次年政府投资计划。

第十六条 市人民政府负责市区高中阶段学校的组织建设；区（不含吉利区）人民政府负责市内各区义务教育阶段学校、幼儿园的组织建设；县（市）、吉利区人民政府负责本行政区域内中小学校、幼儿园的组织建设。

第十七条 鼓励社会力量按照中小学校、幼儿园布局专项规划建设中小学校、幼儿园。

第十八条 建设项目中规定建设单位应当配套建设中小学校、幼儿园的，中小学校、幼儿园应当与建设项目同步设计、同步施工、同步交付使用。

建设项目分期建设的，配套建设的中小学校、幼儿园应当与首期建设项目同步设计、同步施工、同步交付使用。

第十九条 住房和城乡建设行政管理部门应当按照国家和省规定标准对中小学校、幼儿园建设实施监督和管理。

第二十条 中小学校、幼儿园建设竣工验收，应当通知教育行政管理部门参与。

第二十一条 社会力量建设的中小学校、幼儿园可以自行举办，也可以移交政府举办。

自行举办的，市、县（市）、区人民政府应当落实民办学校用地、建设、税收等方面的优惠政策，并落实支持民办教育发展的奖励措施。

移交政府举办的，应当在中小学校、幼儿园综合验收合格后20个工作日内移交市、县（市）、区人民政府。

第二十二条 未取得建设工程规划许可证或者违反建设工程规划许可证建设中小学校、幼儿园的，由城乡规划行政管理部门依法予以处罚并责令改正。

第二十三条 侵占中小学校、幼儿园规划预留用地的，由国土资源行政管理部门依法予以处罚并责令改正。

第二十四条 擅自变更经批准的中小学校、幼儿园布局专项规划的，由同级人民政府责令限期改正，并依法对有关责任人员给予行政处分；构成犯罪的，依法追究刑事责任。

第二十五条 发展和改革、城乡规划、国土资源、教育等行政管理部门和中小学校、幼儿园的工作人员，在中小学校、幼儿园规划、建设和管理过程中，有玩忽职守、滥用职权的，由其所在单位或者上级主管机关给予行政处分；构成犯罪的，依法追究刑事责任。

第二十六条 本细则自2012年4月1日起施行。

洛阳市房屋专项维修资金管理办法

（洛阳市人民政府令第118号）

第一章　总　则

第一条 为了加强对房屋专项维修资金的管理，保障房屋共用部位、共用设施设备的维修和正常使用，维护房屋专项维修资金所有者的合法权益，根据《中华人民共和国物权法》、《建设工程质量管理条例》、《物业管理条例》，制定本办法。

第二条 本市行政区域内的商品房、经济适用房、售后公有住房、拆迁安置房等专项维修资金（房屋保修金）的交存、使用、管理和监督，适用本办法。

本办法所称房屋专项维修资金，是指专项用于房屋共用部位、共用设施设备保修期满后的维修和更新、改造的资金。

本办法所称房屋保修金，是指开发建设单位交存的，专项用于房屋地基基础和主体结构及室外工程等部位的维修的资金。

第三条 本办法所称房屋共用部位，是指根据法律、法规和房屋买卖合同，由单幢房屋业主或者结构相连的不同楼幢业主共有的部位，一般包括房屋的基础、承重结构、屋顶以及户外的墙面、门厅、楼梯间、走廊等。

本办法所称房屋共用设施设备，是指根据法律、法规和房屋买卖合同，由单幢房屋业主或者不同楼幢业主共有的附属设施设备，一般包括共用的上下水管道、公用水箱、加压水泵、电梯、公用天线、供电干线、共用照明、消防设施，住宅区的道路、绿地、景观、路灯、沟渠、池、井、非经营性车场车库，公益性文体设施和共用设施设备使用的房屋等。

第四条 房屋专项维修资金管理实行专户存储、专款专用、所有权人决策、政府监督的原则。

第五条 市、县(市)、吉利区房地产行政主管部门负责本行政区域内房屋专项维修资金的指导和监督工作，其设立的房屋专项维修资金管理机构，具体负责房屋专项维修资金日常管理工作。

财政、审计等有关部门按照各自职责，共同做好房屋专项维修资金的监督管理工作。

第二章 交 存

第六条 有两户及以上业主的下列房屋应当建立房屋专项维修资金。

（一）商品房；

（二）城市房屋拆迁安置房；

（三）经济适用房；

（四）售后公有住房。

第七条 商品房、城市房屋拆迁安置房、经济适用房等房屋的业主按照所拥有房屋的建筑面积交存房屋专项维修资金，每平方米建筑面积交存首期房屋专项维修资金的数额为多层房屋45元每平方米，小高层房屋78元每平方米，高层房屋90元每平方米。

首期交存每平方米维修资金数额每两年按造价管理部门核定的上一年度第四季度的建安成本的5%调整一次。

开发建设单位每平方米建筑面积应当交存房屋保修金数额为当地房屋建设投资（包括建筑工程、安装工程、装饰工程、室外工程）每平方米造价的2%。

第八条 出售公有住房的，按照下列规定交存房屋专项维修资金：

（一）业主按照所拥有物业的建筑面积交存房屋专项维修资金，每平方米建筑面积交存首期房屋专项维修资金的数额为当地房改成本价的2%。

（二）售房单位按照多层住宅不低于售房款的20%、高层住宅不低于售房款的30%，从售房款中一次性提取房屋专项维修资金。

第九条 业主交存的房屋专项维修资金属于业主所有。

开发建设单位所交存的房屋保修金属于开发建设单位所有。

从公有住房售房款中提取的房屋专项维修资金属于公有住房售房单位所有。

第十条 业主大会成立前，商品住宅、非住宅、已售公有住房，工、矿、区范围内自建房、房改房所交存的房屋专项维修资金，由房屋所在地房屋专项维修资金管理机构代管。

市、县(市)、吉利区房屋专项维修资金管理机构应当委托所在地的商业银行，作为本行政区域内房屋专项维修资金（房屋保修金）的专户管理银行，并在专户管理银行开立房屋专项维修资金（房屋保修金）专户。

开立房屋专项维修资金专户，应当以物业管理区域为单位设立账户，按房屋户门号设分户账；未划定物业管理区域的，以幢为单位设立账目，按房屋户门号设分户账。

开发建设单位所交的房屋保修金以幢为单位设立账户。

开立公有住房房屋专项维修资金专户，应当按照售房单位设立账户，按幢设分账，其中业主交存的房屋专项维修资金，按房屋户、门号设分户账。

第十一条 首期专项维修资金交存时间按下列规定执行：

（一）购买预售商品房的业主在办理入住手续前，将首期房屋专项维修资金存入房屋专项维修资金专户。

（二）由维修资金管理部门委托房地产开发建设单位代收的，自代收之日起15日内转存至房屋专项维修资金专户。

（三）开发建设单位应当在办理房屋预（销）售许可证时将该项目应交房屋保修金的30%存入房屋保修金专户。在办理房屋初始登记时将其余70%存入房屋保修金专户。

（四）公有住房售房单位应当在收到售房款之日起30日内将提取的房屋专项维修资金存入房屋专项维修资金专户。

第十二条 业主或公有住房售房单位未按规定交存、续交、补交房屋专项维修资金的，房屋行政主管部门不予受理产权登记申请。开发建设单位未按规定交存房屋保修金的，房屋行政主管部门不予受理预告登记申请。

第十三条 业主大会成立后，经业主大会同意，业主所交存的房屋专项维修资金由本物业管理区域的业主委员会管理。房屋专项维修资金管理机构应自收到业主大会申请30日内，通知专户管理银行将物业管理区域内业主交存的房屋专项维修资金账面余额划转至业主大会开立的房屋专项维修资金账户，并将有关账目等移交业主委员会。

业主大会开立的房屋专项维修资金账户，应当接受所在地房屋专项维修资金管理机构监督。

第十四条 房屋专项维修资金划转后的账目管理单位，由业主大会决定。业主大会应当建立房屋专项维修资金管理制度。

第十五条 业主分户账面房屋专项维修资金余额不足首期交存额30%的，应当及时续交。

成立业主大会的，续交方案由业主大会决定。

未成立业主大会的，续交的具体管理办法由所在区域房屋专项维修资金管理机构确定。

第三章 使 用

第十六条 房屋专项维修资金的使用，应当遵循业主决策、方便快捷、公开透明、受益人和负担人相一致的原则。

第十七条 供水、供电、供气、供热、通信、有线电视等专业经营服务单位，为业主提供服务并在物业管理区域内所发生相关管线和设施设备的维修、养护费用不得从专项维修资金中列支。

房屋共用部位、共用设施设备因专业经营服务单位施工损坏或者管理不到位损坏或者人为损坏的应当及时恢复原状，其维修费用应当由责任人承担。

第十八条 房屋专项维修资金使用程序由市、县(市)、吉利区房地产行政主管部门依照有关规定确定。

第十九条 发生下列危及房屋安全或严重影响使用功能的情况之一的，经本区域内业主委员会或相关业主共同认定后直接提出房屋维修资金使用申请，办理相关手续，其维修费用由相关业主按各自拥有的房屋建筑面积的比例据实分摊：

（一）屋顶、墙体渗漏的（已有约定的除外）；

（二）因线路故障而引起停电或者漏电的；

（三）电梯发生冲顶、蹲底或意外灾害危及人身安全的，定期检验时被责令停梯整改的；

（四）因水泵故障，进水管内的水管爆裂造成停水或者闸阀严重漏水的；

（五）楼体外墙饰面五分之一以上面积有脱落危险的；

（六）专用排水设施因坍塌、堵塞、爆裂等造成功能障碍的；

（七）消防系统出现功能障碍，消防管理部门要求对消防设施设备维修及更新、改造的；

（八）安全、监控设施出现故障不能运行的；

（九）物业管理区域内围墙、道路、管网严重影响安全及使用的。

发生前款情况后，未按规定实施维修和更新、改造的，市、县(市)、吉利区房屋专项维修资金管理机构可以组织代修，维修费用从相关房屋专项维修资金中列支。

第二十条 当年交存或者使用的房屋专项维修资金（房屋保修金）按银行同期活期存款利率计息，超过一年的结余部分按银行一年期同期定期存款利率计息。

第二十一条 在保证房屋专项维修资金正常使用的前提下，可以按照国家有关规定将房屋专项维修资金用于购买国债。

禁止利用房屋专项维修资金从事国债回购、委托理财业务或者将购买的国债用于质押、抵押等担保行为。

第二十二条 下列资金应当转入房屋专项维修资金滚存使用：

（一）房屋专项维修资金的存储利息；

（二）利用房屋专项维修资金购买国债的增值收益；

（三）利用住宅共用部位、共用设施设备进行经营的所得收益，但业主大会另有决定的除外；

（四）房屋共用设施设备报废后回收的残值。

第二十三条 房屋所有权转让时，业主应当向受让人说明房屋专项维修资金交存和结余情况并出具有效证明，该房屋结余的房屋专项维修资金超过首期应交维修资金的30%时随房屋所有权同时过户，不足首期交存额30%的，受让人应按首期交存标准补交后办理过户手续。

第四章 监督管理

第二十四条 房屋灭失的，按照以下规定返还房屋专项维修资金：

（一）房屋分户账中结余的房屋专项维修资金返还业主；

（二）公有住房售房单位交存的房屋专项维修资金账面余额返还售房单位；售房单位不存在的，按照售房单位财务隶属关系，收缴同级国库。

第二十五条 市、县(市)、吉利区房屋专项维修资金管理机构，应当每年至少一次与专户管理银行核对房屋专项维修资金（房屋保修金）账目，并向业主、业主委员会、公有住房售房单位及开发建设单位公布房屋维修资金（房屋保修金）的使用情况和余额。

第二十六条 审计部门应当加强对房屋专项维修资金（房屋保修金）的审计监督。财政部门应当加强对房屋专项维修资金（房屋保修金）财务管理情况的监督。

第五章 法律责任

第二十七条 房地产行政主管部门、房屋专项维修资金管理机构，违反本办法规定，有下列情形之一的，由主管部门责令其限期改正，对直接负责的主管人员和其他直接责任人员，依法予以行政处分，涉嫌犯罪的，移送司法机关依法追究刑事责任：

（一）未按本办法设立房屋专项维修资金专户或未按每户业主设立账户的；

（二）未按本办法拨付维修资金的；

（三）利用房屋专项维修资金从事国债回购、委托理财业务或者将购买国债用于质押、抵押等担保行为及其他风险较大的理财和投资的；

（四）挪用、侵占房屋专项维修资金的。

第二十八条 本办法自2012年6月1日起施行。

洛阳市人民政府关于修改《洛阳市物业管理办法》的决定

（洛阳市人民政府令第117号）

一、删去第十五条。

二、删去第十六条。

三、删去第十八条第三款“建设单位、业主不按规定缴纳物业维修基金的，业主委员会可以书面通知其限期缴纳，逾期仍不缴纳的，可每日按欠缴金额的2‰加收滞纳金，业主委员会也可依法申请仲裁或者向人民法院起诉。”

此外，根据本决定，对《洛阳市物业管理办法》部分条款顺序作相应的修改和调整。

本决定自2012年6月1日施行。

《洛阳市物业管理办法》根据本决定修改后，重新予以公布。

洛阳市人民政府规章制定程序规定

（洛阳市人民政府令第115号）

第一章　总　则

第一条　为规范市人民政府（以下简称市政府）规章制定程序，保证规章质量，根据《中华人民共和国立法法》（以下简称《立法法》）和《规章制定程序条例》，结合实际，制定本规定。

第二条　市政府规章的立项、起草、审查、决定、公布，适用本规定。

第三条　制定规章，应当遵循《立法法》和《规章制定程序条例》确定的原则，适应本市实际需要，具有地方特色。

第四条　规章的名称一般称"规定""办法""实施细则"等，不得称"条例"。

第五条　市政府对规章的制定工作实行统一领导。

市政府法制机构在市政府的领导下负责组织实施本规定，对规章的制定工作进行规划、研究、审查、协调和指导。规章草案起草部门应当重视规章的制定工作，对规章的起草、审查、协调、论证和发布工作给予必要的支持。

第二章　立　项

第六条　县（市）区人民政府、市政府有关部门（含高新技术开发区管委会、伊滨区管委会、龙门管委会）认为下一年度需要制定规章的，应于当年11月30日前向市政府法制机构报请立项。

第七条　报请立项的规章应符合下列条件：

（一）规章项目的内容与上位法不相抵触；

（二）规章项目的内容属于法律、行政法规、地方性法规只有原则性规定，或者规章项目的内容属于本市行政区域具体行政管理事项，需要由市政府作出具体规定的；

（三）规章项目的内容已对拟解决的主要问题和拟确定的主要制度或者措施提出了合理、可行的方案；

（四）规章项目已拟出试拟稿，并附有说明及相关资料。

第八条　市政府法制机构应当根据国家、省立法情况，以及市政府年度工作的总体部署，对制定规章的立项申请进行汇总研究，按照突出重点、统筹兼顾的原则，拟定市政府年度规章制定工作计划，报市政府常务会议审议通过后执行。年度规章制定计划中的项目分为正式项目和调研项目，未经调研或条件不成熟的项目，不得列入正式项目。

公民、法人和其他组织可以向市政府提出制定规章的建议。市政府法制机构对制定规章的建议，应当组织研究或者转交有关部门研究。对可行的建议，按照立项程序予以立项。

没有列入年度规章制定计划正式项目的规章，原则上当年不再制定。有关部门或单位认为确需制定规章的，应向市政府法制机构提交立项所需的相关材料，经市政府法制机构审查、论证，认为有必要制定的，报市政府市长或其委托的常务副市长批准，方可立项制定。

第三章　起　草

第九条　规章由报请立项的部门起草。

规章内容涉及多个部门管理事项的，由其中一个或者几个部门负责起草；也可以由市政府法制机构起草或者组织起草。

起草规章可以邀请有关专家、组织参加，也可以委托有关组织、专家起草。

市政府法制机构应当对部门的起草工作进行业务指导。

第十条　起草规章应当深入调查研究，总结实践经验，广泛听取有关机关、组织和公民的意见。听取意见可以采取书面征求意见、座谈会、论证会、听证会等多种形式。起草的规章直接涉及公民、法人或者其他组织切身利益，有关机关、组织或者公民对其有重大意见分歧的，应当向社会公布或举行听证会，征求社会各界的意见。

第十一条　起草规章应当遵循以下要求：

（一）切实保障公民、法人和其他组织的合法权益，在规定其应当履行的义务的同时，应当规定其相应的权利和保障权利实现的途径；

（二）体现行政机关的职权与责任相统一的原则，在赋予有关行政机关必要的职权的同时，应当规定其行使职权的条件、程序和应承担的责任；

（三）从全局和人民的整体利益出发，避免强调部门权力和利益。

第十二条　规章起草部门应当成立起草工作小组，明确专人负责，按照计划完成起草任务，并报送规章草案送审稿。不能按时报送的，应当向市政府法制机构提交报告说明理由。

第十三条　报送规章草案送审稿的同时应附送规章起草说明。规章起草说明应包含以下内容：

（一）制定规章的必要性；

（二）制定规章的依据；

（三）拟解决的主要问题和确定的主要制度、措施；

（四）施行的可行性；

（五）论证协调及征求意见过程中争议的主要问题及处理意见；

（六）需要说明的其他问题。

第四章　审　查

第十四条　市政府法制机构负责对报送的规章草案送审稿及其他相关材料进行审查。

第十五条　规章草案送审稿有下列情形之一的，市政府法制机构可缓办或退回起草部门：

（一）制定规章的基本条件尚不成熟的；

（二）规章确定的主要制度与上位法冲突或有关部门对送审稿规定的主要制度存在较大争议、起草部门未与有关部门协商的；

（三）起草工作违反本规定其他条款的。

第十六条 市政府法制机构应对规章草案送审稿进行初步审查，并形成规章征求意见稿。

第十七条 规章征求意见稿应当分别征求有关部门、管理相对人和法律专家的意见。规章征求意见稿应向社会公开征求意见，公开征求意见的期限不少于10天。

前款征求意见所需保障费用由规章起草部门承担。

第十八条 市政府法制机构在审查规章征求意见稿过程中应当认真调研、论证，根据不同情况进行处理。

（一）涉及有关管理体制、职能调整等重要事项的，先行报请市政府决定；

（二）经征求意见，有关部门表示对送审稿没有异议的，由各有关部门主要负责人签署确认；

（三）有不同意见需要协调的，由市政府法制机构召开协调会议；

（四）有重大分歧意见需要协调的，提请市政府召开协调会议。

第十九条 市政府法制机构综合各方面的意见，对规章征求意见稿进行修改，形成规章草案和对草案的说明。规章草案的说明应当包括制定规章的必要性，拟解决的主要问题和确立的主要制度、措施，以及论证协调的情况等。

规章草案和说明由市政府法制机构主要负责人签署，提请市政府常务会议审议。

第五章　决定和公布

第二十条 审议规章草案时，由市政府法制机构作草案的说明。

第二十一条 规章草案经审议同意后，市政府法制机构应当根据审议意见对规章草案进行修改，形成规章草案修改稿，报请市长签署命令予以公布。

第二十二条 规章签署公布后，《洛阳日报》应在5日内全文公布。市政府公报应及时予以刊登，其刊登的规章文本为标准文本。

第二十三条 规章应当自公布之日起30日后施行。但是，公布后不立即施行将有碍规章施行的，可以自公布之日起施行。

第六章　附　则

第二十四条 市政府法制机构应定期对规章的贯彻实施情况进行检查。检查内容包括：

（一）规章的宣传、执行情况；

（二）规章的配套制度建设情况；

（三）规章实施的效果。

对于规章实施情况检查中发现的问题，责任部门应当及时整改完善。

第二十五条 本规定自2012年3月3日实施。

国民经济和社会事业主要指标

	单位	2004年	2005年	2006年	2007年	2008年	2009年	2010年	2011年
综　合									
年末总人口	万人	638.4	641.7	646.0	650.5	654.4	657.5	680.9	684.7
#市区人口	万人	146.6	147.4	151.0	152.8	155.1	156.1	173.5	190.2
#农业人口	万人	464.3	466.1	464.5	465.6	466.4	467.9	489.7	489.3
非农业人口	万人	174.1	175.6	181.5	184.9	188.0	189.6	191.2	195.4
#市区非农业人口	万人	106.5	106.5	110.0	111.1	113.7	114.7	116	118.5
年末常住人口	万人	636.9	635.4	636.0	634.2	642.0	642.2	655.4	656.7
#城镇人口	万人	226.8	243.9	252.1	260.9	273.3	283.7	290.5	302.9
城镇化率	%	35.60	38.02	39.64	41.14	42.57	44.17	44.33	46.13
人口自然增长率	‰	4.55	5.16	5.23	5.44	5.08	4.78	5.82	5.45
生产总值	亿元	905.2	1112.4	1333.6	1595.3	1919.6	2001.5	2320.2	2702.8
第一产业	亿元	88.8	110.5	130.0	144.1	167.6	173.8	187.6	203.8
第二产业	亿元	531.8	648.4	801.1	969.8	1172.6	1167.1	1396.2	1656.5
第三产业	亿元	284.6	353.5	402.5	481.4	579.5	660.6	736.4	842.4
人均生产总值	元	14204	17486	20980	25120	30084	31169	35426	41198
工　业									
全部工业总产值	亿元	1380.0	1807.0	2364.9	2964.2	3541.7	3663.6	4980.4	5843.4
全部工业增加值	亿元	438.3	566.1	706.7	864.6	1045.4	1031.0	1243.8	1492.7
规模以上工业增加值	亿元	256.3	359.8	480.0	620.7	783.3	780.0	1014.0	1255.1
规模以上工业主营业务收入	亿元	771.1	1113.3	1595.3	2087.5	2699.3	3002.4	3917.6	4866.8
规模以上工业利润总额	亿元	33.4	51.5	77.8	177.8	124.0	175.6	212.1	239.9
规模以上工业利税总额	亿元	73.6	104.6	148.4	283.5	225.3	338.7	386.9	423.0
农　业									
乡村从业人员	万人	298.6	298.5	301.8	303.3	306.8	309.9	312.2	309.8
农林牧渔业总产值	亿元	147.8	184.1	205.8	236.8	277.2	288.6	324.2	356.4
粮食总产量	万吨	208.0	210.5	221.5	228.9	230.8	235.1	235.9	230.9

续表1

	单位	2004年	2005年	2006年	2007年	2008年	2009年	2010年	2011年
#夏粮	万吨	100.3	96.5	111	107.8	108.5	110.1	110.8	109.2
秋粮	万吨	107.8	114.0	110.5	121.1	122.3	125.1	125.1	121.6
棉花总产量	吨	4369	4341	5042	4286	3800	3577	3301	3037
油料总产量	吨	82626	97422	109827	124509	117371	127156	132491	133705
烟叶总产量	吨	46550	56689	48665	51753	56090	62316	60236	61400
蔬菜总产量	万吨	177.6	201.2	201.5	211.4	204.4	215.8	220.1	233.7
年末牛存栏	万头	92.7	94.3	97.4	66.2	68.3	70.6	68.7	65.8
年末生猪存栏	万头	207.2	198.0	211.5	178.8	190.8	192.3	193.1	203.0
农业机械总动力	万千瓦	364.5	384.2	396.2	413.8	427.1	441.9	457.9	471.6
固定资产投资									
全社会固定资产投资	亿元	372.6	480.1	625.4	841.7	1105.5	1447.3	1768.8	1907.2
固定资产投资	亿元	270.2	400.9	551.0	747.3	979.2	1280.5	1548.8	1860.5
工业投资	亿元	140.0	209.3	298.2	457.3	591.4	798.3	893.9	951.1
房地产开发投资	亿元								239.2
公路运输、邮电									
货物运输量	万吨	5158	5400	5950	6500	8372	10805	13384	16276
货运周转量	亿吨千米	42.2	44.3	49.6	58.3	174.7	236.9	292	358
旅客运输量	万人	7562	8225	8970	9815	9009	11127	13349	16019
客运周转量	亿人千米	36.6	38.7	42.8	48.2	72.0	87.3	103.4	124.3
邮电业务总量	万元	280908	368670	540579	721155	884582	973071	384093	464986
内外贸易									
社会消费品零售总额	亿元	288.8	340.7	394.8	467.9	577.1	687.3	808.8	963.5
进出口总值	万美元	75083	96015	131703	136873	189398	112367	154427	208295
#出口总额	万美元	58936	72374	78075	104654	135593	65275	105188	147774
进口总额	万美元	16147	23641	53628	32219	53805	47092	49239	60521
实际利用外商直接投资	万美元	8900	11429	21196	63673	89976	91548	120475	176800
财政、金融									
地方财政收入	万元	481688	655252	877829	1253162	1445018	1480344	2272849	3234986
#一般预算收入	万元	428068	609566	766193	1001745	1165658	1202907	1420232	1782735
地方财政支出	万元	689931	964887	1260365	1774775	2021766	2349373	3153160	4455040
#一般预算支出	万元	628233	888674	1123243	1463519	1704086	2046260	2307993	2969001
金融机构年末存款余额	亿元	786.4	914.8	1058.9	1164.9	1395.2	1719.7	2096.1	2428.6
金融机构年末贷款余额	亿元	492.0	480.3	547.9	614.8	663.3	867.0	1111.4	1366.6
城乡居民储蓄余额	亿元	518.8	595.2	665.0	695.0	840.3	992.7	1111.7	1233.1
劳动工资和人民生活									
城镇非私营单位从业人员年末人数	万人	51.8	51.0	52.0	51.9	52.0	52.4	53.9	59.9
#国有职工	万人	30.9	31.2	33.3	30.8	29.4	30.3	31.0	33.5
城镇非私营单位从业人员劳动报酬	万元	656290	719422	821553	980320	1177491	1343014	1552613	1940413

续表2

	单位	2004年	2005年	2006年	2007年	2008年	2009年	2010年	2011年
#国有职工	万元	442132	474469	583710	639802	725619	836626	952945	1132403
城镇非私营单位在岗职工年平均工资	元/人	13030	14641	16376	19517	22883	26150	29917	33466
#国有职工年平均工资	元/人	14834	15822	17829	21499	24973	28524	31830	35197
集体职工年平均工资	元/人	9515	11325	12456	16571	19519	23454	26280	28482
城镇居民人均可支配收入	元	8622	9720	10982	12770	14672	15949	17639	20163
城市居民人均可支配收入	元	9032	10175	11490	13302	15284	16580	18310	20775
城镇居民人均生活消费支出	元	6074	6837	7548	8833	9957	11046	12069	13884
城市居民人均生活消费支出	元	6371	7176	7885	9237	10318	11364	12425	14483
城市居民人均住房使用面积	平方米	22.03	22.21	22.33	22.53	27.85	29.72	30.73	31.27
农民人均纯收入	元	2585	2903	3408	4038	4597	4961	5680	6822
农民人均生活消费支出	元	1867	2144	2508	2956	3578	4114	4635	5293
农民人均住房面积	平方米	31.0	32.4	34.2	35.2	36.5	37.6	38.5	41
教育、卫生、旅游									
各类学校数	所	3456	3310	5588	5460	5558	5670	5277	4984
在校学生数	万人	140.0	138.7	169.5	189.6	191.0	192.4	187.8	189.3
学龄儿童入学率	%	99.9	99.9	99.9	100	100	100	100	100
年末卫生机构床位数	张	18329	18264	20615	21047	23166	26616	27927	28873
年末卫生技术人员	人	20204	22135	22387	21924	24103	27648	29346	31716
接待外国人、华侨、港澳台胞	万人	9.0	13.8	21.6	26.2	30.8	37.3	45.8	53.0

注：2006年起各类学校数在校学生数含各类成人教育短训班

国民经济和社会事业发展指数

（以上年为100）

	2003年	2004年	2005年	2006年	2007年	2008年	2009年	2010年	2011年
综　合									
年末总人口	100.6	100.3	100.5	100.7	100.7	100.6	100.5	103.5	100.6
#市区人口	100.7	100.6	100.5	102.4	101.2	101.5	100.6	111.1	109.6
#农业人口	98.5	99.8	100.4	99.7	100.2	100.2	100.3	104.6	99.9
非农业人口	107.1	101.7	100.9	103.4	101.9	101.7	100.8	100.8	102.2
#市区非农业人口	100.2	100.3	持平	103.3	101.0	102.3	100.9	101.1	102.2
年末常住人口			99.8	100.1	99.7	101.2	持平	102	100.2
#城镇人口	106.0	105.8	107.5	103.4	103.5	104.8	103.8	102.4	104.3
生产总值	116.6	116.2	115.1	115.7	116.2	114.4	113.3	113.3	112.5
第一产业	112.8	106.3	107.0	107.5	104.5	105.8	104.3	104.6	103.7
第二产业	120.6	118.9	117.3	119.8	119.1	115.7	113.9	116.1	115.9
第三产业	111.7	114.6	113.6	110.9	113.8	113.9	114.4	109.2	108.1
人均生产总值	115.9	115.6	115.4	115.8	116.3	113.8	112.6	111.4	111.2

续表1

	2003年	2004年	2005年	2006年	2007年	2008年	2009年	2010年	2011年
工　业									
全部工业总产值	122.2	117.6	121.1	118.9	121.1	112.9	109.2	119.2	116.2
全部工业增加值	125.0	123.0	118.9	120.9	121.1	116.7	113.1	117.1	117.5
规模以上工业增加值	130.1	131.8	124.2	126.5	126.5	120.7	115.9	121.8	119.8
规模以上工业主营业务收入	143.0	139.0	144.4	143.3	130.9	129.3	111.2	130.5	124.2
规模以上工业利润总额	189.9	197.6	154.2	151.1	228.5	69.8	141.6	120.8	113.1
规模以上工业利税总额	135.4	145.7	142.1	141.9	191.0	79.5	150.4	114.2	109.3
农　业									
乡村从业人员	100.5	100.1	100.0	101.1	100.5	101.2	101.0	100.7	99.2
农林牧渔业总产值	112.6	106.3	107.0	107.5	104.6	105.8	104.4	104.6	103.7
粮食总产量	122.7	101.6	101.2	105.2	103.3	100.8	101.9	100.3	97.9
#夏粮	148.2	99.8	96.3	114.9	97.2	100.6	101.5	100.7	98.5
秋粮	105.2	103.3	105.8	96.9	109.6	101.0	102.3	100.0	97.2
棉花总产量	112.9	100.4	99.4	116.1	87.7	88.7	94.1	92.3	92.0
油料总产量	108.9	128.0	117.9	112.7	113.4	94.3	108.3	104.2	100.9
烟叶总产量	128.4	124.9	121.8	85.8	106.3	108.4	111.1	96.7	101.9
蔬菜总产量	116.7	116.4	113.3	100.1	104.9	96.7	105.5	102.0	106.2
年末牛存栏	106.6	106.1	101.7	103.3	68.0	103.1	103.4	97.3	95.8
年末生猪存栏	108.5	106.4	106.2	106.8	105.9	106.7	100.8	100.4	105.1
农业机械总动力	104.1	106.7	105.4	103.1	104.4	103.2	103.5	103.6	103.0
固定资产投资									
全社会固定资产投资	134.5	146.8	145.5	137.4	134.6	131.3	131.5	122.2	126.9
固定资产投资	159.3	170.7	148.4	139.8	135.6	131.0	131.4	121.0	127.4
工业投资	120.2	274.5	149.5	142.5	153.4	129.3	135.0	112.0	122.5
公路运输、邮电									
货物运输量	101.0	102.2	104.7	110.2	109.2	127.7	129.1	123.9	121.6
货运周转量	113.0	106.6	105.0	112.0	117.5	128.7	135.6	123.1	122.8
旅客运输量	80.9	105.0	108.8	109.1	109.4	122.8	123.5	120.0	120.0
客运周转量	89.7	114.0	105.7	110.5	112.6	122.4	121.3	118.4	120.2
邮电业务总量	136.6	127.4	131.3	146.6	133.4	122.7	110.0	39.5	121.1
内外贸易									
社会消费品零售总额	111.5	116.2	114.4	115.9	118.5	123.3	119.1	119.0	118.1
进出口总值	175.8	168.0	127.9	137.2	103.9	138.4	59.3	137.4	134.9
#出口总额	214.2	179.4	122.8	107.9	134.0	129.6	48.1	161.1	140.5
进口总额	117.3	136.4	146.4	226.8	60.1	167.0	87.5	104.6	122.9
实际利用外商直接投资	52.1	920.4	128.4	185.5	300.4	141.3	101.7	131.6	146.8
财政、金融									

续表2

	2003年	2004年	2005年	2006年	2007年	2008年	2009年	2010年	2011年
地方财政收入	120.2	150.7	135.4	134.0	142.8	115.3	102.4	153.5	142.3
#一般预算收入	118.9	136.2	141.7	125.7	130.7	116.4	103.2	118.1	125.5
地方财政支出	110.8	132.0	138.8	130.6	140.8	113.9	116.2	134.2	141.3
#一般预算支出	110.0	124.7	141.5	126.4	130.3	116.4	120.1	112.8	128.6
金融机构年末存款余额	116.4	114.5	115.6	115.8	110.0	119.8	123.2	121.9	115.9
金融机构年末贷款余额	116.4	111.5	105.1	114.1	112.2	107.9	130.7	128.2	123.0
城乡居民储蓄余额	116.3	114.6	114.7	111.7	104.5	120.9	118.1	112.0	110.9
劳动工资和人民生活									
从业人员年末人数	96.6	96.8	98.5	102.0	99.8	100.2	100.8	102.9	111.1
#国有职工	96.2	100.7	101.0	106.7	92.5	95.5	103.1	102.3	108.1
从业人员劳动报酬	106.2	118.0	109.6	114.2	119.3	120.1	114.1	115.6	125.0
#国有职工	104.0	126.9	107.3	123.0	109.6	113.4	115.3	113.9	118.8
在岗职工平均工资	113.5	121.3	112.4	111.9	119.2	117.2	114.3	114.4	111.9
#国有职工年平均工资	111.0	126.1	106.7	112.7	120.6	116.2	114.2	111.6	110.6
集体职工年平均工资	111.5	119.4	119.0	110.0	133.0	117.8	120.2	112.0	108.4
城镇居民人均可支配收入	111.6	112.8	112.7	113.0	116.3	114.9	108.7	110.6	114.3
城市居民人均可支配收入	111.8	112.8	112.7	112.9	115.8	114.9	108.5	110.4	113.5
城镇居民人均生活消费支出	108.9	108.4	112.6	110.4	117.0	112.7	110.9	109.3	115.0
城市居民人均生活消费支出	109.2	108.3	112.6	109.9	117.1	111.7	110.1	109.3	116.6
城市居民人均住房使用面积	107.0	105.5	100.8	100.5	100.9	123.6	106.7	103.4	101.8
农民人均纯收入	107.3	113.5	112.3	117.4	118.5	113.8	107.9	114.5	120.1
农民人均生活消费支出	108.4	113.4	114.8	117.0	117.9	121.0	115.0	112.7	114.2
农民人均住房面积	103.5	104.5	104.3	105.6	102.9	103.8	103.0	102.3	106.4
教育、卫生、旅游									
各类学校数	97.8	97.9	97.3	95.4	97.7	101.8	102.0	93.1	94.4
在校学生数	99.1	101.7	101.9	100.1	111.9	100.7	100.7	97.6	100.8
年末卫生机构床位数	112.2	102.4	99.6	112.9	102.1	110.1	114.9	104.9	103.4
年末卫生技术人员	109.9	100.7	109.6	109.2	97.9	109.9	114.7	106.1	108.1
接待外国人、华侨、港澳台胞	22.2	333.3	153.6	156.4	121.1	117.5	121.1	122.8	115.7

生产总值发展情况

（按当年价格计算）

年份	生产总值（万元）	第一产业	第二产业	#工业	第三产业	人均生产总值（元）
1978年	168521	35955	91656	82782	40910	357
1979年	185820	42334	99643	88953	43843	388
1980年	191198	43358	101442	91405	46398	395
1981年	190804	50675	91530	81910	48599	388
1982年	200656	44785	102570	93025	53301	402
1983年	243447	65619	112726	101461	65102	482
1984年	291250	75635	139055	124671	76560	570
1985年	339210	67832	179186	160668	92192	656
1986年	365880	55690	205400	180410	104790	697
1987年	440193	75278	236086	208706	128829	823
1988年	578158	101451	308127	273763	168580	1060
1989年	707210	119462	380498	349308	207250	1273
1990年	744611	125620	375327	339000	243664	1316
1991年	855096	109148	457148	417525	288800	1487
1992年	1035244	109349	586473	540033	339422	1779
1993年	1463164	178391	856831	770827	427942	2492
1994年	1918025	206243	1121212	980738	590570	3239
1995年	2450457	225949	1434108	1228746	790400	4107
1996年	2893444	323492	1614153	1383801	955799	4814
1997年	3350102	310703	1895140	1625794	1144259	5538
1998年	3648262	401909	1973276	1679673	1273077	5994
1999年	3774544	372936	2023694	1734386	1377914	6158
2000年	4227640	392992	2309496	1968237	1525152	6830
2001年	4651893	400246	2506450	2164382	1745197	7426
2002年	5350145	545435	2864982	2502667	1939728	8489
2003年	6863165	679031	3896026	3436341	2270108	10823
2004年	9051980	887496	5317991	4537924	2846493	14204
2005年	11123986	1105013	6484214	5660728	3534759	17486
2006年	13336929	1300293	8011898	7066626	4024738	20980
2007年	15953222	1441342	9698097	8646230	4813783	25120
2008年	19196384	1675689	11725998	10453736	5794697	30084
2009年	20014846	1737880	11670639	10310238	6606327	31169
2010年	23202460	1876183	13962118	12437777	7364159	35426
2011年	27027571	2038433	16565241	14775700	8423897	41198

生产总值指数

年份	以上年为100						以1978年为100					
	生产总值	第一产业	第二产业	#工业	第三产业	人均GDP	生产总值	第一产业	第二产业	#工业	第三产业	人均GDP
1978年	107.7	90.9	118.1		104.8	106.2	100.0	100.0	100.0	100.0	100.0	100.0
1979年	107.3	112.8	107.9	106.8	102.6	105.8	107.3	112.8	107.0	106.8	102.6	105.8
1980年	99.0	91.0	101.3	108.7	99.9	97.9	106.2	102.6	109.0	116.1	102.5	103.6
1981年	97.0	109.3	89.6	89.2	101.8	95.5	103.0	112.1	97.0	103.6	104.3	98.9
1982年	103.7	88.1	110.3	111.9	106.5	102.0	106.8	98.8	108.0	115.9	111.1	100.9
1983年	120.0	146.3	109.8	108.8	118.7	118.7	128.2	144.5	118.0	126.1	131.9	119.8
1984年	115.5	110.0	120.4	120.7	112.0	114.1	148.1	159.0	142.0	152.2	147.7	136.6
1985年	107.5	85.6	116.0	116.1	112.5	106.2	159.2	136.1	165.0	176.7	166.2	145.1
1986年	103.5	74.1	109.9	107.6	112.8	101.9	164.8	100.9	182.0	190.1	187.5	147.9
1987年	113.8	130.7	111.3	111.8	110.3	111.8	187.5	131.9	202.0	212.5	206.8	165.3
1988年	118.5	111.4	122.1	123.1	115.4	116.2	222.2	146.9	247.0	261.6	238.6	192.1
1989年	109.8	110.1	111.7	114.7	105.5	107.7	244.0	161.7	276.0	300.1	251.7	206.9
1990年	106.2	100.4	105.4	104.1	111.5	104.3	259.1	162.3	291.0	312.4	280.6	215.8
1991年	110.0	87.4	118.8	120.1	108.6	108.3	282.0	141.9	345.0	375.2	304.7	233.7
1992年	113.9	95.4	119.1	120.4	113.0	112.6	324.6	135.4	412.0	451.7	344.3	263.2
1993年	119.1	144.5	116.7	115.1	114.1	118.0	386.6	195.7	480.0	519.9	392.8	310.5
1994年	113.9	91.9	117.1	113.1	118.5	112.8	440.3	179.8	563.0	588.0	465.5	350.3
1995年	115.0	98.9	118.2	114.8	115.1	114.2	506.3	177.8	665.0	675.1	535.8	400.0
1996年	112.5	140.0	108.1	108.7	112.2	111.8	569.6	248.9	719.0	733.8	601.2	447.2
1997年	114.3	101.8	116.7	117.2	114.2	113.5	651.1	253.4	839.0	860.0	686.6	507.2
1998年	111.5	129.4	107.8	107.4	112.5	110.8	726.0	327.9	905.0	923.6	772.4	562.4
1999年	108.2	94.6	110.8	110.8	108.2	107.5	785.5	310.2	1002.0	1023.4	835.7	604.6
2000年	109.6	109.4	110.2	111.6	108.7	108.4	860.9	339.4	1105.0	1142.1	908.4	655.4
2001年	108.6	101.0	108.6	109.0	110.6	107.4	934.9	342.8	1200.0	1244.9	1004.7	703.9
2002年	111.0	106.9	111.3	112.0	111.5	110.3	1037.7	366.5	1335.0	1394.3	1120.2	776.4
2003年	116.6	112.8	120.6	124.0	111.7	115.9	1210.0	413.4	1610.0	1728.9	1251.3	899.8
2004年	116.2	106.3	118.9	120.1	114.6	115.6	1406.0	439.4	1915.0	2076.4	1434.0	1041.1
2005年	115.1	107.0	117.3	118.9	113.6	115.4	1618.3	470.2	2246.3	2468.9	1629.0	1201.4
2006年	115.7	107.5	119.8	120.9	110.9	115.8	1872.4	505.4	2691.1	2984.8	1806.6	1391.3
2007年	116.2	104.5	119.1	121.1	113.8	116.3	2176.0	527.9	3206.3	3614.2	2056.6	1618.0
2008年	114.4	105.8	115.7	116.6	113.9	113.8	2489.3	558.5	3709.7	4213.5	2342.5	1841.3
2009年	113.3	104.3	113.9	112.8	114.4	112.6	2820.4	582.5	4225.3	4752.8	2679.8	2073.3
2010年	113.3	104.6	116.1	117.1	109.2	111.4	3195.5	609.3	4905.6	5565.5	2926.3	2309.7
2011年	112.5	103.7	115.9	117.1	108.1	111.2	3594.9	631.8	5685.6	6517.2	3163.3	2568.4

生产总值构成

单位：%

年份	生产总值	第一产业	#工业	第二产业	第三产业
1978年	100.0	21.3	49.1	54.4	24.3
1979年	100.0	22.8	47.9	53.6	23.6
1980年	100.0	22.7	47.8	53.1	24.2
1981年	100.0	26.5	42.9	48.0	25.5
1982年	100.0	22.3	46.4	51.1	26.6
1983年	100.0	27.0	41.7	46.3	26.7
1984年	100.0	26.0	42.8	47.7	26.3
1985年	100.0	20.0	47.4	52.8	27.2
1986年	100.0	15.2	49.3	56.2	28.6
1987年	100.0	17.1	47.4	53.6	29.3
1988年	100.0	17.5	47.4	53.3	29.2
1989年	100.0	16.9	49.4	53.8	29.3
1990年	100.0	16.9	45.5	50.4	32.7
1991年	100.0	12.8	48.8	53.5	33.7
1992年	100.0	10.6	52.2	56.7	32.7
1993年	100.0	12.2	52.7	58.6	29.2
1994年	100.0	10.8	51.1	58.5	30.8
1995年	100.0	9.2	50.1	58.5	32.3
1996年	100.0	11.2	47.8	55.8	33.0
1997年	100.0	9.3	48.5	56.5	34.2
1998年	100.0	11.0	46.0	54.1	34.9
1999年	100.0	9.9	45.9	53.6	36.5
2000年	100.0	9.3	46.6	54.6	36.1
2001年	100.0	8.6	46.5	53.9	37.5
2002年	100.0	10.2	46.8	53.5	36.3
2003年	100.0	10.1	50.1	56.8	33.1
2004年	100.0	9.8	50.1	58.8	31.4
2005年	100.0	9.9	50.9	58.3	31.8
2006年	100.0	9.7	53.0	60.1	30.2
2007年	100.0	9.0	54.2	60.8	30.2
2008年	100.0	8.7	54.5	61.1	30.2
2009年	100.0	8.7	51.5	58.3	33.0
2010年	100.0	8.1	53.6	60.2	31.7
2011年	100.0	7.5	54.7	61.3	31.2

2011年生产总值及构成

	各行业增加值（万元）	构成（%）	2011年为2010年%
地区生产总值	27027571	100.0	112.5
第一产业	2038433	7.5	103.7
第二产业	16565241	61.3	115.9
工　业	14775700	54.7	117.1
建筑业	1789541	6.6	106.6
第三产业	8423897	31.2	108.1
交通运输、仓储和邮政业	1118560	4.1	103.5
信息传输、计算机服务和软件业	309466	1.1	116.2
批发和零售业	1737261	6.4	116.4
住宿和餐饮业	698984	2.6	110.1
金融业	684257	2.5	108.9
房地产业	782980	2.9	106.9
租赁和商务服务业	278595	1.0	106.2
科学研究、技术服务和地质勘查业	774013	2.9	107.0
水利、环境和公共设施管理业	95107	0.4	107.0
居民服务和其他服务业	172051	0.6	106.2
教　育	642134	2.4	112.7
卫生、社会保障和社会福利业	255547	0.9	95.7
文化、体育和娱乐业	94865	0.4	114.7
公共管理和社会组织	780077	2.9	97.4

2011年生产总值构成项目

单位：万元

	增加值	劳动者报　酬	生产税净　额	固定资产折旧	营业盈余
生产总值	27027571	12924873	3828810	3387012	6886876
第一产业	2038433	1628067	-18209	289136	139439
第二产业	16565241	7911222	2955162	1709015	3989842
工业	14775700	6834096	2593594	1543027	3804983
采掘业	2681139	1177720	343818	108037	1051564
制造业	8931933	3983230	1822409	792535	2333759
电力、燃气及水的生产和供应业	3162628	1673146	427367	642455	419660
建筑业	1789541	1077126	361568	165988	184859

续表1

	增加值	劳动者报酬	生产税净额	固定资产折旧	营业盈余
第三产业	8423897	3385584	891857	1388861	2757595
交通运输、仓储和邮政业	1118560	634621	118445	271559	93935
信息传输、计算机服务和软件业	309466	45912	16105	141289	106160
批发和零售业	1737261	237060	482176	78762	939263
住宿和餐饮业	698984	105144	33575	37956	522309
金融业	684257	178477	33915	25746	446119
房地产业	782980	94621	131790	387697	168872
租赁和商务服务业	278595	178225	16607	75114	8649
科学研究、技术服务和地质勘查业	774013	229426	37879	134440	372268
水利、环境和公共设施管理业	95107	37062	2359	37442	18244
居民服务和其他服务业	172051	124785	4556	18736	23974
教育	642134	551295	2269	64983	23587
卫生、社会保障和社会福利业	255547	213334	690	24323	17200
文化、体育和娱乐业	94865	65709	7528	13259	8369
公共管理和社会组织	780077	689913	3963	77555	8646

2011年分县（市）生产总值构成（一）

单位：万元

	生产总值	第一产业	第二产业		
				工业	建筑业
全　市	27027571	2038433	16565241	14775700	1789541
偃师市	3822539	242707	2372817	2214892	157925
孟津县	1397254	188867	851922	743323	108599
新安县	3048922	182000	2397493	2245198	152295
栾川县	1687777	123855	1312699	1265776	46923
嵩　县	1275564	264627	655544	582376	73168
汝阳县	928593	117628	589021	523030	65991
宜阳县	1542524	265060	785179	671697	113482
洛宁县	1169451	266864	586969	519177	67792
伊川县	2729136	266000	1970626	1826194	144432

2011年分县（市）生产总值构成（二）

单位：万元

	第三产业	交通运输仓储和邮政业	信息传输、计算机服务和软件业	批发和零售业	住宿和餐饮业	金融业	房地产业
全　市	8423897	1118560	309466	1737261	698984	684257	782980
偃师市	1207015	490697	18534	135836	56007	29530	90981
孟津县	356465	84892	10822	51196	43650	9373	15263
新安县	469429	142546	10968	69517	55537	21113	34304
栾川县	251223	38718	5916	55478	41410	5984	17000
嵩　县	355393	97876	16141	49341	50913	7284	15516
汝阳县	221944	45788	5299	57811	10452	5740	20628
宜阳县	492285	138131	16618	73050	28165	9733	47615
洛宁县	315618	83440	8279	51434	39525	18049	24009
伊川县	492510	116419	14818	113526	69385	27874	25606

2011年分县（市）生产总值构成（三）

单位：万元

	租赁和商务服务业	科学研究、技术服务和地质勘查业	水利、环境和公共设施管理业	居民服务和其他服务业	教育	卫生、社会保障和社会福利业	文化、体育和娱乐业	公共管理和社会组织	人均生产总值（元）
全　市	278595	774013	95107	172051	642134	255547	94865	780077	41198
偃师市	6618	3063	2569	31420	158100	57192	5981	120487	48546
孟津县	7413	3343	4214	10250	39087	12951	12266	51745	33641
新安县	11354	1537	20350	10018	33617	12791	949	44828	64721
栾川县	5465	2976	2697	11378	22700	11944	8933	20624	49159
嵩　县	10281	891	7937	24352	20596	13035	4990	36240	25123
汝阳县	4611	863	3377	13525	21130	10076	1045	21599	22719
宜阳县	9045	7088	3244	25690	34615	29415	4958	64918	24904
洛宁县	4728	3279	6007	11027	21047	16659	3047	25088	27721
伊川县	5597	683	3373	33096	36317	19433	2138	24245	36037

2011年分县（市）生产总值指数及构成

	生产总值	指数（以上年为100）			构成（以生产总值为100）		
		第一产业	第二产业	第三产业	第一产业	第二产业	第三产业
全　市	112.5	103.7	115.9	108.1	7.5	61.3	31.2
偃师市	113.8	100.7	118.2	107.6	6.3	62.1	31.6
孟津县	116.2	103.6	123.6	109.6	13.5	61.0	25.5
新安县	118.7	102.6	121.1	110.4	6.0	78.6	15.4
栾川县	123.8	103.4	126.6	111.2	7.3	77.8	14.9
嵩　县	113.3	104.7	119.6	108.8	20.7	51.4	27.9
汝阳县	114.7	103.6	119.4	111.0	12.7	63.4	23.9
宜阳县	114.5	104.6	121.1	111.0	17.2	50.9	31.9
洛宁县	114.5	104.5	120.5	111.3	22.8	50.2	27.0
伊川县	114.5	104.6	116.5	109.0	9.7	72.2	18.0

2011年分县（市）生产总值构成项目

单位：万元

	生产总值	劳动者报酬	生产税净额	固定资产折旧	营业盈余
全　市	27027571	12924873	3828810	3387012	6886876
偃师市	3822539	1255751	606257	468264	1492267
孟津县	1397254	641117	229474	242999	283664
新安县	3048922	1602028	337863	522185	586846
栾川县	1687777	421143	194261	124098	948275
嵩　县	1275564	453059	94236	102677	625592
汝阳县	928593	419013	134907	118682	255991
宜阳县	1542524	594662	310109	170930	466823
洛宁县	1169451	561295	114381	157944	335831
伊川县	2729136	582352	168322	358121	1620341

2011年分县（市）支出法计算的生产总值

单位：万元

	支出法生产总值	最终消费支出	居民消费支出			政府消费支出	资本形成总额	固定资本形成总额	存货增加	货物和服务净流出
				农村居民	城镇居民					
全市	27027571	10882785	6756483	1908321	4848162	4126302	16020402	15799271	221131	124384
孟津县	1397254	501839	356399	172259	184140	145440	1383143	1356889	26254	-487728

续表

	支出法生产总值	最终消费支出	居民消费支出			政府消费支出	资本形成总额	固定资本形成总额	存货增加	货物和服务净流出
				农村居民	城镇居民					
新安县	3048922	642633	410960	173029	237931	231673	2168478	2138983	29495	237811
栾川县	1687777	601218	426227	259624	166603	174991	896241	796970	99271	190318
嵩　县	1275564	542645	325053	192321	132732	217592	1733313	1718158	15155	-1000394
汝阳县	928593	466976	277672	178303	99369	189304	706792	687245	19547	-245175
宜阳县	1542524	580960	388783	161536	227247	192177	1777567	1696686	80881	-816003
洛宁县	1169451	558495	413937	256640	157297	144558	397995	242770	155225	212961
伊川县	2729136	761621	619139	380035	239104	142482	2229581	2192725	36856	-262066
偃师市	3822539	1115493	829529	358864	470665	285964	2213321	2078240	135081	493725

2011年按支出法计算的生产总值

	按当年价格计算(万元)	构成（%）
生产总值	27027571	100.0
最终消费	10882785	40.3
居民消费	6756483	25.0
农村居民	1908321	7.1
城镇居民	4848162	17.9
政府消费	4126302	15.3
资本形成总额	16020402	59.3
固定资本形成总额	15799271	58.5
存货增加	221131	0.8
货物和服务净出口	124384	0.5

2011年资本形成总额

	资本形成(万元)	构成（%）
资本形成总额	16020402	100.0
固定资本形成总额	15799271	98.6
第一产业	862239	5.4
农林牧渔业	862239	5.4
第二产业	9150786	57.1
工业	8971533	56.0
采掘业	2109392	13.2
制造业	5995309	37.4

续表

	资本形成(万元)	构成（%）
电力、煤气及水的生产和供应业	866832	5.4
建筑业	179253	1.1
第三产业	5786246	36.1
交通运输、仓储及邮政业	373564	2.3
信息传输、计算机服务和软件业	130727	0.8
批发和零售业	406423	2.5
住宿和餐饮业	325972	2.0
金融业	15740	0.1
房地产业	2924750	18.3
其他行业	1609070	10.0
存货增加	221131	1.4
第一产业	17809	0.1
农林牧渔业	17809	0.1
第二产业	180636	1.1
工业	177060	1.1
建筑业	3576	
第三产业	22686	0.1
交通运输、仓储及邮政业	2427	
批发和零售业	4688	
住宿和餐饮业	114	
其他行业	7988	

居民消费水平

单位：万元

	计量单位	2011年	以上年为100
当年价格居民消费水平	**元/人**	9868	119.4
农村居民	元/人	4999	124.5
城镇居民	元/人	16004	112.9
可比价格居民消费水平	**元/人**	9345	113.1
农村居民	元/人	4734	117.9
城镇居民	元/人	15155	107.0
居民年平均人口	**万人**	656.7	100.2
农村居民	万人	353.8	97.0
城镇居民	万人	302.9	104.2

名 牌 产 品

·中国名牌产品·

时间	单位名称	商标	产品名称
2007	中信重工机械公司	LK	水泥回转窑
2007	中信重工机械公司	LK	水泥辊压机
2007	中信重工机械公司	LK	减速机
2007	中铝洛阳铜业有限责任公司	牡丹	铜及铜合金带材
2007	洛阳花都金柜集团有限公司	花都	防盗保险柜
2007	洛阳栾川钼业集团股份有限公司	鸣华	工业氧化钼

·河南省名牌产品·

时间	单位名称	商标	产品名称
2010	洛阳隆华传热科技股份有限公司	隆华	ZFL–00–00蒸发式冷却（凝)器
2010	洛阳百成内燃机配件有限公司	百成	Φ 60～185毫米气缸套
2010	洛阳巨尔乳液有限公司	巨尔	液体乳
2010	洛阳LYC轴承有限公司	LYC	工业轴承（d≥8毫米～D≤6.07米）
2010	洛阳美迪雅瓷业有限公司	美迪雅阁Medyag	坐便器
2010	河南尚康食品有限公司	尚康	月饼
2010	河南杜康酒业股份有限公司	杜康	52度白酒
2010	汝阳杜康酿酒有限公司	汝阳杜康	52度白酒

续表1

时间	单位名称	商标	产品名称
2010	洛阳北方企业集团有限公司	洛嘉	两轮系列 摩托车
2010	中钢集团洛阳耐火材料研究院有限公司	LIRR	氮化硅结合碳化硅制品
2010	河南省星彩滚动体有限责任公司	星彩	轴承用钢球（Φ3-50.8毫米）圆锥滚子（Φ6-35毫米）
2010	中国一拖集团有限公司	洛阳	压路机
2010	中国一拖集团有限公司	东方红	KC系列前驱动桥
2010	中国一拖集团有限公司	东方红	Y\YD系列 工业推土机
2010	中国一拖集团有限公司	东方红	WLY3.5系列 农用挖掘机
2010	中国一拖集团有限公司	东方红	LR\YTR系列柴油机
2010	洛阳中收机械装备有限公司		4YZ\4LZ系列玉米联合收割机
2010	洛阳中收机械装备有限公司		4LZ谷物谷物联合收割机
2010	河南通达电缆股份有限公司	HNTDDL	钢芯铝绞线（LGJ–16毫米～1400毫米）
2010	中国船舶重工集团公司第725研究所	双瑞	DN15～DN2000铜合金、钛合金、铝合金管系附件
2010	洛宁县佳美木业有限公司	佳美人	刨花板
2010	黎明化工研究院	LMCI	球形钯催化剂
2010	黎明化工研究院	LMCI	工业六氟化硫
2010	洛阳世英机械制造有限公司	世纪红	轮式拖拉机
2010	洛阳生生乳业有限公司	生生	液体乳
2010	凯迈（洛阳）机电有限公司	南峰	SQL型 聚合物造粒装备
2010	凯迈（洛阳）机电有限公司	南峰	CW型内燃机数控试验装备
2010	洛阳莱特柜业（集团）有限公司	虎力	FC-D18等钢制资料柜
2010	河南尚康食品有限公司	尚康	红烧扣肉罐头
2010	洛阳金达石化有限责任公司		特种溶剂油
2010	洛阳大川钼钨科技有限责任公司	轩辕	MSA–1 钼酸铵
2011	中航锂电（洛阳）有限公司	中航锂电	锂离子动力蓄电池
2011	洛阳豫名建筑涂料有限公司	豫名	乳胶漆
2011	中钢集团耐火材料有限公司		氮化硅结合碳化硅产品
2011	中钢集团耐火材料有限公司		硅砖
2011	河南万基铝业股份有限公司	万基	重熔用铝锭
2011	中信重工机械股份有限公司	LK	盘式过滤机
2011	中信重工机械股份有限公司	LK	破碎机
2011	洛阳中冶重工机械有限公司		全自动新型墙体砖液压成型机
2011	TCK钢丝绳检测技术有限公司	TCK、TCKNDE	钢丝绳无损自动检测设备

续表2

时间	单位名称	商标	产品名称
2011	洛阳市黄河软轴控制器股份有限公司	RKC	软轴及软轴控制器
2011	中信重工机械股份有限公司	曙光	汽轮发电机组
2011	河南神马电缆有限公司	洛神	挤包绝缘电力电缆
2011	洛阳源创电气有限公司	源创发展	工业电气自动控制装置（矿井提升机电控设备）
2011	洛阳九朝文物复制品有限公司	九朝	仿古唐三彩

·河南省优质产品·

时间	单位名称	商标	产品名称
2009	洛阳龙瑞新型建材有限公司	龙瑞	蒸压粉煤灰标砖
2009	洛阳中澳菊花饮品开发有限公司	中澳	菊花精
2009	洛阳汝丰肥业有限公司	汝丰	复混肥料
2009	洛阳洛钢集团钢铁有限公司	小浪底	热轧带肋钢筋
2009	洛阳市人诚轴承配件有限责任公司	人诚	圆锥轴承滚子
2009	洛阳永威办公家具有限公司	花威	钢制资料柜
2009	洛阳千年丰农业机械有限公司	千年丰	轮式拖拉机
2009	洛阳逖悉开钢丝绳检测技术有限公司	TCK	钢丝绳损伤定量检测系统
2009	洛阳巨创轴承科技有限公司	TTD	轴承
2009	洛阳市洛凌轴承科技股份有限公司	LZQS	轴承
2009	洛阳市远威橡胶有限公司	远威	摩托车轮胎
2009	洛阳华翔包装有限公司	华翔	柔性集装袋
2009	洛阳市中达化工有限公司	中达化工	磷酸二异辛脂（P–204）
2009	河南豫电电气有限公司	豫电	电力变压器
2009	洛阳新建水泥有限公司	新建	通用硅酸盐水泥
2009	洛阳中丰肥业有限公司	汝河	硫基复合肥料
2009	洛阳丰泰铝业有限公司	丰泰之星	建筑门窗
2009	河南省洛正制药厂	洛正	筋骨痛消丸
2009	伊川县粮食局面粉厂	伊龙	小麦粉

统计数据来源：《2011年洛阳市产品质量状况分析报告》

先进单位

·全国工人先锋号·

中信重工机械股份有限公司重型装备厂数控二车间五班
中铝洛阳铜业有限公司铜板带厂初轧车间
阿特斯光伏电力洛阳有限公司焊接A班

·河南省“五一”劳动奖状·

洛阳市国家税务局稽查局
河南省洛阳正骨医院
中国空空导弹研究院
洛阳杜康酿酒有限公司
洛阳栾川钼业集团冶炼有限责任有限公司

·河南省“工人先锋号”获奖集体·

洛阳富兴管业有限公司制管车间高建新班
洛阳四达农机有限公司金切车间
河南北方永盛摩托车有限责任公司
河南柴油机重工有限责任公司技术中心科研实验中心
洛阳市公路管理局洛界高速公路管理处关林收费站
中钢耐火材料有限公司硅质分厂成型工段
河南省电力公司洛阳供电公司电力调度通信中心运行方式班
洛阳市兴荣工业有限公司大件分厂冶炼车间
大唐洛阳热电厂设备维修部锅炉管阀班
洛阳洛北重工机械有限公司电炉车间电AA班

·洛阳市“五一”劳动奖状·

上海超日（洛阳）太阳能有限公司
洛阳大运三轮摩托车有限公司
洛阳香江万基铝业有限公司
洛阳隆华传热科技股份有限公司
洛阳市中州焊材（集团）股份有限公司
洛阳市宇昊建筑安装有限公司
嵩县丰源钼业有限责任公司
河南省栾川县国家税务局
洛阳丰发祥再生资源回收有限公司
洛宁紫竹房地产开发有限公司
洛阳中冶重工机械有限公司
洛阳腾野汽车运输有限公司
洛阳新视野企业管理有限公司
四季沐歌（洛阳）太阳能有限公司
洛阳炼化宏达实业有限责任公司
洛阳市高新技术产业开发区地方税务局
洛阳市工商行政管理局经济技术开发区分局
洛阳华杰公路工程有限公司
中国石油天然气股份有限公司河南洛阳销售分公司
洛阳市妇女儿童医疗保健中心
洛阳蓝海实业有限公司
栾川县鸡冠洞景区管理处
洛阳市教育局装备与实验管理中心
洛宁县地方税务局
洛阳市瀍河回族区市容环境卫生管理局
偃师市社会保险中心
老城区地方税务局

·洛阳市“工人先锋号”获奖集体·

洛阳市工人先锋号获奖集体名单
中国一拖集团有限公司第三装配厂分装车间
一拖（洛阳）福莱格车身有限公司冲二车间
洛轴控股风力发电轴承制造部主轴车间数控车二班
洛阳LYC轴承有限公司大型轴承厂装配车间装二班组
中信重工机械股份有限公司重型机器厂大型车间
中信重工机械股份有限公司齿轮箱厂齿加车间
河南柴油机重工有限责任公司动力控制设备公司电器设计室
中铝洛阳铜业有限公司电子铜带厂热处理车间
洛阳铜加工集团经开公司金像艺术制品有限公司
中国石油化工股份有限公司洛阳分公司加氢车间三班
中国石化集团资产经营管理有限公司洛阳石化分公司惠康公司白班职工餐厅
大唐洛阳热电厂输煤管理部检修二班
中钢集团耐火材料有限公司镁质分厂组合工段
洛玻集团洛阳龙昊玻璃有限公司浮法联合车间
洛阳白马集团织布分厂甲班工段
南车洛阳机车有限公司和谐机车车间
大唐洛阳首阳山发电有限责任公司监察审计部
洛阳北方易初摩托车有限公司发动机装配东线
洛阳北方企业集团有限公司冲压焊接部后叉工段
中国石油天然气第一建设公司第三工程处313工程队
中铝河南铝业洛阳铝箔厂铝箔车间检修班
黎明化工研究院聚醚研发部
洛阳有色金属加工设计研究院公司办公室汽车队
机械工业第四设计研究院铸造工程所
中国空空导演研究院第七研究所天线与天线罩专业室
中国空空导演研究院质检部11分厂检验1组
中船重工第725研究所双瑞精铸钛业有限公司钛制品事业部石墨股
中国石化洛阳石油化工工程公司液相加氢研发项目组

河南省电力公司洛阳供电公司通信检修班
洛阳市邮政局洛龙区局
中国移动通信集团河南有限公司洛阳市西工分公司中州路营业厅
中国联合网络通信有限公司洛阳市分公司客户事业部
洛阳市看守所
偃师市惠丰工贸发展有限公司惠丰加油站占钦班
偃师市地方税务局府店中心税务所
洛阳新强联合回转支承股份有限公司数控钻孔班组
河南杭萧钢构有限公司重钢工段组立班组
伊川县周天百货购物广场文化路店食品组
河南省宜阳县地方税务局稽查局
洛阳顺势药业有限公司三车间铝塑包装班组
栾川县三强钼钨有限公司碎矿车间
金堆城钼业汝阳有限责任公司5000吨/天选矿厂（车间）
洛阳市凯轩轴承制造有限公司综合部
洛阳市冠奇工贸有限责任公司机修车间班组
河南海格尔高温材料有限公司五车间成型工段E班组
洛阳古城机械有限公司铸造型班
黎明化工研究院六氟化硫分厂生产部
洛阳尚德太阳能电力有限公司技术品管部
洛阳经济开发区国税局纳税服务科
洛阳市国花园管理处后勤服务部
洛阳市公共交通集团有限公司15路线
洛阳交通运输集团有限公司锦远汽车站调度室
洛阳东山宾馆客房部
洛阳九州宾馆客房部前台班组
洛阳银行股份有限公司纱厂路支行
洛阳洛粮粮食有限公司储备部北区保管组
洛阳市中心医院普外二科
河南科技大学第二附院珠江路社区服务中心
洛阳市第一人民医院眼科
洛阳市第二中医院外科
洛阳市城区烟草专卖局（分公司)
洛阳黄河同力水泥有限责任公司制成包装工段
河南唐鼎实业股份有限公司洛阳唐鼎培训基地
洛阳中集凌宇汽车有限公司环卫事业部车间
中国人民解放军第5715工厂六车间
洛阳市质量技术监督局检测中心食品室
洛阳市工商行政管理局专业分局网络市场监管大队
中铁十五局集团有限公司广深港客专项目部四工区
中铁十五局集团七公司邢衡项目部
中铁隧道集团一处有限公司烟台万华工业园地下水封洞库工程项目部
中铁隧道集团北京中铁隧道建筑有限公司合肥市南北高架桥一号线1标段项目经理部
郑州铁路局洛阳车站运转车间
洛阳万基发电有限公司电气检修班
河南豫港龙泉铝业有限公司槽上部检修班
洛阳栾川钼业集团股份有限公司选矿三公司碎矿车间甲班
洛阳锦桥矿业有限公司机修班组
洛阳兰迪玻璃机器股份有限公司电气车间
中国一拖集团有限公司综加车间加工中心班组
中信重工机械股份有限公司矿山机器厂装配二车间
中铝洛阳铜业有限公司动力厂气体车间
大唐洛阳热电厂设备管理部机控班
洛玻集团股份龙海电子玻璃有限公司浮法联合车间维修工段钳工班
洛阳单晶硅有限责任公司YH、YJ炉组
洛阳首龙集团有限责任公司粉煤灰开发分公司
洛阳北方企业集团有限公司冲压焊接部车架工段
中铝河南铝业洛阳铝加工厂2400热轧机王亚东班
中国空空导弹研究院总装二厂导引头班
洛阳栾川钼业集团选矿二公司选矿二车间维修班
洛阳市公安局东关分局
中铁隧道集团杭州分公司杭州地铁二号线SG2-3标项目部
洛阳栾川钼业集团冶炼有限责任公司焙烧一车间
河南省偃师高中培优部
孟津县电业公司第一操作队
河南省宜阳县公安局张午派出所
伊川县教育局基础教育教研室
嵩县电业局综合服务大厅
河南海鑫毛毯纺织有限公司整理车间甲班水洗工段
河南大张实业有限公司盛德美涧西店果蔬科
洛阳龙瑞新型建材有限公司三分场运行B班
洛阳博泰机车装备有限公司电机分厂主变压器班
洛阳钼业集团金属材料有限公司氧化钼车间
洛阳LYC众诚金切公司四车间精车班组
河南柴油机重工有限责任公司大件厂大机体线加工中心班
中国石油化工股份有限公司洛阳分公司焦化车间
中钢集团耐火材料有限公司不定型分厂三工段
洛阳白马集团准备分厂自动络筒新机维修班
南车洛阳机车有限公司解体车间
洛阳北方易初摩托车有限公司冲压焊接部焊接四班
中国石油天然气第一建设公司第二工程处204工程队
黎明化工研究院六氟化硫（吉利）分厂
中国船舶重工集团公司第725研究所爆炸实验场
洛阳市邮政局涧西区局
中国移动通信集团河南有限公司洛阳分公司无线城市建设小组
中国铁建电化局一公司设备中心轨道车二队
河南万基铝业股份有限公司一分厂电解二车间
洛阳栾川钼业集团股份有限公司钨业二公司精选车间
洛阳义安矿业有限公司综采队生产一班
洛阳榕拓焦化有限责任公司化工鼓冷工段甲班
栾川县市政园林局社区环卫大队
汝阳县电业局变电运行部
四季沐歌（洛阳）太阳能有限公司真空管厂灯工车间
洛阳市老城区地方税务局直属所

河南河阳石化有限公司化工车间
洛阳黄河同力水泥有限责任公司矿山车间
洛阳市工商行政管理局企业和个体私营经济监督管理科
洛阳市烟草公司卷烟配送中心
中国船舶重工集团第725研究所双瑞风电叶片有限公司
汝阳县地方税务局办税服务厅
中信重工机械股份有限公司齿轮箱厂
一拖（洛阳）动力机械有限公司装配车间
洛阳市涧西区环境卫生管理局社会公厕管理队
汝阳县农村公路管理所养护股
汝阳县公路管理局
洛阳市老城区市容环境卫生管理局清扫队
新安县城关镇农村公路养护站
洛阳市城郊公路管理局
洛阳市国家税务局纳税服务科
洛阳市地方税务局纳税服务科12366纳税服务热线
洛阳市人力资源和社会保障局下岗失业人员小额贷款担保中心
洛阳市接待办公室直属机关党委
洛阳市公安局交通管理支队控制调度中心
洛阳市质量技术监督局组织机构编码中心
中共洛阳市委员会办公室秘书科
洛阳市卫生局机关党委
洛阳市财政国库支付中心
洛阳市食品药品监督管理局行政服务大厅窗口
洛阳车站客运车间售票班组
龙门石窟世界文化遗产园区管委会龙门石窟窟区管理处
洛阳市公路管理局洛界高速公路路政管理大队
洛阳市邮政局老城区局
中国电信集团公司洛阳市分公司西工营业部解放路营业厅
中国移动通信集团河南有限公司洛阳市伊川分公司杜康大道营业厅
中国联合网络通信有限公司洛阳市分公司洛龙营业厅
洛阳市公共交通集团有限公司37路线
洛阳北控水务集团有限公司东城营销服务分公司收费室
洛阳交通运输集团有限公司工业总公司
洛阳娄建党雷锋车队
河南高速公路发展有限责任公司洛阳分公司新安路政大队
洛阳关林管理处
洛阳北郊机场航空站贵宾服务部
洛阳供电公司环城供电局配电运行班
中国太平洋人寿保险股份有限公司洛阳中心支公司营运部
中国石化河南洛阳石油分公司四十二加油站
中国农业银行股份有限公司偃师市支行营业部
河南科技大学第一附属医院维修中心
洛阳市第一人民医院呼吸科
洛阳市第三人民医院骨科
洛阳市公安局高新分局
洛阳公安局交管支队西工交巡大队九都路解放路岗

文 明 单 位

·2011年度省级文明单位·

中国人民财产保险股份有限公司洛阳市分公司
中国工商银行股份有限公司洛阳分行
洛阳市卫生局
洛阳市公安局
洛阳市工商行政管理局
政协洛阳市委员会
洛阳市园林局
洛阳市人力资源和社会保障局
中共洛阳市委统战部
洛阳市人口和计划生育委员会
偃师市总工会
偃师市国土资源局
偃师市人民政府办公室
中共偃师市委办公室
宜阳县人民法院
宜阳县人力资源和社会保障局
汝阳县人民检察院
汝阳县人民法院
孟津县审计局
孟津县烟草专卖局
中共孟津县委组织部
中共栾川县委办公室
栾川县人民政府办公室
栾川县财政局
栾川县人民检察院
新安县国家税务局
新安县国土资源局
新安县第三高级中学
新安县财政局
中共伊川县纪律检查委员会
河南伊川农村商业银行股份有限公司
嵩县水利局
嵩县食品药品监督管理局
洛宁县工商行政管理局
洛宁县人民政府办公室
中共洛宁县委党校
洛宁县民政局
洛阳新奥华油燃气有限公司
中共洛阳市涧西区委组织部
洛阳市西工区地方税务局
洛阳市社会保险事业管理局
洛阳市工商行政管理局老城分局

洛阳市救助管理站
洛阳市黄河桥劳动教养管理所
洛阳市劳动教养管理所
河南省农业经济学校
洛阳市第四十六中学
洛阳市洛龙区人民政府办公室
洛阳市卫生监督中心
洛阳市吉利区人民法院
洛阳市吉利区住房和城乡建设局
洛阳市公安局高新派出所

·2011年度市级文明单位·

洛阳市畜牧局（洛阳市兽药饲料（动物产品）质量检验监测中心同创）
洛阳市民族事务委员会（洛阳市联系宗教团体办公室、洛阳市民族宗教事物服务中心同创）
洛阳市安全生产监督管理局（洛阳市安全生产监督管理局培训教育中心同创）
洛阳市食品药品监督管理局
洛阳市工业和信息化局
洛阳市文学艺术界联合会
洛阳市委、市政府机关事务管理局
洛阳市地震局
洛阳市体育局
洛阳市社会科学界联合会
偃师市人力资源和社会保障局
偃师市人民代表大会常务委员会办公室
偃师市自来水公司
偃师市市场发展服务中心
河南永华能源有限公司嵩山煤矿
偃师市安全生产监督管理局
偃师市市政工程管理处
偃师市人口和计划生育委员会
宜阳县公安局
宜阳县残疾人联合会
宜阳县交通路政管理所
宜阳县气象局
宜阳县教育体育局
宜阳县城乡规划局
宜阳县人口和计划生育委员会
中共汝阳县委宣传部
汝阳县总工会
汝阳县发展和改革委员会
汝阳县人口和计划生育委员会
汝阳县实验高中
中国移动通信集团河南有限公司洛阳市汝阳分公司
孟津县人口和计划生育委员会
孟津县环境保护局
孟津县畜牧局
中国邮政储蓄银行有限责任公司孟津县支行
孟津县农村公路路政管理大队
孟津县汇兴水务有限公司
孟津县社会保险中心
栾川县工商行政管理局
栾川县广播电影电视中心
河南省栾川县公路运输管理所
栾川县供销合作社
栾川县行政服务中心
栾川县农村公路路政管理大队
栾川县水利局
栾川县司法局
新安县城关镇第二初级中学
新安县扶贫经济开发办公室
中国共产党新安县委员会政法委员会
中国人民政治协商会议河南省新安县委员会办公室
新安县人民法院
新安县残疾人联合会
新安县新城实验学校
伊川县人事劳动和社会保障局
伊川县气象局
河南省陆浑水库管理局东一干渠管理处
伊川县疾病预防控制中心
伊川县西场学校
中国邮政储蓄银行有限责任公司伊川县支行
伊川县国土资源局
中国共产党嵩县纪律检查委员会
中国共产党嵩县委员会办公室
嵩县环境保护局
嵩县工商行政管理局
河南省嵩县公路运输管理所
河南省嵩县新华书店有限公司
洛宁县发展和改革委员会
洛宁县人口和计划生育委员会
河南省洛宁县公路运输管理所（河南省洛阳市洛宁县地方海事处同创）
中共洛宁县委统一战线工作部
洛宁县妇女联合会
洛宁县第一高级中学
洛宁县中医院
洛阳市涧西区人民政府湖北路街道
洛阳市涧西区人民政府珠江路街道
洛阳市涧西区卫生局
中共涧西区委涧西区人民政府信访局
洛阳市涧西区景华实验小学
洛阳市公安局长春派出所
中国共产党洛阳市涧西区委员会统战部
洛阳市社会福利院
中国共产党洛阳市西工区纪律检查委员会
洛阳市计划生育协会

洛阳市西工区统计局
洛阳市西工区人民政府汉屯路街道
洛阳市西工区人口和计划生育委员会
洛阳市人口和计划生育科学研究所
中国共产党洛阳市老城区委员会宣传部
中国共产党洛阳市老城区委员会办公室
洛阳市老城区残疾人联合会
洛阳市环境监察支队
洛阳市教育局装备与实验管理中心
洛阳市老城区城建监察大队
洛阳市文物工作队
中国共产党洛阳市瀍河回族区委员会组织部
洛阳市按摩医院
洛阳市旭升中学
中国共产党洛阳市瀍河回族区纪律检查委员会
中国共产党洛阳市瀍河回族区委员会办公室
洛阳市瀍河回族区人口和计划生育委员会
洛阳市瀍河回族区民政局
洛阳市瀍河回族区卫生局
中国共产党洛阳市洛龙区委员会办公室
洛阳市洛龙区机关事务管理局
洛阳市第十四中学
洛阳洛粮粮食有限公司
洛阳市洛龙区物价管理办公室
洛阳师范学院附属中学
洛阳市洛龙区第二实验小学
中国共产党洛阳市吉利区委员会办公室
中国共产党洛阳市吉利区委员会组织部
洛阳市吉利区公安局
洛阳市第四十三中学
洛阳市吉利区人口和计划生育委员会
洛阳市环境保护局吉利环境保护分局
洛阳高新技术产业开发区管理委员会
洛阳高新开发区供热中心
洛阳高新技术产业开发区社会保险中心
河南洛阳经济开发区管理委员会
河南洛阳经济开发区国家税务局
洛阳市公安局龙门派出所
洛阳市公安局交通警察支队
河南洛阳伊洛工业园区管理委员会
洛阳市行政服务中心

·2011年度市级文明乡镇·

偃师市大口乡
偃师市山化乡
孟津县朝阳镇
孟津县平乐镇
新安县曹村乡
洛宁县故县镇
洛宁县王范回族镇
宜阳县赵保乡
伊川县江左镇
伊川县高山镇
嵩县田湖镇
嵩县九店乡
栾川县三川镇
栾川县栾川乡
栾川县潭头镇
汝阳县陶营乡
汝阳县付店镇
洛龙区白马寺镇
洛龙区开元路街道龙瑞社区夜叉磨居民委员会
吉利区吉利乡
西工区红山乡
老城区邙山镇

·2011年度市级文明村·

偃师市岳滩镇仝庄村
偃师市岳滩镇周堂村
偃师市缑氏镇缑氏村
偃师市缑氏镇柏谷坞村
偃师市高龙镇辛村
孟津县横水镇新华村
孟津县城关镇孟庄村
孟津县小浪底镇石门村
孟津县平乐镇丁沟村
孟津县送庄镇营庄村
新安县曹村乡田岭村
新安县城关镇寨湾村
新安县石寺镇渠里村
新安县南李村镇石渠村
新安县仓头镇孙都村
洛宁县兴华镇董寺村
洛宁县故县镇寻峪村
洛宁县王范回族镇王东村
洛宁县东宋镇南旧县村
洛宁县底张乡中高村
宜阳县香鹿山镇锁营村
宜阳县高村乡张深村
宜阳县锦屏镇八里堂村
伊川县半坡乡李村
伊川县半坡乡孙村
伊川县高山镇高山村
伊川县城关镇西场村
伊川县城关镇北府店村
嵩县田湖镇小安头村
栾川县潭头镇重渡村
栾川县潭头镇拨云岭村

栾川县赤土店镇马圈村
栾川县陶湾镇秋林村
栾川县秋扒乡蒿坪村
汝阳工业区大安村
洛龙区古城乡范滩村
洛龙区关林镇刘富村
洛龙区安乐镇中岗村
西工区洛北乡东下池村
老城区邙山镇水口村
龙门石窟世界文化遗产园区龙门石窟街道办事处西草店村

洛阳市创先争优活动后进村（社区）整顿工作党员干部驻村任职工作先进集体和个人光荣册

（2012年6月29日）

今年是全党创先争优活动总结表彰之年，是全国基层组织建设年，也是党的十八大召开之年。全市各级党组织和广大党员紧紧围绕福民强市总体目标，深入开展创先争优活动，大力开展后进村（社区）整顿工作，着力推进党员干部驻村任职工作，在推动科学发展、促进社会和谐、服务人民群众、加强组织建设中作出了突出贡献，涌现出一大批先进集体和个人。中央、省委、市委分别对我市创先争优活动、后进村（社区）整顿及党员干部驻村任职工作中涌现出的先进集体和个人进行了表彰。希望受表彰的先进集体和个人珍惜荣誉，谦虚谨慎，戒骄戒躁，再接再厉。全市各级党组织和共产党员要以先进典型为榜样，进一步加强党的建设，把学习先进典型同深化创先争优活动结合起来，同进一步加强党的基层组织和党员干部队伍建设结合起来，同持续、提升“六加一”攻坚战结合起来，锐意进取，勤奋工作，少搞形式，多干实事，为实现福民强市总体目标作出新的更大的贡献，以优异成绩迎接党的十八大胜利召开！

洛阳市受中央表彰的创先争优活动先进集体名单

一、创先争优活动先进县（市)区党委名单
中共孟津县委员会
二、创先争优先进基层党组织名单
中共栾川县冷水镇委员会
中共中信重工机械股份有限公司委员会
洛阳市受省委表彰的创先争优活动

先进集体和个人名单

一、创先争优活动先进县（市)区党委名单
中共汝阳县委员会
中共西工区委员会
二、创先争优先进基层党组织名单
中共偃师市首阳山镇沟口头村支部委员会
中共新安县石井镇介庄村支部委员会
中共宜阳县人力资源和社会保障局委员会
中共洛宁县王范回族镇委员会
中共伊川县城关镇南府店村委员会
中共嵩县德亭镇委员会
中共洛阳市涧西区长春路街道工作委员会
中共洛阳市老城区西关街道工作委员会
中共洛阳市瀍河回族区五股路街道街道龙泉社区居民支部委员会
中共洛阳市洛龙区龙门镇委员会
中共洛阳市吉利区吉利乡委员会
中共洛阳高新技术产业开发区区直机关工作委员会
中共洛阳市伊滨区寇店镇委员会
中共洛阳市龙门石窟世界文化遗产园区龙门石窟街道办事处委员会
中共洛阳市公安局犯罪侦查局刑事侦查支队有组织犯罪侦查大队支部委员会
中共洛阳市地方税务局直属机关委员会
中共中国船舶重工第725研究所委员会
中共洛阳市第一高级中学委员会
中共河南科技大学第二附属医院委员会
中共洛阳上百金鑫珠宝有限公司支部委员会
中共洛阳敬业会计师事务所支部委员会
三、创先争优优秀共产党员名单
徐才智　河南省才智种子开发有限公司董事长
张　三　新安县磁涧镇礼河村党支部书记
王少杰　宜阳县产业集聚区管理委员会主任
程建宇　汝阳县检察院党组成员、群工专员
樊会涛　中国空空导弹研究院副院长、总设计师、科技委主任、高级专务
刘京生　中共洛阳市委组织部主任科员
杨延卿　洛阳市心理咨询师协会党支部书记

洛阳市受省委表彰的党员干部

驻村任　职工作先进集体和个人名单
一、党员干部驻村任职工作先进驻村办名单
洛阳市党员干部驻村任职工作领导小组办公室
孟津县党员干部驻村任职工作领导小组办公室
栾川县党员干部驻村任职工作领导小组办公室
二、党员干部驻村任职工作先进选派单位名单
洛阳市公路局
偃师市林业局
汝阳县司法局
三、党员干部驻村任职工作优秀第一书记名单
刘建民　省政府办公厅驻栾川县合峪镇弧山沟村党支部第一书记
申雷涛　洛阳市农工委驻汝阳县内埠镇双泉村党支部

第一书记
朱涛雷　宜阳县水利局驻宜阳县柳泉镇西高村党支部第一书记
贺巧云　洛宁县人口和计划生育委员会驻洛宁县底张乡中高村党支部第一书记
周向展　伊川县高山镇政府驻伊川县高山镇金滹沱村党支部第一书记
李艳岗　嵩县广播电视台驻嵩县白河镇瓦房村党支部第一书记
牛龙圈　洛阳市伊滨区李村镇政府驻伊滨区李村镇魏村党支部第一书记
四、党员干部驻村任职工作先进个人名单
曹红森　新安县驻村帮扶工作办公室干部
孙　舟　洛阳市洛龙区党员干部驻村任职工作办公室副主任
耿备战　洛阳市吉利区党员干部驻村任职工作办公室主任

洛阳市创先争优活动先进集体和个人名单

一、创先争优活动先进县（市）区党委名单
中共新安县委员会
中共栾川县委员会
二、创先争优先进基层党组织名单
中共偃师市府店镇委员会
中共偃师市供电有限公司委员会
中共偃师市顾县镇委员会
中共偃师市住房和城乡建设局委员会
中共孟津县小浪底镇委员会
中共孟津县住房和城乡建设局总支部委员会
中共洛阳隆华传热科技股份有限公司支部委员会
中共孟津县朝阳镇姚凹村总支部委员会
中共新安县公安局委员会
中共新安县石井镇委员会
中共新安县地税局总支部委员会
中共新安县五头镇马头村支部委员会
中共宜阳县住房和城乡建设局委员会
中共宜阳县水利局委员会
中共宜阳县电业局委员会
中共宜阳县水务集团有限公司支部委员会
中共洛宁县故县镇委员会
中共洛宁县地方税务局支部委员会
中共洛宁县委组织部支部委员会
中共洛宁县马店镇张村村支部委员会
中共伊川县鸣皋镇委员会
中共伊川县吕店镇委员会
中共洛阳市新天地置业集团总支部委员会
中共伊川县环保局总支部委员会
中共嵩县大章镇委员会
中共嵩县木植街乡委员会
中共嵩县电业局委员会
中共嵩县林业局总支部委员会
中共栾川县叫河镇委员会
中共栾川县陶湾镇委员会
中共栾川县电业局委员会
中共栾川县行政服务中心支部委员会
中共汝阳县付店镇委员会
中共汝阳县柏树乡委员会
中共汝阳县人民法院总支部委员会
中共汝阳县财政局总支部委员会
中共洛阳市涧西区环境卫生管理局委员会
中共洛阳市涧西区徐家营街道工作委员会
中共洛阳市涧西区天津路街道工作委员会
中共洛阳市西工区汉屯路街道工作委员会
中共洛阳市西工区西工街道工作委员会
中共洛阳市西工区西工街道市府院社区总支部委员会
中共洛阳市老城区委组织部联合支部委员会
中共洛阳市老城区邙山镇中沟村委员会
中共洛阳市老城区邙山镇丽景社区支部委员会
中共洛阳市瀍河回族区市容环境卫生管理局支部委员会
中共洛阳市瀍河回族区东关街道工作委员会
中共洛阳博泰机车装备有限公司委员会
中共洛阳市洛龙区丰李镇委员会
中共洛阳市洛龙区关林镇委员会
中共洛阳市洛龙区人口和计划生育委员会总支部委员会
中共洛阳市洛龙区关林市场商会总支部委员会
中共洛阳市吉利区大庆路街道工作委员会
中共洛阳市吉利区住房和城乡建设局总支部委员会
中共洛阳高新技术产业开发区城市监察管理局支部委员会
中共洛阳金诺机械工程有限公司支部委员会
中共洛阳市伊滨区寇店镇李家村总支部委员会
中共洛阳市伊滨区庞村镇西庞村总支部委员会
中共洛阳市伊滨区李村镇西李社区支部委员会
中共龙门石窟世界文化遗产园区龙门石窟街道办事处龙门社区委员会
中共洛阳市委办公室机关委员会
中共洛阳市委政法委机关总支部委员会
中共洛阳市委市直工委机关总支部委员会
中共洛阳市委老干部局直属机关委员会
中共洛阳日报社委员会
中共洛阳市人民政府办公室机关委员会
中共洛阳市教育局直属机关委员会
中共洛阳市民政局直属机关委员会
中共洛阳市财政局第七支部委员会
中共洛阳市住房和城乡建设委员会直属机关委员会
中共洛阳市商务局招待所支部委员会
中共洛阳市审计局机关委员会
中共洛阳市扶贫开发办公室机关支部委员会
中共洛阳市园林局直属机关委员会
中共洛阳市行政服务中心工作委员会窗口第三支部委员会
中共洛阳市社会保险事业管理局委员会

中共洛阳市军粮供应有限公司支部委员会
中共洛阳市高速公路路政管理处总支部委员会
中共洛阳市第五十五中学支部委员会
中共洛阳市第二外国语学校支部委员会
中共洛阳市第四十六中学总支部委员会
中共洛阳市实验小学总支部委员会
中共洛阳市精神卫生中心委员会
中共洛阳市疾病预防控制中心委员会
中共洛阳市第三人民医院委员会
中共洛阳栾川钼业集团股份有限公司委员会
中共河南柴油机重工有限责任公司特种螺栓制造公司支部委员会
中共河南中烟工业有限责任公司洛阳卷烟厂委员会
中共中国航空工业集团公司洛阳电光设备研究所伟信公司支部委员会
中共中钢耐火材料有限公司炉窑工程公司支部委员会
中共洛阳联通公司集团客户事业部第一支部委员会
中共一拖（洛阳）动力机械有限公司委员会
中共中国石油化工股份有限公司洛阳分公司委员会
中共黎明化工研究院化学推进剂分厂支部委员会
中共大唐洛阳热电厂委员会
中共河南省电力公司洛阳供电公司委员会
中共洛阳天浩泰轨道装备制造有限公司委员会
中共洛阳市医学会支部委员会
中共洛阳市律师所联合支部委员会
中共洛阳明鉴会计师事务所支部委员会

三、创先争优优秀共产党员名单

赵利科　偃师市首阳山镇郭坟村党支部书记
马增现　偃师市山化镇游殿村党支部书记
丁洪水　偃师市邙岭乡省庄村党员
吉英杰　偃师市公路管理局路政科科长
牛长斌　偃师市人民医院心内三科主任
马其祥　孟津县常袋镇马岭村党支部书记
陈朝晖　孟津县公路管理局牛步河道班班长
马景堂　孟津县林业局党组书记、局长
郭文晓　孟津县公安局刑侦大队副大队长
李晓伟　孟津县朝阳镇副镇长
郭相山　新安县南李村镇郁山村党支部书记
张大忠　新安县曹村乡小寨岭村党支部委员
郭天福　新安县仓头镇张村村党支部书记
吴志伟　新安县磁涧镇李子沟村大学生村干部
王晋阳　宜阳县城关镇党委书记
仝占军　宜阳县盐镇乡党委书记
张治华　宜阳县电业局副局长
张国民　宜阳县粮食局党委书记、局长
李英涛　洛宁县民政局局长
段新鹏　洛宁县纪委副书记
张耀光　洛宁县全宝山林场党支部书记、场长
沈利晓　洛宁县第一高级中学教师
王国灿　伊川县卫生局党委副书记、局长
谢灵江　伊川县葛寨乡党委书记
高运伟　伊川县委办公室副主任、县委后勤服务中心主任
刘光正　伊川县第二高级中学教师
智灿彪　伊川县彭婆镇智沟村党支部书记
赵灵伟　嵩县九店乡党委书记
李东奇　嵩县白河镇上庄坪村党支部书记
于明业　嵩县广播电影电视台党总支书记、台长
李景朝　嵩县政法委主任科员
尤安娃　栾川县赤土店镇竹园村党支部书记
张彦龙　栾川县石庙镇常门村党支部书记
李荣有　栾川县广播电影电视中心职工
王　钰　栾川县第一高级中学教师
何胜利　汝阳县刘店镇党委书记、人大主席
王战峰　汝阳县靳村乡党委书记、人大主席
姬现立　汝阳县人民法院党组成员、纪检组长
禹水平　汝阳县城关镇东街社区党支部书记
吴　迪　洛阳市涧西区财政局党支部书记、局长
彭志霞　洛阳市涧西区武汉路街道武汉路社区党委副书记
路朝阳　中实洛阳重型机械有限公司政工干事
马淑典　洛阳市西工区唐宫路街道洛玻社区党员
王丰岭　洛阳市西工区稳定办主任
周全来　洛阳市西工区王城路街道军民巷社区涧东路8号院党支部书记
郭惠君　洛阳市老城区洛浦街道干部
李　静　洛阳市老城区西北隅街道同化街社区党支部副书记、主任
郭中奎　洛阳市老城区洛浦街道烧沟村党委书记
潘双林　洛阳市瀍河回族区瀍西街道东车站社区党员
李桂平　洛阳市瀍河回族区五股路街道艺苑党支部书记
郭明明　洛阳市洛龙区白马寺镇党委办公室主任
梁林兴　洛阳市洛龙区古城乡梁屯村党支部书记
孙宗敏　洛阳市洛龙区第二实验学校教师
黄丙章　洛阳市吉利区人民检察院党组成员、法警大队队长
张松捷　洛阳市吉利区住房和城乡建设局检测站站长
于建红　洛阳市高新区孙旗屯乡滹沱社区党支部书记
倪淑卿　洛阳市伊滨区诸葛镇康庄社区党支部书记
毛建栓　洛阳市伊滨区李村镇武屯社区党支部书记
杜春坛　洛阳市伊滨区寇店镇杜寨村党支部书记
王新峰　龙门石窟世界文化遗产园区龙门石窟窟区管理处主任
曾红林　洛阳市纪委监察局副科级检查员
韩　雷　洛阳市绩效考核办公室主任科员
齐小伟　洛阳市信访局联络科副主任科员
刘少祥　洛阳市委市直机关工作委员会办公室副主任
陈伯恒　洛阳广播电视台电视新闻节目部记者
郭伟峰　洛阳市公安局交警支队东关交巡大队民警
袁建明　洛阳市住房和城乡建设委员会建筑管理科科长

申军伟　洛阳市城乡规划局机关党总支专职副书记
李巧峰　洛阳市政协办公室副主任
杜永丽　洛阳新区建设一局市政科科长
岳学松　洛阳市总工会机关党委专职副书记
李建平　洛阳市国家税务局信息中心主任
庆国强　洛阳市城市照明灯饰管理处城东所所长
李艳琴　洛阳市重点体校科员
郝志娟　洛阳市物价检查所办公室科员
靳朝喜　洛阳市环境监测站有机实验室主任
郭　峰　洛阳市人事考试中心科员
张鹏飞　洛阳市经济管理职业中等专业学校副校长
梁金贵　洛阳市第二中学副校长
李永强　洛阳市实验中学副校长
尹春喜　洛阳市东升二中办公室主任
裴素青　洛阳市外国语学校党总支书记、校长
杨红娥　洛阳市第四十四中学副校长
郭俊惠　洛阳市妇女儿童医疗保健中心党委副书记、纪委书记
朱　巍　洛阳市卫生监督中心党委委员、副主任
吴军杰　洛阳市第五人民医院总务科科长
潘清江　洛阳栾川钼业集团股份有限公司组织部部长、人力资源处处长
代静敏　洛阳美陶三彩工业有限公司党委书记、副总经理
黄　新　中国石化集团洛阳石油化工工程公司党支部书记、副总经济师、项目管理部主任
张　景　南车洛阳机车有限公司高级技师
张剑丽　洛阳北方企业集团有限公司配件制造部车轮主管工程师
高　文　洛阳铜加工集团金像艺术制品有限公司总经理
刘　翃　中机十院国际工程有限公司财务部会计
李　涛　麦斯克电子材料有限公司抛光班长
白　鸽　中国移动通信集团河南有限公司洛阳分公司党群工作部副主任
高静丽　河南北方永盛摩托车有限责任公司财务副总助理
胡玉华　洛阳市体育总会副秘书长
王红举　河南大鑫律师事务所主任
郭社坤　伊川县顺天联合会计师事务所主任会计师
娄建党　洛阳市安方出租公司出租车司机、“雷锋车队”队长

四、创先争优优秀党务工作者名单

王改红　偃师市城关镇党委书记、人大主席
石正道　偃师市邙岭乡党委书记、人大主席
邓金慧　偃师市新闻中心主任
王向东　偃师市地方税务局党组书记、局长
宋豪杰　偃师市委组织部组织科科长
王耀光　偃师市山化镇党委书记、人大主席
王公平　孟津县国土资源局党组书记、局长
潘书森　孟津县交通运输局党组书记、局长
陈松禄　孟津县国家税务局党组书记、局长
许利营　孟津县委组织部组织一科科长
张　翼　新安县曹村乡党委书记、人大主席
高亚涛　新安县石井镇党委副书记
苗丽萍　新安县南李村镇党委委员、人大主席
杨一哲　新安县委组织部干部
周海军　宜阳县市政管理局党委书记
王占伟　宜阳县公路管理局党总支书记、局长
刘宜伟　宜阳县莲庄镇党委副书记
刘二刚　宜阳县香鹿山镇官庄村党支部书记
王校峰　洛宁县西山底乡党委书记
郭均平　洛宁县国税局党组书记、局长
吴君涛　洛宁县卫生局党委副书记、副局长
段中武　洛宁县长水乡西街村党支部书记
胡建超　伊川县委组织部副部长，县人社局党组书记、局长
赵秋娈　伊川县委宣传部副部长，县广播电视局党组书记、局长
程相军　伊川县吕店镇党委书记、人大主席
苏亚峰　伊川县水寨镇党委副书记
李灿强　伊川县电业局党政办主任
娄军峰　嵩县车村镇党委书记
赵　信　嵩县县委组织部组织科科长
高黎明　嵩县木植街乡党委副书记
陈志敏　嵩县公安局副政委
胡朝辉　栾川县委组织部副部长
朱红立　栾川县庙子镇党委副书记、纪委书记
尹新红　栾川县冷水镇党委委员、党政办主任
张志钦　栾川县鸡冠洞景区管理处党总支副书记、处长
张龙奇　汝阳县王坪乡党委书记、人大主席
汪怀卿　汝阳县十八盘乡党委书记、人大主席
潘伟峰　汝阳县蔡店乡党委书记、人大主席
侯占航　汝阳县委组织部组织科科长
张继涛　汝阳县靳村乡党委组织干事
巩颖淮　洛阳市涧西区南昌路街道党工委书记
马国顺　洛阳市涧西区实验小学党支部书记、校长
赵军政　洛阳市涧西区重庆路街道党工委书记
石雅琦　洛阳市西工区委组织部组织科科长
夏姬婷　洛阳市西工区唐宫路街道街道党政办主任
柴洪涛　洛阳市西工区金谷园街道党工委书记
杜遂卿　洛阳万山高新技术应用工程有限公司党支部副书记
陈江涛　洛阳市老城区西关街道党工委副书记、纪委书记
张玉民　洛阳市老城区残疾人联合会理事长
刘公璞　洛阳天浩泰轨道装备制造有限公司党委书记
马庆阁　洛阳市瀍河回族区杨文街道巾帼党支部书记
王保卫　洛阳市洛龙区李楼镇党委书记、人大主席
陆伟宾　洛阳市洛龙区丰李镇党委书记、人大主席
潘小敏　洛阳市洛龙区开元路街道党工委副书记
郭国平　洛阳市吉利区吉利乡冶戍村党总支书记、村委会

主任
胡旭峰　洛阳市吉利区委组织部组织科科长
申延伟　洛阳市吉利区财政局科员
马少军　洛阳市高新区辛店镇党委书记、人大主席
王国章　洛阳市伊滨区庞村镇党委书记
赵杰瑞　洛阳市伊滨区佃庄镇党委书记
王树森　洛阳市伊滨区佃庄镇西大郊村党支部书记
樊帅峰　龙门石窟世界文化遗产园区管委会办公室副主任
许　松　洛阳市经济开发区党工委党务党建专职干事
宁敬立　洛阳市委宣传部机关党委专职副书记
高　晓　洛阳市委统战部党总支专职副书记
董军普　洛阳市委农工委人事处主任科员
李智民　洛阳市委党校机关党委专职副书记
罗　军　洛阳市人大机关党委专职副书记
师继伟　洛阳市教育局直属机关党委专职副书记
刘　戎　洛阳市公安局政治部组教处民警
刘　建　洛阳市民政局主任科员
甘应平　洛阳市国土资源局直属机关党委专职副书记
钱绍政　洛阳市林业局森林公安局党支部书记
王甫瑞　洛阳市卫生局直属机关党委专职副书记
孙　颂　洛阳市统计局机关党委专职副书记
路　强　洛阳市人民政府国有资产监督管理委员会组织人事科副科长
尚庆芳　洛阳市地方税务局直属机关党委专职副书记
陈伟勋　洛阳市工商联组织部副部长、党支部组织委员
李　泠　洛阳关林管理处党支部书记
刘振刚　洛阳市特种设备检测检验所党支部副书记
张　炜　洛阳市艺术研究所党支部书记
侯宇红　洛阳市城管信息受理中心党支部书记、主任
刘学鹏　洛阳市第一中学党总支书记
张福生　洛阳市第三中学党总支组织委员、副校长
唐明伟　洛阳市第二实验中学党总支副书记、校长
李　芃　洛阳市第一人民医院党委办公室主任
席　鹃　洛阳市第一中医院党委办公室主任
金　燕　洛阳市公共交通集团有限公司党委办公室主任
张用兵　中国船舶重工集团公司第725研究所第三研究室党支部书记、主任
彭武胜　中国石油天然气第一建设公司党委工作部副部长
蒋中文　中国一拖集团有限公司采购中心党群效能监察室主任
韩君啸　中国洛阳浮法玻璃集团有限责任公司党群工作部副部长
袁　琳　河南柴油机重工有限责任公司组织部组工科长
江　玮　洛阳轴研科技股份有限公司党委工作部部长
庞洛明　机械工业第四设计研究院自动化工程院党支部书记
徐新峰　洛阳LYC轴承有限公司党委工作部部长、机关党委书记
李潮江　中国空空导弹研究院宣传部部长
于国志　洛阳市律师协会党委委员
刘　行　栾川伊祥会计师事务所党支部书记
马　焱　普莱柯生物工程股份有限公司党委副书记

洛阳市后进村（社区）整顿工作先进集体名单

一、后进村（社区）整顿工作先进乡镇（街道）党（工）委名单

中共偃师市首阳山镇委员会
中共孟津县白鹤镇委员会
中共新安县南李村镇委员会
中共宜阳县樊村乡委员会
中共洛宁县东宋镇委员会
中共伊川县水寨镇委员会
中共嵩县闫庄镇委员会
中共栾川县合峪镇委员会
中共汝阳县王坪乡委员会
中共洛阳市涧西区郑州路街道工作委员会
中共洛阳市西工区洛北乡委员会
中共洛阳市老城区东北隅街道工作委员会
中共洛阳市瀍河回族区五股路街道工作委员会
中共洛阳市洛龙区开元路街道工作委员会
中共洛阳市伊滨区诸葛镇委员会

二、后进村（社区）整顿工作先进帮扶单位名单

偃师市总工会
偃师市民政局
孟津县卫生局
孟津县人口和计划生育委员会
新安县财政局
新安县畜牧局
宜阳县委宣传部
宜阳县人口和计划生育委员会
洛宁县国土资源局
洛宁县卫生局
洛宁县君龙矿产品贸易有限公司
伊川县发展和改革委员会
伊川县民政局
伊川县财政局
嵩县人力资源和社会保障局
嵩县财政局
栾川县财政局
栾川县民政局
汝阳县国税局
汝阳县人力资源和社会保障局
洛阳市涧西区民政局
洛阳市西工区市容环卫局
洛阳市老城区委政法委
洛阳市瀍河回族区农村经济办公室
洛阳市洛龙区委政法委
洛阳市洛龙区委组织部
洛阳市吉利区交通运输局

洛阳高新技术产业开发区组织人事和社会保障局
洛阳市伊滨区管理委员会教育中心
龙门石窟世界文化遗产园区管委会办公室

洛阳市党员干部驻村任职工作先进集体和个人名单

一、党员干部驻村任职工作先进选派单位名单

洛阳市公安局
偃师市翟镇镇
偃师市城关镇
孟津县科技局
洛阳空港产业集聚区
新安县卫生局
新安县农业局
宜阳县柳泉镇
宜阳县锦屏镇
洛宁县发展和改革委员会
洛宁县文化广电新闻出版局
洛宁县交通运输局农村公路路政大队
伊川县江左镇
伊川县葛寨乡
嵩县国土资源局
嵩县交通运输局
嵩县民政局
栾川县栾川乡
栾川县卫生局
汝阳县内埠镇
汝阳工业区
洛阳市涧西区工农乡
洛阳市西工区红山乡
洛阳市老城区邙山镇
洛阳市瀍河回族区北窑街道
洛阳市洛龙区人力资源和社会保障局
洛阳市洛龙区白马寺镇
洛阳市吉利区农村工作办公室
洛阳市伊滨区佃庄镇
龙门石窟世界文化遗产园区市政环卫处

二、党员干部驻村任职工作优秀第一书记名单

陈　英　河南省人民医院驻汝阳三屯镇秦岭村党支部第一书记
侯晓冬　河南省地质矿产队驻洛宁小界乡瓦村党支部第一书记
杨铁军　偃师市城关镇政府驻偃师城关镇北关村党支部第一书记
宫延伟　偃师市委组织部驻偃师顾县镇安滩村党支部第一书记
李兴国　偃师市岳滩镇政府驻偃师岳滩镇尚庄村党支部第一书记
贾绍锋　洛阳市公路局驻孟津白鹤镇崔窑村党支部第一书记
廉国锋　孟津县广电总台驻孟津横水镇新华村党支部书记
吕江霞　孟津县会盟镇政府驻孟津会盟镇铁炉村党支部书记
张江飞　新安县正村镇政府驻新安正村镇南岳村党支部第一书记
张小涛　新安县石井镇政府驻新安石井镇安里村党支部第一书记
张毅飞　宜阳县柳泉镇政府驻宜阳柳泉镇毛沟村党支部第一书记
冯利强　宜阳县教育局驻宜阳高村乡铁炉村党支部第一书记
汤玉莉　洛宁县教育局驻洛宁城关镇西街村党支部第一书记
焦延明　洛阳市公安局驻伊川吕店镇姚堂村党支部第一书记
陈毅彪　伊川县江左镇政府驻伊川江左镇吴沟村党支部第一书记
付晓磊　嵩县公路管理局驻嵩县大坪乡官亭村党支部第一书记
任汉伟　嵩县库区乡政府驻嵩县库区乡桥北村党支部第一书记
贾丙西　栾川县黄金局驻栾川石庙镇观星村党支部第一书记
张二虎　栾川县白土镇政府驻栾川白土镇马超营村党支部第一书记
范兴峰　汝阳县小店镇政府驻汝阳城关镇南街社区党支部第一书记
翟迎航　汝阳县司法局驻汝阳小店镇黄屯村党支部第一书记
李宝才　洛阳市涧西区工农乡驻涧西区工农乡王府庄村党支部书记
李宝通　洛阳市西工区红山乡政府驻西工区红山乡柿园村党支部第一书记
史慧敏　洛阳市老城区邙山镇政府驻老城区邙山镇史家沟村党支部第一书记
马　腾　洛阳市瀍河回族乡政府驻瀍河回族区瀍河回族乡塔东村党支部第一书记
王晓粉　洛阳市洛龙区关林镇政府驻洛龙区古城乡毕沟村党支部第一书记
杨成勋　洛阳市洛龙区人力资源和社会保障局驻洛龙区龙门镇商屯村党支部书记
张艳辉　洛阳市吉利区电视台驻吉利区吉利乡康窑村党支部第一书记
王艳军　洛阳市伊滨区佃庄镇政府驻伊滨区佃庄镇大郎庙村党支部第一书记
张巧军　龙门石窟世界文化遗产园区市政环卫处驻龙门园区龙门石窟街道办事处张沟社区党支部第一书记

2011年度洛阳市各部门、各县（市）区获省部级以上表彰情况

表彰事项及单位	表彰机关	表彰时间	承办单位
全国文明城市（洛阳市）	中央文明办	2011年12月	市创建办
全国扶贫开发先进集体	国务院扶贫开发领导小组	2011年11月	市扶贫办
第六次全国人口普查工作先进集体（市人口普查办公室）	国家统计局、国务院第六次全国人口普查工作领导小组办公室	2011年6月	市统计局
全国“扫黄打非”小组先进集体（市“扫黄打非”领导小组办公室）	全国“扫黄打非”工作领导	2011年5月	市“扫黄打非”领导小组办公室
全省先进基层党组织（市总工会机关党委）	河南省委	2011年6月	市总工会
全省先进基层党组织（市委党校机关党委）	河南省委	2011年6月	市委党校
民革全国机关工作先进集体（民革洛阳市委）	民革中央	2011年12月	市委统战部
纪念中国民主同盟成立七十周年先进集体（民盟洛阳市委）	民盟中央	2011年5月	市委统战部
全国文化体制改革工作先进地区（洛阳市）	中宣部	2011年4月	市委宣传部
河南省重点项目建设先进单位（洛阳市）	河南省政府	2011年2月	市发展改革委
河南省电力迎峰度夏工作先进集体（洛阳市）	河南省政府	2011年10月	市发展改革委
全国卫生城市（洛阳市）	全国爱卫会	2011年11月	市卫生局
中医基本现状调查工作优秀组织单位（市卫生局）	国家中医药管理局	2011年9月	市卫生局
全国安全生产月活动优秀单位（市安监局）	国务院安委会办公室	2011年9月	市安全监管局
全省先进基层党组织（市出入境管理处党支部）	河南省委	2011年6月	市公安局
全省法制宣传教育和依法治理工作先进集体（洛阳市）	河南省委、省政府	2011年6月	市司法局
全省法制宣传教育先进集体（市依法治市办）	中宣部、司法部	2011年5月	市司法局
全国双拥模范城（洛阳市）	民政部、中央军委总政治部		市民政局
全民健身活动优秀组织奖（市体育局）	国家体育总局	2011年12月	市体育局
国家森林城市（洛阳市）	全国绿化委员会、国家林业局	2011年6月	市林业局
国土绿化突出贡献单位（市林业局）	全国绿化委员会	2011年12月	市林业局
全国粮食系统法制宣传教育先进单位（市粮食局）	国家粮食局	2011年3月	市粮食局
全省先进基层党组织（市气象局党支部）	河南省委	2011年6月	市气象局
全国备货和调出烟叶等级质量较好的烟叶产区（洛阳市）	国家烟草专卖局	2011年3月	市烟草局
全省对外开放工作优秀省辖市（洛阳市）	河南省政府	2011年12月	市商务局
全国民委系统法制宣传教育先进集体（市民委）	国家民委	2011年6月	市民委
全省先进基层党组织（市统计局机关党委）	河南省委	2011年6月	市统计局
全省先进基层党组织（市工商局机关党委）	河南省委	2011年6月	市工商局
全国财政“五五”法制宣传教育先进集体（市财政局）	财政部	2011年7月	市财政局
全国先进基层党组织（市注册会计师行业党委）	中央组织部	2011年7月	市财政局
全省先进基层党组织（市财政局机关党委）	河南省委	2011年6月	市财政局
“十一五”期间全国黄金行业先进集体（市黄金局）	中国黄金协会、中国机冶建材工会全国委员会	2011年11月	市黄金局
全国报业经营管理优秀单位（洛阳日报社）	中国报协	2011年1月	洛阳日报社
全国矿业权实地核查工作先进集体（市国土资源局）	国土资源部	2011年6月	市国土资源局
全国住房和城乡建设系统“五五”普法工作先进单位（市住建委）	住房和城乡建设部	2011年11月	市住房城乡建设委

续表1

表彰事项及单位	表彰机关	表彰时间	承办单位
全国旅游系统先进集体（市旅游局）	人力资源社会保障部、国家旅游局	2011年12月	市旅游局
全国农村公路建设质量年活动先进集体（市农村公路管理处）	交通运输部	2011年8月	市交通运输局
人民防空先进集体（市人防办）	济南军区、山东省政府、河南省政府	2011年5月	市人防办
全省先进基层党组织（市公用事业局机关党委）	河南省委	2011年6月	市公用事业局
河南省思想政治工作先进单位（偃师市）	河南省委	2011年1月	偃师市
河南省优秀金融生态县（市）（偃师市）	河南省政府	2011年9月	偃师市
河南省文明城市（偃师市）	河南省文指委	2011年12月	偃师市
全国法制宣传教育先进集体（偃师市）	中宣部、司法部	2011年5月	偃师市
全国科技进步考核先进县（偃师市）	科技部	2011年11月	偃师市
全国计划生育优质服务先进县市（偃师市）	国家计生委	2011年2月	偃师市
全省用群众工作统揽信访工作先进单位（新安县）	河南省委、省政府	2011年2月	新安县
第二批河南省义务教育均衡发展先进县（新安县）	河南省政府	2011年3月	新安县
河南省文明城市（新安县）	河南省文指委	2011年12月	新安县
国家卫生县城（孟津县）	全国爱卫会	2011年11月	孟津县
全国新农村建设项目管理奖（孟津县）	中央统战部	2011年4月	孟津县
全国计划生育优质服务先进县（孟津县）	国家计生委	2011年11月	孟津县
河南省抗旱应急灌溉工程建设先进县（孟津县）	河南省委、省政府	2011年8月	孟津县
全省平安建设先进县（孟津县）	河南省委、省政府	2011年3月	孟津县
全省防范处理邪教工作先进集体（孟津县）	河南省委、省政府	2011年3月	孟津县
国家青少年主题教育读书活动先进集体（孟津县）	教育部	2011年8月	孟津县
新农村电气化建设先进单位（孟津县）	国家电网公司	2011年1月	孟津县
全省对外开放工作先进县（伊川县）	河南省政府	2011年12月	伊川县
第三批地质灾害群测群防“十有县”（伊川县）	国土资源部	2011年12月	伊川县
河南省扶贫开发先进县（伊川县）	河南省委、省政府	2011年12月	伊川县
国家卫生城市（宜阳县）	全国爱卫会	2011年11月	宜阳县
全省林业生态建设先进单位（宜阳县）	河南省政府	2011年3月	宜阳县
全省对外开放工作先进县（宜阳县）	河南省政府	2011年12月	宜阳县
“红旗渠”精神杯先进集体（宜阳县）	河南省政府	2011年12月	宜阳县
全省对外开放工作先进产业集聚区（宜阳县）	河南省政府	2011年12月	宜阳县
全省平安建设先进县（汝阳县）	河南省委、省政府	2011年2月	汝阳县
全省法制宣传教育和依法治理工作先进集体（汝阳县）	河南省委、省政府	2011年6月	汝阳县
人民防空先进城市（洛宁县）	济南军区国防动员委员会	2011年5月	洛宁县
河南省林业生态县（洛宁县）	河南省政府	2011年3月	洛宁县
全国“十一五”水电农村电气化县（栾川县）	水利部	2011年4月	栾川县
国家卫生县城（栾川县）	全国爱卫会	2011年11月	栾川县
中原平安杯（栾川县）	河南省委	2011年2月	栾川县

续表2

表彰事项及单位	表彰机关	表彰时间	承办单位
全省扶贫开发工作先进县（栾川县）	河南省委、省政府	2011年12月	栾川县
全国水电农村电气化县（嵩县）	水利部	2011年4月	嵩县
中国黄金十强县（嵩县）	中国黄金协会	2011年8月	嵩县
国家科技计划工作先进集体（嵩县）	科技部	2011年2月	嵩县
全国科技进步先进县（嵩县）	科技部	2011年11月	嵩县
省级文明城市创建工作先进县（嵩县）	河南省文指委	2011年12月	嵩县
全国绿化先进集体（嵩县）	人力资源社会保障部、全国绿化委、国家林业局	2011年3月	嵩县
全国保护森林和野生动植物资源先进集体（嵩县）	国家林业局	2011年4月	嵩县
全国“立案信访窗口”先进集体（嵩县）	最高人民法院	2011年7月	嵩县
全国地方政府性债务审计先进公务员集体（嵩县）	国家审计署	2011年12月	嵩县
全国科技进步先进区（涧西区）	科技部	2011年11月	涧西区
全国法制宣传教育先进集体（涧西区）	中宣部、司法部	2011年5月	涧西区
全省用群众工作统揽信访工作先进区（吉利区）	河南省委、省政府	2011年2月	吉利区
中原平安杯（吉利区）	河南省委、省政府	2011年2月	吉利区
全省法制宣传教育和依法治理工作先进集体（吉利区）	河南省委、省政府	2011年6月	吉利区
全国科技进步县（市）区（吉利区）	科技部	2011年11月	吉利区
全国计划生育优质服务先进单位（吉利区）	国家人口计生委	2011年12月	吉利区
全省对外开放工作先进区（洛龙区）	河南省政府	2011年2月	洛龙区
全国科技进步先进区（洛龙区）	科技部	2011年11月	洛龙区
全省残疾人工作先进区（洛龙区）	河南省人民政府残疾人工作委员会	2011年8月	洛龙区
河南省十强产业集聚区（洛阳高新区）	河南省政府	2011年2月	洛阳高新区
全国文明风景旅游区（龙门园区）	中央文明办、住建部、国家旅游局	2011年12月	龙门石窟世界文化旅游园区

旅行社和星级宾馆

·旅行社·

洛阳市具有经营出境旅游业务资格的旅行社

1. 洛阳中国国际旅行社有限公司
　　地　址：洛阳市九都西路旅游大厦5楼
　　总经理：洪关建
　　办公室：64326808　　传真：64325200
2. 洛阳市中旅旅行社有限公司
　　地　址：洛阳市申泰大厦8楼
　　总经理：闫新华
　　办公室：64617188　　传真：64617553
3. 洛阳中国青年旅行社有限责任公司
　　地　址：洛阳市涧西区南昌路与长江东路交叉口东南角创展国际贵都2–813
　　总经理：刘保东
　　办公室：63305888　　传真：63305858
4. 洛阳龙门石窟国际旅行社
　　地　址：洛阳市西工区中州中路216号邮政大厦7楼
　　总经理：赵虎龙
　　办公室：63290727

洛阳市具有经营国内和入境旅游业务资格的旅行社

1. 洛阳邮电国际旅行社
　　地　址：洛阳市凯旋东路15号
　　总经理：王支华
　　办公室：63306789　　传真：63306789
2. 洛阳市河洛旅行社有限公司

地　址：洛阳市太原南路1号
总经理：李　阁
办公室：64871199　　传真：64876633
3. 洛阳东方旅行社有限公司
地　址：涧西区青滇路5号11楼南小二楼1楼东
总经理：虎梅芹
办公室：64968919　　传真：64212046
4. 洛阳古都旅行社有限公司
地　址：洛阳市丽春西路中泰世纪花城5-102室
总经理：李保民
办公室：64319858　　传真：64323560
5. 洛阳电视台风情旅行社有限公司
地　址：洛阳西工区纱厂南路41号中泰商务大厦1805室
总经理：李胜利
办公室：63338080　　传真：63226691
6. 洛阳电力旅行社有限公司
地　址：洛阳市西工区中州中路319号
总经理：汝　晖
办公室：62193209　　传真：63935036
7. 洛阳小浪底旅行社
地　址：洛阳孟津桂花中路
总经理：谢海燕
办公室：67917766　　传真：67917766
8. 洛阳超众旅行社有限责任公司
地　址：洛阳纱厂南路中泰新城商务大厦503室
总经理：宋小平
办公室：63915458　　传真：63310841
9. 洛阳九龙旅行社有限公司
地　址：洛阳市老城区中州中路52号
总经理：王宏钦
办公室：63303777　　传真：63303777
10. 洛阳铁鑫旅行社有限公司
地　址：洛阳东车站进站口隔壁大同街101号
总经理：李卫东
办公室：63991802　　传真：63511161
11. 洛阳千山旅行社有限公司
地　址：洛阳市涧西区太原路金源国际公寓1105室
总经理：张莉敏
办公室：64870412　　传真：64870409
12. 洛阳路仕达旅行社有限公司
地　址：洛阳唐宫大厦6楼
总经理：路　涛
办公室：63900533　　传真：63910629
13. 洛阳华苑假期旅行社有限公司
地　址：洛阳市涧西区联盟路3号文兴现代城19楼1902室
总经理：金　浩
办公室：64836998　　传真：64836997
14. 洛阳新闻旅行社
地　址：洛阳市西工区定鼎南路22号
总经理：程红强
办公室：63217282　　传真：63232365
15. 洛阳好时光旅行社有限公司
地　址：洛阳市西工区涧东路5号院2栋1-3-1
总经理：姬卫东
办公室：63333034　　传真：63335292
16. 洛阳缘之旅旅行社有限公司
地　址：洛阳纱厂南路17号凯悦商务大厦404室
总经理：张国平
办公室：63939779　　传真：63939777
17. 洛阳市豪迈旅行社有限公司
地　址：洛阳市涧西区南昌路10号街坊小太阳幼儿园综合楼30-4楼
总经理：郜晓兰
办公室：64930184　　传真：64930181
18. 洛阳世纪商务旅行社有限公司
地　址：洛阳九都西路旅游大厦7楼
总经理：朱　濂
办公室：68616277　　传真：68616377
19. 洛阳航空假期商务旅行社有限公司
地　址：洛阳市瀍河区启明东路17号
总经理：铁晓钧
办公室：68625338　　传真：68625328
20. 洛阳芳草旅行社
地　址：洛阳市西工区春都路287号
总经理：李文亭
办公室：62313199　　传真：62313199
21. 洛阳华夏国际旅行社有限公司
地　址：洛阳市西苑路16号涧西工商局1楼
总经理：周胜军
办公室：64952226　　传真：64952230
22. 洛阳市公交旅行社有限公司
地　址：洛阳公交公司院内
总经理：王洛朝
办公室：63190058　　传真：63190061
23. 洛阳玄奘国际旅行社有限公司
地　址：偃师宾馆
总经理：曲爱娟
办公室：67735722　　传真：67727788
24. 洛阳太学文化旅行社有限公司
地　址：洛阳市文兴现代城c区602
总经理：钟德威
办公室：64837107　　传真：64837108
25. 洛阳长相依旅行社有限公司
地　址：洛阳市西工区金谷园路天香饭店5楼
总经理：王来功
办公室：63201138　　传真：63200511
26. 洛阳博旅旅行社有限责任公司
地　址：洛阳涧西区景华路26号院

总经理：李红章
办公室：65189003　　传真：64275666

27. 洛阳市鸿远旅行社有限公司
地　址：洛阳涧西区芳华路西段
总经理：李俊峰
办公室：64265978　　传真：64268605

28. 洛阳市森之源旅行社有限公司
地　址：洛阳西工区上阳路上阳新村9幢2号
总经理：张志刚
办公室：63351119　　传真：63351119

29. 洛阳奇峰旅行社有限公司
地　址：洛阳栾川县君山路
总经理：符殿影
办公室：66817644　　传真：66817711

30. 洛阳名胜旅行社有限公司
地　址：洛阳涧西区丽新路与南寨路交叉口
总经理：唐　坚
办公室：67702176　　传真：65072176

31. 洛阳平安旅行社有限公司
地　址：洛阳栾川县君山路
总经理：谢恒怀
办公室：66817871　　传真：66813206

32. 洛阳君山旅行社有限公司
地　址：洛阳栾川县君山东路君山广场对面
总经理：管　芸
办公室：66827333　　传真：66810866

33. 洛阳市神舟旅行社有限公司
地　址：洛阳市涧西区太原路38号街坊金源国际公寓1幢3–1215号
总经理：阎维娜
办公室：63481992　　传真：63481992

34. 洛阳众望旅行社有限公司
地　址：洛阳中州中路312号副25号
总经理：黎艳娴
办公室：63920222　　传真：63928956

35. 洛阳欢乐假期旅行社有限公司
地　址：洛阳天津路文兴现代城9楼C02、C03室
总经理：马　莉
办公室：64832557　　传真：64832557

36. 洛阳三好旅行社有限责任公司
地　址：洛阳市人民西路9号院2号楼304室
总经理：亢玉军
办公室：63301066　　传真：63301099

37. 洛阳创鑫国际旅行社有限公司
地　址：洛阳市伊川县豫港大道西段
总经理：杜玉党
办公室：69360393　　传真：63301099

38. 洛阳捷之旅旅行社有限公司
地　址：洛阳市周山东路银隆家427室
总经理：丁红霞
办公室：64626111　　传真：64626000

39. 洛阳千友旅行社有限公司
地　址：洛阳市涧西区南昌路创展国际贵都01–02–1109
总经理：董玉娟
办公室：64909918　　传真：64909958

40. 洛阳铁青旅行社有限公司
地　址：洛阳天香楼一楼大厅
总经理：李守强
办公室：63318966　　传真：63318388

41. 洛阳八达旅行社有限公司
地　址：洛阳市涧西区西苑路4号
总经理：袁兴山
办公室：64918155　　传真：64918155

42. 洛阳好心情旅行社有限公司
地　址：洛阳市西工区九都路香榭里阳光6栋9–102室
总经理：陈振杰
办公室：63368728　　传真：63368725

43. 洛阳祥仕达旅行社有限公司
地　址：洛阳市涧西区南昌路2号
总经理：唐　菲
办公室：64933888　　传真：64952898

44. 洛阳河科大旅行社有限公司
地　址：洛阳市涧西区西苑路48号河南科技大学北院校内
总经理：杨　瞻
办公室：64810668（传真）

45. 洛阳金桥旅行社有限公司
地　址：洛阳市西工区九都路58号春蕾大厦1308室
总经理：郑玉萍
办公室：63256777　　传真：63310999

46. 偃师市春天假期旅行社有限公司
地　址：洛阳市偃师民主路文化旅游局院内
总经理：周　怿
方办公室：62651777　　传真：62652777

47. 洛阳市大潮旅行社有限公司
地　址：洛阳市联盟路市委党校2号楼
总经理：马建生
办公室：64876023　　传真：64876023

48. 栾川县鸡冠洞旅行社有限公司
地　址：洛阳市栾川县君山中路
总经理：张永超
办公室：66831788　　传真：64837108

49. 洛阳市艾洛甲旅行社有限公司
地　址：洛阳市洛龙区关林南路74号院
总经理：彭湘玲
办公室：64887797　　传真：64821676

50. 洛阳教育旅行社有限公司
地　址：洛阳市龙门路71路
总经理：魏　东

办公室：65526111　　传真：65526222

51. 洛阳市豫之旅旅行社有限公司

地　址：洛阳市涧西区太原南路门面房

总经理：吴　雯

办公室：65526111　　传真：65526222

52. 洛阳金象旅行社有限公司

地　址：洛阳市老城区黄梅路6号

总经理：杨延明

办公室：62571683　　传真：62571683

53. 洛阳霞客旅行社有限公司

地　址：洛阳火车站出站口西侧车站旅社301

总经理：陈建平

办公室：62566568　　传真：62627695

54. 洛阳市鑫华旅行社有限公司

地　址：洛阳市涧西区南昌路北口街1号

总经理：马海军

办公室：64876588　　传真：64875008

55. 洛阳康泰国际旅行社有限公司

地　址：洛阳市南昌路申泰大厦1104室

总经理：崔　颖

办公室：64617722　　传真：64611155

56. 洛阳市大自然旅行社有限责任公司

地　址：洛阳市西工区道南路1号宝龙大厦6楼

总经理：高　路

办公室：63198068　　传真：63198068

57. 河南省神州牡丹旅行社有限公司

地　址：洛阳市洛龙区白马寺镇

总经理：周　萌

办公室：65251325　　传真：65251325

58. 洛阳非凡旅行社有限责任公司

地　址：洛阳市中州路与芳林路交叉口数码大厦

总经理：韩　霏

办公室：63120011　　传真：63122830

59. 栾川环宇旅行社有限公司

地　址：洛阳市栾川县城耕莘东路南大街弘电宾馆2楼c区

总经理：孙新忠

办公室：66814568　　传真：66814566

60. 洛阳绿色假期国际旅行社有限公司

地　址：洛阳市嵩县白云路伊航大厦1楼

总经理：田莉辉

办公室：66335766　　传真：66335966

61. 洛阳联意旅行社有限公司

地　址：洛阳市西工区亚威金港商务6楼621室

总经理：王　琳

办公室：63363096　　传真：63363098

62. 洛阳市畅游旅行社有限公司

地　址：洛阳市西工区凯瑞君商务大厦901室

总经理：高　强

办公室：63228356　　传真：63228355

63. 嵩县人间仙境旅游有限责任公司

地　址：洛阳市嵩县县城永安街10号

总经理：刘政建

办公室：65201003　　传真：65201003

64. 洛阳华龙旅行社有限公司

地　址：洛阳西工区道南路锦远商贸城内

总经理：董小琪

办公室：65295788　　传真：65272222

65. 洛阳辉煌假期旅行社有限公司

地　址：洛阳市南昌路申泰大厦404室

总经理：吴利红

办公室：65186968　　传真：65187076

66. 洛阳永安国际旅行社有限公司

地　址：洛阳市延安路富地国际中心B座1201室

总经理：张化博

办公室：64903555　　传真：64923576

67. 洛阳阳光假日旅行社有限公司

地　址：洛阳市联盟路市委党校2号楼2214室

总经理：潘利军

办公室：64873618　　传真：64876625

68. 栾川铁路畅游旅行社有限公司

地　址：洛阳市栾川县伏牛路

总经理：魏大伟

办公室：66767001　　传真：66767002

69. 洛阳红运达旅行社有限公司

地　址：洛阳西工区定鼎路中段应天园酒店1楼

总经理：李秉国

办公室：61603898　　传真：63901716

70. 洛阳市天地源旅行社有限公司

地　址：洛阳市栾川县耕莘路

总经理：郑小平

办公室：66815651　　传真：64875622

71. 洛阳心缘旅行社有限公司

地　址：洛阳市联盟路市委党校院内2号楼

总经理：刘玉龙

办公室：63901397　　传真：63633636

72. 洛阳市天鹅旅行社有限公司

地　址：洛阳市涧西区文兴现代城12楼c–07室

总经理：赵旭升

办公室：64615576　　传真：64615696

73. 洛阳市老朋友旅行社有限公司

地　址：洛阳市栾川县君山东路龙凤祥大酒店

总经理：徐红星

办公室：66827666　　传真：66828499

74. 偃师市火车头旅行社有限公司

地　址：洛阳市偃师市火车站售票厅东邻

总经理：李海峰

办公室：62651555　　传真：62652555

75. 洛阳市和谐旅行社有限公司

地　址：洛阳市西工区道南路87号宝龙大厦301室
总经理：胡玉祥
办公室：63190567　　传真：63195581

76. 洛阳风采旅行社有限公司
地　址：洛阳市西工区凯悦大厦1104室
总经理：张　健
办公室：63300182　　传真：63300188

77. 洛阳青达旅行社有限公司
地　址：洛阳市新安县新城黄河路中段康鑫大厦一楼
总经理：司小康
办公室：65125666　　传真：65086268

78. 河南黛眉山旅行社有限公司
地　址：洛阳市新安县新城北京路中段210号3楼
总经理：王玲玲
办公室：65088369　　传真：65088369

79. 洛阳丽都旅行社有限公司
地　址：洛阳市西工区中州中路445号803室
总经理：王宇飞
办公室：63291801　　传真：63291802

80. 洛阳市嘉年华旅行社有限责任公司
地　址：洛阳市中州路459号数码大厦B座1019室
总经理：王　静
办公室：62209221　　传真：62209221

81. 洛阳龙之旅旅行社有限公司
地　址：洛阳市九都路与芳林路交叉口东北口1-102
总经理：孙鸿燕
办公室：63923556　　传真：63919929

82. 洛阳新丝路旅行社有限公司
地　址：洛阳市经济技术开发区关圣街7号医药城2座113号
总经理：宋宁斌
办公室：65870805　　传真：65870707

83. 栾川县安泰旅行社有限公司
地　址：洛阳市栾川县城君山路长途汽车站1楼
总经理：崔艳红
办公室：66830444　　传真：66817722

84. 栾川县重渡沟水乡旅行社有限公司
地　址：洛阳市栾川县君山东路
总经理：常　艳
办公室：66830666

85. 河南颐龙旅行社有限公司
地　址：洛阳市高新技术开发区春城路5号
总经理：赵娜娜
办公室：65115811（传真）

86. 洛阳安远旅行社有限公司
地　址：洛阳市涧西区周山东路银隆家404室
总经理：李　强
办公室：64617768　　传真：64617758

87. 洛阳新奥国际旅行社有限公司
地　址：洛阳市涧西区南昌路139号
总经理：张志刚
办公室：64326111　　传真：64326111

88. 洛阳锦绣假期旅行社有限公司
地　址：洛阳市联盟路市委党校2号楼2206、2207室
总经理：李江涛
办公室：64873619　　传真：64873619

旅行社分社名单

1. 河南康辉国际旅行社有限责任公司洛阳分社
地　址：洛阳西工区中州中路439号国际金融大厦15楼
总经理：田文选
办公室：63939226　　传真：63939206

2. 郑州中原铁道国际旅行社有限公司洛阳分社
地　址：洛阳市金谷园路72号滨江大厦6楼
总经理：崔　毅
办公室：65260626　　传真：625662688

3. 河南省中国国际旅行社有限责任公司洛阳分社
地　址：洛阳市锦茂国际中心14–1411
总经理：孙国平
办公室：64617502　　传真：64617501

4. 河南金城国际旅行社有限公司洛阳分社
地　址：洛阳市中州路329号枫叶国际广场1–3–1105室
总经理：刘　伟
办公室：63966288（传真）

5. 河南省海外旅游有限公司洛阳分社
地　址：洛阳市西工区七一路九州大厦1601室
总经理：王泳懿
办公室：63303511　　传真：65297012

6. 北京市中西国际旅行社有限公司洛阳分社
地　址：洛阳市西工区凯旋西路25号航空大厦3411室
总经理：薛　波
办公室：62275101　　传真：63325208

7. 河南中原国际旅游集团有限公司洛阳分公司
地　址：洛阳市西工区中州中路6号院申泰新城二期6幢1单元1805室
总经理：李胜利
办公室：63226692　　传真：63226691

8. 河南省中国旅行社有限公司洛阳分公司
地　址：洛阳市西工区王城路12号广建大厦11楼1107室
总经理：吴晓波
办公室：65516552　　传真：63235982

·星级宾馆·

洛阳市旅游星级宾馆名录

名 称	星级	负责人	地 址	电 话	传 真
涧西区					
京安牡丹城宾馆	四星	王其聪	洛阳市涧西区南昌路2号	总台：64681365 总机：64681111	64930303
洛阳友谊宾馆	四星	夏维杰	洛阳市涧西区安徽路6号	总台：64685555	64685050
洛阳大酒店	四星	刘明辉	洛阳市涧西区周山路1号	总台：64327708 总机：64363888	64327100
牡丹大酒店	四星	李振宇	洛阳市中州路西路15号	总机：64680000	64856999
新友谊大酒店	三星	崔福山	洛阳市涧西区西苑路6号	总台：64686666 总办：64686628	64686667
小浪底大厦	三星	李 敏	洛阳市涧西区南昌路南段	总台：64946178 总办：64946433	64946288
盛唐大酒店	三星	李红章	洛阳市涧西区华山路7号	总台：64293666 总办：64273702	64292096
鸿泉宾馆	三星	付宏伟	洛阳市涧西区芳华路西段	总台：64268800 总办：64269588	64265570
东方宾馆	三星	王自华	洛阳市涧西区建设路182号	总机：64960008	64969343
国豪商务酒店	三星	王爱玲	洛阳市涧西区南昌路天泽大厦	总台：64315111 总办：64367753	64367700
新豫东大酒店	二星	付亚辉	洛阳市涧西区黄河路2号	总台：65184100 总办：64859645	64859645
洛阳浦江宾馆	二星	王 琳	洛阳市涧西区七里河周城大厦3号	总台：64958188 总机：65291666	64958188
西工区					
金水湾大酒店	四星	马春龙	洛阳市中州西路319号	总机：60601000	63395299
航空城酒店	四星	杨新晓	洛阳市西工区体育场路8号	总机：63385599 总办：63384477	63923683
枫叶国际大饭店	四星	王喜庆	洛阳市西工区中州中路329号	总机：63248888	63249999
航空城商务酒店	三星	罗 刚	洛阳市西工区体育场路1号	总机：63385599 总办：63384477	63923683
国际金融大酒店	三星	任新成	洛阳市中州中路439号	总台：63903888 总办：63320227	63320222
洛阳迎宾馆	三星	周红霞	洛阳市西工区人民路6号	总台：63308788 总办：63308689	63308686
新健隆酒店	三星	董玉峰	洛阳市凯旋东路3号	总机：63252222 总办：63229908	63229908
新聚和酒店	三星	郑 华	洛阳市西工区解放路19号	总台：62568666 总办：62568688	63196018
开来大酒店	三星	杨建芬	洛阳市西工区行署路西段	总台：63348888 总办：63348807	63348818
军安大酒店	三星	孔伟群	洛阳市西工区纱厂西路104号	总台：63175699 总办：63175885	63176806
银燕大厦	三星	卢国毅	洛阳市唐宫西路21号	总台：60601888 总办：60601876	63892355
全聚德酒店	三星	陈 琳	洛阳市西工区九都路69号	总台：65221166	65222589
陇海大酒店	三星	朱长芳	洛阳市春都路4号	总台：62727400	62727418
航空大厦	二星	李茂林	洛阳市凯旋西路25号	总机：63944668 总办：63325008	63915552
金城宾馆	二星	王新乐	洛阳市西工区行署路3号	总台：63331008 总办：63331056	63341776
天兴宾馆	二星	王 辉	洛阳市王城路14号	总台：63345000 总办：63345205	63933608
天香饭店	二星	徐建明	洛阳市金谷园路56号	总台：63935439 总办：63940604	63940602
盛唐宾馆	二星	贾发军	洛阳市解放路与健康路交叉口	总台：65251111 总办：65255100	65255108
民航大厦	二星	周健平	洛阳市西工区春都路196号	总台：62328400 总办：62328360	62328398
老城区					
欣源国际大酒店	四星	陈 强	洛阳市九都东路300号	总台：63957888	63957882
神都大厦	三星	陈亚红	洛阳市老城区黄梅路168号	总台：63485088 总办：63485190	63485100

续表1

名 称	星级	负责人	地 址	电 话	传 真
九龙宾馆	三星	谢五刚	洛阳市中州东路54号	总台：63416666　总办：63416696	63416671
洛阳宾馆	三星	金学民	洛阳市老城区人民街23号	总台：62628598　总办：62628551	62628557
云天宾馆	三星	丁新业	洛阳市老城区中州东路450号	总台：65277588	65277622
翠云谷宾馆	二星	杜喜花	洛阳市上清宫森林公园内	总台：62261666　总办：62236401	62232966
洛龙区					
东山宾馆	五星	工宁聪	洛阳市洛龙区龙门东山	总机：64686000　总办：64686388	64686001
钼都利豪国际饭店	五星	贾鸿伟	洛阳市洛龙区开元大道与金城寨街交叉口	总台：65979999	
雅香金陵大饭店	四星	许琳瑛	洛阳市王城大道泰康路交叉口	总机：65922999	65922555
颐君大厦	四星	陈呈刚	洛阳市洛龙区洛龙路87号	总台：65979500　总办：65979568	65979601
拙耕园宾馆	三星	张 辉	洛阳市洛龙区龙门路71号	总台：65526555　总办：65526598	65515852
中和国际商务酒店	三星	刘 颖	洛阳市洛龙区学子街6号	总台：65623999　总办：65621234	65623900
龙门地热康乐城	二星	金晓颖	洛阳市龙门大道100号	总台：65955123　总办：65963788	65963788
吉利区					
宝缘大酒店	三星	雷保元	洛阳市吉利区大庆路南段	总台：66955888　总办：66955980	66955998
栾川县					
君山饭店	四星	何冰冰	栾川县君山东路3号	总台：66810988　总办：66810888	66810989
重渡沟水景大酒店	四星	薛俊学	栾川县重渡沟景区	总台：32988888	32988887
新亚饭店	三星	邢改朝	栾川县新华中路中段	总台：66833189	66833188
重渡沟度假村	二星	程 英	栾川重渡沟景区（潭头镇）	总台：66685556　总办：66685598	66685556
弘电宾馆	二星	王花荣	栾川县耕莘南路	总台：66812999　总办：66812969	66812988
老君山大酒店	二星	武剑君	栾川县城君山东路	总台：66813173　总办：66821373	66821373
栾川宾馆	二星	杜建国	栾川县城兴华路630号	总台：66818001　总办：66818088	66822341
五龙大酒店	二星	张玉鹏	栾川县城君山中路	总台：66833988　总办：66833998	66833989
龙凤祥大酒店	二星	康青洲	栾川县城君山东路	总台：66873866　总办：66873618	66873618
嵩 县					
陆浑宾馆	三星	刘红艺	嵩县陆浑风景区	总机：66517503　66517500	66517507
陆浑旅游度假村	二星	郭焕成	嵩县陆浑风景区	总台：66517118　总办：66517123	66517123
新安县					
新安宾馆	三星	李 明	新安县城关镇2号	总办：67268258	
紫燕大厦	三星	崔瑞瑞	新安县城关镇27号	总办：67282519	
伊川县					
伊龙国际大酒店	三星	刘红有	伊川县新区杜康大道	总台：68368001　总办：68368006	68368099
伊川富丽华大酒店	二星	王五须	伊川县杜康大道北段	总台：68357852　总办：68357863	68332297
孟津县					
航空城小浪底度假村	三星	许卫华	孟津县小浪底库区南岸	总台：67820000　总办：67820090	67820066
孟津宾馆	三星	蔡建军	孟津县城桂花中路122号	总台：67919200　总办：67919297	67919210
偃师市					
偃师宾馆	三星	张明献	偃师市商城东路45号	总台：67770188　总办：67770167	67770168

续表2

名　称	星级	负责人	地　址	电　话	传　真
汝阳县					
杜康大酒店	三星	商建生	汝阳县杜康大道中段	总台：68217248　总办：68217003	68217248
洛宁县					
洛宁仁和大酒店	二星	常建章	洛宁县永宁大道中段	总台：66267777　总办：66267770	66267777
宜阳县					
宜阳宾馆	三星	史要杰	宜阳县人民北路31号	总台：68877158　总办：68877000	68877023

索　引

说　明

一、本索引采用主题分析法，按主题词首汉语拼音音序（同音字按声母）顺序排列。

二、特载大事记.统计资料。附属的具体内容来作索引。以其类目各称标引。

三、类目用黑体字标引，分类，条目及相关内容用宋体字标引。索引款目后的阿拉伯数字表示内容所在的页码，数字后的拉丁字母（a. b. c）分别表示从左到右的第一，二，三栏。

A

B

C

D

E

F

G

H

J

K

L

M

N

P

Q

R

S

T

W

X

Y

Z